KB252155

매튜 헨리 주석 시편 II

저자 매튜 헨리 Matthew Henry 1662-1714

성경 주석가. 영국 국교회의 복음주의 목사의 아들인 그는 통일령으로 아버지가 성직에서 쫓겨난 직후에 태어났다. 학문을 좋아하는 소년이었으며 1672년에 회심하였다. 옥스퍼드와 케임브리지의 학문성이 차츰 떨어지므로 1680년 런던 이슬링턴 대학에서 신학 교육을 받았다. 그 대학은 신앙을 저버린 시대에 높은 학문을 유지해왔다. 그 대학의 학장은 케임브리지에서 온 토머스 두리틀이었고, 부학장은 옥스퍼드에서 온 토머스 빈센트였다. 그 후에는 그레이 법학원에서 법률을 공부하였다. 그는 국교회 목사가 되려고 생각하였지만, 비국교도가 되기로 결심하였고, 개인적으로 장로교 목사 안수를 받았다. 첫 목회지는 체스터(1687-1712)였으며 그 뒤에 런던의 해크니(1712-1714)로 옮겼다. 청교도들에게서 크게 영향을 받은 그는 성경 해설을 목회의 중심으로 삼았다. 날마다 4시 또는 5시에 일을 시작하였던 그는 시간을 최대한 사용하는 것을 목적으로 삼았다. 1704년에 「성경 주석」을 집필하기 시작하였는데, 그는 사도행전까지 탈고하였으며, 그의 사후 목회 동역자들이 그의 노트와 저서들을 참고하여 신약성경 주석을 완성하였다. 그 주석은 성경에 대한 자세하고 종종 대단히 영적인 해설 양식을 취하였는데, 그 양식은 그 이후의 복음주의적 목회의 형태를 결정하였다. 스펄전은 자신이 매튜 헨리에게 큰 도움을 받았다는 사실을 인정하였다.

역자 박문재

역자는 서울대학교 법과대학, 장로회신학대학교 신대원 및 대학원(Th.M.)을 졸업하였다. 역서로 비슬리 머리의 「예수와 하나님 나라」, 존 브라이트의 「이스라엘 역사」, F.F. 브루스의 「바울」, B.S. 차일즈의 「구약신학」, 아이히로트의 「구약성서신학 I ,II」, 제임스 D.G. 던의 「바울 신학」 외에 다수 있다.

매튜
헨리
주석
전집

10

매튜 헨리 주석 시편 II

박문재 옮김

Matthew Henry

SINCE 1984

크리스천
다이제스트

제 73 편

개요

이 시편을 비롯해서 이후에 나오는 열 편의 시편은 그 표제 속에 아삽이라는 이름이 나온다. 그가 이 시편들의 저자였다면(많은 이들이 생각하듯이), 우리가 이 시편들을 아삽의 시편들이라고 부르는 것은 옳다. 하지만 그는 단지 찬양대의 인도자였을 뿐이고, 이 시편들이 그에게 건네진 것이라면, 우리 역본의 난외주에서 읽고 있듯이 이 시편들을 아삽을 위한 시편들이라고 부르는 것이 옳다. 이 시편들을 지은 사람은 아삽이었을 가능성이 크다. 왜냐하면, 성경에서는 다윗과 선견자 아삽의 시들을 히스기야 시대에 하나님을 찬송하는 데에 사용하였다고 말하고 있기 때문이다(대하 29:30). 예언의 영은 주로 다윗에게 임하여 그로 하여금 거룩한 노래들을 만들어 내게 하였고, 이것으로 인해서 다윗은 "이스라엘의 노래 잘 하는 자"라는 별명을 얻었기는 하지만, 하나님은 다윗 주변의 사람들에게도 어느 정도 이 영을 부어 주셨다. 이 시편은 대단히 유익한 시편이다. 이 시편은 시편 기자가 악인들이 형통하는 것을 보고서 질투하며 마음에 갈등을 일으키는 등 심한 시험에 빠졌던 체험을 우리에게 얘기해 준다. 그는 그가 굳게 붙잡고 있었던 거룩한 원리를 말하는 것으로 자신의 이야기를 시작하는데, 이 원리에 힘입어서 그는 이제까지 자신의 신앙을 잘 지켜 왔었다(1절). 그런 후에 그는 우리에게 다음과 같은 것들을 말해 준다. I. 그가 어떻게 시험에 들게 되었는가(2-14절). II. 그가 어떻게 시험을 이기고서 그 시험에서부터 빠져 나오게 되었는가(15-20절). III. 그가 어떻게 시험을 극복하고 나서 더 견고한 신앙을 지니게 되었는가(21-23절). 이 시편을 노래할 때에 우리가 우리의 삶 속에서 만날 수 있는 시험에 대하여 견고하게 무장하게 된다면, 우리는 이 시편을 헛되이 사용하고 있는 것이 아니다. 우리는 다른 사람들이 경험한 것들을 우리의 교훈으로 삼아야 한다.

[아삽의 시]

¹하나님이 참으로 이스라엘 중 마음이 정결한 자에게 선을 행하시나 ²나는 거의 넘어질 뻔하였고 나의 걸음이 미끄러질 뻔하였으니 ³이는 내가 악인의 형통함을 보고

오만한 자를 질투하였음이로다 ⁴그들은 죽을 때에도 고통이 없고 그 힘이 강건하며 ⁵사람들이 당하는 고난이 그들에게는 없고 사람들이 당하는 재앙도 그들에게는 없나니 ⁶그러므로 교만이 그들의 목걸이요 강포가 그들의 옷이며 ⁷살찜으로 그들의 눈이 솟아나며 그들의 소득은 마음의 소원보다 많으며 ⁸그들은 능욕하며 악하게 말하며 높은 데서 거만하게 말하며 ⁹그들의 입은 하늘에 두고 그들의 혀는 땅에 두루 다니도다 ¹⁰그러므로 그의 백성이 이리로 돌아와서 잔에 가득한 물을 다 마시며 ¹¹말하기를 하나님이 어찌 알랴 지존자에게 지식이 있으랴 하는도다 ¹²볼지어다 이들은 악인들이라도 항상 평안하고 재물은 더욱 불어나도다 ¹³내가 내 마음을 깨끗하게 하며 내 손을 씻어 무죄하다 한 것이 실로 헛되도다 ¹⁴나는 종일 재난을 당하며 아침마다 징벌을 받았도다

이 시편은 다소 갑작스럽게 시작된다: 그렇지만 하나님은 이스라엘에 대하여 선하시다(난외주에서는 이렇게 읽는다). 시편 기자는 악인들의 형통에 대해서 계속해서 생각해 왔었다. 그는 악인들이 형통하는 것에 대하여 생각하고 있는 동안에 그의 마음속에는 불이 타오르고 있었고, 마침내 그는 자기 자신을 억제하는 수단으로서 그가 지금까지 생각해 왔던 것을 말로 토해 내었다. "어찌 되었든, 하나님은 선하시다." 악인들이 하나님의 후하신 섭리를 통해서 많은 선물들을 받고 있기는 하지만, 우리는 하나님께서 특별한 방식으로 이스라엘에 대하여 선하시다는 것을 고백하여야 한다. 그들은 하나님으로부터 다른 사람들이 받지 못한 은총들을 받아 가지고 있다.

시편 기자는 그가 큰 시험에 든 것에 관한 얘기를 하고자 한다. 그가 겪은 시험은 악인들의 형통을 시기하는 것이었는데, 그것은 수많은 성도들의 은혜를 시험하여 왔던 아주 흔한 시험이었다. 이제 그의 이야기를 들어보자.

I. 그는 그가 이제까지 살아오면서 붙들고 있었던 저 큰 원리, 그가 지금 시험을 당하면서도 결코 놓치 않았던 그 원리를 가장 먼저 제시한다(1절). 욥은 그가 시험을 받게 되었을 때에 하나님께서 모든 것을 아신다는 것을 그의 원리로 굳게 붙잡고 있었다: 때들은 전능자로부터 감춰져 있지 않다(욥 24:1). 예레미야가 내세운 원리는 하나님께서 의로우시다는 것이었다: 여호와여 내가 주와 변론할 때에 주께서 의로우시니이다(렘 12:1). 하박국이 붙잡고 있었던 원리는 하나님께서 거룩하시다는 것이었다: 주께서는 눈이 정결하심으로 악을 차마

보지 못하시나이다(합 1:13). 여기서 시편 기자가 붙잡고 있는 원리는 하나님께서는 선하시다는 것이다. 이러한 것들은 움직일 수 없는 진리들이고, 우리는 살든지 죽든지 이러한 진리들을 굳게 붙잡겠다고 결심하여야 한다. 우리는 비록 하나님께서 섭리를 통해서 행하시는 모든 일들을 이러한 진리들을 통해서 완벽하게 설명해 낼 수는 없다고 할지라도 이러한 진리들이 하나님께서 행하시는 모든 일들에 다 통한다는 것을 믿어야 한다. 하나님에 대한 선한 생각들은 우리에게 요새가 되어서 사탄의 수많은 시험들을 막아 내 줄 것이라는 것을 명심하라. 하나님은 참으로 선하시다. 시편 기자는 하나님의 섭리와 관련해서 수많은 생각들을 해 왔지만, 결정적으로 그의 마음을 붙잡아 준 것은 바로 이 말씀이었다. "뭐니뭐니해도, 하나님은 선하시고, 이스라엘에 대하여 선하시며, 마음이 정결한 자에게 선하시다."

1. 마음이 정결한 자들, 그리스도의 피로 말미암아 더러운 죄에서 깨끗하게 되고 하나님의 영광을 위하여 온전히 헌신된 자들은 하나님의 이스라엘이다. 정직한 마음은 정결한 마음이다. 정결함은 내면이 참되다는 것이다.

2. 모든 사람에게 선하신 하나님은 옛적의 이스라엘에 대하여 그러하였듯이 그의 교회와 백성에 대하여 특별한 방식으로 선하시다. 하나님은 그들을 속량하여 애굽에서 건져 내셔서, 그들과 언약을 맺으시며, 그들에게 그의 율법과 규례들을 주시고, 그들과 관련된 여러 가지 섭리들을 통해서 이스라엘에 대하여 선하셨다. 마찬가지로, 하나님은 마음이 정결한 모든 자들에게 선하시다. 무슨 일이 있든지, 우리는 이것과 다르게 생각해서는 안 된다.

Ⅱ. 그는 악인들이 형통하는 것을 보고서 시기한다. 하나님의 이스라엘은 다른 민족보다 더 복되지 않고, 하나님은 다른 민족들에 대해서보다 그들에 대하여 더 인자하신 것이 아니라고 생각하는 강한 시험에 빠져서, 하나님께서 이스라엘에 대하여 특별히 선하시다는 것에 대한 그의 믿음이 크게 흔들렸다는 것을 이제 말하게 된다.

1. 그는 이러한 시험에 완전히 빠진 것이 아니라 거의 빠질 뻔하였다고 말한다(2절). "그러나 나로 말할 것 같으면, 나는 하나님께서 이스라엘에 대하여 선하시다는 것에 너무도 만족해 왔지만, 나는 거의 넘어질 뻔하였고(시험하는 자가 내 발을 걸어서 나는 거의 넘어질 뻔하였다) 나의 걸음이 미끄러질 뻔하였다(나는 나의 신앙을 내던지고, 그 신앙으로 인한 나의 모든 유익을 포기할 뻔하

였다). 이는 내가 어리석은 자들을 질투하였음이로다." 주목하라.

(1) 아무리 좋은 믿음을 지니고 있는 자들에게서도 그 믿음이 종종 심하게 흔들릴 수 있고 그들을 심하게 실망시킬 수 있다. 아주 견고한 닻을 시험하는 폭풍우들이 있는 법이다.

(2) 그런 자들에게 그들이 완전히 엎드러져서 망하게 되지는 않지만 거의 그럴 뻔하거나 그들이 생각하기에 망한 것이나 다름없다고 여겨지는 그런 상황이 종종 일어날 수 있다. 영원한 삶을 살게 될 수많은 보배로운 영혼들이 그들의 일생 가운데서 한 번쯤은 거의 엎드러져 망하게 될 위기를 겪었다. 거의 넘어져서 망하게 될 즈음에 결정적인 배교를 한 발자국 앞둔 상황에서 불 가운데서 건지심을 받는 것은 구원받는 자들에게서 하나님의 은혜가 얼마나 풍성한 것인지를 영원히 말해 주는 것이다.

2. 시편 기자가 시험을 받는 과정을 살펴보자. 그는 무엇 때문에 시험을 받았고, 시험을 받아서 어떻게 되었는가.

(1) 그는 어리석고 악한 자들이 종종 겉으로 엄청나게 형통하는 것을 목격하였다. 그는 악인의 형통함을 보고 마음이 무거웠다(3절). 악인들은 진정으로 어리석은 자들이어서 이치와 그들의 참된 이익을 거슬러서 행하지만, 곁에서 보는 자들에게 그들은 형통하는 것 같이 보인다.

[1] 그들은 사람들이 살면서 당하는 환난과 재앙들을 거의 당하지 않는 것처럼 보인다(5절). 사람들, 심지어 지혜롭고 선한 자들이 당하는 고난이 그들에게는 없고 사람들이 당하는 재앙도 그들에게는 없어서, 마치 그들은 어떤 특별한 특권에 의해서 사람들이 공통적으로 당하는 운명적인 일들로부터 면제받은 것처럼 보인다. 그들이 약간의 환난을 당한다고 하여도, 그것은 죄를 별로 짓지 않으면서도 더 큰 환난을 당하는 다른 사람들에 비하면 아무것도 아니다.

[2] 그들은 이 세상에서 좋은 것들을 가장 많이 챙겨서 가지고 있는 것으로 보인다. 그들은 편안한 삶을 살고 그들에게는 온갖 좋은 일들이 넘쳐나기 때문에, 그들의 눈이 살찜으로 솟아난다(7절). 여기서 우리는 과도한 쾌락이 가져다 주는 결과가 무엇인지를 보게 된다. 적당한 즐거움은 눈을 밝게 하지만, 감각의 쾌락에 빠져서 무절제하게 즐거움을 누리는 자들은 그들의 눈이 머리에서 붉어져서 솟아나게 된다. 향락주의자들은 자연적인 본능을 따라 살아가는 것처럼 보이지만 자연에 대하여 인위적인 강제를 가함으로써 사실은 그들 자신

을 고문하는 자들이다. 그들은 당연히 **마음의 소원보다 많이** 가지고 있고, 그들 자신이 가지고자 생각했거나 기대했던 것보다 더 많이 가지고서, 필요 이상으로 너무 많은 것을 자신에게 채운다. 그들은 그들 자신이 원하는 것만큼 가지고 있지는 못한다고 하여도, 적어도 겸손하고 자족할 줄 아는 마음이 원하는 것보다는 더 많이 가지고 있다. 자신의 손 안에는 이 세상에 속한 많은 것들을 가지고 있지만, 자신의 마음속에는 저 세상에 속한 것을 하나도 가지고 있지 못한 사람들이 많다. 그들은 불경건하고, 하나님을 두려워하거나 예배함이 없이 살아가지만, 이 세상에서 형통하여 잘 나가고, 부자일 뿐만 아니라 재물은 더욱 불어난다(12절). 사람들이 볼 때에 그들은 번창하는 자들이다. 다른 사람들은 그들이 이미 가지고 있는 것을 지키느라고 아등바등 할 때에 그들은 재물을 더욱 불려서 점점 더 많은 명예와 권력과 쾌락을 쌓아 나간다. 그들은 이 세대 중에서 형통하는 자들이다(어떤 이들은 이렇게 해석한다).

　[3] 그들의 종말은 평안인 것으로 보인다. 시편 기자는 이것을 모든 것 중에서 가장 이상한 일로 여겨서 제일 먼저 언급한다. 왜냐하면, 평안히 죽는 것은 경건한 자들의 특별한 특권이라고 생각되어 왔지만(시 37:37), 겉으로 보기에는 죽을 때에 평안히 죽는 자들은 흔히 불경건한 자들이기 때문이다(4절): 그들은 죽을 때에도 고통이 없다. 그들은 폭력적인 죽음을 통해서 이 세상을 하직하는 것이 아니다. 그들은 어리석은 자들인데도, 어리석은 자들이 죽는 것 같이 죽지 않는다. 왜냐하면, 그들의 손이 결박되지 아니하였고 그들의 발이 차꼬에 채이지 아니하였기 때문이다(삼하 3:33-34). 그들은 익기 전에 나무에서 떨어지는 과실 같이 요절하지도 않고, 도리어 아주 늙어서 꼬부라질 때까지 살 만큼 다 살다가 세상을 평안히 떠난다. 그들은 고통스러운 중병에 걸려서 죽는 일도 없다. 그들은 죽을 때에도 고통이 없고 그 힘이 끝까지 강건하여서, 그들 자신이 죽어가는 것을 거의 느끼지 못한다. 그들은 마음에 고통을 품고 죽음으로 행복을 맛보지 못하는 자들이 아니라 기운이 충실하여 죽어서 안전하며 평안한 자들에 속한다(욥 21:23, 25). 또한, 그들은 죽는 순간에도 양심의 공포를 느끼거나 거기에 얽매이지 않는다. 그들은 그들이 저지른 죄악들을 기억하거나 앞으로 그들이 당하게 될 비참한 처지를 생각하고서 겁을 집어먹지 않고, 편안한 마음으로 죽는다. 우리는 어떤 사람이 죽을 때에 어떤 식으로 죽었느냐, 또는 평안히 죽었느냐 고통스럽게 죽었느냐에 따라서 그 사람이 죽음 너머에서 어떤 처지가

될 것인지를 판단할 수 없다. 사람들은 어린 양처럼 죽었지만 저 세상에서는 염소들과 그 자리를 함께 할 수도 있는 것이다.

(2) 그는 악인들이 그들의 겉으로의 형통을 지극히 악하게 사용하고, 그것을 통해서 그들의 악한 마음을 더욱 완악하게 하는 것을 목격하였고, 이것을 보고서 더욱 심하게 시험을 받게 되었다. 악인들의 형통이 그들에게 선한 것이 되었다면, 악인들이 형통함으로써 하나님을 덜 진노케 하고 사람들을 덜 압제하게 되었다면, 시편 기자는 악인들이 형통한 것에 대하여 결코 불평하지 않았을 것이다. 그러나 악인들의 형통은 그들에게 정반대의 효과를 가져다 주었다.

[1] 악인들은 형통하게 되자 더욱 교만하고 오만하여졌다. 그들은 편안한 삶을 살고 있었기 때문에 교만이 그들의 목걸이가 되었다(6절). 사람들이 자신의 장신구들을 보여주며 자랑하듯이, 그들은 그들의 형통함을 모든 사람들에게 과시하며 교만하게 행하였다. 이스라엘의 교만이 그 얼굴에 드러났도다(호 5:5; 사 3:9). 교만이 그들의 목걸이에 묶여 있다(하몬드 박사는 이렇게 해석한다). 목걸이를 하는 것은 전혀 해가 되는 것이 아니다. 그러나 목걸이에 교만이 묶여 있다면, 즉 허영심을 만족시키기 위하여 목걸이를 하는 것이라면, 그것은 더 이상 장신구라고 할 수 없다. 그것은 어떤 옷을 입고 있고 어떤 장신구를 하고 있느냐 하는 문제가 아니라(딤전 2:9) 그 옷이나 장신구를 통해서 어떤 원리가 표출되고 있고 사람이 그것을 어떤 정신으로 입고 있느냐 하는 문제가 된다. 죄인들의 교만이 그들이 입은 옷에서 드러나는 것과 마찬가지로, 그 교만은 그들의 말 속에서도 드러난다: 그들은 높은 데서 거만하게 말한다(8절). 그들은 허탄한 자랑의 말을 토하며 그들 자신을 과장하고 주변 사람들을 경멸한다(벧후 2:18). 그들은 마음속에 있는 커다란 교만으로부터 거만하게 말한다.

[2] 악인들은 형통함으로써 그들의 가난한 이웃들을 압제하게 되었다(6절): 강포가 그들의 옷이 되었다. 그들은 속임수와 압제를 통해서 얻은 것을 동일하게 악한 방법들을 사용해서 지키고 늘리며, 자신이 더욱 부자가 되고 자신을 더욱 과시할 수 있게 해주는 것이라면 남들에게 어떠한 해악을 끼치거나 어떠한 폭력을 사용하는 것도 개의치 않는다. 온 땅이 하나님 앞에 부패하여 포악함이 땅에 가득하였을 때에 그들은 옛적의 죄인들인 거인족처럼 부패한 자들이었다(창 6:11, 13). 그들은 악행 자체를 위해서나 그들 자신의 이익을 위해서나 그 어떤 악행이라도 서슴지 않고 저지른다. 그들은 압제에 관하여 악하게 말한다. 그들은

압제를 행하면서, 스스로를 정당화한다. 죄에 대하여 좋게 말하는 자들은 죄에 대하여 악하게 말하는 것이다. 그들은 부패하여 있고, 즉 쾌락들과 사치스러운 모든 것에 빠져 있고(어떤 이들은 이렇게 해석한다), 남들을 조롱하며, 악의적으로 말한다. 그들은 그들의 중상모략의 독화살로 인해서 누가 상처를 입든지 그런 것은 개의치 않는다. 그들은 높은 데서 압제를 말한다.

[3] 악인들은 형통함으로써 하나님과 사람을 향한 태도가 지극히 오만방자하게 되었다(9절). 그들의 입은 하늘에 두고서, 그들은 하나님과 그의 영광을 멸시하며, 하나님과 그의 능력과 공의에 도전한다. 그들은 그들의 손을 하늘로 뻗쳐서 하나님의 보좌를 흔들어 놓을 수 없다. 만약 그런 것이 가능했다면, 그들은 얼마든지 그렇게 했을 것이다. 그래서 그들은 그들의 입을 놀려서 하늘을 욕하는 것으로 그들의 악감을 푼다. 또한, 그들의 혀는 땅에 두루 다니면서, 닥치는 대로 그들에게 포착되는 모든 자들을 욕하고 능욕한다. 어떤 사람이 아무리 위대하거나 선하다고 하여도 그들의 독설의 회초리에서 피해 나갈 수는 없다. 그들은 온 인류를 조롱하는 것 속에서 자부심과 쾌락을 느낀다. 그들은 이 땅의 독충들이다. 왜냐하면, 그들은 하나님을 두려워하지도 않고 사람을 안중에 두지도 않기 때문이다.

[4] 그들은 지독한 무신론자들로서 이 모든 것들 위에 하나님께도 불경을 범하였다. 만약 그들이 하나님이 어찌 알랴. 지존자에게 지식이 있으랴고 말할 수 없었다면, 그들은 이렇게까지 악하게 되지 않았을 것이다(11절). 그들은 그들이 지금 가지고 있는 모든 좋은 것들을 그들에게 주셨을 뿐만 아니라 그것들을 잘 사용하는 법을 그들에게 가르쳐 주고자 하시는 하나님을 알고자 하지 않았기 때문에, 하나님께서 그들을 알고 계신다는 것, 그들의 악함을 알고 계시고 장차 그들에게 그 책임을 물으시리라는 것을 믿고자 하지 않았다. 마치 하나님은 지극히 높이 계시기 때문에(지존자) 그들을 볼 수도 없고 보고자 하지도 않는 것처럼 말이다(욥 22:12-13). 그렇지만 하나님은 지극히 높이 계신 분이기 때문에 모든 사람들을 아시고, 그들이 행하거나 말하거나 생각하는 모든 것을 아실 수 있으시고 아시고자 하신다. 무한한 지식을 가지고 계시고 그에게서 모든 지식이 나오는 그런 하나님께 그에게 지식이 있으랴고 반문하는 것보다 더 큰 모독이 어디 있겠는가? 시편 기자는 당연히 볼지어다. 이들은 악인들이다라고 말할 수밖에 없었다(12절).

(3) 그는 이렇게 악인들은 불경건한 짓을 하면서도 형통하고, 그들의 형통함에 의해서 더욱더 불경건해지는 반면에, 선한 자들, 특히 자기 자신은 큰 환난을 당하고 있는 것을 목격하였고, 이것으로 인하여 하나님의 섭리에 시비를 걸고자 하는 시험은 더욱 강해졌다.

[1] 그는 주위를 둘러보고서, 하나님의 백성들 가운데서 많은 수가 큰 환난에 처해 있는 것을 알았다(10절). "악인들이 이토록 당당하기 때문에, 그의 백성이 이리로 돌아온다. 그들은 나와 똑같은 처지에 놓여 있다. 그들은 나처럼 이러한 상황에 대하여 무슨 말을 해야 할지를 알지 못하고, 잔에 가득한 물을 다 마신다." 그들은 환난의 쓴 잔을 마셔야 할 뿐만 아니라 깊이 들여 마셔야 하고 다 마시게 되어 있다. 그들은 그 쓴 잔의 물을 한 방울이라도 흘리지 않도록 조심한다. 하나님께서 그들에게 그 물을 쥐어 짜듯이 다 마시게 하는 것은 그들로 하여금 그 잔의 찌꺼기들을 마시게 하기 위한 것이다. 그들은 악한 자들이 하나님을 모독하고 욕하는 것을 들을 때에 다윗과 같이 눈물을 펑펑 쏟는다(시 119:136). 이것이 하나님께서 그들에게 다 마시라고 주시는 물이다.

[2] 그는 섭리의 찌푸린 눈쌀 아래에서 끊임없이 고통을 느끼며 그 고통에 익숙해져 있었던 반면에, 악인들은 따사로운 햇살 아래에서 유유자적하게 노닐고 있었다(14절). 그는 이렇게 말한다: "나로 말할 것 같으면, 이런저런 환난 속에서 나는 종일 재난을 당하며, 아침이 오면 당연히 아침마다 징벌을 받았도다." 그에게 닥친 환난들은 심한 것이었다. 그는 징벌을 받았고 괴롭힘을 당하였다. 환난들은 주기적으로 아침마다 찾아왔고, 그것들은 중단됨이 없이 종일 지속되었다. 그는 하나님을 모독하는 자들은 형통하고, 하나님을 예배하는 자기는 그러한 극심한 환난 아래에 있다는 것이 거의 참기 어렵다고 생각하였다. 시편 기자는 자신이 당한 환난들에 대하여 말할 때에 실감나게 얘기하였다. 믿음을 제외한 감각으로 말하자면 논쟁의 여지가 없었다.

(4) 이 모든 일들로 인해서 그에게는 자신의 신앙을 던져 버리고자 하는 아주 강력한 시험이 생겨났다.

[1] 악인들이 형통하고, 그것에 비해서 의인들이 환난을 당하는 것을 지켜 본 자들 중에는 섭리를 부정하고, 하나님께서 이 땅을 버리셨다고 생각하고자 하는 시험에 이끌리는 자들이 있었다. 어떤 이들은 본문을 이런 식으로 해석한다(11절). 하나님에 대한 신앙을 고백하는 사람들 중에도 이렇게 말하는 자들이

있다: "하나님이 어찌 알랴. 분명히 모든 일들은 맹목적인 운명에 맡겨져 있고, 모든 것을 보시는 하나님에 의해서 이루어지는 것이 아니다." 이교도들 중에서 어떤 이들은 이와 같은 말을 토대로 해서 신들이 존재한다는 것을 누가 믿겠는가 (Quis putet esse deos)라고 반문하여 왔다.

[2] 시편 기자는 하나님의 전지하심을 의심할 정도까지 나아간 것은 아니었지만, 신앙이 가져다 주는 유익을 의심하고서, 내가 내 마음을 깨끗하게 하며 내 손을 씻어 무죄하다 한 것이 실로 헛되도다라고 말하고자 하는 유혹을 받았다(13 절). 여기서 신앙이 있다는 것이 무엇을 의미하는지를 보라. 그것은 무엇보다도 먼저 회개와 중생을 통해서 우리의 마음을 깨끗하게 하는 것이고, 그런 후에 우리의 삶을 전체적으로 변화시킴으로써 우리의 손을 씻어 무죄하게 하는 것이다. 이렇게 하는 것은 헛된 것이 아니고, 하나님을 섬기며 그의 율례를 지키는 것은 헛된 것이 아니다. 그러나 선한 자들은 악인들이 형통하는 것을 보고서 종종 "그것은 헛된 일이다"라거나 "신앙을 통해서 얻을 수 있는 것은 아무것도 없다"고 말하고자 하는 유혹을 받아 왔다. 그러나 지금은 현상적으로 어떻게 보일지라도, 마음이 청결한 자들, 저 복된 자들이 하나님을 보게 될 때 (마 5:8), 그들은 그들이 마음을 깨끗하게 한 것이 헛된 일이었다고 말하지 못하게 될 것이다.

[15]내가 만일 스스로 이르기를 내가 그들처럼 말하리라 하였더라면 나는 주의 아들들의 세대에 대하여 악행을 행하였으리이다 [16]내가 어쩌면 이를 알까 하여 생각한즉 그것이 내게 심한 고통이 되었더니 [17]하나님의 성소에 들어갈 때에야 그들의 종말을 내가 깨달았나이다 [18]주께서 참으로 그들을 미끄러운 곳에 두시며 파멸에 던지시니 [19]그들이 어찌하여 그리 갑자기 황폐되었는가 놀랄 정도로 그들은 전멸하였나이다 [20]주여 사람이 깬 후에는 꿈을 무시함 같이 주께서 깨신 후에는 그들의 형상을 멸시하시리이다

우리는 시편 기자가 하나님을 욕되게 하고도 형통하는 자들을 보고서 시기함으로써 얼마나 강력한 시험에 빠져 들게 되었는지를 보았다. 우리는 이제 여기에서 어떻게 그가 자신의 신앙을 견고하게 지키며, 승리하게 되었는지를 듣게 된다.

I. 그는 하나님의 백성을 존중하는 마음을 간직하고 있었고, 이것을 통해서 잘못된 말을 하는 것을 스스로 억제하였다(15절). 그는 점차적으로 승리를 거두게 되는데, 이것이 그가 얻은 첫 번째 승리였다. 그는 내가 내 마음을 깨끗하게 한 것이 실로 헛되도다라고 말하고 싶었고, 그렇게 말할 만한 충분한 이유가 있다고 생각하였지만, 다음과 같은 것을 생각하고서 자신의 입을 막았다: "내가 만일 스스로 이르기를 내가 그들처럼 말하리라 하였더라면, 나는 주의 자녀들의 세대에 대하여 반기를 들고 배교하며 너무도 끔찍한 범죄를 저지르는 것이 되고 말 것이다." 좀 더 살펴보자.

1. 그는 비록 잘못 생각하였지만, 그가 품은 악한 생각을 발설하지 않도록 조심하였다. 나쁜 생각을 하는 것은 악한 일이지만, 그것을 말하는 것은 더욱 악한 일이라는 것을 명심하라. 왜냐하면, 말로 표현하는 것은 악한 생각을 재가(裁可)하는 것이기 때문이다. 말로 표현하는 것은 악한 생각을 허용하고 동의하며, 그것을 밖으로 밝힘으로써 다른 사람들에게 해를 끼치는 것이다. 그러나 우리가 악한 생각을 마음에서 억누른다면, 우리는 그것에 대하여 회개한다는 것을 보여주는 것이기 때문에, 잘못은 우리 자신에게서 그치게 된다. 그러므로 내가 어리석어서 악한 생각을 하였다면, 지혜롭게 내 손으로 입을 막아서 그 악한 생각이 더 이상 진행되지 않게 하여야 한다(잠 30:32). 내가 만일 스스로 이르기를 내가 그들처럼 말하리라 하였다. 그의 부패한 마음은 악인들의 형통을 보고서 이러한 추론을 하게 하였지만, 그는 그런 말을 하는 것이 과연 합당한지 아닌지를 악인들에게 묻지 않았다. 우리는 한 번 말하기 전에 두 번 생각하여야 한다. 왜냐하면, 어떤 일들은 생각은 했지만 말해서는 안 될 것이 있기 때문이고, 두 번 생각하면 처음 생각했을 때에 잘못되었던 것들을 바로잡을 수 있기 때문이다.

2. 그가 말하고자 하지 않은 이유는 하나님께서 그의 자녀들로 삼으신 자들에게 범죄할까봐 걱정되었기 때문이었다.

(1) 이 세상에는 하나님의 자녀들의 세대를 이루고 있는 한 백성이 존재하고, 하나님을 그들의 아버지로 모시며 그 말씀을 청종하고 하나님을 사랑하는 한 무리의 사람들이 존재한다.

(2) 우리는 이 작은 자들 중 하나를 실족하게 하거나(마 18:6), 특히 그들의 세대를 실족하게 하고 그들의 마음을 슬프게 하며 그들의 손을 약하게 하고 그들

의 세력을 흔들어 놓는 것은 그 어떤 것이라도 말하거나 행하지 않도록 매우 조심해야 한다.

(3) 우리가 우리 마음을 깨끗하게 한 것이 헛되도다라거나 하나님을 섬기는 것이 헛되다고 말하는 것보다 하나님의 자녀들의 세대를 전체적으로 실족시키는 것은 없다. 왜냐하면, 어떤 사람이 하나님에 대하여 그렇게 생각한다고 말하는 것을 듣는 것보다 그들의 보편적인 정서와 체험에 더 반대되는 것은 없고 그들의 마음을 더 아프게 하는 것도 없기 때문이다.

(4) 악인들처럼 되고자 하는 자들은 실제로 하나님의 자녀들의 장막을 떠나고자 하는 것이다.

Ⅱ. 그는 악인들의 멸망을 내다보았다. 앞서의 것을 통해서 그가 이러한 시험을 어느 정도 억제할 수 있었던 것과 마찬가지로, 이것을 통해서 그는 시험에서 완전히 빠져 나올 수 있었다. 그는 주의 자녀들의 세대를 실족하게 함으로써 범죄할 것을 두려워하여 그가 지금까지 생각했던 것을 말로 표현하지 않았기 때문에, 하나님께서 악인들이 형통하게 내버려 두시는 이유가 무엇일까를 진지하게 생각할 수 있게 되었다(16절). "나는 내가 이해할 수 없는 하나님의 섭리가 무슨 의미를 지니고 있는지를 깨닫기 위하여 애를 썼다. 그러나 그것은 내게 심한 고통이었다. 나는 내 자신의 추론 능력을 통해서는 그 까닭을 찾아 낼 수 없었다." 그것은 단순한 자연의 빛에 의해서 해결될 수 있는 문제가 아니다. 왜냐하면, 현세의 삶 이후에 또 다른 삶이 존재하지 않는다면, 우리는 악인들의 형통을 하나님의 공의와 온전히 조화시킬 수 없기 때문이다. 그러자 그는 하나님의 성소에 들어 갔다(17절). 그는 기도하였고, 하나님의 속성들에 대하여 묵상하였다. 나타난 일은 우리와 우리 자손에게 속하였다. 그는 성경을 들여다 보았고, 성소에서 섬기는 제사장들의 말도 들어 보았다. 그는 이 문제가 그에게 분명하게 깨달아지게 하시고, 그를 도우셔서 이 난관을 극복할 수 있게 해 달라고 하나님께 기도하였다. 마침내 그는 악인들의 처참한 종말을 깨달았고, 악인들이 너무도 비참한 종말을 맞으리라는 것을 아주 분명하게 내다보았기 때문에, 그들이 아무리 형통하고 번성한다고 할지라도 그들은 시기의 대상이 아니라 불쌍히 여길 대상이라는 것을 깨달았다. 왜냐하면, 그들은 멸망받기 위해서 무르익어 가고 있는 중이기 때문이다. 하나님의 성소에 들어가서 말씀을 읽고 기도해야만 우리가 알 수 있는 많은 큰 일들, 우리가 꼭 알아야 할 일

들이 있다는 것을 명심하라. 그러므로 성소는 시험 중에 있는 영혼이 자주 드나들어야 하는 곳이 되어야 한다. 또한, 우리는 사람들과 일들을 겉모습이 아니라 하나님의 계시의 빛 아래에서 판단하여야 한다. 그럴 때에 우리는 의로운 판단을 하게 될 것이다. 우리는 특히 그 결말을 보고서 판단하여야 한다. 결말이 좋은 것, 그 결말이 영원히 좋은 것은 정말 좋은 것이다. 그러나 결말이 나쁜 것, 그 결말이 영원히 나쁜 것은 좋지 않은 것이다. 의로운 자의 환난은 결국 평안으로 끝나기 때문에, 그는 복된 자이다. 악인이 누리는 것들은 결국 멸망으로 끝나기 때문에, 그는 비참한 자이다.

1. 악인들의 형통은 짧고 불확실하다. 하나님께서 섭리를 통해서 악인들을 두시는 높은 곳은 미끄러운 곳이기 때문에(18절), 거기에서 그들은 오랫동안 버틸 수가 없다. 그러나 그들이 좀 더 높은 곳으로 올라가고자 할 때, 그들의 그러한 시도는 그들이 미끄러져서 떨어지는 계기가 될 것이다. 그들의 형통은 견고한 토대를 갖고 있지 않다. 그것은 하나님의 은총이나 약속 위에 세워져 있지 않다. 그들은 그들의 형통이 견고한 토대 위에 세워져 있다는 만족감을 가질 수 없다.

2. 그들의 멸망은 확실하고 갑작스러우며 아주 심하다. 이 말씀은 그들이 현세에 있어서 당하게 될 멸망을 말하는 것이 될 수 없다. 왜냐하면, 그들은 그들의 날을 행복하게 지내다가 죽을 때에도 고통이 없는 것으로 전제되고 있기 때문이다. 한순간에 그들은 무덤으로 내려가기 때문에, 그것은 그들의 멸망이라고 할 수가 거의 없다. 그러므로 이 말씀은 죽음 너머에서의 영원한 멸망 ― 음부와 멸망 ― 을 의미하는 것으로 이해되어야 한다. 그들은 잠시 번성하지만, 영원히 멸망을 받게 된다.

(1) 그들의 파멸은 확실하고 피할 수 없다. 시편 기자는 이것에 대하여 마치 그 일이 이미 이루어진 것처럼 말한다 ― 그들은 파멸에 던져졌다. 왜냐하면, 그들의 멸망은 이미 이루어진 것이나 다름없는 것처럼 확실하기 때문이다. 그는 하나님께서 이 일을 하시는 것으로 말하고 있기 때문에, 그 누구도 이 일을 막을 수 없다: 주께서 그들을 파멸에 던지신다. 그것은 전능자에게로부터 오는 멸망이고(욥 1:15), 주의 권능의 영광으로부터 오는 멸망이다(살후 1:9). 하나님께서 던지시는 자들, 하나님께서 짐을 지우시는 자들을 누가 떠받칠 수 있겠는가?

(2) 그들의 파멸은 신속하고 갑작스럽다. 그들의 파멸은 서서히 진행되는 것이 아니다. 그들이 어찌하여 그리 갑자기 황폐되었는가(19절). 그들의 파멸은 너무도 쉽게 이루어져서, 그들 자신에게나 주위의 모든 사람들에게 너무도 뜻밖의 일이 될 것이다.

(3) 그들의 파멸은 그 정도가 심하고 심히 두려운 것이다. 그것은 총체적이고 최종적인 파멸이다: 놀랄 정도로 그들은 전멸하였나이다. 그들이 원수로 삼았던 전능자에 대한 공포가 죄책감에 젖은 그들의 양심을 옥죄어서, 그들이 거기에서 빠져 나올 수도 없고 힘을 낼 수도 없는 것이 저주받은 자들의 비참한 처지이다. 그러므로 그들의 존재가 아니라 그들이 누렸어야 할 지극한 복이 그들의 양심의 가책에 의해서 완전히 삼켜지게 된다. 그들에게는 조금의 위로나 소망도 남아 있지 않게 된다. 그들이 이 세상에서 형통하여 더 높이 올라간 정도만큼, 그들이 멸망에 던져지고 갑자기 황폐되었을 때에 그들은 더 심하게 떨어지게 될 것이다.

3. 그러므로 그들의 형통은 시기의 대상이 아니라 멸시의 대상으로서 타산지석(quod erat demonstrandum)이 되어야 한다(20절). 주여 사람이 깬 후에는 꿈을 무시함 같이 주께서 깨신 후에는(어떤 이들은 그들이 깬 후에는이라고 해석한다) 그들의 형상, 즉 그들의 그림자를 멸시하여 소멸시키시리이다. 큰 심판의 날에(갈대아 역본에서는 이렇게 의역하고 있다) 그들이 무덤에서 깨어날 때에 주께서는 진노 중에 그들의 형상을 멸시하시리이다. 왜냐하면, 그들은 다시 깨어나 수치를 당하여서 영원히 부끄러움을 당하게 될 것이기 때문이다. 좀 더 살펴보자.

(1) 지금 악인들이 형통하는 것은 과연 무엇인가. 그것은 단지 이미지, 눈에 보이는 헛 것, 지나가 버릴 세상의 형적일 뿐이다. 그것은 실제로 존재하는 것이 아니라 상상 속에 있는 것이고, 그것이 사람을 행복하게 만든다는 것은 단지 헛된 상상일 뿐이다. 그것은 실체가 아니라 단순한 그림자에 불과하다. 그것은 겉으로 그렇게 보이는 것이 아니고, 우리가 그것으로부터 기대하는 그런 것도 아니라는 것이 장차 증명될 것이다. 그것은 우리가 잠들어 있는 동안에는 우리를 약간 즐겁게 해 주지만 우리의 단잠을 방해하는 꿈일 뿐이다. 그것은 아무리 우리를 즐겁게 한다고 할지라도, 결국 거짓된 것, 속임수에 불과하다. 우리는 깨어났을 때에 그것이 그렇다는 것을 알게 된다. 주린 자가 꿈에 먹었을지라도 깨면 그 속은 여전히 비어 있다(사 29:8). 어떤 사람이 꿈에서 부자가 되

고 높은 자리에 올랐다고 해서 실제로 그가 부자가 되거나 높은 자리에 있게 되는 것은 결코 아니다. 그러므로 어떤 사람이 꿈에서 즐거운 일을 겪었다고 해서 그 사람을 시기할 자가 누가 있겠는가?

(2) 악인들의 형통의 결말은 무엇이 될 것인가. 하나님께서는 자기 자신과 그의 백성의 상처를 변호하시기 위하여 심판하러 깨어나실 것이다. 그 때에 그들은 그들의 육신적인 안락의 잠에서 깨어나게 될 것인데, 그 때에 하나님은 그들의 형상을 멸시하실 것이다. 하나님께서는 그것이 얼마나 멸시받을 만한 것인지를 온 세상에 밝히 드러내실 것이다. 따라서 의인들은 그들을 비웃게 될 것이다(시 52:6-7). 하나님은 어리석은 자여 오늘 밤에 네 영혼을 도로 찾으리니 그러면 네 준비한 것이 누구의 것이 되겠느냐(눅 12:19-20)고 말씀하시면서 저 부자의 형상을 멸시하셨다. 하나님의 판단은 진리에 따라 이루어지기 때문에, 우리는 하나님의 마음을 가지고서, 하나님께서 지금 멸시하시고 장차 멸시하실 것을 부러워하거나 시기해서는 안 된다. 왜냐하면, 하나님께서는 조만간에 온 세상을 그의 뜻대로 심판하실 것이기 때문이다.

[21]내 마음이 산란하며 내 양심이 찔렸나이다 [22]내가 이같이 우매 무지함으로 주 앞에 짐승이오나 [23]내가 항상 주와 함께 하니 주께서 내 오른손을 붙드셨나이다 [24]주의 교훈으로 나를 인도하시고 후에는 영광으로 나를 영접하시리니 [25]하늘에서는 주 외에 누가 내게 있으리요 땅에서는 주 밖에 내가 사모할 이 없나이다 [26]내 육체와 마음은 쇠약하나 하나님은 내 마음의 반석이시요 영원한 분깃이시라 [27]무릇 주를 멀리하는 자는 망하리니 음녀 같이 주를 떠난 자를 주께서 다 멸하셨나이다 [28]하나님께 가까이 함이 내게 복이라 내가 주 여호와를 나의 피난처로 삼아 주의 모든 행적을 전파하리이다

보라, 여기서 삼손의 다음과 같은 수수께끼가 풀린다: 먹는 자에게서 먹는 것이 나오고 강한 자에게서 단 것이 나왔느니라. 왜냐하면, 우리는 여기에서 시편 기자가 그가 빠졌던 저 심한 시험을 극복하고서 그 시험을 통해서 더 나은 신앙으로 성숙하게 된 것으로 읽을 수 있기 때문이다. 넘어지기는 했지만 엎드러지지 않은 사람은 다시 일어났을 때에 훨씬 더 많이 앞으로 나아갈 수 있게 된다. 여기에서 이 시편 기자도 그러하였다. 그는 자신에게 닥친 시험과

시름에서 승리함으로써 그 과정에서 많은 선한 교훈들을 배웠다. 하나님께서는 그의 백성에게 충분한 은혜를 주셔서 시험에서 그들이 해를 입지 않게 하시고 도리어 유익을 얻게 할 수 없다면 그들로 하여금 시험을 당하도록 내버려 두지 않으실 것이다. 하나님의 백성들에게는 시험조차도 합력하여 선을 이루게 될 것이다.

I. 그는 자기 자신에 대하여 아주 겸손하게 생각하여, 하나님 앞에서 스스로를 낮추고 자기가 어떤 자인지를 스스로 인정하는 법을 배웠다(21-22절). 그는 자기가 시험에 빠져서 싸우는 동안에 쓸데없이 괴로워하며 얼마나 큰 미혹과 위험에 빠지게 되었는지를 회상하며 부끄러워한다: 신장 결석으로 인한 통렬한 고통을 겪는 자처럼 내 마음이 산란하며 내 양심이 찔렸나이다. 어느 때든지 악한 생각이 선한 자의 마음속에 들어오게 되면, 그는 그 악한 생각을 달콤한 사탕처럼 그의 혀 아래에서 굴리는 것이 아니라, 그의 마음은 무거워지고 고통스러워진다. 바울에게 시험은 육체의 가시 같은 것이었다(고후 12:7). 시편 기자가 겪은 시험, 즉 시기와 불만족의 시험은 다른 그 어떤 시험만큼이나 고통스러운 것이었다. 시기가 계속될 때에 그것은 **뼈를 썩게 하는 것**이다(잠 14:30). 시기가 종종 간헐적으로 찾아올 때에 그것은 신장(腎臟)을 찌르는 것이 된다. 안절부절하는 것은 부패한 것이기는 하지만 그 자체로 치유력을 가지고 있다. 시편 기자는 자기가 당한 시험을 회상하면서 다음과 같이 한다.

1. 그는 자기가 이렇게 안절부절하며 괴로워한 것이 어리석은 짓이었다는 것을 고백한다: "내가 이같이 우매 무지함으로 나 자신을 고문하고 괴롭게하였나이다." 투정을 잘 부리는 사람들은 이렇게 그들이 만족하지 못하고 불평한 것에 대하여 스스로를 책망하며 부끄러워하여야 한다. "내가 이렇게 이유없이 안절부절한 것이 얼마나 어리석은 짓인가?"

2. 그는 자기가 이 일로 인하여 안절부절하며 스스로를 괴롭힌 것이 자신의 무지 때문이었다고 고백한다. "내가 마땅히 알아야 할 것에 대하여 무지하였기 때문에 그렇게 되었나이다. 만약 내가 그것을 올바르게 알았더라면, 나의 불평을 잠재우기에 충분하였을 것이나이다. 나는 주 앞에 짐승(베헤못: 큰 짐승)이었나이다. 짐승들은 오직 현재의 일만을 신경쓸 뿐이고, 장차 있을 일을 결코 내다 보지 않는데, 내가 그랬나이다. 내가 크게 어리석은 자가 아니었다면, 나는 결코 별것도 아닌 시험이 나를 이토록 깊이 지배하게 내버려 두지 않았을 것이

나이다. 이게 도대체 무슨 일입니까! 악인들이 형통한다고 하여 그들을 시기하고 부러워하며, 나도 그들처럼 되어서, 내 신세가 활짝 펴지기를 바라다니요! 내가 이같이 우매하였나이다." 선한 자들이 어느 때든지 갑작스럽게 닥쳐온 강력한 시험으로 인해서 잘못 생각하거나 말하거나 행한 후에 그들의 잘못을 깨닫게 되었을 때, 그들은 그 일을 회상하며 슬퍼하고 부끄러워하며 자신을 미워하면서, 그들 자신을 우매한 자라고 부르게 되는 법이다. 나는 다른 사람에게 비하면 짐승이라(잠 30:2; 욥 42:5-6). 다윗도 그렇게 하였다(삼하 24:10).

II. 다윗은 이 기회를 이용해서, 그가 하나님을 의지하고 있고 하나님의 은혜에 빚지고 있다는 것을 고백한다(23절). "내가 비록 우매하지만, 그럼에도 불구하고 내가 항상 주와 함께 하고 주의 은총 속에 있음으로 주께서 내 오른손을 붙드셨나이다." 이것은 다음 둘 중의 하나를 가리키는 것이다.

1. 하나님께서 그를 처음부터 이제까지 내내 보살펴 주시고 인자하심을 베풀어 주신 것. 그는 시험을 당할 때에 나는 종일 재난을 당하였도다라고 말했었다(14절). 그러나 여기에서 그는 그러한 절절한 하소연을 수정하는 말을 한다. "하나님께서 나를 징계하셨지만 완전히 버리신 것은 아니었다. 내 삶의 모든 십자가들에도 불구하고 나는 항상 주와 함께 하였다. 주의 임재하심이 나와 함께 하였고, 내가 주의 이름을 부를 때마다 주께서는 내게 가까이 오셨다. 그러므로 나는 당혹스러워하긴 했지만 절망에 빠지지는 않았다. 하나님께서는 종종 내게 쓰라린 일들을 맛보게 하셨지만, 여전히 내 오른손을 붙드셔서, 내가 하나님을 버리거나 하나님으로부터 도망가지 않도록 나를 지켜 주셨고, 내가 짐이 무거워서 가라앉거나 기진하지 않도록 해 주셨으며, 내가 걸어가는 광야 길에서 길을 잃지 않도록 보호해 주셨다." 우리가 지금까지 하나님과 동행하여 왔고, 우리의 도리를 잘 지켜 왔으며, 흠없이 행해왔다면, 우리는 이 모든 것이 하나님께서 거저 은혜를 베푸셔서 우리를 보호하신 덕분임을 고백하여야 한다: 하나님의 도우심을 받아 내가 오늘까지 서 있다. 하나님께서 이렇게 우리의 영적인 삶을 지켜 주시고, 우리로 하여금 영생을 맛보며 살게 하셨다면, 우리는 현세에서 우리가 어떠한 재난을 만난다고 하여도 불평해서는 안 된다.

2. 그가 최근에 이러한 강력한 시험을 극복하고서 이겨내는 과정에서 하나님의 강력한 은혜를 체험하게 된 것. "나는 어리석고 무지하였지만, 주께서는 나를 불쌍히 여기시고 가르치셔서(히 5:2), 나를 주의 보호하심 아래에 두셨다."

왜냐하면, 사람의 무가치함은 하나님께서 사람에게 거저 은혜를 주시는 것에 아무런 장애도 되지 않기 때문이다. 우리는 우리가 시험을 당해서 무사히 그 시험을 이겼을 때에 그것을 우리 자신의 지혜 덕분이라고 생각해서는 안 된다. 왜냐하면, 우리는 어리석고 무지하기 때문이다. 우리가 시험을 이길 수 있는 것은 하나님의 은혜로운 임재가 우리와 함께 하고, 우리의 믿음이 떨어지지 않도록 그리스도께서 우리를 위하여 드리신 중보 기도가 효력을 발휘하기 때문이다. "나는 거의 넘어질 뻔하였고, 십중팔구 넘어져서 다시는 일어날 수 없을 것이라고 생각하였지만, 주께서는 내 오른손을 붙드셔서, 나로 하여금 넘어지지 않게 해주셨다."

III. 그는 사도 바울처럼 이 악한 일에서 그를 건져내신 하나님께서 그의 천국에 들어가도록 자기를 보존해 주시기를 소망하도록 스스로를 격려하였다(딤후 4:18).   "나는 지금 주께 붙잡혀 있사오니, 주께서 주의 교훈으로 나를 인도하시고, 주께서 이제까지 행하신 것처럼 수많은 어려운 걸음들을 인도하여 주소서. 나는 지금 항상 주와 함께 있음으로, 주께서는 후에 영광으로 나를 영접하시리라(24절)." 이것이 성도들이 결국 받게 될 복이기 때문에, 그들은 죄인들이 이 세상에서 형통하는 것을 시기하거나 부러워할 이유가 전혀 없다.

  1. 하나님께 자기 자신을 의탁하는 모든 자들은 하나님의 모략, 최고의 모사들인 하나님의 말씀과 그의 성령의 모략으로 인도하심을 받게 될 것이다. 시편 기자는 이 시험을 겪으면서 하나님의 교훈을 따라야 한다는 것을 배우는 데에 상당한 대가를 치렀기 때문에, 장래에는 하나님의 조언을 반드시 따르겠다고 결심한다. 하나님께서는 그의 교훈을 따르기로 결심하고서 부지런히 그의 뜻을 구하는 자들에게 반드시 자신의 교훈을 허락하실 것이다.

  2. 이 세상에서 하나님의 교훈에 의해서 인도하심을 받는 모든 자들은 저 세상에서 하나님의 영광으로 영접받게 될 것이다. 우리가 하나님께서 우리 안에서 영광을 받으시게 하는 것을 우리의 목적으로 삼는다면, 하나님께서는 우리가 결국 하나님과 더불어 영광을 누리며 영원히 복되게 해주실 것이다. 이것을 생각할 때에 우리는 죄인들을 결코 시기하거나 부러워하지 말고, 도리어 우리가 복되다는 것에 대하여 감사하여야 한다. 하나님께서 우리를 인도하셔서 우리로 하여금 마땅히 행할 길을 가게 하시고, 우리가 곁길로 나가는 것을 막아주신다면, 나중에 우리가 스스로를 단련하고 준비하는 기간이 끝난 후에는 우

리를 그의 나라와 영광으로 영접하실 것이다. 이러한 것을 믿고 소망하며 바라볼 때에 우리는 지금 우리를 당혹스럽게 하는 온갖 암울한 섭리들을 편한 마음으로 받아들일 수 있게 되고, 몇몇 위협적인 시험들에 의해서 우리가 겪는 고통을 좀 더 쉽게 받아들일 수 있게 될 것이다.

Ⅳ. 그는 이 일을 통해서 더욱 정신을 차리고서 하나님을 더 견고하게 붙들게 되었고, 그가 하나님을 택한 것에 대하여 훨씬 더 큰 확신과 위로를 받게 되었다(25-26절).   이제 그의 생각은 이 세상에서 형통하는 악인들의 행복보다 훨씬 더 큰 자기 자신의 행복, 즉 그가 하나님 안에서 누리는 행복에 맞춰지면서, 그는 큰 기쁨을 갖게 된다. 그는 그가 창조주 안에서 훨씬 더 크고 좋고 확실하며 달콤한 위로들을 가지고 있고, 이런 이유 때문에 그가 자기 자신을 축하해야 한다는 것을 알았을 때에 악인들이 피조물 속에서 누리는 쾌락을 시기할 이유가 전혀 없다는 것을 깨닫게 되었다. 그는 자기가 받는 환난들에 대하여 하소연하였었다(14절). 그러나 하나님께서 내 편이시면, 모든 것이 잘 된다는 생각을 했을 때에 그의 마음은 아주 가볍고 편안해졌다. 우리는 여기에서 악인들이 세상에서 그들의 형통을 통해서 거짓과 가상으로 느끼는 행복을 한 의인이 진정으로 맛보면서 그의 거룩한 영혼이 하나님을 향하여 숨쉬며 하나님 안에서 안식하는 모습을 보게 된다: 하늘에서는 주 외에 누가 내게 있으리요. 모든 시편들 중에서 하나님에 대한 한 영혼의 경건하고 헌신적인 사랑을 이 구절보다 더 생생하게 표현하고 있는 구절은 없다. 여기에서 그 영혼은 하나님을 향하여 솟아오르며 하나님 뒤를 힙겹게 쫓아가고 있지만, 하나님 안에서 온전한 만족과 평안을 누린다.

1. 이 말씀 속에는 오직 하나님만이 인간의 지극한 즐거움이자 최고의 선이라는 의미가 내포되어 있다. 영혼을 지으신 하나님만이 오직 영혼을 행복하게 해 줄 수 있다. 하나님 외에는 영혼을 행복하게 해 줄 수 있다고 나설 수 있는 자가 하늘에서나 땅에서 존재하지 않는다.

2. 따라서 여기에는 하나님을 향한 영혼의 움직임들과 호흡들이 표현되어 있다.

(1) 하나님이 우리의 지극한 복이시라면, 우리는 하나님을 소유하여야 하고 (주 외에 누가 내게 있으리요), 하나님을 선택하여야 하며, 하나님 안에 우리의 분깃을 가져야 한다. 하나님이 영혼들의 지극한 복이라고 하더라도, 하나님이

우리 영혼의 지극한 복이 아니고, 우리가 살아 있는 믿음을 통해서 하나님을 우리의 하나님으로 섬기지 않고, 영원한 언약을 통해서 하나님과 관계를 맺지 않는다면, 그것이 우리에게 무슨 소용이 있겠는가?

(2) 하나님이 우리의 지극한 복이라면, 우리는 하나님을 원하여야 하고, 우리의 기쁨이 하나님 안에 있어야 한다(원어는 이 두 가지를 다 의미한다). 우리는 하나님과 관련하여 우리가 갖고 있는 것을 기뻐하여야 하고, 하나님과 관련하여 우리가 소망하는 것을 원하여야 한다. 우리의 소원들은 하나님께 드려져야 할 뿐만 아니라, 우리의 모든 소원은 하나님을 종착지로 삼아서, 하나님 외에는 아무것도 원하지 않고, 더욱더 하나님만을 원하여야 한다. 주여, 우리에게 주님 자신을 주옵소서라는 기도 속에는 우리의 모든 기도가 들어 있고, 내가 너희에게 하나님이 되리라는 하나님의 약속 속에는 하나님의 모든 약속이 들어 있다. 우리 영혼이 사모하는 것은 주의 이름이나이다.

(3) 우리는 다른 어떤 것보다 먼저 하나님을 선택하고 원하여야 한다.

[1] "하늘에서는 주 외에 아무도 없나이다. 주 외에는 내가 구하거나 의지할 자가 없으며, 내가 그 은총을 구하거나 사귀고 싶은 자가 없나이다." 하나님은 그 자체로 그 어떤 천상의 존재보다도 영화로우시기 때문에(시 89:6), 우리는 오직 하나님만을 원하여야 한다. 하늘에는 뛰어난 존재들이 있지만, 오직 하나님만이 우리를 복되게 하실 수 있다. 하나님의 은총은 우리에게 하늘에서 내리는 이슬의 상쾌함 또는 하늘의 별들의 선한 감화보다 무한히 더 복되고, 하늘의 성도들과의 교제나 하늘의 천사들의 직분보다 무한히 더 좋은 것이다.

[2] 땅에서는 주 밖에 내가 사모할 이 없나이다. 우리가 별로 잘 알지 못하는 저 먼 곳에 있는 하늘에서만이 아니라 우리가 많은 친구들을 가지고 있고 우리의 현재의 이해관계와 관심이 많이 얽혀 있는 이 땅에도 우리가 사모할 자가 없다. "대부분의 사람들은 이 땅에서 자신의 소원들을 이루어 가지만, 내게는 이 땅에서 주를 제외하고는 원하는 사람이나 일이나 소유나 즐거움이 없고, 주와 비견할 만한 것이 없나이다." 우리는 하나님 외에 아무것도 원하지 않아야 하고, 하나님을 위한 것만을 원하여야 하며(주를 위한 것을 제외하고는 주 외에 아무것도), 우리가 하나님으로부터 원하는 것 외에는 아무것도 원하지 않아야 하고, 하나님 안에서 이루어진 것 외에는 아무것도 만족할 수 없다. 우리는 우리를 복되게 함에 있어서 하나님과 동역자가 되는 데에 꼭 필요한 것으로서 하나

님 외에 아무것도 원하지 않아야 한다.

(4) 하나님이 우리의 지극한 복이라면, 우리는 온전한 만족감 속에서 하나님 안에서 안식하여야 한다(26절). 좀 더 살펴보자.

[1] 큰 곤고함과 환난이 전제됨: 내 육체와 마음은 쇠약해 있다. 다른 사람들이 육체와 마음이 쇠약해진 것을 체험하였기 때문에, 우리도 그럴 것을 예상하여야 한다. 육체는 병이 들거나 나이가 먹거나 죽음으로써 쇠하게 될 것이다. 뼈와 살에 영향을 주는 것은 우리의 연약한 부분, 우리가 너무도 소중히 여겨 온 부분에 영향을 준다. 육체가 쇠할 때, 마음도 쇠하기 쉽다. 행실과 용기와 위로도 쇠약해진다.

[2] 이러한 곤경 속에서 최고의 구원이 주어짐: 그러나 하나님은 내 마음의 힘이시요 영원한 분깃이시라. 은혜를 받은 영혼들은 아무리 큰 곤경 속에서도 그들의 영적인 힘이자 영원한 분깃이신 하나님을 의지한다는 것을 명심하라. 첫째, "하나님은 내 마음의 힘, 내 마음의 반석, 나를 지탱해 주어서 가라앉지 않게 할 견고한 토대가 되신다. 하나님은 내 마음의 힘이시다. 나는 하나님께서 그런 분이시라는 것을 체험해 왔다. 나는 하나님께서 그런 분이시라는 것을 여전히 체험하고 있고, 앞으로도 영원히 그렇게 되기를 소망한다." 그는 자기가 곤경을 겪으면서 육체와 마음이 둘 다 쇠약해졌다고 자신의 처지를 표현하였었다. 그러나 그는 자신의 구원을 위해서는 오직 하나, 즉 마음에 집중한다. 그는 육체에 대한 고려를 배제한 채, 하나님이 그의 마음의 힘이시라는 것으로 충분하다고 여긴다. 그는 육체에 대해서는 신경쓰지 않고 오직 영혼에 관심을 가지고서 속사람이 힘을 얻으면 충분하다고 생각하는 자처럼 말한다(육체가 죽으면, 돌이킬 방도가 없음에도 불구하고). 둘째, "하나님은 나의 영원한 분깃이시다. 하나님은 내가 여기에 있는 동안에 나를 지탱해 주실 뿐만 아니라, 내가 이 곳을 떠난 후에도 나를 복되게 해주실 것이다." 성도들은 하나님을 그들의 분깃으로 선택하여 가지고 있는 자들인데, 하나님이 그들의 분깃, 죽지 않는 영혼이 지속되는 한 영원히 지속될 분깃이 되시리라는 것이 그들의 행복이다.

V. 이것을 그는 시험을 당했을 때 성소에서 알게 되었고, 따라서 그것을 결코 잊지 못할 것이다(27절). "무릇 주를 멀리하는 자들, 주를 멀리 떠나서 방황하며, 전능자가 그들을 떠나기를 원하는 자들은 반드시 망하리라. 그들의 운명은 그렇게 될 것이다. 그들은 하나님을 멀리하기로 선택하였으니, 영원히 하나

님으로부터 멀리 있게 될 것이다. 주를 떠나서 음녀에게로 가는 모든 자들을 주께서 다 멸하셨나이다. 즉, 하나님을 섬기기로 고백하고 맹세하고 나서, 하나님을 저버리고, 하나님에 대한 그들의 도리를 저버리며, 하나님과의 교통을 버리고서, 낯선 자의 품에 안긴 모든 배교자들은 멸망을 당하게 되리라." 그들이 받을 심판은 중하여서 그들은 반드시 멸망받게 될 것이다. 그것은 보편적인 심판이 될 것이다. "그들은 모두 예외없이 멸해질 것이다." 그 심판은 확실하다. "주께서 멸하셨나이다. 그것은 너무도 확실하여서 이미 이루어진 일처럼 표현된다. 몇몇 악인들의 멸망은 모든 악인들이 멸망받게 될 것을 보여주는 맛보기이다." 하나님께서 직접 그 일을 하실 것인데, 하나님의 손에 빠져 들어가는 것은 두려운 일이다. "주는 무한히 선하신 분이시지만 주의 영광을 손상시킨 것과 주의 인내를 악용한 것에 대해서는 반드시 책임을 물어서, 주를 떠나 음녀에게로 간 자들을 멸하실 것이다."

Ⅵ. 그는 크게 고무되어서, 하나님을 단단히 붙잡고 의지하기로 결심한다(28절). 하나님을 멀리하는 자가 망하게 되어 있다면, 다음과 같은 결론들이 도출된다.

1. 우리는 하나님과 교통하며 살아야 한다. "하나님을 멀리 떠나 살아가는 자들이 이렇게 험한 꼴을 당하게 된다면, 하나님을 가까이 하고, 하나님께서 내게 가까이 하시도록 하는 것은 매우 좋은 일, 최고로 좋은 일, 이 세상에서 사람이 가장 신경을 써서 추구해야 할 좋은 일이고, 내게 가장 좋은 일이다." 원문은 두 가지로 해석될 수 있다. 그러나 내 편으로 보아서는(나는 이렇게 해석하고자 한다) 하나님께 가까이 함이 내게 좋은 일이다. 우리가 하나님께 가까이 할 수 있는 것은 하나님께서 우리에게 가까이 다가오시기 때문이다. 이러한 복된 만남은 지극한 복을 만들어 낸다. 여기에는 위대한 진리가 제시되어 있다: 하나님을 가까이 하는 것이 선하다. 그러나 이 진리의 생명은 구체적인 적용에 있다: "그것은 내게 선하다." 자기 자신을 위해서 무엇이 선한 것인지를 아는 자들은 지혜로운 자들이다. "하나님께 가까이 함이 복이고 내게 복이다라고 그는 말한다(그리고 모든 사람이 그의 말에 동의할 것이다). 그것이 내가 해야 할 도리이고 내게 유익이 되는 일이다."

2. 우리는 끊임없이 하나님을 의지하여 살아야 한다. "내가 주 여호와를 나의 의지처로 삼아, 음녀처럼 주를 떠나서 어떤 다른 피조물을 결코 의지하지 아니

하겠나이다." 악인들은 그들의 모든 형통에도 불구하고 결국 멸망받을 것이기 때문에, 우리는 악인들과는 달리 세상적인 형통이 아니라 여호와 하나님을 의지하여야 한다(시 146:3-5을 보라). 우리는 하나님을 의지하고서, 악인들에 대하여 속을 태우거나 두려워하지 않아야 한다. 우리는 악인들보다 더 좋은 분깃을 위하여 하나님을 의지하여야 한다.

3. 우리가 그렇게 하기만 한다면, 우리는 하나님의 이름을 찬송할 기회를 갖게 되리라는 것을 의심하지 않아야 한다. 우리는 여호와를 의지하고서, 그가 행하신 모든 일들을 전파하여야 한다. 정직한 마음으로 하나님을 의지하는 자들에게는 하나님께 감사할 일들이 결코 떨어지지 않을 것이다.

제 74 편

개요

이 시편은 느부갓네살과 갈대아인들의 군대가 예루살렘과 성전을 멸망시킨 일을 아주 구체적으로 묘사하고 있고, 유대 역사 속에서 일어난 그 어떤 다른 사건에 적용되기가 매우 어렵기 때문에, 해석자들은 이 시편이 다윗 시대에 다윗이나 아삽이 그 슬픈 사건을 예언적으로 내다보면서 쓴 것이거나(그렇지만 이 가능성은 그렇게 크지 않다) 포로기 시대에 살았던 또 다른 아삽 또는 예레미야(이 시편의 내용은 그의 애가와 맥을 같이 하기 때문에) 또는 그 밖의 어떤 선지자가 이 시편을 써서, 포로 생활에서 돌아온 후에 교회 예배용으로 사용하도록 아삽의 자손들에게 넘겨 주었을 것이라고 생각한다. 아삽 가문은 에스라 시대에 찬양을 담당했던 가문들 중에서 가장 뛰어난 가문이었다(스 2:41; 3:10; 느 11:17, 22; 12:35, 46을 보라). 시편 기자는 여기에서 당시에 하나님의 백성이 겪었던 처참한 일을 여호와 앞에 낱낱이 고하며 그 사정을 아뢰고 있다. I. 이 선지자는 교회의 이름으로 기도를 통해서 올려 드리는 그들의 소원을 생생하게 전달하기 위하여 그들이 겪었던 참상을 탄식하며 호소한다(1-11절). II. 그는 기도를 통해서 그들의 믿음을 격려하기 위하여 위로가 되는 호소들을 제시한다(12-17절). III. 그는 그들을 구원해 달라고 하나님께 여러 가지로 간구하는 것으로 끝을 맺는다(18-23절). 이 시편을 노래할 때, 우리는 교회의 지체로서 교회가 이전에 겪었던 참상들을 가슴 아파하여야 하고, 이 말씀을 교회가 지금 겪고 있는 곤경이나 참상에 적용할 수 있을 것이다.

[아삽의 마스길]

¹하나님이여 주께서 어찌하여 우리를 영원히 버리시나이까 어찌하여 주께서 기르시는 양을 향하여 진노의 연기를 뿜으시나이까 ²옛적부터 얻으시고 속량하사 주의 기업의 지파로 삼으신 주의 회중을 기억하시며 주께서 계시던 시온 산도 생각하소서 ³영구히 파멸된 곳을 향하여 주의 발을 옮겨 놓으소서 원수가 성소에서 모든 악을 행하였나이다 ⁴주의 대적이 주의 회중 가운데에서 떠들며 자기들의 표적을 표적으로 삼았으니 ⁵그들은 마치 도끼를 들어 삼림을 베는 사람 같으니이다 ⁶이제 그들

이 도끼와 철퇴로 성소의 모든 조각품을 쳐서 부수고 [7]주의 성소를 불사르며 주의 이름이 계신 곳을 더럽혀 땅에 엎었나이다 [8]그들이 마음속으로 이르기를 우리가 그들을 진멸하자 하고 이 땅에 있는 하나님의 모든 회당을 불살랐나이다 [9]우리의 표적은 보이지 아니하며 선지자도 더 이상 없으며 이런 일이 얼마나 오랠는지 우리 중에 아는 자도 없나이다 [10]하나님이여 대적이 언제까지 비방하겠으며 원수가 주의 이름을 영원히 능욕하리이까 [11]주께서 어찌하여 주의 손 곧 주의 오른손을 거두시나이까 주의 품에서 손을 빼내시어 그들을 멸하소서

이 시편에는 마스길(교훈 시편)이라는 표제가 붙어 있는데, 그것은 환난 날에 교훈을 주기 위한 목적으로 이 시편이 쓰여졌기 때문이다. 이 시편은 전체적으로 우리에게 다음과 같은 교훈을 준다: 우리가 어떤 이유에서이든 곤경에 처해 있을 때에 신실하고 열렬한 기도를 통해서 하나님께 매달리는 것이 우리의 지혜이자 도리이며, 우리는 그렇게 하는 것이 결코 헛되지 않는다는 것을 발견하게 되리라는 것. 하나님의 백성은 여기에서 세 가지를 하소연한다.

I. 하나님께서 그들을 기뻐하지 않으신 것이 그들이 당한 모든 재앙의 원인이자 가장 참담한 일이었다는 것. 그들은 위로부터 주어지지 않으면 그들을 해칠 권세를 아무도 가질 수 없다는 것을 알고 있었기 때문에 그들을 직접적으로 환난에 빠뜨린 자들을 넘어서서 하나님을 바라본다. 하나님의 결정에 의해서 그들은 악하고 무지막지한 자들의 손에 넘겨졌기 때문이다. 그들이 얼마나 자유롭게 하나님께 간하는지를 보라(1절). 우리는 지나치게 많은 자유를 소망하지 않는다. 왜냐하면, 그리스도께서도 십자가 위에서 나의 하나님 나의 하나님 어찌하여 나를 버리셨나이까라고 부르짖으셨기 때문이다. 마찬가지로, 교회도 여기에서 하나님이여 주께서 어찌하여 우리를 영원히 버리시나이까라고 부르짖는다. 하지만 그들은 여기에서 그들이 현재 지니고 있는 암울하고 우울한 기분에 따라서 말하고 있는 것이다. 왜냐하면, 하나님이 자기 백성을 버리셨느냐 그럴 수 없느니라고 성경에서는 말하고 있기 때문이다(롬 11:1). 하나님의 백성은 그들이 엎어졌다고 해서 하나님께 버림받았다고 생각하거나 사람들이 그들을 버렸기 때문에 하나님께서 그들을 버리신 것이 분명하다고 생각하거나 하나님께서 잠시 동안 그들을 버리신 것처럼 보인다고 해서 그들이 진정으로 영원히 버림받은 것이라고 생각해서는 안 된다. 그렇지만 어쨌든 여기에 나오는 그들의 하

소연은 그들이 하나님께 버림받는 것을 다른 그 무엇보다도 더 두려워하였다는 것, 그들이 사람들로부터 어떤 고난을 겪는다고 할지라도 그들은 하나님으로부터 인정받기를 원하고, 어째서 하나님께서 이렇게 그들과 다투시는지를 알고자 한다는 것을 보여준다: 어찌하여 주께서 진노의 연기를 뿜으시나이까. 즉, 어찌하여 하나님께서는 우리 주변의 모든 사람들이 알아차릴 정도로 그토록 크게 진노하시는 것이나이까? 그들은 여호와께서 이 같이 크고 맹렬하게 노하심은 무슨 뜻이냐라고 묻고 있는 것이다(신 29:24). 여호와의 분노와 그의 질투가 죄인들을 향하여 연기를 뿜는다고 말하고 있는 신명기 29:20을 참조하라. 그들은 하나님께서 그들에게 진노하신다는 것을 여러 징표들을 통해서 깨달은 지금에 있어서 하나님께 무엇으로 호소하고 있는지를 살펴보라.

1. 그들은 하나님에 대한 그들의 관계에 호소한다. "우리는 주의 목장의 양, 주께서 친히 꼴을 먹이시며 기르신 양, 주께서 자신을 위하여 구별하시고 자신의 영광을 위하여 세우시기를 기뻐하신 주의 소유된 백성이나이다. 이리들이 양들을 괴롭히는 것은 이상한 일이 아니지만, 그 어떤 목자가 자신의 양들에게 진노하여 이토록 가혹하게 한 적이 있나이까? 우리가 주에 의해서 및 주를 위하여 모아졌고 주를 찬송하도록 구별된 주의 회중이라는 것을 기억하소서(2절). 우리는 주께서 다른 민족들과는 달리 자신의 특별한 소유로 삼는 것을 기뻐하신 주의 기업의 지파로서(신 32:9), 주께서는 우리를 통해서 이웃 나라들보다 더 많이 찬송과 예배의 열매들을 받으셨나이다. 또한, 사람의 기업은 아주 멀리 있는 경우도 있지만, 우리는 주께서 계시던 시온 산, 주께서 특별히 자신의 거처와 영지로 삼으시기를 기뻐하셨던 곳인 시온 산을 위하여 호소하나이다."

2. 그들은 하나님께서 그들을 위하여 큰 일들을 행하셨고, 그 일들을 행하시느라 엄청난 대가를 치르셨다는 것을 들어서 호소한다. "우리는 주께서 한 마디 말씀으로 만드신 것이 아니라 우리가 하나의 민족으로 처음 형성되었을 때에 수많은 긍휼의 이적들을 통해서 옛적부터 사신 주의 회중이나이다. 우리는 우리가 팔려서 종살이 하고 있던 때에 주께서 속량하신 주의 기업이나이다." 하나님께서는 애굽을 그들의 속량물로 대신하여 주었고, 그들 대신에 사람들을 내어 주며 백성들이 그들의 생명을 대신하게 하셨다(사 43:3-4). "여호와여, 그런데 지금 주께서는 그토록 비싼 대가를 치르셨던 백성, 주께 너무도 소중했던 백성을 버리시려 하시나이까?" 이스라엘을 애굽으로부터 속량하신 것이 이스라엘에

게 하나님께서 그들을 버리시지 않을 것이라고 소망하게 만든 큰 힘이 되었다면, 우리는 그리스도께서 그의 피를 주고 속량하신 자들을 한 사람이라도 버리시지 않으실 것이라고 소망할 수 있는 훨씬 더 확실한 이유를 가지고 있다. 그리스도께서 값주고 사신 백성은 영원히 그리스도를 찬송하는 백성이 될 것이다.

3. 그들은 그들이 참혹한 처지에 놓여 있다는 것을 호소한다(3절). "주의 발을 옮겨 놓으소서. 즉, 초토화된 성소를 속히 회복시키소서. 그렇지 않으면 성소는 영원히 복구될 수 없게 될 것이나이다." 사람들은 하나님께서 쇠로 된 손으로 쳐서 복수하실 것이라고 종종 말해 왔지만, 그것은 납으로 된 발로 행해질 것이다. 그러므로 여호와의 날을 기다리는 자들은 여호와여, 주의 발을 옮겨 놓으소서라고 부르짖는다. 주의 섭리를 행하심으로써 영광을 받으소서. 성소가 황폐화된 채로 오랫동안 방치된다면, 우리는 그러한 상황이 영원히 지속될 것이라고 생각하게 되는 시험을 받게 될 것이다. 그러나 그것은 단지 시험일 뿐이다. 왜냐하면, 하나님께서는 그의 택하신 자들을 박해하고 압제한 자들에게 오래 참으셨지만, 속히 그들의 원수를 갚아 주실 것이기 때문이다.

II. 그들은 그들의 원수들이 그들에게 해악을 가하여서 그들의 세속적인 이익들을 침해한 것에 대해서가 아니라 그들이 원수들의 광분과 잔인함에 대하여 하소연한다. 여기에는 원수들이 성읍들을 불지르고 그들의 땅을 약탈한 것에 대한 하소연은 나오지 않고, 오직 원수들이 성소와 회당에 대하여 한 짓에 대한 하소연만이 나온다. 우리의 마음은 그 어떤 세속적인 관심보다도 경건과 관련된 일들이 차지하고 있어야 한다. 우리는 우리의 집이 파괴된 것보다도 하나님의 집이 파괴된 것을 더 가슴 아파하여야 한다. 왜냐하면, 하나님의 이름이 거룩히 여김을 받으시고, 그의 나라가 임하시며, 그의 뜻이 이루어지기만 한다면, 이 세상에서 우리와 우리 가족이 어떻게 되느냐 하는 것은 그리 중요한 문제가 아니기 때문이다.

1. 시편 기자는 다니엘처럼 성소가 황폐하게 된 것에 대하여 탄식하고 하소연한다(단 9:17). 예루살렘 성전은 하나님의 이름이 계신 곳이었기 때문에 성소였다(7절). 원수들은 하나님을 완전히 멸시하고 모욕하여서 성소를 파괴하는 악행을 저질렀다(3절).

(1) 원수들은 **하나님의 회중 가운데에서 떠들어댔다**(4절). 하나님의 신실한 백

성들이 성소에서 침묵 가운데 또는 조그만 소리로 읊조리며 하나님께 겸손히 경배를 드리고 있었는데, 원수들은 굉장한 곳이라고 그들이 종종 소문으로 들었던 성소의 지배자가 된 것처럼 의기양양해서 웃고 떠들며 소란을 피웠다.

(2) 그들은 자기들의 군기를 기념으로 세워 놓았다. 그들은 성전(이스라엘이 하나님께 순종하는 한에 있어서 이스라엘의 가장 견고한 요새)에 그들의 군기를 승리의 트로피들로 꽂아 놓았다. 하나님의 임재를 나타내는 성물들이 있어야 할 곳에 원수들은 지금 그들의 군기들을 꽂아 놓은 것이었다. 하나님과 그의 능력에 도전하는 이러한 무엄한 도발은 하나님의 백성의 예민한 부분을 건드렸다.

(3) 그들은 성전의 모든 조각품을 파괴하는 것에 자부심을 느꼈다. 옛적에 사람들이 성전을 건축하는 데에 일손을 돕는 것을 영광으로 생각하였고, 성전 역사를 위하여 나무를 베는 일을 돕는 것에 자부심을 가졌던 것과 마찬가지로, 이제 사람들은 성전을 파괴하는 일에 그들이 동원되는 것에 자부심을 느꼈다(5-6절). 마찬가지로, 옛적에는 하나님을 예배하는 일을 돕는 자들이 지혜로운 자들로 칭송을 받았던 것과 마찬가지로, 이제는 하나님에 대한 예배를 무너뜨리는 데에 여러 가지로 재간을 발휘하는 자들이 칭찬을 받고 있다. 어떤 이들은 이 본문을 다음과 같이 해석한다. 그들은 삼림에서 도끼를 높이 드는 자처럼 스스로를 과시한다. 왜냐하면, 그들은 성전의 조각품들을 부술 때에 나무를 베는 자들이 삼림에서 나무들을 벨 때와 마찬가지로 성전의 수많은 나무 장식들을 아무런 거리낌도 없이 부수고 있기 때문이다. 원수들은 그 성소에 대하여 분노를 지니고 있어서, 군사들은 아무리 훌륭한 조각품이라고 하더라도 그것을 하나님께 바쳐진 물건이라거나 대단히 훌륭한 예술품으로 여기지 않고 마구잡이로 때려 부수고 있다.

(4) 그들은 성소를 불살라서 완전히 파괴하여 땅에 엎었다(7절). 갈대아인들은 웅장하고 값비싼 건물인 하나님의 집을 불태워 버렸다(대하 36:19). 로마인들은 돌 하나도 돌 위에 남기지 않고(마 24:2) 완전히 다 그 토대까지 무너뜨려 버렸고, 티투스 베스파시아누스(Titus Vespasian) 황제는 거룩한 산 시온을 갈아 엎어서 밭으로 만들어 버렸다.

2. 그는 훨씬 더 훗날의 이야기이지만 포로기 이전에 사용되었던 회당들과 선지자 학교들이 황폐화된 것에 대하여 하소연한다. 거기에서는 제단이나 회

생 제사가 없었지만 하나님의 말씀이 읽혀졌고 해설되었으며, 하나님의 이름이 찬송되고 불려졌다. 원수들은 이러한 곳들에 대해서도 앙심을 품고 있었다(8절): 우리가 그들을 진멸하자. 그들은 성전만이 아니라 예배를 드리는 모든 곳들과 예배자들을 진멸하고자 하였다. 우리가 그들을 진멸하자. 그들을 불살라 버리자. 이러한 악한 마음을 품고서 그들은 이 땅에 있는 하나님의 모든 회당을 불살라서 황폐하게 만들어 버렸다. 이스라엘 종교에 대한 그들의 분노는 아주 컸기 때문에, 그들은 종교와 관련된 집들은 모두 종교와 관련이 있다는 이유만으로 평지처럼 만들어 버렸고, 하나님을 예배하는 자들이 성회로 모여서 하나님께 영광을 돌리고 서로에게 덕을 세울 수 없게 만들어 버렸다.

III. 이러한 모든 재앙들이 그들에게 더욱더 한층 심각했던 것은 그들이 구원 받을 수 있다는 소망을 전혀 품을 수 없었고, 그 재앙들이 언제 끝나게 될 지 내다볼 수 없었다는 것이었다(9절). "원수들의 깃발은 성소에 꽂혀 있지만, 우리의 표적, 하나님의 임재를 보여주는 표적, 하나님의 구원이 가까웠다는 것을 보여주는 그 어떤 표적도 보이지 않는다. 환난이 얼마나 오랫동안 지속될 지, 우리와 관련된 일들이 언제 끝나게 될지를 우리에게 알려 주고, 최종적인 결과에 대한 소망을 통해서 이 환난 아래에서 우리를 지탱해 줄 선지자도 더 이상 없다." 바벨론에서 포로 생활을 하는 동안 그들에게는 선지자들이 있었고, 그들은 포로 생활이 얼마나 오랫동안 계속될 것인지를 말해 주었었다. 그러나 지금은 그 날이 흐리고 캄캄하여(겔 34:12), 그들은 하나님께서 그런 것들을 은혜로 알려 주시는 것을 통한 위로조차도 받지 못하였다. 하나님께서는 거듭거듭 좋은 말씀들과 위로가 되는 말씀들을 해 주셨지만, 그들은 그 말씀들을 깨닫지 못하였다. 그들은 "우리의 군대가 보이지 않고, 우리 군대를 지휘하거나 우리 군대를 이끌고 나가서 싸울 자들이 없다"고 하소연하는 것이 아니라 "이런 일이 얼마나 오래 가게 될 것인지를 우리에게 말해 줄 선지자가 없다"고 하소연한다는 것을 주목하라. 그들은 하나님께서 지체하시는 이유가 다음과 같은 것들 때문이라고 말한다.

1. 하나님의 영광을 나타내기 위해서(10절): 대적이 언제까지 비방하겠으며 원수가 주의 이름을 영원히 능욕하리이까. 성소가 황폐화된 상태 속에서 우리의 주된 관심은 하나님의 영광, 즉 하나님으로 인하여 하나님의 백성을 박해하는 자들의 신성모독을 통해서 하나님의 영광이 손상받지 않도록 하는 것이 되어야

한다. 그러므로 우리가 탄원하는 기도는 "우리가 언제까지 환난을 당해야 하나이까"가 아니라 "하나님께서 언제까지 능욕을 당하시겠나이까"가 되어야 한다.

2. 하나님의 능력을 나타내시도록(11절). "주께서는 주의 백성을 구원하시고 주의 원수들을 멸하시기 위하여 어찌하여 주의 손을 뻗지 않으시고 거두시나이까? 주의 품에서 손을 빼내소서. 놀란 자 같이, 구원하지 못하거나 구원하고자 하지 않는 용사 같이 행하지 마옵소서(렘 14:9)." 원수들의 힘이 아무리 위협적이라고 하더라도, 하나님의 능력으로 피하면 안심할 수 있다.

[12]하나님은 예로부터 나의 왕이시라 사람에게 구원을 베푸셨나이다 [13]주께서 주의 능력으로 바다를 나누시고 물 가운데 용들의 머리를 깨뜨리셨으며 [14]리워야단의 머리를 부수시고 그것을 사막에 사는 자에게 음식물로 주셨으며 [15]주께서 바위를 쪼개어 큰 물을 내시며 주께서 늘 흐르는 강들을 마르게 하셨나이다 [16]낮도 주의 것이요 밤도 주의 것이라 주께서 빛과 해를 마련하셨으며 [17]주께서 땅의 경계를 정하시며 주께서 여름과 겨울을 만드셨나이다

여기에서 슬픔 속에 탄식하는 교회는 그들이 기억하는 옛날 일에 집중함으로써 소망을 갖게 되었는데(애 3:21), 그 소망을 통해서 교회는 스스로 힘을 얻고 자신의 불평을 잠재운다. 성회가 열리지 못하는 것에 대하여 슬퍼하는 자들의 마음을 달래주는 것으로 여기에는 두 가지가 나온다.

I. 하나님은 이스라엘의 하나님, 그의 백성과 언약을 맺으신 하나님이시라는 것(12절). 하나님은 예로부터 나의 왕이시라. 이 말씀은 하나님을 향한 기도 속에서 한 가지 호소로 나오는 동시에(시 44:4, 하나님이여 주는 나의 왕이시니이다) 그들 자신의 믿음과 소망에 대한 버팀목으로서 옛날을 생각하여 구원을 기대하도록 격려하는 것으로 나온다(시 77:5). 교회는 모든 시대에서 동일한 몸으로서 하나님을 "나의 왕, 예로부터 나의 왕"이라고 부른다. 하나님은 옛적부터 교회와 관계를 맺으시고, 그러한 관계 속에서 그들을 위하여 나타나시고 행하셨다. 이스라엘의 왕으로서 하나님은 세상의 열방들 가운데서 구원을 베푸셨다. 왜냐하면, 하나님께서 세상을 다스리시며 행하신 일은 그의 교회의 구원을 위한 것이었기 때문이다. 여기에서는 하나님께서 예로부터 그들의 왕으로

서 그의 백성을 위하여 행하신 몇 가지 일들이 언급되고 있는데, 이 일들은 그들로 하여금 그들 자신을 하나님께 맡기고 의지하도록 격려하는 것이었다.

1. 하나님은 그들이 애굽에서 나올 때에 모세의 힘이나 그의 막대기를 통해서가 아니라 하나님 자신의 힘으로 그들 앞에서 바다를 나누셨다. 그런 일을 행하신 분이 무슨 일인들 하지 못하시겠는가.

2. 하나님은 바로와 애굽 군대를 멸하셨다. 바로는 리워야단이었고, 애굽 군대는 사납고 잔인한 용들이었다. 좀 더 살펴보자.

(1) 하나님께서 이러한 원수들에 대하여 거두신 승리. 하나님은 그들의 머리를 부수시고 그들의 방책을 좌절시키심으로써, 이스라엘은 원수들에 의해서 더 많이 괴롭힘을 당하면 당할수록 더 많은 승리를 거두게 되었다. 하나님은 그들의 능력을 분쇄하시고, 10가지 재앙을 통해서 그들의 땅을 초토화시키셨고, 마지막으로 그들 모두를 홍해에 빠뜨려 죽게 하셨다. 이들은 바로와 그의 모든 군대니라(겔 31:18). 그것은 여호와께서 행하신 일이었다. 여호와 외에는 아무도 그 일을 할 수 없었고, 하나님은 강한 팔과 편 팔을 가지고 그 일을 행하셨다. 이것은 여자의 후손이 뱀의 머리를 부술 것이라는 최초의 약속에 따라서 그리스도께서 사탄과 그의 나라에 대하여 거두신 승리에 대한 모형이었다.

(2) 이러한 승리를 교회를 격려하는 데에 활용함: 주께서는 리워야단을 사막에 살러 가는 이스라엘 백성에게 음식물로 주셨다. 그들은 애굽인들로부터 탈취한 노략물들로 인하여 풍성해졌다. 그들은 전에 애굽인들로부터 패물을 얻었던 것과 마찬가지로, 지금은 죽은 애굽인들이 지니고 있던 것들을 탈취하고, 애굽 군대의 무기와 병장기들을 노략하였다. 또는, 이러한 섭리는 그들의 믿음과 소망에 대하여 양식이 되어서, 그들이 장차 광야에서 만나게 될 여러 가지 어려움들을 능히 극복해 낼 수 있는 힘을 그들에게 주었다. 그것은 그들이 모두 먹게 되어 있었던 영적인 양식의 일부였다. 하나님께서 교회의 원수들의 머리를 부수신 것은 교회의 친구들의 마음에 기쁨과 힘이 된다는 것을 명심하라. 이렇게 해서 그들은 리워야단으로 심지어 잔치를 벌이게 된 것이다(욥 41:6).

3. 하나님은 바위에서 물이 나오게 하시고 흐르는 강들을 바위가 되게 하심으로써 자연의 운행을 양방향으로 바꾸어 놓으셨다(15절).

(1) 하나님은 바위를 쪼개어서 물을 내셨다: 주께서는 샘과 큰 물을 내셨다(어떤 이들은 이렇게 해석한다). 그 물이 어디에서 나왔는지, 즉 바위, 곧 단단한

반석에서 나왔다는 것을 모르는 사람은 없다. 우리는 이 사건을 결코 잊어서는 안 되지만, 특히 우리가 기억해야 할 것은 이 반석이 그리스도였고, 거기에서 나온 물은 영적인 음료였다는 것이다.

(2) 하나님은 물들을 응고시키셔서 반석이 되게 하셨다: 주께서는 물살 센 강들, 특히 요단강이 모든 둑에 흘러 넘쳐서 거세게 흐를 때에 그 강을 마르게 하셨나이다. 이러한 일들을 행하신 하나님께서는 이전에 행하셨던 것처럼 지금도 그의 압제받는 백성을 건지실 수 있고, 압제자들의 멍에를 부수실 수 있다. 아니, 하나님께서는 그렇게 하고자 하실 것이다. 왜냐하면, 하나님의 공의와 선하심, 지혜와 진리는 그의 능력과 마찬가지로 예전이나 지금이나 동일하시기 때문이다.

Ⅱ. 이스라엘의 하나님은 자연의 하나님이시라는 것(16-17절).   주기적으로 순환하는 자연의 질서를 정하신 분은 하나님이시다.

1. 낮과 밤의 순환. 하나님은 모든 시간의 주이시다. 저녁과 아침은 하나님께서 정하신 것이다. 아침 빛의 눈꺼풀을 뜨게 하시고, 저녁 그늘의 휘장을 내리시는 것은 하나님이시다. 주께서 달과 해를 마련해 놓으셨다(어떤 이들은 이렇게 해석한다). 하나님은 2개의 큰 광명을 마련하셔서, 각각 낮과 밤을 주관하게 하셨다. 하나님께서 그것들을 준비하셨다는 것은 그것들이 변함없이 자신의 때를 한순간이라도 틀리지 않게 정확하게 지키게 되어 있다는 것을 의미한다.

2. 여름과 겨울의 순환. "주께서는 땅의 경계를 정하시며, 여러 지역이 서로 다른 기후를 가지게 하셨다. 주께서 여름과 겨울을 만드셔서, 몹시 추운 곳들과 몹시 더운 곳들을 정해 놓으셨다. 또는, 주께서는 한 해와 여러 계절이 끊임없이 순환하도록 정해 놓으셨다." 이 점에서 우리는 자연의 모든 법칙들과 힘들이 하나님께로부터 나온다는 것을 인정하지 않으면 안 된다. 그런데 이런 말씀이 여기에 나오는 이유는 무엇인가?

(1) 하루 또는 일년 단위의 천체의 운행을 통해서 자연의 질서를 처음에 정하신 후에 계속해서 그것을 보존하시는 능력을 가지신 하나님은 살리기도 하시고 죽이기도 하시는 모든 능력을 틀림없이 가지고 계시기 때문에, 하나님에게는 불가능한 것이 없고, 극복할 수 없는 난관이나 반대도 존재하지 않는다.

(2) 낮과 밤에 대한 그의 언약에 신실하시고 하늘의 규례들을 아무런 손상 없이 보존하시는 하나님은 그가 그의 백성에게 하신 약속을 반드시 지키실 것

이고, 그가 택하신 자들을 결코 버리지 않으실 것이다(렘 31:35-36; 33:20-21). 하나님께서 아브라함 및 그의 후손과 맺은 언약은 노아 및 그의 자손과 맺은 언약만큼이나 확고하다(창 8:21).

(3) 낮과 밤, 여름과 겨울이 땅의 모든 지경에서 자연의 운행을 따라서 서로 교대되듯이, 우리는 환난과 평화, 형통과 역경이 마찬가지로 교회의 모든 지경에서 교대로 찾아오리라는 것을 예상할 수 있다. 우리는 밤과 겨울이 올 것을 예상할 수 있는 것과 마찬가지로 환난이 우리에게 찾아오리라는 것을 충분히 예상할 수 있다. 그러나 우리는 낮과 여름이 다시는 찾아오지 않을까봐 절망하는 일이 없는 것과 마찬가지로 우리에게 위로가 다시 찾아오지 않을까봐 절망할 이유가 전혀 없다.

[18]여호와여 이것을 기억하소서 원수가 주를 비방하며 우매한 백성이 주의 이름을 능욕하였나이다 [19]주의 멧비둘기의 생명을 들짐승에게 주지 마시며 주의 가난한 자의 목숨을 영원히 잊지 마소서 [20]그 언약을 눈여겨 보소서 무릇 땅의 어두운 곳에 포악한 자의 처소가 가득하나이다 [21]학대 받은 자가 부끄러이 돌아가게 하지 마시고 가난한 자와 궁핍한 자가 주의 이름을 찬송하게 하소서 [22]하나님이여 일어나 주의 원통함을 푸시고 우매한 자가 종일 주를 비방하는 것을 기억하소서 [23]주의 대적들의 소리를 잊지 마소서 일어나 주께 항거하는 자의 떠드는 소리가 항상 주께 상달되나이다

시편 기자는 여기에서 하나님께서 그들을 위하여 나타나셔서 그들의 원수들을 치시며, 그들이 현재 당하는 환난들을 끝내 주실 것을 교회의 이름으로 아주 간절하게 간구한다. 그는 자신의 믿음을 북돋우기 위해서 하나님을 이 일에 끌어들인다(22절): 하나님이여 일어나 주의 원통함을 푸소서. 우리는 하나님께서 그렇게 하실 것을 확신할 수 있다. 왜냐하면, 하나님은 자신의 영광에 대하여 열심이 있으시기 때문이다. 하나님께서 지키셔야 할 일이 무엇이든지 간에 하나님은 강한 손으로 그것을 지키실 것이고, 그것을 열렬히 환영하는 자들을 구하시고 그것에 반대하는 자들을 치시기 위하여 나타나실 것이다. 하나님은 그 일을 잊어버리고 계신듯이 보일지라도 반드시 일어나셔서 그 일을 지키시고 신원하실 것이다. 하나님께서는 그가 정한 때에 떨쳐 일어나셔서 자기

를 나타내시며 자신의 일을 하실 것이다. 경건에 속한 일은 하나님 자신의 일이기 때문에, 하나님은 반드시 그것을 지키시리라는 것을 명심하라. 하나님은 그 일이 바로 하나님 자신의 일이라는 것을 나타내시기 위하여 개입해 달라고 시편 기자는 지금 호소한다.

Ⅰ. 하나님의 백성을 박해하는 자들은 하나님의 불구대천의 원수들이라는 것. "여호와여, 그들은 우리를 능욕할 뿐만 아니라, 주를 능욕해 왔고, 지금도 능욕하고 있나이다. 주의 백성인 우리를 해치는 일들은 결과적으로 주를 해치는 것이 되나이다. 그러나 이것이 전부가 아니나이다. 그들은 직접적으로 주를 비방하였고 주의 이름을 능욕하였나이다(18절)." 이것은 그들이 성소에서 왁자지껄 떠들며 소란을 피운 것을 가리키는 것이었다. 그들은 놀라운 일들을 행하신 것으로 소문이 자자하였던 이스라엘의 하나님을 마치 그들이 지금 정복이라도 한 것처럼 의기양양해하며 기고만장하였다. 하나님의 이름을 능욕하는 것을 듣는 것보다 성도들의 마음을 더 아프게 하는 것이 없는 것과 마찬가지로, 성도들은 그들의 원수들이 하나님 자신을 비방할 정도로 그 악행이 절정에 도달하였을 때에 하나님께서 나타나셔서 그 원수들을 치시기를 가장 간절하게 소망하게 된다. 이것은 그들의 죄의 분량을 신속하게 채우는 것이고, 그들의 파멸을 재촉하는 것이다.

시편 기자는 다음과 같은 것을 역설한다. "우리는 감히 그들의 비방하는 말에 대꾸하지 않겠나이다. 여호와여, 주께서 그들에게 보응하옵소서. 우매한 백성이 주의 이름을 능욕하였고(18절) 우매한 자가 날마다 주를 비방하고 있다는 것을 기억하소서." 하나님을 비방하는 자들이 어떤 성품을 지닌 자들인지를 살펴보라. 그들은 어리석은 자들이다. 하나님이 없다고 말하는 사상이 어리석은 것이듯이(시 14:1), 하나님을 모독하고 욕하는 것도 그것에 못지않게 어리석은 짓이다. 신앙과 거룩한 것들을 조롱하는 자들은 한 시대의 현자들로 추앙을 받을 수 있다. 그러나 사실 그들은 가장 어리석은 자들로서, 머지않아 온 세상 앞에 그들이 그렇다는 것이 드러나게 될 것이다. 그렇지만 그들의 악의를 보라 — 하나님을 신실하게 예배하는 자들이 끊임없이 하나님께 기도하고 찬송할 때에 그들은 하나님을 매일 비방한다. 그들의 후안무치함을 보라 — 그들은 하나님을 능욕하고 모독하는 생각들을 자신의 가슴속에 묻어 두는 것이 아니라, 큰 소리로 널리 선포하는데(주의 대적들의 소리를 잊지 마소서, 23절), 이것은 하나님의 공의에 대담하게 도전하는 것이다. 그들은 주를 항거하여 일어나서, 하나님을 모독하는 말들을 통해서 하늘과 전쟁을 하고, 전능자와 전쟁을 벌인다. 복수해 달라고 외치는 소돔의 부르짖는 소리가 하나님 앞에 올라간 것과 마찬가지로(창 18:21), 그들이 떠드는 소리는 끊임없이 올라가고 있다(어떤 이들은 이렇게 해석한다). 그들이 떠드는 소리가 점점 더 심해지나이다(어떤 이들은 이렇게 해석한다). 그들은 그들이 꾸미는 일들이 차례차례 성공을 거두자 점점 더 악해져 가고 있고, 그들의 마음도 불경건 속에서 더욱 완악해져 간다. 여호와여, 이것을 기억하시고 잊지 마소서. 우리가 하나님께 그가 무엇을 하셔야 할지를 상기시켜 드릴 필요는 없지만, 이렇게 해서 우리는 하나님께서 영광받으시는 것에 대한 우리의 관심을 보여야 하고, 하나님께서 우리를 신원해 주시리라는 것을 믿어야 한다.

II. 박해받는 자들은 하나님의 언약 백성이라는 것.

1. 그들이 어떠한 곤경에 처해 있는지를 보라. 그들은 악인들의 무리(개역에서는 들짐승)의 수중에 떨어져 있었다(19절). 그들을 괴롭히는 자들이 어찌 그리 많은지요! 분노한 무리, 특히 여기에서처럼 힘으로 무장한 자들 앞에서는 어쩔 도리가 없다. 그들은 수적으로 많을 뿐만 아니라 야만적이다: 땅의 어두운 곳에 포악한 자의 처소가 가득 하나이다. 갈대아인들의 땅은 비록 학문과 예술로 유명하기는 했지만 참 하나님을 아는 지식의 빛이 전혀 없는 곳이었기 때문에 진정으로 어두운 곳이었다. 그 땅의 거민들은 그들 가운데 있는 무지함으로 말미암아 하나님의 생명에서 떠나 있었기 때문에 잔인하였다. 참된 신성이 존재하지 않는 곳에서는 평범한 인간성도 거의 찾아 볼 수 없는 법이다. 그들은 하나님의 백성에 대하여 특히 잔인하였다. 하나님의 백성을 먹는 자들은 틀림없이 하나님을 아는 지식을 갖고 있지 않다(시 14:4). 그들은 가난하고 스스로 어찌할 수 없기 때문에 압제를 당한다(21절). 그들은 압제를 당하여서 궁핍하고 가난해진다.

2. 그들은 하나님께서 나타나셔서 그들을 구원 해 주실 것이고, 그들로 하여금 항상 이렇게 짓밟히게 내버려 두지는 않으실 것이라고 소망할 만한 어떤 이유를 가지고 있었는지를 보라. 시편 기자가 그들을 위하여 하나님께 무엇이라고 호소하는지를 살펴보라.

(1) "악인들의 무리에 의해서 삼켜질 위험에 처해 있는 자들은 바로 주의 멧

비둘기이나이다(19절)." 교회는 남에게 해를 끼치지 않고 온유하며 순결하고 남을 성나게 하지 않으며 순수하고 많은 열매를 맺는다는 점에서 비둘기이고, 환난 날에 구슬피 운다는 점에서 비둘기이며, 정절을 지키고 변함없이 사랑한다는 점에서 멧비둘기이다. 멧비둘기와 산비둘기는 하나님께 제물로 드려졌던 유일한 조류들이었다. "주께서는 주께 진실하고 주의 영광을 위하여 헌신된 주의 멧비둘기를 악인들의 무리의 손에 넘겨서 그 생명과 영혼과 모든 것을 악인들의 먹잇감이 되게 하실 것이나이까? 여호와여, 약한 자들을 도우시는 것, 특히 주의 연약한 자들을 도우시는 것은 주의 영광이 될 것이나이다."

(2) "그들은 주의 가난한 자들의 회중으로서, 그들이 가난하기 때문에 주께서 그들을 주의 백성으로 삼으셨고(하나님은 이 세상에서 가난한 자를 택하셨다, 약 2:5), 또한 그들의 수가 많기 때문에, 그들은 주께서 그들을 위하여 나타나실 것을 기대할 이유가 있나이다. 그들은 주의 가난한 자들의 회중이나이다. 주께서 그들을 영원히 버리시거나 잊지 마옵소서."

(3) "그들은 주와 언약 관계 속에 있나이다. 주께서 그 언약을 눈여겨 보지 않고자 하시나이까(20절). 주께서는 주의 언약을 통해서 그들에게 하신 약속들을 이행하지 않고자 하시나이까? 주께서는 주께서 친히 이끌어 오셔서 언약을 맺으신 자들을 모른 체하시겠나이까?" 하나님께서 그의 백성을 구원하시는 것은 그의 언약을 기억하기 때문이다(레 26:42). "여호와여, 우리는 주로부터 존중히 여김을 받을 가치도 없는 자들이지만, 주께서는 주의 언약을 존중하옵소서."

(4) "그들은 주를 의지하고 있고, 주에 대한 그들의 관계와 그들이 주께 기대하는 것들을 자랑하고 있나이다. 그들로 하여금 그들의 기대가 꺾여서 부끄럽게 돌아가는 일이 없게 하소서(21절). 만약 그들의 소망이 좌절된다면, 그들은 수치를 안고서 돌아가게 될 것이나이다."

(5) "주께서 그들을 구원하시면, 그들은 주께서 그들을 구원해 주신 것에 대하여 주의 이름을 찬송하고 주께 영광을 돌릴 것이나이다. 여호와여, 나타나셔서, 주의 이름을 찬송할 자들을 건져 주시고 주의 이름을 능욕하는 자들을 치소서."

제
— 75 —
편

개요

이 시편은 표제에서 아삽에게 돌려지고 있기는 하지만, 이 시편의 내용은 다윗이 사울이 죽은 후에 왕위에 오르게 되었을 때의 상황과 정확히 일치하기 때문에, 대부분의 해석자들은 이 시편을 그 때의 상황과 연결시켜서, 아삽이 계관 시인으로서 다윗을 대신해서 이 시편을 지었거나(아마도 이 시편의 실질적인 내용은 다윗이 왕위에 오를 때에 고관들 앞에서 말하였던 내용으로서, 아삽이 그것을 백성들 가운데 널리 퍼뜨리기 위하여 시로 바꾸어서 공표하였을 것이다) 다윗이 이 시편을 지어서 성전 찬양대의 인도자였던 아삽에게 건네 주었을 것이라고 생각한다. 이 시편에는 다음과 같은 내용들이 나온다. I. 다윗은 그로 하여금 왕위에 오르게 하신 것에 대하여 하나님께 감사를 돌려 드린다(1, 9절). II. 그는 하나님께서 그에게 주신 능력을 사용해서 백성들의 유익을 위하여 자신을 바치겠다고 약속한다(2-3, 10절). III. 그는 그가 왕위에 오르는 것을 반대한 자들의 오만방자함을 경고한다(4-5절). IV. 그는 이 모든 것의 근거로서 하나님께서 인간의 모든 일들을 주권자로서 다스리고 계신다는 것을 제시한다(6-8절). 이 시편을 노래할 때, 우리는 세상의 모든 나라들의 흥망성쇠가 모두 하나님의 뜻을 따라 이루어지고, 하나님께서 그 모든 것들이 합력하여 그의 교회를 위하여 선을 이루게 하시리라는 것을 믿고서 하나님께 영광을 돌려야 한다.

〔아삽의 시, 인도자를 따라 알다스헷에 맞춘 노래〕

¹하나님이여 우리가 주께 감사하고 감사함은 주의 이름이 가까움이라 사람들이 주의 기이한 일들을 전파하나이다 ²주의 말씀이 내가 정한 기약이 이르면 내가 바르게 심판하리니 ³땅의 기둥은 내가 세웠거니와 땅과 그 모든 주민이 소멸되리라 하시도다 (셀라) ⁴내가 오만한 자들에게 오만하게 행하지 말라 하며 악인들에게 뿔을 들지 말라 하였노니 ⁵너희 뿔을 높이 들지 말며 교만한 목으로 말하지 말지어다

이 절들에는 다음과 같은 내용들이 나온다.

Ⅰ. **시편 기자는 하나님께서 그를 높이셔서 권세 있게 하신 것, 그 외에도 그와 그의 백성 이스라엘을 위하여 크신 일들을 행하신 것에 대하여 하나님께 찬송을 드린다**(1절).   하나님이여, 주께서 우리에게 베푸신 모든 은총들을 인하여 우리가 주께 감사하고 감사하나이다. 이렇게 우리는 감사를 자주 반복해서 하여야 한다. 우리는 하나님께 긍휼을 구할 때에 얼마나 자주 기도하였던가. 그러고서도 하나님께서 우리에게 긍휼을 베풀어 주셨을 때에 우리는 한두 번 감사 드리는 것으로 충분하다고 생각할 수 있겠는가? 나만 감사드릴 뿐만 아니라 우리가 감사 드리고, 나와 나의 모든 친구들이 감사 드리나이다. 우리가 하나님께서 다른 사람들에게 베푸신 긍휼로 인하여 유익을 얻었다면, 우리는 그들이 하나님을 찬송할 때에도 그들과 함께하여야 한다. "우리가 받은 긍휼의 원천이신 하나님이여, 우리가 주께 감사하오니(우리는 하나님께서 도구로 사용하신 자들에게 영광을 돌려서는 안 된다), 이는 주께서 그를 위하여 이미 행하신 주의 기이한 일들이 주의 이름이 가까움을 전파하기 때문이니이다(주께서 다윗에게 하신 약속이 완전히 성취될 날이 멀지 않다는 것)."

1. 하나님께서 그의 백성을 위하여 행하시는 일들 중에는 일반적인 섭리를 벗어나고 우리의 예상을 완전히 뛰어넘기 때문에 진정으로 기이한 일들이라고 할 수 있는 것들이 많다.

2. 이러한 기이한 일들은 하나님의 이름이 가깝다는 것을 선포한다. 그 기이한 일들은 우리가 하나님의 이름을 부를 때에 하나님께서 우리에게 가까우시다는 것, 하나님께서 그의 목적과 약속을 따라서 그의 백성을 위하여 장차 큰 일들을 행하실 것임을 보여준다.

3. 하나님께서 행하신 기이한 일들이 하나님의 이름이 가깝다는 것을 밝히 선포할 때, 우리가 해야 할 일은 하나님께 거듭거듭 감사를 드리는 것이다.

Ⅱ. **그는 그에게 맡겨진 큰 소임을 따라서 자신의 권세를 잘 사용하겠다고 다짐한다**(2절).   내가 회중을 맞이하게 될 때에 바르게 심판하리라(개역에서는 주의 말씀이 내가 정한 기약이 이르면 내가 바르게 심판하리라). 여기에서 그는 하나님께서 때가 되면 그에 관한 일을 온전히 이루시리라는 것, 비록 회중이 그에게 아주 느리게 모여 오고 그 일이 큰 반대에 부딪친다고 하여도 마침내 그가 회중을 맞이하게 되리라는 것을 당연시한다. 왜냐하면, 하나님께서는 그가 그의 거룩하심을 두고 말씀하신 것을 그의 지혜와 능력으로 반드시 이루실 것이기

때문이다. 시편 기자는 이렇게 하나님의 긍휼을 기대하면서, 자기가 해야 할 도리를 꼼꼼히 이행하겠다고 약속한다. "내가 재판장이 될 때, 나는 바르게 심판하리라. 나는 내 앞에 행하였던 자들과는 달리 재판을 소홀히 하거나 굽게 하거나 자신이 가진 권력으로 아무런 선도 행하지 않거나 사람들에게 해를 끼치는 일을 하지 않을 것이다."

1. 높은 지위에 오른 자들은 그 지위가 섬기는 자리라는 것을 명심하고서 그들이 부르심받은 일에 성심을 다하기로 각오하여야 한다. 시편 기자는 "내가 회중을 맞이하게 될 때에 나는 나라 일을 다른 사람들에게 맡겨 둔 채 뒤에서 점잖을 빼고 앉아서 편히 지내리라"라고 말하는 것이 아니라, "내가 나라 일을 직접 꼼꼼히 살피리라"고 말한다.

2. 공적인 소임들은 한 점의 의혹도 없이 흠없게 수행되어야 한다. 재판을 맡은 자들은 재판을 받는 당사자들이 누구인지를 고려함이 없이 공의의 원칙들에 따라서 바르게 재판하여야 한다.

III. 그는 자신의 통치가 이스라엘 전체에 대하여 축복이 되게 하겠다고 다짐한다(3절).   이 나라의 현재의 상황은 지극히 나빴다: 땅과 거기에 거하는 모든 자들은 엉망이었다. 앞서 사울의 통치가 너무도 엉망이었기 때문에 모든 것이 무너지고 엉망진창이 되어 버린 것은 전혀 이상한 일이 아니었다. 악덕과 불경을 율법에 따라 처단하지 않았기 때문에 사회기강은 전반적으로 부패되어 있었다. 하나님께서 세우신 정부를 중심으로 그들은 하나가 되어 있어야 했지만, 실제로는 구심점을 잃고서 뿔뿔이 나뉘어져 있었다. 그들은 모두 두세 사람씩 뭉쳐서 편을 가르고 파당을 이루어서 서로 싸우며 갈가리 찢겨 있었기 때문에, 머지않아 공멸할 처지에 놓여 있었다. 그러나 나는 이 땅의 기둥을 세웠다. 심지어 사울 시대에서조차도 다윗은 백성들의 복리를 위하여 그가 할 수 있는 한 모든 일들을 행하였다. 그러나 그는 자기가 직접 회중을 맞이하게 되었을 때 그들을 위하여 훨씬 더 많은 일들을 해서, 백성들이 파멸하는 것을 막을 뿐만 아니라, 나라의 힘과 아름다움을 회복시킬 것을 소망하였다.

1. 파당들의 폐해를 보라. 파당들은 땅과 거기에 거하는 자들을 뿔뿔이 흩어지게 만들고 갈라 놓는다.

2. 우두머리 한 사람이 얼마나 큰 일을 해 내는지를 보라. 만약 다윗이 이스라엘이라는 건물의 기둥들을 떠받치지 않았더라면, 이스라엘은 무너지고 말았

을 것이다. 이 말씀은 그리스도와 그의 통치에 잘 적용될 수 있다. 세상과 거기에 거하는 모든 자들은 죄로 인하여 해체되어 있었다. 사람들의 배교는 피조 세계 전체가 멸망하는 것을 촉진시켰다. 그러나 그리스도께서는 피조 세계의 기둥들을 떠받치셨다. 그리스도는 그의 백성을 그들의 죄에서 구원하시고, 섭리의 나라에 대한 경영권을 위임받으심으로써 온 세상이 완전히 멸망하는 것을 구원하셨다. 왜냐하면, 그는 그의 능력의 말씀으로 만물을 붙드시고 계시기 때문이다(히 1:3).

Ⅳ. 그는 그의 통치를 반대한 자들, 그가 왕위에 오르는 것을 반대하였고 나라를 다스리는 것을 훼방하였던 자들, 계속해서 악덕과 불경을 밥 먹듯이 행하고자 하였던 자들을 경고한다(4-5절). 내가 어리석은 자들에게 어리석게 행하지 말라고 말하였다(개역에서는 내가 오만한 자들에게 오만하게 행하지 말라 하며). 다윗은 사울의 시대에 그들을 향하여 그렇게 말했었다. 그 때에 그는 그들을 견제할 권력을 지니고 있지는 않았지만, 그들을 책망하며 그들에게 선한 교훈을 줄 수 있는 지혜와 은혜를 지니고 있었다. 그들은 저 불행한 왕의 후광을 등에 업고서 방자하게 행하였지만, 다윗은 그들에게 지나치게 주제넘게 행하지 않도록 경고하였다. 또는, 다윗은 지금에 와서 그들에게 그렇게 말하고 있는 것일 수도 있다. 그는 왕위에 오르자마자 악덕과 불경을 금하는 포고령을 내렸고, 우리가 여기에서 보는 것은 바로 그 포고령의 내용일 수 있다.

1. 스스로 부패한 이스라엘의 우매한 자들, 비열하기 짝이 없는 죄인들에게 다윗은 이렇게 말하였다. "어리석게 행하지 말라. 너희는 하나님께서 이스라엘에게 주신 율법과 다윗에게 주신 약속들을 거슬러서 행함으로써 너희의 이성과 너희의 유익에 직접적으로 반대되는 짓을 하지 말라." 다윗의 자손 그리스도는 우리에게 어리석게 행하지 말라고 충고하면서 이러한 영을 우리에게 내리신다. 하나님으로부터 나와서 우리에게 지혜가 되신 그리스도께서는 우리에게 우리 자신을 위하여 지혜롭게 행하고 스스로 어리석은 자가 되지 말라고 명하신다.

2. 하나님께 도전하는 악한 자들, 오만하고 무모한 죄인들에게 다윗은 이렇게 말한다. "뿔을 들지 말라. 너희의 권세와 대권들을 자랑하지 말라. 하나님께서 너희 위에 세우신 권세에 항거하고 멸시하는 일을 더 이상 계속하지 말라. 너희는 너희가 원하는 것을 가질 수 있고 너희가 원하는 것을 할 수 있다는 듯

이, 너희의 뿔을 높이 들지 말라. 하나님께서 세우신 권세에 결코 굽히지 않겠다고 철로 된 힘줄을 지니고서 **뻣뻣한 목으로** 말하지 말지어다. 구부러지고자 하지 않는 자들은 부러질 것이기 때문이다. 자신의 목을 꼿꼿이 세우는 자들은 자신의 멸망을 자초하는 것이다." 그리스도께서는 그의 복음을 통해서 산마다 자기 앞에서 낮아지리라고 말씀하셨다(사 40:4). 적그리스도의 세력은 그리스도에 대항하여 그 머리들과 뿔들을 들어서는 안 된다. 왜냐하면, 그들은 반드시 산산조각이 나게 분쇄될 것이기 때문이다. 뻣뻣한 목으로 말한 것은 깨어진 심령, 통회하는 심령을 통해서 상쇄되어야 한다. 그렇지 않으면, 우리는 망하게 된다. 바로는 뻣뻣한 목으로 여호와가 누구냐라고 말하였다. 그러나 하나님께서는 바로에게 그가 한 말에 대하여 자기가 대가를 치렀다는 것을 알게 하셨다.

⁶무릇 높이는 일이 동쪽에서나 서쪽에서 말미암지 아니하며 남쪽에서도 말미암지 아니하고 ⁷오직 재판장이신 하나님이 이를 낮추시고 저를 높이시느니라 ⁸여호와의 손에 잔이 있어 술 거품이 일어나는도다 속에 섞은 것이 가득한 그 잔을 하나님이 쏟아 내시나니 실로 그 찌꺼기까지도 땅의 모든 악인이 기울여 마시리로다 ⁹나는 야곱의 하나님을 영원히 선포하며 찬양하며 ¹⁰또 악인들의 뿔을 다 베고 의인의 뿔은 높이 들리로다

이 절들 속에서 그는 자기가 앞서 말했던 것을 확증하기 위하여 두 가지 큰 가르침을 제시하고, 거기로부터 두 가지 선한 결론을 도출해 낸다.

I. 여기에는 하나님께서 세상을 통치하시는 것과 관련된 두 가지 큰 진리가 제시되어 있는데, 우리는 이 진리들을 상황에 따라서 믿음과 적절하게 조화시켜야 한다.

1. 왕들은 오직 하나님으로부터만 그들의 권세를 받는 것이기 때문에(6-7절), 다윗은 그가 왕위에 오르게 된 것에 대하여 오직 하나님께만 찬송을 드리고자 한다는 것. 그는 자신의 권력이 하나님으로부터 나온 것이기 때문에 그 권력을 하나님을 위하여 사용하고자 한다. 그러므로 하나님을 대적하여 뿔을 든 자들은 어리석은 자들이다. 우리는 나라들의 흥망성쇠가 이상하게 전개되는 것을 보고, 어떤 나라들은 갑자기 멸망하고 어떤 나라들은 갑자기 흥왕하는 것에 대하여 깜짝 놀라게 된다. 그러한 일들은 비일비재하게 일어난다. 그런데

본문에서는 우리에게 나라들의 그러한 흥망성쇠의 원천을 살펴보라고 권하면서, 권세가 어디에서 나오고, 높은 자리에 오르는 것이 어디에서 연유하는지를 가르쳐 준다. 어떤 나라들이 흥왕하고, 어떤 사람들이 그 나라들의 왕이 되는 것은 어디로부터 연유하는 것인가? 나라들 속에서 높은 지위에 오르는 것은 어디에서 연유하는 것인가? 전자는 백성들의 뜻에 달려 있지 않고, 후자도 왕의 뜻에 달려 있지 않다. 이 두 가지는 모두 모든 사람들의 마음을 자신의 수중에 가지고 계시는 하나님의 뜻에 달려 있다. 그러므로 높은 지위에 오르고자 하는 자들은 하나님을 바라보아야 한다. 그렇게 할 때에만 그들은 올바른 출발점에 서 있게 된다. 우리는 여기에서 다음과 같은 가르침을 받는다.

(1) 우리는 권력의 원천을 어디에서 찾아서는 안 되는가: 무릇 높이는 일이 동쪽에서나 서쪽에서 말미암지 아니하며 광야에서도 말미암지 아니하느니라(즉, 예루살렘 북쪽의 광야에서나 남쪽의 광야에서 말미암지 않는다는 의미). 따라서 우리는 높아짐의 미풍이 동서남북의 어느 방향에서 불어 오리라고 기대해서는 안 되고, 오직 위로부터만 직접적으로 불어 온다는 것을 알아야 한다. 사람들은 동방 사람들의 지혜나 부, 서쪽에 있는 이방인들의 섬들의 무수한 군대, 남쪽에 있는 애굽이나 아라비아의 세력에 의해서 높아질 수 없다. 이차적인 원인자들이 미소를 짓는다고 하여도 일차적인 원인자 없이는 사람은 높아질 수 없다. 박식한 로이드 주교는 이 본문에 대해서 다음과 같은 설명을 덧붙인다. "권세가 하늘로부터 온다는 것은 모든 사람이 알지만, 그 권세가 누구로부터 오는지는 알지 못하는 사람이 많다. 점성술이 발달하였던 동방의 나라들은 권세가 그들의 별들, 특히 그들의 수호신인 태양으로부터 온다고 생각하였다. 다윗은 권세가 동쪽이나 서쪽에서 오는 것도 아니고, 어떤 행성의 뜨고 짐이나 행성들의 배열로부터 오는 것도 아니며, 남쪽에서 오는 것도 아니고, 해나 어떤 별이 중천에 떠오르는 것으로부터 오는 것도 아니라고 말한다." 다윗이 북쪽을 언급하고 있지 않은 것은 권세가 북쪽에서 온다고 생각하는 사람이 한 사람도 없었기 때문이거나, 북쪽을 가리키는 단어가 비밀한 곳을 의미하기도 하는데, 권세가 하나님의 비밀한 모략, 예루살렘의 북쪽에 있었던 시온에서의 말씀으로부터 오기 때문이었다. 바람은 높아짐을 가져오는 것이 아니라, 바람들을 부리시는 분이 명하시는 대로 불 뿐이라는 것을 명심하라.

(2) 적극적으로 말해서, 하나님이 재판장이시고, 통치자 또는 심판자이시다.

파당들이 상을 차지하려고 다툴 때, 하나님은 그의 뜻을 섬기고 그의 모략을 실현하기에 적합한 자가 누구이냐를 따져서, 이를 낮추시고 저를 높이시느니라. 이것과 관련해서 하나님은 그가 지닌 대권으로 행하시는 것이기 때문에 이러한 문제들에 대하여 우리에게 설명할 책임이 없으시다. 또한, 무한히 지혜로우시고 거룩하시며 선하신 분께서 그가 기뻐하시는 뜻을 따라서 누구를 언제 어떻게 높이시고 낮추실지를 결정하는 독점적인 권세를 지니고 있다는 것은 전혀 해가 되거나 위험하거나 욕된 일이 아니다. 이것은 방백들과 통치자들이 하나님께 책임을 져야 할 자들로서 하나님을 위하여 다스려야 할 충분한 이유가 된다. 왕들은 하나님에 의해서 권세를 받아 다스리는 것이기 때문이다.

2. 모든 사람들의 운명은 오직 하나님께 달려 있다는 것(8절). 여호와의 손에 잔이 있다. 하나님은 많은 성분들이 혼합되어 있는(하나님께서 생각하시기에 합당한 대로) 섭리의 잔, 환난의 잔을 사람들의 손에 쥐어 주신다. 그리스도의 고난은 잔이라 불린다(마 20:22; 요 18:11). 죄인들에 대한 하나님의 심판은 여호와의 오른손의 잔이다(합 2:16). 포도주가 붉다(개역에서는 술 거품이 일어나는도다)는 것은 죄인들에 대하여 집행되는 심판들 속에 하나님의 진노가 섞여 있다는 것을 의미하고, 그 환난과 비참함이 몹시 쓰다는 것을 의미한다. 이 구절은 피처럼 붉은 불로도 해석될 수 있는데, 이는 불은 타올라서 사람들을 죽이기 때문이다. 이 잔은 속에 섞은 것이 가득하다. 즉, 그 잔은 목적을 달성하기 위하여 지혜 가운데서 준비된다. 하나님의 백성의 손에 쥐어지는 환난의 잔 속에는 긍휼과 은혜가 섞여 있고, 악인들의 손에 쥐어지는 잔에는 저주가 섞여 있다. 그것은 쓸개가 섞인 포도주이다.

(1) 이러한 잔들은 모두에게 부어진다(계 15:7; 16:1을 보라). 천사들이 이 땅에 하나님의 진노의 잔들을 부을 때, 이 진노의 몇 방울은 선한 자들에게도 튀길 수 있다. 하나님의 심판이 널리 행하여질 때, 선한 자들도 이 총체적인 재앙 속에서 어느 정도 피해를 입게 된다.

(2) 잔의 찌꺼기들은 악인들의 몫이다. 재앙 자체는 하나님의 진노와 저주를 담고 있는 수단에 불과한 것으로서, 그 꼭대기에는 진노와 저주가 별로 담겨져 있지 않지만, 밑바닥에 가라앉아 있는 찌꺼기들과 앙금들은 온통 하나님의 진노를 담고 있고, 그것은 온전히 죄인들의 몫이 될 것이다. 그들은 지금 양심의 공포들을 통해서, 그리고 나중에는 음부의 고통들을 통해서 이 잔의 찌꺼기들

을 마시게 된다. 그들은 잔들을 기울여서 진노의 한 방울도 남기지 않고 마시게 될 것이다. 왜냐하면, 저주가 물 같이 그들의 몸 속으로 들어가며 기름 같이 그들의 뼈 속으로 들어가야 될 것이기 때문이다. 여호와의 진노의 잔은 그들에게 영원히 두려워 떠는 잔이 될 것이다(계 14:10). 악인은 이 세상에서 형통하지만 그가 받는 잔은 섞은 것이 가득한 잔이고, 그 중에서 가장 나쁜 것들은 잔의 밑바닥에 들어 있다. 악인들은 심판의 날에 자신의 행위에 합당한 보응을 받게 되어 있다.

Ⅱ. 여기에는 이러한 위대한 진리들로부터 도출된 두 가지 선한 실제적인 결론들이 나오는데, 그것들은 다윗이 이 시편의 첫 부분에서 말했던 것과 동일한 취지를 지니고 있다.

1. 그는 하나님께서 그에게 주신 권세로 인하여 하나님을 찬송하고 영광을 돌리고자 한다(9절). 주의 기이한 일들이 선포하는(1절) 그것을 내가 영원히 선포하리라. 다윗은 하나님께서 그를 높이신 것으로 인하여 그러한 긍휼을 처음 받았을 때 뿐만 아니라 그가 살아 있는 동안 영원히 하나님을 찬송하고자 한다. 하나님께서 다윗의 자손을 높이신 것은 성도들이 영원히 찬송할 제목이 될 것이다. 다윗은 하나님께서 그를 그의 백성 이스라엘 위에 왕으로 삼으신 것은 그의 종 야곱을 위한 것이었고, 하나님께서 그의 백성을 사랑하셨기 때문이라는 것을 알기 때문에 하나님을 그의 하나님으로서만이 아니라 야곱의 하나님으로서 영광을 돌리고자 한다.

2. 그는 하나님께서 그에게 권세를 맡기신 큰 목적을 이루는 데에 그 권세를 사용하고자 한다(10절; 또한, 2, 4절).

(1) 더 높은 권세를 지닌 자의 의무에 따라서 그는 악행하는 자들에게 자기가 두려운 자가 되고, 그들의 교만을 낮추며, 그들의 힘을 부수기로 결심한다. "그들의 모든 머리를 베지는 않겠지만, 그들이 가난한 이웃들을 괴롭히는 데에 사용하는 악인들의 뿔을 내가 다 베리라. 내가 그들로 하여금 다시는 사람들에게 해악을 끼치지 못하게 해 놓으리라." 이렇게 하나님께서는 유다와 이스라엘을 흩뜨린 이방인의 뿔들을 떨어뜨릴 대장장이들을 일으키시겠다고 약속하신다(슥 1:18-21).

(2) 그는 선을 행하는 자들을 보호해 주고 그들에게 상을 내리겠다고 결심한다: 내가 의인의 뿔을 높이 들리로다. 그들은 높임을 받아서 권세 있는 자리에 오

르게 될 것이다. 선한 자들, 선을 행할 마음을 지니고 있는 자들은 그렇게 행할 기회를 부여받게 될 것이다. 이것은 다윗의 결심과 일치한다(시 101:3 이하). 이 점에서 다윗은 그리스도의 모형이었다. 그리스도는 장차 악인들을 죽이시고, 의인들의 뿔을 영광 중에 높이 드실 것이다(시 112:9).

제
— 76 —
편

개요

이 시편은 교회가 어떤 위협적인 원수에 대하여 큰 승리를 거둔 후에 그 승리를 기리기 위하여 지은 것으로 보인다. 칠십인역에서는 이 시편을 "앗수르인들에 대한 노래"라고 부르고 있기 때문에, 많은 훌륭한 해석자들은 이 시편이 히스기야 때에 산헤립의 군대가 예루살렘을 포위하였다가 멸망시키는 천사에 의해서 전멸당하였을 때에 지어진 것이라고 추측한다. 이 시편 속에 나오는 몇몇 구절들은 그러한 놀라운 일에 아주 잘 적용될 수 있다. 그러나 여호사밧 때에도 신앙의 승리라고 할 수 있는 사건이 있었는데, 그 일도 이 시편의 주제가 될 수 있었을 것이다(대하 20:28). 이 시편은 아삽의 자손들에 의해서 항상 불려졌기 때문에 "아삽의 노래"라고 할 수 있었을 것이다. 또는, 이 시편은 다윗 시대에 살았던 아삽이 하나님께서 다윗의 치세를 영화롭게 하시기를 기뻐하여 다윗으로 하여금 수많은 승리를 거두게 하셨을 때 지은 것일 수도 있다. 그것이 무엇이었든지 간에, 시편 기자는 이러한 영광스러운 승리를 거둔 때에 다음과 같이 하였다. I. 그는 하나님께서 교회를 그토록 가까이 하시는 것이 교회의 복이라고 송축한다(1-3절). II. 그는 이 사건이 하나님의 권능을 분명하게 보여준 예라고 말하며, 그 영광을 송축한다(4-6절). III. 그는 이 일을 근거로 모든 사람들이 하나님 앞에서 두려워해야 할 충분한 이유가 있다고 말한다(7-9절). IV. 그는 이 일을 근거로 그의 백성이 하나님을 의지하고 하나님께 충성을 맹세해야 할 충분한 이유가 있다고 말한다(10-12절). 이 시편은 하나님께서 교회로 하여금 공적인 승리를 거두게 하신 때에 감사의 날에 적합한 시편이기는 하지만, 그 밖의 다른 때에도 사용하기에 전혀 부적절하지 않다. 왜냐하면, 하나님께서 이전에 그의 교회를 위하여 행하신 큰 일들, 특히 구속주께서 어둠의 세력들에 대하여 거두신 승리들(구약의 모든 승리들, 적어도 시편들 속에서 송축되고 있는 승리들은 바로 이 승리의 모형들이었다)로 인하여 하나님께 영광을 돌리는 것은 언제든지 합당한 일이기 때문이다.

〔아삽의 시, 인도자를 따라 현악에 맞춘 노래〕

¹하나님은 유다에 알려지셨으며 그의 이름이 이스라엘에 알려지셨도다 ²그의 장막은 살렘에 있음이여 그의 처소는 시온에 있도다 ³거기에서 그가 화살과 방패와 칼과 전쟁을 없이하셨도다 (셀라) ⁴주는 약탈한 산에서 영화로우시며 존귀하시도다 ⁵마음이 강한 자도 가진 것을 빼앗기고 잠에 빠질 것이며 장사들도 모두 그들에게 도움을 줄 손을 만날 수 없도다 ⁶야곱의 하나님이여 주께서 꾸짖으시매 병거와 말이 다 깊이 잠들었나이다

교회는 여기에서 한창 전쟁 중임에도 불구하고 승리의 개가를 부른다. 시편 기자는 여기에서 우리의 모든 승리의 중심이신 하나님 안에서 교회의 이름으로 승리의 개가를 부르며 기뻐한다.

I. 하나님께서 그들에게 자기 자신을 계시하셨다는 것(1절). 그들 가운데서 하나님이 알려지셨고, 그가 알려지신 곳에서 그의 이름이 크게 되셨다는 것은 유다와 이스라엘의 영광이자 특권이었다. 하나님은 그의 기쁘신 뜻대로 자신을 알게 하신다. 하나님께서 자기 자신을 나타내신 자들은 복되고, 그들의 땅이 하나님을 아는 지식으로 가득 찬 백성은 복되며, 그들의 마음이 그러한 지식으로 가득 차 있는 자들은 복되다. 하나님은 다른 나라들에서는 알려지지 않았지만 유다에서는 알려지셨고, 그것은 너무도 특별한 것이었기 때문에 그만큼 그 은총은 더 큰 것이었다(시 147:19-20).

II. 하나님께서 그가 정하신 규례들을 통해서 특별히 그들과 함께 계시다는 것을 보여주심(2절). 유다와 이스라엘의 온 땅에서 하나님은 알려져 있었고, 그의 이름은 크게 높임을 받았다. 그러나 그의 장막은 살렘에 있었고 그의 처소는 시온에 있었다. 거기에 하나님은 자신의 궁정을 펼쳐 놓으셨다. 거기에서 하나님은 희생 제사들을 통해서 그의 백성의 충성 맹세를 받으셨고, 희생 제물로 연회를 베푸심으로써 그의 백성을 환대하셨다. 백성들은 하나님께 아뢰기 위해서 그리로 나아갔고, 하나님은 거기로부터 그의 말씀들을 통해서 그의 백성에게 영을 내리셨다. 하나님은 거기에 그의 이름을 기록해 놓으셨고, 그 곳에 대하여 이는 내가 영원히 쉴 곳이라 내가 여기 거주할 것은 이를 원하였음이로다라고 말씀하셨다. 하나님께서 그가 정하신 여러 예식과 제도들을 통해서 그들 가운데 계신다는 것은 한 백성의 영광이자 복이다. 그러나 하나님의 거처는 이동식 거처인 성막이었다. 아직 잠시 동안 빛이 너희 중에 있다.

Ⅲ. 그들은 그들의 원수들에 대하여 승리를 거두었다는 것(3절).   거기에서 그가 화살을 꺾으셨도다. 그 위험이 얼마나 위협적이었는지를 주목하라. 유다와 이스라엘, 살렘과 시온은 이토록 엄청난 특권을 받은 곳이었지만, 원수들은 그들을 치기 위하여 일어났고, 병기들을 손질하였다.

1. 여기에는 활과 화살, 방패와 칼 등과 같이 전쟁을 위한 모든 병기들이 등장한다. 그러나 그 모든 병기들은 꺾여지고 쓸모 없이 되어 버렸다.

(1) 이런 일은 유다와 이스라엘에서 하나님과 가까운 백성을 위하여 일어났다. 전쟁을 위한 병기들이 다른 나라들을 겨냥하여 사용되었을 때에는 그 목적을 충실히 달성하였지만, 저 거룩한 나라를 향하였을 때에는 즉시 부러져 못 쓰게 되었다. 갈대아 역본에서는 이 본문을 다음과 같은 의역한다: 이스라엘 집이 하나님의 뜻을 행하자, 하나님께서는 그의 엄위하심을 그들 가운데 두셨고, 거기에서 활의 화살들을 부러뜨리셨다. 그들이 하나님을 신실하게 섬기는 동안에 그들은 크고 안전하였으며, 모든 일이 잘되었다.

(2) 또는 이 일은 시온에 있는 성막과 거처에서 일어났고, 거기에서 하나님은 화살들을 부러뜨리셨다. 이 일은 전장에서 이루어졌지만, 성소에서 이루어진 것으로 말해진다. 왜냐하면, 이 일은 하나님의 백성이 성소에서 하나님께 드린 기도들에 대한 응답이자 하나님께서 성소에서 그들에게 하신 약속들을 이행하는 것으로서 일어난 일이었기 때문이다(이 두 가지의 예에 대해서는 대하 20:5, 14을 보라). 나라 전체가 거둔 승리는 전쟁터에서 행해진 것과 아울러서 교회에서 행해진 것 덕분이다.

2. 이러한 승리는 다음과 같은 것들에 해당하는 것이었다.

(1) 이스라엘의 하나님의 불멸의 영광(4절). 주는 약탈한 산보다 영화로우시며 존귀하시고, 자신이 그렇다는 것을 나타내셨다.

[1] "주는 땅의 모든 크고 힘있는 자들, 높은 지위에 있으면서 스스로를 산처럼 견고하다고 생각하고, 실제로 주변의 모든 사람을 압제하는 약탈의 산들인 자들보다 영화로우시며 존귀하시도다. 멸망시키는 것은 그들의 영광이고, 구원하시는 것은 주의 영광이나이다."

[2] "주는 특히 우리 땅을 침공한 자들보다 영화로우시며 존귀하시도다. 그들은 유다의 성읍들을 포위하고서는 그 성읍들을 치기 위하여 둔덕을 쌓으며 진지를 구축하였나이다. 그러나 주는 우리를 괴롭히는 자들보다 더 능하셔서 우

리를 넉넉히 보호하셨나이다." 마찬가지로, 교회의 원수들이 교회에 대하여 오만하게 굴 때에 하나님께서 그들보다 높으시다는 것이 곧 드러나게 될 것이다.

(2) 이스라엘의 원수들의 영원한 수치(5-6절). 그들은 마음이 강한 자들, 그들이 이전에 거둔 승리들로 인해서 한껏 고양되어 있는 가운데 승리를 확신하며 이스라엘을 치기 위하여 노도처럼 밀려 온 큰 담력과 결연한 의지를 지닌 자들이었다. 그들은 전쟁을 하기에 적합한 다부진 체격을 지닌 장사들이었다. 그들은 당시에 전쟁을 할 때에 큰 힘이 되었고 중요하였던 병거들과 말들을 가지고 있었다(시 20:7). 그러나 이 모든 화력이 예루살렘을 겨냥했을 때에는 아무런 힘도 발휘하지 못하였다.

[1] 마음이 강한 자들도 가진 것을 빼앗기고 무장 해제를 당하였다(어떤 이들은 이렇게 해석한다). 하나님께서는 그의 원수들이 스스로 약화되어 자멸할 수 있게 하실 수 있으시다. 그들은 잠에 빠졌다. 그들은 예수 안에서 잠자는 의인들의 잠이 아니라 그들의 잠, 장차 깨어나서 영원한 수치와 멸시를 당하게 될 죄인들의 잠에 빠졌다.

[2] 마음이 강한 자들이 사기를 잃어버린 것처럼, 장사들도 그들의 손을 쓸 수 없게 되었다. 용감한 자들이 겁쟁이가 되어 버린 것처럼, 용사들도 손과 발을 제대로 쓸 수 없게 되어서, 그들의 적을 해치기는커녕 자신들의 목숨을 부지하기조차 힘들게 되었다.

[3] 기병들이 다 잠에 빠졌기 때문에, 병거들과 말들도 다 깊이 잠들었다고 말할 수 있었다. 하나님께서는 야곱의 하나님으로서 야곱을 위하여 구원을 명하시는 말씀을 하셨을 뿐인데도, 그의 꾸짖음에 병거와 말이 다 깊은 잠에 빠져들었다. 군사들이 멸망시키는 천사에 의해서 현장에서 죽어 엎어졌을 때, 병거와 말은 더 이상 전혀 두려운 병기가 될 수 없었다. 하나님의 꾸짖으심이 얼마나 큰 능력과 효력을 발휘하는지를 보라. 우리는 이 모든 말씀을 구속주로 말미암아 우리가 누리는 유익들에 그대로 적용할 수 있다는 것을 큰 기쁨으로 여겨야 한다. 하나님은 그리스도로 말미암아 알려지셨고, 그리스도 안에서 하나님의 이름은 크시다. 하나님께서 그의 교회 속에 성막과 거처를 마련하신 것은 그리스도 덕분이다. 무장한 강한 자를 쳐부수시고, 정사와 권세들을 약탈하셔서, 온 세상에 구경거리가 되게 하신 것은 바로 그리스도이셨다.

⁷주께서는 경외 받을 이시니 주께서 한 번 노하실 때에 누가 주의 목전에 서리이까 ⁸주께서 하늘에서 판결을 선포하시매 땅이 두려워 잠잠하였나니 ⁹곧 하나님이 땅의 모든 온유한 자를 구원하시려고 심판하러 일어나신 때에로다 (셀라) ¹⁰진실로 사람의 노여움은 주를 찬송하게 될 것이요 그 남은 노여움은 주께서 금하시리이다 ¹¹너희는 여호와 너희 하나님께 서원하고 갚으라 사방에 있는 모든 사람도 마땅히 경외할 이에게 예물을 드릴지로다 ¹²그가 고관들의 기를 꺾으시리니 그는 세상의 왕들에게 두려움이시로다

하나님께서 그의 교회에 은혜와 복으로 주신 이 영광스러운 승리에 대하여 여기에서는 세 가지로 말을 한다.

I. 하나님의 원수들에게는 두려운 일(7-9절). "주께서는 경외 받을 이이시나이다. 주를 거슬러 진노케 한 자들은 주의 엄위하심을 두려워하여야 하고 주의 주권에 복종하여야 하며 주의 공의를 두려워하여야 할 것이나이다." 온 세상은 이 사건을 통해서 크신 하나님을 경외하여야 한다는 것을 배워야 한다.

1. 모든 사람은 죄인들의 무모한 불경건에 대한 하나님의 진노를 두려워하여야 한다: 주께서 한 번 노하실 때에 누가 주의 목전에 서리이까. 하나님은 소멸하시는 불이신데, 그의 진노가 단지 잠시 일어난다고 할지라도(시 2:12), 겨와 같고 관목 같은 자들이 어떻게 하나님 앞에 설 수 있겠는가?

2. 모든 사람들은 죄 없이 압제받는 자들과 해악을 입은 그의 백성을 위한 하나님의 열심을 두려워하여야 한다. "주께서 땅의 모든 온유한 자를 구원하시려고 일어나신 때에 하늘에서 판결을 선포하셨나이다(8-9절). 그 때에 주의 이러한 영광스러운 나타나심의 결과가 무엇일지를 기다리며, 땅이 두려워 잠잠하였나이다."

(1) 하나님의 백성은 땅의 온유한 자들이고(습 2:3), 자기에게 가해진 해악을 묵묵히 참아 내며 남들에게 해악을 행하지 않는 자들로서 땅에서 조용한 자들(시 35:20)이다.

(2) 땅의 온유한 자들은 그 온유함으로 인해서 남들에게서 해악을 받게 되지만, 하나님께서는 조만간에 그들을 구원하기 위하여 나타나셔서 그들을 신원해주실 것이다.

(3) 하나님께서는 땅의 모든 온유한 자들을 구원하러 오실 때에 하늘에서 판결

을 선포하실 것이다. 하나님은 그가 그의 백성을 압제한 자들에게 진노하고 계시고, 그들에게 행해진 온갖 악행들을 자기 자신에게 행해진 것으로 여기신다는 것을 세상으로 하여금 알게 하실 것이다. 의로우신 하나님은 오랫동안 침묵하고 계시는 것처럼 보이지만, 조만간에 심판을 선포하실 것이다.

(4) 하나님께서 하늘에서 심판을 말씀하실 때에 땅은 두려움과 경외감 속에서 침묵하게 될 것이다. 법정에서 재판장이 판결문을 낭독할 때에 사람들이 조용히 듣듯이, 땅이 두려워 잠잠하였다. 너희는 가만히 있어 내가 하나님됨을 알지어다(시 46:10). 모든 육체가 여호와 앞에서 잠잠할 것은 여호와께서 심판하시러 일어나심이니라(슥 2:13). 이 시편이 산헤립의 군대가 패주하였을 때에 지어졌을 것이라고 생각하는 자들은 멸망시키는 천사가 하늘에서 내려와서 하나님의 영을 집행할 때에 우렛소리가 수반되어서 하나님께서 하늘에서 판결을 선포하셨고, 땅은 두려워하였는데(즉, 지진이 있었다) 이 일은 순식간에 이루어졌을 것이라고 본다. 그러나 이것은 극히 불확실한 말이다.

II. 하나님의 백성에게는 위로가 되는 일(10절). 우리는 매우 도발적이고 화가 나 있는 세상 속에서 살아간다. 우리는 끝이 없는 것처럼 보이는 사람의 분노를 흔히 느끼고, 그 분노로 인하여 더 많은 두려움을 지니기 쉽다. 그러나 다음과 같은 것들은 우리에게 큰 위로가 된다.

1. 하나님은 사람의 분노가 어느 때라도 표출되는 것을 허용하실 때에 그 분노가 하나님에 대한 찬송으로 바뀌게 하실 것이고, 그 분노를 통해서 하나님께 영광이 되고 자신의 목적을 이루실 것이다. 진실로 사람의 노여움은 주를 찬송하게 될 것인데, 하나님께서 그 분노를 억제하심으로써 사람이 자신의 무능을 고백할 수밖에 없게 되는 것을 통해서만이 아니라 잠시 동안 하나님께서 사람의 분노를 자유롭게 허용하시는 것을 통해서도 하나님은 찬송을 받으시게 될 것이다. 하나님의 백성이 그들의 원수들의 분노에 의해서 겪는 곤경들은 하나님의 영광과 은혜를 드러내는 기회가 된다. 이방 나라들이 분노하며 여호와와 그의 기름 부음 받은 자를 대적하여 음모를 꾸미면 꾸밀수록, 하나님은 그의 왕을 그의 거룩한 산 시온에 세우심으로써 더욱 찬송을 받으시게 될 것이다(시 2:1, 6). 하늘의 천군천사들이 하나님께서 이방들이 분노함에도 불구하고 친히 큰 권능을 잡으시고 왕 노릇 하신 것을 감사의 노래로 부를 때(계 11:17-18), 사람의 분노는 하나님에 대한 그러한 찬송에 광채를 더하는 것이 될 뿐이다.

2. 하나님께 찬송이 되지 못할 사람의 분노는 금지되리라는 것: 그 남은 노여움은 주께서 금하시리이다. 사람들은 범죄하고자 할 때에 그것을 억제할 수 없기 때문에, 결코 범죄를 허용해서는 안 된다. 그러나 하나님은 범죄를 억제하실 수 있기 때문에 범죄를 허용하시는 것이다. 하나님은 거세게 밀려 오는 바다의 경계를 정하신 것처럼 사람의 분노에 대해서도 경계를 정하실 수 있다. 네가 여기까지 오고 더 넘어가지 못하리니 네 높은 파도가 여기서 그칠지니라. 하나님께서는 갈고리로 그의 코를 꿰며 재갈을 그의 입에 물려서 산헤립의 남은 분노를 억제하셨다(사 37:29). 하나님은 산헤립이 허세를 부리며 방자한 말을 하는 것을 허용하셨지만 그가 마음먹은 대로 하도록 내버려 두지 않으시고 그를 억제하셨다.

III. 모든 사람에게 마땅한 도리(11-12절).   모든 사람은 이 크신 하나님께 순종하여 그의 충성스러운 신민들이 되어야 한다. 좀 더 살펴보자.

1. 이것은 우리 모두, 하나님 주변에 있는 모든 자들, 하나님을 의지하거나 하나님께 나아가는 모든 자들에게 요구되는 도리이다. 사람들 가운데서 하나님께 의존되어 있지 않은 자가 누가 있는가? 그러므로 우리는 모두 만왕의 왕께 충성을 맹세하도록 명령을 받는다: 서원하고 갚으라. 즉, 하나님께 충성의 서원을 드리고서, 그것을 꼼꼼하게 지키라는 것이다. 하나님의 백성이 될 것을 서원하고서, 너희가 서원한 것을 그대로 갚으라. 너희의 영혼을 하나님에 대한 의무로 묶어 놓고서(이것이 서원의 성격이기 때문에), 너희가 너희 자신에게 부과한 의무들을 따라서 살아가라. 왜냐하면, 서원하고서 갚지 않는 것보다는 서원하지 않는 것이 차라리 더 낫기 때문이다. 신민들이 그들의 주군에게 예물을 드리듯이(삼상 10:27), 우리는 하나님을 우리의 왕으로 받아들인 후에는 하나님께 예물을 드려야 한다. 너희는 이 땅 통치자에게 어린 양들을 드리라(사 16:1). 하나님은 우리가 드리는 예물을 필요로 하지도 않으시고 그것에 의해서 유익을 얻으실 수도 없다. 그러나 우리는 하나님께 예물을 드리는 것을 통해서 하나님께 영광을 돌리고, 우리의 모든 것이 하나님께로부터 온 것임을 고백하지 않으면 안 된다. 우리의 기도들과 찬송들, 특히 우리의 마음들은 우리가 우리 하나님 여호와께 드려야 하는 예물들이다.

2. 이러한 의무를 강화시키는 여러 가지 이유들: 모든 자에게 줄 것을 주되 두려워할 자를 두려워하라. 하나님은 마땅히 사람들의 경외를 받으셔야 할 분이

아니시던가? 물론, 하나님은 사람들의 경외를 받으셔야 마땅한 분이시다.

(1) 하나님은 마땅히 경외를 받으셔야 한다: 하나님은 경외이시다(원문의 의미는 이런 것이다). 하나님의 이름은 영화롭고 두려운 것이다. 하나님은 우리가 마땅히 경외하여야 할 대상이다. 하나님께는 무시무시한 엄위하심이 있으시다. 아브라함의 하나님은 이삭이 경외하는 이로 불렸고(창 31:42), 우리는 그를 너희가 두려워하며 무서워할 자로 삼으라는 명령을 받는다(사 8:13). 우리는 하나님께 예물을 드릴 때에 하나님을 지극히 경외할 분으로 바라보아야 한다. 왜냐하면, 하나님은 그의 성소에서 두려우신 분이기 때문이다.

(2) 하나님은 이 세상에서 사람들의 경외를 받을 유일한 대권을 자기가 지니고 있다고 생각하는 자들에 의해서도 경외를 받으시게 될 것이다(12절): 하나님은 고관들의 기를 꺾으시리라. 우리가 아주 쉽게 꽃나무에서 꽃을 꺾고 포도나무에서 포도송이를 꺾듯이, 하나님은 방백들의 기를 아주 쉽게 꺾으실 것이다(원문은 이런 의미를 담고 있다). 하나님은 아주 대담한 자들의 기를 꺾으셔서 그들을 용기없는 자들로 만드실 수 있다. 왜냐하면, 하나님은 세상의 왕들에게 두려움이시고, 장래에도 그러실 것이기 때문이다. 그들이 지혜롭게 처신해서 스스로 하나님께 순복하지 않는다면, 하나님께서는 조만간에 그들로 하여금 산들과 바위들에게 그들 위에 떨어져 그의 진노에서 그들을 가리라고 헛되이 소리 지르게 만드실 것이다(계 6:16). 하나님과 다투어 보았자 아무런 소용도 없기 때문에, 하나님께 순복하는 것이 우리의 지혜이자 우리의 도리이다.

제 77 편

개요

이 시편은 다른 많은 시편들의 방식을 따라서 서글픈 탄식과 하소연들로 시작해서 위로를 주는 격려들로 끝이 난다. 탄식과 하소연들은 개인적인 고민들과 관련이 있어 보이지만, 격려의 말들은 교회의 공적인 관심사들과 관련이 되어 있기 때문에, 이 시편이 개인적인 이유에서 지어졌는지 공적인 이유에서 지어졌는지는 확실하지 않다. 시편 기자가 괴로워하고 있었던 것이 사적인 고민들이었다면, 이 시편은 우리에게 하나님께서 그의 교회 전체를 위하여 행하신 일들이 개별 신자들의 위로로 사용될 수 있다는 것을 가르쳐 준다. 시편 기자가 여기에서 탄식하고 있는 것이 어떤 공적인 재난이었다면, 그가 교회의 공적인 재난을 마치 자기 자신의 고민인 것처럼 그토록 실감나게 말하고 있다는 것은 우리가 하나님의 교회와 관련된 일들을 얼마나 많이 마음에 두고서 마치 우리의 일인 것처럼 여겨야 한다는 것을 보여준다. 랍비들 중의 한 사람은 이 시편이 포로로 잡혀 간 자들의 방언으로 구술되고 있다고 말한다. 그러므로 어떤 이들은 이 시편이 바벨론에서의 포로 생활 가운데서 지어진 것이라고 생각한다. I. 시편 기자는 여기에서 그의 환난들이 그의 사기에 너무도 깊은 영향을 미쳐서, 그가 구원에 대하여 절망에 빠지는 시험에 들 정도였다고 하소연한다(1-10절). II. 그는 하나님께서 이전에 그의 백성을 도우시기 위하여 나타나신 것을 몇 가지 사례를 들어서 회상함으로써 이 일이 결국 잘 마무리 되리라는 소망으로 자기 자신을 격려한다(11-20절). 이 시편을 노래할 때, 우리는 하나님과 그의 섭리와 약속을 불신하였던 우리의 모든 죄악된 것들에 대하여 부끄러워하여야 하고, 하나님께서 이전에 우리를 위하여 행하신 일들을 감사함으로 기억함으로써 하나님의 능력과 선하심에 대하여 하나님께 영광을 돌려야 하며, 장래에는 우리가 하나님을 즐거운 마음으로 의지하겠다고 다짐하여야 한다.

〔아삽의 시, 인도자를 따라 여두둔의 법칙에 따라 부르는 노래〕
¹내가 내 음성으로 하나님께 부르짖으리니 내 음성으로 하나님께 부르짖으면 내게 귀를 기울이시리로다 ²나의 환난 날에 내가 주를 찾았으며 밤에는 내 손을 들고 거

두지 아니하였나니 내 영혼이 위로 받기를 거절하였도다 [3]내가 하나님을 기억하고 불안하여 근심하니 내 심령이 상하도다 (셀라) [4]주께서 내가 눈을 붙이지 못하게 하시니 내가 괴로워 말할 수 없나이다 [5]내가 옛날 곧 지나간 세월을 생각하였사오며 [6]밤에 부른 노래를 내가 기억하여 내 심령으로, 내가 내 마음으로 간구하기를 [7]주께서 영원히 버리실까, 다시는 은혜를 베풀지 아니하실까, [8]그의 인자하심은 영원히 끝났는가, 그의 약속하심도 영구히 폐하였는가, [9]하나님이 그가 베푸실 은혜를 잊으셨는가, 노하심으로 그가 베푸실 긍휼을 그치셨는가 하였나이다 (셀라) [10]또 내가 말하기를 이는 나의 잘못이라 지존자의 오른손의 해[를 기억하리이다]

우리는 여기에서 우울한 감정에 사로잡혀서 저 무시무시한 웅덩이와 수렁에 빠져서 가라앉는 가운데 거기에서 벗어나고자 고군분투하는 선한 자에 관한 생생한 초상화를 보게 된다. 슬픔에 빠져서 의기소침해 있는 성도들은 이 시편을 통해서 그들의 면모를 거울에 비춰 보는 것처럼 뚜렷하게 볼 수 있을 것이다. 이 시편을 지을 당시에는 시편 기자는 이미 그가 싸웠던 슬픔과 두려움으로부터 벗어나 있었던 것으로 보인다. 왜냐하면, 그는 내가 하나님께 부르짖었더니 하나님께서 내게 귀를 기울이셨도다라고 말하고 있고(1절), 여전히 그 싸움이 지속되고 있었다면 그는 이 시편의 후반부에 나오는 것과 같은 편안한 기분을 갖고 있지 못하였을 것이기 때문이다. 그러나 그가 이 말씀을 이 시편을 통해서 그가 들려주는 이야기의 처음 부분에 끼워 놓은 것은 그의 환난이 절망으로 끝나지 않았다는 것을 보여주기 위한 것이다. 하나님께서는 그의 부르짖음을 들으셨고, 결국 그는 하나님께서 그의 기도를 들으셨다는 것을 알았다. 좀 더 살펴보자.

I. 슬픔 속에서 그가 드린 기도들. 환난을 당할 때에 그는 기도하였고(약 5:13), 고민 중에 있을 때에 그는 더 간절하게 기도하였다(1절): 내 음성이 하나님께 부르짖었고, 내가 내 음성으로 하나님께 부르짖었다. 그의 마음은 하소연할 말들로 가득 차 있었지만, 그는 그 모든 것들을 하나님께로 향하였고, 너무도 간절하고 끈질긴 기도와 부르짖음으로 바꾸어 놓았다. 이런 식으로 그는 자신의 슬픔을 토해 냄으로써 어느 정도 편안함을 얻었다. 이렇게 그는 고통을 더는 올바른 방식으로 택하였던 것이다(2절): 나의 환난 날에 내가 주를 찾았도다. 환난의 날들, 특히 하나님께서 우리에게서 물러나신 것처럼 보이는 내적인 환

난의 날들은 기도의 날들이 되어야 한다는 것을 명심하라. 우리는 하나님을 찾아야 하고, 하나님을 만날 때까지 찾아야 한다. 그가 환난을 당하는 날에 그는 자신의 괴로움을 떨쳐 버리기 위해서 일이나 오락을 찾았던 것이 아니라, 하나님을 찾았고, 그의 은총과 은혜를 찾았다. 마음이 괴로운 자들은 술로 그 괴로움을 잊어 버리거나 웃고 떠들어서 그 괴로움을 날려 보내리라고 생각하지 말고, 기도함으로써 그 괴로움을 없애야 한다. 밤에 내 손을 들고 거두지 아니하였도다. 하몬드 박사는 다음에 나오는 말을 그가 기도를 그치지 않고 끈질기게 하였다는 것을 말하는 것으로 해석한다(시 143:5-6을 참조하라).

II. 그의 우울한 슬픔. 슬픔은 다음과 같을 때에 진실로 우울증이라고 불려질 수 있다.

1. 슬픔이 끊임없이 밀려 올 때. 그의 슬픔이 그러하였다. 나의 고통은 밤새도록 계속되었고, 나의 내면은 피를 흘렸으며, 휴식과 잠을 위해 정해진 시간에도 나의 고통은 그치지 않았다.

2. 슬픔이 위로받기를 거절할 때. 그의 경우가 바로 그러하였다: 내 영혼이 위로받기를 거절하였도다. 그는 그를 위로해 주러 온 사람들의 말에 귀를 기울이고자 하는 마음이 없었다. 마음이 상한 자에게 노래하는 것은 소다 위에 식초를 부음 같으니라(잠 25:20). 또한, 그는 그에게 위로가 될 만한 일들을 생각하고 싶은 마음도 없었다. 그는 슬픔에 매몰된 자처럼 그러한 것들을 멀리하였다. 어떤 이유에서이든 슬픔에 빠져서 위로받기를 거절하는 자들은 자기 자신을 손상시키는 것일 뿐만 아니라 하나님께 대드는 것이 된다.

III. 그의 우울한 상념들. 그는 그것이 개인적인 것이었든 공적인 것이었든 그 고민거리에 온통 마음을 다 쏟았기 때문에 다음과 같은 결과들이 생겨났다.

1. 그의 고통을 덜어 주었어야 할 것들이 도리어 그의 슬픔을 더 크게 하였다 (3절).

(1) 하나님을 기억하는 것은 당연히 사람에게 위로를 가져다 주는 것임에도 불구하고, 그에게는 그렇지 못하였다: 내가 하나님을 기억하고 불안하였다. 가엾은 욥도 내가 하나님 앞에서 괴롭고 불안하였으며, 곰곰이 생각할 때에 하나님이 두려웠다고 말한다(욥 23:15). 그가 하나님을 기억하였을 때에 그의 생각은 오로지 하나님의 공의와 진노, 두려운 엄위하심에만 집중되었기 때문에, 하나님이 그에게 두려움이 되었다.

(2) 하나님 앞에 자신의 심정을 토해 놓으면 마음이 편안해지는 것이 상례(常例)였지만, 그에게는 그렇지가 못하였다: 그는 하소연하였지만(개역에서는 근심하니) 그의 심령은 짓눌려서 밑으로 꺼져가기만 하였다.

2. 그에게 잠시 슬픔을 잊게 해 줄 수단도 그에게 허락되지 않았다(4절). 잠이라도 좀 잘 잘 수 있었으면 슬픔과 근심을 잠시 잊을 수 있었을 것인데, 그는 잠조차 잘 수가 없었다. "내 마음에 가득한 주에 대한 두려움으로 주께서 내가 눈을 붙이지 못하게 하시니 나는 날이 밝을 때까지 뒤척이나이다." 그는 그의 생각이 뒤죽박죽이 되어 있었고, 그의 심령은 요동하고, 그의 마음은 혼란스러웠기 때문에 말을 할 수가 없었다. 내가 잠잠하여 선한 말도 하지 아니하니 나의 근심이 더 심하도다. 그는 터지게 된 새 가죽 부대 같았지만(욥 32:19), 너무도 괴로워서 말할 수도 없었고 힘을 차릴 수도 없었다. 이렇게 슬픔을 마음속에 담아 두고서 끙끙 앓는 것만큼이나 심령을 상하게 하는 것은 없다.

IV. 그의 우울한 회상들(5-6절). "내가 옛날을 생각하였고, 옛날을 현재와 비교해 보았다. 우리가 이전에 형통하였다는 것은 우리가 현재 겪고 있는 재난을 더욱 부각시킬 뿐이다. 왜냐하면, 우리는 우리 조상들이 우리에게 말해 준 그러한 기이한 일들을 현재 보지 못하고 있기 때문이다." 우울증에 걸린 사람들은 현재 그들이 처한 상황에 대한 그들 자신의 불안과 불만족을 정당화하기 위하여 옛날과 지나간 세월에 골몰하기 쉽다. 그러나 옛날이 오늘보다 나았다고 말하지 말라(전 7:10). 왜냐하면, 옛날이 과연 오늘보다 나았는지 그렇지 않은지를 사실 너는 모르기 때문이다. 우리는 우리가 잃어버린 위로들을 기억하고서는 우리에게 여전히 남아 있는 위로들에 대하여 감사하지 못하거나 우리가 지금 지고 있는 십자가를 못 견뎌 해서는 안 된다. 특히, 그는 밤에 부른 노래를 기억하고서, 자기가 이전에 슬펐을 때에 그 노래로 인하여 위로와 힘을 얻었고, 외로웠을 때에 기쁨을 얻을 수 있었다는 것을 생각하였다. 그는 이러한 노래들을 기억하고서, 그가 그 노래들을 다시 부를 수 있을지를 시험해 보았다. 그러나 그는 그 노래들을 제대로 부를 수 없었고, 그 노래들에 대한 기억은 단지 그의 심령을 하나님께 쏟아 놓게 할 뿐이었다(시 43:4; 또한 욥 35:10을 보라).

V. 그의 우울한 두려움들과 염려들. "내가 내 마음과 더불어서 얘기하였다(6절). 자, 내 영혼아, 이 일들의 결과가 어떻게 될까? 나는 이 일들에 대하여 어떻게 생각할 수 있고, 이 일들이 결국 어떻게 되리라고 기대할 수 있겠는가?

나는 나의 괴로움의 원인들을 부지런히 찾았고, 하나님께서 왜 나와 다투시는지, 그 결과가 어떻게 될 것인지를 부지런히 찾았다. 그러면서 나는 주께서 지금 나를 버리신 것처럼 주께서 영원히 버리실까라고 묻기 시작하였다. 하나님은 지금 내게 은총을 베풀지 않으신다. 주께서는 다시는 은혜를 베풀지 아니하실까? 그의 인자하심은 지금 내게 없다. 그의 인자하심은 영원히 끝났는가? 그의 약속하심은 지금 내게 이루어지지 않는다. 그의 약속하심도 영구히 폐하였는가? 하나님은 지금 내게 은혜를 베푸시지 않는다. 하나님이 그가 베푸실 은혜를 잊으셨는가? 하나님의 긍휼하심은 중단되었다(아마도 지혜 가운데서). 노하심으로 그가 베푸실 긍휼을 그치셨는가?"(7-9절). 이것은 하나님께 버림받고 위로를 받지 못한 영혼이 빛 한 줄기 들지 않는 어둠 속에서 행하면서 토하는 언어로서, 이러한 경우는 여호와를 경외하며 그의 종의 목소리를 청종하는 자들에게조차도 심심치 않게 일어나는 일이다(사 50:10).

1. 그는 심한 괴로움 속에서 신음하고 있다. 하나님은 그에게서 얼굴을 감추셨고, 그의 은총을 나타내는 통상적인 징표들을 거두셨다. 영적인 괴로움은 모든 괴로움 중에서 은혜받은 영혼에게는 가장 심한 괴로움이라는 것을 명심하라. 하나님께서 화가 나 계시다는 것, 그의 은총을 중지하시고 그의 약속을 보류하고 계시다는 것에 대한 염려만큼 영혼에게 상처를 주고 찌르는 듯한 아픔을 주는 것은 없다. 이것은 심령을 상하게 한다. 누가 그것을 견뎌낼 수 있겠는가?

2. 그는 강한 시험과 싸우고 있다. 하나님의 백성은 흐리고 어두운 날에 그들 자신의 영적인 상태, 그리고 이 세상에서 하나님의 교회와 나라의 상태에 관하여 절망적인 결론을 내리고서, 모든 것이 끝났다고 생각하고자 하는 시험에 빠질 수 있다. 우리는 하나님께서 우리를 버리시고 내치셨으며, 은혜의 언약은 폐하여졌고, 우리 하나님의 긍휼은 우리로부터 영원히 거두어질 것이라고 생각하고자 하는 시험에 빠질 수 있다. 그러나 우리는 이러한 생각들에 져서는 안 된다. 두려움과 우울함에 빠진 우리의 마음이 기분이 언짢아져서 그러한 반문들을 할 때, 우리는 성경에 의거해서 믿음으로 그러한 반문들에 대하여 대답해 주어야 한다: 하나님이 자기 백성을 버리셨느냐 그럴 수 없느니라(롬 11:1). 결코 그렇지 않다. 여호와께서는 자기 백성을 버리지 아니하시리로다(시 94:14). 하나님께서 다시는 은혜를 베풀지 아니하실까? 결코 그렇지 않다. 하나님께서는 다

시 은혜를 베푸실 것이다. 그가 비록 근심하게 하시나 긍휼히 여기실 것임이라(애 3:32). 그의 인자하심은 영원히 끝났는가? 결코 그렇지 않다. 하나님의 인자하심은 영원부터 영원까지 이르리라(시 103:17). 그의 약속하심도 영구히 폐하였는가? 결코 그렇지 않다. 하나님은 거짓말을 하실 수 없다(히 6:18). 하나님이 그가 베푸실 은혜를 잊으셨는가? 결코 그렇지 않다. 하나님은 자신을 부정할 수 없으시고, 그가 친히 자비롭고 은혜롭다고 밝히신 그의 이름을 부정하실 수 없다(출 34:6). 노하심으로 그가 베푸실 긍휼을 그치셨는가? 결코 그렇지 않다. 하나님의 긍휼은 아침마다 새롭다(애 3:23). 그러므로 에브라임이여 내가 어찌 너를 버리겠느냐(호 11:8-9). 시편 기자가 이렇게 암울하고 절망적인 염려들을 계속하고 있을 때, 그는 느닷없이 셀라라는 말을 통해서 처음으로 자신을 견제하였다. "여기에서 멈추고, 더 이상 나아가지 말라. 이러한 믿음 없는 억측을 더 이상 말하지 말라." 그런 후에 그는 자기 자신을 나무란다(10절): 내가 말하기를 이는 나의 잘못이라. 그는 자기가 잘못 말하고 있다는 것을 곧 깨달았기 때문에 "내 영혼아 네가 어찌 낙망하느냐 이는 나의 환난이라(어떤 이들은 이렇게 해석한다)" 고 말하였다. "이것은 내가 받아야 할 환난이기 때문에, 나는 그것을 최대한 선용하여야 한다. 모든 사람에게는 각자의 환난이 있고, 육체를 지닌 자에게는 각자의 괴로움이 있다. 이것은 내가 짊어져야 할 나의 십자가이다." 또는, "이것은 나의 죄이다. 그것은 나의 잘못, 내 자신의 마음의 괴로움이다." 이러한 의심들과 두려움들은 믿음이 부족하고 연약하며, 일그러진 마음의 부패함에서 생겨난다.

(1) 우리는 모두 우리 자신에 관하여 "이것은 나의 잘못이라, 나를 가장 쉽게 괴롭히는 죄이다"라고 말하여야 한다는 것을 알고 있다.

(2) 환난을 당할 때에 심령이 의기소침하고 하나님을 불신하는 것은 선한 자들이 너무도 자주 범하는 잘못으로서, 우리는 시편 기자가 여기에서 보여주는 것 같이 슬퍼하고 부끄러워하며 그러한 잘못을 되돌아보아야 한다: 이는 나의 잘못이라. 언제든지 그런 악한 생각이 우리 가운데서 일어날 때, 우리는 그런 생각이 일어나는 것을 억누르고서 악한 심령이 말하게 그냥 두어서는 안 된다. 우리는 여기에서 시편 기자가 보여주는 것처럼 불신앙의 봉기를 바른 변론을 통해서 진압하여야 한다. 그러나 나는 지존자의 오른손의 해를 기억하리라. 그는 지나간 세월 그가 이전에 누렸던 축복들을 곰곰이 생각하였지만(5절), 그런 생

각들은 오직 그의 슬픔을 더할 뿐이었다. 그러나 이제 그는 그가 이전에 누렸던 축복들을 지존자의 오른손의 해, 즉 옛적 곧 지나간 세월의 축복들이 옛적부터 계신 이, 만물 위에 계시고 영원히 찬송받으실 하나님의 오른손에 의한 능력과 주권적인 역사로부터 왔다고 생각하였고, 이것이 그를 만족시켰다. 왜냐하면, 지존자가 그의 오른손으로 이러한 상황을 얼마든지 바꾸실 수 있다는 것을 그가 깨달았기 때문이다.

[11]곧 여호와의 일들을 기억하며 주께서 옛적에 행하신 기이한 일을 기억하리이다 [12]또 주의 모든 일을 작은 소리로 읊조리며 주의 행사를 낮은 소리로 되뇌이리이다 [13]하나님이여 주의 도는 극히 거룩하시오니 하나님과 같이 위대하신 신이 누구오니이까 [14]주는 기이한 일을 행하신 하나님이시라 민족들 중에 주의 능력을 알리시고 [15]주의 팔로 주의 백성 곧 야곱과 요셉의 자손을 속량하셨나이다 (셀라) [16]하나님이여 물들이 주를 보았나이다 물들이 주를 보고 두려워하며 깊음도 진동하였고 [17]구름이 물을 쏟고 궁창이 소리를 내며 주의 화살도 날아갔나이다 [18]회오리바람 중에 주의 우렛소리가 있으며 번개가 세계를 비추며 땅이 흔들리고 움직였나이다 [19]주의 길이 바다에 있었고 주의 곧은 길이 큰 물에 있었으나 주의 발자취를 알 수 없었나이다 [20]주의 백성을 양 떼 같이 모세와 아론의 손으로 인도하셨나이다

시편 기자는 여기에서 하나님께서 이전에 그들을 위하여 행하셨던 큰 일들을 기억함으로써 그가 처해 있었던 큰 곤경과 괴로움에서 벗어나 자신을 회복하고, 하나님께서 그의 백성을 버리시지는 않을까 하는 염려를 잠재울 수 있었다. 그는 이것을 통해서 마음을 진정시켜 보려고 앞서 한 번 시도하였지만 실패하였었는데(5-6절), 두 번째 시도에서 그것이 결코 소용없지 않다는 것을 발견하게 되었다. 믿음을 견고하게 하는 데에 합당한 수단들이 처음에는 별 효력을 거두지 못하는 것처럼 보일지라도, 우리는 그러한 수단들을 계속해서 시도해 보는 것이 좋다. "나는 하나님께서 옛적에 그의 백성을 위하여 행하신 일들을 생각함으로써 거기로부터 현재의 암울한 상황이 결국 복된 결과로 끝나게 되리라는 확신을 얻을 수 있을 때까지 그것을 기억하며 또 기억하리이다(11-12절)." 1. 여호와께서 그의 백성을 위하여 행하신 일들은 기이한 일들이었다. 2. 그 일들은 우리로 하여금 그 일들을 기억하도록 하기 위하여 우리를 위해서

기록된 것이다. 3. 그 일들을 기억함으로써 유익을 얻기 위해서 우리는 그 일들을 묵상하고, 그 일들에 착념하며, 그 일들에 대하여 말함으로써, 우리 자신과 다른 사람들이 그 일들에 대하여 더 잘 알게 하여야 한다. 4. 하나님께서 행하신 일들을 올바르게 기억하는 것은 하나님의 약속과 선하심에 대한 불신을 치료해 주는 강력한 해독제가 될 것이다. 왜냐하면, 그는 하나님이시고 변함이 없는 분이시기 때문이다. 하나님께서는 그가 시작하신 일을 반드시 이루시고 끝내실 것이다.

전체적으로 그를 가장 만족시킨 것은 두 가지였다.

I. 하나님의 도는 성소에 있다는 것(13절).   하나님의 도는 거룩하다(어떤 이들은 이렇게 해석한다). 우리는 하나님의 섭리에 대한 우리의 생각들 속에서 일어날 수 있는 구체적인 난점들을 해결할 수는 없지만, 전체적으로 볼 때에 하나님은 그의 모든 일들 속에서 거룩하시고, 그 일들은 모두 하나님께 합당하며, 영원히 순전하시고 바르신 하나님의 본성에 합치한다는 것을 확신한다. 하나님께서는 거룩한 목적을 가지고 모든 일을 행하시며, 그가 섭리를 통해서 행하시는 각각의 일을 통해서 거룩히 여김을 받으실 것이다. 하나님의 도는 그가 그의 거룩하심을 두고 말씀하셨고 성소에서 알게 하신 그의 약속을 따라 이루어진다. 하나님이 행하신 일은 그가 말씀하신 것에 따라서 이루어지기 때문에 그것에 비추어서 해석될 수 있다. 우리는 하나님께서 말씀하신 것을 근거로 그가 그의 백성을 영원히 버리지 아니하실 것임을 쉽게 추론할 수 있다. 하나님의 도는 성소를 위한 것이고 성소의 유익을 위한 것이다. 하나님이 행하시는 모든 일은 그의 교회의 유익을 위한 것이다.

II. 하나님의 길이 바다에 있다는 것.   하나님께서 행하시는 모든 일은 거룩하고 의로우며 선하시지만, 우리는 하나님께서 일을 해 나가시는 과정들을 설명할 수 없고, 하나님의 뜻을 확실하게 판단할 수도 없다: 주의 길이 바다에 있었으나 주의 발자취를 알 수 없었나이다(19절). 하나님의 길들은 깊은 물과 같아서 측량할 수 없고(시 36:6), 바다에서의 배의 길과 같아서 그 자취를 알 수가 없다(잠 30:18-19). 우리는 하나님께서 행하시는 일들을 항상 설명할 수는 없지만 언제나 묵묵히 순종하여야 한다. 시편 기자는 유대 교회의 초창기까지 거슬러 올라가서 하나님께서 행하신 몇 가지 일들을 구체적으로 언급하면서, 거기로부터 다음과 같은 것들을 추론해낸다.

1. 이스라엘의 하나님과 비할 수 있는 신은 없다는 것(13절): 하나님과 같이 위대하신 신이 누구오니이까. 우리는 먼저 하나님께서 그의 백성을 위하여 행하신 큰 일들을 인하여 하나님께 영광을 돌리고, 그 점에 있어서 하나님과 비할 수 있는 신이 없다는 것을 고백하여야 한다. 그럴 때에 우리는 하나님께서 행하신 일로 인한 위로를 받아서 힘을 얻을 수 있다.

2. 하나님은 전능하신 능력의 하나님이시라는 것(14절). "주는 홀로 기이한 일을 행하시는 하나님, 그 어떤 피조물의 능력보다 뛰어나신 하나님이시다. 주는 민족들 중에 주의 능력을 아무도 반박할 수 없게 그들의 눈 앞에서 알리셨다." 하나님께서 그의 교회를 위하여 행하신 일들은 하나님의 전능하신 능력을 너무도 분명하게 알려 주는 것이었다. 왜냐하면, 하나님은 그러한 일들 속에서 그의 영원하신 팔을 드러내셨기 때문이다.

(1) 하나님은 이스라엘을 애굽에서 이끌어 내셨다(15절). 이 일은 하나님께서 그들에게 베푸실 긍휼하심의 시작이었고, 그들은 유월절을 통해서 해마다 이 일을 기념하였다. "주는 수많은 이적들을 통해서 주의 팔을 뻗치셔서 애굽인들의 손에서 주의 백성을 속량하셨나이다." 그들은 능력에 의해서 건지심을 받았지만, 마치 값을 치르고서 속량된 것으로 말해지고 있다. 왜냐하면, 이 일은 때가 찼을 때에 값을 줌과 동시에 능력을 통해서 이루어지게 될 위대한 구속에 대한 모형이었기 때문이다. 속량함을 받은 자들은 여기에서 하나님의 약속이 주어졌던 야곱의 자손들이라고 불릴 뿐만 아니라, 그 약속이 이루어질 줄을 확고하게 믿었던 요셉의 자손들로도 불린다. 왜냐하면, 요셉은 그가 죽을 때에 이스라엘 자손이 애굽에서 떠나게 될 것을 언급하면서, 그의 유골도 함께 가져가라고 유언을 남겼기 때문이다.

(2) 하나님은 그들 앞에서 홍해를 가르셨다(16절). 물들은 마치 하나님께서 직접 이스라엘 군대의 맨 앞에 서신 것을 보고서 하나님을 두려워하여 물러나기라도 한 것처럼 순식간에 이스라엘 백성이 지나갈 길을 내어 주었다. 단지 물들의 표면만이 아니라 깊음도 진동하였고, 하나님의 명령에 순종해서 오른편과 왼편으로 갈라섰다.

(3) 하나님은 애굽 군대를 멸하셨다(17절). 대홍수 때에 궁창 위의 물들이 궁창 아래의 물들과 힘을 합쳐서 반역자들을 멸했던 것과 같이, 불 기둥이 이스라엘 진영 위에 우산처럼 펼쳐져서 백성들을 보호하는 가운데 구름이 물을

애굽 군대 위에 쏟았다. 그러자 궁창이 소리를 내었고 주의 화살도 날아 갔다. 이것은 다음 절에서 설명된다(18절). 주의 우렛소리가 하늘에서 들려 왔고(그것은 궁창이 보낸 소리였다), 번개가 세계를 비추었다(이것은 주께서 쏘신 화살들로서, 애굽 군대는 너무도 놀라서 겁을 집어 먹고 달아났다). 또한 애굽 군대가 달아나는 소동으로 인해서 인접한 해변의 땅이 흔들리고 움직였다. 이렇게 하나님의 길은 그의 백성을 구원함과 동시에 그의 원수들을 멸하기 위하여 바다에 있었다. 그렇지만 물들이 제자리로 돌아갔을 때, 주의 발자취는 알 수 없었다(19절). 나중에 요단 강에는 기념물이 세워졌지만, 홍해에는 그 어떤 기념물도 세워지지 않았다(수 4:9). 우리는 이스라엘이 홍해를 건넌 이야기 속에서 우렛소리와 번개, 지진이 있었다는 말을 듣지 못한다. 그렇지만 그런 것들이 그 때에 있었을 것이다. 요세푸스는 그 때에 하나님의 두려우심이 그런 식으로 나타났었다고 말한다. 그러나 이 말씀은 시내 산에서 율법이 주어졌을 때에 있었던 우렛소리와 번개와 지진을 가리키는 것일 수도 있다.

(4) 하나님은 그의 백성 이스라엘을 친히 인도하시고 보호하셨다(20절): 주는 주의 백성을 양 떼 같이 인도하셨나이다. 그들은 연약하여 스스로 어찌할 수 없는 자들이었고 양 떼처럼 길을 잃기 쉽고 포식자의 밥이 되기 쉬웠기 때문에, 하나님은 그들이 잘못되지 않도록 하기 위하여 그들보다 앞서 가시며 목자 같이 온 정성을 다하여 따뜻하게 그들을 보살피셨다. 구름 기둥과 불 기둥이 그들을 인도하였다. 그러나 이러한 말씀은 여기에 나오지 않고, 하나님께서 모세와 아론의 손을 빌려서 그들을 인도하셨다는 말만 나온다. 그들은 하나님 없이는 그 일을 할 수 없었지만, 하나님은 그들을 통해서 그 일을 하셨다. 모세는 그들을 다스리는 자였고, 아론은 그들의 대제사장이었다. 모세와 아론은 이스라엘의 인도자, 감독자, 통치자였고, 하나님은 그들을 통해서 이스라엘을 인도하셨다. 하나님께서 위정직과 목회직이라는 두 가지 큰 규례를 세우시고 올바르고 복되게 운영하신 것은 구름 기둥과 불 기둥이 광야의 이스라엘에게 그랬던 것과 같이 큰 이적은 아니라 할지라도 어느 민족에게나 큰 긍휼하심에 해당한다.

이 시편은 우리의 예상과는 달리 하나님께서 옛적에 능력을 행하신 것을 보여주는 몇 가지 사례들을 교회가 현재 당면해 있는 곤경들에 적용하지 않고 느닷없이 끝이 난다. 그러나 시편 기자는 이러한 일들에 대하여 묵상하기 시작하자마자 자신의 목적을 달성하였다는 것을 깨달은 것이다. 그가 묵상에 들어 간 것 자체가 그에게 빛과 기쁨을 주었다(시 119:130). 그의 두려움들은 이상하게도 갑자기 사라져 버렸기 때문에, 그는 한나처럼 가서 먹고 얼굴에 다시는 근심 빛이 없었다(삼상 1:18).

제 78 편

개요

이 시편은 역사 시편으로서 하나님께서 이스라엘에게 베푸신 큰 긍휼들, 이스라엘이 큰 긍휼하심을 받고도 하나님께 범한 큰 죄들, 그들이 그들의 죄로 말미암아 하나님께서 그들을 기뻐하지 않으신다는 것을 보여주는 많은 징조들을 겪은 것에 관한 이야기이다. 시편 기자는 앞의 시편에서 어려운 때에 힘을 얻기 위해서 하나님께서 옛적에 행하신 기이한 일들을 얘기하기 시작하였다. 거기에서 그는 갑자기 글을 끝냈지만, 여기에서 그 주제를 다시 이어받아서 교회의 덕을 위하여 훨씬 상세하게 그 일들을 얘기하면서, 하나님께서 그들에게 앞으로 더 많이 베푸실 긍휼의 맛보기로서 얼마나 선한 일을 베푸셨는지를 보여줄 뿐만 아니라, 그들이 하나님을 향하여 너무도 비열하게 행하였기 때문에 하나님께서 지금 그들을 바로잡으시기 위해서 모든 위로를 금하신 것이 옳다는 것을 보여준다. I. 이러한 교회 역사에 대한 서론으로서 현 세대의 사람들에게 그 역사를 주목할 것을 명하고, 장차 올 후세들에게 이 역사를 연구할 것을 권함(1-8절). II. 모세로부터 다윗에 이르기까지의 역사 자체. 이 역사를 시편 또는 노래로 표현한 것은 사람들이 이 역사를 더 잘 기억하고 후손들에게 더 잘 전해줄 수 있도록 하기 위한 것임과 동시에 단순한 산문보다는 노래로 표현된 역사를 읊을 때에 사람들이 더 깊은 감화를 받을 수 있기 때문이다. 이 시편의 전체적인 목적은 9-11절에 나오는데, 거기에는 그들이 현재 받고 있는 책망들(9절), 그들로 하여금 그러한 책망들을 듣게 만든 죄(10절), 하나님께서 그들에게 이전에 베푸신 긍휼들이 그러한 죄를 더욱 가중시킨다는 것(11절)이 언급되고 있다. 구체적인 내용들은 다음과 같다. 1. 하나님께서 그들을 애굽에서 이끌어 내시고(12-16절) 광야에서 그들을 먹이시고 입히시며(23-29절), 그들의 원수들을 괴롭히고 멸하시며(43-53절) 마침내 그들로 하여금 약속의 땅을 얻게 하시면서(54-55절) 얼마나 기이한 일들을 행하셨는가. 2. 하나님께서 그들에게 수많은 은총들을 베풀어 주셨음에도 불구하고 그들이 하나님께 얼마나 배은망덕하였고, 하나님을 진노케 하는 수많은 큰 죄들을 범하였는가. 그들은 하나님에 대하여 불평하고 불신하였으며(17-20절), 그가 그들을 벌하실 때에 거짓으로 짐짓 회개하고 순복하는 척함으로써(34-37절) 하나님을 슬프게 하고 시험하였다(40-42절). 또한, 그들은 가나안에 들어온 후에 우상 숭배를 통해서 하나님을 능욕하였다(56-58절). 3. 하나님께서 광야에서 그들의 죄들에 대하여 벌하셔서(21-22절), 그들의 죄가 그들에 대한 벌이 되게 하셨고(29-33절), 최근에 그들의 죄로 인하여 블레셋 사람들에게 법궤가 탈취되게 하신 것(59-64절)이 얼마나 마땅한 일이었는가. 4. 그들의 도발들에도 불구하고 하나님께서 그들을 아끼셔서 그들에게 다시 긍휼을 베푸신 것은 얼마나 큰 은혜인가. 하나님께서는 이전에도 그들을 용서하셨고(38-39절), 최근에는 그들이 자초한 심판을 없이하여 주셨으며, 그들의 교회와 나라가 복되게 든든히 설 수 있게 하셨다(65-72절). 이 시편의 전체적인 목적은 우리가 이 시편을 노래할 때에 하나님께서 우리와 그의 교회를 위하여 이전에 행하신 일들을 회상하고 우리가 하나님에 대하여 범한 죄들을 상기하는 데에 유익하고, 이 시편의 구체적인 내용들은 옛적에 이스라엘이 범한 불신앙과 배은망덕의 저 악명높은 죄들에 대한 경고로서 우리에게 유익하다. 이렇게 옛적의 일들을 기록해 놓은 것은 우리에게 교훈을 주기 위한 것이다. "그들에게 일어난 이러한 일은 본보기가 된다"(고전 10:11; 히 4:11).

〔아삽의 마스길〕

¹내 백성이여, 내 율법을 들으며 내 입의 말에 귀를 기울일지어다 ²내가 입을 열어 비유로 말하며 예로부터 감추어졌던 것을 드러내려 하니 ³이는 우리가 들어서 아는 바요 우리의 조상들이 우리에게 전한 바라 ⁴우리가 이를 그들의 자손에게 숨기지 아니하고 여호와의 영예와 그의 능력과 그가 행하신 기이한 사적을 후대에 전하리로다 ⁵여호와께서 증거를 야곱에게 세우시며 법도를 이스라엘에게 정하시고 우리 조상들에게 명령하사 그들의 자손에게 알리라 하셨으니 ⁶이는 그들로 후대 곧 태어날 자손에게 이를 알게 하고 그들은 일어나 그들의 자손에게 일러서 ⁷그들로 그들의 소망을 하나님께 두며 하나님께서 행하신 일을 잊지 아니하고 오직 그의 계명을 지켜서 ⁸그들의 조상들 곧 완고하고 패역하여 그들의 마음이 정직하지 못하며 그 심령이 하나님께 충성하지 아니하는 세대와 같이 되지 아니하게 하려 하심이로다

이 역사에 대한 서론을 포함하고 있는 이 시편의 전체적인 내용은 이 시편이 그 표제와 일치한다는 것을 보여준다. 이 시편은 진정으로 마스길(교훈)을 주기 위한 시편이다. 우리가 이 시편이 주는 교훈을 받지 못한다면, 그것은

우리의 잘못이다. 좀 더 살펴보자.

I. 시편 기자는 그가 앞으로 쓸 것에 대하여 주목하라고 요구한다(1절). 내 백성이여, 내 율법을 들을지어다. 어떤 이들은 이 말이 시편 기자의 말이라고 본다. 다윗은 왕으로서, 또는 아삽은 국무장관 또는 이스라엘의 노래하는 자의 서기관으로서 다윗의 이름으로 여기에서 그의 책임에 맡겨진 이스라엘 백성에게 그의 법에 귀를 기울이라고 청한다. 그는 자신의 교훈을 그의 법 또는 영이라고 부른다. 따라서 이 교훈은 그 자체로 법으로서의 효력을 지니고 있었다. 모든 선한 진리는 진리의 빛와 사랑 속에서 받아들여지기만 한다면 사람들의 양심에 법으로서의 권능을 지닐 것이다. 그렇지만 그것이 전부가 아니었다. 다윗은 왕으로서 그의 백성의 덕을 세우기 위하여 자신의 왕권을 사용하고자 하였다. 하나님께서 그의 은혜로 큰 자들을 선한 자들로 만드신다면, 그들은 다른 사람들보다도 더 큰 선을 행할 수 있을 것이다. 왜냐하면, 그들의 말은 주변의 모든 사람들에게 법이 될 것이어서, 사람들은 그의 말을 귀 기울여 들을 것이기 때문이다. 우리가 스스로를 낮추고서 귀를 기울이고자 하지 않는다면, 하나님께서 그의 계시를 우리의 귀에 들려주어야 무슨 소용이 있겠는가? 또는, 시편 기자는 선지자로서 하나님의 입이 되어서 말하고 있는 것이기 때문에, 그들을 그의 백성이라고 부르면서, 이제부터 그가 하는 말을 법으로 받아들여서 순종할 것을 요구하고 있는 것이다. 귀 있는 자는 성령이 교회들에게 하시는 말씀을 들을지어다(계 2:7).

II. 우리가 여기에서 말해지고 있는 것에 열심히 귀를 기울여야 하는 몇 가지 이유가 제시되고 있다.

1. 여기에서 말해지고 있는 일들은 너무도 중요한 것이어서 주목할 필요가 있고, 기이한 일이라서 잘 새겨서 들을 필요가 있다(2절). 내가 입을 열어 비유로 말하며, 고상하고 흔치 않으며 매우 뛰어나고 주목할 만한 것을 말하리라. 내가 감추어졌던 것을 드러내, 동방의 왕들과 박사들이 서로를 시험할 때에 사용하였던 수수께끼 같이 너희가 집중해서 듣지 않으면 안 될 그런 것들을 말하리라. 이 말들이 감추어졌던 것이라고 불리는 것은 그것들이 이해하기 어렵기 때문이 아니라 너무도 놀라운 것들로서 주의 깊게 들어야 할 것이기 때문이다. 이 말씀은 우리 구주께서 비유들을 통해서 사람들 가운데 세워지는 하나님의 나라에 관하여 말씀하심으로써 성취되었다(마 13:35).

2. 여기서 말해질 것들은 옛적에 일어난 기념비적인 사건들이다 ─ 우리의 조상들이 우리에게 전한 감추어졌던 것들(3절). 그것들은 의심할 여지 없이 확실한 일들이다. 우리는 그것들을 들어서 알고 있기 때문에, 그것들이 사실이라는 것에는 의문의 여지가 없다. 누가복음은 우리 중에 아주 확실하게 이루어진 일들에 대한 선포라고 불리는데(눅 1:1), 여기에서 말해지고 있는 것들도 마찬가지였다. 우리는 우리의 부모와 조상들 덕분에 존귀함을 누리고 있는 것임을 알고서, 우리 조상들이 우리에게 전한 것들에 귀를 기울이고, 그것이 참되고 선한 것으로 보이는 한 성심성의를 다해서 그것을 받아야 한다.

3. 여기에서 말해질 것들은 후손들에게 전해져야 하는데, 그것들을 후손에게 주의 깊게 전하는 것은 우리의 책임이다(4절). 우리의 조상들이 그것들을 우리에게 전해 주었음으로, 우리는 그것들을 그들의 자손에게 숨기지 아니하리라. 우리의 자손들은 그들의 자손이라 불린다. 왜냐하면, 그들은 그들의 자손이 낳은 자손들을 염두에 두고 있었고, 그들을 그들의 자손으로 여겼기 때문이다. 우리는 우리의 자녀들에게 하나님을 아는 지식을 가르침으로써 우리의 부모들로부터 가르침을 받은 빚을 어느 정도나마 갚아야 한다. 또한, 우리에게 우리의 직접적인 자녀가 없다면, 우리는 하나님의 일들을 그들의 자손들, 즉 다른 사람들의 자녀들에게 전하여야 한다. 우리는 단지 우리의 자손들이 아니라 모든 사람들의 후손, 즉 이미 태어난 자녀들과 다음에 생겨날 세대만이 아니라 그 후에 올 세대, 장차 태어나게 될 자손들에게도 관심을 가져야 한다. 우리가 우리의 자녀들에게 전해야 할 것은 언어, 예술, 학문, 자유, 재산에 관한 지식만이 아니라 특히 여호와에 대한 찬송들, 그가 행하신 기이한 일들 속에 드러난 그의 힘에 관한 지식이다. 우리는 우리의 신앙과 저 큰 유산을 우리의 다음 세대의 손에 순전하고 온전하게 전해 주는 일에 세심한 배려를 하지 않으면 안 된다. 우리가 우리의 후사들에게 온전하고도 분명한 지식을 전해 주어야 할 것이 두 가지가 있다.

(1) 하나님의 법. 왜냐하면, 하나님께서 이것을 자녀들에게 부지런히 가르치라고 특별히 당부하셨기 때문이다(5절). 하나님은 야곱과 이스라엘에게 증거 또는 언약과 법도를 세우시고, 그것들을 그들의 자손에게 알리라고 명하셨다(신 6:7, 20). 한 역사가가 로마 공화국에 관하여 한 말을 빌려서 표현하자면, 하나님의 교회는 당대의 것이 되어서는 안 되고 대대손손 유지되어야 할 것이었다.

그러므로 하나님께서는 레위 지파와 아론의 집에 사역자들이 끊어지지 않도록 공급하심과 동시에, 부모들이 자신의 자녀들을 하나님의 법을 알도록 훈육하게 하셨다. 그들은 다 자란 후에 그것들을 그들의 자손에게 전함으로써(6절), 한 세대의 하나님의 종들과 예배자들이 사라지면 또 다른 세대가 올 수 있게 하고, 교회가 이 땅처럼 영원히 지속될 수 있게 하여야 한다. 이렇게 하여 사람들 가운데서 하나님의 이름은 하늘의 날들과 같게 될 수 있다.

(2) 긍휼과 심판을 통하여 이루어지는 그것들에 관한 하나님의 섭리들. 전자는 다음과 같은 것을 위하여 언급되고 있는 것으로 보인다. 하나님께서는 그의 법을 후손들에게 알게 하도록 명령하셨기 때문에, 그의 법과 아울러서 그가 행하신 일들도 후손들에게 알려서, 순종하는 자들에게는 약속들을 이루시고, 불순종하는 자들에게는 징벌이 있을 것임을 알려 주는 것이 꼭 필요하다. 우리의 자손들과 우리의 자손들의 자손들에게 그러한 것들을 전해 주어야 하는 이유는 다음과 같은 것들이다.

[1] 그들이 하나님의 뜻을 지키고자 하는 격려를 받도록 하기 위하여(7절). 그들로 전날에 하나님께서 행하신 일을 잊지 아니하고 그들의 소망을 하나님께 두며 오직 그의 계명을 지키고, 그의 계명을 그들의 규범으로 삼으며 그의 언약을 그들의 지주로 삼게 하는 것. 하나님의 계명을 꼼꼼히 지켜 행하는 자들만이 확신 속에서 하나님의 구원을 소망할 수 있다. 하나님께서 행하신 일들은 올바르게 묵상되기만 하면 우리의 소망을 하나님께 두고 하나님의 계명을 지키고자 하는 우리의 결단을 아주 힘있게 해 준다. 왜냐하면, 하나님은 이 두 가지를 통해서 우리를 견고히 붙잡아 주실 수 있으시기 때문이다.

[2] 그들이 그들의 조상들의 행위를 본받지 말라는 경고를 받게 하기 위하여(8절): 그들의 조상들 곧 완고하고 패역한 세대와 같이 되지 아니하게 하려 하심이로다. 좀 더 살펴보자. **첫째**, 그들의 조상들은 어떤 인물들이었는가. 그들은 아브라함의 자손들로서 하나님과의 언약 속에 들어 있었고, 우리가 아는 한, 당시에 이 세상에서 하나님을 믿는 유일한 백성이었지만, 완고하고 패역하여서, 하나님을 거슬러 그의 뜻과는 정반대로 행한 자들이었다. 그들은 실제로 하나님과의 관계를 고백하긴 하였지만, 그들의 마음을 올바르게 갖지 못하였다. 그들은 하나님을 상대하면서 정직하지 못하였고 하나님을 예배할 때에 진심으로 하지 않았기 때문에, 그들의 **심령이 하나님께 충성되지 못하였고**, 하는 일마다

하나님으로부터 엇나갔다. 위선은 배교의 지름길이라는 것을 명심하라. 마음을 올바르게 갖지 못하는 자들은 하나님께 충성할 수 없고, 제멋대로 행하게 된다. 둘째, 자녀들에게 당부한 말씀은 무엇이었는가: 그들의 조상들 같이 되지 말라는 것. 악하고 불경건한 조상들을 둔 사람들도 그들이 하나님의 말씀과 일들에 착념하기만 한다면 그들의 조상들의 전철을 밟지 않게 되리라는 것을 명심하라. 헛된 행실을 해 놓고서 그것이 우리의 조상들로부터 물려 받은 것이라고 해보아야 그것은 변명이 될 수 없을 것이다(벧전 1:18). 왜냐하면, 우리는 그들이 행한 악한 행실을 우리의 타산지석으로 삼아서, 그들의 건강이나 재물에 해를 끼치고 그들을 파멸시켰던 행실들을 두려워하여 그 길을 피하여야 하기 때문이다.

9에브라임 자손은 무기를 갖추며 활을 가졌으나 전쟁의 날에 물러갔도다 10그들이 하나님의 언약을 지키지 아니하고 그의 율법 준행을 거절하며 11여호와께서 행하신 것과 그들에게 보이신 그의 기이한 일을 잊었도다 12옛적에 하나님이 애굽 땅 소안 들에서 기이한 일을 그들의 조상들의 목전에서 행하셨으되 13그가 바다를 갈라 물을 무더기 같이 서게 하시고 그들을 지나가게 하셨으며 14낮에는 구름으로, 밤에는 불빛으로 인도하셨으며 15광야에서 반석을 쪼개시고 매우 깊은 곳에서 나오는 물처럼 흡족하게 마시게 하셨으며 16또 바위에서 시내를 내사 물이 강 같이 흐르게 하셨으나 17그들은 계속해서 하나님께 범죄하여 메마른 땅에서 지존자를 배반하였도다 18그들이 그들의 탐욕대로 음식을 구하여 그들의 심중에 하나님을 시험하였으며 19그뿐 아니라 하나님을 대적하여 말하기를 하나님이 광야에서 식탁을 베푸실 수 있으랴 20보라 그가 반석을 쳐서 물을 내시니 시내가 넘쳤으나 그가 능히 떡도 주시며 자기 백성을 위하여 고기도 예비하시랴 하였도다 21그러므로 여호와께서 듣고 노하셨으며 야곱에게 불 같이 노하셨고 또한 이스라엘에게 진노가 불타 올랐으니 22이는 하나님을 믿지 아니하며 그의 구원을 의지하지 아니한 때문이로다 23그러나 그가 위의 궁창을 명령하시며 하늘 문을 여시고 24그들에게 만나를 비 같이 내려 먹이시며 하늘 양식을 그들에게 주셨나니 25사람이 힘센 자의 떡을 먹었으며 그가 음식을 그들에게 충족히 주셨도다 26그가 동풍을 하늘에서 일게 하시며 그의 권능으로 남풍을 인도하시고 27먼지처럼 많은 고기를 비 같이 내리시고 나는 새를 바다의 모래 같이 내리셨도다 28그가 그것들을 그들의 진중에 떨어지게 하사 그들의 거처에 두르셨으므로 [29]그들이 먹고 심히 배불렀나니 하나님이 그들의 원대로 그들에게 주셨도다 [30]그러나 그들이 그들의 욕심을 버리지 아니하여 그들의 먹을 것이 아직 그들의 입에 있을 때에 [31]하나님이 그들에게 노염을 나타내사 그들 중 강한 자를 죽이시며 이스라엘의 청년을 쳐 엎드러뜨리셨도다 [32]이러함에도 그들은 여전히 범죄하여 그의 기이한 일들을 믿지 아니하였으므로 [33]하나님이 그들의 날들을 헛되이 보내게 하시며 그들의 햇수를 두려움으로 보내게 하셨도다 [34]하나님이 그들을 죽이실 때에 그들이 그에게 구하며 돌이켜 하나님을 간절히 찾았고 [35]하나님이 그들의 반석이시며 지존하신 하나님이 그들의 구속자이심을 기억하였도다 [36]그러나 그들이 입으로 그에게 아첨하며 자기 혀로 그에게 거짓을 말하였으니 [37]이는 하나님께 향하는 그들의 마음이 정함이 없으며 그의 언약에 성실하지 아니하였음이로다 [38]오직 하나님은 긍휼하시므로 죄악을 덮어 주시어 멸망시키지 아니하시고 그의 진노를 여러 번 돌이키시며 그의 모든 분을 다 쏟아 내지 아니하셨으니 [39]그들은 육체이며 가고 다시 돌아오지 못하는 바람임을 기억하셨음이라

이 절들 속에는 다음과 같은 내용들이 나온다.

I. 시편 기자는 이스라엘 백성이 하나님을 기만적으로 상대함으로써 스스로 자초하여 겪게 된 사건들, 즉 최근의 섭리에 의한 하나님의 몇 가지 책망들을 지적한다(9-11절). 장차 실로가 나올 지파였던 에브라임 자손은 무기를 갖추었고 활을 잘 쏘았지만 전쟁의 날에 물러 갔도다. 이 말씀은 엘리 시대에 블레셋 사람들이 그들에게 수치스러운 패배를 안겨 주고서 법궤를 빼앗아간 일을 가리키고 있는 것 같다(삼상 4:10-11). 시편 기자는 여기에서 이 일에 대하여 말한 후에, 다른 것들에 대하여 길게 얘기하고 나서, 다시 이 일로 되돌아간다(61절). 이 일이 있고 나서 40년이 지난 다윗 시대에도 이 사건은 사람들의 뇌리 속에 아주 생생하게 남아 있었을 것이다. 왜냐하면, 저 잊을 수 없는 전투에서 블레셋 사람들에게 빼앗겼던 법궤는 곧 그들의 손에서 벗어나 회수되기는 하였지만, 다윗이 기럇여아림에서 자신의 도성으로 모셔올 때까지는 한적한 벽촌에 그대로 안치되어 있어야 했기 때문이다. 좀 더 살펴보자.

1. 용맹한 자들로 유명하였던 호전적인 지파, 여호수아의 지파, 에브라임 자손들이 수치스럽게도 비겁하게 행함. 이 지파의 자손들은 예전처럼 잘 무장되어 있었지만 적군과 싸우러 나가서 후퇴하였다. 무기가 아무리 잘 갖춰져 있어

도 싸우려는 용기가 없다면 그 군대는 질 수밖에 없는데, 하나님께서 그 군대를 떠나시면, 싸우려는 용기도 사라지게 된다. 죄는 사람들의 기를 꺾어 놓고 낙심하게 하며 용기를 빼앗아가 버린다.

2. 그들을 비겁하게 만든 원인들. 그것들도 역시 부끄러운 것들이었다.

(1) 하나님의 율법, 그들이 하나님과 맺은 언약을 수치스럽게 범함(10절). 그들은 몹시 기만적이고 불성실하게 행하여 하나님의 언약을 지키지 아니하였다. 또한, 그들은 몹시 완고하고 패역하여(8절), 하나님의 율법을 따라서 행하기를 거부하고서 안하무인식으로 행하였고, 사실상 그들이 하나님의 통치를 받지 않겠다고 대놓고 말한 것이나 다름없었다.

(2) 하나님께서 그들에게 베풀어 주셨던 은총들에도 불구하고 수치스럽게 하나님에 대하여 배은망덕함. 그들은 마땅히 여호와께서 행하신 것과 그의 기이한 일들을 기억하고서 경배했어야 하지만 도리어 그런 것들을 잊었다(11절). 하나님의 율법에 대한 불순종의 밑바닥에는 하나님께서 행하신 일들에 대한 망각이 자리잡고 있다는 것을 명심하라.

II. 그는 이 기회를 이용해서, 전례들을 참조하여, 현재의 일을 그들의 조상들의 경우와 비교한다. 조상들도 마찬가지로 하나님께서 그들에게 베푸신 긍휼들을 잊어버린 채 그들을 세우시고 그들에게 큰 은혜를 베푸신 분에게 배은망덕하였기 때문에 하나님께서 그들을 기뻐하지 않으셔서 보내신 재앙들을 자주 당하게 되었다. 이 절들 속에 나오는 이야기는 매우 주목할 만하다. 왜냐하면, 이 이야기는 하나님의 선하심과 사람의 악함 간의 일종의 싸움을 얘기하면서, 결국 긍휼이 심판에 대하여 승리를 거두는 것으로 말하고 있기 때문이다.

1. 하나님은 그의 백성 이스라엘을 처음에 한데 모아서 하나의 민족으로 조성하셨을 때에 그들을 위하여 큰 일들을 행하셨다. 하나님이 그들의 조상들의 목전에서 기이한 일들을 행하셨는데, 그들이 보는 앞에서 그들의 유익을 위하여 행하신 일들이 너무도 기이하고 인자한 일들이어서, 사람들은 이스라엘 백성이 당연히 결코 잊지 않을 것이라고 생각하였다. 하나님께서 애굽 땅에서 그들을 위하여 행하신 일은 오직 여기에만 언급되어 있는 것이 아니라(12절) 나중에 다시 한 번 나온다(43절). 시편 기자는 여기에서 계속해서 다음과 같은 것들을 보여준다.

(1) 하나님은 그들을 위하여 홍해를 통과할 길을 내시고서, 물들이 그들의

머리 위로 무더기 같이 서 있는 가운데서 그들에게 용기를 주셔서 홍해를 지나가게 하셨다(13절). 이사야서에서는 이 때에 하나님이 그들이 넘어지지 않고 깊음을 통과하도록 하기 위하여 그들의 손을 잡으셔서 이끄셨다고 말한다(사 63:12-13).

(2) 하나님은 그들이 한 번도 가보지 않았던 광야 길을 인도하셔서 통과할 수 있게 하셨다(14절). 하나님은 낮에는 구름으로 그들을 열기에서 피할 수 있게 하시고, 밤에는 불빛으로 공기를 따뜻하게 하여 그들을 한 걸음 한 걸음씩 인도하셨다. 적어도 불기둥은 밤의 어둠을 덜 무섭게 해 주었고, 아마도 들짐승들을 막아 주었을 것이다(슥 2:5).

(3) 하나님은 하늘의 문들을 열어서 비를 내리는 것이 아니라(이것은 통상적인 방법이었다) 바위를 쪼개어 물이 나오게 함으로써 물 없는 메마르고 갈한 땅에서 이스라엘 진영에 신선한 물을 공급해 주셨다(15-16절). 그들은 위에 있는 구름에서나 아래에 있는 샘에서 물을 얻을 수는 없었지만, 하나님은 광야에서 반석을 쪼개셔서 물이 나오게 하셨다. 하나님은 단단하고 건조한 바위로부터 마치 증류기에서 한 방울씩 뚝뚝 떨어지는 물이 아니라 매우 깊은 곳에서 강물처럼 흘러 나오는 물줄기를 통해서 그들에게 마실 물을 주셨다. 하나님은 풍성하게 주시고, 그의 긍휼하심은 부유하시다. 하나님은 때를 따라 주시고, 종종 하나님의 긍휼이 얼마나 소중한지를 더 잘 알 수 있도록 하기 위하여 우리로 하여금 하나님의 긍휼하심이 없는 상태가 어떤 것인지를 느끼게 만드신다. 하나님께서 반석으로부터 이스라엘에게 주신 이 물은 신령한 음료였기 때문에 한층 더 귀중한 것이었다. 이 반석은 그리스도이셨다.

2. 하나님께서 이렇게 그들을 축복하기 시작하셨을 때, 그들은 하나님을 능욕하기 시작하였다(17절). 그들은 형편이 훨씬 좋지 않았던 애굽에서 했던 것보다 더 많이 계속해서 하나님께 범죄하였다(겔 20:8). 그들은 종살이 하던 때의 비참한 처지를 잘 참아 내었지만 구원받은 후에 그들이 닥친 어려움들에 대해서는 잘 참아내지 못하였고, 그들을 감독하던 십장들에게는 별로 불평하지 않았지만, 모세와 아론에 대해서는 많이 불평하였다. 그들은 마치 이 모든 가증한 일을 행하려 구원받은 자들 같았다(렘 7:10). 죄는 종종 계명을 등에 업고서 더 활개를 치는 것과 마찬가지로, 구원을 기화로 해서 더 득세함으로써, 사람들은 훨씬 더 악해진다. 그들은 지존자를 화나게 하였다. 그는 지극히 높으신 분이기

때문에 그들이 스스로 그와 상대가 되지 못한다는 것을 알고 있었음에도 불구하고, 그들은 그를 화나게 하였고, 심지어 그의 공의에 도전하였다. 광야에서 그들의 운명은 하나님의 수중에 있었기 때문에 그들은 하나님을 어떻게든 기쁘게 해 드려야 할 처지에 있었고, 또한 하나님께서 그들에게 너무도 많은 긍휼하심을 베풀어 주셨기 때문에 그들은 감사해서라도 하나님을 기쁘시게 해 드려야 했지만, 그들은 하나님을 화나게 할 것이라는 것을 뻔히 알면서도 그런 것들을 말하고 행하였다: 그들은 그들의 심중에 하나님을 시험하였다(18절). 그들의 죄는 그들의 마음속에서 시작되었고, 따라서 그들의 마음속에 있던 악의에서 비롯되었다. 그들은 항상 마음이 미혹되어 있도다(히 3:10). 이런 식으로 그들은 하나님을 시험하였고, 하나님께서 그들을 과연 참으시는지 그렇지 아니하신지 하나님의 인내심을 극한까지 시험하여, 실제로 하나님으로 하여금 최악의 조치를 행하시도록 도발하였다. 그들은 하나님을 두 가지 방식으로 화나게 하였다.

(1) 하나님께서 그들에게 주는 것이 합당하지 않다고 생각하셨던 것을 원하거나 요구함으로써: 그들은 그들의 탐욕대로 음식을 구하였다. 하나님께서는 그들에게 정말 좋은 양식인 만나를 풍성하게 그들에게 주셔서 배고픔을 면하게 해 주셨다. 하나님은 리워야단의 머리를 부수시고 그것을 그들의 믿음을 위한 양식으로 주셨다(시 74:14). 그러나 이 모든 것이 별 소용이 없었다. 그들은 그들의 탐욕을 위한 양식, 즉 맛있는 음식을 찾는 식욕을 만족시켜 줄 갖가지 진수성찬을 갖고자 하였다. 하나님께서 우리에게 주신 것에 대하여 불평하며 시비를 걸고 육체가 원하는 것들을 끈질기게 추구하는 것보다 하나님을 더 화나게 하는 것은 없다.

(2) 하나님께서 그들에게 그들이 원하는 것을 주실 능력이 있다는 것을 불신함을 통해서. 이것은 정말 하나님을 시험하는 것이었다. 그들은 하나님께 그들에게 고기를 달라고 도전하였다. 만약 하나님께서 그들에게 고기를 주지 않으셨다면, 그들은 하나님께서 고기를 그들에게 주는 것이 합당하지 않다는 것을 아셨기 때문이 아니라 실제로 고기를 그들에게 주실 수 없었기 때문이라고 말하였을 것이다(19절): 그들은 하나님을 대적하여 말하였다. 하나님의 능력에 한계를 정하는 자들은 하나님을 대적하여 말하고 있는 것이다. 하나님이 광야에서 식탁을 베푸실 수 있으랴라고 말하는 것은 하나님께 상처를 주는 말이었다. 하나

님께서는 그들에게 만나를 주셨지만, 그들은 애굽에서처럼 고기와 생선과 양념이 있어서 여러 차례에 걸쳐서 끓이고 구워서 풍성하게 고기를 내어 오고 과일을 내어 오지 않는다면 식탁을 베푸는 것이 아니라고 생각하였다(출 16:3; 민 11:5). 사치라는 것은 얼마나 말도 안 될 정도로 만족할 줄 모르는 죄인가! 이 향락주의자들은 식탁을 잘 차리는 것은 너무도 엄청난 일이어서, 하나님께서 이 광야에서 그들에게 해 주실 수 있는 능력을 벗어나는 일이라고 생각하였다. 삼림의 짐승들과 산의 모든 새들이 하나님의 것임에도 불구하고 말이다(시 50:10-11). 한편으로 그들은 하나님께서 보라 그가 반석을 쳐서 물을 내시니 그들과 그들의 가축떼가 그 물을 마셨다는 것을 시인했다는 점에서(20절) 하나님의 능력에 대한 그들의 불신은 더욱더 악한 것이다. 부자라면 누구나 할 수 있는 일인 광야에 식탁을 차리는 일과 세상에서 가장 능력있는 자도 할 수 없는 일인 반석에서 물을 낸 일 중에서 과연 어느 쪽이 더 쉬운 일인가? 불신앙을 지닌 사람들은 항상 터무니없이 생각을 하긴 했지만 이처럼 말도 안 되는 반문을 제기한 적은 없었다. "반석을 쳐서 물줄기를 내시기는 했지만, 그가 과연 떡도 주실 수 있겠는가? 떡은 주셨지만, 그가 과연 생선도 주실 수 있겠는가?" 전능자에게 너무 버거워서 하실 수 없는 일이 과연 존재하는가? 한 번이라도 통상적인 자연의 능력을 뛰어넘는 일이 일어났다면, 그것은 하나님께서 그의 팔을 펼치신 것이다. 따라서 우리는 하나님에게는 불가능한 것이 없다고 결론을 내려야 한다. 우리가 하나님께서 큰 일을 행하시도록 구하고자 한다면, 우리는 여호와여, 주께서 원하시면 하실 수 있나이다라고 고백하는 것이 합당하다.

3. 하나님께서 이스라엘의 이러한 도발에 노하셔서 그들을 많이 기뻐하지 않으신 것은 옳은 것이었다(21절): 여호와께서 듣고 노하셨다. 하나님은 우리의 모든 불평과 불신에 대한 증인이시라는 것을 명심하라. 하나님은 그러한 것들을 들으시고 몹시 기뻐하지 않으신다. 하나님은 이 일로 인해서 야곱에게 불 같이 노하셨다. 여호와의 불이 그들 중에 붙었다(민 11:1). 또는, 이 말씀은 하나님의 진노의 불이 이스라엘을 향하여 타올랐다는 것을 의미하는 것으로 이해할 수도 있다. 믿지 않는 자들에게 우리의 하나님은 소멸하시는 불이시다. 하나님의 긍휼하심의 능력을 믿으려 하지 않는 자들은 장차 하나님의 진노의 능력을 알게 될 것이고, 하나님의 손에 빠져 들어가는 것이 두려운 일이다라고 고백하게

될 것이다. 이제 여기에서 우리는 다음과 같은 것들에 대하여 듣게 된다.

　(1) 하나님께서 왜 이렇게 이스라엘의 도발에 대하여 노하셨는가(22절). 그러한 도발을 통해서 그들이 하나님을 믿지 않는다는 것이 드러났기 때문이다. 그들은 하나님께서 그들에게 자기 자신에 대하여 계시하신 것을 신뢰하지 않았다. 왜냐하면, 그들은 그들 자신을 하나님께 맡기고자 하지 않았고, 하나님을 믿고서 따라가고자 하지 않았기 때문이다. 하나님께서 그들을 위하여 이루기 시작하셨던 그의 구원을 그들은 의지하지 아니하였다. 만약 그들이 하나님의 구원하심을 믿었다면, 그들은 이런 식으로 그들의 구원이 진행 중인 것에 의문을 제기하지 않았을 것이다. 하나님의 섭리가 하나님의 구원으로 가는 도중에서 좋은 양식이 된다는 것을 믿지 않는 자들은 하나님의 구원이 결국 그들의 지극한 복이 되리라는 것을 믿지 않는 것이라고 말할 수 있다. 그들의 불신앙을 더욱 가중시킨 것은 그들은 이미 하나님의 능력과 선하심을 체험했던 자들이라는 사실이다(23-25절). 하나님께서는 아래의 땅에서만이 아니라 위의 하늘에서도 그의 능력을 보여주는 부정할 수 없는 증거들을 그들에게 주신 바 있다. 왜냐하면, 하나님은 궁창을 만드시고 존재하게 하신 자로서 위의 궁창에게 명령하셨기 때문이다. 하나님께서 궁창을 만드신 것은 그가 기뻐하시는 뜻을 따라 사용하시기 위한 것이었다. 궁창은 통상적으로 비를 내려서 땅이 소산물을 낼 수 있게 하는 일을 한다. 그러나 지금은 하나님께서 궁창에게 명령하셨을 때에 궁창은 양식 자체를 비 같이 내렸다. 그러므로 이 양식은 여기에서 하늘 양식이라 불린다. 왜냐하면, 하늘은 땅 없이도 그런 일을 할 수 있지만, 땅은 하늘 없이는 그런 일을 할 수 없기 때문이다. 궁창의 열쇠를 가지고 계신 하나님은 하늘 문을 여셨다. 이것은 큰 축복이라고 말해지는 창문을 여는 것보다 더 큰 축복이다(말 3:10). 믿음과 기도로 구하고 찾고 두드리는 모든 자들에게 이 문들은 어느 때라도 열릴 것이다. 왜냐하면, 하늘의 하나님은 그의 이름을 부르는 모든 자들에게 긍휼이 풍성하시기 때문이다. 하나님은 좋은 집을 가지고 계실 뿐만 아니라 그 집을 활짝 열어 놓고 계신다. 하나님께서 그들에게 지극히 인자하셔서 그들에게 만나를 비 같이 내려 먹이시고 날마다 그들 모두에게 좋은 양식을 충분히 먹이셨는데도 그들이 그를 불신하는 것을 기뻐하지 않으신 것은 당연한 일이었다. 사람이 천사들의 떡을 먹었다. 즉, 그들은 만약 천사들이 음식을 먹게 되어 있었다면 먹었을 그런 음식을 먹었다는 것이다. 또는, 이 말씀은 천

사들이 가져다 준 양식, 천사들의 처소에서 내려온 양식(갈대아 역본에서는 이렇게 되어 있다)을 먹었다는 의미로 해석될 수도 있다. 모든 자들, 심지어 이스라엘에서 가장 나이 어린 아이들조차도 힘센 자의 떡을 먹었다(난외주에서는 이렇게 읽고 있다). 아무리 약한 위를 가지고 있는 자들도 그 양식을 소화시킬 수 있었고, 그 양식은 자양분이 풍부하여서, 용사들에게는 힘을 더해 주는 그러한 양식이었다. 이 양식은 이렇게 좋은 것이었지만, 조금씩 주어지거나 잠깐 동안 주어진 것이 결코 아니었다. 왜냐하면, 그가 음식을 그들에게 충족히 주셨기 때문이다. 그들이 적은 분량을 거두었다면, 그것은 그들 자신의 잘못이었다. 그렇지만 그런 때에조차도 그들은 부족함이 없었다(출 16:18). 하나님께서 우리를 위하여 날마다 마련해 주시는 양식, 우리가 이 세상에 온 이래로 항상 마련해 주신 양식은 비록 광야의 만나에 필적한 만한 이적은 아니라고 하더라도 동일한 긍휼하심을 보여주시는 것이기 때문에, 그럼에도 불구하고 우리가 하나님을 믿지 못하는 것을 생각하면, 우리의 불신앙의 죄는 얼마나 큰 것인지 모른다.

(2) 하나님은 그들의 도발에 대한 진노를 그들이 그토록 한없이 요구하였던 것을 거절하는 것이 아니라 도리어 허용하는 방식을 통해서 표현하셨다.

[1] 그들이 하나님의 능력에 의문을 제기하였는가? 하나님은 곧 그들에게 그가 광야에서 식탁을 베푸실 수 있다는 것을 눈으로 직접 보고 믿게 하셨다. 바람은 자기 마음대로 부는 것처럼 보이지만, 하나님은 바람을 양식을 가져다 주는 일꾼으로 사용하실 수 있다(26절). 그가 동풍을 일게 하시며 남풍을 인도하셨다. 즉, 하나님은 남동풍 또는 동풍으로 하여금 먼저 그쪽 방향에서 메추라기들을 몰아오게 하신 후에, 남풍으로 하여금 그쪽 방면에서 더 많은 메추라기들을 몰아오게 하셨다. 이렇게 하나님은 먼지처럼 많은 고기를 비 같이 내리시되, 정육점에 있는 고기가 아니라 아주 맛있는 야생의 고기를 풍성하게 내리셔서(27절), 이스라엘 백성 중 가장 천한 자들도 배불리 먹을 수 있게 하셨다. 그들은 그 고기를 먹는 데에 아무런 비용도 들지 않았고, 산에서 그것을 가져오는 수고도 할 필요도 없었다. 왜냐하면, 하나님은 그것들을 그들의 진중에 떨어지게 하사 그들의 거처에 두르셨기 때문이다(28절). 이것에 관한 기사는 민수기 11:31-32에 나온다. 우리는 하나님께서 악하고 감사할 줄 모르는 자들에게조차도 얼마나 선하신지를 여기에서 보게 되고, 하나님의 선하심이 그들의 악함을 이기지 못

한다는 것을 이상히 여기게 된다. 또한, 우리는 이와 같이 풍성한 선물을 주시는 것을 근거로 하나님의 사랑을 판단해서는 안 된다는 것을 알게 된다. 풍성하게 주시는 것이 하나님의 특별한 은총을 받았다는 것을 보여주는 징표가 되지 못한다. 그리스도께서는 그가 사랑한 제자들에게는 마른 떡을 주셨지만, 그를 배신한 유다에게는 떡 한 조각을 양념에 찍어서 주셨다.

[2] 그들은 하나님의 공의에 도전하였고, 그들이 자신들의 목적을 달성했다고 자랑하였는가? 하나님께서는 그들로 하여금 그들이 구한 메추라기와 관련해서 비싼 대가를 치르게 하셨다. 왜냐하면, 하나님께서는 그들의 원대로 그들에게 주셨지만 그들은 그들의 욕심을 버리지 아니하였기 때문이다(29-30절). 그들의 탐욕은 끝이 없었다. 그들은 배불리 먹고도 만족할 줄 몰랐다. 왜냐하면, 그들은 그들이 무엇을 갖고자 하는지를 몰랐기 때문이다. 바로 그것이 욕망의 본질이다. 욕망은 그 어떤 것으로도 만족할 줄 모른다. 욕망을 채워 주면 줄수록, 욕망은 더욱더 많은 것을 원하게 된다. 욕망에 빠진 자들은 결코 그 욕망에서 헤어 나오지 못하게 된다. 또는, 이 말씀은 하나님께서 후하게 주셨지만 그들은 마땅히 자존감이 있어서 그들의 행동을 부끄러워했어야 함에도 불구하고 그들의 배은망덕한 탐욕을 부끄러워하지 않았다는 것을 의미하는 것일 수도 있다. 그러나 그 결과는 어떻게 되었는가? 그들의 먹을 것이 아직 그들의 입에 있어서 달콤한 사탕처럼 혀 아래에서 굴리고 있을 때에 하나님이 그들에게 노염을 나타내사 그들 중 강한 자들, 즉 가장 탐욕스럽게 먹은 자들을 죽이셨다(31절). 하나님은 그들을 도살할 양처럼 살찌우신 것이었다(민 11:33-34을 보라). 도살자는 가장 살진 짐승을 가장 먼저 도살한다. 이스라엘 백성 중에는 메추라기를 적당히 먹고서 결코 탐욕을 부리지 않았던 몇몇 경건한 자들도 있었을 것이다. 그런 자들은 결코 해를 당하지 않았다. 왜냐하면, 그들에게 독이 되었던 것은 고기 자체가 아니라 그들 자신의 탐욕이었기 때문이다. 향락주의자들과 쾌락주의자들은 여기에서 그들의 운명을 읽을 줄 알아야 한다. 그들의 배를 신으로 섬기는 자들의 종말은 멸망이다(빌 3:19). 어리석은 자들의 형통은 자기를 멸망시킬 것인데, 그들의 멸망을 더욱 심할 것이다.

4. 그들에 대한 하나님의 심판은 하나님의 긍휼하심과 마찬가지로 그들을 바꾸어 놓으려는 목적을 달성하지 못하였다(32절): 이러함에도 그들은 여전히 범죄하였다. 그들은 예전과 똑같이 하나님과 모세에게 불평하고 시비를 걸었다.

하나님께서는 노하여 그들을 쳤지만 그들은 아직도 패역하여 자기 마음의 길로 걸어 갔다(사 57:17). 그들은 그의 기이한 일들을 믿지 아니하였다. 하나님의 공의의 역사들은 그의 긍휼의 역사들만큼이나 그의 능력을 보여주는 기이하고 큰 증거들이었지만, 그들은 그 심판을 인해서도 하나님을 두려워하지 않았고, 하나님을 그들의 친구로 삼는 것이 얼마나 그들에게 유익이 되는지도 깨닫지 못하였다. 하나님의 긍휼하심에 의해서도 녹지 않고 하나님의 심판에 의해서도 깨어지지 않는 그러한 마음은 진정으로 완악한 마음이다.

5. 그들이 계속해서 범죄하자, 하나님은 자신의 심판을 계속해서 진행하셨는데, 그 심판은 또 다른 성격의 것으로서 갑자기가 아니라 서서히 이루어지는 심판이었다. 하나님은 이제 그들 중 살진 자들을 죽이는 것과 같이 아주 급성의 질병을 통해서가 아니라 세월을 두고 서서히 진행되는 만성적인 질병을 통해서 그들을 벌하셨다(33절). 하나님이 그들의 날들을 광야에서 헛되이 보내게 하시며 그들의 햇수를 괴로움으로 보내게 하셨도다. 돌이킬 수 없는 판결을 통해서 그들은 광야에서 38년 동안 지루한 세월을 소모하도록 선고를 받았는데, 이것은 정말 세월을 헛되이 보내는 것이었다. 왜냐하면, 그들은 광야에서 지낸 모든 세월 동안에 가나안을 향하여 한 걸음도 더 가까이 나아가지 못했고, 그 곳을 정복하기 위하여 한 번도 공격을 못한 채로 다시 되돌이켜서 광야를 미궁처럼 유랑하였기 때문이다. 또한, 그들은 헛되이 세월을 보낼 뿐만 아니라 괴로움 속에서 보냈다. 왜냐하면, 그들은 갈렙와 여호수아를 제외하고는 모두 광야에서 엎드러져 죽어서 시체가 되도록 선고를 받았기 때문이었다. 계속해서 범죄하는 자들은 계속해서 괴로움을 당하게 될 것을 예상하여야 한다. 우리가 인생을 이토록 헛되고 괴롭게 보내며, 기쁨도 없이 허송세월하며 살아가는 이유는 우리가 믿음으로 살지 않기 때문이다.

6. 하나님께서 이렇게 꾸짖으시자, 그들은 회개한다고 고백하였지만, 그들의 고백은 진실하지도 진지하지도 않았다.

(1) 그들의 고백은 충분히 칭찬받을 만한 것이었다(34-35절). 하나님이 그들을 죽이실 때에, 또는 그들을 죽이시기로 선고하셨을 때에 그들이 그에게 구하였다. 그들은 자신의 잘못을 고백하며 용서를 빌었다. 그들 중의 일부가 죽임을 당하자, 다른 사람들은 기겁을 해서 하나님께 부르짖으며 긍휼을 베풀어 달라고 간구하였고, 그들의 행실을 고치며 아주 선하게 살겠다고 약속하였다. 그들

은 돌이켜 하나님을 간절히 찾았다. 따라서 사람들은 그들이 하나님을 만나고자 한 것이라고 생각했을 것이다. 그들이 이렇게 회개하며 하나님을 찾는 척한 것은 아무리 그들이 이전에는 하나님이 그들의 반석이신 것을 잊어버렸다고 하여도 지금은 그것을 기억하고서 하나님께로 피하여 그를 의지할 필요가 있었기 때문이고, 지존하신 하나님이 그들을 애굽에서 이끌어 내신 그들의 구속자이심을 기억하고서, 하나님께 담대히 나아갈 수 있었기 때문이었다. 하나님께서 우리에게 환난을 보내시는 것은 우리로 하여금 하나님이 우리의 반석이자 구속자라는 것을 일깨워 주기 위한 것이다. 왜냐하면, 형통할 때에 우리는 하나님을 잊기 쉽기 때문이다.

(2) 그들의 고백은 진실한 것이 아니었다(36-37절). 그들은 입으로 그에게 아첨한 것 뿐이었다. 그들은 듣기 좋은 말로 하나님을 구슬려서 그들에게 내려진 선고를 무효화시키고 심판을 면한 후에, 위험이 지나가면 그들이 한 말을 어기고자 하는 은밀한 의도를 지니고 있었다. 그들은 하나님께 진심으로 돌아오지 아니하고 거짓으로 한 것 뿐이었다(렘 3:10). 그들이 행한 모든 고백과 기도와 약속은 그들이 당하는 큰 고통 때문에 어쩔 수 없이 한 것들이었다. 그들은 그들이 한 말을 지킬 뜻이 없었기 때문에 그들의 말이 진실하지 않다는 것은 분명하였다. 그들은 상황에 따라서 태도를 바꾸는 자들이었다. 그들은 자기 혀로 하나님께 거짓을 말하였으니 이는 하나님께 향하는 그들의 마음이 정함이 없어서, 하나님께 정직하지 못하였기 때문이며, 결과가 보여주듯이 그의 언약에 성실하지 아니하였기 때문이었다. 그들은 변덕스러운 자들이었기 때문에 그들의 삶을 고치겠다고 한 고백도 진심이 아니었다. 이렇게 마음을 감찰하시는 하나님을 속일 수 있다고 생각함으로써 그들은 이전에 그들이 말하고 생각한 것들을 통해서 하나님을 능욕한 것과 마찬가지로 하나님을 크게 능욕하였다.

7. 그러자 하나님은 그들을 불쌍히 여기셔서, 그가 위협하셨고 부분적으로는 집행하신 심판을 멈추셨다(38-39절): 오직 하나님은 긍휼하심으로 죄악을 덮어 주셨다. 우리는 이러한 거짓 회개는 그들의 죄악의 분량을 채우는 것일 뿐이라고 생각할 수 있다. 이렇게 땅 값 얼마, 가장 중요한 부분을 감춤으로써 거룩한 하나님을 속이는 것보다 하나님을 더 화나게 하는 일이 과연 있을까(행 5:3)? 그럼에도 불구하고 하나님은 긍휼하셔서 그들이 지금까지 범한 죄악을 덮어 주시고, 마땅히 그랬어야 하지만 그들을 멸망시키지 아니하시고 하나의 민족으로

서 그들을 이 땅에서 끊어버리지 않으시고, 그들이 약속의 땅으로 들어가게 될 다음 세대를 다 키울 때까지 그들의 목숨을 살려 두셨다. 그것을 상하지 말라. 거기 복이 있느니라(사 65:8). 하나님은 그의 진노를 여러 번 돌이키시며(그는 진노의 여호와이시기 때문에) 그의 모든 분을 다 쏟아 내어 그들을 합당한 벌로 다스리지 않으셨다. 그렇다면, 그들의 멸망이 하나님께 아무런 손해가 되지도 않는데, 하나님께서는 왜 그들을 멸망시키지 않으셨던 것인가?

(1) 하나님은 긍휼이 가득하신 분이셨기 때문이다. 하나님께서 그들을 멸망시키고자 하셨을 때, 그의 긍휼이 온전히 불붙 듯하여서, 하나님은 에브라임이여 내가 어찌 너를 놓겠느냐. 이스라엘이여 내가 어찌 너를 버리겠느냐라고 말씀하셨다(호 11:8).

(2) 그들은 비록 하나님이 그들의 반석이시라는 것을 제대로 기억해 내지 못했지만, 하나님은 그들이 육체라는 것을 기억하셨다. 하나님은 그들의 본성이 부패하여서 악에 끌릴 수밖에 없다는 것을 생각하셔서, 사실 그것이 그들의 죄에 대한 진정한 변명이 될 수 없음에도 불구하고, 그것을 빌미로 삼아서 그들을 살려 주시기를 기뻐하셨다(창 6:3을 보라). 하나님은 그들의 체질이 연약하여서 그들을 부수는 것이 얼마나 쉬운 일인지를 생각하셨다: 그들은 다시 돌아 오지 못하는 바람이다. 그들을 없애버리는 것은 쉬운 일이다. 하지만 그들이 죽고 나면 그것은 돌이킬 수 없는 일이 되고 말 것인데, 그러면 아브라함과의 언약은 어찌 되겠는가? 그들은 육체이고, 그들은 바람이다. 이러한 사실들로부터 그들은 그런 자들이기 때문에 즉시 죽이는 것이 정당하고, 그들이 죽어도 아무런 손실이 없을 것이라는 결론을 도출해 내는 것은 쉬운 일이었다. 그러나 하나님은 정반대로 그렇기 때문에 그가 그들을 멸망시키지 않을 것이라고 말씀한다. 왜냐하면, 하나님께서 그들을 죽이지 않으시는 진짜 이유는 하나님은 긍휼이 가득하신 분이라는 데에 있기 때문이다.

[40]그들이 광야에서 그에게 반항하며 사막에서 그를 슬프시게 함이 몇 번인가 [41]그들이 돌이켜 하나님을 거듭거듭 시험하며 이스라엘의 거룩하신 이를 노엽게 하였도다 [42]그들이 그의 권능의 손을 기억하지 아니하며 대적에게서 그들을 구원하신 날도 기억하지 아니하였도다 [43]그 때에 하나님이 애굽에서 그의 표적들을, 소안 들에서 그의 징조들을 나타내사 [44]그들의 강과 시내를 피로 변하여 그들로 마실 수 없게

하시며 45쇠파리 떼를 그들에게 보내어 그들을 물게 하시고 개구리를 보내어 해하게 하셨으며 46그들의 토산물을 황충에게 주셨고 그들이 수고한 것을 메뚜기에게 주셨으며 47그들의 포도나무를 우박으로, 그들의 뽕나무를 서리로 죽이셨으며 48그들의 가축을 우박에, 그들의 양 떼를 번갯불에 넘기셨으며 49그의 맹렬한 노여움과 진노와 분노와 고난 곧 재앙의 천사들을 그들에게 내려보내셨으며 50그는 진노로 길을 닦으사 그들의 목숨이 죽음을 면하지 못하게 하시고 그들의 생명을 전염병에 붙이셨으며 51애굽에서 모든 장자 곧 함의 장막에 있는 그들의 기력의 처음 것을 치셨으나 52그가 자기 백성은 양 같이 인도하여 내시고 광야에서 양 떼 같이 지도하셨도다 53그들을 안전히 인도하시니 그들은 두려움이 없었으나 그들의 원수는 바다에 빠졌도다 54그들을 그의 성소의 영역 곧 그의 오른손으로 만드신 산으로 인도하시고 55또 나라를 그들의 앞에서 쫓아내시며 줄을 쳐서 그들의 소유를 분배하시고 이스라엘의 지파들이 그들의 장막에 살게 하셨도다 56그러나 그들은 지존하신 하나님을 시험하고 반항하여 그의 명령을 지키지 아니하며 57그들의 조상들 같이 배반하고 거짓을 행하여 속이는 활 같이 빗나가서 58자기 산당들로 그의 노여움을 일으키며 그들의 조각한 우상들로 그를 진노하게 하였으매 59하나님이 들으시고 분내어 이스라엘을 크게 미워하사 60사람 가운데 세우신 장막 곧 실로의 성막을 떠나시고 61그가 그의 능력을 포로에게 넘겨 주시며 그의 영광을 대적의 손에 붙이시고 62그가 그의 소유 때문에 분내사 그의 백성을 칼에 넘기셨으니 63그들의 청년은 불에 살라지고 그들의 처녀들은 혼인 노래를 들을 수 없었으며 64그들의 제사장들은 칼에 엎드러지고 그들의 과부들은 애곡도 하지 못하였도다 65그 때에 주께서 잠에서 깨어난 것처럼, 포도주를 마시고 고함치는 용사처럼 일어나사 66그의 대적들을 쳐 물리쳐서 영원히 그들에게 욕되게 하셨도다 67또 요셉의 장막을 버리시며 에브라임 지파를 택하지 아니하시고 68오직 유다 지파와 그가 사랑하시는 시온 산을 택하시며 69그의 성소를 산의 높음 같이, 영원히 두신 땅 같이 지으셨도다 70또 그의 종 다윗을 택하시되 양의 우리에서 취하시며 71젖 양을 지키는 중에서 그들을 이끌어 내사 그의 백성인 야곱, 그의 소유인 이스라엘을 기르게 하셨더니 72이에 그가 그들을 자기 마음의 완전함으로 기르고 그의 손의 능숙함으로 그들을 지도하였도다

　　　　이 단락의 내용과 범위는 앞의 단락과 동일해서, 하나님께서 이스라엘에게 얼마나 큰 긍휼들을 베풀어 주셨고, 그들이 얼마나 하나님을 화나게 하

였으며, 하나님께서 그들의 죄로 인하여 그들에게 어떠한 심판을 내리셨으며, 그렇지만 하나님은 심판 중에서도 결국 그들에게 긍휼을 베푸실 것을 어떻게 기억하셨는지를 보여준다. 하나님에게서 긍휼하심을 받은 자들은 범죄하는 데에 담대해서는 안 된다. 왜냐하면, 그들이 받은 하나님의 긍휼들은 그들의 죄를 가중시키고 그 죄에 대한 형벌을 재촉할 것이기 때문이다. 그렇지만 죄로 인하여 하나님의 책망을 받고 있는 자들은 낙심하지 말고 회개하여야 한다. 왜냐하면, 하나님께서 그들을 심판하시는 것은 회개하게 하기 위한 것이고, 하나님의 긍휼하심이 그들을 위하여 여전히 예비되어 있기 때문이다. 좀 더 살펴보자.

I. 광야에서 이스라엘이 범한 죄들이 다시 한 번 회상됨. 이렇게 반복해서 기록하는 것은 우리에게 경고를 주기 위한 것이다(40-41절). 그들이 광야에서 그에게 반항하며 화를 돋군 것이 몇 번인가! 한 번이나 두 번도 아니고 무수히 많았다. 반복적인 도발은 광야라는 장소의 특성만큼이나 그들의 죄를 크게 가중시키는 것이었다(17절). 그들이 얼마나 자주 하나님께 도발하여 그의 화를 돋구었는지를 그들은 세고 있지 않았지만 하나님께서는 세고 계셨다(민 14:22): 그들은 이 같이 열 번이나 나를 시험하였다. 그들이 하나님께 도발한 것은 그를 화나게 했다기보다는 근심하게 만들었다. 왜냐하면, 하나님은 그들을 그의 자녀들로 보았고(이스라엘은 내 아들 나의 장자니라), 불효하고 버릇없는 자녀들의 행동은 자애로운 부모를 화나게 하기보다는 근심하게 만들기 때문이다. 그들은 그것을 마음에 담아 두었고 나쁘게 해석하였다(사 1:2). 하나님을 슬프게 한 것은 그들이 하나님의 뜻을 모르고 하나님께서 그들을 괴롭히고 계시다고 여겼기 때문이었다. 그들은 하나님 앞에서 스스로를 낮춘 후에도 예전처럼 돌이켜 하나님을 시험하며, 하나님의 능력과 그들 가운데서의 하나님의 임재를 보여줄 증거들을 요구하며, 어떤 방법으로 하나님이 그들을 인도하시며 그들에게 필요한 것들을 공급해 주실지를 반문하면서, 이스라엘의 거룩하신 이를 노엽게 하였다. 그들은 마치 하나님께서 그들이 하나님께 시비를 거는 것을 보지 못하시는 것처럼 그들의 길과 시간에 대하여 하나님을 제한하였다. 우리가 이스라엘의 거룩하신 이를 제한하는 것은 주제넘은 짓이다. 왜냐하면, 거룩하신 이로서 하나님은 가장 그에게 영광이 되는 일을 하실 것이고, 이스라엘의 거룩하신 이로서 그들에게 가장 유익이 되는 일을 하실 것이기 때문이다. 우리가

하나님께 이렇게 해 달라 저렇게 해 달라고 처방하는 것은 하나님의 지혜를 문제삼고 우리의 교만과 어리석음을 드러내는 것이 된다. 그들이 장래의 일들과 관련해서 하나님을 제한하게 된 것은 그들이 하나님께서 이전에 베푸셨던 은총들을 잊어버렸기 때문이다(42절). 그들은 그의 권능의 손, 하나님의 손이 얼마나 강하였고, 그 강한 손이 그들을 위하여 어떻게 뻗쳐졌는지를 기억하지 아니하며 대적, 즉 그들을 멸망시키고자 했던 저 큰 원수인 애굽의 바로에게서 그들을 구원하신 날도 기억하지 아니하였도다. 하나님께서 우리를 권능으로 구원하신 주목할 만한 몇몇 날들이 있는데, 우리는 그 날들을 결코 잊어서는 안 된다. 왜냐하면, 그 날들을 기억하는 것은 우리가 아주 심한 곤경에 처했을 때에 우리에게 큰 힘이 될 것이기 때문이다.

II. **하나님께서 이스라엘에게 베푸신 긍휼들.** 그들은 이러한 것들을 망각하고서 하나님을 시험하고 제한하였다. 하나님께서 그들을 위하여 행하신 기이한 일들에 관한 이 목록은 앞에 나온 것(12절 이하)보다 더 멀리 거슬러 올라가서 시작하여서 시대를 따라 차례로 내려온다.

1. 이 목록은 하나님께서 그들을 애굽에서 건져내시고, 애굽 사람들로 하여금 그들을 보내게 하려고 재앙들을 내리신 것으로 시작된다. 이러한 것들은 하나님께서 애굽에서 행하신 표적들과 소안 들에서 행하신 징조들이었다(43절).

(1) 하나님께서 애굽에 내리신 재앙들 중 몇몇이 여기에 구체적으로 나와 있는데, 그것들은 이스라엘에게 하나님의 권능과 은총을, 하나님과 그들의 원수들에게는 두려움을 분명하게 보여주는 것들이었다.

[1] 물이 피가 되게 함. 애굽 사람들은 하나님의 백성의 피, 심지어 아기들의 피까지 마셨었다. 이제 하나님께서는 그들에게 마시라고 피를 주셨다. 왜냐하면, 그들은 그러기에 합당한 자들이었기 때문이다(44절).

[2] 쇠파리 떼와 개구리들을 보내심. 하나님은 이러한 곤충들의 떼를 보내셔서 그들을 물게 하시고 해하게 하셨다(45절). 왜냐하면, 하나님께서는 마음을 먹기만 하시면 가장 약하고 멸시받을 만한 생물들조차도 그의 진노의 도구로 사용하실 수 있기 때문이다. 그런 생물들에게 부족한 힘은 수로 보완될 수 있다.

[3] 황충과 메뚜기 재앙. 이것들은 그들의 소산을 먹어 치웠고, 그들이 수고한 것을 삼켜 버렸다(46절). 이러한 것들은 하나님의 큰 군대로 불린다(욜 2:25).

[4] 우박과 서리. 우박은 그들의 나무들, 특히 나무들 중에서 가장 약한 그들의 포도나무를 죽였고(47절), 그들의 가축을 죽였으며, 특히 가축들 중에서 가장 약한 그들의 양 떼는 번갯불에 죽었다(48절). 서리 또는 언 비(이 단어의 원래의 의미)는 아주 강력하여서 뽕나무까지 죽였다.

[5] 장자의 죽음은 하나님께서 애굽에 내리신 재앙들 중에서 마지막이자 가장 심한 재앙이었고, 이스라엘의 구원을 성사시킨 재앙이었다. 하나님께서는 이 재앙을 가장 먼저 경고하셨지만(출 4:23), 집행은 가장 마지막에 하셨다. 왜냐하면, 좀 더 온건한 방법들을 통해서 일이 이루어졌다면, 이 재앙은 사용되지 않아도 되었을 것이기 때문이다. 그러나 이 재앙은 여기에서 꽤 자세하게 서술된다(49-51절). 첫째, 하나님의 진노가 이 재앙의 원인이었다. 이제 맹렬한 진노가 애굽 사람들에게 임하였다. 약한 심판들이 내려졌을 때에 바로의 마음이 부드러워졌다가 금방 다시 완악해지는 일이 반복되자, 하나님은 이제 그의 모든 진노를 쏟아 부으셨다. 왜냐하면, 하나님은 맹렬한 노여움, 극도의 화, 진노와 분노(원인), 환난과 곤고(롬 2:8-9, 결과)를 그들에게 부으셨기 때문이다. 하나님께서 이러한 것을 높은 곳에서 그들에게 아낌없이 던지셨기 때문에, 그들은 그의 손에서 도망칠 수 없었다(욥 27:22). 그는 진노를 위한 길을 닦으셨다. 즉, 하나님은 아무렇게나 그들에게 진노를 던지신 것이 아니라, 모든 것을 재고 고려해서 진노를 그들에게 부으신 것이었다. 하나님께서는 그의 진노를 공의의 저울에서 아주 정확하게 달아 보셨다. 왜냐하면, 하나님은 아무리 큰 분노 중에서도 결코 그의 피조물들 중 어느 것에도 해를 끼치지 않으셨고, 또한 앞으로도 않으실 것이기 때문이다. 하나님은 그의 진노의 길을 언제나 달아 보신다. 둘째, 하나님의 천사들이 이 심판의 집행에서 쓰임받은 도구들이었다. 하나님은 재앙의 천사들을 그들에게 내려 보내셨다. 천사들의 본성이 악한 것이 아니라, 그들이 맡은 심부름이 재앙과 관련된 것이었기 때문에, 그들은 이렇게 불렸다. 그들은 멸망시키는 천사들 또는 징벌의 천사들로서 하나님의 진노의 길들을 따라서 하나님의 명령대로 애굽 온 땅을 두루 다니면서 모든 사람이 아니라 오직 장자들만을 죽였다. 선한 천사들은 죄인들에게는 재앙의 천사들이 된다. 거룩한 하나님을 자신의 원수로 삼은 자들은 거룩한 천사들이 그들의 친구가 되어 주리라고 결코 기대해서는 안 된다. 셋째, 심판의 집행 자체는 너무도 가혹한 것이었다. 하나님은 그들의 목숨이 죽음을 면하지 못하게 하시고, 죽음

으로 하여금 그들 가운데서 활보하게 하셨으며, 그들의 생명을 전염병에 부치셔서, 그들의 생명줄을 단번에 끊어 놓으셨다. 왜냐하면, 하나님은 애굽에서 모든 장자, 그들의 기력의 처음 것, 각각의 가정의 희망인 장자들을 치셨기 때문이다(51절). 자녀들은 부모의 힘이고, 장자는 그들의 힘 중에서 으뜸가는 것이다. 이렇게 이스라엘은 하나님의 눈에 보배로웠기 때문에 하나님은 그들 대신에 사람들을 내어주며 백성들이 그들의 생명을 대신하게 하셨다(사 43:4).

(2) 하나님께서는 애굽 사람들에게 내리신 이러한 재앙들을 통해서 자기 백성을 양 같이 인도하여 내셨고, 목자가 양과 염소를 가려내듯이, 어린 양의 피를 그들의 문설주에 바르게 하심으로써 이 양 떼에 자신의 표지를 붙이셔서 그들과 애굽 사람들을 구별하셨다. 하나님은 어디로 가야 할지를 알지 못하는 양 같은 자기 백성을 인도하여 내셨고, 목자가 양 떼를 성심을 다해 사랑으로 돌보고 인도하는 것 같이 광야에서 그들을 인도하셨다(52절). 하나님께서 위험한 광야길에서 그들을 안전히 인도하시니 그들은 두려움이 없었고, 두려워할 필요도 없었다. 그들은 홍해 앞에서 겁을 내었지만(출 14:10), 그들의 두려움을 효과적으로 잠재운 말씀이 그들에게 내려졌고, 또한 그들을 위하여 그대로 행하여졌다. 의기양양해하며 그들을 뒤쫓아오던 그들의 원수는 바다에 빠졌다(63절). 그것은 그들에게는 길이었지만, 그들을 박해하는 자들에게는 무덤이었다.

2. 이 이야기는 그들이 가나안에 정착하게 된 것으로 이어진다(54절): 하나님은 그들을 그의 성소의 영역으로 인도하셨다. 즉, 하나님은 그가 그의 성소를 세우신 땅으로 그들을 인도하셨는데, 그 땅의 중심이자 본산이며 면류관이자 영광인 성소가 거기에 있었다. 하나님의 성소가 있는 지경은 복된 땅이다. 거기에서 하나님이 알려져 있고, 하나님의 성소와 처소가 있는 그런 땅은 복된 땅이다(시 76:1-2). 약속의 땅 전체, 특히 시온은 하나님의 오른손이 구입한 산, 그의 능력으로 자신을 위하여 구별하신 곳이었다(시 44:3을 보라). 하나님은 그들을 땅의 높은 곳을 타고 다니게 하시리라(사 58:14; 신 32:13). 약속의 땅은 가나안 사람들이 완전히 장악하고 있었지만, 하나님은 이방 나라를 그들의 앞에서 쫓아 내셨다. 즉, 하나님은 온 땅의 주로서 그 땅에 대한 그들의 소유권을 박탈하셨을 뿐만 아니라, 만군의 여호와로서 그들에 대한 심판을 친히 집행하셔서 그 땅에서 쫓아 내시고, 그의 백성 이스라엘이 그들의 높은 곳들을 밟으며, 각 지파가 줄을 쳐서 그들의 소유를 분배받아서, 그들이 멸하였던 자들의 집에 살게 하셨

다. 하나님은 사람이 살지 않는 미개척지였던 광야(아마도 가나안 땅과 거의 동일한 정도의 크기를 지니고 있었던)를 비옥한 땅으로 변하게 하셔서, 그들로 하여금 거기에 정착하게 하실 수도 있으셨다. 그러나 하나님께서 그들에게 주고자 하신 땅은 하늘의 모형이어야 했기 때문에 온 땅의 영광이어야 했다. 또한, 약속의 땅은 싸움을 통해서 얻어져야 했다. 왜냐하면, 천국은 침노를 당하기 때문이다.

III. 가나안 땅에 정착한 후에 이스라엘이 범한 죄들(56-58절). 이스라엘 자손들은 그들의 조상들과 같아서 조상들의 오래된 부패한 습성들을 그들의 새로운 거처로 들여 왔다. 하나님께서 그들을 위하여 그토록 많은 은혜를 베푸셨음에도 불구하고, 그들은 여전히 지존하신 하나님을 시험하고 반항하였다. 하나님은 그들에게 그의 명령들을 주었지만, 그들은 그의 명령을 지키지 않았다. 그들은 매우 전도양양하게 시작하였지만 제자리로 돌아갔고, 하나님께서 선한 말씀들을 주셨지만 그들은 거짓을 행하여 속이는 활 같았다. 즉, 그들은 화살을 걸고 과녁을 향하여 쏘면 잘 맞출 수 있는 것 같이 보였던 활인데 거기에 화살을 걸고 시위를 당기기도 전에 발 앞에 화살이 떨어지거나 그 화살이 도리어 쏘는 자의 얼굴로 되돌아오게 하는 그런 활이었다는 말이다. 그들을 억제할 수 있는 방도가 없었고, 그들의 약속이나 고백은 전혀 신뢰할 수 없었다. 그들은 가끔 하나님께 헌신하는 것처럼 보였지만, 곧 빗나가서, 자기 산당들로 그의 노여움을 일으키며 그들의 조각한 우상들로 그를 진노하게 하였다. 우상 숭배는 그들을 가장 괴롭혔던 죄였다. 그들은 우상 숭배로 인하여 자주 회개하기도 하였지만, 이내 또 다시 우상 숭배로 빠져 들곤 하였다. 우상들을 숭배하거나, 마치 하나님이 우상인 것처럼 신상들을 만들어서 하나님을 예배하는 것은 영적인 간음이었기 때문에, 그들의 우상 숭배는 하나님을 진노하게 하였다(신 32:16, 21).

IV. 이러한 죄들로 인하여 그들에게 임한 하나님의 심판. 그들이 가나안 땅에 살고 있다는 것은 그들이 이스라엘의 후예들이라는 것과 마찬가지로 그들이 죄악된 길로 행하는 것을 막아 주지 못하였다. 내가 땅의 모든 족속 가운데 너희만을 알았나니 그러므로 내가 너희 모든 죄악을 너희에게 보응하리라(암 3:2). 우상 숭배는 이방인들 가운데서는 묵인되었지만, 이스라엘에서는 그렇지 않았다.

1. 하나님은 이스라엘을 기뻐하지 않으셨다(59절). 하나님이 이것을 들으시고,

그 앞에 상달된 그들의 범죄에 대한 부르짖음을 들으셨을 때, 그는 분내어 그 일을 극악무도한 짓으로 여겨서, 그가 그토록 사랑하시고 기뻐하셨던 이스라엘을 크게 미워하셨다. 하나님의 택하심을 받은 백성이었던 이스라엘은 이제 그의 진노의 세대가 되어 버린 것이었다. 뻔뻔스러운 죄들, 특히 우상 숭배의 죄는 이스라엘 백성을 하나님의 거룩하심 앞에서 악취나는 자들로 만들었고, 하나님의 공의 앞에서 가증스러운 자들로 만들었다.

2. 하나님은 그들 가운데 세우신 그의 성막을 버리셨고, 그 영광 위에 두신 보호막을 제거하셨다(60절). 하나님은 우리가 그를 떠날 때까지는 결코 우리를 떠나지 않으시고, 우리가 그를 우리로부터 떠날 수밖에 없게 만들지 않는 한 결코 우리에게서 물러나지 않으신다. 그의 이름은 질투이시고, 그는 질투하시는 하나님이시다. 그러므로 하나님과 혼인한 백성이 낯선 자의 품에 안겼을 때에 하나님께서 그들을 미워하시고 거부하셔서 그들과 더 이상 함께 살기를 거절하신다고 하여도, 그것은 전혀 이상한 일이 아니다. 실로의 성막은 하나님께서 사람 가운데 세우신 장막이었고, 하나님은 그 곳에서 이 땅에서 사람들과 함께 살고자 하셨다. 그러나 그의 백성이 기만을 행하며 성막을 버렸을 때, 그가 그 성막을 버리고, 그의 모든 영광이 거기에서 떠나게 하신 것은 당연한 일이었다. 이스라엘은 하나님의 임재가 없는 성막에서 기쁨을 누릴 수 없다.

3. 하나님은 모든 것을 원수의 손에 넘겨 주셨다. 하나님께서 버리신 자들은 아주 쉽게 멸망시키는 자의 희생물이 된다. 블레셋 사람들은 하나님의 이스라엘에게 불구대천의 원수였고 이스라엘의 하나님에게도 마찬가지였지만, 하나님은 그들을 그의 백성을 징계하는 회초리로 사용하신다.

(1) 하나님은 그들로 하여금 법궤를 빼앗아서 승리의 트로피로 가져가게 하심으로써, 그가 성막을 버리셨을 뿐만 아니라, 법궤까지 버리셔서, 법궤가 이제 더 이상 그의 임재의 징표가 될 수 없게 하셨다는 것을 보여주셨다(61절). 하나님은 자기 힘이 약해져서 질 수밖에 없었다는 듯이 그의 능력을 포로에게 넘겨 주시며, 그의 영광을 대적의 손에 붙이셔서 욕을 당하게 하셨다. 이것에 관한 이야기는 사무엘상 4장11절에 나온다. 법궤가 이스라엘 백성 가운데서 낯선 것이 되어 버렸을 때, 그것이 블레셋 사람들에게 곧 빼앗길 수밖에 없었다는 것은 전혀 이상한 일이 아니다.

(2) 하나님은 이스라엘의 군대가 블레셋 사람들에 의해서 패하게 하셨다

(62-63절). 하나님은 그의 백성을 칼에 넘기셨고, 그 자신의 공의의 칼과 원수의 분노의 칼에 넘기셨다. 왜냐하면, 하나님은 그의 기업에 진노하셨기 때문이다. 하나님의 이러한 진노는 한창 때의 그들의 청년들을 칼이나 질병에 걸려서 죽게 만드는 불이었고, 청년들의 씨를 말려 버렸기 때문에, 그들의 처녀들은 혼인 노래를 들을 수 없었다(혼인은 모두에게 존귀한 것이다). 왜냐하면, 그 땅에는 처녀들과 혼인할 청년들이 없었기 때문이고, 이스라엘에 환난과 재앙이 너무 크고 많아서, 혼인 예식을 치르며 즐거워하는 것이 마땅치 않다고 생각되었기 때문이고, 아이를 배지 못한 태가 복되도다고 말해졌기 때문이다. 그 땅이 전체적으로 파괴되었기 때문에 사람들이 희소하여졌다(사 13:12): 내가 사람을 순금보다 희소하게 하리니, 그 날에 일곱 여자가 한 남자를 붙잡으리라(사 4:1; 3:25). 그렇지만 이것이 최악의 것은 아니었다.

(3) 심지어 법궤를 돌보았던 그들의 제사장들, 즉 홉니와 비느하스도 칼에 엎드려졌다. 그들이 죽은 것은 당연한 일이었다. 왜냐하면, 그들은 스스로 악하게 행하여, 여호와 앞에서 몹시 큰 죄인들이었기 때문이다. 그들이 제사장이라는 것은 결코 그들을 보호해 주는 것이 되지 못하였고, 도리어 그들의 죄를 가중시키며 그들의 죽음을 재촉하는 것이 되었다. 그들이 칼에 맞아서 엎드러진 것은 당연한 일이었다. 왜냐하면, 그들은 하나님의 부르심이나 보장도 없이 전장에 나아갔기 때문이다. 우리가 있어야 할 자리를 벗어나고 우리가 해야 할 도리를 벗어나는 것은 우리 자신을 하나님의 보호하심 밖으로 내던지는 것이다. 제사장들이 죽었을 때, 그들의 과부들은 애곡도 하지 못하였도다(64절). 슬픔이 너무 커서 애곡하는 예식조차도 이루어지지 못하였다. 비느하스의 과부는 남편의 죽음을 애곡하기는커녕 아들을 낳은 후에 그를 이가봇이라고 부른 후에 자기도 죽고 말았다(삼상 4:19 이하).

V. 이 일 후에 하나님께서 긍휼하심으로 그들에게 돌아오시고 은혜로 그들을 위하여 나타나심. 우리는 본문 속에서 그들이 회개하고 하나님께 돌아왔다는 말을 읽을 수 없지만, 하나님은 이스라엘의 곤고로 말미암아 마음에 근심하였고(삿 10:16), 자신의 명예와 관련해서 원수를 자극하여 그들의 원수가 잘못 생각할까 걱정하였다(신 32:27). 그러므로 그 때에 주께서 잠에서 깨어난 것처럼, 포도주를 마시고 고함치는 용사처럼 일어나셨다(65절). 하나님은 술을 마시고 잠이 들었다가 잠에서 깨어나 다시 정신을 차려서, 그가 전에 게을리하였다고 생각

되는 일을 꼼꼼히 챙기는 자만이 아니라 잠을 자고 나서 다시 새 힘을 얻고, 포도주를 적당히 마심으로써 마음이 즐거워져서, 이전보다 더 활기차고 힘이 넘쳐서 일을 하기에 적합하게 된 자처럼 일어나셨다. 하나님은 그의 능력의 법궤를 원수의 손에 넘겨 주셨지만, 자신의 영광에 열심인 분으로서 곧 그의 능력의 팔을 펴서 법궤를 되찾아오셨고, 그의 백성을 위하여 큰 일들을 행하셨다.

1. 하나님은 법궤를 억류해 두고 있는 블레셋 사람들에게 재앙을 내리셨다 (66절). 블레셋 사람들은 승승장구하여 의기양양해 있었지만, 하나님은 마치 그들이 그에게 쫓겨서 도망치고 있기라도 하는 것처럼 그들을 후방에서 종기로 그들을 치셔서 타격을 입히셨다. 하나님은 그들로 하여금 금으로 종기 형상들을 만들게 하여 법궤와 함께 속죄 제물로 이스라엘에게 반환하여 영원한 기념물(in perpetuam rei memoriam)이 되게 하심으로써 그들 자신의 손으로 영원히 그들을 욕되게 하셨다(삼상 6:5). 원수들이 그들이 거둔 승리로 한껏 고양되어 있을 때라도 하나님께서는 조만간에 그의 원수들에게 수치를 당하게 하셔서 스스로를 영화롭게 하실 것이다.

2. 하나님은 법궤가 몇 달 동안 블레셋 사람들의 손에 억류되어 있었고 몇 년 동안 벽촌에 방치되어 있게 하신 후에 법궤를 위한 새로운 처소를 마련하셨다. 하나님은 요셉의 장막을 버리셨다. 그는 에브라임 지파의 경내에 있는 실로로 법궤를 돌려 보내지 않으셨다(67절). 실로가 폐허가 된 것은 하나님의 공의를 보여주는 영원한 기념비였다. 너희는 내가 처음으로 내 이름을 둔 처소 실로에 가서 내 백성 이스라엘의 악에 대하여 내가 어떻게 행하였는지를 보라(렘 7:12). 그러나 하나님은 이스라엘로부터 영광을 완전히 빼앗으신 것은 아니었다. 법궤를 옮기신 것이 법궤를 제거하신 것은 아니다. 실로는 법궤를 잃었지만, 이스라엘은 잃지 않았다. 하나님께서 어떤 교회의 촛대를 옮기신다고 하여도, 이 세상에는 여전히 교회가 존재하고 사람들 가운데는 그의 나라가 존재하게 될 것이다. 아니, 오랜 후에 유대인들의 넘어짐이 이방인들의 풍성함이 되었던 것과 마찬가지로(롬 11:12), 실로가 버림을 받은 것은 시온을 택하는 것이 되었다. 하나님은 여호수아가 속하였던 에브라임 지파를 택하지 아니하시고, 여호수아보다 더 크신 예수께서 장차 나오실 유다 지파를 택하셨다(68절). 블레셋 사람들의 손에서 다시 찾아진 법궤가 안치되어 있었던 곳인 기럇 여아림은 유다 지파의 땅이었다. 거기에서 법궤는 그 지파를 장악하고 있었다. 그러나 법궤는 거

기에서 그가 사랑하시는 시온 산(68절), 터가 높고 아름다워 온 땅의 기쁨이었던 곳인 시온으로 옮겨졌다. 거기에 하나님께서는 그의 성소를 산의 높음 같이 영원히 두신 땅 같이 지으셨다(69절). 다윗은 실제로 법궤를 안치해 둘 성막만을 세웠을 뿐이지만, 당시에 성전을 세우기 위한 설계도와 재료들을 준비해 두었고, 성전 건립은 그의 아들에 의해서 완성되었다.

(1) 성전은 매우 웅장한 곳이었다. 성전은 세상의 방백들과 큰 자들의 궁전들 같이 지어졌고, 웅장하고 화려함에 있어서 그 모든 궁전들보다 훨씬 더 뛰어났다. 솔로몬이 성전을 지었지만, 여기에서는 하나님께서 그것을 지으셨다고 말한다. 왜냐하면, 그의 아버지인 다윗이 솔로몬에게 이 일과 관련해서 여호와께서 집을 세우지 아니하시면 세우는 자의 수고가 헛되다고 가르쳤기 때문이다(시 127:1, 이것은 솔로몬을 위한 시편이다).

(2) 성전은 땅처럼 매우 견고한 곳이었다. 성전은 땅만큼 오래 지속되지는 않을 것이지만, 그것이 서 있는 한은 하나님께서 그의 능력의 말씀으로 붙드시고 계시기 때문에 땅만큼 견고하였고, 해와 달 같이 영원히 견고하고(시 89:36-37) 음부의 권세가 이기지 못할 복음 성전이 세워질 때까지 결코 폐해지지 않았다.

3. 하나님은 그들을 선하게 다스릴 왕국, 그의 마음에 드는 왕을 세우셨다. 하나님은 이스라엘의 수많은 사람들 가운데서 그의 종 다윗을 택하셔서, 그의 손에 홀을 쥐어 주셨다. 다윗의 허리에서 장차 그리스도께서 나실 것이었고, 다윗은 그리스도의 모형이 될 것이었다(70절). 여기에서는 다윗에 관하여 다음과 같은 것들을 말한다.

(1) 그의 시작이 미약하였다는 것. 그의 혈통은 정말 대단하였다. 왜냐하면, 그는 유다 지파의 왕의 후손이었기 때문이다. 그러나 그가 교육받은 것은 형편없었다. 그는 학자나 군인이 아니라 목자로 키워졌다. 모세가 그랬듯이, 그는 양의 우리에서 취하여졌다. 왜냐하면, 하나님은 겸손하고 성실한 자들을 높이시고, 가난한 자를 진토에서 일으키셔서 왕으로 세우기를 기뻐하시기 때문이다. 종종 하나님께서는 그들의 어린 시절을 홀로 묵상하며 보낸 자들이 공적인 일을 하는 데에 아주 적합하다는 것을 발견하신다. 사람들은 다윗의 자손의 신분이 보잘것없다고 힐난하였다: 이는 목수가 아니냐? 하나님은 숫양들을 치는 자들이 아니라 암양들을 치는 자들, 특히 아주 어린 암양들을 치는 자들 중에서 다윗을 취하셨는데, 이것은 다윗이 목자가 지닌 모든 선한 자질들 중에서 어린

암양들을 돌보는 데에 가장 필요하였던 섬세함과 불쌍히 여기는 마음이 무척 뛰어났다는 것을 말해 준다. 다윗은 이러한 성정을 지니고 있었기 때문에 백성들을 다스리기에 적합하였고, 그리스도의 모형이 되었다. 그리스도께서도 목자 같이 자신의 양 떼를 먹이실 때에 젖먹이는 암컷들을 온순히 인도하시며 아주 자상하게 돌보셨다(사 40:11).

(2) 그가 크게 높아짐. 하나님은 다윗을 택하셔서 그로 하여금 그의 백성 야곱을 기르게 하셨다(71절). 하나님께서 다윗을 높이셔서 왕으로 삼으신 것, 특히 하나님께 아주 소중하였던 야곱과 이스라엘, 즉 하나님 자신의 백성을 다스리는 왕으로 삼으신 것은 다윗에게 큰 영광을 베푸신 것이었다. 그러나 이것을 통해서 다윗은 하나님 자신의 기업인 자들을 다스리는 막중한 소임을 맡게 되었다. 하나님께서 그를 왕위에 오르게 하신 것은 그로 하여금 자신의 배를 불리게 하기 위한 것이 아니라 그들을 먹이게 하신 것이고, 그의 가문을 크게 일으키게 하기 위한 것이 아니라 선을 행하게 하기 위한 것이었다. 하나님의 양 무리를 먹이는 것은 방백들과 사역자들을 포함한 모든 작은 목자들에게 맡겨진 책임이다.

(3) 그의 복된 통치. 막중한 소임을 맡게 된 다윗은 하나님의 긍휼하심을 얻어서 그 일을 능숙하고 신실하게 수행하였다(72절): 이에 그가 그들을 길렀다. 다윗은 그들을 다스리고 가르쳤으며, 지도하고 보호하였다.

[1] 매우 정직하게. 그는 자기 마음의 완전함을 따라서 그 일을 행하였다. 즉, 그는 하나님의 영광과 그에게 맡겨진 백성의 유익만을 생각하였고 다른 것은 전혀 고려하지 않았다. 그의 신앙의 원칙들은 그의 통치의 철학들이 되었기 때문에, 그는 육신적인 방책이 아니라 하나님의 은혜로 경건한 진실함으로 백성들을 다스렸다. 그는 어떤 일을 하든지 선한 의도만을 지니고 있었고, 결코 다른 생각을 품지 않았다.

[2] 매우 사려깊게. 다윗은 그의 손의 능숙함으로 그 일을 행하였다. 그는 의도에 있어서 매우 진실했을 뿐만 아니라 일을 행함에 있어서 매우 지혜로워서 어떤 일을 하는 데에 가장 적합한 수단을 찾아 내었다. 왜냐하면, 하나님께서 그에게 가르치셔서 분별력을 갖게 하셨기 때문이다. 그러한 왕 아래에 있는 백성은 복이 있다! 시편 기자가 이것을 이스라엘에 대한 하나님의 은총을 보여주는 최고의 예로 삼은 것은 아주 합당한 일이었다. 왜냐하면, 다윗은 크고 선하

신 목자 그리스도의 모형이었기 때문이다. 그리스도께서는 처음에 낮아지셨다가 나중에 높아지셨고, 그에 대해서 그가 지혜와 총명의 신으로 충만해서 공평으로 심판하며 책망할 것이라고 예언되어 있었다(사 11:3-4). 그의 모든 신민들은 그의 흠없는 마음과 능숙한 손을 전적으로 의지할 수 있고, 그의 나라와 백성은 무궁하게 될 것이다.

제
— 79 —
편

개요

　　이 시편이 어떤 특정한 사건을 염두에 두고서 쓰여진 것이라면, 그 사건은 예루살렘과 성전의 멸망, 즉 느부갓네살 시대에 갈대아 사람들이 유대 나라에 가한 대재앙과 관련이 있을 가능성이 가장 높다. 이 시편은 예레미야애가와 분위기가 비슷한데, 저 눈물의 선지자는 이 시편에서 두 절을 빌려다가(6-7절) 그의 기도문 속에서 그것들을 사용하고 있다(렘 10:25). 어떤 이들은 이 시편이 예언의 영에 의해서 저 흐리고 암울한 날에 교회로 하여금 사용하도록 하기 위하여 오래 전에 미리 지어진 것이라고 생각한다. 또 어떤 이들은 이 시편이 사건이 일어난 당시에 아삽이라는 선지자 또는 또 다른 어떤 선지자에 의해서 아삽의 자손들을 위하여 기도의 영에 의해서 쓰여진 것이라고 생각한다. 구체적인 사정이 무엇이었든지 간에, 이 시편에는 다음과 같은 내용들이 나온다. I. 하나님의 백성이 이 때에 처해 있던 매우 통탄할 만한 처지에 관한 묘사(1-5절). II. 그들의 원수들에게 보응해 주시고(6-7, 10, 12절), 그들의 죄를 사하여 주시며(8-9절), 그들을 건져 주시라는(11절) 하나님에 대한 간구. III. 그의 백성은 그를 찬송할 준비가 되어 있다는 호소(13절). 교회가 평안하고 형통할 때에 우리는 이 시편을 노래하면서 우리가 이렇게 짓밟혀서 능욕을 당하지 않게 해 주신 하나님을 송축할 수 있을 것이다. 그러나 이 시편은 교회가 짓밟히고 환난에 처해 있는 날에 하나님을 향한 우리의 소원을 분발시키고 교회를 지켜 주시는 하나님에 대한 우리의 믿음을 격려하는 데에 특히 적합하다.

〔아삽의 시〕

¹하나님이여 이방 나라들이 주의 기업의 땅에 들어와서 주의 성전을 더럽히고 예루살렘이 돌무더기가 되게 하였나이다 ²그들이 주의 종들의 시체를 공중의 새에게 밥으로, 주의 성도들의 육체를 땅의 짐승에게 주며 ³그들의 피를 예루살렘 사방에 물 같이 흘렸으나 그들을 매장하는 자가 없었나이다 ⁴우리는 우리 이웃에게 비방 거리가 되며 우리를 에워싼 자에게 조소와 조롱 거리가 되었나이다 ⁵여호와여 어느 때까지니이까 영원히 노하시리이까 주의 질투가 불붙듯 하시리이까

우리는 여기에서 서글픈 탄식이 하늘의 궁정을 향하여 드려지고 있는 것을 보게 된다. 세상은 온통 탄식들로 가득 차 있고, 교회도 마찬가지이다. 왜냐하면, 교회는 가시밭의 백합화로서 세상과 함께 고난을 당할 뿐만 아니라 세상으로부터도 고난을 당하기 때문이다. 교회는 하나님을 향하여 탄식하고 하소연한다. 하나님의 자녀들이 걱정되고 근심되는 일이 있을 때에 능력이 많으시고 기꺼이 도와 주시고자 하시는 아버지께 나아가지 않고 어디로 가겠는가? 그들은 이스라엘에 속하지 않은 자들로서 이스라엘에 대하여 불구대천의 원수들이었던 이방 나라들과 관련하여 하나님께 하소연한다. 이방 나라들은 하나님을 알지 못하였고 하나님에 대하여 신앙 고백도 하지 않았지만, 하나님께서는 그들을 다스리시기 때문에, 교회가 이방 나라들을 벌주시라고 하나님께 호소하는 것은 너무도 지당한 일이다. 왜냐하면, 하나님은 열방의 왕으로서 이방 나라들을 다스리시고 판단하시며, 성도들의 왕으로서 그들에게 은총을 베푸시고 보호하시기 때문이다.

I. 그들은 여기에서 그들의 원수들이 분노하여 압제자가 되어서 잔인무도한 짓들을 저질렀다고 하소연한다.

1. 땅들에 대하여(1절). 그들은 땅들에 대하여 그들이 가할 수 있는 온갖 해악들을 자행하였다.

(1) 거룩한 땅. 그들은 거룩한 땅에 침공하여 그 땅을 유린하였다. "이방 나라들이 주의 기업의 땅에 들어와서 그 땅을 약탈하고 황폐화시켰나이다." 가나안 땅은 이스라엘 자신의 기업이기 전에 하나님의 기업이었고, 이스라엘 백성이 나고 자랐으며 그들의 조상들이 오랫동안 소유하고 있었던 땅이기 전에 하나님이 알려져 있고 그의 이름이 크신 땅이었기 때문에, 경건한 이스라엘 사람들에게 너무도 소중한 땅이었다. 사람들, 또는 우리 자신의 권리가 손상을 입는 것보다도 기독교 신앙이 손상을 입게 될 때 우리는 더 근심하게 된다. 우리는 우리 자신의 기업이 황폐화되는 것보다 하나님의 기업이 황폐화되는 것을 볼 때에 더 견딜 수 없는 심정이 되어야 한다. 이 시편 기자는 앞의 시편에서 하나님께서 이스라엘에게 베푸신 큰 은총 중의 한 예로서 하나님께서 이방 나라들을 그들의 앞에서 쫓아 내신 것을 언급하였었다(시 78:55). 그러나 이스라엘의 죄로 말미암아 사정이 어떻게 변하였는지를 보라. 이제 이방 나라들은 이스라엘 백성에게 쇄도해 들어오고 있다.

(2) 거룩한 도성. 그들은 예루살렘이 돌무더기, 쓰레기 더미, 무덤들 위에 쌓아 올려진 돌더미들(어떤 이들은 이렇게 해석한다)이 되게 하였나이다. 땅의 백성들은 그들의 집의 폐허 속에 매장되었고, 그들의 거처가 그들의 무덤, 그들의 오래 머물 집이 되어 버렸다.

(3) 성전. 하나님께서 높은 산 같이 지으셔서 땅처럼 견고할 것이라고 생각되었던 바로 그 성소는 지금은 무너져서 평지처럼 되어 버렸다. 그들은 성전에 들어가서 그 곳을 황폐화시킴으로써 주의 성전을 더럽혔다. 하나님의 백성은 그들의 죄로 말미암아 성전을 더럽혔기 때문에, 하나님은 그들의 원수들로 하여금 오만무례한 짓들을 통해서 성전을 더럽히게 하셨다.

2. 사람들에 대하여. 그들은 하나님의 백성의 시신들에 대하여 극악무도한 짓들을 자행하였다.

(1) 그들은 무자비하게 사람들을 죽여서, 도성은 사람들의 피로 흥건하였다. 그들은 그 누구도 봐주지 않았고, 조금도 인정사정이 없었다(3절). 그들은 그들의 피를 닥치는 대로 예루살렘 사방에 도성의 모든 길거리에서 물 같이 흘렸다. 도성을 빠져 나오거나 들어가는 모든 자들에게 칼이 기다리고 있었다. 사람들의 피가 너무도 많이 흘러서 그 피는 강물을 이루어 흘러 내렸다. 그들은 하나님께서 피 흘림을 심문하실 날에 한 방울의 피에 대해서도 추궁하시리라는 것을 전혀 생각하지 않고서, 마치 물을 붓듯이, 아무런 거리낌이나 후회함도 없이 마구잡이로 사람들의 피를 흘렸다.

(2) 그들은 시신들조차 능욕하였다. 그들은 사람들을 죽이고 나서 아무도 그 시체들을 매장하지 못하게 하였다. 아니, 그들은 하나님과 성도라는 이름을 듣거나 생각만 해도 치를 떨었기 때문에, 매장된 자들, 즉 하나님의 종들의 시체와 주의 성도들의 육체를 무덤에서 다시 파내어서 공중의 새와 땅의 짐승에게 밥으로 주었다. 또는, 적어도 그들은 그들이 죽인 자들을 그대로 방치하여 두거나 줄줄이 묶어 놓았는데, 이것은 유대인들이 보기에 너무도 끔찍한 일이었다. 왜냐하면, 하나님께서는 그러한 짓은 야만적인 것으로서 율법을 통해서 명시적으로 금지하셨기 때문이었다(신 21:23). 그리스도의 증인들에 대한 이러한 비인간적인 학대는 성경에 예언되어 있고(계 11:9), 이렇게 죽은 시신들조차도 그들의 박해자들을 쳐서 증언하는 증인들이 되었다. 이 일은 박해받은 자들의 참상을 보여주는 한 예로서가 아니라(성도들의 몸은 아무리 새의 밥이 되었다고

할지라도 장차 영광 중에 다시 부활할 것이기 때문에) 박해자들의 악의를 보여주는 한 예로서 언급된다(아우구스티누스).

3. 그들의 이름에 대하여(4절). "살아 있는 우리는 우리 이웃에게 비방거리가 되었다. 사람들은 모두 우리를 능욕하고 멸시하려고 애쓰고, 우리를 멸시받거나 가증스러운 자라고 말하며, 우리의 죄와 환난에 대하여 우리를 힐책하며, 하나님에 대한 우리의 관계와 하나님께 거는 우리의 기대들을 조롱한다. 이렇게 우리는 우리를 에워싼 자들에게 조소와 조롱거리가 되었다." 하나님을 믿는다고 고백한 백성이 그들의 본연의 모습에서 타락한다면, 그들은 그런 말을 들을 각오를 하여야 한다. 올바른 비방이 우리로 하여금 참된 회개에 이르게 하는 데에 도움이 된다면, 그것은 잘된 일이다. 그러나 부당하게 비방거리와 조롱거리가 되는 것이 복음적 이스라엘의 운명이었다. 사도들도 만물의 찌꺼기 같이 여김을 받았다.

II. 그들은 하나님의 진노에 더 기가 막혀 한다(5절). 그들은 이웃 나라들의 분노 속에서 하나님의 진노하심을 분별해 내고서, 그것에 대하여 가장 강하게 하소연한다: 여호와여 어느 때까지 노하시리이까? 영원히 노하시려 하시나이까? 이것은 그들이 하나님께서 그들과 화해하시면, 하나님의 진노가 거두어질 것이고, 그렇게 되면 사람들의 나머지 분노가 그치게 되기를 원하였다는 것을 보여준다. 하나님의 은총을 목숨보다 더 좋은 것으로 여겨서 원하는 자들은 하나님의 진노를 죽음보다 더 나쁜 것으로 여겨서 그것을 두려워하고 면하기를 빌 수밖에 없다는 것을 명심하라.

⁶주를 알지 아니하는 민족들과 주의 이름을 부르지 아니하는 나라들에게 주의 노를 쏟으소서 ⁷그들이 야곱을 삼키고 그의 거처를 황폐하게 함이니이다 ⁸우리 조상들의 죄악을 기억하지 마시고 주의 긍휼로 우리를 속히 영접하소서 우리가 매우 가련하게 되었나이다 ⁹우리 구원의 하나님이여 주의 이름의 영광스러운 행사를 위하여 우리를 도우시며 주의 이름을 증거하기 위하여 우리를 건지시며 우리 죄를 사하소서 ¹⁰이방 나라들이 어찌하여 그들의 하나님이 어디 있느냐 말하나이까 주의 종들이 피 흘림에 대한 복수를 우리의 목전에서 이방 나라에게 보여주소서 ¹¹갇힌 자의 탄식을 주의 앞에 이르게 하시며 죽이기로 정해진 자도 주의 크신 능력을 따라 보존하소서 ¹²주여 우리 이웃이 주를 비방한 그 비방을 그들의 품에 칠 배나 갚으소서 ¹³

우리는 주의 백성이요 주의 목장의 양이니 우리는 영원히 주께 감사하며 주의 영예를 대대에 전하리이다

여기서 하나님께 드려지고 있는 간구들은 교회의 현재적인 환난들에 매우 적합한 것들로서, 대체로 하나님의 영광과 관련된 호소들이 그 간구들을 강화하기 위하여 함께 제시되고 있다.

I. 그들은 하나님께서 그의 진노를 그들에게서 거두셔서 그들을 박해하고 능욕한 자들에게 향하시도록 기도한다(6절). "주의 노를 이방 나라들에게 쏟으소서. 그들로 하여금 진노의 잔을 찌꺼기까지 다 마시게 하소서." 이 기도는 사실상 하나님의 진노가 사람들의 모든 경건치 않음과 불의에 대하여 하늘로부터 나타나리라는 예언이다. 좀 더 살펴보자.

1. 그들은 어떤 자들인가. 그들은 하나님을 알지 못하고 하나님의 이름도 부르지 않은 자들이다. 사람들이 하나님을 부르지 않는 이유는 그들이 하나님을 모르고, 하나님께서 그들을 도우실 수 있고, 또한 기꺼이 도우시고자 하신다는 것을 모르기 때문이다. 하나님을 모르고 기도를 하지 않고 살아가는 자들은 이 세상에서 하나님 없이 살아가는 불경건한 자들이다. 하나님을 모르고 복음에 순종하지 않는 나라들이 있지만, 그들이 수가 많고 세력이 강하다고 하더라도 그들은 하나님의 의로운 심판에서 벗어나지 못할 것이다.

2. 그들의 범죄: 그들이 야곱을 삼켰나이다(7절). 이것은 그의 백성을 건드리는 자들은 그의 눈동자를 건드리는 것이라고 여기시는 분 앞에서 추궁받기에 충분한 범죄이다. 그들은 야곱을 괴롭혔을 뿐만 아니라 삼켰고, 야곱의 거처인 가나안 땅을 침범하였을 뿐만 아니라 그 곳을 약탈하고 사람들을 무수히 죽임으로써 초토화시켰다.

3. 그들에 대한 단죄. "그들 위에 주의 노를 쏟으소서. 그들로 하여금 더 이상 해악을 끼치지 않도록 막아 주실 뿐만 아니라, 그들이 이제까지 저지른 해악에 대하여 그들에게 보응하소서."

II. 그들은 그들의 죄가 그들이 당한 모든 재난의 원인이었다는 것을 시인하고서 그들의 죄를 사하여 주실 것을 기도한다. 사람들이 아무리 불의하였다고 할지라도, 사람들로 하여금 불의를 행하도록 허용하신 하나님은 의로우시다. 그들은 다음과 같은 것들을 기도한다.

1. 하나님께서 그들의 이전의 죄악을 기억하지 말아 달라는 것(8절). 즉, 그들의 이전의 죄악들, 나이가 든 지금에 있어서 그들이 어릴 적에 범하였던 죄악들 또는 이 백성의 이전의 죄악들, 그들의 조상들의 죄악들을 하나님께서 기억하지 말아 달라고 그들은 기도한다. 이스라엘 백성은 바벨론 포로 생활을 통해서 그들이 이전에 범했던 죄악들에 대한 대가를 치렀다. 그러나 하나님은 다시는 그렇게 하지 않겠다고 약속하셨고(렘 31:29-30), 따라서 그들은 "우리의 처음 죄악들을 기억하지 마소서"라고 기도한다. 어떤 이들은 하나님께서 내가 보응할 날에는 그들의 이 죄를 보응하리라(출 32:34)고 말씀하신 것을 들어서 이 본문이 이스라엘 백성이 금송아지를 만들었던 때까지 거슬러 올라가고 있는 것으로 본다. 자녀들이 회개하고 삶을 바꿈으로써 부모의 죄의 결과를 끊어 버렸다면, 그들은 믿음으로 하나님께서 그 죄악들을 기억하지 말아 달라고 기도할 수 있다. 하나님은 죄를 사하실 때에 그 죄를 도말하시고 다시는 기억하지 않으신다.

2. 하나님께서 그들이 최근에 범했던 죄악들, 그들의 마음과 양심을 더럽혔던 죄악들을 깨끗하게 해 달라는 것: 우리를 건지시며 우리 죄를 사하소서(9절). 환난으로부터의 구원과 긍휼하심들은 죄 사함을 토대로 해서 거기로부터 사랑 안에서 이루어진다. 그러므로 우리는 우리의 환난을 제거해 달라는 것이 아니라 우리의 죄악들을 제거해 달라고 하나님께 더 간절히 기도하여야 한다. 죄 사함은 우리의 구원의 토대이다.

III. 그들은 하나님께서 그들에게 구원을 베풀어 주시고, 그들의 환난이 선한 결과를 가져오게 하시며, 그 일이 속히 이루어지게 해 달라고 기도한다. 주의 긍휼로 우리를 속히 영접하소서(8절). 그들에게는 하나님의 긍휼 외에는 그 어떤 소망도 없었다. 그들의 처지는 너무도 통탄스러운 것이었기 때문에 그들은 스스로를 하나님의 긍휼의 적합한 대상이 될 수 있다고 여겼고, 그들의 처지가 너무도 절박하여서 하나님께서 그 긍휼하심으로 속히 개입하셔서서 그들의 멸망을 막아 주시지 않는다면 그들은 망하게 될 것이었다. 이러한 사정이 그들로 하여금 하나님께 끈질기게 매달리게 만들었다. "주여, 우리를 도우소서. 주여, 우리를 건지소서. 환난 가운데 있는 우리를 도우셔서 우리로 하여금 그 환난들을 더 잘 견뎌낼 수 있게 하소서. 우리를 도우셔서 환난에서 벗어나게 하시고 우리의 심령이 낙망하지 않게 하소서. 우리를 죄에서 건지시고 가라앉지 않게 하소서." 그들은 세 가지를 호소한다.

1. 그들이 큰 곤경 속에 있다는 것. "우리가 매우 가련하게 되었나이다. 우리가 너무도 가련하게 되어서, 주께서 우리를 돕지 않으시면, 우리는 죽게 될 것이나이다." 우리가 가련해지면 질수록, 우리는 하늘의 도움이 더욱 절실해질 것이고, 거기에서 우리를 건지시는 하나님의 능력은 더욱 찬양을 받게 되실 것이다.

2. 그들이 하나님을 의지하고 있다는 것. "주는 우리 구원의 하나님, 우리를 도우실 수 있는 유일한 분이시나이다. 구원은 여호와께 속한 것이니, 우리는 여호와로부터 도우심을 기대하나이다. 왜냐하면, 그의 백성의 구원은 오직 여호와께 있기 때문이니이다." 하나님을 그들의 구원의 하나님으로 고백하는 자들은 하나님이 과연 그런 하나님이시라는 것을 발견하게 될 것이다.

3. 그들의 처지는 하나님 자신의 영광과 연관이 있다는 것. 그들은 그들 자신의 공로를 호소하지 않는다. 그들은 그들에게 하나님의 구원을 받을 만한 공로나 자격이 있는 체하지 않는다. "주의 이름의 영광을 위하여 우리를 도우소서. 주의 이름을 위하여 우리를 사하소서." 우리가 기도할 때 우리에게 가장 힘을 주는 것들은 오직 하나님과 관련된 것들, 하나님께서 자기 자신을 사람들에게 알리실 때에 사용하셨던 것들이다. 이러한 호소 속에는 두 가지가 암시되어 있다.

(1) 하나님께서 그들을 건지시지 않는다면, 하나님의 이름과 영광이 크게 손상을 입게 되리라는 것. 왜냐하면, 그들을 조롱한 자들은 마치 하나님이 힘이 약해서 그들을 도우실 수 없거나 뒷전에 물러나 앉아서 그들을 돕고자 하지 않으시는 것인양 하나님을 모독한 것이기 때문이다. 그러므로 그들은 이렇게 호소한다(10절): "이방 나라들이 어찌하여 그들의 하나님이 어디 있느냐 말하나이까? 그들은 하나님이 그들을 버리셨고 그들을 잊으셨다고 말하나이다. 그들은 이스라엘 백성이 눈으로 볼 수 없는 신을 섬김으로써 이런 꼴을 당하게 되었다고 말하나이다." 그들은 구름이나 허공과 다름없는 신을 경배한다. 이스라엘 백성에게 영광이 되었던 것(그들이 어디에나 계시는 신을 섬긴다는 것)은 이제 마치 그들이 아무 곳에도 없는 신을 섬기는 것인양 그들의 수치이자 하나님의 수치가 되어 버렸다. 그들은 이렇게 말한다. "여호와여, 주께서 우리와 함께 하시고 우리를 위해 계신다는 것을 나타내 보이심으로써 주께서 그런 분이시라는 것을 나타내시고, 원수들이 우리에게 너희 하나님이 어디 있느냐라고 물을 때에 우

리가 우리 하나님은 우리가 부를 때마다 우리에게 오시기 때문에 너희는 하나님께서 우리를 위하여 행하시는 일을 통해서 하나님이 그런 분이시라는 것을 알게 될 것이라고 말할 수 있게 하소서."

(2) 하나님께서 그들을 구원하신다면, 하나님의 이름과 영광이 크게 드러나게 되리라는 것. 이토록 비참하고 막막한 자들을 구원하심으로써 하나님의 긍휼하심은 높임을 받으시게 될 것이다. 하나님은 그의 영원하신 팔을 그들을 위하여 뻗치심으로써 스스로 영원한 이름을 얻게 되실 것이다. 그들의 구원은 때가 차서 왕이신 메시야께서 하나님의 이름을 영화롭게 하기 위하여 이루시게 될 저 큰 구원의 모형이자 비유가 될 것이다.

IV. 그들은 하나님께서 그들의 대적들에게 복수해주실 것을 기도한다.

1. 그들의 잔혹하고 야만적인 행위들에 대하여(10절). "하나님께서 우리가 흘린 피에 대하여 복수하신다는 것(옛 율법에 따라서, 창 9:6)을 이방 나라들 가운데서 알게 하소서. 그들로 하여금 그들에게 임하는 심판이 그들이 우리에게 저지른 악행에 대한 징벌이라는 것을 깨닫게 하소서. 이 일이 우리 눈 앞에서 일어나게 하셔서, 이 일을 통해서 하나님이 복수하시는 하나님이시라는 것을 이방 나라들 가운데서 알게 하시고(시 94:1) 그의 백성을 보호하시는 하나님이시라는 것을 알게 하소서." 성도들의 피에 취한 자들은 그들이 마실 피를 받게 될 것이다.

2. 그들의 오만방자함과 조소에 대하여(12절). "그들의 비방을 그들에게 갚으소서. 그들이 말과 행위를 통해서 하나님의 백성과 그의 이름에 대하여 자행하였던 온갖 비방들을 이자를 덧붙여서 그들에게 되갚아 주소서." 사람들이 우리를 비방하였다면, 우리는 하나님께서 그 비방을 그들에게 되갚아 주실지의 여부를 하나님께 맡겨 드리고, 우리는 다만 하나님께서 그들을 용서해 주시라고 기도하여야 한다. 그러나 사람들이 하나님을 모독하는 비방을 하였다면, 우리는 하나님께서 그 비방을 그들의 품에 칠 배로 되갚아 주심으로써 그들의 마음을 치셔서 그들을 낮추시고 그들로 하여금 회개하게 해 주시라고 믿음으로 기도할 수 있다. 이 기도는 예언으로서, 하나님께서 죄인들에게 그들이 하나님을 쳐서 말한 모든 악한 말들을 깨닫게 하셔서(유 1:15) 그들이 그 말들을 생각할 때마다 영원히 공포를 느끼게 하심으로써 그 악한 말들을 그들 자신의 품에 되돌려 주시리라는 에녹의 예언과 동일한 취지를 지니고 있다.

V. 그들은 하나님께서 그의 백성 중에서 갇힌 자들, 특히 사형 선고를 받고서 갇힌 자들을 건져 주실 길을 찾아내 달라고 기도한다(11절). 그들의 형제들 중에서 원수의 수중에 떨어진 자들의 처지는 참으로 비참한 것이었다. 그들은 철저한 감시를 받으며 갇혀 있는 신세가 되었고, 대놓고 통곡할 수 있는 처지가 되지도 못하였기 때문에 그저 조용히 깊은 한숨을 쉬며 그들의 슬픔을 달래야 하였다. 그들이 쉬는 모든 숨은 한숨이었고, 그들의 기도도 마찬가지였다. 그들은 도살당할 양들처럼 죽기로 예정되어 있었고, 내면에서는 이미 사형 선고를 받은 것이나 다름없었다. 시편 기자는 이러한 통탄스러운 처지를 다음과 같은 것들에 호소한다.

1. 하나님의 동정(同情). "그들의 탄식을 주의 앞에 이르게 하시며, 그들의 신음 소리를 알아 주소서."

2. 하나님의 능력. "그 어떤 피조물도 다툴 수 없는 주의 크신 능력을 따라 그들에게 예정되어 있는 죽음으로부터 죽이기로 정해진 자들을 보존하소서." 사람이 극단적인 상황에 처해 있게 되면, 바로 그 때가 하나님께서 그의 백성을 위하여 나타나실 때이다(고후 1:8-10을 보라).

끝으로, 그들은 하나님께서 기도를 응답해 주시면 찬송으로 보답하겠다고 약속한다(13절): 우리는 영원히 주께 감사하리이다. 좀 더 살펴보자.

1. 그들은 하나님에 대한 그들의 관계를 기뻐한다. "우리는 비록 압제를 받아서 가련한 처지에 놓여 있기는 하지만, 우리는 주의 목장의 양 떼로서, 이 모든 일로 인하여 주께 버림받지 않았나이다. 우리는 주의 백성이오니 우리를 구원하소서."

2. 그들은 하나님께서 그들을 구원해 주시면 하나님을 찬송하겠다고 다짐한다. 그들의 구원은 그들에게 감사할 거리를 제공해 주는 것이고, 그것으로 인하여 그들의 마음은 저 놀라운 일, 즉 하늘의 일에 더 합당한 모습이 될 수 있을 것이기 때문에, 그들은 그들의 구원을 원하고 환영하였다.

3. 그들은 현재에 있어서 하나님께 감사를 드릴 뿐만 아니라 주의 영예를 대대에 전하겠다고 약속한다. 즉, 그들은 하나님께서 그들에게 베푸신 은총들을 영원히 기억되게 하고, 그들의 후손으로 하여금 하나님을 계속해서 찬송하도록 하는 데에 그들의 최선을 다하겠다고 다짐한다.

4. 그들은 하나님께 이 점을 호소한다. "여호와여, 우리를 위해 나타나셔서

우리의 원수들을 치소서. 왜냐하면, 그들이 더 잘 나가게 된다면, 그들은 주를 비방하게 될 것이기 때문이니이다(12절). 그러나 우리가 구원받는다면, 우리는 주를 찬송하리이다. 여호와여, 우리는 주께서 주의 영예를 전하기 위하여 주를 위하여 지으신 주의 백성이나이다. 우리가 이 땅에서 끊어진다면, 우리가 어디에서 주께 찬송을 드리리이까?" 하나님의 찬송이 되기 위하여 온전히 헌신된 삶을 사는 자들은 분명히 하나님의 보호하심 아래에 있게 되리라는 것을 명심하라.

제
— 80 —
편

개요

이 시편은 앞의 시편과 거의 동일한 취지를 지니고 있다. 어떤 이들은 앞의 시편이 두 지파가 포로로 잡혀 갔을 때에 지어진 것이고 이 시편은 열 지파가 포로로 끌려 갔을 때에 지어진 것이라고 생각한다. 그러나 하나님의 이스라엘은 수많은 환난을 당하였고, 거룩한 역사 속에 기록되지 않은 환난도 수없이 많았을 것인데, 그러한 환난들 중의 어느 한 경우에 이 시편이 쓰여졌을 것이다. 이 시편은 야곱의 환난의 날에 부르기에 적합한 시편이다. 이 시편을 부를 때에 우리가 하나님께서 교회를 극심한 환난에서 건져내실 능력이 있다는 것을 확고하게 믿고서, 교회에 대한 참된 사랑과 교회의 유익을 위한 진심어린 관심을 표출한다면, 우리는 우리의 마음으로 여호와께 찬송을 드릴 수 있을 것이다. I. 시편 기자는 하나님께서 그들과 함께 하시고 그들을 기뻐하신다는 것을 보여주는 징표들을 간구한다(1-3절). II. 그는 그들이 지금 하나님의 책망하심 아래에 있다는 것을 하소연한다(4-7절). III. 그는 예전에는 번성하였지만 지금은 파괴되어 버린 포도나무와 포도원에 비유해서 현재 교회가 얼마나 초토화되었는지를 예시한다(8-16절). IV. 그는 그들을 위하여 긍휼하심을 예비해 주시고 그들이 긍휼하심을 받을 수 있게 준비시켜 달라고 하나님께 기도하는 것으로 끝을 맺는다(17-19절). 이 시편은 앞뒤로 나오는 많은 시편들과 마찬가지로 하나님의 이스라엘의 공적인 일들에 대하여 노래하는데, 이렇게 우리는 우리 자신의 어떤 세속적인 관심보다도 교회의 공적인 일들에 더 깊은 관심을 기울여야 한다.

〔아삽의 시, 인도자를 따라 소산님에듯에 맞춘 노래〕

¹요셉을 양떼 같이 인도하시는 이스라엘의 목자여 귀를 기울이소서 그룹 사이에 좌정하신 이여 빛을 비추소서 ²에브라임과 베냐민과 므낫세 앞에서 주의 능력을 나타내사 우리를 구원하러 오소서 ³하나님이여 우리를 돌이키시고 주의 얼굴빛을 비추사 우리가 구원을 얻게 하소서 ⁴만군의 하나님 여호와여 주의 백성의 기도에 대하

여 어느 때까지 노하시리이까 [5]주께서 그들에게 눈물의 양식을 먹이시며 많은 눈물을 마시게 하셨나이다 [6]우리를 우리 이웃에게 다툼 거리가 되게 하시니 우리 원수들이 서로 비웃나이다 [7]만군의 하나님이여 우리를 회복하여 주시고 주의 얼굴의 광채를 비추사 우리가 구원을 얻게 하소서

시편 기자는 여기에서 이스라엘이 현재 처해있는 곤고한 상태와 관련해서 교회의 이름으로 하나님께 기도한다.

I. 그는 하나님께서 그들에게 은총을 베풀어 주시기를 간구한다(1-2절). 성소가 황폐해져 있을 때, 성소에 가장 필요한 것은 바로 그것이기 때문에, 우리는 그것을 가장 먼저 구하여야 한다. 좀 더 살펴보자.

1. 그는 하나님을 이스라엘의 목자로 호칭한다. 그는 앞서 이스라엘을 주의 목장의 양이라고 불렀다(시 79:13). 이스라엘은 양 떼가 목자의 보살핌과 인도 아래 있는 것과 마찬가지로 하나님의 인도하심과 보살핌 속에 있었다. 그리스도는 선한 목자이시고, 우리는 그에게 주어진 그의 양 떼를 돌보는 일을 믿음으로 그에게 의탁할 수 있다. 그리스도는 위험한 길을 피해서 가장 좋은 초장으로 요셉을 양 떼 같이 인도하신다. 요셉이 양 떼와는 달리 목자를 따르지 않는다면, 그것은 그 자신의 잘못이다. 하나님은 그룹 사이에 좌정하셔서, 간구들을 들으시고 명령을 내리신다. 시은좌 또는 속죄소는 그룹 사이에 있었다. 은혜의 보좌 위에 좌정하신 하나님을 우러러 보는 것은 우리가 기도할 때에 정말 큰 위로가 되고, 또한 그것은 우리의 큰 속죄와 관련해서도 마찬가지이다. 왜냐하면, 시은좌 또는 속죄소는 화목을 위한 곳이었기 때문이다.

2. 그는 하나님께서 그들의 참상과 기도의 부르짖음에 귀를 기울이시고, 하나님 자신의 영광과 그의 백성에 대한 은총 및 인자하심을 나타내시며, 자신을 보이셔서 그들에게 미소지으시고, 주의 능력을 나타내시기를 기대하고 소원한다. 하나님의 힘은 잠들어 있는 것처럼 보였다. "여호와여, 주의 힘을 깨우소서." 하나님의 일은 큰 반대에 부딪혔고, 원수들은 하나님의 일을 압도하고자 위협하였다. "여호와여, 주의 힘을 훨씬 더 많이 나타내셔서 우리를 구원하시러 오소서. 주의 백성에게 강력한 도우심과 현재적인 도우심이 되어 주소서. 여호와여, 이 일을 에브라임과 베냐민과 므낫세 앞에서, 즉 이스라엘의 모든 지파들이 보는 앞에서 행하소서. 그들로 하여금 이 일을 보고서 만족하게 하소

서." 아마도 이 세 지파의 이름이 언급되어 있는 것은 그들이 이스라엘이 진을 형성해서 광야를 행진할 때에 성막을 가장 가까이서 호위하였던 지파들이었기 때문인 것 같다. 따라서 하나님의 힘의 법궤는 그들의 앞에서 일어나서 그들의 원수들을 흩으셨다.

II. 그는 하나님께서 그들을 기뻐하지 않으신다는 것에 대하여 하소연한다. 하나님은 화가 나 계셨고, 시편 기자에게 그것은 다른 어느 것보다도 더 두려운 일이었다(4절).

1. 그것은 큰 분노였다. 그는 하나님께서 그의 백성의 기도에 대하여 노하신 것, 즉 하나님께서 그의 노를 거두어 달라는 그들의 기도에도 불구하고 여전히 화가 나 계실 뿐만 아니라 그의 백성이 기도함에도 불구하고 그들의 기도에 대하여 노하고 계시다는 것을 알아차렸다. 하나님께서 그의 백성의 죄악들과 그의 원수들의 기도들에 대하여 노하시리라는 것은 이상한 일이 아니다. 그러나 하나님께서 그의 백성의 기도들에 대하여 노하시고 계시다는 것은 정말 이상한 일이었다. 하나님은 그들의 기도에 응답하기를 더디하셨을 뿐만 아니라(하나님은 흔히 그들을 사랑하는 마음으로 그렇게 하신다) 그들의 기도를 기뻐하지 않으셨다. 하나님께서 그의 백성의 기도들에 대하여 진정으로 노하고 계시다면, 우리는 그것이 그들이 잘못 구하고 있기 때문이라고 확신할 수 있다(약 4:3). 그들은 기도는 하지만, 기도를 통해서 씨름하지는 않는다. 그들의 목적이 잘못 되었거나, 그들의 의도 속에 뭔가 은밀한 죄가 내포되어 있다. 그들은 순전한 마음으로 손을 들고 있지 않거나 분노와 의심 가운데서 손을 들고 있는 것이다. 그러나 아마도 그것은 그들이 그저 그렇게 느끼고 있는 것일 뿐일 가능성이 있다. 실제로는 그렇지 않은데, 하나님이 그들의 기도에 대하여 노하고 계시는 것처럼 보이는 것이다. 왜냐하면, 그리스도께서 가나안 여자를 시험하셔서 자녀의 떡을 취하여 개들에게 던짐이 마땅하지 아니하니라고 말씀하신 것처럼, 하나님께서 이렇게 기도하는 그들의 인내심과 끈질김을 시험해 보시기 때문이다.

2. 그것은 상당히 오랫동안 지속되었던 진노였다. "주께서 어느 때까지 노하시리이까? 우리는 이제껏 계속해서 기도를 드려 왔지만, 여전히 주의 진노 아래에 있나이다." 그들이 하나님께서 기뻐하지 않으신다는 것을 보여주는 징표들 아래에서 오랫동안 지내온 것이 그들의 슬픔이자 수치였다.

(1) 그들의 슬픔(5절): 주께서 그들에게 눈물의 양식을 먹이셨나이다. 그들은 날이면 날마다 눈물로 양식을 먹었다. 눈물은 그들이 그들의 떡조각을 찍어 먹은 식초였다(시 42:3). 하나님께서는 그들에게 눈물을 마시게 하셨는데, 가끔씩 저 쓴 잔을 맛보게 하신 것이 아니라 많은 분량의 눈물을 마시게 하셨다. 영원히 기쁨 중에 살게 될 자들 중에도 이 세상에서의 삶을 슬픔 중에 보내는 이들이 많다는 것을 명심하라.

(2) 그것은 그들의 수치였다(6절). 하나님은 그들에게 눈쌀을 찌푸리심으로써 그들을 이웃에게 다툼거리가 되게 하셨다. 이스라엘은 별 힘을 안 들이고서 쉽게 먹어 버릴 수 있는 먹이었기 때문에, 이웃 나라들은 그들을 발가벗기고 약탈해 가기 위하여 그들을 먼저 차지하기 위한 치열한 다툼을 벌였다. 그들의 원수들은 이스라엘이 겁에 질려 있는 모습, 그들이 처한 곤경, 그들에게 닥친 실망스러운 일들을 보고서 자기들끼리 서로 비웃었다. 하나님께서 그의 백성을 기뻐하지 않으실 때, 우리는 그들이 눈물을 흘리는 모습과 그들의 원수들이 의기양양해하는 모습을 볼 수밖에 없다.

III. 그는 그들을 돌이키셔서 하나님께 열납되고 구원을 받을 수 있게 해 달라고 간절하게 기도한다. 하나님이여, 우리를 돌이키소서(3절). 만군의 하나님이여, 우리를 회복하여 주시고 주의 얼굴의 광채를 비추사 우리가 구원을 얻게 하소서(7절). 이러한 내용이 19절에 다시 나오는 것으로 보아서, 그것은 이 시편의 핵심이라 할 수 있다. 그들은 그들이 하나님과 그들의 도리를 떠나서 죄악된 길로 빠져 곁길로 갔으며, 하나님을 화나게 하여 그의 얼굴을 그들로부터 숨기게 하였고, 그들을 그들의 원수들의 손에 붙이게 한 것도 바로 이것이었다는 것을 잘 알고 있었다. 그러므로 그들은 그들이 길을 잃어버렸던 바로 그 자리에서 다시 시작하고자 원한다. "여호와여, 우리를 주께로 돌이키셔서 회개하고 삶을 고치게 하소서. 그리하시면, 주께서 우리에게 돌아오셔서 긍휼과 구원을 베푸시리라는 것을 우리가 믿나이다." 좀 더 살펴보자.

1. 하나님의 은총이 없이는 그 어떤 구원도 없다. "주의 얼굴빛을 비추소서. 우리로 하여금 주의 사랑과 주의 얼굴빛을 갖게 하소서. 그리하시면, 우리는 구원을 받게 될 것이니이다."

2. 우리가 회개하고 하나님께 돌아가지 않는다면, 하나님의 은총을 얻을 길이 없다. 우리는 세상과 육체로부터 하나님께로 다시 돌이켜야 한다. 그러면

하나님께서는 그의 얼굴빛을 우리에게 비추실 것이다.

3. 하나님의 은혜 없이는 하나님께로 돌이킬 수 없다. 우리는 우리의 행실을 바로잡아서 하나님께 돌이키고자 하고(호 5:4), 그런 후에 나의 책망을 듣고 돌이키라 보라 내가 나의 영을 너희에게 부어 주리라는 저 은혜로운 약속에 호소하여(잠 1:23) 주여 나를 돌이키소서 그리하시면 내가 돌이키리이다라고 하나님의 은혜를 간절히 기도하여야 한다. 여기에 나오는 기도는 민족의 회심을 위한 기도이다. 이러한 방법으로 우리는 하나님께서 이 민족을 긍휼히 여기셔서 잘못된 것들을 바로잡아 주시도록 기도하여야 한다. 그렇게 하면, 우리의 걱정거리들이 곧 바로잡히게 될 것이다. 나라가 성결해지면 나라는 저절로 복을 받게 된다.

8주께서 한 포도나무를 애굽에서 가져다가 민족들을 쫓아내시고 그것을 심으셨나이다 9주께서 그 앞서 가꾸셨으므로 그 뿌리가 깊이 박혀서 땅에 가득하며 10그 그늘이 산들을 가리고 그 가지는 하나님의 백향목 같으며 11그 가지가 바다까지 뻗고 넝쿨이 강까지 미쳤거늘 12주께서 어찌하여 그 담을 허시사 길을 지나가는 모든 이들이 그것을 따게 하셨나이까 13숲 속의 멧돼지들이 상해하며 들짐승들이 먹나이다 14만군의 하나님이여 구하옵나니 돌아오소서 하늘에서 굽어보시고 이 포도나무를 돌보소서 15주의 오른손으로 심으신 줄기요 주를 위하여 힘있게 하신 가지니이다 16그것이 불타고 베임을 당하며 주의 면책으로 말미암아 멸망하오니 17주의 오른쪽에 있는 자 곧 주를 위하여 힘있게 하신 인자에게 주의 손을 얹으소서 18그리하시면 우리가 주에게서 물러가지 아니하오리니 우리를 소생하게 하소서 우리가 주의 이름을 부르리이다 19만군의 하나님 여호와여 우리를 돌이켜 주시고 주의 얼굴의 광채를 우리에게 비추소서 우리가 구원을 얻으리이다

시편 기자는 여기에서 은혜의 보좌 앞에서 하나님의 이스라엘을 위한 탄원을 강력히 드리면서, 하나님께서 그들에게 긍휼과 은혜를 베풀어 달라고 호소한다. 교회는 여기에서 포도나무(8, 14절)와 포도원(15절)으로 묘사된다. 이 포도나무의 뿌리는 그리스도이다(롬 11:18). 그 가지들은 믿는 자들이다(요 15:5). 교회는 포도나무와 같아서 연약하고 지탱해 주어야 하며 볼품없고 열매를 맺을 것 같지 않은 외관을 보여주지만 잘 뻗어 나가서 열매를 많이 맺

으며 그 열매가 아주 뛰어나다. 교회는 최상품의 포도나무이다. 우리는 하나님께서 그러한 포도나무를 이 광야 같은 세상 속에 심으시고 이 날까지 보존하신 것에 대하여 하나님의 선하심을 고백하지 않으면 안 된다. 좀 더 살펴보자.

I. 구약 교회라는 포도나무는 처음에 어떻게 심겨졌는가. 하나님은 이 포도나무를 능하신 손으로 애굽에서 가져오셨다. 하나님은 이 포도나무를 심기 위한 공간을 만드시기 위하여 가나안에서 이방 민족들을 쫓아 내셨는데, 이스라엘을 심기 위해서 일곱 민족을 쫓아 내셨다. 주께서는 그 포도나무를 심기 전에 청소를 깨끗이 해 놓으셨다(어떤 이들은 이렇게 해석한다, 9절). 하나님은 여러 민족들을 멸망의 빗자루로 깨끗이 쓸어 내셨다. 하나님께서는 포도나무를 심을 공간을 마련하셔서 그것을 심으신 후에, 교회와 나라에 있어서 그 통치를 견고하게 하심으로써 그 포도나무가 뿌리를 깊이 내릴 수 있게 하셨다. 그 뿌리가 너무도 견고하게 깊이 박혀 있었기 때문에, 이웃 나라들이 자주 그 포도나무를 뿌리째 뽑아 버리고자 하였지만 그렇게 할 수 없었다.

II. 그 포도나무는 어떻게 뻗어 나가고 번성하였는가.

1. 가나안 땅은 사람들로 가득하게 되었다. 처음에 그들은 그 땅을 가득 채울 정도로 수가 많지는 않았다(출 23:29). 그러나 솔로몬 시대에 유다와 이스라엘 자손들의 수가 바다의 모래 같이 많았다. 그 땅은 그들로 가득 찼지만, 너무도 비옥한 땅이었기 때문에 인구가 과잉이 되지는 않았다(10절). 가나안의 산들은 그들의 그림자로 뒤덮였고, 그 가지들은 포도나무의 가지처럼 멀리 뻗어 나갔지만 포도나무의 가지와는 달리 약하지 않았고 위풍당당한 백향목처럼 튼튼하였다. 이스라엘에는 사람들이 많았을 뿐만 아니라 용사들도 많았다.

2. 그들은 주변의 나라들을 정복해서 통치하였다(11절). 이 포도나무의 가지가 바다, 서쪽으로 그 바다까지 뻗었고 넝쿨은 강, 남쪽으로 애굽의 강, 북쪽으로 다메섹의 강, 또는 동쪽으로 유프라테스 강까지 미쳤다(창 15:18). 성경에서는 느부갓네살의 위용을 번성한 나무로 묘사하였다(단 4:20-21). 그러나 여기에서 이 포도나무와 관련하여 주목할 만한 것은 이 포도나무가 그 그늘, 가지, 넝쿨에 대해서는 칭찬을 받고 있지만, 그 열매에 대해서는 한 마디 말도 없다는 것이다. 왜냐하면, 이스라엘은 열매맺지 못하는 포도나무였기 때문이다(호 10:1). 하나님은 거기에서 참 포도를 찾았지만, 거기에는 들 포도밖에 없었다(사 5:2). 포도나무가 열매를 맺지 못하면, 그 나무는 아무 짝에도 쓸모가 없기

때문에, 포도나무 전체가 쓸데없게 된다(겔 15:2, 6).

Ⅲ. 그 포도나무는 어떻게 버림을 받고 황폐화되었는가. "여호와여, 주께서 이 포도나무를 위하여 큰 일들을 행하셨는데, 어찌하여 이 포도나무를 다시 없애버리고자 하시나이까? 그 포도나무가 하나님께서 직접 심으신 것이 아니라면, 그 나무를 뿌리째 뽑아 없애버리는 것은 이상한 일이 아닐 것이지만, 하나님께서 직접 심으신 것을 버리시고자 하시다니요(12절)?" 주께서 어찌하여 그 담을 허셨나이까? 하나님께서 그들을 이렇게 하신 데에는 타당한 이유가 있었다. 이 귀한 포도나무는 이방 포도나무의 악한 가지가 되어 버려서(렘 2:21) 그 주인에게 수치가 되었기 때문에, 주인이 그 울타리를 걷으신 것은 전혀 이상한 일이 아니었다(사 5:5). 그렇지만 하나님께서 이 포도나무에 대하여 이전에 베푸신 은총들은 하나님을 향한 기도 속에서 호소의 근거들로 강력히 언급되고, 이 모든 일에도 불구하고 하나님께서는 그들을 온전히 버리시지 않을 것이라는 믿음을 북돋워 주는 것들로서 사용된다. 좀 더 살펴보자.

1. 이스라엘에 대한 이방 나라들의 악의와 적대감. 하나님께서 그 담을 허셔서 그들을 위험에 그대로 노출시키시자마자, 그들을 멸할 기회를 노리고 있던 원수들의 군대는 즉시 그들에게 밀어닥쳤다. 길을 지나가는 자들도 그들을 땄다. 숲 속의 멧돼지들과 들짐승들이 그들을 약탈하였다(13절).

2. 그렇지만 이 잔혹한 원수들은 하나님의 제약 아래에 있었다는 것을 보라. 왜냐하면, 하나님께서 그 담을 허실 때까지 그들은 이 포도나무에서 잎사귀 하나도 딸 수 없었기 때문이다. 하나님께서 욥의 주위에 울타리를 두르시고 계시는 한, 마귀는 욥을 해칠 수 없었다(욥 1:10). 하나님의 백성은 하나님의 은총 아래에 계속하여 있는 것이 얼마나 큰 유익인지를 보라. 그렇게만 한다면, 그들은 그 어떤 들짐승도 두려워할 필요가 없다(욥 5:23). 우리가 하나님을 화나게 하여 우리에게서 물러가게 한다면, 우리들의 보호자가 우리에게서 떠난 것이기 때문에 우리는 망하게 된다. 이스라엘의 처참한 상태가 묘사된다(16절): 그것이 불타고 베임을 당하였다. 이스라엘 백성은 저주를 받아서 결국 불태워지게 될 가시나무와 엉겅퀴 같이 취급받았고, 더 이상 포도나무처럼 보호받고 소중히 여김을 받지 못하였다. 그들은 들짐승과 멧돼지의 습격에 의해서가 아니라 주의 면책으로 멸망하고 있다. 그들이 두려워한 것도 이것이었고, 그들이 당한 모든 재난의 원인도 이것이었다. 우리가 하나님의 미소 아래에 있느냐 아니면

찌푸리신 얼굴 아래에 있느냐에 따라서 우리가 잘 살고 못 사는 것이 결정된다.

IV. 이 때에 그들이 하나님께 구한 것이 무엇이었는가.

1. 하나님께서 포도나무를 도와 주셔서, 그 사정을 은혜로 헤아리셔서 합당하다고 생각되는 대로 그 포도나무를 위하여 행해주시라는 것(14-15절). "만군의 하나님이여 구하옵나니 돌아오소서. 왜냐하면, 주께서는 우리로부터 지금까지 멀리 떠나 계신 것처럼 보이기 때문이니이다. 주께서 지금 물러나 계신 하늘에서 굽어 보소서. 원수들이 우리에게 행한 모든 악행들을 보실 수 있는 저 전망좋은 곳, 우리를 효과적으로 구원하실 수 있는 주의 능력이 있는 곳, 주께서 심판의 보좌를 베푸셔서 우리로 하여금 하소연할 수 있게 하신 곳, 진정으로 이스라엘 사람들인 자들을 위하여 더 좋은 곳을 예비해 놓으신 바로 그 곳 하늘에서 이 포도나무를 은혜로 굽어 보시고 찾아 주소서. 주께서 우리의 비참한 처지를 불쌍히 여기셔서 통촉하옵소서. 우리가 주의 긍휼의 구체적인 열매들을 주께 바라나이다. 오직 포도원, 아니 주의 오른손으로 심으신 줄기를 보소서. 그러므로 우리는 주의 오른손이 보호해 주실 것을 소망하나이다. 또한, 주를 찬송하게 하고(사 43:21), 그 열매로 주를 존귀하게 하기 위하여 주를 위하여 힘있게 하신 가지를 보소서. 여호와여, 이 포도나무는 주께서 직접 주를 위하여 심으신 것이오니, 이 포도나무가 겸손하게 주를 의지하고 주의 보살핌을 받게 하소서." 하나님께서 하시는 일은 완전하다. 여기에서 가지로 번역된 히브리어는 아들을 의미한다 ― 주께서는 주의 모략 속에서 주를 위하여 그 아들을 힘있게 하셨다. 이 가지는 이스라엘이라는 줄기에서 나오게 되어 있었다(내 종 가지, 슥 3:8). 그러므로 이 가지가 나올 때까지는 이스라엘 전체, 특히 다윗 가문은 보존되어야 한다. 그는 참 포도나무이다(요 15:1; 사 11:1). 그것을 상하지 말라. 거기 복이 있느니라(사 65:8).

2. 하나님께서 포도나무를 기르는 자를 도와 달라는 것(17-18절). "주의 오른쪽에 있는 자, 즉 그들 앞에서 이제 출입하게 될 다윗 가문의 왕(그가 누가 되었든지 간에)에게 주의 손을 얹으소서. 그에게 주의 손을 얹으셔서, 그를 보호하시고 숨겨 주실 뿐만 아니라 그를 주의 것으로 삼으셔서 힘있게 하시고 성공하게 하소서." 이 구절은 에스라 7:28에 나온다: 내 하나님 여호와의 손이 내 위에 있음으로 내가 힘을 얻었노라. 그들의 왕이 하나님의 오른쪽에 있는 자(직역하면, 하나

님의 오른손의 사람)로 불린 것은 그가 하나님에게 소중하였던 그들의 나라의 대표자였고, 하나님의 베냐민(그의 오른손의 아들이라는 뜻)이었으며, 그들의 모든 일을 주관하고 그들에게 유익한 일들에 있어서 하나님의 오른손으로서 하나님의 도구가 되어 그들을 그들 자신과 그들의 원수들로부터 보호하며 그들에게 옳은 길을 지시하는 자였으며, 이스라엘의 목자장이신 하나님 아래에서 작은 목자였기 때문이었다. 권력을 쥔 왕들은 그들이 사람들(원어로는 아담)의 아들이라는 것, 그들이 강하다면 그들을 강하게 하신 분은 하나님이시고, 하나님께서는 하나님 자신을 위하여 그들을 강하게 하셨다는 것을 기억하여야 한다. 왜냐하면, 왕들은 사람들 가운데에 있는 하나님의 나라를 섬기는 하나님의 사역자들이고, 그들이 이 일을 정직하게 수행한다면 하나님의 손이 그들 위에 있을 것이기 때문이다. 우리는 하나님께서 우리의 위정자들을 붙잡아 주신다면 우리도 하나님께 충성할 것이라는 약속을 덧붙여서, 위정자들이 그렇게 되게 해 달라고 믿음으로 기도하여야 한다: 그리하시면 우리가 주에게서 물러가지 아니하오리이다. 우리는 하나님께서 옹호하시고 밀어 주시는 일을 결코 버리지 않을 것이다. 하나님께서 우리의 인도자가 되어 주소서. 그리하시면, 우리는 하나님을 따르리이다. 시편 기자는 여기에 다음과 같은 기도를 덧붙인다. "우리를 소생하게 하소서. 우리에게 생명을 불어넣어 주시고, 우리의 꺼져 가는 세력을 되살리시며, 우리의 의기소침한 심령을 소생시키소서. 그리하시면, 우리가 주의 이름을 부르리이다. 그렇게 하시면, 우리는 주의 이름을 부르는 것이 결코 헛되지 않다는 것을 알고서, 무슨 일이 있든지 주의 이름을 계속해서 부르리이다." 하나님께서 우리를 소생시키지 않으시면, 우리는 하나님의 이름을 올바르게 부를 수 없다. 우리의 영혼에 생명을 불어넣으시고, 우리로 하여금 뜨겁게 기도할 수 있게 해 주시는 분은 바로 하나님이시다. 그러나 유대교이든 기독교이든 많은 해석자들은 이 본문을 메시야, 다윗의 자손, 교회의 보호자이자 구주, 포도원을 지키시는 자에게 적용한다.

(1) 그리스도는 하나님의 오른손의 사람이다. 하나님은 그에게 그의 오른손으로 맹세하셨고(갈대아 역본에서는 이렇게 되어 있다), 그를 그의 우편에 높이 셨으며, 모든 권세가 그에게 주어졌기 때문에, 그리스도는 진실로 하나님의 오른손, 여호와의 팔이시다.

(2) 그리스도는 하나님께서 사람들 가운데서 그의 이름을 영화롭게 하시고

그의 나라의 세력이 흥왕하게 하시기 위하여 자기 자신을 위하여 힘있게 하신 인자이시다.

(3) 그의 손으로 여호와께서 기뻐하시는 뜻을 성취할 수 있도록 그리스도께서 그의 사역을 감당하시는 동안 내내 하나님의 손이 그의 위에 있어서 그를 떠받쳐 주고 보호하며 계속해서 힘있게 하셨다.

(4) 믿는 자들이 안전하고 견고한 것은 전적으로 예수 그리스도 안에서 우리를 위하여 예비된 은혜와 힘 덕분이다(시 68:28). 우리의 힘은 그리스도 안에 있고, 이 힘으로 말미암아 우리는 끝까지 믿음을 지켜낼 수 있다. 주의 손을 그에게 얹으소서. 우리로 하여금 힘있는 그에게 의지하여 도움을 받게 하소서. 그로 하여금 끝까지 구원을 이루게 하소서. 그것이 우리의 안전이 될 것이나이다. 그리하시면 우리가 주에게서 물러가지 아니하리이다.

마지막으로, 이 시편은 앞에서 이미 2번이나 나왔던 것과 동일한 간구로 끝이 나지만, 그것은 결코 중언부언하는 것이 아니다(19절): 우리를 돌이켜 주소서. 하나님을 부르는 호칭은 점점 더 강력해지고 있다: 하나님이여(3절), 만군의 하나님이여(7절), 만군의 하나님 여호와여(19절). 우리가 하나님께 나아가서 그의 은혜를 구하며 하나님께서 우리를 선대하시고 우리 안에서 선한 일을 이루어 달라고 기도할 때, 우리는 간절히 기도하여야 하고, 변함없이 계속해서 기도하여야 하며, 더욱 간절히 기도하여야 한다.

제 81 편

개요

이 시편은 어떤 특정한 섭리의 사건이 일어났을 때가 아니라 어떤 특정한 예식, 즉 매달 초하루에 치러진 예식이나 일곱째 달의 초하루에 열린 나팔절을 위해서 지어진 것 같다(레 23:24; 민 29:1). 다윗이 성령에 의해서 성전 예배를 위하여 시편들을 노래하도록 정하였을 때, 이 시편은 초하루의 예식을 합당한 경건으로 치를 수 있게 하기 위하여 의도된 것이었다. 모든 시편들이 유익하지만, 어떤 특정한 시편이 다른 시편들보다도 그 날과 그 예식에 더 적합하다면, 우리는 바로 그 시편을 그 예식에 사용하여야 한다. 우리가 성회에 참석할 때에 반드시 명심하여야 하는 성회의 두 가지 큰 의도가 이 시편 속에 제시되어 있는데, 그것은 하나님께 영광을 돌리는 것과 하나님으로부터 교훈을 받는 것으로서, 여기에서는 "여호와의 아름다움을 바라보고 그의 성전에서 물으라"라는 말씀으로 표현되어 있다. 따라서 이 시편을 통해서 우리는 우리의 성회와 절기들에서 다음과 같은 것들을 할 때에 도움을 받는다. I. 그의 백성에 대한 관계(1-3절)와 그들을 위하여 행하신 것(4-7절)과 관련하여 하나님을 찬송할 때. II. 우리가 하나님 아래에서 행하여야 할 의무들(8-10절), 하나님께 반기를 들 위험성(11-12절), 우리가 하나님께 꼭 붙어 있기만 한다면 우리가 누리게 될 행복(13-16절)에 관하여 서로를 가르치고 권면할 때. 이 시편은 일차적으로 옛적의 이스라엘에 대하여 말씀하고 있는 것이기는 하지만 우리의 교훈을 위하여 쓰여진 것이기 때문에, 우리는 이 시편을 노래할 때에 그 내용을 우리에게 적용하여야 한다.

〔아삽의 시, 인도자를 따라 깃딧에 맞춘 노래〕
[1]우리의 능력이 되시는 하나님을 향하여 기쁘게 노래하며 야곱의 하나님을 향하여 즐거이 소리칠지어다 [2]시를 읊으며 소고를 치고 아름다운 수금에 비파를 아우를지어다 [3]초하루와 보름과 우리의 명절에 나팔을 불지어다 [4]이는 이스라엘의 율례요 야곱의 하나님의 규례로다 [5]하나님이 애굽 땅을 치러 나아가시던 때에 요셉의 족속 중에 이를 증거로 세우셨도다 거기서 내가 알지 못하던 말씀을 들었나니 [6]이르시되

내가 그의 어깨에서 짐을 벗기고 그의 손에서 광주리를 놓게 하였도다 [7]네가 고난 중에 부르짖으매 내가 너를 건졌고 우렛소리의 은밀한 곳에서 네게 응답하며 므리바 물 가에서 너를 시험하였도다 (셀라)

하나님의 백성이 성일, 여호와의 절기의 날에 함께 모였을 때, 그들에게는 할 일이 있다고 이 시편에서는 말한다. 왜냐하면, 우리는 잠자기 위해서나 빈둥거리기 위해서 교회에 가는 것이 아니기 때문이다. 아니, 우리에게는 날마다 해야 할 일이 있고, 그 날에 해야 할 일이 있다. 여기에는 다음과 같은 내용들이 나온다.

I. 시편 기자는 하나님을 예배하는 자들에게 그들이 마땅히 해야 할 일을 하도록 북돋워 주면서, 이 시편을 노래함으로써 그 일에 분발할 수 있도록 자기 자신과 서로를 격려하도록 가르친다(1-3절). 우리가 해야 할 일은 하나님의 이름에 합당한 영광을 하나님께 돌려 드리는 것이고, 우리는 우리의 모든 성회에서 이것이 우리가 해야 할 일이라는 것을 명심하여야 한다.

1. 이렇게 할 때에 우리는 하나님을 우리의 능력이자 야곱의 하나님으로 바라보아야 한다(1절). 하나님은 이스라엘 민족의 능력이요 힘이시다. 왜냐하면, 하나님은 그들과 언약을 맺은 하나님으로서 그들을 강력하게 보호하시고 떠받쳐 주시며 구원해 주시고, 그들의 싸움을 싸우시고, 그들로 하여금 용맹스럽게 하셔서 승리하게 하시는 하나님이시기 때문이다. 하나님은 각각의 이스라엘 사람의 능력이요 힘이시다. 하나님의 은혜로 말미암아 우리는 우리의 모든 섬김과 고난과 갈등을 헤쳐 나갈 수 있다. 우리는 우리의 힘이 되시는 하나님께 기도하여야 하고, 야곱의 모든 자손의 하나님으로서 우리와 영적으로 교통하시는 하나님을 찬송하여야 한다.

2. 우리는 거룩한 기쁨과 승리를 모든 것으로 표현함으로써 그렇게 하여야 한다. 그 때에 소고, 수금, 비파 등과 같은 악기들이 사용되었다. 어떤 이들은 나팔을 부는 것은 시내 산에서 점점 더 크게 울려 퍼졌던 나팔 소리를 기념하기 위한 것이었다고 생각한다. 그 때에 하나님에 대한 찬송은 시편들을 노래하고, 큰 소리로 노래하며, 즐거운 소리를 내는 것을 통해서 이루어졌고, 지금도 그래야 한다. 수금의 듣기 좋은 소리와 나팔의 우렁찬 소리는 우리가 하나님을 즐겁고 기쁜 마음과 경외하고 두려운 마음으로 예배하여야 한다는 것을 말해준

다. 큰 소리로 노래하고 소리쳐서 노래한다는 것은 우리가 뜨겁고 열렬한 마음으로 하나님을 찬송하여야 한다는 것, 우리가 하나님을 의지하고 하나님 앞에서 의무들을 지니고 있다는 것을 고백하는 것을 부끄러워하지 않는 자들로서 진심어린 마음으로 하나님을 찬송하여야 한다는 것, 많은 사람들이 함께 하나님을 찬송하여야 한다는 것을 보여준다. 이런 것들이 더 많으면 많을수록, 그 찬송은 더 좋아질 것이고, 더욱더 하늘에서의 찬송과 같아질 것이다.

3. 하나님에 대한 찬송은 정해진 때에 행해져야 한다. 특별히 때를 정해 놓고 하나님을 찬송해야 하는 것은 아니다(내가 하루 일곱 번씩 주를 찬양하고 밤중에 일어나 주께 감사하리이다). 하나님은 우리를 만날 때를 특별히 정해 놓으신 것은 아니지만(하나님은 항상 준비가 되어 계신다), 우리는 함께 하나님을 찬송하기 위하여 서로 만날 때를 정하게 된다. 절기에 열리는 성회는 찬송의 날이 되어야 한다. 우리가 하나님의 풍성한 선물을 받고서 기뻐할 때, 하나님을 찬송하는 것이 합당하다.

Ⅱ. 그들은 여기에서 그들이 마땅히 해야 할 일에 대하여 지시를 받는다.

1. 그들은 이렇게 하는 것이 하나님께서 정하신 것이라는 것을 염두에 두어야 한다. 우리의 모든 예배에서 우리는 하나님의 명령을 염두에 두어야 한다(4절). 이것은 그들 가운데서 신앙의 명맥을 계속해서 유지시키기 위한 이스라엘의 율례였다. 그것은 모든 야곱의 자손이 반드시 지켜야 하는 야곱의 하나님의 규례였다. 하나님을 찬송하는 것은 우리가 행하면 좋은 그런 선한 일일 뿐만 아니라 우리가 하나의 의무로서 반드시 해야 하는 도리라는 것을 명심하라. 우리가 그것을 게을리한다면, 우리는 위태로워질 것이다. 우리는 모든 경건 활동들을 우리의 신앙을 유지시키기 위하여 하나님께서 정하시고 세우신 것이라는 것을 명심하여야 한다. "내가 이것을 행하는 것은 하나님께서 내게 명하셨기 때문이다. 그러므로 나는 하나님께서 나를 열납하시기를 소망한다." 그렇게 할 때, 그것은 믿음으로 행해지고 있는 것이다.

2. 그들은 성회를 통해서 하나님께서 이전에 섭리 가운데 행하신 일들을 되돌아보고 기념하여야 한다. 이 성회는 하나님께서 증거로 세우신 것으로서(5절) 하나님께서 이전에 행하신 일을 대대로 증언하도록 세우신 것이었다. 그것은 그들이 하나님께서 그들의 조상을 위하여 행하신 일을 알고 기억할 수 있도록 하기 위한 이스라엘에 대한 증거였고, 만약 그들이 그 일을 알지 못하거나

잊어버린다면, 그것은 그들을 치는 증거가 될 것이었다.

(1) 시편 기자는 하나님께서 이스라엘을 위하여 행하신 전반적인 일들, 이 예식을 비롯해서 여러 가지 예식들을 통하여 보존된 하나님의 일들을 이스라엘 민족의 이름으로 회상한다(5절). 하나님께서 바로로 하여금 이스라엘을 보내지 않을 수 없게 하기 위하여 애굽 땅을 쳐서 초토화시키기 위하여 나아가셨을 때, 그는 이 일을 기념하는 절기를 대대로 영원히 하나의 규례로서 지키도록 정하셨는데, 본문에서 명절이라고 표현하고 있는 것은 아마도 유월절을 가리키는 것 같다(3절). 하나님께서는 애굽 땅 전역을 돌아다니시면서 장자들을 죽이실 때에 이스라엘 백성의 가정을 넘어가셨는데 그 때에 이 절기를 지키도록 명하셨다(출 12:23-24). 하나님은 모든 세대가 이 일을 통해서 하나님의 선하심과 엄하심을 볼 수 있도록 하기 위하여 유월절이라는 절기를 통해서 이 기이한 일을 영원히 기념하게 하셨다. 시편 기자는 그의 민족을 대신해서 말하면서, 그들이 알아 듣지 못하는 언어를 들으며 살았다고 말함으로써 애굽에서의 그들의 종살이가 얼마나 참담한 것이었는지를 지적한다. 거기에서 그들은 낯선 땅에서 살아가는 나그네들이었다. 애굽인들과 히브리인들은 서로의 언어를 이해하지 못하였다. 요셉은 그의 형들과 얘기할 때에 통역을 세워야 했고(창 42:23), 애굽인들은 야곱의 집에게 언어가 다른 민족이었다(시 114:1). 하나님의 구원이 얼마나 은혜롭고 영광스러운 것인지를 알기 위해서는 우리가 겪고 있는 환난과 고통이 얼마나 심한 것이었는지를 보여주는 모든 것들을 살펴보는 것이 좋다.

(2) 시편 기자는 하나님의 이름으로 그들의 구원과 관련된 몇몇 구체적인 일들을 이스라엘 민족에게 상기시킨다. 여기에서 그는 인칭을 바꿔서 사용한다(6절). 하나님은 그를 통해서 내가 그의 어깨에서 짐을 벗겼도다라고 말씀하신다. 시편 기자는 이스라엘 백성에게 절기 때에 다음과 같은 것들을 기억하도록 상기시킨다.

[1] 하나님께서 그들을 종살이하던 집에서 이끌어 내셨고, 그들의 어깨에서 압제의 짐을 벗기셔서 그들로 하여금 가라앉지 않게 하셨으며, 그들의 손에서 광주리를 놓게 하셔서 그들이 더 이상 진흙이나 벽돌을 나르지 않아도 되게 하셨다는 것. 종살이로부터의 구원은 감각으로 느낄 수 있는 너무도 명백한 긍휼의 역사로서 영원히 기억해야 할 일이다. 그러나 이것이 전부가 아니었다.

[2] 하나님은 그들을 홍해에서 구원하셨다. 그 때에 그들은 환난 가운데서 부르짖었고, 하나님은 그들을 구하시고, 그들을 치고자 했던 원수들의 계획을 좌절시키셨다(출 14:10). 그 때에 하나님은 우렛소리의 은밀한 곳에서 그들에게 응답하셨다. 즉, 하나님은 불 기둥으로부터 애굽 군대를 굽어 보시고 그들을 괴롭게 하셨다(출 14:24-25). 또는, 이 말씀은 하나님께서 시내 산에서 율법을 주신 것을 가리킬 수도 있다. 왜냐하면, 시내 산은 은밀한 곳이었고, 사람들이 하나님을 보게 되면 죽을 것이어서(출 19:21), 그 때에 하나님은 우렛소리로 말씀하셨기 때문이다. 시내 산에서의 두려운 일들조차도 이스라엘에게 은총들이었다(신 4:33).

[3] 하나님은 그들이 광야에서 보여준 못된 행태들을 참으셨다: "내가 므리바 물 가에서 너를 시험하였도다. 너는 거기에서 너의 못된 성질, 네가 얼마나 믿음이 없고 불평하는 백성인지를 보여주었지만, 나는 계속해서 너에게 은혜를 베풀었다." 셀라 — 이것을 유의하라. 하나님의 선하심과 인간의 악함을 비교해 보라. 그렇게 하면, 그 두 가지는 서로와 대비되어서 더욱 뚜렷하게 선명하게 드러나게 될 것이다. 시편 기자는 이렇게 이스라엘 백성에게 그들의 절기와 성회들에서 하나님께서 그들을 애굽에서 속량하신 것을 기억하도록 촉구하였다. 마찬가지로, 우리는 기독교의 안식일에 예수 그리스도께서 애굽의 종살이보다 더 비참한 곤경으로부터 우리를 건져 내신 저 영광스러운 구속과 우리의 수많은 도발에도 불구하고 그가 우리에게 베풀어 주신 수많은 은혜로운 응답들을 기억하지 않으면 안 된다.

[8]내 백성이여 들으라 내가 네게 증언하리라 이스라엘이여 내게 듣기를 원하노라 [9]너희 중에 다른 신을 두지 말며 이방 신에게 절하지 말지어다 [10]나는 너를 애굽 땅에서 인도하여 낸 여호와 네 하나님이니 네 입을 크게 열라 내가 채우리라 하였으나 [11]내 백성이 내 소리를 듣지 아니하며 이스라엘이 나를 원하지 아니하였도다 [12]그러므로 내가 그의 마음을 완악한 대로 버려 두어 그의 임의대로 행하게 하였도다 [13]내 백성아 내 말을 들으라 이스라엘아 내 도를 따르라 [14]그리하면 내가 속히 그들의 원수를 누르고 내 손을 돌려 그들의 대적들을 치리니 [15]여호와를 미워하는 자는 그에게 복종하는 체할지라도 그들의 시대는 영원히 계속되리라 [16]또 내가 기름진 밀을 그들에게 먹이며 반석에서 나오는 꿀로 너를 만족하게 하리라 하셨도다

하나님은 여기에서 시편 기자를 통해서 세상의 끝들이 누구에게 나아와야 하는지를 이스라엘(그리고 우리)에게 말씀하신다.

I. 하나님은 그가 이제부터 말씀하고자 하는 것을 그들이 진지하고 성심으로 귀 기울여 듣기를 요구하신다(8절). "내 백성이여 들으라. 내 백성이 듣지 않으려 한다면, 누가 내 말을 듣겠는가? 나는 너의 기도를 들었고 응답하였다. 그런데도 너는 지금 내 말을 듣지 않으려 할 것이냐? 내가 지극히 엄숙하고 너무도 확실하게 말하는 것을 들으라. 왜냐하면, 그것은 내가 네게 증언하는 말이기 때문이다. 단지 내 말을 들을 뿐만 아니라, 내 말에 귀를 기울여서 내 조언을 따라서 실제로 행하여라." 이스라엘 백성이 하나님의 말씀을 듣는 것은 너무도 당연한 일인데도, 하나님께서는 거기에 만약이라는 표현을 덧붙이신다. "네가 내게 듣기를 원한다면, 그렇게 하는 것은 네게 유익이 될 것이다. 그렇지만 네가 과연 그렇게 하고자 하는지 그렇지 않은지가 의심스럽다. 왜냐하면, 너의 목은 철로 된 힘줄이기 때문이다."

II. 하나님은 그들의 하나님 여호와와 구속자로서 하나님에 대한 그들의 의무를 상기시키신다(10절). 나는 너를 애굽 땅에서 인도하여 낸 여호와 네 하나님이다. 이 말씀은 십계명의 서문으로서 십계명을 지켜야 할 강력한 이유를 제시하고 있는 말씀인데, 우리가 십계명을 지키는 것이 우리의 마땅한 도리이고 우리에게 유익이며 또한 마땅히 은혜에 감사하는 태도라는 것을 보여주고 있다. 만약 우리가 불순종한다면, 그것은 우리가 이 모든 도리들을 깨뜨려 버리는 것이 된다.

III. 하나님은 그들을 애굽에서 인도하여 내셨을 때 주이자 그들의 하나님으로서 그들에게 주신 교훈들과 약속들을 요약해서 제시하신다.

1. 큰 계명은 그들이 하나님 앞에 다른 신을 두지 말라는 것이었다(9절). 너의 하나님 외에는 너희 중에 다른 신을 두지 말지어다. 여기서 다른 신들을 이상한 신들이라고 부르고 있는 것은 참되고 살아계신 하나님을 그들의 신으로 모시고 있는 백성이 어떤 다른 신을 동경한다는 것은 참으로 이상한 일이었기 때문일 것이다. 하나님은 이 일과 관련해서 질투하시는 하나님이시다. 왜냐하면, 하나님은 그가 받을 영광이 다른 신에게 주어지는 것을 용납하고자 하지 않으시기 때문이다. 그러므로 그들은 이 일과 관련해서 아주 조심해야 한다(출 23:13).

2. 큰 약속은 하나님께서 모든 것이 충족하신 하나님으로서 그들이 하나님을 부르며 어떤 것을 해 달라고 기도할 때마다 그들에게 가까이 하시겠다는 것 (신 4:7), 그들이 그들의 강력한 보호자이자 통치자이신 하나님을 꼭 붙들기만 한다면 하나님은 그들에게 언제나 후하게 은혜를 베풀어 주시겠다는 것이었다. "어린 까마귀들이 입을 크게 벌리고 울면 큰 까마귀들이 그 입들을 채워 주듯이, 네 입을 크게 열라. 내가 채우리라." 좀 더 살펴보자.

(1) 우리가 해야 할 일은 무엇인가? 그것은 하나님에 대한 기대들을 가지고서 하나님을 향한 우리의 소원들을 크게 하는 것이다. 우리는 피조물에게는 기대를 안 하면 안 할수록 좋고, 창조주께는 기대를 하면 할수록 좋다. 우리가 하나님 안에서 무엇이 부족해서 곤란해지는 경우는 없다. 그런데 왜 우리는 우리 자신의 마음을 좁히고 있는 것인가?

(2) 하나님의 약속은 무엇인가? 내가 네 입을 좋은 것들로 채우리라(시 103:5). 하나님 안에는 우리의 곳간을 채우고(잠 8:21), 모든 주린 심령을 상쾌하게 하며(렘 31:25), 우리의 모든 부족들을 채우시고, 우리의 모든 소원들을 들어 주시며, 우리를 완벽하게 복되게 만들기에 충분한 것들이 있다. 감각의 쾌락들은 아무리 많이 먹어도 결코 배부르게 해주지 못한다(사 55:2). 하나님께서 주시는 즐거움들은 배부르게 하며 아무리 먹어도 질리지 않는다. 우리가 믿음으로 기도하면, 하나님께서는 우리에게 차고 넘치게 부어 주실 것이다. 구하라. 그리하면 주실 것이다. 하나님은 후하게 주시고 꾸짖지 아니하신다. 하나님께서는 그가 그들의 조상들을 위하여 행하신 것과 똑같이 크고 인자한 일들을 그들을 위하여 행하지 않는다면 그것은 전적으로 그들 자신의 잘못이라는 것을 그의 백성 이스라엘에게 확실하게 말씀해 주셨다. 그들이 하나님을 가까이 하기만 한다면, 하나님은 그들에게 온갖 좋은 것들을 아낌없이 주실 것이다. 만일 그것이 부족하였을 것 같으면 내가 네게 이것저것을 더 주었으리라(삼하 12:8).

Ⅳ. 하나님은 그들에게 율법을 수여하신 자인 그의 권세와 그들에게 은혜를 베푸시는 자인 그의 은혜와 은총을 멸시하였다고 그들을 책망하신다(11절). 하나님은 그들을 위하여 많은 일들을 행하셨고, 앞으로 더 많은 일을 행하시기로 계획하셨다. 그러나 그 모든 것이 허사였다. "내 백성이 내 소리를 듣지 아니하며, 내가 하는 모든 말에 귀를 막아 버렸도다." 하나님은 두 가지에 대하여 탄식하신다.

1. 하나님의 명령들에 대한 그들의 불순종. 그들은 하나님의 소리를 들었다. 이런 일은 역사상의 어느 민족도 겪어보지 못한 일이었다. 그러나 그들은 하나님의 음성에 귀를 기울이려 하지 않았고, 율법이나 그 정신에 의해서 다스림을 받고자 하지 않았다.

2. 그들이 그들과 하나님의 언약 관계를 싫어함. 이스라엘이 나를 원하지 아니하였도다. 갈대아 역본에서는 그들이 나의 말을 묵묵히 따르지 않았다라고 번역한다. 하나님은 그들에게 그들의 하나님이 되고자 하셨지만, 그들은 하나님에 대하여 그의 백성이 되고자 하지 않았다. 그들은 하나님과 언약을 맺은 것을 좋아하지 않았다. "나는 그들을 모으고자 했지만, 그들은 원하지 않았다." 그들은 하나님을 전혀 원하지 않았다. 그렇다면 왜 그들은 하나님을 원하지 않았던 것인가? 그것은 그들이 어찌할 수 없었기 때문이 아니었다. 그들은 하나님과의 언약 관계 속으로 초대를 받았다. 그것은 그들이 할 수 없었기 때문도 아니었다. 왜냐하면, 말씀이 그들의 입과 마음에 가까이 있었기 때문이다. 그것은 순전히 그들이 원하지 않았기 때문이었다. 하나님은 그들을 그의 백성이라고 부르신다. 왜냐하면, 하나님은 그들을 값주고 사셨고, 무수한 끈에 의해서 그들과 연관을 맺고 계시기 때문이다. 그렇지만 그들은 하나님의 음성에 귀를 기울이지조차 않았고 순종하지 않았다. "내 친구 야곱의 자손 이스라엘은 나를 무시하였고, 나를 원하지 아니하였도다." 악한 세상의 모든 악함은 악한 의지가 제멋대로 하기 때문이라는 것을 명심하라. 사람들이 신앙을 갖지 못하는 이유는 그들이 신앙을 갖기를 원하지 않기 때문이다.

V. 하나님은 이 일 때문에 그가 그들에게 영적인 심판을 내리신 것이 옳다고 말씀하신다(12절). 그러므로 내가 그의 마음을 완악한대로 버려 두어, 그들의 마음의 욕심을 따라 행하도록 하였는데, 마음의 욕심은 그들에게 그 어떤 이웃 나라보다도 더 위험스러운 원수요 더 해악을 많이 끼치는 압제자가 될 것이었다. 하나님께서는 그의 성령을 그들에게서 거두셨고, 억제하시는 은혜의 고삐를 풀어버리셨으며, 그들이 제멋대로 하도록 내버려 두셨다. 그들은 그들이 하고 싶은 대로 하고자 하였기 때문에, 하나님은 그들이 하고자 하는 대로 하도록 내버려 두셨다. 에브라임이 우상과 연합하였으니 버려 두라. 하나님께서 그들을 그들 자신의 마음의 욕심과 정욕에 넘겨 주셔서, 그들로 하여금 거기에 빠지게 하시고, 그들 스스로 자신을 이끌어 나가도록 내버려 두신 것은 의로운

일이다. 왜 항상 하나님의 성령이 마음을 졸이며 애를 써야 하는가? 하나님의 은혜는 하나님 자신의 것이고, 하나님은 사람에게 빚진 자가 아니시지만, 하나님은 사람이 은혜를 받을 만해서 사람에게 은혜를 주신 것이 아니고 거저 후하게 은혜를 주신 것과 마찬가지로, 하나님은 사람이 먼저 그의 은혜를 버린 경우가 아니면 그 누구에게서도 은혜를 거두신 적이 없으셨다. 그들은 나를 원하지 아니 하였기 때문에, 나는 그들을 버렸다. 그들로 하여금 그들이 하고 싶은 대로 하게 내버려 두고서, 그 결과가 어떠한 것인지를 보게 하라. 그들은 신앙 생활이나 일상 생활 속에서 그들의 마음이 내키는대로 그들의 눈에 보기 좋은 대로 그들의 임의대로 행하였다. "내가 그들을 그들이 원하는 대로 하도록 내버려 두었더니, 그들은 온갖 악한 일을 저질렀다." 그들은 하나님의 뜻과 조언을 따라서가 아니라 그들 자신의 뜻을 따라서 행하였다. 그러므로 하나님이 그들로 하여금 죄를 짓도록 하신 것은 결코 아니었다. 하나님은 그들을 그들 자신의 마음의 정욕과 그들 자신의 머리의 생각에 버려 두셨다. 따라서 그들이 잘못한다면, 그 책망은 그들의 마음에 돌아가야 하고, 그 피는 그들의 머리에 돌아가야 한다.

Ⅵ. 하나님은 그가 그들에 대하여 선의를 가지고서 그들이 스스로 잘해 나가기를 바랐다고 증언하신다. 하나님은 그들을 그들 자신의 정욕에 내어 주셨을 때에 그들의 처지가 얼마나 서글프고 그들의 멸망이 얼마나 확실한지를 아셨다. 그러한 것은 사탄에게 내어 주어서 삶을 고치게 하고(딤전 1:20) 구원을 얻게 하는 것(고전 5:5)보다 더 좋지 않은 것이었다. 왜냐하면, 그들 자신의 마음의 정욕에 내어 주는 것은 그들에 대한 정죄를 확고히 하는 것이기 때문이다. 더러운 자는 그대로 더럽게 하라. 이러한 것들은 사람을 치명적인 위기로 몰아가는 것이 아닌가? 지금 여기에서 하나님은 그들을 동정의 눈으로 바라보시는데, 이것은 하나님께서 이렇게 그들을 그들의 어리석음과 운명에 내어 주시는 것을 얼마나 주저하셨는지를 보여준다. 에브라임아, 내가 어찌 너를 버리겠느냐(호 11:8-9). 여기서도 마찬가지이다: 내 백성이 청종하였더라면(사 48:18을 보라). 마찬가지로, 그리스도께서도 예루살렘의 완악함을 탄식하셨다. 너도 알았더라면(눅 19:42). 이러한 표현들은 하나님의 지극한 애정을 보여주는 것들로서(13-16절) 하나님께서는 아무도 멸망치 않고 모두가 회개에 이르기를 얼마나 바라시는지를 보여주고(그는 죄악된 사람이나 나라가 멸망받는 것을 기

뼈하지 않으신다), 그들이 너무도 쉬운 조건을 받아들이기만 한다면 복된 자들이 될 수 있었을 것이기 때문에 죄인들은 자기 자신에 대하여 얼마나 큰 원수 같은 짓을 행하고 있고, 그들의 참상이 얼마나 큰 것인가를 보여주기 위한 것이다. 좀 더 살펴보자.

1. 하나님께서 그의 백성을 위하여 예비해 두신 큰 긍휼. 만약 그들이 순종하였다면, 하나님께서는 그들을 위하여 이 긍휼을 베푸셨을 것이다.

(1) 하나님은 그들로 하여금 그들의 원수들에 대하여 승리를 거두게 하심으로써, 원수들을 몰아 내는 일을 곧 끝마치셨을 것이다. 그들은 그들의 땅을 차지하였을 뿐만 아니라, 그들의 목적을 달성해서 나머지 가나안 족속을 다 쫓아 내고, 그들을 괴롭히는 이웃 나라들의 침공도 넉넉히 막아 내었을 것이다(14절): 내가 속히 그들의 원수를 눌렀을 것이다. 우리의 원수들을 진압하여 복속시키기 위해서 우리가 의지할 것은 오로지 하나님뿐이다. 만약 그들이 하나님의 음성에 순종하였더라면, 그들은 많은 비용을 들여가며 지루한 전쟁을 끌어 나가는 대가와 수고를 치르지 않아도 되었을 것이다. 왜냐하면, 하나님께서는 그 전쟁을 속히 끝내게 하셨을 것이기 때문이다. 하나님은 그의 손을 돌려 그들의 대적들을 치셨을 것이고, 그랬다면 그들은 이스라엘 앞에서 설 수 없게 되었을 것이다. 이 말씀은 하나님께서 얼마나 쉽게 아무런 어려움도 없이 이 전쟁을 끝내고자 하셨는지를 보여준다. 손을 돌려서, 아니 그의 입술의 기운으로 그는 악인들을 죽이실 것이다(사 11:4). 하나님께서 그의 손을 돌리기만 하시면, 여호와를 미워하는 자들은 그에게 복종하게 될 것이다(15절). 그들은 비록 그를 사랑하게 되지는 않겠지만 그를 두려워하게 될 것이고, 그가 그들에게 너무 버거운 상대여서 그와 다퉈 봤자 아무 소용도 없다고 고백하게 될 것이다. 그들은 비록 어쩔 수 없어서 항복하는 체하더라도 그 반기를 든 자들의 항복을 통해서 하나님과 그의 이스라엘은 영광을 얻게 될 것이다.

(2) 하나님은 그들의 후손을 견고하게 하시고 장구하게 하셨을 것이고, 그들을 확실하고 영원한 토대 위에 견고히 세우셨을 것이다. 그들을 해치고자 하는 원수들의 온갖 시도에도 불구하고 그들의 시대는 영원히 계속될 것이었고, 그들은 하나님께서 그들에게 주신 좋은 땅에 대한 소유권을 결코 빼앗기거나 그 땅에서 쫓겨나지 않았을 것이다.

(3) 하나님은 그들에게 모든 좋은 것들을 아주 풍성하게 주셨을 것이다(16

절). 내가 기름진 밀, 즉 최고로 좋은 양식을 그들에게 먹였을 것이다. 밀은 가나안의 주식으로서, 그들은 밀을 대량으로 수출하였다(겔 27:17). 하나님은 그들에게 가장 좋은 떡을 공급하셨을 뿐만 아니라, 반석에서 나오는 꿀로 그들을 만족하게 하셨을 것이다. 하나님은 이 비옥한 땅에서 귀중한 소산들을 나게 하셨을 뿐만 아니라, 그들의 모든 땅에 불모지인 곳이 없게 하시고, 심지어 바위 틈새들조차도 벌통 역할을 하게 하셔서, 사람들이 거기에서 풍부한 꿀을 얻게 하셨을 것이다(신 32:13-14을 보라). 요컨대, 하나님께서는 그들을 모든 면에서 편안하고 행복하게 만들어 주고자 하셨다.

2. 하나님께서 이 모든 긍휼을 베푸시기 위한 조건으로서 그들에게 요구하셨던 도리. 하나님이 이스라엘에게 기대하셨던 것은 학생이 선생에게 하듯이 그들이 그의 말을 청종하고, 종이 주인에게 하듯이 그의 교훈들과 명령들을 받는 것, 그들이 여호와의 옳고 즐거운 길들로 행하며, 하나님의 규례들을 지키고, 그의 섭리의 암시들을 지키는 것이었다. 이러한 것 속에는 그 어떤 불합리한 것도 존재하지 않았다.

3. 하나님께서 이러한 긍휼을 베풀지 않으신 이유는 그들이 마땅히 해야 할 도리를 하지 않은 데에 있었다. 만약 그들이 내 소리를 들었다면 내가 속히 그들의 원수를 눌렀으리라. 민족적인 죄 또는 불순종은 민족의 구원을 지체시키고 가로막는 큰 일이자 유일한 일이다. 내가 이스라엘을 치료하고 그들 가운데 있는 모든 것을 바로잡으려 할 때에 에브라임의 죄가 드러났고, 그래서 치료 작업이 중단되었다(호 7:1). 우리는 "이런 방법을 쓰고 이런 수단을 사용했더라면, 우리는 우리의 원수들을 곧 제압할 수 있었을 것이다"라고 말하기 쉽다. 그러나 그것은 오산이다. 우리가 하나님의 말씀에 귀를 기울였고 우리의 도리를 지켰다면, 그 일은 이루어졌을 것이다. 그러나 죄는 우리의 환난을 오래가게 만들고 우리의 구원을 느리게 오게 한다. 이것이 하나님께서 친히 탄식하시는 것이고, 하나님은 우리가 그러지 않기를 바라신다. 하나님께서 우리로 하여금 하나님에 대한 우리의 도리를 다하게 하고자 하시는 것은 우리가 하나님으로부터 은총을 받을 자격을 얻게 하기 위한 것임을 명심하라. 하나님께서 우리가 그를 섬기는 것을 기뻐하시는 것은 하나님이 그것을 통해서 유익을 얻으시기 때문이 아니라 우리로 하여금 유익을 얻게 하기 위한 것이다.

제 — 82 — 편

개요

이 시편은 이스라엘에서만이 아니라 다른 나라들에서도 방백들의 법정과 사법 법정을 위한 것이다. 그렇지만 이 시편은 아마도 다윗의 지시에 의해서 이스라엘의 방백들, 공회(산헤드린) 의원들, 관직에 있는 그 밖의 다른 장로들로 하여금 사용하도록 하기 위하여 지어진 것 같다. 이 시편은 왕들을 지혜롭게 하고, "땅의 사사들을 교훈하며"(2, 10절), 그들에게 그들이 마땅히 해야 할 도리를 전하고(삼하 23:3), 그들에게 그들의 잘못들을 깨우치기 위하여(시 58:1) 지어진 것이다. 이 시편에는 다음과 같은 내용들이 나온다. I. 방백들의 위엄과 그 위엄이 하나님에 의지해 있다는 것(1절). II. 방백들의 도리(3-4절). III. 악한 방백들의 타락상과 그 폐해(2, 5절). IV. 그들의 운명(6-7절). V. 하나님의 나라를 더욱더 견고하게 세워 달라는 모든 선한 자들의 소원과 기도(8절). 방백들은 이 시편을 자기 자신에게 가장 직접적으로 적용할 수 있겠지만, 우리는 이 시편을 노래할 때에 하나님께서 모든 공적인 일들을 주관하시고, 죄없이 해악을 당한 자들을 보호하시며, 지독한 불의를 기꺼이 벌하고자 하시는 것에 대하여 하나님께 영광을 돌리면서, 하나님께서 지금도 다스리고 계시다는 것에 대한 믿음과 장차 하나님께서 심판하시리라는 소망으로 스스로를 위로한다면, 이 시편을 제대로 노래하고 있다고 할 수 있다.

〔아삽의 시〕

¹하나님은 신들의 모임 가운데에 서시며 하나님은 그들 가운데에서 재판하시느니라 ²너희가 불공평한 판단을 하며 악인의 낯 보기를 언제까지 하려느냐 (셀라) ³가난한 자와 고아를 위하여 판단하며 곤란한 자와 빈궁한 자에게 공의를 베풀지며 ⁴가난한 자와 궁핍한 자를 구원하여 악인들의 손에서 건질지니라 하시는도다 ⁵그들은 알지도 못하고 깨닫지도 못하여 흑암 중에 왕래하니 땅의 모든 터가 흔들리도다

여기에는 다음과 같은 내용들이 나온다.

I. 하나님께서 모든 모임들과 법정들을 권능으로 주관하신다는 것을 방백들

과 신민들이 꼭 믿어야 할 큰 진리로 제시함(1절). 최고의 주관자로서 하나님은 강한 자들의 모임 가운데에, 즉 강한 자 왕의 회의에 서시며, 신들, 즉 하급 방백들 가운데에서 재판하신다. 방백들의 입법권과 집행권은 모두 하나님의 눈과 손 아래에 있다. 좀 더 살펴보자.

1. 방백들의 권능과 존귀함. 그들은 강한 자들이다. 그들은 공공의 유익을 위하여 강력한 권세를 지니고 있고(그들에게는 큰 권능이 맡겨져 있다), 그들은 지혜와 용기에 있어서도 마찬가지로 강력하여야 한다. 그들은 히브리어 방언으로 신들로 불린다. 이 동일한 단어는 세상을 통치하는 왕을 위하여 사용되는 하급 위정자들을 가리키는 데에 사용된다. 그들은 엘로힘이다. 천사들도 권능과 힘이 크고, 하나님께서 이 아랫 세상을 다스리는 데에 그들을 사용하기를 기뻐하시기 때문에 신들로 불린다. 마찬가지로, 하위 방백들도 하나님의 섭리의 사역자들로서 인간 사회 속에서 질서와 평화를 유지하고, 악을 행하는 자들을 벌하고 선을 행하는 자들을 보호함으로써 하나님의 공의와 선하심을 유지시키는 일을 한다. 위정자의 직무를 제대로 수행하는 선한 방백들은 하나님의 사자들이다. 따라서 하나님의 존귀함 중의 일부가 그들에게 부여된다. 그들은 하나님의 대리자들로서 그들이 속한 민족에게 큰 축복이 된다. 하나님의 말씀이 왕의 입술에 있도다(잠 16:10). 그러나 가난한 백성을 압제하는 악한 관원은 부르짖는 사자와 주린 곰 같다(잠 28:15).

2. 정부의 선한 형태와 구성이 암시되어 있음. 그것은 우리의 정부와 마찬가지로 혼합 왕정이다. 여기에 강한 자, 즉 왕이 있고, 여기에 그의 모임, 그의 의회, 신들이라 불리는 그의 재판부가 있다.

3. 강한 자의 모든 모임을 하나님께서 주관하고 계심이 말해짐. 하나님은 그들 가운데서 재판하시느니라. 그들의 권력은 하나님에게서 나온 것이고, 또한 그들은 하나님께 책임을 져야 한다. 나로 말미암아 왕들이 치리하느니라. 하나님은 그들의 모든 토론 중에 계시고, 그들이 말하고 행하는 모든 것을 살피셔서, 장차 그들이 잘못 말하거나 행한 것에 대하여 다시 그들을 부르셔서, 그들이 잘못 다스린 것들에 대하여 추궁하실 것이다. 그들의 마음과 혀는 하나님의 수중에 들어 있고, 하나님은 그들을 임의로 인도하신다(잠 21:1). 따라서 하나님은 그들의 모든 결심들에 대하여 반대하는 소리를 두시고서, 사람들이 마음으로 무엇을 꾸미든, 하나님의 뜻이 이루어지게 하신다. 하나님은 그들을 하나님께

서 원하시는 대로 사용하시고, 그들로 하여금 하나님의 목적과 의도에 봉사하게 하신다. 그들의 마음이 전혀 그렇게 생각하지 않는다고 하여도 이것은 사실이다(사 10:7). 방백들은 이 점을 깊이 생각하고서 두려운 마음을 지녀야 한다. 하나님은 그들의 판단에 함께 하신다(대하 19:6; 신 1:17). 신민들은 이것을 깊이 생각하여서 그것으로 위로를 삼아야 한다. 왜냐하면, 선한 의도를 지닌 선한 방백들과 선한 재판관들은 하나님의 지시하심 아래에 있고, 아무리 나쁜 의도를 지닌 악한 방백들도 하나님의 제약 아래에 놓여 있기 때문이다.

II. 모든 방백들에게 그들에게 권력을 맡기신 분의 의도에 따라서 그들의 권력을 선을 행하는 데에 사용하라고 당부함(3-4절).

1. 그들은 해악에 노출되어 있는 자들의 보호자가 되어야 하고, 조언과 조력을 필요로 하는 자들의 후견인이 되어야 한다. 돈이 없어서 친구를 사귀지 못하고 돈을 주고 조언을 구할 형편이 못되는 가난한 자와 어려서 부모를 잃어버렸기 때문에 스스로 어찌 할 수 없는 고아를 위하여 판단하라. 방백들은 나라 전체의 아버지로서 행해야 하지만 특히 아버지가 없는 고아들의 아버지가 되어 주어야 한다. 그들은 신들이라고 불리지 않는가? 따라서 그들은 하나님을 본받는 자가 되어서 고아들의 아버지가 되어야 한다. 욥이 그러하였다(욥 29:12).

2. 그들은 공평하게 공의를 베풀어야 하고, 힘이 없어서 흔히 해악을 당하는 곤란한 자와 빈궁한 자에게 공의를 베풀어야 한다. 만약 방백들이 그들을 구하기 위하여 자신의 직책을 걸고서 공식적으로(ex officio) 개입하지 않는다면, 그런 자들은 모든 것을 잃을 위험에 처하게 될 것이다. 가난한 사람의 주장이 옳다면, 그와 다투는 자들이 아무리 지위가 높고 권세 있는 자라고 하더라도, 그가 가난함으로 인해서 재판에서 불이익을 당해서는 안 된다.

3. 그들은 이미 압제자들의 수중에 떨어진 자들을 건져 내야 한다(4절): 그들을 악인들의 손에서 건져라. 그들의 원수에 대한 그들의 원한을 풀어 주라(눅 18:3). 이러한 사람들은 도와 주어 보았자 아무것도 얻어낼 것이 없고 그 대가를 지불한 능력도 없는 사람들이다. 하지만 재판관들과 방백들은 바로 이런 자들에게 관심을 가지며, 그들을 위로하는 데에 힘쓰고, 그들의 주장을 제대로 들어 주지 않으면 안 된다.

III. 하나님께서 그들 가운데 서 계시다는 것을 망각한 채 그들의 권력을 남용하고 그들의 본분을 게을리하는 악한 방백들을 책망하심(2, 5절). 좀 더 살펴보자.

1. 하나님께서 그들을 여기에서 어떠한 죄로 책망하고 계시는가. 그들은 공평의 법칙들과 그들의 양심에 거슬러서 불공평한 판단을 하는 데에, 옳은 주장을 하는 자들에게 악의로써 불리한 판단을 하고, 옳지 않은 주장을 하는 자들에게 편파적인 호의로 유리한 판단을 한다. 불의하게 행하는 것은 나쁜 일이지만, 불공평하게 판단하는 것은 훨씬 더 나쁜 일이다. 왜냐하면, 그것은 정의의 미명 아래에 악을 행하는 것이기 때문이다. 그러한 불의한 판결들에 대하여 해악을 입은 자들을 보호해 줄 울타리는 거의 없고, 그러한 불의한 판결들에 의해서 남에게 해를 끼치는 자들은 더욱 힘을 얻게 된다. 솔로몬이 해 아래에서 저질러지는 악을 보면서 정의를 행하는 곳, 즉 재판하는 곳 거기에도 악이 있도다(전 3:16; 사 5:7)라고 말한 것처럼, 그것은 정말 큰 죄이다. 그들은 나쁜 짓을 한 자가 부자라는 이유만으로 그 부자의 낯을 보아주었을 뿐만 아니라, 악인들의 낯을 보아주기까지 하였다(이것은 한층 더 악한 짓이다). 그들은 악인들이 악을 행한 것에 대하여 호의를 갖고서 악인들의 낯을 보아주었다. 이러한 재판관들이 있는 땅은 화가 있을진저!

2. 이러한 죄의 원인은 무엇이었는가. 그들은 가난한 자를 보호하고 건지는 것이 그들의 본분이요 도리라는 것을 귀가 따갑도록 들었다. 그들은 그런 당부를 수없이 들어 왔다. 그렇지만 그들은 부당하게 판결한다. 왜냐하면, 그들은 알지도 못하고 깨닫지도 못하기 때문이다. 그들은 그들의 본분에 대하여 듣는 데에 관심을 두지 않는다. 그들은 그들의 본분이 무엇인지를 일부러 살펴보는 수고를 하고자 하지 않는다. 그들은 잘못된 일들을 바로잡고자 하는 마음이 없고, 그들이 추구하는 것은 도리나 공의가 아니라 이득이다. 뇌물은 지혜자의 눈을 어둡게 하고 의인의 말을 굽게 하느니라. 그들은 깨달으려 하지 않기 때문에 알지 못하는 것이다. 보고자 하지 않는 자들처럼 눈먼 자는 없다. 그들은 자신의 양심을 질식시켰기 때문에, 그들이 무엇을 하는지, 또는 그들이 어디로 가는지를 알지도 못하고 관심도 갖지 않은 채 어둠 속에서 걸어간다. 어둠 속에서 걸어가는 자들은 영원한 어둠을 향해서 걸어가고 있는 것이다.

3. 이러한 죄의 결과들은 무엇이었는가: 땅의 모든 터가 흔들리도다. 재판을 굽게 하는 상황에서 그 어떤 선을 기대할 수 있겠는가? 시편 기자가 비슷한 상황에서 말하고 있듯이(시 75:3), 땅과 그 모든 주민이 소멸되리라. 공직에 있는

사람들의 잘못은 공적인 재앙으로 이어진다.

[6]내가 말하기를 **너희는** 신들이며 다 지존자의 아들들이라 하였으나 [7]그러나 **너희는** 사람처럼 죽으며 고관의 하나 같이 넘어지리로다 [8]**하나님이여** 일어나사 세상을 심판하소서 모든 나라가 주의 소유이기 때문이니이다

여기에는 다음과 같은 내용들이 나온다.

I. 땅의 신들이 타락하여 비천해짐(6-7절). 하나님은 그들의 위엄을 인정하신다(6절): 내가 말하기를 너희는 신들이라 하였다. 하나님은 신들이라는 호칭과 이름을 통해서 그들을 존귀하게 하셨다. 하나님은 반역하는 말을 금하는 계명 속에서 그들을 그렇게 부르셨다(출 22:28): 너는 신들을 모독하지 말지니라(여기에서 신들은 재판장들을 가리킨다). 존귀함의 원천이신 하나님께서 그들을 그런 식으로 부르신다면, 누가 그것을 반박할 수 있겠는가? 그런데 사람이 무엇이기에, 하나님께서는 이렇게 사람을 높이시는 것인가? 하나님께서 그들을 신들이라고 부르신 것은 우리 구주의 설명에 의하면 그들에게 하나님의 말씀이 임하였기 때문이다(요 10:35). 그들은 하나님으로부터 소임을 받았고, 하나님에 의해서 땅의 방패들, 공공의 평화의 수호자들, 그 평화를 해치는 자들에게 진노를 집행하여 보응하는 자들로 임명되어서 파견되었다(롬 13:4). 이런 의미에서 그들은 모두 지존자의 아들들이다. 다윗이 그의 아들들을 주요한 관직에 앉힌 것과 마찬가지로, 하나님은 그의 존귀함의 일부를 그들에게 부여하셨고, 섭리에 의해서 세상을 통치하는 일에 그들을 사용하신다. 또는, "너희는 신들이라고 내가 말했기 때문에, 너희는 너희의 존귀함을 원래 의도된 것보다 더 높여서, 바벨론 왕이 내가 지극히 높은 이와 같아지리라고 하였고(사 14:14), 두로의 왕이 내 마음이 하나님의 마음 같은 체하였다라는 말을 들었던 것처럼(겔 28:2), 너희는 너희 자신이 지존자의 아들들인 것처럼 생각하였다." 사람들이 하나님의 손에 의해서 많은 존귀함을 부여받고, 사람들에 의해서 많은 공경을 받게 될 때에 그것에 대하여 자랑하고 우쭐해져서 스스로를 합당한 정도 이상으로 생각하지 않기란 정말 어려운 일이다. 그러나 여기에는 그러한 교만을 억제해 주는 말씀이 나온다: 너희는 사람처럼 죽으리라. 이 말씀은 다음 둘 중의 하나로 해석될 수 있다.

　1. 부당하게 판결하고, 잘못된 통치를 통해서 땅의 터가 흔들리게 한 악한 방백들에 대한 징벌. 하나님께서는 그러한 자들에게 책임을 물으셔서, 그들이 한창 잘 나가고 영화를 누리고 있을 때 그들을 끊어 버리실 것이다. 그들은 다른 악한 자들과 같이 죽게 될 것이고, 이방의 고관의 하나 같이 (그들이 이스라엘 사람이라는 것은 그들이 재판관이라는 것과 마찬가지로 그들에게 아무런 도움도 되지 못할 것이다) 또는 범죄한 천사들 중 하나같이, 또는 옛 세상의 거인(巨人)들 중 하나 같이 넘어질 것이다. 이 말씀을 엘리후가 그의 시대에 힘있는 압제자들에 대하여 말한 것과 비교해 보라(욥 34:26): 하나님은 그들을 악한 자로 여겨 사람의 눈 앞에서 치신다. 자신의 권력을 남용하는 자들은 하나님께서 그들에게서 그 권력과 그들의 목숨을 빼앗아 가시리라는 것을 알아야 한다. 왜냐하면, 하나님께서는 교만하게 행하는 그들에게 이런 일을 통해서 자기 자신이 그들보다 높이 있다는 것을 보여주시고자 하시기 때문이다.

　2. 또는, 이 세상에서 모든 방백들이 영광을 받는 기간. 방백들은 그들이 누리는 존귀함을 뽐내거나 그들이 맡은 소임을 게을리하지 말고, 그들이 죽을 수밖에 없는 존재들이라는 것을 깊이 생각해서 그들의 교만을 억누르며 정신을 차려서 그들의 본분을 다하여야 한다. "너희는 신들이라 불리지만, 너희에게는 영원히 살 수 있는 힘이 없다. 평범한 사람들과 마찬가지로 너희는 **사람처럼 죽게 될 것이다. 너희는 고관의 하나 같이 넘어지게 될 것이다.**" 땅의 왕들과 방백들, 모든 재판관들은 우리에 대하여 신들이라고 하더라도 하나님께는 사람들이어서, 사람처럼 죽게 될 것이고, 그들의 모든 영광은 진토 속에 묻히게 되리라는 것을 명심하라. 죽음은 왕의 홀과 농부의 삽을 뒤섞어 버린다.

Ⅱ. 하늘의 하나님이 높으심(8절).　시편 기자는 이 교만한 압제자들과 논쟁해 보아야 아무 소용이 없다는 것을 발견한다. 그들은 그가 말하는 모든 것에 대하여 완전히 귀를 막고서 어둠 가운데서 행하였다. 그러므로 그는 하나님을 바라보고 호소하며 하나님께 하나님이여 크신 능력을 두르시고 일어나셔서 세상을 심판하소서라고 간구한다. 그는 하나님께서 그렇게 해 주시라고 기도할 때에 하나님이 그렇게 하시리라는 것을 믿는다: 모든 나라가 주의 소유이나이다.

　1. 이 말씀은 섭리의 나라에 대한 것이다. 하나님은 세상을 주관하셔서 그의 뜻대로 세우기도 하시고 무너뜨리기도 하신다. 하나님은 모든 나라를 소유하고 계셔서, 마치 사람이 자신의 재산을 마음대로 처분하듯이 그 모든 나라들에

대하여 절대적인 통치권을 지니고 계신다. 우리가 생각하는 것과는 달리, 이 세상은 악인들의 손에 넘어가 있거나 악한 통치자들의 손에 들어가 있는 것이 아니라는 것을 우리는 믿어야 하고, 그것으로 위로를 받아야 한다(욥 9:24). 도리어, 하나님께서는 세상에 대한 권세를 스스로 지니고 계시면서 세상을 다스리신다. 이러한 믿음 속에서 우리는 "하나님이여 일어나사 세상을 심판하시고, 불공평한 심판을 행하는 자들을 벌하시고, 주의 마음에 맞는 목자들을 주의 백성 위에 세우소서"라고 기도하여야 한다. 우리가 의지할 수 있는 의로우신 하나님, 우리가 불의한 판결들에 의해서 억울함을 당하게 된 모든 자들을 효과적으로 건져 주시도록 의지할 수 있는 의로우신 하나님이 계신다.

2. 이 말씀은 메시야의 나라에 대한 것이다. 이 말씀은 메시야의 나라가 속히 오게 해 달라는 기도, 그리스도께서 오셔서 세상을 심판하시고, 하나님께서 이방 나라들을 그의 기업으로 주시겠다고 하신 약속을 속히 이루어 달라는 기도이다. 그리스도여, 모든 나라를 주의 소유로 삼으셔서, 그 나라들을 다스려 주소서(시 2:8; 22:28). 그리스도께서 다시 오셔서 이 모든 잘못된 것들을 바로잡아 주소서. 사람들 가운데에서의 권력의 남용과 관련하여 우리 자신과 서로를 위로해 줄 수 있는 2개의 말씀이 있다: 하나는 할렐루야 주 우리 하나님 곧 전능하신 이가 통치하시도다(계 19:6)이고, 다른 하나는 내가 진실로 속히 오리라(계 22:20)는 말씀이다.

제 83 편

개요

이 시편은 아삽의 이름으로 된 시편들 중에서 마지막으로 나오는 시편이다. 이 시편은 아삽에게 속한 대부분의 시편들과 마찬가지로 교회를 파멸시키고자 한 원수들의 무례한 짓들과 관련하여 공적인 이유에서 지어졌다. 어떤 이들은 이 시편이 여호사밧 시대에 모압족과 암몬족이 유다 땅을 침범하여 위협했을 때에 지어진 것이라고 생각한다. 모압족과 암몬족은 본문에 나오는 롯의 자손들로서 동맹군을 주도했던 족속들이었고, 여기에서 언급되는 그 밖의 다른 모든 나라들은 부수적인 세력들이었다. 이 시편과 관련된 이야기는 역대하 20:1에 나오는데, 거기에서는 모압 자손과 암몬 자손이 다른 족속들과 더불어서 유다 땅을 침공해 왔다고 말하고 있다. 또 어떤 이들은 이 시편이 주변 국가들이 처음부터 끝까지 끊임없이 서로 동맹을 맺어서 이스라엘을 괴롭힌 것과 관련하여 지어졌다고 생각한다. 시편 기자는 여기에서 다음과 같은 것들에 호소한다. I. 이스라엘을 멸하고자 하는 그들의 음모와 시도들에 관한 묘사를 통해서 하나님께서 이미 그 모든 것을 아신다는 것에 호소함(1-8절). II. 그들의 시도를 좌절시켜 주심으로써 교회를 보존하여 주시고 원수들을 낮추시며 하나님께서 영광을 받게 해 달라는 간절한 기도를 통해서 하나님을 교회와 하나님 자신의 영광을 위하여 하나님의 공의와 질투에 호소함(9-18절). 이 시편을 노래함에 있어서 우리는 이것을 복음 교회의 원수들과 모든 반기독교적인 세력들과 파당들에 적용해서, 하나님께 그들이 그리스도와 그의 나라에 대적하여 연합하고 있음을 아뢰고, 그들의 모든 계획들이 좌절되고, 음부의 권세가 교회를 이기지 못하리라는 소망 속에서 기뻐할 수 있을 것이다.

〔아삽의 시 곧 노래〕

¹하나님이여 침묵하지 마소서 하나님이여 잠잠하지 마시고 조용하지 마소서 ²무릇 주의 원수들이 떠들며 주를 미워하는 자들이 머리를 들었나이다 ³그들이 주의 백성을 치려 하여 간계를 꾀하며 주께서 숨기신 자를 치려고 서로 의논하여 ⁴말하기를 가서 그들을 멸하여 다시 나라가 되지 못하게 하여 이스라엘의 이름으로 다시는

기억되지 못하게 하자 하나이다 [5]그들이 한마음으로 의논하고 주를 대적하여 서로 동맹하니 [6]곧 에돔의 장막과 이스마엘인과 모압과 하갈인이며 [7]그발과 암몬과 아말렉이며 블레셋과 두로 사람이요 [8]앗수르도 그들과 연합하여 롯 자손의 도움이 되었나이다 (셀라)

하나님의 이스라엘은 지금 위험과 두려움과 큰 곤경 속에 처해 있었지만, 그들의 기도는 노래 또는 시로 불린다. 왜냐하면, 시편들을 부르는 것은 특별한 때가 정해져 있는 것이 아니고, 또한 수금을 버드나무 가지에 걸어두고 사용하지 않는 것도 합당한 일이 아니기 때문이다.

Ⅰ. 시편 기자는 여기에서 하나님께 원수들로부터 위협을 받고 해악을 입은 그의 백성을 위하여 나타나시도록 간구한다(1절). "하나님이여 침묵하지 마시고, 우리에게 명백한 해악을 가한 자들에게 우리를 위하여 심판하소서." 마찬가지로, 여호사밧은 원수들이 침공해 왔을 때에 이제 그들이 우리에게 갚는 것을 보옵소서 그들이 와서 주께서 우리에게 주신 주의 기업에서 우리를 쫓아내고자 하나이다라고 기도하였다(대하 20:11). 종종 하나님은 그의 백성이 부당하게 취급을 당하는 것을 못 본 체하시는 것처럼 보인다. 하나님은 마치 그 일을 보지 못하셨거나 그 일에 전혀 관심이 없으신 자처럼 침묵하신다. 하나님은 마치 엄정 중립을 지키시는 것처럼 태연히 계시면서, 그의 백성이 고군분투하는 모습을 지켜 보고만 계신다. 하나님은 그의 백성의 원수들을 훼방하거나 반대하지 않으시고, 깜짝 놀란 자 같고 구원하지 못하는 용사 같이 묵묵히 앉아 계시는 것처럼 보인다. 사실 그 때에 하나님은 여기에서처럼 우리에게 하나님을 부를 말미를 주시고 계시는 것이다. "하나님이여 침묵하지 마소서. 여호와여, 우리로 하여금 두려움을 떨쳐 버리고 힘을 얻을 수 있도록 선지자들을 통해서 우리에게 말씀하소서(하나님께서는 그 침공과 관련해서 그렇게 하셨다, 대하 20:14 이하). 여호와여, 섭리를 통해서 우리에게 유리하고 우리의 원수들에게 불리한 말씀을 하소서. 우리에게는 구원을 말씀하시고 우리의 원수들에게는 절망을 말씀하소서." 하나님께서 말씀하신다는 것은 곧 하나님께서 행동하신다는 것이다. 왜냐하면, 하나님에게는 말씀하는 것과 행하시는 것이 동일한 것이기 때문이다.

Ⅱ. 시편 기자는 여기서 주변 나라들이 이스라엘을 치기 위하여 대규모의 연

합군을 형성하였다고 설명하면서, 그 연합군을 깨뜨려 주시고 그들의 계획을 좌절시켜 달라고 하나님께 간구한다. 좀 더 살펴보자.

1. 이 동맹은 누구를 치기 위한 것인가. 그것은 하나님의 이스라엘, 따라서 실제적으로는 이스라엘의 하나님을 대적하기 위한 것이다. 이렇게 시편 기자는 그들(이스라엘)이 하나님을 위한다는 것이 드러난다면 하나님께서는 그가 그들을 위하신다는 것을 보여주실 것이고, 그렇게 되면 그들은 그들의 모든 원수들을 코웃음칠 수 있다는 것을 의심하지 않았기 때문에 하나님을 그들의 편으로 끌어들이는 데에 최선을 다한다. 왜냐하면, 하나님께서 그들을 위하시면, 그 누구도 그들에게 대적할 수 없기 때문이다. 시편 기자는 "여호와여, 그들은 주의 원수들이고, 그들은 주를 미워하나이다"라고 말한다. 모든 악한 자들은 하나님의 원수들이지만(육신의 생각은 하나님과 원수가 된다), 특히 하나님의 백성을 박해하는 악인들은 하나님의 원수들이다. 그들이 하나님을 경건하게 예배하는 자들을 미워하였던 것은 그들이 하나님의 거룩한 종교와 하나님에 대한 예배를 미워하였기 때문이다. 하나님의 백성으로 하여금 그들을 대적하는 데에 그토록 열심을 지니게 만들었던 것은 바로 그 원수들이 하나님을 대적하여 싸우고 있다는 것이었다: 그들이 주를 대적하여 서로 동맹하였나이다(5절). 오직 우리의 이해관계만 관련되어 있는 일이라면, 우리는 그 일을 좀 더 잘 견뎌낼 수 있다. 그러나 그 일이 하나님 자신을 공격하는 것일 때에는 우리가, 주여 도와 주소서라고 부르짖을 때이다. 하나님이여, 침묵하지 마소서. 그는 그들이 하나님께 가깝고 소중한 하나님의 백성, 하나님의 아들, 하나님의 장자, 하나님의 분깃, 하나님의 기업인 하나님의 백성을 대적하는 것이기 때문에 그들은 하나님을 대적하여 동맹한 것이라고 증명한다. 나의 자녀들을 죽이려 하고 나의 가족을 뿌리뽑아 버리려 하며 내 재산을 망하게 하고자 하는 자는 나를 대적하여 싸우는 자라고 말할 수 있다. 시편 기자는 "여호와여, 그들은 주께서 숨기신 자들을 치려고 모의하고 있기 때문에 주의 원수들이나이다"라고 말한다. 하나님의 백성은 하나님께서 숨기신 자들이라는 것을 명심하라.

(1) 그들은 은밀하다는 의미에서 숨겨져 있다. 그들의 생명은 하나님 안에서 그리스도께 숨겨져 있다. 세상은 그들을 알지 못한다. 만약 세상이 그들을 알았다면, 세상은 그들을 지금처럼 미워하지는 않았을 것이다.

(2) 그들은 안전하다는 의미에서 감춰져 있다. 하나님은 그들을 그의 특별한

보호하심 아래에 두고 계시고, 그들을 그의 손바닥의 움푹한 곳에 감추고 계신다. 그럼에도 불구하고 원수들은 하나님과 그의 권능, 그의 백성을 보호하시겠다는 하나님의 약속에 도전하여, 하나님의 백성을 파멸시키고, 그들을 그들의 높은 자리에서 떨어뜨리며(시 62:4), 여호와께서 자기를 위하여 택하신 자들(시 4:3)을 그들의 먹이로 삼고자 모의한다. 그들은 하나님께서 보존하시기로 결심하신 자들을 멸하고자 결심한다.

2. 이러한 동맹은 어떻게 운영되는가. 이 동맹의 밑바닥에는 마귀가 존재하기 때문에, 그 결과 다음과 같은 일들이 진행된다.

(1) 그 동맹은 대단한 열기와 폭력을 통해서 진행된다: 주의 원수들이 떠드나이다(2절). 이방 나라들이 분노하나이다(시 2:1). 이방들이 분노하나이다(계 11:18). 그들은 그들이 짓밟고자 하는 백성을 큰 소리의 중상모략으로 해를 끼치기 위하여 큰 소동을 피우며 아우성을 친다. 이 말씀은 하나님께서 침묵하지 않아야 하는 이유로 여기에 제시되고 있다. "원수들이 큰 소리로 떠들며 시끄럽게 구나이다. 여호와여, 그들로 하여금 모든 말을 다하게 내버려 두지 마시고, 분을 발하며 그들에게 말씀하옵소서(시 2:5)."

(2) 그 동맹은 대단한 교만과 오만방자함으로 진행된다: 그들이 머리를 들었나이다. 그들은 성공에 대한 자신감 속에서 마치 그들이 지존자의 꼭대기에 오르고 전능자를 압도할 수 있기라도 하는 것인양 지극히 자고해져 있다.

(3) 그 동맹은 대단히 치밀한 술책을 통해서 진행된다. 그들은 간계를 꾀하였다(3절). 그들의 계략 속에는 옛 뱀의 교묘함이 드러나고, 그들은 그 수단이 아무리 비열하고 악하다고 할지라도 가능한 한 모든 수단을 동원해서 그들의 목적을 달성하고자 애쓴다. 그들은 마치 그들이 한없는 지혜를 지니신 하나님을 이겨 먹을 수 있는 것처럼 살육을 할 궁리에 깊이 빠져 있다(호 5:2).

(4) 그 동맹은 대단히 일사불란하게 진행된다. 그들 내부적으로는 각자의 이해관계가 충돌한다고 할지라도, 그들은 하나님의 백성을 치는 문제에 있어서는 한마음으로 의논하고(5절), 사탄의 나라는 스스로 분열되지 않는다. 이 거룩하지 못한 전쟁을 수행하기 위하여 그들은 서로 머리를 맞대고 그들의 뿔들을 맞대며 그들의 마음도 맞댄다. 원수에게조차도 배울 것이 있다(Fas est et ab hoste doceri). 교회의 원수들은 교회를 멸하기 위하여 한마음으로 행동하지 않던가? 세상의 왕들은 그들의 권세와 영광을 짐승에게 한마음이 되어서 주려고 하지

않던가? 교회의 친구들은 교회의 유익을 위하여 섬김에 있어서 한마음이 되지 않을 것인가? 헤롯과 빌라도가 그리스도를 못 박는 일에 있어서 서로 친구가 되어 힘을 합친다면, 분명히 바울과 바나바, 바울과 베드로도 곧 서로 친구가 되어서 그리스도를 전하는 일에 서로 힘을 합치게 될 것이다.

3. 이 동맹의 목적은 무엇이었는가. 그들은 기브온 사람들과는 달리 이스라엘과 화친을 하여서 그러한 바람직한 동맹을 통하여 스스로 힘을 키워 보자고 모의한 것이 아니었다. 차라리 그들이 그런 모의를 했더라면, 그것은 그들의 지혜가 되었을 것이다. 또한, 그들은 단지 이스라엘의 날개를 꺾고, 그들이 새롭게 정복한 땅들을 되찾으며, 연전연승하는 이스라엘을 견제하고, 그들과 이스라엘 간의 힘을 균형을 유지시키고, 이스라엘의 국력이 비대해지는 것을 막고자 모의한 것이 아니었다. 그들은 그러한 것들로는 만족할 수 없었다. 그들이 모의한 것은 다름이 아니라 이스라엘을 완전히 멸망시켜서 진멸하는 것이었다(4절). "이스라엘이 가나안 일곱 족속을 멸하였듯이, 가서 그들을 멸하여 다시 나라가 되지 못하게 하자. 이스라엘에게 뿌리를 내리거나 가지를 뻗을 여유를 주지 말고, 그들의 땅을 완전히 초토화시켜서, 이스라엘의 이름으로 다시는 기억되지 못하게 하고, 역사 속에서 그 이름을 지워 버리자." 그들은 이러한 목적을 달성하기 위해서 이스라엘의 성경을 없애버리고자 하였고 이스라엘의 모든 기록들을 불태워 버리고자 하였다. 바로 이러한 것이 여자의 후손에 대한 뱀의 후손의 적대감이다. 수많은 악인들의 은밀한 소원은 하나님의 교회를 이 세상에 존재하지 못하도록 하는 것이고 사람들 가운데 신앙 같은 것이 존재할 수 없게 만드는 것이다. 그들은 그들 자신의 마음으로부터 신앙을 추방하였기 때문에 온 땅에서 신앙이 제거되고, 그 모든 율례들과 규례들이 폐지되며, 그 모든 제한들과 의무들이 풀어지고, 신앙을 전하고 고백하며 실천하는 모든 자들이 끊어지는 것을 볼 때에 기뻐할 것이다. 이런 일을 그들의 힘으로 할 수만 있다면, 그들은 그 일을 하고자 한다. 그러나 하늘에 앉아 계신 이가 그들을 비웃으실 것이다.

4. 이 동맹 속으로 들어온 자들은 누구였는가. 이러한 동맹에 참여한 나라들이 여기에 언급되어 있다(6-8절). 에돔족과 이스마엘족, 아브라함의 두 후손이 이 동맹을 이끌었다. 왜냐하면, 율리아누스 황제가 기독교에서 이교로 배교하여 기독교를 무자비하게 탄압한 경우에서 볼 수 있듯이, 배교자들은 교회의 가

장 악독하고 앙심을 품은 원수들이 되어 왔기 때문이다. 이 두 족속은 이스라엘과 혈연 관계이지만, 이스라엘을 멸하고자 하는 동맹에 참여하였다. 자연적인 유대가 아무리 강하다고 하여도, 박해의 영은 그러한 유대들을 여지없이 깨뜨려 버린다. 형제가 형제를, 아버지가 자식을 죽는 데에 내주며 자식들이 부모를 대적하여 죽게 하리라. 모압과 암몬은 의로운 롯의 자손들이었다. 그러나 그들은 근친상간을 범한 자들로서 타락한 인류에 속한 자들이었다. 블레셋 족속은 오랫동안 가시 노릇을 하여 이스라엘을 몹시 괴롭혔다. 다윗 시대에 이스라엘의 확고한 동맹이었던 두로의 거민들이 어떻게 이스라엘의 원수들 가운데 끼게 되었는지를 나는 알지 못한다. 그러나 앗수르도 그들과 연합한 것, 즉 그들이 롯의 자손들에게 한 팔이 된 것(원어는 이런 의미이다)은 이상한 일이 아니다. 하나님의 교회의 원수들이 언제나 그 수가 대단히 많았다는 것을 보라. 여호와여 나의 대적이 어찌 그리 많은지요 일어나 나를 치는 자가 많으니이다. 하나님의 백성은 무늬 있는 매와 같았다. 주변의 모든 새들이 무늬 있는 매를 대적하였다(렘 12:9). 이것은 하나님께서 이 세상에서 세상과 음부의 연합 세력에도 불구하고 교회를 보존하심으로써 하나님의 능력을 크게 보여주시기 위한 것이다.

[9]주는 미디안인에게 행하신 것 같이, 기손 시내에서 시스라와 야빈에게 행하신 것 같이 그들에게도 행하소서 [10]그들은 엔돌에서 패망하여 땅에 거름이 되었나이다 [11]그들의 귀인들이 오렙과 스엡 같게 하시며 그들의 모든 고관들은 세바와 살문나와 같게 하소서 [12]그들이 말하기를 우리가 하나님의 목장을 우리의 소유로 취하자 하였나이다 [13]나의 하나님이여 그들이 굴러가는 검불 같게 하시며 바람에 날리는 지푸라기 같게 하소서 [14]삼림을 사르는 불과 산에 붙는 불길 같이 [15]주의 광풍으로 그들을 쫓으시며 주의 폭풍으로 그들을 두렵게 하소서 [16]여호와여 그들의 얼굴에 수치가 가득하게 하사 그들이 주의 이름을 찾게 하소서 [17]그들로 수치를 당하여 영원히 놀라게 하시며 낭패와 멸망을 당하게 하사 [18]여호와라 이름하신 주만 온 세계의 지존자로 알게 하소서

시편 기자는 여기에서 이러한 연합군을 멸해 달라고 교회의 이름으로 기도하고, 또한 하나님의 이름으로 그것을 예언한다. 왜냐하면, 그렇게 해 달라고 기도하는 것은 그렇게 되리라고 예언하는 것이나 다름없기 때문이다. 이

예언은 복음 교회의 모든 원수들에게 미친다. 그리스도의 나라에 반대하는 자들이 누구이든 간에, 그들은 여기에서 그들의 운명을 읽을 수 있다. 짧게 말하자면, 여기에 나오는 기도는 이스라엘을 치려고 동맹한 이 원수들의 모든 시도가 좌절되어서, 그들이 스스로 멸망을 자초함으로써, 하나님의 이스라엘이 보존되고 영구히 존재할 수 있게 해 달라는 것이다. 이것은 여기에서 다음과 같은 것들을 통해서 예시된다.

I. 몇 가지 전례들을 통해서. 이전에 하나님의 이스라엘에 대적하였던 나라들의 운명이 이 동맹군에 대한 징벌이 되게 하소서. 이전의 동맹군이 대패하여 궤멸당한 일은 하나님을 향한 기도 속에서 하나의 호소거리가 될 수 있고, 우리 자신의 믿음과 소망을 격려하기 위하여 사용될 수 있다. 왜냐하면, 하나님은 예나 지금이나 동일하시고, 그의 백성에게 동일하시며, 그와 그들의 원수들에게 동일하시기 때문이다. 하나님께는 변함이 없으시다.

1. 그는 이전에 원수들의 군대가 멸망당했듯이 하나님께서 지금 원수들의 군대를 멸해 달라고 기도한다(9-10절): 주는 미디안인에게 행하신 것 같이 그들에게도 행하소서. 미디안 사람들이 기드온의 삼백 용사들에 의해서 스스로 두려워서 달아난 것 같이, 이제도 원수들의 군대가 스스로 두려움에 못 이겨서 패주하게 하소서. 하나님께서 엔돌 근처의 기손 시내에서 시스라의 군대를 혼란에 빠뜨려 패주하게 하신 것 같이(시스라는 가나안 왕 야빈 휘하의 장수였다) 이제도 그들에게 행하소서(삿 4:15). 그들은 엔돌에서 패망하여 땅의 거름이 되었나이다. 그들의 시신들은 던져져서 분뇨더미가 되거나 밭에 뿌려져서 땅을 비옥하게 하였다. 그들은 바락의 작지만 강한 군대에 의해서 진토처럼 짓밟혔다. 이 일은 여기에서 적절한 전례가 되었다. 왜냐하면, 드보라는 나중에 이 일을 전례로 삼았기 때문이다(삿 5:31): 여호와여, 주의 원수들은 다 이와 같이 망하게 하소서.

2. 그는 그들의 지도자들이 이전의 지도자들과 마찬가지로 다 멸망받게 해 달라고 기도한다. 방백들이 일반 백성들을 전쟁으로 내몰지 않았다면, 백성들은 그런 재난을 겪지 않아도 되었을 것이기 때문에, 시편 기자는 여기에서 특별히 방백들을 쳐서 기도한다(11-12절). 좀 더 살펴보자.

(1) 하나님의 이스라엘에 대한 그들의 악의는 어떠하였는가. 그들은 우리가 하나님의 목장을 우리의 소유로 취하자(원어대로 하면, 하나님의 즐거운 곳들)고

말하였다(12절). 우리는 하나님의 목장이라는 말을 즐거운 땅이자 임마누엘의 땅이었던 가나안 땅을 의미하는 것으로 이해할 수도 있고, 진정으로 하나님의 즐거운 곳이었던 성전(사 64:11), 또는 (하몬드 박사의 주장처럼) 가축 떼를 몰고 다녔던 아랍 사람들이 특히 좋아하였던 좋은 목초지를 가리키는 것으로 이해할 수도 있다. 방백들과 귀인들은 이 전쟁을 통해서 치부하고자 하였다. 그들은 자신의 탐욕과 야심을 채우기 위하여 그들의 군대를 땅의 거름으로 삼았다.

(2) 그들의 운명은 어떻게 될 것이었는가. 그들은 오렙과 스엡(그들의 군대가 패주할 때 도망하다가 에브라임 사람들에 의해서 붙잡혀서 죽임을 당했던 미디안 족속의 두 방백, 삿 7:25) 같이 될 것이고, 세바와 살문나(기드온이 직접 죽인 자들, 삿 8:21) 같이 될 것이다. "이전에 지도자들이 이스라엘 사람들에게 손쉬운 먹잇감이 되었던 것과 마찬가지로, 이제도 우리의 원수들이 우리의 손쉬운 먹잇감이 되게 하소서." 우리는 하나님께 이러저러하게 해 달라고 처방해서 구해서는 안 되지만, 하나님께서 우리 조상들의 날들에 교회의 원수들에게 하셨던 것과 같이 우리의 날들에서도 교회의 원수들에게 그렇게 해 달라고 기도하는 것은 가능하다.

II. 몇 가지 비유들을 통해서. 그는 다음과 같이 기도한다.

1. 하나님께서 그들을 굴러 가는 검불 같게 하셔서(13절), 그들이 안정을 찾지 못하고 끊임없이 요동하며 그들의 모든 계획과 결심이 확고하지 못하며 경솔하게 해주시고, 아주 쉽고 신속하게 그들 자신의 파멸을 향하여 굴러갈 수 있게 해 달라는 것. 또는, 어떤 이들은 이 기도가 타작을 할 때에 사용되던 바퀴로 인해서 곡식이 부숴지고 떨어지듯이, 그들이 하나님의 심판에 의해서 깨뜨려지게 해 달라는 기도라고 생각한다. 마찬가지로, 성경에서는 지혜로운 왕이 악인들을 흩는 것을 그가 타작하는 바퀴를 그들 위에 굴린다고 말한다(잠 20:26). 하나님을 의지하는 자들의 마음은 확정되어 있고 견고하다. 하나님을 대적하여 싸우는 자들은 바퀴처럼 확정되어 있지 않다.

2. 그들이 사나운 바람에 날리는 지푸라기 같이 패하여 쫓기게 해 달라는 것. "바퀴는 비록 끊임없이 돌기는 하지만 그 축이 고정되어 있나이다. 그러나 그들을 더 이상 확고함이 없는 가벼운 지푸라기 같게 하셔서, 바람에 신속히 휩쓸려 가되, 아무도 그것을 잡고자 하지 않고, 오히려 보내 버리려고 하게 하소

서(시 1:4)." 이렇게 악인들은 그 악함으로 인하여 세상에서 쫓겨나게 될 것이다.

3. 삼림이 불에 타고, 산에 있는 가시나무와 엉겅퀴들이 불길에 삼켜지는 것과 같이, 그들이 살라지게 해 달라는 것(14절). 검불이나 지푸라기는 바람에 날리기는 하지만 결국에는 어떤 틈새나 도랑 같은 곳에 안착하여 쉼을 얻게 될 것이다. 그러나 시편 기자는 그들이 검불처럼 바람에 날려갈 뿐만 아니라 지푸라기처럼 태워지게 해 달라고 기도한다. 바로 이것이 악인들, 특히 하나님의 교회의 모든 원수들의 종말이 될 것이다(히 6:8). 이러한 비유들 다음에는 그 적용이 나온다(15절): 주의 광풍으로 그들을 쫓으시며, 그들이 완전히 멸망할 때까지 그들을 쫓으시고, 주의 폭풍으로 그들을 두렵게 하소서. 죄인들이 얼마나 비참하게 되는지를 보라. 하나님의 진노의 폭풍은 그들의 마음속에 공포를 불러일으키기 때문에, 그들은 완전히 비참하게 되고 만다. 하나님은 그의 공의를 무시하고 도전해 온 지극히 교만하고 무모한 죄인을 다루실 수 있고, 그로 하여금 메뚜기처럼 겁을 집어먹고 두려워하게 만드실 수 있다. 그들이 두려워 떠는 것은 귀신들에 의한 고문이다.

Ⅲ. 그들이 낭패를 당하게 된 것의 선한 결과들을 통해서(16-18절). 그는 여기에서 하나님께서 그들의 마음을 두려움으로 가득 채우심으로써 그들의 얼굴을 수치로 가득하게 하셔서, 그들이 하나님의 백성에 대한 그들의 적대감을 부끄러워하게 하시고(사 26:11) 전능자와 그들 자신의 참된 유익을 거슬러서 행한 그들의 어리석음을 부끄러워하게 해 달라고 기도한다. 그들은 하나님의 백성을 수치스럽게 만들기 위해서 그들이 할 수 있는 짓을 하였지만, 그 수치는 결국 그들 자신에게로 되돌아가게 될 것이다.

1. 이러한 수치는 그들의 회심의 수단이 될 것이다. "그들의 시도들이 실패하고 좌절됨으로써, 여호와여, 그들이 주의 이름을 찾게 하소서. 하나님께서 그들에게 잠시 멈춰서 생각해 볼 여유와 마음을 주셔서, 그들이 누구와 싸우고 있는지를 생각하게 하시고, 그분이 그들과는 상대가 되지 않는다는 것을 알게 하셔서, 그들로 스스로 낮아지고 항복하여, 화친을 원하게 하소서. 그들로 하여금 주의 이름을 두려워하게 하시고, 주의 이름을 찾게 하소서." 우리가 우리의 원수들과 박해자들을 위하여 간절히 원하고 하나님께 간구해야 할 것은 하나님께서 그들을 회개에 이르게 해 달라는 것이 되어야 하고, 우리는 그들이 회심을 향하여 한 걸음 나아갈 수 있도록 하기 위하여 하나님께서 그들을 낮추시고

낭패를 당하게 해 달라고 하여야 한다.

2. 이러한 수치가 그들의 회심의 수단이 되지 못했다는 것이 밝혀진다고 하여도, 하나님께서 그들을 수치가 가득하게 하시는 것은 하나님의 영광을 크게 나타내는 것이 될 것이다. 그들이 부끄러워하며 회개하지 않고자 한다면, 그들을 수치스럽게 하시고 멸망받게 하소서. 그들이 돌이키기만 한다면 그들의 모든 고통이 곧 끝이 나고 복된 결말을 맞게 될 것인데도, 그들이 괴로움 중에서도 돌이키려 하지 않는다면, 그들로 영원히 괴로움을 당하게 하셔서 결코 평안을 얻지 못하게 하소서. 그렇게 될 때에 그것은 하나님의 영광이 되어서(18절), 그들 자신은 고백하지 않는다고 하여도, 다른 사람들은 여호와라 이름하신 주만 온 세계의 지존자이심을 알고 고백하게 될 것이다(여호와는 말로 표현할 수 없는 이름은 아니지만 함부로 입에 올릴 수 없는 이름이다). 하나님께서 그와 그의 교회의 원수들에 대하여 승리를 거두시는 것은 다음과 같은 것들을 보여주는 움직일 수 없는 증거들이 될 것이다.

(1) 하나님은 그의 이름인 여호와가 의미하는 것처럼 스스로 존재하시고 스스로 충족하시며 자기 자신 안에 모든 능력과 완전하심을 지니고 계신다는 것.

(2) 하나님은 지극히 높으신 하나님, 모든 신들, 모든 왕들, 스스로를 높다고 여기는 모든 존재들 위에 뛰어나신 주이시라는 것.

(3) 하나님은 단지 이스라엘 땅에서만이 아니라 온 세계에서, 심지어 그를 모르거나 고백하지 않는 나라들에서도 그런 분이시라는 것. 왜냐하면, 하나님의 나라는 온 세상을 다스리기 때문이다. 이러한 것들은 의심할 수 없는 큰 진리들이지만, 사람들은 그러한 것들을 알거나 믿으려 하지 않는다. 그러므로 시편 기자는 일부 악인들의 멸망을 통해서 다른 사람들이 그러한 진리들을 확신할 수 있게 해 달라고 기도한다. 저 큰 날에 하나님의 모든 원수들이 최종적으로 멸망을 받게 되면, 그것은 천사들과 사람들 앞에서 이러한 진리들이 참되다는 것을 너무도 분명하게 보여주는 증거가 될 것인데, 그 때에 죄인들이 깨어나 영원한 수치와 멸시를 당하게 됨으로써(단 12:2) 보응하시는 하나님은 영원한 존귀와 찬송을 받으시게 될 것이다.

제 84 편

개요

이 시편의 표제 속에는 다윗이라는 이름이 나오지 않지만, 우리는 이 시편의 저자가 다윗이었다고 생각할 만한 충분한 근거를 갖고 있다. 왜냐하면, 이 시편은 그의 탁월한 영성이 짙게 숨쉬고 있고, 그가 지은 시편 제63편과 상당히 흡사하기 때문이다. 다윗은 압살롬의 반란으로 인해서 예루살렘 도성을 떠나야만 했을 때에 이 시편을 지은 것으로 보인다. 그가 도성을 떠나는 것을 슬퍼했던 것은 그 곳이 왕의 도성이었기 때문이 아니라, 이 시편이 증언해 주듯이 하나님을 구하는 은혜받은 영혼의 경건한 호흡들과 하나님과의 교통을 그대로 간직한 거룩한 도성이었기 때문이었다. 이 시편의 표제에는 그런 말이 나오지 않기는 하지만, 이 시편을 안식일 또는 성회의 날을 위한 시 또는 노래로 보는 것이 합당할 것이다. 시편 기자는 여기에서 다음과 같은 것들에 대한 자신의 애정을 큰 경건함 속에서 표현하고 있다. I. 하나님의 규례들. 그가 그것들을 소중히 여긴다는 것(1절), 그것들을 향한 그의 소원(2-3절), 그것들을 누리는 자들의 행복에 대한 그의 확신(4-7절), 자신의 행복의 대부분이 그것들을 누리는 데에 있음을 말함(10절). II. 규례들의 하나님. 하나님을 향한 그의 소원(8-9절), 하나님에 대한 그의 믿음(11절), 하나님을 의지하는 자들이 복되다는 그의 확신(12절). 이 시편을 노래할 때에 우리는 다윗이 가지고 있었던 것과 동일한 정도로 하나님을 향한 경건한 애정을 지녀야 하고, 그럴 때에 이 시편을 노래하는 것이 무척 즐거워지게 될 것이다.

[1]만군의 여호와여 주의 장막이 어찌 그리 사랑스러운지요 [2]내 영혼이 여호와의 궁정을 사모하여 쇠약함이여 내 마음과 육체가 살아 계시는 하나님께 부르짖나이다 [3]나의 왕, 나의 하나님, 만군의 여호와여 주의 제단에서 참새도 제 집을 얻고 제비도 새끼 둘 보금자리를 얻었나이다 [4]주의 집에 사는 자들은 복이 있나니 그들이 항상 주를 찬송하리이다 (셀라) [5]주께 힘을 얻고 그 마음에 시온의 대로가 있는 자는 복이 있나이다 [6]그들이 눈물 골짜기로 지나갈 때에 그 곳에 많은 샘이 있을 것이며 이른 비가 복을 채워 주나이다 [7]그들은 힘을 얻고 더 얻어 나아가 시온에서 하나님

앞에 각기 나타나리이다

타의에 의해서 공예배 속에서 하나님을 만날 수 없게 된 시편 기자는 여기에서 예배의 소중함을 이전보다 더 뼈저리게 느끼게 된다. 좀 더 살펴보자.

I. 그는 하나님께서 세우신 거룩한 제도들 속에서 놀라운 아름다움을 보게 됨(1절). 만군의 여호와여, 주의 장막이 어찌 그리 사랑스러운지요. 어떤 이들은 다윗이 여기에서 하나님을 만군의 여호와(즉, 특별한 의미에서 천군천사들의 여호와)라고 부르는 것은 하나님의 성소에 천사들이 임재해 있기 때문이라고 생각한다. 천사들은 하나님의 영광을 나타내는 쉐키나를 수종들었고, 그룹들에 의해서 표현되었다(어떤 이들이 생각하는 것처럼). 하나님은 이러한 천군천사들의 주이시고, 성막은 하나님의 것이다. 본문에서 성막을 복수형으로 표현한 것(주의 장막들)은 백성들이 여러 뜰에서 섬겼고, 성막 자체도 성소와 지성소로 이루어져 있었기 때문이다. 이러한 하나님의 장막들은 얼마나 사랑스러운가! 진정으로 거룩하게 된 모든 자들의 눈에 성소는 얼마나 사랑스러운 것인가! 은혜를 받은 영혼들은 거룩함과 거룩한 일 속에서 말로 표현할 수 없는 경이로운 아름다움을 본다. 장막은 보잘것없는 거처였지만, 거룩한 예배는 외적인 환경의 열악함으로 인하여 결코 그 사랑스러움을 조금도 손상받지 않는다. 왜냐하면, 거룩함의 아름다움은 영적인 것이고, 예배의 영광은 우리 내면에 존재하는 것이기 때문이다.

II. 그는 공예배, 아니 공예배를 통해서 하나님을 다시 만날 수 있게 되기를 간절히 소원함(2절). 그것은 몸과 혼과 영이 모두 바라는 전적인 소원이었다. 그는 그러한 소원과 반대되는 생각이 조금이라도 일어나는 것을 전혀 느낄 수 없었다. 그것은 강렬한 소원이었다. 그것은 야심있고 탐욕스러우며 육욕에 빠진 자들의 소원과 같은 것이었다. 그는 하나님의 궁정에 다시 가고 싶어서 거의 기절할 지경이었고, 너무도 사모하여 끈질기게 부르짖었으며, 돌아가는 것이 지체되는 것을 거의 참을 수 없었다. 그렇지만 그가 그토록 사모한 것은 여호와의 궁정이라기보다는, 살아 계시는 하나님이었고, 그 하나님을 만나기 위하여 부르짖어 기도하였다. 하나님이여, 나로 하여금 하나님을 알게 하시고, 다시 하나님과 사귐을 갖게 하소서(요일 1:3)! 우리가 예배를 통해서 하나님을 만나지 못한다면, 그 예배는 헛된 것이다.

Ⅲ. 하나님의 제단 가까운 곳에 둥지를 튼 작은 새들의 행복을 부러워함(3절). 이것은 하나님의 제단을 사모하는 그의 마음을 놀라울 정도로 고상하게 잘 표현한 말씀이다: 참새도 제 집을 얻고 제비도 보금자리를 얻었나이다. 다른 새들이 숲 속에 둥지를 트는 것과 마찬가지로, 이 작은 새들은 자연의 본능과 지시에 따라서 그들이 쉬고 새끼를 둘 보금자리를 사람들이 사는 집 근처에 마련한다. 다윗은 하나님의 전의 뜰 근처에 있는 건물들 속에 그러한 보금자리들이 있었다는 것을 생각하고서, 자기도 그런 새들과 같았으면 좋겠다고 생각하는 것이다. 그는 하나님의 제단에서 멀리 떨어져 있는 궁정에 살기보다는 하나님의 제단 가까이에 있는 새의 둥지에서 살기를 원하였다. 그는 종종 비둘기의 날개가 그에게 있어서 광야로 날아가서 편히 쉬고자 하였지만(시 55:6), 여기에서는 비둘기의 날개를 가져서 아무도 눈치채지 못하게 하나님의 궁정에 날아가기를 원하였다. 지붕 위의 외로운 참새처럼 밤을 지새우는 것은 매우 외롭고 우울한 기분과 상태를 묘사하는 표현이지만(시 102:7), 다윗은 자기가 하나님의 제단 가까이에 있을 수만 있다면 그러한 운명도 기꺼이 받아들이고자 하였다. 많은 사람들과 함께 죄를 섬기는 것보다 홀로 하나님을 섬기는 것이 더 낫다. 본문에서 참새를 가리키는 단어는 그 종류와는 상관없이 작은 새를 의미하는 단어이다. 내가 추측하기로는, 다윗 시대에는 예배를 드릴 때에 사람의 음성과 악기를 사용한 음악이 많이 도입되었는데, 사람들은 화음을 완성하기 위하여 노래하는 새들을 새장에 넣어서 성막의 뜰 근처에 걸어 두었던 것으로 보인다 (왜냐하면, 우리는 성경 본문 속에서 새들이 노래하는 소리가 하나님께 영광을 돌리는 것이라는 묘사가 나오는 것을 발견하기 때문이다, 시 104:12). 여기서 다윗은 바로 그러한 새들의 행복을 부러워하며, 기꺼이 그 새들과 자리를 바꾸고자 하였다. 우리가 주목할 것은 다윗이 제단 위를 날아다니며 단지 하나님의 궁정을 잠시 보는 그러한 새들의 행복이 아니라 하나님의 궁정에 둥지를 튼 새들의 행복을 부러워한다는 것이다. 다윗은 하룻밤을 지내고 떠나는 행인 같이 하나님의 전에 잠시 머무는 것으로는 충분하지 않다고 생각한다. 하나님의 전이 그의 안식처, 그의 보금자리가 되어서, 거기에 그는 살기를 원한다. 그는 이러한 새들이 하나님의 제단 가까이에 자신을 위한 보금자리를 가지고 있을 뿐만 아니라 거기에 새끼들을 두고 있다고 말한다. 왜냐하면, 하나님의 궁정에 자신의 자리를 가지고 있는 자들은 그들의 자녀들도 하나님의 전에 있어서, 하

나님의 담장, 하나님의 이름이 있는 곳 안에서 그들의 새끼를 목자들의 장막 옆에서 먹이기를 원할 수밖에 없기 때문이다. 어떤 이들은 이 절을 다른 식으로 해석하기도 한다. "여호와여, 주께서는 섭리를 통해서 새들에게 그들의 본성에 맞는 둥지와 안식처를 마련해 주시고서, 그 새들로 하여금 그 곳을 자유롭게 드나들 수 있게 하셨나이다. 그러나 나의 보금자리이자 안식처인 주의 제단을 나는 떠도는 새가 둥지를 그리워하는 것보다 더 사모하면서도 거기를 마음대로 드나들 수 없나이다. 여호와여, 주께서는 주의 자녀들보다 주의 새들을 위하여 더 잘 해주려 하나이까? 나는 내 고향 같은 하나님의 제단을 떠나 떠돌고 있사오니, 보금자리를 떠나 떠도는 새와 같으니이다(잠 27:8). 나는 나의 보금자리로 다시 되돌아갈 때까지는 결코 마음이 편하지 않을 것이니이다." 그 영혼이 하나님 안에 보금자리를 정한 자들은 하나님을 예배하는 처소 가까이에 정착하기를 원하지 않을 수 없다. 하나님의 전에는 2개의 제단이 있었고, 하나는 희생 제사를 위한 단이었으며, 다른 하나는 향단이었다. 다윗은 하나님의 궁정을 사모하면서, 이 두 제단을 모두 바라보고 있다. 우리도 하나님을 섬기고 예배할 때에 그리스도의 대속과 중보를 둘 다 바라보아야 한다. 끝으로, 우리는 그가 하나님을 부르는 말 속에서 그가 하나님을 어떤 하나님으로 바로 보고 있었는지를 알게 된다. 주는 나의 왕, 나의 하나님, 만군의 여호와이시다. 곤경에 처한 가엾은 신민이 그의 왕 이외에 누구에게 보호를 요청하겠는가? 백성이 자기 하나님께 구할 것이 아니냐? 나의 왕, 나의 하나님은 만군의 여호와이시다. 나로 하여금 살든지 죽든지 하나님과 그의 제단 곁에 있게 하소서.

IV. 그는 하나님의 제단에 자유롭게 드나들 수 있는 사역자들과 백성들의 행복을 인정함. "그들은 복이 있도다. 나는 언제나 거기로 돌아가서, 그러한 복을 누릴 수 있게 될 것인가?"

1. 성막 근처에 거처를 두고서 반차를 따라 성막을 섬기는 일에 쓰임을 받는 사역자들, 곧 제사장들과 레위인들은 복이 있다(4절). 주의 집에 사는 자들, 즉 주의 전을 거처로 삼고 거기에서 일하는 자들은 복이 있도다. 다윗은 항상 엄격한 법도를 따라서 끊임없이 성소를 수종들어야 하는 사역자들을 불쌍히 여기는커녕 세상의 가장 위대한 왕들보다도 그들을 더 부러워한다. 탐욕스런 자들을 복이 있다고 하는 자들이 존재하는 반면에, 다윗은 하나님을 섬기는 일을 하는 자들이 복이 있다고 말한다. 주의 집에 사는 자들은 복이 있나니(그들이 희

생 제물 중 일부를 자신의 몫으로 받아서 잘 먹을 수 있기 때문이 아니라, 그들이 선한 일을 담당하고 있기 때문에) 그들이 항상 주를 찬송하리이다. 이 땅 위에 천국이 있다면, 그것은 하나님을 끊임없이 찬송하는 데에 있다. 이것을 하늘에 있는 하나님의 전에 적용해 보라. 거기에서 사는 자들, 즉 천사들과 영화롭게 된 성도들은 복이 있다. 왜냐하면, 그들은 밤낮 쉬지 않고 하나님을 찬송하기 때문이다. 그러므로 우리는 우리가 영원토록 계속하기를 소망하는 저 복된 일, 곧 하나님을 찬송하는 일에 가능한 한 많은 시간을 써야 한다.

2. 제사장들처럼 하나님의 전에 항상 살고 있는 것은 아니지만, 거룩한 절기들에 맞춰서 하나님의 전에 자유롭게 드나들 수 있는 사람들, 곧 이 땅의 거민들은 복이 있다. 이스라엘의 모든 남자는 일년에 3번 큰 절기에 하나님의 전에 와서 하나님을 뵈어야 하였다(신 16:16). 다윗은 이것을 백성들에게 부과된 고역이라고 생각하기는커녕, 그렇게 하나님의 전에 나아갈 수 있는 자들의 행복을 부러워한다(5-7절). 다윗은 여기에서 다음과 같은 자들이 복이 있다고 선언한다.

(1) 하나님을 의지하고 하나님께 헌신하여야 한다는 가장 기본적인 원칙 하에서 신앙 활동을 하는 자들은 복이 있다. 주께 힘을 얻는 자, 주를 자신의 힘으로 삼아서 오직 주만을 바라보는 자, 주의 이름을 자신의 견고한 망대로 삼아서 그에게로 피하는 자는 복이 있나이다(잠 18:10). 그의 하나님 여호와께 소망을 두는 자는 복이 있나이다(시 40:4; 146:5). 신앙으로 나아가는 자들, 즉 그들 자신의 힘이 아니라(왜냐하면, 자신의 힘을 믿고 나아갈 때에는 그 일이 반드시 잘못될 것이기 때문에) 모든 것에 충족하신 예수 그리스도의 은혜의 힘을 의지하여 나아가는 자들은 참으로 복된 자들이다. 다윗은 그의 하나님 여호와에게서 섬김과 고난을 위한 힘을 받기 위하여 하나님의 장막에 다시 돌아가고 싶어하였다.

(2) 거룩한 예배를 사모하는 자들은 복이 있다. 그 마음에 시온의 대로가 있는 자, 즉 하나님 안에서의 행복을 자신의 목적으로 삼고서, 하나님께로 이끄는 모든 길들, 그들로 하여금 은혜를 더욱 강하게 받게 해주고 하나님과의 교통을 유지시켜 주는 모든 방편들을 즐거워하는 자는 복이 있다. 그들은 그러한 길들로 행할 뿐만 아니라, 그 길들을 마음속에 담아 두고, 그들의 마음 가까이에 둔다. 그 어떤 걱정이나 근심, 쾌락이나 즐거움도 그들의 마음속에서 이것만큼

가까운 것은 없다. 새 예루살렘을 바라보는 자들은 거기로 이끄는 길들을 마음속에 두고서 그 길들을 항상 생각하여야 하고, 그들의 눈은 그 길들을 직시하여야 하고, 그 길들을 따라서 정확히 가는 것에 신경을 써서, 좌로나 우로나 치우치게 되지 않도록 조심하여야 한다. 우리가 하나님의 약속을 우리의 힘으로 삼는다면, 우리는 하나님의 말씀을 우리의 규범으로 삼아서 그것을 따라서 걸어가야 한다.

(3) 거룩한 예배를 통해서 하나님을 바라보며 온갖 어려움들과 낙심되는 일들을 헤쳐나가는 자들은 복이 있다(6절). 사람들이 절기 때에 하나님의 전에 예배 드리러 가기 위하여 시골 집을 나서게 되면, 그들 앞에는 수많은 메마른 모래 골짜기(어떤 이들은 이렇게 해석한다)가 놓여 있어서, 거기에서 그들은 목말라서 죽을 수도 있다. 그러나 그들은 그러한 불리한 여건을 극복하기 위해서 작은 웅덩이들을 파서 빗물을 받아 그 물을 마시고 기운을 차린다. 사람들이 이렇게 웅덩이들을 파면, 하늘은 그것들을 채워준다. 우리가 하나님의 은혜를 받을 준비만 하고 있다면, 우리에게 하나님의 은혜가 부족한 일은 없게 될 것이고, 그 은혜는 항상 우리에게 차고 넘치게 될 것이다. 눈물 골짜기라는 말이 보여주듯이, 그들 앞에는 수많은 물이 가득 찬 골짜기들이 놓여 있었다(어떤 이들은 이렇게 해석한다). 비가 웅덩이들을 가득 채우게 되는 우기에는 물이 불어 나거나 흙탕물이 되어서 골짜기를 건너는 것이 어려워지게 된다. 그러나 사람들은 그 골짜기들의 물을 빼서 길을 만들어, 사람들이 예루살렘으로 올라가는 것이 수월하게 해주었다. 시장으로 통하는 길들과 마찬가지로 교회로 통하는 길들도 항상 잘 정비된 상태로 있게 하는 데에 우리는 관심을 기울여야 한다. 그러나 이 모든 것은 다음과 같은 것들을 보여주기 위한 것이다.

[1] 사람들은 어떻게 해서든 하나님의 전에 나아가고자 했다는 것. 그들은 예루살렘에서 열리는 거룩한 절기에 참석하고자 했기 때문에 악천후나 길이 나쁜 것을 핑계삼아서 그냥 집에 머물러 있고자 하지 않았다. 우리가 마땅히 해야 할 도리를 수행하는 과정 속에서 겪게 되는 어려움들은 우리의 결심이 어느 정도인지를 시험하기 위한 것이다. 풍세를 살펴보는 자는 파종하지 못할 것이다.

[2] 그들은 시온으로 가는 길을 가장 좋은 상태로 만들고자 하여서, 길이 나쁜 곳은 애써 수고하여 고치고자 하였고, 그들이 제거할 수 없는 불편한 것들에 대해서는 감내하고자 하였다는 것. 우리는 천국으로 가는 도중에 눈물 골짜

기를 통과해야 하지만, 우리가 하나님께서 천국으로 가는 순례자들에게 제공해 주시는 위로들을 적절하게 활용하기만 한다면, 눈물 골짜기조차도 샘이 될 수 있다.

(4) 그들의 여정을 끝까지 밀고 나가서 마침내 그 목적지에 도달하고, 그 이전에는 결코 그 여정을 포기하지 않는 자들은 복이 있다(7절): 그들은 힘을 얻고 더 얻어 나아간다. 그들이 통과하는 성읍들에서 사람들이 합류함으로써 그들의 무리는 아주 많은 수가 된다. 가까이 있던 자들은 멀리 있는 자들이 그들에게 소리쳐서 여호와의 집에 올라가자고 말하며 함께 가기를 원했을 때에 그들을 기다려 주었는데, 이것은 그들의 상호적인 사랑을 보여주는 징표였다. 또는, 몇몇 사람들은 지루한 여행길과 그들이 만난 어려움들로 인해서 지쳐간 것이 아니라 예루살렘에 가까이 올수록 더욱 생기가 나고 즐거워져서 점점 더 힘을 얻어서 앞으로 나아갔다(욥 17:9). 이렇게 성경에서는 여호와를 앙망하는 자는 새 힘을 얻으리라고 약속한다(사 40:31). 그들은 연약한 그 곳에서 강하다. 그들은 점점 더 덕을 얻어 간다(어떤 이들은 이렇게 해석한다). 본문에서 사용된 단어는 현숙한 여자를 가리킬 때에 사용되는 것과 동일한 단어이다. 그리스도인으로서의 길을 힘차게 앞으로 나아가는 자들은 하나님께서 그들에게 은혜 위에 은혜를 더하시는 것을 발견하게 될 것이다(요 1:16). 그들은 영광에서 영광으로 변하게 되고(고후 3:18) 영화로운 은혜에서 은혜로 변하게 되어서, 마침내 그들은 각기 시온에서 하나님 앞에 나타나 하나님을 뵈옵고, 하나님께 영광을 돌리며, 하나님에게서 축복을 받게 될 것이다. 은혜 안에서 자라가는 자들은 마침내 영광 중에 온전하게 될 것이다. 갈대아 역본에는 이 본문이 다음과 같이 되어 있다: 그들은 성소의 집에서 가르침의 집으로 나아가는데, 그들이 율법에 쏟은 수고는 시온에 거하시는 엄위하신 하나님 앞에 장차 드러나리라. 우리는 하나의 도리에서 또 다른 도리로, 기도에서 말씀으로, 우리가 배운 것을 실천하는 것에서 더 많은 것을 배우는 것으로 나아가야 한다. 우리가 이렇게 한다면, 그것이 가져다 주는 유익은 그대로 드러나게 되어서, 하나님께는 영광이요 우리 자신에게는 영원한 위로가 될 것이다.

[8]만군의 하나님 여호와여 내 기도를 들으소서 야곱의 하나님이여 귀를 기울이소서 (셀라) [9]우리 방패이신 하나님이여 주께서 기름 부으신 자의 얼굴을 살펴보옵소서

¹⁰주의 궁정에서의 한 날이 다른 곳에서의 천 날보다 나은즉 악인의 장막에 사는 것보다 내 하나님의 성전 문지기로 있는 것이 좋사오니 ¹¹여호와 하나님은 해요 방패이시라 여호와께서 은혜와 영화를 주시며 정직하게 행하는 자에게 좋은 것을 아끼지 아니하실 것임이니이다 ¹²만군의 여호와여 주께 의지하는 자는 복이 있나이다

여기에는 다음과 같은 내용들이 나온다.

I. 시편 기자는 하나님께서 그에게 무엇을 해주시기를 원하는지를 구체적으로 언급함이 없이 하나님께서 그의 기도를 들으시고 열납해 주시기를 기도한다. 그는 지금 하나님의 전에서 멀리 떠나 있는 가운데 그가 하나님의 전에서 예배드리기를 얼마나 간절히 사모하는지를 고백하였기 때문에 자기가 무엇을 원하는지를 더 이상 말할 필요가 없었다. 그가 원하는 모든 것은 그의 고백을 통해서 하나님 앞에서 너무도 분명한 것이었고, 그의 사모함과 그의 신음은 하나님으로부터 감춰져 있지 않았다. 그러므로 그는 단지 하나님께서 그의 기도를 들어 주시고, 그의 처지와 그의 마음의 소원을 보아 주시며, 그의 얼굴이 어디를 향해 있고, 그의 얼굴 빛이 하나님의 궁정을 사모하는 그의 마음을 어떻게 드러내고 있는지만을 보아 달라고 기도한다(8-9절). 그는 자기 자신을 하나님께서 기름 부으신 자라고 부른다(많은 이들이 이렇게 생각한다). 왜냐하면, 다윗은 하나님에 의해서 기름 부음을 받았고 하나님을 위하여 기름 부음 받은 자였기 때문이다.

1. 이 간구 속에서 그는 하나님을 몇몇 영광스러운 칭호들 아래에서 바라본다. 모든 피조물들을 자신의 뜻대로 부리시며, 하늘과 땅의 모든 권세를 지니고 계시는 만군의 하나님 여호와 — 자기 백성과 언약을 맺고서, 기도하는 야곱의 자손에게 너희가 내게 구해보아야 아무 소용이 없다라고 결코 말씀하신 적이 없는 야곱의 하나님— 그들이 조상 아브라함과의 언약에 따라서 그의 백성을 그의 특별한 보호하심 아래에 두고 계시는 우리 방패이신 하나님. 아브람아, 두려워하지 말라 나는 네 방패이니라(창 15:1). 다윗은 하나님의 장막 은밀한 곳에 숨어 있을 수 없어서(시 27:5) 그 장막을 떠나 멀리 떨어져 있었지만, 그가 어디에 있든 하나님께서 기꺼이 그의 방패가 되어 주시리라는 것을 믿고서 소망하였다.

2. 그는 중보자를 바라본다. 왜냐하면, 나는 다윗이 메시야에 관하여 말하고

있다는 것을 근거로(시 45:7) 이 본문을 주의 메시야의 얼굴을 살펴보옵소서라고 해석하는 것이 옳다고 보기 때문이다. 우리는 하나님께 간구할 때에 하나님께서 그리스도의 얼굴을 보셔서 그리스도를 인하여 우리를 받아 주시고 그리스도 안에서 우리를 기뻐해 주시기를 원하여야 한다. 우리는 믿음의 눈으로 바라보아야 한다. 그럴 때에 우리는 그리스도 없이는 감히 하나님 앞에 나설 수 없는데 하나님은 기름 부음 받은 자의 얼굴을 기쁜 눈으로 바라보시게 될 것이다.

Ⅱ. 그는 그가 하나님의 규례들을 사랑한다는 것과 하나님 자신을 의지한다는 것을 호소한다.

1. 하나님의 궁정은 그의 선택이었다(10절). 그는 하나님의 규례들과 예배를 지극히 사모하였다. 그는 하나님의 규례들을 다른 어떤 것보다도 소중히 여겼는데, 그러한 마음을 다음과 같은 것들을 통해서 표현한다.

(1) 하나님께 예배 드리는 시간을 다른 어떤 시간들보다도 소중히 여김. 세상적인 모든 일들을 완전히 떠나서 오로지 예배를 드리며 주의 궁정에서 보낸 한 날이 이 세상에서 사람들이 누리는 온갖 즐거움들을 누리며 보낸 천 날보다 낫다. 그는 천 날보다 낫다고 말할 때에 날들이라는 단어를 명시적으로 사용하고 있지 않기 때문에, 우리는 원한다면 천년 또는 천 세대라고 해석할 수도 있는데, 다윗은 그러한 해석에 기꺼이 동의해 줄 것이다. "주의 궁정에서의 한 날, 하루의 안식일, 거룩한 날, 절기의 날은 비록 단 하루라고 할지라도 내게는 너무 소중한 날이 될 것이다. 아니, 내가 주의 궁정에서 하루를 살다가 그 다음 날 죽는다고 하여도, 그것은 이 세상의 일을 하며 세상 즐거움을 누리면서 여러 해를 지내는 것보다 더 달콤할 것이다(몇몇 랍비들은 이렇게 의역한다). 이러한 날들 중의 하루는 그 즐거움에 있어서 천 날을 쫓아낼 것이고, 이틀은 만 날을 부끄러워 도망치게 할 정도로 비할 바 없이 가치 있는 날이 될 것이다."

(2) 예배하는 곳을 그 어떤 다른 곳보다 더 소중히 여김. 악인의 장막에서 주인으로서 떵떵거리며 사는 것보다 비록 하잘것없는 곳과 직위이지만 내 하나님의 성전 문지기로 있는 것이 나는 좋사옵나이다. 다윗은 하나님의 장막을 집이라고 부른다. 왜냐하면, 장막 안에 하나님께서 임재해 계시면, 휘장으로 둘러쳐진 장막조차도 왕궁보다 더 웅장하고 요새보다 더 튼튼한 곳이 되기 때문이다. 그 곳은 내 하나님의 집이다. 그가 언약을 맺어서 하나님을 그의 하나님으로 모시고 있다는 것은 그가 수금으로 노래하기를 좋아하였던 달콤한 주제였다.

선한 근거 위에서 하나님을 자신의 하나님이라고 부를 수 있는 자들만이 하나님의 집의 뜰을 기뻐한다. 나는 악이 지배하는 장막들에서 우두머리가 되는 것보다 하나님의 집에서 일꾼이 되어 현관에서 잠을 자는 편이 더 좋다(원어는 이런 의미이다). 현관은 거지가 있는 곳이었다(행 3:2). "다름 아닌 그 곳이 내 자리가 되게 하소서"(다윗은 이렇게 말한다). 바리새인들은 회당의 가장 높은 자리에 앉아서 자기가 큰 인물이라는 것을 과시하는 것을 좋아하였다(마 23:6). 거룩한 다윗은 그런 것을 구하지 않는다. 그가 현관 자리를 허락받기만 한다고 해도, 그는 주여 여기가 좋사옵나이다라고 말할 것이다. 어떤 이들은 이 본문을 이렇게 해석한다: 악인의 장막에서 자유롭게 사는 것보다 내 하나님의 집 문설주에 내 귀를 뚫어서 거기에 머물고자 하나이다. 이와 같은 해석은 종이 자유인이 되어서 주인 집에서 나가고자 하지 않는 경우에는 그 집 문설주에 종의 귀를 대고 구멍을 뚫게 되어 있었던 율법과 이 본문이 관계가 있는 것으로 보는 것이다(출 21:5-6). 다윗은 그의 주인을 사랑하였고 그의 일도 사랑하였기 때문에, 영원히 주인을 섬기며 더욱더 열심히 그에게 맡겨진 일을 하기를 원하였고, 결코 주인에게서 해방되어 밖으로 나가고자 하지 않았으며, 주인에게 묶여서 자기가 해야 할 도리를 행하는 것을 제멋대로 범죄할 자유를 얻는 것보다 훨씬 더 소중히 여겼다. 거룩한 심령들은 거룩한 도리들을 행하는 가운데 최고의 즐거움을 누리게 된다. 그들에게는 하나님과의 교통 속에서 누리는 만족과 비할 수 있는 것이 없다.

2. 하나님 자신이 그의 소망이자 기쁨이었고 그의 전부였다. 다윗이 그의 하나님의 집을 사모한 것은 그의 모든 소망이 하나님께 있었고, 하나님의 전에서 그가 자신을 나타내시곤 하였기 때문이다(11절). 좀 더 살펴보자.

(1) 하나님은 그의 백성에게 어떤 분이시고, 장차 어떤 분이 되실 것인가: 여호와 하나님은 해요 방패이시라. 우리는 이 땅에서 어둠 가운데 있지만, 하나님께서 우리의 하나님이 되시면, 하나님은 우리에게 해가 되셔서, 우리에게 빛을 비춰 주시고 우리를 소생시키셔서 가르치시고 인도하실 것이다. 우리는 이 땅에서 위험 가운데 있지만, 하나님께서 우리의 하나님이 되시면, 하나님은 우리에게 방패가 되셔서, 우리를 향해 무수히 날아 오는 불화살들로부터 우리를 안전하게 지켜 주실 것이다. 주는 의인에게 복을 주시고 방패와 같은 은혜로 그를 호위하시리이다. 그러므로 우리는 여호와의 빛 안에서 항상 행하여야 하고, 하나님

의 보호하심에서 결코 벗어나서는 안 된다. 그러면 우리는 하나님께서 해가 되셔서 우리에게 모든 좋은 것들을 공급해 주시고, 우리에게 방패가 되셔서 우리를 모든 악에서 보호해 주신다는 것을 발견하게 될 것이다.

(2) 하나님은 그의 백성에게 무엇을 수여하시고, 또한 장차 수여하실 것인가: 여호와께서 은혜와 영화를 주시리라. 은혜는 우리를 향하신 하나님의 선하신 뜻과 우리 안에서 일하시는 하나님의 선하신 역사, 이 두 가지를 모두 의미한다. 영화는 하나님께서 우리를 양자로 삼으심으로써 우리에게 수여하신 존귀함과 하나님께서 아들들에게 주실 유업 속에 우리를 위하여 예비해 두신 존귀함, 이 두 가지를 모두 의미한다. 하나님은 영화를 위한 준비로서 이 세상에서 그의 백성에게 은혜를 주실 것이고, 은혜의 완성으로서 저 세상에서 그의 백성에게 영화를 주실 것이다. 이 두 가지는 모두 하나님의 선물이고 하나님께서 거저 주시는 선물이다. 한편으로 하나님께서 은혜를 주시는 곳마다 영화도 주시듯이(왜냐하면, 은혜는 영화의 맛보기이기 때문이다), 다른 한편으로 하나님은 지금 그의 은혜를 받지 못하였거나 헛되이 받은 자들에게는 장차 영화를 주지 않으실 것이다. 하나님께서 이 세상과 저 세상에서 우리를 복되게 만들어 주는 데에 필요한 두 가지 큰 것인 은혜와 영화를 주시고자 하신다면, 우리는 하나님께서 정직하게 행하는 자에게 좋은 것을 아끼지 아니하실 것임을 확신할 수 있다. 정직하게 행하고, 신령과 진정으로 하나님을 예배하며, 이 세상에서 단순하고 경건하며 진실한 삶을 사는 것은 모든 선한 자들의 특성이다. 그러한 자들은 하나님께서 그들이 이 세상을 통과할 때에 위로가 되는 것들로 꼭 필요한 좋은 것을 아끼지 아니하시리라는 것을 확신할 수 있다. 은혜와 영화를 확실하게 얻어라. 그리하면 다른 것들이 더해지리라. 이 말씀은 포괄적인 약속으로서 성도들의 현재적인 위로에 대한 약속이기 때문에, 그들은 그들이 무엇을 원하거나 그들에게 무엇이 필요하다고 생각할 때에 무한한 지혜를 지니신 분이 그것이 그들에게 유익하지 않다는 것을 보여주시거나 무한히 선하신 분이 때가 되면 그것을 그들에게 주시리라는 것을 확신할 수 있다. 우리는 정직하게 행하는 데에만 관심을 가지고서, 나머지는 하나님께 모두 맡겨야 한다. 그러면 하나님께서 우리에게 우리를 위하여 좋은 모든 것을 주실 것이다.

마지막으로, 그는 자기처럼 하나님을 의지하는 자들이 복이 있다고 선언한다(12절). 하나님의 전을 자유롭게 드나들며 예배를 드릴 자유와 특권을 지닌 자들은 복이 있다. 그러나 우리가 하나님의 전으로 나아가는 것에 지장을 받고 있다고 할지라도, 우리가 하나님을 의지하기만 한다면, 우리는 복을 받는 데에 지장을 받지 않는다. 우리가 여호와의 집에 나아갈 수 없다면, 우리는 그 집의 주인이 되시는 여호와께 믿음으로 나아갈 수 있고, 그 때에 우리는 하나님 안에서 행복하고 마음이 편하게 될 것이다.

제
— 85 —
편

개요

　　해석자들은 일반적으로 이 시편이 유대인들이 바벨론에서의 포로 생활로부터 돌아온 후에 지어진 것이라고 생각하는데, 그들은 귀환 후에도 여전히 하나님께서 그들을 기뻐하지 아니하신다는 몇몇 징후들 속에 살고 있었고, 따라서 그들은 여기에서 그들에 대한 하나님의 진노를 거두어 달라고 기도한다. 이러한 견해를 반박할 수 있는 것으로 보이는 내용은 이 시편 속에 나오지 않기 때문에, 이 시편은 제137편과 마찬가지로 그 때에 쓰여진 것이라고 할 수 있다. 이 시편에서 시편 기자의 마음을 사로잡고 있었던 것은 공적인 문제들이었고, 이 시편은 회중을 위하여 지어진 것이다. 교회는 당시에 대홍수 속에 있었다. 위에는 구름이 있었고, 아래에는 물결들이 있었다. 모든 것이 암울하고 절망적이었다. 교회는 방주 속에 있던 노아와 같이 생과 사, 소망과 두려움의 갈림길에 서 있었다. I. 그런 상황 속에서 시편 기자는 기도를 통하여 비둘기를 날려 보낸다. 그는 죄를 용서하시고 분노를 거두어 주시며(4절) 긍휼과 은혜를 베풀어 주시라고(7절) 기도하면서, 하나님께서 이전에 베풀어 주셨던 은총들(1-3절)과 그들이 처한 현재의 곤경들(5-6절)을 호소한다. II. 비둘기는 평화와 좋은 소식을 상징하는 감람나무 가지를 물고서 되돌아온다. 시편 기자는 비둘기가 되돌아올 것을 기대하면서(8절), 하나님께서 이스라엘에게 베푸셨던 은총들을 열거하는 것을 통해서, 예언의 영으로써 다른 사람들에게 확신을 주고, 믿음의 영으로써 스스로 확신을 가지게 된다(9-13절). 이 시편을 노래함으로써 우리는 하나님의 교회를 위한 우리의 기도, 특히 우리의 조국 땅을 위한 기도를 함에 있어서 도움을 받을 수 있다. 이 시편의 전반부는 우리가 어떤 것들을 원하고 기도해야 하는지를 인도받는 데에 유익하고, 후반부는 그러한 기도들을 함에 있어서 우리의 믿음과 소망을 격려하는 데에 유익하다.

〔고라 자손의 시, 인도자를 따라 부르는 노래〕
[1]여호와여 주께서 주의 땅에 은혜를 베푸사 야곱의 포로 된 자들이 돌아오게 하셨으며 [2]주의 백성의 죄악을 사하시고 그들의 모든 죄를 덮으셨나이다 (셀라) [3]주의

모든 분노를 거두시며 주의 진노를 돌이키셨나이다 ⁴우리 구원의 하나님이여 우리를 돌이키시고 우리에게 향하신 주의 분노를 거두소서 ⁵주께서 우리에게 영원히 노하시며 대대에 진노하시겠나이까 ⁶주께서 우리를 다시 살리사 주의 백성이 주를 기뻐하도록 하지 아니하시겠나이까 ⁷여호와여 주의 인자하심을 우리에게 보이시며 주의 구원을 우리에게 주소서

여기서 교회는 환난과 곤경 속에서 하나님의 지시하심을 받고 자신의 사정을 하나님께 아뢰고 있다. 하나님은 그의 백성의 기도를 들으시고 응답할 준비가 되어 계시기 때문에, 그의 성령을 통해서 말씀과 마음으로 역사하셔서, 그들이 간구할 것들을 생각나게 하시고, 그들의 입에 말씀들을 넣어 주신다. 매우 낮아지고 연약한 상태에 있는 하나님의 백성은 여기에서 하나님께 어떻게 말해야 할지를 가르침받는다.

I. 그들은 하나님께서 그들을 위하여 행하신 큰 일들을 감사함으로 고백하고자 한다(1-3절). "주께서는 우리와 우리 조상들을 위하여 이런저런 일들을 행하셨나이다." 우리는 현재 환난을 당하여 고통스럽다고 해서 하나님께서 우리에게 이전에 베풀어 주셨던 긍휼들을 기억해 내지 못해서는 안 된다. 도리어, 우리가 아주 비천하게 낮아졌을 때에조차도 우리는 하나님의 선하심에 대한 과거의 경험들을 기억하고서, 감사함으로 그러한 것들을 언급하면서 하나님을 찬송하여야 한다. 그들은 여기에서 다음과 같은 것들을 기쁜 마음으로 언급한다.

1. 하나님께서 그들의 땅에 호의를 베푸셔서 그 땅을 자신의 땅으로 여겨 좋은 일이 있게 하셨다는 것. "주께서 주의 땅에 은혜를 베푸시되, 그 땅을 주의 땅으로 여기셔서 특별한 은총을 베풀어 주셨나이다." 하나님의 은총은 개인들만이 아니라 나라들에도 모든 선의 원천이요 행복의 근원이라는 것을 명심하라. 이스라엘이 가나안 땅을 점령하고 계속해서 차지할 수 있었던 것은 하나님의 은총 때문이었다(시 44:3). 만약 하나님께서 그들에게 계속해서 은혜를 베풀지 아니하셨다면, 그들은 천 번도 더 멸망하고 말았을 것이다.

2. 하나님께서 그들을 원수들의 손에서 건지셔서 자유를 회복해 주셨다는 것. "주께서 야곱의 포로된 자들이 돌아오게 하셨고, 고국에서 쫓겨나서 낯선 땅에서 객이 되어 압제자들의 땅에서 포로된 자들로 살아 왔던 자들을 그들의 고

국 땅에 다시 돌아와 살게 하셨나이다." 야곱의 포로된 자들은 그대로 계속해서 오랫동안 포로로 살 것 같이 보이지만 때가 되면 하나님의 은혜로 되돌아오게 될 것이다.

3. 하나님은 그들을 그들이 저지른 죄악에 상응한 벌을 따라서 처리하시지 않으셨다는 것(2절). "주께서는 주의 백성의 죄악을 사하셨고, 공의대로 그들을 벌하지 아니하시고, 그들의 모든 죄를 덮으셨나이다." 하나님께서는 죄를 사하시고 덮으신다. 하나님은 그의 백성의 죄를 덮으실 때에 그 모든 죄를 덮으신다. 그러므로 그들이 포로 생활에서 돌아온 것은 그들에 대한 하나님의 은총을 보여주는 한 예가 되었다. 왜냐하면, 거기에는 그들의 죄를 사하신 것이 수반되었기 때문이다.

4. 그들의 염려와는 달리, 하나님은 그들에 대한 진노를 이제까지 아주 오랫동안 지속하지 않으셨다는 것(3절). "주께서는 그들의 모든 죄를 덮으시고서 주의 모든 분노를 거두셨나이다." 왜냐하면, 죄가 처리될 때, 하나님의 진노도 그치기 때문이다. 우리가 깨끗하게 되면, 하나님은 진정되신다. 죄 사함이 무엇인지를 보라: 주께서 주의 백성의 죄악을 사하셨나이다. 즉, "주께서 주의 진노를 돌이키셔서, 우리를 그 진노의 불길로 태워 버리지 않으셨나이다. 주께서는 우리를 불쌍히 여기셔서 모든 진노를 다 쏟지 않으시고, 중보자가 주 앞에 서자, 주께서는 주의 진노를 돌이키셨나이다."

II. 그들은 그들이 현재 처한 곤경과 관련해서 하나님께 은혜와 긍휼을 베풀어 달라고 기도하도록 가르침을 받는다. 이것은 앞에 나온 말씀으로부터 추론되고 있다. "주께서는 우리 조상들을 선대하셨나이다. 우리는 그 동일한 언약의 자손들이오니, 우리에게도 선대하옵소서."

1. 그들은 회개케 하시는 은혜를 주시라고 기도한다. "우리로 하여금 포로 생활에서 돌아올 수 있도록 하기 위하여, 우리 구원의 하나님이여 우리를 돌이키소서. 우리를 죄악에서 돌이키시고, 우리로 하여금 주님과 우리의 본분으로 되돌아오게 하소서. 우리를 돌이키소서. 그리하시면, 우리가 되돌이키겠나이다." 하나님은 그가 조만간 구원하실 모든 자를 돌이키실 것이다. 회심이 없이는 구원도 없다.

2. 그들은 그들에게 아직도 남아 있는 하나님의 진노의 징후들을 제거해 주실 것을 기도한다. "주께서 우리 조상들의 때에 주의 분노를 그들로부터 거두

셔서 수없이 주의 분노를 그치셨던 것 같이, 우리에게 향하신 주의 분노를 거두소서." 그 순서를 잘 살펴보라: "먼저 우리를 주께 돌이키시고, 그런 후에 주의 분노를 우리에게서 돌이키소서." 우리가 하나님과 화목을 이루게 될 때, 그 때가 되어서야 우리는 하나님께서 우리와 화목되신 것에서 오는 위로를 기대할 수 있다.

3. 그들은 그들에 대한 하나님의 선의를 보여 달라고 기도한다(7절). "여호와여 주의 긍휼하심을 우리에게 보이시고, 주께서 우리를 긍휼히 여기신다는 것을 보여주소서. 우리를 긍휼히 여기실 뿐만 아니라, 그 긍휼하심의 증거들을 우리로 하여금 보고 위로를 얻게 하소서. 우리에게 주께서 우리를 긍휼히 여기시며 우리를 위하여 긍휼을 예비하고 계심을 알게 하소서."

4. 그들은 하나님께서 그들을 위하여 나타나심으로 그들에게는 은혜가 되고 하나님께는 영광이 되게 해 달라고 기도한다. "주의 구원을 우리에게 주소서. 주의 약속을 통해서 구원을 우리에게 허락하소서. 그리하시면, 틀림없이 주께서는 섭리를 통해서 그 구원을 이루실 것이니이다." 하나님의 긍휼의 그릇들은 하나님의 구원의 후사들이라는 것을 명심하라. 하나님은 구원을 허락하실 자들에게 긍휼을 보여주신다. 왜냐하면, 구원은 오로지 긍휼로부터 나오기 때문이다.

III. 그들은 그들이 현재 겪고 있는 환난과 괴로움을 하나님께 겸손히 아뢰도록 가르침을 받는다(5-6절). 좀 더 살펴보자.

1. 그들은 무엇을 두려워하고 면하기를 비는가. "주께서 우리에게 영원히 노하시겠나이까? 만약 주께서 그리하시면, 우리는 망할 것이오나, 우리는 주께서 그렇게 하지 않으시기를 소망하나이다. 주께서 대대에 진노하시겠나이까? 그렇지 않을 것이나이다. 주는 은혜로우시고 노하기를 더디하시며 긍휼을 베푸시는 데에 빠르시고 영원히 다투시지 않으시나이다. 주께서는 우리 조상들에게 영원히 노하지 아니하셨고, 주의 격렬한 진노를 곧 거두셨나이다. 그런 주께서 어찌 우리에게 영원히 진노하시겠나이까? 주의 긍휼과 불쌍히 여기심은 예전과 같이 풍성하시고 강력하지 아니하나이까? 회개치 않는 죄인들에게는 하나님께서 영원히 진노하실 것이니이다. 하나님의 진노가 대대에 미치는 것보다 더 큰 지옥이 어디 있겠나이까? 그런데도 주께서 이 땅에서 그런 지옥을 주의 백성의 운명이 되게 하시겠나이까?"

2. 그들은 무엇을 바라고 소망하는가. "주께서 우리를 다시 살리지 아니하시겠나이까(6절). 주께서 우리에게 위로의 말씀을 하심으로써 우리를 되살리시고, 우리를 위하여 구원을 베푸심으로써 우리를 다시 살리시지 아니하시겠나이까? 주께서는 이전에 주의 땅에 은혜를 베푸셨는데, 그것이 그 땅을 다시 살렸나이다. 주께서 다시 주의 땅에 은혜를 베푸셔서 그 땅을 다시 살리지 아니하시겠나이까?" 하나님은 포로된 자들에게 은혜를 베푸셔서 그들이 종 노릇 하는 중에 조금 소생하게 하셨다(스 9:8). 그들이 바벨론에서 돌아온 것은 죽은 자 가운데서 살아 온 것과 같았다(겔 37:11-12). 그들은 이렇게 말한다: 여호와여, 주께서 우리를 다시 살리사 다시 한 번 우리를 모으시지 아니하시겠나이까(시 126:1, 4). 주는 주의 일을 이 수년 내에 부흥하게 하옵소서(합 3:2).

(1) "우리를 다시 살리사 주의 백성이 기뻐하게 하옵소서. 그리하시면, 우리가 그것으로 인한 위로를 받게 되리이다(시 14:7)." 그들에게 생명을 주셔서, 그들로 하여금 기뻐하게 하소서.

(2) "우리를 다시 살리사 그들이 주를 기뻐하게 하소서. 그리하시면, 주께서는 그것으로 인하여 영광을 받으시게 되리이다." 하나님이 우리의 모든 긍휼들의 원천이시라면, 하나님은 마땅히 우리의 모든 기쁨의 중심이 되셔야 한다.

[8]내가 하나님 여호와께서 하실 말씀을 들으리니 무릇 그의 백성, 그의 성도들에게 화평을 말씀하실 것이라 그들은 다시 어리석은 데로 돌아가지 말지로다 [9]진실로 그의 구원이 그를 경외하는 자에게 가까우니 영광이 우리 땅에 머무르리이다 [10]인애와 진리가 같이 만나고 의와 화평이 서로 입맞추었으며 [11]진리는 땅에서 솟아나고 의는 하늘에서 굽어보도다 [12]여호와께서 좋은 것을 주시리니 우리 땅이 그 산물을 내리로다 [13]의가 주의 앞에 앞서 가며 주의 길을 닦으리로다

우리는 여기에서 앞의 절들에 나온 기도들과 간청들에 대한 응답을 보게 된다.

I. 전체적으로 그것은 평안의 응답이다. 시편 기자는 이것을 곧 알아차렸다(8절). 왜냐하면, 그는 선지자로서 망대에 서서 하나님께서 그에게 말씀하실 것을 들을 것이기 때문이다(합 2:1-2). 내가 하나님 여호와께서 하실 말씀을 들으리라. 이것은 다음과 같은 것들을 보여준다.

1. 슬픔이나 두려움 같은 그의 감정들과 그것들로 인한 그의 심령의 동요가 잠잠해졌다는 것. "내 영혼아, 잠잠하고서, 겸손한 침묵 가운데 하나님을 바라고 하나님의 처분을 기다리라. 나는 충분히 말하였고, 아니 너무 많이 말하였다. 이제 나는 하나님께서 무엇이라 말씀하실지 듣고자 하고, 하나님의 거룩하신 뜻을 기쁜 마음으로 받아들이리라. 내 주여 종에게 무슨 말씀을 하려 하시나이까?" 우리는 기도를 통하여 우리가 하나님께 말씀드리는 것을 하나님으로 하여금 들으시게 하고자 한다면, 우리는 하나님께서 그의 말씀을 통해서 우리에게 무엇을 말씀하시는지를 들을 준비가 되어 있어야 한다.

2. 그의 기대를 말함. 다윗은 기도를 다 한 후에 기도를 들으시는 하나님으로부터 지극히 크고 선한 그 무엇을 기다린다. 우리도 기도를 다 한 후에는 우리가 기도한 것을 따라서 그 응답을 기다려야 한다. 좀 더 살펴보자.

(1) 그가 그의 기도에 대한 응답으로 하나님께 기대하는 것이 무엇인가: 여호와께서 그의 백성, 그의 성도들에게 화평을 말씀하실 것이라. 이 세상에는 하나님의 백성, 즉 하나님을 위하여 구별되고, 하나님께 순종하며, 하나님에 의해서 구원받게 될 백성이 존재한다. 그의 모든 백성은 그의 은혜로 말미암아 거룩해지고 그의 영광을 위하여 헌신된 그의 성도들이다. 이러한 자들에게도 종종 평안이 없고, 밖으로는 싸움이요 안으로는 두려움일 경우가 있다. 그러나 조만간에 하나님께서는 그들에게 화평을 말씀하실 것이다. 하나님께서는 외적인 화평을 명하시지 않는 경우에도, 그의 성령을 통해서 그들의 마음에 내적인 평안을 말씀하셔서, 그의 말씀과 사역자들을 통해서 그들의 귀에 평안을 말씀하시고, 그들로 하여금 그 말씀을 기쁨과 즐거움으로 듣게 하실 것이다.

(2) 그는 이러한 기대를 어떻게 활용하는가.

[1] 그는 그러한 기대를 통해서 위로를 얻는다. 우리도 그렇게 해야 한다. "내가 하나님 여호와께서 하실 말씀을 들으리니, 하나님께서 내 기도에 응답하여 화평을 약속하시는 말씀을 들으리라." 하나님께서 화평을 말씀하실 때, 우리는 그 말씀에 귀를 막지 말고, 모든 겸손과 감사함으로 그 말씀을 받아야 한다.

[2] 그는 성도들에게 하나님께서 화평을 말씀하실 수 있도록 그들의 도리를 다해야 한다고 충고한다: 그들은 다시 어리석은 데로 돌아가지 말지로다. 왜냐하면, 그들이 화평을 기대할 수 있는 것은 다름 아닌 이러한 조건 아래에서이기 때문이다. 죄로부터 돌이킨 자들에게만 하나님께서는 화평을 말씀하신다. 그

러나 그들이 다시 죄로 되돌아간다면, 그것은 그들을 위험에 빠뜨리게 될 것이다. 모든 죄는 어리석은 짓이고, 특히 원래의 타락한 모습으로 되돌아가는 것이다. 우리가 죄로부터 돌이킨 듯이 보인 후에 다시 죄로 돌아가는 것, 하나님께서 화평을 말씀하신 후에 죄로 돌아가는 것은 지독히 어리석은 짓이다. 하나님은 화평을 위해 계시지만, 하나님께서 말씀하실 때에 그것은 전쟁하기 위한 것이다.

Ⅱ. 여기에는 이러한 평안의 응답의 구체적인 내용들이 나온다. 시편 기자는 얼마 후에는 모든 것이 잘 될 것임을 의심하지 않기 때문에, 이 시편의 마지막 다섯 절에서 교회의 융성한 상태에 관한 기분좋은 전망을 우리에게 제시한다. 여기에서는 그들이 많은 수고와 괴로움을 겪은 후에 마침내 그들의 고국에 정착하여 살게 되었을 때에 하나님께서 결국 포로된 자들을 화평과 형통으로 축복하셨다는 것을 묘사한다. 그러나 이 말씀들은 하나님을 경외하고 의를 행하는 모든 자들은 평안하고 복되게 될 것이라는 약속이자 메시야의 나라와 그 나라에 풍성하게 임할 축복들에 관한 예언으로 해석될 수 있다. 여기에는 다음과 같은 내용들이 나온다.

1. 하나님의 도우심이 가까움(9절). "진실로 그의 구원이 가깝고, 우리가 생각하는 것보다 더 우리에게 가깝다. 우리의 어려움과 곤경이 아무리 심하다고 할지라도, 하나님의 때가 임하여서 곧 하나님의 구원이 이루어질 것인데, 그 때가 멀지 않다." 이스라엘 백성이 찍어 내야 할 벽돌 수가 2배로 되었을 때에 모세가 등장하였다. 하나님을 경외하는 모든 자들에게 하나님의 구원이 가깝다. 환난이 가까울 때에 구원도 가깝다. 왜냐하면, 하나님은 그의 소유인 모든 자들에게 환난 때에 즉각적인 도우심이시기 때문이다. 반면에, 구원은 악인들에게는 멀다(시 119:155). 이러한 말씀은 영원한 구원의 원천이신 그리스도께 적절하게 적용될 수 있다. 구약의 성도들은 비록 예루살렘에서 이루어질 저 구속을 기다리기만 하고 살아서 보지는 못하였지만 그 구원이 하나님을 경외하는 모든 자들에게 가깝다는 것을 확신하고서 환영하였다.

2. 영광이 임함. "영광이 우리 땅에 머무르고, 하나님에 대한 예배가 우리 가운데 확고히 세워지게 되리이다. 왜냐하면, 그것은 한 나라, 그 땅의 영광이기 때문이니이다. 그것이 가버릴 때에 영광은 떠난(이가봇) 것이고, 그것이 머무를 때에 영광도 머무르는 것이니이다." 이 말씀은 그들 가운데 오셔서 거하심으로

써 그의 백성 이스라엘의 영광이 되실 메시야를 가리키는 것일 수 있다(요 1:4). 이런 이유 때문에 그들의 땅은 임마누엘의 땅으로 불리었다(사 8:8).

3. 은혜들이 서로 만나고 행복하게 껴안음(10-11절): 인애와 진리, 의와 화평이 서로 입맞춘다. 이 말씀은 다음과 같은 것들을 의미하는 것으로 이해될 수 있다.

(1) 백성들의 삶과 나라의 통치가 새롭게 변화되어서, 이러한 모든 은혜들이 두드러지게 나타나고 지배적이 되리라는 것. 다스리는 자들이나 다스림을 받는 자들이나 모두 긍휼이 넘치고 참되며 의롭고 화평을 추구하게 될 것이다. 진실이나 긍휼이 없는 곳에서는 모든 것은 멸망으로 치닫는다(호 4:1; 사 59:14-15). 그러나 모든 일을 할 때에 진실과 긍휼이 같이 만나고, 그러한 것들이 목적이 되고 법이 되며, 진실이 풍성하여 땅의 풀처럼 돋아나고, 의가 풍성하여 하늘로부터 비처럼 쏟아질 때, 일들은 잘될 것이다. 모든 만남에서 긍휼과 진실이 서로 만나고 의와 화평이 서로 입맞추며, 보편적인 정직이 실제로 보편적인 것이 될 때, 거짓이 지배하는 죄가 백성들에게 수치가 되는 것과 마찬가지로, 영광이 그 땅에 거하게 될 것이다.

(2) 하나님의 은총이 되돌아와서 지속될 것임. 백성이 하나님께로 돌아와서 그에게 충성하여 그들의 본분을 다할 때, 하나님께서는 그들에게 돌아오셔서, 그의 긍휼로 그들과 함께 하실 것이다. 어떤 이들은 이 말씀을 인간의 진실됨과 하나님의 긍휼, 인간의 의와 하나님의 화평이 서로 만나게 되는 것을 의미하는 것으로 이해한다. 하나님께서 우리가 하나님과 서로와 우리 자신에게 진실하다는 것을 발견하시면, 우리는 하나님께서 긍휼을 베푸시는 것을 발견하게 될 것이다. 우리가 의를 행한다면, 우리는 화평의 위로를 받게 될 것이다. 진실이 땅에서, 즉 진실이 자라나는 합당한 땅인 사람들의 마음에서 솟아나면(하몬드 박사의 해설에 의하면), 마치 해가 세상에 비추어서 땅의 소산들에 영향을 주고 그 소산들을 품어 주듯이, 의(즉, 하나님의 긍휼)가 하늘에서 굽어 보게 될 것이다.

(3) 메시야의 사역 속에서 하나님의 여러 속성들이 조화를 이룰 것임. 우리의 구원이자 우리의 영광이신 그리스도 안에서 인애와 진리가 같이 만나고, 하나님의 인애와 진리, 그의 의와 화평이 서로 입맞추었다. 즉, 우리의 구원에 관한 큰 일은 아주 잘 고안되었고 아주 잘 조화가 되어 있기 때문에, 하나님은 그의

진리와 의를 전혀 손상시킴이 없이 가엾은 죄인들에게 긍휼을 베푸실 수 있고 그들과 화목할 수 있다. 하나님의 위협하시는 말씀은 참되고 하나님의 다스리심은 의롭지만, 하나님은 죄인들을 용서하시고 그들을 자기 자신과의 언약 속으로 받아들이신다. 그리스도께서는 중보자로서 인간의 죄로 인하여 불화하게 되었던 하늘과 땅을 다시 결합시켜 놓으신다. 하나님께서 사람들의 내면에서 원하시는 그 진리가 그리스도로 말미암아 땅에서 솟아나자, 의가 하늘에서 굽어본다. 왜냐하면, 하나님은 의로우시고 예수 믿는 자들을 의롭다하시는 분이시기 때문이다. 또는, 이 말씀은 메시야의 나라에서 이러한 은혜들이 융성하여 널리 퍼져서 보편적으로 지배하게 되리라는 것을 의미하는 것일 수 있다.

4. 온갖 좋은 것들이 차고 넘칠 정도로 풍성함(12절). 여호와께서 좋은 것, 곧 그가 보시기에 우리에게 유익한 모든 것을 주시리라. 온갖 좋고 선한 것은 하나님의 선하심에서 온다. 인애와 진리와 의가 사람들의 마음과 삶에 지배적인 영향력을 가질 때, 우리는 모든 선한 것을 기대할 수 있다. 우리가 이렇게 하나님의 나라와 그의 의를 구하면, 하나님께서 다른 모든 것을 더하실 것이다(마 6:33). 복음의 영광이 우리 땅에 거할 때, 우리 땅은 더욱 풍성해질 것이다. 왜냐하면, 영혼이 잘되면 외적인 형통이 따라오게 되거나 외적으로 형통하지 않더라도 사람들은 행복해할 것이기 때문이다(시 67:6을 보라).

5. 선한 길로의 확실한 안내(13절). 우리의 행복과 관련하여 하나님께서 우리에게 하신 약속의 의, 하나님께서 우리 속에 이루신 대속의 의가 하나님 앞에 앞서 가며 그의 길을 예비하면서, 하나님의 은총에 대한 우리의 기대를 불러일으키는 동시에 우리로 하여금 그 은총을 받을 수 있도록 준비시키실 것이다. 또한 이러한 것들은 우리 앞에 앞서 가며 우리의 안내자가 되어서 우리를 주의 길로 가게, 즉 우리의 소망을 북돋우고 우리의 행위를 인도하여서, 우리로 하여금 하나님께서 긍휼로써 우리를 향하여 다가오실 때에 그를 맞으러 나갈 수 있게 할 것이다. 의의 해이신 그리스도께서는 우리를 하나님께로 데려다 주실 것이고, 하나님께로 이끄는 길로 우리를 인도하실 것이다. 의의 전도자였던 세례 요한은 그리스도 앞에 앞서 가며 그의 길을 예비하게 될 것이다. 의는 하나님을 만남에 있어서나 하나님을 따름에 있어서 확실한 안내자이다.

제
— 86 —
편

개요

이 시편은 다윗의 기도라는 표제가 붙어 있는데, 아마도 어떤 특정한 경우에 지어진 것이 아니라, 그가 늘 사용하던 기도문으로서, 다른 사람들에게도 특히 환난 날에 사용하도록 지어진 것인 것 같다. 많은 이들은 다윗이 "육체에 계실 때에 심한 통곡을 올렸던"(히 5:7) 그리스도의 모형으로서 이 기도문을 지었다고 생각한다. 다윗은 이 기도에서 다음과 같이 한다(기도의 본질에 따라서). I. 그는 하나님께 영광을 돌린다(8-10, 12-13절). II. 그는 하나님의 은혜와 은총을 구하며, 하나님께서 그의 기도를 들어 주시고(1, 6-7절) 그를 보호하시며 구원하시고 그에게 긍휼을 베풀어 달라고 기도하면서(2-3, 16절), 그에게 기쁨과 은혜와 힘을 주시고, 그에게 존귀함을 더해 달라고 간구한다(4, 11, 17절). 그는 하나님께서 선하시다는 것(5, 15절)과 그의 원수들이 악의를 지니고 있다는 것에 호소한다(14절). 이 시편을 노래할 때에 우리는 다윗과 마찬가지로 우리의 영혼을 하나님을 향하여 들고서 우리의 사정을 아뢰어야 한다.

〔다윗의 기도〕

[1]여호와여 나는 가난하고 궁핍하오니 주의 귀를 기울여 내게 응답하소서 [2]나는 경건하오니 내 영혼을 보존하소서 내 주 하나님이여 주를 의지하는 종을 구원하소서 [3]주여 내게 은혜를 베푸소서 내가 종일 주께 부르짖나이다 [4]주여 내 영혼이 주를 우러러보오니 주여 내 영혼을 기쁘게 하소서 [5]주는 선하사 사죄하기를 즐거워하시며 주께 부르짖는 자에게 인자함이 후하심이니이다 [6]여호와여 나의 기도에 귀를 기울이시고 내가 간구하는 소리를 들으소서 [7]나의 환난 날에 내가 주께 부르짖으리니 주께서 내게 응답하시리이다

이 시편은 다윗의 시라는 표제 아래에서 발표되었다. 다윗은 그의 모든 기도들을 노래로 만든 것은 아니었지만, 그의 몇몇 노래들 속에 기도를 삽입하였다. 왜냐하면, 시편은 경건하고 헌신된 감정들의 표현을 허용하기 때문

이다. 그러나 주목할 만한 것은 이 시편의 언어가 아주 평이하고, 다른 시편들과 비교해서 시적인 수식이나 수사가 거의 없다는 것이다. 왜냐하면, 재기발랄한 시적 수사로 기도를 장식하는 것은 합당하지 않기 때문이다. 우리는 여기에서 다음과 같은 것들을 살펴볼 수 있다.

I. 그가 하나님께 드리는 간구들. 기도 속에 가끔 설교가 나올 수도 있지만, 기도문의 모든 내용들은 하나님을 향하는 것이 가장 합당하다. 왜냐하면, 본문에서 말하고 있듯이, 그러한 것이 기도의 본질이기 때문이다(4절): 여호와여, 나의 영혼이 주를 우러러보나이다(시 25:1). 기도의 모든 부분에서 영혼은 하나님께서 베푸실 은혜들을 맞으러 믿음과 거룩한 소원의 날개를 가지고 하나님께로부터 올 큰 일들에 대한 높은 기대 속에서 하나님을 향하여 비상하여야 한다.

1. 그는 하나님께서 그의 기도에 은혜로써 귀를 기울여 주시라고 간구한다(1절): 여호와여 주의 귀를 기울여 내게 응답하소서. 하나님께서 우리의 기도를 들으실 때 하나님이 우리를 향하여 몸을 낮추셔서 귀를 기울이신다고 표현하는 것은 아주 적절하다. 왜냐하면, 하나님께서 우리 같은 미천한 피조물들이 드리는 결함 많은 기도들을 들으시기를 기뻐하시는 것은 하나님의 놀라운 겸비를 보여주는 것이기 때문이다. 다윗은 이러한 간구를 다시 되풀이한다(6절). "내가 작은 소리로 더듬거리며 기도를 한다고 할지라도, 여호와여 나의 기도에 귀를 기울이시고, 은혜로 그 귀를 기울이셔서, 내가 간구하는 소리를 들으소서." 하나님은 우리가 어떤 말을 하더라도 그 말에 의해서 감정이 좌지우지되지는 않으신다. 하지만 우리는 이렇게 우리가 하나님의 은총을 원하고 있다는 것을 표현하여야 한다. 다윗의 자손 그리스도께서는 확신과 즐거운 마음으로 아버지여 내 말을 들으신 것을 감사하나이다 항상 내 말을 들으시는 줄을 내가 알았나이다라고 말씀하셨다(요 11:41-42).

2. 그는 하나님께서 그를 그의 특별한 보호하심 아래에 두셔서, 그의 구원을 이루시는 분이 되어 달라고 간구한다(2절): 내 영혼을 보존하소서. 주의 종을 구원하소서. 다윗의 영혼은 하나님의 종이었다. 왜냐하면, 그들의 심령으로 하나님을 섬기는 자들만이 하나님을 합당하게 섬기는 것이기 때문이다. 다윗의 관심은 그의 영혼에 있었다. 우리가 이 말씀을 그의 자연적인 목숨에 관한 것이라고 이해한다면, 이 말씀은 우리에게 자기 자신을 가장 잘 보호하는 길은 우리

자신을 하나님의 지키심에 맡기고 믿음과 기도로써 우리의 창조주를 우리의 보존자로 삼는 것임을 가르친다. 그러나 이 말씀은 그의 영적인 생명, 즉 육신과는 구별되는 영혼의 생명에 관한 것으로 이해될 수도 있다. "내 영혼을 영혼들에 악하고 위험스러운 것, 즉 죄로부터 보호하소서. 내 영혼을 보존하셔서, 나를 구원하소서." 하나님께서는 그가 구원하고자 하는 모든 자들을 보존하시고, 그들이 천국에 갈 때까지 그들을 보존하실 것이다.

3. 그는 하나님께서 그를 불쌍히 여기는 마음으로 보아 주시라고 간구한다(3절): 주여, 내게 긍휼을 베푸소서. 우리의 죄를 사하시고, 우리를 도우셔서 곤경에서 벗어나게 하시는 것은 하나님의 긍휼하심이다. 이 두 가지가 하나님이여 내게 긍휼을 베푸소서라는 기도 속에 포함되어 있다. "사람들에게는 긍휼함이 없나이다. 우리 자신들은 긍휼하심을 받을 자격이 없지만, 주의 긍휼하심으로 인하여 내게 긍휼을 베푸소서."

4. 그는 하나님께서 그의 마음을 위로로 가득 채우시기를 간구한다(4절): 주의 종의 영혼을 기쁘게 하소서. 오직 하나님만이 마음에 기쁨을 주시고 영혼으로 하여금 기뻐하게 하실 수 있기 때문에, 하나님께서 그렇게 하실 때에만 우리 영혼은 기쁨으로 충만하게 된다. 하나님을 기쁨으로 섬기는 것이 하나님의 종이 된 자들의 도리인 것과 마찬가지로, 믿음으로써 기쁨과 평안이 충만하게 되는 것은 그들의 특권이다. 그들은 하나님께서 그들의 영혼을 보존하실 뿐만 아니라 그들의 영혼을 기쁘게 해 달라고 믿음으로 기도할 수 있다. 여호와를 기뻐하는 것은 그들의 힘이 될 것이다. 주목할 만한 것은 그가 내 영혼을 기쁘게 하소서라고 기도할 때에 내 영혼이 주를 우러러보오니라는 말씀을 덧붙이고 있다는 것이다. 이렇게 우리가 마음을 써서 하나님과의 교통을 유지할 때에 우리는 하나님으로부터 위로를 기대할 수 있다. 기도는 영적인 기쁨의 산실이다.

II. 그가 이러한 간구들을 강화시키기 위하여 내놓은 호소들.

1. 그는 하나님에 대한 그의 관계와 그가 하나님께 속해 있다는 것을 호소한다. "주는 나의 하나님이시고, 나는 하나님께 헌신하여 하나님을 의지하며, 하나님을 순종하는 주의 종이기 때문에(2절), 주의 보호하심을 구하는 것이니이다."

2. 그는 자신의 곤경을 호소한다. "나는 가난하고 궁핍하오니 내게 응답하소서. 다른 그 누구도 내게 응답할 자가 없으므로, 나는 주께서 도우시기를 원하나이

다.” 하나님은 가난한 자의 왕이시고, 궁핍한 자의 영혼을 구원하는 것은 하나님의 영광이다. 심령이 가난한 자들, 자기가 가진 것이 없고 궁핍하다는 것을 아는 자들은 은혜에 풍성하신 하나님께 가장 환영을 받는다.

3. 그는 하나님께서 그를 찾는 모든 자들에게 인자하시다는 것에 호소한다(5절). “주께 소원과 기대하는 마음으로 내 영혼이 주를 우러러보나이다. 주는 선하심이니이다.” 구걸하는 거지들이 선한 문지기의 대문 외에 그 어디로 가겠는가? 하나님께서 선하시다는 것은 우리가 하나님께 우리의 모든 처지를 아뢸 때에 큰 힘이 된다. 하나님의 선하심은 주시는 것과 용서하시는 것, 이 두 가지로 나타난다.

(1) 하나님은 죄를 용서하시는 하나님이시다. 하나님은 용서하실 수 있으실 뿐만 아니라, 기꺼이 용서할 준비가 되어 있으시고, 우리가 회개하기 전에 벌써 용서할 준비가 되어 계신다. 내가 이르기를 내 허물을 여호와께 자복하리라 하였더니 곧 주께서 내 죄악을 사하셨나이다(시 32:5).

(2) 하나님은 기도를 들으시는 하나님이시다. 하나님은 긍휼하심이 풍성하시고, 그 긍휼하심이 너무도 차고 넘치며, 그를 부르는 모든 자들에게 그 긍휼하심을 풍성하게 거저 주신다. 하나님은 그 긍휼하심으로 인하여 그들에게 필요한 모든 것들을 공급해 주시고, 그렇게 공급해 주실 때에 후하시다.

4. 그는 하나님께서 그 안에서 선한 일을 행하셔서 그로 하여금 그의 은총을 받을 수 있도록 준비시키셨다는 것을 호소한다. 하나님께서는 그 안에서 은혜로 세 가지를 행하셨는데, 다윗은 그것을 온갖 선한 것들에 대한 맛보기로 여겼다.

(1) 하나님과 합함(2절): 나는 거룩하오니(개역에서는 경건하오니) 내 영혼을 보존하소서. 왜냐하면, 성령이 거룩하게 하신 자들을 하나님은 보존하실 것이기 때문이다. 다윗은 교만과 허영의 마음으로 이런 말을 하고 있는 것이 아니라, 하나님을 향한 겸손한 감사 속에서 이런 말을 하고 있는 것이다. 나는 주께서 은총을 베푸셔서 주를 위하여 성별하신 자이나이다(난외주에서는 이렇게 읽는다). 하나님께서 우리 안에서 선한 은혜의 역사를 시작하셨다면, 우리는 그 때가 사랑을 할 만한 때였다는 것을 고백하여야 한다. 나는 그의 눈에 은총을 입은 자 같았도다. 하나님께서는 그가 그의 은총 속으로 데려온 자를 그의 보호하심 아래에 두실 것이다. 모든 성도가 그의 수중에 있도다(신 33:3). 다윗이 나는 궁핍하

오나(1절) 나는 거룩하고(2절), 세상에서는 가난하나 믿음에서는 부요하나이다라고 말하고 있다는 것을 주목하라. 극한 가난 속에서 자신의 순수함을 보존하는 자들은 하나님께서 그들의 위로들을 보존하시고 그들의 영혼을 보존하시리라는 것을 확신할 수 있다.

(2) 하나님을 의지함: 주를 의지하는 종을 구원하소서. 거룩한 자들은 자기 자신이나 자신의 의가 아니라 오직 하나님과 그의 은혜를 의지하여야 한다. 하나님을 의지하는 자들은 하나님으로부터 구원을 기대할 수 있다.

(3) 하나님과 교통하고자 함. 하나님께서 그로 하여금 기도할 마음을 주셨기 때문에, 그는 하나님께서 그의 기도에 응답하시기를 소망한다.

[1] 끊임없이 기도함: 내가 종일 주께 부르짖나이다(3절). 이렇게 쉬지 않고 항상 기도하고, 늘 변함없이 기도하는 것은 우리의 본분이다. 우리가 평소에 우리의 본분을 꼼꼼하게 지켜 행할 때, 우리는 우리가 환난을 당하여 기도하면 하나님께서 우리의 기도를 들어주실 것을 소망할 수 있다. 우리는 환난을 당해서야 비로소 기도를 시작할 것이 아니라 평소에 늘 기도를 하다가 환난을 당했을 때에 그 환난을 쉽게 넘어갈 수 있다.

[2] 그의 영혼이 하나님을 우러러보며 내면에서 진심으로 하나님께 기도함(4절). 우리가 기도할 때에 우리의 영혼이 나가서 하나님을 맞이할 때, 우리는 하나님께서 우리를 그의 긍휼하심으로 맞아 주실 것을 소망할 수 있다.

[3] 그가 환난을 당하였을 때에 하나님께 특별한 간절함으로 기도한다는 것(7절). "나의 환난 날에, 다른 사람들은 어떻게 하든, 나는 주께 부르짖고 나의 사정을 주께 맡기리이다. 왜냐하면, 주께서는 내 기도를 들으시고 응답할 것이며, 바알이여 우리를 들으소서라고 소리쳤지만 아무 소리도 없고 돌아보는 자가 아무도 없었던 자들과는 달리(왕상 18:29) 내가 구한 것이 헛되지 않을 것이기 때문이니이다."

⁸주여 신들 중에 주와 같은 자 없사오며 주의 행하심과 같은 일도 없나이다 ⁹주여 주께서 지으신 모든 민족이 와서 주의 앞에 경배하며 주의 이름에 영광을 돌리리이다 ¹⁰무릇 주는 위대하사 기이한 일들을 행하시오니 주만이 하나님이시나이다 ¹¹여호와여 주의 도를 내게 가르치소서 내가 주의 진리에 행하오리니 일심으로 주의 이름을 경외하게 하소서 ¹²주 나의 하나님이여 내가 전심으로 주를 찬송하고 영원

토록 주의 이름에 영광을 돌리오리니 ¹³이는 내게 향하신 주의 인자하심이 크사 내 영혼을 깊은 스올에서 건지셨음이니이다 ¹⁴하나님이여 교만한 자들이 일어나 나를 치고 포악한 자의 무리가 내 영혼을 찾았사오며 자기 앞에 주를 두지 아니하였나이다 ¹⁵그러나 주여 주는 긍휼히 여기시며 은혜를 베푸시며 노하기를 더디하시며 인자와 진실이 풍성하신 하나님이시오니 ¹⁶내게로 돌이키사 내게 은혜를 베푸소서 주의 종에게 힘을 주시고 주의 여종의 아들을 구원하소서 ¹⁷은총의 표적을 내게 보이소서 그러면 나를 미워하는 그들이 보고 부끄러워하오리니 여호와여 주는 나를 돕고 위로하시는 이시니이다

다윗은 여기에서 그의 기도를 계속한다.

I. 왜냐하면, 우리는 기도할 때에 가장 겸손하고 경외하는 마음으로 하나님을 찬송하고 경배하며, 하나님께 나라와 권세와 영광을 돌려 드려야 하기 때문이다.

1. 하나님은 유례가 없는 완전하신 존재로서 하나님과 같은 자가 없고 하나님과 비할 자도 없다(8절). 신들 중에, 즉 이방인들이 예배하는 거짓 신들, 천사들, 세상의 왕들, 이 모든 자들 가운데서 주와 같은 자, 주만큼 지혜롭고 힘있고 선한 자가 없으며, 주의 행하심과 같은 일도 없는데, 이것은 하나님 같은 자가 없다는 것을 보여주는 부정할 수 없는 증거이다. 하나님께서 직접 행하신 일들이 하나님을 찬송하고 있고, 우리가 하나님을 찬송하는 최고의 방법은 하나님과 같은 자가 없다는 것을 고백하는 것이다.

2. 하나님은 모든 존재의 원천이시고 모든 찬송의 중심이시다(9절). "주께서는 모든 민족을 지으셨고, 그들 모두를 한 핏줄에서 만드셨나이다. 그들은 모두 주께로부터 나왔고, 끊임없이 주를 의지하게 되어 있나이다. 그러므로 그들이 주의 앞에 경배하며 주의 이름에 영광을 돌리리이다." 이 말씀은 다윗과 솔로몬 때에만 이방인 개종자들이 유대교로 개종함으로써 부분적으로 성취되었지만, 메시야 시대에 모든 나라와 민족 가운데서 몇몇 사람들이 하나님께로 돌아와서 하나님을 찬송하게 될 때에 온전히 성취될 것이었다(계 7:9). 하나님께서는 그리스도로 말미암아 모든 민족을 만드셨다. 왜냐하면, 하나님이 만드신 모든 것은 그 어느 하나도 그리스도 없이 만들어진 것이 아니기 때문이다. 그러므로 모든 민족은 그리스도를 통해서 그의 복음과 은혜의 능력으로 말미암아 하나님

앞에 경배하게 될 것이다(사 66:23).

3. 하나님은 한없이 크신 분이다(10절). "열방의 왕이신 주는 위대하시고, 주의 주권은 절대적이어서 아무도 대항할 수 없으며, 주의 엄위하심은 두려워서 아무도 그 앞에 설 수 없고, 주의 능력은 만유에 미쳐서 아무도 저항할 수 없으며, 주의 부요하심은 광대하여 다함이 없고, 주의 통치는 경계가 없어서 아무도 이의를 제기할 수 없기 때문에, 모든 민족은 주 앞에 나아와 경배하게 될 것이다. 이것을 증명하기 위해서 주는 기이한 일들을 행하시오니, 모든 민족이 이 기이한 일들에 탄복하며, 오직 주만이 하나님이시고, 주와 같은 이가 없을 뿐만 아니라, 주 옆에 설 자도 없다는 것을 쉽게 알게 되었나이다." 우리는 이렇게 크신 하나님을 늘 마음에 두고서, 기이한 일들을 행하시는 이 하나님을 경배하는 거룩한 마음으로 충만해 있어야 한다. 오직 홀로 하나님이신 분이 우리의 마음을 차지하게 하소서.

4. 하나님은 한없이 선하신 분이시다. 사람은 나쁘고 매우 악하며 비열하다(14절). 사람에게서는 그 어떤 긍휼도 기대할 수 없다. 그러나 주여 주는 긍휼히 여기시며 은혜를 베푸시는 하나님이시나이다(15절). 하나님은 이러한 속성을 드셔서 자신의 이름을 알리셨기 때문에, 우리도 하나님이 그런 속성을 지니고 계신 분이라는 것을 알려야 한다(출 34:6-7). 하나님께서 행하시는 모든 일에는 그의 선하심이 충만하기 때문에, 우리도 우리의 모든 찬송을 하나님의 선하심을 찬송하는 것으로 가득 채워야 한다. 우리는 악한 세상에 살고 있지만, 세상이 그렇다고 할지라도 하나님께서는 선하시다는 것을 우리의 위로로 삼아야 한다. 사람들은 야만적이지만, 하나님은 은혜로우시다. 사람들은 거짓되지만, 하나님은 진실하시다. 하나님은 불쌍히 여기실 뿐만 아니라 불쌍히 여기시는 마음으로 가득 차 계시기 때문에, 하나님 안에서는 긍휼이 심판을 이기고 기뻐한다. 우리는 하나님의 은총을 상실하고 하나님을 도발하여 진노하시게 하지만, 하나님은 우리를 향하여 오래 참으시고, 긍휼과 진실이 풍성하셔서, 우리에게 거저 약속을 주신 것처럼 그 약속을 이행하실 때에도 신실하시다.

5. 하나님은 다윗에게 인자한 친구이자 풍성한 은혜를 베푸신 분이시다. 우리는 하나님의 본성이 선하시다는 것을 찬송하여야 하지만, 하나님께서 우리에게 어떻게 선하셨는지를 말할 때에 하나님을 가장 생생하게 찬송할 수 있다. 그러므로 시편 기자는 지극히 기쁜 마음으로 이 일을 말하고자 한다(12-13절).

그는 모든 민족이 주를 찬송하며 주의 이름에 영광을 돌리리이다라고 말했었다(9절). 선한 자에게는 다른 사람들이 하나님을 찬송하고 하나님께 영광을 돌리게 될 것이라고 생각하는 것만으로도 어느 정도의 만족을 느낄 수 있지만, 그가 가장 하고 싶어하고 기뻐하는 것은 직접 하나님을 찬송하는 것이다. 다윗은 이렇게 말한다: "다른 사람들이 어떻게 하든, 주 나의 하나님이여 주만이 아니라 나의 하나님으로서 내가 주를 찬송하리이다. 나는 전심으로 주를 찬송할 것이고, 그렇게 할 준비가 되어 있으며, 그렇게 하는 것은 나의 진심이나이다. 나는 주를 높이고자 하는 진실한 마음으로 기쁘고 활기차게 주를 찬송하고자 하나이다. 왜냐하면, 나는 주의 이름에 잠시 동안만이 아니라 영원토록 영광을 돌리고자 하기 때문이니이다. 나는 내가 살아 있는 동안에 그렇게 하기를 원하고, 또한 영원토록 그렇게 하게 되기를 소망하나이다." 다윗이 이렇게 특별히 하나님을 찬송하고자 결심한 데에는 그 만한 이유가 있는데, 그것은 하나님께서 그에게 특별한 은총들을 베풀어 주셨기 때문이었다: 이는 내게 향하신 주의 긍휼하심이 큼이니이다. 하나님의 긍휼하심의 샘은 항상 차고 넘쳐서 마르지 않고, 긍휼하심의 물줄기들은 말로 표현할 수 없을 정도로 풍성하다. 하나님께서 우리에게 베푸신 긍휼을 말할 때에, 우리는 그것을 높이고 찬송하는 것이 합당하다: 내게 향하신 주의 긍휼하심이 크니이다. 그는 하나님께서 베푸신 긍휼하심이 크다는 것을 보여주는 한 가지 이유를 제시한다: 주께서 내 영혼을 깊은 스올에서 건지셨음이니이다. 즉, 하나님께서는 그를 죽음, 사도 바울이 말한 큰 사망(고후 1:10)에서 건지셨다는 것이다. 여기에서 깊은 스올은 영원한 죽음을 의미하는데, 유대인 저술가들 중에서도 일부는 그것을 그렇게 이해한다. 다윗은 우리야의 일과 관련된 그의 죄로 인하여 깊은 음부에 영원히 그가 던져져야 마땅하다는 것을 알고 있었다. 그러나 나단은 그에게 와서 여호와께서 그의 죄를 사하셨다는 것을 알려 주었고, 그 말씀으로 인해서 그는 깊은 음부에서 건지심을 받게 되었는데, 이 일과 관련해서 하나님의 긍휼하심은 그를 향하여 컸다. 아무리 훌륭한 성도들이라고 하여도 그들이 깊은 음부로부터 구원받는 것은 그들 자신의 공로가 아니라 하나님의 긍휼하심 덕분이다. 이것을 생각할 때에 그들의 마음은 크게 넓어져서 하나님의 긍휼하심을 찬송할 수밖에 없고, 하나님께 영원토록 영광을 돌릴 수밖에 없다. 성도들을 영원한 멸망으로부터 구원하신 일은 너무도 영광스러운 것이고 너무도 은혜로운 일이기 때문에, 마땅히 우리는 영원한 찬송을 돌려 드려야 한다.

II. 그는 하나님께 긍휼과 은혜를 베풀어 달라고 간절히 기도한다. 그는 그의 원수들이 그를 해치고자 하는 악의를 끊임없이 살기등등하게 지니고 있다고 하소연한다(14절). "나를 치고자 하는 자가 많사오니, 주께서 내 편이 되어 주소서." 그런 후에 그는 그들이 어떤 자들인지를 설명한다. 그들은 가난한 다윗을 업신여겼던 교만한 자들이었다(교만으로 인해서 박해자가 되는 자들이 많다). 그들은 옳든 그르든 무력을 사용해서 그들이 원하는 모든 것을 이루고자 하였던 포악한 자들이었다. 그들은 그들 주변의 모든 사람들을 겁주기 위해서 그들이 할 수 있는 온갖 짓을 다하였던 무시무시한 자들(어떤 이들은 이렇게 해석한다)이었다. 또한, 다윗은 그들의 수를 언급한다. 그들은 무리를 이루고 있었고, 여러 모임들이 있었다. 그들은 권세 있는 자들로서 공회나 궁정에서 서로 만나는 자들이었거나 동호회에서 교제를 위하여 만나는 자들이었다. 그러나 그들은 서로 모일 수 있었기 때문에 사람들에게 더욱 많은 해악을 가할 수 있었다. 다윗은 자기에 대한 그들의 적대감을 지적한다. "그들은 공공연히 반역하여 일어나 나를 친다. 그들은 음모를 꾸밀 뿐만 아니라, 그들이 할 수 있는 한 그 음모들을 실행한다. 그들의 음모는 나를 폐위시키는 것 뿐만 아니라 나를 죽이는 것이다. 그들은 내 목숨을 노리고 있고 나를 죽이고자 한다. 그들은 할 수만 있다면 내 영혼까지도 멸하고자 한다." 끝으로, 다윗은 그들이 하나님으로부터 떠나서 멀리 있다는 것을 지적하는데, 이것이 다윗에 대한 그들의 적대감의 밑바닥에 있는 것이었다. "그들은 자기 앞에 주를 두지 아니하였나이다. 그들의 눈에 하나님을 두려워하는 것이 없는 자들에게서 그 어떤 선한 것을 기대할 수 있겠나이까? 그들은 나의 원수이자 주의 원수이오니, 여호와여, 나타나셔서 그들을 치소서." 다윗은 다음과 같은 것들을 간구한다.

1. 하나님의 은혜가 자기 안에서 역사하도록(11절). 그는 하나님께서 다음과 같은 것들을 그에게 주시라고 기도한다.

(1) 하나님께서 그에게 깨닫는 마음을 주셔서, 그의 도리를 알게 해 달라는 것. "여호와여, 주의 도, 주께서 나로 하여금 걷도록 명하신 길을 내게 가르치소서. 내가 가야 할 길에 관하여 의심이 있을 때에 내가 무엇을 해야 하는지를 내게 밝히 알게 하소서. 나로 하여금 이것이 바른 길이다라고 말씀하시는 주의 음성을 듣게 하소서(사 30:21)." 다윗은 하나님의 일들에 대하여 잘 가르침을 받

았지만, 자기가 더욱 가르침을 받을 필요가 있다는 것을 알고 있었고, 자신의 판단을 믿을 수 없는 경우도 많았다: 주의 도를 내게 가르치소서. 내가 주의 진리에 행하오리다. 우리는 주의 진리를 내게 가르치소서. 내가 주의 길로 행하오리다라고 했어야 하지 않나 생각할 수 있다. 그러나 어느 쪽이든 의미는 마찬가지이다. 하나님께서 우리에게 가르치시고, 우리가 걸어가야 할 것은 진리의 길이다(시 119:30). 그리스도는 길이요 진리이시기 때문에, 우리는 그리스도를 배워야 함과 동시에 그리스도 안에서 행하여야 한다. 하나님께서 우리를 가르치시지 않으면, 우리는 하나님의 길과 진리 가운데 행할 수 없다. 우리가 하나님께서 우리를 가르치시기를 원한다면, 우리는 그의 가르침들에 의해서 다스림받기로 결심하여야 한다(사 2:3).

(2) 정직한 마음. "일심으로 주의 이름을 경외하게 하소서. 나로 하여금 정직한 신앙을 갖게 하소서. 위선자는 두 마음을 품나이다. 나의 마음이 하나님을 향한 일편단심이 되게 하시고, 하나님과 세상 사이에서 나뉘지 않게 하시며, 하나님에게서 낙오하지 않게 하소서." 우리의 마음은 하나님께 꼭 붙어 있는 것이 아니라 느슨하게 되어서 방황하기 쉽다. 우리의 마음이 지닌 능력들과 소질들은 갖가지 이질적인 것들을 따라서 이리저리 배회한다. 그러므로 우리가 우리 안에 있는 모든 것으로 하나님을 섬기고, 하나님을 섬기는 일에 부족함이 없기 위해서는 하나님의 은혜가 우리의 마음을 하나로 묶어서 일심이 되어야 한다. "내 마음이 하나님을 향하여 확정되고, 하나님에 대하여 견고하고 신실하며, 열심을 가지고 하나님을 섬기게 하소서. 이것이 일심으로 하나님을 향하는 것이다."

2. 그에 대한 은총의 표적을 주시도록(16-17절). 그는 여기에서 세 가지를 위하여 기도한다.

(1) 하나님께서 그에게 평안과 위로를 말씀해 주시라는 것. "주께서 사랑하시고 자상한 관심을 가지고 계시는 자에게 돌이키듯이, 내게로 돌이키소서. 나의 원수들은 나를 해치기 위해서 내게로 돌이키고, 나의 친구들은 내게서 돌이켜서 나를 멀리하나이다. 여호와여, 주께서는 내게 돌이키셔서 나를 긍휼히 여기소서. 주께서 나를 불쌍히 여기신다는 것을 알면, 그것은 내게 위로가 될 것이니이다."

(2) 하나님께서 그를 위하여 구원을 베푸시고, 그를 안전하게 해 주시라는

것. "내게 주의 힘을 주시고, 내게 힘을 주셔서, 나로 하여금 스스로 일어날 수 있게 하소서. 나를 위하여 주의 힘을 발휘하사, 나를 멸망시키고자 하는 자들의 손에서 나로 하여금 구원받게 하소서." 그는 하나님과 자신의 관계에 호소한다. "나는 주의 종이나이다. 나는 날 때부터 그러하오니, 주의 여종의 아들로서 주의 집에서 태어났나이다. 그러므로 주는 나의 합법적인 소유자이자 임자이시니, 내가 주로부터 보호하심을 기대하나이다. 나는 주의 것이오니 나를 구원하소서." 경건한 부모의 자녀로서 일찍부터 여호와께 바쳐진 자들은 그러한 사실을 하나님께 호소할 수 있다. 그들이 하나님의 가족의 훈육을 받게 된다면, 그들은 그러한 것으로 인한 특권들을 말할 자격이 있다.

(3) 하나님께서 그로 하여금 유명하게 해 주시라는 것. "은총의 표적을 내게 보이소서. 주께서 나를 선대하고 계시고, 앞으로도 나를 선대하시리라는 것을 나 자신에게와 다른 사람들에게 보여주소서. 주께서 내게 은총을 베푸신다는 것을 의심할 여지 없이 뚜렷이 보여주는 일들을 나타내셔서, 나를 미워하는 자들이 그것을 보고 나에 대한 그들의 적대감을 부끄러워하고서, 주께서 나를 도우시고 위로하셨다는 것을 깨달아서, 하나님께서 인정하는 자를 반대함으로써 그들이 하나님을 거역하여 왔고, 하나님께서 친히 도우시고 위로하시는 자를 괴롭히고 죽이고자 헛되이 애써 왔다는 것을 알게 하소서." 성도들의 기쁨은 그들의 박해자들에게는 수치가 될 것이다.

제 — 87 — 편

개요

앞의 시편은 아주 평이하고 쉬웠지만, 이 시편의 내용은 이해하기가 까다롭고 어렵다. 이 시편은 복음 교회의 모형이자 비유인 시온에 관한 찬가이기 때문에, 여기에 나오는 내용들은 복음 교회에 적용될 수 있다. 시온은 여기서 그 성전으로 인하여 다음과 같은 것들보다 더 칭송을 받는다. I. 시온은 가나안의 모든 땅보다 하나님의 은총을 보여주는 특별한 표적들을 지니고 있다(1-3절). II. 시온은 다른 곳 또는 그 어떤 나라보다도 뛰어난 사람들과 풍성한 하나님의 축복들로 넘쳐난다(4-7절). 어떤 이들은 이 시편이 시온이 융성하던 때에 하나님의 기쁨을 표현하기 위하여 지어진 것이라고 생각하고, 또 어떤 이들은 이 시편이 시온이 폐허로 변한 후에 포로 생활에서 돌아와서 사람들이 시온을 재건하고자 하였을 때에 그들의 믿음과 소망을 북돋우기 위하여 지어진 것이라고 생각한다. 시온을 돌아보는 자가 아무도 없었지만(렘 30:17, "이 곳이 찾는 자가 아무도 없는 시온이다"), 하나님께서는 시온을 위하여 큰 일들을 행하셨고, 시온에 대하여 영광스러운 일들을 말씀하셨었다. 그리고 그 모든 것들은 복음 교회를 통해서 성취될 것이었다. 그러므로 우리는 이 시편을 노래할 때에 복음 교회를 염두에 두어야 한다.

〔고라 자손의 시 곧 노래〕
¹그의 터전이 성산에 있음이여 ²여호와께서 야곱의 모든 거처보다 시온의 문들을 사랑하시는도다 ³하나님의 성이여 너를 가리켜 영광스럽다 말하는도다 (셀라)

어떤 이들은 이 시편의 처음에 나오는 몇 단어를 표제의 일부로 본다. 이 시편은 성산, 즉 모리아 산 위의 시온에 세워진 성전을 주제로 하는 시 또는 노래이다. 이것은 앞으로 논할 내용들의 토대 또는 이 시편의 출발점이다. 또는, 우리는 시편 기자가 지금 성막이나 성전을 생각하고서 그 영광을 묵상하고 있다가 마침내 그의 입에서 이 표현이 터져 나온 것으로서, 이 표현은 그가 앞에서 쓴 내용이 아니라 그가 앞서 생각하였던 것과 관련이 있는 것이라고 볼 수도 있다. 그가 느닷없이 그의 터전이 성산에 있도다고 말했을 때에 그의 말이 무엇을 의미하는지는 누구나 다 알 수 있었다. 시편 기자는 여기에서 세 가지를 들어서 성전을 칭송한다.

1. 성전이 성산 위에 세워졌다는 것(1절). 교회는 든든한 터 위에 세워져 있기 때문에, 무너지거나 요동할 수 없다는 것이다. 교회의 터는 그리스도 자신으로서 하나님께서 직접 그 터를 놓으셨다. 위에 있는 예루살렘은 여러 든든한 터를 지니고 있는 도성이다. 그 터는 산들 위에 있다. 교회는 높이 지어져 있다. 여호와의 전의 산이 모든 산 꼭대기에 굳게 설 것이다(사 2:2). 교회는 견고하게 지어져 있다. 산들은 바위로 되어 있고, 교회는 반석 위에 세워져 있다. 세상은 끊임없이 밀물과 썰물이 교차하는 바다들 위에 세워져 있기 때문에(시 24:2) 그 터가 매우 취약하다. 바벨탑은 그 땅이 썩어 있는 평지에 세워졌다. 그러나 교회는 영원한 산들과 영속적인 언덕들 위에 세워진다. 왜냐하면, 산들이 떠나며 언덕들은 옮겨질지라도 하나님의 평안의 언약은 흔들리지 아니할 것이고, 바로 그 언약 위에 교회가 세워져 있기 때문이다(사 54:10). 그 터는 성산에 있다. 거룩함은 교회의 힘이자 교회를 든든하게 해 주는 것이다. 교회를 지탱해 주고 무너지지 않게 해 주는 것은 바로 이 거룩함이다. 교회는 산에 세워져 있다기보다는 성산에 세워져 있다. 교회는 하나님의 약속 위에 세워져 있는데, 하나님께서는 그의 거룩하심을 두고서 이 약속을 지키시겠다고 맹세하셨다. 교회는 성령의 거룩하게 하심 위에 세워져 있는데, 이 성령은 모든 성도들의 복을 지켜 주실 것이다.

2. 하나님께서 성전에 대한 특별한 애정을 표현하셨다는 것(2절). 여호와께서 예루살렘에 있는 것이든 이 땅의 다른 곳에 있는 것이든 야곱의 모든 거처보다 시온의 문들, 성전의 문들, 가르침의 집들(갈대아 역본에서는 이렇게 되어 있다)의 문들을 사랑하시는도다. 하나님께서는 시온에 관하여 이는 내가 영원히 쉴 곳이라 내가 여기 거주하리라고 말씀하셨었다. 거기에서 하나님은 그의 백성을 만나셨고 그들과 대화하셨으며 그들의 충성 맹세를 받으셨고 그들에게 그의 은총의 표적들을 보여주셨다. 그러므로 우리는 하나님께서 이 문들을 얼마나 많이 사랑하시는지를 알 수 있다. 좀 더 살펴보자.

(1) 하나님은 야곱의 거처들을 사랑하시고, 신앙이 있는 가정들을 은혜로 돌보시며, 그들의 가족 예배를 열납하신다.

(2) 그렇지만 하나님은 시온의 문들을 더 사랑하시는데, 야곱의 거처들 중에서 그 어떤 것보다도 더 사랑하실 뿐만 아니라 그것들을 모두 합친 것보다 더 사랑하신다. 하나님은 야곱의 거처들에서 예배를 받으셨고, 가족 예배는 결코 게을리해서는 안 되는 가족의 도리이다. 그렇지만 이 두 가지가 경합될 때에는 공예배가 사적인 예배보다 우선시되어야 한다(조건들이 동일하다고 할 때에).

3. 하나님의 말씀 속에 성전에 관한 말씀이 많이 있었다는 것(3절): 하나님의 성이여, 너를 가리켜 영광스러운 것들이 말해지도다. 우리는 어떤 사물들과 사람들을 그들이 생각하는 것과 성경이 그들에 대하여 내리는 평가를 통해서 판단하여야 한다. 하나님의 원수들은 하나님의 성을 보잘것없고 역겨운 것으로 만들기 위해서 그것에 대하여 수많은 비방과 욕을 해댔다. 그러나 그 판단이 진리에 따라 이루어진다는 것을 우리가 확신하는 하나님께서는 하나님의 성에 대하여 영광스러운 일들을 말씀하신다. 하나님은 성전에 대하여 내 눈과 내 마음이 항상 여기에 있으리라 이는 내가 이미 이 성전을 택하고 거룩하게 하여 내 이름을 여기에 영원히 있게 하였음이라(대하 7:16)고 말씀하셨다. 터가 높고 아름다워 온 세계가 즐거워 함이요 시온 산이 그러하도다(시 48:2). 이러한 것들은 영광스러운 말들이다. 그렇지만 하나님께서는 복음 교회에 대해서는 더욱 영광스러운 말씀들을 하신다. 복음 교회는 그리스도의 신부이고 그가 피로 사신 존재이다. 교회는 그의 소유가 된 백성이요 왕 같은 제사장들이요 거룩한 나라이어서, 음부의 권세가 이기지 못할 것이다. 우리는 아무리 초라한 상태에 있는 교회라도 하나님의 교회나 거기에 속한 자를 부끄러워하지 않아야 하고, 교회가 아무리 우리의 수치로 전락한다고 하여도 교회에 대한 우리의 관계를 부인해서는 안 된다. 왜냐하면, 하나님께서 교회에 대하여 영광스러운 일들을 말씀하셨고, 하나님께서 말씀하신 것은 일점일획이라도 땅에 떨어지지 않을 것이기 때문이다.

[4]나는 라합과 바벨론이 나를 아는 자 중에 있다 말하리라 보라 블레셋과 두로와 구스여 이것들도 거기서 났다 하리로다 [5]시온에 대하여 말하기를 이 사람, 저 사람이 거기서 났다고 말하리니 지존자가 친히 시온을 세우리라 하는도다 [6]여호와께서 민족들을 등록하실 때에는 그 수를 세시며 이 사람이 거기서 났다 하시리로다 (셀라) [7]노래하는 자와 뛰어 노는 자들이 말하기를 나의 모든 근원이 네게 있다 하리로다

시편 기자는 여기서 시온을 다른 곳들과 비교하면서, 그런 곳들보다 더 낫다고 말한다. 그리스도의 교회는 세상의 민족들보다 더 영화롭고 훌륭하다.

1. 다른 곳들도 자신의 영광을 지니고 있다는 것이 인정된다(4절). "나를 아는 자들, 내 주변에 있는 자들, 나와 공적인 일들에 관하여 대화를 나누는 자들에게 나는 라합(즉, 애굽)과 바벨론을 말하리라. 보라, 블레셋과 두로와 구스(또는 아라비아)여, 이 사람이 거기서 났다고 우리는 말할 것이다. 지식과 덕으로 유명한 자들이 여기저기에서 났고, 그들은 이러한 나라들의 태생이었다. 여기저기에서 난 자들이 개종하여 참 하나님을 예배하는 자들이 되었다." 그러나 어떤 이들은 이 말씀이 이방인들이 교회로 들어와서 유대인들과 한 몸을 이루어 연합하게 될 것을 말하는 예언이나 약속이라고 생각해서, 이 본문을 다른 식으로 해석하기도 한다. 하나님께서는 이렇게 말씀하신다: "나는 애굽과 바벨론이 나를 아는 자 중에 있다 말하리라. 나는 그들이 그리스도의 복음을 받아들이게 될 때에 그들을 이스라엘과 마찬가지로 내 백성으로 여기고, 그들이 시온에서 다시 태어난 것으로 인정해서, 이스라엘 사람으로 태어난 자들과 마찬가지로 시온의 특권들을 그들에게 거저 허용할 것이다." 외인과 나그네들이었던 자들이 이제는 성도들과 동일한 시민들이 되었다(엡 2:19). 회심한 이방인은 토종 유대인과 동일한 반열에 서게 될 것이다(사 19:23-25과 비교해 보라): 만군의 여호와께서 복 주시며 이르시되 내 백성 애굽이여, 내 손으로 지은 앗수르여, 나의 기업 이스라엘이여, 복이 있을지어다 하실 것임이라.

2. 시온의 영광이 이 모든 곳들보다 더 빛난다는 것이 여러 가지 근거 위에서 증명된다. 근거로 제시되는 이유들은 다음과 같다.

(1) 시온은 그들의 세대에서 유명하게 될 수많은 위대하고 선한 인물들을 배출하게 될 것이다(5절). 시온에 대하여 모든 이웃 나라들이 이 사람, 저 사람이 거기서 났다, 즉 지혜와 경건으로 유명한 많은 사람들, 특히 하나님의 말씀과 전능자의 묵시에 능한 인물들, 애굽이나 바벨론에서 태어나서 양육받은 자들보다 천국에서 더 크게 환영을 받고 이 땅에 더 큰 축복이 될 수많은 선지자들과 왕들이 거기서 났다고 말하게 될 것이다. 교회의 가치는 이방 나라들의 가치를 훨씬 뛰어넘고, 그들의 이름은 역사책에 영원히 기록된 자들보다 더 밝게 빛나게 될 것이다. 이 사람, 저 사람이 거기서 났다는 말씀을 어떤 이들은 인간들

가운데서 가장 인간다운 인물이었던 그리스도를 가리키는 것으로 이해한다. 그리스도는 시온에서 가까운 베들레헴에서 나셨고, 그의 백성 이스라엘의 영광이었다. 유대 민족에게 주어진 가장 큰 영광은 육신으로 하면 그리스도가 그들에게서 나셨다는 것이었다(롬 9:5). 또는, 이 말씀은 이방인들의 회심에 적용될 수도 있다. 시온에서 나온 율법, 그리스도의 복음은 많은 영혼들을 하나님께로 이끄는 도구가 될 것이고, 위에 있는 예루살렘은 그들 모두의 어머니로 인정을 받게 되리라는 것이 시온에 대하여 말해질 것이다.

(2) 시온의 세력은 전능자의 능력에 의해서 견고히 세워지게 될 것이다. 지존자가 친히 시온을 세우실 것인데, 그분은 능히 그 일을 하실 수 있다. 여러 나라들에서 개종자들이 생겨서 시온으로 온다고 해도 결코 그들 가운데 불화나 분열이 없을 것이기 때문에, 그것은 시온의 힘에 큰 보탬이 될 것이다. 왜냐하면, 하나님께서 친히 시온을 영원한 터 위에 세우셨으므로, 나라들은 흥망성쇠를 거듭하고, 하늘과 땅이 요동한다고 할지라도, 하나님께서 시온에 관하여 하신 영광스러운 말씀들은 결코 흔들리지 않고 영원할 것이기 때문이다.

(3) 시온의 아들들은 영광스러운 대접을 받으며 등록될 것이다(6절). "여호와께서 민족들을 등록하셔서 그의 신민들의 목록을 만드실 때에 그 수를 세시며 이 사람이 거기서 났다고 하시며, 이 사람은 하나님의 집에서 애초부터 난 자이고, 저 사람은 성령에 의해서 거듭난 자라고 하시리로다." 하나님께서는 각 사람을 행위에 따라 심판하시기 위하여 사람들을 추궁하실 때에 누가 시온에서 나서 하나님의 성소의 특권들, 즉 양자됨과 영광과 언약들과 하나님에 대한 예배를 누렸는지를 살펴보실 것이다(롬 9:4; 3:1-2). 왜냐하면, 그런 자들은 하나님으로부터 많은 것들을 받았으므로, 그들에게 많은 것이 요구되고, 그에 따라서 결산이 이루어질 것이기 때문이다. 다섯 달란트를 받은 자들은 그 다섯 달란트를 잘 사용해서 이문을 남겨야 한다. 나는 네 행위와 네가 어디에 사는지, 네가 어디에서 태어났는지를 안다. 셀라. 시온에 사는 자들은 이 점을 유의하고, 그들의 신앙 고백에 걸맞게 살아야 한다.

(4) 시온의 노래들은 승리의 기쁨으로 불려지게 될 것이다: 노래하는 자들과 뛰어 노는 자들이 거기에서 하나님을 찬송하게 될 것이다(7절). 거기에서 하나님을 기쁨으로 섬기고 예배하는 것은 시온의 영광이고 복음 교회의 영광이다. 그들은 기쁜 마음으로 그렇게 한다(시 68:25을 보라). 시온아, 나의 모든 근원이

네게 있다. 하나님께서 그렇게 말씀하신다. 하나님은 그의 거룩한 규례들 속에 은혜의 보화를 감춰 놓으셨다. 그 근원들로부터 우리 하나님의 성을 기쁘게 하는 시내들이 흘러나온다(시 46:4). 시편 기자는 그의 메마른 영혼을 적셔 줄 샘들이 성소, 말씀과 예배, 성도들의 교통 속에 있다고 여겨서 이렇게 말한다. 육신적인 세상 사람들의 기쁨의 근원 또는 샘들은 재물과 쾌락에 있다. 그러나 은혜를 받은 영혼의 기쁨의 샘들은 하나님의 말씀과 기도에 있다. 그리스도는 참 성전이시다. 우리의 모든 근원들은 그리스도 안에 있고, 우리의 모든 시내들은 그리스도에게서 흘러나온다. 그리스도 안에 모든 충만이 거하는 것을 아버지께서 기뻐하셨고, 모든 믿는 자들도 그것을 기뻐한다.

제
— 88 —
편

개요

　　이 시편은 탄식 시편으로서 모든 시편들 중에서 가장 우울한 것들 중의 하나이다. 이 시편은 통상적으로 우울한 시편들이 위로나 기쁨에 대한 최소한의 암시로 끝나는 것과는 달리 처음부터 끝까지 비탄과 비애로 되어 있다. 시편 기자가 여기서 하소연하는 것은 공적인 일 때문이 아니라(여기에는 교회의 환난에 대한 언급이 전혀 없다) 오직 개인적인 일, 특히 마음의 괴로움, 즉 외적인 환난들과 자신의 죄악들에 대한 기억 및 하나님의 진노에 대한 두려움으로 인하여 그의 심령에 몰려온 슬픔 때문이다. 이 시편은 참회 시편으로 여겨지기도 하는데, 우리의 두려움들이 이렇게 올바른 통로를 찾아서, 우리에게 닥쳐온 세상적인 근심들을 계기로 해서 경건한 슬픔으로 나아가는 것은 좋은 일이다. 이 시편에는 다음과 같은 내용들이 나온다. I. 시편 기자가 처해 있는 심령의 큰 눌림(3-6절). 그러한 눌림의 원인이 된 하나님의 진노(7, 15-17절). II. 그의 친구들의 악함(8, 18절). III. 기도를 통해서 하나님께 자신의 처지를 아룀(1-2, 9, 13절). IV. 하나님께 겸손히 호소함(10, 12, 14절). 마음에 괴로움이 있는 자들은 이 시편을 실감나게 부를 수 있을 것이다. 그렇지 않은 자들은 하나님께서 그들에게 마음의 괴로움을 주시지 않은 것에 대하여 감사하면서 하나님을 송축하며 이 노래를 불러야 한다.

〔고라 자손의 찬송시 곧 에스라인 헤만의 마스길, 인도자를 따라 마할랏르안놋에 맞춘 노래〕

¹여호와 내 구원의 하나님이여 내가 주야로 주 앞에서 부르짖었사오니 ²나의 기도가 주 앞에 이르게 하시며 나의 부르짖음에 주의 귀를 기울여 주소서 ³무릇 나의 영혼에는 재난이 가득하며 나의 생명은 스올에 가까웠사오니 ⁴나는 무덤에 내려가는 자 같이 인정되고 힘없는 용사와 같으며 ⁵죽은 자 중에 던져진 바 되었으며 죽임을 당하여 무덤에 누운 자 같으니이다 주께서 그들을 다시 기억하지 아니하시니 그들은 주의 손에서 끊어진 자니이다 ⁶주께서 나를 깊은 웅덩이와 어둡고 음침한 곳에 두셨사오며 ⁷주의 노가 나를 심히 누르시고 주의 모든 파도가 나를 괴롭게 하셨나

이다 (셀라) [8]주께서 내가 아는 자를 내게서 멀리 떠나게 하시고 나를 그들에게 가증한 것이 되게 하셨사오니 나는 갇혀서 나갈 수 없게 되었나이다 [9]곤란으로 말미암아 내 눈이 쇠하였나이다 여호와여 내가 매일 주를 부르며 주를 향하여 나의 두 손을 들었나이다

이 시편과 다음에 나오는 시편의 표제들로 볼 때, 이 시편의 저자는 헤만이었고, 다음에 나오는 시편의 저자는 에단이었던 것으로 보인다. 유다의 아들 세라의 아들들 중에 이런 이름들을 지닌 자가 둘 있었고(대상 2:4, 6), 지혜로 유명하였던 또 다른 두 사람이 있었는데(왕상), 성경에서는 솔로몬의 지혜를 높이기 위하여 솔로몬이 헤만과 에단보다 더 지혜로웠다고 말한다. 레위인이자 시온 성가대 중에서 선창자들이었던 헤만과 에단이 우리가 방금 말한 자들 중 어느 쪽과 동일 인물이었는지, 또는 그런 사람들과 과연 연관이 있었는지 우리는 확실히 알 수가 없다. 선창자들 가운데는 하나님의 말씀을 가진 왕의 선견자로 불린 헤만이라는 사람이 있었다(대상 25:5). 이 사람은 선견자로서 다른 사람들을 가르치고 위로하기는 하였지만 자기 자신을 위한 위로는 볼 수 없었거나 스스로 위로를 멀리했을 가능성이 높다. 이 시편의 맨 처음에 나오는 몇 단어들은 이 시편 전체에서 유일하게 위로가 되고 힘을 주는 단어들이다. 시편 기자의 주변에는 구름들과 어둠 외에는 아무것도 있지 않았다. 그러나 그는 그의 하소연을 시작하기 전에 하나님을 그의 구원의 하나님이라고 부르는데, 이것은 비록 상황이 나빴지만 그가 구원을 바랐다는 것과 구원을 위하여 하나님을 바라보았고, 구원을 주시는 자이신 하나님을 의지하였다는 것을 보여준다. 좀 더 살펴보자.

I. 그는 기도의 사람, 내내 기도로 살았던 사람, 특히 환난 가운데 있는 지금에 있어서 하루 종일 기도하는 사람이었다. 환난 당하는 자가 있느냐. 그는 기도할 것이다. 그에게는 기도하는 것이 위로가 되었다. 그가 여기에서 하소연하는 것은 그의 기도에도 불구하고 그가 여전히 환난 중에 있다는 것이다.

1. 그는 아주 간절히 기도하였다. "나는 주를 붙잡고자 하고, 주의 긍휼하심을 놓치면 어쩌나 하는 거룩한 두려움으로 주의 긍휼하심을 붙잡고자 하는 자처럼 주야로 주 앞에서 부르짖었사오며(1절) 주를 향하여 나의 두 손을 들었나이다(9절)."

2. 그는 매우 자주 끊임없이 기도하였다: 내가 매일 주를 부르며(9절) 주야로 부르짖었나이다(1절). 왜냐하면, 이렇게 사람들은 항상 기도하여야 하고 낙심하지 말아야 하기 때문이다. 하나님께서 택하신 자들은 밤낮으로 하나님께 부르짖되, 아침과 저녁으로 기도하여 모든 낮과 모든 밤을 기도로 시작할 뿐만 아니라, 낮과 밤 전체를 기도로 보내야 한다. 이것이 진정으로 항상 기도하는 것이다. 우리가 끊임없이 늘 기도 중에 있을 때, 우리는 기도의 응답을 속히 받게 될 것이다.

3. 그는 그의 기도를 하나님을 향하여 하였고, 하나님으로부터 응답을 기대하고 원하였다(2절). "나의 기도가 바리새인들의 기도처럼 사람들 앞에 이르러 사람들에게 보이게 하지 마시고, 나의 기도가 주 앞에 이르게 하시며 주께 열납되게 하소서." 그는 사람들이 자기 기도를 듣기를 바라지 않는다. "여호와여, 내가 주만을 의지하오니, 나의 부르짖음에 주의 귀를 기울여 주셔서 주께서 기뻐하시는 대로 응답을 주옵소서."

II. 그는 슬픔의 사람이었다. 어떤 이들은 그가 십자가 위에서와 그 이전에 종종 이 시편에 나오는 것과 매우 흡사한 취지의 하소연을 하셨던 그리스도의 모형이라고 생각한다. 그는 나의 영혼에는 재난이 가득하나이다라고 외치고 있는데(3절), 그리스도께서도 지금 내 영혼이 죽게 되었노라고 말씀하셨다. 또한, 그리스도께서 고뇌 중에 내 마음이 매우 고민하여 죽게 되었다고 말씀하신 것처럼, 시편 기자도 여기에서 나의 생명은 스올에 가까웠나이다라고 말한다. 헤만은 매우 지혜로운 사람이자 매우 선한 사람이었고 하나님의 사람으로서 노래하는 자이기도 하였다. 따라서 우리는 그가 즐거운 심령을 지닌 사람이었을 것이라고 생각하겠지만, 본문을 보면 그는 마음이 괴롭고 절망 속에 빠져 있는 서글픈 심령을 지닌 사람이었다. 내면적인 고통은 가장 극심한 괴로움인데, 하나님의 성도들과 종들 가운데서 가장 훌륭한 인물들도 종종 그런 극심한 고통을 겪어 왔다. 아무리 훌륭한 사람이라고 할지라도 사람의 심령은 항상 그 연약함을 지탱할 수 있는 것이 아니기 때문에, 종종 그 연약함으로 인하여 의기소침해지고 가라앉게 되는 법이다. 사람의 심령은 그의 병을 능히 이기려니와 심령이 상하면 그것을 누가 일으키겠느냐.

III. 그는 자기 자신을 거의 죽은 것이나 다름없는 자로 보았고, 그의 마음은 슬픔으로 터져 버릴 것 같았다(5절). "내가 죽은 자 중에 던져진 바 되었으며(저 유령 집단 중의 하나 같이 되었다는 것) 죽임을 당하여 무덤에 누운 자 같으니이다. 그들이 썩어 없어져 가는 것을 아무도 알지 못하고 관심을 갖지 않으며, 주께서도 더 이상 그들을 기억하지 않으시고, 그 죽은 시체들을 보호하시거나 보살피지 않으시니, 그들은 썩어짐과 벌레의 손쉬운 먹잇감이 되고 있나이다. 주께서는 주의 손을 뻗치셔서 그들을 붙들어 주곤 하셨는데, 이제 그들은 주의 손에서 끊어진 자니이다. 이렇게 그들은 주의 손에서 끊어지고 주의 손에 의해서 끊어졌으니, 주께서 주의 손으로 그들을 붙잡아 주실 일은 다시는 없게 되었나이다(이는 하나님께서 주의 손을 무덤에 뻗치지 아니함이니이다, 욥 30:24). 주께서 나를 깊은 웅덩이와 어둡고 음침한 곳에 두셔서(6절), 내 처지와 내 심령이 가장 낮게 가라앉고, 피할 길을 찾을 길 없이 극한에까지 내몰려서 거의 죽게 되었나이다." 이렇게 선한 자들은 우울증의 힘과 믿음의 연약함으로 인해서 큰 환난과 괴로움을 겪으면서, 그들의 환난에 대하여 절망적인 인식을 갖게 되고, 그 결과에 대하여 종종 암울한 결론들을 내리게 된다.

IV. 그는 그에 대한 하나님의 노하심에 대하여 가장 많이 하소연하는데, 하나님의 노하심은 그의 환난과 괴로움을 더욱 가중시키는 요인이었다(7절). 주의 노가 나를 심히 누르시나이다. 만약 그가 환난 중에서 하나님의 은총과 사랑을 찾아볼 수 있었다면, 그것은 그에게 한 줄기 빛이 되었을 것이다. 그러나 하나님의 노하심이 그를 너무도 심하게 누르고 있었기 때문에, 그는 그 노하심 아래에서 절망하며 무너져 내리고 있었다. 하나님의 진노가 그의 심령에 미치는 힘들은 그에게 끊임없이 밀려와서 그의 목까지 차오르는 하나님의 물결들과 같아서, 그는 어두운 생각에서 벗어나기도 전에 또 다시 밀려 오는 어두운 생각에 짓눌리고 말았다. 이러한 물결들은 큰 소리를 내며 격렬하게 그에게 부딪힌다. 하나님의 물결들 중에서 일부가 아니라 전부가 그를 괴롭히고 무너뜨리는 데에 사용되었다. 하나님께서 사랑하시는 자녀들조차도 종종 자기가 진노의 자녀로 취급받고 있다는 느낌을 받게 되는데, 그러한 느낌과 인식은 그 어떤 외적인 환난이나 괴로움보다도 그들을 가장 심하게 짓누를 수 있다.

V. 친구들이 그를 버리고 모른체 하는 것이 그의 괴로움을 가중시켰다. 우리가 환난 중에 있을 때, 우리 주변에 우리를 사랑하고 우리의 처지에 공감해 주는 사람들이 있다면, 그것은 우리에게 상당히 위로가 된다. 그러나 이 선한 자에게는 그런 친구가 주변에 없었는데, 이것은 그에게 친구들이 그를 속이고

배은망덕하며 비인간적으로 행하였다고 비난할 기회를 준 것이 아니라, 이 환난의 그런 부분 속에서 하나님의 손길을 알아차리고서 하나님 앞에 나아가 하소연할 수 있는 기회를 주었다(8절): 주께서 내가 아는 자를 내게서 멀리 떠나게 하셨다. 하나님은 섭리를 통해서 친구들을 그에게서 제거하시고 친구들이 그를 도울 수 없게 하셨으며 그에 대한 애정이 식게 하셨다. 왜냐하면, 모든 피조물은 하나님께서 하라고 시키시는 대로 우리에게 행하는 것이고 그 이상도 그 이하도 아니기 때문이다. 우리가 오랫동안 알고 지내던 지인들이 우리를 슬슬 피하고, 우리가 인정있게 대해 주기를 기대하였던 자들이 우리에게 냉정하게 대한다면, 우리는 하나님의 뜻에 순종하여 다른 환난들을 참아내는 것과 동일하게 그러한 것도 참아내어야 한다(욥 19:13). 그의 친구들은 그를 낯선 사람 대하듯이 하였을 뿐만 아니라, 그가 가난하고 곤경 중에 있다고 해서 심지어 그를 미워하기까지 하였다. "주께서 나를 그들에게 가증한 것이 되게 하셨나이다. 그들은 나를 슬슬 피할 뿐만 아니라 나를 싫어하여, 경멸하는 눈초리가 아니라 혐오스러운 눈초리로 나를 바라보나이다." 헤만은 지혜로 아주 유명하였지만 세상이 그에 대하여 눈쌀을 찌푸리게 되었을 때에 아무 짝에도 소용없는 자로 무시를 당하는 것과 같은 이러한 시련을 그 누구도 이상한 일로 생각해서는 안 된다.

VI. 그는 자신의 처지를 절망적이고 통탄스러운 것으로 여겼다. "나는 하나님의 진노에 붙잡혀서 피할 길이 막힌 채 꼭 갇혀 있는 자가 되어서 갇혀서 나갈 수 없게 되었나이다." 그는 자신의 환난에서 빠져 나갈 수 있는 가능성을 보지 못하였기 때문에, 그의 환난 가운데서 엎드러져 가라앉고 있다. 왜냐하면, 그는 이렇게 탄식하기 때문이다(9절): 환난으로 말미암아 내 눈이 쇠하였나이다. 사람들은 종종 울음을 통해서 슬픔을 표출하고 나면 괴로웠던 심령이 어느 정도 편안해지는 법이다. 그렇지만 우는 것이 기도하는 것을 방해해서는 안 된다. 우리는 눈물로 씨를 뿌려야 한다: 내 눈은 애곡하며 쇠하였지만, 나는 날마다 주께 부르짖나이다. 기도와 눈물은 함께 가야 하고, 그럴 때에 그 둘은 함께 열납될 것이다. 내가 네 기도를 들었고 네 눈물을 보았노라.

[10]주께서 죽은 자에게 기이한 일을 보이시겠나이까 유령들이 일어나 주를 찬송하리이까 (셀라) [11]주의 인자하심을 무덤에서, 주의 성실하심을 멸망 중에서 선포할 수

있으리이까 [12]혹암 중에서 주의 기적과 잊음의 땅에서 주의 공의를 알 수 있으리이까 [13]여호와여 오직 내가 주께 부르짖었사오니 아침에 나의 기도가 주의 앞에 이르리이다 [14]여호와여 어찌하여 나의 영혼을 버리시며 어찌하여 주의 얼굴을 내게서 숨기시나이까 [15]내가 어릴 적부터 고난을 당하여 죽게 되었사오며 주께서 두렵게 하실 때에 당황하였나이다 [16]주의 진노가 내게 넘치고 주의 두려움이 나를 끊었나이다 [17]이런 일이 물 같이 종일 나를 에우며 함께 나를 둘러쌌나이다 [18]주는 내게서 사랑하는 자와 친구를 멀리 떠나게 하시며 내가 아는 자를 혹암에 두셨나이다

이 절들에는 다음과 같은 내용들이 나온다.

I. 시편 기자는 자기가 현재 처해 있는 통탄스러운 처지에 대하여 하나님께 호소한다(10-12절). "주께서 죽은 자에게 기이한 일을 보이시겠으며, 그들을 일으키셔서 다시 살리시겠나이까? 죽어서 묻힌 자들이 일어나 주를 찬송하리이까? 결코 아니니이다. 그들은 일어나 하나님을 찬송하는 일을 그들의 자녀들에게 물려 주었고, 아무도 그들이 하나님을 찬송하리라고 기대하지 않나이다. 하나님을 찬송하는 일 외에 그들이 무슨 까닭으로 일어나며 무슨 까닭으로 살아나겠나이까? 우리가 첫 번째로 태어난 삶과 우리가 마지막으로 다시 살아나 살게 될 삶은 하나님을 찬송하는 일로 보내져야 하나이다. 그러나 무덤에 묻혀서 누워 있는 자들에 의해서 또는 그런 자들에게 주의 백성을 향하신 주의 인자하심이 무덤에서 선포될 수 있으리이까? 또한, 주의 약속에 대한 주의 신실하심이 멸망 중에서 선포될 수 있으리이까? 흑암 중에서 주의 기적이 베풀어지거나, 망각의 땅, 곧 사람들이 아무것도 기억하지 못하고 그들 자신도 기억되지 않는 저 무덤에서 주의 공의를 알 수 있으리이까? 사람의 몸을 떠난 영혼들은 실제로 하나님의 기적들을 알 수 있고, 그의 신실하심과 공의와 인자하심을 선포할 수 있겠지만, 죽은 육신들은 그렇게 할 수 없나이다. 그것들은 하나님의 은총을 위로로 받을 수도 없고 거기에 대한 보답으로 찬송을 돌려 드릴 수도 없나이다." 우리는 이러한 호소들을 마치 그가 하나님께서 그를 도우실 수 없거나 도우시고자 하지 않으시는 것처럼 절망의 표현으로 생각하지 않아야 하고, 이러한 말들이 마지막 날에 죽은 자들의 부활에 대한 그 어떤 불신앙을 내포하고 있는 것으로 생각하지 않아야 한다. 시편 기자가 이런 식으로 하나님께 호소하고 있는 것은 속히 구원해 주실 것을 바랐기 때문이었다. "여호와여, 주는 선하

시고 신실하시며 의로우시나이다. 주께서 나를 구원하심으로써 주의 그러한 성품들이 드러나게 하옵소서. 그러나 구원하시는 일을 서두르지 않으신다면, 때가 너무 늦게 될 것이나이다. 왜냐하면, 내가 죽게 되면 구원은 지나간 것이 되고, 더 이상 그 어떤 위로도 받을 수 없을 것이기 때문이니이다." 욥도 자주 이런 식으로 호소하였다(욥 7:8; 10:21).

Ⅱ. 그는 계속해서 끊임없이 기도하겠다고 결심하고, 구원이 지체되고 있기 때문에 더욱더 그런 결심을 한다(13절). "내가 주께 무수히 부르짖었고, 그렇게 함으로써 위로를 받았기 때문에, 나는 계속해서 그렇게 하리니, 아침에 나의 기도가 주의 앞에 이르리이다." 우리의 기도가 즉시 응답을 받지 못한다고 하여도, 우리는 기도하기를 포기해서는 안 된다. 왜냐하면, 묵시는 정한 때가 있나니 결국 이루어지겠고 결코 거짓되지 아니할 것이기 때문이다. 하나님께서 응답을 지체하시는 것은 우리가 인내하며 끈질기게 기도하는지를 시험하시기 위한 것이다. 그는 아침 일찍, 그의 심령이 생기가 있고, 하루의 분주한 일과가 시작되기 전인 아침에, 밤의 적막과 외로움 속에서 근심하며 혼자 서글픈 생각에 몸을 뒤척이며 고뇌한 후인 아침에 하나님을 찾기로 결심한다. 그러나 어떻게 그는 마치 하나님께서 들으시고 응답하시기 전에 더 빨리 깨어나서 기도할 수 있는 것처럼 나의 기도가 주보다 앞서 가리이다라고 말할 수 있었는가? 왜냐하면, 하나님은 졸지도 아니하시고 주무시지도 아니하시기 때문이다. 이 말씀은 그가 통상적인 기도 시간보다 더 일찍 일어나서 앞서 행하겠다는 결심을 보여주는 것이다. 우리에게 닥친 환난이 크면 클수록, 우리는 더 큰 열심과 간절함으로 기도하여야 한다. "나는 내 기도를 주 앞에 갖다 놓을 것이고, 주께 일찍 내 기도를 올려 드리리니, 하나님께서 긍휼하심을 베푸셔서 내게 힘을 주실 때까지 기다리는 것이 아니라, 동이 트기 전이라도 믿음과 기대를 가지고서 하나님의 긍휼하심을 향하여 나아가고자 하나이다." 하나님은 자주 우리의 기도와 기대에 앞서서 그의 긍휼하심을 베풀어 주신다. 우리도 하나님께서 긍휼하심을 베풀어 주시기 전에 우리의 기도와 기대를 앞서 하나님 앞에 올려 드려야 한다.

Ⅲ. 그는 하나님께 그가 말하고자 하는 것을 기도를 통해서 아뢴다.

1. 그는 자신이 지금 처해 있는 비천하고 괴로운 처지에 관하여 하나님께 겸손히 따지고자 한다(14절). "여호와여 어찌하여 나의 영혼을 버리시나이까? 주께

서는 무엇에 화가 나셔서 나를 버림받은 자처럼 취급하시나이까? 주께서 무슨 까닭으로 나와 더불어 변론하시는지 내게 알게 하옵소서." 그는 하나님께서 오래된 종을 왜 내치시는지, 하나님께 꼭 붙어 있겠다고 결심한 자를 왜 내치시는지 의아해하며 말한다. "사람들이 나를 내치는 것은 이상한 일이 아니나이다. 그러나 여호와여, 은사와 부르심에 아무런 후회가 없으신 주께서 어찌하여 나를 내치시나이까? 어찌하여 주께서는 내게 대하여 화가 나셔서 나에 대한 사랑을 전혀 가지고 있지 않으시거나, 주께서 나에 대하여 사랑을 가지고 계시다는 것을 나로 하여금 알게 하고자 하지 않으시는 자처럼 주의 얼굴을 내게서 숨기시나이까?" 하나님의 자녀에게는 하나님께서 그 얼굴을 자기에게서 숨기시는 것만큼 서글픈 것이 없고, 하나님께서 그의 영혼을 버리시는 것만큼 두려운 일은 없다. 해가 구름에 가리워지면, 그것은 땅을 어둡게 만든다. 그런데 해가 땅을 버린다면, 땅은 얼마나 캄캄한 지하 감옥이 되고 말겠는가?

2. 그는 하나님께서 그에게 긍휼을 베푸실 때까지 그가 이전에 했던 것과 동일한 하소연들을 겸손히 되풀이하고자 한다. 그는 하나님께 그의 마음을 짓누르는 근심으로 두 가지를 제시한다.

(1) 하나님이 그에게 두려움이었다는 것: 주께서 나를 두렵게 하시나이다(15절). 그는 자신의 죄악들에 대한 하나님의 진노와 그 진노의 결과들을 알아차리고서 계속해서 놀라며 겁을 집어먹었다. 하나님을 생각하고, 하나님의 손에 빠져드는 것을 생각하며, 하나님 앞에 나아가서 재판을 받는 것을 생각할 때에 그는 두려움으로 몸서리쳤다. 그는 자기에 대한 하나님의 진노와 하나님의 엄위하심의 두려움 앞에서 식은 땀을 흘리고 두려워 떨었다. 하나님의 은총을 받기로 되어 있는 자들조차도 일시적으로는 하나님에 대한 두려움들을 겪을 수 있다는 것을 명심하라. 양자의 영은 무엇보다도 두려워하는 종의 영이다. 가엾은 욥은 하나님의 두려움이 그를 엄습한다고 하소연하였다(욥 6:4). 시편 기자는 여기에서 하나님의 두려움, 곧 그의 격렬한 진노가 무엇을 의미하는지를 우리에게 직접 설명해 준다. 우리는 이러한 두려움이 그에게 어떤 가공할 만한 영향들을 주었고, 얼마나 깊이 그에게 상처를 주었는지를 살펴보자.

[1] 하나님의 두려움들은 그의 목숨을 거의 빼앗아 갈 뻔하였다. "나는 하나님의 두려움들로 너무도 고통을 당하여서 죽게 될(직역하면, 목숨을 포기할) 지경에 이르렀고, 주의 두려움이 나를 끊었나이다(16절)." 음부, 저 영원한 끊어짐은

무엇인가? 저주받은 죄인들은 저 영원한 끊어짐을 통해서 하나님과 모든 복으로부터 영원히 끊어지게 되고, 하나님의 두려움은 죄를 범한 그들의 양심을 압박하고 쪼게 된다.

[2] 하나님의 두려움들은 그의 이성을 거의 빼앗아 가 버렸다: 주께서 두렵게 하실 때에 내가 당황하였나이다. 하나님의 두려움들은 많은 사람들, 몇몇 선한 자들에 대하여 이러한 슬픈 효과를 지니고 있어서, 그들은 이것으로 인하여 거의 제정신이 아니게 되어 버리고 마는데, 이것은 참으로 비참한 경우이기 때문에, 우리는 그런 모습을 크게 불쌍히 여기는 마음으로 바라보지 않으면 안 된다.

[3] 이런 일이 오랫동안 계속되었다: 내가 어릴 적부터 주의 두려움을 겪나이다. 그는 어린 시절부터 우울증으로 고통을 당해 왔었고, 그 학교의 훈련 아래에서 슬픔 속에서 훈육되어 왔다. 우리가 우리의 일생을 환난으로 시작해서, 우리의 슬픈 나날들이 아주 길게 계속되었다면, 우리는 그것을 이상하게 생각하지 말고, 그 환난을 통해서 인내를 배워야 한다. 주목할 만한 것은 뛰어나게 지혜롭고 선했던 헤만이 어릴 적부터 고통을 당하여 죽게 되었고 하나님의 두려움들을 겪었다는 것이다. 이렇게 많은 사람들은 그들이 어릴 적에 멍에를 멘 것이 그들에게 유익하였다는 것, 웃음으로 지낸 것보다 슬픔으로 지낸 세월이 그들을 위하여 훨씬 더 좋았다는 것, 어릴 적에 많은 고통을 겪고 자주 죽을 지경에까지 이름으로써 그들은 하나님의 이름으로 진지하게 사는 것과 세상의 욕심을 버리는 것이 습관이 되어서 그들에게 일생 동안 큰 유익이 되었다는 것을 발견하여 왔다. 종종 하나님께서는 특별한 소임을 맡기고자 하시는 자들을 이런 식으로 훈련시키셔서 그 소임을 감당할 수 있도록 준비시키신다.

[4] 그의 환난은 지금 극에 달해 있었고, 이전보다 더 악화되었다. 하나님의 두려움들은 지금 그를 온통 둘러싸기 때문에, 그는 사방에서 온갖 환난들로 공격을 받고 있었고, 그 어디에서도 위로를 찾을 수 없었다. 하나님의 두려움들은 물이 범람하는 것처럼 그에게 한꺼번에 쇄도하였다. 이런 일이 날마다 그리고 온종일 계속되었다. 따라서 그는 잠깐 동안이나마 쉴 틈이 없었던 것은 물론이고 숨 쉴 겨를도 없었고 한 줄기 소망의 빛도 발견할 수 없었다. 매우 지혜롭고 선한 자의 재앙스러운 상태가 바로 그러하였다. 그는 하나님의 두려움들로 에워싸여 있었기 때문에, 세상 천지에서 그가 피하거나 누워 있을 곳을 찾

을 수 없었다.

(2) 이 세상에서 그에게 친구가 없었다는 것은 그에게 위로가 되었다(18절): 주는 내게서 사랑하는 자와 친구를 멀리 떠나게 하셨나이다. 그들 중 일부는 죽었고, 일부는 멀리 떨어져 살았으며, 아마도 많은 수는 그에게 냉정하였을 것이다. 친구와 사회 생활에서 오는 위로들은 신앙의 위로들 다음가는 것들이다. 그러므로 친구가 없다는 것은 이 세상의 삶에서는 거의 위로가 없고 낙이 없다는 것을 의미한다. 친구들이 있었는데 그 친구들을 잃은 자들에게는 그들의 재앙은 더욱 가중된다. 시편 기자는 이 말이 그의 비탄을 완성시키고 암울한 처지를 마지막으로 장식하는 것인양 이 말로써 그의 하소연을 끝맺는다. 우리의 친구들이 하나님의 흩으시는 섭리를 통해서 우리로부터 떨어져 있거나 죽음을 통해서 우리의 지인들이 어둠 속으로 들어가 있다면, 우리는 그것을 심한 고통으로 여겨야 할 것이지만, 그런 일 속에서 하나님의 손길을 인정하고서 그 손길에 순복하여야 한다.

제 89 편

개요

　　하소연과 기도로 시작하는 많은 시편들은 기쁨과 찬송으로 끝나지만, 이 시편은 기쁨과 찬송으로 시작해서 슬픈 하소연들과 간구들로 끝난다. 왜냐하면, 시편 기자는 먼저 하나님께서 이전에 베푸신 은총들을 얘기하는데, 그 은총들을 생각하자 현재의 근심들이 더욱 가중되었기 때문이다. 이 시편이 언제 지어졌는지는 불확실하다. 다만, 전체적으로 볼 때에 이 시편은 다윗 가문이 상당한 정도로 기울었던 때에 쓰여진 것으로 보인다. 어떤 이들은 이 시편이 바벨론 포로 생활 때에 시드기야 왕이 느부갓네살에 의해서 능욕을 받았을 때에 지어진 것이라고 생각하고, 이 시편의 표제는 마스길이라 불린 곡조, 즉 세라의 아들 에단의 노래의 곡조에 맞춰서 이 시편을 노래하게 되었다는 것을 의미할 뿐이라고 생각한다. 또 어떤 이들은 이 시편이 솔로몬의 이야기 속에 나오는 에단이 저 영광스러운 왕인 솔로몬보다 더 오래 살면서 다음 왕 때에 열 지파의 반란으로 인해서 다윗 가문이 큰 수치를 당하게 된 것을 탄식하며 지은 것이라고 생각한다. I. 시편 기자는 이 시편 가운데 즐거워하고 기뻐하는 대목 속에서 하나님께 영광을 돌리며, 자기 자신과 그의 친구들에게 위로를 전한다. 그는 하나님의 긍휼하심과 진실하심(1절), 하나님의 언약(2-4절)을 간략하게 언급한 후에, 이하의 절들 속에서 좀 더 자세하게 그런 일을 한다. 1. 그는 하나님의 영광과 완전하심을 찬양한다(5-14절). 2. 그는 하나님과 교통하도록 허락받은 자들의 행복을 기뻐한다(15-18절). 3. 그는 자신의 모든 소망을 그리스도의 모형인 다윗과 하나님이 맺은 언약 위에 세운다(19-37절). II. 그는 이 시편의 우울한 부분 속에서 왕과 왕족이 현재 처해 있는 재난스러운 상태를 탄식하며(38-45절), 하나님께 그것에 대하여 하소연한 후에(46-49절), 회복시켜 줄 것을 기도하는 것으로 끝을 맺는다(50-51절). 이 시편을 노래할 때, 우리는 하나님에 대한 지극히 공경하는 마음, 하나님과 구속주가 맺은 언약에 대한 살아 있는 믿음, 교회의 환난 당하는 자들에 대한 긍휼히 여기는 마음을 지녀야 한다

〔에스라인 에단의 마스길〕

¹내가 여호와의 인자하심을 영원히 노래하며 주의 성실하심을 내 입으로 대대에 알게 하리이다 ²내가 말하기를 인자하심을 영원히 세우시며 주의 성실하심을 하늘에서 견고히 하시리라 하였나이다 ³주께서 이르시되 나는 내가 택한 자와 언약을 맺으며 내 종 다윗에게 맹세하기를 ⁴내가 네 자손을 영원히 견고히 하며 네 왕위를 대대에 세우리라 하셨나이다 (셀라)

시편 기자는 당시에 다윗 가문이 통탄스러운 처지에 있었기 때문에 너무도 서글픈 하소연을 토하고 싶은 심정에 있었지만, 이 시편을 찬송으로 시작한다. 왜냐하면, 우리는 무슨 일이 있든 어떤 처지에 있든 하나님께 감사를 드려야 하기 때문이다. 이렇게 우리는 불 속에서도 여호와께 영광을 돌려야 한다. 우리는 우리가 환난 중에 있을 때에 하소연함으로써 마음이 편해질 수 있다고 생각한다. 그러나 우리는 그 이상을 해야 한다. 즉, 우리는 찬송을 통해서 기쁨을 얻는다. 그러므로 우리의 하소연과 탄식이 감사로 바뀌어야 한다. 이 절들 속에서 우리는 개인적인 이유에서이든 공적인 이유에서이든 최악의 때를 맞아서 어떤 것들이 우리에게 찬송과 감사를 드릴 일이 되는지를 발견하게 된다.

1. 상황이 어떠하든, 영원하신 하나님은 선하시고 참되시다(1절). 현재의 암울한 섭리들을 하나님의 선하심 및 진실하심과 조화시키기가 어렵다는 것을 발견한다고 할지라도, 우리는 하나님의 긍휼하심은 다함이 없고 하나님의 진실하심은 결코 깨뜨려질 수 없다는 이 원칙을 굳게 붙잡아야 한다. 바로 이러한 것들이 우리의 기쁨과 찬송의 대상이 되어야 한다. "내가 여호와의 긍휼하심을 영원히 노래하리니, 하나님의 영광을 위하여 찬송의 노래를 하며, 내 자신의 위로를 위하여 즐거운 노래를 하고, 다른 사람들의 덕을 세우기 위하여 마스길, 즉 교훈의 노래를 부르리라." 우리가 하나님의 긍휼하심을 영원토록 계속해서 노래한다고 할지라도, 그 주제는 결코 마르지 않을 것이다. 우리는 우리가 살아 있는 동안에 하나님의 긍휼하심을 노래하여야 하고, 우리가 죽고 난 후에 우리의 자손들이 하나님의 긍휼하심을 노래하도록 훈련시켜야 하며, 천국에서 영원토록 하나님의 긍휼하심을 노래하게 되기를 소망하여야 한다. 이것이 여호와의 긍휼하심을 영원히 노래하는 것이다. 내가 주의 성실하심을 내 입으로 그리고 내 펜으로(펜을 통해서도 우리가 말할 수 있기 때문에) 대대에 알게

하리니, 내 자신의 관찰과 경험을 근거로 하나님께서 그가 말씀하신 모든 말씀에 진실하시다는 것을 후손들에게 확실히 가르쳐서, 그들로 하여금 하나님을 의지하도록 배우게 하리이다(시 78:6).

2. 상황이 어떠하든, 영원한 언약은 견고하고 확실하다(2-4절). 여기에는 다음과 같은 내용들이 나온다.

(1) 시편 기자의 믿음과 소망. "지금 사정은 암울해 보이고, 다윗 가문이 완전히 끊어질 위험에 처해 있는 것처럼 보이지만, 긍휼하심이 영원히 세워질 것이라고 내가 말하였고, 하나님의 말씀이 그것을 보장하고 있다." 하나님의 선하심이 우리의 찬송의 대상이 되어야 하는 것과 마찬가지로(1절), 하나님께서 언약을 통해서 우리를 위하여 세우신 긍휼하심은 더욱더 우리의 찬송의 대상이 되어야 한다. 하나님의 긍휼하심은 건축 중인 집과 마찬가지로 계속해서 늘어나고 있고, 이미 건축된 집처럼 영원히 계속해서 우리의 안식처가 될 것이다. 하나님의 긍휼하심은 영원히 세워지게 될 것이다. 왜냐하면, 우리가 새 예루살렘에서 소망하는 영원한 거처들은 이 건물에 속해 있기 때문이다. 하나님께서 긍휼하심을 영원히 세우신다면, 하나님은 다윗의 무너진 장막을 일으키고 그 허물어진 것을 일으켜서 옛적과 같이 세우실 것이다(암 9:11). 주께서 주의 성실하심을 하늘에서 견고히 하실 것이기 때문에 긍휼하심은 영원히 세워지게 될 것이다. 우리의 기대들은 몇몇 경우들에 있어서 좌절되지만, 하나님의 약속들은 취소되지 않는다. 하나님의 약속들은 하늘에서 견고하게 된다(즉, 하나님의 영원한 계획 속에서). 그것들은 이 아랫 세상의 변화들을 초월해 있고, 음부와 세상의 반대가 미치지 못한다. 우리 눈에 보이는 하늘 뜰의 안정성은 하나님의 말씀의 진리성을 상징적으로 보여주는 것이다. 하늘 뜰은 땅에서 올라가는 수증기들로 인해서 구름이 낄 수 있지만, 그것들이 하늘 뜰에 영향을 미치거나 하늘 뜰을 바꾸어 놓을 수는 없다.

(2) 시편 기자의 이러한 믿음과 소망이 근거로 하고 있는 언약에 대한 요약. 시편 기자는 이렇게 말한다: 약속의 후사들은 하나님의 계획의 불변성에 온전히 만족하게 될 것이라고 하나님께서 맹세하셨기 때문에 내가 이런 말을 한 것이다. 그는 하나님께서 그의 백성을 위로하기 위하여 "내가 언약을 맺었기 때문에, 그 언약을 이루리라"고 말씀하셨다고 전한다(3절). 이 언약은 다윗과 맺은 것이다. 왕권 언약이 가문의 조상인 다윗과 맺어졌고, 다윗을 통해서 및 다윗을

위하여 그의 자손과 맺어졌다는 것은 은혜의 언약이 교회의 머리 되시는 그리스도와 맺어졌고, 그의 영적인 자손인 모든 믿는 자들과 맺어졌다는 것을 말해 주는 것이다. 다윗은 여기에서 하나님의 택하신 자와 그의 종으로 불린다. 하나님은 변함이 없으셔서 자신의 선택을 물리지 않으시는 것과 마찬가지로, 하나님은 불의하신 분이 아니기 때문에 그를 섬긴 자를 버리지 아니하신다. 시편 기자로 하여금 그의 믿음을 이 언약에 두도록 힘을 더해 준 것은 두 가지였다.

[1] 언약의 재가. 이 언약은 맹세로써 확증되었다: 여호와는 맹세하시고 변하지 아니하시리라.

[2] 언약의 영속성. 이 언약의 축복들은 다윗 자신에게만 확보된 것이 아니라 그의 가문에 상속되었다. 그의 가문이 계속되리라는 약속이 있었다 — 내가 내 자손을 영원히 견고히 하리니 다윗의 자리에 앉아 다스릴 아들이 끊어지지 않을 것이다(렘 33:20-21). 다윗의 가문이 계속해서 왕의 가문이 되리라는 약속이 있었다 — 내가 내 왕위를 대대에 세우리라. 이 말씀은 오직 다윗의 자손인 그리스도에게서 온전히 성취되었다. 하나님께서는 그리스도에게 그의 조상 다윗의 위를 주셨고, 그의 통치와 평강은 무궁하게 될 것이다. 시편 기자는 나중에 이 언약에 대하여 좀 더 자세하게 다시 말할 것이다(19절 이하).

[5]여호와여 주의 기이한 일을 하늘이 찬양할 것이요 주의 성실도 거룩한 자들의 모임 가운데에서 찬양하리이다 [6]무릇 구름 위에서 능히 여호와와 비교할 자 누구며 신들 중에서 여호와와 같은 자 누구리이까 [7]하나님은 거룩한 자의 모임 가운데에서 매우 무서워할 이시오며 둘러 있는 모든 자 위에 더욱 두려워할 이시니이다 [8]여호와 만군의 하나님이여 주와 같이 능력 있는 이가 누구리이까 여호와여 주의 성실하심이 주를 둘렀나이다 [9]주께서 바다의 파도를 다스리시며 그 파도가 일어날 때에 잔잔하게 하시나이다 [10]주께서 라합을 죽임 당한 자 같이 깨뜨리시고 주의 원수를 주의 능력의 팔로 흩으셨나이다 [11]하늘이 주의 것이요 땅도 주의 것이라 세계와 그 중에 충만한 것을 주께서 건설하셨나이다 [12]남북을 주께서 창조하셨으니 다볼과 헤르몬이 주의 이름으로 말미암아 즐거워하나이다 [13]주의 팔에 능력이 있사오며 주의 손은 강하고 주의 오른손은 높이 들리우셨나이다 [14]공의와 정의가 주의 보좌의 기초라 인자함과 진실함이 주 앞에 있나이다

　　이 절들은 하나님에 대한 찬송으로 가득 차 있다. 좀 더 자세하게 살펴보자.

I. 어디에서 누가 하나님을 찬송하는가.

1. 위에서는 천사들이 하나님을 찬송한다: 여호와여, 주의 기이한 일을 하늘이 찬양하리이다(5절). 즉, "윗 세상의 영광스러운 거민들은 끊임없이 주를 송축하고 찬송한다." 여호와의 천사들이여 여호와를 송축하라(시 103:20). 하나님의 일들은 그 일들을 아주 잘 알고 정통해 있는 자들에게조차도 기이한 일들이다. 하나님의 일들은 더 많이 알면 알수록, 우리는 그 일들을 더욱 칭송하고 찬송하게 된다. 하늘에서 우리는 하나님과 그의 기이한 일들을 찬송하는 일 외에는 다른 할 일이 없으리라는 것은 우리로 하여금 하늘을 사모하고 거기에 있기를 갈망하게 만든다.

2. 땅에서는 하나님의 성도들의 회중들이 하나님을 찬송한다(하나님이여 찬송이 시온에서 주를 기다리이다). 성도들의 찬송은 천사들의 찬송에 훨씬 못 미치지만, 하나님은 그들의 찬송을 알아 들으시고 열납하시며 그 찬송들로 인하여 자신이 영광을 받으신 것으로 여기시기를 기뻐하신다. "교회가 세워진 반석인 주의 약속의 신실하심과 진실하심은 성도들의 회중 가운데서 찬송을 받으실 것인데, 성도들의 모든 것은 바로 그 신실하심 덕분이고, 약속이 존재한다는 것과 약속하신 분이 신실하다는 것은 성도들의 변함없는 위로이기 때문이니이다." 이 땅에 있는 하나님의 성도들에게는 그들이 하나님을 찬송하는 것이 기대된다. 그들이 하나님을 찬송하지 않는다면, 도대체 누가 하나님을 찬송하겠는가? 각각의 성도는 하나님을 찬송하여야 하지만, 특히 성도들의 회중이 하나님을 찬송하여야 한다. 그들이 함께 모일 때, 그들은 마음을 합하여 하나님을 찬송하여야 한다. 그들의 수가 많으면 많을수록 더 좋고, 그 찬송은 하늘의 찬송과 더 같게 될 것이다. 시편 기자는 성도들의 회중이 하나님께 드리는 영광에 대하여 다시 한 번 말한다(7절): 하나님은 거룩한 자의 모임 가운데에서 매우 무서워할 이시니이다. 성도들은 예배를 위해서 모여서, 하나님에 대한 그들의 관계를 공적으로 고백하고, 서로에게 힘을 북돋워 주어서 하나님께 영광을 돌리게 하며, 하나님과의 교통을 유지함과 동시에 성도들 간의 교통도 유지하여야 한다. 하나님께서는 성회들 속에 그의 은혜가 있을 것이라고 약속하셨지만, 우리는 성회들 속에서 하나님의 영광스러운 임재를 바라보아야 하고, 하나

님께서 우리에게 임재를 허락하셨다고 하여 우리가 하나님을 만만히 보거나 멸시하는 마음을 조금이라도 키워서는 안 된다. 왜냐하면, 거룩한 곳에 계시는 하나님은 두려우신 분이고, 따라서 우리가 크게 두려워해야 할 분이시기 때문이다. 우리가 하나님께 나아갈 때마다 하나님에 대한 거룩한 경외심이 우리에게 있어야 하고 우리를 가득 채워야 하며, 은밀한 골방이 아니라 공예배에서는 그 엄숙함으로 인하여 하나님에 대한 경외심이 더욱 추가될 수 있을 것이다. 하나님은 그를 둘러 있는 모든 자들, 그의 종으로서 끊임없이 그를 수종들거나 어떤 특정한 일 때문에 하나님께 가까이 나아온 자들이 두려워할 이시다(레 10:3을 보라). 경건함과 두려움으로 하나님을 섬기는 자들만이 하나님을 합당하게 섬기는 것이다(히 12:28).

II. 하나님을 찬송한다는 것은 무엇인가. 그것은 하나님이 비할 바 없이 완전하신 분이라는 것을 인정하는 것이고, 하나님 같은 자가 없고 하나님과 비할 자도 없다는 것을 고백하는 것이다(6절). 만일 하나님과 필적할 수 있는 존재가 있다고 한다면, 분명히 그 존재는 천사들 중에서 찾아져야 한다. 그러나 천사들은 모두 하나님보다 무한히 못하다. 하늘에서 능히 여호와와 비교할 자 누구며, 오직 하나님께만 합당한 경외와 경배를 자기도 받아야겠다고 도전하거나 사람들의 충성 맹세를 얻기 위하여 하나님과 다툴 자가 누가 있겠는가? 천사들은 전능자의 아들들이지만, 그들 중의 누가 여호와와 같을 수 있겠는가? 귀족들은 왕들의 동료들이다. 그들 사이에는 어느 정도의 동질성이 존재한다. 그러나 하나님과 천사들 사이에는 동질성이란 전혀 존재하지 않는다. 천사들은 하나님의 동료들이 아니다. 거룩하신 이가 이르시되 너희가 나를 누구에게 비교하여 나를 그와 동등하게 하겠느냐 하시니라(사 40:25). 시편 기자는 이 말씀을 다시 한 번 역설한다(8절): 주와 같이 능력 있는 이가 누구이리까? 천사나 세상의 그 어떤 왕도 하나님과 비할 수 없고, 하나님 같은 팔을 가지고 있지도 않으며, 하나님 같이 그 음성으로 우렛소리를 낼 수도 없다. 주의 성실하심이 주를 둘렀나이다. 즉, "주를 둘러싸고 있으면서 찬송으로 주를 수종들며 언제든지 주의 심부름을 나갈 준비가 되어 있는 주의 천사들은 모두 신실하다." 또는, "주께서는 주가 행하시는 모든 일 속에서 어떤 면에서나 방백이나 왕이 행하는 것보다 주의 말씀에 신실하심을 스스로 증명하신다." 사람들 가운데서는 자신의 말을 쉽게 깨뜨려도 괜찮은 자들은 자신의 말을 지키려고 거의 신경쓰지 않는 일이 너무도 비일비재하게 일어난다. 그러나 하나님은 강하시면서도 신실하시다. 하나님은 무엇이든지 하실 수 있으시지만, 결코 불의한 일을 행하시지 않는다.

III. 우리는 우리의 찬송 중에서 무엇에 대하여 하나님께 영광을 돌려야 하는 가. 여기에는 몇 가지 것들이 언급되어 있다.

1. 하나님께서 가장 말을 듣지 않는 피조물들을 다스리심(9절). 사람들에게 그 무엇보다도 더 겁을 주고 위협적이며, 그 어떤 것보다도 사람의 힘으로 제어할 수 없는 바다의 파도를 주께서 다스리신다. 바다는 하나님께서 허락하시는 것보다 더 높게 출렁일 수 없고 더 멀리 나아갈 수 없으며 더 심하게 부딪힐 수 없고 더 오랫동안 지속할 수 없으며 더 많은 해를 끼칠 수 없다. "그 파도가 일어날 때에, 주는 그 파도를 즉시 잠잠하게 하여 조용히 시킬 수 있으시고 폭풍우를 잔잔한 물결로 바꾸어 놓으실 수 있다." 이 말씀이 여기에 나온 것은 하나님의 전능하심을 보여주는 한 예를 제시하기 위한 것인데, 주 예수께서 풍랑을 잔잔하게 하셨을 때에 제자들은 그가 누구기에 바람과 바다도 순종하는가라고 말하였다.

2. 하나님께서 그의 교회의 원수들에 대하여 거두신 승리들. 하나님께서 바다의 격랑을 다스리시고 그 파도를 잔잔하게 하신 것은 바로 이것에 대한 상징이었다(10절). 주께서 라합, 수많은 교만한 원수(이것이 원어의 의미이다), 특히 종종 라합으로 불렸던 애굽을 깨뜨리시고, 죽임을 당하여서 다시는 머리를 들 수 없는 자처럼 산산이 부수셨다. "주께서는 그 머리를 깨뜨리시고, 주의 능력의 팔로 나머지를 흩으셨다." 하나님은 그와 그의 교회의 원수들을 다루시는 여러 가지 방식들은 가지고 계신다. 우리는 하나님께서 그들을 즉시 죽이시면 좋겠다고 생각하지만, 종종 하나님은 그들을 흩으셔서 멀리 보내어 하나님의 공의를 보여주는 기념비들로 삼으신다(시 59:11). 하나님께서 애굽을 산산이 깨뜨리신 것에 대한 기억은 현재의 바벨론 세력과 관련하여 교회에 위로가 된다. 왜냐하면, 하나님은 예나 지금이나 동일하신 분이기 때문이다.

3. 하나님께서 윗 세상과 아랫 세상의 모든 피조물 가운데서 가지고 계시는 다툴 수 없는 소유권(11-12절). "사람들은 그들이 많은 소유를 가진 것으로 인하여 존경을 받지만, 여호와여, 하늘이 주의 것이요 땅도 주의 것이라. 그러므로 우리가 주를 찬송하고, 그러므로 우리가 주를 의지하며, 그러므로 우리가 사람이 우리를 해치려 무슨 짓을 하든 두려워하지 않나이다. 세계와 그 중에 충만한

것, 세상에 있는 모든 부, 세상의 모든 거민들, 거기에 있는 땅들과 소작인들이 다 주의 것이니이다. 왜냐하면, 주께서 그것들을 건설하셨기 때문이니이다." 처음으로 세운 자는 소유자라고 정당하게 주장할 수 있다. 시편 기자는 구체적으로 다음과 같은 것들을 거론한다.

(1) 세상에서 가장 멀리 떨어져 있는 지역들, 사람들이 거주하지 않고 사람들에게 거의 알려져 있지 않은 남방과 북방, 두 극지방 아래에 있는 나라들. "주께서 그것들을 창조하셨기 때문에, 그것들을 아시고 돌보시며, 그들로부터 찬송의 공세를 받나이다." 성경에서는 북방이 허공에 걸려 있다고 말한다. 그렇지만 하나님이 소유자이신 곳은 충만함이 존재한다.

(2) 세상의 가장 높은 곳들. 시편 기자는 가나안에서 가장 높은 2개의 산을 언급한다 — 다볼과 헤르몬(전자는 서쪽에 있고, 후자는 동쪽에 있다). "이 산들은 주의 이름으로 말미암아 즐거워하나이다. 왜냐하면, 이 산들은 주의 섭리의 돌보심 아래에 있고, 주의 제단에 쓸 예물들을 내기 때문이니이다." 성경에서는 작은 산들이 그들의 풍성함으로 인하여 즐거워한다고 말한다(시 65:12). 다볼산은 갈릴리에 있는 높은 산으로서, 그 꼭대기에서 그리스도께서 변모되셨다고 흔히 생각된다. 그 때에 다볼산은 이는 내 사랑하는 아들이니라는 음성을 듣고서 실제로 즐거워하였다고 말할 수 있을 것이다.

4. 하나님께서 능력과 공의, 긍휼과 진실하심으로 세상을 다스리시고 인간사를 주관하심(13-14절).

(1) 하나님은 무슨 일이든 하실 수 있다. 왜냐하면, 하나님은 전능하신 주 하나님이시기 때문이다. 하나님의 팔과 그의 손은 그의 백성을 구원하시고 그와 그들의 원수들을 멸하시는 데에 힘이 있고 강하다. 아무도 하나님의 힘있는 손의 세기에 저항할 수 없고 그 무게를 감당해 낼 수 없다. 주의 오른손은 높이 들리우셔서 아무리 높은 곳일지라도 거기에 이르며, 심지어 별들 사이에 깃들인 자들에게도 닿는다(암 9:2-3; 욥 1:4). 하나님께서 행하신 일 속에서 그의 오른손은 높이 들리우셨다. 왜냐하면, 무수한 일들 속에서 하나님은 그의 능력을 보여주셨기 때문이다(시 118:16).

(2) 하나님은 불의하거나 지혜롭지 못한 일을 결코 하지 않으셨고, 앞으로도 하지 않으실 것이다. 왜냐하면, 공의와 정의가 주의 보좌의 기초이기 때문이다. 하나님의 모든 작정들이나 명령들은 그 어느 것도 공평과 지혜의 법에서 벗어

나는 일이 없고, 그 누구도 하나님을 불의하다거나 어리석다고 고소할 수 없다. 공의와 심판은 하나님의 보좌를 예비하는 것이고(어떤 이들은 이렇게 해석한다), 하나님의 보좌를 견고히 하는 것이다(어떤 이들은 이렇게 해석한다). 하나님께서 영원 전부터 그의 모략 속에서 자신의 통치를 준비하고 구상한 것과 그 결과들로서 영원까지 하나님의 통치를 견고히 하는 것은 모두 공의와 심판이다.

(3) 하나님은 그의 백성에게 좋은 일, 그가 말씀하신 것에 합치하는 일을 항상 하신다. "주의 길을 예비하기 위하여 긍휼하심과 진실하심이 주 앞서 가나이다 ― 긍휼을 약속하시고, 진실하게 행하심 ― 주께서 하신 말씀만큼이나 진실하시고, 그가 하신 말씀보다 더 잘 해 주시는 긍휼하심." 위대한 사람들의 긍휼과 진실함이 칭찬받을 만한 것이라고 한다면, 모든 일에서 완전하신 크신 하나님의 긍휼하심과 진실하심은 얼마나 더 우리의 찬송을 받으실 만한 것인가!

15즐겁게 소리칠 줄 아는 백성은 복이 있나니 여호와여 그들이 주의 얼굴 빛 안에서 다니리로다 16그들은 종일 주의 이름 때문에 기뻐하며 주의 공의로 말미암아 높아지오니 17주는 그들의 힘의 영광이심이라 우리의 뿔이 주의 은총으로 높아지오리니 18우리의 방패는 여호와께 속하였고 우리의 왕은 이스라엘의 거룩한 이에게 속하였기 때문이니이다

시편 기자는 이스라엘의 하나님이 얼마나 찬송받으실 만하신가를 자세하게 보여준 후에 여기에서는 하나님의 이스라엘이 얼마나 복된지를 보여준다. 여수룬이여 하나님 같은 이가 없도다 이스라엘이여 너는 행복한 사람이로다 너 같은 백성이 누구냐. 특히 모든 참된 믿는 자들로 이루어진 복음적 이스라엘의 모형으로서 이스라엘의 복이 여기에 설명되어 있다.

I. 영광스러운 것들이 그들에게 알려져 있고, 기쁜 소식들이 그들에게 전해진다. 그들은 즐거운 소리를 듣고 안다(15절). 이 말씀은 다음과 같은 것들을 가리킬 것이다.

1. 승리한 군대의 함성, 왕의 외치는 소리(민 23:21). 이스라엘은 그들의 전쟁들 속에서 하나님께서 그들과 함께 하신다는 것을 보여주는 표적들을 지니고 있었다. 뽕나무 꼭대기에서 걸음 걷는 소리는 정말 즐거운 소리였다(삼하

5:24). 그들은 자주 그들의 승리의 노래로 온 땅을 진동하게 하면서 되돌아오곤 하였다. 이러한 것들은 즐거운 소리들이었다.

2. 또는, 희생 제사를 드리거나 절기 때에 나는 소리(시 81:1-3). 하나님에 대한 거룩한 신앙을 자유롭고 공개적으로 고백할 수 있었던 것은 이스라엘의 복이었고, 하나님께 제사지낼 때에 거기에는 풍성한 즐거움이 있었다.

3. 또는, 희년 때의 나팔 소리. 이 나팔 소리는 해방과 놓여남을 선포하는 것이었기 때문에 종들과 빚진 자들에게 즐거운 소리였다. 복음은 진정으로 즐거운 소리, 승리와 자유의 소리, 하나님과의 교통을 알리는 소리이고 큰 비 소리이다. 그 소리를 듣고 알며 환영하는 자들은 복이 있다.

II. 하나님의 은총을 보여주는 특별한 표적들이 그들에게 허용된다.

"여호와여, 그들이 주의 얼굴 빛 안에서 다니리로다. 그들은 주의 지시하심을 따라서 다스림을 받게 될 것이고, 주의 눈을 통해서 인도하심을 받게 될 것이다. 그들은 주의 위로하심으로 기뻐할 것이고, 하나님의 은총을 받게 될 것이다. 그들은 그들이 하나님의 은총을 받고 있다는 것을 알게 될 것이고, 그것은 그들에게 끊임없는 기쁨과 즐거움을 가져다 줄 것이다. 그들은 하나님의 인자하심의 강력한 감화 아래에서 거룩한 삶의 모든 활동들을 해 나갈 것이고, 하나님의 인자하심으로 인해서 그들이 해야 할 도리는 그들에게 즐거운 것이 될 것이며, 그들은 자신의 도리를 진실하게 행하고, 여호와께 열납되는 것을 그들의 목적으로 삼게 될 것이다." 우리가 우리의 모든 위로를 하나님의 은총으로부터 가져오고, 하나님의 사랑 안에 머물기 위해서 아주 세심하게 주의를 기울일 때, 우리는 여호와의 빛 안에서 걷고 있는 것이다.

III. 그들에게는 즐거워해야 할 일이 결코 끊이지 않는다. 하나님의 백성은 복이 있다. 왜냐하면, 하나님께서는 그의 이름을 통해서 자신을 사람들에게 알리셨는데, 그의 이름으로 말미암아 그들은 종일 **기뻐하게** 될 것이기 때문이다 (그들 자신의 잘못이 없다면). 그리스도 예수를 즐거워하고 하나님을 자신의 최고의 기쁨으로 삼는 자들은 그들의 근심들을 상쇄시킬 수 있고 그들의 슬픔을 충분히 잠재울 수 있다. 그러므로 그들의 기쁨은 충만하고(요1 1:4) 변함이 없다. 항상 기뻐하는 것은 그들의 본분이다.

IV. 하나님에 대한 그들의 관계는 그들의 영광이자 위엄이다. 그들은 행복하다. 왜냐하면, 그들은 높기 때문이다. 그들은 주 그리스도 안에서 의와 힘을 가지고 있기 때문에, 그들은 그리스도로 말미암아 하나님께 열납된다. 그러므로 이스라엘 자손은 다 그로 말미암아 자랑하리라(사 45:24-25). 여기서도 마찬가지 이다(16-17절).

1. "그들 자신의 의가 아니라 주의 의로 말미암아 그들이 높아지리라." 우리는 순전히 그리스도의 의로 말미암아 위험에서 벗어나서 존귀함으로 높아지는데, 그리스도의 의는 존귀함의 옷인 동시에 우리를 보호해 주는 옷이다.

2. "주는 그들의 힘의 영광이시다. 즉, 주는 그들의 힘이고, 주가 그들의 힘이 라는 것은 그들의 영광이고 그들이 자랑하는 것이다." 항상 우리를 이기게 하시 는 하나님께 감사하노라.

3. "그리스도로 말미암아 우리가 소망하는 주의 은총으로 우리의 뿔이 높아지 리라." 뿔은 아름다움, 풍성함, 힘을 나타낸다. 사랑하시는 자 안에서 하나님께 열납된 자들은 이러한 것들을 가지게 된다. 사람들이 하나님의 은총을 받는 자 가 되는 것보다 이 세상에서 더 크게 영전할 수 있겠는가?

V. 하나님에 대한 그들의 관계는 그들의 보호막이자 안전 장치이다(18절). 이는 우리의 방패가 여호와께 속하였고 우리의 왕은 이스라엘의 거룩한 이에게 속하 였기 때문이니이다. 하나님께서 우리의 통치자이시면, 그는 우리의 보호자가 되 어 주실 것이다. 그리하면, 누가 감히 우리를 해칠 수 있겠는가?" 하나님께서 친히 그들의 요새들을 세우시고 그들의 왕을 지명하신 것은 이스라엘의 복이 었다(어떤 이들은 이렇게 해석한다). 또는, 하나님께서 친히 그들을 둘러싼 불 성곽이 되셨고, 거룩한 자로서 그들의 거룩한 신앙의 창시자이자 중심이 되신 것은 이스라엘의 복이었다. 하나님은 그들의 왕이었고, 그들 가운데 계시는 그 들의 영광이었다. 그리스도는 이스라엘의 거룩한 자, 저 거룩한 것이다. 그리스 도께서 유대인들의 왕으로 태어나신 것보다 이 특별한 백성에게 더 큰 축복은 없었다. 하나님의 이스라엘이 받은 축복들에 대한 이러한 설명이 여기에 나오 는 것은 그들의 현재의 재난스러운 상태와 그러한 축복들을 조화시키기가 어 렵다는 것을 말하기 위한 것이었다.

[19]그 때에 주께서 환상 중에 주의 성도들에게 말씀하여 이르시기를 내가 능력 있는 용사에게는 돕는 힘을 더하며 백성 중에서 택함 받은 자를 높였으되 [20]내가 내 종 다윗을 찾아내어 나의 거룩한 기름을 그에게 부었도다 [21]내 손이 그와 함께 하여 견

고하게 하고 내 팔이 그를 힘이 있게 하리로다 [22]원수가 그에게서 강탈하지 못하며 악한 자가 그를 곤고하게 못하리로다 [23]내가 그의 앞에서 그 대적들을 박멸하며 그를 미워하는 자들을 치려니와 [24]나의 성실함과 인자함이 그와 함께 하리니 내 이름으로 말미암아 그의 뿔이 높아지리로다 [25]내가 또 그의 손을 바다 위에 놓으며 오른손을 강들 위에 놓으리니 [26]그가 내게 부르기를 주는 나의 아버지시요 나의 하나님이시요 나의 구원의 바위시라 하리로다 [27]내가 또 그를 장자로 삼고 세상 왕들에게 지존자가 되게 하며 [28]그를 위하여 나의 인자함을 영원히 지키고 그와 맺은 나의 언약을 굳게 세우며 [29]또 그의 후손을 영구하게 하여 그의 왕위를 하늘의 날과 같게 하리로다 [30]만일 그의 자손이 내 법을 버리며 내 규례대로 행하지 아니하며 [31]내 율례를 깨뜨리며 내 계명을 지키지 아니하면 [32]내가 회초리로 그들의 죄를 다스리며 채찍으로 그들의 죄악을 벌하리로다 [33]그러나 나의 인자함을 그에게서 다 거두지는 아니하며 나의 성실함도 폐하지 아니하며 [34]내 언약을 깨뜨리지 아니하고 내 입술에서 낸 것은 변하지 아니하리로다 [35]내가 나의 거룩함으로 한 번 맹세하였은즉 다윗에게 거짓말을 하지 아니할 것이라 [36]그의 후손이 장구하고 그의 왕위는 해 같이 내 앞에 항상 있으며 [37]또 궁창의 확실한 증인인 달 같이 영원히 견고하게 되리라 하셨도다 (셀라)

하나님께서 다윗 및 그의 자손과 맺은 언약은 앞서 언급되었다(3-4절). 그러나 시편 기자는 이 절들을 통해서 다시 한 번 그것에 대하여 자세히 얘기하고, 지금 거의 멸망하기 직전인 다윗 가문에게 은총을 베풀어 달라고 하나님께 호소하는 데에 그것을 활용한다. 그렇지만 이 언약은 그리스도를 염두에 둔 것으로서, 다윗에게보다는 그리스도에게서 훨씬 더 온전히 성취되었다. 아니, 여기에 나오는 몇몇 구절들은 다윗에게는 거의 적용할 수 없고, 오직 그리스도에 대한 것으로 이해되어야 한다(그러므로 그리스도는 우리의 왕 다윗으로 불린다, 호 3:5). 여기에서 구속주와 관련된 구절들은 매우 위대하고 소중한 약속들로서, 구속받은 자들의 믿음과 소망을 위한 강력한 토대들이다. 우리의 구속의 위로들은 구속에 관한 언약으로부터 흘러나온다. 우리의 모든 샘들은 이것 속에 있다(사 55:3): 내가 너희를 위하여 영원한 언약을 맺으리니 곧 다윗에게 허락한 확실한 은혜이니라(행 13:34). 우리는 이제 여기에서 이 확실한 은혜, 곧 하나님의 긍휼하심에 관한 설명을 보게 된다. 좀 더 살펴보자.

I. 우리는 이 약속의 진실함에 대하여 어떠한 보장을 갖고 있는가. 그러한 보장은 우리로 하여금 그 약속 위에 우리의 믿음을 세우도록 힘을 더해 줄 것이다. 우리는 여기에서 다음과 같은 것들에 대하여 듣게 된다.

1. 그 약속이 어떻게 말씀되었는가(19절): 주께서 환상 중에 주의 거룩한 이에게 말씀하셨다. 여기에 특별히 언급되고 있는 것, 즉 하나님께서 다윗에게 약속하신 것은 환상 중에 선지자 나단에게 말씀되었다(삼하 7:12-17). 이스라엘의 거룩한 이가 그들의 왕이었을 때에(18절) 하나님은 다윗을 그의 대리자로 지명하셨다. 그러나 하나님은 모든 선지자들, 저 거룩한 이들에게 그리스도에 관하여 환상 중에 말씀하셨고, 특히 영원 전부터 하나님의 품 속에 있어서 구속에 관한 온전한 계획을 완전히 알고 계셨던 그리스도에게 직접 말씀하셨다(마 11:27).

2. 그 약속은 어떻게 맹세되고 재가되었는가(35절): 내가 나의 거룩함으로 한 번 맹세하였다. 그의 거룩함으로 맹세하셨다는 것은 하나님이 자기 자신을 두고서 맹세하셨다는 말이다. 왜냐하면, 하나님은 거룩함을 포기하는 순간 하나님이시기를 그칠 것이기 때문이다. 하나님은 한 번 맹세하시는 것으로 충분하다. 하나님은 다윗과는 달리 두 번 맹세하실 필요가 없다(삼상 20:17). 왜냐하면, 하나님의 말씀과 맹세는 두 가지 변할 수 없는 것들이기 때문이다. 그리스도께서 제사장이 된 것이나 왕이 되신 것은 모두 하나님께서 맹세로 하신 일들이었다(히 7:21). 왜냐하면, 그리스도의 나라와 제사장직은 둘 다 변할 수 없는 것이기 때문이다.

II. 하나님께서 약속을 주신 자는 하나님께서 선택하신 자임(19-20절).

다윗은 하나님께서 직접 택하신 왕이었고, 그리스도도 마찬가지이기 때문에, 둘 다 하나님의 왕들이라 불린다(시 2:6). 다윗은 힘이 있었고 용기있는 자였기 때문에 일을 하는 데에 합당한 자였다. 그는 백성 중에서 택함을 받았는데, 왕손들이 아니라 목자들 중에서 택함을 받았다. 하나님은 그를 찾아 내셨고 높이셨으며 그에게 돕는 힘을 더하셨고 사무엘에게 명하여 그에게 기름을 붓게 하셨다. 그러나 이 말씀은 특히 그리스도께 적용되어야 한다.

1. 그리스도는 힘있는 자, 모든 점에서 그가 이루어야 할 큰 일에 적합한 자격을 갖추고서 끝까지 구원을 이룰 수 있는 자이셨다 — 그는 하나님의 아들이시기 때문에 능력에 있어서 강하셨고, 그는 직접 체험을 통해서 시험받는 자들을

불쌍히 여기실 수 있으셨기 때문에 사랑에 있어서 강하신 자였다. 그는 전능하신 하나님이시다(사 9:6).

2. 그리스도는 백성 중에서 택함받은 자, 우리와 마찬가지로 뼈와 살과 피를 가지신 우리 중의 한 분이셨다. 사람이 되도록 명령을 받으셨을 때에 그는 그의 두려움으로 우리를 두려워하게 하지 않기 위하여 사람들 가운데서 취해지셨다.

3. 하나님이 그를 찾아 내셨다. 그는 하나님께서 친히 마련하신 구주시다. 왜냐하면, 구원은 처음부터 끝까지 순전히 여호와께서 행하시는 일이기 때문이다. 그는 대속물을 얻었다(욥 33:24). 우리는 그리스도만큼 이 큰 일을 수행하기에 적합한 인물을 결코 찾아낼 수 없었을 것이다(계 5:3-4).

4. 하나님은 그에게 돕는 힘을 더하셨고, 그를 도우셨을 뿐만 아니라 우리를 위해서 그리스도 안에 돕는 힘을 쌓아 놓으셔서, 그에게 타락한 인간을 다시 일으켜 세워서 택함받은 남은 자들을 천국으로 인도하는 일을 돕는 책임을 맡기셨다. 너의 도움이 내게 있다(호 13:9).

5. 하나님은 그를 그의 교회의 선지자, 제사장, 왕으로 삼으시고, 그를 능력으로 옷 입히시며, 그를 죽은 자 가운데서 다시 살리시고, 그를 그의 오른편에 앉히심으로써 그를 높이셨다. 하나님은 그가 택하셔서 사용하시는 자를 높이실 것이다.

6. 하나님은 그에게 기름을 부으셨고, 그의 직무를 감당할 수 있도록 그를 준비시키셨으며, 그에게 성령을 어느 분량만큼이 아니라 그의 동료들보다 무한히 많이 한량없이 주심으로써 그가 그런 직무를 맡았다는 것을 확증하셨다. 그는 메시야 또는 그리스도, 기름 부음 받은 자로 불린다.

7. 이 모든 것을 통해서 하나님은 그를 자신의 영원한 목적을 이루고 사람들 가운데서 자신의 나라를 진보시키기 위한 자신의 종으로 삼고자 하셨다.

III. 하나님께서 이 택함받은 자, 즉 모형으로서의 다윗과 원형으로서의 다윗의 자손에게 하신 약속들. 하나님은 이 약속들을 통해서 이 택함받은 자에 대하여 은혜로울 뿐만 아니라 영광스러운 것들을 말씀하신다.

1. 왕이자 하나님의 종으로서의 택함받은 자 자신과 관련하여. 하나님께서 택함받은 자에게 말씀하신 모든 것은 그의 사랑하는 신민들 모두에게 해당되는 말씀이다. 여기에서는 다음과 같은 것들이 약속된다.

(1) 하나님께서 그의 곁에 서서 그가 힘있게 일을 할 수 있게 해 주시겠다는 것(21절). 내 손이 그와 함께 할 뿐만 아니라 그를 견고하게 하여, 그가 아주 견고하게 되어서 그가 하는 모든 일이 견고하게 될 것이기 때문에, 죄의 사람이 그 모든 일에 대항하여 싸워서 무너뜨리고자 하여도, 그의 일들 중에서 그 어느 것도 손상을 받거나 무너지지 않게 될 것이다. 그리스도께서는 수많은 어려운 일을 하셔야 했고, 혹독한 시련을 통과하셔야 했다. 그러나 그에게 일을 맡기신 하나님께서는 그에게 그의 일을 수행하기에 충분한 힘을 그에게 주셨다. "내 팔이 그를 힘이 있게 하여서 그로 하여금 모든 난관들을 넉넉히 감당하고 깨뜨려 나갈 수 있게 하리라." 하나님께서 친히 힘을 주시는 자들이 하는 선한 일은 결코 잘못될 수 없다.

(2) 하나님께서 그의 원수들에 대하여 이기심으로써 그들이 그를 침범하지 못하게 해주시겠다는 것(22절): 악한 자가 그에게서 강탈하지 못하며 그를 괴롭히지 못하리라. 처음에 평화를 깬 자는 평화를 만들고자 한 분에게 반기를 드는 것이 될 것이고, 그분의 계획을 무너뜨리기 위하여 자신이 할 수 있는 짓을 다하고자 할 것이다. 그러나 그는 그의 발꿈치만을 상하게 할 수 있을 뿐이다. 그는 그 이상으로는 그에게서 어떤 것을 강탈할 수도 없고 그를 괴롭힐 수도 없다. 그리스도는 우리의 채무를 위한 담보가 되셨는데, 사탄과 사망은 그것이 그를 죽일 수 있는 좋은 호재라고 생각하였다. 그러나 그리스도는 하나님의 공의의 요구들을 만족시킨 것이었기 때문에, 그들은 그리스도에게서 아무것도 강탈할 수 없었다. 이 세상의 임금이 오겠지만 그는 내게 관계할 것이 없다(요 14:30). 아니, 그들은 그를 이기지 못하게 될 뿐만 아니라 그 앞에서 넘어지게 될 것이다(23절): 내가 그의 앞에서 그 대적들을 박멸하리라. 이 세상의 임금은 쫓겨나게 될 것이고, 정사들과 권세들은 약탈을 당할 것이며, 그리스도는 사망 자체에 대하여 사망이 되고, 무덤의 멸망이 될 것이다(호 13:14). 어떤 이들은 이 말씀을 그리스도를 박해하고 죽음으로 몰아 넣은 유대 민족을 하나님께서 멸망시킨 것에 적용한다. 그러나 그리스도를 미워하고 그가 그들을 다스리기를 원하지 않는 모든 원수들은 그의 앞에 끌려가서 죽임을 당하게 될 것이다(눅 19:27).

(3) 하나님께서 그를 하나님과 사람들 간의 언약을 맡은 자로 삼으셔서, 우리에 대하여 은혜로우시고 진실하시겠다는 것(24절): 나의 성실함과 긍휼함이

그와 함께 하리라. 하나님의 신실하심과 긍휼하심은 다윗과 함께 하였다. 하나님은 계속해서 다윗에게 긍휼을 베푸심으로써 자신이 신실하시다는 것을 증명하셨다. 하나님의 신실하심과 긍휼하심은 그리스도와 함께 하였다. 하나님은 그리스도에게 하신 그의 모든 약속들을 이루셨다. 그러나 이것이 전부가 아니다. 우리에 대한 하나님의 긍휼하심과 우리에 대한 하나님의 신실하심은 그리스도와 함께 한다. 하나님은 그리스도를 기뻐하실 뿐만 아니라 그리스도 안에서 우리를 기뻐하신다. 그리스도 안에서 하나님의 모든 약속들은 예와 아멘이 된다. 따라서 가엾은 죄인들이 하나님의 신실하심과 긍휼하심으로 인하여 은택을 얻고자 소망한다면, 그들은 그것이 그리스도에게 있다는 것을 알아야 한다. 그것은 그리스도의 손에 있기 때문에, 그들은 그리스도께 나아가서 그것을 달라고 하여야 한다(28절). 내가 그를 위하여 나의 인자함을 영원히 지키고 나의 인자함을 그로 하여금 베풀게 하리라. 하나님의 선하심의 모든 물줄기들은 그리스도의 중보라는 통로를 통해서 영원히 흐르게 되어 있다. 그러므로 우리가 영생을 얻게 된 것은 우리 주 예수 그리스도의 긍휼 덕분이다(유 1:21; 요 17:2). 하나님의 긍휼이 그리스도를 통해서 우리에게 흘러오는 것과 마찬가지로, 하나님의 약속은 그리스도로 말미암아 우리에게 견고하다. 내가 그와 맺은 나의 언약을 굳게 세우리니, 그와 맺은 구속의 언약과 그 안에서 우리와 맺은 은혜의 언약이 굳게 서리라. 새 언약은 중보자의 손에 있는 것이기 때문에 항상 새롭고 견고하게 세워져 있다(히 8:6). 이 언약은 이러한 토대 위에 서 있기 때문에 견고히 서 있다. 하나님께서 하나님과 사람 간의 이 큰 일을 그리스도께 온전히 위임하셨고, 모든 심판을 그에게 맡기셨으며, 모든 사람으로 그를 공경하게 하신(요 5:22-23) 것은 주 예수의 영원한 영광이다. 그러므로 여기에서는 내 이름으로 말미암아 그의 뿔이 높아지리로다라고 말씀한다. 하나님의 이름이 그에게 있고(출 23:21), 그가 하나님의 이름으로 행한다는 것이 그의 영광이 될 것이다. 아버지께서 내게 명하신 대로 내가 행하나이다.

(4) 하나님께서 그의 나라를 크게 확장시키시겠다는 것(25절): 내가 그의 손을 바다 위에 놓으며(그가 바다들과 바다의 섬들에 대한 통치권을 갖게 될 것이다), 그의 오른손을 강들, 곧 강들이 흐르는 내륙의 나라들 위에 놓으리라. 다윗의 나라는 대해와 홍해, 애굽의 강과 유프라테스 강까지 미쳤다. 그러나 이 말씀이 온전히 성취된 것은 메시야의 나라에서인데, 세상 나라들이 우리 주와 그의

그리스도의 나라가 되고(계 11:15) 섬들이 주의 법을 기다리게 될 때에 메시야의 나라는 더욱더 이 말씀을 성취하게 될 것이다.

(5) 그는 하나님을 그의 아버지로 고백하고, 하나님은 그를 그의 아들, 그의 장자로 인정하게 되리라는 것(26-27절). 이것은 솔로몬에 관한 나단의 메시지 속에 나오는 말씀(왜냐하면, 솔로몬도 다윗과 마찬가지로 그리스도의 모형이었기 때문에), 즉 나는 그에게 아버지가 되고 그는 내게 아들이 되리라(삼하 7:14)는 말씀에 대한 해설인데, 이러한 관계는 양쪽에서 시인을 하게 될 것이다.

[1] 그는 주는 나의 아버지시라고 내게 부르리라. 솔로몬은 그렇게 했을 가능성이 많다. 그러나 우리는 그리스도께서 육체에 계실 때에 그렇게 하셨다는 것을 잘 알고 있다. 그리스도께서는 하나님께 통곡으로 기도를 올리면서, 하나님을 거룩한 아버지, 의로운 아버지라고 불렀고, 우리에게도 하나님을 하늘에 계신 우리 아버지라고 부르도록 가르치셨다. 그리스도께서는 고뇌 중에 하나님께 주는 나의 아버지이시나이다라고 부르짖었고(마 26:39, 42, 나의 아버지여), 십자가 위에서는 아버지, 저들을 사하여 주옵소서 내 영혼을 아버지의 손에 부탁하나이다 라고 말씀하셨다. 또한, 그리스도께서는 하나님을 그의 하나님으로 여기셨기 때문에, 온전히 하나님께 순종하셨고, 그의 모든 일을 함에 있어서 하나님의 뜻에 순복하셨다(그는 내 하나님 곧 너희 하나님이시다, 요 20:17). 또한, 그리스도께서는 하나님을 그가 일을 하는 동안에 그를 붙들어 주시고 끝까지 감당하게 하셔서 그를 승리자 이상의 존재, 완전한 구주로 만들어 주실 그의 구원의 반석으로 여기셨기 때문에, 흔들림없는 결연함 속에서 십자가를 참으시고 부끄러움을 개의치 아니하셨다. 왜냐하면, 그는 그가 의롭다 하심을 얻고 영화롭게 될 것을 아셨기 때문이다.

[2] 내가 그를 장자로 삼으리라. 나는 이 말씀이 어떻게 다윗에게 적용될 수 있는지를 알지 못하겠다. 모든 피조물의 장자이자 만유의 상속자인 것은 그리스도의 대권이다(골 1:15; 히 1:2, 6). 하나님께서 하늘과 땅의 모든 권세를 그리스도께 주시고 모든 것을 그에게 주셨을 때, 하나님은 그리스도를 세상의 왕들보다 훨씬 더 높고 위대하고 존귀한 그의 장자로 삼으셨다. 왜냐하면, 그리스도는 만왕의 왕으로서 천사들과 권세들과 능력들이 그에게 복종하기 때문이다(벧전 3:22).

2. 그의 자손과 관련하여. 하나님의 언약들은 항상 언약을 맺은 자들의 자손

을 포함시키는데, 여기에서도 마찬가지이다(29, 36절): 그의 후손이 영구할 것이고, 아울러 그의 왕위도 영구할 것이다. 그런데 이 말씀은 그리스도에게 적용되느냐, 아니면 다윗에게 적용되느냐에 따라서 그 의미가 다르게 해석될 것이다.

(1) 이 말씀을 다윗에게 적용한다면, 그의 후손은 다윗의 허리에서 난 그의 후계자들, 즉 솔로몬과 그 이후의 유다의 왕들을 가리키는 것으로 이해될 수 있다. 그들은 타락할 수 있고, 그들의 조상 다윗의 마음과 발자취를 따라서 행하지 않을 수 있다. 그러한 경우에 그들은 다윗 가문이 당시에 처해 있었던 것과 같이 하나님의 책망 아래에 놓이게 될 것을 기대하여야 한다(38절). 그러나 이 말씀은 비록 그들이 징계를 받는다고 할지라도 버림받거나 대가 끊어지지는 않을 것이라고 말해 줌으로써 그들을 격려하는 말씀이 된다. 이 말씀은 나단의 메시지 중에서 다음과 같은 부분과 관련되어 있다(삼하 7:14-15): 그가 만일 죄를 범하면 내가 사람의 매와 인생의 채찍으로 징계하려니와 내 은총을 그에게서 빼앗지는 아니하리라. 다윗의 후손 중에서 많은 수가 그 악행에도 불구하고 비록 그의 가문의 수치가 되기는 하였지만 그의 가문은 계속되었고, 아주 오랫동안 왕가로서의 위엄을 지속하였다는 것, 유다가 하나의 나라로서 지속한 동안에는 다윗의 후손이 그 나라의 왕이었고, 북왕국의 열 지파의 왕권이 처음에는 여로보암, 그 다음에는 바아사 등등에게 넘어 갔던 것과는 달리, 유다 나라의 왕권은 결코 다른 가문으로 넘어가지 않았다는 것, 그 왕위가 영구하게 될 다윗의 자손이 오실 때까지는 다윗 가문이 계속해서 특별한 가문으로 남아 있었다는 것은 다윗의 후손과 왕위가 영구하였다는 것을 보여준다(눅 1:27, 32; 2:4, 11을 보라). 다윗의 후손들이 나중에 하나님과 그들의 본분을 저버리고, 반기를 들어서 죄의 길로 들어선다면, 하나님께서는 그들에게 심판을 내리시고 그 가문을 멸망시킬 것이었다. 그렇지만 하나님은 다윗에게서 그의 인자하심을 거두지 아니하시고, 다윗과 맺은 언약을 깨뜨리시지 않으실 것이었다. 왜냐하면, 다윗의 허리에서 나올 메시야를 통해서 이 모든 약속들은 온전히 성취될 것이었기 때문이다. 마찬가지로, 유대인들이 버림받았을 때에 사도 바울은 하나님께서 아브라함과 맺은 언약이 깨뜨려진 것이 아니라는 것을 보여주었다. 왜냐하면, 그 약속은 아브라함의 영적인 자손, 즉 믿음의 의의 상속자들을 통해서 성취되었기 때문이다(롬 11:7).

(2) 이 말씀을 그리스도에게 적용한다면, 그의 후손은 그의 신민들, 모든 믿는 자들, 그의 영적인 자손들, 하나님께서 그에게 주신 자녀들을 의미하는 것으로 이해될 수 있다(히 2:13). 영구히 있게 될 것은 바로 이 후손이고, 그들의 마음과 교회 속에 있는 그의 왕위는 하늘의 날과 같게 될 것이다. 끝날까지 세상에는 한 백성이 있어서, 그들은 그리스도를 섬기고 그리스도께 영광을 돌리게 될 것이다. 그가 씨를 보게 되며 그의 날은 길리라. 이 거룩한 자손들은 시간과 날들이 더 이상 존재하지 않게 될 때에 영화스러운 상태 속에서 영구하게 될 것이다. 이렇게 그리스도의 왕위와 나라는 영속할 것이다. 그의 은혜의 나라는 모든 세대를 거쳐서 지속될 것이고, 그의 영광의 나라는 영원무궁토록 이어질 것이다.

[1] 그리스도의 나라가 계속되리라는 것은 여기에서 그의 신민들의 죄악들과 환난들에 의해서 의심스럽게 된다. 그들의 범죄들과 재앙들은 그리스도의 나라를 위태롭게 만든다. 이러한 경우가 여기에 제시되고 있는 것은 이러한 일이 실제로 현실이 되었을 때에 우리로 하여금 실족하지 않도록 하기 위한 것이 아니라, 그런 일에도 불구하고 언약은 여전히 살아 있다는 것을 받아들이도록 하기 위한 것이다. 첫째, 여기에서는 그리스도의 나라에 속한 신민들이 많은 잘못을 저지르게 되리라는 것이 전제된다. 그리스도의 자녀들은 하나님의 법을 버리고 소홀히할 것이고(30절) 적극적인 범죄를 통해서 하나님의 율례를 깨뜨릴 것이다(31절). 하나님의 자녀들에게는 흠들이 있다(신 32:5). 교회의 지체들인 자들의 마음속에와 마찬가지로 교회 내부에도 수많은 부패들이 있어서, 이러한 부패한 것들은 터져 나온다. 둘째, 그들은 여기서 그들이 그것으로 인하여 벌을 받아야 한다는 말씀을 듣는다(32절). 내가 회초리로 그들의 죄를 다스리되, 다른 사람들의 죄보다도 더 신속하게 그들의 죄를 다스리리라. 내가 땅의 모든 족속 가운데 너희만을 알았나니 그러므로 내가 너희 모든 죄악을 너희에게 보응하리라(암 3:2). 그들이 그리스도와 관계를 맺고 있다고 해서 그들의 죄에 대한 추궁이 면제되지는 않을 것이다. 그러나 하나님의 백성에게 어떠한 환난이 주어질 것인지를 살펴보라.

a. 그것은 도끼나 칼이 아니라 회초리일 뿐이다. 그것은 멸하기 위한 것이 아니라 바로잡기 위한 것이다. 이것은 그 환난이 경할 것임을 의미한다. 그것은 사람들의 회초리, 사람들이 자신의 자녀들을 징계할 때에 사용하는 그런 회초

리이다. 그것은 이러한 환난이 선한 목적을 지니고 있음을 보여주는 것으로서, 이 회초리는 의의 평화로운 열매를 맺을 것이다.

b. 그것은 하나님, 곧 지혜로우시고 그가 무엇을 행하고 계시는지를 아시며, 은혜로우시고 가장 선한 일을 행하시는 하나님의 손에 들린 회초리이다(내가 그들을 벌하리라).

c. 그것은 꼭 필요한 경우를 제외하고는 사용되지 않을 회초리이다: 그들이 내 법을 깨뜨리면, 다른 경우는 제외하고 오직 그 때에만 내가 회초리로 그들의 죄를 다스리리라. 그들이 하나님의 법을 깨뜨릴 때에는 하나님의 영광이 다시 회복되고 그들이 낮아지며 바르게 되는 것이 꼭 필요하게 된다.

[2] 이 모든 것에도 불구하고, 그리스도의 나라가 계속되리라는 것은 하나님의 깨뜨려질 수 없는 약속과 맹세에 의해서 확실하게 보장된다(33절): 그러나 나는 나의 인자함을 그에게서 전부 다 최종적으로 거두지는 아니하리라. 첫째, "그들의 도발에도 불구하고, 나의 언약은 깨뜨려지지 않을 것이다." 환난은 언약에 의한 사랑과 합치할 뿐만 아니라, 언약에 의한 사랑으로부터 하나님의 백성에게 흘러간다는 것을 명심하라. 다윗의 자손들은 징계를 받을 것이지만 상속권을 박탈당하는 일을 벌어지지 않을 것이다. 그들은 엎드러질 수는 있지만, 버림받거나 내쳐지지는 않는다. 하나님의 은총은 다음과 같은 이유들로 인해서 그의 백성에게 계속된다.

a. 그리스도로 인하여. 그리스도 안에서 하나님의 긍휼하심은 우리를 위하여 예비되어 있다. 하나님은 내가 나의 인자함을 그에게서 거두지 아니하며(33절) 다윗에게 거짓말을 하지 아니할 것이라(35절)고 말씀하신다. 우리는 하나님의 긍휼하심을 받을 자격이 없지만, 그리스도는 그럴 자격이 있으시다.

b. 언약을 인하여. 나는 나의 성실함을 폐하지 아니하며 내 언약을 깨뜨리지 아니하리라. 그들은 하나님의 율례를 깨뜨리고 욕되게 하며 더럽혔다(이것이 원어의 의미이다). 하나님은 "그러나 나는 내 언약을 깨뜨리지 않겠고 욕되게 하거나 더럽히지 않으리라"고 말씀하신다(여기에서도 앞에서와 동일한 단어가 사용되고 있다). 하나님께서 말씀하시고 맹세하신 것은 해와 달이 있는 동안 이 세상에는 교회가 있으리라는 것이다(36-37절). 해와 달은 하늘에 있으면서 창조주의 지혜와 능력과 선하심을 신실하게 증언하는 것들로서 시간의 척도들인데, 시간이 계속되는 한 그것들도 계속될 것이다. 그러나 그리스도의 후손들은 세상

의 빛으로서 세상이 존재하는 한 장구하여 세상 속에서 빛을 발할 것이고, 세상이 종말을 맞게 되면, 그들은 아버지의 궁창 속에서 영원히 빛나는 빛들이 될 것이다.

[38]그러나 주께서 주의 기름 부음 받은 자에게 노하사 물리치셔서 버리셨으며 [39]주의 종의 언약을 미워하사 그의 관을 땅에 던져 욕되게 하셨으며 [40]그의 모든 울타리를 파괴하시며 그 요새를 무너뜨리셨으므로 [41]길로 지나가는 자들에게 다 탈취를 당하며 그의 이웃에게 욕을 당하나이다 [42]주께서 그의 대적들의 오른손을 높이시고 그들의 모든 원수들은 기쁘게 하셨으나 [43]그의 칼날은 둔하게 하사 그가 전장에서 더 이상 버티지 못하게 하셨으며 [44]그의 영광을 그치게 하시고 그의 왕위를 땅에 엎으셨으며 [45]그의 젊은 날들을 짧게 하시고 그를 수치로 덮으셨나이다 (셀라) [46]여호와여 언제까지니이까 스스로 영원히 숨기시리이까 주의 노가 언제까지 불붙듯 하시겠나이까 [47]나의 때가 얼마나 짧은지 기억하소서 주께서 모든 사람을 어찌 그리 허무하게 창조하셨는지요 [48]누가 살아서 죽음을 보지 아니하고 자기의 영혼을 스올의 권세에서 건지리이까 (셀라) [49]주여 주의 성실하심으로 다윗에게 맹세하신 그 전의 인자하심이 어디 있나이까 [50]주는 주의 종들이 받은 비방을 기억하소서 많은 민족의 비방이 내 품에 있사오니 [51]여호와여 이 비방은 주의 원수들이 주의 기름 부음 받은 자의 행동을 비방한 것이로소이다 [52]여호와를 영원히 찬송할지어다 아멘 아멘

이 절들에는 다음과 같은 내용들이 나온다.

I. 다윗 가문의 현재의 통탄스러운 처지에 관한 매우 우울한 탄식. 시편 기자는 다윗 가문의 이러한 모습을 하나님께서 다윗과 맺으신 언약과 조화시키기 어렵다고 생각한다. "주께서는 주의 인자함을 거두지 아니하실 것이라고 말씀하셨지만, 주께서는 버리셨나이다." 종종 하나님의 섭리들을 그의 약속들과 조화시키는 것이 쉬운 일은 아니지만, 우리는 그것들이 서로 조화될 수 있다고 확신한다. 왜냐하면, 하나님의 일들은 그의 말씀을 성취하는 것이고, 결코 그의 말씀과 상충되는 것이 아니기 때문이다.

1. 다윗 가문은 그 가문의 가장 큰 힘과 아름다움이었던 하나님의 은총을 상실한 것처럼 보였다. 하나님은 그의 기름 부음 받은 자를 기뻐하셨었지만, 지금은 그에게 노하사 물리치셨고(38절), 그 가문과 언약을 맺으셨었지만, 지금은

그 언약의 몇몇 조항들을 깨뜨리신 것이 아니라 아예 그 언약을 무효화시켜 버리셨다(39절). 하나님께서 섭리를 통해서 우리를 책망하실 때에 그 책망으로 인하여 언약이 무효화되었다고 생각한다면 그것은 오산이다. 위대한 기름 부음 받은 자, 곧 그리스도께서 친히 십자가에 달리셨을 때, 하나님이 그를 버리시고 그에게 노하여 물리치신 것처럼 보였지만, 그와 맺은 언약을 결코 무효화시키신 것은 아니었다. 왜냐하면, 그 언약은 영원히 견고한 것이었기 때문이다.

2. 다윗 가문의 영광은 상실되어 진토 속에 묻혔다. 주께서는 그의 관(이것은 항상 신성한 것으로 여겨졌다)을 땅에 던져 짓밟히게 하심으로써 욕되게 하셨다(39절). 주께서는 그의 영광을 그치게 하시고(이 세상의 모든 영광은 너무도 불확실하고, 너무도 빨리 시들어 버린다), 그의 왕위를 땅에 엎으셨다(44절). 하나님은 왕을 보좌에서 끌어 내리셨을 뿐만 아니라 그 나라에 기한을 정하셨다. 이 시편이 르호보암 시대에 지어졌다면, 이 말씀은 나라의 대부분의 지역, 즉 6분의 5에 해당하는 지역에 적용된다. 이 시편이 시드기야 시대에 지어진 것이라면, 이 말씀은 그 땅에 남은 가엾는 자들에게 더 확실하게 적용된다. 보좌와 왕관은 흔들거리는 불안정한 것들이고, 흔히 진토 속에 묻히게 된다는 것을 명심하라. 그러나 그리스도의 영적인 후손들에게 예비된 영광의 면류관은 시들지 않는다.

3. 다윗 가문은 벌거벗겨져서 모든 이웃 나라들의 먹이가 되었고, 그들은 저 유서깊고 존귀한 가문을 능욕하였다(40절). 주께서는 그의 모든 울타리를 파괴하시며(그들에게 보호막이 되었던 모든 것들, 특히 그들을 둘러싸서 보호해 주고 있다고 생각되었던 하나님의 언약과 약속이라는 울타리) 그 요새를 무너뜨리셨으므로, 그 요새들은 그들에게 피난처가 아니라 수치가 되어 버렸다. 그런 후에, 길로 지나가는 모든 자들이 다 그를 탈취하고(41절), 그를 손쉬운 먹잇감으로 삼고 있다(시 80:12-13을 보라). 원수들은 그를 욕한다: 그는 그의 이웃에게 욕을 당하고, 이웃들은 그가 지극히 존귀한 자리에서 떨어진 것을 보고 의기양양해한다. 아니, 모든 자들이 그의 재난에 일조를 한다(42절). "주께서 그의 대적들의 오른손을 높이시고, 그들에게 능력을 주실 뿐만 아니라, 그들로 하여금 그들의 능력을 이런 식으로 사용하게 하셨다." 교회의 원수들이 교회를 치려고 그들의 손을 든다면, 우리는 하나님께서 그들의 손을 높이시고 계시다는 것을 알아야 한다. 왜냐하면, 그들은 위로부터 그들에게 주어지지 않았다면 아무런 권

세도 가질 수 없기 때문이다. 그러나 하나님께서 그들에게 그의 교회에 해악을 가할 수 있도록 허용하실 때, 그 일로 인하여 그들은 즐거워한다. "주께서는 그의 모든 원수들을 기쁘게 하셨나이다. 주께서 주를 미워하는 자들로 하여금 주를 사랑하는 자들의 눈물과 고통을 보고 즐거워하게 하시는 것은 주의 영광을 위한 것이니이다."

4. 다윗 가문은 더 이상 어쩔 수 없게 되어 버렸다(43절). "주께서 그의 칼날을 둔하게 하사, 예전처럼 싸움을 수행할 수 없게 하셨다. 또한, 주께서는 그의 심령의 칼날을 둔하게 하시고 그의 용기를 없애셔서 그가 전장에서 더 이상 예전과는 달리 버티지 못하게 하셨다." 사람들의 영은 영들의 아버지께서 원하시는 모습을 지니게 된다. 또한, 우리는 하나님께서 우리를 붙들어 주시지 않은 순간 그 어떤 힘이나 결심으로 버틸 수 없게 된다. 사람들의 마음이 낙심하게 된다면, 그들로 하여금 용기를 잃게 만드시는 분은 하나님이시다. 그러나 교회를 위하여 굳게 서 있어야 할 자들이 설 수 없게 되는 것은 교회의 비극이다.

5. 다윗 가문은 불명예 퇴진하게 될 위기에 놓여 있었다(45절). 주께서는 그의 젊은 날들을 짧게 하셨다. 하나님은 한창 때인 젊은 날에 그를 끊어 버리기로 작정하셨다. 이 말씀은 이 시편이 다윗 가문이 아직 젊을 때였지만 이미 쇠락하여 사양길에 접어 들었던 르호보암 시대에 지어졌다는 것을 암시해 주는 것으로 보인다. 이렇게 초대와 제2대 왕 시절에는 그토록 위대해 보였던 가문이 제3대에 접어들어서 그 국력이 점차 쇠퇴하여 르호보암 시대의 다윗 가문처럼 아주 작아지게 된 것은 그 가문에 아주 큰 수치로서, 그 가문은 수치로 뒤덮여 있었다. 그러나 이 말씀은 바벨론 포로 시대에 적용될 수도 있는데, 이는 그 때가 예상했던 것과 비교해서 다윗의 나라의 젊은 시절로 생각될 수 있기 때문이다. 하지만 당시에 왕들은 그들의 젊은 날들이 현저하게 짧아져 있었다. 왜냐하면, 여호야긴과 시드기야는 그들의 젊은 날에, 곧 30세쯤 되던 해에 바벨론으로 포로로 끌려갔기 때문이다.

이 모든 탄식으로부터 우리는 다음과 같은 것들을 배워야 한다.

a. 고귀한 왕의 가문들, 신앙이 대단하였던 가문들이 죄로 인해서 어떻게 되었는가. 후손들이 타락할 때, 그 가문은 수치로 전락하고, 죄악은 그들의 영광을 녹슬게 만들어 버린다.

b. 우리는 교회에 약속된 영광과 복을 외적인 것이라고 생각해서, 교회에 외

적인 영광과 복이 주어지지 않는 경우에 그 약속이 실패하였고 그 언약이 무효화되었다고 생각하기가 얼마나 쉬운가. 우리 주님께서 그의 나라는 이 세상에 속한 것이 아니라고 너무도 분명하게 우리에게 말씀해 주셨기 때문에, 우리는 이제 그런 실수로 빠져든다면 변명할 길이 없게 되었다.

II. 이러한 것에 대하여 하나님께 애처로울 정도로 호소함. 그들은 네 가지를 근거로 하나님께서 긍휼을 베풀어 주시라고 호소한다.

1. 환난이 오랫동안 계속되고 있다는 것(46절): 여호와여 언제까지니이까. 스스로 영원히 숨기시리이까? 그들의 마음을 가장 무겁게 짓눌렀던 것은 하나님께서 그들에게 노하셔서 그의 선지자들을 통하여 그들에게 나타나셔서 그들을 위로하시지도 않으셨고, 그의 섭리들을 통하여 그들을 위하여 나타나셔서 구원하시지도 않으셨으며, 그들을 너무도 오랫동안 어둠 속에 그대로 두셨다는 것이었다. 하나님께서 물러가셨을 때, 그것은 영원한 밤과 같았다: 주께서는 스스로 영원히 숨기시리이까. 아니, 하나님께서는 단지 그들로부터 스스로 숨으셨을 뿐만 아니라, 그들을 대적하시는 것으로 보였다. "주의 노가 언제까지 불붙듯 하시겠나이까. 주께서는 주의 진노의 불을 결코 *끄*지 아니하시려 하나이까? 하나님의 진노가 영원히 불타는 것이 지옥이 아니고 무엇이겠나이까? 바로 그것이 주의 기름 부음 받은 자의 운명이나이까?"

2. 인생은 짧고, 죽음은 확실함. "여호와여, 나의 때가 얼마나 짧은지, 나의 기한이 얼마나 확실하게 정해져 있는지를 기억하셔서, 주의 분노를 그치시고, 우리에게 돌아오셔서 긍휼을 베푸소서. 여호와여, 나의 인생이 너무도 잠시여서, 오래지 않아 끝나게 될 것이오니, 차라리 태어나지 않은 것보다 못할 정도로 내 인생이 비참하지 않게 하소서." 욥도 이렇게 호소한다(욥 10:20-21). 아마도 시편 기자는 여기에서 다윗 가문과 그 젊은 날들이 짧아진 그 가문의 현재의 왕(45절)을 대신해서 이런 호소를 하고 있는 것 같다.

(1) 그는 인생이 짧고 허무하다고 호소한다(47절): 나의 때가 얼마나 짧은지 기억하소서. 내가 얼마나 일시적으로 존재하는지(어떤 이들은 이렇게 해석한다), 그러므로 주의 진노를 견딜 수 없고, 주께서 불쌍히 여기실 대상이라는 것을 기억하소서. 주께서 모든 사람을 어찌 그리 허무하게 창조하셨는지요. 또는 주께서 아담의 모든 아들들을 창조하신 것이 이리도 헛된 것인지요. 이 말씀은 다음 둘 중의 하나로 이해될 수 있다.

[1] 위대한 진리를 선포한 것. 하나님께서 옛적에 말씀하신 인자하심(49절)을 잊어버리셨다면(또 다른 삶과 관련된 것들), 사람은 진정으로 헛되이 창조된 것이다. 사람은 죽을 수밖에 없는 유한한 존재이고, 죽음 너머에 또 다른 장래의 삶이 있지 않다면, 우리는 사람이 창조된 것이 헛되고, 이성의 고귀한 능력들과 기관들을 부여받고, 사람의 마음이 그토록 방대한 계획들과 소원들로 가득 채워진 것도 헛되다고 생각할 수밖에 없다. 그러나 하나님은 사람을 그렇게 헛되게 창조하신 것이 아니다. 그러므로 여호와여, 저 인자하심을 기억하소서.

[2] 또는, 시편 기자가 처해 있었던 강력한 시험을 의미하는 것. 하나님께서 모든 사람, 아니 그 어떤 사람도 허무하게 창조하지 않으셨다는 것은 확실하다(사 45:18). 그 이유들은 다음과 같다. 첫째, 너무도 많은 사람들이 이 세상에서 짧은 삶을 살면서 오랫동안 환난을 당하기 때문에 하나님께서 사람들을 허무하게 창조하신 것이라고 우리가 생각한다면, 하나님께서 그들을 그렇게 창조하신 것은 사실이지만, 그렇기 때문에 그들이 허무하게 창조된 것이라고 생각하는 것은 잘못이다. 왜냐하면, 짧은 날들을 살아가면서 수많은 괴로움을 당하는 자들은 그럼에도 불구하고 하나님을 영화롭게 하며 어느 정도의 선을 행할 수 있고, 하나님과의 교통을 유지하여 천국에 이를 수 있으므로, 그들은 결코 허무하게 창조된 것이 아니기 때문이다. 둘째, 대부분의 사람들이 하나님을 섬기지도 않고 하나님을 누리지도 못하기 때문에 하나님께서 사람들을 허무하게 창조하신 것이라고 우리가 생각한다면, 그들 자신과 관련하여 그들은 허무하게 창조되었고, 그들이 차라리 태어나지 않았더라면 그들에게 더 좋았을 것이라는 것은 사실이다. 그러나 그들이 허무하게 창조된 것은 하나님 탓이 아니라 그들 자신의 탓이다. 또한, 그들은 하나님과 관련해서는 허무하게 창조된 것이 아니다. 왜냐하면, 하나님은 온갖 것을 그 쓰임에 적당하게 지으셨나니 악인도 악한 날에 적당하게 하셨으므로, 비록 그들이 하나님을 영화롭게 하지 않는다고 하여도, 하나님은 그들을 창조하신 것으로 인하여 영광을 받으시게 될 것이기 때문이다.

(2) 그는 죽음은 그 누구에게나 찾아 오고 아무도 죽음을 피할 수 없다고 호소한다(48절). "누가(이 단어의 원 뜻은 어떤 강한 사람이다) 살아서 죽음을 보지 아니 하리이까? 다윗 가문에 속한 왕 자신도 죽음에서 면제되지 않는다. 여호와

여, 그도 죽을 수밖에 없는 운명이오니, 그의 생애 전체가 이토록 비참하게 되지 않게 하소서. 그가 자기의 영혼을 스올의 권세에서 건지리이까? 그의 때가 왔을 때에 그는 결코 그렇게 하지 못할 것이나이다. 그러므로 그의 때가 올 때까지는 비참하게 죽어가는 삶을 통해서 그를 스올의 권세에게 넘기지 마옵소서." 우리는 여기에서 죽음이 모든 사람들의 끝이라는 것을 배워야 한다. 우리의 눈은 곧 감겨져서 죽음을 보아야 한다. 그 전쟁에서 벗어날 길은 없고, 그 어떤 보석금으로도 우리를 무덤의 감옥에서 빼낼 수 없다. 그러므로 우리는 죽음과 무덤 너머에서의 행복, 즉 재물이 없어질 때에 너희를 영접할 처소를 확보하는 데에 관심을 가져야 한다.

3. 다음에 나오는 호소는 하나님께서 그의 종 다윗을 위하여 베푸신 인자하심과 그와 맺은 언약에 근거한 것이다(49절). "여호와여, 주의 성실하심으로 다윗에게 보여주시고 맹세하신 그 전의 인자하심이 어디 있나이까. 주께서는 주께서 약속하신 것을 행하지 않고자 하시나이까? 주께서는 주께서 행하신 것을 무효화시키고자 하시나이까? 주는 과연 예전이나 지금이나 동일한 분이신 것이 맞나이까? 그렇다면 어찌하여 우리는 주께서 다윗에게 베푸신 이전의 확실한 긍휼하심으로 인한 은택을 받지 못하는 것이나이까?" 하나님의 변치 않으심과 신실하심은 우리에게 하나님께서 그가 택하시고 언약하신 자들을 버리지 아니하실 것이라는 확신을 준다.

4. 마지막으로 나오는 호소는 원수들의 오만방자함과 하나님의 기름 부음 받은 자가 겪은 수치에 관한 것이다(50-51절). "여호와여, 주는 주의 종들이 받은 비방을 기억하셔서, 우리에게서 그 수치를 굴려내어 없애 주시고, 우리의 원수들에게 돌아가게 하옵소서."

(1) 비방을 받고 수치를 당한 자들은 하나님의 종들이었고, 그들은 하나님을 섬긴다는 이유로 욕을 당한 것이기 때문에, 그들에게 가해진 능욕은 그들의 주인에게 돌아가는 것이었다.

(2) 하나님의 종들에게 가해진 비방과 능욕은 하나님의 영광에 관심을 지닌 모든 자들에게 너무도 가슴아픈 짐이 되었다. "나는 모든 힘있는 자들의 비방을 내 품 속에 품고 있고, 그것으로 인하여 극도로 심란한 상태에 있나이다. 그것은 내가 마음을 많이 쓰는 것이기 때문에, 그 무게 아래에서 나의 심령은 거의 가눌 수 없는 정도가 되었나이다."

(3) "이렇게 우리를 비방하고 능욕하는 자들은 주의 원수들이나이다. 그런데도 주께서는 그들을 치려고 나타나지 않으시겠나이까?"

(4) 그들은 주의 기름 부음 받은 자의 발자취들을 비방하였나이다. 그들은 왕이 나라를 다스리는 과정에서 취하였던 모든 조치들을 살폈고, 왕의 모든 움직임들을 낱낱이 추적하여서, 왕이 말하고 행한 일들을 사사건건 비방하였다. 또는, 우리가 이 말씀을 여호와께서 기름 부으신 자 그리스도께 적용한다면, 그들은 그리스도의 발자취를 따르는 유대인들을 비방하였고, 메시야가 더디 오신다고 비방하였다. 그들은 메시야가 오는 것을 지체하는 것에 대하여 비방하였다(하몬드 박사는 이렇게 말한다). 그들은 메시야를 오실 자라고 불렀다. 그러나 메시야가 아직 오지 않았고, 그들을 원수들의 손에서 건지기 위하여 지금 오지 않았으며, 그들을 구원해 줄 자가 아무도 없었기 때문에, 그들은 메시야는 결코 오지 않을 것이며, 메시야를 기다리는 것을 포기해야 할 것이라고 말하였다. 말세의 조롱하는 자들도 이와 마찬가지로 주께서 강림하신다는 약속이 어디 있느냐라고 말하며 메시야의 발자취를 비방한다(벧후 3:3-4). 어떤 이들은 기름 부음 받은 자의 발자취를 비방한다는 말을 뱀의 후손이 여자의 후손의 발꿈치를 상하게 하는 것 또는 그리스도의 제자들이 그의 발자취를 따라 행함으로써 그의 이름으로 인하여 비방을 받게 된 고난과 연결시킨다.

Ⅲ. 이러한 서글픈 탄식과 하소연에도 불구하고 이 시편은 찬송으로 끝난다 (52절).   여호와를 영원히 찬송할지어다. 아멘. 아멘. 시편 기자는 이렇게 그의 원수들의 비방에 맞선다. 다른 사람들이 하나님을 모독하면 할수록, 우리는 하나님을 더욱더 찬송하여야 한다. 이렇게 시편 기자는 하나님의 섭리들을 다툰 것과 하나님의 약속들에 의문을 제기한 것에 대하여 스스로를 나무라며 자신의 탄식과 하소연들을 바로잡는다. 이러한 두 가지 죄악된 감정들은 하나님에 대한 찬송으로 잠재워져야 한다. 상황이 어찌되었든, 하나님은 선하시고, 우리는 결코 하나님을 나쁘게 생각하지 않아야 한다. 하나님은 진실하시기 때문에, 우리는 하나님을 결코 불신해서는 안 된다. 다윗 가문의 영광이 더럽혀지고 능욕을 받는다고 하여도, 하나님은 영원히 찬송받으실 분이시고, 그의 영광은 기울 수 없다는 것은 우리의 위로가 될 것이다. 우리가 하나님의 약속이 견고하다는 사실에 의해서 위로를 받게 된다면, 우리는 그것으로 인하여 하나님께 찬송을 올려 드려야 한다. 하나님을 찬송할 때에 우리는 힘을 얻게 된다. 여기에서 아

멘이 두 번 사용되고 있는 것은 이 단어가 두 가지 의미를 지니고 있기 때문이다. 아멘 — 진실로 그러하나이다, 하나님은 영원히 찬송받으실 분이나이다. 아멘 — 진실로 그렇게 되어지이다, 하나님을 영원히 찬송할지어다. 그는 자신의 하소연을 하기 전에 이 시편을 감사로 시작하였다(1절). 이제 그는 이 시편을 송영으로 끝마친다. 하나님께서 이미 행하신 일에 대하여 감사를 드리는 자들은 하나님께서 장차 행하실 일에 대해서도 미리 감사를 드릴 수 있다. 하나님은 찬송을 부르며 올바르게 그를 따르는 자들에게 그의 긍휼하심을 베프실 것이다.

제
— 90 —
편

개요

앞의 시편은 바벨론 포로 시대 때에 지어진 것으로 추정되고 있는 반면에, 이 시편은 아주 일찍 애굽에서 구원받았을 때에 지어진 것임이 분명하다. 그렇지만 이 2개의 시편은 거룩한 노래들을 모아 놓은 이 시편이라는 책 속에서 서로 인접해 있다. 표제에 의하면, 이 시편은 성경 속에서 가장 옛적의 저자인 모세에 의해서 지어졌다. 모세의 찬송시는 출애굽기 15장에 기록되어 있고 요한계시록 15:3에서 간접적으로 인용되고 있으며, 모세가 지은 교훈시는 신명기 32장에 나와 있다. 그러나 이 시편은 기도로 불리기 때문에 앞에서 말한 두 편의 시와는 그 성격이 다르다. 이 시편은 하나님께서 광야에서 이스라엘이 하나님을 믿지 못하고 불평하며 반역하자 그들의 시체가 광야에 널리게 되고, 38년 동안의 일련의 비참한 삶을 통해서 그들이 죽게 될 것이며, 당시에 성년이 된 자들 중에서는 아무도 가나안에 들어가지 못하게 되리라는 선고를 그들에게 내렸을 때에 지어진 것으로 보인다. 모세의 또 다른 노래(신 31:19, 21)가 가나안에서의 정착 생활과 관련되어 있다면, 이 시편은 광야에서의 유랑 생활과 관련되어 있다. 이 시편과 관련된 이야기는 민수기 14장에 나오는 것으로 보인다. 아마도 모세는 이스라엘 백성이 광야에서 지루하고 피곤한 삶을 영위하는 동안에 백성들이 그들의 장막에서 날마다 사용하거나 적어도 성막 예배에서 제사장들이 사용할 수 있도록 이 기도문을 지은 것 같다. I. 모세는 하나님이 영원하시고 그들이 하나님께 속해 있다는 것을 통해서 자기 자신과 그의 백성을 위로한다(1-2절). II. 그는 사람이 얼마나 연약한지를 고찰함으로써 자기 자신과 그의 백성을 겸손하게 만든다(3-6절). III. 그는 그들에게 내려진 하나님의 의로운 선고를 자기 자신과 그의 백성이 순복하게 만든다(7-11절). IV. 그는 하나님의 긍휼하심과 은혜를 구하고 하나님께 은총을 다시 베풀어 달라고 기도하는 것을 통해서 자기 자신과 그의 백성을 하나님께 맡긴다(12-17절). 이 시편은 앞에서 말한 것과 같은 특정한 때에 지어진 것으로 보이지만, 인간의 삶의 연약성에 관하여 전체적으로 말해 주는 것으로 볼 수 있기 때문에, 우리는 이 시편을 노래할 때에 그것을 세상이라는 광야를 통과해 온 우리의 지난 세월에 쉽게 적용할 수 있고, 이 시편은 우리에게 장례식에 아주 적절한 묵상들과 기도들을 제공해 준다.

〔하나님의 사람 모세의 기도〕

[1]주여 주는 대대에 우리의 거처가 되셨나이다 [2]산이 생기기 전, 땅과 세계도 주께서 조성하시기 전 곧 영원부터 영원까지 주는 하나님이시니이다 [3]주께서 사람을 티끌로 돌아가게 하시고 말씀하시기를 너희 인생들은 돌아가라 하셨사오니 [4]주의 목전에는 천 년이 지나간 어제 같으며 밤의 한 순간 같을 뿐임이니이다 [5]주께서 그들을 홍수처럼 쓸어가시나이다 그들은 잠깐 자는 것 같으며 아침에 돋는 풀 같으니이다 [6]풀은 아침에 꽃이 피어 자라다가 저녁에는 시들어 마르나이다

이 시편에는 모세의 기도라는 표제가 붙어 있다. 이 시편이 성경의 시편 모음집에 들어올 때까지 모세 시대로부터 어디에 그리고 어떤 책에 보존되어 왔는지는 불확실하다. 그러나 하나님의 영감으로 쓰여진 이 시편은 특별한 보호하심 아래에 있었다. 아마도 이 시편은 야셀의 책 또는 여호와의 전쟁기 속에 기록되어 있었을 것이다. 모세는 이스라엘 백성이 여호와를 향하여 기도할 때에 어떤 말들을 해야 하는지를 가르치기 위하여 이 기도문을 썼다. 모세는 여기에서 하나님의 사람으로 불리는데, 이는 그가 선지자였고, 선지자들의 아버지였으며, 큰 선지자이신 그리스도의 탁월한 모형이었기 때문이다. 이 절들 속에서 우리는 다음과 같은 가르침을 받는다.

I. 하나님께서 그의 백성을 내내 돌보아 주시고, 우리 시대에 우리를 돌보아 주시는 것에 대하여 하나님께 찬송을 올려 드리라는 것(1절). 주여, 주는 대대에 우리의 거처, 또는 피난처 또는 도우심이 되셨나이다. 그들은 지금 하나님의 진노하심 아래에 있었고, 하나님은 그들을 버리겠다고 위협하고 계셨기 때문에, 그들은 하나님께서 이전에 그들의 조상들에게 베푸신 인자하심에 호소한다. 가나안은 거기에 장막을 치며 거하였던 그들의 조상인 족장들에게 순례의 땅이었다. 그러나 그 때에 하나님은 그들의 거처가 되어 주셨고, 그들이 어디를 가든 그들은 하나님 안에서 거하며 안식하였다. 애굽은 오랜 세월 동안 그들에게 종살이의 땅이었지만, 그 때에도 하나님은 그들의 피난처가 되어 주셨다. 저 가엾은 압제받는 백성은 하나님 안에서 살았고 그 존재를 유지하였다. 참된 믿는 자들은 하나님 안에서 편히 쉴 수 있고, 그것은 그들이 이 세상에서

만나는 온갖 수고와 환난 중에서 그들의 위로가 된다는 것을 명심하라. 우리는 하나님 안에서 우리의 거처에서처럼 편히 쉬고 보호를 받으며 머물 수 있다.

II. 하나님의 영원하심에 대하여 하나님께 영광을 돌리라는 것(2절). 산이 생기기 전, 하나님이 세상 진토의 근원도 짓기 전(잠 8:26), 땅이 수고하게 되기 전, 또는 땅과 세계도 주께서 조성하시기 전(즉, 시간이 시작되기 전) 주께서는 존재하셨나이다. 영원부터 영원까지 주는 하나님이시고, 존재의 시작도 없으시고 정해진 기간도 없으시며 계승되는 것이나 변화하는 것도 없으시고, 날들의 시작이나 삶의 끝이나 시간의 변화 없이 어제나 오늘이나 영원토록 동일하신 영원하신 하나님이시니이다. 우리에게는 우리 자신의 유한성과 우리 친구들의 유한성으로 인해 생겨나는 온갖 근심들이 있다고 하여도, 우리는 하나님의 불멸하심으로부터 위로를 얻을 수 있다. 우리는 사멸해 가는 피조물들이고, 이 세상에서 우리가 누리는 모든 위로들은 사멸해 가는 위로들이지만, 하나님은 영원히 사시는 하나님이시고, 하나님을 자신의 하나님으로 모시는 자들은 하나님이 그런 분이시라는 것을 발견하게 될 것이다.

III. 인간에 대한 하나님의 절대적인 주권과 통치권, 인간을 자신의 뜻대로 하시는 하나님의 저항할 수 없고 이의를 제기할 수 없는 능력을 고백하라는 것 (3절). 주께서 사람을 티끌로 돌아가게 하시고, 주의 뜻을 따라서 말씀 한 마디로 사람의 몸, 흙으로 지은 집이 무너지게 하시며, 말씀하시기를 너희 인생들은 돌아가라 하셨나이다.

1. 하나님께서 질병이나 다른 환난을 통해서 사람들을 죽음을 향하게 하실 때, 그것은 사람들을 그에게 돌아오라고, 즉 그들의 죄를 회개하고 새로운 삶을 살라고 부르시는 것이다. 하나님은 이렇게 한 번 부르시고 또 다시 부르신다. "네가 반역한 곳에서 내게로 돌아오라(렘 4:1)."

2. 하나님께서 사람을 티끌로 돌아가게 하시고 죽음에 이르게 하고자 위협하시며, 사람들이 사망 선고를 받았을 때, 종종 하나님은 기적적으로 그들을 회복시키시며, 다시 생명과 건강으로 돌아가라고 말씀하신다(옛 번역본에는 주께서 다시 말씀하시기를로 되어 있다). 왜냐하면, 하나님은 죽이기도 하시고 다시 살리기도 하시며, 무덤으로 내려가게 하기도 하시고 다시 올리우기도 하시기 때문이다.

3. 하나님께서 사람들을 티끌로 돌아가게 하시는 것은 모든 사람에게 내려진

일반적인 선고를 따르는 것이다. "너희 인생들은 돌아가라. 다른 사람처럼 너도 처음에 너를 구성하였던 것들로 되돌아가라. 몸은 흙에서 나왔으니 흙으로 돌아가고(너는 흙이니 흙으로 돌아갈 것이니라, 창 3:19), 영혼은 그것을 주신 하나님께로 돌아가라(전 12:7)." 하나님은 모든 사람들을 티끌로 돌아가게 하시지만, 장차 모든 사람이 다시 부활하게 될 때에 너희 인생들은 돌아오라고 말씀하실 것이고, 사람은 비록 죽지만 그 때에 다시 살아나게 될 것이다. "그 때에 주께서는 나를 부르시겠고 나는 대답하겠나이다(욥 14:14-15). 주께서는 내게 돌아오라 명하실 것이고, 나는 돌아오게 되리이다." 몸과 영혼이 둘 다 돌아와서 다시 하나가 될 것이다.

IV. 하나님과 사람 간에는 무한한 불균형이 존재한다는 것을 인정하라는 것

(4절). 몇몇 족장들은 거의 천 년 가까이 살았다. 모세는 이것을 아주 잘 알고 있었고, 그 사실을 성경에 기록해 놓았다. 그러나 그들이 오래 산 것은 하나님의 영원한 삶에 비하면 과연 어떤 것일까? "천년이라는 세월은 우리에게는 아주 긴 세월이고, 우리는 그토록 오랜 세월을 살아 있기를 기대할 수 없다. 혹시라도 우리가 그렇게 오랫동안 살 수 있다고 하더라도, 우리는 그 세월을 다 기억할 수 없을 것이다. 그러나 천년이라는 세월은 주의 목전에는 지나간 어제 같고, 하루에 불과한 것이어서 마음에 너무도 생생하게 남아 있다. 아니, 천 년은 불과 3시간으로 이루어진 밤의 한순간 같을 뿐이다."

1. 천 년은 하나님의 영원성에 비하면 아무것도 아니다. 천년이라는 세월은 하루만도 못하고 1시간만도 못하다. 1분과 100년은 그래도 뭔가 비교해 볼 수 있지만, 시간과 영원은 서로 비교해 볼 수 있는 것이 전혀 존재하지 않는다. 그 날에 나서 그 날에 죽은 아이의 삶은 천 년 동안 산 족장들의 삶과 비교해 볼 수 있겠지만, 이렇게 장수한 족장들의 삶은 하나님께는 전혀 없는 것이나 다름이 없다.

2. 천 년 동안에 일어난 모든 사건들(과거의 일이든 장래의 일이든)은 영원하신 하나님께는 어제 또는 한 시간 전에 일어난 것일 뿐이다. 하나님은 저 큰 날에 그가 티끌로 돌아가게 하신 자들에게 너희 죽은 자들아 일어나 돌아오라고 말씀하실 것이다. 사람들은 부활에 관한 가르침에 대하여 사람들이 오랫동안 부활을 기다려 왔지만 아직 오지 않았기 때문에 부활은 없다고 반론을 제기할지 모른다. 하지만 그런 반론은 전혀 문제될 것이 없다. 왜냐하면, 천 년이라는

세월은 하나님께서 보시기에는 단지 하루에 불과하기 때문이다. 왕에게는 모든 시기들이 동일하다. 여기에 나오는 말씀은 그러한 취지로 신약에서 인용되고 있다(벧후 3:8).

V. 사람은 아무리 좋은 처지에 있다고 하더라도 사람의 연약함과 그 허망함을 알아야 한다는 것(5-6절). 모든 인생들을 눈여겨 살펴보면, 우리는 다음과 같은 것들을 알게 될 것이다.

1. 그들의 삶은 죽어가는 삶이라는 것. 주께서 그들을 홍수처럼 쓸어 가시나이다. 즉, 그들은 끊임없이 시간의 물줄기를 타고서 끊임없이 영원의 대양 속으로 미끄러져 들어가고 있다. 큰 물은 끊임없이 흐르고 있고, 그들은 그 큰 물에 휩쓸려 간다. 우리는 태어나자마자 죽어가기 시작하고, 우리 삶의 하루하루는 우리를 죽음에 더 가까이 데려다 준다. 또는, 우리는 그 앞에 있는 모든 것을 쓸어 가버리는 홍수 같은 것을 통해서 저항도 못하고 강제적으로 휩쓸려 간다. 또는, 우리는 옛 세상이 노아의 홍수로 휩쓸려 갔듯이 그렇게 휩쓸려 간다. 하나님은 세상을 다시는 홍수로 멸망시키지 않겠다고 약속하셨지만, 죽음이라는 것은 늘 존재하는 대홍수이다.

2. 그들의 삶은 꿈꾸는 인생이라는 것. 사람들은 홍수처럼 휩쓸려 가지만, 그들은 잠자는 것 같이 있다. 그들은 그들 자신의 연약함을 생각하지도 않고, 그들이 저 두려운 영원에 얼마나 가까이 다가왔는지도 알지 못한다. 그들은 마치 잠자는 사람들처럼 죽음이 그들을 깨워서 기분 좋은 꿈에서 벗어날 때까지 허황된 것들만을 꿈꾸고 있다. 잠자는 사람의 경우와 마찬가지로, 시간은 우리가 모르는 사이에 지나간다. 그리고 마침내 시간이 지나갔을 때, 시간은 아무것도 남겨 놓지 않는다.

3. 그들의 삶은 아침에 자라나서 번성하여 푸르고 예쁘게 보이지만, 저녁에는 풀 베는 자가 그것을 베어 버려서, 즉시 시들고, 그 빛이 바래며, 그 모든 아름다움을 잃어버리는 풀과 같이 잠시 지나가는 짧은 인생이라는 것. 죽음은 우리를 삽시간에 바꿔 놓을 것이다. 죽음이 아주 짧은 시간에 우리를 바꿔 놓는 것은 큰 변화이다. 사람은 전성기 때에 약하고 보잘것없고 여리고 비바람을 맞는 풀처럼 잠깐 번성하다가, 노년이라는 겨울이 오면, 저절로 시들어 버린다. 그러나 사람은 풀과 마찬가지로 한여름 전성기에 질병이나 재난에 의해서 베어져 버릴 수도 있다. 모든 육체는 풀과 같다.

[7]우리는 주의 노에 소멸되며 주의 분내심에 놀라나이다 [8]주께서 우리의 죄악을 주의 앞에 놓으시며 우리의 은밀한 죄를 주의 얼굴 빛 가운데에 두셨사오니 [9]우리의 모든 날이 주의 분노 중에 지나가며 우리의 평생이 순식간에 다하였나이다 [10]우리의 연수가 칠십이요 강건하면 팔십이라도 그 연수의 자랑은 수고와 슬픔뿐이요 신속히 가니 우리가 날아가나이다 [11]누가 주의 노여움의 능력을 알며 누가 주의 진노의 두려움을 알리이까

모세는 앞의 절들(1-6절)에서 전체적으로 인간의 삶이 연약하여 깨어지기 쉽다는 것을 탄식하였었다. 사람들은 잠깐 자는 것 같으며 풀 같다. 그러나 여기에서 그는 이스라엘 백성에게 그들이 특별한 방식으로 처해 있는 의로운 사망 선고, 그들의 죄로 말미암아 그들이 자초했던 저 사망 선고가 의롭다는 것을 하나님 앞에서 고백하도록 가르친다. 그들이 유한성이라는 공통의 운명에 참여하고 있는 것만으로는 충분하지 않아서, 그들은 하나님의 진노를 보여주는 특별한 표적들 아래에서 살아가고 죽어야 하였다. 여기에서 그들은 그들 자신에 관하여 말한다: 우리, 즉 이스라엘 백성은 주의 노에 소멸되며 주의 분내심에 놀라고, 우리의 모든 날이 주의 분노 중에 지나갔나이다.

I. 그들은 여기에서 하나님의 진노가 그들의 모든 비참함의 원인이라는 것을 인정하도록 가르침을 받는다. 우리가 소멸되며 고통을 당하고 있는데, 그것은 주의 노와 주의 분내심으로 인한 것이다(7절). 우리의 모든 날이 주의 분노 중에 지나갔다(9절). 성도들이 당하는 환난은 흔히 욥의 경우에서처럼 순전히 하나님의 사랑에서 온다. 그러나 그들의 죄로 인한 죄인들과 선한 자들의 책망은 하나님의 진노로부터 오는 것으로 보아져야 한다. 하나님은 이스라엘의 죄들을 다 아시고 크게 노하신다. 우리는 죽음을 단순히 자연의 순리로 바라보기가 너무도 쉽다. 하지만 죽음은 그런 것이 아니다. 사람의 본성이 계속해서 그 시초의 순수성과 올바름을 간직하고 있었다면, 그 본성에 기인하는 죽음은 없었을 것이다. 죽음은 하나님의 공의에 대한 채무이고, 하나님의 법에 대한 채무이다. 죄가 세상에 들어오고 죄로 말미암아 사망이 들어왔다. 우리가 본성의 쇠락들, 나이로 인한 연약함들, 그 어떤 만성적인 질병에 의해서 소멸되고 있는가? 우리는 그것을 하나님의 진노로 돌려야 한다. 우리는 갑작스럽거나 예기치 않은 사고로 괴로움을 당하고 있는가? 그러한 것도 사람들의 경건치 않음과 불의에 대

하여 하늘로부터 나타나는 하나님의 진노의 열매이다.

II. 그들은 그들에 대한 하나님의 진노를 불러일으켰던 그들의 죄들을 고백하도록 가르침을 받는다(8절).   주께서 우리의 죄악, 심지어 우리의 은밀한 죄를 주의 앞에 놓으셨다. 하나님께서 그들에게 진노하신 것은 그 까닭이 없는 것이 아니었다. 하나님은 나의 노여움을 일으키지 말라 그리하면 내가 너희를 해하지 아니하리라고 말씀하셨었다. 그러나 그들은 하나님의 진노를 촉발하였기 때문에, 하나님께서 그들에게 이러한 혹독한 선고를 내리신 것은 다음과 같은 것들에 대한 의로운 징벌이었다는 것을 고백해야 한다.

1. 그들이 대놓고 하나님을 경멸한 것과 모욕한 것: 주께서 우리의 죄악을 주의 앞에 놓으셨다. 하나님께서는 그들의 불신앙과 불평, 그의 권능에 대한 불신, 아름다운 땅에 대한 그들의 멸시를 여기에서 염두에 두셨다. 하나님은 그들에게 혹독한 선고를 내리실 때에 그러한 죄악들을 그들 앞에 내 놓으셨다. 이러한 죄악들은 그들에 대한 하나님의 진노의 불을 점화시켰고, 그들로 하여금 선한 것들을 얻지 못하게 만들었다.

2. 그들이 더욱 은밀하게 하나님을 떠난 것. "주께서 우리의 은밀한 죄들(마음 밖으로 표출되지는 않지만 모든 외적인 행위들의 밑바탕에 깔려 있는 죄들)을 주의 얼굴 빛 가운데에 두셨나이다. 즉, 주께서는 이러한 죄악들을 드러내셔서 추궁하시면서, 그 죄악들을 전에 보지 못하였던 우리들로 하여금 그것들을 보게 하셨나이다." 하나님께서는 은밀한 죄들을 아시고, 그 죄들에 대하여 장차 책임을 물으실 것이다. 애굽으로 돌아가고자 하는 마음을 지닌 자들, 그들의 마음속에 우상들을 세운 자들은 나중에 반역자들 또는 우상 숭배자들로 취급될 것이다. 자신의 죄들을 덮고자 애쓰는 자들의 어리석음을 보라. 왜냐하면, 그들은 그 죄들을 덮을 수 없기 때문이다.

III. 그들은 그들 자신이 죽어가고 있고 지나가고 있는 것으로 보고, 오래 산다거나 즐거운 삶을 살려고 생각하지 말도록 가르침을 받는다.   왜냐하면, 그들에 대한 하나님의 작정하심은 뒤집을 수 없는 것이기 때문이다(9절): 우리의 모든 날이 주의 분노 중에, 주의 분노를 보여주는 표적들 아래에서 지나가기 쉽다. 우리는 우리의 연수의 나머지를 완전히 박탈당하지는 않지만, 우리는 그 세월을 잡담거리처럼 보내기 쉽다. 그들은 광야에서 38년을 보냈지만, 그 세월은 거룩한 역사의 주제가 되지 못하였다. 왜냐하면, 제2년에서 제40년까지 그들에게 일어났던 일은 거의 또는 전혀 거룩한 역사 속에 기록되어 있지 않기 때문이다. 그들이 애굽에서 나온 후에, 그들은 그들에게 주어진 시간을 시시한 일들로 완전히 허송세월하였고, 따라서 그들의 세월은 역사의 주제가 될 가치가 없었고, 단지 잡담거리에 불과한 것이 되었다. 왜냐하면, 그들은 광야에서의 세월을 잡담이나 하면서 보내 버린 것과 같았기 때문이다. 그들이 이렇게 소멸되어 가고 있는 동안에 또 다른 세대가 자라나고 있었다. 그들이 애굽에서 나왔을 때에 그의 지파 중에 비틀거리는 자가 하나도 없었다(시 105:37). 그러나 이제 그들은 연약하여 비틀거리는 자들이 되어 있었다. 가나안 땅에 들어가서 번영되고 영광스러운 삶을 살 수 있으리라는 그들의 가슴벅찬 기대는 광야에서 지루하게 살다가 비참하게 죽어 갈 것이라는 암울한 전망으로 바뀌었다. 따라서 그들의 전 생애는 이제 겨울 밤의 잡담거리 같은 부적절한 것이 되었다. 이것은 세상이라는 광야 속에서 살아가는 우리 각자의 처지에도 그대로 적용될 수 있다. 우리는 우리에게 주어진 세월들, 한 해 한 해와 마지막에는 모든 세월을 잡담거리처럼 보내 버리고, 겨울에 우리 입에서 나오는 입김처럼(어떤 이들은 이렇게 해석한다) 아주 순식간에 날려 버리며, 번뜩 스쳐가는 한 생각처럼(어떤 이들은 이렇게 해석한다) 보내며, 말하고 나면 금방 허공 속으로 사라지는 말 같이, 잡담거리처럼 보내고 만다. 우리에게 주어진 세월을 보내는 것은 이야기를 말하는 것과 같다. 한 해를 보낸 것은 하나의 이야기를 한 것과 같다. 우리가 지내온 몇몇 해들은 즐거운 이야기이고, 또 몇몇 해들은 슬픈 이야기이며, 대부분의 해는 이 둘이 서로 섞여 있지만, 이 모든 해는 짧고 금방 지나간다. 행하는 데에는 오랜 시간이 걸린 일이라도 말로는 짧은 시간에 할 수 있다. 우리의 지나간 세월은 우리가 입 밖으로 내뱉은 말과 마찬가지로 되돌릴 수 없다. 우리에게 주어진 시간을 쓸데없이 허비하는 것은 우리의 잘못이고 어리석음이기 때문에 이런 탄식이 나올 수 있는 것이다. 우리는 일을 신속히 처리하는 것과 같이 우리에게 주어진 세월을 성실하고 꼼꼼하게 보내야 한다. 그런데 애석하게도 우리는 우리에게 주어진 세월을 잡담이나 하듯이 별 쓸데없이 무성의하게 아깝다는 생각도 없이 보내 버리고 만다. 한 해 한 해가 잡담을 하듯이 지나갔다. 그렇다면 그들의 연수는 얼마나 되었는가? 그들의 연수는 헛된 것이었던 것과 같이, 그들의 연수는 적어서 기껏해야 70 또는 80이었다(10절). 이 말씀은 다음 둘 중의 하나를 가리키는 것으로 이해할 수 있다.

1. 광야에 있었던 이스라엘 사람들의 수명. 애굽에서 나왔을 때에 스무살 이상으로 계수되었던 모든 자들은 38년 이내에 죽었다. 이렇게 계수된 자들은 모두 전쟁에 나갈 수 있었던 자들이었기 때문에, 우리는 그들이 스무살과 사십살 사이에 있었던 것이라고 추측할 수 있는데, 그렇다면 그들은 모두 80살 이전에 죽었고, 많은 사람들은 60살 이전에, 또는 그보다 훨씬 빨리 죽었다고 보아야 한다. 그들은 그들의 조상들의 수명보다 훨씬 짧게 살았다. 그리고 70이나 80까지 산 자들도 사형 선고 아래에서 암울한 절망 속에서 광야에서의 삶을 살았기 때문에, 그들의 삶은 단지 수고와 슬픔뿐이었다. 그들이 순종하였더라면, 그들은 가나안 땅에서의 즐거운 일들로 인하여 새로운 삶을 살게 되었을 것이다. 죄의 결과가 어떤 것인지를 똑똑히 보라.

2. 또는, 모세 시대 이래로 일반적인 사람들의 수명. 모세 시대 이전에 사람들은 통상적으로 100살 전후, 또는 150세까지 살았다. 그러나 그 이후에는 70 또는 80세가 통상적인 수명이었고, 그 수명을 넘어서 산 사람은 극소수였으며, 많은 사람은 그러한 수명조차 살지 못하였다. 우리는 70세까지 산 사람들을 통상적인 사람의 수명대로 살았고 천수를 다했다고 여길 수 있다. 그러한 수명은 영원과 비교하면 얼마나 짧은 시간인가! 모세는 이전에는 구전(口傳)으로 전해졌던 하나님의 계시를 기록으로 옮긴 최초의 인물이었다. 당시에도 세상과 교회에는 사람들의 수가 꽤 많았기 때문에, 사람들이 별로 없었던 모세 시대 이전과는 달리 하나님께서 사람들로 하여금 굳이 장수하게 하실 이유가 없으셨다. 강건한 체질로 인해서 일부 사람들은 80세까지 살기는 하지만, 그 나이가 되면 그들의 힘은 인생의 기쁨을 거의 느끼지 못할 정도가 되어 버린다. 따라서 장수하는 것은 단지 그들의 비참한 삶을 연장하는 데에 기여하고 그들의 죽음을 더 지루한 것으로 만들 뿐이다. 왜냐하면, 그들의 연수의 자랑은 수고와 슬픔, 그들의 연약함뿐이기 때문이고, 그들이 인생의 즐거움을 느낄 수 없는 연수가 찾아왔기 때문이다. 또는, 이 말씀은 다음과 같이 해석될 수도 있다: 우리의 연수가 칠십이요 강건하면 팔십이라도 우리의 연수 전체는 유년기부터 노년기까지 수고와 슬픔뿐이다. 우리는 얼굴에 땀을 흘려야 떡을 먹게 되어 있다. 우리의 인생 전체는 수고롭고 괴롭다. 우리는 한창 때에 신속히 가고, 날아 가서, 우리의 연수의 절반도 살지 못하게 될 수 있다.

Ⅳ. 그들은 이 모든 것을 통해서 하나님의 진노를 두려워하도록 가르침을 받

는다(11절).　　누가 주의 노여움의 능력을 알리이까?

1. 아무도 하나님의 진노를 완전히 이해할 수 없다. 시편 기자는 하나님의 진노를 두려워하고 하나님의 진노의 능력이 크다는 것에 놀란 사람처럼 얘기한다. 하나님의 진노의 능력이 어디까지 멀리 미칠 수 있고 얼마나 깊이 상처를 줄 수 있을지를 누가 알겠는가? 범죄한 천사들은 경험을 통해서 하나님의 진노의 능력을 알았다. 저주받은 죄인들은 음부에서 그것을 안다. 그러나 우리들 중 누가 그것을 온전히 이해하거나 말로 표현할 수 있겠는가?

2. 사람들은 하나님의 진노의 능력을 진지하게 숙고해보아야 하는데도 그렇게 하는 이가 거의 없다. 하나님의 진노의 능력을 알아서 그 지식을 선용하는 자가 누가 있는가? 죄를 경시하고 그리스도를 무시하는 자들은 분명히 하나님의 진노의 능력을 알지 못하는 것이다. 왜냐하면, 주의 진노의 두려움을 알 자가 없기 때문이다. 하나님의 진노는 가장 사려깊고 진지한 자들이 그것에 대하여 가지고 있는 두려움에 걸맞는 그런 것이다. 사람들이 하나님의 진노에 대하여 지극히 큰 두려움을 가지고 있다고 하자. 그것은 하나님의 진노를 불러일으킨 그 일이 마땅히 받아야 할 것보다 더 크지 않다. 하나님은 그의 말씀 속에서 그의 진노를 실제보다 더 무시무시한 것으로 묘사하신 적이 없으셨다. 아니, 저 세상에서 느껴지는 것은 이 세상에서 사람들이 두려워하는 것보다 무한히 더 크다. 우리 중에 누가 삼키는 불과 함께 거하리요.

¹²우리에게 우리 날 계수함을 가르치사 지혜로운 마음을 얻게 하소서 ¹³여호와여 돌아오소서 언제까지니이까 주의 종들을 불쌍히 여기소서 ¹⁴아침에 주의 인자하심이 우리를 만족하게 하사 우리를 일생 동안 즐겁고 기쁘게 하소서 ¹⁵우리를 **괴롭게** 하신 날수대로와 우리가 화를 당한 연수대로 우리를 기쁘게 하소서 ¹⁶주께서 행하신 일을 주의 종들에게 **나타내시며** 주의 영광을 그들의 자손에게 **나타내소서** ¹⁷주 우리 하나님의 은총을 우리에게 내리게 하사 우리의 손이 행한 일을 우리에게 **견고** 하게 하소서 우리의 손이 행한 일을 **견고하게 하소서**

여기에 나오는 것들은 앞서의 묵상들과 고백들에 근거한 간구들이다. 환난당한 자가 있느냐? 그는 이렇게 기도하는 것을 배울지니라. 그들은 여기에서 네 가지 것을 기도하도록 가르침을 받는다.

I. 그들이 지금 처해 있는 슬픈 섭리를 거룩하게 사용하게 해 달라는 것. "여호와여, 우리의 날수가 짧아지는 선고를 받은 우리에게 우리 날 계수함을 가르치소서(12절). 여호와여, 우리에게 은혜를 주셔서 우리의 날수가 얼마나 적은지, 우리가 이 세상에서 얼마나 짧은 동안 살아가게 되는지를 깨닫게 하소서."

1. 아직도 많은 연수가 남았다고 생각했지만 그 밤에 하나님께서 그의 영혼을 찾으러 오신 자처럼 계산을 잘못하지 않고, 우리의 날을 올바르게 계수하는 것은 참으로 잘하는 일이다. 우리는 인생이 짧고 불확실하며, 죽음과 영혼이 가깝다는 것을 항상 인식하는 가운데 살아가야 한다. 우리는 우리가 해야 할 일에 비해서 우리의 날수가 너무도 적다는 것을 깨닫고서, 사소한 일에 신경 쓸 시간이 없는 자들처럼 2배로 부지런히 우리가 해야 할 일에 마음을 써야 한다.

2. 이러한 계산법을 배우고자 하는 자들은 하나님께서 가르쳐 주시기를 기도하여야 하고, 하나님께 나아가서 그들의 날수를 잘 계수하고 올바르게 깨닫도록 성령으로 그들을 가르쳐 주실 것을 간구하여야 한다.

3. 우리는 우리의 마음을 참된 지혜, 즉 진실로 경건한 일을 행하는 데에 쏟고자 하는 선한 목적으로 우리의 날수를 계수하여야 한다. 경건하게 사는 것이야말로 지혜로운 것이다. 이것이 우리가 마음을 쏟아야 하고, 열심을 내어 해야 할 일인데, 우리가 이 세상에 언제까지 머물게 될지는 불확실하고 우리가 이 세상을 떠나게 될 것은 확실하다는 것을 자주 생각하면, 이 경건의 일에 몰두하는 데에 큰 도움이 될 것이다.

II. 하나님께서 작정하셨고 그 작정은 되돌릴 수 없는 것이어서 그들은 광야에서 죽어야 하지만, 하나님의 진노를 그들에게서 거두어 달라는 것. "여호와여, 돌아오셔서, 우리와 화해하시고, 주의 종들을 불쌍히 여기소서(13절). 이 무겁고 힘든 소식 다음에 우리에게 평안의 소식을 보내셔서 우리를 다시 위로하소서. 우리는 우리 자신을 언제까지 주의 진노 아래에 있는 자들로 보아야 하고, 우리는 어느 때에야 주의 은총이 우리에게 회복된 것을 보여주는 표적을 갖게 되리이까? 우리는 주의 종들이요 주의 백성이니이다(사 64:9). 주께서는 언제 우리를 향한 주의 태도를 바꾸시겠나이까?" 그들이 회개의 고백을 하자(민 14:39-40) 이 기도에 대한 응답으로 하나님은 다음 장에서 희생 제사에 관한 율법을 주셨는데(민 15:1 이하), 이것은 하나님께서 그의 종들을 불쌍히 여기서서 돌이키셨다는 것을 보여주는 징표였다. 왜냐하면, 여호와께서 그들을 죽이려 하셨더라면 이 모든 일을 보이지 아니하셨을 것이기 때문이다.

III. 하나님의 은총이 그들에게 회복됨으로써 그들이 위로받고 기뻐하게 해 달라는 것(14-15절).   그들은 하나님의 긍휼하심을 구하여 기도한다. 왜냐하면, 그들은 그들 자신의 어떤 공로를 내세워서 하나님께 호소할 수 없다는 것을 알기 때문이다. 하나님이여 우리를 긍휼히 여기소서라는 기도는 우리 모두가 아멘으로 화답할 수밖에 없는 기도이다. 우리는 하나님의 긍휼하심이 우리가 젊고 꽃을 피우고 있을 때인 아침 일찍이 우리보다 앞서 속히 임할 수 있도록 이른 긍휼, 때를 따라 하나님의 긍휼하심이 주어질 것을 위하여 기도하여야 한다(6절). 우리는 하나님의 은총과 긍휼 안에서만 가질 수 있는 참된 만족과 행복을 위하여 기도하여야 한다(시 4:6-7). 은혜받은 영혼은 하나님의 인자하심으로만 만족할 수 있기 때문에 오직 그것으로 만족하고 차고 넘치게 만족하며, 그것에 못 미치는 것으로는 만족하지 못하게 될 것이다. 시편 기자는 하나님의 긍휼하심을 구하는 간구를 강화시키기 위하여 두 가지에 호소한다.

1. 하나님의 긍휼하심은 장래의 기쁨들의 온전한 원천이 되리라는 것. "주의 긍휼하심으로 우리를 만족하게 하사, 우리로 우리 자신 안에서 편안하고 안식하게 하옵소서. 우리가 주의 진노 아래에 있는 동안에는 우리는 결코 편안하거나 안식할 수 없을 것이니이다. 또한, 우리로 주의 은총을 처음 받은 때에 잠시 동안 즐겁고 기쁜 것이 아니라, 비록 우리가 광야에서 시간을 보낸다고 하여도 일생 동안 즐겁고 기쁘게 하소서." 하나님을 자신의 최고의 기쁨으로 삼는 자들에게는 그들의 기쁨이 충만할 뿐만 아니라(요일 1:4), 이 눈물 골짜기를 걸어갈지라도 그 기쁨이 늘 변함이 없을 것이다. 그들의 일생 동안 그들이 기쁘지 않다면, 그것은 순전히 그들 자신의 잘못이다. 왜냐하면, 하나님의 긍휼하심은 그들에게 환난 중에서도 기쁨을 공급해 주시고, 그 어떤 것도 그들을 하나님의 긍휼하심에서 떼어 놓을 수 없기 때문이다.

2. 하나님의 긍휼하심은 그들의 이전의 슬픔을 충분히 상쇄하고도 남음이 있게 되리라는 것. "우리를 괴롭게 하신 날수대로 우리를 기쁘게 하소서. 주의 은총으로 인한 우리의 기쁨의 날수가 주의 진노로 인한 우리의 고통의 날수만큼 되게 하시고, 이전의 날들이 암울했던 것처럼 지금부터의 날들은 즐거운 날들이 되게 하소서. 여호와여, 주께서는 이 두 가지를 병행하게 하시나이다(전 7:14). 우

리의 경우에도 그렇게 하옵소서. 우리가 이제까지 두렵고 떨림의 잔을 그토록 오랫동안 마신 것으로 충분하오니, 이제는 우리의 손에 구원의 잔을 쥐어 주소서." 하나님의 백성은 하나님의 인자하심이 되돌아오기만 한다면 그것을 그들이 지금까지 겪은 모든 환난에 대한 충분한 보상으로 여긴다.

IV. 그럼에도 불구하고 그들 가운데서 하나님의 일이 진보하기를 간구함 (16-17절).

1. 하나님께서 그 행하시는 일을 나타내시라는 것. "주께서 행하신 일을 주의 종들에게 나타내소서. 주께서 우리에게 행하신 일을 나타내셔서, 우리를 주께로 영접하시고, 우리로 하여금 주께 나아가기에 합당하게 만드소서." 하나님의 종들은 하나님께서 그들에게 역사하셔서서 그들로 하여금 일을 하고자 하는 마음을 갖게 하시고 행하게 하시지 않으면 하나님을 위하여 일을 할 수가 없다. 그러므로 우리는 하나님의 은혜의 역사들이 우리에게 나타날 때에 하나님의 섭리의 역사들도 우리를 위하여 나타나게 되기를 소망할 수 있다. "주의 일을 나타내소서. 그리하시면 그것을 통해서 주의 영광이 우리와 우리 뒤에 올 자들에게 나타나게 될 것이니이다." 우리가 하나님의 은혜를 구하는 기도를 할 때에 하나님의 영광을 우리의 목적으로 삼아야 한다. 그렇게 할 때에 우리는 우리 자신과 마찬가지로 우리 자녀들도 염두에 두고서, 그들도 하나님의 영광이 그들에게 나타나는 것을 체험함으로써, 그들이 동일한 형상으로 변화하여 영광에서 영광에 이르게 될 수 있도록 하여야 한다. 아마도 이 기도 속에서 그들은 그들 자신과 그들의 자손을 구별하는 것 같다. 왜냐하면, 하나님께서 그들에게 주신 최근의 메시지에서 이 둘을 구별하여, 너희의 시체는 이 광야에서 엎드러지겠지만 너희의 유아들은 내가 가나안에 인도하여 들이리라고 말씀하셨기 때문이다 (민 14:31). 그들은 이렇게 말한다: "여호와여, 주께서 행하신 일을 우리에게 나타내셔서 우리를 새롭게 하시고 더 나은 자들이 되게 하신 후에, 주의 영광을 우리의 자손에게 나타내셔서 우리가 상실하였던 그 약속의 은택을 그들에게 행하옵소서."

2. 하나님께서 그들에게 은총을 내리셔서 주의 일과 관련하여 그들이 해야 할 부분을 할 수 있는 힘을 주시라는 것.

(1) 하나님께서 그 행하시는 일을 통해서 그들에게 은총을 내려 주시라는 것: 주 우리 하나님의 아름다움이 우리에게 있게 하소서. 하나님께서 우리에게 은

총을 베푸신다는 것을 나타내소서. 우리로 하여금 하나님의 규례들을 우리 가운데서 지키게 하시고, 하나님의 규례들을 통해서 하나님의 임재의 징표들을 갖게 하소서(어떤 이들은 이렇게 해석한다). 우리는 이 간구를 우리의 성화와 우리의 위로에 적용할 수 있다. 거룩함은 우리 하나님 여호와의 아름다움이다. 우리가 말하고 행하는 모든 것 속에 바로 그것이 우리에게 있게 하소서. 우리 속에 있는 하나님의 은혜와 우리의 선한 일들이 지닌 빛으로 인하여 우리의 얼굴이 빛을 발하게 하시고(이것은 하나님께서 우리에게 수여하시는 아름다움이고, 그렇게 치장된 자들은 진정으로 아름답다), 하나님의 위로하심으로 말미암아 우리 마음에 기쁨이 있고 우리 얼굴에 광채가 있게 하소서. 그렇게 하시면, 그것은 우리에게 있는 우리 하나님 여호와의 아름다움이 되실 것이나이다.

(2) 하나님께서 그 행하신 일을 나타내심으로써 그들로 형통하게 해주시라는 것: 우리의 손이 행한 일을 우리에게 견고하게 하소서. 하나님께서 우리에게 역사하신다고 해서(16절), 우리가 하나님을 섬기고 우리의 구원을 이루어내는 일에 최선의 수고와 노력을 다하지 않아도 되는 것은 아니다. 도리어, 우리가 우리의 최선을 다한 후에, 우리는 하나님께서 그 일들을 성공하게 해 주시기를 기다려야 하고, 하나님께 우리의 손이 행한 일들을 형통하게 해 주시고, 우리가 하나님의 영광을 위하여 행하는 일이 이루어지게 해 달라고 간구하여야 한다. 우리는 하나님의 도우심을 받을 자격이 전혀 없고, 하나님의 도움 없이는 그 어떤 일도 이룰 수 없기 때문에, 하나님의 도우심을 간절히 구하고 그러한 간구를 반복할 필요가 있다: 그렇나이다, 우리의 손이 행한 일을 견고하게 하소서. 또한, 이를 위하여 우리를 견고하게 하소서.

제
— 91 —
편

개요

　　몇몇 옛 사람들은 모세가 앞의 시편을 지었을 뿐만 아니라(이 점은 그 표제에 분명하게 명시되어 있다) 그 다음에 나오는 8편의 시편들의 저자이기도 하다는 견해를 피력하였다. 그렇지만 그들의 견해는 성립될 수 없다. 왜냐하면, 신약성경에서는 시편 95편을 모세가 죽고 나서 오랜 후에 다윗이 지었다고 분명하게 말하고 있기 때문이다(히 4:7). 그리고 이 시편도 다윗이 지었을 가능성이 높다. 이 시편은 다윗 왕의 이름으로 또는 다윗 왕의 폭넓은 용인(容認) 아래에서가 아니라 만왕의 왕의 이름으로 하늘의 폭넓은 용인 아래에서 모든 참된 믿는 자들을 보호하기 위하여 발부된 서류이다. 특히, 이 시편이 어떤 사람들의 추측대로 다윗이 그의 백성의 인구를 조사한 것에 대한 벌로 하나님께서 역병을 보내셨을 때에 지어진 것이라고 한다면, 다윗 자신도 그러한 보호 서류가 필요하였을 것이다. I. 시편 기자는 하나님을 그를 지켜 주시는 자로 삼기로 결심하고(2절), 이것을 근거로 다른 사람들에게 지시와 권고를 줌(9절). II. 진실하게 그렇게 하는 모든 자들에게 하나님의 이름으로 주어지고 있는 약속들. 1. 그들은 하늘의 특별한 돌보심 아래에 있게 될 것이다(1, 4절). 2. 그들은 어둠의 권세의 악의로부터 건지심을 받게 될 것이고(3, 5-6절), 특별한 보호하심을 통해서 그렇게 될 것이다(7-8절). 3. 그들은 거룩한 천사들의 보호를 받게 될 것이다(10-12절). 4. 그들은 그들의 원수들에 대하여 승리를 거두게 될 것이다(13절). 5. 그들은 하나님께서 특별히 사랑하시는 자들이 될 것이다(14-16절). 이 시편을 노래할 때, 우리는 하나님을 우리의 피난처로 삼아서, 하나님의 보호하심 아래에 있으면서 위로를 받아야 한다. 많은 사람들은 마귀가 그리스도를 시험하면서 여기에 나오는 약속들 중의 하나를 그리스도께 적용되는 것으로 사용하였기 때문이 아니라(마 4:6) 이 약속들은 그리스도께 아주 잘 적용될 수 있을 뿐만 아니라, 그리스도로 말미암아 이 약속들이 모든 믿는 자들에게 더욱 달콤하고 확고한 것이 되었기 때문에 이 약속들은 일차적으로 중보자이신 그리스도에 관한 것이라고 생각한다(사 49:2).

¹지존자의 은밀한 곳에 거주하며 전능자의 그늘 아래에 사는 자여, ²나는 여호와를

향하여 말하기를 그는 나의 피난처요 나의 요새요 내가 의뢰하는 하나님이라 하리니 ³이는 그가 너를 새 사냥꾼의 올무에서와 심한 전염병에서 건지실 것임이로다 ⁴그가 너를 그의 깃으로 덮으시리니 네가 그의 날개 아래에 피하리로다 그의 진실함은 방패와 손 방패가 되시나니 ⁵너는 밤에 찾아오는 공포와 낮에 날아드는 화살과 ⁶어두울 때 퍼지는 전염병과 밝을 때 닥쳐오는 재앙을 두려워하지 아니하리로다 ⁷천 명이 네 왼쪽에서, 만 명이 네 오른쪽에서 엎드러지나 이 재앙이 네게 가까이 하지 못하리로다 ⁸오직 너는 똑똑히 보리니 악인들의 보응을 네가 보리로다

이 절들에는 다음과 같은 내용들이 나온다.

I. 하나님과 교통하며 사는 삶을 사는 모든 자들은 그의 보호하심 아래에서 늘 안전하기 때문에, 언제든지 마음의 거룩한 평정과 안정을 지킬 수 있다는 위대한 진리가 일반적으로 제시됨(1절). 지존자의 은밀한 곳에 거주하며 앉아 있는 자는 전능자의 그늘 아래에 살게 되리라. 믿음으로 말미암아 하나님을 자신을 지키는 자로 선택한 사람은 하나님 안에서 그가 필요로 하거나 바라는 모든 것을 발견하게 될 것이다. 좀 더 살펴보자.

1. 지존자의 은밀한 곳에 거주하는 것은 참된 믿는 자의 특성이다. 그는 하나님 안에서 편안해 하며, 하나님께로 돌아가고, 자신의 안식처인 하나님 안에서 안식한다. 그는 내적인 경건을 잘 알고 있고, 하나님을 마음으로 섬기며, 휘장 안에서 예배하고, 오직 하나님과 함께 있으면서 홀로 하나님과 교제하는 것을 좋아한다.

2. 전능자의 그늘 아래에 사는 것은 그렇게 행하는 자들의 특권이자 위로이다. 하나님은 그들의 피난처가 되어 주시고, 폭풍이든 따가운 햇볕이든 그들을 괴롭히는 모든 것을 차단해 주신다. 그들은 하나님의 보호하심을 받을 뿐만 아니라, 그 보호하심 아래에서 거처를 정하고 산다. 하나님은 영원히 그들의 안식처와 피난처가 되어 주실 것이다.

II. 시편 기자가 이 위대한 진리를 자기 자신에게 적용하여 위로를 받음(2절). "다른 사람들은 하나님에 대하여 무엇이라 말하든, 나는 여호와를 향하여 말하기를 그는 나의 피난처시라 하리라. 나는 하나님을 나의 피난처로 선택하여 그를 의지하고 있다. 다른 사람들은 우상을 그들의 피난처로 삼지만, 나는 여호와, 참되고 사신 하나님에 대하여 그는 나의 피난처라고 말하리라. 하나님을 제외

한 다른 모든 것은 거짓의 피난처이다. 하나님은 나의 요새이시기 때문에, 오직 하나님만이 나를 실망시키지 않으실 피난처이시다." 우상 숭배자들은 그들의 우상을 마훗짐, 즉 그들의 크고 견고한 산성들이라고 부르지만(단 11:39), 그들은 스스로 속고 있는 것이다. 여호와를 그들의 하나님, 그들의 요새로 삼는 자들만이 안전하다. 하나님께 부족함이 있다고 의심할 만한 이유가 전혀 없기 때문에, 그 다음에 내가 하나님을 의뢰하리라는 말이 나오는 것은 너무도 당연하다. 여호와가 우리의 하나님, 우리의 피난처, 우리의 요새가 되신다면, 우리가 하나님 안에서 우리의 원하는 모든 것을 발견할 수 있는데, 우리가 더 이상 무엇을 원하겠는가? 하나님은 변덕스럽거나 거짓되지 아니하시고, 연약하거나 유한하지 않으시다. 그는 하나님이시고 사람이 아니기 때문에, 우리가 하나님께 실망할 위험성은 전혀 없다. 우리는 우리가 의지하고 있는 분이 누구신지를 안다.

Ⅲ. 시편 기자는 하나님의 약속으로부터 그가 직접 체험한 위로만이 아니라 (왜냐하면, 그러한 경험 속에는 오류가 있을 수도 있기 때문에), 하나님의 약속은 참되어서 거기에는 그 어떤 속임수도 없고 있을 수도 없다는 것을 근거로 다른 사람들에게도 자기와 같이 하라고 힘써 권면함(3-4절). 분명히 그가 너를 건지실 것이라. 하나님을 자신의 피난처로 삼아서 그 위로를 체험한 자들은 다른 사람들도 자기와 같이 하기를 원할 수밖에 없다. 여기에는 다음과 같은 것들이 약속되어 있다.

1. 하나님께서 믿는 자들을 그들에게 치명적인 것이 될 수 있는 급박한 재난의 위험들, 곧 사람들의 눈에 안 띄게 설치되어 있다가 부주의한 자를 갑자기 먹잇감으로 삼는 새 사냥꾼의 올무와 사람들을 부지불식간에 덮쳐서 막을 방도가 없는 심한 전염병에서 지키시리라는 것.

(1) 이 약속은 자연적인 목숨을 보호해 주신다는 것으로서 새 사냥꾼의 올무와 마찬가지로 우리 자신이 전혀 그 위험을 알지 못하는 가운데 하나님께서 우리를 매우 위협적이고 거의 닥칠 뻔한 위험들로부터 보호해 주시는 것을 통해서 흔히 성취된다. 우리는 하나님께서 섭리를 통해서 치명적인 질병들과 악하고 이성 없는 자들의 손에서 지켜 주고 계시다는 것을 아는 경우보다는 알지 못하는 경우가 훨씬 더 많다.

(2) 이 약속은 영적인 생명을 보호해 주신다는 것으로서, 하나님은 은혜로

새 사냥꾼의 올무 같은 사탄의 시험들과 심한 전염병 같은 죄의 오염으로부터 우리를 보호해 주신다. 은혜를 주셔서 영혼의 영광이 되게 하시는 하나님은 그 모든 영광을 지켜 주실 것이다.

2. 하나님께서 친히 그들의 보호자가 되어 주시겠다는 것. 하나님을 자신을 지키시는 자로 삼는 자들은 안전할 것이고, 하나님께서 그들을 위하여 행하시는 것은 다 성공할 것이다(4절). 그는 너를 덮으시고, 너를 은밀한 곳에 숨기셔서(시 31:20) 너를 안전하게 지키시리라(시 27:5).

(1) 하나님은 믿는 자들을 지극한 애정과 정성으로 보호하신다. 이것은 그가 너를 그의 깃으로 덮으시고 그의 날개 아래에 덮으시리라는 말씀 속에 암시되어 있는데, 이 말씀은 암탉이 그 새끼를 날개 아래에 모으는 것과 관련된 말씀이다(마 23:37). 암탉은 자연적인 본능에 의해서 새끼들을 보호할 뿐만 아니라, 새끼들이 위험에 처해 있는 것을 볼 때에는 그들을 자신의 보호 아래로 들어오라고 불러서, 그들을 안전하게 지킬 뿐만 아니라 그들을 품어서 따뜻하게 해 준다. 크신 하나님은 그가 그의 백성을 돌보시는 것을 이러한 것에 비유하기를 기뻐하시는데, 그의 백성은 병아리들처럼 스스로는 어찌할 수 없는 자들이어서 쉽게 남의 먹잇감이 되기 때문에, 하나님의 약속과 섭리의 날개 안으로 들어와 그 그늘을 의지하도록 초대를 받는다. 이스라엘의 하나님의 날개 아래에 보호를 받으러 왔다는 것은 이방인이 참된 신앙으로 개종하였다는 것을 의미하는 완곡한 표현으로 사용되었다(룻 2:12).

(2) 하나님은 믿는 자들을 지극히 큰 능력과 효험으로 보호하신다. 날개와 깃은 지극한 정성으로 펼친다고 하여도 여전히 약하고 쉽게 부러질 수 있기 때문에, 그의 진실함은 방패와 손방패가 되시리라는 강력한 말씀이 덧붙여진다. 하나님은 암탉이 병아리들을 보호하듯이 그의 백성을 기꺼이 보호하고자 하시고, 무장한 전사처럼 유능하게 그의 백성을 보호하실 수 있으시다.

3. 하나님께서는 그들을 해악에서 지켜 주실 뿐만 아니라 해악에 대한 두려움에서도 지켜 주시겠다는 것(5-6절).

(1) 여기에는 큰 위험이 전제되어 있다. 그것에 관한 언급만으로도 우리는 겁을 집어먹기에 충분하다. 우리는 밤낮으로 위험에 노출되어 있고, 겁이 많은 자들은 한시라도 그들 자신이 안전하다고 생각하지 못할 것이다. 우리가 우리의 침실과 침상으로 물러가서, 우리가 할 수 있는 한 모든 안전한 조치를 다 취

했다고 하더라도, 밤에는 도적과 강도, 바람과 폭풍우로부터의 두려움이 있고, 게다가 우리의 상상 속에서 만들어 내는 갖가지 두려움들은 흔히 우리를 가장 겁을 집어먹게 만든다. 밤의 두려움이 있고(아 3:8), 애굽인들의 장자와 앗수르 군대를 죽였던 것과 같이 어두울 때 퍼지는 전염병도 있다. 우리가 우리 몸 속에 질병의 씨앗들을 지니고 다니는 한, 자물쇠를 채우고 빗장을 걸어도 질병을 막는 것은 불가능하다. 그런데 우리가 우리 주변을 잘 돌아볼 수 있는 낮에도 여전히 위험은 상존한다. 그렇다. 눈에 보이지 않게 낮에 날아드는 화살도 있다. 우리가 깨어 있고, 우리 주변에 우리의 모든 친구들이 다 있는 밝은 대낮에 닥쳐오는 재앙이 있다. 그 때에 우리는 우리 자신을 지킬 수 없고, 친구들도 우리를 지켜줄 수 없다. 다윗이 인구 조사를 한 것에 대하여 하나님께서 그를 징계하시고자 전염병을 보내신 것은 대낮이었기 때문에, 이것을 근거로 어떤 이들은 이 시편이 그 때에 지어진 것이라고 생각한다.

(2) 여기에는 이러한 위험의 와중에서 믿는 자들에게 안전이 약속된다. "너는 두려워하지 아니하리로다. 하나님은 은혜로써 지극히 큰 위험들 속에서 몰려오는 두려움(고통을 수반한 두려움)으로부터 너를 지켜 주실 것이다. 지혜가 너를 이유없이 두려워하는 것으로부터 지켜 줄 것이고, 믿음이 너를 무절제하게 두려워하는 것으로부터 지켜 줄 것이다. 화살이 너를 맞춘다고 하여도 너를 해칠 수 없다는 것을 알기 때문에, 너는 화살을 두려워하지 않게 될 것이다. 화살이 자연적인 목숨을 앗아간다고 해도, 그것은 영적인 생명에 그 어떤 해악도 미치지 못할 것이기 때문에, 그 온전한 목적을 이루지 못하게 될 것이다." 화살은 그 과녁을 빗나가고, 그 독은 제거되었기 때문에, 믿는 자는 그 어떤 화살도 두려워할 필요가 없고, 따라서 두려워해서도 안 된다. 사망아, 너의 쏘는 것이 어디 있느냐? 또한 화살은 하나님의 지지 아래에 있어서, 다른 곳이 아니라 하나님께서 정하신 곳을 맞추게 될 것이다. 화살은 그 한 방 한 방이 자신의 소임을 가지고 있다. 무슨 일이 일어나든, 하늘에 계신 우리 아버지의 뜻이 이루어진다. 따라서 우리는 그러한 것을 두려워할 이유가 전혀 없다.

4. 하나님께서 보편적인 재앙 속에서 그들을 특별한 방식으로 보호하시리라는 것(7절). "죽음이 기승을 부리고 병이 창궐하여, 수천 명 또는 수만 명이 질병에 의해서 또는 전장에서 칼에 의해서 죽어가고 내 왼쪽에서와 내 오른쪽에서 엎드러져서, 그들이 죽는 것만 보아도 네가 겁을 집어먹기에 충분하고, 그들이

바로 네 옆에서 전염병으로 죽어가기 때문에 너도 전염될 가능성이 많다고 하여도, 이 재앙이 내게 가까이 하지 못하겠고, 죽음이나 죽음에 대한 두려움도 네게 가까이 하지 못하리라." 많은 사람들이 부패한 때에 자신의 순전함을 지키는 자들은 많은 사람들이 죽어갈 때에 그들의 안전을 하나님께 부탁할 수 있다. 우리 주변에서 많은 사람들이 죽을 때에, 우리는 정신을 바짝 차리고 우리 자신의 죽음에 대비하여야 하기는 하지만, 그것으로 인하여 놀라고 두려워해서는 안 되고, 많은 사람들이 죽기를 무서워함으로 한평생 매여 종노릇하는 것과는 달리 우리는 그렇게 되어서는 안 된다(히 2:15). 애굽에서 수많은 사람들이 죽어 엎드러졌을 때에 피뿌림은 이스라엘의 장자를 안전하게 지켜 주었다. 아니, 하나님의 백성들은 하나님의 약속들이 그들에게 성취될 뿐만 아니라, 그들을 미워하는 자들에 대한 하나님의 위협의 말씀들이 성취되는 것을 보고서 만족하게 되리라는 약속이 주어진다(8절): 오직 너는 똑똑히 보리니 악인들의 보응을 네가 보리로다. 이 말씀은 아마도 하나님께서 역병을 통해서 애굽의 장자들을 죽이신 것을 가리키는 것 같은데, 이 사건은 압제자들에 대한 징벌임과 동시에 압제받는 자들을 크게 높이신 것이었다. 이 때에 이스라엘은 이 일을 보았을 때에 그들 자신은 터럭 하나도 다치지 않고 아무런 해도 입지 않은 것을 보았다. 죄인들이 그들의 눈으로 직접 의인들이 상을 받는 것을 보게 될 때에 그들의 저주받은 처지가 더욱 비참하게 될 것임과 마찬가지로(눅 13:28), 성도들이 그들의 눈으로 직접 악인들의 멸망을 보게 될 때에 그들의 구원은 더욱 빛을 발하게 될 것이다(사 66:24; 시 58:10).

[9]네가 말하기를 여호와는 나의 피난처시라 하고 지존자를 너의 거처로 삼았으므로 [10]화가 네게 미치지 못하며 재앙이 네 장막에 가까이 오지 못하리니 [11]그가 너를 위하여 그의 천사들을 명령하사 네 모든 길에서 너를 지키게 하심이라 [12]그들이 그들의 손으로 너를 붙들어 발이 돌에 부딪히지 아니하게 하리로다 [13]네가 사자와 독사를 밟으며 젊은 사자와 뱀을 발로 누르리로다 [14]하나님이 이르시되 그가 나를 사랑한즉 내가 그를 건지리라 그가 내 이름을 안즉 내가 그를 높이리라 [15]그가 내게 간구하리니 내가 그에게 응답하리라 그들이 환난 당할 때에 내가 그와 함께 하여 그를 건지고 영화롭게 하리라 [16]내가 그를 장수하게 함으로 그를 만족하게 하며 나의 구원을 그에게 보이리라 하시도다

여기에는 앞의 절들에 나오는 것과 동일한 취지의 약속들이 좀 더 나오는데, 이 약속들은 지극히 크고 보배로우며 모든 자손들에게 확실한 것들이다.

I. 시편 기자는 자신의 경험을 토대로 믿는 자들에게 하나님의 보호하심이 있을 것이라는 확신을 준다. 그가 여기에서 말하고 있는 것은 하나님의 말씀이기 때문에, 우리는 그의 말을 신뢰할 수 있다. 좀 더 살펴보자.

1. 이러한 약속들의 유익과 위로를 받게 될 자들은 어떤 자들인가. 1절에 나오는 것과 마찬가지로, 그들은 지존자를 그들의 거처로 삼고서(9절), 늘 하나님과 함께 하고 하나님 안에서 안식하며, 하나님의 이름을 그들의 성전과 견고한 망대로 삼아서, 사랑 안에서 및 하나님 안에서 거하는 자들이다. 하나님을 선택하여 우리의 거처로 삼은 후에, 우리의 거처이신 하나님 안에서 우리의 삶을 살아가면서 하나님과 교제하고 하나님을 기뻐하며 하나님을 의지하는 것은 우리의 본분이다. 그럴 때에 하나님 안에서 편히 거하는 것은 우리의 특권이 될 것이다. 그럴 때에 우리는 사람이 그의 거처에서 환영을 받듯이 하나님께 환영을 받게 될 것이고, 율법의 체포 영장이나 양심의 아우성에 의한 방해나 훼방을 받지 않게 될 것이다. 그럴 때에 우리는 하나님 안에서 안전하게 될 것이고, 온전한 평안을 누리게 될 것이다(사 26:3). 우리로 하여금 여호와를 우리의 거처로 삼고서, 하나님 안에서 안전과 만족을 구하도록 권면하기 위해서 시편 기자는 그가 그렇게 함으로써 경험하였던 위로를 언급한다. "네가 너의 거처로 삼고 있는 분은 나의 피난처이시다. 나는 그분이 견고하고 신실하시다는 것을 발견하였고, 그분 안에는 너와 내가 피할 만한 충분한 공간이 있다." 내 아버지의 집에는 거처할 곳이 많기 때문에, 우리가 함께 살기에 비좁지 않고, 다른 사람을 밖으로 떠밀 정도로 비좁은 것은 더더욱 아니다.

2. 이렇게 지존자를 자신의 거처로 삼은 모든 자들에게 확실하게 보장된 약속들.

(1) 그들에게 무슨 일이 일어나든, 아무것도 그들을 해치지 못하리라는 것(10절). "화가 네게 미치지 못하리니, 환난이나 괴로움이 네게 닥친다고 하여도, 너는 해악을 당하지 않게 될 것이다. 왜냐하면, 그 환난이나 괴로움은 하나님의 사랑에서 오는 것이고, 거룩한 목적을 지닌 것이기 때문이다. 그 환난은 너를 해치기 위해서가 아니라 너의 선을 위해서 오는 것이다. 그 환난은 비록 당

시에는 즐겁지 않고 슬퍼 보이겠지만, 결국에는 다 잘되어서, 너는 스스로 화가 내게 미치지 못하였다고 고백하게 될 것이다. 환난은 오직 화인 것이 아니라, 그 속에는 선한 것이 섞여 있고, 환난을 통해서 선한 결과가 이루어지게 된다. 또한, 너 자신만이 아니라 너의 거처도 하나님의 보호하심 아래에 있게 될 것이다. 재앙이 내 장막에 가까이 오지 못하리니, 그 어떤 것도 너나 너의 것에 조금도 해를 끼치지 못할 것이다." 선한 자에게는 화가 임할 수 없다(Nihil accidere bono viro mali potest, 세네카).

(2) 빛의 천사들이 그들을 수종들게 되리라는 것(11-12절). 이것은 보배로운 약속으로서, 성도들에게 큰 영광과 위로를 주는 말씀이다. 그런데 마귀가 그리스도를 시험하면서 이 말씀을 인용한 것은 하나님의 말씀에 대한 최악의 오용이라고 할 수 있다(마 4:6). 좀 더 살펴보자.

[1] 성도들과 관련하여 천사들에게 주어진 임무. 천사들의 주로서 천사들을 지으셨고 그들에게 법을 주시며 천사들로 하여금 그를 섬기게 하신 그가 너를 위하여 그의 천사들을 명령하실 것인데, 교회 전체를 위해서만 아니라 각각의 믿는 자를 위해서 그들을 지키도록 천사들에게 명령하실 것이다. 천사들은 그들의 하나님 여호와의 명령을 준행한다. 그리고 이것이 그들이 하나님으로부터 받은 명령이다. 천사들이 성도들을 돌보는 데에 쓰임을 받고 그들을 지킬 소임을 지시받으리라는 것은 하나님께서 성도들을 얼마나 세심하게 돌보시는지를 보여준다. 하나님께서 천사들에게 명령하신 것은 네 모든 길에서 너를 지키라는 것이다. 여기에는 약속의 한계가 나와 있다. 천사들은 너의 길에서 너를 지킬 것이다. 즉, 천사들은 "네가 네 본분을 지키는 한에 있어서" 너를 지키게 될 것이다. 본분에서 벗어난 자들은 하나님의 보호하심에서 벗어나 있는 것이다. 마귀는 그리스도를 시험하면서 그 시험을 더욱 탄탄하게 밑받침하게 위하여 이 약속을 인용할 때에 너의 길에서라는 표현이 자기에게 얼마나 불리한지를 알았기 때문에 그 표현을 빼버렸다. 하지만 이 약속의 범위를 눈여겨 보라. 그것은 네 모든 길에서 너를 지키겠다는 것이다. 명백한 위험이 존재하지 않는 곳에서조차도 우리는 이러한 약속을 필요로 하고, 가장 절박한 위험이 존재하는 곳에서 우리는 이 약속을 가지게 될 것이다. 종들이 그 주인의 자녀들을 수종들듯이, 성도들이 어디로 가든, 천사들은 그들을 수종든다.

[2] 하나님의 명령을 따라 천사들이 성도들을 돌봄: 그들은 그들의 손으로 너

를 붙들어 줄 것이다. 이것은 천사들의 큰 능력과 큰 애정을 보여주는 말씀이다. 그들은 성도들을 붙들어 주어서 위험에서 벗어나게 할 수 있고, 유모가 어린 아기를 지극한 사랑과 정성으로 품에 안듯이 그런 마음으로 그 일을 한다. 이 것은 우리가 아무런 힘이 없고 천사들은 도울 힘이 있다는 것을 말해 주는 것이다. 천사들은 그들 자신을 우리의 수준으로 낮추어서 이러한 사역을 감당한다. 천사들은 성도들의 발을 지켜 주어서, 그들의 발이 돌에 부딪히지 않게 해주고, 그들이 넘어져서 죄와 환난을 당하지 않게 해 준다.

　[3] 그들이 어둠의 권세들을 짓밟고 이기게 되리라는 것(13절): 네가 사자와 독사를 밟으리로다. 마귀는 포효하는 사자, 옛 뱀, 붉은 용으로 불린다. 따라서 사도 바울이 평강의 하나님께서 사탄을 너희 발 아래에서 상하게 하시리라고 말하였을 때에(롬 16:20) 이 약속을 언급한 것으로 보인다. 그리스도께서는 뱀의 머리를 깨뜨리시고 우리의 영적인 원수들을 노략하셨으며(골 2:15), 그리스도로 말미암아 우리는 넉넉히 이기는 자가 되었다. 왜냐하면, 그리스도께서는 여호수아가 이스라엘의 두령들을 불러서 패배한 원수들의 목을 발로 짓밟게 하였듯이 우리를 불러서 그렇게 하시기 때문이다. 어떤 이들은 이 약속이 그리스도에게서 온전히 성취되었고, 그리스도께서 온 피조 세계에 이적적인 능력을 베푸셔서 병든 자들을 치료하시고 귀신들을 쫓아 내시며, 특히 그의 제자들에게 뱀을 집어 올리는 권한을 위임하신 것(막 16:18)을 통해서 성취되었다고 생각한다. 이 약속은 하나님께서 섭리를 통해서 우리를 돌보셔서 포악하고 해로운 짐승들로부터 보호해 주시는 것에 적용될 수도 있을 것이다(들짐승이 너와 화목하게 살 것이니라, 욥 5:23). 또한, 하나님은 우리에게 그러한 짐승들을 길들일 수 있는 여러 가지 방법들과 수단들을 갖게 하셨다(약 3:7).

Ⅱ. 시편 기자는 하나님께서 친히 성도들에게 위로의 말씀을 하시고, 성도들을 위하여 긍휼하심을 예비해 놓으셨다는 것을 선포하셨다고 전한다(14-16절). 어떤 이들은 여기에 나오는 말씀은 하나님께서 천사들에게 성도들을 돌보라고 명하신 이유로 성도들에게 직접 말씀하신 것이라고 생각한다. 즉, 하나님은 "그들은 내게 소중하고, 나는 그들에게 지극한 관심이 있으니, 그들을 잘 돌보라"고 말씀하셨다는 것이다. 앞에서와 마찬가지로 여기에서도 우리는 다음과 같은 것들을 살펴보아야 한다.

　1. 이 약속들은 누구에게 해당되는가. 이 약속들을 받는 자들은 세 가지 특성

을 통해서 묘사된다.

(1) 그들은 하나님의 이름을 아는 자들이다. 우리는 하나님의 본성을 온전히 알 수 없다. 그러나 하나님은 그의 이름을 통해서 자신을 알리셨고, 우리는 통 이름을 통해서 하나님을 알아야 한다.

(2) 그들은 하나님을 사랑하는 자들이다. 하나님을 제대로 아는 자들은 하나님을 사랑하게 되고, 사랑받기에 유일하게 합당한 대상이신 하나님께 그들의 사랑을 두며, 하나님을 향한 그들의 사랑을 즐거운 마음으로 마음껏 표현하게 되고, 그 사랑을 결코 다른 이에게 옮기지 않겠다는 결심을 가지고서 확고하게 하나님을 사랑하게 된다.

(3) 그들은 기도를 통해서 하나님과 늘 교통하며 환난을 당할 때마다 자기 자신을 하나님께 의탁함으로써 하나님을 부르는 자들이다.

2. 하나님께서 성도들에게 하신 약속들은 무엇인가.

(1) 하나님께서 때가 되면 그들을 환난에서 건지시겠다는 것: 내가 그를 건지리라(14절, 이 말씀은 15절에 다시 한 번 나온다). 이러한 반복은 살아 있을 때의 구원과 죽을 때의 구원이라는 2번의 구원을 의미하고, 환난 가운데서의 구원과 환난으로부터의 구원을 의미한다. 하나님께서 우리가 감당할 수 있는 힘에 맞춰서 우리가 당하는 환난의 정도와 기간을 정하시고, 환난을 당할 때에 우리가 실족하지 않도록 지키시며, 우리의 죽음을 통해서 마침내 우리를 모든 환난에서 해방시키시는 것을 통해서, 이 약속은 성취된다(시 34:19; 딤후 3:11; 4:18을 보라).

(2) 하나님께서는 그들이 환난 당할 때에 그들과 함께 하시겠다는 것(15절). 하나님은 그들의 환난을 즉시 그치게 하지 않으시는 경우에는 그들이 환난을 당할 때에 은혜로 그들과 함께 하실 것이다. 하나님은 그들의 슬픔을 아시고, 환난 중에 있는 그들의 영혼을 아시며, 그의 말씀과 성령을 통해서 은혜로 그들을 찾으셔서 그들과 교제하실 것이며, 그들의 편이 되셔서 그들을 붙들어 주시고, 그 환난이 그들에게 유익이 되게 하실 것인데, 이러한 것들은 그들이 환난 당할 때에 하나님께서 그들과 함께 하심을 보여주는 가장 확실한 징표가 될 것이다.

(3) 하나님께서 그들의 기도에 응답하시겠다는 것: 그가 내게 간구하리라. 내가 그에게 기도의 영을 부어줄 것이고, 내가 응답하리니, 약속들과 섭리들을 통

해서 응답하셔서 그를 때가 되면 건져 주시고(시 85:8), 은혜를 통해서 응답하셔서 그들의 영혼에 힘을 주어 그들을 강하게 할 것이다(시 138:3). 마찬가지로, 하나님께서는 바울에게 충족한 은혜로 응답하셨다(고후 12:9).

(4) 하나님께서 그들을 높이시고 존귀하게 하시겠다는 것: 내가 그를 높여서, 환난이 미치지 못하게 하고, 폭풍우가 일지 않는 곳에 있게 하며, 물결이 미치지 못하는 반석 위에 두리라(사 33:16). 그들은 하나님의 은혜로 말미암아 이 세상에 속한 것들을 거룩한 경멸과 무관심으로 내려다보고, 저 세상에 속한 것들을 거룩한 야망과 관심으로 우러러볼 수 있게 될 것이다. 그렇게 되었을 때에 그들은 높은 곳에 두어진 것이다. 내가 그를 영화롭게 하리라. 하나님께서 이끌어 오셔서 자기와 언약을 맺게 하시며 교통하게 하시고, 그의 나라와 영광을 누리도록 정하신 자들은 진정으로 존귀하게 된 자들이다(요 12:26).

(5) 그들이 이 세상에서 흡족한 삶을 살게 되리라는 것(16절): 내가 그를 장수하게 함으로 그를 만족하게 하리라.

[1] 즉, 그들은 충분히 오래 살게 될 것이다. 그들은 하나님께서 그들을 이 세상에 보내신 목적을 다 이루어서 천국에 들어갈 준비가 다 끝날 때까지 이 세상에서 살게 될 것인데, 그것이 바로 충분히 오래 사는 것이다. 하나님께서 자기에게 맡기신 일을 다 수행하였다면, 누가 이 세상에서 하루라도 더 오래 살고자 원하겠는가?

[2] 그들은 그들이 충분히 오래 살았다고 생각하게 될 것이다. 왜냐하면, 하나님은 그들에게 은혜를 주셔서 세상에 대한 욕심이 끊어지게 하여서 그들로 하여금 이 세상을 떠나고 싶은 마음이 들게 하실 것이기 때문이다. 어떤 사람은 젊어서 죽을지라도 살아온 삶에 만족하고서 충분히 살다가 죽은 것일 수 있다. 악하고 세상적인 사람은 아무리 오래 살아도 그것으로 결코 만족하지 못한다. 그는 여전히 조금만 더, 조금만 더라고 부르짖는다. 그러나 자신의 보화와 마음이 저 세상에 있는 자는 얼마를 살았든 그것으로 충분하다. 그는 이 세상에서 살고 싶은 마음이 없기 때문이다.

(6) 그들은 저 세상에서 영원한 삶을 누리게 되리라는 것. 이것은 축복의 절정이다: 내가 나의 구원을 그에게 보이며, 그에게 메시야(어떤 이들은 이렇게 해석한다)를 보이리라. 나이든 의인 시므온은 내 눈이 주의 구원을 보았나이다라고 말할 수 있게 되었을 때에 자기가 충분히 오래 살았다고 여겼고 그것으로 만족

하였다. 또한, 구약의 성도들에게는 비록 멀리에서나마 그리스도의 날을 보는 것보다 더 큰 기쁨이 없었다. 이 단어는 더 나은 나라, 즉 족장들이 소원하고 구하였던 하늘 나라를 가리킬 가능성이 많다. 하나님은 그 하늘 나라를 그에게 보여 줄 것이고, 그를 저 복된 상태로 데려다 줄 것이다. 그 곳에서의 지극한 복은 우리가 여기에서 거울을 통해서 희미하게 보고 있는 것을 얼굴을 맞대고 보는 것에 있다. 그 천국에 가게 될 때까지 하나님은 그에게 그 천국을 멀리서 바라보게 해 주실 것이다. 어떤 이들은 이 모든 약속들이 일차적으로 그리스도와 관계된 것으로서 그의 부활과 높아지심을 통해서 성취되었다고 생각한다.

제 — 92 — 편

개요

　　이 시편은 아담이 아직 범죄하기 전에 첫 번째 안식일에 지어서 부른 것이라는 일부 유대인 저술가들(그들은 흔히 자유롭게 추측을 말한다)의 견해는 근거 없는 것이다. 그러한 견해는 악을 행하는 자들에 관하여 말하고 있는 이 시편의 내용 자체와도 합치하지 않는데, 그 때에는 아직 죄가 세상에 들어오지 않았기 때문이다. 이 시편은 다윗에 의해서 안식일과 관련되어 사용하도록 지어진 것 같다. I. 안식일에 해야 할 일인 찬송이 여기에서 권고된다(1-3절). II. 안식일을 정하시기 위하여 하나님께서 행하신 일들은 여기에서 전체적으로 크고 측량할 수 없는 것으로 송축된다(4-6절). 특히, 시편 기자는 섭리 사역과 구속 사역, 이 두 가지와 관련해서 하나님께서 보이신 긍휼과 심판, 죄인들의 멸망과 성도들의 기쁨을 세 차례에 걸쳐서 교대로 노래한다. 1. 악인들은 멸망할 것이지만(7절), 하나님은 영원하시다(8절). 2. 하나님의 원수들은 끊어질 것이지만, 다윗은 높아질 것이다(9-10절). 3. 다윗의 원수들은 낭패를 당하게 될 것이지만(11절), 모든 의인들은 열매를 맺고 번성하게 될 것이다(12-15절). 이 시편을 노래할 때, 우리는 하나님께 그의 이름에 합당한 영광을 돌리는 것을 기뻐하여야 하고, 하나님께서 행하신 일들을 기뻐하여야 한다.

〔안식일의 찬송시〕

[1-3]지존자여 십현금과 비파와 수금으로 여호와께 감사하며 주의 이름을 찬양하고 아침마다 주의 인자하심을 알리며 밤마다 주의 성실하심을 베풂이 좋으니이다 [4]여호와여 주께서 행하신 일로 나를 기쁘게 하셨으니 주의 손이 행하신 일로 말미암아 내가 높이 외치리이다 [5]여호와여 주께서 행하신 일이 어찌 그리 크신지요 주의 생각이 매우 깊으시니이다 [6]어리석은 자도 알지 못하며 무지한 자도 이를 깨닫지 못하나이다

　　이 시편은 안식일에 성소에서 불러지도록 정해져 있었고, 적어도 통

상적으로는 그렇게 불리어졌다. 안식일은 하나님께서 창조의 사역을 마치시고 안식하신 것을 기념하기 위하여 제정된 날이었고, 하나님께서 그의 섭리를 통해서 계속해서 창조를 행하시는 것을 기념하는 날이기도 하다. 왜냐하면, 아버지께서는 이제까지 일하고 계시기 때문이다. 좀 더 살펴보자.

1. 안식일은 단지 거룩한 안식의 날일 뿐만 아니라 거룩한 일을 하는 날이 되어야 한다. 안식은 일을 하기 위해서 있는 것이다.

2. 안식일에 합당한 일은 하나님을 찬송하는 것이다. 안식일에 행하는 모든 일들은 바로 이것을 위한 것이 되어야 하고, 그렇기 때문에 이것을 한쪽 귀퉁이로 몰아 넣는 일이 결코 있어서는 안 된다. 유대인 저술가들 중에서 어떤 사람은 이 시편을 메시야의 나라와 연관시켜서, 장차 임할 시대를 위한 시 또는 노래라고 불렀는데, 장차 도래할 시대는 모든 날이 안식일이 될 것이다. 믿는 자들은 그리스도로 말미암아 하나님의 백성에게 남아 있는 안식할 때를 누리고 있고(히 4:9), 그것은 영원한 안식의 맛보기이다. 이 절들 속에는 다음과 같은 내용들이 나온다.

I. 우리는 하나님을 찬송하도록 부르심을 받고 격려를 받는다(1-3절). 여호와께 감사함이 좋으니이다. 하나님을 찬송하는 것은 좋은 일이다. 그것은 그 자체로도 좋고, 우리를 위해서도 좋다. 그것은 우리가 우리의 크신 여호와께 드려야 하는 공세(貢稅)요 우리의 본분이다. 만일 우리가 그것을 하지 않는다면, 우리는 불의한 것이다. 우리가 하나님을 찬송할 수 있도록 허락을 받고, 우리의 찬송이 하나님께 열납될 수 있다는 소망을 갖고 있는 것은 우리의 특권이다. 하나님을 찬송하는 것은 그 자체로 보상이 있는 즐겁고 유익한 일이기 때문에 좋은 일이다. 그것은 천사들의 일, 하늘의 일이다. 우리가 이미 받은 긍휼하심들에 대하여 감사를 드리는 것은 좋은 일이다. 왜냐하면, 그것은 앞으로도 계속해서 긍휼하심을 받는 길이기 때문이다. 지존자의 이름, 모든 송축과 찬송위에 더 뛰어나신 분의 이름을 찬송하는 것은 합당한 일이다. 좀 더 살펴보자.

1. 우리는 하나님을 어떻게 찬송하여야 하는가. 우리는 주의 인자하심과 주의 성실하심을 알림으로써 하나님을 찬송하여야 한다. 하나님의 영화로운 성품들과 온전하심들을 깨닫고 있는 우리는 그러한 것들에 의해서 스스로 크게 감화를 받은 자들로서 다른 사람들도 그러한 것들로 인하여 감화받기를 원하는 가운데 그러한 것들을 드러내어 알려야 한다. 우리는 하나님을 위대하게 만들어

주고 우리에게 두려움을 가져다 주는 하나님의 위대하심과 엄위하심, 그의 거룩하심과 공의만이 아니라 하나님의 인자하심과 성실하심도 드러내어 알려야 한다. 왜냐하면, 그의 선하심은 그의 영광이고(출 33:18-19), 이러한 것들을 통해서 하나님은 그의 이름을 선포하시기 때문이다. 하나님의 긍휼하심과 진실하심은 우리의 믿음과 소망을 견고하게 해 주는 것들이고, 우리의 사랑과 순종을 북돋우는 것들이다. 그러므로 우리는 기도할 때에 우리가 붙잡아야 할 것들이자 우리가 기뻐해야 할 것들로서 이러한 것들을 드러내어 알려야 한다. 당시에 이러한 일은 단지 찬송을 통해서만이 아니라 그것에 수반된 악기, 즉 십현금을 통해서도 이루어졌다(3절). 또한, 그러한 일은 당시에 사람의 심령을 흐트러트리기 쉬운 즐거운 음이 아니라 사람의 심령을 한 곳에 집중시키는 데에 도움이 되는 엄숙한 소리로 행하여졌다.

　2. 우리는 언제 하나님을 찬송하여야 하는가 ─ 아침마다, 밤마다, 안식일뿐만 아니라 날마다. 하나님을 찬송하는 일은 우리가 날마다 해야 할 일이다. 우리는 공적인 집회에서만이 아니라 혼자 있을 때나 가족과 더불어서 하나님을 찬송하여, 우리 자신과 우리 주변의 사람들에게 하나님의 인자하심과 성실하심을 알려야 한다. 우리는 하나님을 찬송하는 것으로 매일매일을 시작하고 끝내야 하는데, 하루 일과를 시작하기 전에 우리의 정신이 맑을 때인 아침에와 우리가 다시 한 번 홀로 물러나서 침착하게 자신을 되돌아볼 수 있는 밤에 하나님께 감사를 드려야 한다. 우리는 하나님께서 밤에 베푸신 긍휼하심들을 인하여 아침마다 감사하여야 하고, 하나님께서 낮에 베푸신 긍휼하심들을 인하여 밤마다 감사를 드려야 한다. 우리는 들어갈 때나 나올 때나 하나님을 송축하여야 한다.

II. 시편 기자는 우리로 하여금 하나님을 찬송하는 일을 하게 하고 그 일을 가르치기 위하여 자신과 관련된 모범을 우리 앞에 제시한다(4절). 　여호와여, 주께서 행하신 일로 나를 기쁘게 하셨나이다. 좀 더 살펴보자.

　1. 하나님을 찬송하여 기쁨을 직접 경험해 본 자들은 다른 사람들에게 찬송의 본분을 가장 잘 권할 수 있다. "하나님께서는 무수한 일들을 통해서 내 마음을 기쁘게 해 주셨기 때문에, 나는 하나님께서 행하신 일들을 찬송하고자 한다. 그러므로 다른 사람들은 하나님께서 행하신 일들에 대하여 어떻게 생각하든지 간에, 나는 그것들을 좋게 생각하고 좋게 말할 수밖에 없다."

2. 하나님께서 우리에게 그의 일들을 통해서 기쁨을 주셨다면, 이 세상에서 우리가 하나님께 영광을 돌려야 할 이유는 너무도 충분하다. 하나님께서 우리의 마음을 기쁘게 해 주셨는가? 그렇다면, 우리는 하나님께 찬송을 드려서 하나님을 영화롭게 해 드려야 한다. 하나님께서 우리를 위한 그의 섭리의 역사들과 우리 안에서의 그의 은혜의 역사들, 그리고 섭리와 은혜가 혼합된 구속의 큰 역사를 통해서 우리를 기쁘게 해 주셨는가?

(1) 우리는 그러한 일들에 근거해서 우리의 믿음과 소망을 더욱 견고히 하여야 한다. 시편 기자는 바로 그렇게 하고 있다: 주의 손이 행하신 일로 말미암아 내가 높이 외치리이다. 우리는 하나님께서 우리를 위하여 행하신 일을 기쁜 마음으로 기억함을 통해서 장래에도 하나님께서 그렇게 행하실 것을 기쁜 마음으로 기대하고, 그러한 확신 속에서 현재의 모든 반대되는 상황에도 불구하고 승리의 개가를 소리높여 외칠 수 있다(살후 2:13-14).

(2) 우리는 그러한 일들을 하나님을 거룩하게 경배하고 찬송할 거리로 삼아야 한다(5절): 여호와여, 주께서 행하신 일이 어찌 그리 크신지요. 하나님의 큰 권능과 지혜의 일들은 우리의 생각을 크게 넘어서고 우리의 말로 표현할 수 없으며 지극히 중한 일들이다! 사람들이 행한 일들은 그것들에 비하면 아무것도 아니다. 우리는 하나님께서 행하신 일들이 얼마나 크신지를 제대로 이해할 수 없기 때문에, 공경하고 두려워하는 마음으로 그 일들을 기이히 여기며, 그 일들의 엄청남에 그저 놀라워서 바라만 보고 있어야 한다. "사람들의 생각은 얕기 때문에, 그들이 하는 일들은 작고 사소하다. 그러나 여호와여, 주께서 행하신 일들은 커서, 우리가 측량할 수 없나이다. 왜냐하면, 주의 생각은 매우 깊어서, 우리가 헤아릴 수 없기 때문이니이다." 하나님께서 행하시는 일들은 우리의 힘으로 시도하는 것들을 훨씬 뛰어넘듯이, 하나님의 모략들은 우리의 지혜로 궁리해 낸 것들을 훨씬 뛰어넘는다. 하나님의 길이 우리의 길보다 높듯이 그의 생각은 우리의 생각보다 높다(사 55:9). 깊도다. 하나님의 지혜와 지식의 풍성함이여(롬 11:33). 하나님께서 행하시는 일들이 크시다는 것을 생각할 때, 우리는 하나님의 생각이 얼마나 깊으신지를 생각하게 된다. 하나님은 자신의 뜻에 따른 그러한 모략으로 모든 일들을 행하신다. 하나님의 생각은 얼마나 멀리 미치는가!

III. 시편 기자는 하나님께서 행하시는 일들을 소홀히 여기는 자들을 들어서 우리에게 그렇게 하지 말라고 권면한다(6절). 하나님께서 행하신 일들이 얼마나 큰지를 깨닫지 못하고 알지 못하며 그 일들로 인하여 하나님께 영광을 돌리지 않는 자들은 어리석은 자들이고 야만적인 자들이다. 그들은 여호와께서 행하신 일을 안중에 두지도 않고, 여호와께서 손으로 지으신 것을 생각하지도 않는다(시 28:5). 특히, 그들은 그들 자신의 형통이 무엇을 의미하는지 깨닫지 못한다(7절). 그들은 그것을 그들의 행복을 확실하게 보장해 주는 것으로 여기지만, 실제로 그것은 그들의 멸망을 준비하는 것이다. 섭리의 의미들을 알지 못하고, 그러한 것들을 알려고 하지도 않는 자들이 아주 많다는 것을 생각하면, 은혜로 말미암아 그러한 것들을 알게 되고, 또한 그러한 것들을 알고자 하는 자들은 하나님께 감사할 이유가 충분하다.

7악인들은 풀 같이 자라고 악을 행하는 자들은 다 흥왕할지라도 영원히 멸망하리이다 8여호와여 주는 영원토록 지존하시니이다 9여호와여 주의 원수들은 패망하리이다 정녕 주의 원수들은 패망하리니 죄악을 행하는 자들은 다 흩어지리이다 10그러나 주께서 내 뿔을 들소의 뿔 같이 높이셨으며 내게 신선한 기름을 부으셨나이다 11내 원수들이 보응 받는 것을 내 눈으로 보며 일어나 나를 치는 행악자들이 보응 받는 것을 내 귀로 들었도다 12의인은 종려나무 같이 번성하며 레바논의 백향목 같이 성장하리로다 13이는 여호와의 집에 심겼음이여 우리 하나님의 뜰 안에서 번성하리로다 14그는 늙어도 여전히 결실하며 진액이 풍족하고 빛이 청청하니 15여호와의 정직하심과 나의 바위 되심과 그에게는 불의가 없음이 선포되리로다

시편 기자는 앞에서 하나님께서 행하신 일들로 말미암아 자기가 승리의 개가를 부르며 높이 외치겠다고 말하였었다(4절). 그는 여기에서 그렇게 행한다.

I. 그는 하나님의 원수들에 대하여 승리의 개가를 부른다(7, 9, 11절). 그들이 멸망할 것을 미리 내다보면서 기뻐하는데, 이것은 사람들이 비참한 운명을 맞게 되는 것을 기뻐하는 것이 아니라, 하나님의 공의와 거룩함이 세워져서 하나님께서 영광을 받게 되시는 것을 기뻐하는 것이다.

1. 그는 죄인들이 지금 흥왕하고 있다고 할지라도 그들이 망하게 되리라는 것을 확신한다(7절). 악인들이 봄에 풀 같이 자라고(아주 수가 많고, 빽빽하게 심겨졌고, 너무도 푸르르며, 아주 빨리 자라는 풀) 악을 행하는 자들이 다 흥왕하

여 부귀영화를 누리며 겉으로 온갖 호사를 누리며 편안히 살고, 그들의 사업이 성공할 때, 사람들은 이 모든 것이 그들이 하나님께 복을 받았기 때문이고, 이 모든 것은 하나님의 은총을 보여주는 확실한 증거이고, 장차 그들에게 주어질 더 좋은 것에 대한 맛보기일 것이라고 생각할 것이다. 그러나 사실은 그 정반대이다. 그들의 그러한 모습은 하나님께서 그들을 영원히 멸망시키시기 위한 것이다. 미련한 자들의 형통은 자기를 멸망시킬 것이다(잠 1:32). 도살하기로 정해진 양들은 가장 무성한 초장에 두어진다.

2. 그는 죄인들이 지금 기고만장하고 있다고 할지라도 그들이 반드시 망하게 되리라는 것을 확신한다(9절). 그들은 주의 원수들이고, 그들 자신이 그렇다고 뻔뻔스럽게 공언한다. 그들은 하나님을 거스르며, 하나님을 대적하여 싸운다. 그들은 하나님의 왕권과 위엄에 대적하여 반란을 일으키고 있기 때문에, 그들이 멸망하리라는 것을 내다보는 것은 쉬운 일이다. 하나님을 거슬러 스스로 완악하게 행하고도 형통할 자가 누구이랴. 악을 행하고도 회개치 않는 모든 자들은 하나님의 원수들로 여겨져서 멸망받고 흩어지게 되리라는 것을 명심하라. 그리스도께서는 그의 통치를 받고자 하지 않는 자들을 자신의 원수들로 여기신다. 그들은 그리스도 앞에 끌려와서 죽임을 당하게 될 것이다. 악을 행하는 자들은 지금 서로 힘을 합쳐서 한데 똘똘 뭉친 가운데 하나님과 신앙을 대적한다. 그러나 그들은 하나님의 의로운 심판을 받아서 흩어지게 될 것이고, 그 때에 서로가 서로에게 아무런 도움도 되지 못하게 될 것이다. 내세에서 그들은 의인들의 회중으로부터 분리될 것이다(갈대아 역본에서는 이렇게 되어 있다, 시 1:5).

3. 그들은 시편 기자에 대하여 특별한 악의를 지니고 있었고, 그런 이유로 그는 그들을 두려워하는 시험에 빠질 수 있었지만, 그들에 대하여 승리의 개가를 부른다(11절). "나를 치는 내 원수들이 보응받는 것을 내 눈으로 보게 되리라. 나는 그들이 내게 더 이상 해악을 가할 수 없게 될 뿐만 아니라 그들이 이미 내게 가한 해악에 대하여 보응을 받아서, 회개하거나 멸망받게 되는 것을 보게 될 것이다." 바로 이것이 그가 그들에 대하여 품고 있던 소원이었다. 히브리어 본문에서는 내 눈이 내 원수들을 보며 내 귀가 악인들에 대하여 들으리라로 되어 있다. 시편 기자는 그가 무엇을 보게 되고 무엇을 듣게 될 지를 말하지 않고 있지만, 그는 하나님께서 영화롭게 되실 일, 그러므로 그가 만족을 얻게 될 일을 보고 듣게 될 것이다. 이 말씀은 아마도 그리스도께서 사탄과 사망과 음부에 대하여

승리하시고, 그를 박해하고 십자가에 못 박으며, 그의 복음에 반대하였던 자들을 멸하시며, 회개치 않는 자들을 마지막 날에 최종적으로 멸망시키시는 것을 가리키는 것 같다. 그리스도를 대적하여 일어나는 자들은 그 앞에서 엎드러져서 그의 발등상이 될 것이다.

Ⅱ. 그는 하나님, 그의 영광과 은혜를 기뻐한다.

1. 하나님의 영광(8절). "여호와여, 주는 영원토록 지존하시니이다. 우리를 대적하여 싸우는 행악자들은 잠시 동안 높아질 수 있고, 사람들을 압제하여 모든 것을 자기 뜻대로 이루었다고 생각할 수 있지만, 주는 영원토록 지존하시니이다. 그들의 높음은 끌어 내려져서 낮아질 것이지만, 주의 높으심은 영원하리이다." 그러므로 우리는 악한 자들의 교만과 힘을 두려워하지 말아야 하고, 그들의 무력한 위협들로 인해서 낙심하지 말아야 한다. 왜냐하면, 좀이 그들을 옷을 갉아 먹듯이 먹어 치워 버리겠지만, 하나님의 의는 영원히 있을 것이기 때문이다 (사 51:7-8).

2. 하나님의 은혜, 그의 은총과 그 열매들.

(1) 시편 기자 자신에 대한 것(10절). "여호와여, 지존하신 주께서 내 뿔을 높이시리이다." 크신 하나님은 존귀함의 원천이시고, 하나님은 영원히 지존하시기 때문에 친히 그의 백성을 영원히 높이실 것이다. 왜냐하면, 그는 모든 성도의 찬송을 받으실 이시기 때문이다(시 148:14). 악인들은 뿔을 드는 것이 금지되지만 (시 75:4-5), 하나님과 그의 나라를 섬기기 위하여 자신의 존귀함이나 권세를 사용하고, 그 권세를 하나님께서 기뻐하시는 대로 사용하시고 처분하시며 지켜 주시도록 의탁하는 자들은 하나님께서 그들의 뿔을 들소의 뿔 같이 높이시고, 이 세상에서나 저 세상에서 가장 높이 높여 주실 것을 소망할 수 있다. 주의 원수들이 멸망할 때에 주께서는 내 뿔을 높이시리이다. 왜냐하면, 악인들이 수치와 영원한 멸시에 처해지게 될 때에 의인들은 해처럼 빛날 것이기 때문이다. 시편 기자는 주께서 내게 신선한 기름을 부으시리라는 말씀을 덧붙이는데, 이 말씀은 그가 이미 기름 부음을 받았지만 하나님께서는 그의 직분을 다시 새롭게 확인해 주시고 풍성하게 다시 한 번 기름을 부어 주심으로써, 그의 심령이 의기소침해 있을 때에 그에게 위로를 주시고 신선한 기름을 부으셔서 소생할 수 있게 해 주시리라는 것을 의미한다. 은혜는 성령의 기름 부음이다. 흔히 그런 것처럼, 우리가 곤경에 처해 있을 때에 예수 그리스도 안에 있는 충만함으로부터 이러

한 도우심을 받았을 때, 우리는 신선한 기름으로 기름 부음을 받은 것이다. 어떤 이들은 이 본문을 내가 나이 들었을 때에 주께서는 내게 신선한 기름으로 부으시리라고 해석한다. 칠십인역 본문은 주께서 나의 노년을 풍성한 긍휼로 높이시리라고 되어 있다. 그들은 늙어도 여전히 결실하리라(14절)는 말씀과 비교해 보라. 하나님의 성령의 위로들과 하나님의 구원의 기쁨들은 의의 길에서 얻게 되는 백발에게 새로운 힘을 주는 신선한 기름이 될 것이다.

(2) 모든 성도들에 대한 것. 성도들은 여기에서 의의 나무들로 묘사된다(사 61:3; 시 1:3). 좀 더 살펴보자.

[1] 그들은 좋은 자리에 견고하게 심겨져 있음. 그들은 여호와의 집에 심겨져 있다(13절). 의의 나무들은 저절로 자라는 것이 아니다. 그들은 평범한 땅이 아니라 낙원, 즉 여호와의 집에 심겨져 있다. 보통 나무들은 집에 심지 않는 법이다. 그러나 하나님의 나무들은 그의 집에 심겨져 있다고 본문에서는 말한다. 왜냐하면, 그들은 그들이 살아가고 열매를 맺는 데에 필요한 모든 수액과 생명력을 하나님의 은혜, 그의 말씀과 성령으로부터 받기 때문이다. 그들은 거룩한 규례들을 굳게 지키고, 그러한 규례들 속에 뿌리를 박고 있으며, 그러한 규례들에 거하고, 그들 자신을 하나님의 보호하심 아래에 두며, 하나님의 영광과 존귀를 위하여 그들의 모든 열매들을 맺는다.

[2] 그들은 계속해서 좋은 처지에 놓여 있게 되리라는 것. 여기에는 다음과 같은 것들이 약속되어 있다. 첫째, 그들은 자라게 될 것이다(12절). 하나님은 참된 은혜를 주시는 곳에서 더욱 많은 은혜를 주신다. 하나님의 나무들은 레바논에 있는 큰 백향목들 같이 아주 높이 자라게 될 것이다. 그들은 하늘 가까이 자라서, 거룩한 야망을 품고서 윗 세상을 열망하게 될 것이다. 그들은 백향목들 같이 더 튼튼하게 자라서 사용하기에 더 합당하게 될 것이다. 손이 깨끗한 자는 점점 힘을 얻느니라. 둘째, 그들은 그들의 신앙에 대한 평판에서나 그들 자신의 영원히 누리는 위로와 기쁨에 있어서나 모두 번성하게 될 것이다. 그들은 스스로 즐거울 것이고, 주변의 모든 사람들로부터 존경을 받게 될 것이다. 그들은 웅장한 자태를 뽐내며(아 7:7) 넓은 가지들을 지닌(레 23:40; 삿 4:5) 종려 나무 같이 번성할 것이다. 종려 나무의 열매들은 무척 아름답지만, 종려 나무가 여기에서 언급되고 있는 것은 특히 그들이 항상 푸르다는 것을 나타내기 위한 것이다. 악인들은 풀 같이 번성할지라도 곧 시들지만(7절), 의인들은 종려

나무 같아서 오래 살고 겨울이 와도 변함이 없다. 종려 나무에 대해서는 이런 말이 전해져 온다: 이 나무는 눌리면 눌릴수록 더 크게 자란다. 마찬가지로, 의인들도 무거운 짐들 아래에서 번성한다. 그들은 환난을 당하면 당할수록 더욱 번성한다. 여호와의 집에 심겨진(거기에 뿌리를 박고 있는) 그들은 우리 하나님의 뜰 안에서 번성한다 ─ 거기에서 그들의 가지들은 뻗어 나간다. 그들의 생명이 그리스도와 함께 하나님 안에 감추어졌음이라. 그러나 그들의 빛은 사람들 앞에서도 빛난다. 하나님의 집에 자리를 갖고 있는 자들은 하나님의 집과 그 담장 안에서 이름을 갖는 것이 바람직하다(사 56:5). 선한 그리스도인들은 남들보다 훨씬 뛰어나서 유명해지고 번성하여, 마치 번성한 나무들이 어떤 집의 뜰을 멋지게 장식하는 것과 마찬가지로, 우리 구주 하나님의 가르침을 멋지게 장식하게 되기를 바라야 한다. 하나님의 뜰에서 번성하는 자들은 그 일로 인하여 하나님께 영광을 돌려야 한다. 그들이 그렇게 된 것은 그들이 지내기 풍족하고 빛이 청청하리라는 하나님의 약속 덕분이기 때문이다. 그들이 밖으로 번성하는 것은 참감람나무 뿌리의 진액이 안으로 풍족하기 때문이다(롬 11:17). 마음속에 살아 있는 은혜라는 원소가 없다면, 밖에서의 일은 오랫동안 번성하지 못할 것이다. 그러나 그러한 은혜가 마음속에 있는 곳에서는 그 잎사귀가 마르지 아니할 것이다(시 1:3). 여호와의 나무에는 수액이 가득 차 있다(시 104:16, 또한 호 14:5-6을 보라). 셋째, 그들은 열매를 맺게 될 것이다. 잎사귀들밖에는 아무것도 없는 나무들은 가치있는 나무라고 할 수 없다. 그러나 그들은 여전히 결실하게 될 것이다. 성화의 소산들, 살아 있는 헌신과 유익한 교제, 선한 일들을 통해서 하나님을 영화롭게 하고 다른 사람들의 덕을 세우는 모든 것들은 의의 열매들로서, 이러한 열매를 풍성하게 맺는 것은 의인들의 본분이자 특권이다. 그들이 그러한 열매들을 풍성하게 맺으리라는 것은 명령임과 동시에 약속이기도 하다. 그들이 늙어도 결실하리라는 것이 약속되어 있다. 다른 나무들은 늙으면 열매를 맺지 못하게 되지만, 하나님의 나무들은 자연의 힘은 떨어지겠지만 은혜의 힘은 떨어지지 않는다. 성도들의 말년은 종종 그들의 최전성기일 경우가 있고, 그들이 노년에 한 일은 그들이 한 일들 중에서 최고의 일이 되는 경우가 종종 있다. 이것은 그들이 올바르고 정직하다는 것을 똑똑히 보여주는 것이다. 오래도록 유지된다는 것은 그것이 진실하다는 것을 보여주는 가장 확실한 증거이다. 그런데 여기에서는 그것이 여호와께서 정직하시다는 것을 보여주는 것

(15절), 하나님께서 그의 약속들에 진실하시고, 그가 하신 모든 말씀에 신실하시다는 것, 그가 시작하신 일에 변함이 없으시다는 것을 보여주는 것이라고 말한다. 하나님께서는 그가 하신 약속들을 따라서 믿는 자들을 하나님의 성품에 참여시키시는 것과 마찬가지로, 그가 하신 약속들을 따라서 그들 속에 심겨진 하나님의 본성을 보존하시고 지키신다. 그러므로 하나님의 성품이 믿는 자들에게서 그 힘을 나타내고 있는 것은 여호와께서 정직하시다는 것을 보여주고, 정직한 자에게 자신의 정직하심을 보이신다는 것을 나타내 주는(시 18:25) 증거이다. 시편 기자는 바로 이것을 기뻐하며 개가를 부른다. "주는 나의 반석이시요 그에게는 불의가 없으시도다. 나는 주를 나의 반석으로 선택하여서, 그 위에 서고, 그 틈새에 숨으며, 그 꼭대기에 내 발로 서기로 하였는데, 나는 주께서 강하고 견고한 반석이시고, 그의 말씀은 반석처럼 견고하다는 것을 발견하였다. 나는 주께는 그 어떤 불의함도 없다는 것을 발견하였다(각자가 발견한 것을 말하라고 한다면)." 하나님은 그가 말씀하신 대로 능력이 있으시고 인자하시다. 지금까지 하나님을 의지한 자들은 모두 하나님이 신실하시고 모든 것에 충족하신 분임을 발견하였고, 하나님께 소망을 두고서 수치를 당한 자는 아무도 없었다.

제
— 93 —
편

개요

　　이 짧은 시편은 사람들 가운데서의 하나님 나라의 존귀함, 하나님의 원수들의 두려움이자 하나님의 모든 사랑하는 신민들의 위로가 되는 하나님의 나라를 묘사함으로써 하나님께 영광을 돌린다. 이 시편은 하나님께서 이 세상을 붙드시고 주관하시는 그의 섭리의 나라와 하나님께서 교회를 안전하게 지키시고 거룩하게 하시며 보호하시는 그의 은혜의 나라를 동시에 얘기한다. 이 두 나라의 운영은 메시야의 손에 두어져 있는데, 이 선지자는 여기에서 의심할 여지 없이 바로 그 메시야와 그의 나라에 대하여 증언하고 있고, 그 일이 확실하고, 메시야는 성육신 이전에 이미 영원한 말씀으로서 만유의 주이시기 때문에 이 일을 현재적인 것으로 말하고 있다. 여기에서는 하나님의 나라에 관하여 영광스러운 것들이 말해진다. I. 다른 왕들이 왕의 옷을 입고 있는가? 메시야도 그러하다 (1절). II. 다른 왕들이 보좌를 가지고 있는가? 메시야도 그러하다(2절). III. 다른 왕들이 그들의 원수들을 복속시키고 개선하였는가? 메시야도 그러하다(3-4절). IV. 신실하고 거룩한 것이 다른 왕들의 영예로움인가? 메시야도 그러하다(5절). 이 시편을 노래할 때, 우리가 아버지께서 하늘과 땅의 모든 권세를 주신 그리스도를 생각하지 못한다면, 우리는 우리 자신을 망각하고 있는 것이다.

[1]여호와께서 다스리시니 스스로 권위를 입으셨도다 여호와께서 능력의 옷을 입으시며 띠를 띠셨으므로 세계도 견고히 서서 흔들리지 아니하는도다 [2]주의 보좌는 예로부터 견고히 섰으며 주는 영원부터 계셨나이다 [3]여호와여 큰 물이 소리를 높였고 큰 물이 그 소리를 높였으니 큰 물이 그 물결을 높이나이다 [4]높이 계신 여호와의 능력은 많은 물 소리와 바다의 큰 파도보다 크니이다 [5]여호와여 주의 증거들이 매우 확실하고 거룩함이 주의 집에 합당하니 여호와는 영원무궁하시리이다

　　하나님께서 계시다는 것 다음으로 하나님께서 다스리신다는 것, 여호와가 하나님이라는 것, 이 하나님이 다스리신다는 것보다 우리가 더 관심을 가

지고 생각하며 믿을 것은 없다(1절). 하나님은 명목상으로 왕이시고, 모든 사람들과 사물들의 소유자이실 뿐만 아니라, 하나님은 실질적으로도 왕이셔서, 그의 뜻의 모략을 따라서 모든 피조물들을 명령하시고 부리시며, 그의 모든 행위들을 수행해 나가신다. 여기에서는 다른 많은 시편들에서와 마찬가지로 바로 이러한 사실을 송축한다: 여호와께서 다스리신다. 할렐루야 주 우리 하나님 곧 전능하신 이가 통치하시도다라는 것은 복음 교회, 영화롭게 된 교회의 노래이다(계 19:6). 여기에서 우리는 하나님께서 어떻게 다스리시는지에 대하여 듣게 된다.

I. **여호와께서는 영광스럽게 다스리신다.** 그는 엄위하심을 입으셨도다(개역에서는 스스로 권위를 입으셨도다). 세상 왕들의 위엄은 하나님의 두려운 엄위하심과 비교하면 흙 속에서 희미한 빛을 내는 개똥벌레의 유충을 한낮의 밝은 태양과 비교하는 것이나 마찬가지이다. 하나님의 나라의 원수들이 크고 두려운가? 그렇지만 우리는 그들을 두려워할 필요가 없다. 왜냐하면, 하나님의 엄위하심은 그들의 위엄을 압도하실 것이기 때문이다.

II. **여호와께서는 능력있게 다스리신다.** 하나님은 궁정에 있는 왕처럼 엄위하심으로 옷입고 계실 뿐만 아니라, 전쟁터의 진영에 있는 장수처럼 능력의 옷을 입으셨다. 하나님은 이 능력으로 그의 크심을 밑받침하고, 그의 크심을 진정으로 두려운 것으로 만드신다. 하나님은 왕의 옷을 입고 계실 뿐만 아니라 갑옷을 입고 계신다. 하나님은 능력과 존귀를 둘 다 입고 계신다. 하나님은 모든 것을 하실 수 있고, 그에게는 불가능한 것이란 없다.

1. 이러한 능력으로 그는 띠를 띠셨다. 이 능력은 다른 어떤 존재로부터 나오는 것도 아니고, 어떤 다른 존재에 의존해서 행사되는 것도 아니다. 하나님은 자기 자신 속에 그러한 능력을 지니고 계시고, 그 능력으로 그가 원하시는 것을 행하신다. 우리는 하나님에게서 빌린 것이고 한계가 있는 사람의 능력을 두려워하지 말고, 죽어서 음부에 던지실 수 있는 능력을 지니신 분을 두려워하여야 한다.

2. 세계가 오늘날까지 존속하는 것은 바로 이 능력 덕분이다. 또한 세계는 견고하게 서 있다. 세계는 하나님께서 창조의 능력으로 바다 위에 그것을 세우셨을 때에 처음으로 견고하게 세워졌다. 세계는 만물을 붙드시고 지속적으로 창조를 행하시는 하나님의 섭리를 통해서 지금도 견고히 서 있다. 세계는 이렇게

견고하게 서있기 때문에, 하나님께서 땅을 아무것도 없는 곳에 매다셨지만(욥 26:7), 세계는 흔들리지 아니한다. 만물은 하나님의 규례들대로 오늘까지 있다. 우리는 자연의 능력들과 자연의 운행을 보존하시는 것에 대하여 자연의 하나님께 영광을 돌려야 한다. 그러한 것으로부터 매일매일 은택을 입고 있는 우리가 그러한 것을 운행하시는 하나님께 영광을 돌리지 않는다면, 그것은 너무도 무신경하고 배은망덕한 짓이 될 것이다. 하나님은 스스로 엄위하심을 입고 계시지만, 자신을 낮추셔서 이 아랫 세상을 돌보시고 그 모든 일들을 처리하신다. 하나님께서 세계를 견고하게 하셨다면, 그의 교회를 흔들리지 않도록 얼마나 더 견고히 하시겠는가.

Ⅲ. 여호와께서는 영원히 다스리신다(2절).　주의 보좌는 예로부터 견고히 섰다.

1. 세상을 다스리시는 하나님의 권리는 그가 세상을 만드셨다는 것에 토대를 두고 있다. 세상을 만드신 분은 의심할 여지 없이 세상의 법을 부여하실 수 있기 때문에, 세상에 대한 하나님의 통치권은 아무도 이의를 제기할 수 없다: 주의 보좌는 견고히 섰다. 하나님의 왕권은 전혀 결함이 없고, 아주 오래된 것이다. 하나님의 보좌는 시간이 시작되기 전부터, 또한 그 어떤 다른 통치, 정사나 권세가 세워지기 전에 예로부터 견고히 섰고, 그 밖의 다른 모든 통치, 정사와 권세가 멸망받을 때에도 지속될 것이다(고전 15:24).

2. 하나님의 통치에 관한 모든 것은 모든 세상들이 생겨나기 이전에 그의 영원한 모략 속에서 결정되었다. 왜냐하면, 하나님은 그가 스스로 계획하신 목적에 따라서 모든 것을 행하시기 때문이다. 하나님의 섭리의 병거들은 구리로 된 두 산 사이에서, 즉 영원한 산들처럼 확고히 정해진 하나님의 작정하심 속에서 나온다(슥 6:1): 주는 영원부터 계셨기 때문에, 주의 보좌는 예로부터 견고히 섰다. 하나님 자신이 영원부터 계셨기 때문에, 그의 보좌와 거기에서 나오는 모든 결정들도 영원부터 있었다. 왜냐하면, 영원한 마음속에는 영원한 생각들 외에는 있을 수 없기 때문이다.

Ⅳ. 여호와께서는 승승장구하며 다스리신다(3-4절). 우리는 여기에서 다음과 같은 것들을 볼 수 있다.

1. 위협적인 폭풍우가 전제됨: 여호와여, 큰 물이 들고 일어났고(하나님께 항의하였다는 것) 큰 물이 그 소리를 높여서 무서운 소리를 내었다. 또한, 큰 물은 그

물결을 높여서, 실제적인 위험을 주었다. 이러한 말씀은 폭풍우치는 바다를 가리키는 것으로서, 악인들의 행태에 대한 비유로 사용된다(사 57:20). 이방 나라들이 분노하여(시 2:1), 교회를 멸하고, 큰 물처럼 교회를 엄습하며, 바다에 떠있는 배처럼 교회를 가라앉혀 버리고자 생각한다. 교회는 광풍에 요동하고(사 54:11), 불의한 자들의 창수가 성도들을 두렵게 만든다(시 18:4). 우리는 이 말씀을 격렬한 감정들과 두려움으로 인해서 우리의 마음속에서 종종 일어나는 요동들에 적용할 수 있을 것이다. 그러한 요동들은 우리의 영혼을 흐트러트리고, 우리가 받은 은혜들과 위로들을 압도해 버리고자 한다. 그러나 여호와께서 우리의 마음을 다스리시면, 풍랑과 바다라도 여호와께 순종하게 될 것이다.

2. 이 폭풍우 속에 깊게 내려진 요동치 않는 닻(4절): 여호와의 능력은 더 크니이다. 다음과 같은 것들은 우리의 마음을 견고하게 해 준다.

(1) 하나님은 그런 것들 위에 높이 계시다는 것. 이것은 하나님의 안전(그러한 것들이 하나님을 침범할 수 없다는 것, 시 29:10)과 하나님의 주권을 의미한다. 그러한 것들은 하나님에 의해서 다스려지고, 그러한 것들이 반기를 든다고 하여도 하나님에 의해서 진압된다(출 18:11).

(2) 하나님의 능력은 더 크셔서 많은 물 소리보다 더 기이한 일들을 행하신다는 것. 그러한 것들은 하나님의 안식이나 통치를 흐트려트려 놓을 수 없다. 그러한 것들은 하나님의 계획과 목적을 좌절시킬 수 없다. 교회의 원수들의 힘은 단지 많은 물 소리와 같다는 것을 명심하라. 그들은 실속은 없고 소리만 요란하다. 애굽의 바로 왕은 시끄러운 소리에 불과하다(렘 46:17). 교회의 친구들은 흔히 해악을 당하기보다는 겁을 집어 먹는 경우가 많다. 하나님은 이러한 소리, 시끄러운 소리보다 더 능력이 크시다. 하나님은 능력이 많으셔서, 그의 백성이 이러한 많은 물에 의해서 멸망받는 것으로부터 보호하시고, 그의 백성의 심령이 이러한 많은 물 소리에 의해서 겁을 집어먹지 않게 하실 수 있다. 하나님은 원하시기만 한다면 교회에 대하여 평안을 명하실 수 있고(시 65:7) 우리의 영혼에 평안을 명하실 수 있다(사 26:3). 하나님의 백성은 이 세상에서 온갖 시끄러운 소리들과 소동들을 만난다고 하여도 크신 여호와의 무제한적인 왕권과 저항할 수 없는 능력은 그들에게 큰 힘이 된다(시 46:1-2).

V. 여호와께서는 진리와 거룩하심으로 다스리신다(5절).

1. 하나님의 모든 약속들은 믿을 만한 것이어서 절대 깨뜨려지지 않는다: 주

의 증거들은 매우 확실하다. 하나님은 그의 교회를 보호하실 수 있는 것과 마찬가지로, 교회의 안전과 승리에 대하여 그가 하신 약속들에 진실하시다. 하나님의 말씀은 반드시 이루어지기 때문에, 모든 성도들은 그 말씀을 의지할 수 있다. 메시야의 나라에 관하여 예언된 모든 것은 때가 되면 반드시 이루어질 것이다. 구약 성도들의 믿음과 소망의 토대가 된 이러한 증언들은 매우 확실하여서 그들을 실망시키지 않을 것이다.

   2. 하나님의 모든 백성은 그 양심이 순전하여야 한다: 여호와여, 거룩함이 주의 집에 영원히 합당하니이다. 하나님의 교회는 하나님의 집이다. 그것은 죄로부터 깨끗하게 되고 하나님에 의해서 성별되며 하나님을 섬기는 데에 쓰임받는 거룩한 집이다. 그 곳의 거룩함은 그 곳의 아름다움이고(하나님의 형상을 닮는 것과 하나님의 영광을 위하여 온전히 헌신하는 것보다 성도들에게 더 합당한 모습은 없다), 그 곳의 힘이자 안전이다. 많은 물과 그 소리로부터 하나님의 집을 안전하게 지켜주는 것은 그 거룩함이다. 성결함이 존재하는 곳에는 평강도 존재하게 될 것이다. 유행은 변하기 때문에, 한때에 합당했던 것이 다른 때에는 합당하지 않게 된다. 그러나 거룩함은 하나님의 집과 가족, 거기에 속한 자들에게 언제나 합당하다. 거룩함은 영원히 합당하다. 거룩한 하나님을 예배하는 자들에게 거룩하지 못한 것만큼 합당하지 않은 것은 없다.

제
— 94 —
편

개요

　　이 시편은 하나님의 교회가 압제받고 박해받으며 수세에 몰려 있을 때에 지어졌다. 이 시편은 하늘과 땅의 재판장이신 하나님께 호소하여, 하나님께서 그의 백성을 위하여 나타나셔서 그와 그들의 원수들을 치시라고 호소한다. 이 시편은 두 가지에 대하여 말한다. I. 시편 기자는 하나님께서 박해자들을 단죄하시며 그들에게 두려움을 주실 것을 호소하고(1-11절), 그들에게 그들의 위험성과 어리석음을 보여주며, 그들과 논쟁한다. II. 시편 기자는 하나님께서 박해받는 자들에게 위로와 평안을 주실 것을 간구하고(12-23절), 하나님의 약속과 자기 자신의 체험을 근거로 그들의 환난이 좋게 끝나리라는 것과 하나님께서 때가 되면 나타나셔서 그들에게 기쁨을 주시고 그들을 대적했던 자들을 낭패케 하시리라는 확신을 그들에게 준다. 이 시편을 노래할 때, 우리는 압제자들의 오만을 거룩한 분노로써 바라보고, 압제받는 자들의 눈물을 거룩한 연민으로써 바라보아야 한다. 그러나 이와 동시에, 우리는 위에 계신 의로우신 재판장을 온전한 만족감으로써 올려다 보아야 하고, 이 모든 일들의 결말을 즐거운 소망을 지닌 채 내다보아야 한다.

[1]여호와여 복수하시는 하나님이여 복수하시는 하나님이여 빛을 비추어 주소서 [2]세계를 심판하시는 주여 일어나사 교만한 자들에게 마땅한 벌을 주소서 [3]여호와여 악인이 언제까지, 악인이 언제까지 개가를 부르리이까 [4]그들이 마구 지껄이며 오만하게 떠들며 죄악을 행하는 자들이 다 자만하나이다 [5]여호와여 그들이 주의 백성을 짓밟으며 주의 소유를 곤고하게 하며 [6]과부와 나그네를 죽이며 고아들을 살해하며 [7]말하기를 여호와가 보지 못하며 야곱의 하나님이 알아차리지 못하리라 하나이다 [8]백성 중의 어리석은 자들아 너희는 생각하라 무지한 자들아 너희가 언제나 지혜로울까 [9]귀를 지으신 이가 듣지 아니하시랴 눈을 만드신 이가 보지 아니하시랴 [10]뭇 백성을 징벌하시는 이 곧 지식으로 사람을 교훈하시는 이가 징벌하지 아니하시랴 [11]여호와께서는 사람의 생각이 허무함을 아시느니라

이 절들 속에는 다음과 같은 내용들이 나온다.

I. 하나님의 백성을 잔인하게 짓밟는 압제자들을 하나님께서 벌해 주시라고 강력히 호소함(1-2절). 이러한 호소는 하나님의 백성이 그들을 쳐서 기도하며, 원수들에게 복수해주실 것을 하나님에게 밤낮으로 부르짖는 것이기 때문에, 그들에게 충분한 두려움이 된다. 하나님께서 밤낮으로 부르짖는 그의 백성의 원수를 속히 갚아 주시지 않으시겠는가(눅 18:3, 7)? 좀 더 살펴보자.

1. 그들은 이러한 호소를 하나님께서 들어 주실 것이라는 그들의 믿음을 강화시켜 줄 수 있는 하나님의 칭호를 사용한다: 복수하시는 하나님이여, 세계를 심판하시는 주여. 우리는 다음과 같은 이유들 때문에 하나님께 담대하게 호소할 수 있다.

(1) 하나님은 재판장이시고 최고의 재판장이시며 홀로 재판장이시다. 각 사람에 대한 심판은 오직 하나님께로부터만 나온다. 율법을 수여하신 하나님은 그 율법의 규정에 따라서 각 사람에 대하여 그들이 행한 일을 따라 판결을 선고하신다. 하나님은 심판을 위하여 그의 보좌를 베풀어 놓으셨다. 하나님은 실제로 방백들을 지명하셔서 자기 아래에서 보응하는 자들, 복수하는 자들이 되게 하셨지만(롬 13:4), 복수하는 권한은 하나님께 있기 때문에, 방백들조차도 하나님께 책임을 져야 한다. 하나님의 보좌는 죄없이 압제받는 자들이 최후로 피할 곳이다(영국법에서 말하는 최후의 법정[dernier ressort]). 하나님은 한 도시 또는 한 지역의 재판장이신 것이 아니라 세계를 심판하시는 재판장, 온 땅을 심판하시는 분이시다. 그 누구도 하나님의 관할권에서 벗어나 있지 않다. 따라서 그 누구도 하나님의 법정에 올라온 송사에 대하여 법적으로 관할권이 없다(coram non judice)고 주장할 수 없다.

(2) 하나님은 의로우시다. 악에 대하여 복수하시는 것은 하나님의 권한이지만, 그것은 하나님의 본성, 고유한 속성, 영광이기도 하다. 이러한 것은 여기에서 하나님께 주어진 칭호 속에 함축되어 있고, 복수하시는 하나님이라는 표현의 반복을 통해서 강조되고 있다. 하나님은 힘이 올바른 것을 항상 이기도록 내버려 두지 않으실 것이다. 이것은 우리가 스스로 복수하지 않아야 하는 이유가 된다. 왜냐하면, 하나님은 원수 갚는 것이 내게 있으니 내가 갚으리라고 말씀하셨기 때문이다. 하나님의 대권을 찬탈하고, 그의 보좌로 걸어가 거기에 앉는 것은 무모하고 주제넘은 짓이다(롬 12:19). 사람들 몰래 드러나지 않게 하였든,

아니면 고압적인 태도로 제멋대로 한 것이든 악을 행하는 자들에게는 복수하시는 하나님이 계시고, 그는 반드시 그들에게 책임을 물으시리라는 것은 두렵고 떨리는 일이다. 또한, 이것은 해악을 당하되 묵묵히 그것을 참으며 자기 자신을 의롭게 심판하시는 분께 의탁하는 자들에게는 위로가 되고 힘이 된다.

2. 그들이 하나님께 요구하는 것은 무엇인가.

(1) 하나님께서 영광을 나타내셔서 그의 이름이 존귀함을 얻게 하시라는 것. 악한 박해자들은 하나님께서 이 세상을 버리고 물러가셨다고 생각하였다. 시편 기자는 이렇게 말한다: "여호와여, 자신을 나타내소서. 그들로 하여금 주께서 계시고, 전심으로 자기에게 향하는 자들을 위하여 능력을 베푸실 준비가 되어 계시다는 것을 알게 하소서." 원수들은 하나님의 백성이 정복되었기 때문에 하나님도 정복당한 것이라고 생각하였다. 시편 기자는 이렇게 말한다: "여호와여, 주의 능력으로 높임을 받으소서. 일어나셔서, 사람들로 보게 하시고 두려워하게 하소서. 그리하여 주의 이름이 짓밟히지 않게 하소서."

(2) 하나님께서 압제자들을 제어해 주시라는 것: 교만한 자들에게 마땅한 벌을 주소서. 즉, "그들의 모든 오만방자함과 그들이 주의 백성에게 가한 해악들에 대하여 그들에게 보응하소서." 이러한 기도들은 예언들이기 때문에, 모든 폭력의 아들들에게 큰 두려움이 된다. 의로우신 하나님께서는 그들의 공과를 따라서 그들을 처리하실 것이다.

II. 압제자들의 오만과 잔인함에 대하여 하나님께 겸손히 하소연하며, 그것을 막아 달라고 호소함(3-6절). 좀 더 살펴보자.

1. 그들이 하소연하는 원수들은 어떤 자들인가. 그들은 악하다. 그들은 죄악을 행하는 자들이다. 그들은 악하고 지극히 악하기 때문에, 그 선함으로 그들을 부끄럽게 만들고 단죄하는 선한 자들을 미워하고 박해한다. 그들은 참으로 악해서 죄악을 행하는 자들이고, 모든 명예와 미덕을 다 상실해서 죄 없는 자들에게 잔인하고 의인들을 미워한다.

2. 그들이 하소연하는 원수들의 오만하고 야만적인 행위들.

(1) 그들은 오만방자하고, 자신을 높이기를 즐거워한다. 그들은 허풍을 떨고 위세를 부리며 의기양양해하면서 큰 소리로 떠든다. 그들은 마치 그들의 혀가 그들 자신의 것이고 그들의 손도 그들 자신의 것이며, 그들이 말하거나 행하는 것에 대하여 아무에게도 책임지지 않을 것이며, 그 날이 그들 자신의 날인양

자만하고, 하나님과 신앙에 대하여 아무런 거리낌없이 대적한다. 자기 자신에 대하여 높여서 말하고 의기양양해하며 뽐내는 자들은 다른 사람들에 대해서는 나쁘게 말하고 혹평하기 쉽다. 그러나 경건하지 않은 죄인들이 하나님과 그의 진리들과 길들과 백성에 대하여 말한 모든 완악한 말에 대하여 하나님께서 책임을 물으실 날이 올 것이다(유 1:15).

(2) 그들은 불경건하고, 하나님의 백성을 하나님의 소유라는 이유로 짓밟는 것을 기뻐한다(5절). "여호와여, 그들이 주의 백성을 짓밟으며, 그들의 모임과 재산과 가족과 인격을 파탄내고, 온갖 짓을 다하여 주의 기업을 괴롭히고 짓누르며 깨부수고 짓밟으며 박멸하고자 하나이다." 하나님의 백성은 하나님의 기업이다. 하나님 때문에 그들을 미워하고 그들을 파멸시키고자 하는 자들이 있다. 이것은 우리가 교회를 위하여 중보 기도할 때에 하나님께 아주 좋은 호소거리가 된다. "여호와여, 교회는 주의 것이고, 그것에 대한 소유권을 주께서 가지고 계시나이다. 교회는 주의 기업이나이다. 주께서는 교회를 기뻐하시고, 이 세상에서 주의 영광이 교회로부터 나오나이다. 그런데도 주께서는 이 악한 자들이 교회를 이토록 짓밟는 것을 보고만 계시겠나이까?"

(3) 그들은 비인간적이어서, 스스로를 보호할 능력을 거의 지니고 있지 못한 자들을 해코지하는 일에 즐거움을 느낀다(6절). 그들은 과부와 나그네를 압제하고 약탈할 뿐만 아니라 그들을 죽인다. 또한, 그들은 고아들을 무시할 뿐만 아니라 자신의 먹잇감으로 삼아서 그들을 살해한다. 왜냐하면, 그들은 연약하고 위험에 무방비로 노출되어 있으며, 종종 그들의 생사가 그들의 수중에 들어 있기 때문이다. 그들은 해악을 당하지 않도록 보호해 주어야 할 자들에게 가장 큰 해악을 끼친다. 왜냐하면, 하나님께서 그들을 그의 특별한 돌보심 아래에 두고 있기 때문이다. 사람의 탈을 쓰고서 이토록 야만적인 자가 있으리라고 누가 상상할 수나 있겠는가?

3. 박해가 계속되고 있다는 것을 하나님께 간곡히 호소함. "여호와여, 그들이 언제까지 이렇게 행하도록 내버려 두시려 하시나이까?" 시편 기자는 곧이어서 다시 한 번 언제까지 그렇게 보고만 계시겠느냐고 묻는다. 악인들의 이러한 악행이 언제나 끝나게 될 것인가?

Ⅲ. 박해자들이 지닌 무신론을 드러내어 고소하면서, 그것과 관련하여 그들에게 따끔하게 충고함.

1. 그들의 무신론적인 생각은 여기에서 드러난다(7절): 그들이 말하기를 여호와가 보지 못하리라 하나이다. 그들의 악행의 함성은 매우 크고 시끄러우며, 그들은 자연의 빛과 그들 자신의 양심의 명령에 대하여 반기를 들고 있지만, 그들은 당당하게 이렇게 말한다: "여호와가 보지 못하리라. 그는 작은 잘못들을 눈감아 줄 뿐만 아니라, 큰 잘못들에 대해서도 눈을 감고 있다." 또는, 그들은 자기들이 정의와 신앙의 이름으로 아주 교묘하게 일을 처리했기 때문에, 그 일은 살인으로 판단받지 않을 것이라고 생각한다. "야곱의 하나님은 비록 그의 백성이 그와 상관이 있는 체하지만 이 일이 공의에 반한다거나 그의 백성을 해치는 일이라고 여기지 않을 것이고, 그 일로 인해서 우리에게 책임을 묻지 않을 것이다." 이렇게 그들은 하나님께서 세상을 통치하신다는 것을 부정하고, 그가 그의 백성과 맺은 언약을 희롱하며, 장차 있을 심판을 무시한다.

2. 그들은 여기서 어리석고 우매하다는 판단을 받는다. 살아계신 하나님 여호와께서 보지 못하며, 야곱의 하나님이 그의 백성에게 가해진 해악들을 알아차리지 못할 것이라고 말하는 자는 나발(어리석은 자라는 뜻)이 그의 이름이고, 어리석음이 그에게 있다. 그렇지만 여기에서 시편 기자는 그들이 자신을 깨닫고 회심하여 장차 낭패를 당하지 않도록 하기 위하여 올바른 이치를 들어서 설득한다(8절). "백성 중의 어리석은 자들아 너희는 생각하고, 어디 한 번 사리를 따져서 분별해 보라." 무신론자들, 철학자들, 정치가들은 스스로 지혜있는 체하지만 실제로는 백성 중의 어리석은 자들이다. 그들은 깨닫기만 한다면 믿게 될 것이다. 하나님은 이 선지자(시편 기자)를 통해서 마치 그가 사람들이 자기 자신이 어떤 자인지를 깨달아서 사람이 될 때까지는 오랜 시간이 걸릴 것이라고 생각하는 것처럼 말씀하신다. "무지한 자들아 너희가 언제나 지혜로울까? 너희가 언제나 지혜롭게 되어서, 하나님께서 너희가 말하고 행하는 모든 것을 보시고 알아차리신다는 것을 알게 되어, 하나님께 책임을 져야 할 자들로서 말하고 행하게 될까?" 그 어떤 방법을 써도 그 마음이나 삶은 바꿀 수 없을 만큼 악한 사람은 하나도 없고, 과연 지혜롭게 될지 안 될지를 시험해 볼 필요도 없을 정도로 무지하고 어리석은 자도 없다. 살아 있는 동안에는 소망은 존재한다. 하나님의 전능하심과 공의를 의심하는 자들의 어리석음을 증명하기 위해서 시편 기자는 다음과 같은 논증을 한다.

(1) 창조 사역들로부터의 논증(9절). 하나님께서 사람의 몸을 만드셨다는 것

은 하나님이 계시다는 것을 증명할 뿐만 아니라 하나님께서 그 어떤 피조물이 가지고 있는 것보다 더 완전한 것들을 자기 자신 속에 무한히 그리고 극히 뛰어나게 가지고 계신다는 것을 증명해 준다. 귀를 심으신 이(귀는 마치 나무를 땅에 심는 것과 같이 머리에 심겨져 있다)가 듣지 아니 하시랴? 의심할 여지 없이 하나님은 우리보다 훨씬 더 잘 들으신다. 눈을 조성하신 이(눈은 해부학자가 해부를 통해서 알고 있는 몸의 그 어떤 부분보다도 얼마나 신기하게 조성되어 있는가)가 보지 아니하시랴? 하나님께서 스스로 가지고 계시지 않은 것을 피조물에게 주실 수 있고, 또한 주시겠는가?

[1] 자연의 능력들은 모두 자연의 하나님으로부터 나온 것이다(출 4:11을 보라).

[2] 우리 자신에 대한 지식을 통해서 우리는 하나님을 아는 지식에 있어서 큰 진전을 이룰 수 있다. 우리 자신의 몸과 감각 기관들에 대한 지식을 통해서, 우리가 볼 수 있고 들을 수 있다면, 하나님은 우리보다 훨씬 더 그러실 수 있다고 결론을 내리게 된다면, 우리는 분명히 우리 자신의 영혼과 그 고상한 능력들에 대한 지식을 통해서 하나님은 더욱 그러실 수 있다는 결론을 내리게 될 것이다. 이교의 신들은 눈을 가지고 있었지만 보지 못하였고 귀를 가지고 있었지만 듣지 못하였다. 우리 하나님은 우리와는 달리 눈이나 귀를 가지고 계시지 않지만, 우리는 하나님께서 보기도 하시고 듣기도 하신다고 결론을 내려야 한다. 왜냐하면, 우리는 우리의 시각과 청각을 하나님께로부터 받았고, 그것들의 사용에 대하여 하나님께 책임을 져야 하기 때문이다.

(2) 섭리의 사역들로부터의 논증(10절). 다신교 신앙과 우상 숭배로 인하여 이방 사람들을 벌하시는 이께서 무신론 사상과 속된 삶에 대하여 그 자신의 백성을 징벌하지 아니하시랴? 다른 사람들을 압제하고 악행을 저지르는 것에 대하여 사람들을 징벌하시는 이가 그의 자녀들이라고 공언하며 스스로 그렇게 부르면서도 진정으로 그의 자녀인 자들을 박해하는 자들을 바로잡지 아니하시겠는가? 온 세상이 그분의 통치 아래에 있는데, 우리가 그의 징벌 아래에 있지 않겠는가? 그가 열방들의 왕으로서 다스리시는데, 하물며 야곱의 하나님으로서 다스리지 아니하시겠는가? 하몬드 박사는 이 말씀에 대한 또 다른 아주 유력한 해석을 제시한다: "열방들을 가르치시는 이(즉, 그들에게 그의 법을 주시는 이)가 징벌하지 아니 하시랴? 즉, 그가 그 법에 따라서 그들을 심판하시고, 그들

을 불러서 그 법을 침해한 것들에 대하여 책임을 묻지 아니하시겠는가? 법을 근거로 한 심판이 없다면, 그 법은 헛되이 주어진 것이다." 여기에서 징벌하다로 번역된 단어는 징계하다와 교육하다, 이 두 가지를 다 의미한다. 왜냐하면, 징계는 교육을 위한 것이고, 교육에는 반드시 징계가 수반되기 때문이다.

(3) 은혜의 역사들로부터의 논증: 지식으로 사람을 교훈하시는 이가 알지 못하시랴? 하나님은 자연의 하나님으로서 이성의 빛을 주셨을 뿐만 아니라, 은혜의 하나님으로서 계시의 빛을 주셔서, 사람들에게 무엇이 참된 지혜와 총명인지를 보여주셨다. 이렇게 하신 그가 알지 못하시겠는가(욥 28:23, 28)? 물줄기들이 흐르고 있다는 것은 차고 넘치는 샘이 있다는 것을 보여주는 확실한 표적이 된다. 모든 지식이 하나님으로부터 온다면, 의심할 여지 없이 모든 지식은 하나님 안에 있다. 하나님께서 모든 것을 아신다는 이러한 일반적인 가르침을 토대로 시편 기자는 "여호와가 보지 못하며(7절) 우리가 하는 일을 알아차리지 못하리라"고 말한 무신론자들을 반박할 뿐만 아니라, 우리 모두를 일깨워서 하나님께서 우리가 생각하는 것조차도 아신다는 것을 명심하게 한다(11절): 여호와께서는 사람의 생각이 허무함을 아시느니라.

[1] 하나님은 그가 악인들의 악행을 묵인한다는 그러한 생각들을 아시고, 그 생각이 헛되다는 것을 아시며, 그렇게 제멋대로 공상하며 한껏 의기양양하여 범죄하는 자들의 어리석음을 비웃으신다.

[2] 하나님은 사람들의 모든 생각을 아시고, 그 생각들이 대체로 헛되어서, 사람들이 마음으로 하는 생각들이 악하고 오직 악하며 끊임없이 그렇다는 것을 아신다. 선한 생각들 속에조차도 헛된 것이라고 부를 수 있는 변덕스러움과 요동함이 존재한다. 우리는 우리의 생각에 엄한 감시병을 항상 붙여 놓아야 한다. 왜냐하면, 하나님께서 우리의 생각들을 일일이 다 알고 계시기 때문이다. 우리가 하는 생각들은 하나님을 향하여 하는 말들이기 때문에, 헛된 생각들은 하나님의 진노를 불러일으킨다.

¹²여호와여 주로부터 징벌을 받으며 주의 법으로 교훈하심을 받는 자가 복이 있나니 ¹³이런 사람에게는 환난의 날을 피하게 하사 악인을 위하여 구덩이를 팔 때까지 평안을 주시리이다 ¹⁴여호와께서는 자기 백성을 버리지 아니하시며 자기의 소유를 외면하지 아니하시리로다 ¹⁵심판이 의로 돌아가리니 마음이 정직한 자가 다 따르리

로다 [16]누가 나를 위하여 일어나서 행악자들을 치며 누가 나를 위하여 일어나서 악행하는 자들을 칠까 [17]여호와께서 내게 도움이 되지 아니하셨더면 내 영혼이 벌써 침묵 속에 잠겼으리로다 [18]여호와여 나의 발이 미끄러진다고 말할 때에 주의 인자하심이 나를 붙드셨사오며 [19]내 속에 근심이 많을 때에 주의 위안이 내 영혼을 즐겁게 하시나이다 [20]율례를 빙자하고 재난을 꾸미는 악한 재판장이 어찌 주와 어울리리이까 [21]그들이 모여 의인의 영혼을 치려 하며 무죄한 자를 정죄하여 피를 흘리려 하나 [22]여호와는 나의 요새이시요 나의 하나님은 내가 피할 반석이시라 [23]그들의 죄악을 그들에게로 되돌리시며 그들의 악으로 말미암아 그들을 끊으시리니 여호와 우리 하나님이 그들을 끊으시리로다

시편 기자는 하나님의 백성을 괴롭히는 자들에게 환난이 임할 것이라고 선언한 후에 여기에서는 악인들에게 환난을 당한 자들에게는 안식이 주어질 것이라는 확신을 준다(살후 1:6-7을 보라). 시편 기자는 하나님의 약속들과 자기 자신의 체험에 근거해서 고난받는 성도들에게 위로를 전한다.

Ⅰ. 하나님의 약속은 그들을 비참한 처지에서 건지실 뿐만 아니라 그들에게 확실한 복을 주시겠다는 것이다(12절).   주로부터 징벌을 받는 자가 복이 있다. 여기에서 시편 기자는 환난의 도구로 사용된 자들 너머로 하나님의 손길을 바라보는데, 이것으로 인해서 환난은 전혀 다른 모습과 성격을 부여받게 된다. 원수들은 하나님의 백성을 짓밟아서 갈기갈기 찢어 놓았으며(5절), 거기에는 인정사정이 없었다. 그러나 사건의 진상을 들여다보면, 그것은 마치 아버지가 사랑하는 아들을 징계하듯이, 하나님께서 이 원수들을 통해서 그의 백성을 징계하신 것이고, 박해자들은 단지 하나님께서 사용하신 회초리에 불과하다는 것이다. 앗수르 사람은 내 진노의 막대기요 그 손의 몽둥이는 내 분노인데도 그들의 뜻은 이같지 아니하며 그들의 마음의 생각도 이같지 아니하도다. 이제 여기에서는 다음과 같은 것들이 약속된다.

1. 하나님의 백성은 그들의 고난으로 인해서 유익을 얻게 되리라는 것. 하나님은 그들을 징계하시면서 가르치시는데, 이렇게 하나님의 훈육을 받는 자는 복이 있다. 왜냐하면, 하나님처럼 잘 가르치시는 분은 없기 때문이다.

(1) 성도들이 당하는 환난은 아버지께서 징계하시는 것으로서 그들의 교육과 삶의 변화와 성장을 위한 것이다.

(2) 말씀과 성령의 가르침들이 섭리의 책망들과 어우러질 때, 그것들은 사람들이 복되다는 것을 드러내는 것이고, 사람들을 복되게 만드는 데에 도움을 준다. 왜냐하면, 그럴 때에 그것들은 하나님의 자녀가 되었다는 것을 보여주는 표지들이고, 성화의 수단이기 때문이다. 우리는 징계를 받을 때에 가르침을 받기를 기도하여야 하고, 섭리를 가장 잘 해설해 주는 것인 율법을 들여다보아야 한다. 성도들에게 유익한 것은 징계 자체가 아니라, 그것에 수반되는 가르침, 그 징계를 해석해 주는 가르침이다.

2. 그들이 고난이 끝나는 날을 보게 되리라는 것(13절): 주께서 이런 사람에게 환난의 날을 피하게 하사 평안을 주시리이다.

(1) 하나님의 백성에게는 환난의 날들이 지난 후에 안식이 찾아온다. 환난의 날은 비록 오래 지속된다고 하더라도 때가 되면 끝나게 되고 언제까지나 계속되지는 않을 것이다. 환난을 보내시는 하나님은 안식도 보내셔서, 그가 그들에게 환난을 당하게 한 기간에 따라서 그들을 위로하실 것이다.

(2) 하나님은 구원을 위하여 준비시키시려고 그의 백성에게 환난을 보내어서 그들을 가르치시는 것과 마찬가지로, 그들의 삶이 변화되면 그들을 편안하게 하시고, 환난이 그 소임을 다 마쳤기 때문에 그것을 제거하기 위하여 그들에게 환난으로부터의 안식을 주신다.

3. 그들은 그들의 환난의 도구가 된 자들의 멸망을 보게 되리라는 것. 이것은 약속의 말씀으로서 그들의 보복 심리를 만족시키기 위한 것이 아니라 하나님의 영광을 위한 것이다. 악인을 위하여 구덩이가 파질 때까지(아니, 구덩이는 계속해서 파지고 있다) 하나님은 한편으로 박해자들을 향하여 그의 화살을 겨냥하는 동시에 그의 백성에게는 평안을 명하신다.

4. 그들은 엎어지기는 하겠지만 결코 버림을 받지는 아니하리라는 것(14절). 하나님의 고난받는 백성은 그들의 친구들이 무엇이라고 하든 하나님께서 그들을 버리지 아니하시고 그의 언약에서 또는 그의 돌보심에서 그들을 내치지 아니하시리라는 것을 확신하여야 한다. 하나님은 그들을 버리지 아니하실 것이다. 왜냐하면, 그들은 그의 기업이고, 하나님은 자신의 기업에 대한 소유권을 포기하시거나 침탈당하지 아니하실 것이기 때문이다. 사도 바울은 이 말씀을 통해서 위로를 얻었다(롬 11:1).

5. 그들은 잘못된 것들이 있다고 하여도 바르게 교정받게 될 것이고, 지금 정

도에서 벗어나 있다고 할지라도 예전의 옳은 길로 돌아가게 되리라는 것(15절): 심판이 의로 돌아가리로다. 섭리와 관련해서 겉보기에 잘못된 것들로 보이는 것(왜냐하면, 실제로는 잘못된 섭리는 결코 없기 때문에)은 바로잡히게 될 것이다. 악인들이 형통하고 가장 선한 자들이 지독한 해를 당하는 동안에는 하나님의 심판, 즉 그의 통치는 종종 의와는 거리가 먼 것처럼 보이게 된다. 그러나 그것은 이 세상에서 또는 아무리 늦어도 모든 것이 정도로 되돌아가게 될 저 큰 날의 심판 때에 다시 의로 돌아가게 될 것이다. 그 때가 되면, 마음이 정직한 자가 다 따르리로다. 그들은 온전히 만족하여 찬송을 들으며 하나님의 심판을 따르게 될 것이다. 그들은 형통하고 번성하는 상태로 돌아갈 것이고, 후미진 곳에서 나와서 밝게 빛을 발할 것이다. 그들은 하나님의 모든 섭리에 순응하게 될 것이고, 합당한 애정을 지니고서 섭리의 모든 움직임들을 따르게 될 것이다. 그들은 여호와를 따를 것이라(호 11:10). 하몬드 박사는 이 말씀이, 그리스도를 십자가에 못 박고 박해한 자들 중에서 먼저 예루살렘이 멸망하고 다음으로 이방의 로마가 멸망한 것, 이러한 일들을 통해서 교회들이 평안을 얻게 된 것 속에서 가장 두드러지게 성취되었다고 생각한다. 그 때에 심판이 의로 돌아가고, 하나님의 백성에 대한 긍휼과 선하심, 은총으로 돌아가서, 그들은 예전에 짓밟혔던 것만큼이나 큰 은총을 받았다.

II. 시편 기자 자신의 체험들과 관찰들.

1. 그와 그의 친구들은, 권세를 수중에 쥐고서 남용하여 그 권세로 모든 선한 자들을 능욕하였던 잔인하고 오만한 자들에 의해서 압제를 받았었다. 그들은 행악자들이었고 악행하는 자들이었다(16절). 그들은 온갖 불경건하고 부도덕한 짓을 자행하는 데에 몰두하였고, 그 때에 그들의 보좌는 죄악의 보좌(개역에서는 악한 재판장, 20절)였다. 그들의 위엄은 악명을 떨치는 데에 기여하였고, 그들의 권세는 죄악을 지지하고 악한 음모를 실행하는 데에 사용되었다. 악행하는 자들에게 두려움이 되고 선을 행하는 자들에게 보호막과 칭찬이 되어야 할 보좌조차도 죄악의 본거지, 죄악을 비호하는 자리가 되어 버리는 것은 참으로 통탄할 일이다. 죄악의 자리라는 것은 어전 회의를 통해서 죄악을 꾸미고 왕권을 사용해서 그것을 법으로 만들어 시행하는 것을 말한다. 사람들이 만든 법률에 위배된 범죄라는 것만으로도 그 죄악은 참으로 무모한 것이다. 인간의 법률은 흔히 그러한 죄악을 효과적으로 제어하기에는 너무도 무력하다는 것이 입

증되곤 한다. 그런데 하물며 그러한 죄악이 법의 지원을 받고 있다면, 그 죄악은 얼마나 극악무도한 것이겠는가! 죄악은 나쁜 것이지만, 법을 빌려서 자행될 때에 더욱더 악하게 된다. 그러한 죄악을 행하는 자들은 자기들은 법으로 금지되지 않은 일을 한 것뿐이라고 변명할 수 없다. 이 악행하는 자들은 법을 빙자하여 악행을 꾸민 후에 그 법이 잘 집행되도록 세심한 주의를 기울인다. 왜냐하면, 그들은 오므리의 율례나 아합 집의 법을 지키고자 하지 않는 의인들의 영혼을 치려 모인 것이기 때문이다. 그들은 그들이 제정한 율례들을 범했다고 하여 무죄한 자를 정죄하여 피를 흘리려 한다. 다니엘의 원수들이 했던 일을 보라. 그들은 기도를 금하는 불경건한 영을 왕에게서 얻어내어 율례를 빙자하여 악을 꾀한 후에(단 6:7), 다니엘이 그 영에 복종하지 않자, 그를 치려고 함께 모여서(11절) 무죄한 자를 정죄하여 피를 흘리려 그를 사자 굴에 집어넣었다. 인류에 지극히 큰 유익을 끼친 인물들은 흔히 법과 정의의 미명 아래에서 이렇게 가장 흉악한 행악자들로 취급을 받아 왔다.

2. 이러한 압제로 인하여 그들은 몹시 힘들었고, 그들의 심령도 짓눌렸다. 고난받는 성도들은 그들이 박해를 받을 때에 눌리고 힘들며 괴롭다고 할지라도 절망해서는 안 된다. 여기에서 시편 기자도 그러하였다: 그의 영혼은 거의 침묵 속에 잠길 뻔하였다(17절). 그는 벼랑 끝에 서 있었고, 어떻게 해야 할지를 알지 못하였다. 그는 자기가 자신의 삶의 끝에 와 있고, 저 침묵의 땅인 무덤 속으로 떨어질 찰나에 있다고 느꼈다. 사도 바울도 비슷한 경우에 자신이 사형 선고를 받은 줄 알았다(고후 1:8-9). 시편 기자는 이렇게 말하였다: "나의 발이 미끄러진다(18절). 나는 돌아올 수 없는 길을 가고 있다. 벗어날 길은 전혀 없다. 나는 떨어질 수밖에 없다. 나는 언젠가는 사울의 손에 죽게 될 것이다. 내 소망은 끊어졌다. 나는 예전에는 종종 내 믿음을 위한 확고한 발판을 발견하였었지만, 지금은 그런 것을 발견할 수 없다(시 73:2)." 그의 머릿속에는 자기가 처해 있는 상황이 무엇인지, 어떻게 해서 그렇게 되었는지, 그가 어떤 조치를 취해야 하는지, 이러한 상황이 결국 어떻게 끝나게 될지에 관한 갖가지 복잡한 생각들이 서로 뒤엉켜 있었다.

3. 이러한 곤경 속에서 그들은 도움의 손길, 그들을 건져 줄 자가 있는지를 살폈다.

(1) 그들은 이를 위하여 주변을 둘러보았지만 결국 실망하였다(16절). "누가

나를 위하여 일어나서 행악자들을 칠까? 내게는 나를 사랑해서 나를 위하여 나타나 줄 친구가 과연 있는가? 불의에 대한 경건한 분노로 나의 억울한 처지를 변호해 줄 정의감있는 친구가 과연 있는가?" 그는 주변을 둘러보았지만, 그를 구원해 줄 자도, 그를 붙들어 줄 자도 아무도 없었다. 권세가 압제자들의 수중에 있을 때, 압제받는 자들을 위로해 줄 자, 그들 편이 되어서 그들을 위하여 좋은 말을 해 줄 자가 아무도 없다는 것은 전혀 이상한 일이 아니라는 것을 명심하라(전 4:1). 사도 바울이 네로의 보좌, 그 죄악의 보좌 앞에 끌려 왔을 때, 그와 함께 한 자가 하나도 없었다(딤후 4:16).

(2) 그들은 구원을 위하여 위를 바라보았다(20절). 그들은 하나님께 겸손히 간언을 드린다. "여호와여, 죄악의 보좌가 어찌 주와 어울리리이까? 주께서 이 압제자들의 악행을 묵인하시고 지지하려 하시나이까? 우리는 주께서 그렇지 않으시리라는 것을 알고 있나이다." 어떤 보좌가 공의의 보좌여서 그것을 세운 목적에 부합할 때 하나님과 어울린다고 할 수 있다. 왜냐하면, 왕들은 하나님을 대신해서 다스리고 있고, 그들이 하나님을 위하여 다스릴 때 그들이 내린 심판들은 하나님의 것이고, 하나님은 그들을 그의 사역자들로 인정하시며, 그들에게 저항하거나 그들을 쳐서 일어나는 자는 누구나 저주를 받을 것이기 때문이다. 그러나 그 보좌가 죄악의 보좌가 될 때, 그것은 더 이상 하나님과 어울리지 않고 하나님과의 교제도 끊어진다. 그 보좌가 왕들이 앉아 있는 보좌이고, 심지어 다윗의 집의 보좌라 할지라도, 하나님이 불의의 후원자가 된다는 것은 의롭고 거룩하신 하나님과는 거리가 멀다.

4. 그들은 하나님 안에서, 오직 하나님 안에서만 건지심과 구원을 발견하였다. 다른 친구들이 실망시켰을 때, 오직 하나님만이 그들에게 신실하고 능력있는 친구가 되어 주셨다. 따라서 하나님의 모든 고난받는 성도들은 하나님을 의지하는 것이 마땅하다.

(1) 하나님은 죽었구나 하는 순간에 도우신다(17절). "내가 거의 침묵 속에 잠길 찰나에 여호와께서는 나의 도움이 되셨고, 나를 살리셨으며, 내게 용기를 주셨다. 내가 주를 의지함으로써 주를 나의 도움으로 삼지 않았다면, 나는 결코 내 영혼을 건질 수 없었을 것이다. 그러나 내가 주를 믿는 믿음으로 살았을 때, 나의 머리는 물 위로 올라오게 되었고, 숨을 쉴 수 있게 되었으며, 뭔가 할 말이 생기게 되었다."

(2) 하나님의 선하심은 가라앉아 가는 심령들에게 큰 힘이 된다(18절). "내가 나의 발이 미끄러진다고 말할 때에, 나의 발이 죄와 멸망과 절망 속으로 미끄러져 들어간다고 말할 때에 여호와여 주의 긍휼하심이 나를 붙드셔서, 내가 떨어지는 것을 막아 주셨고, 나를 나의 높은 자리에서 떨어뜨리고자 모의한 자들의 음모를 좌절시키셨다(시 62:4)." 하나님께서 우리를 영적으로 붙들어 주시는 것은 하나님께 능력이 있으시기 때문만이 아니라 우리를 불쌍히 여기시기 때문이다. 주의 긍휼하심, 주의 긍휼하심의 선물들과 주의 긍휼하심에 대한 나의 소망이 나를 붙들어 주었다. 하나님의 백성이 그들의 오른쪽을 보아도 왼쪽을 보아도 그들을 붙들어 줄 자가 없을 때에 하나님의 오른손이 그들을 붙들어 주신다. 우리가 우리 자신의 연약함과 우리 자신의 힘으로 설 수 없다는 것을 알고서, 하나님께 나아가 그러한 사실을 인정하고, 우리의 발이 미끄러지고 있다는 것을 하나님께 아뢸 때, 하나님께서는 우리를 은혜로 붙들어 주실 준비가 되어 있는 것이다.

(3) 하나님의 위로하심은 괴로운 심령들을 효과적으로 편안하게 해 주신다(19절). "내 속에 근심이 많고, 수많은 생각들이 교차하여 서로 부딪히며 시끄러운 소리를 내고, 이런저런 생각들이 제멋대로 날뛰며 걷잡을 수 없고, 슬프고 근심되며 겁나는 생각들이 어지럽게 올라올 때 주의 위안이 내 영혼을 즐겁게 하시나이다. 주의 위로하심이 아주 적절하게 때를 맞춰서 나의 요동하는 생각들을 잠재우고 내 마음을 편안하게 지켜 줄 때보다 더 즐거운 때는 없다." 세상의 위로들은 영혼에 잠시 즐거움을 주지만, 우울한 생각들에 쫓겨서 금방 없어져 버린다. 그러한 것들은 무겁고 우울한 마음에 들려 오는 노래들이다. 그러나 하나님의 위로들은 생각 속에 잠시 머물다 가는 것이 아니라 영혼에 침투해서, 세상의 미소들이 줄 수 없고 세상의 환한 얼굴들이 빼앗아 갈 수 없는 그러한 평강과 즐거움을 가져다 줄 것이다.

5. 하나님은 의로우신 재판장으로서 선을 후원하시고 보호하시며, 악을 벌하시고 복수하시는 분이시다. 시편 기자는 이러한 것에 대한 확신과 체험을 둘 다 가지고 있었다.

(1) 하나님은 해를 당한 자들을 회복시켜 주실 것이다(22절). "다른 그 누구도 나의 피난처가 되려 하지 않고 될 수도 없으며 감히 되는 체하지도 못할 것이지만, 여호와는 나의 요새가 되셔서, 환난의 해악에서 나를 보호해 주시고, 환

난으로 인해서 내가 가라앉고 망하는 것을 막아 주신다. 하나님은 내가 피할 단서이시기 때문에, 나는 그 틈새로 피할 수 있고, 그 꼭대기에 발로 서서, 위험을 벗어날 수 있다." 하나님은 그의 백성의 피난처이시기 때문에, 그들은 하나님께로 피할 수 있고, 하나님 안에서 안전히 거할 수 있다. 하나님은 반석처럼 튼튼하고 견고하며 그 어떤 것에도 요동치 않고 끄떡없는 그들의 피난처인 반석이시다. 자연적인 견고한 것들이 때로는 인공적인 요새들보다 훨씬 뛰어나다.

(2) 하나님은 해악을 가한 자들에게 보응하실 것이다(23절): 그는 그들의 죄악을 그들에게로 되돌리시리라. 하나님은 그들의 공과에 따라서 그들을 처리하실 것이고, 그들이 하나님의 백성에게 가하였거나 가하고자 하였던 바로 그 해악이 그들 자신에게로 돌아가게 될 것이다. 그 결과 하나님은 그들의 악으로 말미암아 그들을 끊으시리라. 자신의 악행으로 인하여 하나님으로부터 벌을 받게 될 자보다 더 비참한 자는 없다. 하나님은 그의 악행을 기억하시고서 그를 끊으실 것이고, 그 악행에 대한 보응으로 그를 끊으실 것이다. 이 시편은 그러한 확신 속에서 기뻐하는 것으로 끝이 난다: 그렇다, 여호와 우리 하나님, 우리 편이 되어 주시고 우리를 그의 것이라 인정하시는 우리 하나님께서 그들을 그와의 그 어떤 교제로부터도 끊어 놓으셔서, 그들을 철저하게 비참하게 만드실 것이고, 그 때에 그들이 이 땅에서 누렸던 부귀영화는 그들에게 아무 소용도 없게 될 것이다.

제
— 95 —
편

개요

이 시편을 해설함에 있어서 우리는 히브리서 3장과 4장에 나오는 사도의 말씀으로부터 아주 많은 조명을 받을 수 있는데, 그 말씀을 보면, 이 시편은 다윗에 의해 지어졌고, 메시야 시대를 위하여 지어진 것으로 보인다. 왜냐하면, 이 시편에서 언급하고 있는 날(7절)을 거기에서는 분명히 복음의 날, 즉 하나님께서 우리가 듣고자 하는 음성을 통해서 그의 아들로 말미암아 우리에게 말씀하시며, 가나안 땅의 안식 외에 우리에게 또 다른 안식을 주시겠다고 하신 그 날로 이해하고 있기 때문이다(히 4:7). 시편들을 노래하는 것은 다음과 같은 것들을 위한 것이다. I. 우리로 하여금 "여호와께 노래하도록" 하는 것. 우리는 여기에서 하나님을 찬송하도록 부르심을 받는데(1-2절), 크신 하나님(3-5절)이자 우리에게 은혜를 베푸시는 자(6-7절)로서 찬송하도록 촉구된다. II. 우리로 하여금 자기 자신과 서로를 가르치고 권면하도록 하기 위한 것. 우리는 여기에서 하나님의 음성을 들으라는 가르침을 받고(7절), 이스라엘 백성이 광야에서 그랬던 것 같이 우리의 마음을 완악하게 하여(8-9절) 그들처럼 하나님의 진노를 받아서 그의 안식에 미치지 못하게 되는 일이 없도록 하라고(10-11절) 경고를 받는다. 우리는 이 시편을 하나님의 엄위하심에 대한 거룩한 경외심과 하나님의 공의에 대한 두려움을 가지고서, 하나님을 기쁘시게 하고자 하는 소원과 하나님을 노하게 해서는 안 된다는 두려움을 지닌 채 노래하여야 한다.

[1] 오라 우리가 여호와께 노래하며 우리의 구원의 반석을 향하여 즐거이 외치자 [2] 우리가 감사함으로 그 앞에 나아가며 시를 지어 즐거이 그를 노래하자 [3] 여호와는 크신 하나님이시요 모든 신들보다 크신 왕이시기 때문이로다 [4] 땅의 깊은 곳이 그의 손 안에 있으며 산들의 높은 곳도 그의 것이로다 [5] 바다도 그의 것이라 그가 만드셨고 육지도 그의 손이 지으셨도다 [6] 오라 우리가 굽혀 경배하며 우리를 지으신 여호와 앞에 무릎을 꿇자 [7] 그는 우리의 하나님이시요 우리는 그가 기르시는 백성이며 그의 손이 돌보시는 양이기 때문이라

시편 기자는 다른 곳에서도 자주 그러듯이 여기에서도 자기 자신과 다른 사람들에게 하나님을 찬송하도록 힘을 북돋운다. 왜냐하면, 하나님을 찬송하는 일은 지극히 생생한 사랑을 가지고서 행해져야 하는 우리의 본분임에도 불구하고, 우리가 아주 소홀히 하기 쉽고 냉랭해지기 쉬워서, 분발하도록 촉구될 필요가 있기 때문이다. 좀 더 살펴보자.

I. 우리는 하나님을 어떻게 찬송하여야 하는가.

1. 거룩한 기쁨과 하나님을 즐거워하는 마음으로. 하나님을 찬송하는 노래는 즐거이 외치는 소리가 되어야 한다(1, 2절). 영적인 기쁨은 감사 찬송의 핵심이자 생명이다. 우리가 한없이 완전하시고 찬송받으실 분으로서 하나님께 영광을 돌릴 때에 그와 동시에 우리의 아버지이자 왕이시며 우리와 언약을 맺으신 하나님으로서 하나님을 즐거워하는 것이 하나님의 뜻이다(은혜로 스스로를 낮추셔서 우리에게 찾아 오시는 하나님).

2. 하나님을 겸손히 공경하고 거룩히 경외하는 마음으로(6절). "우리와 하나님 간에는 한없는 간격이 있고, 우리는 하나님의 진노를 받을 위험에 있으며, 하나님의 긍휼하심을 꼭 필요로 한다는 것을 아는 자들에게 합당하듯이, 우리가 굽혀 경배하며 여호와 앞에 무릎을 꿇자." 육체적인 활동은 단지 약간의 유익이 있을 뿐이지만, 우리가 예배를 드릴 때에 우리 내면이 공경하는 마음과 진실함과 겸손함에 대한 외적인 표현으로서 우리의 몸을 통해서 하나님께 영광을 돌리는 것은 분명히 우리의 도리이다.

3. 우리는 우리의 목소리로 하나님을 찬송하여야 한다. 우리는 사랑과 기쁨과 감사로 가득 찬 마음을 목소리에 담아서 하나님을 찬송하고 노래하여야 한다. 우리가 여호와께 노래하며 즐거이 외치고 시를 지어 즐거이 그를 노래하자. 우리는 하나님의 크심과 선하심에 깊은 감화를 받고서, 하나님이 그러하시다는 것을 스스로 적극적으로 고백하며, 더욱더 많은 감화를 받기를 원하고, 기꺼이 다른 사람들 속에도 동일한 경건하고 헌신된 애정을 점화시키고 타오르게 하는 데에 도구가 되고자 하는 자들처럼 그렇게 하여야 한다.

4. 우리는 성회에서 마음을 합하여 하나님을 찬송하여야 한다. "오라. 우리가 노래하자. 우리가 한데 마음을 모아서 여호와께 노래하자. 나 없이 다른 사람들만도 아니고 나 혼자만도 아니며, 다른 사람들과 내가 함께 여호와께 노래하자. 우리가 함께 그 앞에 나아가고, 그의 백성이 그를 수종들고 그가 자신을 그

의 백성에게 나타내시는 그의 궁정에서 그 앞에 나아가자." 하나님 앞에 나아갈 때마다 우리는 하나님께서 우리에게 그러한 은총을 허락하신 것에 대하여 감사함으로 나아가야 한다. 하나님께 감사할 일이 있을 때마다 우리는 하나님 앞에 나아가서, 하나님 앞에 서고, 하나님께서 정하신 규례를 따라서 하나님을 뵈어야 한다.

II. 우리는 하나님을 왜 찬송하여야 하고, 우리가 하나님을 찬송할 거리는 무엇인가. 우리에게는 하나님을 찬송할 일이 결코 떨어지지 않는다. 우리에게 찬송할 마음이 있기만 하다면, 찬송할 일은 결코 떨어지지 않는다. 우리는 다음과 같은 이유들로 인해서 하나님을 찬송하여야 한다.

1. 하나님은 크신 하나님이시고 만유를 다스리시는 주이시기 때문에(3절). 하나님은 크시기 때문에, 크게 찬송을 받으셔야 한다. 하나님은 무한하시고 한없이 광대하시며, 그 안에 모든 것이 완전한 형태로 존재한다.

(1) 하나님은 크신 능력을 가지고 계신다. 하나님은 모든 신들보다 크신 왕이시다. 하나님은 그의 대리자인 신들, 즉 그가 너희는 신들이라고 말씀하셨던 모든 방백들보다 크신 왕이시고(하나님은 모든 방백들을 다루셔서 그들을 통하여 자신의 목적을 이루시고, 그들은 하나님께 책임을 진다), 모든 가짜 신들, 신을 참칭하거나 찬탈한 모든 자들보다 크신 왕이시다. 하나님은 모든 신들이 아무도 할 수 없는 일을 하실 수 있다. 하나님은 그들 모두를 굶주리게 하실 수도 있고 정복하실 수도 있다.

(2) 하나님은 큰 소유를 가지고 계신다. 여기에서는 특히 아랫 세상이 구체적으로 적시되고 있다. 우리는 넓은 영지를 가지고 있어서 온 세상에 대하여 그 영지를 자신의 것이라 부르는 자들을 큰 자들로 여기지만, 사실 그들이 가지고 있는 땅은 온 우주에 비하면 극히 미미한 부분에 지나지 않는다. 그러므로 온 땅과 거기에 충만한 것을 다 가지고 계시는 하나님은 얼마나 크신 분인가. 그러한 것들은 하나님의 발 아래에 있어서 하나님은 모든 피조물들에 대한 다툴 수 없는 통치권과 소유권을 지니고 계실 뿐만 아니라, 그러한 것들은 그의 수중에 있어서 하나님은 그 모든 것들을 실제적으로 움직이시고 처분하신다(4절). 심지어 우리의 눈에 보이지 않는 땅의 깊은 곳, 지하의 샘들과 광산들도 그의 손에 있다. 또한, 우리가 닿을 수 없는 곳에 있는 산들의 높은 곳, 거기에서 자라는 모든 것들도 그의 것이다. 이러한 말씀은 비유적으로 해석될 수 있다. 땅

의 낮은 곳들과 같은 지극히 비천한 사람들도 하나님께서 아시는 범위를 벗어나 있는 것이 아니고, 높은 산들과 같은 지극히 큰 자들도 하나님의 관할을 벗어나 있는 것이 아니다. 어떤 피조물에 힘이 있다고 한다면, 그것은 하나님에게서 나온 것이고 하나님을 위해서 쓰임받는다(5절). 바다도 그의 것이고, 그 안에 있는 모든 것도 그의 것이다(물결들은 그의 말씀을 성취한다). 바다가 그의 것인 것은 그가 그것을 만드셨고 거기에 물을 모아 놓으셨으며 그 경계를 정하셨기 때문이다. 육지는 사람들에게 주어지기는 하였지만 역시 하나님의 것이다. 왜냐하면, 하나님은 여전히 그 소유권을 자신이 갖고 계시기 때문이다. 육지가 그의 것인 것은 그가 뭍이 드러나라 명하심으로써 그의 손이 그것을 지으셨기 때문이다. 하나님은 만물의 창조주이시기 때문에 논란의 여지 없이 만물의 소유자이시다. 이 시편은 복음 시편이기 때문에, 우리는 여기에서 주 예수를 찬송하도록 가르침을 받고 있다고 생각하는 것이 옳을 것이다. 주 예수는 크신 하나님이시다. 전능하신 하나님은 그리스도의 칭호들 중의 하나이고, 그리스도는 모든 사람의 주가 되사 영원히 찬송받으실 하나님이시다. 중보자로서 그는 모든 신들보다 크신 왕이시다. 모든 왕들은 하나님을 힘입어서 다스린다. 천사들과 정사들과 권세들은 그에게 복종한다. 영원한 말씀이신 그로 말미암아 만물이 지은 바 되었고(요 1:3), 만물을 창조하신 분이 만물을 회복하시고 화해케 하시는 자가 되는 것이 합당하다(골 1:16, 20). 하나님께서는 그리스도에게 하늘과 땅의 모든 권세를 주셨고, 그의 손에 만물을 넘겨 주셨다. 그리스도는 바다와 육지를 다스리시는 주로서 그 오른발은 바다를 밟고 왼발은 땅을 밟고 계신다(계 10:2). 그러므로 우리는 우리의 찬송을 그리스도께 드려야 하고, 그리스도 앞에 굽혀 경배하여야 한다.

2. 그는 우리의 하나님이시기 때문에. 그는 모든 피조물들을 다스리시는 것과 마찬가지로 우리를 다스리실 뿐만 아니라, 우리와 특별한 관계에 있다(7절). 그는 우리의 하나님이시기 때문에, 우리는 마땅히 하나님을 찬송하여야 한다. 우리가 하나님을 찬송하지 않는다면, 누가 하겠는가? 하나님께서 우리를 만드신 목적이 우리로 하여금 그의 이름과 찬송이 되도록 하기 위한 것이 아니라면 그 무엇이겠는가?

(1) 하나님은 우리의 창조주이시고 우리의 존재의 창시자이시다. 우리는 우리를 지으신 여호와 앞에 무릎을 꿇어야 한다(6절). 우상 숭배자들은 그들 자신이

만든 우상들 앞에 무릎을 꿇는다. 우리는 우리를 비롯해서 온 세상을 만드셔서 우리의 정당한 소유자가 되신 하나님 앞에 무릎을 꿇는다. 왜냐하면, 우리는 우리 자신의 것이 아니라 하나님의 것이기 때문이다.

(2) 하나님은 우리의 구주이시고 우리의 축복의 근원이시다. 하나님은 여기에서 우리의 구원의 반석으로 불린다(1절). 하나님은 저 놀라운 구원을 이루신 분일 뿐만 아니라 그 구원의 토대이시기도 하다. 이 반석은 그리스도이다. 그러므로 우리는 우리의 찬송을 그에게 드려야 하고, 보좌에 앉으신 이와 어린 양에게 드려야 한다.

(3) 그러므로 우리는 그의 것이고, 그에 대하여 모든 의무들 아래에 있다: 우리는 그가 기르시는 백성이며 그의 손이 돌보시는 양이다. 모든 사람들은 그러하다. 사람들은 그의 섭리에 의해서 꼴을 먹으며 인도하심을 받는데, 목자가 양들에게 하는 것처럼, 하나님은 섭리를 통해서 그들을 돌보시고 인도하신다. 우리가 하나님을 찬송하여야 하는 것은 단지 그가 우리를 만드셨기 때문만이 아니라 그가 우리를 보호하시고 기르시며, 우리의 숨 쉬는 것과 행하는 길들이 그의 손에 있기 때문이다. 교회에 속한 모든 자녀들은 특별한 방식으로 그러하다. 이스라엘은 그가 기르시는 백성이며 그의 손이 돌보시는 양이다. 그러므로 그는 그들의 특별한 충성 맹세를 요구하신다. 복음 교회는 그의 양 무리이다. 그리스도는 이 양 무리를 이끄시는 선한 목자장이시다. 그리스도인으로서 우리는 그의 손에 이끌려서 푸른 초장으로 인도되고, 그는 우리를 보호하시고 잘 먹이시며, 우리는 그의 특별한 백성으로서 그를 영화롭게 하고 섬기기 위하여 온전히 헌신되어 있다. 그러므로 교회 안에서(교회가 세상 속에 있든 그렇지 않든) 영광이 대대로 그리스도께 있어야 한다(엡 3:21).

⁷너희가 오늘 그의 음성을 듣거든 ⁸너희는 므리바에서와 같이 또 광야의 맛사에서 지냈던 날과 같이 너희 마음을 완악하게 하지 말지어다 ⁹그 때에 너희 조상들이 내가 행한 일을 보고서도 나를 시험하고 조사하였도다 ¹⁰내가 사십 년 동안 그 세대로 말미암아 근심하여 이르기를 그들은 마음이 미혹된 백성이라 내 길을 알지 못한다 하였도다 ¹¹그러므로 내가 노하여 맹세하기를 그들은 내 안식에 들어오지 못하리라 하였도다

한 절의 중간에서 시작되는 이 시편의 후반부는 복음 시편들을 노래 하는 자들에게 복음의 삶을 살고 하나님의 말씀의 음성을 들으라고 권면하는 내용이다. 그렇게 하지 않는다면, 그들은 어떻게 하나님께서 그들의 기도와 찬송의 목소리를 들으실 것을 기대할 수 있겠는가? 좀 더 살펴보자.

I. 그리스도께서 기르시는 백성이며 그의 손이 돌보시는 양인 모든 자들에게 요구되는 도리. 그리스도께서는 그들이 그의 음성을 듣기를 기대하신다. 왜냐하면, 그는 내 양은 내 음성을 듣는다고 말씀하셨기 때문이다(요 10:27). 그들은 우리는 그의 백성이다라고 말한다. 너희도 그러한가? 그렇다면, 그의 음성을 들으라. 너희가 그를 주님이라 부른다면, 그가 말씀하시는 것들을 행하여 잘 순종하는 그의 백성이 되어라. 그의 가르침과 그의 법의 음성, 그 둘 모두에 있어서 그의 성령의 음성을 들으라. 듣되, 정신을 차려서 들으라. 듣고 순종하라. 타인의 음성이 아니라 그의 음성을 들으라. 어떤 이들은 너희가 그의 음성을 듣거든이라는 말씀을 기원문으로 해석해서, 너희가 그의 음성을 듣기를 원하노라, 그리하여 너희가 지혜롭게 행하고 너희 자신을 위하여 잘 행하기를 원한다는 뜻으로 해석한다. 이것은 네가 알았더라면(눅 19:42)이라는 말씀을 "네가 알았더라면 좋았을 것이다"라는 기원문으로 해석하는 것과 같다. 우리는 그리스도의 음성을 오늘 들어야 한다. 사도 바울은 이 말씀을 복음의 날에 적용하면서 이 점을 특히 강조한다. 그리스도께서 너희에게 말씀하고 계시는 동안에 너희는 그의 말씀을 귀담아 듣도록 신경을 써야 한다. 왜냐하면, 너희에게 기회로 주어진 이 날은 항상 있는 것이 아니기 때문이다. 그러므로 오직 오늘이라 일컫는 동안에 그 기회를 활용하라(히 3:13, 15). 그리스도의 음성을 듣는다는 것은 믿는다는 것과 동일하다. 오늘은 너희가 믿음으로 복음의 초대를 받아들이기에 좋은 날이 될 것이지만, 내일은 때가 너무 늦게 될 수도 있다. 그러한 엄청나게 중요한 일에 있어서 지체하는 것보다 더 위험한 것은 없다.

II. 그들이 경고받고 있는 죄. 그것은 믿고 순종하는 것과 반대되는 것으로서 마음을 완악하게 하는 것이다. 너희가 그의 음성을 듣거든, 너희가 듣는 것을 통해서 이득을 얻을 수 있을진대, 너희 마음을 완악하게 하지 말지어다. 왜냐하면, 바위 위에 뿌려진 씨앗은 결코 결실을 하지 못하기 때문이다. 유대인들은 그들의 마음이 완악하였기 때문에 그리스도의 복음을 믿지 않았다. 그들은 죄가 얼마나 악한 것인지를 깨닫지 못하였고 죄 때문에 그들이 얼마나 큰 위험에 빠져 있는지도 알지 못하였기 때문에 구원의 초대를 무시하였다. 그들은 그리스도의 멍에를 메고자 하지도 않았고 그의 명령에 순종하려 하지도 않았다. 죄인의 마음이 완악해진다면, 그것은 그 자신의 행위이기 때문에(그가 스스로 자신의 마음을 완악하게 하는 것이다), 그는 홀로 그 책임을 영원히 져야 한다.

III. 그들이 경고받은 사례. 그것은 광야에서 이스라엘 백성이 보여준 사례였다.

1. "그들이 범죄하여 가나안 땅에 들어가지 못했던 것처럼, 너희도 범죄하여 영원한 안식에 들어가지 못하는 일이 없도록 주의하라." 그들의 조상들 곧 완고하고 패역한 세대와 같이 되지 말라(시 78:8). 이렇게 너희의 조상들이 므리바에서 하나님 및 모세와 다투었던 것 같이(출 17:2-7) 또 광야의 맛사에서 지냈던 날과 같이 너희 마음을 완악하게 하지 말지어다(8절). 그들은 광야에서 하나님을 불신하고 불평함으로써 너무도 자주 하나님을 진노케 하였기 때문에, 그들이 광야에 머문 세월 전체는 시험의 날이라 불릴 수 있었다. 그들이 여호와를 시험하여 여호와께서 우리 중에 계신가 안 계신가라고 말하였기 때문에, 그들이 하나님을 시험한 곳은 맛사라는 이름을 얻게 되었다(출 17:7). 이러한 일이 있었던 곳은 그들 스스로는 아무것도 할 수 없고 모든 것을 하나님께 의지해야 했던 광야, 하나님께서 놀라운 이적으로 그들을 도우셨고, 그 어떤 민족도 그 이전이나 이후에 결코 경험해 볼 수 없었던 일들, 즉 하나님의 능력과 은총을 보여주는 생생한 증거들을 베풀어 주신 광야였다.

(1) 시험의 날들은 하나님을 진노케 한 날들이다. 하나님의 약속을 불신하고 그 길에 놓여 있는 듯이 보이는 몇몇 난관들로 인하여 하나님의 약속이 성취되지 않을 것이라고 절망하는 것보다 하나님을 더 화나게 하는 일은 없다.

(2) 우리가 하나님의 능력과 선하심을 더 많이 경험하면 할수록, 우리가 하나님을 불신하게 되는 경우에는 우리의 죄는 더욱 커지게 된다. 우리가 하나님 덕분에 살아가고 있는 광야 속에서 하나님을 시험하다니, 그것이 말이 되는가! 그것은 터무니없고 이치에 맞지 않을 뿐만 아니라 배은망덕한 짓이다.

(3) 우리가 하나님을 불신하고 하나님과 다투는 모든 것의 밑바닥에는 완악한 마음이 자리잡고 있다. 완악한 마음은 하나님께서 드러내 보여주시는 것들을 받아들이지 않고 하나님의 뜻과 의도를 고분고분히 순응하지 않는다.

(4) 우리는 다른 사람들이 저지른 죄악들을 타산지석으로 삼아서 그들의 발

자취를 밟지 말라는 하나님의 경고로 받아들여야 한다. 이스라엘이 하나님께 불평한 일들은 우리를 깨우치기 위하여 기록되었다(고전 10:11).

2. 이제 여기에서 우리는 다음과 같은 것들을 살펴볼 수 있다.

(1) 시편 기자는 믿지 않는 이스라엘 백성에 대하여 하나님께서 어떤 식으로 고소하셨는지를 제시함(9-10절). 하나님은 수많은 세월이 흐른 뒤인 지금에 있어서 그들이 광야에서 그에게 한 못된 행실에 대하여 진한 분노를 담은 표현들을 통해서 한탄하신다.

[1] 그들의 죄는 불신앙의 죄였다: 그들은 하나님을 시험하고 조사하였다. 그들은 그들이 하나님의 말씀을 과연 받아들여야 하는지를 의심하였고, 그들이 가나안 땅으로 들어가기 전에 정탐꾼들을 보내어서 좀 더 확실한 안전책을 강구하여야 한다고 고집하였다. 또한, 정탐꾼들이 불리한 보고를 하자, 그들은 낙심하고서 하나님의 능력과 약속을 믿을 수 없다고 항의하며, 우두머리를 세워서 애굽으로 되돌아가고자 하였다(민 14:3-4). 이것은 반란이라 불린다(신 1:26, 32).

[2] 이 죄를 더욱 무겁게 만든 것은 그들이 하나님께서 행한 일을 보았다는 것이었다. 그들은 하나님께서 그들을 애굽에서 나오게 하실 때에 그들을 위하여 행하셨던 일을 보았고, 또한 하나님께서 지금도 이 날까지 매일 그들을 위하여 행하고 계시는 일을 보아 왔다. 하나님은 그들을 위하여 하늘에서 떡을 비처럼 내려 주셨고, 반석에서 물이 나게 하시는 등, 하나님께서 그들과 함께 하신다는 것을 도저히 의심할 수 없는 증거들을 그들에게 보여주셨다. 그들은 애굽 왕 바로가 그 마음을 완악하게 먹음으로써 어떤 대가를 치렀는지를 똑똑히 보았음에도 불구하고 그들의 마음을 완악하게 하였기 때문에, 그들은 보고서도 믿지 못하였다.

[3] 그들의 죄의 원인들. 하나님께서 그들의 죄가 무엇에 기인한다고 말씀하시는지를 보라: 그들은 마음이 미혹된 백성이라 내 길을 알지 못한다. 사람들이 하나님을 믿지 못하고 불신하는 것, 하나님께 불평하고 하나님과 다투는 것은 그들의 무지와 오해에서 비롯된다. 첫 번째 원인은 그들의 무지이다: 그들은 내 길을 알지 못한다. 그들은 하나님께서 행하시는 일을 보았고(9절), 하나님은 그의 행사를 그들에게 알리셨다(시 103:7). 그렇지만 그들은 그의 길을 알지 못하여서, 하나님께서 그들을 향하여 나아오시는 그의 섭리의 길들과 하나님께서 그들로

하여금 그에게 나아오도록 하기 위한 그의 계명의 길들을 알지 못하였다. 그들은 하나님의 길들을 알지 못하였고 제대로 이해하지 못하였기 때문에 그러한 길들을 수긍하지 않았다. 사람들이 하나님의 길들을 무시하고 받아들이지 않는 이유는 그들이 그것들을 모르기 때문이다. 두 번째 이유는 그들의 오해이다: 그들은 마음이 미혹된 백성이다. 그들은 하나님의 길에서 벗어나 방황한다. 그들의 마음은 하나님의 길에 등을 돌리고 있다. 죄는 길을 잃은 것, 실제적으로 길을 잃고 마음에서 길을 잃은 것이다. 모든 오류들 중에서 생각 속에서의 오류만큼 치명적인 것은 없다. 부패한 감정들이 판단을 왜곡시키고, 영혼을 올바른 도리와 순종의 길들에서 벗어나게 이끌 때, 거기에는 마음의 미혹이 존재한다.

　[4] 하나님께서 그들의 죄를 미워하심: 내가 40년 동안 그 세대로 말미암아 근심하였다. 하나님을 믿는다고 고백한 백성이 죄악들을 범하면, 그것은 하나님을 노하시게 할 뿐만 아니라 근심하게 만드는데, 특히 하나님을 불신하는 죄가 그렇다. 그래서 하나님은 그들이 얼마나 자주 그리고 얼마나 오랫동안 그를 근심하게 하였는지를 낱낱이 기록해 놓으신다(민 14:22). 하나님을 노하게 하는 죄인들에 대하여 하나님께서 얼마나 오래 참으시는지를 보라. 하나님은 그들 때문에 40년을 근심하셨지만, 결국 그들의 다음 세대는 40년이 지나서 가나안 땅으로 승리의 입성을 하는 것으로 끝났다. 우리가 죄악으로 인하여 하나님을 근심하게 해 드렸다면, 우리도 반드시 그 죄들에 대하여 근심하여야 하는데, 우리는 하나님을 근심하게 하는 죄를 가장 심각히 여겨야 한다.

　(2) 그들의 죄로 인하여 그들에게 내려진 선고(11절). "내가 노하여 맹세하기를 그들이 내 안식에 들어 온다면 그 때는 나는 정말 변덕스럽고 믿지 못할 자이리니, 그런 일은 결코 없으리라." 하나님께서 그들에게 내리신 선고의 자세한 내용은 민수기 14:21 이하를 보라. 좀 더 살펴보자.

　[1] 이러한 선고는 어디에서 왔는가 — 하나님의 진노에서. 하나님은 그의 의롭고 거룩한 진노 속에서 노하여 엄숙하게 맹세하셨다. 그러나 사람은 그들의 분노, 그들의 죄악되고 잔인한 분노로 맹세하여 맹세를 모독해서는 안 된다. 하나님은 우리와는 달리 그러한 악한 감정에 휘둘리는 분이 아니시다. 하나님께서 죄와 죄인들에 대하여 노하시고 매우 진노하신다고 말하는 것은 죄가 얼마나 악독하고 하나님의 통치가 얼마나 의로운지를 보여주기 위한 것이다. 진노하신 하나님으로부터 응징을 받아 마땅한 것은 분명히 악한 것이다.

[2] 하나님의 선고는 무엇이었는가: 그들은 내 안식에 들어오지 못하리라. 그들은 하나님께서 그들을 위하여 마련하셨고 계획하셨던 안식, 그들과 그들의 자손들이 영구히 정착하게 될 땅에 들어가지 못하게 될 것이다. 실제로 애굽에서 나왔던 자들 중에서는 갈렙과 여호수아를 제외하고는 한 사람도 살아서 가나안 땅에 들어가지 못하였다.

[3] 이 선고는 어떻게 재가되었는가: 내가 그것을 맹세하였다. 그것은 단지 하나님께서 마음에 품었던 의도였던 것이 아니라 밖으로 선포된 영이었다. 맹세는 그의 뜻이 변할 수 없다는 것을 보여주는 것이었다. 여호와는 한번 맹세하시면 후회함이 없으시다. 그것은 긍휼을 베푸실 일말의 가능성조차도 끊어 버리는 것이었다. 하나님의 위협의 말씀들은 그의 약속의 말씀들만큼이나 확실하다.

광야 시대의 이스라엘의 이 사례는 이 시편이 지어졌을 당시인 다윗 시대에 살았던 그들의 후손들에게 적용될 수 있다. 그들은 그들의 조상들과 같이 하나님의 음성을 들을 때에 그들의 마음을 완악하게 해서는 안 된다. 만약 그들이 그들의 조상들과 마찬가지로 목을 곧게 한다면, 하나님께서는 그들에게 노하셔서 예루살렘에 있는 그의 성전의 특권들을 그들에게 금하실 것이다. 하나님은 이 성전에 대하여 이 곳은 내가 영원히 쉴 곳이라고 말씀하셨었다. 그러나 이 사례는 우리 그리스도인들에게 적용되어야 한다. 왜냐하면, 사도 바울이 그렇게 하고 있기 때문이다. 영적이고 영원한 안식이 우리 앞에 놓여 있고 우리에게 약속되어 있는데, 가나안은 그러한 안식의 모형이었다. 우리는 모두 이러한 안식에 들어가게 되어 있다(적어도 신앙을 고백한 자들은 모두). 그렇지만 그럴 것으로 보이는 많은 사람들이 결국 거기에 미달되어서 그 안식에 들어가지 못하게 될 것이다. 그렇다면, 그들이 들어가지 못하게 가로막는 것은 도대체 무엇인가? 그것은 죄이다. 그것은 고칠 수 없는 죄, 하소연해도 아무 소용이 없는 죄인 불신앙의 죄이다. 이스라엘처럼 하나님을 불신하고, 그의 능력과 선하심을 불신하며, 가나안의 젖과 꿀보다 애굽의 마늘과 양파를 더 좋아하는 자들은 하나님의 안식에 들어가지 못하게 되는 것이 당연하다. 그들의 운명은 그렇게 될 것인데, 그 운명은 그들 스스로가 결정한 것이다. 그러므로 우리는 두려워하자(히 4:1).

제
— 96 —
편

개요

이 시편은 다윗이 아삽과 그의 형제들에게 건네준 시편 중의 일부이기 때문에(대상 16:7), 이 시편은 다윗이 법궤를 다윗성으로 모셔 오는 것과 관련해서 지은 것으로 보인다. 저 긴 시편이 먼저 만들어진 후에 거기로부터 이 시편을 나중에 떼어낸 것인지, 아니면 이 시편이 먼저 만들어졌고 나중에 이 시편을 토대로 해서 저 긴 시편이 만들어진 것인지는 확실하지 않다. 그러나 한 가지 확실한 것은 이 시편이 법궤를 옮겨올 때에 불려지기는 하였지만 이 시편은 좀 더 나아가서 그리스도의 나라를 내다보고 있고, 그 나라의 영광들, 특히 이방인들이 그 나라로 들어오는 것을 송축할 의도를 지니고 있다는 것이다. 여기에는 다음과 같은 내용들이 나온다. I. 온 백성에게 크고 영화로우신 하나님을 찬송하고 예배하며 그에게 영광을 돌리라고 부름(1-9절). II. 온 백성에게 하나님께서 만유를 다스리시고 심판하신다는 것과 그것은 모두가 기뻐해야 할 일이라는 것을 알림(10-13절). 이 시편을 노래할 때, 우리는 하나님의 영광과 복음의 은혜에 관한 크고 고상한 생각들, 그리스도의 왕적인 통치와 장차 있을 심판에 대한 온전한 만족으로 우리의 마음을 가득 채워야 한다.

¹새 노래로 여호와께 노래하라 온 땅이여 여호와께 노래할지어다 ²여호와께 노래하여 그의 이름을 송축하며 그의 구원을 날마다 전파할지어다 ³그의 영광을 백성들 가운데에, 그의 기이한 행적을 만민 가운데에 선포할지어다 ⁴여호와는 위대하시니 지극히 찬양할 것이요 모든 신들보다 경외할 것임이여 ⁵만국의 모든 신들은 우상들이지만 여호와께서는 하늘을 지으셨음이로다 ⁶존귀와 위엄이 그의 앞에 있으며 능력과 아름다움이 그의 성소에 있도다 ⁷만국의 족속들아 영광과 권능을 여호와께 돌릴지어다 여호와께 돌릴지어다 ⁸여호와의 이름에 합당한 영광을 그에게 돌릴지어다 예물을 들고 그의 궁정에 들어갈지어다 ⁹아름답고 거룩한 것으로 여호와께 예배할지어다 온 땅이여 그 앞에서 떨지어다

여기에 나오는 절들은 우리의 영혼 속에서 작용하는 하나님을 향한 경건하고 열렬한 감정들, 하나님의 엄위하심과 지극히 뛰어나심에 대한 지극한 공경심에 의해서 가장 잘 이해될 수 있을 것이다. 여기에서 우리에게 주어지고 있는 하나님을 찬송하라는 부름은 매우 생생하고, 그 표현들은 고양되어 있음과 동시에 반복되기 때문에, 우리는 감사하는 마음으로 이 모든 것에 즐겁게 화답하여야 한다.

I. 우리는 여기에서 다음과 같은 것들을 통해서 하나님을 존귀하게 해 드리도록 부름받는다.

1. 노래들로(1-2절). 여기에는 여호와께 노래하라는 부름이 세 번이나 나온다. 태초에 노래하였고, 전투하는 교회 속에서 지금 새벽 별들이 함께 노래하며, 장차 승리한 교회 속에서 새벽 별들이 영원토록 노래하게 될 것처럼, 성부와 성자와 성령께 노래하라. 우리는 자주 그렇게 할 충분한 이유를 가지고 있고, 우리는 자주 그러한 것을 일깨움 받을 필요가 있으며, 그렇게 하도록 촉구될 필요가 있다. 여호와께 노래하라. 즉, "다른 사람들로 하여금 하나님을 좋게 생각하도록 하기 위하여 너희는 그의 이름을 송축하며 그에 대하여 좋게 말하라."

(1) 새 노래로 노래하라. 뛰어난 노래, 새로운 감정에서 나오고 새로운 표현들로 덧입혀진 새 노래를 노래하라. "옛 노래"라는 말은 경멸하는 말이지만, 어떤 노래가 새롭다는 것은 그 노래를 칭찬하는 것이다. 왜냐하면, 새롭다는 것은 거기에서 우리가 뭔가 예기치 않은 놀라운 것을 발견하기 때문이다. 새 노래란 새로운 은총들, 하나님께서 아침마다 새롭게 베풀어 주시는 긍휼하심을 노래하는 노래이다. 새 노래는 신약의 노래, 새 언약과 그 언약의 보배로운 특권들을 찬송하는 노래이다. 새 노래는 항상 새로워서 결코 쇠하거나 사라져서 없어지지 않을 노래이다. 그것은 시대에 뒤떨어져서 묵은 것이 되어 버리지 않을 영원한 노래이다.

(2) 온 땅이 이 노래를 불러야 한다. 이제까지 하나님의 예배를 독점하였지만 낯선 땅에서 여호와의 노래를 부를 수 없었던(그 땅을 향하여 그 노래를 부르고자 하지도 않았던) 유대인들만이 아니라 온 땅, 땅에서 속량함을 받은 모든 자들이 이 새 노래를 배우고 불러야 한다(계 14:3). 이것은 이방인들의 부르심에 관한 예언이다. 온 땅의 사람들의 입에 새 노래가 두어질 것이고, 그들은 그 노래를 부르도록 부르심을 받을 것이고, 또한 그 노래를 부를 이유를 갖게 될 것

이다.

(3) 이 노래의 주제는 그의 구원, 주 예수께서 이루게 되어 있었던 큰 구원이 되어야 한다. 그 구원은 이러한 기쁨과 찬송의 원인으로서 전파되어야 한다.

(4) 이 노래는 정해진 절기 때만이 아니라 날마다 끊임없이 불려져야 한다. 그것은 아무리 불러도 결코 다함이 없는 주제이다. 이러한 말씀이 날마다 선포됨으로써, 우리는 복음적인 기도의 감화 아래에서 날마다 복음적인 행실을 이루어 나가야 한다.

2. 설교들을 통해서(3절): 그의 영광을 이방 백성들 가운데에, 그의 기이한 행적을 만민 가운데 선포할지어다.

(1) 여기에서는 그리스도에 의한 구원을 기이한 일이라고 말하고, 그 일 속에서 하나님의 영광이 아주 밝게 빛나고 있다고 말한다. 그 구원을 전파할 때에 우리는 그리스도의 얼굴에서 빛나고 있는 하나님의 영광을 선포하는 것이다.

(2) 지금은 천국의 복이 우리에게 장차 나타날 영광인 것과 마찬가지로, 구약 시대에는 이 구원이 바로 그런 것이었다. 그러나 선지자들과 왕들이 이 구원을 보고자 하였으면서도 보지 못하였지만, 때가 찼을 때에 그 구원은 심지어 어린 아기들에게조차 선포되었고 온전히 드러났다.

(3) 당시에 드러난 것은 오직 유대인들에게만 선포되었지만, 지금은 이방 백성들과 만민 가운데 선포된다. 오랫동안 흑암 속에 앉아 있었던 열방들이 지금은 이 큰 빛을 본다. 모든 피조물에게 복음을 전하라는 사도들의 사명은 그의 영광을 이방 백성들 가운데에 선포하라는 말씀에서 가져와 본뜬 것이다.

3. 예배를 통해서(7-9절). 이제까지는 각 나라에서 하나님을 경외하여 의를 행한 자들은 하나님께 열납되었지만, 제도화된 예배는 유대 종교에만 있는 것이었다. 그러나 복음 시대에는 만국의 족속들이 하나님의 예배에 초대를 받아서 받아들여지게 될 것이고, 유대인들과 마찬가지로 환영을 받게 될 것이다. 이방인의 뜰은 더 이상 바깥 쪽 뜰이 아니라 이스라엘의 뜰과 합쳐지게 될 것이다. 온 땅은 여기에서 여호와 앞에서 두려워하고 그가 정하신 대로 그를 예배하도록 부르심을 받는다. 각 처에서 내 이름을 위하여 분향하게 되리라(말 1:11; 슥 14:17; 사 66:23). 이것은 실제로 유대인들에게는 치욕적인 말씀이었지만, 하나님께서 크게 영광을 받으시고 인류에게 복이 될 말씀이었다. 하나님

께 헌신하는 행위들이 여기에서 어떻게 묘사되고 있는지를 살펴보자.

(1) 우리는 여호와께 드려야 한다. 이것은 하나님께서 필요한 것이 있으시거나 우리 또는 피조물로부터 어떤 것을 받음으로써 유익을 얻을 수 있기 때문이 아니다. 우리에게 있는 모든 것은 그 전에 이미 하나님의 것이었다. 우리는 우리가 하나님에게서 받은 것을 최고의 애정과 경배와 섬김 속에서 하나님께 되돌려 드려야 하고, 그렇게 드릴 때에 아낌없이 드려야 한다. 왜냐하면, 하나님은 즐겨 내는 자를 사랑하시기 때문이다. 그것은 빚이고 세(稅)이며 공세(貢稅)이기 때문에 마땅히 드려야 하는 것이지만, 우리가 그것을 거룩한 사랑에서 드리면, 하나님은 그것을 예물로 여겨서 열납하시기를 기뻐하신다.

(2) 우리는 하나님이 왕이신 주라는 것을 인정하고 하나님께 합당한 예를 올려야 한다(7절): 영광과 권능, 영광과 주권(어떤 이들은 이렇게 해석한다)을 여호와께 돌릴지어다. 왕이신 하나님은 영광의 옷을 입으시고 권능의 띠를 두르고 계시기 때문에, 우리는 이 두 가지를 인정하고서 하나님께 돌려 드려야 한다. 나라가 주께 있기 때문에 능력과 영광도 주께 있다. "영광을 하나님께 돌리라. 영광을 스스로 차지하거나 다른 피조물에게 돌리지 말라."

(3) 우리는 여호와의 이름에 합당한 영광을 그에게 돌려야 한다. 즉, 우리는 하나님께서 자기 자신을 사람들에게 나타내신 대로 그에게 영광을 돌려야 한다. 우리가 모든 예배 행위 속에서 목적으로 삼아야 하는 것은 하나님을 존귀하게 해 드리고, 최고의 존재이자 우리의 존재의 원천이신 하나님께서 마땅히 받으셔야 할 공경을 그에게 돌리는 것이다.

(4) 우리는 예물을 들고 그의 궁정에 들어가야 한다. 우리는 무엇보다도 먼저 이방인들을 제물로 드려야 한다(롬 15:16). 우리는 항상 찬송의 제사를 드려야 하고(히 13:15), 예배를 통해서 하나님 앞에 자주 나아가되, 결코 빈 손으로 나아가지 않아야 한다.

(5) 우리는 거룩함의 아름다움으로 그를 예배하여야 한다. 즉, 우리는 하나님께서 정하신 것들을 예배를 통해서 경건하게 지켜야 하는데, 예배의 아름다움은 그 거룩함, 곧 예배가 하나님께서 정하신 규례에 맞는다는 데에 있다. 우리는 거룩한 마음, 즉 하나님의 은혜로 거룩해지고 하나님의 영광에 헌신되어 있으며 죄의 오염으로부터 깨끗하게 된 마음으로 하나님을 예배하여야 한다.

(6) 우리는 하나님 앞에서 두려워하여야 한다. 모든 예배는 하나님을 두려워하

는 마음과 거룩한 경외심과 공경심으로 드려져야 한다.

II. 시편 기자는 하나님을 찬송하고 그에게 영광을 돌리라는 이러한 부르심의 와중에서 찬송을 해야 할 동기를 부여하고 찬송할 거리를 제공하기 위하여 여기에서 하나님에 관한 영광스러운 일들을 얘기한다. 여호와는 위대하시니 지극히 찬양할 것이요(4절), 그를 수종드는 자들에게는 위대하고 존귀하신 분이고 그의 대적들에게는 위대하고 두려우신 분이므로 경외할 것이다. 새 노래조차도 하나님을 선하심과 동시에 위대하시다고 선포한다. 왜냐하면, 하나님의 선하심은 그의 영광이기 때문이다. 영원한 복음이 선포될 때, 그 복음은 이런 것이다: 하나님을 두려워하며 그에게 영광을 돌리라(계 14:6-7).

1. 하나님은 신들인 체하는 모든 자들을 다스리시는 왕권을 지니고 계신다는 점에서 위대하시다. 하나님과 감히 필적한 만한 자는 없다: 하나님은 모든 신들보다 경외할 이이시다 — 흔히 죽은 후에 신격화되고, 심지어 살아 있는 동안에도 작은 신들로 추앙받는 모든 왕들 또는 모든 우상들, 만국의 모든 신들(5절). 온 땅이 새 노래를 부르도록 부르심을 받을 때, 그들은 그들의 노래를 올려 드린 주 여호와가 유일하게 살아 계시고 참되신 한 분 하나님으로서, 신이라 자처하는 모든 자들보다 한없이 뛰어나신 분임을 깨달아야 한다. 하나님은 크시고, 그들은 작다. 하나님은 모든 것이고, 그들은 아무것도 아니다. 우상을 나타내는 히브리어는 아무것도 아닌 것(무)을 의미한다. 왜냐하면, 우리는 우상은 세상에 아무것도 아니라는 것을 알기 때문이다(고전 8:4).

2. 하나님은 피조 세계의 가장 고상한 부분에까지도 그 소유권이 미치기 때문에 그의 권리에 있어서 위대하시다. 왜냐하면, 피조 세계는 하나님께서 만드신 것이고, 그것의 존재는 하나님께로부터 나왔기 때문이다. 여호와께서 하늘과 그 만상을 만드셨다. 그것들은 주의 손가락으로 만드신 것이어서(시 8:3), 지극히 아름답고 신기하게 지음받았다. 열방의 신들은 모두 만들어진 것들로서 사람들의 공상 속에서 만들어 낸 것들이다. 그러나 우리 하나님은 그들이 신들이라고 생각하여서 예배하는 해와 달과 별들, 저 하늘의 광명들을 만드신 창조주이시다.

3. 하나님은 윗 세상과 아랫 세상에서 하늘의 천사들 가운데와 땅의 그의 성도들 가운데 그의 영광을 나타내심에 있어서 위대하시다(6절). 광채(개역에서는 존귀)와 위엄이 그의 앞에 있도다. 그렇기 때문에 천사들은 그의 영광의 눈부

신 광채를 견딜 수가 없어서 그들은 얼굴을 가린다. 능력과 아름다움이 그의 성소, 즉 위에 있는 성소와 아래에 있는 성소에 있도다. 하나님 안에는 사람들의 경외심을 불러일으키는 온갖 것이 존재하고, 또한 사랑스러운 온갖 것도 존재한다. 우리가 그의 성소에서 그를 수종든다면, 우리는 그의 아름다움을 바라보게 될 것이고(하나님은 사랑이시기 때문에), 그의 능력과 힘을 체험하게 될 것이다(하나님은 우리의 반석이시기 때문에). 그러므로 우리는 그의 아름다움에 빠져서 그의 힘으로 나아가야 한다.

[10]모든 나라 가운데서 이르기를 여호와께서 다스리시니 세계가 굳게 서고 흔들리지 않으리라 그가 만민을 공평하게 심판하시리라 할지로다 [11]하늘은 기뻐하고 땅은 즐거워하며 바다와 거기에 충만한 것이 외치고 [12]밭과 그 가운데에 있는 모든 것은 즐거워할지로다 그 때 숲의 모든 나무들이 여호와 앞에서 즐거이 노래하리니 [13]그가 임하시되 땅을 심판하러 임하실 것임이라 그가 의로 세계를 심판하시며 그의 진실하심으로 백성을 심판하시리로다

여기에는 열방에게 복음을 전파할 자들이 무엇을 전파해야 하는지, 또는 복음을 이미 받은 자들이 그 복음을 이웃들에게 어떻게 설명하고 이방 나라들 가운데서 무엇을 말해야 하는지에 대한 가르침들이 나와 있다. 여기에 나오는 말씀은 그리스도께서 마귀의 나라를 멸하신 후에 그 터 위에 그의 나라를 세우실 것에 관한 유명한 예언, 그리스도의 나라가 그가 승천한 직후에 시작되어서 하나님의 신비가 마쳐질 때까지 지속될 것에 관한 예언이다.

I. 여호와께서 다스리신다는 것, 하나님께서 그의 거룩한 시온산 위에 세우시기로 정하신 저 왕이신 주 그리스도께서 다스리신다는 것이 선포되어야 한다. 베드로는 이방 나라들 가운데서 이 말씀을 가장 먼저 전하였다(행 10:42). 몇몇 옛 사람들은 이 본문에 난외주를 첨가하였는데, 그것이 점차 본문 속으로 슬쩍 들어와서, 본문이 주께서 나무로부터 다스리신다는 본문이 되어 버렸는데(순교자 유스티누스, 아우구스티누스 등등이 본문을 이렇게 인용한다), 여기에서 나무는 유대인의 왕이라는 명패가 붙어 있었던 십자가를 의미한다. 그리스도께서 죽기까지 순종하셔서 십자가의 죽음을 죽으셨기 때문에, 하나님은 그를 높이셔서 모든 이름 위에 뛰어난 이름을 그에게 주셨고 모든 보좌 위에

뛰어난 보좌를 주셨다. 때가 되자 몇몇 이방 사람들이 유대인의 왕으로 나신 그를 찾아왔다(마 2:2). 이제 그들로 하여금 그가 오셨고 그의 나라가 세워져 있다는 것을 알게 하자.

II. 그리스도의 통치는 세계가 굳게 서는 복된 결과를 가져오게 되리라는 것이 선포되어야 한다. 세계가 굳게 서고 흔들리지 않으리라. 자연 세계가 굳게 서게 될 것이다. 세계가 그대로 서 있는 것과 그 안정성은 그리스도의 중보 사역 덕분이다. 죄는 자연 세계에 충격을 주었었고 여전히 자연 세계를 위협한다. 그러나 구속주이신 그리스도는 만물을 붙들고 계시고 자연의 운행을 보존하신다. 인간 세계도 비록 죄로 인하여 세상이 요동한다고 할지라도 하나님께서 은혜로 택하신 모든 자들이 부르심을 받아서 모여 올 때까지는 견고히 서고 보존될 것이다. 기독교 신앙을 받아들인 나라들은 견고히 서게 될 것이고, 사람들 가운데서 선한 질서도 보존될 것이다. 이 세상 속에서 교회는 견고히 서게 될 것이고(어떤 이들은 이렇게 해석한다) 흔들리지 않을 것이다. 내가 이 반석 위에 내 교회를 세우리니 음부의 권세가 이기지 못하리라. 교회는 요동하지 않는 나라이다.

III. 그리스도의 통치는 그 누구도 이의를 제기할 수 없을 만큼 공평하고 의로우리라는 것이 선포되어야 한다. 그가 만민을 공평하게 심판하시고(10절) 의로 세계를 심판하시며 그의 진실하심으로 백성을 심판하시리로다(13절). 여기에서 심판은 통치를 위한 것이다. 이 말씀은 의로 이루어질 저 마지막 날의 세상에 대한 일반적인 심판을 포함하는 것일 수 있지만(행 17:31), 좀 더 직접적으로는 그리스도의 초림(初臨), 그리스도께서 이 세상에 오셔서 복음으로 그의 나라를 세우시는 것을 가리킨다. 그리스도께서는 친히 내가 심판하러 이 세상에 왔다고 말씀하셨고(요 9:39; 12:31), 아버지께서 심판을 다 아들에게 맡기셨다고 밝히 선언하셨다(요 5:22, 27). 그리스도께서 의와 진리로 다스리시고 심판하신다는 것은 다음과 같은 것들을 의미한다.

1. 그의 나라의 모든 법과 규례들은 영원한 진리와 공평의 율례들과 원칙들, 즉 올바르고 순전한 하나님의 본성과 의지에 일치하리라는 것.

2. 그리스도께서 베푸시는 통치의 모든 행위들은 의롭고 신실하여, 그가 이미 말씀하신 것에 따라 이루어지리라는 것.

3. 그가 진리의 압도적인 능력, 의와 성화의 성령을 통해서 사람들의 마음과

양심을 다스리시리라는 것. 빌라도가 우리 구주께 네가 왕이냐라고 물었을 때, 그리스도께서는 내가 이를 위하여 세상에 왔나니 곧 진리에 대하여 증언하려 함이로라고 대답하셨다(요 18:37). 왜냐하면, 그는 진리로 다스리시고, 사람들의 판단이 옳다는 것을 알려 주심으로써 그들의 의지를 주관하시기 때문이다.

IV. 그가 오실 날이 가까웠다는 것, 이 왕, 이 재판장이 문 앞에서 계시다는 것이 선포되어야 한다.   그가 임하실 것임이라. 아담의 칠대손(七代孫)인 에녹은 이렇게 말하였다. 보라 주께서 임하시느니라(유 1:14). 에녹이 이 말을 한 때와 그리스도께서 장차 재림하실 때 사이에는 아주 오랜 세월의 간격이 놓여 있었지만, 그는 정해진 때에 오셨다. 이와 마찬가지로 그의 재림도 확실하다. 볼지어다 그가 구름을 타고 오시리라(계 1:7)는 말씀이 이미 오래 전에 있었지만, 그는 아직 오시지 않았다(벤후 3:4 이하를 보라).

V. 메시야에게 수여된 이 영광과 그의 손에 맡겨질 이 큰 소임을 즐거워하라고 그들은 선포하여야 한다(11-12절).   하늘은 기뻐하고 땅은 즐거워하며 밭과 숲의 모든 나무들이 즐거워할지로다. 여기에 사용된 독특한 표현은 시적인 것으로서 그 의미는 다음과 같다.

1. 메시야의 날들은 기쁜 날들이 될 것이기 때문에, 그의 은혜와 통치에 순복하기만 한다면, 기쁨이 있게 되리라는 것. 그리스도를 영접하는 곳이나 영혼은 기쁨을 얻게 된다. 사도행전 8장에는 이 두 가지 예가 다 나온다. 사마리아가 복음을 받았을 때에 그 성에 큰 기쁨이 있었고(행 8:8), 내시는 세례를 받고나서 기쁘게 길을 갔다(행 8:39).

2. 그리스도와 그의 나라를 환영하는 것은 우리 각자의 도리이다. 왜냐하면, 그리스도께서는 정복하기 위하여 오시지만 평화를 위하여 오시는 것이기 때문이다. 호산나 찬송하리로다 오시는 이여 찬송하리로다 우리 조상 다윗의 나라여(막 11:9-10). 시온의 딸만이 그 왕이 임하시는 것을 기뻐할 뿐만 아니라(슥 9:9) 모두가 기뻐하여야 한다.

3. 피조 세계 전체, 심지어 바다와 밭조차도 그리스도의 나라가 세워지는 것을 기뻐할 이유가 있게 되리라는 것. 왜냐하면, 첫째 아담의 죄로 인해서 피조물 전체가 허무한 데 굴복한 것과 마찬가지로, 둘째 아담의 은혜로 인하여 피조물 전체가 이런저런 방식으로 썩어짐의 종 노릇 한데서 해방되어 하나님의 자녀들의 영광의 자유에 이르게 될 것이기 때문이다(롬 8:20-21).

4. 우선적으로 하늘에 기쁨이 있을 것이고, 하나님의 천상들 가운데 기쁨이 있으리라는 것. 왜냐하면, 독생자가 세상에 오셨을 때에 그들은 그를 찬송하는 축가를 불렀기 때문이다(눅 2:14).

5. 그리스도의 나라가 임하기를 진심으로 원하는 모든 자는 그들의 처지가 아무리 비천하다고 할지라도, 하나님께서는 그들의 거룩한 기쁨과 찬송을 은혜로 열납하시리라는 것. 바다도 외칠 수 있고, 숲의 나무들도 즐거워할 수 있다. 그럴 때에 우리는 그러한 것들이 기뻐하는 것을 알지 못하지만, 마음을 감찰하시는 이는 성령의 마음을 아시고, 가장 약한 자들의 언어, 그들의 통회하는 언어를 아신다.

제 97 편

개요

이 시편은 앞의 시편과 동일한 주제와 어조로 되어 있다. 그리스도는 이 두 시편의 알파이자 오메가이다. 이 두 시편은 그리스도의 영광을 나타내기 위하여 지어졌고 그럴 목적으로 불려지게 되어 있었다. 우리가 이 두 시편을 통해서 진심으로 주 예수께 노래하지 않는다면, 우리는 이 두 시편을 전혀 활용하고 있지 못한 것이 된다. 그가 다스리신다는 것은 온 인류가 기뻐해야 할 일이다(1절). I. 그의 통치는 그의 원수들에게 두려운 일이다. 왜냐하면, 그는 엄격한 공의와 저항할 수 없는 능력의 왕이시기 때문이다(2-7절). II. 그의 통치는 그의 친구들과 충성스러운 신민들에게 위로가 되는데, 그는 자신의 왕적인 통치를 통해서 그의 백성을 돌보시고, 그들을 위해 모든 것을 공급하신다(8-12절). 이 시편을 노래할 때, 우리는 높아지신 구속주의 영광에 감격하여야 하고, 그의 원수들의 운명을 두려워하여야 하며, "아들에게 입맞춘" 자들인 우리 자신이 복되다고 생각하여야 한다.

¹여호와께서 다스리시나니 땅은 즐거워하며 허다한 섬은 기뻐할지어다 ²구름과 흑암이 그를 둘렀고 공의와 정의가 그의 보좌의 기초로다 ³불이 그의 앞에서 나와 사방의 대적들을 불사르시는도다 ⁴그의 번개가 세계를 비추니 땅이 보고 떨었도다 ⁵산들이 여호와의 앞 곧 온 땅의 주 앞에서 밀랍 같이 녹았도다 ⁶하늘이 그의 의를 선포하니 모든 백성이 그의 영광을 보았도다 ⁷조각한 신상을 섬기며 허무한 것으로 자랑하는 자는 다 수치를 당할 것이라 너희 신들아 여호와께 경배할지어다

앞의 시편에서 이방 나라들에게 전해야 할 것으로 말해진 것(시 96:10)이 여기에서 다시 언급되면서(1절) 이 시편과 제99편의 주제가 되고 있다. 여호와께서 다스리신다. 이것은 여기에서 제시되고 있는 위대한 진리이다. 주 여호와께서 다스리신다. 세계를 만드신 분이 그 세계를 다스리신다. 존재를 부여하신 분이 움직임과 힘을 주시고 법과 소임을 주시며 성공과 사건을 주신

다. 각 사람의 판단은 여호와로부터 나오고 그의 모략과 섭리에서 나오며, 공적이고 사적인 모든 일들 속에서 각 사람은 하나님께서 직접 지정하신 일을 수행한다. 주 예수께서 다스리신다. 섭리의 나라는 중보의 나라와 서로 뒤섞여 있고, 이 두 나라의 경영은 그리스도의 손에 있기 때문에, 그리스도는 교회의 머리이심과 동시에 만물 위에 교회의 머리이시다. 그리스도의 나라는 이렇게 구성되어 있기 때문에 다음과 같은 것이 될 수 있다.

I. 그리스도의 나라는 모두에게 기쁜 일이다. 자신에게 잘못이 없다면, 그리스도의 나라는 기쁨의 대상이 될 것이다. 땅이여 즐거워하라. 왜냐하면, 그리스도의 나라로 말미암아 땅이 굳게 서기 때문이다(시 96:10). 온 세계는 그리스도의 통치로 말미암아 존귀하게 되고 부유하게 되며, 부분적으로는 죄로 말미암아 허무한 데에 굴복되었던 것에서 건짐을 받는다. 이스라엘의 백성이 유대인의 왕이신 그를 기뻐하고, 시온의 딸이 그의 왕이신 그를 기뻐해야 할 뿐만 아니라, 온 땅이 그의 높아지심을 기뻐하여야 한다. 왜냐하면, 세상 나라들은 정도 차이는 있지만 조만간에 그의 나라들이 될 것이기 때문이다. 이 일을 허다한 섬은 기뻐할지어다. 이 말씀은 큰 섬으로 되어 있고 거기에 딸린 수많은 섬들로 되어 있는 우리 나라에 적용될 수 있다. 적어도 이 말씀은 이방의 섬들이라 불리는 이방의 나라들 전체에게 위로를 전하는 말씀이다(창 10:5). 그리스도 안에는 허다한 섬들이 기뻐하기에 충분한 것이 존재한다. 왜냐하면, 수많은 사람들이 그리스도 안에서 복을 누리게 되었다고 할지라도, 거기에는 여전히 빈 공간이 존재하기 때문이다. 모든 사람은 다음과 같은 이유 때문에 그리스도의 통치를 기뻐할 수 있다.

1. 그리스도의 통치는 공평함. 입법이나 사법 양면에서 그리스도의 통치의 모든 행위들 속에는 논란의 여지가 없을 정도로 공의가 존재한다. 실제로 종종 구름과 흑암이 그를 둘렀고, 그가 베푸시는 일들은 전혀 설명이 되지 않는다. 주의 길이 바다에 있었고 주의 곧은 길이 큰 물에 있었으나 주의 발자취를 알 수 없었나이다. 우리는 그가 무엇을 계획하고 계시는지, 그가 일을 어디로 몰고 가시는지를 알지 못한다. 또한, 우리가 그의 통치의 비밀 속으로 들어가도록 허용받는 것은 합당하지 않다. 그의 모략은 깊기 때문에, 우리는 그것을 알 수 있는 체하지 말아야 한다. 그러나 여전히 공의와 정의가 그의 보좌의 기초이다. 그의 통치의 모든 행위들을 관통하고 있는 것은 공의라는 금실이다. 그는 공의 안에

거하신다. 왜냐하면, 공의는 그의 거처이기 때문이다. 그는 공의 안에서 다스리신다. 왜냐하면, 공의는 그의 보좌의 거처이기 때문이다. 그의 계명들은 모두 의롭고 앞으로도 그럴 것이다. 의와 공의는 그의 보좌의 기초이다(하몬드 박사는 이렇게 해석한다). 왜냐하면, 주의 규가 공평한 규이어서 주의 보좌는 영원하기 때문이다(시 45:6). 주의 보좌는 의로 인하여 견고하게 서 있다. 심지어 하늘도 그의 의를 선포한다(6절). 그의 통치가 의롭다는 것은 하늘만큼이나 너무도 분명하고 뚜렷한 것이다. 하늘의 천사들, 그의 통치 속에서 사자들로 쓰임을 받기 때문에 다른 피조물들보다 훨씬 더 잘 그의 통치에 대하여 알고 있는 천사들이 그의 통치가 의롭다는 것을 선포할 것이다. 그의 의는 이의를 제기할 수 없는 것이다. 왜냐하면, 하늘이 선포하는 것을 반박하거나 논란을 삼을 자가 없기 때문이다(시 50:6).

2. 그의 통치는 윗 세상과 아랫 세상에 미침.

(1) 땅의 모든 사람들이 그의 통치 아래에 있다. 그는 그들에 의해서 섬김을 받거나 스스로 섬김을 받는 데에 그들을 사용하신다. 모든 백성이 그의 영광을 보거나 볼 수 있다. 그리스도의 얼굴 속에 있는 하나님의 영광은 아주 멀리 떨어져 있는 나라들, 수많은 민족들, 정도 차이는 있지만 모든 민족 속에서 빛나게 되었다. 우리가 알고 있는 한, 복음은 모든 언어로 전파되었다(행 2:5, 11). 이적들이 모든 민족 속에서 베풀어졌기 때문에, 모든 백성이 그의 영광을 보았다. 그들이 듣지 아니 하였느냐(롬 10:18).

(2) 하늘에 있는 모든 천사들도 그러하다. 만약 사도 바울이 영감을 받아서 너희 신들아 그에게 경배할지어다(7절)라는 말씀을 칠십인역 본문을 근거로 해서 그 말씀을 하나님께서 메시야를 승천을 통해서 윗 세상으로 데려오실 때에 하나님의 모든 천사들은 그에게 경배할지어다라고 말씀하신 것으로 해석하지 않았다면(히 1:6), 아마도 우리는 이 말씀 속에 담겨진 그러한 진리를 발견하지 못하였을 것이다. 사도 바울의 이러한 해석은 우리에게 이 시편 전체를 해석할 수 있는 열쇠를 제공해 주는 것으로서 이 시편이 하늘로 올라가셔서 하나님 오른편에 계신 높아지신 구속주에게 적용되어야 한다는 것을 우리에게 보여준다. 구속주의 이러한 높아지심은 하늘과 땅의 모든 권세가 그에게 주어졌고 천사들과 권세들과 능력들이 그에게 복종하게 되었다는 것을 말해 준다(벧전 3:22). 그러한 존재들이 그리스도를 경배한다는 것은 그리스도의 영광이고, 그러한 존

재들과 동일한 반열에서 그리스도를 경배하는 모든 선한 그리스도인들에게도 영광이 된다.

II. 그리스도의 통치는 모든 자에게 기뻐해야 할 일이지만 어떤 자들에게는 두려운 일이 될 것인데, 그것은 순전히 그들 자신의 잘못이다(3-5, 7절). 좀 더 살펴보자.

1. 그리스도께서 승천하신 후에 그의 나라가 이 세상에 세워지게 되면, 그 나라는 많은 원수들을 만나게 될 것이고, 많은 반대에 부딪히게 될 것이다. 그리스도께서 다스리시는 것은 온 땅의 기쁨이지만, 그리스도께는 그의 신민들만이 아니라 그의 원수들도 있어서(3절), 그들은 그의 통치를 받고자 하지 않을 뿐만 아니라, 그가 다스리는 것을 전혀 원하지 않기 때문에, 스스로 천국에 들어가지 않을 뿐만 아니라 들어가려 하는 자도 들어가지 못하게 온갖 짓을 다하게 될 것이다(마 23:13). 이 말씀은 믿지 않는 유대인들이 그리스도의 복음에 대하여 보인 적대감과 그들이 모든 곳에서 그리스도의 복음을 전하는 자들을 격렬하게 박해한 것을 통해서 성취되었다. 그러한 원수들은 그들의 높음과 힘과 요동치 않는 완악함으로 인하여 여기에서 산들이라 불린다(5절). 영광의 주를 십자가에 못 박은 자들은 이 세상의 왕들이었다(고전 2:8; 시 2:2).

2. 유대인들은 그리스도의 나라가 세워지는 것을 반대하다가 스스로 멸망을 자초하였다. 그들은 사도들을 박해하였고, 그들이 이방인에게 말하여 구원받게 함을 금하여 그들의 죄를 채웠기 때문에, 노하심이 끝까지 그들에게 임하였다(살전 2:15-16).

(1) 하나님의 진노는 여기에서 그의 앞에서 나와 사방의 대적들을 불사르는 불에 비유된다. 이 원수들은 스스로 가라지와 덤불이 되었고, 주를 대적하여 싸우는 찔레와 가시가 되었다(사 27:4). 이 하나님의 진노의 불은 산들 위에 있는 덤불들을 태울 뿐만 아니라 산들 자체를 밀랍 같이 녹일 것이다(5절). 우리 하나님께서 소멸하시는 불로 나타나실 때, 바위들조차도 그 앞에서 밀랍 같이 녹게 될 것이다. 아무리 결연하고 무모한 반대도 여호와의 앞에서 좌절될 것이다. 하나님은 임재 자체만으로도 그러한 반대를 수치스럽게 만들고 침몰시키는 데에 충분하다. 왜냐하면, 하나님은 온 땅의 주이시고, 모든 사람들은 하나님에 의해서 움직이며 하나님께 모든 책임을 지도록 되어 있기 때문이다. 사람들은 하나님이 이 땅을 버리셔서 하나님께서 이 땅에 계시지 않는다고 생각하기 때문에

하나님의 백성을 미워하고 박해한다. 그러나 하나님께서 그의 임재를 나타내실 때에 그들은 녹고 만다.

(2) 하나님의 진노는 많은 사람들에게 공포를 안겨 주는 번개에 비유된다(4절). 하나님께서 그리스도의 나라의 원수들에게 내리신 심판들은 온 세상 사람들이 두려움으로 지켜보아야 했던 그런 것이었다. 땅이 보고 떨었으며, 그것을 들은 모든 사람들의 귀는 욱신거리며 아팠다. 이 말씀은 그리스도께서 부활하신지 40년 쯤 후에 로마인들에 의해서 예루살렘과 유대 민족이 멸망을 당함으로써 성취되었다. 로마인들은 마치 불과 같이 유대 민족을 완전히 멸망시켰고, 번개 같이 그 모든 이웃 나라들을 경악하게 만들었다(신 29:24). 그러나 하늘은 그 일을 통해서 하나님의 의를 선포하고, 모든 족속은 오늘날까지 하나님의 공의를 보여주는 저 지속적인 기념비들, 즉 흩어진 유대인들 속에서 하나님의 영광을 본다.

3. 그리스도의 나라가 세워짐으로써 우상 숭배자들도 수치를 당하게 될 것이다(7절). 조각한 신상을 섬기며 허무한 것으로 자랑하는 자, 우상들을 그들의 보호자이자 은인이라고 자랑하는 자, 곧 이방 세계는 다 수치를 당할 것이라(갈 4:8). 우상을 섬기는 자들도 우상들을 자랑하였는데, 살아 계신 하나님의 종들이 하나님을 불신하거나 부끄러워해서야 되겠는가? 조각한 신상을 섬기는 자들은 수치를 당할 것이라.

(1) 이것은 이방인들의 회심을 위한 기도로서 너무도 오랫동안 말 못하는 우상들을 섬겨 왔던 자들이 그들의 잘못을 깨닫고 그들의 어리석음을 부끄러워하며 그리스도의 복음의 능력으로 인하여 한 분 살아계신 참 하나님을 섬기게 되어 전에 우상들을 자랑하였던 것만큼이나 이제는 그 우상들을 부끄러워하게 해 달라는 것이다(사 2:20-21을 보라).

(2) 이것은 우상 숭배에서 돌이켜서 그들의 삶을 바꾸고 새롭게 하고자 하지 않는 자들은 멸망받게 될 것이라는 예언이다. 그들은 로마 제국에서 있었던 이교 사상들에 대한 박멸을 통해서 낭패를 당하게 될 것이다. 이런 일은 주후 300년 경에 이루어졌는데, 그 일이 우상 숭배자들에게 너무도 큰 공포가 되었기 때문에, 어떤 이들은 콘스탄티누스 황제 아래에서의 대개혁으로 인해서 힘있는 자들조차도 바위를 보고서 우리 위에 떨어져 우리를 가리라고 말할 지경이었다고 생각한다(계 6:15-16). 이러한 기도와 예언은 반기독교적인 우상 숭배자

들에게 지금도 여전히 유효하기 때문에, 그들은 여기에서 그들의 운명을 읽을 수 있다: 조각한 신상을 섬기는 자는 다 수치를 당할 것이라(7절, 또한 렘 48:13을 보라).

[8]여호와여 시온이 주의 심판을 듣고 기뻐하며 유다의 딸들이 즐거워하였나이다 [9]여호와여 주는 온 땅 위에 지존하시고 모든 신들보다 위에 계시니이다 [10]여호와를 사랑하는 너희여 악을 미워하라 그가 그의 성도의 영혼을 보전하사 악인의 손에서 건지시느니라 [11]의인을 위하여 빛을 뿌리고 마음이 정직한 자를 위하여 기쁨을 뿌리시는도다 [12]의인이여 너희는 여호와로 말미암아 기뻐하며 그의 거룩한 이름에 감사할지어다

메시야의 나라는 구름 기둥이나 불 기둥 같이 애굽 사람들을 향해서는 어두운 면을 지니고 있는 것처럼 하나님의 이스라엘을 향해서는 밝은 면을 지니고 있다. 그 나라는 반대와 배척에도 불구하고 세워진다. 그 때에 땅은 보고 떨었지만(4절), 시온은 듣고 기뻐하였다. 즉, 시온은 일부 사람들이 회심하고, 또 어떤 사람들, 곧 그리스도를 대적했던 모든 자들이 낭패를 당한 것을 듣고서 매우 기뻐하였다. 시온의 딸아 크게 기뻐할지어다 보라 네 왕이 네게 임하신다(슥 9:9). 성전이 있던 곳인 시온만이 아니라 유다의 딸들도 즐거워하였다. 평범한 백성들, 시골에 사는 사람들도 그리스도의 승리를 기뻐하게 될 것이다. 하나님은 땅이여 즐거워하라고 명하시지만(1절), 실제로 즐거워하는 것은 시온의 아들들과 유다의 딸들 뿐이다. 모든 자들이 메시야의 나라를 환영하고 영접하도록 명령을 받지만, 실제로 그렇게 하는 자는 드물다. 이제 좀 더 자세하게 살펴보자.

I. 구속주의 통치를 시온이 기뻐해야 할 이유로 제시되고 있는 것들. 하나님의 신실한 종들은 다음과 같은 이유들로 인해서 즐거워하고 기뻐하는 것이 당연하다.

1. 하나님께서 영화롭게 되시고, 하나님께 영광이 된 것은 무엇이든지 그의 백성의 기쁨이기 때문에. 그들은 주의 심판으로 인하여 기뻐하는데, 주의 심판은 그의 입의 심판들과 그의 손의 심판들, 즉 그의 복음의 말씀들과 그 말씀을 증거하기 위해서 베풀어지는 그의 역사들(이적들과 기이한 섭리들)이라는 두

가지 형태를 취한다. 왜냐하면, 이러한 심판들을 보고 우리는 다음과 같이 고백하지 않을 수 없기 때문이다. "여호와여 주는 온 땅 위에 지존하시나이다(9절). 주께서는 자연의 나라 속에서 주의 왕권을 나타내셨고, 자연의 모든 능력들을 부리신다는 것과 모든 나라와 모든 사람의 마음을 다스리신다는 것을 나타내셨나이다. 주는 모든 신들보다 위에 계시니 하나님을 대리하는 신들인 모든 왕들과 가짜 신들인 모든 우상들 위에 지극히 뛰어나시나이다." 그리스도께서 높아지시고, 그 일로 인하여 사람들 가운데서 하나님께서 더욱 영광을 받으시게 된 것은 모든 성도들이 기뻐할 일이다.

2. 성도들의 안전이 보장되었기 때문에. 그리스도를 왕으로 모신 자들은 그의 보호하심을 확실히 받게 될 것이다. 왕들은 세상의 방패들이다. 마찬가지로, 그리스도는 그의 신민들에게 방패가 되신다. 그들은 그리스도를 의지하고 그의 그늘 아래에서 즐거워할 수 있다. 왜냐하면, 그가 성도들의 영혼을 보전하시기 때문이다(10절). 그들이 그를 위하여 할 일이 있는 한, 그는 그들의 목숨을 보전하시고, 그들의 피에 목말라 하는 박해자들, 곧 악인들의 손에서 몇 번이라도 놀라운 역사를 통해서 그들을 건지신다. 왜냐하면, 그의 경건한 자들의 죽음은 여호와께서 보시기에 귀중한 것이기 때문이다. 그러나 이 말씀은 그들의 목숨을 보전하는 것 이상의 의미를 담고 있다. 왜냐하면, 그의 제자가 되고자 하는 자들은 기꺼이 그들의 목숨을 버릴 각오를 하여야 하고 자신의 목숨을 보전하려고 해서는 안 되기 때문이다. 그리스도께서 보전하시는 것은 죽지 않을 영혼이고, 겉사람은 후패하지만 점점 더 날로 새로워져 가는 속사람이다. 그는 아무리 큰 시련 속에서도 죄와 배교와 절망으로부터 그의 성도들의 영혼을 보전하실 것이다. 그는 그들을 삼키고자 하는 악인의 손에서 그들을 건지실 것이다. 그는 그의 천국에 들어가도록 안전하게 그들을 보전하실 것이다(딤후 4:18). 그러므로 그들은 이렇게 안전하기 때문에 기뻐해야 할 충분한 이유가 있는 것이다.

3. 성도들의 복이 예비되고 있기 때문에. 그리스도 예수를 기뻐하고 그가 높아지신 것을 기뻐하는 자들은 조만간에 열리게 될 기쁨의 샘을 그들을 위하여 쌓아 두고 있는 것이다(11절): 의인을 위하여 빛이 뿌려지고 마음이 정직한 자를 위하여 기쁨이 뿌려지는도다. 그리스도의 나라의 신민들은 이 세상에서 환난을 예상하여야 한다고 성경에서 말씀한다. 그들은 세상의 악의로 인하여 고난을 겪어야 하고 세상의 쾌락에 참여하지 않아야 한다. 그렇지만 그들은 그들을 위

하여 빛이 뿌려졌다는 것을 알고서 그것을 위로로 삼아야 한다. 그 빛은 그들을 위하여 계획된 것이고 준비된 것이다. 뿌려진 것은 때가 되면 다시 올라오게 될 것이다. 겨울에 뿌려진 씨앗은 오랫동안 흙 아래에서 덮여 있어서 사라지고 묻혀 버린 것처럼 보일지라도, 그 씨는 다시 풍부한 결실을 통해서 되돌아오게 될 것이다. 하나님의 선하심은 정해진 기한에 하는 추수처럼 확실하다. 눈물로 씨를 뿌리는 자들은 틀림없이 기쁨으로 거두게 될 것이다(시 126:5-6). 그리스도께서는 이 세상을 떠나실 때에 그의 제자들에게 너희는 근심하겠으나 너의 근심이 도리어 기쁨이 되리라고 말씀하셨다(요 16:20). 마음이 정직한 자들, 진실한 신앙을 지닌 자들에게는 반드시 기쁨이 찾아온다. 경건치 못한 자의 즐거움도 잠깐이니라. 지속적인 진실함이 없이는 마음의 평화는 존재하지 않는다.

II. 시온의 기쁨을 위하여 주어진 규범들.

1. 그것은 순전하고 거룩한 기쁨이어야 한다. "주 예수를 사랑하고, 그의 나타나심과 그의 나라를 사랑하며, 그의 말씀과 그의 높아지심을 사랑하는 너희는 너희가 악을 미워하고 죄의 악을 미워하며 그에게 거치는 것이나 너에게서 그의 은총을 빼앗아 갈 수 있는 모든 것을 미워하는지를 살펴보라." 하나님에 대한 참된 사랑은 하나님께서 미워하시는 가증스러운 모든 죄를 진실로 미워하는 것을 통해서 드러나게 되리라는 것을 명심하라. 마찬가지로, 성도들의 기쁨은 죄에 대한 그들의 미움을 확증해 주는 것이 되어야 하고, 하나님의 위로들은 그들의 입을 관능적인 쾌락을 맛보는 것으로부터 떼어 놓아야 한다.

2. 이 기쁨은 하나님에게서 끝나야 한다(12절): 의인이여 너희는 여호와로 말미암아 기뻐할지어다. 그리스도의 나라라는 수로를 통해서 우리에게 흘러들어오는 모든 위로의 물줄기들은 우리를 그 원천으로 인도하여서, 우리로 하여금 여호와를 기뻐하게 만들어야 한다. 기쁨의 모든 선들은 구심점인 그리스도 안에서 함께 만나야 한다(빌 3:3; 4:4을 보라).

3. 그 기쁨은 찬송과 감사로 표현되어야 한다: 그의 거룩함을 기억하고서 감사할지어다. 우리가 기뻐하는 일이 무엇이든지 간에 그것은 우리가 감사할 일이 되어야 하고, 특히 하나님의 거룩하심은 우리가 감사해야 할 일이다. 죄를 미워하는 자들은 하나님께서 죄로 하여금 그들을 지배하도록 놓아 두지 않으시리라는 소망 속에서 하나님께서 거룩하시다는 것을 기뻐한다.

(1) 우리는 하나님의 거룩하심, 하나님의 본성이 한없이 순전하시고 올바르

시며 완전하시다는 것을 기억하고서 많이 감사하여야 한다. 우리는 하나님께서 그의 거룩하심을 두고 맹세로써 확증하신 그의 거룩한 언약을 항상 기억하고 있어야 한다.

(2) 우리는 하나님의 거룩하심을 기억하고서 감사를 드리되, 그것이 하나님께 영광이 되기 때문에 그것으로 인하여 하나님께 영광을 돌릴 뿐만 아니라, 그것이 우리에게 은총이 되기 때문에 그것에 대하여 하나님께 감사를 드려야 한다. 은혜로 말미암아 우리가 그의 거룩하심에 참여하는 자들이 된다면, 그것은 이루 말할 수 없는 은총이 될 것이다. 천사들은 하나님의 모든 속성들 중에서 무엇보다도 하나님의 거룩하심을 송축한다(사 6:3): 거룩하다 거룩하다 거룩하다. 하나님의 거룩하심을 기억하고서 죄인들은 두려워 떨지만 성도들은 기뻐한다(시 30:4).

제
— 98 —
편

개요

이 시편은 앞의 두 시편과 그 취지가 동일하다. 이 시편은 메시야의 나라에 관한 예언, 그 나라가 세상에 세워지고, 이방인들이 거기로 들어가게 되리라는 것에 관한 예언이다. 갈대아 역본에서는 표제에서 이 시편을 예언 시편이라고 명시하고 있다. 이 시편은 다음과 같은 내용들을 담고 있다. I. 구속주의 영광(1-3절). II. 구속받은 자들은 기쁨(4-9절). 우리가 이 시편을 노래할 때에 올바른 방식으로 이러한 영광을 그리스도께 돌리고 올바른 근거 위에서 이러한 기쁨을 우리가 취한다면, 우리는 이 시편을 제대로 이해하는 가운데 노래하고 있는 것이다. 그리스도의 승리를 이렇게 미리 내다본 자들이 그토록 기뻐하였다면, 이러한 일들이 성취된 것을 보았고 우리를 위하여 예비된 더 좋은 것들에 참여하고 있는 우리는 훨씬 더 많이 기뻐해야 할 충분한 이유를 가지고 있는 것이다(히 11:40).

〔시〕

[1]새 노래로 여호와께 찬송하라 그는 기이한 일을 행하사 그의 오른손과 거룩한 팔로 자기를 위하여 구원을 베푸셨음이로다 [2]여호와께서 그의 구원을 알게 하시며 그의 공의를 뭇 나라의 목전에서 명백히 나타내셨도다 [3]그가 이스라엘의 집에 베푸신 인자와 성실을 기억하셨으므로 땅 끝까지 이르는 모든 것이 우리 하나님의 구원을 보았도다

우리는 앞에서와 마찬가지로 여기에서도 다시 한 번 새 노래로 여호와께 노래하라는 부르심을 받는다(시 96:1). "가장 뛰어난 노래, 너희가 갖고 있는 것 중에서 최고의 노래로 노래하라." 그리스도의 사랑의 노래는 그 주제에 관한 솔로몬의 노래처럼 노래 중의 노래(아가)이어야 한다. 우리를 구속하신 그리스도의 사랑을 찬송하는 노래는 이전에 불린 적이 없는 새 노래이다. 왜냐하면, 그것은 여러 시대와 세대를 거쳐서 오랜 세월 동안 감춰져 있었던 신비였

기 때문이다. 회심한 자들은 그들이 이전에 불렀던 것과는 판이하게 다른 새 노래를 부른다. 그들이 놀라는 것도 달라졌고 그들의 기쁨도 달라졌기 때문에, 그들의 곡조도 달라졌다. 하나님의 은혜가 우리의 가슴속에 새 마음을 두실 때, 우리 입에는 새 노래가 두어지게 된다. 새 예루살렘에는 영원히 새롭고 결코 쇠하지 않을 새 노래들이 불려지게 될 것이다. 이 새 노래는 다음과 같은 네 가지를 생각하는 가운데 하나님을 찬송하기 위하여 불려져야 한다.

I. 하나님께서 행하신 기이한 일들. 그는 기이한 일을 행하셨다(1절). 그리스도께서 우리의 구원을 위하여 행하신 일은 기이한 일이라는 것을 명심하라. 하나님께서 이 일을 계획하시고 만세 전에 이 일에 관한 모략들을 세우시며 그리스도를 통하여 이 일을 이루시고 시간이 없어질 때에 이르기까지 이 일이 영원토록 효력을 갖게 하신 것 등등과 같은 이 일의 모든 발자취들을 살펴본다면, 우리는 하나님께서 이 일을 통해서 기이한 일들을 행하셨다고 말하게 될 것이다. 이 일은 하나님께서 행하신 것이고, 우리의 눈에 기이한 일이다. 우리는 이 일을 더 잘 알게 되면 될수록 그 일을 더욱더 칭송하게 될 것이다.

II. 하나님께서 얻으신 승리들. 그의 오른손과 거룩한 팔로 승리를 거두셨다. 우리 구속주께서는 우리를 구속하시는 길에 놓여 있던 온갖 난관들을 다 극복하시고 깨뜨리셨으며, 그에게 정해진 섬김이나 고난에 의해서 낙심하지 않으셨다. 그는 이 일을 반대하는 모든 원수들을 복속시켰고, 사탄에 대하여 승리를 거두시고 그를 무장 해제하여 그의 요새에서 끌어 내어 밖으로 던지셨으며, 통치자들과 권세들을 무력화하여 노략하셨고(골 2:15), 힘있는 자에게서 사로잡힌 자들을 건져 내셨으며(사 49:24), 사망에게 치명적인 상처를 입히셨다. 그는 자기 자신을 위해서만이 아니라 우리를 위해서도 분명하고 완벽한 승리를 거두셨다. 왜냐하면, 우리는 그로 말미암아 넉넉히 이기는 자들이 되었기 때문이다. 그는 자신의 능력으로 이 승리를 얻으셨다. 그를 돕는 자도 없었고 붙들어 주는 자도 없었으며, 감히 그러한 일을 맡겠다고 나선 자도 없었다. 오직 그의 오른손과 거룩한 팔이 그에게 승리를 가져다 주었고 구원과 건지심을 가져다 주었다. 왜냐하면, 그의 오른손과 거룩한 팔은 항상 선한 일을 위하여 사용됨으로 언제나 성공을 거두기 때문이다. 여기에서 그의 오른손과 거룩한 팔로 불리는 하나님의 능력과 신실하심은 주 예수께 건지심을 가져다 주어서, 그를 죽은 자 가운데서 일으키시고, 그를 높이셔서 하나님의 오른편에 있게 하셨다(하몬드 박사의 해설).

III. 하나님께서 온 세상에 그의 구속 사역을 드러내심. 하나님은 우리를 위하여 행하신 일을 그의 아들을 통해서 우리에게 나타내셨다. 복음의 나라는 복음의 계시 위에 세워져 있다 — 하나님께서 보내신 말씀(행 10:36). 봉인된 책을 여는 것은 찬송의 노래들로 송축되어야 할 일이다(계 5:8). 왜냐하면, 그 책이 개봉됨으로써 오랜 세월 동안 하나님 안에 감춰져 있었던 비밀이 드러나기 때문이다. 좀 더 살펴보자.

1. 이렇게 해서 드러나는 것— 그의 구원과 그의 의(3절). 의와 구원은 흔히 함께 사용된다(사 61:10; 46:13; 51:5-6, 8). 구원은 그리스도의 의로 말미암아 구속 자체를 가리키고, 의는 그 구원이 이루어진 방식을 가리킨다. 또는, 구원은 복음과 관련된 우리의 모든 특권들을 포함하는 말이고, 의는 복음과 관련된 우리의 모든 의무들을 포함하는 말이다. 이 두 가지가 함께 알려졌다. 왜냐하면, 하나님은 이 두 가지를 함께 결합하여 놓았고, 우리는 그것들을 분리해서는 안 되기 때문이다. 또는, 의는 여기에서 우리가 그리스도로 말미암아 의롭다하심을 받은 방식을 표현하는 것으로서 이 의는 복음 속에서 계시되어서 믿음으로 말미암아 얻어진다(롬 1:17).

2. 이 일은 아주 분명하게 드러남. 하나님은 이 일을 율법 아래에서와는 달리 모형들과 비유들을 통해서가 아니라 공개적으로 명백하게 보여주셨고, 달리는 자도 읽을 수 있을 정도로 태양 광선으로 기록해 놓으셨다. 사역자들은 아주 분명한 언어로 이 일을 전파하도록 명령을 받았다.

3. 이 일은 어디까지 전해졌는가. 이 일은 유대인들만이 아니라 이방인들도 보는 앞에서 이루어졌다: 땅 끝까지 이르는 모든 것이 우리 하나님의 구원을 보았도다. 왜냐하면, 이방인들에게도 구원의 말씀이 보내졌기 때문이다.

IV. 이 일을 통해서 구약의 예언들과 약속들이 이루어짐. 그가 이스라엘의 집에 베푸신 긍휼과 성실을 기억하셨다(3절). 하나님은 아브라함의 자손을 위하여 긍휼하심을 예비해 두셨고, 말일에 그가 그들을 위하여 계획하신 인자에 대하여 수없이 반복하여 그들에게 확신을 주셨다. 하나님께서 그의 아들 예수를 일으키셔서 이방인들을 비추는 빛만이 아니라 그의 백성 이스라엘의 영광이 되게 하신 것은 이 모든 것들을 따른 것이었다. 왜냐하면, 하나님은 우선적으로 그들을 축복하기 위하여 그를 보내셨기 때문이다. 성경에서는 하나님께서 우리 조상에게 약속하신 긍휼하심을 행하시고 거룩한 언약을 기억하셔서 그리스도를 보내신 것이라고 말씀하고 있다(눅 1:72). 하나님은 그들의 공로가 아니라 바로 그것을 생각하시고 이 일을 행하신 것이었다.

4 온 땅이여 여호와께 즐거이 소리칠지어다 소리 내어 즐겁게 노래하며 찬송할지어다 5 수금으로 여호와를 노래하라 수금과 음성으로 노래할지어다 6 나팔과 호각 소리로 왕이신 여호와 앞에 즐겁게 소리칠지어다 7 바다와 거기 충만한 것과 세계와 그 중에 거주하는 자는 다 외칠지어다 8 여호와 앞에서 큰 물은 박수할지어다 산악이 함께 즐겁게 노래할지어다 9 그가 땅을 심판하러 임하실 것임이로다 그가 의로 세계를 판단하시며 공평으로 그의 백성을 심판하시리로다

그리스도의 나라가 세워지는 것은 여기에서 기뻐하고 찬송할 일인 것으로 묘사된다.

I. 모든 인생들은 이 일로 인하여 유익을 얻고 있거나 얻을 수 있기 때문에 이 일을 기뻐하여야 한다. 여기에서는 우리에게 모든 방법과 수단을 동원해서 이 일에 대한 우리의 기쁨을 표현하고 이 일과 관련해서 하나님께 찬송을 드리라고 거듭거듭 촉구한다: 즐겁게 소리칠지어다(시 95:1-2). 저 기쁜 소식에 감격하고서 남들도 자기처럼 감격하기를 원하는 자들처럼 소리내어 찬송할지어다. 즐겁게 노래하며 찬송하고, 호산나를 노래하며(마 21:9) 할렐루야를 노래하라(계 19:6). 솔로몬을 비롯한 새 왕들이 왕위에 오를 때에 그랬듯이(왕상 1:40), 우리는 땅이 떠나갈 정도로 기쁨의 환호성과 큰 외침으로 그리스도의 즉위를 환영하여야 한다. 대관식에서 통상적으로 그러하였듯이, 노래부르는 자들과 악기를 연주하는 자들을 무리들이 환호성을 지르며 뒤따라야 한다(시 87:7; 68:25).

1. 거룩한 노래들이 새 왕에게 드려져야 한다. "노래하며 찬송하고, 수금과 음성으로 노래할지어다. 너희의 기쁨을 표현하라. 이렇게 너희의 기쁨을 선포하여서 더욱더 기쁨이 넘치게 하고 그 기쁨을 다른 사람들에게도 전파하라."

2. 거룩한 노래들과 아울러서 거룩한 음악이 있어야 하는데, 수금의 부드럽고 은근한 음율만이 아니라 나팔과 호각 같은 군악 소리도 있어야 한다(6절). 왜냐하면, 이것은 전장에 나가서 정복하고 또 정복하며 연전연승한 왕의 영광

을 송축하는 의식이기 때문이다. 이 모든 기쁨이 하나님을 향하여야 하고, 엄숙하고 경건한 방식으로 표현되어야 한다. 여호와께 즐거이 소리칠지어다(4절). 여호와께 노래하라(5절). 왕이신 여호와 앞에 그렇게 하라(6절). 육신적인 환락은 이 거룩한 기쁨에 대하여 원수가 된다. 다윗은 법궤 앞에서 춤을 추었을 때에 여호와 앞에서 그렇게 한 것이라고 자신의 행위를 변호하였다. 그는 하나님께 깊이 헌신된 경건한 마음에서 춤을 춘 것이었기 때문에 그것은 옳은 일이었을 뿐만 아니라 칭찬받을 만한 일이었다. 우리는 하나님께 가까이 나아갈 때마다 여호와 앞에서 즐거워하여야 하고(신 12:12), 구주이실 뿐만 아니라 왕이시고 만왕의 왕이신, 교회의 왕이시고 우리의 왕이신 주 예수 앞에서 즐거워하여야 한다.

II. 열등한 피조물들도 이 일을 기뻐하여야 한다(7-9절).   여기에 나오는 말씀은 우리가 앞서 보았던 것(시 96:11-13)과 그 취지가 동일하다: 바다는 외칠지어다. 바다는 여느 때처럼 무서운 소리를 내는 것이 아니라 즐거운 소리를 내도록 부르심을 받는다. 왜냐하면, 그리스도께서 오셔서 구원을 이루심으로써 이 세상의 환난들과 두려운 것들의 속성이 완전히 변하여서, 큰 물이 소리를 높이고 물결을 높일 때에 우리는 그것을 바다가 우리를 대적하여 큰 소리를 내는 것이 아니라 우리와 더불어서 즐거워하는 것으로 해석할 수 있게 되었기 때문이다. 큰 물은 사람들이 하듯이 박수를 쳐서 그들의 기쁨을 표현하라. 하나님께서 시내 산에서 율법을 주시러 강림하셨을 때에 그 앞에서 두려워 떨었던 산들은 그의 복음이 전파되고 주의 말씀이 여전히 작은 음성으로 시온으로부터 발하여질 때에 그 앞에서 기쁨으로 춤출지어다: 여호와 앞에서 산악이 함께 즐겁게 노래할지어다. 이것은 그리스도의 나라가 온 피조 세계에 축복이 되리라는 것을 보여준다. 또한, 이것은 열등한 피조물들이 창조주의 영광을 선포하는 것과 마찬가지로(시 19:1) 구속주의 영광을 선포한다는 것을 보여준다. 왜냐하면, 구속주로 말미암아 만물은 그 존재를 유지할 뿐만 아니라 그 질서를 유지하고 있기 때문이다. 또한, 이것은 인생들이 구속주께 합당한 공경을 드림에 있어서 부족함이 있을 것이기 때문에 그가 바다와 큰 물에서 그의 존귀함을 찾음으로써, 이로 인하여 인류의 어리석음과 배은망덕함이 드러나 인류가 부끄러워하게 되리라는 것을 보여준다. 이 시편은 마지막으로 우리가 그의 약속을 따라서 기다리고 있는 새 하늘과 새 땅을 언급하고 있는 것 같다(벧후 3:13). 그가 오실 것에 관한 이 두 번째 언급(첫 번째는 시 96편에 나온다)은 일차적으로 하늘과 땅을 비롯한 만물이 다 풀어져서 새롭게 될 그의 재림을 가리키는 것 같다. 그 때에 그는 의로 세계를 심판하시러 오실 것이다. 거룩함을 입은 모든 자들은 그 날을 기다리며 즐거워하고, 심지어 바다와 큰 물과 산들도 그들이 할 수 있는 대로 즐거워할 것이다. 우리는 베르길리우스가 이 시편들과 시빌(Sybil)의 신탁들을 염두에 두고서 지은 그의 네 번째 목가시를 한번 생각해 볼 수 있을 것이다. 그는 그 목가시에서 자신의 무지로 인하여 당시에 이루어질 것이라고 기대되고 있던 이 옛 예언들을 아시니우스 폴리오(Asinius Pollio)에게 적용한다. 왜냐하면, 그는 우리 구주께서 태어나시기 조금 전인 아우구스투스 가이사의 시대에 살았기 때문이다. 그는 사람들이 세상에 큰 축복이 될 한 아기가 하늘로부터 태어나서 황금 시대를 다시 열 것을 기대하고 있었다고 말한다.

새 인류가 높은 창공에서 강림하리라.
그렇게 해서 죄가 없어지게 될 것이다.
그대의 감화력이 온갖 부패의 흔적을 지워 버려서
경악할 일에서 세상을 해방시키리라.

그는 그 밖에도 사람들이 오랫동안 기다려 온 이 아기에 대하여 많은 말들을 하는데, 루도비쿠스 비베스(Ludovicus Vives)는 그 목가시에 대한 해설에서 이 많은 말들이 그리스도에게 적용될 수 있다고 생각한다. 베르길리우스는 여기에서 시편 기자가 하고 있는 것과 마찬가지로 그 일로 인하여 온 피조 세계가 기뻐할 것이라는 말로 자신의 목가시를 끝맺는다.

보라, 이 약속된 시대에는 만물이 기뻐하리라.
만물이 기뻐한다면, 우리가 왜 기뻐하지 않아야 하는가?

제
— 99 —
편

개요

이 시편은 앞의 시편들과 마찬가지로 여전히 사람들 가운데서 하나님의 나라의 영광들을 송축하면서, 우리에게 하나님을 찬송하도록 촉구한다. 그러나 앞의 시편들이 복음의 시대를 내다보고서 그 시대에 있을 은혜들과 위로들에 관하여 예언한 반면에, 이 시편은 구약 시대에 좀 더 집중해서 그 시대에 하나님의 영광과 은혜가 어떻게 나타났는지를 말하고 있는 것으로 보인다. 유대인들은 메시야의 나라와 복음적인 예배를 기다리면서도 당시 그들이 처해 있었던 하나님의 통치 체제와 그들에게 주어진 규례들을 무시했던 것이 아니라, 그러한 것들 속에서 하나님께서 그들을 다스리고 계신 것을 보았고, 모세의 율법에 따라서 하나님을 예배하였다. 우리는 장차 있을 좋은 것들에 관한 예언들로 인해서 현재에 우리에게 주어진 좋은 것들을 소중히 여기는 마음을 약화시켜서는 안 된다. 약속들은 진실로 이스라엘에게 속하였고, 그들은 그 약속들을 굳게 믿었다. 그렇지만 율법을 세우신 것과 하나님에 대한 예배도 그들에게 있었고, 그들은 그러한 것들도 마음을 다해서 지켜야 했다(롬 9:4). 그들은 이 시편에서 그런 일을 하도록 부르심을 받고 있지만, 그럼에도 불구하고 이 시편 속에는 그리스도에 관한 것이 많이 나온다. 왜냐하면, 교회의 통치는 그리스도께서 성육신 되기 이전에도 영원한 말씀의 수중에 들어 있었기 때문이다. 게다가 구약의 예식들은 복음적인 예배의 모형들이자 비유들이었다. 이 시편에서는 다음과 같은 두 가지를 들어서 이스라엘 백성에게 하나님을 찬송하고 높이며 그 앞에 경배하도록 요구한다. I. 그들이 거룩한 일이나 세속적인 일에 있어서 복된 통치 체제 아래에 있다는 것(1-5절). II. 복된 통치의 몇몇 예들(6-9절). 이 시편을 노래할 때, 우리는 복음을 통해서 우리에게 알려지게 된 하나님의 이름을 높이는 데에 집중하여야 하는데, 우리는 율법 아래에 살았던 자들보다도 그렇게 할 훨씬 더 많은 이유를 가지고 있다.

¹여호와께서 다스리시니 만민이 떨 것이요 여호와께서 그룹 사이에 좌정하시니 땅이 흔들릴 것이로다 ²시온에 계시는 여호와는 위대하시고 모든 민족보다 높으시도

다 ³주의 크고 두려운 이름을 찬송할지니 그는 거룩하심이로다 ⁴능력 있는 왕은 정의를 사랑하느니라 주께서 공의를 견고하게 세우시고 주께서 야곱에게 정의와 공의를 행하시나이다 ⁵너희는 여호와 우리 하나님을 높여 그의 발등상 앞에서 경배할지어다 그는 거룩하시도다

모든 신앙의 토대는 여호와께서 다스리신다는 진리에 놓여져 있다. 하나님은 그의 섭리를 통해서 세상을 다스리시고, 그의 은혜를 통해서 교회를 다스리시며, 그의 아들을 통해서 세상과 교회를 다스리신다. 우리는 주께서 살아 계신다는 것만이 아니라 주께서 다스리신다는 것을 믿어야 한다. 이것은 기독 교회의 승리이다. 여기에서 여호와께서 그들의 왕이시라는 것은 유대 교회의 승리였다. 이것으로부터 만민이 떨어야 한다는 결론이 도출된다.

1. 이 나라의 신민들은 떨어야 한다. 왜냐하면, 구약 시대에 여호와께서 베푸신 경륜 속에는 두려워해야 할 일들이 많이 있었기 때문이다. 시내 산에서 이스라엘, 심지어 모세 자신도 심히 두려워하여 떨었다. 그 때에 하나님은 그의 성소에서 두려우신 분이었다. 하나님께서는 그의 백성을 위하여 나타나셨을 때에 조차도 두려운 일들을 행하셨다. 그러나 우리는 지금 불이 붙는 산으로 나아가지 않아도 된다(히 12:18). 지금은 주께서 다스리시니 땅이 기뻐하여야 한다. 그 때에는 하나님께서 거룩한 두려움의 능력으로 다스리셨지만, 지금은 거룩한 사랑의 능력으로 다스리신다.

2. 이 나라의 원수들은 더욱더 떨어야 한다. 왜냐하면, 하나님께서는 그들을 그의 금으로 된 규에 복종시키시거나 그의 철장으로 부수실 것이기 때문이다. 만민이 분노하여 치를 떨지만 여호와께서는 다스리신다. 그들은 노심초사하지만, 그들이 격동하는 것은 다 허사이다. 하나님은 그들의 온갖 격동에도 불구하고 그의 거룩한 산 시온에 그의 왕을 세우실 것이다. 하나님은 시종일관 그들을 떨게 만드실 것이다(계 6:15 이하). 여호와께서 다스리시는 땅이 흔들릴 것이로다. 하나님께 순복하는 자들은 굳게 설 것이고 흔들리지 않을 것이다(시 96:10). 그러나 하나님을 반대하는 자들은 흔들리게 될 것이다. 하늘과 땅이 흔들릴 것이고, 만국이 흔들릴 것이다. 그러나 그리스도의 나라는 결코 흔들리지 않는다. 흔들릴 수 없는 것들은 영존하게 될 것이다(히 12:27). 그러한 것들은 영구할 것이다(사 64:5).

이스라엘 속에 세워진 하나님의 나라가 여기에서 시편 기자의 찬송의 주제가 되고 있다.

Ⅰ. 시편 기자는 두 가지를 천명한다.

1. 하나님께서 신앙의 일들을 주관하심: 여호와께서 그룹 사이에 좌정하시되(1절), 그의 보좌에 앉으셔서 거기에서 말씀을 발하셔서 영을 내리시며, 시은좌(施恩座)에 앉으셔서 사람들의 간구를 받으신다. 쉐키나 또는 하나님의 특별한 임재가 거룩한 천사들의 수종을 받으며 그들 가운데 있다는 것은 이스라엘의 영광이었다. 성전은 왕의 궁정이었고, 지성소는 왕을 알현하는 방이었다. 시온에 계시는 여호와는 위대하시다(2절). 거기에서 하나님은 알려져 계시고 찬송을 받으신다(시 76:1-2). 거기에서 하나님은 다른 어느 곳에서보다도 크신 분으로 섬김을 받는다. 거기에서 하나님은 모든 민족보다 높으시도다. 높은 곳은 두드러져서 잘 보이고 사람들이 우러러 보는 것과 마찬가지로, 시온에서 하나님의 완전하신 성품들은 다른 어느 곳에서보다도 더 두드러지고 뛰어나게 나타난다. 그러므로 시온에 거하며 거기에서 예배하는 자들은 주의 크고 두려운 이름을 찬송하고 주께 합당한 영광을 돌릴지니 그는 거룩하심이로다. 하나님의 이름은 거룩하기 때문에 하나님의 친구들에게는 진정으로 큰 것이 되고 그의 원수들에게는 두려운 것이 된다(3절). 이것은 위에 있는 천사들이 찬송하는 것이다 — 거룩하도다. 거룩하도다. 거룩하도다.

2. 하나님은 그들의 세속적인 통치 속에서 가장 중요하였다(4절). 예루살렘에 이스라엘의 증언(證言)이 있어서 지파들이 거기로 올라갔던 것과 마찬가지로, 거기에 심판의 보좌가 두어졌다(시 122:4-5). 그들의 통치는 신정 정치였다. 하나님은 다윗을 세우셔서 그들을 다스리게 하셨는데(어떤 이들은 이 시편이 다윗이 순조롭게 보좌에 앉게 된 때에 지어졌다고 생각한다), 다윗은 정의를 사랑하는 능력 있는 왕이었다. 다윗은 힘이 있었는데, 그의 모든 힘은 하나님에게서 나왔다. 위대한 왕들이 흔히 그런 것과는 달리, 다윗은 그의 힘을 잘못된 일들을 지지하는 데에 악용하지 않았고, 정의를 사랑하였다. 그는 자신의 권력으로 공의를 행하였고, 기쁨으로 그렇게 하였다. 이 점에서 다윗은 하나님께서 그의 조상 다윗의 위를 주셔서 정의와 공의를 행하게 하신 그리스도의 모형이었다. 그에게는 모든 것을 부숴버릴 힘이 있었지만, 그의 힘은 정의를 사랑하였다. 그는 가혹함으로 다스린 것이 아니라 절제와 지혜와 자애로움으로 다스렸다.

이스라엘 백성은 선한 왕을 가지고 있었다. 그러나 그들은 여기에서 그들의 왕으로 하여금 그렇게 다스리게 하시는 하나님을 바라보도록 가르침을 받는다. 주께서 공평을 견고하게 세우시고(즉, 하나님은 그들에게 그러한 뛰어난 법들을 주셨다), 주께서 야곱에게 정의와 공의를 행하시나이다. 하나님은 자신의 직접적인 섭리들을 베푸심으로써 흔히 자신의 법들을 집행하고 시행하셨지만, 자신의 영을 받아서 통치하는 방백들을 통해서 사람들 가운데 공의를 베푸셨다. 그들의 재판관들은 하나님 대신에 재판한 것이기 때문에, 그들의 재판은 하나님의 재판이었다(대하 19:6).

II. 이 두 가지를 아울러 고찰할 때, 우리는 이스라엘이 다른 민족들보다 큰 복을 받은 것이 무엇이었는지를 보게 된다. 시편 기자는 모세가 말했던 것과 마찬가지로(신 4:7-8), 하나님께서 그룹 사이에 좌정하셔서 그들에게 가까이 하시는 것과 하나님께서 공의로운 규례와 법도를 주셔서 야곱을 친히 다스리심으로써 공평히 견고하게 선 것을 이스라엘의 복으로 제시하고서, 그것에 근거하여 이 복된 백성에게 다음과 같이 명령한다(5절): "너희는 여호와 우리 하나님을 높여 여호와 그의 발등상 앞에서 경배할지어다. 하나님께서 교회와 나라에서 너희 가운데 선한 통치가 견고히 서게 하신 것에 대하여 하나님께 영광을 돌리라." 좀 더 살펴보자.

1. 하나님께서 공적인 긍휼을 더 많이 베푸셔서 우리로 하여금 그 유익을 얻게 하시면 하실수록, 우리는 공적으로 하나님께 충성을 맹세하는 일에 더욱 참여하여야 한다. 특히, 우리는 하나님께서 그리스도의 나라를 세우신 것을 우리가 찬송해야 할 일로 삼아야 한다.

2. 우리가 하나님께 가까이 나아가서 하나님을 예배할 때, 우리는 우리의 마음을 하나님에 대한 고귀한 생각들로 가득 채워야 하고, 우리의 영혼 속에서 하나님을 높여야 한다.

3. 우리가 하나님 앞에서 우리 자신을 더 낮추고 무릎을 꿇으면 꿇을수록, 우리는 하나님을 더욱더 높이는 것이 된다. 우리는 그의 발등상 앞에서, 즉 그의 법궤 앞에서 경배하여야 한다. 왜냐하면, 그룹 사이에 있었던 법궤의 속죄소(시은좌)가 하나님의 발등상이었기 때문이다. 또는, 우리는 하나님의 궁정의 바닥에 엎드려야 한다. 우리는 이렇게 하나님을 공경할 충분한 이유를 가지고 있는데, 그것은 그는 거룩하시다는 것이다. 하나님의 거룩하심은 천사들에게와 마찬

가지로 우리에게 경외심을 불러일으킨다(사 6:2-3).

[6]그의 제사장들 중에는 모세와 아론이 있고 그의 이름을 부르는 자들 중에는 사무엘이 있도다 그들이 여호와께 간구하매 응답하셨도다 [7]여호와께서 구름 기둥 가운데서 그들에게 말씀하시니 그들은 그가 그들에게 주신 증거와 율례를 지켰도다 [8]여호와 우리 하나님이여 주께서는 그들에게 응답하셨고 그들의 행한 대로 갚기는 하셨으나 그들을 용서하신 하나님이시니이다 [9]너희는 여호와 우리 하나님을 높이고 그 성산에서 예배할지어다 여호와 우리 하나님은 거룩하심이로다

하나님의 통치를 받는 이스라엘의 복이 여기에서 하나님의 통치와 관련된 몇몇 구체적인 예들, 특히 당시에 이스라엘 백성의 주요한 지도자들과 가장 유능하고 활동적인 통치자들에 대한 거론을 통해서 추가적으로 제시된다. 모세와 아론을 통해서는 신정 정치 또는 하나님에 의한 통치가 시작되었고(왜냐하면, 그들은 이스라엘을 하나의 민족으로 형성하는 데에 쓰임을 받았기 때문에), 사무엘을 통해서는 그러한 통치 형태가 대체로 종말을 고했다. 왜냐하면, 이스라엘 백성은 사무엘을 배척하고서 그에게 물러날 것을 요구하였을 때, 성경에서는 그들이 다른 모든 나라들 같이 왕을 갖고자 하여 하나님이 그들의 왕이 되어서 직접적으로 그들을 통치하지 못하도록 하나님을 배척한 것이라고 말하고 있기 때문이다(삼상 8:7). 모세는 아론과 마찬가지로 그의 제사장들 중에 있다고 본문에서는 말한다. 왜냐하면, 모세는 그가 아론과 그의 아들들을 성별하여서 제사장으로 세우기 전까지 제사장의 직무를 수행하였기 때문이다. 그러므로 유대인들은 모세를 제사장 중의 제사장이라고 부른다. 이제 이 3명의 주요한 지도자들과 관련해서 다음과 같은 것들을 살펴보자.

I. 그들은 하나님과 친밀한 교통을 가졌고, 하나님은 그들에게 놀라운 은총을 허락하셨다. 세상의 그 어떤 민족도 이와 같이 하늘과 교통한 이 세 인물 같은 자를 배출하지 못하였는데, 하나님은 이 세 사람을 이름으로 아셨다(출 33:17).

1. 그들은 은혜로 하나님을 섬김. 그 어떤 나라도 이스라엘 나라의 이 세 사람처럼 하나님을 존귀하게 해 드린 사람을 갖지 못하였다.

(1) 그들은 기도를 통해서 하나님을 존귀하게 하였다. 사무엘은 하나님의 제

사장들 가운데 속하지는 않지만 그의 이름을 부르는 자들 중에 있었다. 그들은 모두 그들이 여호와의 이름을 부른 것으로 유명하였다. 그들은 그들 자신의 지혜나 재능을 의지했던 것이 아니라, 일이 있을 때마다 하나님께 나아가 하나님을 의지하였고, 그들의 소원은 하나님을 향해 있었다.

(2) 그들은 순종을 통해서 하나님을 존귀하게 하였다: 그들은 그가 그들에게 주신 증거와 율례를 지켰도다. 그들은 그들이 해야 할 도리를 꼼꼼히 알고 있었고, 모든 일에서 하나님의 말씀과 법을 그들의 규범으로 삼았다. 왜냐하면, 그들은 그렇게 하지 않는다면 하나님께서 그들의 기도를 응답해 주시리라는 것을 기대할 수 없다는 것을 잘 알고 있었기 때문이다(잠 28:9). 모세는 하나님께서 그에게 보여주신 식양을 따라서 모든 일을 행하였다. 성경에는 모세가 하나님이 자기에게 명하신 대로 다 준행하였더라는 말씀이 자주 반복되어 나온다. 아론과 사무엘도 마찬가지였다. 하나님의 증거들을 지키고 하나님의 말씀의 율례를 따르는 데 있어서 가장 뛰어난 자들이 가장 위대하고 존귀한 자들이다.

2. 하나님께서 은혜로 그들을 열납하심: 여호와께서 그들에게 응답하셨고, 그들이 여호와의 이름을 부르며 구한 것들을 그들에게 허락하셨다. 그들은 모두 기도를 통해서 하나님을 놀라울 정도로 잘 설득하였다. 그들의 특별한 간구를 통해서 이적들이 일어났다. 아니, 하나님께서는 스스로를 낮추셔서 간구하는 자를 들어 주시는 왕으로서 그들이 원한 것을 그들을 위하여 해 주셨을 뿐만 아니라, 서로 친밀하게 대화하는 친구로서 그들과 교통하셨다(7절): 여호와께서 구름 기둥 가운데서 그들에게 말씀하셨다. 하나님은 사무엘에게 자주 말씀하셨다. 어릴 적부터 여호와의 말씀이 사무엘에게 임하였고, 아마도 종종 하나님은 빛나는 구름 속에서 사무엘에게 말씀하셨을 것이다. 하지만 모세와 아론에게 하나님은 흔히 저 유명한 구름 기둥 가운데서 말씀하셨다(출 16:10; 민 12:5). 시편 기자는 지금 이스라엘 백성의 믿음을 견고하게 하기 위하여 구름 기둥 같이 하나님의 임재를 보여주는 유형의 표적들이 그들에게 매일 있는 것은 아니지만 그들의 민족의 처음 창시자였던 인물들과 그들의 위대한 개혁자였던 인물에게 하나님께서는 이렇게 자기 자신을 나타내시기를 기뻐하셨다는 것을 상기시킨다.

Ⅱ. 그들이 이스라엘에 대하여 선한 직분을 감당함. 그들은 이스라엘 백성을 위하여 중보 기도하였고, 그들과 관련하여 수많은 평안의 응답을 얻어 내

기도하였다. 모세가 죽은 자와 산 자 사이에 섰을 때에 염병이 그치니라. 이스라엘이 곤경에 처해 있었을 때, 사무엘은 그들을 위하여 여호와께 부르짖었다(삼상 7:9). 이 일이 여기에 언급되어 있다(8절). "여호와 우리 하나님이여 주께서는 그들에게 응답하셨고, 주는 그들이 위하여 기도하였던 백성을 용서하신 하나님이시니이다. 그들의 행한 대로 받기는 하셨으나, 주께서는 그들을 그들이 저지른 죄에 합당하게 끊어 버리셔서 민족이 되지 못하게 하시지는 않으셨나이다." "주께서 그들의 행한 대로 갚고자 하셔서, 주의 진노가 극심하여 그들을 완전히 쪼개어서 엎어 버리고자 하실 찰나에도 그들의 간구로 말미암아 주는 그 백성을 용서하시고 살려 주신 하나님이시니이다(하몬드 박사의 해석)." 이러한 일들은 하나님께서 다른 어느 민족보다도 이스라엘을 특별히 다스리고 계심을 보여주는 수많은 주목할 만한 사례들 중의 일부였고, 시편 기자는 이것을 근거로 백성에게 다시 한 번 하나님을 찬송하도록 권고한다(9절). "하나님께서 최근에와 마찬가지로 이전에 우리를 위하여 행하신 일을 인하여 여호와 우리 하나님을 높이고, 하나님께서 지금 그의 성전을 세우셨고 머지않아 그의 왕을 세우실(시 2:6) 시온, 그 성산에서 예배할지어다. 연합의 구심점인 거기에서 하나님의 모든 이스라엘은 함께 만나서 하나님께 경배를 드려야 할지니, 이는 여호와 우리 하나님은 거룩하심이고, 그의 거룩한 율법에서만이 아니라 그의 거룩한 복음을 통해서 그가 그러하시다는 것을 나타내 보이시기 때문이니이다."

제
— 100 —
편

개요

많은 사람들이 신앙적인 집회에서 이 시편을 아주 자주 노래하는 데에는 그만한 이유가 있는데, 그것은 이 시편이 우리가 예배 속에서 하나님께 나아갈 때에 하나님을 향한 경건하고 헌신된 마음을 표현하고 촉발시키는 데에 매우 적합하기 때문이다. 우리의 마음이 본문에 나오는 말씀들과 보조를 같이 한다면, 우리는 이 시편을 통해서 여호와께 찬송을 올려 드리게 될 것이다. 유대인들은 이 시편이 그들의 감사제 때에 부르도록 지어졌다고 말하는데, 아마도 그런 것 같다. 그러나 우리는 이 시편 속에는 구약 시대에 관한 특별한 내용이 전혀 없을 뿐만 아니라 온 땅에게 하나님을 찬송하라는 부르심으로 이 시편이 시작되고 있는 것으로 보아서 이 시편은 분명히 복음 교회에까지 미치고 있다고 말할 수 있다. I. 우리는 하나님을 찬송하고 기뻐하라고 부르심을 받는다(1-2, 4절). II. 우리는 찬송할 거리를 제공받는다. 우리는 하나님께서 계시다는 것과 하나님과 우리의 관계(3절), 하나님의 긍휼하심과 진실하심(5절)을 생각하여 하나님을 찬송하여야 한다. 이러한 것들은 분명하고 평범한 내용들이기 때문에, 기도의 내용으로 삼기에 더욱 적합하다.

〔감사의 시〕

[1] 온 땅이여 여호와께 즐거운 찬송을 부를지어다 [2] 기쁨으로 여호와를 섬기며 노래하면서 그의 앞에 나아갈지어다 [3] 여호와가 우리 하나님이신 줄 너희는 알지어다 그는 우리를 지으신 이요 우리는 그의 것이니 그의 백성이요 그의 기르시는 양이로다 [4] 감사함으로 그의 문에 들어가며 찬송함으로 그의 궁정에 들어가서 그에게 감사하며 그의 이름을 송축할지어다 [5] 여호와는 선하시니 그의 인자하심이 영원하고 그의 성실하심이 대대에 이르리로다

I. 찬송하라는 권면들은 매우 끈질기다. 이 시편은 실제로 찬송시라는 이름 값을 한다. 이 시편은 우리가 최근에 몇 차례 접했던 부름(1절), 즉 온 땅이여,

땅의 모든 거민들이여, 여호와께 즐거운 찬송을 부를지어다는 부름으로 시작된다. 모든 민족이 제자화되고, 복음이 모든 피조물에게 전파될 때, 이러한 부름은 온전한 화답을 받게 될 것이다. 그러나 우리가 앞의 시편을 유대 교회를 향하여 그들이 현재 처해 있는 하나님 나라의 통치를 기뻐하라는 부름으로 본다면(그 시편 이전의 4개의 시편은 메시야의 시대를 위한 것이었다), 이 시편은 아마도 온 땅에서 유대인의 종교로 개종한 개종자들을 위한 것인 것 같다. 하지만 우리는 여기에서 다음과 같은 것들을 보게 된다.

1. 하나님을 예배하라는 강력한 초대. 하나님은 우리를 필요로 하지도 않으시고 우리가 가지고 있거나 행할 수 있는 그 어떤 것을 필요로 하지도 않으시지만, 우리가 여호와를 섬기고 그를 섬기는 데에 헌신하며 쓰임받게 되는 것이 하나님의 뜻이다. 우리는 모든 일에 있어서 하나님의 법에 순종함으로써 그를 섬길 뿐만 아니라, 하나님께서 정해 놓으신 예식들, 그가 자기 자신을 나타내시겠다고 약속하신 규례들을 통해서 그의 앞에 나아가고(2절) 그의 문에 들어가며 그의 궁정에 들어가서(4절) 그의 종들 가운데서 그에게 수종들며, 그가 계시는 궁정에서 자리를 지켜야 한다. 은밀한 골방에서이든 가족 예배에서이든 모든 예배 행위 속에서 우리는 하나님 앞에 나아가 하나님을 섬기게 된다. 그러나 우리가 그의 문에 들어가며 그의 궁정에 들어가는 것은 특히 공적인 예배를 통해서이다. 이스라엘 백성은 성소에 들어가는 것이 허락되지 않았다. 거기에는 오직 제사장들만이 들어가서 수종들었다. 그러나 일반 백성들은 하나님의 전인 궁정(뜰)에 자신의 자리가 허락되어서 거기에서 하나님을 수종들 수 있다는 것에 대하여 감사하여야 한다.

2. 하나님을 예배할 때 기쁜 마음으로 그렇게 하라고 격려함(2절): 기쁨으로 여호와를 섬길지어다. 이것은 복음 시대에 특별히 기뻐할 일이 있게 되리라는 것을 말해 주는 예언이다. 여기에서는 그것을 예배의 규범으로 제시하고 있다: 우리는 하나님을 기쁨으로 섬겨야 한다. 거룩한 기쁨을 통해서 우리는 진정으로 하나님을 섬기게 된다. 하나님을 기뻐하는 것은 하나님께 영광이 된다. 우리는 거룩한 기쁨으로 하나님을 섬겨야 한다. 복음으로 예배하는 자들은 기쁨으로 예배하는 자들이 되어야 한다. 우리는 정직한 마음으로 하나님을 섬겨야 하고, 기쁜 마음으로 하나님을 섬겨야 한다. 우리는 여호와의 집에 올라가자는 부름을 받았을 때에(시 122:1) 하나님과 교통하는 것을 우리의 삶의 낙으로 여기고서,

기쁜 마음으로 기꺼이 적극적으로 그렇게 하여야 한다. 우리는 하나님께 나아가는 것을 즐거워하고 기뻐하여야 하며, 우리의 모든 도리를 통해서 우리의 큰 기쁨이신 하나님께 나아가서 여기에 있는 것이 좋으니이다라고 말해야 한다(시 43:4). 우리는 노래하면서 그의 앞에 나아가야 하는데, 기쁨의 노래만이 아니라 찬송의 노래를 가지고 나아가야 한다. 감사함으로 그의 문에 들어갈지어다(4절). 우리는 기뻐함을 통해서 스스로 위로를 받을 뿐만 아니라 하나님을 영화롭게 함으로써, 하나님께서 우리의 기쁨을 통하여 찬송을 받으시도록 하여야 한다. 그에게 감사하며 그의 이름을 송축할지어다. 즉,

(1) 우리는 하나님께서 우리에게 그를 섬기도록 허락하신 것을 은총으로 여겨야 하고, 하나님께서 우리에게 그에게 나아갈 수 있도록 허락하신 것과 규례들을 제정하셔서 우리로 하여금 그러한 규례들을 통해서 하나님을 계속해서 만날 수 있게 하신 것에 대하여 감사를 드려야 한다.

(2) 우리는 우리의 모든 섬김들 속에 항상 찬송과 감사가 있게 하여야 한다. 찬송과 감사라는 이 황금 실은 우리의 모든 도리를 관통하여야 한다(히 13:15). 왜냐하면, 찬송과 감사는 천사들의 일이기 때문이다. 모든 섭리 속에서와 마찬가지로 모든 규례 속에서 모든 일에서 감사를 드리라.

II. 찬송해야 할 일과 그렇게 해야 할 이유들은 매우 중요하다(3, 5절).

하나님이 그 자체로 어떤 분이시고, 하나님이 너희에 대하여 어떤 분이신지를 알라. 아는 것은 헌신과 모든 순종의 어머니라는 것을 명심하라. 맹목적인 제사는 모든 것을 보시는 하나님을 결코 기쁘시게 해 드리지 못할 것이다. "그것을 알라. 그것을 깊이 생각하고 적용하라. 그리하면, 너희는 하나님을 예배함에 있어서 더욱 친밀하고 변함이 없으며 더욱 진지하고 진심이 담기게 될 것이다." 그러므로 우리는 우리의 모든 예배 행위들 속에서 우리가 상대해야 하는 주 여호와에 관하여 다음과 같은 일곱 가지를 알아야 한다.

1. 여호와가 하나님이시라는 것. 여호와는 유일하게 살아 계시며 참되신 하나님이시며, 무한히 완전하시고 스스로 존재하시며 스스로 충족하신 분이시고, 모든 존재의 근원이 되신다. 그는 우리와 같은 사람이 아니라 하나님이시다. 그는 우리가 도무지 헤아릴 수 없고 모든 것에서 독립적이신 영원한 영이시고 최초의 원인이심과 동시에 최종적인 목적이시다. 이방 사람들은 그들 자신이 스스로 생각해내서 만들어 낸 피조물을 예배하였다. 장인들이 그것을 만들었

기 때문에, 그것은 하나님이 아니다. 우리는 우리와 온 세계를 만드신 분을 예배한다. 그는 하나님이시고, 그 외에 신을 자칭하는 모든 다른 것들은 헛된 것이고 거짓으로서 하나님은 그 모든 것들에 대하여 승리를 거두셨다.

2. 그가 우리의 창조주시라는 것: 우리를 지으신 이는 하나님이시고 우리 자신이 아니다. 나는 내 자신이 존재한다는 것을 발견하지만, 내가 스스로 있는 자다라고 말할 수 없기 때문에, 내가 어디에서 온 것인지를 묻지 않을 수 없다. 누가 나를 지으신 것인가? 나를 지으신 하나님은 어디에 계신가? 그분은 주 여호와이시다. 그는 우리에게 존재를 부여하셨고, 이런 존재를 부여하셨다. 그는 우리의 몸을 지으신 자요 우리의 영의 아버지이시다. 우리는 우리 자신을 짓지 않았고 지을 수도 없었다. 스스로 존재하는 것은 하나님의 대권이다. 우리의 존재는 다른 존재에게서 나온 것이고 다른 존재에 의존되어 있다.

3. 그러므로 그는 우리의 합법적인 소유자시라는 것. 마소라 학자들은 히브리어 원문에서 한 글자를 변경해서 이 본문을, 그는 우리를 지으셨고 우리는 그의 것이다 또는 우리는 그에게 속해 있다라고 읽는다. 이 두 가지 읽기를 한데 종합해 보면, 우리는 하나님께서 우리를 지으셨고 우리 자신이 우리를 지은 것이 아니기 때문에 우리는 우리 자신의 것이 아니라 하나님의 것이라는 것을 알게 된다. 하나님은 우리와 만물에 대한 소유권, 그 누구도 이의를 제기할 수 없는 소유권을 가지고 계신다. 우리는 하나님의 것으로서, 그의 능력으로 활동하고, 그의 뜻에 의해서 좌지우지되며, 그의 존귀와 영광에 헌신되어 있다.

4. 그는 우리의 왕적인 통치자시라는 것: 우리는 그의 백성 또는 신민들이고, 그는 우리의 왕이며 통치자로서 도덕적인 주체들은 우리들에게 겁을 주시고 우리가 행하는 일에 대하여 우리에게 책임을 물으신다. 대저 여호와는 우리 재판장이시요 여호와는 우리에게 율법을 세우신 이시다. 우리는 우리 마음대로 행할 자유를 갖고 있지 않기 때문에, 하나님께서 명령하시는 대로 행하도록 항상 주의하여야 한다.

5. 그는 우리에게 풍성한 은혜를 베푸시는 자시라는 것. 우리는 그의 양일 뿐만 아니라, 그의 기르시는 양, 그의 목장의 양(어떤 이들은 이렇게 읽는다)이다. 우리는 그가 기르시는 양이기 때문에 그의 손이 돌보시는 양으로서 그의 처분에 맡겨져 있다(시 95:7). 우리를 지으신 하나님은 우리를 기르시고, 우리에게 온갖 좋은 것들을 풍부하게 주셔서 누리게 하신다.

6. 그는 한없는 긍휼하심과 선하심을 지니신 하나님이시라는 것(5절): 여호와는 선하시기 때문에 선을 행하신다. 그의 긍휼하심은 영원하다. 그것은 아무리 길어도 결코 마르지 않는 샘이다. 지금 하나님의 긍휼하심으로 인하여 거룩하게 된 그릇들인 성도들은 영원토록 하나님의 긍휼하심을 증거하는 영광스러운 기념비들이 될 것이다.

7. 그는 깨뜨려질 수 없는 진실하심과 성실하심을 지니신 하나님이시라는 것: 그의 진실하심은 대대에 이르기 때문에, 그가 하신 말씀은 하나도 낡거나 무효화되어서 땅에 떨어지지 않을 것이다. 이 약속은 대대로 모든 자손에게 확실한 약속이다.

제 — 101 — 편

개요

이 시편 속에서 하나님의 마음을 닮은 사람의 영성이 그대로 녹아 들어 있는 것으로 보아서, 이 시편의 저자는 분명히 다윗이다. 이 시편은 다윗이 자신의 가문과 이스라엘 나라에 대한 책임을 맡게 되었을 때에 하나님께 행한 엄숙한 서원이다. 이 시편은 그가 사울의 죽음 직후에 실질적인 통치를 하게 된 때에 지어진 것인지(어떤 이들은 그렇게 생각한다), 또는 그가 온 이스라엘을 통치하기 시작하면서 법궤를 다윗 성으로 모셔왔을 때에 지어진 것인지(어떤 이들은 이렇게 생각한다)는 별로 중요하지 않다. 이 시편은 왕이 선정을 베푸는 것 또는 왕이 미덕과 경건을 유지함으로써 선정을 베푸는 것과 관련된 뛰어난 계획 또는 모델이다. 그러나 이 시편은 사사로운 가정들에도 적용될 수 있다. 이 시편은 가장의 시편이다. 이 시편은 크든 작든 권세를 지닌 모든 자들에게 그들의 권세가 악을 행하는 자들에게는 두려움이 되고 선을 행하는 자들에게는 칭송의 대상이 되도록 사용하라고 가르친다. 여기에는 다음과 같은 내용들이 나온다. I. 다윗이 서원한 전체적인 내용(1-2절). II. 서원의 구체적인 내용들. 그는 온갖 악행을 미워하고 용납하지 않으며(3-5, 7-8절), 미덕을 사랑하고 권장하겠다는 것(6절). 어떤 이들은 이 시편이 주의 도성인 자신의 교회를 이러한 규율들을 통해서 다스리시고 의를 사랑하시며 악을 미워하시는 다윗의 자손 그리스도에게 아주 잘 들어맞는다고 생각한다. 이 시편을 노래할 때, 가족들은 다스리는 자들이나 다스림을 받는 자들이나 여기에 나오는 규율을 따라서 행하도록 자기 자신과 서로를 가르치고 권면하며 실제로 그렇게 행함으로써 평안히 그들 위에 임하고 하나님의 임재가 그들과 함께 하도록 하여야 한다.

〔다윗의 시〕

¹내가 인자와 정의를 노래하겠나이다 여호와여 내가 주께 찬양하리이다 ²내가 완전한 길을 주목하오리니 주께서 언제까지 내게 임하시겠나이까 내가 완전한 마음으로 내 집 안에서 행하리이다 ³나는 비천한 것을 내 눈 앞에 두지 아니할 것이요 배교자들의 행위를 내가 미워하오리니 나는 그 어느 것도 붙들지 아니하리이다 ⁴사악

한 마음이 내게서 떠날 것이니 악한 일을 내가 알지 아니하리로다 ^{5}자기의 이웃을 은근히 헐뜯는 자를 내가 멸할 것이요 눈이 높고 마음이 교만한 자를 내가 용납하지 아니하리로다 ^{6}내 눈이 이 땅의 충성된 자를 살펴 나와 함께 살게 하리니 완전한 길에 행하는 자가 나를 따르리로다 ^{7}거짓을 행하는 자는 내 집 안에 거주하지 못하며 거짓말하는 자는 내 목전에 서지 못하리로다 ^{8}아침마다 내가 이 땅의 모든 악인을 멸하리니 악을 행하는 자는 여호와의 성에서 다 끊어지리로다

다윗은 여기에서 선한 방백과 선한 가장이 따라야 할 모범을 자기 자신과 다른 사람들에게 제시하고 있다. 방백들과 가장들이 그들의 본분과 도리를 주의 깊게 수행한다면, 그것은 나라와 가족이 전체적으로 새롭게 되는 데에 아주 큰 기여를 하게 될 것이다. 좀 더 살펴보자.

I. 이 시편의 핵심적인 주제(1절).   내가 인자와 정의를 노래하겠나이다.

1. 이것은 하나님의 긍휼하심과 공의를 말하는 것일 수 있다. 그렇기 때문에 이 시편은 다윗이 처음으로 왕으로 기름 부음을 받은 때로부터 하나님께서 섭리를 통하여 다윗에게 베푸신 일들을 회고한다. 그동안에 다윗은 한편으로는 무수한 비난과 많은 역경을 겪었고, 다른 한편으로는 하나님께서 그를 위하여 베푸신 수많은 놀라운 구원들과 은총들을 경험하였었다. 이러한 것들에 대하여 그는 하나님께 노래하고자 한다. 좀 더 살펴보자.

(1) 자기 백성에 관한 하나님의 섭리들은 보통 긍휼하심과 심판이 섞여 있다. 하나님의 섭리들은 소나기와 햇빛이 서로 뒤섞인 4월의 날들과 같아서 거기에는 긍휼하심과 심판이라는 서로 대립적인 요소가 뒤섞여 있다. 이것은 다윗과 그의 가문의 경우에도 그러하였다. 법궤를 예루살렘 성으로 되찾아온 것은 긍휼하심이었지만, 그 과정에서 웃사가 죽은 것은 심판이었다.

(2) 하나님께서 우리에게 그의 섭리를 베푸시면서 긍휼하심과 심판을 서로 뒤섞어 놓으실 때, 긍휼하심과 심판을 둘 다 노래하는 것이 우리의 도리이다. 우리는 이 두 가지 모두로부터 적절한 교훈을 받아야 하고, 이 두 가지 모두에 대하여 하나님께 적절하게 감사하여야 한다. 이 본문에 대한 갈대아 역본의 의역(意譯)은 주목해 볼 만하다: 주께서 내게 긍휼을 베푸시든 심판을 베푸시든, 여호와여, 주 앞에서 나는 그 모든 것을 인하여 주께 찬송하리이다. 우리의 외적인 처지가 어떠하든지, 우리가 기쁘든지 슬프든지, 우리는 그런 것과는 상관없이 하

나님께 영광을 돌리고 하나님께 찬송을 드려야 한다. 모든 일이 잘되어 형통한다고 해서 하나님을 찬송하기를 잊어버리거나 환난을 만나서 괴로운 처지가 되어 하나님을 찬송할 마음이 내키지 않게 되는 일이 없어야 한다.

2. 이것은 다윗의 긍휼과 공의를 가리키는 것으로 이해될 수도 있다. 그는 이 시편에서 자기가 긍휼을 베풀고 의로우며 지혜롭게 행하겠다고 약속하고자 한다. 왜냐하면, 여기서 심판이나 공의를 가리키는 단어는 흔히 사려분별(思慮分別)을 가리킬 때에도 사용되기 때문이다. 의롭게 행하고 긍휼을 사랑하는 것은 우리의 본분과 도리의 총체이다. 다윗은 그에게 일어났던 하나님의 다양한 섭리들을 깊이 숙고하면서, 하나님께서 그를 부르신 자리 속에서 그러한 것들을 꼼꼼히 행하겠다고 언약하고자 한다. 하나님께서 가족에게 베푸시는 긍휼하심들과 가족에게 베푸시는 환난들은 둘 다 그 가족을 경건으로 부르시는 것들이다. 다윗은 자신의 서원을 마음속에 더 깊이 명심하고 자주 그 서원한 것을 되돌아보며, 다른 사람들에게 더 잘 전달되고 그의 가문 속에서 더 잘 보존되어서 그의 아들들과 후계자들이 본을 삼을 수 있도록 하기 위하여 자신의 서원을 노래 또는 시편으로 옮겨 놓았다.

II. 자신의 궁정에서 스스로 주의깊고 양심적으로 행하겠다는 다윗의 전체적인 결심(2절). 우리는 여기에서 다음과 같은 것들을 볼 수 있다.

1. 그의 행실과 관련된 선한 목적. 전반적인 그의 행실과 관련하여, 즉 그가 모든 일에서 스스로 어떻게 처신할 것인지와 관련해서 그는 아무런 목적도 없이 천방지축으로 행하는 것이 아니라 규범을 따라서 살고자 하고, 비록 왕이지만 엄숙한 언약을 통해서 선한 행실만을 행하겠다고 스스로를 묶어 두고자 한다. 또한, 그는 그의 가족 내에서의 자신의 행실과 관련해서도 그렇게 하겠다고 약속한다. 그는 보좌에 앉아서 많은 사람들 앞에서 행할 때에 앞에서 말한 것과 같이 하겠다고 약속할 뿐만 아니라, 그의 집안에서 행하는 것과 관련해서도 그렇게 하겠다고 약속한다. 집안에서는 그는 세상 사람들의 이목에서 벗어나 있기는 하겠지만, 거기에서도 여전히 자기 자신이 하나님의 눈 아래에 있다는 것을 알고 있었다. 우리가 밖에 나가서 사람들 앞에 있을 때에 우리의 경건을 유지하는 것만으로는 충분하지 않다. 우리는 우리의 가족 내에서도 우리의 신앙으로 우리 자신을 다스려야 한다. 공직에 있는 자들은 공직에 있다는 이유로 자신의 가족을 세심하게 다스리는 것으로부터 면죄받지 못한다. 아니, 오히

려 그런 자들은 자기 집을 잘 다스리는 선한 모범을 보이는 데에 더욱 관심을 가져야 한다(딤전 3:4). 다윗은 국사로 몹시 바빴을 때에도 자기 가족을 축복하기 위하여 집으로 되돌아왔다(삼하 6:20). 다윗은 다음과 같이 결심한다.

(1) 양심적으로 아무 흠이 없이 온전하게 행하고, 하나님의 계명의 길로 완전한 길로 행하겠다는 것. 그것은 완전한 길이다. 왜냐하면, 여호와의 법은 완전하기 때문이다. 이것을 그는 완전한 마음으로, 즉 하나님이나 사람들에게 그 어떤 가식도 없이 온전히 진실하게 행하고자 한다. 우리가 하나님의 말씀을 우리의 규범으로 삼고, 그 규범에 의해서 다스림을 받으며, 하나님의 영광을 우리의 목적으로 삼고서 그것을 위하여 행할 때, 우리는 완전한 마음으로 완전한 길로 행하는 것이 된다.

(2) 사려깊고 분별력있게 행하겠다는 것: 내가 스스로 지혜롭게 행하리이다. 어떤 이들은 이 본문을 내가 나 자신을 깨우치고 가르쳐서 완전한 길로 행하겠다는 의미로 해석한다. 나는 신중하고 용의주도하게 행할 것이다. 우리는 모두 기독교적인 경건의 길들 속에서 기독교적인 사려 분별의 규범들을 따라서 행하기로 결심하여야 한다. 우리는 스스로 지혜롭게 행한다는 미명 하에 완전한 길에서 결코 벗어나서는 안 된다. 도리어, 우리는 선한 길을 굳게 지키는 가운데 뱀처럼 지혜로워야 한다.

2. 선한 기도: 주께서 언제 내게 임하시겠나이까? 어떤 사람이 자기 자신의 집을 갖게 되었을 때에 하나님께서 그에게 오셔서 그의 집에서 그와 함께 거하시게 되는 것은 바람직한 일이라는 것을 명심하라. 완전한 마음으로 완전한 길로 행하는 자들은 하나님의 임재를 기대할 수 있다. 성경의 역사가가 다윗에 대하여 기록해 놓은 글을 살펴보면(삼상 18:14), 우리는 그 글이 다윗의 목적과 기도와 얼마나 정확하게 잘 맞아떨어지는지를 발견할 수 있게 된다. 다윗의 결심과 기도는 결코 헛된 것이 아니었다. 다윗은 그가 약속한 대로 그의 모든 일을 지혜롭게 행하였다. 그리고 그가 기도했던 대로, 여호와께서 그와 함께 계셨다.

III. 스스로 그 어떤 악도 행하지 않겠다는 다윗의 구체적인 결심(3절). "나는 악한 것(개역에서는 비천한 것)을 내 눈 앞에 두지 아니하리이다. 나는 하나님의 영광을 위한 일이나 나라와 백성에게 좋은 일 이외에는 그 어떤 것도 계획하거나 목적으로 삼지 않으리이다." 다윗은 자신의 신민들을 착취해서 스스로 치부하거나 그들의 고유한 권리를 침해함으로써 자신의 권력을 확장하는 일

따위는 전혀 하지 않겠다고 결심한다. 우리가 세상과 관련된 모든 일들을 행할 때에 우리는 하고자 하는 일이 옳고 선한 일이고 그 어떤 금지된 실과가 아니라는 것을 살펴야 하고, 죄를 짓지 않고서는 우리가 가질 수 없는 그런 것을 결코 추구하지 않아야 한다. 눈을 감아서 악을 보지 아니하는 것이 선한 자의 도리이다(사 33:15). "아니, 나는 공평의 길에서 떠난 자들의 행위를 미워하되(욥 31:7), 내가 그것을 피할 뿐만 아니라 그것을 혐오한다. 나는 그 어느 것도 붙들지 아니하리이다. 내 손에 불의한 것이 한 점이라도 묻어 있다면, 나는 내 손을 속히 씻어 버리겠나이다."

IV. 악한 종들을 두지 않을 것이고, 자기 주변의 사악한 자들을 쓰지 않겠다는 다윗의 결심. 다윗은 그들로 하여금 더욱 마음을 완악케하여 악행을 저지르지 않도록 하고, 다른 사람들로 하여금 그들과 같이 행하도록 권장하는 꼴이 되지 않도록 하기 위하여 그들을 지지하거나 그들에게 어떤 호의를 보이고자 하지 않는다. 다윗은 그들이 그의 가문 속에 죄를 전염시키고 퍼뜨리지 않도록 하기 위하여 스스로 그들과 사귀지 않고자 하고, 그들을 그의 다른 종들의 무리 속으로 받아들이려 하지 않는다. 다윗은 그들을 신뢰하지도 않고, 그들을 자신의 수하에 두고자 하지도 않는다. 왜냐하면, 삶을 바꾸어서 새롭게 되는 것을 싫어하는 자들은 분명히 모든 선한 일을 방해하고자 할 것이기 때문이다. 다윗은 그런 자들이 구체적으로 어떤 부류들인지를 언급하고자 할 때에 술주정뱅이들, 간음하는 자들, 살인자들, 하나님을 모독하는 자들을 언급하지 않는다. 왜냐하면, 그런 자들은 중죄인들이기 때문에 그가 그런 자들을 그의 집으로 받아들일 위험성도 없었고, 그들과 교제하지 않겠다고 굳이 언약할 필요도 없었기 때문이다. 그러나 다윗은 언뜻 보기에는 큰 죄인 것 같지 않지만 사실은 아주 위험스러운 죄들을 범하는 자들을 언급한다. 그는 그런 자들을 조심하고 자신을 지켜서 지혜롭게 처신할 필요가 있었기 때문이다. 그는 다음과 같은 자들과는 상대하지 않겠다고 다짐한다.

1. 성품이 악하고 오랫동안 앙심을 품으며, 악감을 가진 자들에게 어떠한 해악을 가하든지 전혀 신경을 쓰지 않는 몹시 악의적인 자들(4절). "사악한 마음(왜곡되고 뒤틀린 일을 좋아하는 마음)은 사랑의 끈이 있어야 하는 사람들 간의 사귐에 합당하지 않은 것으로서 내게서 떠날 것이니 내가 알지 아니하리로다. 즉, 나는 내가 할 수 있는 한 그러한 악한 자와 사귀거나 교제하지 않을 것이다.

왜냐하면, 악의와 사악함의 작은 분량의 누룩이 반죽 전체를 부풀릴 것이기 때문이다."

2. 비방하는 자들, 즉 은밀하게 이웃을 헐뜯어서 그들의 평판에 상처를 주는 일을 즐기는 자들(5절). "자기의 이웃을 은근히 헐뜯는 자, 거짓된 이야기들을 지어내거나 퍼뜨려서 이웃의 평판에 해악을 주는 자를 나의 궁정과 가족으로부터 내가 끊어 버릴 것이다." 왕의 총애를 받는 사람들이나 왕을 기쁘게 해 주는 일을 부당하게 헐뜯어서 왕의 총애를 자기 자신 쪽으로 돌리고자 애쓰는 자들이 많다. 관원이 거짓말을 들으면 그의 하인들은 다 악하게 되느니라(잠 29:12). 그러나 다윗은 그런 자들의 말을 귀담아 듣고자 하지 않을 뿐만 아니라, 그런 식으로 해서 그의 호감을 얻고자 하는 자들이 출세하지 못하도록 막고자 한다. 그는 공개적인 법정에서 다른 사람을 거짓으로 고소하는 자만이 아니라 은밀하게 다른 사람을 비방하고 헐뜯는 자도 벌하고자 한다. 나는 다윗이 므비보셋과 시바의 경우에 이러한 소원을 기억했었더라면 좋았을 것이라고 생각한다.

3. 오만하고 자부심이 강하며 야심만만한 자들. 가족이나 궁정, 또는 교회 속으로 이러한 자들보다 더 해악을 끼치는 자는 없다. 왜냐하면, 다툼은 오직 교만에서 오기 때문이다. "그러므로 나는 눈이 높고 마음이 교만한 자를 용납하지 아니하리로다. 나는 악착같이 출세하고자 하는 자들을 용납하지 않을 것이다. 왜냐하면, 그런 자들은 선을 행하는 것이 아니라 오직 자기 자신과 그들의 가문이 세도를 부리는 것을 목적으로 하고 있음이 분명하기 때문이다." 하나님께서 교만한 자들을 대적하시기 때문에, 다윗도 그렇게 하고자 한다.

4. 거짓되고 속이는 자들, 즉 아무런 거리낌도 없이 거짓말을 하거나 사기를 치는 자들(7절). "거짓을 행하는 자는 비록 내 집에 교묘히 들어왔을지라도 발각되는 즉시로 내 집 안에 거주하지 못하리로다." 일부 큰 자들은 속이는 데 능숙한 자들을 이용해서 자신의 목적을 달성하는 방법을 알고 있고, 그러한 속이는 자들은 그들이 이용해 먹기에 적합한 도구들이 된다. 그러나 다윗은 그러한 자들을 결코 자신을 위하여 이용하고자 하지 않기로 다짐한다. 거짓말하는 자는 내 목전에 서지 못하고, 나는 그런 자를 진노함으로 내 집에서 쫓아낼 것이다. 이 점에서 다윗은 하나님의 마음에 맞는 사람이었다. 왜냐하면, 교만한 눈과 거짓말하는 혀는 하나님께서 미워하시는 것들이기 때문이다. 또한, 다윗은 그리스도의 모형이기도 하였다. 그리스도께서는 저 큰 날에 거짓말을 좋아하며 지어

내는 모든 자를 그에게서 쫓아내실 것이다(계 22:15).

V. 정직하고 선한 자들을 자신의 수하에 두겠다는 다윗의 결심(6절).   내 눈이 이 땅의 충성된 자들에게 있으리로다. 다윗은 자신의 종들과 나라의 일꾼들을 선택할 때에 이스라엘 땅에 있는 자들로 국한시키고 외국인들을 사용하지 않겠다고 한다. 날 때부터 이스라엘 사람인 자가 아니면 결코 등용되지 못할 것이고, 이스라엘 사람들 중에서도 이 땅의 충성된 자들만이 진정한 이스라엘 사람으로 취급받을 것이었다. 왜냐하면, 이스라엘 땅에서조차도 충성되지 않은 자들이 있었기 때문이다. 이러한 충성된 자들 위에 그의 눈이 있어서, 그가 그들을 발견해 내고 찾아 낼 것이다. 왜냐하면, 그런 사람들은 욕심이 없어서, 출세하려고 도성으로 몰려들지 않고, 오히려 출세와는 담을 쌓고서 한적한 시골에 물러나 살아가기 때문이다. 부귀와 영화를 별로 좋아하지 않는 자들이야말로 사실은 큰 일을 맡는 존귀한 자리에 가장 적합한 자들이다. 그러므로 지혜로운 왕들은 한적한 곳으로 물러나서 조용히 살아가는 그런 인물들을 널리 찾아 내어서 그런 자들을 등용하여 자기 아래에서 일을 하게 하는 법이다. 완전한 길에 행하는 자, 자기가 말하고 행하는 것을 잘 지키는 자가 나를 섬기게 될 것이다. 왕은 나라가 잘되게 하기 위해서는 정직한 자들을 찾아서 나라 일을 맡는 고관들로 삼아야 한다. 어떤 사람이 다른 사람보다 더 낫다면, 그 나은 사람이 그렇지 않은 사람보다 더 높은 직위에 등용되어야 한다. 이러한 것은 다윗의 선한 결심이었다. 그러나 그가 아히도벨을 그의 오른팔로 삼았을 때에 그것은 그가 이러한 서원을 지키지 않은 것이거나 어쩔 수 없는 강요였을 수 있다. 모든 가장들은 그들 자신과 그들의 자녀들을 위하여 하나님을 경외하는 종들을 자신의 가족 속으로 받아들이도록 모든 주의와 노력을 기울여야 한다. 다윗의 자손은 그의 눈을 이 땅의 충성된 자들에게 두고 계신다. 그의 비밀은 그런 자들에게 있고, 그들은 그와 함께 살게 될 것이다. 사울은 외모가 번듯한 자들을 자신의 종들로 뽑았지만(삼상 8:16), 다윗은 심성이 선한 자들을 자신의 종으로 삼았다.

VI. 다윗은 자신의 궁정만이 아니라 이 땅의 성읍과 촌락도 새롭게 하겠다는 결심과 열심을 나타내 보임(8절).   "아침마다 내가 이 땅의 모든 악인을 모두 찾아 내어 재판정에 세워서 멸하리니, 법이 그들을 심판하리라." 다윗은 모든 악인을 멸하는 일에 최선을 다함으로써 이 땅에 악명 높은 악인이 한 사람도 남아 있지 않게 하겠다고 결심한다. 그는 그 일을 일찌감치 행하고자 한다. 그는 시간을 끌지 않고 그 일을 행할 것이고 그 어떠한 수고도 아끼지 않을 것이라고 다짐한다. 그는 악습을 철폐하고 삶을 새롭게 하며 악덕을 억누르는 일에 적극성과 열심을 보이고자 한다. 어떤 일을 제대로 하고자 하는 자들은 때가 늦지 않게 그 일을 시작해야 한다. 다윗이 목적하였던 것은 자신의 통치를 안정시키고 나라의 평안을 확보할 뿐만 아니라 하나님의 교회를 정결케 하여 하나님을 존귀하게 해 드리는 것이었기 때문에, 내가 여호와의 성에서 모든 악인을 다 끊으리라고 말하였다. 예루살렘만이 아니라 온 땅이 여호와의 성이었다. 복음 교회도 여호와의 성이다. 악을 행하는 자들은 여호와의 성을 더럽히고 그 힘을 약화시키는 자들이기 때문에, 그런 자들을 척결하는 것은 여호와의 성에 유익이 되는 일이다. 그러므로 자신의 자리에서 할 수 있는 대로 선한 일을 행하기를 힘쓰며 선한 일에 열심을 품는 것은 모든 자의 도리이다. 다윗의 자손이 악을 행하는 모든 자들을 새 예루살렘으로부터 끊어 버리실 날이 다가오고 있다. 왜냐하면, 악을 행하는 자는 누구든지 새 예루살렘 성에 들어가지 못하게 될 것이기 때문이다.

제 ― 102 ― 편

개요

어떤 이들은 압살롬이 반란을 일으켰을 때에 다윗이 이 시편을 지었다고 생각한다. 또 어떤 이들은 이스라엘 백성이 바벨론에서 포로로 끌려가 생활하고 있던 때에 다니엘, 느헤미야, 또는 어떤 다른 선지자가 교회로 하여금 사용할 수 있도록 하기 위하여 이 시편을 지었다고 생각한다. 왜냐하면, 이 시편은 시온의 멸망과 다니엘이 책을 통해서 깨달았다고 하는 예루살렘 재건의 때에 관하여 말하고 있는 것으로 보이기 때문이다(단 9:2). 또는, 시편 기자는 스스로 큰 환난 속에 있어서 이 시편의 처음 부분에서 그 환난에 대하여 하소연하다가(시편 77편 등에서처럼) 교회가 지금 아무리 곤경과 위협에 처해 있다고 할지라도 결국은 하나님의 영원한 계획에 따라서 교회가 형통하고 영속하리라는 것을 묵상함으로써 환난 중에서도 스스로를 위로하는 것일 수 있다. 그러나 이 시편의 25절과 26절이 신약성경에서 그리스도에게 적용되고 있는 것으로 보아서(히 1:10-12), 이 시편은 메시야의 날들과 관련이 있고, 메시야의 환난 또는 메시야를 위하여 그의 교회가 환난을 당하는 것들에 관하여 말하고 있음이 분명하다. 이 시편에는 다음과 같은 내용들이 나온다. I. 시편 기자는 자기 자신을 위하여 또는 교회의 이름으로 매우 절박한 큰 환난들에 대하여 슬픈 마음으로 하소연함(1-11절). II. 시편 기자는 이러한 큰 근심 중에서 그러한 근심을 상쇄시킬 만한 시의적절한 위로를 다음과 같은 것들에서 가져 옴. 1. 하나님께서 영원하시다는 것(12, 24, 27절). 2. 때가 되면 하나님께서 그의 환난받는 교회를 위하여 구원을 베푸시고(13-22절) 이 세상에서 그의 교회를 장구하게 하시리라는 믿음과 전망(28절). 이 시편을 노래할 때, 우리가 이 시편에 나오는 것과 같은 하소연을 할 상황에 있지 않다면, 우리는 그러한 상황 속에 있는 자들을 불쌍히 여기는 마음을 갖는 것이 좋을 것이다. 그럴 때에 이 시편에서 위로를 말하고 있는 부분이 이 시편을 노래하는 우리에게 더욱 큰 위로로 다가오게 될 것이다.

〔고난당한 자가 마음이 상하여 그의 근심을 여호와 앞에 토로하는 기도〕
¹여호와여 내 기도를 들으시고 나의 부르짖음을 주께 상달하게 하소서 ²나의 괴로

운 날에 주의 얼굴을 내게서 숨기지 마소서 주의 귀를 내게 기울이사 내가 부르짖는 날에 속히 내게 응답하소서 ³내 날이 연기 같이 소멸하며 내 뼈가 숯 같이 탔음이니이다 ⁴내가 음식 먹기도 잊었으므로 내 마음이 풀 같이 시들고 말라 버렸사오며 ⁵나의 탄식 소리로 말미암아 나의 살이 뼈에 붙었나이다 ⁶나는 광야의 올빼미 같고 황폐한 곳의 부엉이 같이 되었사오며 ⁷내가 밤을 새우니 지붕 위의 외로운 참새 같으니이다 ⁸내 원수들이 종일 나를 비방하며 내게 대항하여 미칠 듯이 날뛰는 자들이 나를 가리켜 맹세하나이다 ⁹나는 재를 양식 같이 먹으며 나는 눈물 섞인 물을 마셨나이다 ¹⁰주의 분노와 진노로 말미암음이라 주께서 나를 들어서 던지셨나이다 ¹¹내 날이 기울어지는 그림자 같고 내가 풀의 시들어짐 같으니이다

이 시편의 표제는 고난당한 자의 기도로서 매우 주목할 만하다. 이 시편은 스스로 환난을 당한 자, 교회와 더불어서 및 교회를 위하여 고난을 당한 자에 의해서 씌어졌다. 공적인 일을 먼저 생각하는 자들에게는 이런 종류의 환난은 다른 어떤 환난보다도 더 가슴 아프게 다가온다. 이 시편은 환난 당하는 자들을 위하여 씌어진 것으로서 시편 기자와 동일한 고난 속에 있는 자들이 사용하도록 하기 위한 것이다. 왜냐하면, 무엇이든지 전에 기록된 바는 우리의 교훈을 위하여 기록된 것이기 때문이다. 하나님의 모든 말씀은 우리가 기도할 때에 지침으로 삼기에 유익하다. 다른 곳에서 흔히 그런 것처럼 여기에서도 성령은 우리의 간구를 이끌어 주셨고 우리의 입 속에 말씀을 넣어 주셨다. 너는 말씀을 가지고 여호와께 아뢰라(호 14:2). 여기에는 환난 당하는 자의 손에 쥐어진 기도문이 나온다. 환난 당하는 자들은 이 기도문을 손으로 받는 것이 아니라 마음으로 받아서 하나님께 드려야 한다. 1. 이 세상에서는 심한 고통을 겪는 것이 흔히 가장 선한 성도들의 운명이다. 2. 선한 사람들일지라도 그들이 겪는 환난에 압도되어서 기절할 지경까지 이를 수 있다. 3. 우리가 환난을 당하고 우리의 심령이 눌려서 거의 죽게 되었을 때, 기도를 해서, 그 기도를 통하여 여호와 앞에 우리의 근심을 토로하는 것은 우리의 도리이자 우리에게 유익한 일이다. 이것은 하나님께서 우리에게 하나님 앞에 나아가서 허심탄회하게 마음을 열고 무엇이든지 말할 수 있는 말미를 주신다는 것을 보여준다. 또한, 이것은 환난 당하는 심령이 자신의 근심과 슬픔을 겸손하게 하나님 앞에 내어 놓음으로써 그 근심에서 얼마나 쉽게 벗어날 수 있는 것인지도 보여준다. 우리는 여기에서 시

편 기자가 이렇게 자신의 근심을 겸손하게 하나님 앞에 내어 놓은 것을 듣게 된다.

I. 시편 기자는 자기가 환난 당하는 것과 환난 속에서 기도하는 것을 알아 달라고 하나님께 겸손히 간구한다(1-2절).

1. 우리가 환난 속에서 기도할 때에 하나님께서 은혜로 우리의 기도를 들어 주시도록 신경을 써야 한다. 왜냐하면, 하나님께서 우리의 기도를 기뻐하지 않으신다면, 우리의 기도는 우리 자신에게 아무런 소용도 없게 될 것이기 때문이다. 그러므로 우리는 우리의 기도가 하나님께 상달되고 심지어 하나님의 귀에 들릴 수 있도록 주의를 기울여야 한다(시 18:6). 그러기 위해서 우리는 기도를 올려 드려야 하고, 기도와 아울러서 우리의 영혼도 올려 드려야 한다.

2. 그럴 때에 우리는 하나님께서 우리에게 하나님을 찾으라고 명하셨고 우리가 그를 찾으면 반드시 만나 주시겠다고 약속하셨기 때문에 하나님이 은혜로 우리의 기도를 들어 주시리라는 것을 소망할 수 있다. 우리가 믿음의 기도를 계속한다면, 우리는 믿음으로 여호와여 내 기도를 들으소서라고 말할 수 있다.

(1) "내 기도를 들으소서. 나의 괴로운 날에 주께서 나를 기뻐하지 않으신다는 듯이 주의 얼굴을 내게서 숨기지 마시고, 내게 나타나소서. 주께서 속히 나를 자유롭게 해 주실 것이 아니라면, 나로 하여금 주께서 나를 기뻐하시고 은총을 베푸시리라는 것을 알게 하소서. 주께서 나를 위하여 역사하시는 것을 내게 보이지 아니하실 것이라면, 나로 하여금 주의 얼굴이 나를 보고 웃는 모습을 보게 하소서." 하나님께서 얼굴을 숨기시는 것은 선한 자가 아무리 형통함 중에 있다고 할지라도 그에게 말할 수 없는 괴로움이 된다(시 30:7). 주의 얼굴을 가리시매 내가 근심하였나이다. 하물며 우리가 환난 중에 있을 때에 하나님께서 얼굴을 숨기신다면, 우리의 괴로움은 얼마나 극심하겠는가.

(2) "내 기도를 들으소서. 나를 위하여 나타나소서. 내 기도를 들으실 뿐만 아니라 내 기도에 응답하소서. 내가 간절히 구하고 있는 구원을 내게 허락하소서. 내가 부르짖는 날에 속히 내게 응답하소서." 환난이 우리를 짓누를 때, 하나님께서는 우리에게 이렇게 겸손함과 인내로써 간절히 기도할 기회를 주신다.

II. 시편 기자는 그가 겪는 환난 때문에 얼마나 비참한 처지로 전락했는지를 탄식하며 하소연한다.

1. 그의 몸은 쇠약해질 대로 쇠약해져서 오직 거죽과 뼈만 남아서 해골처럼

되어 버렸다. 형통함과 기쁨을 묘사할 때에는 **뼈가 윤택해지다**라거나 **뼈가 연한 풀의 무성함 같다**는 표현이 사용되는 것과 마찬가지로, 여기에서 큰 괴로움과 슬픔은 그 정반대의 표현을 통해서 묘사된다: 내 **뼈가 숯 같이 탔고**(3절), 나의 **살이 뼈에 붙었나이다**(5절). 아니, 내 마음이 풀 같이 시들고 말라 버렸나이다(4절). 환난은 생명을 유지하는 데에 절대적으로 필요한 몸의 기관들에 영향을 주어서, 그 기관들은 눈에 띄게 쇠하여진다. 나는 풀 같이 시들었고(11절), 내 환난의 뜨거운 열기 때문에 검게 그을렀다. 우리가 이렇게 병들고 쇠약해짐으로써 비참한 처지에 빠지게 된다면, 우리는 그것을 이상하게 생각해서는 안 된다. 인간의 몸은 흙으로 된 것으로서 풀과 같이 연약하기 때문에, 환난을 당할 때에 몸이 시드는 것은 결코 이상한 일이 아니다.

2. 그는 매우 우울해 있었고, 그의 심령은 슬픔에 젖어 있었다. 그는 자신의 환난에 관한 생각에 사로잡혀 있었기 때문에 음식 먹기도 잊었다(4절). 그는 음식의 맛을 즐기기는커녕, 삼시세끼의 식사를 그냥 넘길 정도로 식욕을 잃어 버렸다. 하나님께서 한 영혼으로부터 자신의 얼굴을 숨기시면, 감각의 즐거움들은 무미건조한 것들이 되어 버린다. 그는 도저히 이겨낼 수 없는 짓눌림 속에 있는 자처럼 내내 한숨을 쉬고 신음 소리를 내었으며(5절), 이로 인하여 그의 몸은 점점 쇠약해져 갔고 그 심령은 고갈되어 갔다. 우울증에 걸린 사람들이 흔히 그렇듯이, 그는 외로움에 젖었다. 친구들은 그를 버렸고 그를 부끄러워 하였기 때문에, 그는 거의 친구들과 어울릴 수 없었다(6-7절). "나는 광야의 올빼미 또는 구슬픈 소리를 내는 해오라기(어떤 이들은 이렇게 해석한다)와 같고, 황폐한 건물 속에 사는 것을 좋아하는 부엉이 같이 되었다. 내가 밤을 새우니 지붕 위의 외로운 참새 같으니이다. 나는 다락방에 기거하면서, 나의 환난에 대하여 골똘히 생각하며 괴로워 신음하는 것으로 세월을 보낸다." 슬픔에 빠지게 되면, 사람들은 보통 이렇게 하고자 하는 마음이 들게 된다. 그러나 그렇게 하는 것은 그들 자신을 해치는 것이고, 시험하는 자를 이롭게 하는 것임을 알지 못하는 것이다. 환난을 당하였을 때에 우리는 홀로 앉아서 우리가 어떻게 해야 하는지를 깊이 생각하여야 하지만(애 3:28), 홀로 앉아서 무절제한 슬픔에 빠져들어서는 안 된다.

3. 그의 원수들은 그에게 온갖 악담을 퍼부으며 비방하였다. 친구들이 그에게서 떠나자, 그의 대적들은 그에게 대항하였다(8절): 내 원수들은 종일 나를 비

방하여, 나를 약올려서 화나게 하고(왜냐하면, 솔직한 자들은 비방을 받는 것을 못 참아 하기 때문에) 사람들 앞에서 내게 오명을 씌우려고 한다. 그들은 다른 방식으로는 그에게 영향을 줄 수 없었기 때문에 독한 말이라는 화살들을 그를 향하여 쏘아댔다. 이런 짓을 자행함에 있어서 그들은 지치지도 않고 종일 그렇게 하였다. 그 일은 쉴 새 없이 이루어졌다. 그의 원수들은 극도로 포악하여 내게 대항하여 미칠듯이 날뛰었고, 너무도 완고하여 굽힐 줄 몰랐다. 그들은 바울을 죽이기로 맹세하였던 유대인들과 같이 나를 해치기로 맹세하였다. 또는, 그들은 나를 고소하여 내 목숨을 빼앗으려고 나를 가리켜 맹세하였다.

4. 그는 하나님께서 그를 기뻐하지 않으신다는 표징들을 보면서 금식하고 울었다(9-10절). "나는 떡을 먹는 대신에 진토와 재 속에 누워서 재를 양식 같이 먹으며, 눈물 섞인 물을 마셨나이다. 내가 물을 마심으로써 기운을 차려야 했을 때에 나는 단지 우는 것을 통해서 내 마음을 편하게 했나이다." 그렇다면, 무엇이 문제였는가? 시편 기자는 우리에게 이렇게 말한다(10절): 주의 진노로 말미암음이라. 그를 괴롭혔던 것은 환난 자체가 아니라 그가 환난의 원인으로 인식하고 있었던 하나님의 진노였다. 이것, 바로 이것이 그의 환난과 비참한 처지 속에서 쑥과 담즙이었다. 마치 우리가 어떤 것을 산산조각 낼 의도로 땅바닥에 내팽개치는 것처럼, 주께서 나를 들어서 던지셨나이다. 우리는 어떤 것을 좀 더 세차게 아래로 내치기 위해서 먼저 그것을 들어 올린다. 또는, "주께서는 나를 이전에 존귀와 기쁨, 놀라운 형통으로 들어 올려 주셨는데, 그 일을 생각할수록 현재의 나의 처지는 더욱 가련하고 슬퍼지나이다." 우리는 하나님께서 우리를 들어 올리실 때에나 내던지실 때에나 그 속에서 하나님의 손길을 바라보고서, "주시는 자도 여호와시고 가져가시는 자도 여호와이시니 여호와의 이름이 찬송을 받으소서"라고 말하여야 한다.

5. 그는 자기 자신을 거의 죽은 것이나 다름없는 사람으로 보았다: 내 날이 연기 같이 소멸하였나이다(3절). 연기는 순식간에 사라진다. 또는, 내 날이 연기 같이, 즉 아무런 흔적도 남기지 않은 채 소멸하였다. 내 날은 기울어지는 그림자 같고(11절), 저녁 나절의 그림자 또는 밤이 오는 것을 알리는 땅거미와 같다. 이 모든 것은 시편 기자의 개인적인 재난을 말하고 있는 것으로 보이고, 그렇기 때문에 환난받는 특정한 개인의 기도라고 해야 할 것이지만, 시편 기자가 속해 있는 하나님의 교회가 겪는 환난에 관한 묘사라고 할 수 있다. 시편 기자는 환

난을 겪는 하나님의 교회와 일심동체가 되어서 교회의 근심과 괴로움을 자신의 것으로 삼아서 말하고 있다. 그리스도의 신비의 몸인 교회는 여기에 나오는 시편 기자의 몸과 같이 종종 시들고 말라 버려서 죽어서 마른 뼈 같이 된다. 교회는 종종 하나님의 진노 아래에서 광야로 쫓겨나서 길을 잃고 죽기 직전의 상태까지 가기도 한다.

[12]여호와여 주는 영원히 계시고 주에 대한 기억은 대대에 이르리이다 [13]주께서 일어나사 시온을 긍휼히 여기시리니 지금은 그에게 은혜를 베푸실 때라 정한 기한이 다가옴이니이다 [14]주의 종들이 시온의 돌들을 즐거워하며 그의 티끌도 은혜를 받나이다 [15]이에 뭇 나라가 여호와의 이름을 경외하며 이 땅의 모든 왕들이 주의 영광을 경외하리니 [16]여호와께서 시온을 건설하시고 그의 영광 중에 나타나셨음이라 [17]여호와께서 빈궁한 자의 기도를 돌아보시며 그들의 기도를 멸시하지 아니하셨도다 [18]이 일이 장래 세대를 위하여 기록되리니 창조함을 받을 백성이 여호와를 찬양하리로다 [19]여호와께서 그의 높은 성소에서 굽어보시며 하늘에서 땅을 살펴보셨으니 [20]이는 갇힌 자의 탄식을 들으시며 죽이기로 정한 자를 해방하사 [21]여호와의 이름을 시온에서, 그 영예를 예루살렘에서 선포하게 하려 하심이라 [22]그 때에 민족들과 나라들이 함께 모여 여호와를 섬기리로다

앞에 나온 탄식들과 하소연들을 상쇄시키기라도 하려는 듯이 여기에는 극히 크고 보배로운 수많은 위로들이 언급되고 거론된다. 왜냐하면, 정직한 자들에게는 흑암 중에 빛이 일어나서, 그들은 비록 내던져진다고 할지라도 절망 중에 있지 않기 때문이다. 시편 기자 자신과 하나님의 백성의 처지는 좋지 않았지만, 그는 다음과 같은 것들을 생각하고서 다시 힘을 얻을 수 있었다.

Ⅰ. 우리는 죽어가는 피조물들이고, 우리와 관련된 유익들과 위로들은 소멸되어 가고 있지만, 하나님은 영원히 살아 계시고 영원히 존속하시는 하나님이시다(12절). "내 날은 그림자 같아서, 돌이킬 길이 없고, 밤은 내게 다가오고 있지만, 여호와여 주는 영원히 계시리이다. 우리의 삶은 일시적인 것으로서 지나가는 것이지만, 주는 영원히 계시니이다. 우리의 친구들은 죽지만, 주 우리의 하나님은 죽지 아니하시나이다. 죽음은 우리에게 위협이 되지만 주를 건드릴 수는 없나이다. 우리의 이름은 진토 속에 쓰여져서 흙에 묻혀 없어지겠지만, 주에

대한 기억은 대대에 이르리이다. 종말의 때까지, 아니 영원토록 주는 알려지게 될 것이고 존귀함을 받게 되실 것이니이다." 선한 사람은 자기 자신보다 하나님을 더 사랑하기 때문에, 찬송받으실 영원한 하나님께서 영원토록 변함이 없으시다는 것을 생각하고서 그 기쁨으로 자신의 슬픔과 죽음을 넉넉히 상쇄시킬 수 있다. 교회의 신실하신 후원자이시자 보호자이신 하나님은 영원히 계신다. 하나님의 존귀하심과 하나님께서 대대로 기억되시리라는 것은 교회의 유익과 매우 밀접하게 결부되어 있기 때문에, 우리는 교회의 유익들이 소홀히 되지 않으리라는 것을 확신할 수 있다.

II. 가련한 시온은 지금 곤경 중에 있지만, 하나님께서 시온을 건지시고 구원하실 때가 올 것이다(13절). 주께서 일어나사 시온을 긍휼히 여기시리라. 구원에 대한 소망은 하나님의 선하심이라는 토대 위에 구축되어 있고("시온은 주께서 불쌍히 여기실 대상이 되었기 때문에 주께서는 시온을 긍휼히 여기시리라") 하나님의 능력이라는 토대 위에 구축되어 있다("주께서 일어나셔서서 긍휼을 베푸실 것이고, 그 일을 하시기 위하여 떨쳐 일어나실 것이며, 교회의 원수들에 의한 온갖 반대를 무시하시고서 그렇게 하실 것이다"). 만군의 여호와의 열심이 이 일을 이루리라. 우리에게 매우 힘이 되는 것은 교회의 구원을 위한 때가 정해져 있다는 것인데, 하나님께서는 언젠가는 교회를 구원하시게 되어 있을 뿐만 아니라, 그 때가 정해져 있다는 것이다. 무한하신 지혜께서 정하신 때이기 때문에, 그 때는 가장 좋은 때이고, 영원한 진리께서 그 때를 정하신 것이기 때문에 그것은 확실한 때이며 결코 망각되거나 연기되지 않을 것이다. 70년이 끝나면 하나님께서 시온에게 은혜를 베푸셔서 바벨론으로부터 건져내실 때가 올 것이고, 그 때는 마침내 임하였다. 시온, 즉 다윗성에 지어진 성전이 지금 폐허로 변해 있었다. 하나님께서 시온에게 은혜를 베푸신다는 것은 16절에서 설명하고 있듯이 성전을 다시 건설하신다는 것이다. 이러한 일은 하나님의 은총으로 가능해진다. 이것은 모든 것을 바로잡는 것 이외의 다른 것이 아니기 때문에, 다니엘은 주의 얼굴 빛을 주의 황폐한 성소에 비추시옵소서라고 기도한다(단 9:17). 시온을 건설하시겠다는 것은 어떤 민족이 바랄 수 있는 최고의 은총이다. 황폐화된 나라에 있어서 그들의 교회의 특권들을 회복시키고 재건하는 것보다 더 큰 축복은 없다. 지금 시편 기자는 여기에서 다음과 같은 이유들 때문에 바로 그것을 원하고 갈망한다.

1. 그 일은 시온의 친구들에게 큰 즐거움이 될 것이기 때문에(14절). 주의 종들이 성전의 돌들, 뽑혀져서 여기저기에 흩어져 있는 돌들조차 즐거워하며 성전의 폐허더미에 있는 그 티끌도 사랑하나이다. 비록 성전은 폐허가 되었지만, 그 돌들은 새롭게 성전을 건설하는 데에 사용될 수 있었다. 폐허가 된 성전터에 돌들이 남아 있다는 것만으로 힘을 얻은 자들이 있었는데, 이는 그들이 성전의 티끌조차도 사랑하였기 때문이었다. 하나님의 교회를 진정으로 사랑하는 자들은 교회가 형통할 때나 환난에 처한 때나 상관없이 교회를 사랑한다. 하나님께서 그의 백성의 마음속에 시온의 폐허를 사랑하여 그들의 기도와 수고를 통해서 그들이 시온을 사랑한다는 것을 나타내 보이게 만드실 때에 하나님께서 시온의 폐허 위에 은혜를 베푸시리라는 소망을 우리가 가지는 것은 정당한 근거가 있는 것이다. 또한, 시온을 열렬히 사랑하여 주의 구원을 기다리고 있는 자들이 있다는 것은 우리가 하나님께 시온을 긍휼히 여겨 달라고 기도할 때에 좋은 호소거리가 된다.

2. 이 일은 시온의 이웃 나라들에게 선한 감화를 줄 것이기 때문에(15절). 이 일은 그들이 회심하거나 적어도 자신의 죄를 깨닫는 복된 기회가 될 것이다. 왜냐하면, 뭇 나라가 여호와의 이름을 경외하며, 여호와와 그의 백성을 존중하는 마음을 갖게 될 것이며, 심지어 세상의 군왕들조차도 여호와의 영광에 감화를 받게 될 것이기 때문이다. 하나님께서 이렇게 자신의 섭리를 통해서 하나님의 교회에 존귀함을 더하실 때, 그들은 이전보다 더 하나님의 교회를 존중하고 더 좋게 생각하게 될 것이다. 그들은 하나님께서 교회의 편을 드시는 것을 볼 때에 교회를 대적하는 일을 행하기를 두려워하게 될 것이다. 아니, 그들은 "하나님이 너희와 함께 하심을 보았나니 우리가 너희와 함께 가려 하노라"고 말하게 될 것이다(슥 8:24). 이렇게 하여 성경에서는 본토 백성이 유다인을 두려워하여 유다인 되는 자가 많더라고 말한다(에 8:17). 이 일은 시온의 하나님의 영광이 될 것이기 때문에(16절): 여호와께서 시온을 건설하실 때에, 그들은 하나님께서 친히 그 일을 시작하셨기 때문에 그 일이 반드시 이루어질 것이고 그 때에 여호와께서 그의 영광 중에 나타나시리라는 것을 당연시한다. 이런 이유 때문에 하나님의 영광을 그들의 최고의 목적으로 삼은 모든 자들은 그렇게 되기를 소원하고 그 일을 위하여 기도한다. 교회의 덕을 세우는 것은 하나님을 영광되게 하는 것이기 때문에, 우리는 교회가 존귀하게 되는 일이 정해진 때에 이루어지리

라는 것을 확신할 수 있다. 하나님의 이름이 지금은 잠시 동안 별 볼일 없는 것처럼 보일지라도, 아버지여 그 이름을 영화롭게 하옵소서라고 믿음으로 기도하는 자들은 그리스도께서 친히 그러한 기도를 하셔서 하늘로부터의 음성을 통해서 받으신 것과 동일한 응답, 즉 내가 내 이름을 이미 영광스럽게 하였고 또다시 영광스럽게 하리라는 응답을 받게 될 것이다.

III. 하나님께서는 지금 그의 백성의 기도들을 무시하시고 듣지 아니하시는 것처럼 보이지만, 그들의 기도를 반드시 들어 주실 것이라고 시편 기자는 격려함(17절).   여호와께서 빈궁한 자의 기도를 돌아보시리라. 앞에서 시편 기자는 하나님께서 그의 영광 중에 나타나실 것이고(16절) 이 땅의 모든 왕들이 친히 주의 영광을 경외하게 되리라고 말하였다(15절). 큰 자들이 그들의 영광 중에 나타날 때, 그들은 그들에게 호소하는 가난한 자들을 멸시하기가 쉽다. 그러나 크신 하나님께서는 그렇게 하지 않으실 것이다. 좀 더 살펴보자.

1. 기도하는 자들의 초라한 처지. 그들은 빈궁한 자들이다. 여기에서 사용되고 있는 것은 고상한 단어로서 광야에서 사는 작은 관목인 히스, 담장에 사는 우슬초 같이 생긴 작은 관목을 가리킨다. 그들은 비천하고 궁핍한 자들, 곧 영적인 축복들은 풍성하지만 세상적으로는 좋은 것들이 결핍되어 있는 자들로 상정(想定)된다 — 이 단어는 가난한 자들, 연약한 자들, 버림받은 자들, 빼앗긴 자들 등과 같이 다양하게 번역될 수 있다. 또는, 이 단어는 하나님께서 그에게 나아오는 모든 자들에게서 찾으시고 은혜로 열납하시는 낮고 통회하는 심령을 의미할 수도 있다. 이러한 심령을 지닌 자들은 하나님께 나아와서 무릎을 꿇게 될 것이다. 빈궁한 자들은 기도하는 자들이 되어야 한다(딤전 5:5).

2. 그들의 초라한 처지에도 불구하고 하나님께서 그들에게 은혜를 베푸심: 여호와께서 그들의 기도를 돌아보시며, 그 기도를 눈여겨 보시고, 그들이 무슨 간구를 하나 살펴보시고(대하 6:40), 그들의 기도를 멸시하지 아니하시리라. 이 본문 속에는 표현된 것보다 더 많은 의미가 함축되어 있다. 하나님께서는 그러한 기도를 소중히 여기시고 기뻐하셔서, 그 기도에 대하여 평안의 응답을 주실 것인데, 그러한 응답은 기도하는 자에게 최고의 영광이 된다. 그런데 본문이 이런 식으로 표현되고 있는 것은 그들의 환난이 오래되었고 그들의 기도가 응답되지 않는 채로 오랜 시간이 지나서 사람들은 그들이 기도하는 것을 멸시하고, 그들 자신도 하나님께서 그들의 기도를 멸시하실 것이라고 염려하고 있기

때문이다. 우리 자신이 비천함과 상스러움, 우리의 어둠과 죽어 있음, 우리의 기도에 있어서의 여러 가지 결점들을 생각할 때, 우리는 우리의 기도가 하늘에서 멸시받을 것이라고 생각할 만한 근거가 있다. 그러나 우리는 여기에서 사실은 그 정반대라는 것을 확인하게 된다. 왜냐하면, 우리에게는 아버지 앞에서 우리를 변호해 줄 대변자가 계시고, 우리는 율법 아래가 아니라 은혜 아래에 있기 때문이다. 하나님의 백성이 비록 빈궁한 자들이라고 할지라도 하나님께서는 그의 기도하는 백성에게 은혜를 베푸실 것이라는 이러한 말씀은 앞으로도 기도하는 자들에게 큰 힘이 될 것이다(18절): 이 일이 장래 세대를 위하여 기록되리니, 그들이 비록 빈궁한 자들이라고 할지라도 아무도 낙심하지 않게 하기 위한 것이고, 그들의 기도가 즉시 응답을 받지 못하였다고 할지라도 그 기도가 잊혀졌다고 생각하지 않게 하기 위한 것이다. 다른 사람들의 체험은 우리가 하나님을 구하고 의지하는 데에 큰 힘이 된다. 우리가 다른 사람들의 경험을 통해서 위로를 얻었다면, 그것으로 인하여 하나님께 영광을 돌리는 것이 합당하다: 창조함을 받을 백성이 여호와께서 그들과 그들의 선배들을 위하여 행하신 일로 인하여 여호와를 찬양하리로다. 아직 태어나지 않은 많은 사람들은 교회의 역사를 읽음으로써 하나님을 믿는 자들로 개종하게 될 것이다. 하나님의 은혜로 새롭게 창조받게 될 자들, 그의 피조물 중에 첫 열매들이 될 자들은 그들이 빈궁하였을 때에 드린 기도에 대하여 응답해 주신 것을 인하여 여호와를 찬송하게 될 것이다.

Ⅳ. 부당하게 단죄를 받아서 갇힌 자들은 도살당하기로 되어 있는 양들 같이 보이지만, 하나님께서 살피셔서 그들을 해방하실 것이다(19-20절). 하나님은 그의 높은 성소, 그 거룩한 곳에서, 곧 그의 보좌를 베풀어 놓으신 하늘에서 굽어 보셨다. 거기에서 여호와는 땅을 살펴보셨다. 왜냐하면, 그 곳은 이 땅을 바라보는 전망대이고, 이 땅에 있는 그 어떤 것도 모든 것을 보시는 그의 눈으로부터 감추어질 수 없기 때문이다. 하나님은 이 세상의 나라들과 그 영화를 살펴보시기 위해서만이 아니라 은혜의 역사들을 베푸시고 갇힌 자들의 탄식을 들으시며(우리는 그러한 탄식을 듣기를 원하지 않지만), 그들의 탄식을 들으실 뿐만 아니라 그들을 도우시며 죽음을 코 앞에 둔 죽이기로 정한 자들을 해방하시기 위하여 이 땅을 굽어 보신다. 어떤 이들은 이 본문이 하나님께서 바벨론에서 포로 생활을 하고 있던 유대인들을 해방시키실 것에 대하여 말하고 있는 것

으로 이해한다. 하나님께서는 그들이 애굽에서와 마찬가지로 바벨론에서 신음하는 소리를 들으셨고(출 3:7, 9) 그들을 구원하기 위하여 강림하셨다. 하나님은 그의 환난받는 백성의 기도(은혜의 언어)만이 아니라 그들의 신음 소리(자연의 언어)까지 다 알아들으신다. 갇힌 자들의 신음 소리를 들으시는 하나님의 긍휼하심과 갇힌 자들이 죽기로 되어 있고 쇠사슬에 이중으로 묶여 있다고 할지라도 그들을 속박에서 해방시키시는 하나님의 능력을 보라. 우리는 그러한 예를 베드로에게서 볼 수 있다(행 12:6). 하나님께서 스스로를 낮추셔서 우리를 불쌍히 여기신 이러한 예들은 다음과 같은 것들에 도움이 될 것이다.

1. 여호와의 이름을 시온에서 선포하고, 여호와께서 친히 선포하신 대로 은혜로우시고 긍휼에 풍성하신 여호와 하나님이라는 그의 이름에 걸맞게 행하신다는 것을 나타내 보이는 것. 여호와의 이름을 시온에서 이렇게 선포하는 것은 여호와께서 예루살렘에서 찬송받으실 일이 될 것이다(21절). 하나님께서 그의 섭리들을 통해서 그의 이름을 선포하신다면, 우리는 그의 섭리들을 인정함으로써 하나님을 찬송하여야 하는데, 이것은 하나님의 이름에 대한 화답이 된다. 하나님께서 바벨론에서 갇히고 포로된 그의 백성을 해방시키고자 하시는 것은 그들로 하여금 그가 그의 이름을 두신 시온에서 그의 이름을 선포하게 하시고, 그들이 되돌아갈 예루살렘에서 그의 영광을 선포하게 하려 하시는 것이다. 그들은 포로로 잡혀 간 땅에서 시온의 노래들을 부를 수 없었기 때문에(시 137:3-4), 하나님께서는 그들이 시온의 노래들을 예루살렘에서 부를 수 있도록 하기 위하여 그들을 다시 그 곳으로 데리고 오셨다. 이런 목적을 위하여 하나님은 종살이 하던 그들에게 해방을 주시고(내 영혼을 옥에서 이끌어 내사 주의 이름을 감사하게 하소서, 시 142:7) 죽은 자나 다름없던 그들에게 생명을 주신다. 내 영혼을 살게 하소서 그리하시면 주를 찬송하리이다(시 119:175).

2. 이러한 예들은 다른 사람들을 이끌어서 하나님을 예배하게 하는 데 도움이 될 것이다(22절): 예루살렘에서 하나님의 백성이 함께 모였을 때(그들이 바벨론에서 돌아온 후에), 열방들 가운데 많은 자들이 그들과 더불어서 함께 여호와를 섬기게 되었다. 이 말씀은 포로 생활에서 돌아온 이스라엘 자손들만이 아니라 이방 사람들 가운데서 더러운 것으로 스스로를 구별하는 많은 자들이 무교절을 기쁨으로 지켰을 때에 성취되었다(스 6:21). 그러나 이 말씀은 좀 더 나아가서 말일에 이방인들이 그리스도에 대한 믿음으로 회심할 것을 내다보고 있는

것 같다. 그리스도께서는 포로된 자에게 자유를 선포하시고 갇힌 자에게 놓임을 선포하셨는데, 이것은 그들로 하여금 유대인들과 이방인들이 하나가 되어서 복음 교회 속에서 주의 이름을 선포하게 하기 위한 것이었다.

[23]그가 내 힘을 중도에 쇠약하게 하시며 내 날을 짧게 하셨도다 [24]나의 말이 나의 하나님이여 나의 중년에 나를 데려가지 마옵소서 주의 연대는 대대에 무궁하니이다 [25]주께서 옛적에 땅의 기초를 놓으셨사오며 하늘도 주의 손으로 지으신 바니이다 [26]천지는 없어지려니와 주는 영존하시겠고 그것들은 다 옷 같이 낡으리니 의복 같이 바꾸시면 바뀌려니와 [27]주는 한결같으시고 주의 연대는 무궁하리이다 [28]주의 종들의 자손은 항상 안전히 거주하고 그의 후손은 주 앞에 굳게 서리이다 하였도다

우리는 여기에서 다음과 같은 것들을 살펴 볼 수 있다.

I. 유대 교회가 바벨론에서의 포로 생활로 인하여 완전히 멸절되고 끊어질 절박한 위험에 처해 있었다는 것(23절).   그가 내 힘을 중도에 쇠약하게 하셨도다. 그들은 오랜 세월 동안 하나님께서 그들의 조상들에게 메시야에 관하여 행하신 큰 약속이 이루어지기만을 기대하며 살아 왔고, 여행자가 목적지에 도착하기를 고대하듯이 하나님의 약속이 이루어질 날만을 고대하였다. 율법의 제도들은 약속으로 향하는 도중에서 그들을 인도하여 주었다. 그러나 열 지파가 앗수르에 의해서 없어져 버렸고, 두 지파도 바벨론에서 거의 없어질 지경에 이르렀을 때, 이스라엘 민족의 힘은 쇠약해졌고, 그 날은 짧아진 것처럼 보였다. 그들은 이렇게 말하였다: 우리의 소망이 없어졌으니 우리는 다 멸절되었다(겔 37:11). 그렇다면, 실로가 유다에게서 나오고, 별이 야곱에게서 나오며, 메시야가 다윗 가문에서 나오리라는 약속은 도대체 어떻게 된 것인가? 이러한 것들이 이루어지지 않는다면, 약속은 실패한 것이다. 시편 기자는 이런 일이 자기 자신에게서 일어난 것처럼 말한다. 이 말씀은 당시의 공통적인 환난들 중 두 가지에 적용될 수 있다.

1. 병든 것. 육체의 질병들은 곧 우리의 힘을 중도에 쇠약하게 하여서, 문을 지키는 자들로 하여금 두려워 떨게 만들고, 강한 자들로 하여금 스스로 무릎을 꿇게 만든다.

2. 단명한 것. 사람은 병들었을 때 목숨이 위태롭다는 것을 느끼게 된다. 우

리가 한창 때에 자연적인 원인으로 인해서 우리의 힘이 쇠약해질 때, 우리는 어찌 우리의 달수가 중도에 끊어지게 될 것을 염려하지 않을 수 있겠으며, 그런 경우를 대비하지 않을 수 있겠는가? 우리는 그런 일 속에서 하나님의 손길을 인정하고서(우리의 힘과 연수는 하나님의 손 안에 있기 때문에), 그 일을 하나님의 사랑과 연결시켜야 한다. 왜냐하면, 하나님께서는 자신의 힘을 잘 사용한 자들을 쇠약하게 하시고, 오래 살게 되면 안 좋게 될 자들의 날을 짧게 하시는 일이 흔히 있기 때문이다.

II. 유대 교회가 지속될 수 있게 해 달라는 기도(24절). "나의 하나님이여, 나의 중년에 나를 데려가지 마옵소서. 이 가련한 교회가 하나님께서 약속에 의해서 정해 놓으신 날들의 중간에 끊어지지 않게 하시고, 메시야가 오실 때까지는 끊어지지 않게 하소서. 거기 복이 있으니 그것을 멸하지 마소서(사 65:8)." 유대 교회는 범죄자이지만, 그 교회 안에 있는 복을 위하여 집행유예를 호소한다. 이것은 환난 당하는 자들을 위한 기도로서, 우리는 하나님의 뜻에 순복하는 가운데 하나님께서 우리의 날들의 중간에 우리를 데려가지 마시고, 하나님의 뜻이 허용하는 한 우리로 하여금 좀 더 하나님을 섬기다가 천국에 들어갈 준비를 좀 더 잘 할 수 있게 해 달라고 믿음으로 기도할 수 있다.

III. 시편 기자는 이러한 기도를 강화시키기 위하여 하나님께서 약속하신 메시야가 영원하시다는 것에 호소함(25-27절).　사도 바울은 이 절들을 인용하면서(히 1:10-12), 우리에게 하나님께서 아들에 대하여 이렇게 말씀하셨다고 하고 있는데, 우리는 사도의 그러한 해설을 순순히 따라야 한다. 교회는 온갖 우여곡절을 겪고 온갖 위험에 처하지만, 예수 그리스도는 어제나 오늘이나 영원토록 동일하시다는 것은 우리에게 큰 위로가 된다. 주는 한결같으시고 주의 연대는 무궁하며 결코 짧아질 수 없다. 마찬가지로, 우리 자신의 육체는 쇠약해지고 죽으며, 우리의 친구들은 우리에게서 떠나갈지라도 하나님은 영원히 살아 계시는 하나님이시기 때문에, 하나님이 우리의 하나님이시라면, 하나님 안에서 우리는 영원한 위로를 가질 수 있다는 것도 우리에게 위로가 된다. 시편 기자는 이러한 호소 속에서 창조주의 영원하심을 나타내기 위하여 그것을 피조물의 무상함과 비교한다. 왜냐하면, 변하지 않는 것은 하나님만의 대권이기 때문이다.

1. 하나님은 세상을 만드셨다. 그러므로 하나님은 세상이 창조되기 이전에

영원 전부터 존재하고 계셨다. 영원한 말씀이신 하나님의 아들은 세상을 만드셨다. 성경에서는 만물이 그로 말미암아 지은 바 되었으니 지은 것이 하나도 그가 없이는 된 것이 없느니라고 분명하게 말한다. 태초에 말씀이 계시니라 이 말씀이 하나님과 함께 계셨으니 이 말씀은 곧 하나님이시니라(요 1:1-3; 골 1:16; 엡 3:9; 히 1:2).

2. 땅과 하늘, 거기에 있는 만상들, 우주와 거기에 충만한 모든 것들은 하나님의 아들로 말미암아 하나님으로부터 나온 것들이다(25절). "주께서 옛적에 땅의 기초를 놓으셨는데, 땅은 바다들과 큰 물들 위에 세워졌지만 견고하다. 하물며, 반석 위에 세워진 교회는 얼마나 더 견고하겠는가. 하늘도 주의 손으로 지으신 바이고, 하늘의 모든 운행과 힘들은 주의 명령을 따르나이다." 그러므로 하나님은 모든 존재의 원천이실 뿐만 아니라 모든 능력과 지배권의 원천이기도 하신다. 위대하신 구속주께서 하늘과 땅의 모든 권세를 위임받으시는 것이 얼마나 합당한지를 보라. 왜냐하면, 구속주께서는 하늘과 땅의 창조자로서 이 두 곳을 완벽하게 알고 계시고 거기에 대한 권세를 지니실 자격이 충분하기 때문이다.

3. 하나님은 세계를 다시 없애 버리실 것이다. 그러므로 하나님은 영원까지 존재하시게 될 것이다(26-27절): 천지는 없어질 것이다. 왜냐하면, 주께서 천지를 만드셨던 것과 동일한 전능하신 능력으로 천지를 바꾸실 것이기 때문이다. 그러므로 의심할 여지 없이 주는 영존하실 것이다. 주는 한결같으시다. 하나님과 세상, 그리스도와 피조물은 인간 영혼의 가장 깊은 곳, 즉 불멸의 영혼을 차지하기 위하여 서로 경쟁하는 경쟁자들이다. 우리는 지금 여기에서 말하고 있는 것만을 듣고도 그러한 다툼을 즉시 끝내고서 두말할 필요도 없이 하나님과 그리스도를 선택하는 데에 충분할 것이라고 생각할 수 있는데, 그 이유는 다음과 같다.

(1) 피조물 속의 분깃은 소멸되어 간다. 그것들은 없어질 것이다. 우리는 영원히 살게 될 것이지만, 그것들은 영원히 존재하지 못할 것이다. 땅과 그 중에 있는 모든 일이 살라질 날이 다가오고 있다. 그 때가 되면, 거기에 자신의 보화를 쌓아 둔 자들은 어떻게 되겠는가? 하늘과 땅은 점진적으로 닳아서 없어지는 것이 아니라 옷 같이 낡으리니, 정해진 때가 오면, 우리에게 더 이상 필요없는 헌 옷 같이 버려지게 될 것이다. 주께서 그것들을 의복 같이 바꾸시며 바뀌어질 것인데, 천지는 멸절되는 것이 아니라 변경된다. 하늘과 땅은 이전과는 동일한

것이 없는 새 하늘과 새 땅이 될 것이다. 하늘과 땅에 대한 하나님의 주권적인 통치를 보라. 하나님은 그가 기뻐하시는 때에 그가 기뻐하시는 대로 그것들을 바꾸실 수 있다. 하늘과 땅이 낮과 밤, 여름과 겨울의 교대를 통해서 끊임없이 변화하는 것은 하늘과 시간(시간은 하늘을 기준으로 측정된다)이 더 이상 존재하지 않게 될 때에 하늘과 땅이 최종적으로 변화하게 될 것을 보여주는 전조들이다.

(2) 하나님 안에서의 분깃은 영속적이고 영원하다: 주는 한결같으시고 변함이 없으시다. 주의 연대는 무궁하다(27절). 그리스도는 약속하실 때에나 그 약속을 이행하실 때에나 동일하실 것이고, 해방된 교회에 대해서와 마찬가지로 포로로 잡힌 교회에 대해서도 동일하실 것이다. 그리스도 자신이 교회의 힘이자 생명이기 때문에, 교회는 자신의 힘이 쇠약해지거나 자신의 날이 짧아질 것을 두려워할 필요가 없다. 그리스도께서는 동일하시고 한결같으시며, 내가 살아 있으니 너희도 살아 있으리라고 말씀하셨다. 그리스도는 때가 차면 오셔서, 구약의 바벨론의 세력에도 불구하고 그의 나라를 세우셨고, 신약의 바벨론의 세력에도 불구하고 그 나라를 끝까지 유지시키실 것이다.

IV. 이 기도에 응답하시리라. 하나님의 약속(28절). 주의 종들의 자손은 항상 있으리라. 그리스도는 한결같으시기 때문에, 교회는 한 세대에서 다음 세대로 계속 이어질 것이다. 교회의 머리가 영원하시리라는 사실로부터 우리는 비록 그 몸이 자주 연약하고 병들며 때로는 죽음의 문턱까지 간다고 할지라도 그 몸도 마찬가지로 영속하리라는 것을 충분히 추론할 수 있다. 지극히 높으신 이의 성도들을 없애고자 하는 자들은 잘못 생각하고 있는 것이다. 그리스도의 종들은 자손들을 갖게 될 것이다. 또한 그 자손들은 신앙을 고백하는 후손들을 가지게 될 것이다. 교회는 세상과 마찬가지로 생육하고 번성하라는 축복의 힘 아래에 놓여 있다. 이러한 자손들은 죽음으로 인해서 그들 자신의 몸이 아니라 하나님 앞에서 굳게 서게 될 그들의 후손을 통해서(즉, 하나님을 섬김 속에서 및 하나님의 은혜로 말미암아) 항상 있게 될 것이다. 세계가 존재하는 한 신앙의 자취는 끊어지지 않을 것이지만, 세대가 지나가면 또 다른 세대가 오는 방식으로 그리스도의 보좌는 영존할 것이다.

제
— 103 —
편

개요

이 시편은 해설하는 것보다 경건히 묵상하고 기도하는 편이 더 좋다. 이 시편은 매우 뛰어난 찬송 시편으로서 모든 곳에 두루 사용될 수 있다. I. 시편 기자는 자기 자신과 자신의 영혼에게 하나님을 찬송하라고 촉구한다(1-2절). 하나님께서 특별히 그에게 베푸신 은혜(3-5절), 교회 전체에 대하여 베푸신 은혜, 하나님께서 모든 선한 자들에게 의로우시고 인자하시며 한결같으신 것에 대하여(6-18절), 하나님께서 세상을 다스리시는 것에 대하여(19절). II. 그는 거룩한 천사들과 하나님께서 지으신 모든 것들이 하나님을 찬송하는 일에 조력할 것을 원한다(20-22절). 이 시편을 노래할 때, 우리는 우리의 마음이 특별히 하나님의 선하심으로 인하여 감화를 받고, 사랑과 감사함에 있어서 넓어지게 하여야 한다.

〔다윗의 시〕

[1]내 영혼아 여호와를 송축하라 내 속에 있는 것들아 다 그의 거룩한 이름을 송축하라 [2]내 영혼아 여호와를 송축하며 그의 모든 은택을 잊지 말지어다 [3]그가 네 모든 죄악을 사하시며 네 모든 병을 고치시며 [4]네 생명을 파멸에서 속량하시고 인자와 긍휼로 관을 씌우시며 [5]좋은 것으로 네 소원을 만족하게 하사 네 청춘을 독수리 같이 새롭게 하시는도다

다윗은 여기에서 자신의 마음과 대화를 나누고 있는데, 그가 바보라서 이렇게 자기 자신에게 말하며, 자신의 영혼에게 선한 것을 행하도록 분발을 촉구하는 것이 아니다. 좀 더 살펴보자.

I. 그는 어떻게 찬송의 본분과 관련해서 자신에게 분발을 촉구하고 있는가 (1-2절).

1. 찬송을 받으시고 칭송을 받으실 분은 여호와이시다. 왜냐하면, 선한 것이 어떤 저수지에서 어떤 통로를 거쳐서 왔든지 간에 모든 선한 것의 원천은 여호

와이시기 때문이다. 우리가 우리의 찬송을 올려 드려야 하고, 그의 거룩하심을 기억하고서 감사해야 할 것은 그의 이름, 그의 거룩한 이름이다.

2. 하나님을 송축함에 있어서 사용되어야 할 것은 영혼, 즉 우리 속에 있는 모든 것들이다. 만약 우리가 신앙과 관련된 것들을 진심으로 하지 않고, 우리 속에 있는 모든 것들이 그 일에 관여하지 않는다면, 우리가 행하는 신앙의 일은 아무것도 아니게 된다. 신앙의 일은 속사람, 그 사람 전체를 요구하고, 거기에 부족함이 있다면 그것은 충분한 것이 아니다.

3. 우리가 하나님께 찬송을 돌려 드리기 위해서는 우리가 하나님께로부터 받은 긍휼하심들을 감사함으로 기억하는 것이 있어야 한다: 그의 모든 은택을 잊지 말지어다. 우리가 하나님의 은택들에 대하여 감사하지 않는다면, 우리는 그것들을 잊고 있는 것이다. 그것은 냉정한 것일 뿐만 아니라 불의한 것이다. 왜냐하면, 하나님께서 베푸신 모든 은총들 속에는 기억할 만한 것들이 많이 있기 때문이다. "내 영혼아, 네가 부끄러워해야 할 말을 하리니, 너는 주의 은택들 중 많은 것을 잊어버렸구나. 그러나 분명히 말해 두건대, 너는 주의 은택들을 모두 잊어서는 안 된다. 왜냐하면, 사실 너는 주의 은택들 중 하나라도 잊어서는 안 되었기 때문이다."

II. 시편 기자는 하나님을 찬송할 제목을 많이 가지고 있고, 그것들은 매우 감격적인 것들이다. "자, 내 영혼아, 하나님께서 너를 위하여 행하신 일을 생각해 보라."

1. "하나님은 내 죄악들을 사하셨고(3절), 내 모든 죄악을 사하셨다." 이것이 제일 먼저 언급되고 있는 것은 죄는 우리로 하여금 좋은 것들을 가지지 못하게 하는 원인이므로 죄 사함을 통해서 그 원인이 제거되고, 우리는 하나님의 은총을 회복하여, 하나님께서 우리에게 좋은 것들을 주실 수 있으시기 때문이다. 하나님을 진노하게 한 것이 무엇이었는지를 생각해 보라. 그것은 바로 죄악이었다. 그렇지만 하나님께서는 그 죄악을 사하셨다. 우리가 하나님을 화나시게 한 것들이 아무리 많다고 할지라도, 하나님은 그 모든 것을 사하셨다. 그가 우리의 모든 죄악을 사하셨다. 이것은 지금도 진행 중인 행위이다. 우리는 지금도 여전히 범죄하고 회개하기 때문에, 하나님은 여전히 우리의 죄악을 사하고 계신다.

2. "하나님께서는 네 병을 고치셨다." 사람의 본성이 부패한 것은 영혼이 병

든 것이다. 그것은 영혼의 이상(異常)이고, 영혼을 사망에 이르도록 위협한다. 이것이 하나님께서 우리를 거룩하게 하심으로써 치유된다. 죄가 억제될 때에, 이 질병은 치유된다. 죄악이 아무리 많을지라도, 그 죄악은 모두 치유된다. 우리가 지은 범죄들은 사형에 해당하는 것들이었지만, 하나님께서는 그 죄악들을 사하심으로써 우리의 목숨을 구하신다. 우리의 질병들은 치명적인 것들이었지만, 하나님께서는 그 질병들을 치유해 주심으로써 우리의 생명을 구하신다. 이 두 가지는 함께 간다. 왜냐하면, 하나님께서는 일을 어정쩡하게 하시는 것이 아니라 하나님의 일은 온전하기 때문이다. 하나님의 죄 사하심은 긍휼하심을 통해서 죄책을 제거하시고, 새롭게 하시는 은혜를 통해서 죄의 권능을 깨뜨리신다. 그리스도께서 어떤 영혼에게 의로움이 되실 때, 그는 그 영혼에게 거룩함도 되신다(고전 1:30).

3. "하나님은 너를 위험에서 구하셨다." 사람은 자신의 범죄나 질병으로 인해서만이 아니라 그의 원수들의 힘에 의해서도 생명을 잃을 위험 속에 빠질 수 있다. 그러므로 여기에서도 우리는 하나님의 선하심을 경험하게 된다: 그가 내 생명을 파멸에서 속량하셨고(4절), 멸망시키는 자, 지옥(갈대아 역본은 이렇게 되어 있다), 둘째 사망에서 속량하셨다. 생명을 속량하는 값은 너무 엄청나다. 우리는 이 일을 이해할 수 없기 때문에, 그 일을 이루신 하나님의 은혜, 우리를 위하여 영원한 속죄를 이루신 분께 이루 말할 수 없는 빚을 지고 있다(욥 33:24, 28을 보라).

4. "하나님은 너를 죽음과 파멸에서 구원하셨을 뿐만 아니라, 존귀와 기쁨과 오래 사는 것을 통해서 너를 진정으로 완벽하게 복되게 하셨다."

(1) "하나님은 네게 결코 면류관에 뒤지지 않는 참된 존귀함과 큰 명예를 주셨다: 그가 너를 인자와 긍휼로 관을 씌우신다." 한 가엾은 영혼이 하나님의 사랑과 은총 속으로 들어가는 것보다 더 큰 존엄이 어디 있겠는가? 이런 영광은 그의 모든 성도에게 있도다. 영광의 면류관은 하나님의 은총 외에 그 무엇이 있겠는가?

(2) "하나님은 네게 참된 즐거움을 주셨다. 그가 좋은 것으로 네 소원을 만족하게 하시는도다(5절)." 한 영혼에게 만족을 주고, 영혼의 필요들을 채워 주며, 영혼이 원하는 것들을 제대로 충족시켜 줄 수 있는 것은 오직 하나님의 은총과 은혜뿐이다. 하나님의 지혜 외에는 아무것도 영혼의 곳간을 채울 수 없다(잠

8:21). 다른 것들은 아무리 많이 있어도 영혼을 만족시킬 수 없다(전 6:7; 사 55:2).

(3) "하나님은 너를 장수하게 하실 것이라고 맹세하셨다: 그가 네 청춘을 독수리 같이 새롭게 하시는도다." 독수리는 오래 사는데, 박물학자들의 말에 의하면, 독수리는 100살 쯤 되었을 때에 기존의 깃털들이 다 빠져 나가고(실제로는 해마다 털갈이를 할 때에 상당량의 깃털이 새 것으로 바뀐다), 새 깃털이 나옴으로써 다시 젊어진다고 한다. 하나님께서 성령의 은혜들과 위로들을 통해서 그의 백성을 쇠약해져 가는 것으로부터 회복시키시고, 영원한 생명과 기쁨의 전조(前兆)인 새 생명과 기쁨으로 그들을 채우실 때에, 그들은 젊음을 회복하였다고 말할 수 있다(욥 33:25).

[6]여호와께서 공의로운 일을 행하시며 억압 당하는 모든 자를 위하여 심판하시는도다 [7]그의 행위를 모세에게, 그의 행사를 이스라엘 자손에게 알리셨도다 [8]여호와는 긍휼이 많으시고 은혜로우시며 노하기를 더디 하시고 인자하심이 풍부하시도다 [9]자주 경책하지 아니하시며 노를 영원히 품지 아니하시리로다 [10]우리의 죄를 따라 우리를 처벌하지는 아니하시며 우리의 죄악을 따라 우리에게 그대로 갚지는 아니하셨으니 [11]이는 하늘이 땅에서 높음 같이 그를 경외하는 자에게 그의 인자하심이 크심이로다 [12]동이 서에서 먼 것 같이 우리의 죄과를 우리에게서 멀리 옮기셨으며 [13]아버지가 자식을 긍휼히 여김 같이 여호와께서는 자기를 경외하는 자를 긍휼히 여기시나니 [14]이는 그가 우리의 체질을 아시며 우리가 단지 먼지뿐임을 기억하심이로다 [15]인생은 그 날이 풀과 같으며 그 영화가 들의 꽃과 같도다 [16]그것은 바람이 지나가면 없어지나니 그 있던 자리도 다시 알지 못하거니와 [17]여호와의 인자하심은 자기를 경외하는 자에게 영원부터 영원까지 이르며 그의 공의는 자손의 자손에게 이르리니 [18]곧 그의 언약을 지키고 그의 법도를 기억하여 행하는 자에게로다

시편 기자는 이제까지 오직 자신의 경험들만을 되돌아보고서, 거기에서 하나님을 찬송할 거리를 가져왔었지만, 여기에서는 주변을 돌아보고서, 하나님께서 다른 사람들에게 베푸신 은총도 거론한다. 왜냐하면, 모든 성도들은 한 식탁에서 먹고 동일한 축복들에 참여하는 것이므로, 우리는 하나님께서 다른 성도들에게 베푸신 은총들에 대해서도 즐거워하며 감사하여야 하기 때문이

다.

I. 진정으로 하나님은 모든 자들에게 선하시다(6절). 하나님은 그의 백성을 위해서만이 아니라 억압당하는 모든 자를 위하여 공의로운 일을 행하시며 심판하시는도다. 왜냐하면, 일반 섭리를 통해서조차도 하나님은 해악을 입는 무죄한 자들의 후원자이시고, 이런저런 방식으로 압제하는 자들을 대적하시며 해악을 입은 자들을 변호하시기 때문이다. 교만한 자들을 낮추시고 힘없는 자들을 도우시는 것은 하나님의 영광이다.

II. 하나님은 이스라엘, 그리고 깨끗하고 정직한 마음을 지닌 각각의 이스라엘 사람에게 특별한 방식으로 선하시다.

1. 하나님은 자기 자신과 그의 은혜를 우리에게 나타내셨다(7절): 그는 그의 행위를 모세에게 알리셨고, 모세를 통해서 그의 행사를 이스라엘 자손에게 알리셨는데, 당시에 살았던 자들에게는 모세의 지팡이를 통해서, 그 다음 세대들에게는 모세의 펜을 통해서 알리셨다. 하나님의 계시는 하나님께서 교회에게 축복으로 내려 주신 은총들 중에서 가장 크고 제일가는 은총 중의 하나라는 것을 명심하라. 왜냐하면, 하나님은 자기 자신을 우리에게 계시하심으로써 우리를 하나님 자신과의 관계로 회복시키시고, 우리에게 지식을 주심으로써 우리에게 모든 선한 것을 주시기 때문이다. 하나님은 사람들이 그를 어떻게 인식하고, 그에게서 무엇을 기대해야 하는지를 알도록 하기 위하여 그의 행사들과 그의 길들(즉, 하나님의 본성과 하나님께서 사람들을 다루시는 방법들)을 알게 하셨다(하몬드 박사의 해설). 또는, 하나님의 길들이라는 것은 하나님의 교훈들, 즉 하나님께서 우리에게 어떻게 행하라고 가르치신 것들을 의미하고, 하나님의 행사들 또는 계획들(원어는 이런 의미이다)은 하나님께서 우리와 관련하여 무슨 일을 하실 것인지에 대한 하나님의 약속들과 의도들을 가리키는 것으로 우리는 이해할 수도 있다. 이렇게 하나님은 우리를 공평하게 다루신다.

2. 하나님은 우리에게 엄하시거나 가혹하신 적이 결코 없으셨고, 항상 자상하시고 긍휼이 풍성하셔서 기꺼이 우리의 죄악들을 사할 준비가 되어 계신다.

(1) 긍휼이 많으신 것은 하나님의 본성이다(8절): 여호와는 긍휼이 많으시고 은혜로우시다. 이것은 모세가 호렙산에서 원하건대 주의 길을 내게 보이사 내게 주를 알리소서라고 청하자(출 33:13), 하나님께서 자기 이름을 밝히시면서 모세에게 알려주신 하나님의 길이었다(출 34:6-7). 하나님께서는 죄를 사하는 것

이 나의 길이라고 말씀하신다.

[1] 하나님은 화를 잘 내시는 분이 아니다(8절). 그는 노하기를 더디 하시고, 우리가 잘못하였을 때에 기다렸다는 듯이 그 기회를 이용하여 우리를 호되게 질책하시는 분이 아니다. 하나님은 큰 진노를 불러일으킬 만한 짓을 하고 있는 자들을 오래 참으시고, 그들에게 회개할 기회를 주시기 위하여 벌하시는 것을 미루시며, 그의 율법의 선고를 신속하게 집행하지 않으신다. 만약 하나님이 긍휼에 풍성하지 않으시고, 긍휼의 아버지가 아니시라면, 그는 이렇게 노하기를 더디 하실 수 없다.

[2] 하나님은 오랫동안 화를 품고 계시지 않는다. 왜냐하면, 우리는 항상 죄를 범하여 꾸지람받을 짓을 끊임없이 하지만, 하나님은 자주 경책하고자 하지 아니하시기 때문이다(9절). 우리가 죄를 범할 때에 하나님께서는 섭리의 책망들과 우리 양심의 가책을 통해서 그가 우리를 기뻐하지 않으신다는 것을 나타내셔서 우리로 하여금 슬퍼하게 하시지만, 하나님은 긍휼이 풍성하시기 때문에 우리의 죄로 인하여 우리를 항상 고통과 두려움 속에 묶어 두고자 하시는 것이 아니라, 종의 영 이후에 양자의 영을 주시고자 하신다. 항상 경책하고, 기회가 있을 때마다 책망하며, 그 책망을 결코 그칠 줄 모르는 자들은 하나님과 얼마나 다른 자들인가! 하나님께서 우리를 이렇게 다루실진대, 우리는 어떻게 하여야 마땅하겠는가? 하나님은 그의 백성에 대하여 끊임없이 노하지 아니하시고, 영원한 긍휼로 그들을 모으실 것이다(사 54:8; 57:16).

(2) 우리는 하나님께서 긍휼이 많으시다는 것을 경험을 통해서 알았다. 우리는 친히 하나님께서 우리의 죄를 따라 우리를 처벌하지 아니하셨다는 것을 시인하여야 한다(10절). 성경은 하나님의 긍휼하심에 대하여 무수한 말을 하는데, 우리는 모두 그것이 사실이라는 것, 우리가 그것을 경험하였다는 것을 확인해 줄 수 있다. 만약 하나님이 인내의 하나님이 아니셨다면, 우리는 이미 오래 전에 지옥에 들어가 있었을 것이다. 그러나 하나님은 우리의 죄악을 따라 우리에게 그대로 갚지 아니하셨다. 자신이 저지른 죄에 대하여 어떤 벌을 받아야 하는지를 아는 자들은 그렇게 말할 것이다. 하나님은 우리가 마땅히 받았어야 할 심판을 우리에게 내리지 아니하셨고, 우리가 마땅히 상실했어야 할 위로들을 우리에게서 빼앗지 아니하셨는데, 우리는 하나님께서 이렇게 처분하신 것을 보고서, 결코 죄를 가볍게 생각하거나 죄를 지어도 괜찮다고 생각해서는 안 된다. 왜냐

하면, 하나님의 길이 참으심은 우리를 회개로 인도하기 위한 것임을 우리는 알아야 하기 때문이다(롬 2:4).

3. 하나님은 우리의 죄들을 사하시되, 나의 죄악만이 아니라(3절) 우리의 죄과(12절)도 사하셨다. 우리는 하나님의 죄 사하시는 긍휼로 인하여 우리 자신이 받은 은택으로부터 위로를 얻어야 하지만, 또한 그것으로 인하여 다른 사람들이 받은 은택에 대해서도 하나님께 영광을 돌려야 한다. 좀 더 살펴보자.

(1) 하나님의 긍휼하심은 헤아릴 수 없이 풍성하심(11절). 하늘이 땅에서 높음 같이(하늘은 너무나 높기 때문에 광대한 하늘에 비하면 땅은 단지 점에 불과하다), 하나님의 긍휼하심은 그를 가장 경외하는 자들이 마땅히 받아야 할 것보다 이루 말할 수 없이 훨씬 더 크기 때문에 이 둘은 서로 비교의 대상이 전혀 되지 않는다. 사람이 자신의 도리를 아무리 잘 수행하였다고 하더라도, 그는 자신의 수고에 대한 대가(代價)로서 하나님의 은총을 조금이라도 요구할 수 있는 권리를 가질 수 없기 때문에, 야곱의 모든 자손은 야곱과 마찬가지로 나는 주께서 베푸신 모든 은총을 조금도 감당할 수 없나이다라고 고백하여야 할 것이다(창 32:10). 하나님의 긍휼하심은 그와 다투는 자들에게가 아니라 그를 경외하는 자들에게 이렇게 크시다. 우리는 여호와와 그의 선하심을 경외하여야 한다.

(2) 하나님의 죄 사하심은 온전함. 이것은 하나님의 긍휼하심이 풍성하시다는 것을 보여주는 한 증거이다(12절). 동이 서에서 먼 것 같이(세계의 두 방위인 동과 서는 당시 사람들이 알고 있는 한 그 거리가 가장 멀리 떨어져 있었기 때문에, 지리학자들은 그런 식으로 거리를 계산하였다), 그는 우리의 죄과를 우리에게서 멀리 옮기셨기 때문에, 하나님은 그 죄과를 우리에게 다시 묻지 아니 하실 것이고, 그 죄과로 인하여 우리를 심판하지 아니하실 것이다. 믿는 자들의 죄악들은 다시는 기억되지 않을 것이고, 그들에게 다시는 거론되지 않을 것이다. 그들이 자신의 죄악들을 찾을지라도 발견하지 못할 것이다. 우리가 우리의 죄악들을 철저하게 버린다면, 하나님은 그 죄악들을 철저하게 용서하실 것이다.

4. 하나님은 우리의 슬픔을 불쌍히 여기셨다(13-14절). 좀 더 살펴보자.

(1) 하나님은 누구를 불쌍히 여기시는가 ― 자기를 경외하는 자들, 모든 선한 자들, 이 세상에서 그들이 겪는 슬픈 일들로 인하여 동정의 대상이 될 수 있는

자들. 또는, 이것은 아직 양자의 영을 받지 않았지만 그의 말씀 앞에서 두려워 떠는 자들을 가리키는 것으로 이해할 수도 있다. 그러한 자들을 하나님께서는 불쌍히 여기신다(렘 31:18, 20).

(2) 하나님은 어떻게 불쌍히 여기시는가 — 아버지가 자식을 불쌍히 여겨서 기회가 되는 대로 잘 대해 주는 것 같이. 하나님은 그를 경외하는 자들에게 아버지가 되시고, 그들을 자신의 자녀로 인정하시며, 아버지로서 그들에게 자상하시다. 아버지는 뭘 잘 모르는 자신의 자녀들을 불쌍히 여기셔서 그들을 가르치시고, 그들이 제멋대로 행할 때에 그들을 불쌍히 여기셔서 그들을 참으시며, 그들이 병들었을 때에 그들을 불쌍히 여기셔서 위로하시며(사 66:13), 그들이 넘어졌을 때에 그들을 불쌍히 여기셔서 그들을 도와 다시 일으키시고, 그들이 범죄했을 때에 그들을 불쌍히 여기셔서 그들이 회개하면 그 죄를 용서하시고, 그들이 잘못했을 때에 그들을 불쌍히 여기셔서 바로잡아 주신다. 이렇게 여호와께서는 자기를 경외하는 자를 긍휼히 여기신다.

(3) 하나님은 왜 불쌍히 여기시는가 — 이는 그가 우리의 체질을 아심이로다. 하나님은 우리의 체질을 만드신 분이기 때문에 당연히 우리의 체질을 아신다. 하나님은 사람을 흙에서 친히 만드셨기 때문에, 체질적으로만이 아니라 선고에 의해서도 사람이 단지 먼지뿐임을 기억하신다. 너는 흙이 될지니라. 하나님은 우리 몸의 연약함과 우리 영혼의 어리석음을 아시고, 우리가 할 수 있는 일이 거의 없다는 것을 아시기 때문에, 우리에게 그 이상을 기대하지 않으시고, 우리가 감당할 수 있는 일이 거의 없다는 것을 아시기 때문에 거기에 맞춰서 우리에게 짐을 지우신다. 이 모든 것 속에는 하나님의 긍휼하심과 인자하심이 그대로 다 드러나 있다.

5. 하나님은 그의 언약에 의한 긍휼하심을 끝까지 베푸셔서, 우리를 우리의 연약함에서 건져내실 방도를 마련해 놓으셨다(15-18절).

(1) 사람의 인생은 아주 짧고 언제 갑자기 끝나게 될지 모른다는 것. 큰 자들과 선한 자들의 삶조차도 그러하고, 그들이 크다는 것과 그들이 선하다는 것은 인생의 근본적인 속성을 바꾸어 놓을 수 없다. 인생은 그 날이 풀과 같은데, 풀은 흙에서 나와서 흙 위로 조금 솟아났다가 곧 시들어서 다시 흙으로 되돌아 간다(사 40:6-7을 보라). 사람은 아무리 좋은 처지에 있다고 하더라도 풀보다 약간 나아 보일 정도이다. 그가 누리는 영화는 즐거워 보인다. 그렇지만 그는 단지

들의 꽃과 같아서, 풀보다 약간 더 나아 보이지만 풀과 마찬가지로 시들어 버린다. 정원의 꽃은 통상적으로 더 아름답고 소중하며, 비록 시들 수밖에 없는 본성을 지니고 있기는 하지만 정원의 담장과 정원지기의 보살핌 때문에 보호를 받아서 좀 더 오래 지속된다. 그러나 들꽃(여기에서 인생과 비유되고 있는)은 스스로 시들어갈 뿐만 아니라 비바람에 그대로 노출되어 있고 들짐승들에 의해서 짓밟히고 꺾이기 쉽다. 사람의 인생은 그 자체로 사멸되어 갈 뿐만 아니라 무수한 사고들에 의해서 언제라도 그 기간이 단축될 수 있다. 꽃이 만개해 있을 때, 예기치 않았던 바람이 지나가면 그것은 없어진다. 바람은 꽃을 꺾어 버리고 잎사귀들을 떨어지게 하여 다시 흙으로 돌아가게 만듦으로써 꽃이 있음을 자랑하였던 그 있던 자리도 그 꽃을 다시 알지 못한다. 그러한 것이 인생이다. 하나님께서는 이것을 아시기 때문에 사람을 불쌍히 여기신다. 사람은 스스로 이러한 사실을 명심하여서 스스로를 낮추고 이 세상에 대하여 죽고 또 다른 세상을 마음에 두어야 한다.

(2) 하나님의 긍휼하심은 그의 백성에게 영원하심(17-18절). 하나님의 긍휼하심은 그들이 사는 날보다 더 오래도록 지속될 것이고 이 세상을 넘어 저 세상에 이르기까지 계속될 것이다. 좀 더 살펴보자.

[1] 하나님의 이러한 긍휼하심을 받게 될 자들에 관한 묘사. 그들은 하나님을 경외하는 자들, 근본적으로 참된 신앙이 있는 자들이다. **첫째,** 그들은 믿음의 삶을 살아간다. 왜냐하면, 그들은 하나님의 언약을 지키기 때문이다. 그들은 하나님의 언약을 받아들여서 계속해서 굳게 붙잡고, 결코 그 언약을 놓지 않는다. 그들은 하나님의 언약을 보물처럼 간직하고 그들의 분깃처럼 간직하며, 무슨 일이 있어도 그 언약을 놓으려 하지 않는다. 왜냐하면, 하나님의 언약은 그들의 생명이기 때문이다. **둘째,** 그들은 순종의 삶을 살아간다. 그들은 그의 법도를 기억하여 행한다. 만약 그렇게 하지 않는다면, 그들은 그의 언약을 지키는 것이 아니다. 하나님의 교훈들을 꼼꼼하게 지키는 자들만이 하나님의 약속들에 의한 은택을 받게 될 것이다. 그들은 훌륭한 기억력만이 아니라 훌륭한 집안을 지닌 자들이고(시 111:10), 하나님의 법도를 기억하여 그것들에 대하여 말할 뿐만 아니라 그것들을 행하며 그것들에 의해서 다스림을 받는 자들이다.

[2] 이러한 자들에 대한 하나님의 긍휼하심은 끝이 없을 것임. 하나님의 긍휼하심은 그들이 이 땅에서 사는 날보다 더 오래 지속될 것이기 때문에, 그들은

일찍 죽는다고 해서 괴로워할 필요가 없다. 왜냐하면, 죽음 자체로 그들의 지극한 복이 끝나 버리는 것이 아닐 것이기 때문이다. 하나님의 긍휼하심은 생명보다 더 귀하다. 왜냐하면, 하나님의 긍휼하심이 생명보다 더 오래 지속될 것이기 때문이다. 첫째, 죽음을 맛보지 않은 그들의 영혼에 대한 하나님의 긍휼하심. 그들의 영혼에 대한 여호와의 긍휼하심이 영원부터 영원까지 계속된다. 하나님의 긍휼하심은 영원 전부터 계획되었고 그 결과는 영원까지 미칠 것이며, 하나님의 긍휼하심에 의해서 그들은 창세 전에 택함 받았고, 세상이 더 이상 존재하지 않게 될 때에 그들은 영화롭게 될 것이다. 왜냐하면, 그들은 하나님의 기억이 되기로 예정되어 있고(엡 1:11) 여호와의 긍휼하심, 곧 주 예수의 긍휼하심을 힘입어서 영생에 들어가게 되어 있기 때문이다. 둘째, 종말의 때까지 보호받게 될 그들의 자손에 대한 하나님의 긍휼하심(28절): 그의 의, 즉 그의 약속의 진실하심은 자손의 자손에게 이르리라. 그들이 조상들의 경건의 발자취를 그대로 밟아서 그의 언약을 지키면, 하나님의 긍휼하심은 그들에게 계속될 것이고 천대에 이르기까지 미치게 될 것이다.

[19]여호와께서 그의 보좌를 하늘에 세우시고 그의 왕권으로 만유를 다스리시도다 [20]능력이 있어 여호와의 말씀을 행하며 그의 말씀의 소리를 듣는 여호와의 천사들이여 여호와를 송축하라 [21]그에게 수종들며 그의 뜻을 행하는 모든 천군이여 여호와를 송축하라 [22]여호와의 지으심을 받고 그가 다스리시는 모든 곳에 있는 너희여 여호와를 송축하라 내 영혼아 여호와를 송축하라

여기에는 다음과 같은 것들이 나온다.

I. 보편적인 섭리에 관한 가르침이 제시됨(19절).   하나님은 약속과 언약을 통해서 그의 특별한 백성의 행복을 확보해 두셨지만, 인류와 세계 전체의 질서는 일반 섭리를 통해서 확보하신다. 여호와는 자기 자신의 보좌, 영광의 보좌, 심판의 보좌를 가지고 계신다. 만물을 지으신 하나님은 만물을 다스리시되 능력의 말씀으로 다스리신다. 여호와께서 그의 보좌를 세우셨고, 그 보좌가 요동할 수 없도록 단단히 세워 놓으셨다. 하나님은 그의 통치의 모든 수단들을 미리 정해 놓으셨고, 그의 뜻에 의한 계획에 따라서 모든 일을 행하신다. 하나님은 자신의 보좌를 하늘에, 우리 위에 및 우리가 볼 수 없는 곳에 세우셨다. 왜냐하

면, 하나님은 그의 보좌를 가리시고 그 위에 구름을 펴시기 때문이다(욥 26:9). 그렇지만 하나님은 흑암 중에서 심판하실 수 있으시다(욥 22:14). 그런 까닭에 성경에서는 하늘 뜰이 다스린다고 말한다(단 4:26). 또한, 우리는 눈에 보이는 하늘조차도 이 땅에 영향을 미치고 다스린다는 사실을 통해서도 하나님의 통치를 생각하게 된다(욥 38:33; 창 1:16). 그러나 하나님의 보좌가 하늘에 있고, 거기에서 하나님이 그의 궁정 회의를 여시며, 우리가 하나님께 아뢸 때에 하늘을 바라보도록 가르침을 받는다고 하여도(하늘에 계신 우리 아버지), 그의 나라는 만유를 다스리신다. 하나님은 이 아랫 세상의 모든 거민들과 모든 일들을 다 아시고, 모든 사람들과 만물들을 자신의 영광을 위하여 그의 뜻에 의한 계획에 따라서 다루신다(단 4:35). 그의 나라는 모든 왕들과 모든 나라들을 다스리고, 그의 왕권이 미치지 않는 곳은 전혀 없다.

Ⅱ. 이러한 사실로부터 만유가 하나님을 찬송해야 마땅하다는 것이 추론됨. 만유가 하나님의 통치 아래에 있다면, 만유는 하나님께 충성을 맹세하고 마땅한 예를 올려야 한다.

1. 거룩한 천사들은 하나님을 찬송하여야 한다(20-21절): 너희 여호와의 천사들이여 여호와를 송축하라. 다시 한 번, 그에게 수종드는 모든 천군이여 여호와를 송축하라. 다윗은 지금까지 자기 자신과 다른 사람들에게 하나님을 찬송하도록 분발을 촉구하였는데, 여기 이 시편의 끝 부분에서는 천사들에게 하나님을 찬송하도록 촉구한다. 천사들은 하나님을 끊임없이 찬송하고 있기 때문에, 우리가 나서서 굳이 천사들에게 하나님을 찬송하라고 촉구할 필요는 없다. 그렇지만 다윗은 하나님이 거룩한 천사들의 경배를 받으실 만한 분이라는 자신의 공경어린 마음을 이런 식으로 표현함으로써, 하나님을 찬송하는 것은 천사들의 일이라는 사실을 자기 자신과 다른 사람들에게 깨우쳐서 더욱 그 일에 정진하게 하고자 하고, 이 도리를 행함에 있어서 자신의 연약함과 결함과 관련하여 하나님의 전에 거하며 끊임없이 하나님을 찬송하고 있는 거룩한 천사들의 세계가 존재한다는 사실을 통해서 스스로를 위로하고자 한다. 요컨대, 복된 천사들은 찬송받으실 하나님을 수종드는 영광스러운 존재들이다. 좀 더 살펴보자.

(1) 천사들은 그들이 맡은 직무와 관련하여 아주 잘 자격이 갖추어져 있다는 것. 그들에게는 능력이 있다. 왜냐하면, 그들은 힘에 있어서 탁월하기 때문이다. 그들은 힘에 있어서 막강하다(원어의 의미는 이런 것이다). 그들은 큰 일들을 해

낼 수 있고, 지침이 없이 그들의 일을 계속할 수 있다. 또한, 그들은 능력이 있을 뿐만 아니라 의지도 있다. 그들은 그들의 일을 알고자 한다. 왜냐하면, 그들은 그의 말씀의 소리를 듣기 때문이다. 그들은 그들의 크신 주님으로부터 하명을 기다리며 늘어서 있고 그의 얼굴을 항상 뵈옵고 있기 때문에(마 18:10), 그의 마음을 가장 먼저 알아낼 수 있다. 그들은 그들의 일을 기꺼이 하고자 한다. 그들은 여호와의 말씀을 행한다(20절). 그들은 그의 뜻을 행한다(21절). 그들은 하나님께서 어떤 명령을 내리시든지 거기에 이의를 제기하지 않고 즉시 그 명령을 수행하러 나선다. 그들은 지체하지 않고 신속하게 날아간다. 그들은 여호와의 말씀의 소리를 듣자마자 그의 명령들을 행한다(하몬드 박사의 해석). 순종이 제사보다 낫다. 왜냐하면, 천사들은 제사를 드리지 않고 순종하기 때문이다.

(2) 그들의 섬김은 무엇인가. 그들은 그의 천사들이자 그의 일꾼들이다. 그들이 그의 것인 이유는 그가 그들을 만드셨고 자신을 위하여 그들을 만드셨기 때문이고, 그가 그들을 필요로 하지는 않으시지만 그들을 사용하시기 때문이며, 그가 그들의 주인이자 주이기 때문이다. 그들은 그에게 속해 있고, 그는 그들을 그의 마음대로 부리신다. 모든 피조물은 그의 종들이지만, 그의 영광의 임재 앞에서 수종드는 천사들과는 다르다. 군인들과 선원들과 모든 선한 신민들은 왕을 섬기지만, 조신들과 가신들이 왕을 섬기는 것과는 다르다.

[1] 천사들은 종종 이 아랫 세상에서 하나님을 섬긴다. 그들은 그의 명령을 행하며 그의 심부름을 수행하고(단 9:21) 그의 싸움을 싸우며(왕하 6:17) 그의 백성의 유익을 위하여 일한다(히 1:14).

[2] 그들은 윗 세상에서 끊임없이 하나님을 찬송한다. 그들은 일찍부터 하나님을 찬송하는 일을 시작하였고(욥 38:7), 하나님을 찬송하는 일은 여전히 그들의 일로서, 그들은 그 일을 밤낮으로 쉬지 않는다(계 4:8). 하나님께 이렇게 수종드는 자들이 있다는 것은 하나님의 영광이지만, 하나님이 그들을 필요로 하지도 않으시고 그들로 인해서 유익을 받으시는 것도 아니라는 것은 훨씬 더 그의 영광이 된다.

2. 여호와의 지으심을 받은 모든 것들은 그가 다스리시는 모든 곳에서 여호와를 찬송하여야 한다(22절). 왜냐하면, 그들은 그가 만드신 것들로서 그의 통치 아래에 있고, 그들이 지음받고 통치받는 것은 그들이 그의 명성과 찬송이 되게 하기 위한 것이기 때문이다. 여호와의 지으심을 받은 모든 것들, 즉 세상의 모든 곳

에 있는 모든 인생들은 다 하나님을 찬송하여야 한다. 또한, 마찬가지로 하나님께서 지으신 다른 열등한 피조물들도 하나님을 찬송하여야 한다. 이러한 열등한 피조물들은 실제로 하나님을 찬송할 수는 없지만 객관적으로 하나님을 찬송하여야 한다(시 145:10). 그렇지만 이 모든 것들이 하나님을 찬송한다고 하여서 다윗은 그 핑계를 대고 하나님을 찬송하는 일에서 슬그머니 손을 떼는 것이 아니라, 이러한 만유의 합창 속에서 한 몫을 담당하기 위하여 더욱 즐거운 마음으로 하나님을 찬송하고자 한다. 왜냐하면, 그는 그가 이 시편을 시작했던 때와 마찬가지로(1절) 내 영혼아 여호와를 송축하라는 말로 이 시편을 끝내고 있기 때문이다. 하나님을 송축하고 하나님께 영광을 돌리는 것은 우리의 모든 예배의 알파와 오메가가 되어야 한다. 다윗은 내 영혼아 여호와를 송축하라는 말로 시작하였다. 그가 하나님의 영광을 위하여 이 뛰어난 찬송시를 지어서 노래를 부른 후에, 그는 "내 영혼아, 이제 네가 여호와를 송축하였으니, 앉아서 쉬어라"고 말하는 것이 아니라, "내 영혼아 여호와를 송축하라. 더욱더 여호와를 송축하라"고 말한다. 우리가 하나님을 많이 예배하였다고 할지라도, 우리는 여전히 우리 자신에게 하나님을 더 예배하도록 분발할 것을 촉구하여야 한다. 하나님을 찬송하는 일은 우리가 아무리 많이 하여도 결코 끝나지 않을 일이기 때문에, 우리는 우리가 천국에 이를 때까지 이 일이 끝나리라고 결코 생각해서는 안 된다. 천국에서는 하나님을 찬송하는 일이 영원히 계속될 것이다.

제
— 104 —
편

개요

이 시편은 앞의 시편과 동일한 손길에 의해서 동일한 때에 지어졌을 가능성이 매우 크다. 왜냐하면, 앞의 시편과 마찬가지로 이 시편은 내 영혼아 여호와를 송축하라는 말씀으로 시작되어서 그 말씀으로 끝나기 때문이다. 실제로 문체는 약간 다른데, 이것은 다루는 내용이 서로 다르기 때문이다. 앞의 시편의 내용이 하나님의 선하심과 그의 긍휼이 풍성하심을 송축하는 것이었기 때문에, 거기에는 부드럽고 감미로운 문체가 가장 잘 어울렸다. 그런데 이 시편의 내용은 하나님의 크심과 엄위하심과 왕적인 통치를 송축하는 것이기 때문에, 아주 힘있으면서도 고상하고 당당한 시적인 필체가 잘 어울린다. 다윗은 앞의 시편에서 언약에 의한 긍휼하심과 그의 백성에 대한 사랑에 대하여 하나님께 영광을 돌렸다. 이 시편에서 그는 하나님의 창조와 섭리의 일들, 모든 피조물들에 대한 하나님의 통치와 관대하심에 대하여 하나님께 영광을 돌린다. 앞의 시편에서 하나님은 은혜의 하나님으로 찬송되고 있다면, 여기에서는 자연의 하나님으로 찬송되고 있다. 이 시편은 그러한 주제에 온전히 바쳐지고 있다는 점에서 그러한 주제로 시작되기는 하지만 하나님의 법에 대한 고찰로 넘어가는 제19편이나 그러한 주제에 관하여 말하고 있기는 하지만 그리스도를 염두에 두고서 예언적으로 말하고 있는 제8편과 다르다. 이 고상한 시편은 매우 유능한 비평가들에 의해서 경건과 헌신에서만이 아니라(이것은 논란의 여지가 없다) 풍부한 상상력, 탁월한 개념 구성, 놀라운 반전들, 온갖 표현의 아름다움과 수사들에 있어서 이런 성격의 주제에 관한 헬라와 라틴의 시인들을 훨씬 능가한다는 평가를 받아 왔다. 시편 기자는 여기에서 수많은 위대한 것들과 관련하여 하나님께 영광을 돌린다. I. 윗 세상에서의 하나님의 빛나는 위엄(1-4절). II. 바다와 육지를 창조하심(5-9절). III. 하나님께서 모든 피조물들이 그 본성에 따라서 유지될 수 있게 하심(10-18, 27-28절). IV. 해와 달의 주기적인 운행(19-24절). V. 바다에 필요한 것들을 공급하심(25-26절). VI. 모든 피조물들에 대한 하나님의 주권적인 권세(29-32절). 마지막으로, 그는 하나님을 끊임없이 찬송하겠다는 즐겁고 확고한 결심으로 이 시편을 마무리하는데(33-35절), 우리도 이 시편을 노래할 때에 진심으로 그의 그러한 결심에 동참하여야 한다.

¹내 영혼아 여호와를 송축하라 여호와 나의 하나님이여 주는 심히 위대하시며 존귀와 권위로 옷 입으셨나이다 ²주께서 옷을 입음 같이 빛을 입으시며 하늘을 휘장 같이 치시며 ³물에 자기 누각의 들보를 얹으시며 구름으로 자기 수레를 삼으시고 바람 날개로 다니시며 ⁴바람을 자기 사신으로 삼으시고 불꽃으로 자기 사역자를 삼으시며 ⁵땅에 기초를 놓으사 영원히 흔들리지 아니하게 하셨나이다 ⁶옷으로 덮음 같이 주께서 땅을 깊은 바다로 덮으시매 물이 산들 위로 솟아올랐으나 ⁷주께서 꾸짖으시니 물은 도망하며 주의 우렛소리로 말미암아 빨리 가며 ⁸주께서 그들을 위하여 정하여 주신 곳으로 흘러갔고 산은 오르고 골짜기는 내려갔나이다 ⁹주께서 물의 경계를 정하여 넘치지 못하게 하시며 다시 돌아와 땅을 덮지 못하게 하셨나이다

우리는 예배를 드릴 때에 그 예배를 통해서 하나님을 붙잡으려고 스스로 분발하여야 한다(사 64:7). 다윗은 여기에서 바로 그렇게 하고 있다. "내 영혼아, 너는 어디에 있느냐? 너는 무엇을 생각하고 있느냐? 여기 네가 해야 할 일, 선한 일, 천사들이 하는 일이 있다. 정성을 다해서 그 일을 시작하라. 너의 모든 힘과 능력을 다 동원해서 그 일을 하라. 내 영혼아, 여호와를 송축하라." 이 절들에는 다음과 같은 내용들이 나온다.

Ⅰ. 시편 기자는 윗 세상에서 빛나고 있는 하나님의 영광을 우러러보는데, 이 영광은 눈에 보이지 않는 것들 중의 하나이지만, 믿음이 그것을 증거한다. 그는 다음과 같은 표현을 통해서 공경하고 경외하는 거룩한 마음으로 묵상을 시작한다: 여호와 나의 하나님이여, 주는 심히 위대하시나이다. 그들의 하나님이 위대하신 하나님이시라는 사실은 성도들의 기쁨이다. 왕의 위대함과 위엄은 그의 모든 선한 신민들의 자랑이자 기쁨이다. 하나님의 위엄은 여기에서 위대한 왕들이 백성들 앞에서 위엄을 과시하고자 할 때의 여러 모습에 빗대어서 묘사된다. 위대한 왕들(장엄하게 꾸미고 다니기를 가장 좋아하는 동방의 왕들조차도)이 타는 어가의 광채가 반딧불 빛이라면, 하나님께서 타시는 어가의 광채는 가장 강렬하게 비치는 태양빛이라 할 수 있다. 왕의 위대성은 다음과 같은 것들에서 나타난다.

1. 왕의 옷. 그렇다면, 하나님의 옷은 어떠한가? 주는 존귀와 권위로 옷 입으셨나이다(1절). 하나님이 어떤 분이신지는 그가 행하신 일들 속에서 드러나는데, 그 일들은 하나님이 한없이 지혜로우시고 선하시며 지극히 위대하시다는 것을

선포한다. 하나님은 옷을 입음 같이 빛을 입고 계신다(2절). 하나님은 빛이시고 (요일 1:5) 빛들의 아버지이시다(약 1:17). 하나님은 가까이 가지 못할 빛에 거하 신다(딤전 6:16). 하나님은 빛을 입고 계신다. 하나님의 영광의 거처는 가장 높 은 하늘에 있는데, 그 빛은 첫째 날에 창조되었다(창 1:3). 사람이 옷을 통해서 자신을 표현하는 것과 마찬가지로, 눈에 보이는 모든 것들 중에서 빛은 영의 본성과 가장 가깝기 때문에, 하나님은 빛이라는 비유를 통해서 자신을 나타내 시고 표현하시기를 기뻐하신다. 하나님의 얼굴은 눈에 보이지 않기 때문에, 하 나님은 오직 이렇게 비유를 통해서만 자신을 나타내실 수 있으시다.

2. 왕의 궁정 또는 야전에서 사용되는 왕의 장막. 그렇다면, 하나님의 궁정과 장막은 어떠한가? 하나님은 하늘을 휘장 같이 치신다(2절). 하나님께서는 궁창 을 만드셨을 때에 처음에 그렇게 하셨다. 히브리어로 궁창이라는 이름은 펼쳐 졌다는 뜻에서 유래한 것이다(창 1:7). 마치 휘장이 하나의 공간을 두 부분으 로 나누는 역할을 하듯이, 하나님은 궁창 위의 물과 궁창 아래의 물로 나누기 위해서 궁창을 만드셨다. 하나님은 지금도 여전히 그렇게 하신다. 하나님은 하 늘을 휘장 같이 치셔서 펼쳐진 상태로 두시고 계시기 때문에, 하늘은 주의 규례 들을 따라 오늘까지 그대로 있다. 지구 주변에는 공기의 지대들이 펼쳐져 있어 서, 침상 주변에 쳐진 휘장처럼 지구를 따뜻하게 해주고, 우리와 윗 세상을 갈 라 놓아서 그 눈부신 빛을 차단해 준다. 왜냐하면, 하나님은 빛을 입고 계시지 만, 우리의 사정과 형편을 생각하셔서 흑암을 장막 같이 자기를 두르게 하신다. 빽 빽한 구름이 그를 가리고 있다. 이 장막이 광대하기 때문에 우리는 천지에 충만하 신 분이 얼마나 크시고 얼마나 지극히 위대하신지를 미루어 짐작할 수 있다. 하나님은 땅의 기초를 바다와 큰 물, 곧 궁창 아래의 물에 놓으신 것과 마찬가지 로, 자신의 궁궐의 누각들의 들보를 물, 곧 궁창 위의 물에 얹으셨다(3절). 공기 와 물은 유체들이지만 하나님의 권능으로 인해서 누각을 세울 때에 사용되는 들보와 서까래처럼 견고하고 튼튼하게 제자리를 지킨다. 자신의 집무실을 이 렇게 튼튼하게 세우신 하나님은 얼마나 위대하신 분인가!

3. 왕의 수레와 그 수레를 끄는 위풍당당한 말들. 이러한 것들은 왕의 위엄을 한층 더해 준다. 그러나 하나님은 구름으로 자기 수레를 삼으셔서, 어느 때라도 이 세상을 다스리시면서 이례적인 섭리들을 통해서 행하고자 하실 때에 그 누 구도 막을 수 없을 정도로 강하고 신속하게 구름을 타고 달리신다. 하나님은

구름을 수레로 삼아서 시내 산에 강림하셔서 율법을 주셨고, 다볼 산에 내려오셔서 복음을 선포하셨으며(마 17:5), **바람 날개로 다니신다**(여기서 다니신다는 것은 천천히, 그러나 위풍당당하게 거니시는 것을 의미한다, 시편 18:10-11을 보라). 하나님은 바람에게 명하시고, 바람을 자신의 뜻대로 부리셔서, 자신의 뜻을 이루시는 데에 바람을 사용하신다.

4. 왕의 시종들. 이 점에 있어서도 하나님은 심히 위대하시다. 왜냐하면, 하나님은 그의 천사들을 영들이 되게 하시기(개역에서는 **바람을 자기 사신으로 삼으시기**) 때문이다(4절). 사도 바울은 그리스도께서 천사들보다 더 뛰어나시다는 것을 증명할 목적으로 이 본문을 인용하였다(히 1:7). 여기에서는 천사들을 하나님의 사신들과 사역자들이라고 말한다. 왜냐하면, 천사들은 하나님의 통치 아래에 있고, 하나님은 천사들을 마음대로 부리시기 때문이다. 천사들은 바람들이고 불꽃이다. 이 말씀은 천사들이 바람이나 불로 나타난다는 것을 의미할 수도 있고(어떤 이들의 해석처럼), 바람처럼 빠르고 불꽃처럼 순결하다는 것을 의미할 수도 있다. 또는, 이 본문은 하나님이 천사들을 영들이 되게 하신다로 번역될 수도 있는데, 신약성경에서 사도 바울은 이런 의미로 이 본문을 인용한다. 천사들은 영적인 존재들이다. 천사들이 그들의 본성에 적합한 어떤 몸을 지니고 있는지는 모르지만, 어쨌든 천사들이 우리와 같은 그런 육체를 지니고 있지 않은 것만은 확실하다. 천사들은 영이기 때문에 인간 본성이 지닌 제약들로부터 한층 더 자유롭고, 신성(神性)의 영광과 한층 더 가깝다. 천사들은 불처럼 또는 불꽃처럼 밝고 빠르며 위로 올라가는 특성을 지니고 있다. 에스겔은 이상 중에서 천사들이 번개 모양 같이 왕래하는 것을 보았다(겔 1:14). 그런 까닭에 천사들은 스랍들(태우는 자들)로 불린다. 천사들이 어떤 모양과 특성을 지니고 있든, 그것은 하나님께서 그들을 그렇게 만드신 것이다. 천사들이 존재하는 것은 하나님에 의한 것이고, 천사들은 하나님이 그들에게 부여하신 모양대로 존재하는 것이며, 하나님은 천사들이 그러한 모양과 특성을 유지하도록 지키시고, 그의 기쁘신 뜻을 따라 그들을 부리신다.

Ⅱ. 시편 기자는 주변을 둘러보고서 아랫 세상에서 빛나고 있는 하나님의 권능을 굽어본다. 하나님은 그의 궁정의 영광들을 살펴실 뿐만 아니라 그가 다스리시는 영토의 가장 후미진 곳까지도 살펴시고, 바다와 뭍을 살펴시는 일도 결코 게을리하지 않으신다.

1. 하나님은 땅의 기초를 놓으셨다(5절). 하나님은 땅을 아무것도 없는 곳에 매다셔서(욥 26:7) 스스로의 무게로 균형을 잡게 하셨지만, 땅은 마치 가장 탄탄한 기초 위에 놓여진 것처럼 확고부동하다. 하나님은 땅을 기초로 해서 그 위에 땅을 지으셨고, 땅은 인간의 죄로 인하여 치명적인 타격을 입었으며, 지옥의 악의에 찬 공격을 지금도 받고 있지만, 영원히, 곧 새 땅에 의해서 대체될 종말의 때까지 흔들리지 아니할 것이다. 하몬드 박사가 이 본문을 자유롭게 의역한 내용은 우리가 주목해 볼 만하다: "하나님께서는 저 무거운 물체인 땅을 너무도 이상한 곳에 고정시켜 놓으셔서, 우리는 땅이 언제 떨어져서 우리를 덮칠지 모른다고 생각하기 쉽다. 그러나 우리가 땅이 어떤 식으로 요동할 것이라고 상상하든, 땅은 그러한 물체의 본성과는 상반되게 아래로 떨어지는 것이 아니라 위로 떨어져 나가서 창공으로 솟아올라갈 것이기 때문에, 우리는 아무런 해도 입지 않게 되어 있다."

2. 하나님은 바다의 경계를 정해 놓으셨다. 왜냐하면, 바다도 하나님의 것이기 때문이다.

(1) 하나님은 창조 때에 바다의 경계들을 정하셨다. 처음에 땅은 바다보다 더 무겁고 육중한 물체였기 때문에 당연히 바다에 가라앉아서 깊은 바다로 덮여 있었다(6절): 물이 산들 위로 솟아 올라 있었다. 따라서 땅은 하나님께서 의도하신 것과는 달리 사람들이 거주하기에 적합하지 않았다. 그래서 하나님은 셋째 날에 천하의 물이 한 곳으로 모이고 뭍이 드러나라고 말씀하셨다(창 1:9). 여기에서는 하나님의 이러한 명령을 하나님의 꾸짖으심이라고 표현함으로써, 땅이 그런 식으로 물에 덮여 있어서 사람이 거주하기에 적합하지 않게 된 것을 하나님이 기뻐하지 않으셨다는 의미를 나타내 보여주고 있다. 하나님의 말씀과 명령에는 권능이 수반되었기 때문에, 여기에서는 그것을 하나님의 우렛소리로 표현한다(7절). 우렛소리는 강력한 소리로서 기이한 효과들을 낳기 때문이다. 주께서 꾸짖으시니 물은 마치 자기가 제자리를 벗어난 것을 깨달았다는 듯이 도망하였고, 황급히 물러갔다(물은 바위와 산들에게 자기를 덮어 달라고 요청하였고, 그 요청은 그대로 이루어졌다). 또 다른 본문에서는 이것에 대하여 이렇게 말한다(시 77:16): 하나님이여, 물들이 주를 보았나이다 물들이 주를 보고 두려워하였나이다. 이렇게 물과 같은 유체들조차도 하나님의 두려우심을 알고서 격렬한 반응을 보였다. 그렇다면, 이러한 것은 주께서 강들을 노여워하신 것인가? 결코

그렇지 않다. 하나님께서 그렇게 하신 것은 주의 백성을 구원하시기 위한 것이었다(합 3:8, 13). 여기서도 마찬가지였다. 하나님께서 물들을 꾸짖으신 것은 사람을 위한 것이었고 사람에게 살 공간을 마련해 주기 위한 것이었다. 왜냐하면, 주께서는 사람을 바다의 고기 같게 만드시지 않으셨기 때문이다(합 1:14). 사람에게는 숨쉴 공기가 있어야 한다. 하나님께서 꾸짖으시자마자 물들은 전속력으로 물러갔다(8절). 물들은 산들을 타고 올라가고 골짜기들을 타고 내려갔다. 물들은 산들 앞에서 멈추거나 골짜기에 머물지 않고, 주께서 그들을 위하여 정하여 주신 곳으로 최선을 다해서 신속하게 당도하여 그 곳을 그들의 침상으로 삼았다. 여기저기로 흘러다니는 물들조차도 이렇게 하나님의 명령 앞에서 설설 기는 모습은 우리에게 하나님의 말씀과 뜻에 순종해야 한다는 것을 가르쳐 준다. 모든 피조물들 중에서 유독 사람만이 마음을 완악하게 먹어서야 될 말이겠는가? 물들이 하나님께서 정하신 곳으로 물러가서 머무는 모습은 우리에게 살 거처의 경계를 정해 주시는 저 지혜로운 섭리에 순순히 따라야 한다는 것을 가르쳐 준다.

　(2) 하나님은 물들을 경계 내에 붙들어 두신다(9절). 물들은 하나님께서 그들에게 정해 주신 경계를 벗어나는 것이 금지되어 있다. 하나님께서 물들에게 다시 돌아와 땅을 덮지 못하게 하셨기 때문에, 물들은 그렇게 하지 않는다. 딱 한 번 물들은 노아의 대홍수 때에 하나님의 명령으로 그 경계를 벗어났지만, 하나님께서 다시는 물로 세상을 뒤덮어서 심판하지 않겠다고 약속하셨기 때문에, 물들은 그 이후로는 결코 그렇게 하지 않는다. 하나님께서는 그의 권능을 보여 주는 이러한 사례를 통해서 스스로 영광을 받으시고(욥 38:8 이하), 그 사례를 우리에게 그를 두려워해야 한다는 것을 가르치는 논거로 사용하신다(렘 5:22). 만약 하나님이 물들을 붙들어 두지 않으신다면, 바다의 물들은 순식간에 땅을 뒤덮어 버리리라는 것을 깊이 묵상한다면, 세상 사람들은 주와 그의 선하심에 대하여 경외감을 갖지 않을 수 없게 될 것이다.

[10]여호와께서 샘을 골짜기에서 솟아나게 하시고 산 사이에 흐르게 하사 [11]각종 들짐승에게 마시게 하시니 들나귀들도 해갈하며 [12]공중의 새들도 그 가에서 깃들이며 나뭇가지 사이에서 지저귀는도다 [13]그가 그의 누각에서부터 산에 물을 부어 주시니 주께서 하시는 일의 결실이 땅을 만족시켜 주는도다 [14]그가 가축을 위한 풀과 사람

을 위한 채소를 자라게 하시며 땅에서 먹을 것이 나게 하셔서 [15]사람의 마음을 기쁘게 하는 포도주와 사람의 얼굴을 윤택하게 하는 기름과 사람의 마음을 힘있게 하는 양식을 주셨도다 [16]여호와의 나무에는 물이 흡족함이여 곧 그가 심으신 레바논 백향목들이로다 [17]새들이 그 속에 깃들임이여 학은 잣나무로 집을 삼는도다 [18]높은 산들은 산양을 위함이여 바위는 너구리의 피난처로다

시편 기자는 권능으로 이 땅이 홍수로 뒤덮이는 것을 막아 주는 보호자 되시는 하나님께 영광을 돌린 후에, 여기에서는 하나님께서 모든 피조물들에게 필요한 것들을 풍성하게 공급해 주시는 너그러운 은인이시라는 것을 고백하게 된다.

I. 하나님은 신선한 물을 공급해 주셔서 피조물들로 마시게 하신다. 여호와께서 샘을 골짜기에서 솟아나게 하신다(10절). 사실 바다에는 엄청난 양의 물, 우리를 빠뜨려 죽일 수 있을 만큼 충분한 양의 물이 있지만, 우리가 아무리 목이 말라도 우리의 갈증을 해소해 줄 수 있는 물은 단 한 방울도 없다. 바다물은 모두 짜기 때문이다. 그래서 하나님은 은혜로 피조물들이 마시기에 적합한 물을 따로 공급해 주셨다. 박물학자들은 샘의 기원을 놓고 논쟁을 벌인다. 그러나 샘이 생겨나게 된 이차적인 원인들이 무엇이든간에, 여기 본문에는 그 일차적인 원인자가 설명되어 있다. 샘들을 보내셔서 시내들을 이루게 하셔서 그 시내들이 산들 사이로 자유롭게 흐르며 산들에서 흘러내리는 빗물을 받아내게 하시는 분은 바로 하나님이시다. 하나님은 사람만이 아니라 사람에게 직접적으로 유익한 피조물들, 각종 들짐승도 이 시냇물을 마시게 하신다(11절). 왜냐하면, 하나님께서는 생명을 주신 후에는 그 생명이 살아가는 데에 필요한 것들을 공급해 주시고 모든 피조물들을 돌보시기 때문이다. 심지어 하나님은 사람들에게 길들여지지 않아서 사람들에게 아무런 소용도 없는 들나귀들도 그 시냇물로 인하여 해갈하게 하신다. 그렇다고 해서 우리는 그런 것에 대하여 불평할 이유가 전혀 없다. 왜냐하면, 하나님께서는 들나귀 새끼 같이 태어난 우리에게 더 좋은 것들을 공급해 주시기 때문이다. 우리는 하나님께서 사람이 거주할 수 없는 땅에 깨끗한 물을 풍부하게 공급해 주심으로써 사람들로 하여금 거주할 수 있게 해 주신 것에 대하여 감사를 드려야 한다. 하나님이 그렇게 하신 것은 우리에게 큰 긍휼을 베푸신 것이다. 만약 하나님이 그렇게 하지 않으셨다면, 우

리는 큰 고통을 겪게 되었을 것이다. 그 일이 흔한 일일수록, 그 일과 관련된 하나님의 긍휼하심은 더욱 큰 것이다. 물은 모든 사람이 다 사용할 수 있도록 주어져 있다.

Ⅱ. 하나님은 사람과 짐승에게 필요한 양식을 공급해 주신다. 하늘은 기름방울을 떨어뜨린다. 하늘은 땅에 응답하지만, 하나님은 하늘에 응답하신다(호 2:21). 하나님은 그의 누각, 즉 물에 그 들보를 얹으셨다고 하는 누각(3절), 온갖 것들을 쌓아 놓으신 누각, 풍성한 열매를 맺게 하는 비를 쏟아내는 구름에서부터 산에 물을 부어 주신다(13절). 하나님은 나일강을 통해서 애굽 땅에 물을 대 주시는 것과 같이 강들을 통해서 산과 구릉에 물을 공급해주시만, 가나안 땅과 같이 그렇지 않은 곳에는(신 11:11-12) 하나님의 강이라 불리는 하늘로부터 내리는 비를 통해서 물을 대어 주신다(시 65:9). 이렇게 해서 주께서 하시는 일의 결실, 곧 땅이 흡수하는 비(땅은 언제 충분한지를 알지만, 사람은 그렇지 않다는 것은 애석한 일이다) 또는 땅이 내는 소산들이 땅을 만족시켜 준다. 땅은 사람의 유익을 위하여 하나님께서 행하시는 일들의 결실을 맺으면 만족한다. 왜냐하면, 바로 그것이 하나님께서 땅을 창조한 목적을 이루는 것이기 때문이다. 하나님께서 땅에서 나게 하시는 먹을 것(14절)이 땅을 만족하게 하는 바 주께서 하시는 일의 결실이다. 땅이 내는 소산들이 얼마나 다양하고 얼마나 귀한 것인지를 잘 생각해 보라.

1. 가축을 위해서는 풀이 있고, 풀을 먹이로 삼지 않는 육식 동물들은 초식 동물들을 먹고 살아간다. 사람을 위해서는 풀 중에서 더 좋은 종류의 풀인 채소가 있다(채소와 뿌리 식품으로 이루어진 식사는 결코 하찮은 것이 아니다). 또한, 하나님은 사람에게 포도주와 기름과 양식을 공급해 주신다(15절). 우리는 여기에서 하나님께서 우리에게 주신 양식에 대하여 겸손하고 감사하는 마음을 갖는 데에 도움이 될 만한 사실들을 살펴볼 수 있다.

(1) 우리는 다음과 같은 사실들을 생각하고서 겸손해져야 한다: 우리는 우리의 삶을 지탱해 주는 모든 것들과 관련해서 하나님께 절대적으로 의존할 수밖에 없다는 것(우리는 우리의 힘으로 살아가는 데에 역부족이어서, 하나님의 구제와 자선에 의지해서 살아가며, 하나님의 공급하심에 의해서 살아간다), 우리의 양식은 모두 땅에서 나오는데, 이것은 우리에게 우리가 어디에서 왔으며 어디로 돌아가야 하는지를 상기시켜 준다는 것, 그러므로 우리는 오직 육체

의 양식일 뿐인 떡으로 살 수 있다고 생각해서는 안 되고, 영생하도록 있는 양식인 하나님의 말씀을 구하여야 한다는 것. 또한, 우리는 이 점에 있어서 짐승들과 다를 바 없다는 것을 알아야 한다. 가축을 위하여 풀을 내고 사람을 위하여 먹을 것을 내는 것은 둘 다 동일한 땅, 동일한 토지이다.

(2) 우리는 다음과 같은 사실들을 생각하고서 감사해야 한다.

[1] 하나님은 우리에게 먹을 것을 공급해 주실 뿐만 아니라 우리를 돕고 섬기는 것들에게도 먹을 것을 공급해 주신다는 것. 하나님은 사람에게 유익한 가축을 특별히 돌보신다. 젊은 사자는 궁핍하여 주릴지라도, 하나님은 가축을 위하여 풀이 풍성하게 자라나게 하신다.

[2] 우리의 양식은 우리에게 언제든지 가까이 있다는 것. 우리는 이 땅에 거처하고 있는데, 이 땅이 바로 우리의 곳간이기도 하다. 우리는 먼 데서 양식을 가져오는 상인의 배에 의존할 필요가 없다(잠 31:14).

[3] 우리는 땅의 소산들로부터 단지 먹고 살 것뿐만 아니라 삶을 풍요롭게 하고 즐겁게 해줄 것들도 얻을 수 있을 정도로 아주 선한 주인을 모시고 있다는 것. 첫째, 자연이 자신을 지탱해 줄 그 무엇, 날마다 쇠퇴하여 가는 자신을 회복시켜 줄 그 무엇을 요구하던가? 여기에 양식이 나오는데, 양식은 사람의 마음을 힘있게 하기 때문에 생명의 지팡이로 불린다. 양식을 가진 자는 아무도 양식이 부족하다고 불평해서는 안 된다. 둘째, 더 나아가 자연이 뭔가 자신을 즐겁게 해 줄 그 무엇을 탐하던가? 여기에 포도주가 나오는데, 포도주는 사람의 마음을 기쁘게 하고, 심령을 새롭게 하며 유쾌하게 해 주기 때문에, 우리가 포도주를 적절하고 적당하게 사용하기만 한다면, 우리는 그것에 힙입어서 우리의 일을 잘해나갈 수 있을 뿐만 아니라 즐거운 마음으로 해나갈 수 있다. 그런데도 마음에 원기를 북돋워 주어서 자신의 도리를 더 잘 수행할 수 있도록 하기 위해 주어진 포도주를 사람들이 남용해서 오히려 마음이 흐트러지고 자신의 본분을 제대로 할 수 없게 되어 버리는 것은 유감스러운 일이다. 셋째, 자연이 까탈스러워서 뭔가 자신을 치장할 그 무엇을 탐하던가? 여기에 땅에서 나는 그런 소산이 나온다: 사람의 얼굴을 윤택하게 하는 기름. 이 기름은 우리의 얼굴빛을 윤택하게 해 줄 뿐만 아니라 아름답게 해 주기 때문에, 우리는 이 기름을 사용해서 서로에게 더 마음에 드는 자들이 될 수 있다.

2. 또한, 하나님은 섭리를 통해서 동물들에게 그들에게 적합한 먹이를 공급

해 주실 뿐만 아니라 식물들에게도 그들에게 필요한 것들을 공급해 주신다(16절): 여호와의 나무에는 물이 흡족함이여. 사람들이 과수원이나 공원이나 동산 등지에서 돌보는 나무들만이 아니라, 광야나 들판에서 자라며 오직 하나님의 섭리에 의한 돌보심만을 받는 하나님의 나무들도 수액이 풍부하다. 그 나무들은 물이 흡족해서 자양분이 부족하지 않다. 야생 삼림에서 자라고 그 크기가 우람하며 높이 솟아올라서 많은 수액을 필요로 하는 레바논의 백향목들조차도 땅으로부터 충분한 물을 공급받는다. 이 백향목들은 하나님이 심으신 나무들이다. 그러므로 그것들을 하나님께서 보호하실 것이고, 필요한 것들을 그것들에게 공급하실 것이다. 우리는 이 말씀을 여호와께서 그의 포도원에 심으신 의의 나무들에게 적용할 수 있을 것이다. 이 나무들은 물이 흡족하다. 왜냐하면, 하나님께서는 그가 심으신 나무에 물을 주실 것이고, 여호와의 집에 심긴 나무들은 우리 하나님의 뜰 안에서 번성할 것이기 때문이다(시 92:13).

Ⅲ. 하나님은 피조물들이 적절한 거처를 가질 수 있도록 돌보신다. 하나님은 사람들에게 그들 자신 및 그들을 섬기는 가축의 거처를 지을 수 있는 분별력을 주셨다. 그러나 하나님은 몇몇 피조물들에게는 좀 더 직접적으로 그 거처를 공급해 주신다.

1. 새들. 몇몇 새들은 본능적으로 그들의 보금자리를 강이 가까운 수풀 속에 짓는다(12절): 공중의 새들 가운데서 몇몇은 산 사이를 흐르는 샘 곁에 둥지를 틀고 나뭇가지 사이에서 지저귄다. 새들은 그들에게 주어진 능력을 따라서 그들의 창조주이자 후견인이신 하나님께 영광을 돌리기 위하여 노래를 부르는데, 그들의 노래는 우리의 침묵을 부끄럽게 만든다. 우리의 하늘 아버지께서 공중의 새들을 기르시기 때문에(마 6:26), 새들은 편안하고 즐거우며 내일을 염려하지 않는다. 새들은 땅 위를 날도록 지음받았기 때문에(창 1:20) 높은 곳, 즉 나무 꼭대기에 둥지를 튼다(17절). 하나님께서 레바논의 백향목들을 심으실 때에도 이 점을 염두에 두고서 새들이 깃들일 수 있도록 하신 것으로 보인다. 이렇게 공중을 나는 새들에게도 안식처가 주어진다. 여기에서는 특히 학이 언급되고 있다. 학은 높이 뻗어오른 전나무(개역에서는 잣나무)로 자신의 집 또는 성채로 삼는다.

2. 작은 짐승들(18절). 힘도 세지 않고 재빠르지도 않아서 스스로를 보호할 수 없는 산양들은 본능적으로 높은 산들로 이끌려서, 그 곳을 자신의 피난처로

삼는다. 마찬가지로 별 힘이 없는 짐승인 너구리들도 바위를 피난처로 삼아서 그들을 잡아먹고자 하는 육식 동물들을 비웃는다. 이렇게 하나님은 하찮은 것 같이 보이는 피조물들에게도 필요한 것들을 공급해 주시는데, 하물며 어찌 자기 백성에게 피난처와 보금자리가 되어 주시지 않겠는가?

[19]여호와께서 달로 절기를 정하심이여 해는 그 지는 때를 알도다 [20]주께서 흑암을 지어 밤이 되게 하시니 삼림의 모든 짐승이 기어나오나이다 [21]젊은 사자들은 그들의 먹이를 쫓아 부르짖으며 그들의 먹이를 하나님께 구하다가 [22]해가 돋으면 물러가서 그들의 굴 속에 눕고 [23]사람은 나와서 일하며 저녁까지 수고하는도다 [24]여호와여 주께서 하신 일이 어찌 그리 많은지요 주께서 지혜로 그들을 다 지으셨으니 주께서 지으신 것들이 땅에 가득하니이다 [25]거기에는 크고 넓은 바다가 있고 그 속에는 생물 곧 크고 작은 동물들이 무수하니이다 [26]그 곳에는 배들이 다니며 주께서 지으신 리워야단이 그 속에서 노나이다 [27]이것들은 다 주께서 때를 따라 먹을 것을 주시기를 바라나이다 [28]주께서 주신즉 그들이 받으며 주께서 손을 펴신즉 그들이 좋은 것으로 만족하다가 [29]주께서 낯을 숨기신즉 그들이 떨고 주께서 그들의 호흡을 거두신즉 그들은 죽어 먼지로 돌아가나이다 [30]주의 영을 보내어 그들을 창조하사 지면을 새롭게 하시나이다

우리는 여기에서 다음과 같은 것들에 대하여 하나님을 찬송하고 높이도록 가르침을 받는다.

I. 하나님께서 낮과 밤을 끊임없이 주기적으로 교대하게 하신 것과 해와 달이 낮과 밤을 주관하게 하신 것. 이방인들은 해와 달의 빛과 영향력, 그것들이 땅에 이롭다는 것에 큰 감명을 받고서, 해와 달을 신으로 숭배하였다. 그래서 성경에서는 기회가 있을 때마다 이방인들이 숭배하는 신들은 참 하나님의 피조물들이자 종들이라는 것을 보여준다. 여호와께서 달로 절기를 정하셨다(19절). 즉, 하나님은 달을 기준으로 해서 역법(曆法)을 정하셔서, 농부들로 하여금 농사일을 하는 데에 길잡이가 되는 절기를 알게 하시며, 조수와 간만을 조절하셨다. 달이 차고 변하며 기우는 것은 바로 창조주께서 정하신 것을 지키는 것이다. 해도 마찬가지이다. 왜냐하면, 해는 마치 자기가 지능을 지닌 존재로서 무엇을 할 줄을 안다는 듯이 자기가 지는 때와 장소를 정확히 지키기 때문

이다. 하나님께서 이렇게 하신 것은 사람의 편의를 고려하신 것이다.

1. 밤의 그늘은 밤의 휴식에 알맞다(20절). 주께서 흑암을 지어 밤이 되게 하시니, 밤은 비록 캄캄하지만 자연의 아름다움에 기여하고 낮의 빛을 더 돋보이게 만드는 역할을 한다. 하나님께서 땅의 모든 짐승이 사람을 두려워하며 무서워하게 하여서 사람을 존귀하게 하시며 안전하게 하셨기 때문에(창 9:2), 삼림의 모든 짐승은 낮에는 두려워서 나오지 못하다가 밤의 보호 아래에서 먹을 것을 찾아서 기어나온다. 저물기를 바라며(욥 24:15) 열매 없는 어둠의 일들을 좇는 자들은 짐승들의 성향과 얼마나 가까운지를 보라. 또한, 이 말씀에 비추어서 영혼을 어둡게 하는 무지와 우울이 얼마나 위험한 것인지를 보라. 무지나 우울로 인하여 우리의 영혼이 밤이 되었을 때, 삼림의 모든 짐승이 기어나온다. 그럴 때에 사탄은 우리에 대하여 유리한 고지를 점하고서는 여러 가지 시험들을 통해서 우리를 공격해 온다. 그럴 때에 젊은 사자들이 그들의 먹이를 쫓아 부르짖는다. 박물학자들의 말에 의하면, 겁이 많은 짐승들은 사자의 포효하는 소리에 겁에 질려서, 충분히 피할 수 있는 경우에도 도망할 힘이나 의욕을 상실해 버리고서 쉽게 사자의 먹이가 되고 만다고 한다. 본문에서는 사자들이 그들의 먹이를 하나님께 구한다고 말한다. 왜냐하면, 사자들은 사람이 돌보아 주지 않기 때문에 좀 더 직접적으로 하나님의 섭리에 의해서 먹이를 공급받기 때문이다. 젊은 사자들의 울부짖는 소리는 젊은 까마귀들의 우는 소리와 마찬가지로 그들의 먹이를 하나님께 구하는 것으로 해석된다. 하나님께서는 해로운 피조물들이 내는 자연의 언어까지도 이렇게 해석해 내시는데, 하물며 자기 백성이 말할 수 없는 탄식으로 약하게 띄엄띄엄 내는 은혜의 언어를 어찌 호의적으로 해석해 내지 못하시겠는가?

2. 낮의 빛은 낮에 일하는 데에 적합하다(22-23절). 해가 돋으면(해는 지는 때를 아는 것과 마찬가지로, 하나님께 감사하게도 다시 돋는 때를 알기 때문에), 짐승들은 휴식을 취한다. 짐승들 사이에서도 어느 정도 사회 생활이 존재한다. 왜냐하면, 짐승들도 함께 물러가서 그들의 굴 속에 눕기 때문이다. 이것은 사람들에게 큰 긍휼이 된다. 성실한 여행자들은 해가 있는 동안에 부지런히 길을 재촉하는데, 이 때에 하나님은 짐승들로 하여금 그들의 굴에서 나오지 못하게 하심으로써 여행자들이 안전하게 길을 갈 수 있게 돌보아 주시기 때문이다. 또한, 게으른 자들은 길에 사자가 있다는 것을 핑계로 자기가 낮에 일하지 않는 것

을 변명할 여지가 없다. 그러므로 낮에 사람은 나와서 일하며 수고한다. 육식 동물들은 두려움을 품은 채로 기어나오지만, 사람은 다스리는 권세를 지닌 자로서 담대하게 나온다. 짐승들은 약탈하고 해를 끼치기 위해서 기어나오지만, 사람은 일하고 선을 행하기 위해서 나온다. 사람에게는 날마다 해야 할 일이 있기 때문에, 사람은 매일 아침에 그 일을 시작하여(빛은 우리로 하여금 노는 것이 아니라 일하라고 있는 것이다) 저녁까지 진력하여야 한다. 밤이 오면, 안식할 시간은 충분히 주어지게 될 것이다. 밤이 되면, 사람은 일할 수 없기 때문이다.

II. 하나님께서 넓은 바다를 온갖 것들로 채우신 것(25-26절). 주께서 지으신 것들이 땅에 가득하여 온갖 생물들이 있고 그들의 먹이가 풍부해서 그 어떤 피조물도 단지 먹을 것이 부족해서 죽는 경우는 극히 드문 것과 마찬가지로, 지구상에서 쓸모 없는 부분으로 보이고, 적어도 자신이 차지하고 있는 공간에 걸맞는 역할을 하지 못하는 것으로 보이는 크고 넓은 바다도 그러하다. 하나님은 바다에게 제자리를 정해 주시고, 항해하는 것(그 곳에는 배들이 다니며, 육로로 운반하는 것보다 빠르고 훨씬 더 저렴하게 아무리 먼 나라들에도 물건들을 실어나른다)과 물고기들의 보고(寶庫)가 되게 하신 것을 통해서 사람을 이롭게 하도록 하셨다. 하나님께서는 땅과 마찬가지로 결코 바다를 쓸데없이 만드신 것이 아니다. 하나님은 사람에게 유업으로 주시기 위하여 바다를 만드셨다. 왜냐하면, 그 속에는 크고 작은 생물들이 무수하고, 그 생물들은 사람의 진수성찬에 기여하기 때문이다. 창조의 역사 속에서 고래가 특별히 언급되고 있는데(창 1:21), 고래는 여기에서는 욥기 41:1에서와 마찬가지로 리워야단으로 표현된다. 리워야단은 바다 속에서 노니도록 지음받았다. 나와서 일하는 사람과는 달리 고래에게는 할 일이 없다. 굴 속에 눕는 짐승들과는 달리 고래에게는 두려워할 것이 없다. 그러므로 고래는 물을 희롱하며 노닌다. 사람은 좀 더 고상한 권능들을 지니고서 좀 더 고상한 일들을 하도록 지음받았는데, 그런 사람이 마치 물 속의 리워야단처럼 세상 속에서 놀다가 시간을 다 허비해 버리도록 이 세상에 보내심을 받은 것처럼 사는 것은 참으로 애석한 일이다. 본문에서는 리워야단이 물 속에서 논다고 말한다. 왜냐하면, 리워야단은 모든 공격을 막아낼 수 있을 정도로 잘 무장되어 있어서, 다른 짐승들의 공격을 비웃으며 창이 날아오는 소리를 우습게 여기기 때문이다(욥 41:29).

Ⅲ. 하나님께서 모든 피조물들에게 때를 따라서 풍성하게 먹을 것을 공급해 주시는 것(27-28절).

1. 하나님은 피조물들에게 필요한 것들을 풍성하게 베풀어 주시는 후견인이 되신다: 주께서 그들에게 먹을 것을 주시고, 손을 펴신즉 그들이 좋은 것으로 만족하나이다. 하나님은 하늘과 땅의 만유를 붙들고 계신다. 아무리 하찮아 보이는 피조물이라도 하나님께서 알지 못하시는 것은 없다. 하나님은 피조물들에게 선물을 주실 때에 후하고 아낌없이 주시고, 그토록 큰 가족이 필요로 하는 모든 것들을 다 공급해 주시는 위대하고 선하신 가장이시다.

2. 피조물들은 인내심을 가지고 하나님께서 그들에게 공급해 주실 것을 기대하여야 하는 존재들이다: 그들은 다 주께서 때를 따라 주시기를 바라나이다. 그들은 하나님께서 그들 속에 두신 자연적인 본능에 의해서 때를 따라 하나님께 먹을 것을 구하고, 자연이 정해 놓지 않은 그 어떤 먹을 것을 구하지도 않으며 자연이 정해 놓지 않은 때에 먹을 것을 구하지도 않는다. 그들은 먹을 것을 얻기 위해서 그들이 할 수 있는 일을 행한다. 즉, 하나님께서 그들에게 주시는 것을 그들은 직접 모으고(개역에서는 받으며), 하나님의 섭리가 그들의 입에 먹을 것을 넣어 주기를 기대하지 않는다. 그들이 모은 것으로 그들은 만족한다. 그들은 좋은 것으로 만족한다. 그들은 하나님께서 그들에게 적절하다고 생각하셔서 주시는 것 이상의 것을 바라지 않는다. 이것에 비하면, 우리가 하나님께서 우리에게 주신 몫으로 만족하지 못하고 불평하는 것은 부끄러운 일이다.

Ⅳ. 하나님께서 절대적인 권능과 왕적인 통치권으로 모든 피조물들을 다스리셔서, 각각의 개체들은 날마다 죽어서 소멸해 간다고 할지라도 전체적으로 모든 종(種)들을 그대로 보존하시는 것.

1. 모든 피조물들은 죽어간다(29절): 주께서 낯을 숨긴즉, 곧 만유를 붙드시는 주의 권능과 모든 것을 공급하시는 주의 관대하심을 거두시면, 그들은 즉시 곤란에 빠진다(개역에서는 그들이 떨고). 모든 피조물은 하나님의 은총에 의지해서만 살아갈 수 있고, 모든 성도들도 그러한 사실을 알고 있기 때문에, 다윗과 마찬가지로 주의 얼굴을 가리시매 내가 근심하였나이다라고 말할 수밖에 없다(시 30:7). 인간의 죄로 인하여 하나님께서 이 아랫 세상에 대하여 진노하신 것은 온 피조 세계가 온갖 허망함과 무거운 짐 아래에서 신음하는 이유이다. 주께서 자신의 손 안에 있는 그들의 호흡을 거두신즉, 바로 그 때에 그들은 죽어,

하나님께서 그들을 만들 때에 사용하셨던 바로 그 먼지로 돌아간다. 하나님의 명령에 따라서, 인생들의 혼은 위로 올라가고 짐승의 혼은 아래로 내려간다. 가축 떼의 죽음은 하나님이 애굽에 내리신 재앙 중의 하나였고, 하나님이 세상을 물로 심판하시는 것과 관련해서도 특별히 언급되고 있다.

2. 그럼에도 불구하고, 하나님은 모든 피조물을 대대로 보존하신다(30절): 주께서 주의 영을 보내어 그들을 창조하시나이다. 하나님은 모든 피조물을 태초에 창조하실 때에 사용하셨던 그 동일한 영(즉, 동일한 하나님의 뜻과 권능)을 통해서 여러 종류의 피조물들을 처음처럼 그대로 보존하신다. 따라서 피조물들은 한 세대가 지나가도 다음 세대가 오고, 때를 따라서 다시 창조된다. 옛 것들 대신에 새 것들이 생겨나는데, 이것은 하나님의 지속적인 창조 사역이다. 이렇게 지면은 햇빛에 의해서 날마다 새롭게 되고(해는 아침마다 땅을 또 다시 새롭고 아름답게 한다), 땅의 소산들을 통해서 해마다 새롭게 된다(땅의 소산들은 봄마다 땅을 또 다시 풍요롭게 하여, 겨울 내내 황량하였던 지면에 완전히 다른 모습을 부여한다). 죽은 것들의 자리는 새 것들로 채워지기 때문에, 온 세계는 마치 아무것도 죽은 것이 없었던 듯이 피조물들로 충만하다. 이러한 설명은 옛 세상의 잿더미로부터 새 세상이 생겨날 때에 있게 될 부활(해마다 찾아오는 봄은 바로 이 부활을 보여주는 상징이다)에 그대로 적용될 수 있다(유대인들은 그렇게 말한다).

시편 기자는 이러한 말들을 하는 와중에서 갑자기 하나님께서 하신 일들에 대하여 경탄을 토해낸다(24절): 여호와여 주께서 하신 일이 어찌 그리 많은지요. 하나님의 행사(行事)들은 무수하고 다양하여, 하나님은 온갖 일들을 헤아릴 수 없이 많이 행하신다. 그런데도 주께서 지혜로 그들을 다 지으셨다. 사람들이 성격이 다른 여러 종류의 많은 일들을 행할 때에는 그 일들 중의 일부에는 세심한 주의를 기울일 수가 없어서 소홀히 처리하는 것이 보통이다. 그러나 하나님께서 행하시는 일들은 비록 그 종류가 다양하고 그 수가 많다고 하여도 모든 것이 지혜 가운데서 아주 정확하게 처리된다. 그 일들 속에는 한 점의 결함이나 결점도 없다. 사람들의 작품은 현미경으로 세밀하게 살펴보면 볼수록 그 엉성함이 더욱 뚜렷하게 드러난다. 하지만 자연의 작품들은 뜯어보면 뜯어볼수록 더욱 정교하고 치밀함이 드러난다. 피조물들이 다 지혜로 지음을 받았다는 것은 그것들이 지음받은 목적, 즉 만유의 왕이신 하나님의 영광을 위하여 만유의 선에 봉사하는 데에 적합하게 지음받았다는 것을 의미한다.

[31]여호와의 영광이 영원히 계속할지며 여호와는 자신께서 행하시는 일들로 말미암아 즐거워하시리로다 [32]그가 땅을 보신즉 땅이 진동하며 산들을 만지신즉 연기가 나는도다 [33]내가 평생토록 여호와께 노래하며 내가 살아 있는 동안 내 하나님을 찬양하리로다 [34]나의 기도를 기쁘게 여기시기를 바라나니 나는 여호와로 말미암아 즐거워하리로다 [35]죄인들을 땅에서 소멸하시며 악인들을 다시 있지 못하게 하시리로다 내 영혼아 여호와를 송축하라 할렐루야

시편 기자는 이러한 묵상을 다음과 같은 것들로 마무리한다.

I. 하나님에 대한 찬송. 이것은 이 시편의 주된 목적이다.

1. 하나님은 다음과 같은 분으로 찬송을 받으셔야 마땅하다.

(1) 크신 하나님, 비길 데 없이 완전하신 하나님: 여호와의 영광이 영원히 있으리이다(31절). 하나님의 영광은 하나님께서 창조 사역과 섭리를 통해서 행하신 일들 속에서 종말의 때까지 계속해서 존재하게 될 것이다. 하나님의 영광은 성도들과 천사들의 지복(至福)과 경배 속에서 영원까지 계속해서 존재하게 될 것이다. 사람의 영광은 사라져가지만, 하나님의 영광은 영원하다. 피조물들은 변하지만, 창조주는 변함이 없으시다.

(2) 은혜로우신 하나님: 여호와는 자신이 행하시는 일들로 말미암아 즐거워하시리로다. 하나님은 그가 지으신 모든 것을 보시니 보시기에 심히 좋아서 일곱째 날에 안식하셨을 때에 가지셨던 그 흡족한 마음을 자신의 지혜와 선하심으로 만들어 내신 것들 속에서 지금도 여전히 가지고 계신다. 우리는 우리가 과거에 했던 일들을 되돌아볼 때에 즐거워하기는커녕 우리 자신을 자책하며 후회하면서 다시는 그런 일이 없기를 바라는 적이 많다. 그러나 하나님은 자신이 행하시는 일들로 말미암아 항상 즐거워하신다. 왜냐하면, 하나님께서 행하신 일들은 다 지혜로 행해진 일들이기 때문이다. 우리는 우리가 너그럽고 후하게 은혜를 베푼 것에 대하여 후회하지만, 하나님은 결코 그렇지 않으시다. 하나님은 그가 은혜로 행하신 일들을 기뻐하신다. 그의 은사와 부르심에는 후회하심이 없다.

(3) 전능하신 권능의 하나님(32절): 시내 산이 여호와 앞에서 진동하였듯이, 그가 땅을 보신즉 땅이 그의 찌푸린 눈길을 견딜 수 없어서 진동하며, 산들을 만

지신즉 연기가 나는도다. 에트나 산(Aetna) 같은 화산들 또는 불타는 산들은 교만하여 겸손치 않은 죄인들에게 임해 있는 하나님의 진노의 권능을 보여주는 상징들이다. 한 번의 성난 표정과 만지심이 그러한 효과들을 지니고 있다면, 하나님의 무거운 손과 펼친 팔은 어떤 결과들을 가져오겠는가? 누가 주의 노여움의 능력을 알겠는가? 그것을 안다면, 누가 거기에 감히 도전하겠는가? 하나님께서 자신이 행하신 일들을 즐거워하시는 것은 그것들이 다·그의 명령을 지키기 때문이다. 마찬가지로, 하나님은 자기를 경외하는 자들과 그의 말씀으로 말미암아 떠는 자들을 기뻐하신다.

2. 시편 기자는 스스로 하나님을 많이 찬송하고자 한다(33절). "내가 여호와 내 하나님께 노래하며, 하나님을 여호와, 창조주, 내 하나님, 나와 언약을 맺은 하나님으로 찬양하되, 지금만이 아니라 내가 살아 있는 동안 평생토록 내 하나님을 찬양하리로다." 우리는 하나님에 의해서 존재하게 되었고, 하나님께 의지해야만 그 존재를 유지할 수 있기 때문에 우리가 존재하는 동안 평생토록 계속해서 하나님을 찬송하지 않으면 안 된다. 우리가 이 땅에서 더 이상 살지 않게 되고 존재하지 않게 될 때, 우리는 더 좋은 세상에서 더 좋은 삶과 더 좋은 존재를 가지게 되어서, 거기에서 더 좋은 무리들과 더불어서 더 좋은 방식으로 이 일을 계속할 수 있게 되기를 소망한다.

Ⅱ. 스스로 즐거워함(34절).　여호와에 대한 나의 묵상이 감미로우리로다(개역에서는 나의 기도를 기쁘게 여기시기를 바라나니). 이 묵상은 오직 여호와만을 바라보며 착념하는 것이 될 것이고, 사랑스러우며 힘있는 것이 될 것이기 때문에, 감미로울 것이다. 하나님에 대한 묵상은 그 묵상이 가장 힘이 있을 때에 가장 기쁜 일이 될 수 있다. 하나님을 묵상하는 일은 거룩함을 입은 모든 성도들에게 매우 감미로운 의무임을 명심하라. "나는 여호와로 말미암아 즐거워하리로다. 여호와를 찬송하는 것은 내게 즐거운 일이 되리이다. 나는 기회가 있을 때마다 여호와의 영광을 드러내는 것을 기뻐하리이다. 나는 항상 여호와로 말미암아 즐거워하고, 오직 여호와만을 기뻐하리이다." 나의 모든 기쁨은 하나님을 중심으로 하게 될 것이고, 하나님 안에서 충만하게 될 것이다.

Ⅲ. 악인들은 두려워함(35절).　죄인들을 땅에서 소멸하시며 악인들을 다시 있지 못하게 하시리로다.

1. 권능의 하나님을 대적하여 그와 싸우는 자들은 반드시 소멸될 것이다. 전

능자에게 대적하여 마음을 완악하게 하는 자는 그 누구도 형통할 수 없다.

2. 하나님의 존재를 보여주는 너무도 확실한 증거가 있는데도 그 빛에 대적하여 반역하며, 모든 피조물이 섬기는 하나님을 섬기기를 거부하는 자들은 소멸되는 것이 합당하다. 하나님께서 그의 풍성한 것들로 충만하게 하신 땅으로 하여금 불경건의 무거운 짐 아래에서 신음하게 만드는 자들은 소멸되어서 땅에서 사라지고, 또한 땅은 그들을 토해내는 것이 마땅하다.

3. 하나님을 진심으로 찬송하고자 하는 자들은 하나님을 모독하고 욕되게 하는 자들에 대하여 거룩한 분노를 지닐 수밖에 없고, 그런 자들이 멸망할 것을 내다보며 그들의 멸망으로 인해서 하나님께서 받으실 존귀함을 생각할 때에 거룩한 만족감을 가질 수밖에 없다. 따라서 이 일조차도 하나님을 찬송할 거리가 된다. "하나님께서 죄인들을 땅에서 소멸하실 때에 나를 행악자들과 함께 처리하지 않으시고 특별한 은혜로 인하여 그들로부터 구별하시는 것에 대하여 내 영혼아 여호와를 송축하라. 악인들이 다시 있지 않게 될 때, 나는 저 세상에서 영원무궁토록 하나님을 찬송하게 되기를 소망하나이다. 그러므로 내 영혼아 여호와를 찬송하라. 내 주변의 모든 이들아, 나와 함께 하나님을 찬송하라. 할렐루야. 여호와께 찬송을 부르라." 우리는 여기에서 처음으로 할렐루야라는 표현을 만나게 된다. 할렐루야는 악인들의 멸망을 말하고 있는 이 대목에서 처음으로 나오고, 비슷한 맥락 속에서 마지막으로 사용되는데, 신약의 바벨론이 멸망을 받을 때에 찬송의 후렴구로 나온다(계 19:1, 3-4, 6).

제 — 105 — 편

개요

찬송 시편들 중에 아주 짧은 것들도 있고 아주 긴 것들도 있는 것은 우리가 기도할 때에 시간이 얼마나 지났는지가 아니라 우리 마음이 어떻게 움직이는지에 더 주의를 기울여서, 길게 기도하고자 하여 일부러 시간을 끌거나 짧게 기도하기 위해서 일부러 절제하지 말고, 우리 속에서 기도하고자 하는 마음이 동함에 따라서 길게도 짧게도 기도하여야 한다는 것을 우리에게 가르치기 위한 것이다. 이 시편은 긴 시편이다. 이 시편의 전체적인 취지는 대부분의 시편들과 마찬가지로 하나님의 영광을 드러내는 것이지만, 그 소재는 특이하다. 우리는 은혜의 보좌 앞에 나아갈 때마다 우리가 원하기만 하면 하나님의 말씀으로부터(이 시편처럼 구약의 역사만이 아니라 신약의 역사로부터도) 새로운 노래들과 새로운 생각들을 공급받을 수 있다. 그 소재들은 너무도 풍부하고 다양하며 다함이 없다. 앞의 시편에서는 우리에게 세계 전체와 관련해서 일반 섭리를 통해서 행하신 기이한 일들에 대하여 하나님을 찬송하도록 가르쳤는데, 이 시편에서는 그의 교회에 베푸신 특별한 은총들을 인하여 하나님을 찬송하도록 가르친다. 이 시편의 처음 열한 절은 다윗이 예루살렘에 성막을 짓고 법궤를 안치하고나서 날마다 드려진 성소의 제사에서 사용하도록 하기 위하여 아삽에게 건네준 시편의 처음 부분에도 나온다(대상 16:8-18). 이것으로 보건대, 이 두 시편은 다윗이 법궤를 모셨을 때에 그에 의해서 함께 씌어진 것으로 보인다(대상 16:7 이하). 다윗은 이 시편들을 통해서 그의 백성에게 그들이 거룩한 신앙을 충성스럽게 좇아야 하는 의무 아래 있다는 것을 가르치고자 하였다. 이 시편에는 서문(1-7절)이 나오고, 다음으로 역사 자체가 몇 조목에 걸쳐서 나온다. I. 하나님께서 족장들과 맺으신 언약(8-11절). II. 하나님께서 족장들이 나그네로 있던 때에 그들을 돌보심(12-15절). III. 하나님께서 요셉을 일으키셔서 이스라엘의 목자와 돌이 되게 하심(16-22절). IV. 이스라엘 백성이 애굽에서 번성하였고, 애굽에서 건지심을 받음(23-38절). V. 하나님께서 광야에서 그들을 돌보셨고, 그들이 가나안에 정착함(39-45절). 이 시편을 노래할 때, 우리는 하나님의 지혜와 권능, 그의 선하심과 신실하심을 인하여 하나님께 영광을 돌려야 하고, 우리 자신이 구약 교회의 일들에 상관이 있다는 것을 명심하여야 한다. 왜냐하면, 구약 교회는 우리의 보화(寶貨)인 하나님의 말씀을 맡았고, 구약 교회로부터 그리스도께서 나오셨으며, 이런 일들은 우리의 모범이 되도록 하기 위하여 구약 교회에 일어난 것이기 때문이다.

¹여호와께 감사하고 그의 이름을 불러 아뢰며 그가 하는 일을 만민 중에 알게 할지어다 ²그에게 노래하며 그를 찬양하며 그의 모든 기이한 일들을 말할지어다 ³그의 거룩한 이름을 자랑하라 여호와를 구하는 자들은 마음이 즐거울지로다 ⁴여호와와 그의 능력을 구할지어다 그의 얼굴을 항상 구할지어다 ⁵그의 종 아브라함의 후손 곧 택하신 야곱의 자손 너희는 그가 행하신 기적과 그의 이적과 그의 입의 판단을 기억할지어다 ⁶그의 종 아브라함의 후손 곧 택하신 야곱의 자손 너희는 그가 행하신 기적과 그의 이적과 그의 입의 판단을 기억할지어다 ⁷그는 여호와 우리 하나님이시라 그의 판단이 온 땅에 있도다

시편 기자는 여기에서 우리에게 하나님께 헌신할 것을 간곡하게 촉구한다. 그가 이렇게 촉구하는 것은 우리로 하여금 하나님을 찬송하는 일에 스스로 분발하도록 하기 위한 것이다. 좀 더 살펴보자.

I. 시편 기자가 여기에서 우리에게 촉구하는 의무들은 아주 많지만, 그 전체적인 요지는 하나님께 그 이름에 합당한 영광을 돌리라는 것이다.

1. 우리는 은혜를 항상 후하고 아낌 없이 베풀어 주시면서도 우리에게는 단지 그의 은총들에 대하여 감사할 것만을 요구하시는 여호와께 감사하여야 한다. 우리는 하나님으로부터 풍성하게 받지만, 우리가 보답해 드리는 것은 보잘것없다.

2. 우리는 우리가 계속해서 은총을 받기 위하여 의지해야 할 분의 이름을 불러야 한다. 장차 긍휼하심을 베풀어 달라고 기도하는 것은 이전에 베풀어주신 긍휼하심을 인정하는 것으로 받아들여진다. 여호와께서 그의 귀를 내게 기울이셨으므로 내가 평생에 기도하리로다.

3. 우리는 그가 하는 일을 만민 중에 알게 하여(1절) 다른 사람들도 우리와 더불어서 여호와를 찬송하는 일에 동참할 수 있게 하여야 한다. 우리는 우리가 감동을 받아서 다른 사람들로 마찬가지로 감동을 받기를 원하는 그런 일들을 남들에게 얘기하는 것과 마찬가지로 그의 모든 기이한 일들을 말하여야 한다(2절). 하나님의 기이한 일들은 우리가 가족들이나 친구들과 나누는 일상적인 대

화 속에서 화제가 되어야 하고, 우리는 단지 재미삼아서가 아니라 헌신을 촉구하고 하나님에 대한 우리 자신과 다른 사람들의 믿음과 소망을 격려하기 위하여 집에 앉았을 때에든지 길을 갈 때에든지 그 기이할 일들을 말하여야 한다(신 6:7). 합당한 공경심을 갖추어서 대화하기만 한다면, 신성한 일들조차도 일상적인 대화의 소재가 될 수 있다.

4. 우리는 하나님을 즐거워하는 자들로서 다른 사람들을 격려하기 위하여 그 기쁨을 증거하고자 하고, 글이 드물었던 옛적에 꼭 기억해야 할 일들이 노래를 통해서 전해졌듯이 그 기쁨을 후세에 전하고자 하는 자들로서 하나님의 영광을 위하여 그를 찬양하여야 한다.

5. 우리는 그의 거룩한 이름을 자랑하여야 한다. 자랑하고자 하는 자들은 그들 자신이 이룬 일이나 업적이 아니라 그들이 하나님을 안다는 것과 하나님께 속해 있다는 것을 자랑하여야 한다(렘 9:23-24). 너희는 그의 거룩한 이름을 찬양하라(어떤 이들은 이렇게 해석한다). 그러나 어느 쪽으로 해석하든 뜻은 동일하다. 왜냐하면, 하나님을 자랑하는 것은 하나님께 영광을 돌리는 것이기 때문이다.

6. 우리는 여호와를 구하여야 한다. 우리는 우리의 행복을 하나님께 두고서, 하나님께서 정해 놓으신 모든 길들을 통해서 그 행복을 추구하여야 한다. 여호와와 그의 능력, 곧 주의 권능의 궤를 구하라. 성소에서 하나님을 구하라. 성소는 하나님께서 우리에게 그를 찾을 곳으로 정해 놓으신 곳이다. 그의 능력을 구하라. 즉, 그의 은혜, 우리 안에서 선한 일을 행하시는 그의 성령의 능력을 구하라. 우리는 하나님으로부터 오는 능력을 덧입지 않고서는 선한 일을 행할 수 없기 때문에 선한 일을 하기 위하여 하나님을 구하여야 한다. 여호와를 구하여 능력을 덧입을지어다(여러 옛 역본들은 이렇게 해석한다). 속사람이 강건하게 되고자 하는 자들은 믿음과 기도로써 하나님으로부터 능력을 덧입어야 한다. 그의 능력을 구한 후에, 그의 얼굴을 구하라. 왜냐하면, 우리는 야곱이 그랬던 것처럼 하나님의 능력을 힙입어서 하나님과 겨뤄서 그의 은총을 얻어낼 수 있기 때문이다(호 12:3). "그의 얼굴을 항상 구할지어다. 그의 은총이 너희에게 영원토록 있게 하시기를 구하라. 그러므로 너희의 시험 기간이 끝날 때까지 계속해서 그의 은총을 구하라. 너희가 이 세상에서 사는 동안에 그의 얼굴을 구하면, 너희는 저 세상에서 사는 동안에도 그의 얼굴을 뵈옵게 될 것인데, 거기에서는

아주 가까이에서 항상 그의 얼굴을 구하며 그 안에서 항상 만족함을 얻게 될 것이다."

7. 여호와를 구하는 자들은 마음이 즐거울지로다(3절). 왜냐하면, 그들은 잘 선택한 것이고, 그 마음이 확정되어 있으며, 잘 쓰임받고 있고, 또한 하나님은 계실 뿐만 아니라 자기를 부지런히 찾는 자들에게 상 주시는 이이시어서 그들의 수고가 헛되지 않을 것을 확신할 수 있기 때문이다. 여호와를 구하는 자들이 즐거울 이유가 있다고 한다면, 하물며 이미 여호와를 찾은 자들의 기쁨은 어떠하겠는가.

Ⅱ. 우리에게 이러한 도리들을 일깨우기 위한 몇 가지 논증들.

1. "하나님께서 우리를 영원히 그와 상관이 있게 하시기 위하여 말씀하시고 행하신 것들을 생각해 보라. 너희가 너희에게 오래도록 깊은 감화를 준 그의 이적들, 곧 그가 너희와 너의 선조들에게 행하신 섭리의 이적들, 생각이 있고 감사할 줄 아는 자들에게 영원히 기억될 그가 행하신 기적들 및 그가 너희를 위하여 기록하여 너희에게 맡기신 그의 율법의 이적들, 그의 손의 판단들만이 아니라 그의 입의 판단들을 기억한다면, 너희는 그에게 감사하고 그의 이름을 부르는 것이 너희의 도리라는 것을 알게 될 것이다(5절)."

2. "너희가 하나님과 어떤 관계에 있는지를 생각해 보라(6절): 너희는 그의 종 아브라함의 후손이다. 너희는 그의 집에서 태어나서 그의 종으로서의 특권을 부여받아서 하나님은 너희를 보호하시고 먹이시는데, 너희도 종으로서의 도리를 행하여, 너희의 주인을 수종들고 주인의 존귀를 고려하며 그의 명령에 순종하고 그의 유익을 위하여 너희가 할 수 있는 일을 해야 할 의무가 있다. 너희는 택하신 야곱의 자손으로서 조상들 덕분에 택하심을 입고 사랑을 받고 있는 것이기 때문에 너희에게 그러한 존귀함을 물려준 조상들의 발자취를 따라야 한다. 너희는 경건한 부모의 자녀들이므로 함부로 몸을 굴려서 타락해서는 안 된다. 너희는 이 땅에 있는 하나님의 교회이다. 그러니 너희가 하나님을 찬송하지 않는다면, 누가 하나님을 찬송하겠는가?"

3. 하나님 안에서 너희가 가진 유익을 생각해 보라: 그는 여호와 우리 하나님이시라(7절). 우리는 하나님에게 의존되어 있고, 하나님께 바쳐져 있으며, 우리가 기대하는 것은 하나님에게서 나온다. 백성이 자기 하나님께 구하고(사 8:19) 자기 하나님을 찬송할 것이 아니냐(단 5:4)? 그는 여호와 우리 하나님이

시다. 우리 하나님이신 그분은 스스로 존재하시고 스스로 충족하시며, 누구도 저항할 수 없는 권능과 누구도 이의를 제기할 수 없는 주권(主權)을 가지고 계신다: 그의 판단이 온 땅에 있도다. 그는 온 세계를 지혜로 다스리시고, 열방들, 심지어 그를 알지 못하는 자들에게도 법을 주신다. 땅은 그의 권능을 보여주는 증거들로 충만하다.

[8]그는 그의 언약 곧 천 대에 걸쳐 명령하신 말씀을 영원히 기억하셨으니 [9]이것은 아브라함과 맺은 언약이고 이삭에게 하신 맹세이며 [10]야곱에게 세우신 율례 곧 이스라엘에게 하신 영원한 언약이라 [11]이르시기를 내가 가나안 땅을 네게 주어 너희에게 할당된 소유가 되게 하리라 하셨도다 [12]그 때에 그들의 사람 수가 적어 그 땅의 나그네가 되었고 [13]이 족속에게서 저 족속에게로, 이 나라에서 다른 민족에게로 떠돌아다녔도다 [14]그러나 그는 사람이 그들을 억압하는 것을 용납하지 아니하시고 그들로 말미암아 왕들을 꾸짖어 [15]이르시기를 나의 기름 부은 자를 손대지 말며 나의 선지자들을 해하지 말라 하셨도다 [16]그가 또 그 땅에 기근이 들게 하사 그들이 의지하고 있는 양식을 다 끊으셨도다 [17]그가 한 사람을 앞서 보내셨음이여 요셉이 종으로 팔렸도다 [18]그의 발은 차꼬를 차고 그의 몸은 쇠사슬에 매였으니 [19]곧 여호와의 말씀이 응할 때까지라 그의 말씀이 그를 단련하였도다 [20]왕이 사람을 보내어 그를 석방함이여 뭇 백성의 통치자가 그를 자유롭게 하였도다 [21]그를 그의 집의 주관자로 삼아 그의 모든 소유를 관리하게 하고 [22]그의 뜻대로 모든 신하를 다스리며 그의 지혜로 장로들을 교훈하게 하였도다 [23]이에 이스라엘이 애굽에 들어감이여 야곱이 함의 땅에 나그네가 되었도다 [24]여호와께서 자기의 백성을 크게 번성하게 하사 그의 대적들보다 강하게 하셨으며

우리는 여기에서 하나님을 찬송할 때에 먼 옛적으로 거슬러 올라가서 하나님께서 이전 세대에 그의 교회를 위하여 행하신 일, 특히 그가 그의 교회를 처음으로 세우시고 형성하셨던 때의 일을 되돌아보도록 가르침을 받는다. 왜냐하면, 후세의 성도들은 바로 그 일이 가져다 준 유익을 누리고 있으므로 그 일에 대하여 감사하여야 하기 때문이다. 시편 기자가 여기에서 유대 교회의 탄생을 말해 주는 창세기와 출애굽기의 역사들로부터 하나님을 찬송할 거리를 가져오고 있듯이, 당연히 우리는 기독교회의 탄생을 말해주는 복음서들과 사

도행전의 역사들로부터 찬송거리를 가져올 수 있다. 신약의 역사들은 구약의 역사들보다 훨씬 더 큰 광채를 발한다. 여기에서는 찬송의 소재로 두 가지를 언급한다.

I. 하나님께서 족장들에게 하신 약속, 곧 그들의 자손에게 가나안 땅을 유업으로 주시겠다는 저 큰 약속. 이 약속은 그리스도 안에서 모든 믿는 자들에게 주어지게 될 영원한 생명의 약속에 대한 모형이었다. 하나님께서는 그가 이스라엘을 위하여 행하신 온갖 기이한 일들 속에서 그의 언약을 기억하셨고(8절), 또한 영원히 기억하실 것이다. 그 언약은 그가 천 대에 걸쳐 명령하신 말씀이다. 여기에서 하나님의 약속이 얼마나 힘있는지를 보라. 그것은 하나님이 명령하신 말씀이기 때문에 반드시 이루어질 말씀이다. 하나님의 약속이 얼마나 영속적인지를 보라. 그것은 천 대에 걸쳐 명령된 것이기 때문에 중간에서 끊어지는 일은 없을 것이다. 여기에서와 비슷하게 이 약속에 관하여 말하는 또 다른 구절에서는 그의 언약을 영원히 기억하는 것이 우리의 도리라고 말한다(대상 16:15). 하나님은 자신의 약속을 잊지 않으실 것이다. 그러므로 우리도 그 약속을 잊어서는 안 된다. 여기에서는 그 약속을 언약이라고 부른다. 왜냐하면, 약속의 성취의 조건으로서 사람 편에서 꼭 해야 할 일이 있기 때문이다. 좀 더 살펴보자.

1. 이 언약은 누구에게 주어졌는가? 이 언약은 아브라함, 이삭, 야곱, 즉 조부와 아버지와 아들에게 주어졌는데, 이들은 모두 믿음의 영웅들이었다(히 11:8-9).

2. 이 언약은 어떤 방식으로 인준되었는가? 이 언약은 모든 거룩한 행위를 통해서 보증되었다. 맹세를 통해서 이루어진 것은 확실한 것이 아니겠는가? 이 언약은 하나님께서 이삭 및 아브라함에게 맹세하신 것이다. 하나님께서 누구에게 자기를 가리켜 맹세하셨는지를 보라(히 6:13-14). 율례로 세워진 것은 확실한 것이 아니겠는가? 하나님은 바로 그 언약을 결코 폐해질 수 없는 율례로 세워서 확증하셨다. 서로 계약을 맺어서 명문화된 것은 확실한 것이 아니겠는가? 이 언약은 결코 깨뜨릴 수 없는 영원한 언약으로 확증되었다.

3. 이 언약은 무슨 내용이었는가? 내가 가나안 땅을 네게 주리라(11절). 족장들은 섭리를 따라서가 아니라 약속을 따라서 가나안 땅에 대한 소유권을 얻었다. 그들의 자손들도 민족들이 정착하는 통상적인 방식들을 따라서가 아니라

이적들을 통해서 가나안 땅을 소유하게 될 것이다. 하나님께서는 마치 가나안 땅이 자기 수중에 있는 것처럼 친히 그 땅을 그들에게 주실 것이다. 그들은 하나님께서 그들에게 할당하신 몫, 그들이 태어나짜마자 확실하게 얻게 된 상속분(개역에서는 할당된 소유)으로 가나안 땅을 얻게 될 것이다. 그들은 가나안 땅을 구입하는 것이 아니라 상속 재산으로 물려받게 될 것이고, 그들 자신의 공로를 통해서가 아니라 하나님의 은총으로 말미암아 갖게 될 것이다. 천국은 우리가 물려받은 유업이다(엡 1:11). 가나안이 하나님께서 그들에게 약속하신 것이었던 것과 마찬가지로, 하나님이 우리에게 약속하신 것은 이것이니 곧 영원한 생명이다(요일 2:25; 딛 1:2).

II. 족장들이 이 약속의 성취를 기다리는 동안에 하나님께서 그들에게 베푸신 섭리들. 이것은 우리가 하늘의 가나안의 이 편에 있는 동안에 하나님께서 그의 백성인 우리를 이 세상에서 돌보시는 것을 나타낸다. 왜냐하면, 이러한 일들은 그들처럼 믿음으로 살아가는 자들, 곧 모든 약속의 후사(後嗣)들에게 본보기와 위로가 되도록 하기 위하여 그들에게 일어난 것이기 때문이다.

1. 하나님은 기이한 일들을 통해서 그들을 보호하시고 그들의 피난처가 되어 주셨으며, 유대 랍비들의 표현에 의하면, 엄위하신 하나님의 날개 아래 모으셨다. 이와 같은 내용이 12-15절에 설명되어 있다. 여기에서 우리는 다음과 같은 것들을 살펴볼 수 있다.

(1) 그들은 사람들로부터의 어떠한 해악들에 노출되었는가? 세 명의 유명한 족장들인 아브라함, 이삭, 야곱에 대한 하나님의 약속들은 지극히 풍성한 것이었다. 하나님께서는 그가 그들의 하나님이 되어 줄 것이라고 그들에게 거듭거듭 말씀하셨다. 하지만 하나님이 이 세상에서 그들을 위하여 행하신 일들은 그의 약속에 비하면 보잘것없는 것들이었기 때문에, 만약 하나님이 저 세상에서 그들을 위하여 한 성을 예비해 놓지 않으셨다면(히 11:16) 그는 그들의 하나님이라 일컬음을 받으심을 부끄러워하셨을 것이다. 왜냐하면, 하나님은 늘 너그럽고 후하신 분이시기 때문이다. 그렇지만 하나님은 이 세상에서조차도 그들에게 부족함이 없게 하실 뿐만 아니라, 그들에게 특별한 일들을 행하시기 위하여 그들로 하여금 특별한 시련과 시험들을 겪게 하신 것으로 보인다. [1] 그들의 수는 적었고 매우 적었다. 아브라함은 혼자 부르심을 받았다(사 51:2). 그에게는 단지 두 아들이 있었는데, 그는 그 중 한 아들을 쫓아내었다. 이삭에게도 두 아

들이 있었지만, 그 중 한 명은 오랜 세월 동안 본향을 떠나 있어야 했다. 야곱에게는 좀 더 많은 수의 아들이 있었지만, 그 아들 중 일부는 그의 보호막이 되기는커녕 그를 위험에 빠뜨렸다(창 34:30). 야곱과 그의 집은 그 수가 적었기 때문에 원주민들에 의해서 쉽게 멸망받을 수도 있었다. 이렇게 하나님께서 택하신 자들은 그 수가 적고 아주 작은 무리를 이루지만 멸망받지 않고 보존된다. [2] 그들은 나그네였기 때문에 학대를 받거나 서러움을 당하기가 아주 쉬웠고, 반면에 스스로 어찌할 수 없는 존재들이었다. 그들은 그들이 지닌 신앙으로 인해서 사람들로부터 이상한 자들로 취급받았고(벧전 4:4) 무늬 있는 매들로 야유를 받았다(렘 12:9). 하나님의 약속에 의해서 온 땅이 그들의 소유였지만, 실제로 그들은 하나님께서 그들에게 하사하신 땅에 대한 소유권을 행사하지 못하고 그들 자신이 땅에서 나그네임을 고백하였다(히 11:13). [3] 그들은 정착하지 못하였다(13절). 그들은 이 족속에게서 저 족속에게로, 그 땅의 이 지역에서 저 지역으로 떠돌아다녔고(당시에 그 땅은 여러 족속들이 차지하고 있었기 때문에, 창 12:8; 13:3, 18), 뿐만 아니라 이 나라에서 다른 민족에게로, 즉 가나안에서 애굽으로, 애굽에서 블레셋 땅으로 떠돌아다녔으므로, 그 힘이 약하고 위험에 노출될 수밖에 없었다. 그렇지만 그들은 기근으로 인해서 그렇게 하지 않을 수 없었다. 여기저리를 떠돌아다니는 것은 바람직하거나 권할 만한 일이 아니지만, 아주 신앙이 좋은 사람들 중에도 어쩔 수 없이 그렇게 할 수밖에 없는 경우가 종종 있다는 것을 명심하라.

  (2) 그들은 하나님의 특별한 섭리를 통해서 어떠한 인도하심을 받았는가? 그들은 수없이 많은 위험에 노출되어 있었기 때문에, 섭리를 통한 하나님의 지혜와 권능은 더욱 돋보였다(14-15절). 그들은 스스로 어찌할 수 있는 힘이 없었다. [1] 그렇지만 아무도 그들을 해할 수 없었고, 그들을 미워하거나 그들에게 해악을 가하고자 했던 자들은 그 손이 묶여서 그들이 하고자 하는 짓을 할 수가 없었다. 이 말씀은 창세기 35:5을 가리키는 것 같은 데, 거기에는 하나님이 그 사면 고을들로 크게 두려워하게 하셨으므로(뭐라고 설명할 수 없는 두려움이 임하여서) 그들은 분노하였지만 야곱의 아들들을 추격하는 자가 없었다는 말씀이 나온다. [2] 그들을 해치고자 했던 왕들조차도 제지를 받고 그 일로 인하여 호되게 책망을 받았을 뿐만 아니라 당황하여 어쩔 줄을 몰랐다. 하나님은 그들로 말미암아 꿈과 환상들을 통해서 왕들을 꾸짖어 이르시기를 "나의 기름 부

은 자를 손대지 말라 만일 너희가 그렇게 한다면 너희가 위험에 빠지게 되겠고, 또한 그렇게 하는 것은 너희 능력 밖에 있으니, 나의 선지자들을 해하지 말라"고 하셨다. 아브라함에게 잘못한 일로 인하여 애굽 왕 바로는 재앙을 당하였고(창 12:17) 그랄 왕 아비멜렉은 호된 책망을 받았다(창 20:6). 다음과 같은 것들을 명심하라. 첫째, 왕들조차도 잘못하는 경우에는 하나님의 책망을 받을 수 있다. 둘째, 하나님의 선지자들은 그의 기름 부은 자들이다. 왜냐하면, 그들은 성령의 기름 부음, 즐거움의 기름을 갖고 있기 때문이다(요일 2:27). 셋째, 하나님의 선지자들을 해칠 목적으로 손대고자 하는 자들은 이런저런 방식으로 그 대가를 치를 각오를 하여야 한다. 하나님은 그의 선지자들에 대하여 열심을 갖고 계신다. 그들을 건드리는 자는 그의 눈동자를 건드리는 것이다. 넷째, 선지자들을 건드리는 자들, 즉 선지자들을 죽이는 자들(많은 이들은 이렇게 해석한다)은 실제로는 그들에게 어떤 해도 끼칠 수 없다. 끝으로, 하나님께서 기름을 부으신 선지자들은 기름 부음 받은 왕들보다도 하나님께 더 소중하다. 여로보암이 그의 손을 뻗쳐 선지자를 죽이고자 했을 때에 그의 손은 말라 버렸다.

2. 하나님은 기이한 일들을 통해서 그들에게 필요한 것들을 공급해 주셨다.

(1) 여기에서도 그들은 극도의 곤경에 처하게 되었다. 약속의 땅인 가나안에서조차도 하나님은 그 땅에 기근이 들게 하셨다(16절). 모든 심판은 하나님의 명령을 따라 된 것으로서, 하나님께서 심판을 보내실 때에 그 어떤 땅도 그 심판에서 면제받을 수 없다는 것을 명심하라. 족장들의 신앙을 시험하기 위하여 하나님은 저 복된 땅에서조차도 그들이 의지하고 있는 양식을 다 끊으셨는데, 이것은 그들로 하여금 하나님이 그들을 위하여 가나안 땅보다 더 나은 본향을 예비해 놓으셨다는 것을 분명히 볼 수 있게 하기 위한 것이었다.

(2) 하나님은 은혜로써 그들을 돌보시며 건져 주셨다. 그들이 지금 가나안 땅에서 나그네가 된 것은 하나님의 명령에 순종하고 그의 약속을 의지한 때문이었다. 그러므로 그들이 어떤 해악을 당하거나 그들에게 어떤 좋은 것이 결핍된다면, 그것은 하나님의 영광을 가리는 것이 될 수 있었다. 하나님은 어떤 바로가 그들에게 해악을 가하는 것을 막으신 것과 마찬가지로, 이번에는 또 다른 바로를 일으키셔서 요셉을 애굽의 총리로 삼게 하여 그들에게 호의를 베풀게 하셨는데, 여기에는 요셉에 관한 이야기가 요약되어 나온다. 요셉은 이스라엘의 목자와 돌이 될 자였고, 저 거룩한 씨를 구원하여 살아 있게 할 자였다(창

49:24; 50:20). [1] 이것을 위하여 하나님은 요셉을 낮추시되 크게 낮추셨다 (17-18절): 하나님이 한 사람, 곧 요셉을 그들 앞서 보내셨다. 하나님은 기근이 시작되기 오래 전에 미리 그들보다 앞서 요셉을 애굽으로 보내셨는데, 이것은 기근이 있는 동안에 그들을 먹여 살리기 위한 것이었다. 하나님의 섭리는 아주 폭넓게 미리 내다보고 일들을 배치하는 것과 마찬가지로 아주 오래 전부터 일들을 준비하신다. 그러나 장차 애굽에서 교회를 영접하는 일을 준비할 임무를 띤 그는 어떤 식으로 거기에 가게 되었는가? 그는 대사(大使)나 중개상의 자격으로 거기에 간 것이 아니었고, 종의 신분에서 풀려날 희망이 전혀 없이 일생동안 종으로 살아야 하는 그런 종으로 팔려서 애굽으로 갔다. 이렇게 그는 철저하게 낮아져서, 그가 장차 큰 자가 될 가망성은 거의 없어 보였지만, 어쨌든 그는 철저하게 낮아졌다. 그는 죄수가 되었다(18절): 그의 발은 차꼬를 찼다. 그가 여주인을 강간했다는 극악무도한 죄를 부당하게 뒤집어썼을 때에 쇠사슬이 그의 영혼을 옥죄었고, 이것은 그에게 몹시 고통스러운 일이었다. 누명을 쓰고서 감옥에 갇히게 된 일은 그를 몹시 슬프게 만들었고 그의 마음은 아팠다. 그렇지만 이 모든 일은 하나님께서 그를 높이시기 위한 방법이었다. [2] 요셉은 높아지되 크게 높아졌다. 그는 하나님께서 그를 풀어 주시기로 정해 놓으신 때가 되어서 여호와의 말씀이 응할 때까지(19절), 즉 그가 감옥에 갇힌 관원장들의 꿈을 해석해 준 일과 그 소문이 잔 맡은 관원장에 의해서 바로의 귀에 들어가게 되었을 때까지 심문을 받거나 석방되지 않은 채 계속해서 죄수로 갇혀 있었다. 그런 후에 여호와의 말씀이 그의 누명을 벗겨 주셨다. 즉, 요셉은 하나님의 능력을 힘입어서 장차 일어날 일들을 예언함으로써 그의 여주인이 그에게 씌운 누명을 벗을 수 있었다. 왜냐하면, 사람들은 여주인이 고소한 것 같은 그런 악한 자에게 하나님께서 그런 능력을 주셨을 것이라고는 생각할 수 없었기 때문이다. 하나님의 말씀은 그를 단련하여서 그의 믿음과 인내를 시험하였고, 그 후에 그를 풀어줄 하나님의 말씀이 능력으로 임하였다. 정한 때가 되어야, 하나님의 말씀이 임하여 그 말씀을 의지하는 모든 자들이 위로를 받게 된다(합 2:3): 묵시는 정한 때가 있나니 마침내 그 묵시가 이르겠고 결코 거짓되지 아니하리라. 하나님께서 말씀을 주시자, 왕이 사람을 보내어 그를 석방하였다. 왜냐하면, 왕의 마음은 여호와의 수중에 있기 때문이다. 바로는 요셉이 하늘의 총애를 받는 자임을 확인하고서 다음과 같이 하였다. 첫째, 바로는 감옥에 갇혀 있던 요셉을 풀

어 주었다(20절): 왕이 그를 자유롭게 하였도다. 하나님은 흔히 기이한 섭리의 작용들을 통해서 죄 없이 억압받는 자들을 신원해 주서 왔다. 둘째, 바로는 요셉을 최고의 관직에 앉혔다(21-22절). 그는 요셉을 그의 집을 다스리는 시종장으로 삼았다(그를 그의 집의 주관자로 삼았다). 또한, 그는 요셉을 그의 모든 소유를 관리하는 집사장이 되게 하였다. 그는 요셉을 궁정의 최고 대신인 총리로 삼아서 그의 뜻대로 모든 신하를 다스리며 그의 지혜로 교훈하게 하였고, 그의 군대의 총사령관을 삼았다. 내 백성이 다 네 명령에 복종하리라(창 41:40, 43-44). 그는 요셉을 최고법관으로 삼아서 그의 대신들을 재판하고 불순종하는 자들을 벌하게 하셨다. 하나님은 이 모든 일을 통해서 요셉을 다음과 같은 자가 되게 하고자 하셨다.

a. 요셉이 당시에 존재했던 교회의 아비가 되어서 이스라엘 집을 기근으로 인해서 멸망받는 것으로부터 구하게 하심. 하나님께서 요셉을 큰 자로 만드신 것은 그로 하여금 특히 믿음의 권속에게 착한 일을 하도록 하기 위한 것이었다.

b. 요셉을 장차 오실 그리스도의 모형이 되게 하심. 그리스도께서는 스스로 낮아지셔서 종의 형체를 입으셨기 때문에, 하나님은 그를 지극히 높여서 심판하는 모든 권세를 그에게 맡기셨다. 요셉이 이렇게 먼저 보내심을 받아서 그의 아비의 온 집을 부양할 수 있는 위치에 있게 되자, 이스라엘도 애굽에 들어갔고(23절), 거기에서 그와 그의 온 집이 오랜 세월 동안 극진한 대접을 받았다. 마찬가지로, 신약 교회는 광야에 있을 때조차도 필요한 것을 공급받을 곳이 있는데, 거기에서 교회는 한 때와 두 때와 반 때를 양육받는다(계 12:14). 하나님께서는 진실로 교회를 먹여 살리실 것이다.

c. 하나님께서 아브라함에게 그의 자손이 바다의 모래처럼 번성하리라고 약속하신 말씀을 따라서 그들은 기이하게도 크게 번성하였다(24절). 애굽에서 여호와께서 자기의 백성을 크게 번성하게 하셨다. 그들은 물고기들 같이 번성하였기 때문에 단기간에 그들의 대적들보다 강해져서 대적들에게 큰 위협이 되었다. 바로는 이 같은 사실을 알아차렸다(출 1:9): 이스라엘 자손이 우리보다 많고 강하도다. 하나님께서 기뻐하시기만 한다면, 작은 자 한 명이 천 명을 이룰 것이다. 하나님의 약속은 비록 느리게 이루어지지만 확실하게 이루어진다.

[25]또 그 대적들의 마음이 변하게 하여 그의 백성을 미워하게 하시며 그의 종들에게

교활하게 행하게 하셨도다 ²⁶그리하여 그는 그의 종 모세와 그의 택하신 아론을 보내시니 ²⁷그들이 그들의 백성 중에서 여호와의 표적을 보이고 함의 땅에서 징조들을 행하였도다 ²⁸여호와께서 흑암을 보내사 그 곳을 어둡게 하셨으나 그들은 그의 말씀을 지키지 아니하였도다 ²⁹그들의 물도 변하여 피가 되게 하사 그들의 물고기를 죽이셨도다 ³⁰그 땅에 개구리가 많아져서 왕의 궁실에도 있었도다 ³¹여호와께서 말씀하신즉 파리 떼가 오며 그들의 온 영토에 이가 생겼도다 ³²비 대신 우박을 내리시며 그들의 땅에 화염을 내리셨도다 ³³그들의 포도나무와 무화과나무를 치시며 그들의 지경에 있는 나무를 꺾으셨도다 ³⁴여호와께서 말씀하신즉 황충과 수많은 메뚜기가 몰려와 ³⁵그들의 땅에 있는 모든 채소를 먹으며 그들의 밭에 있는 열매를 먹었도다 ³⁶또 여호와께서 그들의 기력의 시작인 그 땅의 모든 장자를 치셨도다 ³⁷마침내 그들을 인도하여 은 금을 가지고 나오게 하시니 그의 지파 중에 비틀거리는 자가 하나도 없었도다 ³⁸그들이 떠날 때에 애굽이 기뻐하였으니 그들이 그들을 두려워함이로다 ³⁹여호와께서 낮에는 구름을 펴사 덮개를 삼으시고 밤에는 불로 밝히셨으며 ⁴⁰그들이 구한즉 메추라기를 가져 오시고 또 하늘의 양식으로 그들을 만족하게 하셨도다 ⁴¹반석을 여신즉 물이 흘러나와 마른 땅에 강 같이 흘렀으니 ⁴²이는 그의 거룩한 말씀과 그의 종 아브라함을 기억하셨음이로다 ⁴³그의 백성이 즐겁게 나오게 하시며 그의 택한 자는 노래하며 나오게 하시고 ⁴⁴여러 나라의 땅을 그들에게 주시며 민족들이 수고한 것을 소유로 가지게 하셨으니 ⁴⁵이는 그들이 그의 율례를 지키고 그의 율법을 따르게 하려 하심이로다 할렐루야

　　　　시편 기자는 앞에서 족장들의 역사를 얘기한 후에, 이제 여기에서는 하나의 민족으로 성장한 이스라엘 백성의 역사를 얘기한다.

I. 이스라엘 백성이 애굽에서 환난을 겪음(25절).　하나님은 그들을 보호해 주었던 애굽인들의 마음이 변하게 하여 그들을 미워하게 하시며 그들에게 교활하게 행하게 하셨도다. 하나님께서 그의 백성을 선대하시자, 그들에 대한 애굽인들의 반감은 커졌다. 한동안 잠잠하였던 히브리 사람들에 대한 그들의 해묵은 반감(우리는 이것을 창 43:32; 46:34에서 읽을 수 있다)은 이제 예전보다 더 격렬하게 되살아났다. 애굽인들은 전에는 히브리인들로부터 멸시를 당하였기 때문에 그들을 미워하였지만, 지금은 히브리인들을 두려워하여 그들을 미워하였다. 애굽인들은 그들에게 교활하게 행하여서, 그들을 약화시켜서 힘을 빼며

그들이 번성하는 것을 막아내고자 온갖 술책을 동원해서 이런저런 방법과 수단들을 찾아내었다. 애굽인들은 히브리인들의 짐을 무겁게 하고 그들의 삶을 고달프게 만들었으며 사내 아이가 태어나면 즉시 죽였다. 사람이 악의를 가지게 되면 온갖 교활함을 사용해서 죽이고자 하는 법이다. 사탄은 뱀의 독만이 아니라 교활함도 갖추고 있다. 애굽인들의 마음을 변하게 하여 히브리인들에게 반감을 품도록 만드신 것은 바로 하나님이셨다. 왜냐하면, 모든 피조물은 하나님의 뜻을 따라서 우리에게 친구도 되고 원수도 되기 때문이다. 하나님은 사람들로 하여금 죄를 짓게 하시는 분은 아니지만, 사람들의 범죄를 통해서 자신의 목적을 이루어가신다.

Ⅱ. 이스라엘 백성이 애굽에서 구원받음. 이 기이한 역사(役事)는 이스라엘 백성으로 하여금 결코 잊지 않도록 하기 위하여 십계명의 서문 속에 기록된다. 좀 더 살펴보자.

1. 이 구원에 있어서 쓰임받은 도구들(26절). 하나님은 이 일을 하도록 그의 종 모세를 보내시고, 아론으로 하여금 모세를 돕게 하셨다. 하나님은 모세를 그들의 입법자이자 통치자로, 아론을 그들의 대제사장으로 세우고자 하셨다. 그러므로 이스라엘 백성이 그들을 더욱 공경하고 그들에게 더 즐거운 마음으로 순복하도록 하기 위하여 하나님은 그들을 이스라엘 백성의 구원자들로 사용하셨다.

2. 이 구원을 이루기 위해 사용된 수단들. 그것은 애굽의 재앙들이었다. 모세와 아론은 하나님께서 그들에게 명하신 대로 이스라엘 백성에게 하나님의 말씀을 전하였지만, 요나가 니느웨에 임할 하나님의 심판을 선포하라고 부르심을 받고서도 다시스로 갔던 것과 마찬가지로, 그들은 그의 말씀을 지키지 아니하였다(28절). 모세와 아론은 바로의 진노를 두려워하거나 애굽의 참상에 연민을 느껴서 마음이 동요되어 하나님께서 애굽인들에게 가하라고 그들에게 명하신 재앙들 중 그 어느 것도 늦추거나 지체시키는 어리석음을 범하지 않고, 그들의 손을 뻗쳐서 하나님께서 명하신 재앙들을 애굽인들에게 임하게 하였다. 심판을 집행하도록 명령을 받은 자들이 그 집행을 태만히 하면, 하나님께서는 그것을 자신의 말씀에 대한 반역으로 간주하실 것이다. 애굽의 재앙들은 여기에서 하나님의 표적들과 징조들로 불린다(27절). 그것들은 하나님의 권능을 보여주는 증거들일 뿐만 아니라 그의 진노를 보여주는 것들이었기 때문에 마땅히 거

룩한 경외심으로 보아야 한다. 그들은 여호와의 표적의 말씀들을 보였다(원문은 이렇게 되어 있다). 왜냐하면, 모든 재앙에는 해석이 수반되었기 때문이다. 이 재앙들은 일반적인 창조와 섭리의 역사(役事)들과는 달리 말씀이 수반된 표적들이었기 때문에 애굽인들에게 큰 소리로 말하였다. 이 재앙들은 원래 일어난 순서대로는 아니지만 여기에 그 전부 또는 대부분이 구체적으로 언급되고 있다.

(1) 흑암의 재앙(28절). 이 재앙은 가장 마지막에 일어난 것이었지만 여기에서는 가장 먼저 언급된다. 하나님은 흑암을 보내셨고, 하나님의 명령을 받고 온 흑암은 그 명령을 이루었다. 하나님의 명령은 그곳을 어둡게 하였다. 그러나 그들(즉, 이스라엘 백성)은 하나님의 말씀을 지키지 않고 거역하였다. 어떤 이들은 이것이 하나님께서 그들 가운데서 할례를 받지 않은 모든 자들로 하여금 할례를 받으라고 명하시고 할례를 행하는 동안에 그들을 보호하기 위하여 사흘 동안 흑암이 임하게 하시겠다고 하신 말씀을 가리키는 것이라고 생각한다. 옛 번역본은 칠십인역을 따라서 이 본문을 그들은 그의 말씀을 지키지 아니하였다고 읽는데, 이것은 바로와 애굽인들이 이 두려운 재앙에도 불구하고 이스라엘 백성을 보내지 않은 것을 가리키게 된다. 그러나 히브리어 원문에서는 그렇게 해석할 근거는 전혀 없다.

(2) 하나님께서 나일강(애굽인들이 우상화하였던)과 그 밖의 다른 모든 물들을 피가 되게 하여 그들의 물고기를 죽이셔서(29절), 애굽인들은 마실 물만이 아니라 온갖 좋은 것들도 먹을 수 없게 되었다(민 11:5).

(3) 애굽 온 땅이 개구리 떼로 득실거려서, 그 떼가 왕의 궁실과 대인들의 집을 점령하였고, 그들의 마음속에는 개구리 떼보다 더 징그럽고 고약한 해충, 즉 하나님과 그의 이스라엘에 대한 경멸과 적대감이 득실거렸다.

(4) 애굽 땅의 공중에는 다양한 종류의 파리 떼가 우글거렸고, 애굽인들의 옷 속에는 이가 득실거렸다(31절; 출 8:17, 24). 하나님은 교만한 압제자들을 벌하고 낮추시기 위하여 가장 보잘것없고 약하며 별 볼일 없는 미물(微物)들을 사용하실 수 있고, 이 때에 압제자들은 자기가 속수무책임을 알고서 하나님의 전능하심을 깨달음과 동시에 자신의 무력함을 깨달을 수밖에 없게 된다.

(5) 우박이 내려서, 애굽 땅의 나무들, 심지어 그들의 해변가(개역에서는 그들의 지경)에 있는 아름드리 나무들조차 박살이 났고, 포도나무를 비롯한 여러

과실수들도 죽었다(32-33절). 하나님은 애굽 땅의 나무들을 자라나게 하기 위한 비를 내리시는 대신에 그 나무들을 박살내고 죽이기 위하여 우박을 내리셨고, 우박과 함께 우렛소리와 번개를 내리셔서 마치 불붙은 유황천이 흐르듯이 불을 땅에 달리게 하셨다(출 9:23).

(6) 황충과 메뚜기는 사람들이 먹을 모든 채소를 망가뜨려 놓았고, 사람들의 입에 들어갈 양식을 빼앗아 먹어 버렸다(34-35절). 하나님께서는 그의 백성을 보내고자 하지 않는 교만한 압제자들을 혼내주기 위하여 얼마나 다양한 심판들을 베푸실 수 있는지를 보라. 하나님은 동일한 재앙을 다시 반복해서 보내신 것이 아니라 매번 새로운 재앙을 보내셨다. 왜냐하면, 하나님의 전통(箭桶)에는 많은 화살들이 들어 있기 때문이다. 황충과 메뚜기는 하나님의 군대들이다. 그것들은 하나하나는 너무도 약한 것들이지만, 하나님은 그것들의 엄청난 떼를 일으키셔서 그것들을 가공할 군대로 사용하실 수 있으시다(욜 1:4, 6).

(7) 시편 기자는 역병과 종기를 제외하고 모든 재앙을 언급한 후에, 애굽에 임한 재앙을 결정적인 일격이 된 재앙, 즉 장자의 죽음으로 마무리한다(36절). 그 밤에 애굽인들의 모든 가문의 기쁨이자 소망이며 그들이 기력의 시작이자 그들의 땅의 꽃인 모든 장자들이 죽음의 사자에 의해서 모두 죽임을 당하였다. 애굽인들은 하나님의 장자를 놓아주고자 하지 않았기 때문에, 하나님은 그것에 대한 보복으로 그들의 장자들을 사로잡아 가셨다. 애굽인들은 어쩔 수 없이 하나님의 장자를 놓아줄 수밖에 없었지만, 그들의 장자를 되찾기에는 때가 너무 늦어 버렸다. 왜냐하면, 하나님은 심판하실 때에 이기실 것이고, 그와 다투는 자들은 반드시 마침내 져서 주저앉게 될 것이기 때문이다.

3. 이 구원에 수반된 긍휼하심들.

(1) 이스라엘 백성은 종살이 할 때에는 빈곤하였었지만 이제 애굽에서 나올 때에는 풍성하고 부요해졌다. 하나님은 그들을 나오게 하셨을 뿐만 아니라 은금을 가지고 나오게 하셨다(37절). 하나님께서 그들을 힘있게 하셨으므로 애굽인들은 그들의 요구를 받고서 은 금을 내줄 수밖에 없었고(사실 이 은 금은 그들이 지금까지 일한 대가의 일부인 셈이었다), 또한 하나님은 애굽인들로 하여금 기꺼이 그들이 요구하는 것을 내어줄 마음이 들게 하셨다. 애굽인들이 지닌 재물은 하나님의 소유였고 그들의 마음도 하나님의 수중에 있었기 때문에, 하나님은 그들의 재물을 얼마든지 이스라엘 백성에게 주실 수 있으셨다.

(2) 이스라엘 백성의 삶은 처참하였었고, 종살이로 인해서 그들의 몸과 영혼은 피폐해졌었다. 그렇지만 하나님께서 그들을 나오게 하셨을 때에는 그들의 지파 중에 비틀거리는 자나 병든 자나 비실거리는 자가 하나도 없었다. 그들은 재앙이 애굽을 휩쓸어서 애굽의 모든 장자가 다 죽어나가던 바로 그 밤에 애굽에서 나왔지만, 모두 한결같이 건강한 몸으로 나왔고, 애굽의 그 어떤 질병도 가지고 나오지 않았다. 그 밤에 나온 무수한 이스라엘 백성 중에 병든 자가 하나도 없었다는 그와 같은 일은 정녕 전무후무한 일이었다! 후세에 유대인들의 원수들이 이 일과 관련하여 말한 것은 너무도 거짓된 것이었는데, 그들은 이스라엘 백성이 다 문둥병 같은 역겨운 질병에 걸렸기 때문에 애굽인들이 그들을 애굽 땅에서 쫓아낸 것이라고 말하였다.

(3) 이스라엘 백성은 짓밟히고 모욕을 당해 왔었다. 그렇지만 그들은 존귀한 모습으로 애굽을 나왔다(38절): 그들이 떠날 때에 애굽이 기뻐하였다. 왜냐하면, 하나님께서 너무도 놀랍게 그들을 자기 소유로 삼으시고 그들의 편이 되어 주셔서 이스라엘을 두려워하는 마음이 애굽인들에게 임하였고, 애굽인들도 그들 자신이 낭패를 당하고 졌다는 것을 인정하였기 때문이다. 하나님은 그의 교회를 들어서 없애 버리고자 하는 모든 자들에게 그의 교회를 무거운 돌이 되게 하실 수 있고, 또한 그렇게 하실 것이기 때문에, 그 길에서 벗어나 있는 자들은 스스로가 복되다고 생각하게 될 것이다(슥 12:3). 하나님은 심판하실 때에 이기시리라.

(4) 이스라엘 백성은 그들의 종살이 신세로 인하여 허구한 날들을 근심과 한숨으로 보내었었다. 그러나 이제 하나님께서는 그들을 즐겁게 나오게 하셨다(43절). 애굽 온 땅이 그들의 장자가 모두 죽임을 당한 것을 보고서 처절하게 큰 소리로 울부짖고 있을 때, 이스라엘 백성은 그들이 종살이 하다가 나온 그 땅을 뒤돌아봄과 동시에 그들이 서둘러 달려가고 있는 저 복된 땅을 바라보며 기쁨에 겨워서 큰 소리로 외쳤다. 하나님은 이제 그들의 입에 새 노래를 넣어 주셨다.

4. 하나님께서 광야에서 그들을 특별히 돌보심.

(1) 하나님이 그들의 피난처가 되어 주심. 하늘이라는 차양막 외에도 하나님은 그들에게 또 다른 천상의 차양막을 공급해 주셨다: 하나님은 구름을 펴사 덮개를 삼으셨는데(39절), 이것은 그들에게 햇빛과 비를 막아주는 차양막이자 우

산이었을 뿐만 아니라 의전용(儀典用)의 장엄한 옷이기도 하였다. 구름은 흔히 하나님의 임시거처용 장막이었는데(시 18:11), 지금은 이스라엘의 임시 장막이 되었다. 왜냐하면, 그들도 하나님께서 숨기신 자들이었기 때문이다.

(2) 하나님이 어둠 속에서 그들을 인도하시고 새 힘을 주심. 하나님은 그들이 밤에 길을 잃지 않도록 하기 위하여 그 길을 밝혀줄 불기둥을 그들 앞에 두셨다. 하나님께서는 그의 백성이 영원토록 낮만 있게 될 천국에 이를 때까지 그들이 밤낮으로 만나게 될 온갖 난관들을 뚫고 나갈 수 있도록 은혜로 모든 것을 공급해 주시고, 어떤 처지에 있더라도 거기에서 빠져나올 수 있는 길들을 제공해 주신다는 것을 명심하라.

(3) 하나님이 그들을 일용할 양식과 진수성찬으로 먹이심. 종종 하나님은 그들의 식탁에 야생의 조류를 양식으로 공급해 주셨다(40절): 그들이 구한즉 메추라기를 가져오셨다. 하나님은 그들에게 이런 식으로 향연을 베풀지 않으실 때에는 하늘의 양식으로 그들을 만족하게 하셨다. 이렇게 해도 만족하지 않는 자들은 사실 별나고 탐욕스러운 자들이다. 사람이 천사의 양식을 먹었고, 그것도 공짜로 끊임없이 먹었다. 그들이 먹은 것의 한 조각 한 조각 속에 이적이 들어 있었던 것과 마찬가지로, 그들이 마신 음료의 한 방울 한 방울 속에도 이적이 들어 있었다: 하나님이 반석을 여신즉 물이 흘러나왔다(41절). 일반적인 섭리는 물을 하늘에서 가져오고 양식을 땅에서 가져오는 것이다. 그러나 하나님은 이스라엘을 위해서 권능으로 구름에서 양식을 가져오시고 반석에서 물을 가져오셨다. 자연의 하나님은 자연의 법칙들과 운행들에 결코 묶여 계시는 분이 아니다. 물은 단 한 번 솟아난 것이 아니라, 강 같이 풍성하고 끊임없이 흘러나와서, 그들이 이동하는 곳마다 그들의 진(陣)을 따라다녔다. 그런 까닭에 성경에서는 그들이 그들을 뒤따르는 반석으로부터 마셨다고 말한다(고전 10:4). 더욱더 놀라운 것은 우리의 생각과는 달리 이 하나님의 강(이 물은 진정으로 이렇게 불릴 수 있을 것이다)은 마른 땅에 흘렀지만, 아라비아 사막의 모래에 흡수되어 없어지지 않았다는 것이다. 내가 사막에 강들을 내어 내가 택한 자에게 마시게 할 것이라는 하나님의 약속(사 43:19-20)은 바로 이 일과 관련되어 있다.

5. 그들이 마침내 가나안에 들어감(44절). 하나님은 이방의 땅들(개역에서는 여러 나라의 땅)을 그들에게 주시며, 그들이 오랫동안 소망으로 간직해 왔던 땅을 소유하게 하셨다. 가나안 사람들이 수고하여 일군 땅을 하나님은 이스라엘

에게 주어 누리게 하셨다: 그들은 이방 민족이 수고한 것을 물려받았다. 죄인이 모아 놓은 재물은 의인이 차지하게 된다. 애굽인들은 오랫동안 이스라엘 백성이 수고한 것을 가로챘었지만, 이제 이스라엘 백성은 가나안 사람들이 수고한 것을 차지하게 되었다. 하나님은 이렇게 종종 한 원수가 교회에게 진 빚을 또 다른 원수로 하여금 갚게 하신다.

6. 하나님이 그들을 위하여 이 모든 일을 행하신 이유들.

(1) 하나님은 그가 말씀하신 약속들을 친히 이루고자 하셨기 때문에(42절). 이스라엘 백성은 무가치하고 감사할 줄 모르는 자들이었지만, 하나님께서 그들을 위하여 이 큰 일들을 행하신 것은 그의 종 아브라함에게 하신 그의 거룩한 말씀(즉, 그의 언약)을 기억하셨고, 또한 그의 말씀이 일점일획이라도 땅에 떨어지지 않게 하고자 하셨기 때문이었다(신 7:8을 보라).

(2) 하나님은 그들로 하여금 그의 말씀의 명령들을 행하게 하시고, 그가 그들에게 베풀 수 있는 가장 큰 인자하심을 통해서 그들을 묶어 두시고자 하셨기 때문에. 하나님께서 그들로 하여금 가나안 땅을 차지하게 하신 것은 그들이 풍족한 가운데 즐겁고 편안하며 존귀하게 살아가고 열방들 가운데서 잘 나가는 민족이 되게 하기 위한 것이 아니라 그들이 그의 율례를 지키고 그의 율법을 따르게 하며, 그들이 한 민족을 이루어서 하나님의 직접적인 통치 아래에 있게 하며, 계시 종교가 그들 민족의 정체성의 토대가 되게 하고, 그들에게 주어진 좋은 땅에서 난 소산들을 하나님의 제단에 제물로 바치게 하며, 하나님께서 그들에게 이렇게 선대하신 것을 생각하고서 그들의 선을 위하여 주어진 그의 율법을 더욱 기쁜 마음으로 지키고, 감사하는 가운데 그들의 의무들을 잘 깨달아서 하나님께 순종하여 살아가게 하기 위한 것이다. 그러므로 하나님께서 우리를 지으시고 살게 하시고 구속해 주신 것은 우리로 하나님의 뜻에 순종하여 살아가도록 하기 위한 것이다. 이 시편의 끝에 나오는 **할렐루야**라는 표현은 하나님의 은총에 대한 감사의 고백이자 그들에 대한 하나님의 크신 뜻에 기꺼이 동의한다는 것을 나타내는 것으로 해석될 수 있다. 하나님께서 우리를 위하여 이토록 많은 일을 하셨는데, 우리에게 별 기대를 하지 않으신다는 것이 말이 되겠는가? 여호와를 찬송하라.

제
— 106 —
편

개요

우리는 하나님의 선하심만이 아니라 우리 자신의 악함을 고백함으로써 하나님께 영광을 돌려야 하는데, 이 둘은 서로를 부각시키는 역할을 한다. 우리의 악함은 하나님의 선하심을 더욱 돋보이게 만들고, 하나님의 선하심은 우리의 악함을 더욱 가증스럽고 추악한 것이 되게 한다. 앞의 시편이 이스라엘을 향하신 하나님의 선하심에 관한 역사였다면, 이 시편은 이스라엘의 반역과 도발에 관한 역사이다. 하지만 이 시편도 할렐루야로 시작해서 할렐루야로 끝난다. 왜냐하면, 우리가 우리의 죄에 대하여 참담한 심정을 지닌다고 하여도 하나님을 찬송하는 마음에서 벗어나서는 안 되기 때문이다. 어떤 이들은 이 시편의 끝부분에 나오는 기도(47절)를 근거로 이 시편이 바벨론 포수(捕囚)로 인하여 유대 민족이 흩어졌을 때에 씌어진 것이라고 생각한다. 하지만 나는 이 시편이 앞의 시편과 동일한 때에 다윗에 의해 지어졌다고 생각한다. 왜냐하면, 이 시편의 첫 번째 절과 마지막 두 절이 다윗이 법궤를 예루살렘으로 모셔오면서 아삽에게 건네준 저 시편 속에 나오기 때문이다(1절과 47-48절; 대상 16:34-36): "우리를 이방 나라로부터 모으소서." 왜냐하면, 우리는 사울 시대에 다윗이 떠돌아다닐 수밖에 없었던 것과 마찬가지로 경건한 이스라엘 사람들의 많은 수가 이방의 여러 나라로 흩어졌을 것이라고 추측해 볼 수 있기 때문이다. 이 시편에는 다음과 같은 내용들이 나온다. I. 하나님께 존귀를 돌리고(1-2절), 성도들에게는 위로를 전하며(3절), 하나님의 은총을 바라는 신실한 자들의 소원을 말하는(4-5절) 서론. II. 이스라엘의 죄에 관한 본론적인 이야기. 시편 기자는 하나님께서 그들을 위하여 행하신 큰 일들을 언급함으로써 이스라엘의 죄를 더욱 가중시킨다: 홍해에서의 도발(6-12절), 욕심(13-15절), 하극상(16-18절), 금송아지 숭배(19-23절), 불평(24-27절), 바알브올과의 연합(28-31절), 모세와 다툼(32-33절), 가나안 족속들과 뒤섞임(34-39절). 여기에 하나님께서 그들이 범한 죄들로 인하여 그들을 책망하셨지만 그들을 멸망시키지는 않으셨다는 기사(記事)가 덧붙여져 있다(40-46절). III. 기도와 찬송으로 되어 있는 이 시편의 결론(47-48절). 우리가 이 시편을 노래할 때에 우리의 죄들, 우리 땅의 죄들, 우리 조상들의 죄들을 상기하고서 하나님 앞에서 자신을 낮추고, 반역한 이스라엘이 자주 하나님께 받았던 긍휼하심을 기억하고서 낙심하지 않는다면, 이 시편은 우리에게 유익하게 사용될 수 있을 것이다.

¹할렐루야 여호와께 감사하라 그는 선하시며 그 인자하심이 영원함이로다 ²누가 능히 여호와의 권능을 다 말하며 주께서 받으실 찬양을 다 선포하랴 ³정의를 지키는 자들과 항상 공의를 행하는 자는 복이 있도다 ⁴여호와여 주의 백성에게 베푸시는 은혜로 나를 기억하시며 주의 구원으로 나를 돌보사 ⁵내가 주의 택하신 자가 형통함을 보고 주의 나라의 기쁨을 나누어 가지게 하사 주의 유산을 자랑하게 하소서

우리는 여기에서 다음과 같은 가르침을 받는다.

I. 하나님을 송축하라는 것(1-2절). 할렐루야 여호와께 감사하라.

1. 하나님의 선하심, 그의 선하심을 우리에게 나타내신 것, 그의 선하심을 보여주는 무수한 예들로 인하여 하나님께 감사하라. 그는 선하시며 그 인자하심이 영원함이로다. 그러므로 우리는 우리가 하나님께 많은 것들을 빚지고 있다는 것을 인정하고서 우리의 지극한 사랑과 섬김을 통해서 거기에 보답하여야 한다.

2. 하나님의 크심, 그의 능하신 일들(개역에서는 권능), 그의 전능하신 권능을 증명해 주는 것들인 그의 큰 일들을 인하여 하나님께 영광을 돌리라. 누가 능히 이러한 것들을 다 말할 수 있으랴? 누가 그것을 말할 자격이 있겠는가? 누가 그것을 말할 능력이 있겠는가? 하나님의 능하신 역사(役事)들은 너무도 많아서 그 수를 헤아릴 수 없고, 너무도 신비하여서 그 일을 설명할 수 없다. 우리가 최선을 다해서 여호와께서 행하신 능하신 일들을 말했다고 하더라도, 우리가 말한 것은 절반도 채 되지 못하며, 여전히 우리가 말하지 못한 많은 것들이 남아 있다. 그것은 아무리 말해도 다 말할 수 없는 주제이다. 우리는 주께서 받으실 찬양을 선포하여야 한다. 우리는 하나님이 받으실 찬송을 일부 나타내 보일 수 있겠지만, 누가 능히 주께서 받으실 찬양을 다 선포하랴? 천사들도 그렇게 하지 못한다. 그러나 이것을 핑계로 삼아서 우리는 우리가 할 수 있는 것조차도 하지 않아서는 안 되고, 오히려 더욱 분발하여 우리가 할 수 있는 모든 것을 동원하여 하나님을 찬송하여야 한다.

II. 하나님의 백성을 축복하고, 그들이 복되다고 함(3절). 정의를 지키는 자들

은 복이 있도다. 왜냐하면, 그런 자들은 하나님을 찬송하는 일에 쓰임받기에 합당한 자들이기 때문이다. 하나님의 백성은 그 삶의 원칙이 건전한 자들이다 ― 그들은 정의를 지킨다(그들은 지혜와 신앙의 준칙들을 철저히 따르고, 그들의 행실은 거기에 맞는다). 그들은 의를 행하여(개역에서는 공의) 하나님과 모든 사람에 대하여 의롭다. 이 점에서 그들은 항상 변함이 없고 한결같다. 그들은 온갖 행실과 모든 일 속에서 상황이 어떻게 변하여도 항상 의를 행하며 끝까지 의를 이룬다.

III. 우리 자신에게 하나님의 은총이 있기를 축복하고, 여기에서의 시편 기자처럼 우리의 행복을 하나님의 은총에 두고서 모든 진지함으로 그것을 구하라는 것(4-5절).

1. 시편 기자는 모든 행복의 원천인 하나님의 인애하심(lovingkindness)을 바라본다. "여호와여, 나를 기억하소서. 주께서 주의 백성에게 베푸시는 은총으로 내게 필요한 긍휼과 은혜를 베푸소서." 이 세상에는 특별한 방식으로 하나님의 백성인 자들이 있는 것과 마찬가지로, 하나님께서 그 백성에게 베푸시는 특별한 은총이 있는데, 모든 은혜받은 영혼들은 그 은총에 참여하기를 원한다. 우리에게 이 특별한 은총만 있다면, 우리가 복되기 위해서 우리에게 필요한 것은 더 이상 없다.

2. 시편 기자는 행복의 토대인 하나님의 구원, 저 큰 구원을 바라본다: 주의 구원으로 나를 돌보소서. "내가 필요로 하는 저 죄 사함과 저 은혜, 내가 오직 주께만 바랄 수 있는 바로 그것을 내게 주소서"(하몬드 박사). 그 구원이 나의 영원한 분깃이 되게 하시고, 그 구원을 일부 여기에서 맛보는 것이 나의 현재의 위로가 되게 하소서.

3. 시편 기자는 모든 선한 것이 포함되어 있는 의인의 복됨을 바라본다(5절). "내가 주의 택하신 자가 형통함을 보고 성도들처럼 복되게 하소서. 나는 그 이상 더 복되기를 원치 않나이다." 하나님의 백성은 여기에서 하나님의 택하신 자, 주의 나라, 주의 유산으로 표현된다. 왜냐하면, 하나님께서는 그들을 자신을 위하여 구별하셨고, 자신의 통치 아래에 두셨으며, 그들의 섬김을 받으며 그들을 통해서 영광을 받으시기 때문이다. 하나님의 택하신 백성은 그들에게 특유한 형통함을 갖는데, 이것은 그들이 기뻐하고 자랑하는 것이며 그들의 즐거움이자 찬송이 된다. 하나님의 백성에게는 그들이 즐거워하는 백성이 되고 온종일

그들의 하나님을 자랑할 만한 이유가 있다. 이러한 기쁨과 자랑을 지닌 자들은 인생들이 지닌 그 어떠한 즐거움이나 자랑도 시기하거나 부러워할 필요가 없다. 하나님의 나라라는 기쁨과 하나님의 유업이라는 자랑은 그 누구라도 만족시키기에 충분하다. 왜냐하면, 그들은 영원까지 이어지는 기쁨과 자랑을 누리고 있는 것이기 때문이다.

⁶우리가 우리의 조상들처럼 범죄하여 사악을 행하며 악을 지었나이다 ⁷우리의 조상들이 애굽에 있을 때 주의 기이한 일들을 깨닫지 못하며 주의 크신 인자를 기억하지 아니하고 바다 곧 홍해에서 거역하였나이다 ⁸그러나 여호와께서는 자기의 이름을 위하여 그들을 구원하셨으니 그의 큰 권능을 만인이 알게 하려 하심이로다 ⁹이에 홍해를 꾸짖으시니 곧 마르니 그들을 인도하여 바다 건너가기를 마치 광야를 지나감 같게 하사 ¹⁰그들을 그 미워하는 자의 손에서 구원하시며 그 원수의 손에서 구원하셨고 ¹¹그들의 대적들은 물로 덮으시매 그들 중에서 하나도 살아 남지 못하였도다 ¹²이에 그들이 그의 말씀을 믿고 그를 찬양하는 노래를 불렀도다

여기에서부터 죄에 대한 참회의 고백이 시작되는데, 이것은 교회가 곤경에 처해 있던 당시에 특별히 시의적절한 것이었다. 왜냐하면, 이렇게 우리는 우리가 악하게 행하였으므로 하나님께서 우리에게 행하신 모든 일들은 옳다는 것을 고백함으로써 하나님을 의로우시다고 인정하는 것이 마땅하기 때문이다. 하나님의 백성이 이전에 죄를 지었는데도 하나님은 그들을 버리시지 않았다는 것을 회고하는 것은 우리에게 비록 우리가 우리의 죄로 인하여 징계를 받아 교정을 받기는 하겠지만 하나님께 완전히 버림받지는 않으리라는 소망을 갖게 만든다.

Ⅰ. 하나님의 환난받는 백성은 여기에서 스스로 하나님 앞에 범죄하였음을 시인한다(6절). "우리가 우리의 조상들처럼, 즉 그들의 범죄한 것과 유사하게 범죄하였나이다. 우리는 우리가 물려받은 죄악에 우리 자신의 범죄를 더하여 우리 조상의 죄악의 분량을 채워서 여호와의 노를 더욱 심하게 하였나이다(민 32:14; 마 23:32)." 그들은 그 책임을 자기 자신에게 돌리고 있는데, 이것이 참회하는 자에게 합당한 태도이다. "우리가 본질상으로 죄악 자체인 사악을 행하며 악을 지었나이다. 우리는 뻔뻔스럽고 오만한 태도로 범죄하였나이다." 또는,

이 말씀은 그들이 조상들처럼 범죄하였다는 것만이 아니라 조상들의 죄악에 참여하여 그 이익을 챙겼다고 고백하는 말씀일 수도 있다: 우리는 우리의 조상들과 더불어서 범죄하였나이다. 왜냐하면, 우리는 그들의 허리에 있었고 현재 그들의 죄악을 담당하고 있기 때문이다(애 5:7).

II. 그들은 그들이 처음으로 하나의 민족으로 형성되었던 때에 그들의 조상들이 범한 죄악들에 대하여 한탄한다. 자손들은 흔히 조상들의 죄악으로 인하여 벌을 받기 때문에 삼대나 사대 또는 그 이상으로까지 거슬러 올라가는 조상들의 죄악에 대하여 한탄할 수밖에 없게 된다. 오늘날의 우리조차도 기회가 있을 때마다 이스라엘의 반역의 역사를 돌아보며, 그들로 인하여 인간의 본성이 타락하고 굽어져서 가장 좋은 수단들을 통해서도 고쳐지기가 쉽지 않게 된 것을 탄식하여야 한다. 좀 더 살펴보자.

1. 하나님께서 그들에게 많은 은총을 베풀어 주시는 와중에서도 이스라엘은 이상하게도 우둔하여 깨닫지 못함(7절): 우리의 조상들은 애굽에 있을 때 주의 기이한 일들을 깨닫지 못하였나이다. 이스라엘 백성은 하나님께서 행하신 기이한 일들을 보았지만, 그 의미와 의도를 올바르게 파악하지 못하였다. 보지 않고 깨닫는 자는 복이 있도다. 그들은 하나님이 애굽에 내리신 재앙들이 그들을 구원하기 위한 것이라고 생각하였지만, 사실은 그들을 가르치고 깨우치기 위한 것이기도 하였다. 하나님께서는 그 재앙들을 인해서 바로가 그들을 애굽의 종살이에서 놓아 주지 않을 수 없게 하셨을 뿐만 아니라, 이스라엘의 하나님이 다른 모든 신들과는 비할 바 없는 왕적인 권능과 통치권을 가지고 계시다는 것과 그가 그들에게 특별한 관심을 가지고 계시다는 것을 보여주심으로써 애굽의 우상 숭배에 이끌리는 그들의 성향을 고치고자 하셨다. 우리는 섭리들을 이해하지 못함으로써 섭리가 주는 유익을 놓쳐 버린다. 그들은 깨닫는 것만 둔했던 것이 아니라 기억력도 형편없었다. 우리는 그런 놀랍고 엄청난 사건들을 어떻게 잊어버릴 수 있겠느냐고 생각하겠지만, 그들은 그 사건들을 기억하지 못하였고, 적어도 그 사건들을 통해서 하나님께서 보여주신 크신 긍휼을 기억하지 아니하였다. 그들은 하나님께서 베푸신 은총들을 기억하지 아니하였기 때문에 하나님을 믿지 않은 것이었다.

2. 그들의 우둔함에서 그들이 하나님을 거역하는 일이 일어남: 우리의 조상들은 바다 곧 홍해에서 거역하였나이다. 그들의 거역, 즉 그들이 하나님의 화를 돋

운 것은 그들이 큰 위험에 직면하자 구원받은 것에 대하여 낙심하여 애굽에 그 대로 있었으면 좋았을 것이라고 불평한 것이었다(출 14:11-12). 하나님의 섭리에 대하여 다투고 하나님의 권능, 선하심, 신실하심에 대하여 의문을 제기하는 것은 하나님의 진노를 크게 돋우는 것이다. 이 사건이 일어난 장소로 인해서 그들의 범죄는 더욱 가중되었다. 왜냐하면, 이 사건은 그들이 애굽에서 나온지 얼마 안 되었고 하나님께서 그들을 위하여 행하신 기이한 일들이 아직 그들의 뇌리에 생생하게 남아 있던 때인 바다 곧 홍해에서 일어났기 때문이다. 그런데도 그들은 마치 하나님께서 보이신 그 모든 권능 속에는 그들에 대한 긍휼이 전혀 없고 하나님이 그들을 광야에서 죽게 하기 위하여 의도적으로 애굽에서 그들을 나오게 하신 것으로 생각하여서 하나님을 탓하였다. 그들은 홍해를 건너기가 무섭게 하나님께서 베푸신 긍휼은 안중에도 없고, 오히려 하나님의 긍휼하심에 대하여 무례한 언동을 하며 그의 진노를 돋우었다.

3. 그들의 거역과 도발에도 불구하고 하나님께서 그들을 위하여 베푸신 큰 구원(8-11절).

(1) 하나님은 그들로 바다를 지나가게 하기 위하여 바다 속에 길을 만드셨다: 하나님은 그들이 가는 길을 가로막고서 그들의 전진을 지체하게 만든 홍해를 꾸짖으시니 곧 말랐다. 창조 때처럼 하나님께서 꾸짖으시니 물이 도망하였다(시 104:7). 또한 하나님은 그들을 위하여 길을 예비하셨을 뿐만 아니라, 구름 기둥과 불 기둥을 통해서 바다 속으로 그들을 인도하여, 모세의 지도 아래 그들로 하여금 바다 건너기를 마치 광야를 지나감 같이 쉽게 건너게 하셨다. 하나님은 두려움이 그들의 가장 위험스럽고 위협적인 원수였을 때에 그들에게 용기를 주셔서 그들로 두려움을 억누르고 바다 속으로 발을 들여놓게 하셨다(사 63:12-14을 보라).

(2) 하나님은 그들과 그들을 추적하는 애굽 군대 사이에 막아서서, 그들을 죽이고자 한 애굽 군대의 의도가 이루어지지 못하게 하셨다. 이스라엘 백성은 모두 도보로 걸었고, 애굽 군대는 모두 병거와 말을 타고 있었기 때문에, 애굽 군대가 그들을 따라잡는 것은 식은 죽 먹기처럼 쉬운 일이었지만, 하나님은 그들을 그 미워하는 자, 즉 그들을 결코 좋아한 적이 없었지만 그들 때문에 당한 재앙들로 인하여 한층 더 그들을 미워하게 된 바로의 손에서 구원하셨다. 하나님은 친히 불기둥을 통해서 쫓기는 자와 쫓는 자 사이에 가로막고 서서 사로잡

히기 직전에 그들을 그 원수의 손에서 구원하셨다(10절).

(3) 하나님은 그 긍휼하심을 완성하고 구원을 승리로 장식하기 위하여 이스라엘 백성에게는 대로(大路)가 되었던 홍해를 애굽 군대에게는 무덤이 되게 하셨다(11절): 물이 그들의 대적들을 덮었는데, 이것은 그들의 수치를 덮어주기 위한 것이 아니라 그들을 죽이기 위한 것이었다. 애굽 군대는 다 바닷물에 휩쓸려 죽어서 다음 밀물 때에 해변가에서 죽은 채로 발견되었다(출 14:30). 그들 중에서 하나도 살아 남지 못하여서, 도대체 무슨 일이 일어난 것인지를 다른 애굽인들에게 전해 줄 사람이 아무도 없었다. 그렇다면, 하나님께서는 왜 그들을 위하여 이러한 일을 행하신 것인가? 하나님께서 애굽 군대를 죽이시고 이스라엘 백성을 살리신 것은 그들로 하여금 하나님을 믿지 못하고 불평하게 하기 위한 것이었던가? 하나님께서는 그것은 자기의 이름을 위한 것이었다고 우리에게 말씀하신다(8절). 이스라엘 백성은 이러한 은총을 받을 자격이 없었지만, 하나님은 은총을 베푸시기로 작정하셨다. 그들이 받을 만한 자격이 없다고 해서, 하나님의 작정하심이 변경되거나 그의 계획이 깨지거나 하나님이 그의 약속을 철회하시거나 약속을 지키지 않으시는 일은 없다. 하나님은 자신의 영광을 위하여 이 일을 행하셨고, 그의 큰 권능을 만인이 알게 하려 하여 바다를 가르셨을 뿐만 아니라 그들의 도발에도 불구하고 그 일을 행하셨다. 모세는 내 주의 큰 권능을 나타내시고 이 백성의 죄악을 사하시옵소서라고 기도한다(민 14:17, 19). 죄를 사하시고 죄인들을 살리시는 은혜의 하나님의 권능은 바다를 가르시는 자연의 하나님의 권능만큼이나 찬송을 받으실 만한 것이다.

4. 이 일은 그들에게 잠시 큰 감화를 줌(12절): 그들이 그의 말씀을 믿고, 하나님께서 그들에게 진실하시며 그들을 긍휼히 여기셔서 애굽에서 나오게 하셨으며 그들을 광야에서 죽게 할 의도는 전혀 없으시다는 것을 인정하였다. 그 때에 그들은 여호와와 그의 종 모세를 두려워하였고(출 14:31), 이 일이 있고나서 모세가 지은 노래로 하나님을 찬양하는 노래를 불렀다(출 15:1). 하나님께서는 종종 얼마나 은혜롭고 긍휼하신 방식으로 그의 백성의 불신앙을 잠재우시고 그들의 두려움을 찬송으로 바꾸시는지를 보라. 따라서 성경에서는 마음이 혼미하던 자들도 총명하게 되며 원망하던 자들도 교훈을 받으리라고 말씀한다(사 29:24).

[13]그러나 그들은 그가 행하신 일을 곧 잊어버리며 그의 가르침을 기다리지 아니하고 [14]광야에서 욕심을 크게 내며 사막에서 하나님을 시험하였도다 [15]그러므로 여호와께서는 그들이 요구한 것을 그들에게 주셨을지라도 그들의 영혼은 쇠약하게 하셨도다 [16]그들이 진영에서 모세와 여호와의 거룩한 자 아론을 질투하매 [17]땅이 갈라져 다단을 삼키며 아비람의 당을 덮었고 [18]불이 그들의 당에 붙음이여 화염이 악인들을 살랐도다 [19]그들이 호렙에서 송아지를 만들고 부어 만든 우상을 경배하여 [20]자기 영광을 풀 먹는 소의 형상으로 바꾸었도다 [21]애굽에서 큰 일을 행하신 그의 구원자 하나님을 그들이 잊었나니 [22]그는 함의 땅에서 기사와 홍해에서 놀랄 만한 일을 행하신 이시로다 [23]그러므로 여호와께서 그들을 멸하리라 하셨으나 그가 택하신 모세가 그 어려움 가운데에서 그의 앞에 서서 그의 노를 돌이켜 멸하시지 아니하게 하였도다 [24]그들이 그 기쁨의 땅을 멸시하며 그 말씀을 믿지 아니하고 [25]그들의 장막에서 원망하며 여호와의 음성을 듣지 아니하였도다 [26]이러므로 그가 그의 손을 들어 그들에게 맹세하기를 그들이 광야에 엎드러지게 하고 [27]또 그들의 후손을 뭇 백성 중에 엎드러뜨리며 여러 나라로 흩어지게 하리라 하셨도다 [28]그들이 또 브올의 바알과 연합하여 죽은 자에게 제사한 음식을 먹어서 [29]그 행위로 주를 겸노하게 함으로써 재앙이 그들 중에 크게 유행하였도다 [30]그 때에 비느하스가 일어서서 중재하니 이에 재앙이 그쳤도다 [31]이 일이 그의 공의로 인정되었으니 대대로 영원까지로다 [32]그들이 또 므리바 물에서 여호와를 노하시게 하였으므로 그들 때문에 재난이 모세에게 이르렀나니 [33]이는 그들이 그의 뜻을 거역함으로 말미암아 모세가 그의 입술로 망령되이 말하였음이로다

이 단락은 이스라엘이 광야에서 하나님을 진노하게 한 일들과 하나님께서 그러한 도발들로 인하여 그들에 대하여 진노하신 것에 관한 간략한 역사를 서술해 놓고 있다. 사도 바울은 이 간략한 역사를 다시 축약해서 우리 그리스도인들에게 적용한다(고전 10:5 이하). 왜냐하면, 이러한 일들은 우리를 깨우쳐서 우리로 하여금 그들 같이 범죄하여 고생하지 않도록 하기 위하여 기록되었기 때문이다.

I. 그들이 범죄하게 된 원인은 그들이 하나님의 역사(役事)들과 말씀들을 무시한 데에 있었다(13절).

1. 그들은 하나님이 그들을 위하여 행하신 일을 마음에 두지 않았다: 그들은

그가 행하신 일들을 곧 잊어버리며, 그 일들이 그에게 주었던 감화들을 망각하였다. 하나님이 그들에게 베푸신 긍휼들을 활용하지 않거나 그들에게 주어진 유익에 대하여 어느 정도 하나님께 그것을 되갚고자 애쓰지 않는 자들은 실제로는 하나님의 긍휼들을 잊어버리고 있는 것이다. 이스라엘 백성은 하나님이 행하신 일들을 곧 잊어버렸다(하나님은 이것에 대하여 그들이 속히 떠났다고 말씀하셨다, 출 32:8): 그들은 서둘렀고, 그가 행하신 일들을 잊어버렸다(난외주에서는 이렇게 읽고 있다). 어떤 이들은 이렇게 이 본문을 그들이 범한 두 가지 별개의 죄악을 표현한 것이라고 본다. 그들은 서둘렀다. 그들의 기대는 하나님의 약속을 앞질러 갔다. 그들은 신속하게 가나안 땅에 들어가게 될 것이라고 예상하고 그렇게 기대하였는데 실제로는 그렇게 되지 않았기 때문에, 그들이 과연 가나안 땅에 들어갈 수 있기나 한 것인지에 대하여 의문을 품었고, 그들이 도중에서 어려움들을 만날 때마다 하나님과 다투었다. 반면에, 믿는 이는 서두르지 않는다(사 28:16). 게다가, 그들은 하나님의 지혜와 권능과 선하심을 보여주는 부인할 수 없는 증거들이었던 그가 행하신 일들을 잊어버리고, 마치 전제(前提)들인 그 일들을 결코 본 적이 없기 때문에 그 결론도 증명되지 않았다는 듯이 자신 있게 그 결론을 부정하였다. 이것은 다시 한 번 언급된다(21-22절): 그들의 구원자 하나님을 그들이 잊었다. 즉, 그들은 하나님이 그들의 구원자였었다는 사실을 잊었다. 하나님께서 행하신 일들을 잊는 자들은 자기가 행하신 일들을 통해서 자신을 알게 하시는 하나님 자신도 잊는다. 그들은 불과 며칠 전에 하나님께서 행하신 일들을 잊어버렸는데, 그들이 그 일들을 잘 선용할 수 없었기 때문에 우리는 그들이 그 일들을 잊은 것이라고 말할 수 있다. 그 일들은 하나님이 그들을 위하여 애굽, 곧 함의 땅에서와 홍해에서 행하신 일들이었고, 시간적으로 멀리 떨어져 있는 우리도 결코 잊을 수 없고 또한 잊어서도 안 되는 일들이었다. 그 일들은 큰 일들(크신 하나님은 하찮은 일을 하시지는 않지만, 특별히 크다고 할 수 있는 몇몇 일들을 행하시기 때문에), 일반적인 섭리에서 벗어나 눈에 띄고 기억에 남을 만한 기이한 일들, 그들에게 경외심을 불러일으키고 그들의 원수들에게는 두려운 놀랄 만한 일들로 불리지만, 그들은 그 일들을 곧 잊어버렸다. 그들이 눈으로 직접 본 이적들조차도 전설 속으로 사라져 버린 것이다.

  2. 그들은 하나님이 그들에게 무엇을 말씀하셨는지를 신경쓰지 않았고, 그

말씀에 의지하여 행하고자 하지도 않았다: 그들에게는 하나님의 말씀을 대언해 줄 모세가 있었지만, 그들은 하나님의 가르침을 기다리지 아니하였고, 하나님의 말씀에 귀 기울이지도 않았다. 그들은 하나님께 묻지 않고 일들을 결정하였고, 하나님의 이름을 부르지도 않으면서 끊임없이 뭔가를 요구하였다. 그들은 속히 가나안 땅에 들어가고자 하였고, 하나님의 때를 기다릴 만한 인내심을 갖고 있지 않았다. 시간이 지체되는 것은 참을 수 없는 일이었기 때문에, 여러 난관들은 극복될 수 없는 것들로 보여졌다. 이것은 다음과 같이 설명되고 있다(24절): 그들은 그 말씀, 그들로 하여금 가나안 땅의 주인이 되게 하시겠다는 하나님의 약속을 믿지 아니하였고, 모세와 아론을 통해서만이 아니라 갈렙과 여호수아를 통해서도 그들에게 가르침과 모략을 주신(민 14:6-7) 여호와의 음성을 듣지 아니하였다(25절). 하나님의 가르침을 기다리고자 하지 않는 자들은 그들 자신의 마음의 정욕을 따라 그들 자신의 꾀를 좇아서 움직이게 될 것은 자명한 이치이다.

II. 그들이 저지른 수많은 죄악들이 여기에서 언급되고 있고, 하나님께서 그들의 죄악으로 인하여 그들에게 진노하셨음을 보여주는 징표들도 아울러 언급된다.

1. 그들은 고기를 먹고 싶어했지만, 하나님이 그들에게 고기를 주실 수 있다는 것을 믿으려 하지 않았다(14절): 그들은 광야에서 욕심을 크게 내었다. 광야에서 그들에게는 충분히 먹고도 남을 만한 양식이 있었지만, 그들이 고기를 먹고자 했을 때에 그것을 이룰 방도는 전혀 없었다. 이제 그들은 하나님의 이적만을 바랄 수밖에 없었다. 따라서 이것은 그들로 하여금 그들의 창조주의 지혜와 선하심을 다시 한 번 생각하게 만드는 기회가 되었다. 또한 그들은 가나안 땅에 근접하였을 가능성이 큰데, 곧 가나안 땅에 들어가서 진수성찬을 먹게 될 것인데도 그 사이를 참지 못하였다. 그들에게는 그들 소유의 양 떼와 소 떼가 있었지만, 그들은 그것들을 죽여서 먹고자 하지 않았다. 하나님께서 그들에게 양식을 주셨듯이 고기도 주셔야 한다. 그렇지 않으면, 그들은 결코 하나님을 신뢰하거나 하나님께 좋은 말을 하려 하지 않을 것이다. 그들은 고기를 원하였을 뿐만 아니라 고기에 대하여 욕심을 크게 내었다. 비록 정당한 것들을 바라는 것일지라도 그것이 도를 지나치는 과욕이 될 때에는 죄악이 된다. 그러므로 하나님께서 그들에게 주신 메추라기는 좋은 것이었고, 또한 성경에서도 그렇게

말하고 있지만(시 105:40), 이 일은 악을 즐겨한 것으로 표현된다(고전 10:6). 그렇지만 그것이 전부가 아니었다: 그들은 하나님의 선하심과 권능을 그토록 많이 체험하였던 바로 그 사막에서 하나님을 시험하였고, 하나님이 그들을 만족시켜 주실 수 있고 또한 그렇게 하고자 하시는지에 대하여 의문을 제기하였다(시 78:19-20을 보라). 이 일과 관련하여 하나님께서는 그들에 대하여 어떻게 진노를 보이셨는가? 우리는 그것에 대하여 듣게 된다(15절): 여호와께서는 그들이 요구한 것을 그들에게 주셨지만, 진노 중에 저주와 더불어서 주셨다. 왜냐하면, 그는 그들의 영혼은 쇠약하게 하셨기 때문이다. 하나님은 술 마시는 자들이 크게 취한 후에 종종 경험하는 것과 같이 그들의 몸을 폭식으로 인하여 병들게 하심으로써 그들로 하여금 불안한 마음과 양심의 두려움과 자책(自責)에 휩싸이게 하셨다. 또는, 이 본문은 고기가 아직 이 사이에 있는 동안에 여호와께서 그들을 큰 재앙으로 치신 것을 표현한 것일 수 있다(민 11:33). 그것은 생명을 좀 먹는 것이었다.

(1) 사람들이 정욕으로 구하면, 하나님은 흔히 진노 중에 그것을 주신다.

(2) 날마다 맛있는 것들을 먹고 그 몸이 건강하고 살진 자들은 대부분 그 영혼이 파리해져서 하나님에 대한 사랑도 없고 감사함도 없으며 생명의 떡에 대한 식욕도 없기 때문에, 그들의 영혼은 쇠약할 수밖에 없다. 그런 자들은 그들 자신이 몸은 살찌우면서도 영혼은 굶주리게 하고 있다는 것을 까맣게 잊어버리고 있다. 하나님께서 현세의 좋은 것들을 사랑 가운데서 주시는 경우에는 그 좋은 것들과 더불어서 은혜도 주셔서 그것들을 사용해서 하나님께 영광을 돌릴 수 있게 해 주신다. 왜냐하면, 그럴 때에야 영혼이 기름진 것으로 즐거움을 얻게 되기 때문이다(사 55:2).

2. 그들은 하나님께서 교회와 나라 속에서 그들 위에 세우신 권위와 다투었다(16절): 그들은 진영에서 하나님이 이스라엘 군대의 총사령관이자 사법을 총괄하는 대법관으로 세우신 권위인 모세를 질투하였다. 그들은 여호와의 거룩한 자로서 대제사장 직분으로 성별된 하나님의 권능인 아론을 질투하였는데, 고라는 교황직을 탐내었고, 야곱의 장자 르우벤 지파의 두령들이었던 다단과 아비람은 당시 크게 존중되었던 소위 장자권을 근거로 백성의 장로직을 요구하였다. 하나님께서 존귀함을 덧입혀 주신 자들을 시기하고서 그들에게 작정되어 있지 않은 위엄을 찬탈하고자 하는 자들은 스스로 제무덤을 파고 있는 것임

을 명심하라. 여호와의 거룩한 자들을 멸시하는 자들에게는 멸시가 쏟아지는 것이 합당하다. 하나님께서 이 일로 인한 진노를 어떤 식으로 나타내셨는가? 우리는 그것에 관하여 듣게 되는데, 그것은 우리를 두려워 떨게 만들기에 충분하다(17-18절). 이 이야기는 민수기 16:32, 35에 나온다.

(1) 시민적 권위에 도전한 자들은 하나님의 통치에 순복하고자 하지 않은 것이었기 때문에 하나님의 땅에서 다닐 자격이 없는 자들로 여겨져서, 땅이 갈라져 그들을 삼켰다.

(2) 하나님께 속한 일들에 있어서 종교적 권위를 찬탈하고자 했던 자들은 하늘의 보복을 당하였다. 왜냐하면, 불이 여호와에게로 나와서 그들을 살랐고, 희생 제사를 드리는 체했던 자들은 그들 자신이 하나님의 심판의 제물이 되었다. 화염이 악인들을 살랐도다. 왜냐하면, 그들은 거룩함을 놓고서 여호와의 거룩한 자 아론과 그 우열을 다투었지만(민 16:3, 5), 하나님은 그들을 악한 자로 판정하고서 죽이셨다. 마찬가지로, 때가 되면, 하나님은 저 악한 자, 곧 스스로 교만하여 지극히 거룩한 체하는 저 불법의 사람을 멸하실 것이다.

3. 그들은 금송아지를 만들어서 숭배하였는데, 그것도 율법이 주어진 곳, 하나님께서 너희는 조각한 우상을 만들거나 그에게 경배하지 말라고 분명하게 말씀하셨던 곳인 호렙에서 그렇게 하였다. 그들은 이 두 가지를 다 하였다. 그들은 송아지를 만들고, 그것을 경배하였다(19절).

(1) 이렇게 함으로써 그들은 하나님이 도덕 세계를 다스리기 위하여 지으신 두 개의 큰 빛을 모욕하고 도전하였다.

[1] 인간의 이성이라는 빛. 왜냐하면, 그들은 그들의 영광, 그들의 하나님, 언제나 구름(어두운 구름이든 밝은 구름이든) 가운데 계셔서 눈에 볼 수 있는 형상에 비유할 수 없는 분을 애굽의 우상들 중의 하나인 아피스[聖牛], 풀 먹는 소의 형상으로 바꾸었기 때문인데(20절), 이와 같은 짓보다 더 무도하고 추악하며 말도 되지 않는 일은 없을 것이다. 우상 숭배자들은 완전히 제정신이 아니어서, 하나님을 짐승의 형상으로 표현함으로써 하나님께 최대의 모욕을 안겨줌과 동시에 그렇게 표현한 우상을 숭배함으로써 스스로에게 최대의 모욕을 안겨준다. 여기에서 그들이 그들의 영광을 짐승의 우상으로 바꾼 일에 대하여 사도 바울은 썩어지지 아니하는 하나님의 영광을 썩어질 사람과 새와 짐승과 기어다니는 동물 모양의 우상으로 바꾼 것이라고 설명한다(롬 1:23).

[2] 하나님의 계시라는 빛. 이것은 하나님께서 그들에게 하신 말씀들을 통해서만이 아니라 그가 그들을 위하여 베푸신 일들, 즉 주 여호와는 유일하게 참되고 살아계신 하나님이시므로 그들은 오직 그만을 섬겨야 한다는 것을 큰 소리로 선포하였던 기이한 일들을 통해서도 그들에게 주어진 것이었다(21-22절).

(2) 이 일로 인해서 하나님은 그들이 사실상 그가 그들의 하나님이 되는 것을 막은 것처럼 그들이 하나의 민족이 되는 것을 막으리라고 선포하심으로써 자신의 진노를 나타내셨다. 하나님은 그들을 멸하리라 하셨고(23절), 그가 택하신 모세가 그 어려움 가운데에서 그의 앞에 서서 때를 맞춰 하나님께서 그들을 멸하시고자 하시는 것에 대하여 그들을 변호하고 놀랍게도 하나님의 진노를 돌려놓는 데에 성공하지 못하였다면(23절), 반드시 그렇게 하셨을 것이다. 하나님의 긍휼하심, 하나님이 그를 진노하게 한 백성에 대해서일지라도 자신의 진노를 얼마나 쉽게 거두시는지를 보라. 기도의 능력, 하나님께서 택하신 자들이 하늘에서 갖고 있는 영향력을 보라. 그리스도의 모형, 하나님이 택하신 자, 하나님의 마음에 기뻐하는 자 곧 그가 택한 사람이 그 어려움 가운데에서 그의 앞에 서서 그의 진노를 돌이키셨고, 그러한 목적을 위하여 중보기도하려고 항상 살아 계신다는 것을 보라.

4. 그들은 악한 정탐들이 가나안 땅에 관하여 하나님의 약속과 반대되는 내용을 보고한 것을 그대로 믿었다(24절): 그들이 그 기쁨의 땅을 멸시하였다. 가나안은 기쁨의 땅, 아름다운 땅이었다(신 8:7). 그들은 그 땅의 가치를 평가절하하고서 하나님의 인도하심을 따라서 굳이 힘들여서 그 땅을 차지할 가치가 없다고 생각하여 우두머리를 세워서 애굽으로 다시 돌아가고자 하였다. 그들은 가나안 땅에 관한 하나님의 말씀을 믿지 않았고, 오히려 하나님이 그들을 가나안 족속의 밥이 되게 하기 위하여 작정하고서 그들을 이 광야로 끌어낸 것이라고 하나님을 비난하며 그들의 장막에서 원망하였다(민 14:2-3). 여호수아와 갈렙이 그들에게 하나님의 권능과 약속을 상기시키자, 그들은 여호와의 음성을 듣기는커녕 그들에게 그렇게 말한 자들을 돌로 치고자 하였다(민 14:10). 하늘의 가나안은 기쁨의 땅, 아름다운 땅이다. 우리에게는 거기에 들어갈 약속이 남아 있다. 그러나 가나안을 멸시하고 거기에 들어갈 약속을 무시하고 거부하며 이 세상의 부와 쾌락을 더 좋아하고 가나안을 얻기 위해 치러야 하는 현세의 고통과 위험들을 불평하는 자들이 많이 있다. 이러한 일은 하나님을 진노

케 하여서, 하나님은 광야에서 그들을 멸하시겠다고 경고하기 위하여 그들에 대하여 그의 손을 드셨다. 아니, 하나님께서 손을 드신 것은 맹세의 표시였다. 왜냐하면, 하나님은 노하여 그들이 그의 안식에 들어오지 못하리라고 맹세하셨기 때문이다(시 95:11; 민 14:28). 또한, 하나님은 그들의 자손들도 엎드러지고 흩어지게 되며(26-27절) 온 민족이 그 땅에서 쫓겨나 떠돌게 되리라고 경고하셨다. 그러나 모세가 그들의 자손에게 긍휼을 베풀어 주시라고 하나님께 간구하여 약속을 받아냈기 때문에, 그들의 자손들은 가나안 땅에 들어갈 수 있었다. 하나님의 은총을 멸시하고 특히 저 기쁨의 땅을 멸시하는 자들은 하나님의 은총을 잃게 되고 영원히 저 기쁨의 땅에 들어가지 못하게 되리라는 것을 명심하라.

5. 그들은 브올의 일로 인해서 큰 죄를 범하였다. 이것은 새로운 세대가 가나안에 발을 들여 놓았을 때에 범한 죄였다(28절): 그들은 브올의 바알과 연합하여, 우상 숭배와 간음, 즉 육체적인 음행과 영적인 음행에 동시에 휘말려들었다(민 25:1-3). 살아계신 하나님의 제단에 자주 참여하였던 그들이 지금은 죽은 자에게 제사한 음식, 모압의 우상들(죽은 자들의 형상들, 또는 죽은 자들을 신격화한 것들) 또는 그들의 죽은 친구들을 대신한 지옥의 신들에게 제사한 음식을 먹었다. 그들은 하나님과 그가 세운 제도들, 그의 명령들, 그의 경고들을 멸시하고 이러한 행위로 하나님을 격노하게 하였다(29절). 브올의 죄악은 너무도 컸기 때문에, 후세 사람들은 오랜 후에도 오늘까지 우리가 그 죄에서 정결함을 받지 못하였다고 말하였다(수 22:17). 하나님은 다음과 같은 것들을 통해서 이 일에 대한 자신의 진노를 표시하셨다.

(1) 하나님은 그들 가운데 역병을 보내셨고, 이 뻔뻔스러운 죄인들 중 24,000명이 삽시간에 죽임을 당하였다.

(2) 하나님은 비느하스로 하여금 떨쳐 일어나서 지도자로서의 권세를 사용하여 그 죄를 억제하고 그 죄가 백성 가운데 퍼지는 것을 막게 하셨다. 비느하스는 만군의 여호와를 위한 열심이 일어나서 지체 높은 자들이면서도 이 사건에 연루된 죄인들이었던 시므리와 코스비에 대하여 심판을 집행하였다. 그는 율법을 적용해서 그들을 심판하였고, 이것은 하나님을 매우 기쁘시게 하는 일이었기 때문에, 이에 역병이 그쳤다(30절). 이 일을 비롯해서 이 사건과 관련된 그 밖의 다른 몇몇 공적인 심판들로 인해서(민 25:4) 이 죄가 이스라엘 백성

전체의 죄로 번져가지 않고 일단락되었다. 합법적인 직분자들이 그들의 본분을 다하자, 하나님은 그 일을 그들에게 맡기시고서 더 이상 자신의 손으로 역병을 통해서 죄인들을 심판하시는 일을 하지 않으셨다. 어느 민족이 공의를 바로세우면, 그 민족에 대한 하나님의 심판을 미연에 막을 수 있다는 것을 명심하라. 그리고 이 일을 통해서 유명해진 비느하스에게는 특별한 존귀함이 주어졌다. 왜냐하면, 그가 행한 일은 대대로 영원까지 그의 의로 인정되어서(31절), 그 일에 대한 보상으로 제사장직이 그의 가문에 주어졌기 때문이다. 비느하스는 아주 용기있게 죄인들을 하나님께 제물로 바쳐서 속죄하였기 때문에(어떤 이들은 이렇게 해석한다, 30절) 장차 희생제사를 하나님께 드려서 사람들의 죄를 속죄하는 일을 맡게 되었다. 죄에 대하여 통분해 하는 것은 성도들의 명예이다.

6. 그들은 광야의 유랑 생활이 끝나는 그 날까지 불평을 그치지 않았다. 왜냐하면, 제40년에 그들은 므리바 물에서 여호와를 노하시게 하였기 때문이다(32절). 이 일은 민수기 20:3-5에 나오는 이야기와 관련되어 있다. 그리고 그 죄를 더욱 무겁게 한 것은 그들 때문에 재난이 모세에게 이르게 된 것이었다. 왜냐하면, 모세는 이 땅의 모든 사람 중에서 가장 온유한 자였지만 당시에 그들이 벌인 소동이 너무도 짜증나고 화를 돋우는 것이어서 나이가 많이 들었음에도 불구하고 그만 방심하여 혈기를 부리게 되었고 그의 입술로 망령되이 말하여 그 때에 그에게 합당하지 않게 행하였기 때문이다. 그는 화가 나서 반역한 너희여 들으라 우리가 너희를 위하여 이 반석에서 물을 내랴고 말하였다. 이 일은 모세의 연약함을 보여주는 것으로서 우리에게 경계(警戒)가 되어서 우리로 하여금 화가 나더라도 우리의 입에 재갈을 먹이고 우리의 심령을 억제하여 지나치게 화를 내지 않는 것을 배우도록 하기 위하여 기록된 것이다(시 39:1). 왜냐하면, 심령이 격동되면, 아무리 큰 지혜와 은혜를 지닌 자들이라고 하더라도 망령되이 말하지 않는 것이 쉽지 않기 때문이다. 그러나 하나님은 그 죄를 이스라엘 백성에게 물으신다. 그들은 하나님을 노하시게 하였던 바로 그 일을 통해서 모세의 심령을 격동하였다. 우리는 우리 자신이 혈기를 부린 것들에 대하여서만이 아니라 우리의 잘못으로 다른 사람들, 특히 우리가 크게 격동하지 않았다면 온유하고 정숙하였을 그런 사람들에게 혈기를 부리게 한 것들에 대해서도 책임을 져야 한다는 것을 명심하라. 하나님은 이 때에 그들이 잘못한 일로 인하여 모세

와 아론이 가나안에 들어가지 못하게 하심으로써 그들이 범한 이 죄에 대한 자신의 진노를 보여주셨다.

(1) 이것을 통해서 하나님은 그의 가장 사랑하는 종이라고 하더라도 절제를 하지 못하고 혈기를 부리는 것을 그가 미워하신다는 것을 나타내셨다. 하나님께서 모세를 한 번의 망령된 말로 인하여 이토록 가혹하게 벌하셨다면, 너무도 뻔뻔스럽고 악한 말들을 쉴 새 없이 뱉어 내는 자들은 어떠한 벌을 받게 되겠는가? 주께서 푸른 나무에도 이같이 하거든 마른 나무는 어떻게 되리요?

(2) 하나님은 그들에게 가장 절실하게 필요한 때에 모세의 인도와 통치라는 축복을 그들로부터 박탈하셨기 때문에, 모세의 죽음은 모세 자신이 아니라 그들에 대한 징벌이었다. 우리가 친구들을 언짢게 하고 화나게 하며 그들의 심령을 근심하게 할 때, 하나님께서 우리에게 축복인 그러한 친구들을 우리에게서 제거하시는 것은 마땅하다.

[34]그들은 여호와께서 멸하라고 말씀하신 그 이방 민족들을 멸하지 아니하고 [35]그 이방 나라들과 섞여서 그들의 행위를 배우며 [36]그들의 우상들을 섬기므로 그것들이 그들에게 올무가 되었도다 [37]그들이 그들의 자녀를 악귀들에게 희생제물로 바쳤도다 [38]무죄한 피 곧 그들의 자녀의 피를 흘려 가나안의 우상들에게 제사하므로 그 땅이 피로 더러워졌도다 [39]그들은 그들의 행위로 더러워지니 그들의 행동이 음탕하도다 [40]그러므로 여호와께서 자기 백성에게 맹렬히 노하시며 자기의 유업을 미워하사 [41]그들을 이방 나라의 손에 넘기시매 그들을 미워하는 자들이 그들을 다스렸도다 [42]그들이 원수들의 압박을 받고 그들의 수하에 복종하게 되었도다 [43]여호와께서 여러 번 그들을 건지시나 그들은 교묘하게 거역하며 자기 죄악으로 말미암아 낮아짐을 당하였도다 [44]그러나 여호와께서 그들의 부르짖음을 들으실 때에 그들의 고통을 돌보시며 [45]그들을 위하여 그의 언약을 기억하시고 그 크신 인자하심을 따라 뜻을 돌이키사 [46]그들을 사로잡은 모든 자에게서 긍휼히 여김을 받게 하셨도다 [47]여호와 우리 하나님이여 우리를 구원하사 여러 나라로부터 모으시고 우리가 주의 거룩하신 이름을 감사하며 주의 영예를 찬양하게 하소서 [48]여호와 이스라엘의 하나님을 영원부터 영원까지 찬양할지어다 모든 백성들아 아멘 할지어다 할렐루야

I. 여기에서 이야기는 이스라엘이 가나안 땅에 들어가서도 광야에서와 마찬

가지로 행하였다는 것과 하나님께서도 이제까지와 마찬가지로 공의와 긍휼을 통해서 그들을 상대하셨다는 것에 관한 기사(記事)로 끝난다.

1. 그들은 하나님을 격노케 하였다. 하나님께서 그들을 가나안에 정착시키기 위하여 베푸신 이적과 긍휼들은 그들을 애굽에서 나오게 하기 위하여 베푸신 이적이나 긍휼들과 마찬가지로 그들에게 깊고 지속적인 감화를 주지 못하였다. 왜냐하면, 그들은 가나안에 정착하게 되자마자 스스로 부패하여 하나님을 버렸기 때문이다. 좀 더 살펴보자.

(1) 그들이 배교에 빠져들게 된 과정들.

[1] 그들은 하나님께서 멸하기로 작정하셨던 이방 민족들을 멸하지 아니하였다(34절). 그들은 하나님이 그들에게 약속하셨던 복된 땅을 얻게 되었을 때에 하나님이 그들에게 멸절시키라고 명하신 악한 거민들에게 연민을 보이며 그들을 멸하고자 하는 열심을 내지 않았다. 그러나 하나님은 긍휼하심이 풍성하신 분이기 때문에, 그 누구도 그 어떤 경우에도 하나님보다 더 긍휼이 있는 체해서는 안 된다.

[2] 그들은 비록 그들이 이방 민족들을 멸하지는 않았지만 그 민족들과 동화되는 위험스러운 일은 하지 않을 것이라고 다짐하였다. 그러나 죄의 길은 내리막길이어서 한 번 발을 내디디면 그대로 내달리게 되는 법이다. 하나님께서 명하신 일을 하지 않게 되면, 그 다음에는 하나님께서 명하시지 않은 일을 하게 되어 있다. 그들이 하나님의 명령을 무시하고서 이방 민족들을 멸하지 아니하였을 때, 우리가 그들에 관하여 듣게 되는 다음 소식은 그들이 그 이방 나라들과 섞이고 그들과 연합하여 친하게 지냄으로써 그들의 행위를 배웠다는 것이다(35절). 한번 썩어 버린 것은 멀쩡한 것에 의해서 다시 치유되거나 멀쩡하게 되는 것이 아니라 이내 멀쩡한 것을 썩게 만든다.

[3] 그들은 그들과 섞여서 단순한 오락이나 기분풀이 쯤 되는 것으로 보이는 그들의 몇몇 행위들을 배웠지만 그들의 우상 숭배에는 결코 함께하지 않겠다고 생각하였다. 그러나 그들은 점점 우상 숭배조차 배우게 되었다(36절): 이스라엘 백성은 이방 나라들이 우상을 섬긴 것과 동일한 방식과 동일한 예식으로 그들의 우상을 섬겼다. 그래서 그 우상들은 그들에게 올무가 되었다. 죄는 더 많은 죄를 불러모으고 결국에는 하나님의 심판을 불러온다는 것을 그들은 스스로 알 수 있었지만 어떻게 해야 회복될 수 있는지를 알 수 없었다.

[4] 그들은 이방 민족들의 우상 숭배와 관련해서 그들이 생각하기에 별로 해악이 없을 것 같은 몇몇 의식(儀式)에 동참하기는 했지만 그들이 우상 숭배 중에서 저 야만적이고 극악무도한 짓, 곧 그들의 살아 있는 자녀를 사신(邪神) 우상에게 희생제물로 바치는 짓을 하게 될 것이라고는 거의 생각하지 못하였다. 그러나 그들은 결국 그런 짓을 하게 되었고(37절), 사탄은 자기를 숭배하는 자들을 휘어잡은 것을 몹시 기뻐하며 살육과 피의 향연을 벌이며 마음껏 즐겼다. 그들은 그들의 분신이나 다름없는 그들의 자녀를 악귀들에게 희생제물로 바침으로써 우상 숭배의 죄에 가장 극악무도한 살인의 죄를 더하였다. 이 일은 생각만 해도 끔찍하였다. 그들은 무죄한 피, 가장 무죄한 피를 흘렸다. 왜냐하면, 그 피는 어린아이의 피, 아니 그들의 자녀의 피였기 때문이다. 불순종의 자녀들 속에서 일하는 영의 능력을 보고, 그 영의 악독함을 보라. 우상 숭배와 미신의 시작은 다툼의 시작과 마찬가지로 물이 새는 것과 같아서, 한번 발을 들여 놓으면 자신 있게 멈출 수 있다고 장담할 수 있는 자는 아무도 없다. 왜냐하면, 하나님께서 그들을 그 상실한 마음대로 내버려 두시기 때문이다(롬 1:28).

(2) 그들의 범죄는 어떤 면에서는 그들에 대한 하나님의 징벌이었다고 할 수 있는데, 그 이유는 다음과 같다.

[1] 범죄함으로써 그들은 그들의 나라를 망쳐 놓았다: 그 땅이 피로 더러워졌도다(38절). 저 기쁨의 땅, 저 거룩한 땅은 그들 자신에게 가시방석 같이 되어 버렸고, 하나님께서 그 땅을 영화롭게 하기 위하여 그 은총과 임재를 보여주는 여러 징조들을 베푸시기에 합당치 못하게 되어 버렸다.

[2] 범죄함으로써 그들은 그들의 양심을 망쳐 놓았다(39절): 그들은 그들 자신이 만들어낸 것들과 음행하여(개역에서는 그들의 행동이 음탕하도다) 그들의 마음을 더럽혔고, 그들의 행위로 더러워져서 거룩한 하나님의 눈에, 그리고 아마도 그들 자신의 양심이 보기에 고약한 자들이 되어 버렸다.

2. 하나님은 그들에게 심판을 내리셨다. 심판 외에 그들이 다른 무엇을 기대할 수 있었겠는가? 왜냐하면, 그의 이름은 질투하시는 자이고, 그는 질투하시는 하나님이시기 때문이다.

(1) 그들의 범죄로 인하여 하나님과 그들 사이는 틀어지게 되었다(40절). 하나님은 그들에게 노하셨다. 모든 것을 삼키며 태우는 불이신 여호와께서 자기 백성에게 맹렬히 노하셨다. 왜냐하면, 하나님은 그를 잘 아는 이스라엘 백성이

저지른 범죄를 그를 전혀 알지 못하는 이방 민족들이 저지른 범죄보다 더 모욕적이고 배은망덕한 것으로 여기셨기 때문이다. 아니, 하나님은 그들에게 신물이 나셨다: 하나님은 한때 그가 기뻐하셨던 자기의 유업을 미워하시고 혐오하시게 되었다. 그러나 변한 것은 하나님이 아니라 이스라엘 백성이었다. 죄의 가장 나쁜 효과는 그 죄로 인하여 우리가 하나님께 혐오스러운 자가 되어 버린다는 것이다. 하나님께 더 깊은 신앙고백을 한 사람일수록, 그가 하나님을 거슬러 반역하면, 그는 마치 문 앞의 거름더미처럼 하나님께 더욱 혐오스러운 자가 된다.

(2) 그런 후에 그들의 원수들이 그들을 덮쳤고, 그들의 보호막이 이미 떠난 후였기 때문에 그들은 쉽게 그들의 밥이 되었다(41-42절): 하나님은 그들을 이방 나라의 손에 넘기셨다. 여기에서 하나님의 징벌이 그들의 죄와 어떤 상응관계를 갖고 있는지를 눈여겨 보라: 그들은 이방 나라들과 섞여서 그들의 행위를 배웠다. 그들은 이방 나라들로부터 자발적으로 스스로를 죄로 더럽혔다. 그래서 하나님께서 이방 나라들을 그들을 바로잡는 도구들로 사용하신 것은 합당한 일이었다. 죄인들은 흔히 그들을 더럽힌 자들에 의해서 파멸을 당하게 된다. 시험하는 자인 사탄은 장차 괴롭히는 자가 될 것이다. 이방 나라들은 그들을 미워하였다. 배교자들은 하나님 편으로부터의 모든 사랑을 잃고 사탄으로부터는 아무런 사랑도 얻지 못한다. 그들을 미워하던 자들이 그들을 다스리게 되어서, 그들이 그들을 미워하는 자들에게 복속되었을 때, 그 자들이 그들을 압제하고 혹독하게 다스린 것은 전혀 이상한 일이 아니다. 이렇게 하나님은 그들에게 하나님을 섬기는 것과 세상 나라의 왕들을 섬기는 것이 어떻게 다른지를 알게 하셨다(대하 12:8).

(3) 하나님께서 그들을 여러 번 건져주셨지만, 그들은 계속해서 범죄하였고, 그들의 환난도 계속되었다(43절). 이것은 사사 시대를 가리킨다. 이 시대에 하나님은 자주 구원자들을 일으키셔서 그들에게 구원을 베푸셨지만, 그들이 다시 반복적으로 우상 숭배에 빠져들어서 교묘하게 하나님을 거역하자 또 다른 압제자에게 그들을 붙이셨기 때문에, 결국 그들은 자기 죄악으로 말미암아 낮아짐을 당하였다. 죄로 인하여 스스로를 깎아내린 자들이 회개를 통해서 스스로 낮아지고자 하지 않는다면, 그들이 하나님의 심판을 통해서 낮아지게 되는 것은 마땅한 일이다.

(4) 마침내 그들은 하나님께 부르짖었고, 하나님은 은총 가운데서 그들에게 돌아오셨다(44-46절). 하나님께서는 그들의 죄로 인하여 그들에게 고난을 주어 연단시키시기는 하셨지만 결코 그들을 완전히 엎드러지게 하거나 멸하거나 버리지는 않으셨다.

[1] 하나님은 그들에게 긍휼의 하나님으로 나타나셨다. 왜냐하면, 하나님은 그들의 무거운 짐들을 보셨고 그들의 고통을 돌아보셨으며 고통이 그들 위에 있는 것을 보셨고(어떤 이들은 이렇게 해석한다) 그들의 하소연을 하감하사 불쌍히 여기는 마음으로 그들의 부르짖음을 들으셨으며(출 3:7) 그들의 도발을 간과하셨기 때문이다. 하나님께서는 그들을 멸하시겠다고 말씀하셨고, 또한 그렇게 말씀하실 만한 이유가 충분히 있었지만, 그 크신 긍휼하심을 따라 뜻을 돌이키사 자신의 결정을 번복하셨다. 하나님은 인생이 아니어서 한번 결정하신 것을 후회하시고 자신의 마음을 바꾸시는 분이 아니시지만, 그는 은혜로우신 하나님이시기 때문에 우리를 불쌍히 여기셔서 자신의 결정을 바꾸신다.

[2] 하나님은 그들에게 진리의 하나님으로 나타나셨다. 왜냐하면, 하나님은 그들을 위하여 그의 언약을 기억하시고, 그가 전에 하셨던 모든 말씀을 다 이루셨기 때문이다. 그래서 비록 그들이 악하였지만, 하나님께서는 자신의 약속을 깨뜨리지 않으시려고 그들을 버리지 아니하셨다.

[3] 하나님은 그들에게 권능의 하나님으로 나타나셨다. 왜냐하면, 하나님은 모든 사람의 마음을 그의 수중에 두시고서 사람들의 마음을 그의 뜻대로 부리시기 때문이다. 하나님은 그들을 사로잡은 모든 자, 그들을 미워하여 가혹하게 다스렸던 자들에게서 긍휼히 여김을 받게 하셨다. 하나님께서는 그들의 원수들의 나머지 분노를 억제하셔서 그들이 완전히 멸망받지 않게 하셨을 뿐만 아니라, 원수들의 돌 같은 마음속에 그들을 불쌍히 여기는 마음을 불어넣으셔서 그 마음을 누그러뜨리셨는데, 이와 같은 일은 아무리 탁월한 문장력을 지닌 자라도 그 문필로 가히 표현할 수 없는 그런 일이었다. 하나님은 사자들을 어린 양들로 변화시키실 수 있으시고, 어떤 사람의 행위가 여호와를 기쁘시게 하면 그 사람의 원수라도 그를 불쌍히 여기며 그와 더불어 화목하게 하신다는 것을 명심하라. 하나님께서 불쌍히 여기시면, 사람들도 불쌍히 여기게 될 것이다. 우리가 하나님과 화목하면, 하나님은 만물이 우리와 화목하게 하신다.

Ⅱ. 이 시편은 기도와 찬송으로 끝난다.

1. 하나님의 백성을 구원하시는 일을 온전히 이루어 주시라는 기도. 여호와께서 그의 백성을 포로생활에서 되돌아오게 하셨을 때에라도 여전히 그들은 여호와여, 포로된 자들을 돌려 보내소서라고 기도하였다(시 126:1, 4). 여기에도 여호와 우리 하나님이여 우리를 구원하사 여러 나라로부터 모으소서라는 기도가 나온다(47절). 사사 시대에 여러 이방 나라들로 흩어질 수밖에 없었던 많은 사람들(나오미의 경우처럼, 룻 1:1)은 사울 시대가 암울해서 다윗 시대의 초기에도 여전히 고국으로 돌아오지 않은 상황이었기 때문에, 이 때에 흩어진 이스라엘 백성들을 여러 나라로부터 모으시고 주의 거룩하신 이름을 감사하게 해 달라고 하나님께 기도한 것은 시의적절한 일이었다. 하나님께서 그렇게 하신다면, 그들은 감사할 이유와 감사할 마음을 갖게 될 수 있을 뿐만 아니라, 이방 땅에서 여호와의 노래를 부르라고 말하며 그들을 비꼬았던 자들에게 보란 듯이 그들이 전에 떠나 있던 여호와의 전에서 크게 기뻐하며 주를 찬양할 기회를 가질 수 있게 될 것이다.

2. 하나님의 백성을 구원하시고 여전히 그 일을 진행하시는 것에 대한 찬송(48절): 여호와 이스라엘의 하나님을 영원부터 영원까지 찬송할지어다. 그는 영원부터 찬송받으실 하나님이시고 영원까지 찬송받으실 하나님이시기 때문에, 그를 예배하는 모든 자들은 그를 찬송하여야 한다. 제사장들은 이것을 말하여야 하고, 그런 후에 모든 백성들은 이 모든 기도와 찬송과 고백에 기꺼이 동의한다는 표시로 아멘 할렐루야라고 말하여야 한다. 이 지시하는 말 때문에 우리는 성가대가 이 시편(또는 적어도 그 마지막 절들)을 노래했을 때에 모든 백성이 아멘으로 화답하며 할렐루야라고 말함으로써 여호와를 찬송하였다는 것을 알 수 있다. 예배 속에서 회중은 사역자들이 하나님의 뜻을 따라서 그들의 입으로 하나님께 기도와 찬송을 올려 드릴 때에 그 기도에 대해서는 아멘으로, 그 찬송에 대해서는 할렐루야로 화답하는 것이 매우 합당하다.

제 — 107 — 편

개요

　시편 기자는 앞의 두 시편에서 하나님께서 특히 그의 교회를 상대하심에 있어서 보여주신 지혜와 능력과 선하심을 송축한 후에, 여기에서는 하나님께서 섭리를 통해서 특히 곤경에 빠진 인생들을 돌보신 몇가지 예들을 살펴 본다. 왜냐하면, 하나님은 성도들의 왕이실 뿐만 아니라 열방들의 왕이시고, 이스라엘의 하나님이실 뿐만 아니라 온 땅의 하나님이시며, 온 인류의 아버지가 되시기 때문이다. 이 시편은 특히 개인으로서의 이스라엘 사람들을 가리킬 수 있지만, 이스라엘 나라에 속하지는 않았지만 참 하나님을 섬기는 자들이 존재하였다. 심지어 우상들을 숭배했던 자들도 최고의 수호신에 대한 어느 정도의 지식을 가지고 있었다. 그들은 심각한 곤경에 처해 있을 때에는 그들의 모든 거짓된 신들을 뛰어넘어서 그 최고의 수호신을 바라보았다. 이후 그들이 곤경 속에서 기도했을 때에 하나님께서는 그들을 구체적으로 보살펴 주셨다. I. 시편 기자는 인간이 살면서 가장 공통적으로 겪는 재난들 중의 몇 가지를 구체적으로 거론하면서, 그 재난들 가운데서 고통을 겪는 자들이 기도할 때에 하나님께서 그들의 기도에 응답하여 그들을 어떻게 건지시는지를 보여준다. 1. 추방과 흩어짐(2-9절). 2. 포로됨과 감옥에 갇힘(10-16절). 3. 질병과 육체의 이상(17-22절). 4. 바다에서의 위험과 곤경(23-32절). 이러한 것들은 모두 비슷한 위험을 초래하는 것으로 제시되고 있는데, 이러한 위험 속에서 하나님께 부르짖는 자들은 항상 하나님으로부터 도우심을 받곤 하였다. II. 시편 기자는 열방들과 가족들에게 얼마나 다양하고 변화무쌍한 사건들이 일어나는지를 구체적으로 열거하고 있는데, 하나님의 백성은 이 모든 사건들 속에서 하나님의 손길을 바라보고서, 기뻐하는 마음으로 하나님의 선하심을 고백하여야 한다(33-43절). 우리가 이러한 일들 또는 이와 비슷한 곤경에 처하게 될 때에, 우리는 이 시편을 우리 자신에게 적용하여 노래함으로써 위로를 받을 수 있을 것이다. 그러나 우리가 그러한 곤경에 처해 있지 않고, 다른 사람들이 그러한 곤경에 처해 있거나 처해 있었다면, 그들을 구원하신 것에 대하여 우리가 하나님께 영광을 돌리는 것이 합당하다. 왜냐하면, 우리는 서로 지체이기 때문이다.

¹여호와께 감사하라 그는 선하시며 그 인자하심이 영원함이로다 ²여호와의 속량을 받은 자들은 이같이 말할지어다 여호와께서 대적의 손에서 그들을 속량하사 ³동서 남북 각 지방에서부터 모으셨도다 ⁴그들이 광야 사막 길에서 방황하며 거주할 성읍을 찾지 못하고 ⁵주리고 목이 말라 그들의 영혼이 그들 안에서 피곤하였도다 ⁶이에 그들이 근심 중에 여호와께 부르짖으매 그들의 고통에서 건지시고 ⁷또 바른 길로 인도하사 거주할 성읍에 이르게 하셨도다 ⁸여호와의 인자하심과 인생에게 행하신 기적으로 말미암아 그를 찬송할지로다 ⁹그가 사모하는 영혼에게 만족을 주시며 주린 영혼에게 좋은 것으로 채워주심이로다

여기에는 다음과 같은 내용들이 나온다.

I. 하나님께 감사하라는 모든 자들에 대한 일반적인 부름(1절). 이 시편을 노래하거나 이 시편을 놓고 기도하는 모든 자들은 그렇게 하는 가운데 여호와께 감사하여야 한다. 특별히 구체적으로 감사할 일을 갖고 있지 않은 자들도 하나님의 보편적인 선하심으로부터 충분히 감사할 일들을 제공받을 수 있다. 원천이신 여호와는 선하시다. 그 원천에서 흘러나오는 물줄기들 속에서 그 인자하심은 영원하고 결코 마르지 않는다.

II. 여호와의 속량을 받은 자들에게 하나님께 감사하라고 특별히 요구함.

여호와의 속량을 받은 자들은 영적으로 해석해서 크신 구속주에 의해서 죄와 음부로부터 구원함을 받은 자들을 가리킨다고 할 수 있다. 모든 사람들 중에서 특히 그들은 하나님이 선하시고 하나님의 긍휼하심이 영원하시다고 말해야 할 가장 큰 이유를 가지고 있다. 그리스도께서는 흩어진 하나님의 자녀를 모든 족속 가운데서 모아 하나가 되게 하기 위하여 죽으셨다(요 11:52; 마 24:31). 그러나 여기에서 의미하는 것은 그들이 근심 중에 여호와께 부르짖었을 때에 하나님께서 그들을 위하여 이 땅에서 베푸신 구원인 것으로 보인다(6절). 환난 당하는 자가 있느냐? 그는 기도할지니라. 기도하는 자가 있느냐? 하나님께서는 반드시 그의 기도를 들으시고 도와 주실 것이다. 고난이 극심해질 때, 바로 그 때가 부르짖어 기도할 때이다. 이전에는 속삭이듯이 기도를 하였던 자들이라도 상황이 극단적이 되면 큰 소리로 부르짖어 기도하게 되는데, 바로 그 때가 하나님께서 그들을 구원하실 때이다. 산에 올라가야 하나님을 뵙게 된다.

1. 그들은 원수의 땅에 있었지만, 하나님께서는 그들을 위하여 구원을 베푸

셨다: 여호와께서 대적의 손에서 그들을 속량하시되(2절), 힘이나 능력을 통해서도 아니고(슥 4:6) 값을 치르거나 보상을 해서도 아니고(사 45:13), 사람들의 영에 역사하는 하나님의 영으로 속량하셨다.

2. 그들은 쫓겨난 자들이 되어서 여기저기 흩어져 있었지만, 하나님께서는 온 땅에 흩어져서 암울하고 막막한 날들을 보내고 있던 그들을 모으셔서 다시 하나가 되게 하셨다(3절). 네 쫓겨간 자들이 하늘 가에 있을지라도 네 하나님 여호와께서 거기서 너를 모으실 것이며 거기서부터 너를 이끄실 것이라(신 30:4; 겔 34:12). 하나님께서는 누가 자기 백성인지를 아시고, 그들을 어디에서 찾아 내야 하는지도 아신다.

3. 그들은 광야 길에서 길을 찾지도 못하고 쉴 곳도 찾지 못했기 때문에 무척 당황하였다(4절). 여호와께서 그들을 대적의 손에서 속량하셔서 각 지방에서부터 모으셨을 때, 그들은 메마른 불모의 사막 길을 통과해서 본향으로 돌아오는 길에 거의 죽을 위험에 처해 있었다. 광야에는 사람들이 밟고 다닌 길도 없고 사람들의 무리도 만날 수 없었으며, 오직 사막 길만이 있어서, 하룻밤 묵으면서 쉬어 갈 수 있는 숙박 시설이나 성읍이 없었기 때문에, 그들은 광야에서 방황하였다. 그러나 하나님은 그들을 바른 길로 인도하사(7절) 그들이 본향으로 가는 길을 올바로 잡을 수 있도록 인도하셔서, 사람들이 거주하는 곳, 아니 그들이 거주할 성읍에 이르게 하셨다. 이것은 일반적으로 가난한 여행자들, 특히 길을 잃기 쉬웠던 아라비아 광야 길을 통과해야 했던 자들을 가리키는 것 같다. 그렇지만 많은 사람들이 그러한 곤경 속에서 놀랍게 구조를 받아서, 광야 길에서 죽은 자는 거의 없었다. 우리는 여행 길에서 우리의 출입을 지켜 주시고 우리의 길을 인도하시며 우리에게 휴식하고 원기를 회복할 곳들을 마련해 주시는 하나님의 섭리의 선한 손길을 알아 보아야 한다는 것을 명심하라. 또는, 어떤 이들은 이 본문이 이스라엘 자손이 광야에서 40년 유랑한 것을 염두에 둔 것이라고 생각한다. 성경에서는 여호와께서 그들을 호위하셨다고 말하고 있지만(신 32:10), 여기에서는 여호와께서 그들을 바른 길로 인도하셨다고 말한다. 하나님의 길은 우리에게 어설픈 것처럼 보이지만(위에서 호위하셨다라는 말씀은 원문에는 대충 인도하셨다라는 뜻이다) 결국에는 그 길이 올바른 길이었다는 것이 밝혀진다. 이 말씀은 이 세상에서의 우리의 처지에 적용될 수 있다. 이 세상은 광야이고, 여기에는 영원한 도성이 없기 때문에, 우리는 광야 같은 이 세상

속에서 나그네와 행인으로서 장막을 치고 거주한다. 그러나 우리는 하나님의 지혜롭고 선한 섭리의 인도하심 아래에 있기 때문에, 우리가 그 인도하심에 의지하기만 한다면, 우리는 하나님이 계획하시고 지으실 터가 있는 성으로 가는 올바른 길로 인도하심을 받게 될 것이다.

4. 그들은 굶주림으로 인해서 죽을 위기에 처해 있었다(5절): 그들의 영혼이 그들 안에서 피곤하였도다. 그들은 여행으로 인한 피로로 기력이 다 소진되고 음식을 먹지 못해서 기진맥진하여 쓰러지기 일보 직전이었다. 먹을 것이 항상 풍부해서 날마다 배부르게 먹는 자들은 먹을 것이 없어서 주리고 목이 마른 것이 얼마나 비참한 일인지를 알지 못한다. 이스라엘 백성은 광야에서 그런 일을 종종 겪었고, 아마도 광야 길을 여행하는 다른 가난한 여행자들도 마찬가지였을 것이다. 그러나 하나님께서는 섭리를 통해서 여러 가지 방법들을 찾아 내셔서 사모하는 영혼에게 만족을 주시며 주린 영혼에게 좋은 것으로 채워 주신다(9절). 이스라엘 백성이 죽어가기 일보 직전일 때에 하나님은 그들에게 시의적절하게 먹을 것과 마실 것을 공급해 주셨고, 많은 사람들을 기적적으로 구해 주셨다. 마찬가지로, 우리를 인도해 오신 하나님께서는 우리의 평생 동안 이 날에 이르기까지 우리를 먹여 주셨고, 적절한 양식으로 우리를 먹이셨으며 우리의 영혼을 위하여 양식을 공급해 주셨고, 주린 영혼에게 좋은 것으로 채워 주셨다. 의, 곧 하나님, 살아계신 하나님, 하나님과의 교통에 주리고 목마른 자들은 은혜와 영광 중에 하나님의 전의 좋은 것으로 배부르게 될 것이다. 이제 이 모든 것들로 인하여 시편 기자는 하나님으로부터 긍휼하심을 입은 자들에게 하나님께 감사를 돌려 드리라고 권한다(8절): 사람들(이것은 특히 하나님의 은혜로 구원함을 받은 자들을 의미한다)은 구체적으로 그들에게 주어진 여호와의 인자하심과 인생들, 곧 다른 사람들에게 행하신 기적들로 말미암아 그를 찬송할지로다. (1) 하나님의 긍휼의 역사들은 기이한 일들, 즉 그의 긍휼하심을 받는 자들의 연약함을 생각하신 기이한 능력의 역사들이고 그들의 무가치함을 생각하신 기이한 은혜의 역사들이다. (2) 하나님께서는 그에게서 긍휼하심을 받은 자들로부터 그들이 그에게 찬송으로 보답할 것을 기대하신다. (3) 우리는 하나님의 자녀들에게 베푸시는 하나님의 선하심만이 아니라 모든 인생들에게 베푸시는 하나님의 선하심도 고백하여야 하고, 우리 자신만이 아니라 다른 사람들에게 베푸신 하나님의 선하심에 대해서도 감사하여야 한다.

[10]사람이 흑암과 사망의 그늘에 앉으며 곤고와 쇠사슬에 매임은 [11]하나님의 말씀을 거역하며 지존자의 뜻을 멸시함이라 [12]그러므로 그가 고통을 주어 그들의 마음을 겸손하게 하셨으니 그들이 엎드러져도 돕는 자가 없었도다 [13]이에 그들이 그 환난 중에 여호와께 부르짖으매 그들의 고통에서 구원하시되 [14]흑암과 사망의 그늘에서 인도하여 내시고 그들의 얽어 맨 줄을 끊으셨도다 [15]여호와의 인자하심과 인생에게 행하신 기적으로 말미암아 그를 찬송할지로다 [16]그가 놋문을 깨뜨리시며 쇠빗장을 꺾으셨음이로다

우리는 죄수들과 포로들을 향한 하나님의 선하심을 알아야 한다. 좀 더 살펴보자.

1. 그들이 당하는 환난에 관한 묘사. 죄수들은 흑암에(10절), 즉 어두운 지하 감옥이나 사방으로 막힌 감옥에 앉아 있다고 말해지는데, 이것은 그들이 외롭게 비탄에 잠겨 있다는 것을 보여준다. 그들은 사망의 그늘에 앉아 있다고 말해지는데, 이것은 그들의 환난과 고통이 크다는 것만이 아니라 죽을 수도 있는 큰 위험에 처해 있다는 것을 말해 준다. 죄수들은 대부분의 경우에 죽음이 예정되어 있다. 그들은 감옥에서 빠져 나가는 것을 단념한 채 그 속에서 살아 남으려고 안간힘을 쓰며 앉아 있다. 그들은 곤고에 매여 있고, 대부분의 경우에 요셉처럼 쇠사슬에 매여 있다. 이렇게 갇혀 있다는 것은 너무도 극심한 재난이기 때문에, 우리는 우리에게 자유가 주어져 있다는 것을 소중히 여기고 감사하게 된다.

2. 이러한 환난의 원인(11절). 그것은 그들이 하나님의 말씀을 거역하였기 때문이다. 고의적으로 저지르는 죄는 하나님의 말씀을 거역하는 반역이다. 그것은 하나님의 진리를 거스르는 것이고 하나님의 법을 범하는 것이다. 그들은 지존자의 뜻을 멸시하였고, 그들에게는 지존자의 뜻 같은 것은 필요하지 않고 그 뜻을 따라 보아야 그들에게 득될 것이 없다고 생각하였다. 하나님의 뜻을 구하려 하지 않는 자들은 도움을 받을 수 없다. 예언을 멸시하거나 양심의 소리 또는 친구들의 올바른 책망을 무시하는 자들은 지존자의 뜻을 멸시하는 것이기 때문에, 하나님께서는 그런 일을 인하여 그들을 벌하시거나 그들의 반역한 마음을 바로잡으시기 위해서 그들을 곤고에 묶이게 하신다.

3. 이 환난의 목적. 그것은 그들의 마음을 겸손하게 하고(12절), 죄로 인하여

그들을 낮추시고 비천하게 만들어서, 그들로 하여금 모든 교만하고 오만한 야망과 생각을 내버리게 만드는 것이다. 우리는 하나님께서 섭리를 통해서 환난을 우리에게 가져다 주시면 그 환난을 우리 자신을 낮추는 기회로 활용하여야 한다. 만약 그러한 환난 가운데서도 우리의 마음이 낮아지거나 깨어지지 않고 이전과 다름없이 교만하고 완악하다면, 우리는 하나님께서 우리에게 주신 환난의 유익을 잃어버릴 뿐만 아니라, 우리에게 환난을 보내신 하나님의 목적을 좌절시키고 하나님의 뜻과 반대 방향으로 행하는 것이 된다. 그동안 모아 놓은 재산이 다 날아가 버리고 그동안 쌓아 놓은 명예가 다 무너져 버리는 그런 일을 당한 자가 있는가? 지금까지 승승장구하다가 하루 아침에 망해서 아무도 도와 주지 않는 신세로 전락한 자가 있는가? 이런 일들은 하나님께서 그의 심령을 낮추셔서 죄를 고백하게 하시고 그 죄에 대한 징벌을 받아들이게 하시며 겸손히 하나님의 긍휼하심과 은혜를 구하도록 하기 위한 것이다.

4. 이러한 환난을 당한 자가 해야 할 도리. 그것은 기도하는 것이다(13절): 그들은 비록 전에는 여호와를 무시하였을지라도 이 때에는 그 환난 중에 여호와께 부르짖었다. 그들은 자유의 몸이었을 때에는 기도할 시간이 없었지만, 갇힌 자가 되었을 때에는 기도할 시간을 갖게 된다. 그들은 이전에는 하나님 없이도 그들 스스로 잘 해낼 수 있다고 생각하였지만 갇힌 자가 되어서는 그들에게 하나님의 도우심이 필요하다는 것을 알게 된다. 사람들은 환난 가운데에 처하게 되면 고통이라는 감각으로 인해서 부르짖게 되지만, 그들에게 여호와를 향하여 부르짖도록 가르치고 인도하는 것은 하나님의 은혜이다. 환난은 여호와께로부터 온 것이기 때문에, 오직 여호와께서만 그 환난을 제거하실 수 있으시다.

5. 그들이 환난에서 건지심을 받음: 그들이 그 환난 중에 여호와께 부르짖으매 여호와께서 그들을 구원하셨다(13절). 하나님께서 그들을 흑암에서 빛으로 인도하여 내셨을 때에, 그 빛은 그들에게 갑절이나 달콤하고 즐거운 것이 되었다. 하나님께서 그들을 사망의 그늘에서 건져 내셔서 생명의 위로들로 인도하여 내셨을 때, 그들에게 주어진 자유는 죽은 자 가운데서 다시 살아 돌아온 것이나 다름없는 것이었다(14절). 그들이 족쇄에 채워져 있었는가? 하나님은 그들의 얽어맨 줄을 끊으셨다. 그들이 견고한 감옥 속에 갇혀 있었는가? 하나님은 놋문을 깨뜨리셨고, 그 놋문을 단단하게 고정시키고 있던 쇠빗장을 꺾으셨다. 하나님께서는

그것들을 단지 여시거나 푸신 것이 아니라 깨뜨리고 꺾으셔서 산산조각을 내버리셨다. 하나님께서 구원의 역사를 일으키실 때, 그 길을 가로막는 장애물들은 아무리 크고 견고하다고 할지라도 산산조각이 나서 그 흔적도 남지 않게 될 것임을 명심하라. 놋문과 쇠빗장은 하나님께서 그의 백성에게 접근하시는 것을 막을 수 없는 것과 마찬가지로(하나님은 요셉과 함께 감옥에 계셨다), 그의 백성이 구원받을 때가 왔을 때에 그들을 감옥 안에 가두어 둘 수 없다.

6. 하나님에 의해서 놓임을 받은 자들에게 요구되는 보답(15절): 그들은 그들이 자신이 직접 체험한 여호와의 인자하심으로 말미암아 그를 찬송하여야 하고, 온 땅에 충만한 여호와의 인자하심에 대하여 세계와 거기에 거하는 자들이 여호와를 송축하는 데에 동참하여야 한다.

[17]미련한 자들은 그들의 죄악의 길을 따르고 그들의 악을 범하기 때문에 고난을 받아 [18]그들은 그들의 모든 음식물을 싫어하게 되어 사망의 문에 이르렀도다 [19]이에 그들이 그들의 고통 때문에 여호와께 부르짖으매 그가 그들의 고통에서 그들을 구원하시되 [20]그가 그의 말씀을 보내어 그들을 고치시고 위험한 지경에서 건지시는도다 [21]여호와의 인자하심과 인생에게 행하신 기적으로 말미암아 그를 찬송할지로다 [22]감사제를 드리며 노래하여 그가 행하신 일을 선포할지로다

육체적인 질병은 우리가 이 세상 속에서 살아가면서 만나게 되는 여러 재난들 중의 한 가지로서, 우리는 질병에서 회복되는 것을 통해서 하나님의 선하심을 경험하는 또 한 번의 기회를 갖게 되는데, 시편 기자는 이 절들 속에서 그러한 것에 관하여 말하고 있다. 우리는 여기에서 다음과 같은 것들을 살펴볼 수 있다.

I. 우리는 우리의 죄로 인하여 병에 걸리게 되는데, 그 때에 기도하는 것은 우리의 마땅한 도리라는 것(17-19절).

1. 질병의 원인은 영혼의 죄이다. 우리가 병에 걸리는 것은 다 그만한 이유가 있다: 미련한 자들은 그들의 범죄 때문에 이렇게 고난을 받는다(개역에서는 미련한 자들은 그들의 악을 범하기 때문에 고난을 받는다). 그들은 이렇게 고난을 받음으로써 그들이 저지른 죄들에 대하여 교정을 받게 되고, 그들 속에 있는 죄에 이끌리는 성향들을 치유받게 된다. 만약 우리가 죄를 몰랐다면, 우리는 질병도

알지 못했을 것이다. 그러나 우리가 살아가면서 죄를 범하게 되고 우리 마음이 죄악의 길을 따르기 때문에 질병은 우리에게 찾아올 수밖에 없다. 죄인들은 미련한 자들이다. 그들은 스스로에게 해악을 끼치는데, 그들의 영적인 유익만이 아니라 그들의 세속적인 유익에도 해악을 끼친다. 그들은 절제하지 못함으로 인해서 그들의 육체적인 건강을 해치고, 그들의 정욕에 빠짐으로써 그들의 생명을 위태롭게 만든다. 그들의 이러한 행실은 그들의 어리석음이기 때문에, 그들에게는 그들의 마음속에 자리잡고 있는 어리석음을 몰아내 줄 교정의 회초리가 필요하다.

2. 육체의 쇠약함은 질병의 결과이다(18절). 사람들이 병에 걸렸을 때에 그들은 그들의 모든 음식물을 싫어하게 된다. 그들에게는 식욕이 없고 소화시킬 힘도 없을 뿐만 아니라, 그들의 위가 음식을 잘 받지 않기 때문에, 그들은 음식을 싫어하게 된다. 여기에서 우리는 그들이 지은 죄와 그들이 받는 벌이 서로 상응하는 것을 보게 된다. 썩어질 음식을 탐한 자들은 병에 걸리게 되면 그 음식을 싫어하게 되고, 그들이 그토록 좋아하였던 산해진미를 냄새도 맡기 싫어하게 된다. 그들은 자기가 좋아하는 것들을 지나치게 많이 먹었기 때문에 폭음과 폭식의 자연스러운 결과로서 그것들에 물리게 된다. 이렇게 식욕이 사라지게 되면, 인생은 죽은 것이나 다름없다: 그들은 사망의 문에 이르렀도다. 그들은 그들 자신이나 그들 주변의 모든 사람들이 볼 때에 죽어서 무덤에 들어가기 일보 직전의 상태에 놓이게 된다.

3. 바로 그 때가 기도하기에 적절한 때이다: 이에 그들이 여호와께 부르짖는다(19절). 병든 자가 있는가? 그는 기도할지니라. 또한, 다른 사람들도 그를 위하여 기도하여야 한다. 기도는 만병통치약이다.

II. 하나님의 능력과 긍휼하심으로 인하여 우리는 질병에서 회복되는데, 그 때에 감사하는 것은 우리의 마땅한 도리라는 것. 이 본문을 욥기 33:18, 28절과 비교해 보라.

1. 병든 자들이 하나님께 기도할 때, 하나님은 그들에게 평안의 응답을 주신다. 그들이 여호와께 부르짖을 때, 여호와께서는 그들의 고통에서 그들을 구원하신다(19절). 하나님은 그들의 슬픔을 제거해 주시고 그들의 두려움을 막아 주신다.

(1) 하나님은 그 일을 쉽게 행하신다: 그가 그의 말씀을 보내어 그들을 고치시

는도다(20절). 이것은 그리스도께서 이 땅에 계실 때에 말씀 한 마디로 치유의 이적들을 베푸신 것에 적용될 수 있다. 그리스도께서는 깨끗해져라 온전해져라고 말씀하셨고, 그 말씀은 그대로 이루어졌다. 또한, 이 본문은 은혜의 성령께서 우리를 거듭나게 하심으로써 영적인 치유를 행하시는 것에도 적용될 수 있다. 하나님은 그의 말씀을 보내서서 영혼들을 치유하시되, 말씀을 통해서 그들로 하여금 죄를 깨닫게 하시고 회심하게 하시며 그들을 거룩하게 하신다. 질병에서 회복되는 통상적인 경우들에 있어서 하나님은 그의 섭리 속에서 단지 말씀하실 뿐이지만, 그 말씀은 그대로 이루어진다.

(2) 하나님은 그 일을 효력있게 행하신다: 여호와께서는 그들을 멸망에서 건지시기 때문에, 그들은 죽게 되지 않을 것이고, 죽게 되면 어쩌나 하는 두려움으로 걱정하지도 않게 될 것이다. 죽이기도 하시고 다시 살리기도 하시며 무덤에 내려가게도 하시고 무덤에서 일으키기도 하시는 하나님, 사람을 거의 죽을 지경에 이르게 하셨다가도 돌아오라고 말씀하시는 하나님에게는 버거운 일이란 존재하지 않는다.

2. 병들었다가 회복된 자들은 그 응답으로 하나님께 찬송을 돌려 드려야 한다(21-22절): 모든 사람들은 여호와의 인자하심으로 말미암아 그를 찬송하여야 하고, 특히 하나님으로부터 다시 한 번 생명을 부여받은 자들은 그 남은 일생을 하나님을 섬기는 데에 써야 한다. 그들은 감사제를 드리되, 제단에 감사제를 드릴 뿐만 아니라 감사하는 마음을 하나님께 드려야 한다. 감사하는 마음이야말로 최고의 감사제이기 때문에 황소 제물보다도 여호와를 더 기쁘시게 해 드린다. 또한, 그들은 하나님께 영광을 돌리고 다른 사람들에게 힘을 더해 주기 위해서 그가 행하신 일을 선포하여야 한다. 산 자 곧 산 자는 주를 찬송하리이다.

[23]배들을 바다에 띄우며 큰 물에서 일을 하는 자는 [24]여호와께서 행하신 일들과 그의 기이한 일들을 깊은 바다에서 보나니 [25]여호와께서 명령하신즉 광풍이 일어나 바다 물결을 일으키는도다 [26]그들이 하늘로 솟구쳤다가 깊은 곳으로 내려가나니 그 위험 때문에 그들의 영혼이 녹는도다 [27]그들이 이리저리 구르며 취한 자 같이 비틀거리니 그들의 모든 지각이 혼돈 속에 빠지는도다 [28]이에 그들이 그들의 고통 때문에 여호와께 부르짖으매 그가 그들의 고통에서 그들을 인도하여 내시고 [29]광풍을 고요하게 하사 물결도 잔잔하게 하시는도다 [30]그들이 평온함으로 말미암아 기뻐하

는 중에 여호와께서 그들이 바라는 항구로 인도하시는도다 [31]여호와의 인자하심과 인생에게 행하신 기적으로 말미암아 그를 찬송할지로다 [32]백성의 모임에서 그를 높이며 장로들의 자리에서 그를 찬송할지로다

시편 기자는 여기에서 바다에서의 위험들로부터 건지심을 받은 자들에게 하나님께 영광을 돌리라고 권면한다. 이스라엘 사람들은 무역을 많이 하지 않았지만, 그들의 이웃 나라들인 두로 사람들과 시돈 사람들은 교역을 많이 행하였기 때문에, 아마도 이 시편의 이 부분은 특별히 그들을 염두에 둔 것 같다.

I. 하나님의 권능의 많은 부분은 바다에서 항상 나타난다(23-24절). 하나님의 권능은 선원들, 장사하는 사람들, 어부들, 배를 타고 여행하는 자들 같이 배들을 바다에 띄우며 큰 물에서 일을 하는 자들에게 나타난다. 일이 있는 자가 아니면 굳이 바다에 나가서 위험을 자초할 자는 아무도 없을 것이지만(솔로몬이 좋아했던 것들 중에 그가 유람선을 가지고 있었다는 말은 성경에 나오지 않는다), 일이 있어서 바다에 나가야 하는 자들은 믿음으로 하나님께서 그들을 보호해 주시도록 자신을 하나님께 의탁하여야 한다. 그들은 여호와께서 행하신 일들과 그의 기이한 일들을 깊은 바다에서 본다. 그들은 대부분 육지에서 태어나서 자라기 때문에 바다에서 일어나는 일은 그들에게 새롭고 놀라운 일일 수밖에 없다. 깊음 자체, 그리고 바다가 광활하고 짜며 밀물과 썰물이 있는 것은 경이로운 일이다. 또한, 바다 속에 아주 다양한 생물들이 살고 있다는 것도 경이로운 일이다. 바다로 나가는 자들은 그들이 거기에서 목격하는 온갖 기이한 일들을 통해서 바다의 주인이신 하나님, 즉 바다를 만드시고 다스리시는 하나님의 무한한 완전하심을 깊이 숙고하게 되고 경배하게 되어야 한다.

II. 하나님의 권능은 특히 육지에서보다도 훨씬 더 무시무시한 바다의 풍랑 속에서 나타난다. 여기에서 우리는 다음과 같은 것들을 살펴볼 수 있다.

1. 바다에서의 폭풍은 얼마나 위험하고 무시무시한 것인가. 하나님께서 그의 말씀을 따르는 광풍을 명하여 일으키실(시 148:8) 때에 기이한 일들은 깊음 속에서 나타나기 시작한다. 왕이 그의 명령을 통해서 군대를 일으키는 것과 마찬가지로, 하나님께서는 광풍을 일으키신다. 사탄은 자기가 공중의 권세 잡은 자인 체하지만, 그는 가짜 왕으로서 단지 왕인 체하는 것일 뿐이다. 공중의 권세들

은 사탄의 명령이 아니라 하나님의 명령을 따른다. 바람이 광풍이 될 때, 그 광풍은 바다의 물결을 일으킨다(25절). 그러면 배들은 물결 위에서 테니스 공처럼 이리 차이고 저리 차이게 된다. 배들은 하늘로 솟구쳤다가 마치 깊은 곳으로 내려가는 듯이 다시 착 가라앉는다(26절). 그러한 광경을 이전에 한 번도 본 적이 없었던 사람은 바다의 폭풍우 속에서 배가 과연 살아 남을 수 있는지를 의심하게 되고, 다음 번에 몰려 오는 파도에 의해서 배가 물에 잠겨서 다시는 떠오르지 못할 것이라고 생각하게 될 것이다. 그렇지만 배가 너무도 기이하게 계속해서 물 위에 떠있을 수 있게 하는 방법을 사람들에게 가르치신 하나님께서는 그의 특별한 섭리를 통해서 배를 보존하시고 배들이 놀라울 정도로 그 목적에 부응하도록 하신다. 배들이 이렇게 이리 차이고 저리 차이게 될 때, 뱃사람의 영혼이 그 위험 때문에 녹게 된다. 폭풍우가 아주 심할 때에는 바다에 익숙한 자들조차도 두려움을 떨쳐 내거나 흩어 버릴 수 없어서, 이리저리 구르며, 눈이 핑핑 돌아서 취한 자 같이 비틀거리며 배멀미를 한다. 선원들 모두가 어떻게 해야 살아 남을 수 있는지를 몰라서 당황해하며, 그들의 모든 지각이 혼돈 속에 빠진다(27절). 그들의 모든 지혜는 삼켜져 버리고, 그들은 그들이 이제 죽었다고 생각하며 자포자기에 빠지게 된다(욘 1:5 이하).

2. 그러한 때에 기도하는 것이야말로 얼마나 시의적절한 것인가. 바다로 나가는 자들은 여기에 묘사되어 있는 것과 같은 그러한 위험들을 예상하여야 하기 때문에, 그들이 할 수 있는 최선의 준비는 하나님 앞에 나아가서 기도하는 것이다. 왜냐하면, 그 때에 그들이 여호와께 부르짖을 것이기 때문이다(28절). "기도하기를 배우고자 하는 자들은 바다로 나가라"는 격언이 있다. 나는 이렇게 말하고자 한다: 바다로 나갈 자들은 기도하는 것을 배우고 기도하는 것을 몸에 배게 하여서, 그들이 위험에 처했을 때에 은혜의 보좌 앞에 더욱 담대히 나아갈 수 있게 되어야 한다. 이방인 선원들조차도 폭풍우 속에서 각각 자기의 신을 불렀다. 그러나 여호와를 자신의 하나님으로 섬기는 자들은 그러한 때를 비롯해서 어떤 곤경에 처할 때에나 즉각적이고 강력한 도우심을 하나님으로부터 받을 수 있기 때문에, 그들의 목숨이 경각에 달려서 어쩔 줄을 모를 때에도 그들은 결코 믿음의 끈을 놓지 않는다.

3. 하나님께서 바다에서 위험에 처한 자들의 기도에 응답하여 그들을 위하여 종종 얼마나 놀랍게 나타나시는가: 하나님은 위험에서 그들을 인도하여 내신다.

(1) 바다는 잔잔해진다: 여호와께서 광풍을 고요하게 하시는도다(29절). 바람은 그 힘이 약해져서, 부드럽고 온화한 속삭임을 통해서 바다 물결을 다시 잠들게 하기 때문에, 바다의 표면은 잔잔해지고 미소를 짓게 된다. 그리스도께서는 바람과 바다라도 그에게 순종한다는 것을 보여주심으로써 자기가 사람 이상의 존재라는 것을 증명하셨다. (2) 선원들은 마음이 편안해진다: 그들이 평온함으로 말미암아, 즉 폭풍의 소란과 해악을 걱정하는 두려움에서 벗어나 평안해진 것 때문에 기뻐한다. 폭풍우를 만난 후에 다시 평안을 맛보는 것은 너무도 유쾌한 일이다. (3) 항해는 잘 이루어지고 성공적이 된다: 여호와께서 그들이 바라는 항구로 그들을 인도하시는도다(30절). 이렇게 하나님은 자기 백성을 그들이 천국을 향한 항해 속에서 만나게 되는 온갖 폭풍우와 광풍을 안전하게 통과하도록 이끄시고, 마침내 그들을 그들이 바라던 항구에 닻을 내리게 하신다.

4. 바다를 무사히 건너온 자들, 특히 바다의 위험들에서 건지심을 받은 모든 자들은 그것에 대하여 하나님께 감사하고 영광을 돌리는 것이 얼마나 합당한 일인가. 그들은 골방에서 그리고 그들의 가족과 더불어서 사적으로 하나님께 감사하고 영광을 돌려야 한다. 그들은 그들 자신과 다른 사람들에게 행하신 여호와의 인자하심으로 말미암아 그를 찬송하여야 한다(31절). 또한, 그들은 백성들의 모임에서와 장로들의 자리에서 공적으로 하나님께 감사하고 영광을 돌려야 한다(32절). 그들은 거기에 하나님께서 그들을 구원하신 일을 기념하는 기념비들을 세워서 하나님을 존귀하게 하고 다른 사람들에게 하나님을 의지하도록 격려하여야 한다.

[33]여호와께서는 강이 변하여 광야가 되게 하시며 샘이 변하여 마른 땅이 되게 하시며 [34]그 주민의 악으로 말미암아 옥토가 변하여 염전이 되게 하시며 [35]또 광야가 변하여 못이 되게 하시며 마른 땅이 변하여 샘물이 되게 하시고 [36]주린 자들로 말미암아 거기에 살게 하사 그들이 거주할 성읍을 준비하게 하시고 [37]밭에 파종하며 포도원을 재배하여 풍성한 소출을 거두게 하시며 [38]또 복을 주사 그들이 크게 번성하게 하시고 그의 가축이 감소하지 아니하게 하실지라도 [39]다시 압박과 재난과 우환을 통하여 그들의 수를 줄이시며 낮추시는도다 [40]여호와께서 고관들에게는 능욕을 쏟아 부으시고 길 없는 황야에서 유리하게 하시나 [41]궁핍한 자는 그의 고통으로부터 건져 주시고 그의 가족을 양 떼 같이 지켜 주시나니 [42]정직한 자는 보고 기뻐하며

모든 사악한 자는 자기 입을 봉하리로다 [43]지혜 있는 자들은 이러한 일들을 지켜 보고 여호와의 인자하심을 깨달으리로다

시편 기자는 곤경에 처한 자들을 섭리를 통해서 구원을 베푸신 하나님께 영광을 돌린 후에 여기에서는 하나님께서 섭리를 통해서 만물을 돌리시고 유전시키시며, 인생사에서 종종 놀라운 변화들을 일으키시는 것에 대하여 영광을 돌린다.

I. 시편 기자는 이러한 만물의 유전을 보여주는 몇 가지 예를 제시한다.

1. 비옥한 땅들이 불모지가 되고, 불모지들이 비옥하게 된다. 이 세상에서의 삶을 통해서 우리가 얻는 위로의 많은 부분은 우리가 어떤 땅에 던져지느냐에 의해서 좌우된다.

(1) 인간의 죄로 인해서 땅은 흔히 그 비옥함을 잃어버리고 쓸모 없게 되어 버렸다(33-34절). 강에 의해서 촉촉하게 적셔졌던 땅은 종종 광야로 변해 버렸고, 샘들이 풍부하였던 땅은 이제 물줄기가 거의 없는 마른 땅이 되어 버렸다. 땅의 소산을 내기에 충분할 정도로 물이 공급되지 못하는 땅은 메마른 모래 땅이 되어 버린다. 수많은 옥토는 자연적인 이유 때문이 아니라 하나님의 의로우신 심판에 의해서 염전으로 변해 버린다. 하나님께서는 이렇게 그 주민의 악을 벌하셨다. 소돔 골짜기가 염해로 변해 버린 것은 이것을 잘 보여준다. 만약 땅이 좋지 않게 변해 버린다면, 그것은 거기에 사는 주민들이 악하기 때문이라는 것을 명심하라. 땅의 소산을 하나님께 들고 와서 바치는 것이 아니라 그들이 거둔 곡식과 포도주를 가지고 바알을 섬기는 자들의 땅을 하나님께서 불모지가 되게 하시는 것은 합당한 일이다.

(2) 하나님의 선하심으로 인해서 불모지가 고침을 받아서, 광야, 곧 메마른 땅이 샘물이 되는 경우가 종종 있다(35절). 한때 그 비옥함 때문에 모든 땅들 중에서 최고의 땅이라고 정평이 나 있었던 가나안 땅은 성경에서 예언한 대로 (신 29:23) 오늘날에는 열매가 나지 않고 아무 짝에도 쓸모 없는 땅이 되어 버렸다. 우리의 이 땅도 이전에는 그 많은 부분이 경작을 할 수 없는 불모지였지만 지금은 온갖 좋은 것들로 가득 차 있는데, 이것은 부족한 지체에게 귀중함이 더해진 것이다. 미국의 대농장들과 거기에 세워진 식민지들을 이전에 비옥하기로 유명하였던 아시아와 유럽의 많은 땅들이 황폐케 된 것과 비교해 보라.

그것은 이 점을 잘 설명해 준다.

2. 궁핍하던 가족들이 일으켜 세워져서 부유하게 되고, 반면에 잘살던 가족들은 빈궁하게 되어서 몰락해 간다. 이 세상을 둘러보게 되면, 우리는 다음과 같은 것들을 보게 된다.

(1) 그 시작이 미미하였던 자들, 그 조상이 미천하고 보잘것없던 많은 자들이 불 같이 일어나서 크게 번성한다(36-38절). 주린 자들이 비옥한 땅에 살게 된다. 그들은 거기에 뿌리를 내리고 정착해서, 그들 자신과 그들의 후손들이 거주할 성읍을 준비한다. 섭리를 통해서 좋은 땅이 그들의 손에 주어지고, 그들은 그 땅 위에서 일가를 이룬다. 성읍들은 번성하는 가문들에 의해서 생겨났다. 숙박 시설이 없다면 땅은 사람들에게 유익이 되지 못할 것이기 때문에 사람들은 그들이 거주할 성읍을 준비하여야 하는 것과 마찬가지로, 숙박 시설이 아무리 편리하게 잘 되어 있다고 할지라도 경작할 땅이 없다면 소용이 없을 것이기 때문에 사람들은 밭에 파종하며 포도원을 재배하여야 한다(37절). 왜냐하면, 왕이라고 할지라도 밭에서 나는 것을 먹지 않으면 살 수 없기 때문이다. 그렇지만 밭은 비록 샘에 의해서 비옥하게 되기는 하지만, 파종하지 않는다면 풍성한 소출을 낼 수 없을 것이고, 마찬가지로 포도원도 재배하지 않는다면 풍성한 소출을 거두지 못하게 될 것이다. 사람이 부지런히 일하여야 하나님의 축복이 결실을 맺게 되기 때문에, 하나님의 축복은 사람이 열심히 일하는 것에 면류관을 씌워 줄 것이다. 땅이 비옥함과 동시에 사람이 부지런해야 한다. 통상적으로 손이 부지런한 자는 하나님의 축복에 의해서 부하게 된다. 여호와께서 또 복을 주사 그들이 얼마 되지 않아서 크게 번성하게 하시고 그들의 가축이 감소하지 아니하게 하신다(38절). 처음과 마찬가지로 지금도 여전히 하나님의 축복에 의해서 땅과 모든 피조물들은 생육하고 번성하기(창 1:22) 때문에, 우리는 땅이 늘어나고 가축이 늘어나게 하기 위해서는 하나님께 의지하여야 한다. 하나님께서 원하시기만 한다면, 가축은 여러 가지 방식으로 줄어들게 되고, 사람들은 곧 그것으로 인하여 고통을 당하게 된다.

(2) 이렇게 갑자기 불일듯이 일어났던 많은 자들이 갑자기 무너져서 망하게 된다(39절): 그들은 다시 섭리에 의해서 줄어들고 낮아져서, 처음 시작에서와 마찬가지로 미천한 상태로 그들의 일생을 마감한다. 또는, 그들의 후손들이 그들이 모아 놓은 재물을 마찬가지로 신속하게 다 탕진해 버린다. 세상의 재물은

불확실한 것이어서, 재물을 많이 가진 자들은 흔히 그들이 채 알기도 전에 그 재물 때문에 점점 더 안일하고 쾌락을 쫓는 삶을 살게 되어서, 마침내 그들이 채 알기도 전에 그들이 가진 재물을 다시 다 잃어버리게 된다는 것을 명심하라. 그런 까닭에 세상의 재물은 속이는 재물이라거나 불의의 재물이라 불린다. 하나님은 사람들을 가난하게 만드시는 수많은 방법들을 가지고 계신다. 하나님은 욥을 시험하여 낮추셨을 때와 마찬가지로 압박과 재난과 우환을 통해서 사람들을 가난하게 만드실 수 있다.

3. 이 세상에서 지체높고 위대했던 자들은 낮아지게 되고, 미천하고 멸시받았던 자들은 높아져서 존귀하게 된다(40-41절). 우리는 이 세상에서 다음과 같은 일들을 보아 왔다.

(1) 왕들이 폐위되어서 곤경에 처하게 되는 것. 여호와께서 왕들과 고관들에게 능욕을 쏟아 부으셔서, 그들이 이전에 그들을 우상시하였던 자들 가운데서조차도 경멸을 받게 하신다. 자기 자신을 높이는 자들은 하나님께서 낮추실 것이고, 그렇게 하실 목적으로 그들의 얼이 빠지게 만들어 놓으실 것이다: 하나님은 그들에게 길 없는 황야에서 유리하게 하신다. 하나님께서는 그들이 의지할 만하다고 생각한 계획들을 좌절시키시고, 그들의 권세와 부귀영화를 무너뜨리심으로써 그들을 막무가내로 몰아부치시기 때문에, 그들은 어떤 길로 가야 할지, 무슨 조치를 취해야 할지를 알지 못하게 된다. 우리도 이전에 그와 같은 일을 경험하였다(욥 12:24-25, 만민의 우두머리들의 총명을 빼앗으시고 그들을 길 없는 거친 들에서 방황하게 하시며 빛 없이 캄캄한 데를 더듬게 하시며 취한 사람 같이 비틀거리게 하시느니라).

(2) 미천한 자들이 출세하여 존귀한 자리에 오르게 됨(41절): 여호와께서 가난한 자를 높은 자리에 앉히시고, 진토에서 일으키셔서 영광의 자리에 앉게 하신다(삼상 2:8; 시 113:7-8). 괴롭힘을 당하고 짓밟혔던 자들은 단지 건지심을 받을 뿐만 아니라, 그들의 고난에서 벗어나서 그들의 원수들이 미치지 못하는 높은 자리에 앉게 되어서, 예전에 그들이 상전으로 모셨던 자들을 다스리게 된다. 그들은 출세하여 높은 자리에 앉게 될 뿐만 아니라 자녀들도 많이 갖게 되어서, 그들의 존귀함은 더욱 빛나게 된다: 여호와께서 그의 가족을 양 떼 같이 지켜 주시기 때문에, 그의 가족은 수가 많고 유익하며 서로 화목하고 온유하며 온순하다. 그들에게 풍족한 양식을 보내 주신 하나님은 그들에게 그 풍족한 양식

을 먹을 입들도 보내 주셨다. 화살들이 그의 화살통에 가득한 자는 복되도다. 왜냐하면, 그는 성문에서 그들의 원수와 담판할 때에 담대하게 말할 수 있기 때문이다(시 127:5). 우리는 가족들을 세우시는 분도 하나님이시고 가족들을 튼튼하게 번성케 하시는 분도 하나님이시라는 것을 고백하여야 한다. 하나님은 각 사람의 처지를 변화시키실 수 있는 무수한 방법들을 가지고 계시기 때문에, 우리는 왕들을 부러워해서도 안 되고 가난한 자들을 멸시해서도 안 된다.

II. 시편 기자는 이러한 진리들을 활용해서 몇 가지 교훈을 한다. 이와 같은 놀라운 유전이나 반전들은 다음과 같은 것들에 유익하다.

1. 성도들을 위로하는 데에 유익함. 그들은 이러한 섭리들을 기뻐하는 마음으로 눈여겨 본다(42절): 의인들(개역에서는 정직한 자)은 만물 속에서 하나님의 영광이 드러나고 하나님께서 인생들을 다스리신다는 것이 드러나는 것을 보고 기뻐한다. 토기장이가 진흙을 다루듯이, 하나님께서 인생들을 다루셔서, 그들을 통해서 자신의 목적을 이루시는 것을 보는 것, 멸시받던 자가 높아지고 불경건하고 교만한 자가 진토에까지 낮아지는 것을 보는 것, 그러한 것들이 진실로 이 세상을 심판하시는 하나님이 계신다는 것을 논란의 여지 없이 입증해 주고 있다는 것을 보는 것은 선한 자에게 큰 위로가 된다.

2. 죄인들을 침묵시키는 데에 유익함: 모든 사악한 자는 자기 입을 봉하리로다. 이러한 진리는 무신론자들과 하나님의 섭리를 부정하는 자들의 어리석음을 온전히 깨닫게 해 줄 것이다. 모든 죄의 밑바닥에는 실제적으로 무신론이 자리잡고 있다고 할 때, 이러한 진리는 모든 죄악된 입을 봉해 줄 것이다. 죄인들이 그들에 대한 징벌이 그들이 저지른 죄와 얼마나 부합하는지, 하나님께서 그들이 남용하였던 하나님의 은사들을 거두어 가시는 것이 얼마나 합당한 일인지를 보게 될 때, 그들은 그들 자신을 위하여 변명할 말을 한 마디도 갖지 못하게 될 것이다. 왜냐하면, 하나님께서는 자기가 의로우시다는 것을 분명하게 나타내실 것이기 때문이다.

3. 하나님의 선하심과 관련해서 모든 자들을 만족시키는 데에 유익함(43절): 지혜있는 자들, 아니 지혜로운 자들이라면 누구나 이러한 일들, 하나님의 섭리에 의한 이러한 다양한 일들을 지켜보고 여호와의 인자하심을 깨달으리로다. 좀 더 살펴보자.

(1) 바람직한 결말. 그것은 여호와의 인자하심을 제대로 깨닫는 것이다. 하나

님의 선하심을 온전히 확신하고 그것을 경험적으로 알며 큰 감화를 받아서 하나님의 인자하심이 우리의 목전에 있게 하는 것은 우리의 신앙에 큰 유익이 된다(시 26:3).

(2) 그러한 목적을 이루기 위해서 제시되고 있는 적절한 수단. 그것은 하나님의 섭리가 어떻게 돌아가고 있는지를 적절히 살피는 것이다. 우리는 하나님의 섭리에 속한 일들을 마음에 쌓아놓고 새기어 계속해서 숙고하여야 한다(눅 2:19).

(3) 참된 지혜의 일부로서 이러한 수단을 사용하기를 권장함: 지혜롭다고 하는 자들이라면, 그들은 이렇게 행함으로써 그들이 지혜롭다는 것을 증명하고 그 지혜를 활용하여야 한다. 하나님의 섭리들을 지혜롭게 살피는 일은 선한 그리스도인으로서 세워져 가는 데에 아주 많은 기여를 하게 될 것이다.

제
— 108 —
편

개요

이 시편은 찬송으로 시작해서 기도로 끝나는데, 찬송이나 기도 속에서는 믿음이 작용하고 있다. I. 다윗은 여기에서 하나님께서 그에게 베푸신 긍휼들에 대하여 감사한다 (1-5절). II. 그는 하나님의 약속들을 거론하며 하나님께서 이 땅에 긍휼을 베풀어 주실 것을 기도한다(6-13절). 전반부는 시편 57:7 이하에서 가져온 것이고, 후반부는 시편 60:5 이하에서 가져온 것으로서 둘 다 그 차이나는 내용은 거의 없다. 이것은 우리가 기도할 때에 이전에 사용했던 것과 동일한 단어들을 사용한다고 하더라도 거기에 새로운 감정을 싣기만 있다면 그런 것은 얼마든지 가능하다는 것을 우리에게 가르치기 위한 것이다. 또한, 이것은 하나의 시편에서 몇 절을 가져오고 또 다른 시편에서 몇 절을 가져와서 그것들을 서로 결합하여 노래함으로써 하나님께 영광을 돌리는 것이 허용될 뿐만 아니라 종종 그렇게 하는 것이 편리할 수 있다는 것을 보여주는 것이기도 하다. 이 시편을 노래함으로써 우리는 하나님께 영광을 돌리고 우리 자신은 위로를 받아야 한다.

[다윗의 찬송시]

[1]하나님이여 내 마음을 정하였사오니 내가 노래하며 나의 마음을 다하여 찬양하리로다 [2]비파야, 수금아, 깰지어다 내가 새벽을 깨우리로다 [3]여호와여 내가 만민 중에서 주께 감사하고 뭇 나라 중에서 주를 찬양하오리니 [4]주의 인자하심이 하늘보다 높으시며 주의 진실은 궁창에까지 이르나이다 [5]하나님이여 주는 하늘 위에 높이 들리시며 주의 영광이 온 땅에서 높임 받으시기를 원하나이다

우리는 여기에서 찬송의 달인이었던 자의 모범을 통해서 어떻게 하나님을 찬송해야 하는지를 배울 수 있다.

1. 우리는 마음을 확고히 정하고서 하나님을 찬송하여야 한다. 찬송을 할 때에는 우리의 마음이 사용되어야 하고(그렇지 않으면 그 찬송은 아무런 의미가 없다), 우리는 마음을 드려서 찬송을 하여야 한다(1절): 하나님이여, 내 마음을

정하였사오니, 그러므로 내가 노래하며 찬양하리로다. 우리는 산만하고 흩어진 생각들을 한데 모아서 찬송에 집중하여야 한다. 왜냐하면, 찬송은 우리의 생각과 마음을 모두 쏟아야 하는 그런 일이기 때문이다.

2. 우리는 아낌없이 표현을 쏟아내어 하나님을 찬송하여야 한다: 내가 나의 영광으로, 즉 나의 혀로 하나님을 찬송하리로다. 우리의 혀는 우리의 영광인데, 하나님을 찬송하는 일에 사용될 때에 가장 크게 우리의 영광이 된다. 마음이 좋은 말을 지어낼 때에 우리의 혀는 글솜씨가 뛰어난 서기관의 붓끝이 되어야 한다 (시 45:1). 다윗이 음악에 능한 것은 그의 영광이 되어서 그를 유명하게 만들어 주었는데, 그러한 재능은 하나님을 찬송하는 데에 바쳐져야 한다. 그러므로 비파야, 수금아, 깰지어다라는 말이 뒤이어 나온다. 우리에게 남들보다 뛰어난 은사가 있다면, 우리는 그 은사를 사용하여 하나님을 찬송하여야 한다.

3. 우리는 열렬한 마음으로 하나님을 찬송하여야 한다. 우리는 정성을 다하고 살아 움직이는 심령으로 하나님을 찬송하도록 우리 자신에게 분발을 촉구하여야 한다(2절): 비파야, 수금아, 깰지어다. 우리는 지루하고 졸린 음조가 아니라 활기찬 태도로 하나님을 찬송하여야 한다. 내가 내 속에 있는 모든 것으로 하나님을 찬송하기 위하여 새벽에 일어나리라(개역에서는 내가 새벽을 깨우리로다). 열렬한 헌신은 하나님을 영화롭게 한다.

4. 우리는 우리가 하나님께 많은 것을 빚지고 있다는 것과 하나님의 은총에 대한 감사하는 마음을 고백하기를 부끄러워하지 않을 뿐만 아니라 다른 사람들도 마찬가지로 하나님의 선하심에 감화를 받기를 바라는 자들로서 많은 사람들 앞에서 하나님을 찬송하여야 한다(3절): 내가 유대인들의 만민 중에서 주께 감사하고, 나아가 세상의 뭇 나라 중에서 주를 찬양하오리라. 우리가 어떤 무리들 속에 있든지간에, 우리는 모든 기회를 이용해서 하나님을 선전하고 찬송하여야 한다. 우리는 우리 이웃들이 듣는다고 하여도 시편들을 노래하는 것을 부끄러워해서는 안 된다. 왜냐하면, 그것은 우리 주님을 부끄러워하는 것이나 다름없는 짓이기 때문이다.

5. 우리는 우리의 찬송 속에서 하나님의 긍휼하심과 진실하심, 곧 약속에 있어서의 긍휼하심과 실행에 있어서의 진실하심을 찬미하여야 한다(4절). 하늘은 광대하지만, 하나님의 긍휼하심은 더 크다. 창공은 높고 밝지만, 하나님의 진실하심은 더 탁월하고 더 빛이 난다. 우리는 하늘과 구름 너머를 볼 수 없다.

우리가 하나님의 긍휼하심이나 진실하심과 관련해서 무엇을 보았든, 저 세상에는 여전히 그것들과 관련하여 우리가 더 보아야 할 것들, 더 보도록 예비되어 있는 것들이 존재한다.

6. 우리는 하나님을 영화롭게 하는 일에 결함이 있는 자들이라는 것을 알기 때문에 하나님께서 모든 일을 그의 뜻대로 행하셔서 스스로를 영화롭게 하시고 스스로 영광을 받으시며 자신을 존귀하게 하시고 스스로 명성을 얻으시기를 간구하여야 한다(5절): 하나님이여, 주는 하늘 위에, 즉 천사들이 그들의 찬송으로 주를 높일 수 있는 것보다 더 높이 들리시며, 주의 영광이 온 땅에 두루 퍼져 높임 받으시기를 원하나이다. 아버지여, 아버지의 이름을 영광스럽게 하옵소서. 주께서는 주의 이름을 이미 영광스럽게 하였고 또다시 영광스럽게 하리라. 우리가 가장 먼저 간구해야 할 것은 아버지여 이름이 거룩히 여김을 받으시옵소서라는 것이다.

[6]주께서 사랑하시는 자들을 건지시기 위하여 우리에게 응답하사 오른손으로 구원하소서 [7]하나님이 그의 성소에서 말씀하시되 내가 기뻐하리라 내가 세겜을 나누며 숙곳 골짜기를 측량하리라 [8]길르앗이 내 것이요 므낫세도 내 것이며 에브라임은 내 머리의 투구요 유다는 나의 규이며 [9]모압은 내 목욕통이라 에돔에는 내 신발을 벗어 던질지며 블레셋 위에서 내가 외치리라 하셨도다 [10]누가 나를 이끌어 견고한 성읍으로 인도해 들이며 누가 나를 에돔으로 인도할고 [11]하나님이여 주께서 우리를 버리지 아니하셨나이까 하나님이여 주께서 우리의 군대들과 함께 나아가지 아니하시나이다 [12]우리를 도와 대적을 치게 하소서 사람의 구원은 헛됨이니이다 [13]우리가 하나님을 의지하고 용감히 행하리니 그는 우리의 대적들을 밟으실 자이심이로다

우리는 여기에서 어떻게 찬송해야 하는지와 아울러 어떻게 기도해야 하는지를 배울 수 있다.

1. 우리는 은혜의 보좌 앞에 나아가 기도할 때에 하나님의 교회를 생각하는 마음을 지니고서 교회의 관심사들을 염두에 두어야 한다(6절). 교회는 하나님께서 사랑하시는 자들이기 때문에, 교회는 우리가 사랑하는 자들이 되어야 한다. 그러므로 우리는 하나님께서 교회를 건지시도록 기도하여야 하고, 또한 하

나님께서 우리가 교회를 위하여 구한 것을 허락하신다면 우리의 기도에 응답하시리라고 생각하여야 한다 — 물론, 하나님은 우리가 구한 것을 우리에게 주시는 것을 우리를 위하여 지체하시기도 하시지만. "주의 교회를 건지소서. 그리하시면, 주께서는 내게 응답하신 것이고, 나는 내가 원한 것을 갖게 된 것이나이다." 온 땅에 하나님의 영광이 충만할지어다. 다윗의 기도가 끝나니라(시 72:19-20). 다윗은 그 이상의 것을 원하지 않는다.

2. 우리는 기도할 때에 하나님의 권능과 약속에 대한 믿음을 발휘하여야 한다 — 하나님의 권능(구원을 베푸실 힘이 있으신 주의 오른손으로 구원하소서)과 그의 약속: 하나님이 그의 성소에서 그가 그의 거룩하심을 두고서 맹세하신 그의 거룩한 말씀으로 말씀하셨기 때문에, 내가 기뻐하리라(7절). 하나님은 그가 약속하신 것을 이루실 것이다. 왜냐하면, 하나님의 약속은 그의 진실하심과 그의 권능을 둘 다 지닌 말씀이기 때문이다. 살아 있는 믿음은 하나님께서 말씀하신 것이 아직 이루어지지 않았을지라도 그 말씀하신 것을 기뻐할 수 있다. 왜냐하면, 우리와는 달리 하나님께서는 말씀하시는 것과 행하시는 것이 별개의 것이 아니라 동일한 것이기 때문이다.

3. 우리는 기도할 때에 하나님께서 우리에게 확실하게 주시기로 하신 것이 아직 우리의 수중에 들어오지 않았다고 하더라도 그 약속하신 것으로 인하여 위로를 얻어야 한다. 하나님은 다윗에게 다음과 같은 것들을 주시기로 약속하셨었다.

(1) 그의 신민(臣民)들의 마음. 그러므로 다윗은 이스라엘 나라의 몇몇 지역들을 이미 자신의 땅으로 여기고서 훑어내려간다. "세겜과 숙곳, 길르앗과 므낫세, 에브라임과 유다는 모두 내 것이다(8절)." 이러한 확신을 가지고서 우리는 하나님께서 다윗의 자손에게 약속하신 것을 이루실 것이라고 말할 수 있다. 하나님은 틀림없이 그리스도께 이방인들을 그의 유업으로 주실 것이고, 땅끝을 그의 소유로 주실 것이다. 왜냐하면, 하나님은 그의 거룩하심을 두고 말씀하셨기 때문이다. 그리스도께서는 그에게 주어진 자들 중에서 한 사람도 잃지 않으실 것이다. 또한, 그리스도는 다윗과 마찬가지로 그의 신민들의 마음을 얻게 될 것이다(요 6:37).

(2) 그의 원수들의 목. 하나님께서는 다윗에게 원수들의 목을 주시기로 약속하셨기 때문에, 다윗은 모압과 에돔과 블레셋을 이미 자신의 소유로 여긴다(9

절): 블레셋 위에서 내가 외치리라(블레셋을 이기고 내가 기뻐서 외치리라). 이 말씀은 블레셋아 나로 말미암아 외치라(8절)는 말씀을 설명해 주는데, 어떤 이들은 이 본문을 내 영혼아 블레셋을 이기고 기뻐 외치라로 해석하여야 한다고 생각한다. 이렇게 높아지신 구속주께서는 만물이 아직 그에게 복종하고 있는 것을 보지 못하지만 그의 모든 원수들이 때가 되면 그의 발등상이 되리라는 온전한 확신을 가지고서 하나님의 오른편에 앉아 계신다(히 2:8).

4. 우리는 하나님께서 긍휼을 베풀기 시작하시는 단초를 보았을 때에 거기에서 힘을 얻어서 그 긍휼하심을 온전히 이루시도록 기도하고 소망하여야 한다(10-11절). "누가 나를 이끌어 아직 정복하지 못한 견고한 성읍으로 인도해 들이며, 누가 나를 아직 복속시키지 못한 에돔 나라의 주인이 되게 해주실까?" 이 문제, 즉 그들이 어떤 방법으로 에돔 족속을 정복해서 그 나라를 복속시킬지는 아마도 다윗의 비밀 회의나 전략회의에서 논의되었던 것으로 보인다. 그러나 다윗은 이 문제를 가지고서 하나님 앞에서 기도하며 그 문제를 하나님의 손에 맡긴다: 하나님이여, 주께서 그렇게 아니하시겠나이까? 분명히 주께서는 그렇게 하시리이다. 다윗은 야곱과 에서에 관한 옛 예언, 즉 큰 자가 어린 자를 섬기리라는 예언이 있어서 야곱에 대한 이러한 축복으로 인해서 야곱이 에서의 주(主)가 되었기 때문에(창 27:37) 에돔에 대한 정복과 관련해서 더욱 확신을 가지고서 말했을 가능성이 크다.

5. 우리는 기도하는 동안에 몇 가지 일들에서 섭리가 우리에 대하여 눈살을 찌푸린다고 하여도 낙심하여 하나님을 붙잡은 손을 놓아버려서는 안 된다. "주께서 우리를 버리셨지만, 주는 이제 우리의 군대들과 함께 나아가시리이다(11절). 주께서는 우리를 괴롭게 하신 날이 지난 후에는 우리를 다시 위로하시리라." 역경과 시련은 종종 우리의 믿음과 기도가 얼마나 변함이 없는지를 시험하기 위한 것이기 때문에, 우리는 어떠한 어려움을 만나더라도 낙담하지 말고 믿음을 지키고 기도를 계속하여야 한다.

6. 우리는 피조물을 의지하고자 하는 모든 유혹을 떨쳐버리고서 하나님으로부터 오는 도우심을 구하여야 한다(12절). "여호와여, 우리를 도와 곤경에서 벗어나게 하시고(개역에서는 대적을 치게 하시고), 우리의 계략이 형통하게 하시며, 원수들의 계략이 좌절되게 하소서." 특히, 하늘로부터의 도우심을 위하여 기도할 것을 촉구할 때에 우리가 승리의 기쁨에 관하여 말함과 동시에 곤경에 관하

여 말하는 것은 앞뒤가 맞지 않는 것이 아니다. 사람의 도움(개역에서는 구원)은 헛됨이니이다라는 호소는 우리가 하나님께 도와 달라고 기도할 때에 좋은 근거가 된다. "사람의 도움은 진정으로 아무 소용이 없기 때문에, 주께서 우리를 도우시지 않으면 우리는 망하게 되리이다. 우리는 그런 이치를 너무도 잘 알고 있기 때문에, 더욱 간절히 주의 도우심을 의지하고 기대하나이다."

7. 우리는 우리의 일이나 전쟁에서 힘을 얻고 승리하기 위해서는 하나님의 은총과 은혜를 전적으로 의지하여야 한다(13절).

(1) 우리는 우리가 해야 할 몫을 해야 하지만, 우리 스스로는 아무것도 해낼 수 없다. 우리는 하나님을 의지할 때에만 용감히 행하게 된다. 복된 바울조차도 그에게 능력 주시는 그리스도로 말미암지 않고는 아무것도 제대로 할 수 없다고 고백한다(빌 4:13).

(2) 우리가 아무리 기가 막히게 일을 처리했다고 하더라도, 우리는 우리 자신의 공로나 힘으로는 아무 일도 이루어 낼 수 없다. 우리의 대적들을 밟으실 수 있으신 분은 오직 하나님뿐이기 때문에, 우리는 아무리 용맹하여도 그렇게 할 수 없다. 우리가 무슨 일을 해냈거나 우리가 어떤 것을 얻었다고 할지라도, 그 모든 것과 관련해서 모든 영광은 하나님이 받으셔야 한다.

제 — 109 — 편

개요

다윗이 이 시편을 지은 때가 사울의 박해를 받고 있던 때였는지, 또는 그의 아들 압살롬이 반란을 일으켰을 때였는지, 또는 그가 어떤 환난을 당할 때였는지는 확실하지 않다. 따라서 다윗이 여기에서 언급하고 있는 원수가 사울이었는지, 또는 도엑이었는지, 또는 이 이야기 속에 언급되지 않은 그 밖의 어떤 다른 사람이었는지도 우리는 알 수 없다. 그러나 다윗이 이 시편을 지을 때에 그리스도의 고난과 그리스도를 핍박했던 자들을 염두에 두고 있었다는 것은 분명하다. 왜냐하면, 다윗의 저주의 말(8절)이 신약성경에서 유다에게 적용되고 있기 때문이다(행 1:20). 다윗이 원수들을 쳐서 한 나머지 기도들은 개인적인 감정에서 나온 것이 아니라 예언의 영에 의한 것이었다. I. 다윗은 그의 원수들의 악의와 비열하고 배은망덕한 행위에 대하여 하늘의 법정에서 고소를 제기하고, 의로우신 하나님께 호소한다(1-5절). II. 그는 원수들을 쳐서 기도하면서 그들을 멸망받게 해 달라고 간구한다(6-20절). III. 그는 자신을 위하여 기도하면서 하나님께서 그가 처해 있는 어려운 처지에서 그를 도우시고 건져주실 것을 간구한다(21-29절). IV. 그는 하나님께서 그를 위하여 나타나실 것을 기대하는 기쁜 마음으로 이 시편을 끝맺는다(30-31절). 이 시편을 노래할 때, 우리는 그리스도와 그의 교회의 모든 원수들은 확실히 멸망할 것과 하나님을 의지하고 가까이하는 모든 자들은 확실히 구원받을 것을 믿음으로 내다보면서 위로를 받아야 한다.

〔다윗의 시, 인도자를 따라 부르는 노래〕

[1]내가 찬양하는 하나님이여 잠잠하지 마옵소서 [2]그들이 악한 입과 거짓된 입을 열어 나를 치며 속이는 혀로 내게 말하며 [3]또 미워하는 말로 나를 두르고 까닭 없이 나를 공격하였음이니이다 [4]나는 사랑하나 그들은 도리어 나를 대적하니 나는 기도할 뿐이라 [5]그들이 악으로 나의 선을 갚으며 미워함으로 나의 사랑을 갚았사오니

모든 선한 자들에게는 그들을 해치고자 하는 자들이 누구이든 하나님

은 그들 편이기 때문에 그들은 그들 편이 되어 주시기를 기뻐하시는 하나님을 의지할 수 있다는 것은 이루 말할 수 없이 큰 위로가 된다. 다윗은 여기에서 다음과 같이 행한다.

I. 다윗은 자기 자신을 하나님의 판단에 맡긴다(1절). "잠잠하지 마시고, 주께서 나를 판단하소서(시 17:2). 내가 주께 드린 호소를 판단하시는 일을 지체하지 마옵소서." 하나님께서는 원수들이 다윗을 해치고자 한 짓들을 보셨지만, 그들의 소행을 묵인하고 침묵을 지키시는 것처럼 보였다. 다윗은 "여호와여, 언제까지나 침묵을 지키지는 마옵소서"라고 말한다. 다윗이 하나님을 부르는 호칭이 주목할 만한다. "내가 찬양하는 하나님이여. 나는 하나님을 자랑하고, 내 자신의 지혜와 힘을 자랑하지 않나이다. 내게 사람들로부터 칭송을 받을 만한 것이 있다면 그것들은 다 하나님께로부터 나온 것이오니, 내가 하나님을 찬송하였고, 장차 찬송할 것이며, 영원히 찬송하게 되기를 소망하나이다." 그는 앞에서 하나님을 그에게 긍휼을 베푸시는 하나님(시 59:10)으로 불렀는데, 여기에서는 그가 찬양하는 하나님이라고 부른다. 하나님은 우리에게 긍휼을 베푸시는 하나님이시기 때문에, 우리는 하나님을 우리가 찬양하는 하나님으로 삼아야 한다. 만물이 그에게 속하고 그로부터 나오듯이, 만물이 그에게로 돌아가고 그를 위하여 존재하여야 한다.

II. 다윗은 원수들이 의로우신 하나님께서 나타나셔서 그들을 치셔야 마땅할 정도로 악하다는 것을 보여주면서 그의 원수들과 관련하여 하소연한다.

1. 그들은 지독한 앙심을 품고 있고 악의적인 자들이었다: 그들은 악하다. 그들은 남에게 해악을 끼치는 것을 즐거워한다(2절). 그들이 하는 말들은 미워하는 말, 증오심이 가득한 말들이다(3절). 그들은 선한 자에 대하여 그가 선하다는 이유만으로 지독한 적대감을 지니고 있었다. "그들은 입을 열어서 나를 쳐서 집어삼키려 하고, 나를 죽이기 위하여 있는 힘을 다해서 나를 공격한다."

2. 그들은 악명높은 거짓말쟁이들이었다. 거짓말하는 것은 여호와께서 미워하시는 일곱 가지 중에서 두 자리를 차지한다. "그들은 거짓된 입을 열어 친절을 가장하면서, 이와 동시에 내 등 뒤에서 속이는 혀로 나를 쳐서 말한다." 또한, 그들은 다윗 앞에서는 아부하면서 뒤에서는 중상모략하고 비방하는 거짓된 모습을 보였다.

3. 그들은 공개적으로 끊임없이 나를 해칠 계략들을 실행하였다. "그들은 사

방에서 나를 두르고 공격해 왔기 때문에, 나는 어디를 둘러보아도 나를 공격하는 것 외에는 볼 수 없었다."

4. 그들은 불의한 자들이었다. 다윗에 대한 그들의 고소와 선고는 모두 근거 없는 것들이었다. "그들은 까닭 없이 나를 공격하였다. 나는 그들에게 그 어떤 도발도 한 적이 없었다." 아니, 그들은 한 술 더 떠서 다음과 같이 행하였다.

5. 그들은 매우 배은망덕한 자들이어서 악으로 그의 선을 갚았다(5절). 다윗은 그들에게 온갖 자비를 베풀었고 기회만 있으면 기꺼이 그렇게 하고자 했지만, 그를 향한 그들의 악의는 누그러지지 않았다. 도리어, 그들은 다윗의 성미를 돋구어서 그가 실수함으로써 그를 칠 수 있는 좋은 기회를 잡고자 하였으나 그렇게 되지 않았기 때문에 분에 겨워서 더욱 미쳐 날뛰었었다(4절): 나는 사랑하나 그들은 도리어 나를 대적하나이다. 다윗이 그들에게 잘 대해 주려고 애쓰면 애쓸수록, 그들은 더욱더 그를 미워하였다. 우리는 어떻게 사람이 그렇게 악할 수 있는지 의아해할 수 있다. 그렇지만 그것이 사실임을 보여주는 너무도 많은 사례들이 있어 왔기 때문에, 우리는 어떤 사람이 우리에 대하여 아주 악하게 군다고 하여도 이상하게 여겨서는 안 된다.

III. 다윗은 자신의 본분을 충실히 다하고서 그것으로 위로를 받고자 결심한다. 나는 기도할 뿐이라(4절). "나는 기도를 위해 존재하는 기도의 사람으로서 기도를 사랑하고 소중히 여기며 기도를 실천하고 기도를 나의 일로 삼으니, 나는 기도하고 있을 때에 나의 본연의 모습 속에 있는 것이다." 선한 자는 기도로 살게 되어 있어서, 사도들처럼 오로지 기도하는 일에 힘쓴다(행 6:4). 원수들이 다윗을 거짓으로 고소하고 그에 대하여 거짓을 퍼뜨렸을 때, 다윗은 하나님 앞에 나아가서 기도로 자신의 사정을 하나님께 아뢰고 부탁하였다. 원수들은 그의 사랑을 악으로 갚아서 그의 대적들이 되었지만, 그는 계속해서 그들을 위하여 기도하였다. 다른 사람들이 우리를 욕하고 우리에게 상처를 준다고 해도, 우리는 그들에 대한 우리의 도리를 다하여야 하고, 그들을 위하여 기도하기를 쉬는 죄를 여호와 앞에 범하지 않아야 한다(삼상 12:23). 그들은 그의 신앙 때문에 그를 미워하고 핍박하였지만, 그는 자신의 신앙을 지켰다. 그들은 그의 기도를 비웃었지만, 그들의 비웃음을 통해서 그로 하여금 기도를 그만두게 할 수는 없었다. "그들이 무슨 말을 하든, 나는 기도할 뿐이라." 이 점에 있어서 다윗은 그리스도의 모형이었다. 그리스도께서는 미워하는 말(증오의 말)과 거짓말들로 둘러싸여 있으셨고, 원수들은 까닭 없이 그를 핍박하였을 뿐만 아니라 그의 사랑과 그의 선한 일들 때문에 그를 핍박하였다(요 10:32). 그렇지만 그리스도께서는 기도에 전념하셔서 그들을 위하여 기도하셨다. 아버지, 저들을 사하여 주옵소서.

[6]악인이 그를 다스리게 하시며 사탄이 그의 오른쪽에 서게 하소서 [7]그가 심판을 받을 때에 죄인이 되어 나오게 하시며 그의 기도가 죄로 변하게 하시며 [8]그의 연수를 짧게 하시며 그의 직분을 타인이 빼앗게 하시며 [9]그의 자녀는 고아가 되고 그의 아내는 과부가 되며 [10]그의 자녀들은 유리하며 구걸하고 그들의 황폐한 집을 떠나 빌어먹게 하소서 [11]고리대금하는 자가 그의 소유를 다 빼앗게 하시며 그가 수고한 것을 낯선 사람이 탈취하게 하시며 [12]그에게 인애를 베풀 자가 없게 하시며 그의 고아에게 은혜를 베풀 자도 없게 하시며 [13]그의 자손이 끊어지게 하시며 후대에 그들의 이름이 지워지게 하소서 [14]여호와는 그의 조상들의 죄악을 기억하시며 그의 어머니의 죄를 지워 버리지 마시고 [15]그 죄악을 항상 여호와 앞에 있게 하사 그들의 기억을 땅에서 끊으소서 [16]그가 인자를 베풀 일을 생각하지 아니하고 가난하고 궁핍한 자와 마음이 상한 자를 핍박하여 죽이려 하였기 때문이니이다 [17]그가 저주하기를 좋아하더니 그것이 자기에게 임하고 축복하기를 기뻐하지 아니하더니 복이 그를 멀리 떠났으며 [18]또 저주하기를 옷 입듯 하더니 저주가 물 같이 그의 몸 속으로 들어가며 기름 같이 그의 뼈 속으로 들어갔나이다 [19]저주가 그에게는 입는 옷 같고 항상 띠는 띠와 같게 하소서 [20]이는 나의 대적들이 곧 내 영혼을 대적하여 악담하는 자들이 여호와께 받는 보응이니이다

　　　　다윗은 여기에서 그의 원수들 중에서 가장 악하고 원수들의 우두머리인 특정한 한 인물을 지목하고서, 개인적인 악의와 복수심에서가 아니라 하나님을 위하고 죄를 미워하는 거룩한 열심에서 경건한 방식으로 그리스도의 원수들, 특히 그리스도를 배신하여 그를 정죄하였던 빌라도보다 더 큰 죄를 범한 유다를 염두에 둔 가운데(요 19:11) 그 인물이 멸망받기를 기원함과 동시에 예언하며, 그 인물이 우리 구주께서 멸망의 자식이라 부르신 자처럼 완전히 비참한 자가 되리라는 것을 내다보고 그 운명을 선포한다. 칼빈은 그의 시대에 어떤 사람이 이웃 사람에 대하여 악의를 가지고 있는 경우에 프란체스코회 탁발

수도사들을 비롯한 많은 수도사들 중 몇 명을 돈 주고 고용해서 그들로 하여금 이 시편에 나오는 이 절들을 주문으로 외우게 하는 방식으로 그 이웃 사람을 저주하게 한 일을 두고서 가증스러운 신성모독이라고 말한다. 칼빈은 구체적으로 프랑스에 사는 한 부인이 자신의 독자(獨子)와 불화가 생기자 몇 명의 탁발 수도사들을 고용해서 이 절들을 사용해서 그 독자를 저주하게 하였다는 일화를 소개한다. 거룩한 성경의 글들 속에 마귀적인 감정을 주입하는 것, 하나님의 제단에서 꺼내온 숯불들로 분쟁의 불을 당기는 것, 지옥의 불을 머금은 혀로 하늘로부터 불을 내려달라고 구하는 것보다 더 큰 불경(不敬)은 거의 상상할 수 없을 것이다.

I. 여기에 나오는 저주를 기원하는 말들은 정말 끔찍하다. 하나님께서는 그를 거스르는 자에 대한 이 무수한 재앙에 대하여 아멘이라 말씀하신다. 하나님의 교회와 백성을 박해하는 불구대천의 원수들, 회개하지 아니하고 주께 영광을 돌리지 아니하는 자들에게 이 모든 재앙들이 맹렬하게 임하게 된다. 여기에서 다음과 같은 것들이 저 악한 자에 대하여 예언되고 있다.

1. 그가 재판을 받고 정죄를 당하여 유죄 판결을 받는 등 일련의 끔찍한 과정을 거쳐서 범죄자로 선고를 받고 엎드러지게 되리라는 것(6-7절): 악인이 그를 다스리게 하셔서, 그가 예전에 다른 사람들에게 했던 것처럼 그를 압제하며 잔인하게 다루게 하소서. 왜냐하면, 하나님께서는 흔히 한 악인을 또 다른 악인을 때리는 채찍이 되게 하셔서 약탈한 자들을 약탈하게 하시고 사기를 치던 자들을 속여먹게 하시기 때문이다. 악한 자, 즉 그 다음에 나오는 대로 사탄이 그를 다스리게 하소서(어떤 이들은 이렇게 해석한다). 이 말씀은 나중에 유다에게서 성취되었는데, 사탄은 유다에게로 들어가서 그를 부추겨서 먼저 범죄하게 하고 그런 후에 절망에 빠지게 하였다. 그의 악한 마음이 그를 지배하게 하시고, 그의 양심이 그를 치게 하셔서, 자기가 한 짓이 자기에게로 돌아가게 하소서. 사탄이 그의 오른쪽에 서게 하셔서, 사탄이 아합을 속여서 멸망시켰던 것처럼 그를 기만한 후에 그를 고소하고 대적하게 하소서. 그러면, 그는 "사탄아, 여호와께서 너를 책망하노라"(슥 3:1-2)고 말하며 그를 변호해 주실 수 있는 유일한 분과 아무런 상관도 없기 때문에 반드시 엎드러지게 된다. 그가 사람들의 법정에서 재판을 받게 될 때, 그가 통상적으로 쓰던 술책들은 심판을 피하는 데에 아무런 소용도 없게 하시고, 그가 저지른 죄가 그를 찾아내어서 그가

죄인이 되어 나오게 하소서. 또한, 그는 하나님께서 심문하시고 보응하시는 하늘의 법정 앞에 설 때에 피하지 못하고 정죄를 받게 될 것이다. 그의 기도가 죄로 변하게 하소서. 즉, 정죄받은 범인의 울부짖음은 하나님께 열납되지 못하고, 도리어 법정을 모독하는 행위로 간주될 것이다. 악인들의 기도는 위선과 악의라는 누룩으로 이미 시어졌기 때문에 죄로 변하게 된다. 또한, 저 큰 날에는 주여 주여 우리에게 열어 주소서라고 소리쳐 보아야 이미 때가 늦을 것이기 때문에, 악인들의 기도는 죄로 변하게 될 것이다. 모든 것, 심지어 그가 드리는 기도들조차도 돌변하여 그에게 등을 돌리고 그에게 불이익이 되는 방향으로 작용하게 하소서.

2. 그가 정죄를 받고서 극악무도한 범죄자로서 처형당하게 되리라는 것.

(1) 공의의 칼날에 의해서 그가 한창 때에 목숨을 잃고 그의 연수(年數)가 중도에 끊어지게 되리라는 것: 사형 선고를 받은 죄인이 살 날이 며칠 남지 않는 것과 마찬가지로, 그의 연수를 짧게 하소서(8절). 피를 흘리게 하며 속이는 그런 자들은 그들의 날의 반도 살지 못할 것이다.

(2) 그 결과로 그가 차지하고 있던 모든 자리들은 박탈되어서 다른 사람들에게 넘어가게 되고, 그가 이루어 놓았던 것들을 다른 사람들이 누리게 되리라는 것: 그의 직분을 타인이 빼앗게 하소서. 베드로는 맛디아를 뽑아서 저 거룩한 사도들의 무리 속에서 유다가 차지하고 있던 자리를 차지하게 할 때에 이 본문을 적용한다(행 1:20). 자기에게 맡겨진 것을 제대로 감당하지 못한 자들은 자신의 직분을 빼앗기고, 신실한 것으로 입증된 자들에게 그 직분이 주어지는 것이 마땅하다.

(3) 그가 갑자기 요절함으로써 그의 가족은 가장을 잃고 그의 아내는 과부가 되고 그의 자녀는 고아가 되어 거지 신세를 면치 못하게 되리라는 것(9절). 악인들은 그들의 악한 삶 때문에 그들이 돌보고 부양해야 할 자신의 아내와 자녀에게 파멸을 가져다 준다. 그렇더라도 그의 자녀들이 충분히 자립해서 살 처지가 된다면, 자녀들은 비록 아버지를 잃었더라도 어느 정도 괜찮을 수 있다. 그러나 악인의 자녀들은 유리하며 구걸하게 될 것이다. 자녀들에게는 그들이 살 집이 없게 될 것이고, 확실한 주거도 없을 것이며, 어디에서 식사를 해결해야 할지를 몰라서, 자신의 굴을 떠난 짐승들처럼 두렵고 떨리는 마음으로 그들의 황폐한 집을 떠나 기어나가서 다른 곳에서 빌어먹게 될 것이다(10절). 왜냐하면,

그들은 온 인류가 그들의 아버지 때문에 그들을 미워한다는 것을 잘 알고 있기 때문이다.

(4) 범죄자들의 재산이 나라에 몰수되는 것과 마찬가지로, 그의 재산은 다 빼앗기게 되리라는 것(11절): 그가 지은 범죄 또는 그가 진 빚 때문에 고리대금 하는 자 또는 관리가 그의 소유를 다 빼앗게 하시며, 그의 재산과 아무런 상관이 없는 낯선 사람이 그가 수고한 것을 탈취하게 하소서(욥 5:4-5).

(5) 그의 후손이 비참하게 되리라는 것. 고아들은 비록 스스로 가진 것은 없다고 할지라도 종종 하나님께서 사람들에게 그들을 불쌍히 여기는 마음을 주셔서 그들의 자비로 필요한 것들을 공급받게 된다. 그러나 이 악한 자는 다른 사람에게 결코 긍휼을 베푼 적이 없기 때문에, 그가 죽고 난 후에 그에게 인애를 베풀 자가 없고 그의 고아에게 은혜를 베풀 자도 없게 될 것이다(12절). 악한 부모를 둔 자녀들은 흔히 부모의 악행으로 인해서 사람들의 불쌍히 여기는 마음이 그 자녀에게도 닫혀져 버리기 때문에 이런 식으로 혹독한 시련을 겪게 되는데, 사실 사람들은 악인의 자녀에게까지 그래서는 안 된다. 자녀들이 그들 자신의 잘못이 아니라 단지 부모를 잘못 만난 것 때문에 그렇게까지 고통을 당할 이유가 어디 있겠는가?

(6) 그가 후대에 악명 높은 자로 기억되고, 차츰 그 이름이 지워지는 수치를 당하게 되리라는 것(13절): 그의 자손이 끊어지게 하시며(하몬드 박사는 이 본문을 그의 종말이 멸망이 되게 하소서라고 번역한다), 후대에 그들의 이름이 지워지게 하소서. 또는, 후세 사람들이 그들의 이름을 들을 때마다 경멸과 분노를 나타내고(15절), 그들의 이름 위에 씻을 수 없는 수치가 남아 있게 하소서. 우리는 여기에서 무엇이 어떤 자들을 느닷없이 부끄러운 죽음을 당하게 하고, 그들의 재산이 한순간에 다 빼앗기게 하며, 그들과 그들의 가족이 가증스러운 자들로 경멸을 받게 하고, 그들의 후손들에게 가난과 수치과 비참한 삶을 물려주게 하는지를 볼 수 있다. 그것은 재난과 파멸을 불러오는 것, 즉 죄이다. 박식한 하몬드 박사는 이 본문을 유대 민족이 그리스도를 십자가에 못 박은 죄 때문에 결국 여기저기로 뿔뿔이 흩어져서 황폐화된 것에 적용한다. 그들의 왕들과 민족으로서의 그들의 존재는 끊어져 버렸고, 그들의 땅은 초토화되었으며, 그들의 후손은 도망자와 유랑자들이 되었다.

II. 이러한 저주를 기원하는 말들은 너무도 혹독하게 들리기는 하지만, 그런

말을 하게 된 근거를 생각할 때에 그 저주들은 지극히 합당하다.

1. 죄인의 후손들에 대한 보응을 기원하는 저주의 말들이 정당하다는 것을 보이기 위해서 여기에서는 그의 조상들의 죄상(罪狀), 즉 그의 아비들의 죄악과 그의 어머니의 죄가 제시된다(14-15절). 하나님은 흔히 그러한 조상들의 죄에 대한 책임을 자손의 자손들에게까지 물으시는데, 그 점에 있어서 하나님은 불의하지 않으시다. 사악함이 오랫동안 핏줄을 통해서 이어져 왔기 때문에, 그 사악함과 아울러서 저주도 이어지는 것이 당연하다. 따라서 하나님은 그리스도를 십자가에 못 박아 죽임으로써 그들의 조상의 분량을 채운 저 세대에게 의인 아벨의 피로부터 시작해서 이 땅에 흘려진 모든 무죄한 피에 대한 책임을 물으셨고, 그리스도를 박해한 세대는 그 피를 우리와 우리 자손에게 돌릴지어다라고 말함으로써 그들보다 앞서서 저질러졌던 모든 일련의 죄악들과 그들이 저지른 죄악에 대한 보응의 책임을 그들의 후손들에게 물려주는 것에 스스로 동의하였다.

2. 죄인 자신에 대한 보응을 기원하는 저주의 말들이 정당하다는 것을 보이기 위해서 여기에서는 죄인 자신이 저지른 죄가 그를 큰 소리로 고소하고 있다고 말한다.

(1) 그는 잔인함을 좋아하였기 때문에, 그에게 피를 주어 마시게 하는 것이 마땅하다(16절): 그가 긍휼을 베풀 일을 생각하지 아니하고, 그로 하여금 마땅히 긍휼을 베풀 마음이 나게 하였어야 할 그러한 사정들을 고려하지 않았으며, 당연히 불쌍히 여겨야 할 자들을 헤아리지 않았고, 도리어 그가 마땅히 보호하고 구하였어야 할 가난한 자들을 핍박하였고, 그가 마땅히 위로하고 치유해 주었어야 할 마음이 상한 자를 죽였다. 여기에 정말 살려둬서는 안 될 야만적인 자가 있다.

(2) 그는 저주하기를 좋아하였기 때문에, 그 저주가 그의 머리에 돌아가게 하는 것이 마땅하다(17-19절). 그는 그가 잔인한 짓을 행할 수 없는 자들에게는 저주를 퍼부었다. 그의 저주는 아무런 효력이 없는 우스꽝스러운 짓이긴 하지만 그에게 다시 되돌아가게 될 것이다. 그는 축복하기를 기뻐하지 아니하였다. 그는 다른 사람들이 잘 되기를 비는 것을 좋아하지 않았고, 다른 사람들이 잘 되는 꼴을 보지 못하였다. 그는 그 누구에게도 좋은 말을 하거나 잘 되기를 빌고자 하지 않았고, 누구를 친절하게 대하는 일은 더더욱 없었다. 그러므로 모

든 좋은 일이 그를 멀리 떠나게 하소서. 그는 저주하기를 옷 입듯 하였다. 그는 자기가 주변의 모든 사람들을 자기가 퍼붓는 저주들로 기겁을 하게 만들 수 있다는 것을 자랑스러워하며 의기양양해하였다. 그는 남을 저주하는 것을 자신의 무기로 삼아서, 그가 두려워한 자들이 그를 비방하지 못하게 하고자 하였다. 그로 하여금 마음껏 저주하게 하라. 그가 저주하기를 좋아하였는가? 하나님의 저주가 물 같이 그의 몸 속으로 들어가서 수종(水腫)처럼 그의 배가 불러오게 하시고, 기름 같이 그의 뼈 속으로 흡수되어 들어가게 하소서. 저주의 말씀은 살아 있고 활력이 있어 관절과 골수를 찔러 쪼갠다. 그 말씀은 강력하고 효과적으로 작용하여 영혼을 옥죈다. 그 말씀은 찌르는 것이고, 그것을 치유할 해독제는 없다. 그 저주의 말씀이 입는 옷 같이 그를 사방에서 두르게 하소서(19절). 그가 그의 이웃을 저주한 것이 그의 자랑거리가 되었듯이, 하나님께서 그를 저주하신 것이 그의 수치가 되게 하소서. 저주의 말씀이 허리 띠 같이 그에게 꼭 들러붙어서, 그가 거기에서 빠져 나올 수 없게 하소서. 저주의 말씀이 그에게 저주가 되게 할 쓴 물이 되게 하셔서, 그의 배가 부풀어 오르고 넓적다리가 썩게 하소서. 이 본문은 유다가 철저하게 파멸할 것과 그리스도를 십자가에 못 박은 유대인들에게 임한 영적인 심판을 보여준다. 시편 기자는 그의 저주의 기원들을 아멘이라는 무시무시한 말로 끝맺는데, 이 말은 단지 "그렇게 되기를 내가 원하나이다"만을 의미하는 것이 아니라 "그렇게 될 줄을 내가 아나이다"를 의미하는 말이다. 이는 나의 대적들이 여호와께 받는 보응이니이다(20절). 이것은 주 예수의 모든 대적들이 장차 받게 될 보응이다. 그리스도께서 그들을 다스리지 못하게 하고자 하는 원수들은 그 앞에 끌려나와서 죽임을 당하게 될 것이다. 그리고 그리스도께서는 언젠가는 그의 백성을 괴롭히고 환난을 가져다 준 자들에게 환난으로 되갚으실 것이다.

[21]그러나 주 여호와여 주의 이름으로 말미암아 나를 선대하소서 주의 인자하심이 선하시오니 나를 건지소서 [22]나는 가난하고 궁핍하여 나의 중심이 상함이니이다 [23]나는 석양 그림자 같이 지나가고 또 메뚜기 같이 불려 가오며 [24]금식하므로 내 무릎이 흔들리고 내 육체는 수척하오며 [25]나는 또 그들의 비방 거리라 그들이 나를 보면 머리를 흔드나이다 [26]여호와 나의 하나님이여 나를 도우시며 주의 인자하심을 따라 나를 구원하소서 [27]이것이 주의 손이 하신 일인 줄을 그들이 알게 하소서 주 여호와

께서 이를 행하셨나이다 ²⁸그들은 내게 저주하여도 주는 내게 복을 주소서 그들은 일어날 때에 수치를 당할지라도 주의 종은 즐거워하리이다 ²⁹나의 대적들이 욕을 옷 입듯 하게 하시며 자기 수치를 겉옷 같이 입게 하소서 ³⁰내가 입으로 여호와께 크게 감사하며 많은 사람 중에서 찬송하리니 ³¹그가 궁핍한 자의 오른쪽에 서사 그의 영혼을 심판하려 하는 자들에게서 구원하실 것임이로다

다윗은 원수들의 죄상을 낱낱이 아뢰고 하나님의 진노를 그들에게 쏟으시기를 간구한 후에 여기에서는 매우 겸손한 태도로 뽐내지 않는 가운데 그에게 하나님의 위로를 베풀어 주시기를 간구한다.

I. 다윗은 자기가 얼마나 비참한 처지에 있는지에 관하여 하나님 앞에서 하소연을 쏟아 놓는데, 아마도 다윗의 그러한 처지는 그의 원수들에게 그를 비방할 빌미를 주었을 것이다. "나는 가난하고 궁핍하오니, 주께서 불쌍히 여기셔야 할 대상이고, 주의 도우심을 몹시 필요로 하는 자이나이다."

1. 그는 마음이 괴로웠다(22절): 나의 중심이 상하오니, 외적으로 괴로운 일들 — 이러한 일들은 종종 심령을 무너뜨리고 가라앉게 만든다 — 때문에 마음이 상할 뿐만 아니라 죄책감 때문에 상처를 받나이다. 심령이 상하면 그것을 누가 일으키겠으며, 누가 고칠 수 있겠는가?

2. 그는 그의 마지막이 가까이 다가오고 있다는 것을 느꼈다: 나는 석양 그림자 같이 소멸되어 가니 이미 죽은 자나 다름없나이다. 사람의 인생은 기껏해야 그림자와 같다. 인생은 종종 저녁 그림자, 밤이 다가오면 점점 사라져 가는 그림자 같다.

3. 그는 불안정해서 메뚜기 같이 이리 휩쓸리고 저리 휩쓸리고 있었다. 그의 마음은 이런저런 생각으로 요동치며 안정감이 없었고, 그의 외적인 형편은 여전히 산 위의 자고새처럼 사냥감이 되어 이리저리 쫓기느라 확실한 것이 없었다.

4. 그의 몸은 기력이 소진되어서 지칠 대로 지쳐 있었다(24절): 금식하므로 내 무릎이 흔들리나이다. 그는 쫓겨다니느라 먹을 것이 없거나 병들어서 식욕이 없어서 굶는 일이 많았고, 또한 자신 또는 남의 죄나 고난 때문에 그의 영혼을 괴롭게 하느라고 자발적으로 금식하기도 하였다(시 35:13; 69:10). "내 육체는 수척하나이다. 즉, 내 몸에 붙어 있던 살이 쭉 빠져서, 나는 뼈와 가죽만 남은 해골 같이 되었나이다." 그러나 그 몸은 피둥피둥 살이 쪘는데 그 영혼은 수척

하게 된 이스라엘보다는 몸은 이렇게 수척하더라도 영혼이 잘 되고 건강한 편이 도리어 낫다.

5. 그는 원수들로부터 조롱과 비방을 받았다(25절). 그들은 그의 기도와 환난을 웃음거리로 삼았는데, 이 두 가지 때문에 하나님의 백성은 안일하고 편안하게 살아가는 자들로부터 심한 조롱을 받기 일쑤였다.

이 모든 점에서 다윗은 그리스도의 모형이었다. 그리스도는 낮아지신 상태에서 이렇게 마음이 상하였고 몸이 쇠약해지셨으며 사람들로부터 비방을 받으셨다. 또한, 다윗은 교회의 모형이기도 하였다. 교회는 흔히 곤고하며 광풍에 요동하여 안위를 받지 못한다.

II. 다윗은 하나님께서 그에게 긍휼을 베풀어 주시기를 기도한다. 그는 먼저 일반적으로 기도한다(21절). "주 여호와여, 나를 선대하소서. 나를 위해 나타나시고 나를 위해 행하옵소서." 하나님이 우리를 위하신다면, 하나님은 우리를 위해 행하실 것이고, 우리가 구하거나 생각하는 모든 것에 더 넘치도록 행하실 것이다. 다윗은 하나님께서 그에게 무엇을 해주시라고 처방하듯이 요구하는 것이 아니라 그것을 하나님의 지혜에 맡긴다. "여호와여, 주께서 보시기에 선한 일을 나를 위해 행하소서. 현재에 있어서는 내게 해로운 것처럼 보이는 것이라 할지라도, 결국에는 진정으로 나를 위한 것이 무엇인지를 주께서 아시오니 바로 그것을 행하소서." 그는 다음으로 좀 더 구체적으로 기도한다(26절). "여호와 나의 하나님이여, 나를 도우소서. 나를 구원하소서. 환난 가운데서 나를 도우시고, 나를 환난에서 건지소서. 나로 하여금 범죄하지 않게 구원하시고, 내 본분을 다하도록 나를 도우소서." 그는 그들은 저주하여도 주는 내게 복을 주소서라고 기도한다(28절).

(1) 그는 원수들의 아무런 이유도 없는 저주를 무시한다: 그들로 저주하게 하라. 그는 시므이와 관련해서 그에게 저주하게 하라고 말하였었다. 그들은 그들이 지닌 악의를 발산할 수밖에 없다. 그들이 남에게 해악을 가하는 것은 참새가 떠도는 것이나 제비가 날아가는 것과 같이 자연스러운 것이다(잠 26:2). 다윗은 하나님의 축복만 있다면 원수들의 저주하는 말을 상쇄하고도 남음이 있다고 여긴다. 주는 나를 축복하소서. 그리하시면, 그들이 저주하는 것은 아무런 문제도 되지 않나이다. 하나님께서 우리를 축복하시면, 누가 우리를 저주하든 우리는 신경쓸 필요가 없다. 하나님이 저주하지 않으신 자, 아니 하나님이 축복하신

자를 그들이 어찌 저주할 수 있겠는가? 사람들이 하는 저주는 전혀 이루어질 수 없는(impotent) 반면에, 하나님의 축복은 모두 이루어진다(omnipotent). 우리가 부당하게 저주하는 자들은 믿음 안에서 하나님의 특별한 축복을 기대할 수 있고, 또한 그 축복을 주시도록 기도할 수 있다. 바리새인들이 그리스도에게 신앙을 고백한 가난한 자를 쫓아내었을 때에 그리스도께서는 그를 만나 주셨다(요 9:35). 사람들이 아무런 이유도 없이 우리에 대하여 온갖 악담을 하고 온갖 나쁜 일들이 우리에게 일어나기를 바란다면, 우리는 우리의 마음을 하나님께 들어 올려서 다음과 같이 간구하며 위로를 얻을 수 있다: 그들은 나를 저주하여도 주는 내게 복을 주소서. 다윗은 주의 종이 즐거워하게 하소서라고 기도한다(28절). 하나님의 축복이 얼마나 소중한지를 아는 자들은 그 축복을 확신할 뿐만 아니라 그 축복이 주어질 것을 믿고서 기뻐하여야 한다.

Ⅲ. **다윗은 그의 원수들이 다윗을 해치고자 하는 그들의 계략이 좌절됨으로써 유대인을 대적했던 자들이 그랬던 것처럼(느 6:16) 수치로 가득하게 해 달라고 기도한다.**   수치를 당하고(28절) 욕을 옷 입듯 하게 하시며(29절), 당황하고 혼란에 빠져서 스스로 모든 사람들 앞에서 그들의 어리석음을 드러내는 일을 하게 하소서. 아니, 여기서 다윗은 그들이 회개에 이를 수 있게 해 달라고 기도한다. 이것은 우리가 우리의 원수들을 위하여 하나님께 간구하여야 할 일차적인 것이다. 죄인들은 스스로 수치를 자초하지만, 스스로 부끄러워 하고 자기 수치를 감내하는 자들은 참된 회개자들이다.

Ⅳ. **다윗은 하나님께서 그의 영광을 드러내시고 그의 이름을 존귀하게 하시기 위해서 그렇게 하셔야 한다고 주장한다.**   주의 이름으로 말미암아, 특히 주의 선하심으로 말미암아 나를 선대하소서(21절). 하나님은 그의 선하심을 나타내시기 위해서 그의 이름을 알리셨다. "주의 긍휼하심(개역에서는 인자하심)이 선하시오니 나를 건지소서. 주의 긍휼하심은 주께서 기뻐하시는 것이고, 내가 의지하는 것이나이다. 내게는 내세울 공로가 없사오니, 나의 공로를 따라서가 아니라 주의 긍휼하심을 따라서 나를 구원하소서. 주의 긍휼하심이 내 구원의 원천이자 이유이자 척도가 되게 하소서."

끝으로, 다윗은 이 시편을 기쁨, 믿음으로 인한 기쁨, 그의 현재의 괴로움들이 결국에는 승리의 기쁨으로 끝나게 되리라는 확신 속에서의 기쁨으로 끝맺는다.

1. 그는 자기가 하나님을 찬송하겠다고 하나님께 약속한다(30절). "내가 내 마음으로만이 아니라 내 입으로 여호와께 크게 감사하고, 내가 은밀하게만이 아니라 많은 사람 중에서 여호와를 찬송하리이다."

2. 그는 자기가 하나님을 찬송할 이유를 갖게 될 것이라고 기대한다(31절): 여호와께서 궁핍한 자의 오른쪽에 서사 그에게 다가와 곧 도와 주시리라. 하나님은 그의 후원자이자 변호자로서 그의 오른쪽에 서서, 그를 고소하는 자들에 맞서 그를 변호해 주시고 그의 영혼을 심판하여 사형 선고를 이끌어 내어서 집행하고자 하는 자들에게서 구원하셔서 거기에서 건져내 주실 것이다. 하나님은 다윗이 고난당할 때에 그의 보호자가 되어 주셨고, 또한 주 예수께서 고난당하실 때에도 그의 오른쪽에 계셔서 그가 흔들리지 아니하게 하셨으며(시 16:8), 그의 영혼을 재판하려 하는 자들에게서 그의 영혼을 건지셔서 자기 손으로 받으셨다. 하나님의 뜻대로 고난을 받는 모든 자들은 그 영혼을 하나님께 의탁하여야 한다.

제 — 110 — 편

개요

이 시편은 순수한 복음으로서 온전히 그리스도, 곧 조상들에게 약속되었고 그들이 기다렸던 메시야에 관한 것이다. 오늘날의 유대인들은 이 시편을 왜곡하여 우리에게서 빼앗아 버리려고 무진 애를 써왔지만, 옛적의 유대인들, 심지어 그들 중 가장 악한 자들조차도 이 시편을 메시야 시편으로 이해했다는 것은 너무도 분명하다. 왜냐하면, 주 예수께서 이 시편의 첫 부분에 나오는 말씀이 그리스도가 다윗의 자손이었음에도 불구하고 다윗이 성령에 감동되어서 그리스도를 그의 주라고 부르고 있는 것임을 당연시하는 가운데 이 말씀과 관련하여 바리새인들에게 질문을 던졌을 때, 그들은 다윗이 진정으로 메시야에 관하여 말하고 있는지 아닌지를 의문시하기보다는 차라리 아무 말도 하지 않음으로써 그들 자신이 곤혹스러워하고 있다는 것을 인정하는 편을 택하였기 때문이다. 바리새인들은 비록 그 말씀에 의해서 그들이 수치를 당하게 될 것을 뻔히 내다보면서도 너무도 명백한 진리를 결코 부인할 수 없었다(마 22:41 이하). 그러므로 선지자 다윗이 여기에서 다른 사람이 아니라 그리스도에 관하여 말하고 있다는 것은 의심의 여지가 없다. 우리의 구속주이신 그리스도께서는 낮아지신 상태와 높아지신 상태 둘 모두와 관련해서 선지자, 제사장, 왕의 직분을 수행하신다. 이 각각에 대하여 우리는 여기에서 설명을 듣게 된다. I. 그의 선지자적 직분(2절). II. 그의 제사장적 직분(4절). III. 그의 왕적 직분(1, 3, 5-6절). IV. 그의 낮아지심과 높아지심(7절). 이 시편을 노래할 때, 우리는 그리스도에 대한 믿음을 발휘하여, 온전히 그와 그의 은혜와 통치에 복종하고, 우리를 다스리시고 가르치시며 구원하실 선지자, 제사장, 왕이신 그를 기뻐하여야 한다. 그리스도께서는 온 교회의 선지자, 제사장, 왕으로서 통치(principality)와 권세(power) 같은 모든 반대 세력들을 진압하신 후에 그 나라를 아버지 하나님께 바쳐드릴 때까지 다스리실 것이다.

〔다윗의 시〕

¹여호와께서 내 주에게 말씀하시기를 내가 네 원수들로 네 발판이 되게 하기까지

너는 내 오른쪽에 앉아 있으라 하셨도다 [2]여호와께서 시온에서부터 주의 권능의 규를 내보내시리니 주는 원수들 중에서 다스리소서 [3]주의 권능의 날에 주의 백성이 거룩한 옷을 입고 즐거이 헌신하니 새벽 이슬 같은 주의 청년들이 주께 나오는도다 [4]여호와는 맹세하고 변하지 아니하시리라 이르시기를 너는 멜기세덱의 서열을 따라 영원한 제사장이라 하셨도다

어떤 이들은 이 시편을 다윗 신경(David's creed)이라 불러 왔을 정도로, 이 시편 속에는 기독교 신앙의 거의 모든 신조들이 들어 있다. 이 시편의 표제는 다윗의 시로 되어 있는데, 이는 다윗이 믿음으로 메시야를 미리 보고서 하나님을 찬송하고 스스로 위로를 받았기 때문이다. 하물며 이 시편 속에서 예언된 내용이 성취되어서 더 분명하게 계시가 된 지금에 있어서 우리는 다윗보다 더욱더 하나님을 찬송하고 위로를 받는 것이 마땅하다. 여기에서는 그리스도에 관한 영광스러운 일들을 말하고 있고, 그것들은 우리로 하여금 그리스도께서 얼마나 위대하신지를 생각하지 않을 수 없게 만든다.

I. 그리스도는 다윗의 주(主)시라는 것. 우리는 그리스도께서 친히 그렇게 말씀하고 있기 때문에 이 점을 특별히 주목하여야 한다(마 22:43): 다윗이 성령에 감동되어 그리스도를 주라 칭하였다. 사도 바울이 아브라함 같은 위대한 인물이 멜기세덱(그리스도를 상징하는)에게 십일조를 바쳤다는 것을 말함으로써(히 7:4) 멜기세덱의 위엄, 나아가서 그리스도의 위엄을 증명하고 있는 것과 마찬가지로, 우리는 다윗 같은 위대한 인물이 그리스도를 그의 주라 불렀다는 사실을 통해서 주 예수의 위엄을 증명할 수 있다. 다윗은 자기기 그리스도의 통치를 받고 있음을 인정하고, 자기가 주(主)이신 그리스도의 종임을 기꺼이 인정한다. 어떤 이들은 다윗이 그리스도를 그의 주라고 부르는 것은 그리스도가 다윗의 혈통에서 난 주, 즉 그의 자손이지만 그의 주였기 때문이라고 생각한다. 마찬가지로, 그리스도를 낳은 어머니는 그리스도를 그녀의 구주라고 부른다(눅 1:47). 그리스도의 부모들조차도 그의 신민(臣民), 그에 의해서 구원받은 자들이었다.

II. 그리스도는 하나님 자신의 계획과 작정하심에 의해서 왕이신 주로 세우심을 입었다는 것. 여호와께서 그에게 말씀하시기를 왕으로서 앉아 있으라 하셨도다. 그리스도는 이러한 존귀와 영광을 스스로 취하신 것이 아니라 존귀와 능력

의 원천이신 하나님 아버지께 받으셨다(벧후 1:17). 그리스도는 합법적인 주(主)이시고, 그의 직함에 대해서 그 누구도 이의를 제기할 수 없다. 왜냐하면, 그 누구도 하나님께서 말씀하신 것을 부정할 수 없기 때문이다. 그리스도는 영원하신 주이시다. 왜냐하면, 하나님께서 말씀하신 것은 결코 무효화될 수 없기 때문이다. 그리스도께서는 분명히 아버지께서 그에게 맡기신 나라를 지키실 것이고, 아무도 그것을 방해할 수 없다.

Ⅲ. 그리스도께서 지극히 높은 존귀한 자리로 나아가시게 되고 하늘과 땅에서 절대적인 주권(主權)을 위임받게 되시리라는 것. 너는 내 오른쪽에 앉아 있으라. 앉아 있는 것은 쉬는 자세이다. 그리스도는 그의 섬김과 고난 후에 모든 수고로부터의 안식으로 들어가셨다. 앉아 있는 것은 다스리는 자세이다. 그리스도는 앉으셔서 법을 수여하시고 심판을 내리신다. 앉아 있는 것은 지속적으로 머무는 자세이다. 그리스도는 영원토록 왕 같이 앉아 계신다. 하나님의 오른쪽에 앉아 있다는 것은 그의 위엄과 통치권, 그에게 수여된 존귀, 아버지로부터의 두터운 신임(信任)을 의미한다. 하나님에게서 사람에게로 가는 모든 은총과 사람에게서 하나님에게로 가는 모든 섬김은 반드시 그의 손을 거치게 되어 있다.

Ⅳ. 그리스도의 모든 원수들은 때가 되면 그의 발판이 되리라는 것.

중보자의 사역은 어떤 의미에서는 종말에 있을 것이긴 하지만, 그 때에 그리스도는 중보자의 영광으로 다스리게 될 것이다. 좀더 살펴보자.

1. 이 세상에는 심지어 그리스도의 나라와 신민(臣民)들, 그의 존귀와 세력에 맞서서 싸우는 원수들이 존재한다. 그리스도로 하여금 그들을 다스리지 못하게 하려 하는 자들이 있어서, 그들은 그리스도의 통치를 조금도 허용하고자 하지 않는 사탄과 손을 잡는다.

2. 이 원수들은 그의 발판이 될 것이다. 그리스도는 그들을 정복하여 복속시키실 것이다. 우리가 발판을 제자리에 갖다 놓는 것처럼, 그는 쉽게 그 일을 하실 것이고, 그 일을 통해서 모든 것이 제자리를 찾게 될 것이다. 사람이 앉을 때에 발 아래에 발판을 갖다놓으면 편하게 되듯이, 그는 그 일을 하심으로써 편안해지실 것이다. 그는 그가 최대한으로 영광을 받으시고 그들이 최대한으로 영원한 수치를 받게 될 그런 방식으로 그들을 복속시키실 것이다. 그는 악인들을 밟으실 것이다(말 4:3).

3. 하나님 아버지께서 그 일을 하시겠다고 약속하셨다: 그 일을 할 수 있는 내가 그들을 네 발판이 되게 하리라.

4. 그 일은 즉시 행해지지는 않을 것이다. 그리스도의 모든 원수들은 지금 사슬에 묶여 있기는 하지만, 아직 그의 발판이 되지는 않았다. 사도 바울은 이 것을 지금 우리가 만물이 아직 그에게 복종하고 있는 것을 보지 못한다고 말하였다 (히 2:8). 그리스도 자신도 그의 승리가 완성되기를 기다리셔야 한다.

5. 그리스도께서는 이 일이 이루어질 때까지 기다리실 것이다. 원수들의 모든 힘과 악의는 그리스도의 통치를 조금도 훼방하지 못할 것이다. 그리스도께서 하나님의 오른쪽에 앉아 계신 것은 하나님께서 그리스도의 발이 마침내 그의 모든 원수들의 목을 짓밟게 하시겠다는 것의 보증이다.

V. 그리스도께서 이 세상 속에서 예루살렘으로부터 시작해서 나라를 세우시게 되리라는 것(2절). "여호와께서 시온에서부터 주의 권능의 규를 내보내시리니, 이로 말미암아 주의 나라는 세워지고 유지되며 경영되리라." 메시야는 하늘에 계신 엄위하신 분의 오른쪽에 앉아 계시면서 이 땅에 있는 교회를 돌보실 것이다. 왜냐하면, 그는 율법이 주어졌던 곳인 저 두려운 시내 산과 반대되는 (히 12:18, 24; 갈 4:24-25) 거룩한 산 시온에 세우심을 입은 왕이시기 때문이다(시 2:6). 그리스도는 다윗의 자손으로서 그 조상 다윗의 위를 물려받게 되어 있었기 때문에, 그리스도의 나라는 다윗의 성읍인 시온에서 일어나게 되어 있었다. 그의 권능의 규(또는 지팡이)는 그의 영원한 복음과 거기에 수반된 성령의 능력, 말씀의 전파와 거기에 수반된 여호와의 팔(사 53:1; 롬 1:16), 말씀만이 아니라 능력과 성령을 통해 전파되는 복음(살전 1:5)을 의미한다. 영혼은 하나님의 말씀과 성령에 의해서 먼저 변화를 받아서 하나님께 순종하게 되고, 그런 후에 하나님의 뜻에 따라 다스림을 받게 되어 있다. 이 강력한 권능의 규를 보내시는 분은 하나님이시다. 하나님은 말씀을 전파하는 자들에게 성령을 부어 주셔서, 말씀을 전할 권한과 자격을 주셨고, 성령으로 하여금 일하게 하셨다(갈 3:5). 권능의 규는 시온에서부터 보내심을 받은 것이었다. 왜냐하면, 거기에서 성령이 주어졌고, 모든 족속에게 복음이 전파되는 일은 거기에서, 즉 예루살렘에서 시작되었기 때문이다(눅 24:47, 49를 보라). 믿음의 법은 시온에서부터 나와야 했다(사 2:3). 하나님에게서 보내심을 받은 그리스도의 복음은 기이한 일들을 이루어 내는 하나님의 능력이라는 것을 명심하라(고후 10:4). 그것은 그리

스도의 권능의 규(또는 지팡이)이다. 어떤 이들은 이것이 복음 속에서 빛나는 그리스도의 영광을 의미하는 왕의 규만이 아니라 그리스도께서 그의 교회를 자애롭게 돌보시는 것을 의미하는 목자의 구부러진 지팡이도 가리킨다고 본다. 왜냐하면, 그리스도는 큰 목자이심과 동시에 선한 목자이시기 때문이다.

Ⅵ. **그리스도의 나라는 흑암의 권세에 의한 온갖 반대에도 불구하고 이 세상에서 유지되고 지속되리라는 것.**

1. 그리스도는 법을 주셔서 통치하시되, 그 법으로 그의 신민(臣民)들을 다스리시고, 그들을 온전하게 하시며 편안하고 행복하게 해 주시고, 자신의 뜻과 계획을 이루시며, 사람들 가운데서 자신의 세력을 지키실 것이다. 그리스도의 나라는 하나님께 속한 것으로서 영원히 있게 될 것이다. 그의 머리에는 면류관이 단단히 씌워져서 거기에서 빛을 발하게 될 것이다.

2. 그리스도는 그의 원수들 중에서 다스리시게 될 것이다. 그는 하늘에서는 그의 친구들 중에서 앉아 계신다. 거기에 있는 그의 영광의 보좌는 그를 예배하는 신실한 자들로만 둘러싸여 있다(계 5:11). 그러나 그는 이 땅에서는 그의 원수들 중에서 다스리시고, 거기에 있는 그의 통치의 보좌는 그를 미워하고 그에 맞서서 싸우는 자들로 둘러싸여 있다. 그리스도의 교회는 가시나무들 중의 백합화이고, 그의 제자들은 이리 가운데로 보내진 양들이다. 그리스도께서는 그들이 어디에 사는지, 곧 거기가 사탄의 권좌가 있는 곳이라는 것을 아신다(계 2:13). 그리스도께서 음부와 세상의 온갖 악의적인 세력들의 술책에도 불구하고 그의 땅을 지키실 뿐만 아니라 그의 목적을 이루시는 것은 그의 영광이 된다. 음부와 세상의 세력들은 교회의 토대가 되고 계신 반석(그리스도)을 흔들 수 없다. 진리는 위대하여 반드시 이긴다.

Ⅶ. **그리스도께 무수한 신민(臣民)들이 생겨나서 그들로 인해서 그리스도께서 명성을 얻으시고 찬송을 받으시게 되리라는 것**(3절).

1. 그들은 그의 백성이 되어서, 그는 명실상부한 왕이 되시리라는 것. 그들은 아버지 하나님께서 그리스도께 주신 자들로서, 하나님은 그들에게 생명과 존재를 주기도 하시고 빼앗기도 하시는 분이시다. 그들은 아버지의 것이었는데 내게 주셨나이다(요 17:6). 그들은 그리스도에 의해서 구속을 받았다. 그리스도께서는 그들을 사셔서 자기 백성이 되게 하셨다(딛 2:14). 그들은 그들이 동의하기 이전에 이미 본래부터 그의 백성이다. 그리스도는 사람들이 회심하기 이

전에 이미 고린도 성중에 많은 백성을 가지고 계셨다(행 18:10).

2. 그들은 자원하는 백성, 기꺼이 헌신하는 백성이 되리라는 것. 이 표현은 강제에 의해서 섬기게 된 것이 아니라 스스로 섬기기로 선택한 종들(주인을 좋아해서 자유인이 되어 주인집에서 나가려 하지 않는 것), 어쩔 수 없이 의무적으로 된 것이 아니라 자원하여 입대한 군사들("내가 여기 있사오니 나를 보내소서"), 반드시 드려야 하는 것이 아니라 자원하여 드리는 예물들을 가리키는 데에 사용된다. 우리는 우리 몸을 산 제물로 드린다. 그리스도의 백성은 자원하는 백성이라는 것을 명심하라. 영혼의 회심은 온전히 순복하고 만족하는 마음으로 자원하여 그리스도의 것이 되고자 하고 그의 멍에를 메고자 하며 그의 유익에 봉사하고자 하는 것이다.

3. 그들은 주의 권능의 날에, 또는 주께서 소집하시는 날에(어떤 이들은 이렇게 해석한다) 즐거이 헌신하게 되리라는 것. 주께서 군사들을 소집하실 때에, 무수한 지원자들이 나아와 그 소집에 응하게 될 것이다. 그 날에 주의 깃발이 세워지고, 열방이 그에게로 돌아오게 될 것이다(사 11:10; 60:3). 또는, 주께서 그들을 전쟁터로 이끌고 나가실 때, 그들은 어린 양이 어디로 인도하든지 자원하여 따라가게 될 것이다(계 14:4). 어떤 이들은 이 본문을 주의 군대의 날에로 해석한다. "최초로 복음을 전파하는 자들이 그리스도의 군대로서 보내심을 받아서 배교한 자들을 복속시키고 배교한 천사들의 나라를 멸망시킬 때, 주의 백성이 된 모든 자들은 즐거이 헌신하게 되리니, 바로 그 때가 주께서 주의 나라를 세우실 때가 되리이다." 우리는 이 본문을 주의 권능의 날에로 해석한다. 복음은 그 복음을 주신 위대하신 분이 지니신 최고의 권세와 그 복음 속에 담긴 놀라운 일들 때문에 모든 자들을 자원하여 그리스도의 백성이 되게 하는 데에 필요한 일반적인 권능을 지니고 있고, 게다가 복음을 확증하기 위하여 누구도 부인할 수 없는 이적들이 베풀어진다. 또한, 구체적으로 말씀의 권능에는 성령의 권능이 수반되어서, 그리스도의 백성들로 하여금 자원하여 헌신하게 만든다. 복음에 수반되는 일반적인 권능은 죄인들에게 변명할 거리를 남겨주지 않고, 복음에 수반되는 구체적인 권능은 성도들에게 자랑할 거리를 남겨주지 않는다. 누가 자원하여 그리스도의 백성이 되고자 한다면, 그를 그렇게 만든 것은 하나님의 거저 주시는 강력한 은혜이다.

4. 그들은 거룩한 옷을 입고 즐거이 헌신하게 되리라는 것. 이것은 다음과 같

은 것들을 의미한다.

(1) 그들은 거룩함의 아름다움 때문에 그리스도께 끌리게 될 것이다. 그들은 거룩하신 예수의 아름다움과 거룩한 나라인 교회의 아름다움을 보고서 그리스도에게 순복하게 될 것이다.

(2) 그리스도께서 그들에게 거룩함의 아름다움을 허락하셔서 그들에게 영적인 제사장들이 되어 그의 성소에서 섬기도록 하실 것이다. 왜냐하면, 우리가 예수의 피를 힘입어 성소에 들어갈 담력을 얻었기 때문이다.

(3) 그들은 은혜와 성화(聖化)의 아름다운 옷을 입거나 장신구들로 치장하고서 그리스도를 모시게 될 것이다. 거룩함은 그리스도의 가족이 입는 제복으로서 영원히 그의 집에 합당한 것임을 명심하라. 그리스도의 군사들은 모두 그런 옷을 입는다. 거룩함은 그들이 입는 제복이다. 하늘에 있는 군대들은 희고 깨끗한 세마포 옷을 입고 그를 따른다(계 19:14).

5. 무수한 사람들이 그에게 헌신하게 되리라는 것. 백성이 많다는 것은 왕의 영광이 되는데, 이러한 영광이 왕이신 그리스도께 있게 될 것이다. 새벽 이슬 같은 주의 청년들이 주께 나오는도다. 즉, 젊은 회심자들이 여름 아침의 이슬 방울들처럼 무수히 많게 될 것이다. 복음이 전파되기 시작했던 신약 시대의 새벽에 해당하는 교회의 초창기에 많은 무리들이 그리스도에게로 몰려들었고, 야곱의 남은 자, 곧 믿는 무리들이 여호와께로부터 내리는 이슬 같이 많았다(미 5:7; 사 64:4, 8). 또는, "새벽부터(그들이 아주 어릴 적부터) 이슬 같은 주의 청년들이 주께 나오는도다(그들이 어릴 적부터 주께 헌신한다). 주의 청년들이 주께 헌신하나이다." 새벽 이슬 같은 청년들은 청년들이 그리스도에게 무수히 몰려오는 소망스러운 모습을 생생하게 보여주는 표현으로서, 새벽에 이슬이 땅을 촉촉히 적셔서 비옥하게 하듯이 청년들은 그리스도께 즐거이 헌신하여 세상에 대하여 그러한 새벽 이슬 같은 역할을 하게 될 것이다. 새벽 이슬 같은 우리의 어린 자녀들은 아주 어릴 적부터 우리 주 예수에게 성별되어야 한다는 것을 명심하라.

6. 그리스도는 왕뿐만이 아니라 제사장도 되시리라는 것(4절). 너는 내 오른쪽에 앉아 있으라고 말씀하신 바로 그 여호와께서는 너는 영원한 제사장이라, 즉 너는 제사장이 되라고 맹세로써 말씀하셨고, 그 맹세는 변하지 아니할 것이다. 그리스도는 하나님의 맹세의 말씀에 의해서 성별되셨다.

(1) 우리 주 예수 그리스도는 제사장이시다. 그는 그 직분에 임명되셨고, 그

직분을 충실히 수행하신다. 그는 우리의 죄를 대속하시고 우리의 섬김이 하나님께 열납되도록 하시기 위하여 하나님께 속한 일에 사람을 위하여 예물과 속죄하는 제사를 드리도록 세우심을 받으셨다(히 5:1). 그리스도는 우리를 위해 일하시는 하나님의 일꾼이시고 하나님 앞에서 우리를 변호하시는 자이시기 때문에, 우리와 하나님 사이에서 중보자가 되신다.

(2) 그리스도는 영원한 제사장이시다. 그는 하나님의 영원한 계획 속에서 제사장으로 예정되셨다. 그는 구약의 성도들에 대하여 제사장이셨고, 종말의 때까지 모든 믿는 자들에게 제사장이 되실 것이다(히 13:8). 그리스도가 영원한 제사장이라는 것은 우리가 그리스도의 제사장직에 의해서 받는 은혜 이외에 하나님께서 어떤 다른 은혜를 베풀어 주실 것이라고 결코 기대할 수 없기 때문만이 아니라, 그 은혜의 복된 열매들과 결과들은 영원까지 이어질 것이기 때문이다.

(3) 그리스도는 하나님의 맹세로써 제사장이 되셨다. 사도 바울은 이 점을 들어서 그리스도의 제사장직이 아론의 제사장직보다 우월하다는 것을 증명한다(히 7:20-21). 여호와께서 맹세하셨다는 것은 그리스도를 제사장으로 임명하신 것을 취소할 수 있는 여지를 전혀 남겨두지 않으셨다는 것을 보여주는 것이다. 왜냐하면, 여호와는 엘리의 제사장직과 관련해서 행하신 것에서 볼 수 있듯이(삼상 2:30) 후회하심이 없으시고 변하지 아니하시기 때문이다. 하나님께서 이렇게 하신 것은 그리스도를 존귀하게 하시고 그리스도인들에게 위로가 되게 하시기 위해서였다. 하나님께서 그리스도의 제사장직을 우리가 생각할 수 있는 것들 중에서 가장 확실한 수단인 맹세를 통해서 확증해 주신 것은 그리스도의 제사장직이 우리의 믿음과 소망의 견고한 토대가 되게 하기 위한 것이었다.

(4) 그리스도는 아론 계열(개역에서는 서열)이 아니라 멜기세덱 계열을 좇은 제사장이시다. 멜기세덱의 제사장직은 아론의 제사장직보다 시기적으로 앞설 뿐만 아니라 여러 가지 이유에서 더 우월한 것이었기 때문에 그리스도의 제사장직을 좀 더 생생하게 표현하는 데에 사용될 수 있었다. 멜기세덱이 보좌에 앉은 왕인 동시에 제사장이었던 것처럼, 그리스도는 의의 왕이자 평화의 왕인 동시에 제사장이시다(슥 6:13). 멜기세덱에게는 후계자가 없었던 것처럼, 그리스도에게도 후계자가 없었다. 그리스도의 제사장직은 변개(變改)될 수 없는 제사장직, 즉 누가 대신해서 그 자리를 계승하여 이을 수 없는 그러한 제사장

직이다. 사도 바울은 이 말씀에 대하여 자세하게 해설하면서(히 7장), 그 말씀에 의거해서 그리스도의 제사장 직분을 설명하는데, 이것은 사도 바울이 새로운 개념을 만들어낸 것이 아니라 이 가장 확실한 예언의 말씀에 근거해서 설명하고 있다는 것을 보여주는 것이다. 왜냐하면, 신약이 구약을 설명해 주듯이, 구약은 신약을 확증해 주는데, 예수 그리스도는 신약과 구약의 알파이자 오메가이기 때문이다.

⁵주의 오른쪽에 계신 주께서 그의 노하시는 날에 왕들을 쳐서 깨뜨리실 것이라 ⁶뭇 나라를 심판하여 시체로 가득하게 하시고 여러 나라의 머리를 쳐서 깨뜨리시며 ⁷길 가의 시냇물을 마시므로 그의 머리를 드시리로다

우리는 여기에서 우리의 크신 구속주께서 다음과 같은 일들을 하시게 되리라는 것을 보게 된다.

I. 구속주께서는 그의 원수들을 그의 발판으로 삼기 위하여(1절) 그들을 정복하시리라는 것(5-6절). 우리 주 예수께서는 분명히 그의 나라에 대한 모든 반대를 무력화시키실 것이고, 그러한 반대를 행하며 끈질기게 반역하는 모든 자들을 멸망시키실 것이다. 그리스도는 그와 그의 신민(臣民)들, 사람들 가운데서의 그의 나라의 세력에 맞서 싸우면서 박해하고 거짓 비방을 행하는 자들이 상대하기에는 너무 벅찬 상대가 될 것이다. 좀 더 살펴보자.

1. 정복하는 자는 누구인가: 주(아도나이), 주 예수. 모든 심판을 위임받으신 그는 그의 원수들에 대하여 자신에게 맡겨진 역할을 충실히 행하실 것이다. 어떤 이들은 이 본문을 교회여, 너의 오른쪽에 계신 주께서라고 해석한다. 즉, 자기 백성에게 가까이 계셔서 그들을 즉시 도우실 수 있도록 그들의 오른쪽에 계시는 주께서 그들에게 힘을 주시고 그들을 구원하시기 위하여 그와 그들의 원수들을 치기 위하여 나타나실 것이다. 그가 궁핍한 자의 오른쪽에 서시리로다(시 109:31; 16:8). 어떤 이들은 그리스도께서 그의 교회의 오른쪽에서 그의 일을 하신다는 것은 그리스도께서 우리를 위하여 나타나시게 하고자 한다면 우리가 스스로 분발하여야 한다는 것(삼하 5:24)을 보여주는 것이라고 지적한다. 또는, 어떤 이들은 이 본문을 하나님이여, 당신의 오른쪽에 계신 주께서라고 해석해서, 이 말씀은 1절에 나온 것처럼 그리스도께서 높임을 받으셔서 하나님의 오른쪽

에서 위엄 있게 앉으셔서 다스리고 계심을 나타내는 것이라고 본다. 그리스도 께서 하나님의 오른쪽에 앉아 계시는 것은 그의 백성에게는 행복이 되지만 그의 원수들에게는 큰 공포가 된다는 것을 명심하라.

2. 이러한 승리를 위해 정해진 때는 언제인가: 그의 노하시는 날, 즉 원수들의 죄의 분량이 가득 차서 그들이 멸망할 날이 무르익어 주께서 진노하시기로 정해진 때, 주의 인내의 날이 끝이 나서 그의 진노의 날이 임할 때. 좀 더 살펴 보자.

(1) 그리스도는 은혜와 아울러서 진노도 가지고 계신다. 우리는 아들에게 입 맞추는 데에 관심을 가져야 한다. 왜냐하면, 그는 진노하실 수 있으시고(시 2:12), 성경에서는 어린 양의 진노에 대하여 말하고 있기 때문이다(계 6:16).

(2) 진노의 날, 시온의 송사를 위하여 신원하시는 해, 구속할 해가 정해져 있다. 지금은 도저히 그럴 것 같아 보이지 않더라도, 그리스도께서 특정한 원수들을 멸망시키실 때가 정해져 있고, 그 때가 되면, 그 일이 반드시 이루어지게 될 것이다. 그러나 그의 진노의 큰 날은 종말의 때에 있을 것이다(계 6:17).

3. 이러한 승리의 범위.

(1) 이 승리는 아주 높은 자들에게까지 미치게 될 것이다: 주께서 왕들을 쳐서 깨뜨리실 것이라. 아무리 큰 자들이라고 해도 그리스도를 대적하는 자들은 그 앞에서 엎드러지게 될 것이다. 비록 그들이 세상의 군왕들과 고위 관원들이 어서 이제까지 그들의 목적을 관철시키는 데에 익숙해져 있는 자들이라고 할 지라도, 그들은 그리스도를 대적하여 그들의 뜻을 이루지 못할 것이고, 도리어 그들의 시도 때문에 스스로 세상 사람들의 웃음거리가 되고 말 것이다(시 2:2-5). 사람들 가운데서의 그들의 권세가 아무리 막강하여도, 그리스도께서는 그 들을 반드시 법정에 세워서 그 책임을 물으실 것이다. 그들의 힘이 아무리 크고 그들의 방책(方策)이 아무리 깊고 신묘하다고 하여도, 그리스도는 그들이 감당하기에는 벅찬 상대가 될 것이고, 그들이 아무리 오만방자하게 행한다고 하여도 그리스도는 그들의 머리 꼭대기에 계실 것이다. 사탄은 이 세상의 왕이고, 사망은 공포들의 왕이며, 그 외에도 성경에는 어린 양과 전쟁을 하는 왕들이 나온다. 그러나 그들은 모두 엎드러지고 깨뜨려질 것이다.

(2) 이 승리는 아주 멀리까지 미치게 될 것이다. 그리스도의 승리를 알리는 기념비들은 뭇 나라 가운데 세워지게 될 것이고, 그의 원수들이 한 명이라도 있

는 여러 나라에서 그리스도의 눈만이 아니라 그의 손이 그들을 찾아내고(시 21:8), 그의 진노가 그들을 뒤따르게 될 것이다. 그리스도는 만국을 심문하실 것이다(욜 3:2).

4. 이 승리의 공평성: 주께서 뭇 나라를 심판하시리라. 그리스도의 승리는 분노로 행해지는 무력적인 심판이 아니라 사법적인 심판이다. 그는 정죄하고 죽이기 전에 심판을 행하실 것이다. 그는 그들이 이러한 파멸을 스스로 자초하였고 그들이 남에게 굴린 돌이 자기에게 되돌아왔다는 것을 드러내셔서, 그가 말씀하실 때에 의로우시다는 것을 입증하시고 하늘이 그의 의를 선포하게 하실 것이다(계 19:1-2을 보라).

5. 이 승리의 효과. 그리스도의 승리는 그의 모든 원수들의 철저하고도 완전한 파멸을 가져오게 될 것이다. 그는 그들을 제대로 철저하게 쳐부수어서 도저히 치유될 수 없는 치명적인 상처를 입히실 것이다. 그는 머리를 쳐서 깨뜨리실 것이다. 이것은 메시야에 관한 최초의 약속, 즉 그가 뱀의 머리를 상하게 할 것이라는 약속(창 3:15)과 관련이 있는 것으로 보인다. 그는 그의 원수들의 머리를 쳐서 깨뜨리실 것이다(시 68:21). 어떤 이들은 이 본문을 그가 여러 나라의 머리인 자, 즉 사탄 또는 적그리스도를 쳐서 깨뜨리시리라로 해석한다. 주께서 그 입의 기운으로 적그리스도를 죽이시리라. 그는 이렇게 철저하게 그의 원수들을 멸망시키심으로써 곳곳이 시체로 가득하게 하실 것이다. 주에 의해 죽임을 당한 자들은 무수히 많은 것이다(사 34:3; 겔 39:12, 14; 계 14:20; 19:17-18을 보라). 골짜기들이 시체로 가득하게 되리라는 것(어떤 이들은 이렇게 해석한다)은 음부(이것은 종종 힌놈의 골짜기에 비유된다, 사 30:33; 렘 7:32)가 저주받은 영혼들로 가득하게 되는 것을 의미할 수 있다. 왜냐하면, 음부는 끈질기게 그리스도를 대적한 자들이 받게 될 몫이기 때문이다.

Ⅱ. 구속주께서는 그의 친구들을 구원하시고 위로하시리라는 것(7절). 그들의 유익을 위하여 그는 다음과 같이 하실 것이다.

1. 그는 스스로 낮아지실 것이다: 주께서 길가의 시냇물, 즉 아버지께서 그의 손에 들려주신 저 쓴 잔을 마시리로다. 그는 비천해지고 곤궁해지지만 자신의 일에만 몰두할 것이기 때문에 도로변에 있는 호수의 구정물을 마시게 될 것이다(어떤 이들은 이렇게 해석한다). 율법의 저주라는 수로를 따라 흐르는 하나님의 진노는 길가의 시냇물, 즉 그리스도께서 통과해야 할 길목에 있는 시냇물,

우리와 하늘 사이에 놓여서 우리의 구원의 길을 가로막고 흐르는 시냇물이었다. 그리스도께서는 우리 대신에 저주를 받으셨을 때에 이 시냇물을 마신 것이었다. 그러므로 그가 고난에 들어갔을 때에 그는 기드론 시내를 건너셨다(요 18:1). 그는 이 검은 시냇물(기드론은 그런 의미이다), 이 피로 물든 시냇물을 듬뿍 마셨고, 우리의 구속과 구원의 가로막는 길가의 시냇물을 제거하기 위해서 그 시냇물을 마셔 버리셨다.

2. 그는 높아지실 것이다: 그러므로 그는 그의 머리를 드시리로다. 죽으실 때에 그는 머리를 숙이셨지만(요 19:30), 곧 능력으로 부활하심으로써 머리를 드셨다. 그는 이기신 자로서, 아니 넉넉히 이기신 자로서 머리를 드셨다. 이것은 그가 높아지신 것(exaltation)만이 아니라 그가 승리를 대단히 기뻐하셨다는 것(exultation)을 의미한다(골 2:15): 그는 통치자들과 권세들을 무력화하여 드러내어 구경거리로 삼으셨다. 다윗은 그리스도의 모형으로서 이제 내 머리가 내 원수 위에 들리리로다(시 27:6)라고 말하였다. 그리스도께서 높아지신 것은 그가 낮아지신 것에 대한 상(賞)이었다. 그리스도께서 자기를 낮추셨기 때문에 하나님이 그를 지극히 높이셨다(빌 2:9). 그는 길가의 시냇물을 마셨기 때문에 그의 머리를 드실 수 있으셨고, 아울러 그를 신실하게 좇는 모든 자들의 머리를 드셨다. 그들이 그와 함께 고난을 당하면 또한 그와 함께 왕 노릇 하게 될 것이다.

제 — 111 — 편

개요

　　이 시편을 비롯해서 앞으로 나오는 여러 시편들은 다윗이 어떤 특정한 경우를 맞아서 지은 것이 아니라 교회의 공식적인 절기들에 사용하도록 하기 위해서 지은 것으로 보인다. 이 시편은 찬송 시편으로서 "할렐루야 — 너희는 여호와를 찬송하라"는 표제를 달고 있는데, 이것은 우리가 하나님을 찬송하는 마음을 가지고서 이 시편을 사용하여야 한다는 것을 말해준다. 이 시편의 구성은 알파벳 시편의 양식을 지니고 있어서, 각각의 문장은 히브리어 알파벳의 몇몇 문자로 시작되고(알파벳의 순서가 정확히 지켜지고 있다), 각각의 절은 두 문장으로 되어 있으며, 마지막 두 절만 세 문장으로 되어 있다. 시편 기자는 하나님을 찬송하라고 권면하면서 다음과 같이 행한다. I. 그는 모범을 보인다(1절). II. 그는 하나님께서 행하신 일들을 우리에게 찬송거리로 제시한다. 1. 하나님께서 행하신 일들은 크고 영광스러운 일들이다. 2. 그 일들은 의로운 일들이다. 3. 그 일들은 선한 일들이다. 4. 그 일들은 권능 있는 일들이다. 5. 그 일들은 그의 약속의 말씀에 따라 된 일들이다. 6. 그 일들은 영원히 지속될 일들이다. 이러한 고찰들은 서로 뒤섞여 나온다(2-9절). III. 그는 하나님을 거룩히 경외하고 그의 계명들에 꼼꼼히 순종하는 것이야말로 하나님을 찬송하는 가장 좋은 길이라고 권장한다(10절).

[1]할렐루야, 내가 정직한 자들의 모임과 회중 가운데에서 전심으로 여호와께 감사하리로다 [2]여호와께서 행하시는 일들이 크시오니 이를 즐거워하는 자들이 다 기리는도다 [3]그의 행하시는 일이 존귀하고 엄위하며 그의 공의가 영원히 서 있도다 [4]그의 기적을 사람이 기억하게 하셨으니 여호와는 은혜로우시고 자비로우시도다 [5]여호와께서 자기를 경외하는 자들에게 양식을 주시며 그의 언약을 영원히 기억하시리로다

　　이 시편의 표제는 할렐루야인데, 시편 기자는 이 표제에 걸맞게 본문을 전개해 나간다(저자라면 누구나 그렇게 해야 하겠지만).

I. 그는 스스로 하나님을 찬송하겠다고 결심한다(1절). 우리는 다른 사람들에게 어떤 일을 하라고 권하기 전에 먼저 스스로에게 그 일을 하라고 촉구하고 스스로 그 일을 하여야 한다. 아니, 다른 사람들이 무엇을 하든, 즉 사람들이 하나님을 찬송하든 말든, 우리의 우리의 집, 우리와 우리의 마음은 하나님을 찬송하리라고 결심하여야 한다. 바로 그러한 것이 여기에서 시편 기자의 결심이다: 내가 전심으로 여호와를 찬송하리로다(개역에서는 감사하리로다). 나의 마음, 나의 온 마음은 하나님을 존귀하게 하는 데에 헌신되어 있기 때문에 이 일에 쓰여지게 될 것이다. 나는 정직한 자들의 모임, 즉 하나님께 진정으로 헌신된 자들의 사적인 모임과 이스라엘 백성의 공식적인 회중 가운데에서 하나님을 찬송할 것이다. 우리는 크고 작은 모임들, 우리의 가족들, 여호와의 전의 뜰에서 사적으로나 공적으로나 하나님을 찬송하여야 한다는 것을 명심하라. 그러나 사적으로든 공적으로든 기꺼이 진심으로 하나님을 찬송하는 일에 동참하고자 하는 정직한 자들과 더불어서 하나님을 찬송하는 것이 가장 기쁜 일이다. 우리는 여러 부류의 많은 사람들이 모이는 좀 더 공적인 모임들과 마찬가지로 사적인 기도 모임들에도 지속적으로 참여하여야 한다.

II. 그는 우리가 하나님을 찬송할 때에 여호와께서 행하시는 일들을 묵상하라고 권한다 — 세상과 교회와 각 사람을 향한 하나님의 섭리에 의한 일들.

1. 하나님께서 행하시는 일들은 하나님 자신처럼 지극히 장엄하고 위대하다. 그 일들 속에는 미천한 것이나 보잘것없는 것은 없다. 그 일들은 한없는 지혜와 능력의 산물들이기 때문에, 우리는 그 일들을 처음 보았을 때에 그 일들에 대하여 좀 더 구체적으로 파고 들어가기 전에 먼저 여호와께서 행하시는 일들이 크시다(2절)고 말하여야 한다. 그 일들 속에는 우리를 깜짝 놀라게 하고 경외심을 불러일으키는 것이 있다. 여호와께서 행하시는 모든 일들은 마치 하나인 것처럼 말해진다(3절). 그의 행하시는 일은 섭리의 아름다움과 조화가 갖추어져 있고, 섭리에 의해서 베풀어지는 모든 일들은 기이하게도 하나의 목적을 중심으로 하고 있다. 그것은 여러 개의 바퀴들을 바퀴라고 단수로 부르는 것과 같다(겔 10:13). 바퀴들과 마찬가지로, 하나님께서 행하시는 일들은 모두 합쳐져서 하나의 일을 이루고, 그 일은 하나님께 합당하게 존귀하고 엄위하며 영광스럽다.

2. 하나님께서 행하시는 일들은 캐묻기 좋아하는 자들을 즐겁게 해주고 그

들의 호기심을 자극한다 — 이를 즐거워하는 자들이 다 기리는도다. 좀 더 살펴보자.

(1) 하나님을 진정으로 사랑하는 모든 자들은 하나님께서 행하시는 일들 속에서 즐거움을 느끼고, 하나님이 행하시는 모든 일들을 좋게 여긴다. 그들은 다른 어떤 것을 생각할 때보다도 하나님께서 행하시는 일들을 생각할 때에 가장 기쁘고, 그 일들은 들여다보면 볼수록 우리에게 더 큰 기쁨과 놀라움을 가져다준다.

(2) 하나님께서 행하시는 일들 속에서 즐거움을 느끼는 자들은 그 일들을 잠시 피상적으로 훑어보는 것에서 만족하지 않고 그 일들을 부지런히 살펴보고 낱낱이 관찰하고자 한다. 자연의 역사나 정치의 역사를 연구할 때에 우리는 그 속에서 하나님께서 행하신 일들의 위대함과 영광을 찾아내고자 하는 것을 목표로 삼아야 한다.

(3) 겸손하고 부지런히 살피고 찾는 자들은 결국 하나님께서 행하시는 일들을 찾아내게 될 것이다. 찾는 자들이 찾게 될 것이다(어떤 이들은 이렇게 해석한다). 여호와께서 행하시는 일들은 그것들을 즐거워하는 모든 자들에게 발견된다(하몬드 박사의 해석). 또는, 여호와께서 행하시는 일들이 지닌 모든 부분들, 목적들, 의도들, 몇몇 중요성들이 발견된다. 왜냐하면, 여호와의 비밀(개역에서는 친밀하심)이 그를 경외하는 자들에게 있도다(시 25:14).

3. 하나님께서 행하시는 일들은 모두 의롭고 거룩하다: 그의 의는 영원히 서 있도다. 하나님은 무슨 일을 하시든지 그 어떤 피조물에게 해가 되는 일은 결코 하지 않으셨고, 앞으로도 영원히 그러실 것이다. 하나님께서 행하시는 일들은 영원히 의롭기 때문에 영원히 있다(전 3:14).

4. 하나님께서 행하시는 일들은 찬미할 만하고 기억할 만한 일들이어서 기록해 두기에 합당하다. 우리가 행하는 일들 중에서 많은 것은 너무도 사소한 일들이어서 다시 거론하기에 합당하지 않기 때문에, 사람들이 그 일들을 잊어주는 것이 우리에게 가장 큰 친절을 베푸는 것이 된다. 그러나 하나님께서 행하시는 일들은 사람들이 주목하여야 하고 기록해 두어야 마땅하다(4절). 여호와께서 그의 기이한 일들(개역에서는 기적)을 사람이 기억하게 하셨도다. 하나님은 사람들이 기억할 가치가 있는 일, 기억하지 않을 수 없는 일들을 행하셨고, 이스라엘을 애굽에서 구원해 내신 일을 기념하기 위하여 유월절을 제정하셨듯

이 사람들로 하여금 그 일들을 기억하게 하기 위한 방법들과 수단들을 만드셨다. 어떤 이들은 이 본문을 여호와께서 그의 기이한 일들을 통해서 사람들이 그를 기억하게 하셨다고 번역한다(사 63:10을 보라). 하나님께서는 그의 영광의 팔로 행하신 일을 통해서 그의 이름을 영원하게 하셨다.

5. 하나님께서 행하시는 일들은 지극히 인자하신 일들이다. 그 일들을 통해서 하나님은 그가 은혜로우시고 자비로우시다는 것을 보여주신다. 창조의 일들만이 아니라 섭리의 일들에 대해서도 우리는 그 일들은 모두 지극히 크신 일들일 뿐만 아니라 지극히 선하신 일들이라고 말할 수밖에 없다. 하몬드 박사는 이것이 하나님께서 모세에게 여호와는 자비롭고 은혜로운 하나님이라고 선포하셨듯이(출 34:6) 그의 기이한 일들을 통해서 그의 이름을 알리신 것을 가리킨다고 본다. 하나님께서 죄를 사하시는 것은 그가 행하시는 일들 중에서 가장 기이한 일로서, 우리는 이것을 기억하여 하나님께 영광을 돌려야 한다. 여호와께서 자기를 경외하는 자들에게 양식을 주시는 것도 그의 은혜와 자비를 보여주는 또 하나의 예이다(5절). 하나님은 그들에게 일용할 양식, 그들에게 적합한 양식을 주신다. 하나님께서는 일반 섭리를 통해서 다른 사람들에도 그렇게 하시지만, 그를 경외하는 자들에게는 언약과 약속을 따라서 양식을 주신다. 왜냐하면, 여호와께서는 그의 언약을 영원히 기억하시기 때문이다. 그러므로 그들은 사람들에게 공통적으로 베풀어지는 긍휼들 속에서조차도 언약에 의거한 사랑을 맛볼 수 있다. 어떤 이들은 이것이 하나님께서 광야에서 자기 백성 이스라엘을 만나로 먹이신 것을 가리킨다고 말하기도 하고, 어떤 이들은 이스라엘 백성이 약속을 따라서 애굽에서 나올 때에 애굽인들로부터 큰 재물을 받아가지고 나온 것을 가리킨다고도 말한다(창 15:14). 하나님은 리워야단의 머리를 부수실 때에 그 리워야단을 그의 백성에게 음식물로 주셨다(시 74:14). 여호와께서는 자기를 경외하는 자들에게 전리품을 주셨다(난외주에는 이렇게 되어 있다). 하나님은 그들을 먹이셨을 뿐만 아니라 그들을 풍족하게 하셨고 원수들을 그들의 전리품으로 주셨다.

6. 하나님께서 행하시는 일들은 그가 그의 약속을 따라서 장차 행하실 일들의 맛보기이다: 여호와께서 그의 언약을 영원히 기억하시리로다. 왜냐하면, 하나님은 항상 그렇게 해오셨기 때문이다. 하나님은 과거에 일점일획도 땅에 떨어지지 않게 하셨듯이 장래에도 그렇게 하실 것이다. 하나님의 백성은 그들의 연

약함 때문에 흔히 하나님의 계명들을 잊어버린다고 하여도, 하나님은 그의 언약을 영원히 기억하실 것이다.

[6]그가 그들에게 뭇 나라의 기업을 주사 그가 행하시는 일의 능력을 그들에게 알리셨도다 [7]그의 손이 하는 일은 진실과 정의이며 그의 법도는 다 확실하니 [8]영원무궁토록 정하신 바요 진실과 정의로 행하신 바로다 [9]여호와께서 그의 백성을 속량하시며 그의 언약을 영원히 세우셨으니 그의 이름이 거룩하고 지존하시도다 [10]여호와를 경외함이 지혜의 근본이라 그의 계명을 지키는 자는 다 훌륭한 지각을 가진 자이니 여호와를 찬양함이 영원히 계속되리로다

우리는 여기에서 다음과 같은 것들에 대하여 하나님께 영광을 돌리도록 가르침을 받는다.

I. 하나님께서 그의 백성, 옛적과 지금의 자기 백성 이스라엘을 위하여 행하신 큰 일들. 그가 자기 백성을 위하여 베푸신 일 속에서 그들에게 그가 행하시는 일의 능력을 알리셨도다(6절). 하나님은 그의 전능하심을 보여주는 증거들을 무수히 행하셨고, 그가 무엇을 하실 수 있는지와 그에게 버거운 일은 아무것도 없다는 것을 보여주셨다. 시편 기자는 여호와께서 행하시는 일들이 얼마나 능력 있는 일인지를 보여주기 위하여 두 가지 사례를 구체적으로 제시한다.

1. 하나님께서 가나안 땅에서 이스라엘에게 뭇 나라, 즉 이방 나라들을 기업으로 주신 것. 하나님은 여호수아 시대에 가나안 일곱 족속을 복속시키실 때와 다윗 시대에 많은 이웃 나라들을 이스라엘에 복속시키셔서 다윗에게 조공을 바치게 하실 때에 뭇 나라들을 이스라엘에게 기업으로 주셨다. 이러한 일들을 통해서 하나님은 세상 나라들을 그의 뜻대로 처분하시는 그의 주권(sovereignty)과 그가 계획하신 일들을 반드시 이루시는 그의 권능을 보여주셨다. 하나님께서 이방 나라들의 기업을 이스라엘의 기업이 되게 하고자 하신다면, 누가 그의 계획을 비난하거나 그의 손을 막아낼 수 있겠는가?

2. 이스라엘 백성이 그들의 죄악들 때문에 원수들의 손에 팔려서 넘어갔을 때에 하나님께서 자기 백성을 위하여 무수한 구원을 베푸신 것(9절): 여호와께서 그의 백성을 처음에 애굽에서 속량하셨을 뿐만 아니라 나중에도 자주 속량하셨도다. 이러한 속량(redemption)들은 수많은 사람들이 기다렸던 예루살렘에서

의 속량, 때가 차서 주 예수께서 베푸신 저 큰 속량의 모형들이었다.

II. 하나님의 말씀과 행위들은 둘 다 견고하여서, 우리는 하나님께서 장차 자기 백성을 위하여 행하실 큰 일들이 확실하게 이루어지리라는 것을 확신할 수 있다는 것.

1. 하나님께서 행하신 일들은 결코 취소되거나 무효화되지 않을 것이다. 하나님께서 스스로 그 일들을 무효화시키지 않으실 것이고, 사람들과 마귀들은 그 일들을 무효화시킬 수 없다: 그의 손이 하는 일들은 진실과 정의이다(7절). 즉, 그 일들은 진실과 정의로 행해진다(8절). 하나님이 행하시는 모든 일은 공평에 근거한 영원한 법칙이나 이치들과 일치하고, 모두 그의 지혜에 의거한 계획과 그의 뜻에 의거한 목적에 따라서 일어나기 때문에, 변경하거나 수정할 것이 전혀 없고, 그 일들은 확고하고 변개(變改)될 수 없는 일들이다. 따라서 우리는 하나님께서 일을 시작하셨다면 그 일을 반드시 이루시리라는 것을 확신할 수 있다. 제대로 된 일은 영원히 지속될 것이고, 그 일에 가해지는 압박 때문에 쇠하거나 무너지는 법이 없다.

2. 하나님께서 말씀하신 것들은 결코 취소되거나 무효화되지 않을 것이다: 그의 법도는 다 확실하며, 모두 곧고 확고하다. 하나님께서 정하신 목적들, 그의 행위들을 지배하고 있는 법칙은 모두 반드시 이루어질 것이다: 하나님이 어찌 그 말씀하신 바를 실행하지 않으시랴? 하나님은 틀림없이 자기가 하신 말씀을 이루실 것이다. 하나님께서 빛을 명하시든 어둠을 명하시든, 그것은 하나님이 명하신 대로 이루어진다. 우리의 행위들의 준칙이 되어야 하는 하나님의 법도들은 의심할 여지 없이 의롭고 선하기 때문에, 변할 수 없고 폐기될 수 없다. 하나님의 약속들과 경고들은 모두 확실하여서 반드시 이루어지게 될 것이다. 또한, 사람들이 그것들을 믿지 않는다고 해서 그의 약속들이나 경고들이 무효화되는 것도 아니다. 그것들은 하나님에 의해서 견고히 세워졌기 때문에 영원무궁토록 견고히 서 있다(개역에서는 정하신 바요). 성경은 결코 파기되지 않는다. 하나님은 지혜로우시기 때문에 그의 법들에서나 섭리들에서 새로운 계획을 도입하거나 새로운 조치들을 취할 필요가 없으시다. 하나님은 모든 것을 진실과 정의로 행하시고 말씀하시기 때문에 하나님의 모든 언행은 변하지 않는다. 사람들은 어리석고 거짓되기 때문에 그들이 말하거나 행하는 모든 일에 정함이 없지만, 하나님은 무한한 지혜와 진리 속에서 말씀하시고 행하시기 때문에 취소

나 폐기는 영원히 배제된다. 여호와께서 그의 언약을 영원히 명하셨도다(개역에서는 세우셨도다). 하나님은 언약을 명하신다. 왜냐하면, 하나님은 우리가 무엇을 해야 하고 무엇을 기대해야 하는지를 정하실 수 있는 절대적인 권세를 가지신 자이자 그가 언약을 통해서 약속하신 축복들과 저주들을 행하실 수 있는 절대적인 능력을 가지신 자로서 우리와 언약을 맺으신 것이기 때문이다(시 105:8).

Ⅲ. 하나님께서 사람들 가운데에 신앙을 세우시고 견고하게 하신 것. 그의 이름이 거룩하고 지존하며 그를 경외함이 지혜의 근본이기 때문에, 그를 찬양함이 영원히 계속된다. 하나님은 다음과 같은 이유들로 인해서 영원토록 찬송을 받으실 것이다.

1. 하나님께서 신앙과 관련하여 우리에게 계시하신 것들은 하나님의 영광에 크게 기여하는 것들이기 때문에. 하나님께서 그의 말씀과 행위를 통하여 자기 자신에 대하여 우리에게 알게 하신 것들을 살펴보라. 그러면, 우리는 하나님은 위대하시고 크게 경외하심을 받으실 분이라고 말하게 될 것이다. 왜냐하면, 그의 이름은 거룩하고, 그가 자신을 알게 하기 위하여 행하신 모든 일들 속에는 그의 무한한 순결함과 정직함이 드러나 있기 때문이다. 하나님의 이름은 거룩하기 때문에, 우리는 그의 이름을 경외하여야 하고, 거룩한 경외심으로 그 이름을 생각하고 말하여야 한다. 거룩한 것은 경외하여야 할 것임을 명심하라. 천사들은 하나님의 거룩하심을 뵈올 때에 하나님 앞에서 자신의 얼굴을 가린다. 하나님의 거룩하심보다 사람에게 더 영광이 되는 것은 없다. 하나님은 그의 거룩한 성소에서 가장 큰 위엄으로 나타나신다(시 68:35; 레 10:3).

2. 하나님께서 신앙과 관련하여 우리에게 주신 계명들은 사람의 행복에 크게 기여하는 것들이기 때문에. 신앙의 계명들은 너무도 잘 고안이 된 것이어서 하나님을 경외하는 것과 하나님께 순종하는 것은 우리의 본분임과 동시에 우리의 유익이 되기 때문에, 우리에게는 그 계명들로 인하여 하나님을 찬송할 이유가 충분하다.

(1) 하나님을 경외하는 것은 우리에게 유익이 된다: 여호와를 경외함이 지혜의 근본이라. 하나님의 이름은 지존하시고 그의 본성은 거룩하시기 때문에 하나님을 경외하는 것은 이치에 맞을 뿐만 아니라 우리에게 유익이 된다. 하나님을 경외하는 것은 지혜이기 때문에 우리로 하여금 도리에 맞고 합당하며 우리

자신에게 유익이 되는 방향으로 말하고 행할 수 있게 해준다. 그것은 지혜의 머리, 즉 지혜의 시작이다. 사람은 하나님을 경외하기 시작할 때에 비로소 지혜로워지기 시작한다. 모든 참된 지혜는 참된 신앙에서 생겨나고, 참된 신앙에 토대를 두고 있다. 또는, 어떤 사람들의 본문 이해에 의하면, 하나님을 경외하는 것이 최고의 지혜, 가장 뛰어난 지혜, 가장 고상한 지혜이다. 하나님을 우리의 아버지와 주인으로 예배하고 영광을 돌리는 것이야말로 최고의 지혜라는 말이다. 하나님에 대한 거룩한 경외심의 지배 아래에서 모든 일을 행하는 자들은 모든 일이 잘 풀리게 된다.

(2) 하나님을 순종하는 것은 우리에게 유익이 된다: 그의 계명을 지키는 자는 다 훌륭한 지각을 가진 자이다. 여호와를 경외하는 것이 어떤 사람의 마음을 다스리고 있다면, 그들은 여호와의 계명들에 대하여 말하는 것으로 그치지 않고 그 계명들을 끊임없이 세심하게 지켜나가기 위해서 최선을 다하게 될 것이고, 그런 자들은 훌륭한 지각을 갖게 될 것이다.

[1] 하나님과 사람들은 그들을 잘 이해해 줄 것이다. 하나님은 그들의 순종을 진정으로 하나님을 경외하는 그들의 마음의 분명한 표현으로 여기시고서 은혜로 열납하실 것이다. 그리하면 네가 하나님과 사람 앞에서 은총과 귀중히 여김을 받으리라(잠 3:4). 하나님과 사람들은 그들이 조금 실수를 하더라도 그들을 좋게 보아서 그들이 자신의 본분을 다하려고 애를 쓰고 있다는 것을 인정해 줄 것이다. 사람들은 그들의 정직한 의도를 그대로 받아줄 것이다.

[2] 그들은 하나님과 사람들을 잘 이해하게 될 것이다. 첫째, 하나님을 경외한다는 것은 그들이 잘 이해하고 있다는 것을 보여주는 것이다. 가장 잘 순종하는 자들은 가장 총명한 자들이다. 하나님의 법을 자신의 준칙으로 삼아서 모든 일에서 그 준칙의 다스림을 받는 자들은 자기 자신과 자신의 유익을 누구보다도 가장 잘 이해하고 있는 자들이다. 하나님의 계명들을 잘 알고 그것들에 대하여 해박하게 말할 수 있는 자들은 대단한 지각(understanding)을 갖고 있는 것이지만, 그 계명들을 행하고 그 계명들을 따라서 살아가는 자들은 훌륭한 (선한) 지각을 갖고 있는 것이다. 둘째, 하나님을 경외하는 것은 더 훌륭한 지각을 갖게 되는 길이다: 여호와의 계명을 지키는 자는 다 훌륭한 지각을 가진 자이다. 여호와를 경외하고 그 법을 지키는 것은 사람들로 하여금 선한 지각을 갖게 하고 구원에 이르는 지혜가 있게 한다. 사람이 하나님의 뜻을 행하려 하면 그는

그리스도의 교훈을 점점 더 분명하게 알게 되리라(요 7:17). 여호와의 계명을 지키는 자는 다 형통하게 된다(난외주에는 이렇게 되어 있다). 하나님은 여호수아에게 그가 율법을 따라 행하면 네 길이 평탄하게 될 것이며 네가 형통하리라고 약속하셨다(수 1:8). 우리는 하나님께서 행복으로 가는 너무도 좋은 길을 인간에게 주신 것에 대하여 영원히 하나님을 찬송하여야 한다. 어떤 이들은 이 시편의 마지막에 나오는 구절을 선하신 하나님이 아니라 여호와를 경외하는 선한 자와 관련시켜서 해석한다: 여호와의 칭찬(개역에서는 여호와를 찬양함)이 영원히 계속되리로다. 그 칭찬은 사람에게서가 아니라 하나님에게서 나는 칭찬인데(롬 2:29), 사람들에게서 나는 칭찬은 시들어 사라져 버리지만, 하나님에게서 나는 칭찬은 영원히 지속된다.

제
— 112 —
편

개요

이 시편은 앞의 시편과 마찬가지로 알파벳 시 형식으로 되어 있고 "할렐루야"라는 표제를 달고 있다. 이 시편은 성도들의 행복을 다루고 있지만, 성도들의 행복은 곧 하나님의 영광에 이바지하는 것이고, 우리에게 어떤 즐거움이나 복이 있든지 그것에 대한 찬송은 하나님께서 받으셔야 하는 것이기 때문에, "할렐루야"라는 표제는 이 시편에 어울린다. 이 시편은 앞의 시편의 마지막 절(시 111:10)에 대한 해설로서, 하나님을 경외하고 그의 계명을 지키는 것이 얼마나 우리의 지혜가 되는지를 자세하게 보여준다. 여기에는 다음과 같은 내용들이 나온다. I. 의인들은 어떤 자들인가(1절). II. 의인들의 축복된 삶. 1. 그들의 후손에게 이어지는 복(2절). 2. 그들 자신에게 주어지는 복. (1) 안팎으로 형통함(3절). (2) 위로(4절). (3) 지혜(5절). (4) 요동치 않음(6-8절). (5) 존귀(6, 9절). III. 악인들의 비참한 삶(10절). 이렇게 우리 앞에는 선과 악, 축복과 저주가 놓여 있다. 이 시편을 노래할 때, 우리는 여기에서 묘사된 복된 자들의 모습을 따라서 살아가도록 우리 자신과 서로에게 가르치고 권면할 뿐만 아니라, 여기에서 거룩한 자들에게 약속된 특권들과 위로들로 우리 자신과 서로를 위로하고 격려하여야 한다.

[1]할렐루야, 여호와를 경외하며 그의 계명을 크게 즐거워하는 자는 복이 있도다 [2]그의 후손이 땅에서 강성함이여 정직한 자들의 후손에게 복이 있으리로다 [3]부와 재물이 그의 집에 있음이여 그의 공의가 영구히 서 있으리로다 [4]정직한 자들에게는 흑암 중에 빛이 일어나나니 그는 자비롭고 긍휼이 많으며 의로운 이로다 [5]은혜를 베풀며 꾸어 주는 자는 잘 되나니 그 일을 정의로 행하리로다

시편 기자는 우리에게 하나님을 찬송하라고 부르는 것으로 시작하지만, 곧이어서 하나님의 백성을 칭찬하는 데에 몰두한다. 왜냐하면, 하나님의 백성이 어떤 영광을 받든지, 그 영광은 하나님에게서 나온 것이기 때문에 반드시 하나님께 돌려져야 하기 때문이다. 하나님이 그들의 찬송의 대상인 것과 마

찬가지로, 그들은 하나님의 칭찬의 대상이다. 이 세상에 하나님을 경외하고 섬기는 백성이 있다는 것, 그들은 복된 백성이라는 것, 그리고 이 두 가지는 모두 전적으로 하나님의 은혜 덕분이라는 것은 우리가 하나님을 찬송할 이유가 된다. 여기에서 우리는 다음과 같은 내용들을 보게 된다.

I. 복이 있다고 선언된 자들, 여기에 나오는 약속들을 받게 될 자들에 관한 묘사.

1. 그들은 신앙의 감화를 받아서 경건한 성품들로 잘 다스려진 자들이다. 주여 주여라고 부르짖는 자들이 아니라 하나님의 통치를 실제로 잘 받아들이는 자들이 하나님의 신민(臣民)이 되는 특권을 얻게 된다.

(1) 그들은 항상 하나님에 대한 경외심을 품고서 그의 엄위하심을 변함없이 경외하고 하나님의 뜻에 복종하는 자들이다. 여호와를 경외하는 자는 복이 있는 자이다(1절).

(2) 그들은 그들에게 주어진 본분을 행하면서 그 속에서 즐거움을 느끼는 자들이다. 종이 아니라 어린아이 같은 마음으로 여호와를 아버지로 모시고 경외하는 자는 그의 계명들을 크게 즐거워하고, 그의 계명들이 공평하고 선하다는 것을 크게 기뻐한다. 하나님의 계명들은 그의 마음속에 새겨져 있다. 그 계명들 아래에서 살고자 하는 것은 그의 자발적인 선택이고, 그는 그 계명들을 쉽고 즐거운 멍에라고 부른다. 율법을 읽고 듣고 묵상함으로써 하나님의 계명들을 살피고 그것들과 얘기를 나누는 것은 그의 즐거움이다(시 1:2). 그는 하나님의 약속들만이 아니라 하나님의 교훈들도 기뻐하여서, 자기가 하나님의 은총만이 아니라 하나님의 통치 아래 있다는 것을 행복하게 생각한다. 그는 자기가 본분을 다하고 있다는 것을 즐거워하고, 그가 하나님을 섬기고 있을 때에 자기가 제자리에 있다고 여긴다. 거기에서 그는 이 세상에서 누릴 수 있는 그 어떤 즐거움보다 더 큰 즐거움을 누린다. 그가 신앙 안에서 행하는 일은 무엇이나 그의 근본적인 삶의 원칙에서 나온다. 왜냐하면, 그는 신앙이 얼마나 소중하고 유익한 것임을 알기 때문이다.

2. 그들은 신앙고백과 의도에 있어서 정직하고 진실하다. 그들은 실제로 겉과 속이 동일하여 하나님과 사람들을 진실하게 상대하는 자들이기 때문에 정직한 자들로 불린다(2, 4절). 진실함이 없는 참된 신앙도 없다. 그것은 복음의 완성이다.

3. 그들은 그들이 하는 모든 일에 있어서 의롭고 인자하다. 그는 자비롭고 긍휼이 많으며 의로워서(4절), 그 누구에게도 해로운 일을 하지 않고, 도리어 사람들을 불쌍히 여기는 인자한 마음으로 그가 할 수 있는 한 누구에게나 온갖 선한 일을 행한다. 앞의 시편에서는 하나님에 대해서 여호와는 은혜로우시고 자비로우시도다(시 111:4)라고 말하였었는데, 여기에서는 선한 자에 대하여 그렇게 말한다. 왜냐하면, 이 점에 있어서 우리는 사랑을 받는 자녀 같이 하나님을 본받는 자가 되어야 하기 때문이다. 하나님께서 긍휼이 많으신 것처럼 우리도 긍휼이 많아야 한다. 선한 자는 긍휼이 많지만 의롭다. 그는 정직하게 얻은 것을 가지고서 다른 사람들에게 선을 베푼다. 하나님은 도둑질한 것을 번제물로 바치는 것을 미워하시는데, 선한 자도 마찬가지이다. 선한 자가 얼마나 후하게 베푸는지를 보여주는 한 가지 예가 제시되고 있다(5절): 그는 은혜를 베풀며 꾸어 준다. 꾸어 주는 것은 빌려 쓰는 자에게 근면과 정직의 의무를 부여한다는 점에서 거저 주는 것만큼이나 종종 그 속에 구제의 측면이 많이 있다. 선한 자는 은혜를 베풀고 꾸어 준다(시 37:26). 그는 고리대금업자가 자신의 이득을 위해서 꾸어 주는 것과는 달리 올바른 원칙에 의거해서 꾸어 주되 단지 관대함에서만이 아니라 순수하게 구제하고자 하는 마음에서 꾸어 준다. 그는 올바른 태도로, 즉 마지못해서가 아니라 기쁜 마음으로 흔쾌히 은혜를 베풀고 꾸어 준다.

II. 이러한 성품을 지닌 자들에게 수반되는 복된 삶. 여호와를 경외하는 자는 복이 있고, 지극히 복이 있다. 사람들이 그들에 대하여 무엇이라고 생각하고 말하든, 하나님은 그들이 복이 있다고 말씀하신다. 하나님께서 그렇게 말씀하시면, 그들은 그렇게 된다.

1. 선한 자의 후손들은 그의 선함으로 인하여 더 잘 될 것이다(2절): 그의 후손이 땅에서 강성하리로다. 선한 자는 이 세상에서 크게 되지 못하거나 두각을 나타내지 못할 수도 있겠지만, 그의 후손들은 그로 인하여 더 잘 되게 될 것이다. 신앙은 수많은 가정을 일으켜 세워 왔는데, 그 가정들은 부귀영화를 누리게 되지는 않았지만 확고한 터전을 잡게 되었다. 선한 자들이 천국에서 행복한 삶을 살고 있을 때, 그들의 후손은 이 땅에서 잘 살아가면서 자기들이 잘 살게 된 것은 자기 조상으로부터 물려받은 축복 때문이라고 말하게 될 것이다. 정직한 자들의 후손에게 복이 있으리로다. 정직한 자들의 후손이 조상들의 발자취를

밟는다면, 그들은 조상들과의 관계로 인해서 더욱 복을 받게 될 것이고, 조상들로 말미암아 사랑을 입게 될 것이다(롬 11:28). 왜냐하면, 언약은 내가 너와 네 후손의 하나님이 되리라(창 17:7)로 되어 있기 때문이다. 반면에, 악을 행하는 자들의 후손은 영원히 이름이 불려지지 아니하리로다. 경건한 부모의 자녀들은 정직한 자의 후손에게 주어지는 축복을 귀한 줄로 알아서 그 축복을 상실할 그 어떤 일도 하지 않도록 주의하여야 한다.

2. 선한 자들은 이 세상에서 형통할 것이고, 특히 그들의 영혼이 형통할 것이다(3절).

(1) 그들은 그들에게 유익이 되는 한에 있어서 외적인 형통의 복을 받게 될 것이다: 부와 재물이 정직한 자의 집에 있으리로다. 그것들은 그의 마음에 있는 것이 아니라 그의 집에 있고(그는 돈을 사랑하는 마음이 지배하는 그런 자가 아니기 때문에), 그의 손에 있는 것이 아니라 그의 집에 있게 될 것이다(그는 단지 재물을 늘리기 시작할 뿐이기 때문에). 그가 죽고난 후에 그의 가족은 점점 더 부유하게 될 것이다.

(2) 그러나 외적인 형통보다 훨씬 더 좋은 것은 그들이 참된 부(富)인 영적인 복들로 축복을 받게 되리라는 것이다. 그의 부는 그의 집에 있다. 왜냐하면, 그는 그 부를 다른 사람들에게 물려줄 것이기 때문이다. 그러나 그의 의가 주는 위로는 그가 스스로 누리게 될 것이고, 그의 의는 영구히 있게 될 것이다. 은혜는 금보다 더 나은데, 그것은 은혜가 금보다 더 오래 지속되기 때문이다. 그는 부와 재물을 갖게 될 것이지만, 그의 신앙을 계속해서 지킬 것이다. 많은 사람들이 폭풍우 속에서는 자신의 신앙을 잘 지키다가도 햇빛이 나면 신앙을 내던져버리지만, 그는 모든 일이 잘 되는 가운데서 여전히 자기의 온전함을 굳게 지킬 것이다. 세상적인 형통함은 사람들이 그 형통함으로 인하여 신앙이 냉랭해지지 않고 여전히 신앙과 경건을 굳건하게 지킬 때에만 복이 된다. 가정 내에 항상 신앙이 있고 거기에 부와 재물이 따르며 아버지의 재산을 물려받는 자들이 그의 신앙의 미덕들도 아울러 물려받을 때, 그 가정은 진정으로 복된 가정이다. 하지만, 선한 자의 의는 그가 장차 받게 될 시들지 아니하는 의의 면류관을 통해서 영구히 이어지게 된다.

3. 그들은 환난 가운데서 위로를 얻게 될 것이다(4절): 정직한 자들에게는 흑암 중에 빛이 일어나리로다. 이 말씀 속에는 선한 자들도 환난에 처할 수 있다는

뜻이 내포되어 있다. 하나님의 약속이 주어져 있다고 해서 그들이 환난에서 면제받는 것은 아니다. 그들은 인간의 삶에 공통적으로 주어지는 재난들을 겪게 될 것이다. 그러나 그들이 어두운 데에 앉을지라도 여호와께서 그들의 빛이 되실 것이다(미 7:8). 하나님께서는 환난 가운데서 그들을 붙들어 주시고 위로해 주실 것이다. 그들의 외적인 환경이 암울할 때에도 그들의 심령은 밝을 것이다. 안에는 충분한 빛이 있다(Sat lucis intus). 애굽이 흑암으로 덮여 있는 가운데서도 이스라엘 백성들이 거주하는 곳에는 빛이 있었다. 그들은 때가 되면, 아니 그들이 전혀 예상하지 못한 때에 환난에서 건지심을 받게 될 것이다. 밤이 가장 어두울 때에 동이 튼다. 아니, 본격적으로 밤이 시작될 저녁 시간에 빛이 있을 것이다.

4. 그들은 자신의 모든 일들을 잘 처리할 수 있는 지혜를 얻게 될 것이다(5절). 자신의 재물로 선을 베푸는 자는 하나님의 섭리로 말미암아 이적을 통해서가 아니라 그의 지혜로움을 통해서 점점 재물을 불려가게 될 것이다: 그는 그의 일들을 분별있게 해나가게 될 것이고(개역에서는 그 일을 정의로 행하리로다), 그의 하나님이 그에게 적당한 방법을 보이사 가르치셔서 그로 하여금 분별이 있게 하실 것이다(사 28:26). 남들에게 베풀기 위해서, 분별력을 사용해서 자신의 모든 일들을 잘 처리하여 재물을 얻고 모으는 것은 선한 자가 지닌 특성 중의 하나이다. 이 본문은 선한 자가 구제하는 일과 관련하여 말한 것으로 이해할 수도 있다: 그는 은혜를 베풀며 꾸어 준다. 그러나 그럴 때에 그는 그의 구제가 적절한 때와 분량으로 적절한 대상에게 베풀어질 수 있도록 분별력을 발휘한다. 이렇게 분별력을 사용하여 구제하는 자에게 하나님께서는 더 많은 것을 주시리라는 약속이 주어져 있다. 지혜를 최대한으로 사용하는 자들은 그들에게 지혜가 얼마나 절실하게 필요한지를 깨닫기 때문에 후히 주시겠다고 약속하신 하나님께 지혜를 구한다(약 1:5). 그가 그의 말을 정의로 인도하리로다(원문에는 이렇게 되어 있다). 우리가 무엇보다도 혀를 다스리는 데에 지혜를 사용해야 한다. 하나님에게서 혀를 다스리는 지혜를 받은 자는 복이 있다.

⁶그는 영원히 흔들리지 아니함이여 의인은 영원히 기억되리로다 ⁷그는 흉한 소문을 두려워하지 아니함이여 여호와를 의뢰하고 그의 마음을 굳게 정하였도다 ⁸그의 마음이 견고하여 두려워하지 아니할 것이라 그의 대적들이 받는 보응을 마침내 보리로다 ⁹그가 재물을 흩어 빈궁한 자들에게 주었으니 그의 의가 영구히 있고 그의 뿔

이 영광 중에 들리리로다 [10]악인은 이를 보고 한탄하여 이를 갈면서 소멸되리니 악인들의 욕망은 사라지리로다

이 절들 속에서 우리는 다음과 같은 내용들을 보게 된다.

I. 성도들의 만족과 견고함. 영원히 흔들리지 아니하리라는 것은 선한 자의 복이다(6절). 사탄과 그의 도구들은 선한 자를 흔들어 놓으려고 애쓰지만, 그의 토대는 확고해서 결코 요동하지 않을 것이고 영원히 조금도 흔들리지 아니할 것이다. 그는 비록 잠시 흔들린다고 하여도 곧 다시 제자리로 돌아와 견고히 서 있게 될 것이다.

1. 선한 자는 정평(定評)이 나게 될 것이고, 그것은 그에게 큰 만족이 될 것이다. 선한 자는 하나님과 선한 사람들에게 좋은 평판, 선한 일들을 하는 자로 정평이 나게 될 것이다: 의인은 영원히 기억되리로다(6절). 이런 의미에서 그의 의(그것에 대한 기억)는 영구히 있다(9절). 그의 평판을 더럽히고 그에게 수치와 비방을 뒤집어 씌우고자 온갖 짓을 하는 자들이 있을지라도, 그의 결백은 밝혀지고 그의 명성은 그가 죽은 후에도 지속될 것이다. 두드러지게 의로웠던 몇몇 인물들은 이 땅에서 영원히 기억된다. 성경이 읽혀지는 곳마다 사람들은 그들의 선한 행실들을 말하여 그들을 기억한다. 이미 죽은 수많은 선한 자들을 기억하는 것은 복된 일이다. 그러나 천국에서 그들이 그들의 선한 행실에 대한 상(賞)으로 시들지 아니하는 영광의 면류관을 받게 될 때에 그들에 대한 기억은 진정으로 영원하게 되고, 그들의 의를 기리는 것도 영원하게 될 것이다. 그들이 이 땅에서 잊혀지고 멸시받는다고 하여도, 그들은 천국에서 기억되고 존귀를 얻으며, 그들의 의로 인하여 칭찬과 영광과 존귀를 얻게 될 것이다(벧전 1:7). 아무리 늦어도 그 때에 가서는 선한 자의 뿔은 이기는 자에게 주어지는 외뿔소(일각수:유니콘)의 뿔처럼 영광 중에 들리게 될 것이다. 악한 자들은 지금은 교만하여 그들의 뿔을 높이 들지라도, 결국 그 뿔들은 베임을 당하게 될 것이다(시 75:5, 10). 경건한 자들은 낮아진 상태에서 겸손하게 그들의 뿔을 티끌에 더럽혔을지라도(욥 16:15), 그 뿔이 영광 중에 들리게 될 날이 장차 올 것이다. 선한 자들이 가난한 자들에게 후하게 베푼 것들은 특히 그들의 영광으로 되돌아오게 될 것이다: 그가 재물을 흩어 빈궁한 자들에게 주었다. 그는 오직 한 통로만을 통해서 구제를 한 것도 아니었고 특별히 호감이 가는 몇몇 소수의 대상들에게만

구제를 베푼 것도 아니었으며, 자신의 재물을 흩어서 일곱에게나 여덟에게 나눠 주고 모든 물가에 씨를 뿌렸다. 그는 이렇게 재물을 흩었기 때문에 그의 재물은 더욱 불어났다. 바로 이것이 영구히 있는 그의 의이다. 구제가 의로 불리는 것은 구제가 우리의 악한 행실들을 속(贖)해 주어서 우리를 의롭게 하기 때문이 아니라 구제는 우리가 마땅히 행하여야 할 선한 행실이기 때문이다. 그러므로 우리가 구제하지 않는다면, 우리는 의로운 것이 아니다. 우리는 마땅히 받을 자들에게 선을 베풀기를 아끼지 말아야 한다. 우리가 구제함으로써 얻는 영광은 영원하다. 왜냐하면, 하나님께서는 저 큰 날에 우리가 구제한 것을 주목하실 것이기 때문이다. 내가 주릴 때에 너희가 먹을 것을 주었다. 사도 바울은 구제를 권장하기 위해서 이 본문을 인용한다(고후 9:9).

2. 선한 자는 견고한 심령을 갖게 될 것이고, 그것은 그가 사람들 사이에서 선한 일을 하는 자로 정평이 나는 것보다 훨씬 더 큰 만족을 줄 것이다. 왜냐하면, 자랑할 것이 자기에게는 있어도 남에게는 있지 아니할 것이기 때문이다. 무슨 일이 일어나든, 그는 흔들리지 아니할 것이고, 마음이 흔들려서 자신의 본분을 버리거나 위로를 받지 못하는 일은 없을 것이다. 왜냐하면, 그는 두려워하지 아니할 것이기 때문이다. 그의 마음은 견고하다(7-8절). 이것은 선한 자들의 특성이자 그들의 위로이다. 그들은 항상 마음을 하나님께 집중하여 착념함으로써 마음이 고요하고 편안하며 흐트러지지 않게 되려고 애쓴다. 하나님은 그들이 그렇게 하여야 한다는 것을 명하심과 동시에 그렇게 할 수 있는 은혜를 주시겠다고 약속하셨다. 좀 더 살펴보자.

(1) 흉한 소문을 두려워하지 아니하고 나쁜 소식을 듣는 것을 두려워하지 않는 것은 하나님의 백성에게 마땅한 도리이자 유익이다. 그들은 나쁜 소식을 듣고서 크게 당황하여 일이 점점 더 악화되는 것을 몹시 염려하게 되지 않고, 도리어 무슨 일이 생기고 어떤 위험이 닥쳐와도 사도 바울처럼 그러한 일들 중 어느 것에도 나는 흔들리지 않는다고 말할 수 있고, 산이 흔들려 바다 가운데에 빠지더라도(시 46:2) 나는 두려워하지 않을 것이라고 말할 수 있어야 한다.

(2) 견고한 마음은 나쁜 소식들로 인한 불안과 두려움을 잠재울 수 있는 최고의 약이다. 우리가 마음의 평정(平靜)을 유지하고 마음을 다스린다면, 우리의 의지는 하나님의 거룩한 뜻을 따르게 되고 우리의 성정(性情)은 침착하며 우리의 심령은 평온하게 되기 때문에, 우리는 섭리에 의해 일어나는 온갖 파란

만장한 일들 속에서도 겁을 집어먹고서 초조해져서 난리를 치는 일이 없게 된다.

(3) 여호와를 의뢰하는 것이야말로 마음을 견고히 하고 굳게 정하는 가장 확실한 길이다. 믿음을 통해서 우리는 하나님의 약속과 말씀에 닻을 내리고서 우리의 피난처이신 하나님께 돌아가서 하나님 안에서 안식하여야 한다. 사람의 마음은 하나님의 진리 외에는 그 어디에서도 견고히 설 수 없고 만족할 수 없으며, 오직 하나님의 진리 안에서만 견고하게 뿌리를 내릴 수 있다.

(4) 믿음으로 말미암아 견고한 마음을 지니게 된 자들은 그들이 목적을 이룰 때까지 인내로 기다린다: 그는 두려워하지 않고 살아가다가 그의 대적들이 받는 보응을 마침내 보리로다. 즉, 마치 이스라엘 백성이 애굽인들이 바닷가에 죽어 널부러져 있는 것을 보았듯이, 그는 천국에 가서 사탄을 비롯한 모든 영적인 원수들이 그의 발 아래 짓밟히는 것을 보게 될 것이다. 그는 그를 압제하던 자들을 마침내 똑바로 보리로다(하몬드 박사의 번역). 즉, 그는 이제 더 이상 원수들의 권세 아래 있지 않게 됨으로써 그들의 얼굴을 똑바로 쳐다보게 될 것이다. 장차 성도들이 그들이 겪었던 고난과 박해들을 되돌아보면서, 사도 바울이 자기가 겪은 박해들을 회상하면서 말했던 것처럼, 주께서 이 모든 것 가운데서 나를 건지셨느니라(딤후 3:11)고 말할 수 있을 때, 성도들의 만족은 완성될 것이다.

Ⅱ. 죄인들이 원통해함(10절).   그들은 두 가지로 인해서 속상해하고 분해할 것이다.

1. 의인들의 지극히 복된 모습: 악인은 의인들이 형통하고 존귀하게 되는 것을 보고 한탄하게 될 것이다. 악인들은 의인들이 무죄하다는 것이 분명히 밝혀지고 의인들의 비천한 처지가 존귀하게 되며, 그들이 미워하고 멸시하며 멸망하기를 바랐던 의인들이 천국에서 총애를 받고 높임을 받아서 그들을 다스리게 된 것을 보고 원통해할 것이다(시 49:14). 그들은 이런 상황을 보고서 이를 갈면서 수척해지게(개역에서는 소멸되리니) 될 것이다. 이런 일은 흔히 이 세상에서도 일어난다. 성도들이 잘 되면 악인들은 그것을 시기하게 되고, 그 시기는 그들의 뼈를 썩게 만든다. 그러나 그런 일은 저주받은 죄인들이 멀리 아브라함과 그의 품에 있는 나사로를 보고 모든 선지자는 하나님 나라에 있고 그들 자신은 밖에 쫓겨난 것을 볼 때에 가장 온전하게 성취될 것이다.

2. 그들 자신의 좌절: 악인들의 욕망은 사라지리로다. 그들의 욕망은 전적으로 세상과 육체에 대한 것들이었고, 그런 것들이 그들을 지배하고 있었다. 그러므로 그런 것들이 사라질 때, 그들의 기쁨도 사라지고, 그런 것들에 대한 그들의 기대도 사라져 버리기 때문에, 그들은 영원한 낭패를 당하게 된다. 그들의 욕망은 거미줄 같은 것이다.

제
— 113 —
편

개요

이 시편은 "할렐루야"로 시작해서 끝난다. 왜냐하면, 이 시편은 다른 많은 시편들과 마찬가지로 하나님을 찬송하는 크고 선한 일을 장려하기 위한 것이기 때문이다. I. 시편 기자는 여기에서 우리에게 하나님을 찬송하도록 강권한다(1-3절). II. 시편 기자는 여기에서 우리에게 찬송할 거리를 제공해 주고, 찬송의 말들을 우리 입에 넣어 준다. 우리는 이 시편을 노래할 때에 거룩한 경외심과 사랑으로 다음과 같은 것들에 대하여 하나님께 영광을 돌려야 한다. 1. 하나님의 영광은 지극히 높고 크심(4-5절). 2. 스스로를 낮추신 하나님의 은혜와 선하심(6-9절). 이 두 가지는 서로를 더욱 빛내주기 때문에, 우리는 이 두 가지에 대하여 제대로 감화를 받을 수 있다.

¹할렐루야, 여호와의 종들아 찬양하라 여호와의 이름을 찬양하라 ²이제부터 영원까지 여호와의 이름을 찬송할지로다 ³해 돋는 데에서부터 해 지는 데에까지 여호와의 이름이 찬양을 받으시리로다 ⁴여호와는 모든 나라보다 높으시며 그의 영광은 하늘보다 높으시도다 ⁵여호와 우리 하나님과 같은 이가 누구리요 높은 곳에 앉으셨으나 ⁶스스로 낮추사 천지를 살피시고 ⁷가난한 자를 먼지 더미에서 일으키시며 궁핍한 자를 거름 더미에서 들어 세워 ⁸지도자들 곧 그의 백성의 지도자들과 함께 세우시며 ⁹또 임신하지 못하던 여자를 집에 살게 하사 자녀들을 즐겁게 하는 어머니가 되게 하시는도다 할렐루야

이 시편에는 다음과 같은 내용들이 나온다.

I. 시편 기자는 우리에게 하나님께 영광을 돌리되 그의 이름에 합당한 영광을 돌리라고 권면한다.

1. 이 초대는 집요하다: 할렐루야. 너희는 여호와를 찬양하라는 말이 거듭거듭 반복된다. 여호와의 이름을 찬송할지로다. 왜냐하면, 그 이름은 찬송받으실 만하기 때문이다(1-3절). 이것은 다음과 같은 것들을 보여준다. (1) 하나님을 찬송

하는 것은 꼭 필요하고 가장 뛰어난 본분으로서 하나님을 크게 기쁘시게 해 드리는 일이고, 신앙 생활에서 큰 부분을 차지하고 있다는 것. (2) 하나님을 찬송하는 것은 우리가 많이 행하고 자주 행하고 크게 힘써야 할 본분이다. (3) 하나님을 찬송하는 것은 우리가 무척 게을리하는 일이기 때문에 경계에 경계를 더하며 교훈에 교훈을 더하여 권면을 받을 필요가 있다는 것. (4) 스스로 하나님을 많이 찬송하는 자들은 다른 사람들에게도 그렇게 하도록 힘써 권유한다는 것. 왜냐하면, 그들은 이 일이 막중하다는 것을 체험적으로 알고서 그들이 받을 수 있는 온갖 도움을 받을 필요가 있다는 것(찬송하는 일에는 모든 사람들의 마음과 손길을 다 사용한다고 해도 결코 충분하지 않다)을 알기 때문이고, 찬송이 얼마나 즐거운 일인지를 알아서 그들의 모든 친구들도 그 즐거움에 참여하게 되기를 원하기 때문이다.

2. 이 초대는 매우 광범위하다. 좀 더 살펴보자.

(1) 하나님은 누구에게서 찬송을 받으시는가 ― 자기 백성에게서. 그들은 찬송하라는 부르심에 응답할 자들로서 여기에서 하나님을 찬송하도록 부르심을 받는다: 할렐루야, 여호와의 종들아 찬양하라. 그들에게는 하나님을 찬송하지 않을 수 없는 이유가 있다. 왜냐하면, 하나님의 종들로서 하나님을 모시는 자들은 하나님을 가장 잘 알고 하나님에게서 가장 많은 은총을 받기 때문이다. 하나님을 찬송하는 것은 그들이 해야 하는 일이다. 그것은 하나님의 종들인 그들에게 요구되는 일이다. 그들이 자신의 주인을 칭송하고 힘이 닿는 데까지 주인에게 영광을 돌리는 것은 쉽고 즐거운 일이다. 그들이 찬송하지 않는다면, 누가 하겠는가? 어떤 이들은 이 본문이 레위인에 대한 것이라고 이해한다. 그러나 그렇다고 해도 이 본문은 모든 그리스도인들에게 해당된다. 왜냐하면, 그리스도인들은 모두 왕 같은 제사장들로서 그들을 부르신 이의 아름다운 덕을 선포하며 찬송하여야 하기 때문이다(벧전 2:9). 천사들은 여호와의 종들이다. 우리는 천사들에게 하나님을 찬송하라고 권할 필요가 없다. 그렇지만 천사들이 하나님을 찬송할 뿐만 아니라, 우리보다 더 잘 찬송한다는 것은 우리에게 위로가 된다.

(2) 하나님은 누구에게서 찬송을 받으셔야 하는가.

[1] 모든 세대로부터(2절) ― 이제부터 영원까지. 하나님을 찬송하는 일은 우리가 죽고나면 끝나는 그런 일이 되어서는 안 되고, 우리는 그 일을 더 나은 세

상으로 가서 계속해서 행하여야 하고, 우리 뒤에 오는 후세 사람들은 이 세상에서 그 일을 행하도록 하여야 한다. 우리의 후손들이 타락하지 않게 하여서, 오직 이 세대만이 아니라 모든 세대에 걸쳐서 하나님께서 찬송을 받으시게 하여야 한다. 우리는 시편 기자처럼 이제부터 영원까지 여호와의 이름을 찬송할지로다고 말함으로써 우리가 사는 날 동안에 여호와를 송축하여야 한다.

[2] 모든 곳에서 — 해 돋는 데에서부터 해 지는 데에까지, 즉 이 세상에서 사람들이 살 수 있는 곳이면 어느 곳에서나. 햇빛의 혜택을 누리는 모든 자들은 그 빛을 주신 빛들의 아버지께 감사를 드려야 한다. 하나님의 이름이 찬양을 받으시리로다. 하나님의 이름은 모든 나라가 찬송하여야 한다. 왜냐하면, 동쪽에서 서쪽까지 모든 곳에서 하나님의 지혜와 권능과 선하심을 보여주는 분명한 증거들과 그 산물들이 나타나기 때문이다. 그런데도 너무도 많은 사람들이 하나님을 알지 못하고, 오직 하나님께만 돌려야 할 찬송을 다른 것들에게 돌리고 있는 것은 통탄할 만한 일이다. 그러나 이 본문 속에는 더 많은 의미가 들어 있는 것 같다. 앞 절이 우리에게 영광의 나라를 얼핏 보여주면서 하나님의 이름은 영원히 송축될 것임을 말해준 것처럼(시간이 더 이상 존재하지 않게 될 때에 찬송은 천국의 일이 될 것이다), 이 절은 우리에게 은혜의 나라가 복음에 의해서 전파될 것임을 얼핏 보여준다. 교회가 더 이상 유대 나라에 국한되지 않고 온 세상에 퍼져나가게 될 때, 각처에서 우리의 하나님께 영적인 분향이 드려지게 될 때(말 1:11), 해 돋는 데에서부터 해 지는 데에까지 여호와의 이름이 모든 나라의 사람들에 의해서 찬양을 받으시게 될 것이다.

Ⅱ. 시편 기자는 우리에게 어떤 것에 대하여 하나님께 영광을 돌려야 하는지를 가르친다.

1. 우리는 믿음의 눈을 들어서 하나님의 영광이 윗 세상에서 얼마나 높은지를 보고서, 그것을 말하여 하나님을 찬송하여야 한다(4-5절). 우리는 우리의 찬송 속에서 하나님의 이름을 높여야 한다. 왜냐하면, 하나님은 높으시고, 그의 영광도 높으시기 때문이다.

(1) 하나님은 세상의 왕들이 누리는 부귀영화가 아무리 크고 그 백성들의 수가 아무리 많다고 하여도 모든 나라보다 높으시다. 세상의 왕들에 대해서는 개개인들보다는 더 크고(major singulis) 전체보다는 작다(minor universis)는 말이 성립될 수도 있지만, 우리는 그런 말이 만왕의 왕에게는 성립될 수 없다는 것을

확실히 안다. 세상의 모든 나라들을 합친다고 하여도, 하나님은 그 모든 나라들보다 높으시다. 세상의 모든 나라는 하나님 앞에서 통의 한 방울 물과 같고 저울의 작은 티끌 같다(사 40:15, 17). 모든 나라는 하나님에 대하여 높여 생각하고 말하여야 한다. 왜냐하면, 하나님은 세상의 모든 나라보다 높으시기 때문이다.

(2) 하나님은 하늘보다 높으시다. 하나님의 영광의 보좌는 가장 높은 하늘에 있다. 따라서 우리는 하나님을 찬송할 때에 우리의 마음을 높이 들어야 한다(애 3:41). 그의 영광은 하늘, 곧 천사들보다 높으시다. 하나님은 천사들의 모습보다 높으시고(천사들의 광채는 하나님의 광채에 비하면 아무것도 아니기 때문에), 천사들이 행하는 것보다 높으시며(천사들은 하나님의 명령을 따라서 그가 기뻐하시는 일을 행하기 때문에), 천사들이 그에 대하여 말로 표현할 수 있는 것보다 높으시다. 하나님은 우리와 천사들이 드리는 모든 송축과 찬송보다 높이 계신다. 그러므로 우리는 거룩한 경배 속에서 여호와 우리 하나님과 같은 이가 누구리요라고 말하여야 한다. 이 땅의 모든 왕들과 방백들 중에서 우리 하나님과 같은 이가 누가 있으며, 하늘의 모든 빛나고 복된 영들 중에서 우리 하나님과 같은 이가 누가 있겠는가? 하나님과 견줄 만한 자는 아무도 없다. 우리는 하나님을 모든 것 위에 계시고 그 누구와도 견줄 수 없으며 무한히 크신 분으로 찬송하여야 한다. 왜냐하면, 하나님은 높은 곳에 앉으셔서, 그 높은 곳에서 모든 것을 보시고, 만물을 다스리시며, 모든 찬송을 그에게 이끄시기 때문이다.

2. 우리는 눈을 들어서 주위를 찬찬히 둘러보아 이 아랫 세상에서 하나님의 선하심이 얼마나 광범위하게 미치고 있는지를 보고서, 그것을 말하여 하나님을 찬송하여야 한다. 하나님은 높은 곳에 거하시면서도 스스로 낮추사 천지를 살피시는 하나님이시다. 어떤 이들은 이 본문에 나오는 단어들의 위치가 뒤바뀌었다고 생각해서 그는 스스로 높이셔서 하늘에 계시고 스스로 낮추사 땅을 살피신다라고 해석한다. 기존의 본문대로 해석해도 그 의미는 아주 명확하지만, 이와 같은 변형된 해석은 하나님께서 스스로 높이시고 스스로 낮추신다고 함으로써 그러한 행위들이 하나님 자신의 행위라는 것을 분명히 해주는 장점이 있다. 하나님은 스스로 존재하시는 분이신 것과 마찬가지로, 하나님은 자신의 존귀함의 원천으로서 스스로 영광을 받으시고 자신의 은혜의 원천으로서 스스로 은

혜를 베푸신다. 하나님께서 자신을 낮추셔서 베푸신 선하심은 다음과 같은 것들 속에서 드러난다.

(1) 하나님께서 아랫 세상의 일들을 살피시고 아신다는 것. 하나님의 영광은 모든 나라보다 높으시고 하늘보다 높으시지만, 하나님은 모든 나라와 하늘, 그 어느 쪽도 소홀히 하지 않으신다. 하나님은 크시지만 그 어떤 것도 멸시하지 아니하신다(욥 36:5). 하나님은 스스로 낮추사 모든 피조물들과 그의 모든 신민(臣民)들을 살피신다 ─ 하나님은 그들보다 무한히 높이 계시지만. 하나님은 스스로 무한히 완전하시고 충족하시며 지극히 복되시다는 것을 생각할 때, 우리는 하나님께서 하늘의 군대들과 땅의 주민들을 그의 영원한 계획과 그의 보편적인 섭리의 손길 속으로 이끌어 오시기를 기뻐하신 것은 하나님이 자신을 낮추신 놀라운 겸양(謙讓)의 행위라는 것을 인정하지 않을 수 없다(단 4:35). 이렇게 하나님은 만물을 통치하심에 있어서조차도 스스로를 낮추신다.

[1] 하늘에서 일어나는 일들을 살피시고, 천사들을 붙들어 주시며, 그들의 움직임을 지시하시고, 그들의 찬송과 섬김을 열납하시는 것은 하나님의 겸양이다. 왜냐하면, 하나님은 그들을 필요로 하지도 않으시고 그들로 인해서 유익을 받으시지도 않으시기 때문이다.

[2] 땅에서 일어나는 일들을 살피시고, 인생들을 찾아오셔서 그들의 일을 간섭하시고, 그들이 말하고 행하는 것들을 살피심으로써, 이 땅의 그의 선하심으로 가득 채우시고, 우리에게 몸을 굽혀서 우리보다 못한 자들의 사정을 살펴서 그들에게 선을 베풀고 관심을 가지도록 본을 보여주시는 것은 하나님의 더욱더 큰 겸양이다. 천지의 일들을 살피시는 것이 하나님의 겸양이라면, 잃어버린 자들을 찾아 구원하려 하나님의 아들이 하늘에서 이 땅으로 내려오셔서 우리 인간의 본성을 입으신 것은 얼마나 놀라운 겸양이겠는가! 이 점에서 하나님은 진정으로 자신을 낮추신 것이다.

(2) 하나님께서 이 비천한 아랫 세상의 주민들 가운데서 가장 보잘것없고 미천한 자들에게 종종 보이시는 특별한 은총. 하나님은 이 땅에서 큰 일들만이 아니라 대인(大人)들이 통상적으로 간과하는 아주 사소한 일들까지 살피신다. 하나님은 그런 일들을 단지 살피시는 것에서 그치시는 것이 아니라, 통상적인 섭리와 인과(因果)의 사슬에서 벗어나는 기이한 일들과 정말 놀라운 일들을 행하신다. 이것은 세상이 항상 일정한 길을 따라서 움직이는 자연의 운행에 의

해서가 아니라 우리가 예상하지도 못한 일들을 행하시기를 기뻐하시는 자연의 하나님에 의해서 다스려지고 있다는 것을 보여준다.

[1] 오랫동안 멸시를 받아 왔던 자들이 종종 순식간에 존귀하게 된다(7-8절): 여호와는 가난한 자를 먼지 더미에서 일으키셔서 지도자들과 함께 세우신다. 첫째, 이렇게 하나님은 종종 자신을 높이시고, 자신의 지혜와 능력과 주권(sovereignty)을 높이신다. 하나님은 뭔가 하셔야 할 큰 일이 있을 때에 사람들, 즉 자신들이나 남들이 볼 때에 도저히 쓰임받을 것 같지 않은 자들을 가장 영광스러운 자리에 들어 쓰신다. 기드온은 타작마당에서 일하다가, 사울은 나귀들을 찾다가, 다윗은 양 떼를 지키다가 부르심을 받았다. 사도들도 고기를 잡다가 부르심을 받아서 사람을 낚는 어부들이 되었다. 이렇게 하나님께서 복음의 보화를 질그릇들에 담으시고 세상에서 약하고 어리석은 자들을 택하셔서 복음을 전하게 하셔서 지혜 있는 자들과 강한 자들을 부끄럽게 하시는 것(고전 1:27-28)은 지극히 큰 능력이 하나님께 있고 그 일을 추진하시는 것도 하나님께 있다는 것을 모든 사람이 알게 하기 위한 것이다. 둘째, 이렇게 하나님은 종종 가난과 수치의 무거운 짐 아래에서 오랫동안 신음해 온 그의 백성의 뛰어난 경건과 인내에 대하여 상을 주신다. 요셉의 미덕이 시험을 받아서 그 진실성이 입증되자, 하나님은 요셉을 감옥의 먼지 더미에서 일으키셔서 지도자들과 함께 세우셨다. 지혜로운 자들은 그러한 돌고 도는 섭리를 눈여겨보고서 그 섭리의 운행을 통해서 여호와의 인자하심을 깨닫게 된다. 어떤 이들은 이 본문을 예수 그리스도에 의한 구속 사역에 적용하는데, 그것도 부적절한 것은 아니다. 왜냐하면, 그리스도께서는 궁핍하고 몰락한 사람들을 먼지 더미에서 일으키시고(한 유대 랍비는 이것이 죽은 자의 부활을 가리킨다고 말한다) 죄의 거름 더미에서 일으키셔서 지도자들, 천사들, 그의 백성의 지도자들과 함께 세우시기 때문이다. 한나는 이런 취지의 찬송을 불렀었다(삼상 2:6-8).

[2] 오랫동안 임신하지 못하던 자들이 종종 갑자기 아이를 갖게 된다(9절). 이것은 위로는 사라, 리브가, 라헬, 한나, 삼손의 어머니를 염두에 둔 것일 수 있고, 아래로는 엘리사벳을 염두에 둔 것일 수 있다. 하나님께서 그의 여종들의 괴로움을 살피셔서 그들의 수치를 없애 주신 그러한 예는 무수히 많았다. 하나님은 임신하지 못하던 여자를 집에 살게 하사 가정을 이루게 하실 뿐만 아니라 가족들을 다스리게 하신다. 가정이 주는 위로를 받는 자들은 가정을 돌보아

야 한다는 것을 명심하라. 아이를 낳는 것과 집을 다스리는 것은 서로 결합되어 있다(딤전 5:14). 하나님은 임신하지 못하던 여자를 가족과 함께 살게 하실 때에 그녀가 자기의 집안 일을 보살피기를 기대하신다(잠 31:27). 그녀가 자녀들을 둔 즐거워하는 어머니가 되는 것은 단지 통상적인 경우들에 있어서 어머니들은 세상에 아이가 난 기쁨으로 말미암아 해산의 고통을 잊어버리기 때문만이 아니라, 오랫동안 아이가 없던 자들에게 아이가 태어나서 특별한 기쁨과 특별한 감사가 있기 때문이다(눅 1:14). 할렐루야 ─ 너희는 여호와를 찬송하라. 그렇지만 이 경우에도 우리는 떨며 즐거워하여야 한다. 왜냐하면, 슬퍼하는 어머니가 즐거워하게 되었다고 할지라도 자녀들이 죽어서 그녀를 떠나거나 그녀를 속상하게 하면 그 즐거워하던 어머니는 다시 슬퍼지게 될 수 있기 때문이다. 그러므로 이 본문은 이방인들 가운데 있는 복음 교회에 적용될 수 있다(교회의 세워짐은 이 비유를 통해서 예시된다, 잉태하지 못한 자여 노래하며 즐거워하라, 사 54:1; 갈 4:27). 우리는 이방 죄인들이었다가 홀로 된 여인의 자녀들이 되었기 때문에 여호와를 찬송하라고 말할 이유가 있다.

제
— 114 —
편

개요

하나님께서 이스라엘 백성을 애굽에서 구원하셨을 때에 그들은 교회와 나라로 형성되고 창설되었다. 그러므로 이 기이한 일은 영원히 기억되어야 한다. 하나님은 십계명의 서문과 호세아서 11:1에서 이 일을 자랑하셨다: "내가 내 아들을 애굽에서 불러냈다." 이 시편에서는 이 일을 생생한 찬송의 어조로 송축한다. 그러므로 이 시편이 유대인들이 유월절 식사를 끝내면서 부르곤 하였던 대(大)할렐루야 찬송의 일부가 된 것은 합당한 일이었다. 다음과 같은 것들은 결코 잊혀져서는 안 된다. I. 그들이 종살이에서 건지심을 받아서 나오게 되었다는 것(1절). II. 하나님께서 그들 가운데에 자신의 성막을 세우셨다는 것(2절). III. 바다와 요단강이 그들 앞에서 갈라졌다는 것(3, 5절). IV. 하나님께서 시내 산에 강림하셔서 율법을 주실 때에 땅이 흔들렸다는 것(4, 6-7절). V. 하나님께서 반석에서 물이 나게 하셔서 그들에게 주셨다는 것(8절). 이 시편을 노래할 때, 우리는 하나님께서 이스라엘을 위하여 행하신 일들 속에서 그의 능력과 선하심을 고백하고서, 그것을 훨씬 더 큰 기사(奇事), 즉 그리스도께서 우리를 구속하신 일에 적용하고, 우리 자신 및 다른 사람들에게 아주 심한 곤경 속에서도 하나님을 의지하도록 격려하여야 한다.

¹이스라엘이 애굽에서 나오며 야곱의 집안이 언어가 다른 민족에게서 나올 때에 ²유다는 여호와의 성소가 되고 이스라엘은 그의 영토가 되었도다 ³바다가 보고 도망하며 요단은 물러갔으니 ⁴산들은 숫양들 같이 뛰놀며 작은 산들은 어린 양들 같이 뛰었도다 ⁵바다야 네가 도망함은 어찌함이며 요단아 네가 물러감은 어찌함인가 ⁶너희 산들아 숫양들 같이 뛰놀며 작은 산들아 어린 양들 같이 뛰놂은 어찌함인가 ⁷땅이여 너는 주 앞 곧 야곱의 하나님 앞에서 떨지어다 ⁸그가 반석을 쳐서 못물이 되게 하시며 차돌로 샘물이 되게 하셨도다

시편 기자는 여기에서 옛날, 곧 지존자의 오른손의 해와 조상들이 들려주었던 기이한 일들을 회상하고 있다(삿 6:13). 왜냐하면, 세월이 흐른다고 해

서 죄책감이 사라지지 않는 것처럼 긍휼하심을 받은 기억도 사라지지 않기 때문이다. 다음과 같은 것들은 결코 잊혀져서는 안 된다.

I. 하나님께서 손을 높이 들고 팔을 뻗치셔서 이스라엘을 종살이 하던 집에서 나오게 하셨다는 것. 이스라엘은 애굽에서 나왔다(1절). 그들은 애굽인들이 눈치채지 못하게 몰래 도망쳐 나왔거나 애굽인들에게 쫓겨나온 것이 아니라, 애굽인들 앞에서 정정당당하고 위풍당당하게 행진하여 나왔다. 그들은 그들을 야만적으로 다루었던 야만적인 민족, 언어가 다른 민족에게서 벗어나 나왔다(시 81:5). 이스라엘 백성들은 그들 자신의 고유한 언어를 순수하게 보존하였고 그들을 압제하던 자들의 언어를 배우고자 하지 않았던 것으로 보인다. 그들은 이렇게 자신들을 애굽인들로부터 구별함으로써 그들의 구원의 씨앗을 지켰다.

II. 하나님께서 직접 이스라엘의 세속적이고 종교적인 제도를 제정하셨다는 것(2절). 유다는 여호와의 성소가 되고 이스라엘은 그의 영토가 되었도다. 하나님이 그들을 압제자들의 손에서 구원하신 것은 그들이 신앙의 모든 의무들을 지켜 행하고 그들의 모든 행실 속에서 하나님의 도덕법에 순종하여 거룩함과 의로 하나님을 섬기게 하기 위한 것이었다. 내 백성을 보내라 그러면 그들이 나를 섬길 것이니라. 이것을 위해서 하나님은 다음과 같이 하셨다.

1. 하나님은 그들 가운데 그의 성소를 세우셔서, 거기에서 하나님께서 그들과 함께 하신다는 것을 보여주는 특별한 표지(標識)들을 그들에게 주셨고, 거기에서 그들의 예배와 예물을 받으시겠다고 약속하셨다. 그들 가운데 하나님의 성소가 있는 그런 민족은 복이 있고(출 25:8; 겔 37:26을 보라), 여기에 나오는 유다처럼 하나님의 성소들, 여호와께 성결이라는 문구가 그 심령 속에 씌어져 있는 하나님의 살아 있는 성전들인 자들은 더욱더 복이 있다.

2. 하나님은 그들을 자신의 영토로 삼으시고, 자신이 그들의 율법 수여자와 재판장이 되셨다. 따라서 그들의 정치 체제는 신정 정치였다: 여호와께서 그들의 왕이 되셨다. 온 세계가 하나님의 영토이지만, 이스라엘은 특별한 방식으로 하나님의 영토였다. 하나님의 성소인 곳은 하나님의 통치권이 행사되는 하나님의 영토가 되어야 한다. 하나님의 집의 법에 복종하는 자들만이 그 집의 특권들을 갖게 된다. 그리스도께서는 우리를 이끌어서 하나님을 섬기게 하시고 우리로 하여금 영원히 하나님을 섬기게 하시려고 우리를 속량하셨다.

Ⅲ. 이스라엘이 애굽에서 나왔을 때에 하나님께서 그들을 구원하시고 원수들을 멸망시키기 위하여 그들 앞에서 홍해를 갈라지게 하셨다는 것.   또한 하나님은 그들이 가나안으로 들어갈 때에 그들을 존귀하게 하시고 원수들을 두렵고 당혹스럽게 하시기 위하여 요단 강을 갈라지게 하셨다(3절): 바다가 유다는 여호와의 성소가 되고 이스라엘은 그의 영토가 되었다는 것을 보고 도망하였다. 왜냐하면, 그러한 사실은 그 어떤 것보다도 두려운 일이었기 때문이다. 그것은 요단 강의 물줄기를 막는 막강한 댐이었기 때문에, 요단은 물러갔다. 하나님께서 이스라엘 백성의 선두에 계셨기 때문에 하나님께서 말씀하실 때에 바다와 요단 강은 그들에게 길을 내주어야 했고, 그 본성을 거슬러서 물러나야만 하였다. 이것을 보여주기 위해서 시편 기자는 시적인 어조로 바다야 네가 도망함은 어찌함인가라고 반문하고나서(5절) 바다에게 그 대답을 알려주는데(7절), 그 대답은 여호와께서 바다 앞에 계셨기 때문이라는 것이다(주 앞에서). 이것은 다음과 같은 것들을 표현하기 위한 것이다.

1. 이 이적은 실제로 일어난 일이었다는 것. 이 이적은 어떤 자연의 힘에 의해서나 어떤 자연적인 원인으로 인해서 생겨난 것이 아니라 주 앞에서 일어난 일이었고 주께서 말씀하셨기 때문에 일어난 일이었다.

2. 이 이적은 긍휼하심에 의한 일이었다는 것: 바다야, 네가 도망함은 어찌함인가? 그 일은 장난삼아 한번 해본 것인가? 그 일은 단지 사람들을 즐겁게 해주기 위한 것이었는가? 결코 그렇지 않다. 그 일은 야곱의 하나님 앞에서 된 일이었다. 선지자가 말한 대로 하나님께서 이렇게 강들을 노여워하시고 바다를 향하여 성내신 것(합 3:8-13; 사 51:10; 63:11 등)은 이스라엘을 향한 하나님의 인자하심 때문으로서 저 택함받은 백성의 구원을 위한 것이었다.

3. 이 이적은 놀랍고 기이한 일이었다는 것. 누가 그런 일이 일어나리라고 생각이나 했겠는가? 하나님의 이스라엘에게 봉사하기 위하여 자연의 운행이 변경되고 자연의 근본적인 법칙들이 배제되는 일이 벌어질 수 있는 것인가? 에돔 두령들이 놀라고 모압 영웅들이 떨림에 잡히며 가나안 주민이 다 낙담하게 된 것은 너무도 당연한 일이다(출 15:15).

4. 이 이적으로 인해서 이스라엘이 존귀하게 되었다는 것. 이 일 때문에 이스라엘 백성은 그들 앞에서 설 수 없었던 바다와 요단 강에 대하여 의기양양하며 승리의 기쁨을 누릴 수 있었다. 하나님께서 그의 백성을 구속하실 때가 왔

을 때에는 바다나 요단 강처럼 아무리 깊고 넓은 물들도 그들 앞에서 갈라지고 물러날 수밖에 없기 때문에 그들의 길을 가로막을 수 없다는 것을 명심하라. 이것은 다음과 같은 것들에 적용될 수 있다.

(1) 하나님께서 기독교회를 이 세상 속에 심으신 것. 도대체 무엇 때문에 사탄과 흑암의 권세들은 두려워 떨며 굽신거리며 굴종하였던 것인가(막 1:34)? 도대체 무엇 때문에 이방 종교의 신탁들은 꿀 먹은 벙어리처럼 잠잠해지고 그 입이 얼어붙어 버린 것인가? 도대체 무엇 때문에 이방인들의 우상 숭배와 마술들은 햇빛 앞에서 눈이 녹듯이 복음 앞에서 녹아내리고 사라져 버린 것인가? 도대체 무엇 때문에 복음을 박해하고 반대하던 자들은 그들의 주장을 내팽개치고 그들의 죄로 인하여 고개를 들지 못하고 숨어서 바위와 산들에게 그들의 피난처가 되어 달라고 울부짖었던 것인가(계 6:15)? 그것은 그들이 주 앞에, 복음에 수반된 저 권능 앞에 있었기 때문이었다.

(2) 마음 속에서의 은혜의 역사(役事). 무엇이 거듭난 영혼 속에서 물줄기를 바꾸어 놓는가? 도대체 무엇 때문에 육체의 정욕들과 부패한 성품들이 도망치고, 편견들이 제거되며, 한 사람 전체가 새롭게 된 것인가? 그것은 모든 생각을 사로잡아 복종시키는 하나님의 성령의 임재 때문이다(고후 10:5).

IV. 하나님께서 율법을 주시기 위해서 시내 산에 강림하셨을 때에 땅이 혼들리고 떨었다는 것(4절). 산들은 숫양들 같이 뛰놀았고, 그러자 작은 산들은 거기에 기겁해서 또는 재미있어서 어린 양들 같이 뛰었도다. 흐르는 물을 그 자리에 멈춰 서게 만들었던 하나님의 권능은 든든하게 버티고 서 있는 산들을 요동치게 하였고 두려워 떨게 하였다. 왜냐하면, 자연의 모든 권능들은 자연의 하나님의 통제 아래에 있기 때문이다. 큰 산들과 작은 산들은 하나님 앞에서 단지 숫양들이나 어린 양들과 같다. 양들이 목자에게 고분고분 순종하듯이, 아무리 험준하고 거대한 산들이라도 하나님께 순한 양처럼 순종한다. 산들이 여호와 앞에서 떠는 것은 여호와의 영광이 나타나도 꿈쩍도 하지 않는 인생들의 우둔함과 완고함을 부끄럽게 만든다. 시편 기자는 바다에게 했던 것처럼 큰 산들과 작은 산들에게 "도대체 너희들이 왜 그렇게 뛰노는 것이냐"고 반문하고나서, 그것은 주 앞에 있기 때문이라고 그 대답을 일러준다. 여호와 앞에서는 단지 산들만이 아니라 땅 자체도 두려워 떨 수밖에 없다(7절). 왜냐하면, 땅은 인간의 죄로 말미암아 저주 아래 놓여 있기 때문이다(시 104:32; 사 64:3-4을 보라). 작은 산들과 큰 산들을 이렇게 뛰놀게 하신 하나님은 마음만 먹는다면 가장 교만한 원수들의 힘과 사기를 빼놓아서 그들로 하여금 두려워 떨게 하실 수 있으시다.

V. 하나님께서 반석에서 물을 내셔서 그들에게 공급하셨다는 것. 이 반석은 그들이 모래 투성이의 메마른 사막을 유랑할 때에 내내 그들과 함께 하였다. 반석을 쳐서 못물이 되게 하신 하나님 앞에서 땅과 거기에 있는 모든 것들이 두려워 떠는 것은 너무도 당연한 일이다(8절). 그런 일을 하신 하나님이 무슨 일인들 할 수 없으시겠는가? 물을 반석으로 변하게 하셔서 이스라엘을 위한 벽(wall)이 되게 하신(출 14:22) 하나님의 전능하신 권능은 반석을 물로 변하게 하셔서 이스라엘을 위한 샘(well)이 되게 하셨다. 하나님은 이렇게 이적들, 상시적(常時的)인 이적들을 통해서 그들을 보호하셨을 뿐만 아니라 그들에게 필요한 것들을 공급하셨다. 하나님께서 물을 내신 그 반석은 영원히 목마르지 않게 하는 물, 모든 물들의 원천이신 그리스도였다(고전 10:4). 그리스도는 그의 이스라엘에게 생수의 샘이시고, 그들은 그에게서 넘치는 은혜를 받는다.

제 — 115 — 편

개요

고대의 많은 역본들, 특히 칠십인역과 불가타 라틴어 역본은 이 시편을 바로 앞의 시편과 합쳐서 하나의 시편으로 다루지만, 히브리어 성경에는 이 시편이 별개의 시편으로 되어 있다. 이 시편에서는 우리에게 다음과 같은 것을 가르친다. I. 우리 자신에게가 아니라 하나님께 영광을 돌리라(1절). II. 우상들이 아니라 하나님께 영광을 돌리라(2-8절). 우리는 다음과 같이 함으로써 하나님께 영광을 돌려야 한다. 1. 하나님, 그리고 그의 약속과 축복을 의지함으로(9-15절). 2. 하나님을 송축함으로(16-18절). 어떤 이들은 이 시편이 원수들이 오만방자하게 행하여 하나님의 교회를 위협함으로써 교회가 큰 환난과 곤경에 처해 있을 때에 지어졌다고 생각한다. 이런 경우에 교회는 하나님께 나아가 하소연을 쏟아놓는 것이 아니라 하나님을 의뢰하는 가운데 승리할 것을 믿고서 기뻐하여야 한다. 우리는 그러한 거룩한 승리의 기쁨을 가지고서 이 시편을 노래하여야 한다.

¹여호와여 영광을 우리에게 돌리지 마옵소서 우리에게 돌리지 마옵소서 오직 주는 인자하시고 진실하시므로 주의 이름에만 영광을 돌리소서 ²어찌하여 뭇 나라가 그들의 하나님이 이제 어디 있느냐 말하게 하리이까 ³오직 우리 하나님은 하늘에 계셔서 원하시는 모든 것을 행하셨나이다 ⁴그들의 우상들은 은과 금이요 사람이 손으로 만든 것이라 ⁵입이 있어도 말하지 못하며 눈이 있어도 보지 못하며 ⁶귀가 있어도 듣지 못하며 코가 있어도 냄새 맡지 못하며 ⁷손이 있어도 만지지 못하며 발이 있어도 걷지 못하며 목구멍이 있어도 작은 소리조차 내지 못하느니라 ⁸우상들을 만드는 자들과 그것을 의지하는 자들이 다 그와 같으리로다

시편 기자는 여기에서 자아가 우쭐하는 것과 우상 숭배자들에게서 비방을 받는 것을 막기 위하여 충분한 주의를 기울인다.

I. 자랑하는 것은 영원히 배제된다(1절). 우리의 기도와 찬송 속에서는 우리 자신의 공로를 앞세울 생각은 털끝만큼도 끼어들어서는 안 되고, 두 가지

모두에서 하나님의 영광이 중심이 되어야 한다.

1. 우리가 어떤 긍휼하심을 받았거나 어떤 섬김을 잘 수행하였거나 어떤 성공을 거두었는가? 그렇다면, 우리는 그 영광을 우리 자신이 차지하지 말고 전적으로 하나님께 모든 영광을 돌려야 한다. 우리는 우리 자신의 힘으로 하나님을 위하여 우리가 어떤 일을 할 수 있다고 생각하거나 우리 자신의 의로 인해서 하나님으로부터 어떤 것을 받을 자격이 있다고 생각해서는 안 된다. 우리가 행한 모든 선한 일은 하나님께서 은혜로 우리에게 주신 능력으로 말미암아 이루어진 것이고, 우리가 가지고 있는 모든 선한 것은 단지 하나님께서 우리를 긍휼히 여기셔서 우리에게 주신 선물일 뿐이기 때문에, 그러한 것들로 인한 모든 찬송은 전적으로 하나님께서 받으셔야 마땅하다. 내 능력과 내 손의 힘으로 내가 이 재물을 얻었다고 말하지 말라(신 8:17). 내 의로움으로 말미암아 여호와께서 나를 위하여 이 크고 인자하신 일들을 행하셨다고 말하지 말라(신 9:4). 그렇게 말해서는 결코 안 된다. 우리의 모든 노래는 여호와여 영광을 우리에게 돌리지 마옵소서 우리에게 돌리지 마옵소서 오직 주의 이름에만 영광을 돌리소서라는 겸손한 어조의 노래가 되어야 한다. 왜냐하면, 우리 안에서 또는 우리를 위해서 어떤 선한 일이 이루어졌을 때에 그 일은 하나님의 긍휼하심과 진실하심으로 말미암은 것으로서 그의 긍휼하심을 영화롭게 하고 그의 약속을 이루기 위해서 베풀어지기 때문이다. 우리는 하나님께서 우리에게 씌워 주시는 면류관을 모두 보좌에 앉으신 이의 발 앞에 바쳐 드려야 한다. 바로 그 곳이야말로 면류관들이 놓여 있어야 할 자리이기 때문이다.

2. 우리가 하나님의 어떤 긍휼하심을 구하거나 그 긍휼하심을 얻기 위하여 하나님과 씨름하고 있는가? 우리는 기도를 통해서 오직 하나님에게서만 격려를 받아야 하고, 우리 자신의 유익보다는 하나님의 영광을 더 생각하여야 한다. "여호와여, 우리가 위로를 받고 사람들 앞에서 체면이 서기 위해서가 아니라 주의 긍휼하심과 진실하심으로 인하여 주께서 영광을 받으시도록 우리를 위하여 이러저러한 일을 행하시옵소서." 이것은 우리의 기도 속에서 우리의 최고의 목적, 궁극적인 목적이 되어야 한다. 그러므로 주의 이름이 거룩히 여김을 받으소서라는 간구는 주기도문에서 다른 나머지 모든 간구를 이끄는 첫 번째 간구로 나오고, 바로 그 목적을 이루기 위하여 우리에게 일용할 양식을 주소서 등등의 간구가 그 뒤로 이어진다. 우리가 기도한 그대로 응답되지 않고 다른

식으로 일이 진행된다고 하여도, 그 일로 인해서 하나님께서 영광을 받으신다면 그것으로 우리는 만족하여야 한다. 우리는 어떻게 되든, 주의 이름에만 영광을 돌리소서(요 12:27-28을 보라).

Ⅱ. 이방 나라들의 비방은 여기에서 반박되고 영원히 잠재워진다.

1. 시편 기자는 이방 나라들의 비방을 하소연한다(2절): 어찌하여 뭇 나라가 그들의 하나님이 이제 어디 있느냐 말하게 하리이까?

(1) "그들이 왜 그렇게 말하는 것이나이까? 우리 하나님은 그의 섭리를 통해서 어디에나 계시고, 그의 약속과 은혜를 통해서 우리에게 항상 가까이 계시다는 것을 그들이 알지 못하는 것이나이까?"

(2) "하나님께서는 왜 그들이 그렇게 말하고 다니도록 내버려 두시는 것이나이까? 아니, 하나님께서는 왜 이스라엘로 이토록 낮아지게 하셔서, 그들에게 그렇게 말할 빌미를 주시는 것이나이까? 여호와여, 우리를 구원하시기 위하여 나타나셔서 주께서 의로우시다는 것을 드러내시고 주의 이름을 영화롭게 하옵소서."

2. 시편 기자는 이방 나라들의 반문에 대하여 즉시 대답을 해준다(3절). "그들이 우리 하나님이 어디 계시냐고 묻는 것이냐? 하나님께서 어디에 계신지를 우리가 말해 주리라."

(1) "윗 세상에는 하나님의 영광이 임재해 계신다: 우리 하나님은 이방 나라의 신들이 결코 갈 수 없는 곳, 따라서 그 신들이 볼 수 없는 곳인 하늘에 계신다. 아무도 하나님의 위엄에 다가갈 수 없다고 해서, 하나님이 계시지 않는 것이라고 결론을 내리는 것은 잘못된 것이다."

(2) "아랫 세상에는 하나님의 능력에 의해서 만들어진 것들이 있다: 우리 하나님은 그의 뜻에 의해서 세우신 계획을 따라서 원하시는 모든 것을 행하셨다. 하나님은 왕적인 통치권을 가지고서 만유(萬有)에 대하여 아무도 거스를 수 없는 영향력을 미치신다. 너희가 하나님이 어디 계시냐고 묻는 것이냐? 하나님은 모든 것의 처음과 끝에 계시고, 우리 각 사람에게서 멀리 계시지 아니하도다."

3. 시편 기자는 이번에는 이방 나라들에게 반문한다. 그들은 이스라엘의 하나님이 어디 계시냐고 반문하였었는데, 이는 하나님이 사람들의 눈에 보이지 않으시기 때문이다. 시편 기자는 사실상 이방 나라들의 신들은 무엇이냐라고 반문한다. 왜냐하면, 그 신들은 눈에 보이기 때문이다.

(1) 시편 기자는 그들의 신들은 형체가 없는 것들은 아니지만 지각(sense)이 없는 것들이라는 것을 보여준다. 우상 숭배자들은 처음에 해와 달을 숭배하였는데(욥 31:26), 이것은 충분히 악한 일이긴 하였지만 그들이 지금 우상들을 섬기게 된 것(4절)보다는 그래도 좀 덜한 것이었다(악한 자들은 점점 더 악해진다). 사람들이 우상들을 만들 때에 사용한 재료는 땅에서 파낸 은과 금이었는데(사람들은 우상들이 광산에서 파낸 보잘것없고 더러운 것들임을 알고 있었다 — 조지 허버트), 금과 은으로 돈을 버는 것은 합당한 일이지만, 그것으로 우상을 만드는 것은 합당하지 않다. 우상들은 만든 것은 장인(匠人)들이다. 우상들은 사람들의 헛된 공상의 산물들이고 사람이 손으로 만든 것들이기 때문에 그것들 속에는 신성이 존재할 수 없다. 사람은 하나님이 손으로 만드신 것(사람이 하나님의 형상대로 지음받았다는 것은 사람의 영광이다)이기 때문에, 사람들이 손으로 만든 우상이 신(神)이 될 수 있다고 생각하는 것은 터무니없는 것이고, 우상을 사람의 형상을 따라 만드는 것은 하나님께 모욕일 수밖에 없다. 다음과 같은 논증에 대하여 이의를 제기하는 것은 불가능하다: 이것은 장인이 만든 것이기 때문에 신이 아니다(호 8:6). 그러한 우상들은 여기에서 너무도 우스꽝스러운 것들, 겉보기에는 무슨 중요한 존재라도 되는 듯이 보이지만 사실은 아무것도 아니어서 신전이 아니라 장난감 가게에 더 적합하고 사람들이 기도하는 대상이 아니라 아이들이 갖고 노는 물건으로 더 적합한 것들로 묘사된다. 화가와 조각가와 조소가(彫塑家)는 자신의 몫을 충분히 다했다. 그들은 우상들의 입과 눈, 귀와 코, 손과 발을 만들었지만, 우상들에게 생명을 불어넣거나 지각(sense)을 부여할 수는 없었다. 전에 한 번도 생명을 가진 적도 없고 가질 수도 없는 죽은 우상을 섬기느니 차라리 전에 생명을 가진 적이 있는 죽은 시체을 섬기는 것이 더 나았을 것이다. 우상들은 말하지 못하기 때문에 그들에게 묻는 자들에게 대답해 주지 못한다. 따라서 교활한 제사장이 우상들을 대신해서 사람들에게 말해 주어야 한다. 바알 우상에게는 아무 소리도 없었고 아무 응답도 없었다. 우상들은 숭배자들이 자기 앞에 엎드려 있는 것은 물론이고 그들의 무거운 짐과 고민을 보지 못한다. 우상들은 숭배자들이 아무리 큰 소리로 부르짖어도 그들의 기도를 듣지 못한다. 우상들은 숭배자들이 아무리 진하고 감미롭게 분향한다고 하여도 그 향의 냄새를 맡지 못한다. 우상들은 그들에게 드려진 예물들을 만지지 못하고, 숭배자들에게 줄 그 어떤 선물도 가지고 있지 않다. 우상

들은 궁핍한 자들에게 손을 펼 수 없다. 우상들은 걷지 못하기 때문에 도와 달라고 애걸하는 자들을 구원하러 가기 위하여 가야 하는데 한 걸음도 내디딜 수가 없다. 아니, 우상들은 목구멍이 있어도 숨조차 쉬지 못한다. 제사장이 우상들을 봉헌해서 그것들에 신성을 부여하는 의식을 행한 후에도 우상들은 그런 의식을 하기 이전과 마찬가지로 죽어 있는 것들이어서 생명의 징조는 조금도 지니고 있지 않다.

(2) 시편 기자는 위에서 말한 것들을 토대로 해서 우상을 숭배하는 자들도 우상들과 마찬가지라고 추론한다(8절). 우상들을 만드는 자들은 그들의 창의력을 보여주고 있기 때문에 의심할 여지 없이 지각을 지닌(sensible) 사람들이다. 그러나 우상들을 신으로 섬기는 자들은 그들의 우둔함과 어리석음을 보여주는 것이기 때문에 지각이 없고 나무토막에 불과한 우상들과 같다. 그런 자들은 피조 세계 속에서 참되고 살아계신 하나님의 눈에 보이지 않는 것들을 보지 못한다. 그런 자들은 온갖 언어로 하나님의 영광을 선포하는 낮과 밤의 소리를 듣지 못한다(시 19:2-3). 이 어리석은 꼭두각시 같은 우상들을 섬김으로써 그런 자들은 스스로 점점 더 우상들을 닮아서 어리석어지고, 온갖 영적인 것들로부터 점점 더 멀어져서, 감각의 수렁 속으로 점점 더 깊이 빠져 들어간다. 그렇게 해서 그들은 하나님의 화를 돋구어서 하나님께서 그들을 그 상실한 마음대로 내버려 두게 만든다(롬 1:28). 우상들을 의지하는 자들은 너무도 비이성적이고 부조리하게 행하고, 우상들처럼 지각이 없고 스스로 어찌할 수 없으며 아무짝에도 소용이 없는 자들이 되고 만다. 또한, 그들은 자신이 그렇다는 것을 스스로 발견하고서 혼란에 빠지게 될 것이다. 우리는 우리 하나님이 어디에 계시는지를 알고 있고, 우상을 숭배하는 자들도 그들의 우상이 사라질 때에 비싼 대가를 치르고서 하나님이 어디에 계시는지를 알게 될 것이다(렘 10:3; 사 44:9 등).

⁹이스라엘아 여호와를 의지하라 그는 너희의 도움이시요 너희의 방패시로다 ¹⁰아론의 집이여 여호와를 의지하라 그는 너희의 도움이시요 너희의 방패시로다 ¹¹여호와를 경외하는 자들아 너희는 여호와를 의지하여라 그는 너희의 도움이시요 너희의 방패시로다 ¹²여호와께서 우리를 생각하사 복을 주시되 이스라엘 집에도 복을 주시고 아론의 집에도 복을 주시며 ¹³높은 사람이나 낮은 사람을 막론하고 여호와를 경외하는 자들에게 복을 주시리로다 ¹⁴여호와께서 너희를 곧 너희와 너희의 자손을

더욱 번창하게 하시기를 원하노라 ¹⁵너희는 천지를 지으신 여호와께 복을 받는 자로다 ¹⁶하늘은 여호와의 하늘이라도 땅은 사람에게 주셨도다 ¹⁷죽은 자들은 여호와를 찬양하지 못하나니 적막한 데로 내려가는 자들은 아무도 찬양하지 못하리로다 ¹⁸우리는 이제부터 영원까지 여호와를 송축하리로다 할렐루야

이 절들에는 다음과 같은 내용들이 나온다.

I. 시편 기자는 우리 모두에게 하나님을 의지하고, 우리가 현재 처해 있는 곤경으로 인해서 이방인들이 우리를 조롱한다고 하여도 하나님을 의지하는 우리의 마음이 흔들려서 안 된다고 간곡하게 권면한다. 죽은 우상들을 의지하는 것은 어리석은 일이지만, 살아계신 하나님을 의지하는 것은 지혜로운 일이다. 왜냐하면, 하나님은 그를 의지하는 자들에게 도움과 방패가 되셔서, 그들에게 선한 일을 공급해 주시고 선한 일에서 진보할 수 있게 도와주실 뿐만 아니라 그들을 모든 악한 일에서 보호해 주시고 막아 주시는 방패가 되어 주신다.

1. 이스라엘은 여호와를 의지하여야 한다. 이스라엘은 하나님의 백성으로서 그들의 공적인 일들과 관련해서, 그리고 각각의 이스라엘 사람들은 그들 각자의 사적인 일들과 관련해서 하나님께서 모든 일을 그들을 위하여 행하시도록 맡겨 드려야 하고, 하나님께서 그들의 도움과 방패가 되셔서 모든 일을 그들에게 가장 유익되는 방향으로 행하실 것을 믿어야 한다.

2. 여호와의 일꾼들인 제사장들, 아론의 집에 속한 모든 가족들은 여호와를 의지하여야 한다(10절). 그들은 원수들의 공격의 표적이 되어서 가장 비방을 받기 때문에, 하나님은 그들을 특별히 보호하신다. 그들은 아무리 힘들고 어려운 때라고 하여도 즐거운 마음으로 하나님을 의지하고 신실하게 하나님께 충성함으로써 다른 사람들에게 모범이 되어야 한다.

3. 이스라엘의 자손이 아니지만 여호와를 경외하고 예배하며 여호와에 대한 그들의 본분을 다하는 개종자들은 여호와를 의지하여야 한다. 왜냐하면, 여호와께서는 그들을 실망시키거나 버리지 아니하실 것이기 때문이다(11절). 하나님을 경외하는 것이 존재하는 곳에는 어디에나 하나님을 기쁜 마음으로 의지하는 것도 존재한다는 것을 명심하라. 하나님의 말씀을 경외하는 자들은 그 말씀을 의지할 수 있다.

II. 시편 기자는 우리에게 하나님을 의지하라고 크게 격려하면서, 왜 우리가

온전히 만족하는 마음으로 하나님만을 바라보아야 하는지 그 이유를 제시한다. 다음과 같은 것들을 살펴보자.

1. 우리는 무엇을 체험하였는가(12절): 여호와께서 우리를 생각하사 우리를 결코 잊으신 적이 없으시고, 특별한 일이 있을 때에는 너무도 뚜렷하게 우리를 생각하셨다. 하나님은 우리의 처지, 우리의 궁핍과 무거운 짐들을 생각하셨고, 그를 향한 우리의 기도들, 우리를 향한 그의 약속들, 그와 우리 사이의 언약 관계를 생각하셨다. 우리의 모든 위로들은 우리를 향하신 하나님의 생각들로부터 나온다. 우리는 하나님을 잊었지만, 하나님은 우리를 생각하셨다. 우리가 하나님이 신실하시다는 것을 알았으면, 우리는 더욱 힘을 내어서 하나님을 의지하여야 한다.

2. 우리는 무엇을 기대할 수 있는가. 하나님께서 지금까지 우리를 위하여 행해 오신 일들을 통해서 우리는 여호와께서 우리에게 복을 주시리라는 것을 추론할 수 있다. 이제까지 우리의 도움과 방패가 되어 주신 하나님은 장래에도 그렇게 하실 것이다. 우리를 비천한 가운데에서도 기억해 주신 하나님은 앞으로도 우리를 잊지 않으실 것이다. 왜냐하면, 하나님은 어제나 오늘이나 동일하시고, 그의 능력과 선하심도 동일하며, 그의 약속은 깨뜨려질 수 없기 때문이다. 따라서 우리는 지금까지 우리를 구원하신 하나님이 앞으로도 우리를 구원하실 것이라고 소망할 충분한 이유를 갖고 있다. 그렇지만 이것이 전부가 아니다. 여호와께서는 우리에게 복을 주실 것이다. 하나님은 그렇게 하시겠다고 약속하셨다. 하나님은 그의 모든 백성에게 축복을 선언하셨다. 하나님이 우리를 축복하신다는 것은 단지 우리에게 좋은 말을 해 주시는 것만이 아니라 우리에게 선한 일들을 행하실 것임을 의미한다. 하나님께서 축복하시는 자들은 진정으로 복이 있다. 본문 속에는 여호와께서 이스라엘 집에 복을 주시리라는 구체적인 약속이 나온다. 즉, 이것은 하나님은 자기 백성 전체와 관련된 세속적인 일들에서 이스라엘을 축복하실 것이라는 약속이다. 여호와는 아론의 집에 복을 주시리라. 즉, 하나님은 자기 백성과 관련된 종교적인 일들에서 교회와 그 사역을 축복하실 것이다. 백성들을 축복하는 것은 제사장들의 소임이었지만(민 6:23), 하나님은 제사장들을 축복하심으로써 그들이 행하는 축복에 복을 주셨다. 아니, 여호와께서는 그들이 이스라엘 집이나 아론의 집에 속한 자들이 아니라고 하여도 여호와를 경외하는 자들에게 복을 주실 것이다(13절). 왜냐하면, 각 나라 중 하나님

을 경외하는 사람은 그가 다 받으셔서 복을 주신다는 것은 베드로가 그 사실을 알기 전부터 이미 진리였기 때문이다(행 10:34-35). 여호와는 높은 사람이나 낮은 사람을 막론하고 남녀노소를 가리지 않고 복을 주시리라. 하나님은 일찍부터 선을 행한 자들이든 나이 들어서 제자가 된 자들이든, 이 세상에서 가난한 자들이든 출세한 자들이든 그들 각자에게 주실 복을 예비해 두고 계신다. 아무리 위대한 인물이라도 하나님의 축복을 필요로 하고, 아무리 비천한 자라고 하여도 하나님을 경외하기만 한다면 그에게도 그의 축복이 주어질 것이다. 하나님의 양 떼 가운데 들어 있는 어린 양들과 숫양들, 곧 은혜 가운데서 약한 자나 강한 자는 둘 다 하나님의 복을 받게 될 것이다. 여호와께서 너희를 더욱 번창하게 하시리라는 약속이 주어진다(14절). 하나님은 그가 축복하시는 자를 번창하게 하신다. 생육하고 번성하라는 것은 가장 일찍이 주어진 오래된 축복들 중의 하나였다. 하나님의 축복은 번성을 가져다 주어서, 수(數)에 있어서 번성하여 가족을 이루게 하시고, 부(富)에 있어서 번성하여 재물과 존귀함이 더하게 하시며, 특히 영적인 복들이 늘어나게 하신다. 하나님은 너희에게 지식과 지혜, 은혜와 거룩함, 기쁨이 늘어나는 복을 주실 것이다. 하나님께서 이렇게 번성하게 하셔서 하나님과 천국에 더 합당한 자가 되고 더 지혜롭고 더 선한 자가 된 자들은 진정으로 복을 받은 자들이다. 본문에는 다음과 같이 약속되어 있다.

(1) 끊임없이 계속해서 번성하게 되리라는 것. "여호와께서 너희를 점점 더 번창하게 하시리라. 따라서 너희가 살아 있는 동안 너희는 돋는 햇살 같이 한낮의 광명에 이를 때까지 계속해서 번창하게 될 것이다(잠 4:18)."

(2) 대를 이어서 번창하게 되리라는 것. "여호와께서 너희와 너희의 자손을 번창하게 하시리라." 자녀들의 지혜와 힘이 자라가는 모습을 보는 것은 부모에게 큰 위로이고 낙(樂)이다. 하나님을 경외하는 자들의 후손은 어릴 적부터 축복을 받는다. 왜냐하면, 너희, 곧 너희와 너희의 자녀가 여호와께 복을 받기(15절) 때문이다. 그들의 자손을 뭇 나라 가운데에 알리리니 무릇 이를 보는 자가 그들은 여호와께 복 받은 자손이라 인정하리라(사 61:9). 여호와께 복을 받은 자들은 그들의 도움과 방패 되시는 여호와를 마음 놓고 의지할 수 있다. 왜냐하면, 하나님은 천지를 지으신 분이시기 때문이다. 하나님은 그들에게 축복을 거저 주신다. 하나님은 그들에게서 그 어떤 것도 필요로 하지 않으시기 때문이다. 또한, 그들은 부요하게 된다. 하나님은 그들이 그를 경외하고 의지하기만 한다면 그들을

위하여 모든 것을 몰아다 주시기 때문이다. 천지를 지으신 하나님이 그를 의지하는 자들을 복이 있게 하실 수 있으시고, 또한 그렇게 하시고자 하신다는 것은 의심의 여지가 없다.

Ⅲ. 시편 기자는 스스로의 모범을 통해서 우리에게 분발하여 하나님을 찬송하라고 촉구한다. 그는 이 시편을 자기가 하나님을 계속해서 찬송하겠다는 결심으로 끝맺는다.

1. 하나님은 찬송을 받으셔야 마땅한 분이시다(16절). 그는 크게 찬송을 받으셔야 하는데, 그 이유는 다음과 같다.

(1) 하나님의 영광은 지극히 높으시다. 하나님의 궁정과 그가 하늘에 베풀어 두신 보좌가 얼마나 웅장한지를 보라: 하늘은 여호와의 하늘이다. 하나님은 여기보다 더 나은 윗 세상에 있는 빛나고 지극히 복된 온갖 보화들의 정당한 소유자이시고, 그것들을 온전히 소유하고 계신다. 왜냐하면, 하나님 자신이 무한히 밝고 복되신 분이기 때문이다.

(2) 하나님의 선하심은 지극히 크시다. 왜냐하면, 여호와께서는 땅을 사람에게 주셨기 때문이다. 하나님은 땅을 만드실 때에 이미 사람들이 땅을 사용하여 양식과 주거를 해결할 수 있게 하실 의도를 가지고 계셨다. 그렇지만 땅의 일차적인 소유주는 여전히 하나님이시다. 땅과 거기에 충만한 것은 다 여호와의 것이로다. 하나님은 그 포도원을 이 감사할 줄 모르는 농부들에게 세를 주셨고, 그들에게서 소작료와 섬김을 기대하신다. 왜냐하면, 하나님은 비록 그들에게 땅을 주시긴 하였지만 항상 그들을 살피고 계시고, 그들이 땅을 어떻게 사용하였는지에 대하여 장차 그들을 불러서 결산을 하시고 책임을 물으실 것이기 때문이다. 칼빈은 오늘날의 몇몇 사람들과 마찬가지로 그의 시대에 속되고 악한 자들이 이 성경 말씀을 왜곡하고 조롱하여, 하나님께서 땅을 사람들에게 주신 후에는 더 이상 땅을 돌보지도 않으시고 사람들을 살펴주고자 하시지도 않으시기 때문에 사람들은 땅을 자기 마음대로 사용할 수 있고 자기에게 최고의 이득이 되게 사용할 수 있다고 낄낄거리며 주장하였다고 한다. 그런 자들은 하나님께서 이 땅을 사람들에게 먹잇감으로 던져주셨기 때문에 사람들은 이 땅을 마음대로 요리할 수 있다고 말하였다. 이 본문에서 보여주는 사람들에 대한 하나님의 후하신 은혜, 거기에서부터 생겨나는 하나님에 대한 사람들의 의무를 이렇게 욕되게 하는 자들이 있다는 것은 애석한 일이다. 하나님께서 가장 높은

하늘에서 모든 인생들을 보고 계신다는 것은 확실하다. 하나님은 인생들에게 땅을 주셨다. 그러나 하나님의 자녀들에게는 천국이 주어진다.

2. 죽은 자들, 또는 적막한 데로 내려가는 자들은 하나님을 찬송할 수 없다(17절). 영혼은 몸과 분리된 상태에서 실제로 살아 있고 하나님을 찬송할 수 있다. 믿는 자들의 영혼은 육체의 짐을 벗어버린 후에도 하나님을 여전히 찬송한다. 왜냐하면, 그들은 빛만이 존재하고 계속해서 찬송을 올려 드리는 땅으로 올라가기 때문이다. 그러나 죽은 몸은 하나님을 찬송할 수 없다. 죽음으로 우리가 시험과 싸움으로 점철된 이 세상에서 하나님을 영화롭게 하고 이 전쟁터 같은 세상에서 하나님을 섬기며 복무하는 모든 일은 끝이 난다. 무덤은 어둠과 침묵의 땅이고, 거기에서는 일하는 것이나 생각하는 것이 존재하지 않는다. 여기에서 의인들은 바로 그 점을 들어서 하나님께 그들을 원수들의 손에서 건져 주시기를 간구한다. "여호와여, 원수들이 우리를 이겨서 이 땅에서 우리를 끊어 버리면, 우상들이 판을 치게 될 것이고, 우상 숭배자들에 맞서서 하나님의 이름을 증언하고 찬송할 자는 한 사람도 없게 될 것이나이다." 우리가 살아 있는 동안에는 여호와를 찬송하며 위로를 받을 수 있지만, 죽은 자들은 여호와를 찬양하지 못한다(시 30:9; 88:10을 보라).

3. 그러므로 우리는 하나님을 찬송하는 일에 힘써야 한다(18절). "그러나 아직 살아 있는 우리는 여호와를 송축하고, 우리와 우리 뒤에 올 자들은 이제부터 영원까지 종말의 때까지 여호와를 송축할 것이다. 우리와 우리가 장차 가게 될 곳에 있는 자들은 이제부터 영원까지 여호와를 송축할 것이다. 죽은 자들은 여호와를 찬양하지 못하기 때문에, 우리는 더욱 열심을 내어서 여호와를 찬송하고자 한다."

(1) 다른 사람들은 죽어서 그들의 섬김이 끝났기 때문에, 우리는 그 공백을 메우기 위해서 더욱더 열심히 하나님을 위하여 더 많은 일을 하고자 애쓸 것이다. 내 종 모세가 죽었으니 이제 여호수아야 일어나라.

(2) 우리도 머지않아 침묵의 땅으로 가야 한다. 그러나 우리가 살아 있는 동안에 우리는 여호와를 송축하고자 하고, 우리의 시간을 아끼고 잘 활용해서, 밤이 오기 전에 하나님을 찬송하라고 우리를 이 세상에 보내신 이의 일을 하고자 한다. 왜냐하면, 밤이 오리니 그 때는 아무도 일할 수 없기 때문이다. 여호와께서 우리에게 복을 주시리로다. 하나님은 우리를 위하여 선한 일을 행하실 것이기 때문

에, 우리는 여호와를 송축하고자 하고 그를 칭송하고자 한다. 우리가 받은 것에 비하면 우리가 돌려 드리는 것은 얼마나 보잘것없는 것인가! 또한, 우리는 우리 스스로 하나님을 찬송하고자 할 뿐만 아니라, 다른 사람들도 끌어들여서 하나님을 찬송하게 만들고자 한다. 할렐루야 — 여호와를 찬송하라. 우리와 더불어서 여호와를 찬송하라. 우리가 우리의 자리에서 여호와를 찬송하는 것처럼, 너희는 너희의 자리에서 여호와를 찬송하라. 너희는 우리가 죽고난 후에도 여호와를 찬송하여 여호와께서 영원토록 찬송을 받으시게 하라. 할렐루야.

제
— 116 —
편

개요

이 시편은 감사의 시편이다. 다윗이 이 시편을 어떤 특정한 경우에 지은 것인지, 아니면 하나님께서 그에게 베풀어 주셨던 수많은 은혜로운 구원들을 전체적으로 돌아보면서 지은 것인지는 확실하지 않다. 하나님은 여섯 가지 환난에서 그를 구원하셨고, 일곱 가지 환난이라도 그 재앙이 그에게 미치지 않게 하셨는데, 이러한 구원들로 인하여 다윗의 입에서는 헌신과 사랑과 감사와 관련된 수많은 생생한 표현들이 흘러나왔다. 우리도 이 시편을 노래할 때에 우리의 영혼이 다윗이 지니고 있던 것과 비슷한 경건한 감정들로 고양되어 하나님을 바라보아야 한다. I. 시편 기자를 거의 절망으로 몰아넣었던 큰 고통과 위험(3, 10-11절). II. 그러한 고통 속에서 그는 하나님을 의뢰함(4절). III. 기도에 대한 응답으로 그가 하나님의 선하심을 체험함. 하나님은 그의 기도를 들으셨고(1-2절), 불쌍히 여기셨으며(5-6절), 건지셨다(8절). IV. 그는 하나님의 선하심을 고백하고자 함(12절). 1. 그는 하나님을 사랑할 것이다(1절). 2. 그는 계속해서 하나님의 이름을 부를 것이다(2, 13, 17절). 3. 그는 하나님 안에서 안식할 것이다(7절). 4. 그는 하나님 앞에서 행할 것이다(9절). 5. 그는 감사의 서원을 이행하되, 하나님께서 자기에게 베푸신 자비를 많은 사람들 앞에서 고백할 것이다(13-15, 17-19절). 끝으로, 그는 평생 계속해서 하나님의 신실한 종이 될 것이다(16절). 이러한 것들은 거룩한 영혼의 호흡들로서 그 영혼이 지극히 행복하다는 것을 나타내 주는 것이다.

¹여호와께서 내 음성과 내 간구를 들으시므로 내가 그를 사랑하는도다 ²그의 귀를 내게 기울이셨으므로 내가 평생에 기도하리로다 ³사망의 줄이 나를 두르고 스올의 고통이 내게 이르므로 내가 환난과 슬픔을 만났을 때에 ⁴내가 여호와의 이름으로 기도하기를 여호와여 주께 구하오니 내 영혼을 건지소서 하였도다 ⁵여호와는 은혜로우시며 의로우시며 우리 하나님은 긍휼이 많으시도다 ⁶여호와께서는 순진한 자를 지키시나니 내가 어려울 때에 나를 구원하셨도다 ⁷내 영혼아 네 평안함으로 돌아갈지어다 여호와께서 너를 후대하심이로다 ⁸주께서 내 영혼을 사망에서, 내 눈

을 눈물에서, 내 발을 넘어짐에서 건지셨나이다 ⁹내가 생명이 있는 땅에서 여호와 앞에 행하리로다

이 시편의 이 부분에서 우리는 다음과 같은 내용들을 보게 된다.

I. 다윗의 체험과 경건한 결심들에 관한 전체적인 설명(1-2절).   이것은 이 시편 전체에서 다루어질 내용을 보여주는 역할을 한다.

1. 다윗은 기도에 대한 응답으로서 그를 향한 하나님의 선하심을 체험하였었다: 여호와께서 내 음성과 내 간구를 들으셨다. 다윗은 곤경에 처했을 때에 겸손하고도 간절하게 하나님의 긍휼하심을 간구하였었고, 하나님은 그의 간구를 들어주셨다. 즉, 하나님은 은혜를 베푸셔서 그의 기도를 열납하셔서, 그의 처지를 돌아보시고, 그에게 평안의 응답을 허락하셨다. 여호와께서 그의 귀를 내게 기울이셨도다. 이것은 하나님께서 우리의 기도를 기꺼이 들으실 준비가 되어 계시다는 것을 보여준다. 하나님은 우리가 말할 수 없는 탄식으로 읊조린다고 하여도 우리의 기도에 귀를 기울이신다. 하나님은 귀를 기울여 들으신다(렘 8:6). 그렇지만 이것은 하나님께서 우리의 기도를 들으신다는 것은 그가 놀라울 정도로 스스로를 낮추시는 것임을 의미하기도 한다. 하나님은 우리의 기도를 들으시려고 그의 귀를 한껏 낮추신다. 여호와여, 사람이 무엇이기에, 하나님께서 그렇게 자신을 굽히셔서 사람의 기도를 들으시는 것이나이까!

2. 다윗은 그러한 체험을 생각하고서 하나님과 그 영광을 위하여 온전히 헌신하기로 결심하였다.

(1) 그는 하나님을 더욱 사랑하고자 한다. 그는 이 시편을 다소 느닷없이 그의 가슴을 가득 채우고 있었던 것을 고백하는 것으로 시작한다. 내가 주를 사랑하나이다(시 18:1에서처럼). 그가 이러한 고백으로 시작하는 것은 크고 첫째 되는 계명과도 합치하고, 하나님께서 온갖 은사들을 우리에게 후하게 주시는 목적과도 합치한다. "나는 오직 주만을 사랑하고, 주 외에는 주를 위한 것 외에는 아무것도 사랑하지 않나이다." 하나님은 우리를 불쌍히 여기셔서 사랑하시기 때문에, 우리는 하나님으로 만족하는 가운데 하나님을 사랑하는 것이 마땅하다.

(2) 그는 기도를 더욱 사랑하고자 한다: 그러므로 내가 주를 부르리이다. 우리가 기도에 대한 응답으로 우리를 향한 하나님의 선하심을 체험했을 때, 그 체

험들은 우리가 계속해서 기도하는 데에 큰 힘이 된다. 우리는 무가치하고 연약한 데도 하나님은 우리의 기도를 속히 응답해 주셨는데, 우리가 기도하지 않을 이유가 어디 있겠는가? 하나님은 우리로 하여금 기도를 사랑하게 만드시기 위하여 우리의 기도에 응답하시고, 그의 은총에 대한 보답으로 우리에게 기도를 기대하신다. 우리는 하나님의 밭에서 이렇게 좋은 대우를 받으며 이삭을 줍고 있는데, 구태여 어떤 다른 밭에 가서 이삭을 주울 이유가 어디 있겠는가? 나는 평생에(히브리어 원문에서는 나의 날들에) 내 생애 마지막 날까지 날마다 기도하리로다. 우리가 계속해서 살아 있는 동안에 우리는 계속해서 기도해야 한다는 것을 명심하라. 우리는 마지막 호흡을 하여 숨이 끊어질 때까지 찬송의 호흡을 그치지 않아야 하고, 끊임없이 찬송할 기회를 만들어야 한다.

Ⅱ. 하나님께서 그를 은혜로 상대하신 일들과 그 일들로 인하여 그가 받은 선한 감화들에 관한 좀 더 구체적인 이야기.

1. 하나님은 다윗을 상대로 한 여러 가지 일들에서 자신이 선하신 하나님이시라는 것을 보여주셨다. 그러므로 다윗은 하나님에 대하여 이러한 증언을 하고 그 증언을 기록으로 남겨 놓았다(5절). "여호와는 은혜로우시며 의로우시도다. 하나님은 의로우셔서, 나를 환난 가운데 있게 하셨어도 나를 해롭게 하지 않으셨다. 하나님은 은혜로우시기 때문에 내게 지극한 자비를 베푸셔서 나를 붙들어 주시고 구원하여 주셨다." 우리가 모두 자신이 체험한 대로 하나님에 대하여 말해 보라. 우리는 하나님께서 의롭지 않으시거나 선하지 않으신 것을 한 번이라도 체험한 적이 있었는가? 결코 그렇지 않았다. 우리 하나님은 긍휼이 많으셔서 우리에게 긍휼을 베푸신다. 여호와의 긍휼이 무궁하시므로 우리가 진멸되지 아니하였다.

(1) 다윗의 체험들이 어떠했는지를 살펴보자.

[1] 다윗은 큰 고통과 환난 속에 있었다(3절): 사망의 슬픔들(개역에서는 사망의 줄), 즉 그를 거의 죽음으로 몰고갈 것 같은 슬픔들, 죽음의 고통과 같은 슬픔들이 나를 둘렀다. 육체적이거나 심적으로 극단적인 고통과 괴로움, 죄책감에서 생겨나는 양심의 두려움이 여기에서 스올의 고통이라 표현되고 있는 것으로 보인다. 사망의 슬픔은 큰 슬픔이고, 스올의 고통은 큰 고통이라는 것을 명심하라. 그러므로 우리는 후자를 피하기 위해서는 전자에 대한 대비를 부지런히 하여야 한다. 이러한 것들이 사방에서 그를 에워쌌다. 그것들이 그에게 이

르러서 그를 꼼짝하지 못하게 사로잡아 버렸기 때문에, 그는 피할 수가 없었다. 밖으로는 다툼이요 안으로는 두려움이었다. "내가 환난과 슬픔을 만났다. 그것들이 나를 찾아 내었을 뿐만 아니라, 나도 그것들을 찾아 내었다." 우울증에 빠진 자들은 쓸데없는 공상과 감정에 사로잡힘으로써 스스로 많은 걱정과 근심을 찾아내고 스스로 많은 괴로움을 만들어낸다. 선한 자들은 종종 그러한 연약함을 드러낸다. 하나님의 섭리로 인해서 우리의 처지가 나빠졌을 때, 우리는 우리의 무분별한 언행을 통해서 우리의 처지를 더 악화시켜서는 안 된다.

[2] 환난 속에서 다윗은 열렬한 믿음의 기도를 통해서 하나님을 의뢰하였다 (4절). 그는 자기가 기도하였다고 우리에게 말해준다: 내가 여호와의 이름으로 기도하였도다. 환난을 당하여 막다른 궁지에까지 몰렸을 때에 그는 기도라는 약(藥)을 사용하였다. 그는 기도가 모든 상처를 치유해 주는 약이라는 것을 체험해 왔기 때문에, 그에게 기도는 최후의 수단이 아니라 오랜 세월에 걸쳐서 정평이 나 있는 유일한 수단이었다. 그는 그가 어떻게 기도하였는지를 우리에게 말해준다. 그의 기도는 짧았지만 정곡을 찌르는 제대로 된 기도였다. "여호와여, 주께 구하오니 내 영혼을 건지소서. 나를 죽음에서 건지시고, 내 영혼을 죽이는 죄에서 나를 건지소서." 그의 기도가 얼마나 겸손하고 열렬한 것이었는지는 여호와여 주께 구하오니라는 말 속에 잘 나타나 있다. 은혜의 보좌 앞에 나아갈 때에 우리는 목숨을 부지하는 데에 꼭 필요한 양식을 구걸하는 자들 같이 나아가야 한다. 그 뒤에 나오는 여호와는 은혜로우시도다라는 말씀(5절)은 그의 간구를 강화하고 그의 믿음과 소망을 격려하기 위한 호소로서 그의 기도의 일부로 볼 수 있다. "여호와여, 내 영혼을 건지소서. 왜냐하면, 주는 은혜로우시고 긍휼이 많으시기 때문이니이다. 나는 오직 여호와의 그러한 성품을 의지하여 나를 건지시기를 간구하나이다."

[3] 하나님은 그의 기도에 응답하셔서 때를 맞춰서 효과적으로 그에게 구원을 베푸셨다. 그는 하나님이 은혜로우시고 긍휼이 많으시며 순진한 자들을 불쌍히 여기셔서 지키신다는 것을 경험을 통해서 알게 되었다(6절). 그들은 순전(純全)한(즉, 진실하고 정직하며 속임이 없는) 자들이기 때문에, 하나님은 그들을 지키신다. 바울은 이 세상에서 육체의 지혜로 행하지 않고 하나님의 순전함과 진실함으로(개역에서는 하나님의 거룩함과 진실함으로) 행하였기 때문에, 하나님은 그를 지켜 주셨다. 그들은 순진한(즉, 연약하고 스스로는 어찌할 줄 모

르며 자신을 위해서 일을 꾸밀 줄도 모르고 깊은 사고나 의도도 없는) 자들이 었지만, 그들이 자신의 힘과 능력을 의지하지 않고 자신을 하나님께 의탁하였기 때문에, 하나님은 그들을 지켜 주신다. 믿음으로 자기 자신을 하나님의 보호하심 아래에 두는 자들은 안전할 것이다.

(2) 다윗은 자신의 체험을 애기한다.

[1] 하나님께서 환난 중에 그를 붙들어 주셨다. "내가 어렵게 되어서 비참한 처지에 빠지자, 주께서 나를 도우셨다. 주는 나로 하여금 아무리 어려운 상황도 견뎌내고 가장 좋은 것을 소망할 수 있도록 도우셨고, 나로 기도할 수 있게 도우셨으며(그렇지 않았다면, 나는 소망을 잃었을 것이다), 나로 기다릴 수 있게 도우셨다(그렇지 않았다면, 나는 믿음을 잃어버렸을 것이다). 나는 하나님께서 지켜 주신 순진한 자들, 여호와께 부르짖으매 여호와께서 들으셨던 곤고한 자들(시 34:6) 중의 하나였다." 영원하신 팔이 하나님의 백성을 밑에서 받쳐주기 때문에, 그들은 결코 무한정으로 낮아지지 않으며 완전히 가라앉거나 무너지지도 않는다는 것을 명심하라. 아니, 하나님은 그의 백성이 거의 죽게 되어 절박하게 될 때에야 비로소 도우신다(신 32:36).

[2] 하나님은 그를 환난 가운데서 구원하셨다(8절): 주께서 나를 건지셨나이다. 이것은 하나님께서 그가 곤경 속으로 떨어지는 것을 막아 주신 것을 의미할 수도 있고 그가 처해 있던 곤경에서 그를 회복시켜 주신 것을 의미할 수도 있다. 첫째, 하나님은 은혜로 그의 영혼을 사망에서 건지셨다. 우리가 살아 있다는 것은 우리에게 베푸신 하나님의 큰 긍휼하심이라는 것을 명심하라. 우리가 죽음의 문턱에까지 갔다가 간신히 살아났거나 멸망 직전까지 갔다가 다시 회복되었다면, 우리는 그 긍휼하심을 한층 더 생생하게 느낄 수 있다. 우리가 생명을 잃거나 위험에 노출되는 일이 아주 많은데도 여전히 목숨을 부지하고 있다는 것은 하나님의 긍휼하심을 보여주는 이적이다. 지금 거룩함을 입고서 머지않아 영화롭게 될 모든 자들은 하나님께서 그들의 영혼을 영적이고 영원한 사망에서 건지신 것을 특히 감사하여야 한다. 둘째, 하나님은 그의 눈을 눈물에서 건지셨다. 즉, 하나님은 그의 마음을 무절제한 슬픔에서 건지셨다. 슬픈 일들이나 큰 슬픔을 수반하는 재난을 막아주시고, 적어도 지나친 슬픔에 빠지지 않도록 해 주시는 것은 큰 긍휼하심이다. 하나님은 낙담한 자들을 위로하시며, 애곡하는 자들의 베옷을 벗기시고 기쁨으로 띠 띠워주심으로써 그들의 눈을 눈

물에서 건져주신다. 하지만 이 일은 우리가 저 세상으로 가서 하나님께서 우리 눈에서 모든 눈물을 씻어 주실 때에 온전히 이루어질 것이다. 셋째, 하나님은 그의 발을 넘어짐에서 건지셨다. 하나님은 그가 죄에 빠져들거나 그 죄 때문에 비참한 처지로 떨어지는 것을 막아 주셨다. 우리의 발이 거의 실족하게 되었을 때에 하나님께서 우리의 오른손을 붙드셔서(시 73:23) 우리가 시험 속으로 들어가기는 하지만 그 시험에 의해서 압도되거나 완전히 무너지지 않게 하시는 것은 큰 긍휼하심이다. 또는, "나의 한쪽 발이 이미 무덤 속으로 들어가 있었을 때에 주께서는 내 발이 무덤 속으로 떨어지는 것에서 건지셨다."

2. 다윗은 하나님에 대하여 감사하고 보답하는 마음으로 다음과 같은 것들을 결심함으로써 자기가 선한 자라는 것을 보여주었다. 하나님께서는 그를 위하여 이 모든 일을 행하셨기 때문에, 그는 다음과 같이 행하고자 한다.

(1) 다윗은 하나님을 기뻐하는 삶을 살고자 한다(7절): 내 영혼아, 네 평안함으로 돌아갈지어다.

[1] "내 영혼아, 편히 쉬고, 전에 종종 그랬던 것과는 달리 이제는 장차 무슨 일이 벌어질지를 몰라 초조해하고 두려워하지 말아라. 마음을 편히 갖고 즐겨라. 하나님께서 너에게 인자하게 대하셨으니, 너는 하나님께서 또다시 너를 가혹하게 대하면 어쩌나 걱정하거나 두려워할 필요가 없다."

[2] "내 영혼아, 하나님에서 편히 쉬거라. 너의 안식이신 하나님께 돌아오고, 오직 하나님께만 있는 안식을 피조물 속에서 찾지 말거라." 하나님은 영혼의 안식이 되신다. 오직 하나님 안에서만 영혼은 평안히 거할 수 있다. 그러므로 영혼은 하나님께로 돌아가서 하나님 안에서 기뻐하여야 한다. 여호와께서 우리를 후대하심이로다. 하나님은 우리의 위로와 힘이 될 만한 것들을 충분히 우리에게 공급해 주셨고, 언제든지 그의 은택을 입기 위해서 그에게 나아오라고 우리를 격려하셨다. 그러므로 우리는 하나님께서 주시는 것으로 만족하여야 한다. 그리스도께서 수고하고 무거운 짐 진 자들에게 주시는 저 쉼으로 돌아가라(마 11:28). 너의 노아에게로 돌아가라. 노아라는 이름은 안식을 의미한다 — 홍수 후에 비둘기는 아직 땅에서 쉴 곳을 발견하지 못하고서 방주로 되돌아왔다. 나는 우리가 밤에 잠자리에 들거나 긴 잠을 자기 위해서 죽을 때에 우리의 눈을 감기는 데에 내 영혼아, 네 평안함으로 돌아갈지어다라는 말보다 더 적합한 말을 알지 못한다.

(2) 다윗은 하나님께 헌신된 삶을 살고자 한다(9절): 내가 생명이 있는 땅에서, 즉 내가 이 세상에 살아 있는 동안에 여호와 앞에 행하리로다.

[1] 여호와 앞에 행하는 것, 하나님의 임재와 그의 눈 아래에서 우리에게 합당한 모든 것을 행하는 것, 우리를 다스리시는 주(主)이신 하나님께 합치하여 그의 뜻에 순종하고 모든 것에서 충족하신 하나님을 즐거운 마음으로 의지함으로써 거룩하신 하나님께 인정받는 것은 우리의 큰 본분이다. 나는 전능한 하나님이라 너는 내 앞에서 행하여 완전하라(창 17:1). 우리는 주께 합당하게 행하여 범사에 기쁘시게 하여야 한다.

[2] 우리가 산 자들의 땅에 있다는 것을 생각해서 우리는 정신을 차리고 그렇게 하여야 한다. 우리는 우리 하나님의 권능과 오래 참으심과 자애로운 긍휼하심 때문에 산 자들의 땅에서 목숨을 부지하고 계속해서 살아가는 것이기 때문에 하나님에 대한 우리의 도리를 힘써 행하여야 한다. 산 자들의 땅(개역에서는 생명이 있는 땅)은 긍휼의 땅이기 때문에, 우리는 거기에 대해서 감사하여야 하고, 그 곳은 기회의 땅이기 때문에, 우리는 그 기회를 잘 활용하여야 한다. 가나안 땅은 살아 있는 자의 땅으로 불리는데(겔 26:20), 그러한 환상의 골짜기에 던져진 자들은 특별한 방식으로 여호와를 항상 그들 앞에 모시는 데에 힘을 쏟아야 한다. 하나님께서 우리의 영혼을 사망에서 건지셨다면, 우리는 하나님 앞에서 행하여야 한다. 다시 한 번 새롭게 얻은 삶은 진정으로 새로운 삶이 되어야 한다.

[10]내가 크게 고통을 당하였다고 말할 때에도 나는 믿었도다 [11]내가 놀라서 이르기를 모든 사람이 거짓말쟁이라 하였도다 [12]내게 주신 모든 은혜를 내가 여호와께 무엇으로 보답할까 [13]내가 구원의 잔을 들고 여호와의 이름을 부르며 [14]여호와의 모든 백성 앞에서 나는 나의 서원을 여호와께 갚으리로다 [15]그의 경건한 자들의 죽음은 여호와께서 보시기에 귀중한 것이로다 [16]여호와여 나는 진실로 주의 종이요 주의 여종의 아들 곧 주의 종이라 주께서 나의 결박을 푸셨나이다 [17]내가 주께 감사제를 드리고 여호와의 이름을 부르리이다 [18]내가 여호와께 서원한 것을 그의 모든 백성이 보는 앞에서 내가 지키리로다 [19]예루살렘아, 네 한가운데에서 곧 여호와의 성전 뜰에서 지키리로다 할렐루야

칠십인역을 비롯해서 몇몇 고대 역본들은 이 절들을 앞의 절들로부터 따로 떼어서 별개의 시편으로 다룬다. 어떤 이들은 이 시편을 순교자의 시라 불러 왔는데, 이것은 아마도 15절에 나오는 내용 때문인 것 같다. 다윗은 여기에서 다음과 같은 세 가지를 고백한다.

I. 그의 믿음(10절).　내가 믿었으므로 말하였고 크게 고통을 당하였도다(개역에서는 내가 크게 고통을 당하였다고 말할 때에도 나는 믿었도다). 사도 바울은 이 말씀을 인용해서 자기와 자신의 동역자들에게 적용하여 그들은 그리스도로 인하여 고난을 받았었지만 그리스도를 시인하고 고백하기를 부끄러워하지 않았다고 말한다(고후 4:13). 다윗은 하나님의 존재와 섭리와 약속, 특히 하나님께서 사무엘을 통해서 그가 양치기의 지팡이 대신에 왕의 규(sceptre)를 손에 쥐게 될 것이라고 말씀해 주신 것을 믿었다. 그는 이 약속에 대한 믿음 속에서 무수한 역경을 겪으면서 기도(4절)와 찬송(12절)을 통해서 하나님께 말하였다. 하나님을 믿는 자들은 하나님께 말을 걸고 하나님과 대화하고자 하는 법이다. 다윗은 자기 자신에게도 말하였다. 그는 믿었기 때문에 그의 영혼에게 네 안식처로 돌아오라(개역에서는 네 평안함으로 돌아갈지어다)고 말하였다. 다윗은 다른 사람들에게도 말하였다. 그는 친구들에게 그의 소망이 무엇인지, 그 소망의 근거가 무엇인지를 말하였다 ― 그렇게 말한 것 때문에 그에 대한 사울의 분노는 더욱 심해졌고, 그는 큰 고통을 겪어야 했지만. 마음으로 믿는 자들은 입으로 고백하여서 하나님께 영광을 돌리고 다른 사람들에게 힘을 주며 그들 자신의 진실함을 증명하여야 한다는 것을 명심하라(롬 10:10; 행 9:19-20). 영광의 나라에 대한 소망 속에서 살아가는 자들은 그들을 위하여 그 나라를 피값으로 사신 분께 그들이 빚지고 있다는 것을 고백하기를 두려워하거나 부끄러워해서는 안 된다(마 10:22).

II. 그의 두려움(11절).　내가 크게 고통을 당하고서 내가 놀라서 이르기를, 즉 놀라서 다소 경솔하고 별 생각 없이(어떤 이들은 이렇게 해석한다) 또는 사울에게 쫓기느라고 경황이 없던 도망 중에(어떤 이들은 이렇게 해석한다) 모든 사람, 곧 사울과 그의 조신(朝臣)들이 거짓말쟁이라 하였도다. 다윗이 궁정에서 사울로부터 미움을 받는 자로 추락하자, 다윗은 그의 친구들이 그의 편이 되어 줄 것이라고 생각했지만 친구들은 그를 버리고 그와의 모든 관계를 끊어 버렸다. 어떤 이들은 이 본문이 특히 다윗에게 나라를 약속하였었지만 다윗을 기만

하였던 사무엘을 염두에 둔 것이라고 생각한다. 왜냐하면, 다윗은 내가 언젠가는 사울의 손에 붙잡혀 죽게 되리라(삼상 27:1)고 말하고 있기 때문이다. 좀더 살펴보자.

1. 가장 믿음 좋은 성도들의 신앙도 완전하지 않아서 늘 견고하고 열렬한 것은 아니다. 다윗은 믿었으므로 좋게 말하였지만(10절), 지금은 불신앙으로 말미암아 잘못 말하고 있다.

2. 우리는 극심한 환난 가운데 있게 될 때, 특히 그 환난이 오래 지속될 때, 우리는 지치고 낙심하여 선한 결과가 있을 것을 믿지 못하고 절망하기 쉽다. 그러므로 우리는 우리가 고통 가운데 있을 때에 다른 사람들을 심하게 비난하지 말고, 우리 자신을 주의 깊게 살펴야 한다(시 39:1-3).

3. 선한 자들이 잘못 말한다면, 그것은 오만한 자들의 자리에 앉아서(시 1:1) 자신의 형제를 비방하는(시 50:19-20) 악인과는 달리 의도적이고 미리 계획해서가 아니라 갑작스러운 시험을 당하여 경황이 없어서 잘못 말하는 것이다.

4. 우리가 잘못 말한 것이 있다면, 우리는 서둘러서 회개하고 이미 한 말을 취소하여야 한다(시 31:22에서 다윗이 그랬듯이). 그러면, 그 책임이 우리에게 돌려지지 않게 될 것이다. 어떤 이들은 이것이 다윗의 경솔한 말이 아니라고 본다. 다윗은 크게 고통을 당하였고 도망칠 수밖에 없었지만, 사람을 의지하거나 육체를 의지하지 않았다. 그는 이렇게 말하였다: "모든 사람이 거짓말쟁이라. 미천한 자들은 헛 것이고 지체 높은 자들은 거짓이므로, 나는 오직 하나님만을 의지하였사오니, 하나님은 결코 나를 실망시키지 않으시나이다." 사도 바울은 이 본문을 바로 그러한 의미로 사용하고 있는 것으로 보인다(롬 3:4): 하나님에 비해서 사람은 다 거짓되되 오직 하나님은 참되시다. 모든 사람은 변덕스럽고 끊임없이 변하며 일정하지 않다. 그러므로 우리는 사람을 의지하지 말고 오직 하나님을 붙들어야 한다.

III. 그의 감사(12절 이하). 그를 향한 하나님의 선하심은 그의 두려움보다 더 컸기 때문에, 하나님은 은혜로 그를 곤경들에서 건져 주셨다. 이것을 생각하고서 그는 이렇게 한다.

1. 그는 그가 무엇으로 보답해야 할지를 묻는다(12절): 내게 주신 모든 은혜를 내가 여호와께 무엇으로 보답할까.

(1) 여기에서 그는 자기가 하나님에게서 수없이 긍휼하심을 받았다는 것을

아는 자로서 말하고 있다 ─ 모든 은혜. 이 시편은 다윗이 이 모든 은혜 중에서 특정한 은혜를 받았을 때에 지은 것으로 보이지만(6-7절), 그 하나의 은혜 속에서 다윗은 하나님께서 그에게 베푸신 수많은 은혜들을 보았고 마음에 떠올렸기 때문에, 지금 그는 그에게 주신 하나님의 모든 은혜를 생각하는 것이다. 우리가 하나님의 긍휼하심들에 관하여 말할 때, 우리는 그 긍휼하심들을 찬미하고 칭송하여야 한다는 것을 명심하라.

(2) 여기에서 그는 어떻게 하면 자신의 감사하는 마음을 표현할 수 있을지를 끈질기게 궁리하는 자로서 말하고 있다: 내가 여호와께 무엇으로 보답할까. 마치 그는 하나님께 받은 은혜를 어떤 식으로도 제대로 보답할 수 없다고 생각하는 자처럼 말한다. 우리는 하나님의 은총을 받을 그 어떤 자격도 없는 것과 마찬가지로 하나님께 받은 은혜를 제대로 보답할 수도 없다. 그러나 다윗은 감사하는 마음의 표시로서 하나님께서 기뻐하실 수 있는 그 무엇을 드리고자 하였다. 그는 하나님께 내가 무엇으로 보답하오리이까라고 묻는다. 그는 제사장에게 묻고 그의 친구들에게 물으며 자기 자신에게 묻고, 이 문제를 놓고 자기 마음과 대화한다. 하나님에게 많은 은혜를 받은 우리는 우리가 무엇으로 보답할까라고 묻는 데에 관심을 가져야 한다는 것을 명심하라.

2. 그는 어떤 식으로든 보답하기로 결심한다.

(1) 그는 가장 경건하고 엄숙하게 하나님께 찬송과 기도를 올려 드리고자 한다(13, 17절).

[1] "내가 구원의 잔을 들리로다. 즉, 내가 하나님에 대한 감사의 표시로 율법에 정해진 전제(奠祭, drink-offerings)를 드리며, 내 친구들과 더불어서 나를 향한 하나님의 선하심을 기뻐하리로다." 이것은 그의 구원을 기억하며 마시는 잔이었기 때문에 구원의 잔으로 불린다. 경건한 유대인들은 종종 사적인 식사 자리에서 축복의 잔을 들었는데, 이 때에 가장(家長)이 하나님께 감사를 하는 기도(즉, 축사)를 하고서 그 잔을 먼저 마셨고, 그런 후에 식탁에 있는 모든 사람이 그 잔을 마셨다. 그러나 어떤 이들은 이 본문을 그가 하나님께 드리는 잔이 아니라 하나님이 그의 손에 들려주신 잔을 가리키는 것으로 이해한다. 첫째, 내가 고난의 잔을 받을 것이다. 많은 훌륭한 해석자들은 이 본문이 성도들에게는 축복으로 변해서 구원의 잔이 된 그리스도의 저 쓴 잔을 가리키는 것으로 이해한다(빌 1:19): 이것이 나를 구원에 이르게 할 것이다. 그 잔은 영적인 건강의 수

단이다. 다윗의 고난은 그리스도의 고난의 모형이었기 때문에, 우리는 우리의 고난을 통해서 그리스도의 고난과 교통을 갖게 되는데, 그리스도의 잔은 진정으로 구원의 잔이었다. "하나님은 내게 너무도 많은 은혜를 베푸셨기 때문에 그가 내 손에 어떤 잔을 들려주신다고 하여도, 나는 어떠한 이의도 제기하지 않고 기꺼이 그 잔을 받을 것이고, 그의 거룩하신 뜻을 영접하리라." 여기에서 다윗은 다윗의 자손, 즉 그리스도께서 사용하신 언어로 말하고 있다(요 18:11): 내 아버지께서 내게 주신 잔을 내가 받아서 마시지 아니하겠느냐? 둘째, 내가 위로의 잔을 받을 것이다. "내가 하나님께서 내게 베풀어 주시는 은혜들을 저 세상에서의 내 유업의 분깃일 뿐만 아니라 이 세상에서의 내 잔의 분깃으로서 하나님의 손에서 온 것으로 여기고 그 은혜들 속에서 하나님의 사랑을 맛보리라."

[2] 내가 감사제, 하나님께서 요구하신 감사제를 드리리로다(레 7:11-12). 진정으로 감사하는 마음을 지닌 자들은 감사 예물을 드림으로써 그들이 지닌 감사하는 마음을 표현하고자 한다는 것을 명심하라. 우리는 먼저 우리 자신을 산 제물로 하나님께 드린 후에(롬 12:1; 고후 8:5), 경건과 구제의 일들을 통해서 우리가 가진 것들을 하나님의 영광을 위하여 사용하여야 한다. 선을 행하는 것과 서로 나누어 주는 것은 하나님께서 기뻐하시는 제사인데(히 13:15-16), 여기에는 하나님의 이름에 감사하는 것이 수반되어야 한다. 하나님께서 우리에게 후하게 주셨다면, 그것에 대한 보답으로 우리가 할 수 있는 최소한의 것은 가난한 자들에게 아낌없이 나누어 주는 것이다(시 16:2-3). 우리에게 쓸데없고 비용도 들지 않는 것만을 하나님께 드리려고 해서야 되겠는가?

[3] 내가 여호와의 이름을 부르리로다. 다윗은 이것을 앞에서도 약속하였고(2절), 여기에서 다시 반복하며(13절), 앞으로도 다시 되풀이한다(17절). 우리는 우리와 같은 사람에게서 은혜를 받은 경우에는 우리가 다시는 그를 성가시게 하지 않게 되기를 바란다고 그에게 말한다. 그러나 하나님은 그의 백성의 기도를 그를 성가시게 하는 것이 아니라 그에게 영광을 돌리는 것이고 그를 기쁘게 하는 것으로 여기신다. 그러므로 우리는 하나님께서 이전에 우리에게 베풀어 주신 긍휼하심들에 대하여 감사하는 가운데 앞으로도 긍휼을 베풀어 주시기를 구하며, 계속해서 하나님의 이름을 불러야 한다.

(2) 그는 하나님은 자기 백성의 생명과 위로를 무척 소중히 여기시는 분으

로 여겨서 하나님에 대하여 항상 좋은 생각만 품고자 한다(15절): 그의 경건한 자들의 죽음은 여호와께서 보시기에 귀중한 것이로다. 하나님은 이렇게 자기 백성의 생명을 소중히 여기시기 때문에 사울이나 압살롬 등과 같은 원수들이 아무리 다윗을 잡아 죽이고자 혈안이 되어 있을지라도 다윗을 그대로 죽게 내버려 두지 않으신다. 다윗은 그의 깊은 고난과 위험 속에서 이러한 진리를 자신의 위로로 삼았었다. 그리고 결국 그 진리가 사실로 확증되자, 그는 자기와 같은 위험에 처할지도 모르는 다른 사람들을 그 진리로써 위로한다. 이 세상에는 하나님의 성도들, 하나님에게서 긍휼하심을 받음과 동시에 하나님을 위하여 다른 사람들에게 긍휼을 베푸는 자들, 긍휼의 사람들이 존재한다. 하나님의 성도들은 죽을 위험에 처한다. 아니, 그들이 죽기를 바라고서 어떻게 해서든 그들이 속히 죽게 하기 위해서 온갖 애를 쓰는 자들이 있고, 때로는 그런 자들이 뜻을 이루어서 그들이 죽기도 한다. 그러나 그들의 죽음은 여호와께서 보시기에 귀중하다. 또한, 그들의 생명도 마찬가지로 귀중하고(왕하 1:13), 그들의 피도 귀중하다(시 72:14). 하나님은 흔히 그의 성도들이 죽기 일보 직전에 그들의 죽음을 기이한 방법으로 막으신다. 하나님은 그의 성도들이 모든 것이 합력하여 선을 이루는 방식으로 죽을 수 있도록 특별히 보살피신다. 하나님의 성도를 죽이는 자들은 그들이 성도의 목숨을 빼앗는 것을 아무리 가볍게 생각한다고 하더라도 하나님께 장차 법정을 여셔서 성도들의 피에 대한 책임을 물으실 때에 값비싼 대가를 치르게 될 것이다(마 23:35). 의인이 죽을지라도 마음에 두는 자가 없지만, 하나님은 자기가 그 죽음을 마음에 두고 있다는 것을 나타내실 것이다. 우리의 죽음은 천국에 기록될 것이기 때문에, 우리는 순교로 부르심을 받았을 때에 그리스도를 위하여 기꺼이 죽고자 하여야 한다. 하나님께 귀중한 것은 우리에게도 귀중한 것이 되어야 한다.

(3) 그는 평생토록 하나님의 종이 되는 의무를 감당하고자 한다. 그는 앞에서 내가 무엇으로 보답할까라고 물었는데, 여기에서는 그 대답으로 모든 번제와 제사보다 더 귀한 자기 자신을 드리겠다고 말한다(16절): 여호와여, 나는 진실로 주의 종이나이다. 좀 더 살펴보자.

[1] 다윗이 고백하는 자기와 하나님의 관계. "나는 주의 종이나이다. 나는 주의 종이 되기로 선택하고 결심하였으므로, 살든지 죽든지 주를 섬기겠나이다." 다윗은 하나님께 소중한 하나님의 백성을 부를 때에는 주의 거룩한 자들 또는

주의 성도들이라고 하였지만, 자기 자신에 대하여 말할 때에는 나는 진실로 주의 거룩한 자이나이다라고 하지 않고(그 호칭은 자신에게 너무 과분한 것 같았기 때문에) 나는 주의 종이나이다라고 한다. 다윗은 왕이었지만, 그는 자기가 하나님의 종이라는 것을 자랑한다. 하늘의 하나님의 종이라는 것은 이 세상에서 가장 위대한 왕들에게도 결코 위신이 깎이는 일이 아니라 명예로운 일이다. 사람들이 보통 예의상으로 주인 어른, 저는 당신의 종입니다라고 말하는 것과는 달리, 다윗은 여기에서 하나님께 예의상 듣기 좋으라고 그렇게 말하고 있는 것이 아니다. "주여, 나는 진실로 주의 종이나이다. 주님께서는 모든 것을 아시오매 내가 주의 종인 줄을 주님께서 아시나이다." 다윗은 이것을 생각만 해도 즐겁고 영원히 그렇게 하겠다고 단단히 결심한 자처럼 이 말을 반복한다. "나는 진실로 주의 종이요 곧 주의 종이라. 다른 사람들은 자신의 뜻을 따라 어떤 주인을 섬기든지, 나는 진실로 주의 종이나이다."

[2] 그러한 관계의 근거. 사람은 두 가지 방식으로 종이 된다. 첫째, 출생을 통해서. "여호와여, 나는 주의 집에서 태어났나이다. 나는 주의 여종의 아들이기 때문에 주의 것이나이다." 우리를 경건한 부모에게서 태어나게 하시고 하나님에 대한 본분을 행할 의무를 지고 하나님께 긍휼하심을 구할 수 있게 하신 것은 하나님의 크신 긍휼하심이다. 둘째, 속량(贖良)을 통해서. 사람들은 돈을 지불하고서 어떤 포로를 포로 신분에서 벗어나게 해주고서 그를 자신의 종으로 삼았다. "여호와여, 주께서 나의 결박을 푸셨나이다. 주는 나를 둘러싼 사망의 줄에서 나를 풀어 주셨기 때문에, 나는 주의 종이 되었으므로, 내게는 주의 일을 해야 할 의무와 동시에 주의 보호하심을 받을 자격이 있나이다." 주께서 나의 결박을 풀어주신 그 일이 내게 더 단단한 결박이 되어서 나를 더욱 단단히 주께 묶나이다(패트릭).

(4) 그는 그가 환난 중에 서원한 대로 찬송의 제사를 드릴 뿐만 아니라 환난 날에 그가 하나님께 약속하였던 모든 일들을 행하는 등 자신의 서원을 꼼꼼히 갚고 자기가 약속한 일을 실천하고자 한다: 나는 나의 서원을 갚으리로다(14절). 내가 여호와께 서원한 것을 그의 모든 백성이 보는 앞에서 내가 지키리로다(18절). 서원한 것은 우리가 반드시 갚아야 하는 빚이라는 것을 명심하라. 서원하고서 그 서원을 갚지 않느니 차라리 서원하지 않는 편이 더 낫다.

[1] 그는 자신의 서원을 즉시 갚고자 한다. 그는 볼썽사나운 채무자들과는

달리 갚는 것을 미루거나 하루라도 더 연기해 줄 것을 애걸하려 하지 않고, 내가 서원한 것을 지금 갚으리로다라고 말한다(전 5:4, 네가 하나님께 서원하였거든 갚기를 더디게 하지 말라).

[2] 그는 자신의 서원을 많은 사람들 앞에서 갚고자 한다. 그는 하나님에 대한 찬송을 구석진 곳에서 대충 해치우고자 하는 것이 아니라, 그가 하나님을 위하여 해야 할 일을 그의 모든 백성이 보는 앞에서 행하고자 하고, 사람들에게 과시하기 위해서 겉치레로 행하는 것이 아니라 자기가 하나님을 섬기기를 부끄러워하지 않는다는 것을 보이고 다른 사람들도 그와 더불어 하나님을 섬기도록 초청하기 위하여 행하고자 한다. 그는 예루살렘의 한가운데에 있는 성전 뜰, 이스라엘 백성들이 하나님을 예배하기 위하여 많이 모여 드는 곳에서 자신의 서원을 지켜서 하나님을 더 영화롭게 하고자 한다.

제
— 117 —
편

개요

이 시편은 짧고 감미롭다. 우리가 이 시편을 아주 자주 노래하는 이유는 이 시편이 짧기 때문이 아닌가라고 나는 생각한다. 그러나 우리가 이 시편을 제대로 이해하고 깊이 숙고한다면, 우리는 특히 이방 죄인들에게 매우 호의적인 눈길을 보내고 있어서 우리에게 감미로울 수밖에 없기 때문에 이 시편을 더 자주 노래하게 될 것이다. 여기에는 다음과 같은 내용들이 나온다. I. 모든 나라들에게 하나님을 찬송하라고 말하는 엄숙한 부름 (1절). II. 그렇게 찬송해야 할 적절한 이유(2절). 우리가 이 시편을 노래할 때에 찬송이라는 영적인 제사가 계속해서 불타오르는 데에 꼭 필요한 경건하고 헌신적인 감정들을 유지하지 못한다면, 우리는 곧 선한 일을 행하는 데에 지쳐 버리게 될 것이다.

¹너희 모든 나라들아 여호와를 찬양하며 너희 모든 백성들아 그를 찬송할지어다 ² 우리에게 향하신 여호와의 인자하심이 크시고 여호와의 진실하심이 영원함이로다 할렐루야

이 시편 속에는 무수한 복음이 들어 있다. 사도 바울은 로마서 15:11에서 이 시편을 푸는 열쇠를 우리에게 제공해 주었는데, 거기에서 그는 당시에 유대인들에게 너무도 큰 걸림돌이 되고 있었던 이방 나라들에게 복음이 전파될 것이고 그들이 복음을 받아들이게 될 것이라는 것을 보여주는 증거로 이 시편을 인용하고 있다. 너희 모든 이방인들아 여호와를 찬양하며 너희 모든 백성들아 그를 찬송할지어다라는 말씀이 성경에 나오고, 유대인들도 그 본문을 자주 노래하였음에도 불구하고, 이방 나라들이 왜 유대인들에게 걸림돌이 되었던 것일까. 몇몇 유대인 저술가들은 이 시편이 메시야의 나라와 관련이 있다고 고백한다. 아니, 그들 중의 한 사람은 이 시편이 단 두 줄로 되어 있는 것은 메시야 시대에 하나님께서 두 부류의 백성에 의해서 영광을 받으시게 될 것을 나타내는 것이라는 허황된 말까지 하고 있다. 즉, 유대인들은 모세 율법에 따라서 하나

님께 영광을 돌리고, 이방인들은 노아의 아들들에게 주어진 일곱 가지 교훈을 따라서 하나님께 영광을 돌리게 될 것인데, 여기에서 두 절이 하나의 시편을 이루듯이, 그 때에는 유대인과 이방인이 하나의 교회를 이루게 되리라는 것이다. 우리는 여기에서 다음과 같은 내용들을 본다.

I. 복음 교회의 광대한 범위(1절). 수많은 세월 동안 하나님은 오직 유다에서만 알려져 있었고 하나님의 이름은 거기에서만 찬송을 받으셨다. 레위의 아들들과 이스라엘의 자손들은 하나님을 찬송하였지만, 그 밖의 나머지 열방들은 나무와 돌로 만든 신들을 찬양하였고(단 5:4), 우리가 알고 있는 한 살아 계시고 참된 하나님께 기도를 올린 자는 적어도 공개적으로는 한 사람도 없었다. 그러나 여기에서는 모든 나라들에게 하나님을 찬송하라고 부르고 있다. 하지만 이러한 부름은 구약 시대에 적용될 수 없었다. 왜냐하면, 이러한 부름은 당시에 이방 나라들 중 그 어느 나라에도 그 나라 사람들이 이해할 수 있는 언어로 주어지지 않았기 때문이고, 이방 사람들이 유대인이 되어서 할례를 받지 않는다면 그들은 유대인들과 더불어서 하나님을 찬송하도록 허락되지 않았기 때문이다. 그러나 그리스도의 복음은 모든 나라들에 전파되기로 예정되어 있었고, 그리스도로 말미암아 유대인과 이방인을 나누었던 담이 허물어져서, 멀리 있던 자들이 가까워지게 될 예정이었다. 이방인들이 함께 상속자가 되는 것(엡 3:3, 6)은 오랜 세월 동안 예언 속에서 감추어져 있다가 마침내 그리스도 안에서 성취되어 계시된 비밀이었다. 좀 더 살펴보자.

1. 누가 교회 속으로 받아들여지게 되는가 — 모든 나라들과 모든 백성들. 히브리어 원문의 단어들은 그리스도를 대적하여 이방 나라들이 분노하며 민족들이 헛된 일을 꾸민다(시 2:1)고 말할 때에 사용된 것과 동일한 단어들이다. 지금까지 그리스도의 나라의 원수들이었던 자들이 자원하여 그리스도의 신민들이 되고자 할 것이다. 그리스도의 나라에 관한 복음은 모든 민족에게 증언되기 위하여 온 세상에 전파되게 되어 있었다(마 24:14; 막 16:15). 모든 나라들이 부름을 받아서, 각 나라에 속한 몇몇 사람들이 복음에 응답하여 제자가 될 것이다.

2. 그들이 교회 속으로 들어오게 될 것이 어떻게 예언되고 있는가 — 여호와를 찬송하라는 반복된 부름을 통해서. 모든 나라들에 전파된 복음의 소식은 그들에게 하나님을 찬송할 이유를 제공해 줄 것이다. 복음의 규례들이 제정되면서, 그들은 하나님을 찬송할 수단과 기회를 얻게 될 것이다. 복음의 은혜로 인

한 능력은 그들에게 하나님을 찬송할 마음을 줄 것이다. 하나님께서 그의 말씀을 통해서 초대하시고, 그의 성령을 통해서 그를 찬송할 마음을 주심으로써, 그에게 이름과 명예가 되게 하시는 그런 자들은 하나님의 큰 은총을 받은 자들이다(렘 13:11 ; 또한 계 7:9-10을 보라).

II. 복음의 은혜의 측량할 수 없는 부유함. 이것은 우리의 찬송의 제목이 되어야 한다(2절). 복음 속에는 하나님의 놀라운 속성들, 즉 그의 긍휼하심과 진실하심이 그 자체로 지극히 밝게 빛나고 있는데, 이것은 우리에게 지극히 큰 위로가 된다. 사도 바울은 이 시편을 인용하고 있는 대목에서 하나님의 진실하심과 그의 긍휼하심을 이방인들이 하나님께 영광을 돌려야 할 두 가지 큰 이유로 들고 있다(롬 15:8-9). 복음을 누리고 있는 우리는 다음과 같은 이유들로 인해서 여호와를 찬송하여야 한다.

1. 하나님의 크신 긍휼하심: 우리에게 향하신 여호와의 인자하심이 크시다. 하나님의 인자하심은 강하시다(원어는 이런 의미이다). 하나님의 인자하심은 무거운 죄악들을 충분히 용서하실 수 있을 정도로 막강하시고(암 5:12) 크신 구원을 이루어 내실 정도로 막강하다.

2. 하나님의 영원하신 진실하심: 여호와의 진실하심이 영원하다. 하나님께서 복음을 이방인들 가운데서 전파하게 하신 것은 오로지 이방인들을 향한 긍휼하심 때문이었다. 그것은 그들을 향한 하나님의 긍휼하심과 인자하심이 그들이 마땅히 받아야 할 벌보다 더 컸기 때문이었다. 그렇기 때문에 조상들에게 하신 자신의 약속에 대한 여호와의 진실하심은 영원하다. 왜냐하면, 유대인들이 완악해져서 추방되었다고 할지라도, 하나님의 약속은 아브라함의 영적인 후손들인 믿는 이방인들 속에서 실현되었기 때문이다. 하나님의 긍휼하심은 우리의 모든 위로들의 원천이고, 하나님의 진실하심은 우리의 모든 소망의 토대이기 때문에, 우리는 이 두 가지에 대하여 여호와를 찬송하여야 한다.

제
— 118 —
편

개요

　　다윗은 수많은 우여곡절 끝에 마침내 모든 난관들을 다 극복하고 하나님께서 그에게 기름을 부으신 대로 마침내 뜻을 이루어 이스라엘 나라를 온전히 차지하게 되었을 때에 이 시편을 지었을 가능성이 크다. 그는 왕위에 오른 후에 그의 친구들에게 자기와 더불어서 즐거운 마음으로 하나님의 선하심을 고백하고 앞으로도 그 선하심을 기대할 뿐만 아니라 하나님께서 약속하신 메시야를 믿고 기다리도록 권면한다. 다윗이 왕위에 오른 것은 메시야가 자신의 나라를 세우고 왕 노릇 하실 것에 대한 모형이었다. 선지자 다윗이 여기 이 시편의 후반부에서 메시야에 대하여 증언하고 있다는 것은 확실하다. 그리스도께서는 친히 이 시편을 자기 자신에게 적용하고 있기 때문에(마 21:42), 이 시편의 전반부도 그리스도와 그의 사역에 대하여 말하고 있다고 보는 것은 별 무리가 없다. 어떤 이들은 이 시편은 처음에 법궤를 다윗 성읍으로 모시고 오는 예식을 위하여 지어졌고 그 후에는 장막절에 불리어졌다고 생각한다. I. 다윗은 주변의 모든 사람들에게 하나님의 선하심에 대하여 하나님께 영광을 돌리라고 권면한다(1-4절). II. 그는 하나님께서 그를 위하여 행하신 크고 인자하신 일들을 통해서 그가 체험하였던 하나님의 능력과 긍휼에 근거해서 자기 자신과 다른 사람들에게 하나님을 의지하라고 격려한다(5-18절). III. 그는 자기가 왕위에 오르게 된 것에 대하여 감사하는데, 이것은 그리스도께서 높아지실 것에 대한 예표였다(19-23절). IV. 백성과 제사장들, 시편 기자는 구속주의 나라를 내다보고 개가를 부르며 몹시 기뻐한다(24-29절). 이 시편을 노래할 때, 우리는 하나님의 선하심, 우리를 향한 그의 선하심, 특히 예수 그리스도 안에서 우리를 향한 그의 선하심에 대하여 하나님께 영광을 돌려야 한다.

¹여호와께 감사하라 그는 선하시며 그의 인자하심이 영원함이로다 ²이제 이스라엘은 말하기를 그의 인자하심이 영원하다 할지로다 ³이제 아론의 집은 말하기를 그의 인자하심이 영원하다 할지로다 ⁴이제 여호와를 경외하는 자는 말하기를 그의 인자하심이 영원하다 할지로다 ⁵내가 고통 중에 여호와께 부르짖었더니 여호와께서 응

답하시고 나를 넓은 곳에 세우셨도다 ⁶여호와는 내 편이시라 내가 두려워하지 아니하리니 사람이 내게 어찌할까 ⁷여호와께서 내 편이 되사 나를 돕는 자들 중에 계시니 그러므로 나를 미워하는 자들에게 보응하시는 것을 내가 보리로다 ⁸여호와께 피하는 것이 사람을 신뢰하는 것보다 나으며 ⁹여호와께 피하는 것이 고관들을 신뢰하는 것보다 낫도다 ¹⁰뭇 나라가 나를 에워쌌으니 내가 여호와의 이름으로 그들을 끊으리로다 ¹¹그들이 나를 에워싸고 에워쌌으니 내가 여호와의 이름으로 그들을 끊으리로다 ¹²그들이 벌들처럼 나를 에워쌌으나 가시덤불의 불 같이 타 없어졌나니 내가 여호와의 이름으로 그들을 끊으리로다 ¹³너는 나를 밀쳐 넘어뜨리려 하였으나 여호와께서는 나를 도우셨도다 ¹⁴여호와는 나의 능력과 찬송이시요 또 나의 구원이 되셨도다 ¹⁵의인들의 장막에는 기쁜 소리, 구원의 소리가 있음이여 여호와의 오른손이 권능을 베푸시며 ¹⁶여호와의 오른손이 높이 들렸으며 여호와의 오른손이 권능을 베푸시는도다 ¹⁷내가 죽지 않고 살아서 여호와께서 하시는 일을 선포하리로다 ¹⁸여호와께서 나를 심히 경책하셨어도 죽음에는 넘기지 아니하셨도다

다른 곳에서와 마찬가지로 여기에서도 다윗의 마음은 하나님의 선하심에 대한 감격으로 가득 차 있었던 것으로 보인다. 그는 그것에 대하여 생각하기를 좋아하였고, 그것에 대하여 말하기를 좋아하였으며, 하나님께서 그것으로 인해서 찬송을 받게 되시고 다른 사람들은 그것으로 인하여 위로를 받게 되기를 너무도 간절히 소원하였다. 우리의 마음이 하나님의 선하심에 대한 깨달음으로 감화를 크게 받을수록, 우리의 마음은 더욱 넓어져서 온갖 일에서 하나님께 순종하고자 하게 된다. 이 절들에는 다음과 같은 내용들이 나온다.

I. 다윗은 하나님의 긍휼하심에 대한 자신의 체험을 근거로 하나님의 긍휼하심을 전체적으로 송축하고, 다른 사람들에게도 그렇게 하라고 권한다(1절). 여호와께 감사하라. 그는 스스로 선하실 뿐만 아니라 너희에게 선하시고, 그의 긍휼하심(개역에서는 그의 인자하심)이 영원하여서, 영원한 긍휼의 원천이신 하나님 자신 속에서만 아니라 마르지 않고 영원토록 흐를 그 긍휼하심의 물줄기들 속에서와 하나님의 긍휼하심을 보여주는 영원한 기념비인 저 택함 받은 긍휼의 그릇 속에서도 그의 긍휼하심은 영원하다. 다윗은 앞서 이스라엘, 아론의 집, 하나님을 경외하는 모든 자에게 하나님을 의지하라고 권하였었는데(시 115:9-11), 여기에서는 그의 긍휼하심이 영원하다고 고백하고서 하나님을 의지하도록

스스로를 격려하라고 권한다(2-4절). 제사장들과 백성들, 유대인들과 개종자들(여호와를 경외하는 자들)은 모두 하나님의 선하심을 고백하여야 하고, 모두가 한마음으로 감사의 노래를 불러야 한다. 그들은 더 이상 무슨 말을 해야 할지 모를 때에는 하나님의 긍휼하심이 영원하여 그들이 일생 동안 그 긍휼하심을 체험하여 왔고, 앞으로도 영원히 없어지지 않고 존재하게 될 선한 것들을 얻기 위하여 그 긍휼하심을 의지할 것이라고 말하여야 한다. 진정으로 여호와를 경외하는 모든 자들의 찬송과 감사는 이스라엘 집이나 아론의 집에서 나오는 찬송과 감사만큼 하나님을 기쁘시게 해드릴 것이다.

Ⅱ. 다윗은 하나님께서 그에게 구체적으로 베푸셨던 은혜로운 일들을 얘기하고 다른 사람들에게 그것을 전함으로써, 사람들이 거기에서 찬송의 제목을 얻고 믿음을 더욱 든든히 할 수 있게 하며, 하나님께서 이것을 통해서 영광을 받으시게 하고자 한다. 다윗은 일생 동안 무수한 어려움들을 헤쳐 나오면서 하나님의 선하심을 수없이 체험하였었다. 여기에서 우리는 다음과 같은 것들을 살펴볼 수 있다.

1. 다윗이 겪었던 큰 곤경과 위험. 그는 왕위에 오르게 된 지금에 있어서 하나님께서 그동안 그에게 베풀어 주셨던 선하신 일들을 찬미하기 위하여 이것을 회고한다. 많은 사람들이 성공하고 난 후에는 그들이 전에 고생했던 일을 듣거나 말하는 것을 별로 좋아하지 않는다. 그러나 다윗은 기회가 있을 때마다 자기가 비천했던 시절을 회고한다. 그는 고통 중에서 크게 눌리고 어쩔 줄을 몰랐다(5절). 그를 미워하는 자들이 많이 있었다(7절). 이것은 모든 사람의 사랑을 얻고자 애쓴 천진난만한 자에게는 큰 슬픔이 아닐 수 없었다. 뭇 나라가 나를 에워쌌도다(10절). 다윗이 새로 왕위에 오르자, 블레셋, 모압, 수리아, 암몬 등과 같은 이스라엘 주변의 모든 나라들은 다윗을 곤란에 빠뜨리고자 하였다. 성경에는 그의 사방의 대적들이라는 표현이 나온다. 원수들은 힘을 합쳐서 다윗을 해치고자 하였고, 다윗에게서 그가 의지할 수 있는 모든 것들을 끊어 버리고자 하였다. 그를 에워싸서 해치고자 하는 원수들의 그러한 시도는 반복해서 언급된다(11절): 그들이 나를 에워싸고 에워쌌도다. 이것은 원수들이 포악하고 독기를 품었으며, 잠시 그를 밀어부치는 데에 성공하기도 하였고, 전열이 흐트러졌을 때에는 또다시 전열을 가다듬어서 그를 해치고자 하는 음모를 계속 추진하였다는 것을 보여준다. 그들이 벌들처럼 나를 에워쌌다. 그들은 아주 수가 많았

고 떠들썩하였으며 그를 죽이고자 안달이 나있었다. 그들은 벌떼처럼 그에게 달려들어서 독침을 쏘았다. 그러나 벌이 독침을 쏜 후에는 목숨을 잃는 것과 마찬가지로, 그런 짓은 스스로의 멸망을 자초하는 일이었다. 벌은 사람의 상처 속에 자신의 목숨을 누인다. 여호와여, 나의 대적이 어찌 그리 많은지요 일어나 나를 치는 자가 많으니이다. 다윗은 두 가지 방식으로 괴롭힘을 당하였다.

(1) 사람들이 그에게 준 상처들을 통해서(13절): 너(원수여!)는 무수히 있는 힘을 다해서 나를 밀쳐 넘어뜨려서 나로 하여금 죄에 빠지게 하고 파멸하게 하고자 하였다. 너는 힘껏 나를 밀쳐서(원어의 의미는 이렇다) 나는 거의 넘어질 뻔하였다. 사탄은 여러 가지 시험들을 통해서 우리를 힘껏 밀쳐서 우리의 고상한 신앙에서 우리를 끌어내려서 우리가 우리 하나님에게서 떨어지고 하나님 안에 있는 우리의 위로들에서 떨어지게 만들고자 하는 큰 원수이다. 하나님께서 그의 은혜로 우리를 붙들어 주지 않으셨다면, 사탄이 우리를 밀친 것은 우리에게 치명적인 것이 되었을 것이다.

(2) 하나님께서 그에게 주신 환난들을 통해서(18절): 여호와께서 나를 심히 경책하셨도다. 사람들이 그를 밀친 것은 그를 죽이기 위한 것이지만, 하나님께서 그를 경책하신 것은 그를 교훈하기 위한 것이다. 사람들은 원수의 악의를 지니고서 그를 밀쳤지만, 하나님은 아버지의 사랑과 자애로움을 지니고서 그를 경책하셨다. 아마도 다윗은 하나님께서 그가 하나님의 거룩하심에 참여하게 하시려고 그의 유익을 위하여 환난을 주시고 징계하신 것을 언급하고 있는 것 같다(히 12:10-11). 하나님은 사람들을 징계의 도구로 사용하신 것이었지만, 사람들은 그렇게 생각하지 않았고, 그들의 마음의 생각도 그같지 아니하여 그들의 마음은 파괴하며 멸절하고자 하는 데에 있었다(사 10:7). 사람들은 남을 해치기 위해서 아주 큰 해악을 계획하지만, 하나님은 그들의 계획을 지극히 선한 일을 이루시는 데에 사용하고자 하시는데, 어느 쪽의 계획이 이루어질 것인지는 말하지 않아도 뻔하다. 하나님은 환난을 그의 채찍으로 사용하셔서 그 환난이 그의 백성에게 복이 되게 하시고, 그 환난을 통해서 그가 계획하신 선한 일을 반드시 이루신다. 또한, 하나님은 원수들이 밀치는 것과 같은 환난에서 자기 백성을 지키시고, 원수들이 계획한 해악으로부터 자기 백성을 안전하게 하실 것이기 때문에, 우리는 두려워할 필요가 없다.

다윗이 자기가 겪은 환난들에 대하여 얘기하고 있는 것은 우리 주 예수께 그대로 적용될 수 있다. 그를 미워한 자들, 아무런 이유 없이 그를 미워한 자들이 많이 있었다. 그들은 그를 에워쌌다. 유대인들과 로마인들이 그를 에워쌌다. 그들은 그를 힘껏 밀쳤다. 마귀가 그를 시험한 것은 그를 넘어뜨리려고 밀친 것이었다. 그를 박해한 자들이 그에게 욕한 것은 그를 밀친 것이었다. 아니, 그가 채찍에 맞음으로 우리가 나음을 입게 하기 위하여 여호와께서 친히 그를 심히 경책하셨고 상하게 하셨으며 그에게 큰 근심을 안겨 주셨다.

2. 하나님께서 곤경에 빠진 다윗에게 베푸신 은총.

(1) 하나님은 그의 기도를 들으셨다(5절). "여호와께서 차고 넘치게 응답하셨도다. 하나님은 내가 구한 것 이상으로 내게 행하셨다. 하나님은 기도 중에 내 마음을 넓혀 주셨고, 내가 원한 것보다 더 넘치게 주셨다." 여호와께서 응답하시고 나를 넓은 곳에 세우셨기 때문에, 그는 평안한 마음으로 좀 더 분발하고 애쓸 여지를 갖게 되었다. 하나님께서 그를 환난에서 건져내셔서 넓은 곳으로 인도하셨기 때문에, 그는 한층 더 편안할 수 있었다(시 4:1).

(2) 하나님은 그를 해치고자 한 원수들의 계략을 좌절시키셨다: 그들은 잠시 동안은 요란한 소리를 내면서 밝은 빛을 내며 맹렬하게 타오르지만 곧 꺼져 버려서 위협만 했지 정작 해악을 가할 수는 없는 가시덤불의 불 같이 타 없어졌다(12절). 다윗의 원수들의 분노는 그런 것이었다. 마찬가지로, 우매한 자들의 웃음 소리나 분노도 솥 밑에서 가시나무가 타는 소리 같기 때문에(전 7:6), 우리는 그들의 웃음이나 분노를 전혀 두려워할 필요가 없고 단지 불쌍히 여길 뿐이다. 그들은 그를 힘껏 밀쳤지만, 여호와께서는 그를 도우셨고(13절), 그가 발을 땅에 단단히 딛고 서도록 도우셨다. 하나님께서 우리를 돕는 자가 아니셨다면, 우리의 영적인 원수들은 벌써 오래 전에 우리를 멸망시키고 말았을 것이다.

(3) 하나님은 그가 죽기 일보 직전에 그의 목숨을 구해 주셨다(18절). "하나님은 나를 경책하셨어도 죽음에는 넘기지 아니하셨도다. 왜냐하면, 하나님은 내 원수들이 나를 그들 뜻대로 하도록 내버려 두지 않으셨기 때문이다." 사도 바울도 바로 이 본문을 얘기하고 있는 것으로 보인다(고후 6:9): 우리가 죽은 자 같으나 보라 우리가 살아 있고 징계를 받는 자 같으나 죽임을 당하지 아니하노라. 그러므로 우리는 심하게 경책을 받을 때에 곧 살 소망을 잃고서 절망에 빠져서는 안 된다. 왜냐하면, 하나님은 종종 겉보기에는 사람들을 멸망에 붙이시는 것 같아도 돌아오라고 말씀하시고, 그들에게 살아 있으라고 말씀하시기 때문이다.

이 본문도 예수 그리스도에게 적용될 수 있다. 하나님은 그에게 응답하시고 그를 넓은 곳에 세우셨다. 하나님은 그의 원수들의 불, 단지 스스로를 태울 뿐인 그들의 분노를 꺼버리셨다. 왜냐하면, 그리스도께서는 죽음을 통하여 죽음의 세력을 잡은 자 곧 마귀를 멸하셨기 때문이다. 하나님은 그리스도께서 그의 사역을 이루시도록 도우셨다. 하나님은 그를 죽음에 넘기지 아니하시고, 그를 스올에 버리지 아니하시며 썩음을 당하지 않게 하셨다. 사망이 그를 주장하지 못하였다.

3. 다윗은 하나님께서 베푸신 은총을 선용(善用)함.

(1) 하나님께서 베푸신 은총으로 인하여 다윗은 하나님을 더욱 의지할 수 있는 힘을 얻었다. 자신의 경험을 통해서 다윗은 여호와께 피하는 것이 사람을 신뢰하는 것보다 낫고(그 사람이 비록 고관이라고 할지라도) 더 지혜로우며 더 안심할 수 있고 더 안전하며 그 효과가 더 확실하다고 말할 수 있었다(8-9절). 하나님의 지혜와 능력과 선하심을 온전히 의지하는 가운데 하나님의 인도하심과 통치에 자신을 의탁하는 자는 세상의 모든 왕들과 군주들이 그를 보호해 주는 것보다 더 큰 안전을 확보한 것이기 때문에 마음을 편히 가질 수 있다.

(2) 하나님께서 베푸신 은총으로 인하여 다윗은 하나님을 의지하는 가운데 승리를 확신하며 기뻐할 수 있었다.

[1] 하나님이 그의 편이었기 때문에 다윗은 하나님 안에서 승리를 확신하며 기뻐한다. "여호와는 내 편이시라. 하나님은 의로우신 하나님이시기 때문에 나의 의로운 일을 옹호하시고 변호해 주시리라." 우리가 하나님의 편에 서 있다면, 하나님은 우리의 편이 되어 주신다. 우리가 하나님을 위하고 하나님과 함께한다면, 하나님은 우리를 위하시고 우리와 함께 하실 것이다(7절): "여호와께서 내 편이 되사 나를 두둔하시며 나를 돕는 자들 중에 계시도다. 하나님은 나를 위하여 나를 돕는 자들 중에 계시고 그들 중의 한 분이시기 때문에, 하나님은 그들과 내게 모든 것이다. 하나님이 나를 돕지 않으시면, 나는 스스로 어찌할 수 없을 것이고, 이 세상에서 나를 돕는 친구는 한 명도 없을 것이다." 이렇게 "여호와는 나의 능력과 찬송이시다(14절). 즉, 나는 하나님을 나의 능력과 찬송으로 삼고 있고(하나님 없이는 나는 연약하고 가련하기 때문에, 나는 나의 힘이 되신 여호와를 의지하여 일을 행하고 고난받고, 나의 노래가 되신 하나님 안에서 위로받으며, 그 노래를 통해서 나의 기쁨을 표현하고 내 슬픔을 가볍게 한다), 나는 하나님이 나의 능력과 찬송이 되어 주시는 것을 경험한다. 하나님

은 그의 은혜들로 내 마음에 힘을 주시고, 그의 위로들로 내 마음을 기쁘게 해 주신다." 하나님이 우리의 힘이시라면, 하나님은 우리의 노래도 되어야 마땅하다. 하나님이 우리 속에서 모든 일을 베푸신다면, 하나님은 우리로부터 모든 찬송과 영광을 받으셔야 마땅하다. 하나님의 백성이 하나님을 찬송하지 않음으로써 하나님이 자기 백성의 노래가 되지 않으신 때에도 하나님은 종종 자기 백성의 힘이 되어 주신다. 그들에게는 영적인 기쁨이 없지만, 그들은 하나님에게서 영적인 힘을 공급받는다. 그러나 하나님이 우리에게 능력도 되시고 찬송도 되신다면, 우리는 하나님 안에서 승리를 확신하며 크게 기뻐해야 할 이유가 충분하다. 왜냐하면, 하나님이 우리의 능력과 우리의 찬송이 되신다면, 하나님은 우리의 구주가 되신 것만이 아니라 우리의 구원이 되신 것이기 때문이고, 하나님이 우리의 능력이 되시는 것은 우리를 보호하셔서 구원에 이르게 하시기 위한 것이며, 하나님이 우리의 찬송이 되시는 것은 구원의 맛보기이기 때문이다.

[2] 다윗은 그의 원수들에 대하여 승리를 확신하며 기뻐한다. 이제 그의 머리는 그들 위로 높이 들리게 될 것이다. 그 이유는 다음과 같다.

첫째, 그는 그들이 그를 해칠 수 없다는 것을 확신하였다. "하나님이 내 편이시기 때문에, 사람이 내게 어찌할까를 내가 두려워하지 아니하리라(6절)." 그는 그들을 모두 무시할 수 있고, 그들이 어떤 짓을 해도 마음이 흐트러지지 않는다. "그들은 하나님께서 그들에게 허용하신 것 외에는 내게 아무 짓도 할 수 없다. 그들은 나와 하나님을 갈라 놓을 수 없기 때문에 내게 진정한 해악을 입힐 수 없다. 그들은 하나님께서 나를 유익하게 하시기 위하여 그들에게 허용하신 것 외에는 아무것도 할 수 없다. 나의 원수들은 사람일 뿐이고 창조주에게 의지하는 피조물이기 때문에, 그들의 능력은 한정되어 있고 더 큰 능력에 종속되어 있다. 그러므로 나는 그들을 두려워하지 아니하리라." 너는 어떠한 자이기에 죽을 사람을 두려워하느냐(사 51:12). 사도 바울은 이 말씀을 인용하여 모든 그리스도인들에게 적용한다(히 13:6): 바울은 다윗처럼 담대하게 주는 나를 돕는 이시니 내가 무서워하지 아니하겠노라 사람이 내게 어찌하리요라고 말할 수 있었다. 사람이 바울에게 아무리 나쁜 짓을 하려고 해도, 바울은 진정한 해악을 입지 않을 것이었다.

둘째, 다윗은 그들이 결국에는 그가 너무 버거워서 감당하지 못하게 될 것임을 확신한다. "여호와께서 나를 미워하는 자들에게 보응하시는 것을 내가 보리로다 (7절). 나를 해치고자 한 그들의 음모가 좌절되는 것을 내가 보게 될 것이다. 아니, 내가 여호와의 이름으로 그들을 끊으리로다(10-12절). 나는 나 자신을 의지하거나 나 자신을 위하여 복수하기 위해서가 아니라, 여호와의 이름을 의지해서 그들을 멸할 것이고, 여호와의 이름으로 그의 능력을 의지하고 그의 영광을 바라보며 그의 보장을 받는 가운데 나아가서 그들을 멸하리라." 이렇게 다윗은 이스라엘의 하나님의 이름으로 골리앗을 치러 나아갔다(삼상 17:45). 다윗은 그리스도의 모형으로서 이 말을 하고 있는 것이다. 그리스도께서는 흑암의 권세들을 이기시고 멸하셔서 구경거리로 삼으셨다.

[3] 다윗은 그의 위로와 승리와 생명이 계속되리라는 것을 확신하고서 크게 기뻐한다.

첫째, 그의 위로에 대하여(15절): 의인들, 특히 나의 가족의 장막에는 기쁜 소리, 구원의 소리가 있음이여. 이 세상에서 의인들의 거처는 초라하고 이동성이 있는 장막일 뿐이다. 이 세상에는 우리가 살 만한 도성, 영구한 도성이 없다. 그러나 의인들이 사는 장막은 악인들이 사는 궁전보다도 더 편하고 즐거운 곳이다. 그 이유들은 다음과 같다. 1. 신앙이 지배하는 집에는 구원이 있다. 악으로부터 안전함과 영원한 구원을 맛보는 것이 이 집에 이르렀다(눅 19:9). 2. 구원이 있는 곳에는 즐거움, 곧 하나님 안에서의 끊임없는 기쁨이 있는 것은 당연하다. 거룩한 기쁨은 구원의 기쁨이라 불린다. 왜냐하면, 구원 속에는 기뻐할 것이 차고 넘치게 있기 때문이다. 3. 기쁨이 있는 곳에는 당연히 기뻐하는 소리, 즉 찬송과 감사가 있는 것은 당연하다. 우리는 기쁘고 즐거운 마음으로 하나님을 섬겨야 하고, 우리의 가정에서 그러한 기뻐하는 소리가 날마다 울려퍼지게 하여서, 하나님께 영광을 돌리고 다른 사람들에게 힘을 더해 주어야 한다.

둘째, 그의 승리에 대하여. 여호와의 오른손이 권능을 베푸시며 높이 들렸도다 (15절). 어떤 이들은 여호와의 오른손이 나를 높이 드셨도다라고 해석하기도 한다. 하나님의 능력의 오른손은 그의 백성을 위하여 맹렬히 행하시기 때문에 승리를 가져온다. 하나님의 용맹 앞에서 그 어떤 난관이 무너지지 않을 수 있겠는가? 우리는 연약해서 스스로는 겁쟁이처럼 행할 수밖에 없다. 그러나 하나님은 능력이 있으셔서 열심과 단호한 결의(決意) 속에서 우리를 위하여 용맹스럽게 행하신다(사 63:5-6). 하나님께서 그의 백성을 위하여 행하시는 일들 속에는 능력과 더불어서 용맹함도 존재한다. 하나님의 오른손이 우리의 구원을 위하여 용맹스럽게 행하실 때에 우리는 그것을 찬송으로 높이는 것이 마땅한 일이다.

셋째, 그의 생명에 대하여(17절). "내가 내 목숨을 노리는 원수들의 손에 죽지 않고 살아서 여호와께서 하시는 일을 선포하리로다. 나는 살아서 하나님의 긍휼하심과 능력을 만천하에 알리는 기념비가 되리라. 하나님께서 행하신 일들은 나를 통해서 널리 알려지게 될 것이고, 나는 하나님께서 나를 살려두신 것이 하나님을 찬송하고 높이라는 것인 줄 알고서 그것을 내 일생의 과업으로 삼으리라." 우리가 사는 목적은 하나님의 영광을 위하고 다른 사람들에게 하나님을 섬기며 의지하라고 격려하기 위하여 하나님께서 하시는 일을 선포하는 것임을 명심하라. 다윗의 자손인 그리스도께서 그가 하시는 일이 반드시 이루어질 것이며 여호와의 기쁘신 뜻이 그의 손을 통하여 형통하리라는 승리의 확신 속에서 기뻐하신 것은 바로 그런 것이었다.

[19]내게 의의 문들을 열지어다 내가 그리로 들어가서 여호와께 감사하리로다 [20]이는 여호와의 문이라 의인들이 그리로 들어가리로다 [21]주께서 내게 응답하시고 나의 구원이 되셨으니 내가 주께 감사하리이다 [22]건축자가 버린 돌이 집 모퉁이의 머릿돌이 되었나니 [23]이는 여호와께서 행하신 것이요 우리 눈에 기이한 바로다 [24]이 날은 여호와께서 정하신 것이라 이 날에 우리가 즐거워하고 기뻐하리로다 [25]여호와여 구하옵나니 이제 구원하소서 여호와여 우리가 구하옵나니 이제 형통하게 하소서 [26]여호와의 이름으로 오는 자가 복이 있음이여 우리가 여호와의 집에서 너희를 축복하였도다 [27]여호와는 하나님이시라 그가 우리에게 빛을 비추셨으니 밧줄로 절기 제물을 제단 뿔에 맬지어다 [28]주는 나의 하나님이시라 내가 주께 감사하리이다 주는 나의 하나님이시라 내가 주를 높이리이다 [29]여호와께 감사하라 그는 선하시며 그의 인자하심이 영원함이로다

우리는 여기에서 우리 주 예수께서 낮아지셨다가 높아지신 것, 그의 고난과 거기에 뒤이은 영광에 관한 놀라운 예언을 보게 된다. 그래서 베드로는 이 본문을 대제사장들과 서기관들에게 직접적으로 적용하였는데, 그들 중 아

무도 이 본문을 잘못 적용하였다고 베드로를 비난할 수 없었다(행 4:11). 여기에서 우리는 다음과 같은 것들을 살펴볼 수 있다.

I. 이 귀한 예언을 위한 서문(19-21절).

1. 시편 기자는 하나님의 성소에서 주의 이름으로 오시는 이의 영광을 송축하기 위하여 거기로 들어가기를 소원한다: 내게 의의 문들을 열지어다. 성전의 문들은 의(義)의 문이라 불리었다. 왜냐하면, 그 문들은 할례받지 않은 자들에게는 닫혀 있었고, 이방인의 접근이 금지되었기 때문이다. 또한, 거기에서 드려진 제사들은 의의 제사들로 불리었다. 성례전과 예배 속에서 하나님과의 교통으로 들어가고자 하는 자들은 하나님께 들어가게 해 달라고 겸손하게 간구하여야 한다. 의의 문들이 우리에게 열릴 때, 우리는 그 문들로 들어가야 하고, 우리에게 허락된 한에서 가장 거룩한 곳으로 들어가서 주께 감사하고 주를 찬송하여야 한다. 하나님의 문들 안에서 우리가 해야 할 일은 하나님을 찬송하는 것이다. 그러므로 우리는 천국의 문들이 열려서 그리로 들어가서 위에 있는 하나님의 전에 거하여 영원토록 하나님을 찬송할 수 있게 해 달라고 애타게 열망하여야 한다.

2. 그는 자기에게 허락이 떨어졌음을 본다(20절): 이는 여호와의 문, 곧 여호와께서 정하신 문이라, 의인들이 그리로 들어가리로다. 하나님은 마치 이렇게 말씀하신 것 같다: "네가 두드린 문이 열렸고, 너를 환영한다. 문을 두드리라 그리하면 너희에게 열릴 것이다." 어떤 이들은 여기에서 말하는 문은 그리스도를 가리킨다고 본다. 그리스도를 통해서 우리는 하나님과의 교제 속으로 받아들여지고 우리의 찬송이 하나님께 열납되기 때문이다. 그리스도는 길이시다. 그리스도를 통하지 않고는 아버지께로 갈 수 없다(요 14:6). 그리스도는 양들의 문이다(요 10:9). 그리스도는 성전의 문이시기 때문에, 의인들은 오직 그리스도를 통해서만 하나님의 의에 들어가게 된다(시 69:27). 시편 기자는 너무도 오랫동안 닫혀 있었던 의의 문, 그가 너무도 오랫동안 두드렸던 의의 문이 이제 마침내 열린 것을 보고서 무척 기뻐한다.

3. 그는 이러한 은총을 베풀어 주신 것에 대하여 하나님께 감사를 드리겠다고 약속한다(21절): 내가 주께 감사하리이다. 그리스도의 날을 아주 멀리서 보았던 옛적의 믿음의 조상들은 그 날을 미리 볼 수 있도록 해 주신 것만으로도 하나님께 찬송을 드릴 이유가 충분하다고 여겼다. 왜냐하면, 그들은 그리스도

안에서 하나님께서 그들의 기도를 들으셨고, 메시야가 오시기를 기도하였던 구약의 성도들의 기도를 들으셨으며, 하나님께서 장차 그들의 구원이 되어 주시리라는 것을 보았기 때문이다.

II. 예언 자체(22-23절).   이 본문은 다윗이 높아지게 될 것을 가리키는 예언일 수 있다. 다윗은 사울과 그의 조신(朝臣)들이 버린 돌이었지만, 하나님의 기이한 섭리를 통해서 집 모퉁이의 머릿돌이 되었다. 그러나 이 본문은 일차적으로 그리스도에 관한 예언이다. 여기에서 우리는 다음과 같은 것들을 보게 된다.

1. 그리스도의 낮아지심. 그는 건축자들이 버린 돌이시다. 그는 손대지 않고 산에서 잘라내진 돌이시다(단 2:34). 그는 영적인 성전이라는 집에서 그가 지니신 견고함과 영속성이라는 점에서만이 아니라 생명이라는 점에서도 돌이시다. 그렇지만 그는 보배로운 돌이시다(벧전 2:6). 왜냐하면, 복음 교회의 토대는 청옥이어야 하기 때문이다(사 54:11). 이 돌은 건축자들, 즉 유대의 관리들과 백성들에 의해서 버려졌다(행 4:8, 10-11). 그들은 그리스도를 돌, 곧 하나님께서 약속하신 메시야로 인정하기를 거부하였다. 그들은 그리스도 위에 그들의 신앙을 건축하고자 하지 않았고, 그리스도와 합하고자 하지도 않았다. 그들은 그리스도를 사용하고자 하지 않았고, 그리스도를 뺀 그들만의 건물에서 계속해서 살고자 하였다. 그들은 가이사 외에는 우리에게 왕이 없나이다라고 말함으로써 빌라도 앞에서 그리스도를 부인하였다(행 3:13). 그들은 이 돌을 짓밟아서 도성 밖에 있는 쓰레기장에 내버렸다. 아니, 그들은 이 돌에 발부리가 걸려서 비틀거렸다. 그것은 그리스도에게 모욕적인 일이었지만, 결국 그를 이렇게 멸시하였던 자들의 파멸을 가져왔다. 그리스도를 버린 자들은 하나님에게 버림을 받았다.

2. 그리스도의 높아지심. 그는 집 모퉁이의 머릿돌이 되었다. 그는 존귀함과 유익함에 있어서 그 어떤 존재보다도 가장 높은 자로 높임을 받으셨다. 그리스도께서 건물의 모퉁이의 초석(礎石)이 되셨기 때문에, 유대인과 이방인이 그 안에서 서로 하나가 되어서 한 거룩한 집으로 지어져 갈 수 있었다. 그리스도는 우리의 믿음을 시작하신 이이자 완성하실 이(개역에서는 믿음의 주요 또 온전하게 하시는 이)시기 때문에, 이 건물이 완성될 때에 그는 만물 중에서 가장 뛰어나신 분으로서 이 건물의 머릿돌이 되실 것이다. 그리스도께서 자기를 낮추셨기 때문에 하나님이 그를 이렇게 지극히 높이셨다. 우리는 하나님의 계획을 받들어

서 그리스도를 우리의 소망의 토대, 우리의 하나됨의 중심, 우리의 삶의 목표로 삼아야 한다. 내게 사는 것은 그리스도이시다.

3. 이 모든 일 속에서의 하나님의 손길: 이는 여호와께서 행하신 것이요. 그것은 여호와로 말미암은 것이었고, 그것은 여호와께서 함께 하신 일이었으며, 여호와의 계획에서 나온 것이었고, 여호와께서 생각해 내신 일이었다. 주 예수께서 낮아지신 것이나 높아지신 것은 둘 다 하나님께서 행하신 일이었다(행 2:23; 4:27-28). 하나님께서 그를 보내셨고, 우리에게 그를 허락하셨다. 그리스도께서 하시는 모든 일마다 하나님의 손길이 함께 하였고, 그는 처음부터 끝까지 그의 아버지의 뜻만을 행하셨다. 이것은 우리 눈에 기이할 수밖에 없다. 그리스도의 이름은 기묘(奇妙)이다. 그가 이루신 구속(救贖)은 하나님께서 행하신 모든 기이한 역사(役事)들 중에서 가장 놀라운 일이다. 그것은 천사들도 살펴보기를 원하고 영원토록 칭송하는 일이다. 이 구속으로 인하여 온갖 복을 받게 된 우리가 이 일을 칭송하여야 하는 것은 너무도 당연한 일이다. 크도다 경건의 비밀이여, 그렇지 않다 하는 이 없도다.

Ⅲ. 이 예언을 기쁨과 환호로써 받아들임.

1. 우리는 이 날에 큰 기쁨으로 하나님께 영광을 돌리는 예배를 드려야 한다(24절): 이 날은 여호와께서 정하신 것이라. 복음 시대의 전 기간은 은혜 받을 만한 때이자 구원의 날인데, 이것은 여호와께서 그렇게 정하신 것이다. 이 날은 끊임없이 잔치가 이어지는 날로서 우리가 기쁨으로 지내야 하는 날이다. 또는, 이 날은 우리가 버려지신 돌이신 그리스도께서 부활하심으로써 높아지시게 된 것을 기념하여 거룩하게 지키는 기독교의 안식일을 가리키는 것으로 이해하는 것도 지극히 적절하다.

(1) 여기에는 기독교의 안식일에 관한 가르침이 나온다. 이 날은 여호와께서 정하신 날로서 여호와께서 다른 날들과 구별하여 특별하고 거룩하게 하신 날이다. 하나님은 사람을 위하여 이 날을 정하셨다. 그러므로 이 날은 주의 날로 불린다. 왜냐하면, 이 날은 주의 형상과 이름을 지니고 있는 날이기 때문이다.

(2) 여기에는 안식일에 사람이 마땅히 행해야 할 도리, 주의 날에 사람이 행해야 할 일이 나온다. 이 날에 우리가 즐거워하고 기뻐하리로다. 우리는 하나님께서 그러한 날을 정하신 것만이 아니라 그 날을 정하시면서 그리스도로 모퉁이의 머릿돌이 되게 하신 것을 즐거워하고 기뻐해야 한다. 우리는 이 두 가지를

그리스도께는 영광이요 우리에게는 유익이 되는 것으로 여겨서 즐거워하여야 한다. 안식일들은 우리가 기뻐하는 날들이어야 하기 때문에 우리에게 천국의 나날들과 같다. 하나님께서는 우리로 하여금 그를 섬길 날을 정해 주셨을 뿐만 아니라 그 날을 거룩한 기쁨으로 보내도록 정하셨으니, 우리가 얼마나 좋으신 주인을 섬기고 있는 것인지를 보라.

2. 우리는 이 날에 즐거운 호산나 찬송으로써 높아지신 구속주를 만나야 한다(25-26절).

(1) 우리의 구속주께서는 왕이 즉위할 때에 통상적으로 그러하듯이 백성들의 환호를 받으셔야 한다. 그의 충성스러운 신민(臣民)들은 하나 같이 여호와여 구하옵나니 이제 구원하소서라고 기쁨으로 소리쳐야 한다. 이것은 왕이여 만세수를 하소서(Vivat rex)라고 외치는 것과 같은 것으로서 우리의 구속주께서 왕으로 즉위하신 것을 진심으로 기뻐하고 그의 통치에 온전히 만족하며 그의 나라가 번성하고 영광을 받기를 열렬히 사모하는 마음을 표현하는 것이다. 호산나는 내가 주께 구하옵나니 이제 구원하소서를 의미한다.

[1] "내가 주께 간구하오니, 주여, 나를 구원하소서. 구주께서 나의 구주가 되어 주시고, 그러기 위해서 나를 다스리는 자가 되어 주소서. 내가 주의 보호하심 아래에 있게 하시고, 나를 주의 신민(臣民)들 중의 하나로 인정하여 주소서. 주의 원수들은 나의 원수들이니이다. 주여, 내가 간구하오니, 나를 그 원수들에게서 구하소서. 나로 하여금 주의 나라가 그 나라를 영접하는 모든 자들에게 가져다 주는 저 형통함에 참여하게 하소서. 내 영혼이 형통하고 강건하며, 주의 통치가 가져다 주는 저 평강과 의에 참여하게 하소서(시 72:3). 나로 하여금 내 영혼을 거슬러 싸우는 육체의 정욕에 대하여 승리하게 하시고, 하나님의 은혜가 내 마음에 계속 부어져서 이기고 또 이기며 넉넉히 이기게 하소서."

[2] "여호와여, 내가 구하옵나니, 구주를 지키셔서 그가 하는 모든 일이 형통하게 하시고, 그의 복음이 형통하게 하셔서, 하나님으로 말미암아 능력이 있어서 어떤 견고한 진도 무너뜨리고 영혼들을 그에게 복종시킬 수 있게 하소서. 그의 이름을 거룩하게 하옵시고, 그의 나라가 임하옵시며, 그의 뜻이 이루어지리이다." 이렇게 우리는 그를 위하여 항상 기도하여야 한다(시 72:15). 주의 날에 우리는 그의 나라를 즐거워하고 기뻐하면서 그 나라가 점점 더 흥왕하고 마귀의 나라의 폐허 위에 그 나라가 견고히 설 수 있게 해 달라고 기도하여야 한다. 그

리스도께서 예루살렘에 입성하셨을 때에 그가 잘 되기를 바라는 자들은 그를 이렇게 맞이하였다(마 21:9): 호산나 다윗의 자손이여. 왕이신 예수여, 만세수를 하소서. 주께서 영원토록 다스리소서.

(2) 여호와의 일꾼들인 제사장들은 이 큰 성회에서 자신의 몫을 하여야 한다(26절).

[1] 그들은 찬송으로 왕을 송축하여야 한다: 여호와의 이름으로 오는 자가 복이 있음이여. 예수 그리스도는 오시는 자(헬라어로 호 에르코메노스)이시고, 장차 오실 자이며 다시 오실 자이시다(계 1:8). 그는 여호와께로부터 여호와의 뜻을 행하고 여호와의 영광을 구하는 사명을 받으셔서 여호와의 이름으로 오신다. 그러므로 우리는 오시는 자가 복이 있도다라고 말하여야 한다. 우리는 그가 오신 것을 기뻐하여야 한다. 우리는 영원히 그에게 빚진 자로서 그를 칭송하고 경배하며 지극히 높이고, 그를 복되신 예수, 영원히 복되신 예수라 불러야 한다(시 45:2). 우리는 다음과 같이 말하며 그를 우리 마음속으로 영접해 들여야 한다: "여호와께 복을 받으신 주여, 들어오소서. 주의 은혜와 성령으로 내 안에 들어오시고, 주를 위하여 나를 차지하소서." 우리는 그의 이름으로 오는 그의 신실한 사역자들을 축복하고, 그를 위하여 그들을 영접하여야 한다(사 52:7; 요 13:20). 우리는 주의 교회가 부흥하고 덕 세움을 입도록 기도하여야 하고, 때가 무르익어서 주께서 다시 오시기를 기도하여야 하며, 내가 진실로 속히 오리라고 하신 주께서 말씀하신 대로 속히 오시도록 기도하여야 한다.

[2] 그들은 기도로 백성들을 축복하여야 한다: 우리가 여호와의 집에서 너희를 축복하였도다. 그리스도의 사역자들은 그와 그의 통치를 진심으로 사랑하는 그의 모든 충성된 신민(臣民)들에게 그의 이름으로 축복을 선포할 권한을 부여받았다(엡 6:24). 우리는 너희가 예수 그리스도 안에서 및 그로 말미암아 복을 받게 되리라는 것을 너희에게 확실하게 보장한다. 왜냐하면, 그리스도께서는 너희에게 복을 주시려고 오셨기 때문이다. "너희는 여호와의 집에서 복을 받았다. 즉, 너희는 하늘에 속한 모든 신령한 복으로 축복을 받았다(엡 1:3). 그러므로 너희는 이렇게 너희에게 복을 주신 분을 송축하는 것이 마땅하다."

3. 우리는 우리를 위하여 저 큰 속죄 제사를 드리신 주께 감사의 제사를 드려서 그에게 영광을 돌려야 한다(27절). 좀 더 살펴보자.

(1) 우리가 예수 그리스도로 말미암아 누리는 특권: 하나님은 우리에게 빛을

비추신 여호와이시다(개역에서는 여호와는 하나님이시라 그가 우리에게 빛을 비추셨다). 하나님은 여호와라는 이름으로 우리에게 나타나셨고, 그가 약속하신 것을 이루시고 그가 시작하신 것을 끝마치시는 하나님이시다(출 6:3). 하나님은 우리에게 빛을 비추셨다. 즉, 하나님은 우리에게 하나님 자신과 그의 뜻을 아는 지식을 주셨다. 하나님은 우리 위에 비치셨다(어떤 이들은 이렇게 해석한다). 하나님은 우리에게 은총을 베푸셔서 그 얼굴빛을 우리 위에 드셨다. 하나님은 우리가 천국에서 영원한 빛 가운데 살게 되리라는 소망을 주심으로써 우리에게 기뻐하고 즐거워할 수 있게 해 주셨는데, 이러한 기쁨과 즐거움은 영혼에게 빛이 된다. 여호와께서 정하신 날은 빛, 곧 참 빛을 지니고 있다.

(2) 이러한 특권을 받은 우리가 마땅히 해야 할 본분: 밧줄로 절기 제물을 묶고서 죽여서, 율법에 따라 그 피를 제단 뿔에 뿌릴지어다. 또는, 제물을 도살하기 위한 준비가 진행되는 동안에 절기 제물을 제단 뿔에 매는 것이 관습이었는지도 모른다(성경의 다른 곳에서는 이것에 대하여 언급하지 않는다). 또는, 이것은 여기에서만 특별한 의미를 지니는 말일 수도 있다. 우리가 구속(救贖)의 사랑에 감사하여 하나님께 드릴 제물은 제단에서 죽여야 하는 것이 아니라 제단에 묶어야 하는 산 제물인 우리 자신이다(롬 12:1). 우리는 찬송과 기도로써 영적인 제사를 드릴 때에 희생제물을 움직이지 못하도록 밧줄로 제단 뿔에 매는 것처럼 우리의 마음을 온전히 하나로 모아서 고정시켜야 한다.

4. 시편 기자는 하나님의 은혜에 대한 감사의 고백으로 시를 끝맺으면서, 다른 사람들도 그에게 동참하도록 권면한다(28-29절).

(1) 그는 하나님을 찬송하며, 자신의 마음만이 아니라 다른 사람들의 마음 속에서도 하나님을 높이기를 애쓰고자 하는데, 이것은 언약을 통해서 그가 하나님과의 관계 속으로 들어갔기 때문이다. "주는 나의 하나님이시라. 내가 주를 의지하고 주께 헌신하며, 주는 나를 아시고 나는 주를 안다. 그러므로 내가 주께 감사하리이다."

(2) 그는 모든 백성에게 큰 기쁨이 될 저 기쁜 소식, 즉 구속주이신 그리스도께서 오시리라는 소식으로 인하여 하나님께 감사를 드리라고 주변의 모든 사람들에게 권면한다(28-29절). 그리스도 안에서 하나님은 사람들에게 선하시며 그의 긍휼하심은 영원하다. 그리스도 안에서 은혜의 언약이 세워지고 실현되며 영원한 언약이 된다. 시편 기자는 그가 이 시편을 시작할 때에 했던 말로 이 시

편을 끝맺는다. 왜냐하면, 우리가 하나님께 드리는 모든 말씀에서 하나님의 영광이 알파와 오메가, 시작과 끝이 되어야 하기 때문이다. 주의 이름이 거룩히 여김을 받으시오며, 영광이 주께 영원히 있사옵나이다. 그리스도에 관한 예언이 이 말로 끝나는 것은 합당하다. 천사들도 사람을 구속하신 것에 대하여 하나님께 감사를 드린다. 지극히 높은 곳에서는 하나님께 영광이다(눅 2:14). 왜냐하면, 땅에서 평화가 있기 때문이다. 우리는 유대 백성들이 그랬듯이(눅 19:38) 호산나 찬송을 부름으로써 천사들의 찬송에 화답하여야 한다. 그리스도로 말미암아 하늘에는 평화요 가장 높은 곳에는 영광이로다.

제
— 119 —
편

개요

　I. 이 시편은 다른 시편들과는 달리 그 자체가 하나의 책으로서의 시편을 이루고 있다. 이 시편은 다른 모든 시편보다 탁월하고, 이 한 무리의 별들 가운데서 가장 밝게 빛난다. 이 시편은 다른 시편들 중에서 가장 긴 것보다 두 배 이상으로 훨씬 더 길다. 그리스도께서 책망하시는 것은 기도를 길게 하는 것이 아니라 남들에게 보이려고 기도를 일부러 길게 하는 것이다. 이것은 길게 기도하는 것은 그 자체로 선하고 권장할 만한 일임을 보여준다. 나는 이 시편을 다윗이 그에게 때때로 떠오른 경건한 기도와 영감들을 모아 놓은 것이라고 본다. 다윗은 그의 영혼이 하나님께로 고양되어서 그에게 갑자기 짤막하게 떠오른 기도와 영감들을 그 때 그 때 적어 놓았다가 말년에 이르러서 여기저기 흩어져 있던 자신의 메모들을 한데 모아서 간추리고 거기에 자기가 좋아하는 말씀들을 덧붙여서 이 시편을 만들어 내었을 것이다. 따라서 이 시편의 여러 절들 간에는 어떤 일관된 흐름이나 체계가 거의 보이지 않기 때문에, 이 시편은 솔로몬의 잠언과 마찬가지로 연속적으로 이어진 금사슬이 아니라 금반지들을 모아 놓은 패물함이라고 할 수 있다. 우리는 이 시편 기자의 모범을 통해서 하나님과의 교통을 끊임없이 유지하고 예배를 위한 마음가짐을 형성하는 데에 탁월한 효과를 발휘할 수 있는 수단, 즉 때를 가리지 않고 경건한 기도들을 짤막하게 드리는 습관을 들이는 것을 배울 수 있을 뿐만 아니라, 하나님을 사모하는 우리의 경건한 마음을 표현하고 북돋우기 위해 이 시편 기자의 표현들을 활용하여야 한다. 어떤 사람이 이 시편에 대하여 다음과 같이 말한 것은 옳다: "이 시편을 깊이 묵상하며 읽는 자는 그 마음이 뜨거워지거나 부끄러움을 느끼게 될 것이다." 이 시편의 구성은 특이하고 매우 정교하다. 이 시편은 히브리어 알파벳 문자의 수에 맞춰서 22부(部)로 나뉘어 있고, 각 부는 여덟 개의 절로 이루어져 있으며, 제1부의 모든 절들은 히브리어 알파벳의 첫 글자인 알렙으로 시작되고, 제2부의 모든 절들은 베트로 시작되는 등, 이 시편 전체에 걸쳐서 이러한 기조는 한 치의 흐트러짐도 없다. 대주교 틸롯슨 (Tillotson)은 이 시편의 이러한 구조는 단순히 시적인 기교를 넘어서서 시간적으로 멀리 떨어져 있는 우리가 쉽게 이해할 수 없는 어떤 의미를 지니고 있는 것으로 보인다고 말

하였다. 어떤 이들은 그것을 성도들의 알파벳이라고 부른다. 시편 기자는 우리가 ＡＢＣ 같은 우리의 알파벳 문자들을 쉽게 기억하듯이 이 시편을 아주 쉽게 기억할 수 있게 되기를 바랐을 수 있다. 아마도 시편 기자는 각 부(部)의 내용을 적절하게 안배하기 위하여 거기에 들어갈 적절한 분량의 내용을 찾는 데에 이 방법이 유용하다고 생각했을 것이다. 이러한 구조에 의해서 그에게 첫 글자로 주어진 문자는 그로 하여금 그 글자로 시작되는 좋은 문장을 생각해 내는 데에 실마리가 될 수 있었다. 아무런 실마리도 주어지지 않은 가운데 우리 마음의 메마른 땅에서 좋은 것을 생각해 내는 것은 쉽지 않다. 하지만 이 시편의 이러한 구조는 이 시편을 읽는 자들에게도 이 시편을 기억해 두거나 때를 따라 다시 생각해 내는 데에 도움이 되고 유익하였을 것이다. 독자들은 첫 글자를 통해서 첫 단어를 생각해 낼 수 있고, 이어서 한 절 전체를 생각해 낼 수 있다. 따라서 젊은이들은 이 시편을 좀 더 쉽게 암기할 수 있을 것이고, 나이가 들어서도 좀 더 잘 기억할 수 있을 것이다. 알파벳 시편은 아주 진부한 양식이라고 하여 이 시편을 유치하고 보잘것없는 것으로 치부해 버리는 자들이 있다면, 그들은 이 시편을 지은 왕은 그들의 혹평을 멸시한다는 것을 알아야 한다. 그는 어린아이들을 가르치는 선생이다. 따라서 이 방법이 그들에게 유익하다면, 그는 얼마든지 자신의 눈높이를 낮춰서 이 방법을 채택할 수 있다. 그가 이렇게 하는 것이 상스러운 것이라면, 그는 어린아이들의 유익을 위해서라면 그 이상으로 얼마든지 상스러워지고자 할 것이다.

Ⅱ. 이 시편의 전체적인 목적과 의도는 율법을 높여서 존귀하게 만드는 것이다. 따라서 시편 기자는 하나님의 계시가 얼마나 탁월하고 유익한지를 설명하고서, 시편 기자 자신의 모범에 의거해서 단지 즐거움을 위해서가 아니라 우리 자신을 다스리는 데에 이 율법을 사용하도록 우리에게 권면한다. 그는 자기가 율법이 유익한지를 어떻게 체험했고, 율법에 의해서 어떠한 선한 감화를 받았는지를 말하면서, 이에 대하여 하나님을 찬송하고, 하나님께서 그에게 끊임없이 은혜를 주셔서 그를 일깨우시고 그가 마땅히 행할 길로 인도하시도록 처음부터 끝까지 간절하게 기도한다. 이 시편 속에는 하나님의 계시를 표현하는 열 가지 서로 다른 단어들이 나오는데, 서로 동의어들인 이 단어들은 그 각각이 하나님의 계시의 전 범위(하나님께서 우리에게 기대하시는 것과 우리가 하나님으로부터 기대할 수 있는 것)와 그 계시에 기초한 신앙 체계를 생생하게 표현해 준다. 성경 속에 담겨 있고 성경에서 끌어올 수 있는 것들은 여기에서 다음과 같이 불린다.

1. 하나님의 율법. 왜냐하면, 그것들은 우리의 주권자이자 왕이신 하나님께서 제정하신 것들이기 때문이다. 2. 하나님의 도. 왜냐하면, 그것들은 하나님의 섭리의 법칙이자 우리가 순종하여야 할 규범이기 때문이다. 3. 하나님의 증거들. 왜냐하면, 그것들은 세상

에 대하여 엄숙하게 선언되고 한 치의 틀림도 없이 증언된 것이기 때문이다. 4. 하나님의 계명들. 왜냐하면, 그것들은 권위로써 주어진 것이고(이 단어의 의미대로) 우리에게 맡겨진 것이기 때문이다. 5. 하나님의 법도들. 왜냐하면, 그것들은 우리에게 행하라고 주어진 것이고 방치되도록 의도된 것이 아니기 때문이다. 6. 하나님의 말씀. 왜냐하면, 그것들은 하나님의 마음을 표현한 것으로서 거기에는 영원한 말씀이신 그리스도가 들어 있기 때문이다. 7. 하나님의 판단들. 왜냐하면, 그것들은 한없는 지혜로 형성된 것이고, 우리는 그것들에 의거해서 심판하기도 하고 심판받기도 하기 때문이다. 8. 하나님의 의. 왜냐하면, 그것들은 모두 거룩하고 의로우며 선하여서 의의 잣대와 표준이 되기 때문이다. 9. 하나님의 율례들. 왜냐하면, 그것들은 확정되고 결정된 것으로서 영속적인 의무에 속하기 때문이다. 10. 하나님의 진리 또는 성실하심. 왜냐하면, 하나님의 율법의 기초가 되고 있는 원리들은 영원한 진리들이기 때문이다. 이 아주 긴 시편에서 이 열 개의 단어들 중에서 어느 하나도 나오지 않는 절은 단 하나뿐이다(122절). 이 단어들은 단지 서너 개의 절에서만 하나님의 섭리 또는 다윗의 행실과 관련하여 사용되거나(75, 84, 121절) 하나님의 이름을 표현하는 데에 사용된다(132절). 다윗이 하나님의 말씀에 대하여 보여주는 큰 공경과 사모(思慕)는 당시에 성경은 바야흐로 오경이 기록되기 시작한 상황이라서 오늘날의 우리에 비해서 그가 성경의 극히 작은 일부만을 지니고 있었다는 것을 고려할 때에 더욱 칭찬할 만하다. 이것은 하나님의 계시를 보여주는 성경 전체를 지니고 있으면서도 그것에 대하여 너무도 냉담한 우리를 부끄럽게 만든다. 이 시편 속에는 거룩함을 입은 영혼이 지닌 모든 경건한 사모함을 표현해 내기에 적합한 내용이 아주 풍부하고 다양하게 들어 있다. 우리는 여기에서 우리를 다스리시고 큰 은혜를 베푸시는 분이신 하나님께 영광을 돌려야 할 이유들, 우리 자신과 서로를 가르치고 권면해야 할 것들(우리가 여기에서 신앙 생활과 관련하여 발견하는 교훈들은 아주 많다), 우리 자신과 서로를 위로하고 격려해야 할 것들(그러한 삶을 사는 자가 갖게 되는 선한 체험들은 아주 많다)을 발견하게 된다. 이 시편 속에서 모든 그리스도인들은 자신의 처지에 맞는 이런저런 말씀을 발견할 수 있다. 환난 당하는 자가 있는가? 즐거워하는 자가 있는가? 그들은 각각 여기에서 자기에게 적합한 말씀을 발견하게 될 것이다. 이 시편을 쭉 훑어보는 자들이 느끼는 것과 달리, 이 시편은 결코 동일한 내용을 지루하게 반복하고 있지 않다. 이 시편을 제대로 묵상하기만 한다면, 우리는 거의 모든 절 속에 새로운 사상과 매우 생생한 내용이 들어 있다는 것을 발견하게 될 것이다. 이 시편은 다윗의 다른 수많은 시편들과 마찬가지로 우리가 혼자 기도하거나 다른 사람들과 함께 기도할 때에 간결한 문구들로 기도할 것을 우리에게 가르친다. 왜냐하면, 특히 믿음이 연약한 그리스도인들은 통상적으로 길고 장황한 문구가 아니라 짧은 표현 속에 촌철살인의 의미가 담겨 있는 문구에 더 은 혜를 받기 때문이다.

1. 알렙

[1]행위가 온전하여 여호와의 율법을 따라 행하는 자들은 복이 있음이여 [2]여호와의 증거들을 지키고 전심으로 여호와를 구하는 자는 복이 있도다 [3]참으로 그들은 불의를 행하지 아니하고 주의 도를 행하는도다

시편 기자는 여기에서 경건한 자들은 행복한 자들이라는 것을 보여준다. 그들은 실제로 복되고, 앞으로도 복될 것이다. 지극한 복은 우리 모두가 목표로 삼고 추구하는 것이다. 시편 기자는 여기에서 그 복이 어디에 있는지를 말하지 않는다. 우리는 그 복을 얻기 위해서 우리가 무엇을 해야 하고 어떤 사람이 되어야 하는지를 아는 것으로 충분한데, 우리는 여기에서 그런 것에 관한 말을 듣는다. 모든 사람이 행복하고자 하지만, 행복을 얻는 올바른 길을 가는 자는 드물다. 하나님께서는 우리 앞에 옳은 길을 두셨고, 우리는 그 길이 비록 좁고 협착하지만 그 끝이 행복으로 통해 있다는 것을 확신할 수 있다. 복됨, 온갖 종류의 복됨은 의인들에게 있다. 그러면 이제 이 복된 자들의 특성을 살펴보자.

1. 하나님의 뜻을 그들의 모든 행위의 준칙으로 삼고서 그들의 모든 행실을 그 준칙에 따라서 다스려 가는 자들은 복이 있다: 그들은 여호와의 율법을 따라 행한다(1절). 하나님의 말씀은 이런저런 경우에서만이 아니라 그들의 행실의 전 과정 속에서 그들에게 법(法)이다. 그들은 그 율법의 울타리 내에서 행하고, 그들에게는 율법이 금하는 일을 행함으로써 감히 율법을 범하는 일이 없다. 그들은 그 율법의 길들로 행하되, 율법을 사소하게 여기지 않고, 결코 제멋대로 행함이 없이 준칙에 따라서 한 걸음 한 걸음 내디디면서 율법의 길들 안에서 푯대를 향하여 앞으로 달려간다. 이것은 주의 도를 행하는 것(3절), 하나님께서 우리에게 걸어가라고 정해 놓으신 길들로 걸어가는 것이다. 신앙을 우리의 대화 주제로만 삼는 것은 우리에게 별 도움이 되지 않을 것이기 때문에, 우리는 신앙을 우리의 행위의 준칙으로 삼아야 한다. 우리는 세상의 길이나 우리 자신이 생각한 길이 아니라 하나님의 길들로 행하여야 한다(욥 23:10-11; 31:7).

2. 올바르고 정직한 신앙을 지닌 자들은 복이 있다. 행위가 온전하여 자신을 실제적인 죄악의 오염으로부터 순수하게 지켜내고 세속에 물들지 아니할 뿐만 아니라 그 의도가 항상 진실하고 마음에 간사함이 없으며 겉과 속이 다르지 않고 둘 다 진정으로 선한 자들은 복이 있다.

3. 하나님께 신앙을 고백한 백성으로서 그들에게 맡겨진 것에 신실한 자들은 복이 있다. 하나님의 말씀을 맡은 것은 유대인들의 영광이었다. 저 거룩한 보고(寶庫)를 순전하고 온전히 보존하여, 이루 헤아릴 수 없이 소중한 보고인 여호와의 증거들을 지키며, 그것들을 자신의 눈동자처럼 지켜서, 그것들이 주는 위로를 스스로 저 세상으로 지니고 갈 뿐만 아니라 그것들에 대한 지식과 고백을 이 세상에서 그들 뒤에 오는 후세 사람들에게 전하는 자들은 복이 있다. 여호와의 율법을 따라 행하고자 하는 자들은 그의 증거들, 즉 그의 진리들을 지켜야 한다. 선한 원리들을 힘써 지키지 않는 자들은 선한 행실을 오래도록 지속하지 못하게 될 것이다. 또는, 여호와의 증거들은 그의 언약을 가리킬 수도 있다. 언약궤는 증거궤로도 불리었다. 하나님의 계명들을 지키지 않는 자들은 하나님과의 언약을 지키지 않는다.

4. 신앙의 모든 행위 속에서 하나님을 자신의 최고의 선이자 최고의 목적으로 삼아서 하나님만을 일편단심으로 바라는 자들은 복이 있다(2절): 그들은 전심으로 여호와를 구한다. 그들은 그들 자신이나 그들 자신의 것들이 아니라 오직 하나님만을 구한다. 그들의 목표는 그들의 순종을 통해서 하나님이 영광을 받으시는 것이고 그들이 하나님께 열납됨으로써 행복해지는 것이다. 하나님은 이렇게 그를 부지런히 찾으며 전심으로 찾는 모든 자들에게 상 주시는 이이시다. 왜냐하면, 하나님께서 사람들에게 요구하시고 사람들 속에서 구하시는 것이 바로 그런 것이기 때문이다. 전심으로 하나님을 구하는 자가 복이 있다. 왜냐하면, 하나님과 세상 사이에서 마음이 나뉜다면, 그 마음에는 결함이 존재하기 때문이다.

5. 세심한 주의를 기울여서 모든 죄를 피하는 자들은 복이 있다(3절): 그들은 불의를 행하지 아니한다. 그들은 그들 자신이 죄를 범하는 것을 조금도 용납하지 않는다. 그들은 죄의 종들인 자들과는 달리 죄를 범하지 않는다. 그들은 죄를 습관처럼 범하지도 않고 죄와 타협하지도 않는다. 그들은 그들의 발목을 붙잡아서 하나님의 길들로 행하지 못하게 하는 많은 죄악만이 아니라 그들로 하

여금 하나님의 길들로부터 이탈하게 만드는 죄악에 대해서도 민감하다. 이렇게 항상 양심에 거리낌이 없기를 힘쓰는 자들은 복이 있고 거룩하다.

⁴주께서 명령하사 주의 법도를 잘 지키게 하셨나이다 ⁵내 길을 굳게 정하사 주의 율례를 지키게 하소서 ⁶내가 주의 모든 계명에 주의할 때에는 부끄럽지 아니하리이다

우리는 여기에서 다음과 같은 가르침을 받는다.

1. 우리가 하나님의 율법을 따라 행할 최고의 의무 아래에 있다는 것을 고백하라는 것. 시험하는 자 사탄은, 하나님의 말씀을 자신의 규범으로 삼든 말든 그것은 사람들의 자유이며 하나님의 말씀은 비록 선한 것일 수는 있지만 그 말씀이 반드시 선하다고 할 수는 없다는 식으로 사람들을 홀리고자 한다. 사탄은 우리의 첫 조상에게 하나님의 명령에 의문을 품도록 가르쳤다: 하나님이 참으로 너희에게 먹지 말라 하시더냐? 그러므로 우리는 하나님의 명령이 확고하다는 것을 명심하여야 한다(4절): 주께서 우리에게 명령하사 주의 법도를 지키게 하셨고, 신앙을 우리의 규범으로 삼아서 그것들을 부지런히 지키며, 신앙을 우리의 일로 삼아서 끊임없이 마음을 쓰게 하셨다. 우리는 우리의 목숨이 위태로워진다고 하여도 하나님의 명령과 법도에 순종하여야 한다.

2. 우리가 그렇게 할 수 있도록 하나님께 지혜와 은혜를 구하라는 것(5절): 오, 주께서는 나의 길들을 인도하셨나이다(개역에서는 내 길을 굳게 하사). 우리에게 일어나는 모든 사건들은 우리가 하나님을 섬기는 일에 조금이라도 방해가 되는 것이 아니라 오히려 그 일을 촉진시키기 위하여 하나님의 섭리에 의해 작정된 것일 뿐만 아니라, 우리의 마음이 하나님의 성령에 의한 인도하심과 감화를 받아서 우리는 하나님의 계명들을 조금도 범하지 않을 수 있다. 또한, 하나님께서는 우리의 눈을 인도하셔서 하나님의 율례들을 바라보게 하실 뿐만 아니라 우리의 마음을 인도하셔서 그 율례들을 지키게 하신다. 선한 자의 소원과 기도가 선한 하나님의 뜻이나 명령과 얼마나 정확히 일치하는지를 보라. "주께서 내가 주의 법도를 지키기를 원하시오니, 여호와여 내가 기꺼이 그 법도를 지키고자 하나이다." 하나님의 뜻은 이것이니 너희의 거룩함이라. 그러므로 그것은 우리의 뜻도 되어야 한다.

3. 우리가 우리의 도리를 다할 때에 위로를 받게 되리라는 것을 기대하고서

힘을 내어 우리가 마땅히 행할 길로 행하라는 것(6절).

(1) 하나님의 모든 계명에 주의하고 존중하는 것은 모든 선한 자의 예외 없는 특성이다. 그는 하나님의 계명을 존중하고, 그것을 자신의 본으로 삼아서 거기에 부합하고자 하며, 자신이 거기에 못 미칠 때에는 가슴 아파한다. 그는 신앙의 일을 행할 때마다 하나님의 계명에 세심하게 주의하면서 행한다. 왜냐하면, 그것이 그의 도리이기 때문이다. 그것이 어떤 계명이 되었든지 간에 계명은 모두 동일한 권위를 지니고 있으며(약 2:10-11) 하나님을 영화롭게 하고 우리를 복되게 하고자 하는 동일한 목적을 지향하고 있기 때문에 그는 모든 계명에 주의한다. 어느 한 계명을 진정으로 존중하고 주의하는 자들은 신구약과 두 돌판에 담겨 있는 계명들, 금지 명령들과 적극적인 명령들, 속 사람과 겉 사람, 머리와 마음 둘 다에 관련이 있는 계명들, 가장 즐겁고 이득이 있는 죄악들을 금지하는 계명들, 가장 어렵고 위험한 의무들을 요구하는 계명들 등 모든 계명을 전체적으로 존중하고 주의하게 된다.

(2) 하나님의 모든 계명을 진정으로 존중하고 주의하는 자들은 부끄럽지 않게 될 것이다. 그렇게 함으로써 그들은 결국 그들에게 부끄러움이 되고 말 짓을 행하지 않게 될 뿐만 아니라 하나님 앞에서 담대함을 얻고 그의 은혜의 보좌 앞에 담대하게 나아갈 수 있게 될 것이다(요일 3:21). 그들은 사람 앞에서 신뢰를 얻게 되고, 그들의 정직함은 그들의 영광이 될 것이다. 그들은 담력을 얻게 될 것이고, 그들의 영혼은 맑게 될 것이다. 그들은 부끄러워서 자신 속으로 숨어들어가거나 자책하지 않게 될 것이다. 왜냐하면, 그들의 마음이 그들을 정죄하지 않을 것이기 때문이다. 다윗은 이것을 자기 자신에게 적용하여 말한다. 정직한 자들은 그들의 정직함으로 인해서 위로를 얻게 된다. "내가 악하다면 내게 화가 있을 것임과 마찬가지로, 내가 진실하다면 내게 좋은 일이 있을 것이다."

[7]내가 주의 의로운 판단을 배울 때에는 정직한 마음으로 주께 감사하리이다 [8]내가 주의 율례들을 지키오리니 나를 아주 버리지 마옵소서

I. 다윗은 자신의 신앙을 온전케 하고 그의 일에 능한 자가 되고자 애씀. 그는 하나님의 의로운 판단들을 배우기를 소망한다. 그는 많은 것을 알고 있었지

만, 그가 아직 얻지 못하였다는 것을 알고서 여전히 열심을 내어서 더 많은 것을 알고자 하였다. 그는 현세의 삶 속에서 이룰 수 있는 한도 내에서 온전함을 향하여 나아갔고, 부족한 대로 만족하고자 하지 않았다. 우리는 살아 있는 동안에 그리스도의 학교에서 배우는 자로서 그의 발 아래 앉아 있어야 한다. 그러나 우리는 배우는 자로서 으뜸이 되어서 최고의 모습을 갖추고자 하여야 한다. 하나님의 판단들은 다 의롭기 때문에, 그것들을 배울 뿐만 아니라 그것들에 조예가 깊고 성경에 능통하는 것이 바람직하다.

II. 다윗은 그가 하나님에 관하여 알게 된 것을 사용하고자 함. 그가 하나님의 율법에 정통하고자 욕심을 낸 것은 사람들 가운데서 자신의 이름을 내고 이득을 얻거나 자신의 머릿속을 기분 좋은 사변들로 채우기 위한 것이 아니라 다음과 같은 것들을 위한 것이었다.

1. 그는 자기가 배운 것과 관련하여 하나님께 영광을 돌리고자 함: 내가 주의 의로운 판단들을 배울 때에는 주께 감사하리이다. 이것은 하나님께서 그를 가르치지 않으셨다면 그가 배울 수 없었으리라는 것과 하나님의 교훈들은 특별한 축복이기 때문에 우리는 그것에 대하여 감사하여야 한다는 것을 보여준다. 그리스도께서는 학교를 무료로 운영하시며 돈을 받지 않고 대가 없이 가르치시지만, 그의 학생들이 그의 말씀과 성령을 인하여 그에게 감사하게 되기를 기대하신다. 하나님께서 신앙이라는 아주 유익한 것을 우리에게 가르치신 것은 우리가 정말 감사해야 할 하나님의 긍휼하심이다. 하나님을 찬송하는 것을 배운 자들은 정말 좋은 것을 배운 것이다. 왜냐하면, 찬송은 천사들의 일이고 천국의 일이기 때문이다. 말과 혀로 하나님을 찬송하는 것은 쉬운 일이다. 그러나 정직한 마음으로 하나님을 찬송하는 것, 즉 내면 속에서 하나님을 찬송하며 자신의 기도에서와 마찬가지로 자신의 모든 행실 속에서도 하나님께 영광 돌리기를 진심으로 추구하는 것을 배운 자들만이 이 신비를 잘 배운 것이다. 하나님은 정직한 자들의 찬송만을 열납하신다.

2. 그는 자기가 배운 대로 스스로 다스림 받고자 함: 내가 주의 의로운 판단들을 배울 때에는 내가 주의 율례들을 지키오리다. 우리는 그것들을 배우지 않는다면 지킬 수 없다. 그러나 우리가 그것들을 지키지 않는다면 우리는 그것들을 헛되이 배운 것이다. 하나님께서 주신 은혜의 힘으로 하나님의 율례들을 지키고자 굳은 결심을 하게 된 자들은 그 율례들을 잘 배운 것이다.

Ⅲ. 다윗이 하나님께 자기를 떠나지 말아 달라고 기도함. "나를 버리지 마옵소서. 즉, 나를 내버려 두지 마시고, 주의 성령과 은혜를 내게서 거두지 마소서. 만약 주께서 그리하시면, 내가 주의 율례들을 지키지 못하게 되리이다." 선한 자들은 하나님께서 그들을 버리시면 그들이 망하게 된다는 것을 안다. 왜냐하면, 그렇게 되었을 때에 시험하는 자는 그들이 상대하기에 너무도 버거운 존재가 될 것이기 때문이다. "주께서 나를 버리신 것처럼 보이거나 나를 버리겠다고 경고하시거나 실제로 한동안 내게서 물러가신다고 하여도, 나를 아주 최종적으로 버리지는 말아 주옵소서. 주께 온전히 버림받는 것은 지옥이기 때문이니이다. 나를 아주 버리지 마옵소서. 하나님이 나를 떠나신다면, 그것은 내게 화가 되리이다."

2. 베트

⁹청년이 무엇으로 그의 행실을 깨끗하게 하리이까 주의 말씀만 지킬 따름이니이다

  1. 진지하고 중요한 질문이 제기됨. 다음 세대는 무엇을 통해서 현 세대보다 더 나아질 수 있는가? 청년이 무엇으로 그의 행실을 깨끗하게 하리이까? 깨끗하게 한다는 말 속에는 이미 더럽혀져 있다는 뜻이 담겨 있다. 우리 모두가 이 세상에 태어날 때에 지니고 나온 원래의 부패함(우리는 이 날까지 이것으로부터 깨끗함을 받지 않았다) 외에도, 젊은 사람들은 청년의 정욕을 따라서 수많은 여러 가지 죄악들을 범하여 그들의 행실을 더럽힌다(딤후 2:22). 청년의 정욕으로 인하여 그들의 행실은 하나님을 진노케 하고 스스로를 욕되게 만든다. 청년들은 그들의 행실을 깨끗하게 하고 그들의 마음과 삶을 새롭게 하여 정욕 때문에 세상에서 썩어질 것을 피하고 깨끗함을 지켜서 선한 양심과 좋은 평판을 유지하는 데에 관심을 쏟아야 한다. 청년들 중에는 그들이 무엇을 통해서 자신의 순수함을 회복하고 보존할 수 있는지를 진지하게 묻는 자가 별로 없다. 그러므로 다윗은 그들을 대신하여 이 질문을 제기한다.

  2. 이 질문에 대한 만족스러운 대답. 청년들은 하나님의 말씀을 따라서 자신의 행실에 주의함으로써 자신의 행실을 효과적으로 깨끗하게 할 수 있다. 하나님의 말씀은 젊음을 자랑하는 사람들과 공동체들을 깨끗하게 하는 힘을 지니고 있고 그런 데에 유익하기 때문에 존귀하다.

(1) 청년들은 하나님의 말씀을 자신의 규범으로 삼아야 하고, 그 말씀을 잘 배워서 말씀대로 살아가기를 힘써야 한다. 이것은 청년들을 깨끗하게 함에 있어서 왕들의 법이나 철학자들의 도덕보다 더 많은 힘을 발휘할 것이다.

(2) 청년들은 그 규범을 세심하게 적용하고 사용하여야 한다. 그들은 자신의 행실에 주의하여야 하고, 자신의 행실을 시금석이자 표준인 하나님의 말씀에 비추어서 살펴야 하며, 자신의 행실 속에서 그 잣대와 방향키에 비추어서 어긋난 것이 있다면 그 지도와 나침반을 사용하여 바로잡아야 한다. 우리가 정신차리고 깨어서 끊임없이 하나님의 말씀과 우리의 행실에 주목해서 그 둘을 서로 비교하지 않는다면, 하나님의 말씀은 우리에게 큰 힘을 발휘할 수 없게 될 것이다. 청년들을 망치는 것은 그럭저럭(또는 아무런 규범도 없이) 살아가거나 잘못된 규범을 스스로 선택해서 살아가는 것이다. 청년들은 자기가 어떤 길을 가고 있는지를 숙고하고서 성경이라는 규범을 좇아서 걸어가야 한다. 그렇게 하면, 그들은 깨끗해질 것이고, 여기에서와 영원히 그것으로 인한 위로와 신뢰를 얻게 될 것이다.

[10]내가 전심으로 주를 찾았사오니 주의 계명에서 떠나지 말게 하소서

1. 다윗은 하나님께서 그에게 베푸신 선한 일을 체험함. 그는 그 일로 인한 위로를 받았고, 앞으로도 그렇게 해주시도록 하나님께 간구한다. "내가 주를 찾되, 나의 말씀이신 주를 찾았고, 나의 행복이신 주를 찾았으며, 나의 하나님이신 주를 찾았사오니, 백성이 자기 하나님께 구할 것이 아니겠나이까? 나는 아직 주를 발견하지 못했지만 내가 주를 찾았나이다. 주께서 나를 찾아보아야 소용없다고 말씀하신 적이 없으므로, 나는 전심으로 주를 찾았고, 오직 주만을 부지런히 찾았나이다."

2. 다윗은 하나님께서 앞으로도 그에게 그렇게 해 달라고 기도함. "내게 주의 법도를 구할 마음을 주신 주께서는 나로 하여금 결코 그 법도를 떠나게 하지 않으실 것이다." 아무리 신앙이 좋은 사람들이라도 그들이 하나님의 법도를 떠나기 쉬운 소질을 지니고 있다는 것을 알고 있다. 우리가 하나님의 계명들을 지키는 것 속에서 더 많은 즐거움을 발견하면 할수록, 우리는 그 계명들을 떠나게 될까봐 더욱 두려워하게 되고, 하나님께서 은혜를 주셔서 우리로 하여금

그렇게 되지 않게 해 달라고 더욱 간절하게 기도하게 될 것이다.

11 내가 주께 범죄하지 아니하려 하여 주의 말씀을 내 마음에 두었나이다

　1. 다윗은 하나님의 말씀을 자신에게 철저하게 적용함: 그는 주의 말씀을 그의 마음에 두고 거기에 숨겨둠으로써 필요할 때마다 언제든지 쉽게 꺼내 쓸 수 있도록 해두었다. 그는 하나님의 말씀을 아주 소중히 여겨서 애지중지하며 잃어 버리거나 도둑맞을 것이 염려되어 마음에 쌓아 두었다. 하나님의 말씀은 쌓아 둘 가치가 있는 보화이고, 우리의 마음속에 그것을 쌓아두는 것이 가장 안전하다. 우리가 하나님의 말씀을 우리의 집과 손에만 둔다면, 원수들은 그것을 우리에게서 빼앗아가 버릴 것이다. 하나님의 말씀이 우리의 머릿속에만 있다면, 우리는 그것을 기억해내지 못할 수 있다. 그러나 하나님의 말씀이 우리의 마음을 거푸집으로 삼고, 그 말씀의 감화들이 우리의 영혼에 남아 있다면, 그 말씀은 안전하다.

　2. 다윗은 하나님의 말씀을 잘 활용하고자 함: 내가 주께 범죄하지 아니하려 함이니이다. 선한 자들은 죄를 두려워하여 죄를 미연에 방지하려고 세심한 주의를 기울인다. 죄를 방지하는 가장 효과적인 방법은 우리가 하나님의 말씀을 우리의 마음속에 숨겨두었다가 시험을 만날 때마다 우리 주님께서 하셨듯이 성경에 기록된 바라는 말을 필두로 하여 하나님의 말씀으로 죄의 공격을 막아내되 죄의 유혹에 대해서는 하나님의 약속의 말씀으로, 죄의 위협에 대해서는 하나님의 경고의 말씀으로 막아내는 것이다.

12 찬송을 받으실 주 여호와여 주의 율례들을 내게 가르치소서

　1. 다윗은 하나님께 영광을 돌린다. "찬송을 받으실 여호와여, 주는 스스로 무한히 복되시니, 나 같은 것이나 나의 섬김 따위는 주께 아무런 필요도 없나이다. 그렇지만 주께서는 나의 섬김을 통해서 스스로 영광을 받으신 것으로 여기시기를 기뻐하시나이다. 그러므로 나를 도우시고 나를 열납하소서." 우리는 우리가 드리는 모든 기도 속에 찬송을 끼워 넣어야 한다.

　2. 다윗은 하나님께 은혜를 구한다. "주의 율례들을 내게 가르치소서. 나로 하

여금 모든 일 속에서 내가 마땅히 할 일을 알게 하시고 행하게 하소서. 주는 모든 복의 근원이시니, 내가 그 샘에서 다음과 같은 물을 긷게 하시고, 그 복의 근원에서 다음과 같은 축복을 길어 올리게 하소서. 주의 율례들을 내게 가르치셔서, 나로 하여금 찬송받으실 하나님이신 주를 어떻게 송축해야 하는지를 알게 하시고, 내가 주 안에서 복을 받게 하소서."

[13]주의 입의 모든 규례들을 나의 입술로 선포하였으며 [14]내가 모든 재물을 즐거워함 같이 주의 증거들의 도를 즐거워하였나이다 [15]내가 주의 법도들을 작은 소리로 읊조리며 주의 길들에 주의하며 [16]주의 율례들을 즐거워하며 주의 말씀을 잊지 아니하리이다

I. 다윗은 자기가 하나님의 말씀을 존중해 왔다는 것을 위로로 삼으며 회고한다. 그에게는 그가 다음과 같이 하였다는 것에 대하여 그의 양심의 증거가 있었다.

1. 그가 가르침을 받은 하나님의 말씀으로 다른 사람들의 덕을 세워 왔다는 것(13절): 내가 주의 입의 모든 규례들을 나의 입술로 선포하였나이다. 그는 하나님의 말씀을 따라서 명령을 내리고 재판을 한 왕으로서와 자신의 시편들을 통하여 예언한 선지자로서만이 아니라 그의 일상적인 대화 속에서도 그렇게 하였다. 이렇게 그는 자기가 하나님의 말씀으로 얼마나 충만해 있는지, 하나님의 말씀을 알게 되어서 얼마나 거룩한 즐거움을 지니게 되었는지를 보여주었다. 왜냐하면, 마음에 가득한 것을 입으로 말하는 법이기 때문이다. 이런 식으로 그는 자신의 지식으로 선을 행하였다. 그는 다른 사람들에게 하나님의 말씀을 숨기지 아니하였고, 도리어 다른 사람들에게 전하기 위하여 하나님의 말씀을 자기 마음속에 쌓아 두었다. 집주인이 자신의 곳간에서 새 것과 옛 것을 내오듯이, 그는 마음에 쌓은 선에서 선을 내었다. 자신의 마음을 생명의 떡으로 살찌운 자들은 그들의 입술로 많은 사람들을 먹여야 한다. 다윗은 하나님께서 그를 가르쳐 주시기를 기도하였었는데(12절), 여기서는 "여호와여, 주께서 내게 주신 지식을 내가 선용하고자 애써 왔사오니 내게 지식을 더하소서"라고 간구한다. 무릇 있는 자는 받아 풍족하게 될 것이기 때문이다.

2. 그가 하나님의 말씀을 스스로도 즐거워하였다는 것. "여호와여, 주의 율례

들을 내게 가르치소서. 율례들을 알고 행하는 것이 내게 최고의 즐거움이기 때문이니이다(14절): 내가 주께 변함없이 순종하는 가운데 주의 증거들의 도를 즐거워하였나이다. 나는 주의 말씀을 묵상하고 전하는 것만 즐거워한 것이 아니라 그 법도들, 그 법도들이 내게 제시하는 진정한 경건의 길도 즐거워하였나이다. 세상 사람들이 자신의 재물이 불어나는 것을 즐거워하듯이, 나는 모든 재물을 즐거워함 같이 하나님의 말씀을 즐거워하였나이다. 나는 영혼아 하나님의 계명들의 길에서 평안히 쉬어라고 진심으로 말할 수 있나이다." 참된 신앙 속에는 모든 부요함, 그리스도의 헤아릴 수 없이 풍성한 부요함이 있다.

II. 다윗은 하나님의 말씀에 대한 그의 사모함이 앞으로도 결코 식지 않을 것이라는 거룩한 결심을 제시한다. 그는 자기가 해 온 그대로 앞으로도 하리라고 말한다(고후 11:12). 하나님의 길들 속에서 즐거움을 맛보아 온 자들은 계속해서 그 길들로 행하고자 할 것이다.

1. 그는 하나님의 길들에 대하여 많이 생각하고자 한다(15절): 내가 주의 법도들을 작은 소리로 읊조리며 묵상하리이다. 그는 하나님의 법도들을 다른 사람들에게 전했을 뿐만 아니라(단지 자신의 지식과 권위를 과시하기 위하여 이렇게 하는 자들이 많다), 그 법도들을 놓고 자신의 마음과 대화하였으며, 그가 다른 사람들에게 전했거나 전해야 할 것들을 자신의 생각 속에서 제대로 소화하려고 애썼다. 하나님의 말씀은 끊임없이 우리의 생각의 주제가 되어야 한다는 것을 명심하라.

2. 그는 하나님의 길들을 항상 자신의 눈 앞에 두고자 한다: 여행자가 길을 주의하듯이, 나는 주의 길들에 주의하여, 그 길을 잃지 않고 항상 정확히 그 길로 행하고자 애쓴다. 우리가 하나님의 법도들을 우리의 규범으로 삼아서 주의를 기울이고 우리의 선한 생각들이 그 법도 안에서 선한 일들과 선한 의도들을 만들어내지 않는다면, 우리는 하나님의 법도들을 제대로 묵상하는 것이 아니다.

3. 그는 하나님과 교통하고 하나님께 순종하는 것에서 늘 즐거움을 얻고자 한다. 그는 이 빛을 한동안만 즐거워하고자 하는 것이 아니다. "나는 영원히 주의 율례들을 즐거워하여 그것들을 생각할 뿐만 아니라 기쁨으로 행하고자 하나이다(16절)." 다윗은 왕으로서 누리는 즐거움이나 전쟁에서 얻는 명예, 그의 칼이나 수금이 주는 즐거움보다 하나님의 율례를 더 즐거워하였다. 하나님의 법이 마음속에 기록될 때, 의무는 즐거움이 된다.

4. 그는 하나님께 속한 일들에 관하여 자기가 배운 것을 결코 잊지 아니하고자 한다. "내가 주의 말씀을 잊지 아니하리이다. 나는 주의 말씀을 새까맣게 잊어버리는 것이 아니라, 그 말씀을 사용할 기회가 올 때마다 그 말씀이 내게 떠오르게 할 것이니이다." 하나님의 말씀을 묵상하고 즐거워하는 자들은 그 말씀을 잊어버릴 염려가 별로 없다.

3. 김멜

[17]주의 종을 후대하여 살게 하소서 그리하시면 주의 말씀을 지키리이다

우리는 여기에서 다음과 같은 가르침을 받는다.

1. 우리가 사는 것은 하나님의 긍휼하심 덕분이라는 것. 다윗은 나를 후대하여 살게 하소서라고 기도한다. 우리에게 생명을 주시고 현세의 삶을 주신 것은 하나님이 우리를 후대(厚待)하신 것이었다. 또한, 우리로 하여금 계속해서 살게 하시려고 우리의 삶을 붙잡아 주시고 여러 가지 위로들을 허락하시는 것도 바로 그 하나님의 후대하심이다. 하나님께서 이러한 것들을 거두시면, 우리는 죽게 되거나 우리의 삶은 비참하게 되고 피곤해진다. 하나님이 우리를 엄격한 공의로 다루신다면, 우리는 모두 죽어 없어지게 된다. 마땅히 죽어 없어져야 할 우리의 생명이 보존되고 연장되는 것은 하나님이 우리의 공과(功過)를 따라서가 아니라 그의 긍휼하심을 따라서 우리를 관대하게 대하시기 때문이다. 아무리 쓸모 있는 삶이라고 하더라도 그 삶이 유지되는 것은 다 하나님의 후대하심 덕분이므로, 우리는 끊임없이 하나님의 후대하심에 의지하지 않으면 안 된다.

2. 그러므로 우리는 하나님을 섬기는 삶을 살아야 한다는 것. 산다는 것이 최고의 긍휼인 것은 그것이 하나님을 영화롭게 하는 자가 드문 이 세상에서 하나님께 순종함을 보여 드릴 수 있는 기회가 되기 때문이다. 다윗은 바로 이 점을 명심하였다. "나를 살게 하셔서 점점 더 부자가 되고 인생을 즐겁게 살게 하시는 것이 아니라 나를 살게 하셔서 주의 말씀을 지키게 하소서. 내가 주의 말씀을 스스로도 지키고 후세 사람들에게도 전하리니, 내가 오래 살수록 더 선한 일을 하게 되리이다."

¹⁸내 눈을 열어서 주의 율법에서 놀라운 것을 보게 하소서

1. 하나님의 율법 속에는 우리가 다 보기를 원하는 놀라운 것들, 너무도 놀랍고 예상치 못한 기이한 것들만 아니라 너무도 뛰어나고 소중한 눈부신 것들, 지혜롭고 슬기 있는 자들에게는 오랫동안 숨겨져 왔지만 이제 어린 아이들에게 계시된 것들이 있다는 것. 율법 속에 놀라운 것들이 있었다면, 그 이름이 기묘이신 그리스도가 주인공이신 복음 속에는 얼마나 더 큰 놀라운 것들이 들어 있겠는가. 천사들도 살펴보기를 원하는(벧전 1:12) 이 놀라운 일들을 복음과 아주 밀접한 관계에 있는 우리가 보고자 하는 것은 당연한 일이다. 하나님의 율법과 복음 속에 있는 놀랍고 기이한 것들을 보고자 하는 자들은 하나님께 그들의 눈을 열어 주시고 그들에게 깨달음을 주시도록 간구하여야 한다. 하나님께서 우리에게 은혜를 주셔서 우리의 눈에서 비늘이 벗겨지게 하시기 전에는 우리는 본질상 하나님께 속한 일들에 대하여 눈이 멀어 있다. 하나님으로부터 그들의 마음속에 빛이 있으라는 말씀을 받은 자들일지라도 여전히 더욱 많은 빛을 필요로 하기 때문에 그들의 눈을 더욱더 많이 열어 주셔서, 처음에는 사람들을 나무 같은 것들이 걸어 가는 모습으로 보았던 그들이 모든 것을 똑똑히 볼 수 있게 해 달라고 하나님께 계속해서 기도하여야 한다. 하나님이 우리의 눈을 더 많이 열어주시면 주실수록, 우리는 이전에 보지 못했던 더 많은 놀라운 것들을 하나님의 말씀 속에서 보게 된다.

¹⁹나는 땅에서 나그네가 되었사오니 주의 계명들을 내게 숨기지 마소서

1. 다윗이 자신의 처지를 고백함: 나는 땅에서 나그네이옵나이다. 우리는 모두가 그렇고, 모든 선한 자들은 그들 자신이 그렇다는 것을 고백한다. 왜냐하면, 그들의 본향은 천국이고, 세상은 그들에게 여관이자 순례의 땅이기 때문이다. 다윗은 세상에 대하여 잘 알고 있었고 세상에서 잘 알려진 사람이었다. 하나님은 그의 가문을 세우셨고 그의 보좌를 굳건하게 하셨다. 낯선 자들이 그에게 복종하였고, 그가 알지 못하였던 민족이 그를 섬겼다. 그는 유명한 자들과 마찬가지로 명성을 날렸다. 그렇지만 그는 스스로를 나그네라고 부른다. 우리는 모두 이 땅에서 나그네이고, 또한 우리 스스로를 그렇게 여겨야 한다.

2. 다윗은 자신의 처지에 의거해서 하나님께 청(請)을 함: 주의 계명들을 내게 숨기지 마소서. 그는 완곡하게 말하고 있지만, 이러한 청 속에는 좀 더 적극적인 의미가 들어 있다. "여호와여, 주의 계명들을 내게 보이소서. 나로 하여금 하나님의 말씀에 대한 부족을 결코 느끼지 않게 하시고, 내가 살아 있는 동안에 점점 더 많이 하나님의 말씀을 알아가게 하소서. 나는 나그네이오니, 내게는 인도자와 지켜 주시는 자, 동반자와 위로자가 필요하나이다. 주의 계명들은 내게 이 모든 것이 되어 줄 것이고, 가련한 나그네가 원하는 모든 것이 되어 줄 것이오니, 주의 계명들이 항상 내게 있게 하소서. 이 땅에서 나는 나그네이므로 이 땅을 곧 떠날 수밖에 없나이다. 나로 하여금 주의 계명들로써 내가 이 땅을 떠날 준비를 하게 하옵소서."

[20]주의 규례들을 항상 사모함으로 내 마음이 상하나이다

다윗은 하나님께서 그의 눈을 열어 주시고(18절) 율법을 열어 주시라고(19절) 기도하였었다. 이제 여기에서 그는 하나님을 알고자 하고 은혜를 받고자 하는 그의 소원이 얼마나 간절한 것인지를 호소한다. 왜냐하면, 열렬한 기도는 역사(役事)하는 힘이 크기 때문이다.

1. 그의 소원은 끈질겼다: 주의 규례들을 항상 사모함으로 내 마음이 상하나이다. 또는, "내 마음은 온통 주의 규례들을 사모함으로 가득하나이다(어떤 이들은 이렇게 해석한다). 내 마음의 소원의 모든 물줄기는 주의 규례라는 수로로 흐르나이다. 내게 하나님의 말씀, 그 말씀의 인도하심과 대화와 위로가 없다면, 나는 완전히 무너져서 망하게 될 것이나이다."

2. 그의 소원은 변함이 없었다 ─ 항상. 그는 기분이 좋을 때에만 가끔 하나님의 말씀을 사모한 것이 아니었다. 영혼은 하나님의 말씀이 없이는 살아갈 수 없기 때문에 없어서는 안 되는 그 양식을 몹시 사모하는 것은 모든 거룩하게 된 영혼의 일상적인 성향이다.

[21]교만하여 저주를 받으며 주의 계명들에서 떠나는 자들을 주께서 꾸짖으셨나이다

1. 악한 자들의 형편없는 성품. 그들의 마음과 기질은 악하다. 그들은 교만하

다. 그들은 자기 자신을 다른 사람들 위로 높인다. 그렇지만 그것이 전부가 아니다. 그들은 마치 마음과 혀를 비롯해서 그들이 가진 모든 것이 그들 자신의 것이라도 되는 것처럼 하나님에 대항하여 스스로를 높이고, 하나님의 뜻에 반대하여 자신의 뜻을 관철시킨다. 모든 의도적인 죄의 밑바탕에는 정도 차이는 있지만 교만이 존재한다. 그들의 삶도 마찬가지로 악하다. 이스라엘이 항상 마음이 미혹되었던 것처럼, 그들은 주의 계명들에서 떠나 있는 자들이다. 그들은 판단에 있어서 미혹되어 있고, 하나님의 계명들과는 반대되는 원리들을 받아들여서 마음속에 품고 있기 때문에, 그들의 행위가 미혹되어 있고, 그들이 고집을 부려서 선한 길에서 벗어나게 되는 것은 전혀 이상한 일이 아니다. 이것은 그들의 교만의 결과이다. 왜냐하면, 그들은 전능자가 누구이기에 우리가 섬기랴고 말하며, 바로처럼 여호와가 누구냐고 말하기 때문이다.

　2. 그러한 자들의 비참한 처지. 그들은 분명히 저주를 받은 자들이다. 왜냐하면, 하나님은 교만한 자를 대적하시기 때문이다. 율법의 계명들을 내팽개치고 지키지 않는 자들은 율법의 저주 아래에 있게 되고(갈 3:20), 하나님은 지금은 그들을 멀리서 지켜보시지만 곧 머지않아 그들에게 너희 저주를 받은 자들아 떠나가라고 말씀하실 것이다. 교만한 죄인들은 스스로를 복되다고 하지만, 하나님은 그들을 저주하신다. 이러한 저주가 가져올 가장 끔찍한 결과들은 저 세상에서 이루어지겠지만, 그들은 이 세상에서도 흔히 심하게 책망을 듣게 된다. 하나님께서는 섭리들을 통해서 그들이 하는 일들을 안 되게 만드시고 그들을 괴롭게 하셔서, 그들이 교만하게 자신을 자랑했던 바로 그 일들을 통해서 하나님 자신이 그들 위에 계시다는 것을 보여주신다. 이러한 책망들은 장차 저 세상에서 있게 될 더 나쁜 일들에 대한 전조(前兆)일 뿐이다. 다윗은 교만한 자들이 하나님의 책망 아래 있다는 것을 알았기 때문에, 하나님의 말씀을 더욱 굳게 붙잡고자 하였고, 그가 하나님의 계명들에서 떠나지 않게 해 달라고 더욱 간절하게 기도하였다. 이렇게 성도들은 죄인들에 대한 하나님의 심판을 통해서도 교훈을 얻는다.

²²내가 주의 교훈들을 지켰사오니 비방과 멸시를 내게서 떠나게 하소서

　1. 다윗은 사람들로부터의 비방과 멸시가 그에게서 떠나게 또는 그로부터 굴

려져서 없어지게(원문을 그대로 해석하면) 해 달라고 기도한다. 이것은 그러한 것들이 그에게 있었고, 그가 위대하거나 선하다고 해서 사람들의 비방과 비꼼으로부터 자유로울 수 없었다는 것을 말해준다. 어떤 사람들은 그를 멸시하여 초라하게 만들고자 애썼고, 어떤 사람들은 그를 비방하여 몹쓸 자로 만들고자 애썼다. 선한 일을 하는 자들이 욕을 먹는 것은 흔히 있는 일이다. 본문에서는 그에 대한 비방과 멸시가 아주 심했다는 것을 보여준다. 더럽고 험한 말들은 사실 그것을 듣는 자의 뼈를 꺾어놓지는 못하지만, 온유하고 소박한 심령을 지닌 자에게는 엄청난 고통을 안겨준다. 그러므로 다윗은 "여호와여, 그러한 것들을 내게서 떠나게 하셔서, 내가 그런 것들 때문에 낙심하여 나의 도리를 하지 못하게 되는 일이 없게 하소서"라고 기도한다. 하나님은 모든 사람들의 마음과 혀를 자신의 수중에 쥐고 계시기 때문에 거짓말하는 입술들을 잠재우실 수 있으시고, 먼지를 뒤집어쓰고 앉아 있는 자를 들어 올리셔서 좋은 평판과 명성을 얻게 하실 수 있다. 우리는 옳은 것을 견고하게 하시고 잘못된 것에 대하여 복수하시는 하나님께 우리의 처지를 호소할 수 있고, 우리의 의를 정오의 빛 같이 뚜렷하게 드러내시겠다는 그의 약속을 의지할 수 있다(시 37:6). 비방과 멸시는 우리를 낮아지고 겸손하게 해 준다는 점에서 좋은 것이고, 우리가 겸손해지면 그러한 것들은 떠나게 될 것이다.

2. 다윗은 자기가 하나님의 말씀과 길을 늘 변함없이 지켰다고 호소한다: 내가 주의 교훈들을 지켰사옵나이다. 그는 자신의 무죄함을 주장하며 그가 부당하게 비난을 받았다는 것을 호소할 뿐만 아니라, 다음과 같은 것들을 호소한다.

(1) 그가 선을 행한 것에 대하여 조롱을 받았다는 것. 그는 그가 신앙에 열심을 내었고 그 신앙을 엄격히 지킨 것으로 인해서 사람들로부터 멸시를 받고 능욕을 당하였다. 그가 비방을 당한 것은 하나님의 이름 때문이었다. 그래서 그는 더욱 담대하게 하나님께 그를 위하여 나타나시도록 간구할 수 있었다. 하나님의 백성이 받는 비방이 지금 제거되지 않는다면, 그것은 곧 더 큰 영광이 되어 돌아오게 될 것이다.

(2) 그가 선을 행하지 않아서 조롱 받은 것이 아니라는 것. "여호와여, 그럼에도 불구하고 내가 주의 교훈들을 지켰사오니 사람들의 조롱이 내게서 떠나게 하소서." 시험을 당하고 고난을 당할 때에 우리가 신앙을 온전히 지켜서 흠이 없이 행한다면, 우리는 결국에는 모든 일이 잘 되리라는 것을 확신할 수 있다.

²³고관들도 앉아서 **나를 비방하였사오나** 주의 종은 주의 율례들을 작은 소리로 읊**조렸나이다**

1. 다윗은 그의 성품과 처지를 누구보다 더 잘 알고 있어서 마땅히 그에게 더 너그러웠어야 할 고관들에 의해서조차도 어떻게 능욕을 당하였던가? 고관들도 공회나 재판석에 앉아서 나를 비방하였나이다. 고관들이 말하는 것이라고 해서 항상 옳은 것은 아니다. 하지만 그들의 판단이 이렇게 잘못된 것으로 드러나서 무죄한 자들을 보호해야 할 자들인 그들이 도리어 무죄한 자들을 배신하였다는 것이 밝혀지는 것은 씁쓸한 일이다. 이 점에서 다윗은 그리스도의 모형이었다. 왜냐하면, 영광의 주를 중상모략하여 십자가에 못 박은 것은 이 세상의 통치자들이었기 때문이다(고전 2:8).

2. 다윗은 이렇게 능욕을 당하는 와중에서 어떤 방법으로 평안을 유지하였는가? 그는 사람들의 비방을 개의치 않고서, 하나님의 율례들을 작은 소리로 읊조리고 묵상하며, 자신의 도리를 다해 나갔다. 마치 귀 먹은 자처럼 그에게는 사람들의 비방이 들리지 않았다. 사람들이 그를 비방하였을 때, 그는 그에게 힘을 주시는 하나님의 말씀 속에서 위로를 얻었기 때문에, 사람들의 온갖 비방과 멸시 속에서도 요동함이 없었다. 하나님과의 교통 속에서 즐거움을 누리고 있는 자들은 사람들, 심지어 고관들의 비방을 쉽게 무시할 수 있다.

²⁴주의 증거들은 나의 즐거움이요 나의 충고자니이다

여기에서 다윗은 고관들이 앉아서 그를 비방하였을 때에 그가 하나님의 율례들을 묵상한 것이 어떤 유익이 있었는지를 설명한다(23절).

1. 환난으로 인해서 그는 슬퍼했는가? 하나님의 말씀은 그의 즐거움으로서 그를 위로해 주었고, 그의 즐거움은 궁정이나 군진(軍陣), 성읍이나 시골에서의 그 어떤 즐거움보다 더 큰 것이었다. 다른 위로들이 시들할 때에 하나님의 말씀이 주는 위로들이 은혜를 받은 영혼에게 가장 큰 즐거움이라는 것이 종종 입증된다.

2. 환난으로 인해서 그는 당혹스러워하였는가? 고관들이 그를 비방하였을 때에 그는 어찌할 바를 몰라서 당황하였는가? 하나님의 율례들은 그의 충고자

들이어서, 그에게 그 환난을 인내로써 참고서 그의 사정을 하나님께 맡겨 드리라고 조언해 주었다. 하나님의 증거들은 방백들에게나 일반 사람들에게나 최고의 모사(謀士)들이 되어줄 것이다. 주의 증거들은 나의 모략의 사람들이니이다(원문대로 해석하면 이렇게 된다). 우리는 다른 무수한 모사들이 아니라 하나님의 증거들로부터 조언을 구할 때에 더 큰 안전함과 만족을 발견하게 될 것이다. 하나님의 증거들을 그들의 즐거움이 되게 하고자 하는 자들은 그것들을 그들의 모사들로 삼아서 조언을 받아야 한다는 것을 명심하라. 하나님의 증거들을 그들의 모사로 삼아서 그 조언을 따라 충실하게 행하는 자들은 그 증거들을 그들의 즐거움으로 삼아서 편안하게 행하여야 한다.

4. 달렛

²⁵내 영혼이 진토에 붙었사오니 주의 말씀대로 나를 살아나게 하소서

I. 다윗의 하소연. 우리는 당연히 그의 영혼이 하늘을 향하여 치솟아오르고 있을 것이라고 생각했을 것이다. 그러나 그는 내 영혼이 진토 속에 구를 뿐만 아니라 진토에 붙었다고 스스로 말하는데, 이것은 다음 둘 중의 하나에 대한 하소연이다.

1. 그가 부패하여 있다는 것, 세상과 육체(이 둘은 다 진토이다)에 이끌리는 소질(素質)을 지니고 있다는 것, 그 당연한 결과로서 거룩한 도리들에 대하여 죽어 있다는 것. 선을 행하기 원하는 그에게 악이 함께 있었다. 하나님은 너는 흙이니라고 말씀하셨을 때에(창 3:19) 아담은 죽을 수밖에 없는 존재인 것만이 아니라 죄악된 존재라는 것을 암시하신 것이었다. 여기에 나오는 다윗의 하소연은 사도 바울이 그가 지닌 사망의 몸과 관련하여 한 하소연과 비슷하다. 사람 속에 내재하는 부패함을 상기시켜 주는 것들은 은혜받은 영혼에게 지극히 큰 슬픔이자 부담일 수밖에 없다.

2. 그것이 마음의 괴로움이든 외적인 고통이든 현재 그가 당하고 있는 환난들. 밖으로는 다툼이요 안으로는 두려움이 있어서, 이 둘로 인하여 그는 죽음의 진토 속으로 내려갔고(시 22:15) 그의 영혼은 진토에 들러붙었다.

II. 다윗은 그러한 처지에서 그를 건져 달라고 간구하면서, 그 간구를 강화하기 위하여 그렇게 해 주셔야 할 이유를 제시함. "주의 말씀대로 나를

살아나게 하소서. 주의 섭리를 따라서 나의 일들에 활기를 불어넣어 주시듯이, 주의 은혜를 따라서 나의 감정에 생기를 불어넣어 주소서. 나의 영적인 죽음을 치유하시고, 나의 기도가 살아나게 하소서." 우리가 무디어졌다고 생각된다면, 우리는 하나님께 나아가서 우리를 살아나게 해 달라고 간구해야 한다는 것을 명심하라. 다윗은 하나님의 말씀을 의지한다. 왜냐하면, 모든 성도들, 특히 다윗에게 은혜와 위로를 약속하신 하나님의 말씀은 성도들을 일깨워서 살아나게 하는 방편이 됨과 동시에(하나님께 하시는 말씀들은 그것을 받는 자들에게 영이요 생명이기 때문에) 하나님께서 다윗을 살아나게 하시리라는 것을 소망하도록 격려하는 것이 되기 때문이다. 우리는 기도할 때마다 하나님의 말씀을 우리의 지침이자 근거로 삼아야 한다.

²⁶내가 나의 행위를 아뢰매 주께서 내게 응답하셨사오니 주의 율례들을 내게 가르치소서 ²⁷나에게 주의 법도들의 길을 깨닫게 하여 주소서 그리하시면 내가 주의 기이한 일들을 작은 소리로 읊조리리이다

1. 다윗과 그의 하나님 사이에는 큰 친밀함과 자유함이 있었다는 것. 다윗은 하나님께 자신의 처지를 다 털어 놓았고 속마음을 다 보여 드렸었다. "내가 나의 행위들을 아뢰었고, 그 모든 행위들 속에서 주를 인정하였으며, 나의 모든 계획과 일들 속에서 늘 주를 모시고 다녔나이다." 이렇게 여호와 앞에서 입다는 자기의 말을 다 아뢰었고, 히스기야도 자신의 처지를 다 아뢰었다. "내가 나의 행위들, 내가 나의 행하는 길에서 만나게 된 나의 부족들, 부담들, 고민들을 아뢰고, 나의 죄악들과 내가 곁길로 행한 것들을 솔직하게 고백하였더니, 주께서 내 말을 들으셨고, 내가 쏟아 놓은 모든 말을 인내로써 들으시고, 내 사정을 알아 주셨나이다." 은혜로우신 하나님께서 자신의 모든 하소연을 너무도 자상하게 받아 주신다고 생각하면, 그것은 은혜받은 영혼에게 이루 말할 수 없이 큰 위로가 된다(요일 5:14-15).

2. 다윗은 하늘로부터의 환상들과 음성들을 통해서가 아니라 말씀과 성령에 의한 통상적인 방식을 통해서 하나님과의 그러한 친밀한 교제가 계속 이어지기를 간절히 소원함: 주의 율례들을 내게 가르치소서. 즉, 나에게 주의 법도들의 길을 깨닫게 하여 주소서. 그는 그가 그의 행위들을 다 아뢰었을 때에 하나님께

서 그것을 들으셨다는 것을 알고서, "여호와여, 그러니 이제 내게 나의 운명을 말해 주시고, 이 사건이 앞으로 어떻게 될지를 내게 알게 하소서"라고 말한 것이 아니라 "여호와여, 그러니 이제 내게 내가 해야 할 도리를 말해 주시고, 이 경우에 내가 어떻게 행하기를 원하시는지를 알게 하소서"라고 말하였다. 그들의 모든 행위들 속에서 하나님을 인정하는 자들은 하나님께서 그들의 걸음을 옳은 길로 인도해 주시도록 믿음으로 기도할 수 있다는 것을 명심하라. 하나님과의 교통을 계속해서 유지할 수 있는 가장 확실한 길은 하나님의 율례들을 배우고 깨달아서 그의 법도들의 길로 행하는 것이다(요일 1:6-7을 보라).

3. 다윗은 하나님과의 친밀함을 하나님께 영광을 돌리고 다른 사람들의 덕을 세우는 데에 선용하고자 함. "나에게 주의 법도들의 길을 잘 깨닫게 하여 주소서. 내가 하나님께 속한 일들에 대하여 명료하고 뚜렷하며 체계적인 지식을 갖게 하소서. 그리하시면 내가 좀 더 확신을 가지고 제대로 주의 기이한 일들을 전하게 되리이다." 우리는 하나님의 법도들의 길을 깨닫고서 그 길로 행할 때에 좀 더 큰 은혜 속에서 하나님의 기이한 일들, 섭리에 의한 기이한 일들, 특히 우리를 구속하신 사랑과 관련된 기이한 일들을 전할 수 있다.

²⁸나의 영혼이 눌림으로 말미암아 녹사오니 주의 말씀대로 나를 세우소서 ²⁹거짓 행위를 내게서 떠나게 하시고 주의 법을 내게 은혜로이 베푸소서

1. 다윗이 자신의 고민을 표현함: 나의 영혼이 눌림으로 말미암아 녹사옵나이다. 이 말씀은 내 영혼이 진토에 붙었사옵나이다(25절)라는 말씀과 동일한 의미이다. 사람의 마음속에 눌림이 있을 때에 마음은 한 방울씩 녹아 없어지는 양초처럼 서서히 녹아 내린다. 참회하는 영혼은 죄에 대한 슬픔으로 녹고, 인내하는 영혼은 고통으로 인하여 녹을 수 있다. 그럴 때에는 하나님 앞에 자신의 사정을 다 쏟아 놓는 것이 힘이 된다.

2. 다윗이 하나님의 은혜를 구함.

(1) 하나님께서 그에게 힘을 주셔서 환난을 잘 감당할 수 있게 해 주시고, 환난 속에서 은혜로써 그를 붙들어 주시라는 것. "주의 말씀대로 내 영혼에 힘을 주셔서 나를 세우소서. 생명의 양식인 주의 말씀은 사람의 마음을 힘있게 하셔서 하나님께서 어떤 환난을 주시든 그것을 잘 감당하게 하시나이다. 내게 힘을

주셔서 내 영혼이 낙담하지 아니하고 나의 본분을 다하며 시험들을 물리치고 환난의 짐들을 잘 견디게 하소서. 네가 사는 날을 따라서 능력이 있으리로다(신 33:25)라는 말씀대로 내게 힘을 주셔서 나를 세우소서."

(2) 하나님께서 그가 자신의 환난에서 스스로 벗어나기 위하여 그 어떤 합당치 않은 수단을 사용하지 않도록 막아 주시라는 것(29절): 거짓 행위를 내게서 떠나게 하소서. 다윗은 자기가 그러한 죄를 범하기 쉽다는 것을 스스로 알고 있었다. 그는 곤경에 처하자 아히멜렉을 속였고(삼상 21:2) 아기스를 속였었다 (삼상 21:13; 27:10). 사람은 큰 곤경에 처하게 되면 거짓말을 선의의 거짓말이라거나 어쩔 수 없는 자기방어라고 둘러대고자 하는 큰 유혹을 받게 된다. 그러므로 다윗은 하나님께서 그가 그러한 죄에 더 이상 빠져드는 것을 막아 주셔서 임기응변을 위한 거짓말이 습관이 되지 않게 해 달라고 기도한다. 거짓말이나 속임수, 시치미를 떼는 습관은 모든 선한 자가 두려워해야 할 것이기 때문에, 우리는 모두 여기에 관심을 가지고서, 하나님께서 은혜를 주셔서 우리가 그렇게 하는 것을 막아 달라고 간구하여야 한다.

(3) 그가 하나님의 다스림 속에서 항상 하나님의 인도하심과 보호하심 아래에 있게 해 달라는 것: 주의 법을 내게 은혜로이 베푸소서. 하나님께서 주의 법을 내게 베푸셔서, 내가 거짓 행위로 빠져 들어가는 것을 막아 주소서. 다윗은 글로 씌어진 율법을 자신의 손에 가지고 있었다. 왜냐하면, 왕은 자기가 사용하기 위하여 율법서를 베껴서 등사본을 만들어가져야 했기 때문이다(신 17:18). 그러나 그는 하나님께서 율법을 그의 마음속에 새겨주시기를 기도한다. 왜냐하면, 그럴 때에만 우리는 율법을 진정으로 제대로 지니고 있는 것이 되기 때문이다. "주의 법을 내게 점점 더 많이 베푸소서." 하나님의 율법을 알고 사랑하는 자들은 그 율법을 더 많이 알고 사랑하게 되기를 소원하지 않을 수 없다. "주의 법을 내게 은혜로이 베푸소서." 다윗은 하나님의 은총을 보여주는 특별한 표징으로서 주의 법을 베풀어 달라고 간구한다. 우리는 하나님의 법을 말로 표현할 수 없을 정도로 귀한 선물로 여기고 소중히 하며, 그 법을 베풀어 달라고 기도하고, 그 법을 주신 것에 대하여 감사하여야 한다는 것을 명심하라. 하나님께서 주신 제도들과 법도들에 관한 거룩한 법전은 사실 성도들의 특권을 기록해 놓은 헌장(憲章)이다. 하나님은 그의 법을 주셔서 은혜를 받게 하시는 자들에게 진정으로 은혜로우시다.

[30]내가 성실한 길을 택하고 주의 규례들을 내 앞에 두었나이다 [31]내가 주의 증거들에 매달렸사오니 여호와여 내가 수치를 당하지 말게 하소서 [32]주께서 내 마음을 넓히시면 내가 주의 계명들의 길로 달려가리이다

Ⅰ. 무슨 일이든 신앙에 맞게 하고자 하는 자들은 먼저 신앙을 자신의 것으로 진심으로 선택하여야 하는데, 다윗이 그러하였다는 것. 내가 진리의 길(개역에서는 성실한 길)을 택하였나이다.

1. 진정한 경건의 길은 진리의 길이다. 신앙의 토대가 되는 원리들은 영원한 진리의 원리들이고, 신앙은 행복으로 가는 유일하게 참된 길이다.

2. 우리는 이 길로 행할 것을 선택하여야 하는데, 이것은 우리가 다른 길을 알지 못하기 때문이 아니라 더 좋은 길을 알지 못하기 때문이다. 아니, 우리는 이 길 외에 안전하고 선한 다른 길을 알지 못한다. 우리는 이 길을 우리의 길로 선택해서, 비록 그 길이 좁다고 할지라도 그 길로 행하고자 하여야 한다.

Ⅱ. 진리의 길을 택한 자들은 하나님의 말씀을 변함없이 그들이 행하여야 할 규범으로 존중하여야 한다는 것. 글을 쓸 줄 아는 자는 베껴 쓰기 위해서 원본을 자기 앞에 두고, 일꾼은 자신의 일을 정확하게 해내기 위해서 설계도를 자기 앞에 두는 것과 마찬가지로, 내가 주의 규례들을 내 앞에 두었나이다. 우리가 습관적으로 하나님의 말씀을 따라 행하기 위하여 그 말씀을 우리의 마음에 담아 두어야 하는 것과 마찬가지로, 우리는 하나님의 말씀을 자로 잰 듯이 정확히 행하기 위하여 어떤 경우에도 그 말씀을 실제로 볼 수 있도록 우리의 눈 앞에 두어야 한다.

Ⅲ. 신앙을 택하여 자신의 규범으로 삼은 자들은 신앙에 충실하고자 한다는 것. "내가 변함없는 애정과 흔들림 없는 결단으로 주의 증거들에 매달렸고, 온갖 시련 속에서도 내내 그 증거들에 매달렸나이다. 내가 그것들을 선택하였기 때문에 나는 그것들에 매달렸나이다." 선택과 결단을 통해서 그리스도인이 된 사람들은 견실한 그리스도인이 될 가능성이 높지만, 우연히 어쩌다가 그리스도인이 된 사람들은 바람의 방향이 바뀜에 따라 변하리라는 것을 명심하라.

Ⅳ. 하나님의 말씀에 매달리는 자들은 믿음으로 하나님께서 열납하실 것을 기대하고 기도할 수 있다는 것. 왜냐하면, 다윗의 다음과 같은 간구는 바로 그런 것을 의미하기 때문이다. "여호와여, 내가 수치를 당하지 말게 하소서. 즉,

내가 수치를 당하게 될 일을 하도록 내버려두지 마시고, 나의 섬김을 거절하셔서 나로 하여금 큰 낭패를 당하지 않게 하소서."

V. 하나님께서 우리에게 더 많은 위로를 주실수록, 하나님은 우리에게서 더 많은 것을 기대하신다는 것(32절).

1. 열렬한 신앙 안에서 계속해서 행하겠다는 다윗의 결심: 내가 주의 계명들의 길로 달려가리이다. 천국을 향하여 가고 있는 자들은 천국으로 가는 길을 서두르고, 계속해서 그 길로 나아가도록 애써야 한다. 우리는 시간을 아껴서 우리에게 맡겨진 일을 즐거운 마음으로 계속해서 힘써 행하는 데에 관심을 가져야 한다. 우리가 우리의 도리를 행할 준비가 되어 있고 그 도리를 행하기를 기뻐하며 모든 무거운 것을 벗어버릴 때(히 12:1), 우리는 우리가 행하여야 할 길로 달려가고 있다고 할 수 있다.

2. 다윗은 자기가 그렇게 할 수 있도록 은혜를 달라고 하나님을 의지함. "주께서 내 마음을 넓히시면, 내가 주의 일을 많이 하게 되리이다." 하나님께서 그의 백성에게 지혜를 주시고(이것은 넓은 마음으로 불리기 때문에, 왕상 4:29) 그 마음속에 하나님의 사랑을 부어주시며 기쁨을 두실 때, 그것은 하나님이 그의 성령을 통해서 그들의 마음을 넓히시는 것이다. 우리는 우리 주님께서 우리에게 주시는 기쁨을 우리의 순종의 원동력으로 삼아야 한다.

5. 헤
[33]여호와여 주의 율례들의 도를 내게 가르치소서 내가 끝까지 지키리이다 [34]나로 하여금 깨닫게 하여 주소서 내가 주의 법을 준행하며 전심으로 지키리이다

I. 다윗은 여기에서 하나님께서 친히 그의 선생이 되어 주시기를 간절히 기도한다. 그의 주변에는 선지자들과 지혜자들과 제사장들이 있었고, 자기 자신도 하나님의 율법을 잘 배운 자였지만, 그는 하나님 같이 교훈을 베풀 자가 없다는 것을 알기 때문에(욥 36:22) 하나님으로부터 가르침 받기를 간구한다. 좀 더 살펴보자.

1. 그가 가르침 받기를 원한 것은 하나님의 율례들에 관한 개념들이 아니라 그 길이었다. "하나님의 율례들을 내 자신에게 적용하여 그것들에 의해서 스스로를 다스리는 길, 주의 율례들이 정한 내 본분의 길을 가르치소서. 의심스러

울 때마다 나로 하여금 주께서 내가 어떻게 행하기를 원하시는지를 알게 하시고, 내 뒤에서 이것이 바른 길이니 이리로 가라는 말씀을 듣게 하소서(사 30:21)."

2. 그는 사람이 가르칠 수 없는 그런 방식으로 하나님에게서 가르침 받기를 원하였다: 여호와여, 나로 하여금 깨닫게 하여 주소서. 자연의 하나님은 우리에게 지적인 능력과 자질을 주셨다. 그러나 우리는 여기에서 은혜의 하나님께서 우리에게 깨달음을 주셔서, 우리의 화평에 속한 큰 일들, 우리의 본성의 부패로 인하여 접근하기 어렵게 된 큰 일들에 대하여 우리의 지적인 능력과 자질을 사용할 수 있게 해 달라고 기도하도록 가르침을 받는다. 나로 하여금 깨닫게 하여 주시고, 빛을 받아서 깨달음을 얻게 하소서. 왜냐하면, 우리의 총명이 거룩함을 덧입지 않으면 그 총명은 전혀 없는 것이나 다름없기 때문이다. 우리가 마음 속에 지혜의 영을 갖고 있지 않다면, 말씀 속에 있는 계시의 영은 제대로 작동하지 못하게 된다. 이것은 우리가 그리스도께 빚지고 있는 것이다. 왜냐하면, 하나님의 아들이 이르러 우리에게 지각을 주셨기 때문이다(요일 5:20).

Ⅱ. 다윗은 자기가 잘 배우는 자가 되겠다고 굳게 약속한다. 하나님께서 그를 가르쳐 주시기만 한다면, 그는 제대로 배우겠다고 다짐한다. "내가 주의 법을 준행하리이다. 하지만 내가 하나님으로부터 가르침을 받지 못한다면, 나는 주의 율법을 결코 지킬 수 없기 때문에, 내가 가르침 받기를 간절히 원하나이다." 하나님이 그의 성령을 통해서 우리에게 올바르고 선한 지각과 총명을 주신다면, 우리는 다음과 같이 하게 될 것이다.

1. 우리는 늘 변함없이 순종하게 될 것이다. "내가 주의 율례들의 도를 끝까지, 나의 삶이 끝나는 날까지 지키리니, 이것이 나의 진실한 마음을 보여주는 가장 확실한 증거가 되리이다." 여행자가 그의 여정을 끝까지 마치지 않고 중도에 그만둔다면, 그것은 헛수고가 되고 말 것이다.

2. 우리는 진심으로 순종하게 될 것이다: 내가 주의 법을 전심으로 즐겁고 기쁜 마음을 가지고 열심으로 결연히 지키리이다. 전심으로 행한다는 것은 그 사람의 모든 것을 다 걸고서 행한다는 것이다. 하나님의 계명들은 전심으로 행해져야 한다. 왜냐하면, 하나님의 계명들을 지키는 것은 사람이 모든 것을 다 걸고서 행해야 하는 그런 것이기 때문이다.

³⁵나로 하여금 주의 계명들의 길로 행하게 하소서 내가 이를 즐거워함이니이다 ³⁶내 마음을 주의 증거들에게 향하게 하시고 탐욕으로 향하지 말게 하소서

다윗은 앞서 하나님께서 그로 하여금 깨닫게 하여 주셔서 그가 자신의 본분을 알고서 거기에서 떠나지 않게 해 달라고 기도한 바 있는데, 여기에서는 그의 뜻을 굴복시키고 그의 영혼의 생동력을 깨우셔서 그가 그의 본분을 다할 수 있게 해 달라고 하나님께 기도한다. 왜냐하면, 선한 일을 깨닫게 하실 뿐만 아니라 우리 안에서 역사하셔서 우리로 소원을 두고 행하게 하시는 이도 하나님이시기 때문이다(빌 2:13). 선한 머리와 선한 마음은 하나님의 선한 은혜로부터 오고, 모든 선한 일을 하는 데에는 이 두 가지가 다 반드시 필요하다. 좀 더 살펴보자.

I. 다윗은 다음과 같은 은혜를 달라고 기도함.

1. 하나님께서 그로 하여금 그의 본분을 다할 수 있게 해달라는 것. "나로 하여금 행하게 하소서. 내게 모든 선한 일을 행할 힘을 주소서." 우리 자신의 힘으로부터 부족하기 때문에, 우리는 하나님의 은혜에 의지하여야 한다. 왜냐하면, 모든 선한 일을 행할 충분한 힘은 하나님께로부터 오기 때문이다. 하나님은 그의 성령을 우리 속에 두어서 우리로 그의 율례를 행하게 하시는데(겔 36:27), 이것이 다윗이 여기에서 간구하는 것이다.

2. 하나님께서 그에게 그의 본분을 다하고자 하는 마음을 주시고, 그의 본분을 하기 싫어하는 그의 본성을 은혜로써 억눌러 주시라는 것. "내 마음을 주의 증거들, 주의 증거들이 정해 놓은 일들에게 향하게 하소서. 나로 하여금 내가 마땅히 해야 할 일이니 최선을 다해야 하겠다는 마음으로 나의 본분을 행하도록 하실 뿐만 아니라, 나의 새로운 본성에 합당하고 진정으로 내게 유익이 되는 것으로 여겨서 나의 본분을 적극적으로 자원하여 행하게 하소서." 행하고자 하는 마음이 생겨나게 되면, 우리는 우리의 본분을 의무가 아니라 기쁨으로 행할 수 있게 된다. 우리 속에서 행하고자 하는 마음이 생겨나게 하는 것은 하나님의 은혜이다. 우리가 우리의 본분에 대하여 꺼려하는 마음이 많으면 많을수록, 우리는 더욱 간절하게 하나님의 은혜를 구하여야 한다.

II. 다윗은 탐욕의 죄를 범하지 말게 해달라고 기도함. "내 마음을 주의 증거들에게 향하게 하시고, 내 속에 있는 탐욕에 이끌리는 성향을 억제하여 주소서."

탐욕은 하나님의 모든 증거들과 대립되는 죄이다. 왜냐하면, 돈을 사랑하는 것은 일만 악, 모든 죄의 뿌리가 되는 죄이기 때문이다. 그러므로 하나님의 사랑이 그들 속에 뿌리내리게 하고자 하는 자들은 세상을 사랑하는 마음을 그들 속에서 뿌리뽑아야 한다. 세상과 벗하는 것은 하나님과 원수 되는 것이기 때문이다. 하나님은 강제(强制)를 통해서 사람들을 다루시는 것이 아니라, 사람들 속에 역사하셔서 선한 일을 하고자 하고 악한 일을 피하고자 하는 마음을 주심으로써 마음속의 동의를 얻어서 일을 하게 하신다.

Ⅲ. 다윗은 이러한 기도의 설득력을 높이기 위하여 근거를 제시함. "여호와여, 나를 주의 계명들의 길로 데려다주시고 거기에 머물게 하여 주소서. 내가 이를 즐거워함이니이다. 그러므로 나는 내가 그 길로 행할 수 있도록 은혜를 주시기를 이렇게 간절히 기도하나이다. 내 안에서 역사하셔서 주의 계명들의 길을 즐거워하는 마음을 내게 주신 주께서 내 속에 역사하셔서 내게 그 계명들로 행할 수 있는 능력도 주셔서 주의 일을 완성하지 아니하시겠나이까?"

³⁷내 눈을 돌이켜 허탄한 것을 보지 말게 하시고 주의 길에서 나를 살아나게 하소서

1. 다윗은 하나님께 그의 본분을 다하는 데에 방해가 될 것을 막아주시고 그러한 것으로부터 그를 지켜주시는 은혜를 달라고 기도한다: 내 눈을 돌이켜 허탄한 것을 보지 말게 하소서. 세상의 명예와 쾌락과 이익들은 헛된 것들인데, 많은 사람들이 그 헛된 것들에 눈을 돌려 쳐다봄으로써 신앙과 경건의 길에서 멀어져 간다. 이러한 것들에 눈이 고정될 때에 마음은 그러한 것들에 대한 사랑으로 감염되어서 하나님과 거룩한 것들로부터 소원(疏遠)해지게 된다. 그러므로 우리는 우리의 눈이 위험한 것을 찾아서 헤매거나 그런 것에 고정되지 않도록 우리의 눈과 약속하여 우리의 눈을 단속함과 동시에(욥 31:1), 하나님께서 그의 섭리를 통해서 헛된 것들을 우리의 시야에서 멀리 두시고 그의 은혜를 통해서 우리가 헛된 것들을 보는 것을 좋아하지 않게 해달라고 기도하여야 한다.

2. 다윗은 하나님께 천국을 향하여 나아가는 그의 길을 가로막거나 방해하는 모든 것으로부터 그를 지켜주실 뿐만 아니라 그 길을 힘차게 전진해 가는 데에 꼭 필요한 은혜를 달라고 기도한다. "주의 길에서 나를 살아나게 하소서. 나를 일깨우셔서, 시간을 아껴서 모든 기회를 활용하여 앞으로 전진하고, 살아 있고

열심 있는 심령으로 모든 본분을 다하게 하소서." 허탄한 것(헛된 것)을 보게 되면, 우리의 심령은 죽고 우리의 발걸음은 늦어지게 된다. 눈앞에 펼쳐지는 모든 사물을 일일이 다 눈여겨 보며 서 있는 여행자는 앞으로 전진하지 못하게 된다. 그러나 우리의 눈이 우리의 주의를 분산시킬 만한 것을 보지 않게 된다면, 우리의 마음은 우리의 본분에 집중하게 될 것이다.

[38]주를 경외하게 하는 주의 말씀을 주의 종에게 세우소서

1. 선한 자의 성품. 이것은 하나님께서 그 사람 속에서 은혜로 일하신 결과이다. 그는 하나님의 법 아래 있으면서 하나님의 일에 쓰임받는 하나님의 종이다. 즉, 그는 하나님을 경외하는 일에 헌신되어 있고, 하나님의 지시와 처분에 온전히 따르며, 그의 마음은 온통 하나님을 공경하는 마음으로 가득 차 있고, 하나님의 영광을 드러내는 모든 헌신의 행위들에 몰두한다. 스스로 약점과 결점들을 지니고 있기는 하지만, 하나님을 경외하는 일에 진심으로 헌신되어 있고, 자신의 모든 감정과 행위가 하나님을 경외하는 것으로 지배받고 있는 자들은 진정으로 하나님의 종들이다. 그들은 신앙을 지니고 거기에 착념한다.

2. 선한 자가 그에게 주어진 하나님의 은혜의 말씀에 의지해서 하나님을 향하여 지니고 있는 확신. 하나님의 종들인 자들은 믿음과 겸손한 담대함 속에서 하나님께서 그들에게 주의 말씀을 세우시도록, 즉 하나님께서 그들에게 하신 약속들을 때가 되면 이루시고, 아직 때가 되지 않은 경우에는 그 약속들이 이루어지리라는 확신을 그들에게 주시라고 기도할 수 있다. 우리는 하나님이 약속하신 것을 이루어 달라고 기도하여야 하지만, 욕심을 부려서 그 이상으로 이루어 달라고 해서도 안 되고 지나치게 겸손하여 그 이하를 이루어 달라고 해서도 안 된다.

[39]내가 두려워하는 비방을 내게서 떠나게 하소서 주의 규례들은 선하심이나이다

1. 다윗은 앞에서처럼(22절) 비방을 막아 달라고 기도한다. 그는 자기가 여호와의 원수에게 크게 비방할 거리를 줄 지도 모르는 그런 일을 행하였다는 것과 그 비방으로 인하여 자신의 명성이 손상되고 그의 가문이 불명예를 입게 되리

라는 것을 스스로 알고 있었다. 지금 그는 모든 사람들의 마음과 혀를 자신의 수중에 쥐고 계시는 하나님께서 이 일을 막아 주셔서 그를 모든 죄에서 건지시며 우매한 자에게서 욕을 당하지 아니하게 해 달라고 기도한다(시 39:8). 그는 우매한 자들에게서 비방과 욕을 당하는 것을 두려워하였다. 또는, 이 말씀은 그의 원수들이 부당하게 그에게 뒤집어씌운 누명으로 인한 비방과 욕을 의미할 수도 있다. 그들의 거짓 입술이 침묵하게 하옵소서.

2. 다윗은 하나님의 판단들이 선하시다는 것에 호소한다. "여호와여, 주는 보좌에 앉아 계시고, 아무 죄도 없이 고통을 받는 자들에게 주의 판단들은 옳고 선하며 의롭고 인자하시니, 내가 사람들의 불의하고 냉혹한 비난으로 인하여 주께 호소하나이다." 우리를 판단하시는 이는 주이시기 때문에, 우리가 사람의 판단을 받는 것은 작은 일이다. 또는 이 말씀은 이런 뜻일 수도 있다. "주의 말씀과 길들, 주의 거룩한 종교는 지극히 선하지만, 내게 임한 비방들이 그러한 것들에 미치게 되리이다. 그러하오니, 여호와여, 그 비방들이 떠나게 하소서. 나로 인하여 신앙 자체가 상처를 입지 않게 하소서."

[40]내가 주의 법도들을 사모하였사오니 주의 의로 나를 살아나게 하소서

1. 다윗은 자기가 하나님의 말씀에 대하여 열렬한 애정을 지녀 왔다고 고백한다. "내가 주의 법도들을 사모하였사오니, 그것들을 사랑하여, 내가 이미 이룬 것을 기뻐하였을 뿐만 아니라, 그것들을 더 많이 알고 더 잘 행하기를 간절히 소망하며, 지금도 온전함에 이르기 위하여 애쓰고 있나이다." 하나님의 법도들의 달콤함을 맛보게 되면, 우리는 그 법도들을 더욱 친밀하게 알고자 열망하지 않을 수 없게 된다. 다윗은 하나님께 그가 하나님의 법도들을 이렇게 열렬히 사모하고 있다고 호소한다. "보소서, 내가 이토록 사랑하고 사모하였나이다. 주께서는 모든 것을 아시오니, 내가 이렇게 사모한다는 것도 아시리이다."

2. 다윗은 그가 이러한 고백에 합당하게 행할 수 있도록 은혜를 주시라고 기도한다. "주께서는 나로 하여금 주의 법도들을 행하도록 하시기 위하여 내 속에 역사하셔서 이러한 사모함을 주셨나이다. 나를 일깨우셔서 주의 의로, 주의 의로운 길들로, 주의 의로우신 약속들을 따라서 행하게 하소서." 하나님께서 그에게 역사하셔서 소원을 주셨다면 하나님은 그에게 역사하셔서 그로 하여금

그 소원을 행하게 하실 것이고, 그 소원을 반드시 만족시켜 주실 것이다.

6. 와우

[41]여호와여 주의 말씀대로 주의 인자하심과 주의 구원을 내게 임하게 하소서 [42]그리하시면 내가 나를 비방하는 자들에게 대답할 말이 있사오리니 내가 주의 말씀을 의지함이니이다

1. 다윗이 여호와의 구원을 기도함. "여호와여, 주는 나의 구원자이시나이다. 나는 비참한 처지에 있고, 오직 주만이 나를 복되게 하실 수 있나이다. 주의 구원을 내게 임하게 하소서. 나를 현재의 곤경에서 건져내셔서 이 땅에서의 나에 대한 구원을 속히 이루어 주시고, 나를 영원한 구원에 합당한 자로 만드시고 그 구원을 맛보게 하셔서 그 영원한 구원이 속히 내게 이루어지게 하옵소서."

2. 다윗이 그 구원을 위하여 하나님의 은혜와 약속에 의지함. 하나님의 은혜와 약속은 우리의 소망을 떠받치고 있는 두 개의 기둥으로서 우리를 결코 실망시키지 않을 것이다.

(1) 하나님의 은혜: 주의 긍휼하심(개역에서는 인자하심)과 주의 구원을 임하게 하소서. 우리의 구원은 우리 자신의 공로와는 아무런 상관이 없고 순전히 하나님의 긍휼하심에 돌려져야 한다. 우리가 영생을 기대할 수 있는 것은 오로지 우리 주 예수 그리스도의 긍휼 덕분이다(유 1:21). "여호와여, 내가 믿음으로 주의 긍휼하심을 바라보오니, 내가 기도할 때에 그 긍휼하심이 내게 임하게 하소서."

(2) 하나님의 약속. "주의 말씀대로, 주의 약속의 말씀대로 임하게 하소서. 내가 주의 말씀을 의지하오니, 나는 주께서 그 약속을 이루실 줄을 기대할 수 있나이다." 우리는 하나님의 말씀을 의지하도록 허락받았지만, 우리가 말씀을 의지하는 것은 우리가 그 말씀에 의해서 유익을 얻기 위한 조건이다.

3. 다윗은 하나님의 은혜와 약속이 그에게 가져다 줄 선한 확신을 기대함. "그리하시면 내가 하나님을 신뢰한다고 해서 나를 어리석은 자라고 비방하는 자들에게 대답할 말이 있사오리라." 하나님은 그를 의지하는 자들을 환난에서 구원하심으로써 가난한 자의 계획을 부끄럽게 하고자 했던 자들을 효과적으로 침묵시키시는데(시 14:6), 성도들의 구원이 완성될 때에 그들의 비방은 영원히 침

묵하게 될 것이다. 그 때가 되면, 하나님을 의지하는 것이 헛된 것이 아니었다는 것이 이론(異論)의 여지 없이 분명해질 것이다.

[43]진리의 말씀이 내 입에서 조금도 떠나지 말게 하소서 내가 주의 규례를 바랐음이니이다 [44]내가 주의 율법을 항상 지키리이다 영원히 지키리이다

1. 다윗은 어떻게 하면 하나님의 영광을 위하여 적절한 말을 할 수 있는지를 알도록 학자의 혀를 달라고 겸손히 간구함: 진리의 말씀이 내 입에서 조금도 떠나지 말게 하소서. 그의 말은 이런 뜻이다. "여호와여, 진리의 말씀이 항상 내 입에 있게 하소서. 나로 하여금 다른 사람들을 교훈하기 위하여 내 지식을 사용하고, 선한 집주인처럼 나의 곳간에서 새 것과 옛 것을 꺼내며, 필요할 때에 나의 신앙을 고백할 수 있도록 내게 지혜와 용기를 주소서." 우리는 결코 하나님의 진리들과 길들을 고백하기를 두려워하거나 부끄러워하지 않으며 사람들 앞에서 하나님을 부인하지 않게 해 달라고 하나님께 기도할 필요가 있다. 다윗은 그에게 마땅히 진리의 말씀이 준비되어 있어야 함에도 불구하고 종종 그렇지가 않아서 무슨 말을 해야 할지를 몰라 당황한 적이 있었지만, 이렇게 기도한다: "여호와여, 진리의 말씀을 내게서 완전히 거두어 가지는 마시고, 나의 본분을 제대로 수행하는 데에 필요한 만큼의 진리의 말씀이 항상 내게 있게 하소서."

2. 다윗은 정직한 자의 마음을 겸손히 고백함. 이것이 없다면, 학자의 혀는 다른 사람들에게는 큰 도움이 된다고 하여도 자신에게는 별 유익이 없게 될 것이다.

(1) 다윗은 그가 하나님을 신뢰하고 있다고 고백한다. "여호와여, 내가 주의 입에서 나오는 주의 규례들을 바랐사오니 나로 하여금 성경에 능하게 하소서. 주의 규례들이 없다면, 내가 의지하고 나를 보호해 줄 것이 내게서 떠난 것이나이다."

(2) 다윗은 하나님께서 은혜로 주시는 힘을 의지하여 자신의 본분에 충실하겠다는 결심을 고백한다. "그러면 내가 주의 율법을 항상 지키리이다. 주의 말씀이 내 마음뿐만 아니라 내 입에도 있다면, 나는 내가 해야 할 모든 것을 행하게 될 것이고, 주의 온전하신 뜻에 견고히 서게 되리이다." 그렇게 될 때에 하나님의 사람은 모든 선한 일을 행할 능력을 갖추고서 온전하게 될 것이다(딤후 3:17;

골 3:16). 다윗이 하나님의 율법을 어떻게 지키겠다고 결심하고 있는지를 살펴 보자. [1] 그는 흐트러짐 없이 항상 지키겠다고 결심한다. 우리는 날마다 그리고 온 종일 변함없는 순종의 자세로 하나님을 섬겨야 한다. [2] 그는 뒤로 물러남이 없이 영원히 지키겠다고 결심한다. 우리는 선을 행하되 지켜서 낙심하거나 포기하지 않아야 한다. 우리가 이 땅에서 우리의 삶이 다하는 그 날까지 하나님을 섬긴다면, 우리는 하늘에서 영원무궁토록 하나님을 섬기게 될 것이다. 따라서 우리는 주의 율법을 영원히 지키게 될 것이다. 또는, 이 말씀은 이렇게 해석될 수도 있다: "여호와여, 진리의 말씀을 내 입에 두셔서, 나로 하여금 저 거룩한 보고(寶庫)를 다음 세대에게 부탁함으로써, 그들이 다시 후세들에게 전할 수 있게 하여 주옵소서(딤후 2:2). 그리하시면, 주의 율법은 영원히 지켜지리이다." 즉, 네 입에 둔 나의 말이 네 후손의 입에서와 네 후손의 후손의 입에서 대대로 떠나지 아니하리라(사 59:21).

⁴⁵내가 주의 법도들을 구하였사오니 자유롭게 걸어갈 것이오며 ⁴⁶또 왕들 앞에서 주의 교훈들을 말할 때에 수치를 당하지 아니하겠사오며 ⁴⁷내가 사랑하는 주의 계명들을 스스로 즐거워하며 ⁴⁸또 내가 사랑하는 주의 계명들을 향하여 내 손을 들고 주의 율례들을 작은 소리로 읊조리리이다

우리는 이 절들에서 다음과 같은 것들을 살펴볼 수 있다.

1. 다윗은 하나님의 율법을 사모함과 관련하여 무엇을 경험하였는가? "내가 주의 법도들을 구하고(45절), 나의 본분을 알고 행하기를 원하여 주의 말씀을 찾나이다. 나는 주의 뜻이 무엇인가 이해하고 주의 마음을 조금이라도 알아내기 위하여 내가 할 수 있는 모든 것을 하나이다. 내가 주의 법도들을 구하였사오니 이는 내가 그것들을 사랑함이니이다(47-48절). 나는 주의 법도들이 선하다는 것에 동의할 뿐만 아니라, 그것들이 내게 유익함에 만족해하나이다." 하나님을 사랑하는 모든 자들은 그의 통치를 사랑하기 때문에 그의 모든 계명들을 사랑한다.

2. 다윗은 이것으로부터 무엇을 기대하였는가? 그는 여기에서 하나님께서 은혜로 주시는 힘을 의지하여 다음과 같은 다섯 가지를 다짐한다.

(1) 편안하고 자유로운 마음으로 자신의 본분을 다하겠다는 것. "내가 자유롭

게 걸어가리이다. 즉, 나는 악한 것으로부터 해방되고 나의 부패한 본성의 족쇄에 의해서 훼방받지 않으며 억지로가 아니라 자원하여 선한 일을 자유롭게 행하리이다." 우리가 죄를 섬기게 되면, 우리는 완전한 노예 상태가 된다. 반면에, 하나님을 섬기면, 완전한 자유가 된다. 방종함과 방탕함은 최고의 독재자인 사탄에게 묶여서 노예가 되어 있다는 것을 말해주는 것이고, 양심에 충실한 것은 아무리 꽁꽁 묶여 있는 죄수에게도 자유를 가져다 준다(요 8:32, 36; 눅 1:74-75).

(2) 담대하고 용기있게 자신의 본분을 다하겠다는 것: 내가 또 왕들 앞에서 주의 교훈들을 말하리라. 다윗이 왕위에 오르기 전에, 그는 종종 사울이나 아기스 같은 왕에게 심문을 받았다. 다윗은 만약 그가 왕들 앞에 불려가서 자기 안에 있는 소망의 이유를 말하라고 요구받는다면 그는 기꺼이 하나님의 교훈들을 말하며 그 교훈들이 그의 소망의 토대이고 그의 모략이자 그를 지켜주는 것, 그의 면류관, 그의 모든 것이라고 공개적으로 고백할 것이라고 말한다. 우리는 왕들의 진노를 살 위험이 있다고 하여도 우리의 신앙을 고백하는 것을 결코 두려워하지 말아야 하고, 느부갓네살 앞에서 다니엘을 비롯한 세 아이가 그랬던 것처럼 목숨을 걸고서 우리의 신앙을 말하여야 한다(단 3:16; 행 4:20). 다윗이 왕이 된 후에는, 왕들은 종종 그의 친구들이 되어서 그를 찾아왔고, 그도 왕들을 답방하였다. 그러나 다윗은 그들의 비위를 거스르고 그들을 불편하게 할 것을 염려하여 신앙을 제외한 다른 얘기들을 하면서 그들의 비위를 맞추는 그런 짓을 하지 않았다. 그는 결코 그렇게 하지 않았다. 다윗은 그가 자신의 신앙을 부끄러워하지 않는다는 것을 보여줄 뿐만 아니라 신앙을 그들을 가르쳐서 그들로 하여금 신앙을 갖게 하기 위하여 왕들과의 대화 속에서 하나님의 교훈들을 주된 화제로 삼겠다고 말한다. 하나님의 교훈들에 대하여 듣는 것은 왕들에게 유익한 일이고, 그 교훈들에 대하여 말함으로써 왕들의 대화는 더욱 빛이 나게 될 것이다.

(3) 즐겁고 기쁜 마음으로 자신의 본분을 다하겠다는 것(47절). "내가 주의 계명들을 스스로 즐거워하되, 그것들을 아는 것과 행하는 것을 즐거워하리이다. 내가 하나님을 기쁘시게 해 드리는 일을 행할 그 때에 내 자신이 가장 기뻐할 것이니이다." 우리가 하나님을 섬기는 일에서 더욱더 많은 즐거움을 얻게 될수록, 우리는 우리의 목표인 온전함에 더 가까이 다가가게 된다.

(4) 열심을 가지고 부지런히 자신의 본분을 다하겠다는 것: 내가 주의 계명들을 향하여 내 손을 들리이다. 이것은 하나님의 계명들에 대하여 열렬한 소원을 지니고 있다는 것("나는 그 계명들을 놓치거나 그 계명들이 빠져나갈 것을 염려하여 그것들을 꼭 붙잡고자 하나이다." 시 143:6)을 의미할 뿐만 아니라 그 계명들을 지키는 데에 온통 마음을 쓰고자 한다는 것("나는 그것들을 찬송할 뿐만 아니라 실천하기 위하여 그 계명들을 내 손으로 꼭 붙잡고자 하고, 그것들을 행하기 위하여 내가 가진 모든 힘을 사용할 것이라는 의미에서 그 계명들을 향하여 내 손을 들리이다")도 의미한다. 다윗은 그의 손이 나태함과 낙심으로 인하여 축 늘어져 있다고 하여도 그 손을 들겠다고 다짐한다(히 12:12).

(5) 자신의 본분을 늘 깊이 생각하겠다는 것(48절). "나는 주의 율례들을 작은 소리로 읊조리며 묵상하여, 스스로 즐거워할 뿐만 아니라, 내가 어떻게 하면 가장 좋은 방법으로 그것들을 지킬 수 있는지를 알아내기 위하여 애쓰겠나이다." 우리가 하나님의 계명들을 우리의 마음과 손에 두어서 묵상하고 행한다면, 우리가 하나님의 계명들을 진정으로 사랑한다는 것이 드러나게 될 것이다.

7. 자인

⁴⁹주의 종에게 하신 말씀을 기억하소서 주께서 내게 소망을 가지게 하셨나이다

다윗은 여기에서 하나님께 긍휼과 은혜를 베풀어 달라고 기도하면서 두 가지를 호소하는데, 이 두 가지는 그에게 하나님의 긍휼과 은혜에 대하여 소망하고 간구하게 만든 근거가 되는 것들이었다.

1. 하나님께서 그에게 약속을 주셨고, 그는 지금 그 약속에 의지해서 소망하고 있다는 것: "여호와여, 내가 원하는 것은 주께서 주의 종에게 하신 말씀을 기억하시고, 주께서 말씀하신 대로 행하시는 것이나이다(대상 17:23을 보라). 주는 지혜로우시니 주께서 뜻하신 것을 온전히 이루실 것이고 주의 모략을 변개(變改)치 아니하리이다. 주는 신실하시오니 주께서 약속하신 것을 이행하실 것이고 주의 말씀을 깨뜨리지 아니하리이다." 하나님의 약속들을 자신의 분깃으로 삼는 자들은 겸손하지만 담대하게 그 약속들을 근거로 제시하며 호소할 수 있다. "여호와여, 이것은 주께서 말씀하신 것이온데, 주는 그 말씀을 이루고자 하지 아니하시나이까(창 32:9; 출 33:12)?"

2. 말씀을 통하여 그에게 약속을 주신 하나님께서 은혜로써 자기 안에 그 약속에 대한 소망을 불러일으키셨고 그로 하여금 그 약속에 의지할 수 있게 하셨으며 그 약속을 근거로 큰 일들을 기대하게 하셨다는 것. 하나님께서 우리 속에 세상의 그 어떤 좋은 것들보다 영적인 축복들에 대한 소원을 불붙여 주셨는데, 그 하나님이 그러한 소원을 만족시켜 주시지 않을 만큼 우리에게 냉정하시겠는가? 하나님께서 그러한 축복들에 대한 소망으로 우리를 충만하게 하셨는데, 그 하나님이 그러한 소망들을 이루어 주시지 않을 만큼 불의하시겠는가? 그의 성령으로 말미암아 우리 속에 믿음을 주신 하나님은 우리의 믿음을 따라서 우리를 위하여 역사하셔서 우리를 실망시키지 않으실 것이다.

[50]이 말씀은 나의 고난 중의 위로라 주의 말씀이 나를 살리셨기 때문이니이다

여기에 다윗이 하나님의 말씀에 의해서 유익을 얻은 체험이 나온다.

1. 하나님의 말씀은 그를 거룩하게 한 성화(聖化)의 수단이었다. "주의 말씀이 나를 일깨워 살리셨도다. 내가 죄 가운데 죽어 있었을 때에 하나님의 말씀은 나를 일깨워 살아나게 하셨다. 내가 본분을 다하지 못할 때마다 하나님의 말씀은 무수하게 나를 일깨워 살아나게 하셨다. 내가 선한 일을 싫어하여 뒤로 물러날 때에 하나님의 말씀은 나를 일깨워 선한 일을 하게 하셨고, 내가 선한 일에 대하여 냉담하고 무관심해졌을 때에 하나님의 말씀은 나를 일깨워 무엇이 선한 일인지를 알게 하셨다."

2. 그러므로 하나님의 말씀은 그가 고난에 처하여 그를 붙잡아 줄 그 무엇을 필요로 했을 때에 그의 위로가 되어준 수단이었다. "주의 말씀은 종종 나를 일깨워 살아나게 하셨기 때문에 그 때마다 내게 위로가 되었다." 하나님의 말씀 속에는 고난 중의 위로가 될 것들이 많이 있다. 그러나 이것은 하나님의 말씀이 지닌 일깨우고 살려내는 능력을 어느 정도 경험한 자들에게만 적용될 수 있다. 은혜로 인하여 하나님의 말씀이 우리를 거룩하게 만든다면, 그 말씀 속에는 우리가 어떤 처지에 있거나 어떤 일을 만나더라도 우리를 편안하게 만들어 주는 것들이 많이 들어 있다.

[51]교만한 자들이 나를 심히 조롱하였어도 나는 주의 법을 떠나지 아니하였나이다

다윗은 여기에서 우리에게 다음과 같은 것들을 말해 주는데, 이것들을 아는 것은 우리에게 유익이 될 것이다.

1. 다윗은 자신의 신앙 때문에 조롱을 당하였다는 것. 그는 존귀한 자, 아주 지혜로운 자였고 자신의 나라에 대하여 혁혁한 공을 세웠지만 경건하고 양심적인 자였기 때문에, 교만한 자들이 그를 심히 조롱하였다. 그들은 그를 비웃고 조롱하였으며, 그가 사람들로부터 멸시를 받도록 하기 위하여 그들이 할 수 있는 모든 짓을 다하였다. 그들은 그가 기도하는 것을 경건한 체 하는 것이라고 부르고, 그의 진지함을 괜히 무게잡는 것이라고 부르며, 그가 엄격하게 율법을 지키는 것을 쓸데없는 엄숙주의라고 부르는 등 그를 비웃었다. 그들은 오만한 자의 자리에 앉아서 그렇게 하는 자기 자신을 자랑스러워하는 교만한 자들이었다.

2. 다윗은 조롱을 받으면서도 신앙을 벗어나지 않았다는 것. "그들은 내가 수치를 느껴서 신앙을 버리도록 하기 위하여 그들이 할 수 있는 모든 짓을 다하였지만, 그들의 그 어떤 짓도 나를 움직일 수 없나이다. 이 모든 것에도 불구하고 나는 주의 법을 떠나지 아니하였나이다. 이것이 천한 짓이라면, 나는 이보다 더 천한 짓도 하리라(미갈이 그를 크게 조롱하였을 때에 그는 이렇게 말하였다)." 다윗은 하나님의 법을 버리지 않았을 뿐만 아니라 그 법을 지키는 데에 조금도 주춤하지 않았다. 우리는 사람들의 비방이나 욕을 듣는 것이 두려워서 우리의 본분을 다하는 데에 머뭇거리거나 선한 일을 할 기회를 그냥 흘려보내서는 안 된다. 개들이 짖어도 여행자는 자신의 길을 계속 갈 뿐이다. 사람들이 자신에게 하는 험한 말을 참지 못하는 자들은 그리스도를 위해서도 참기가 힘든 법이다.

[52]여호와여 주의 옛 규례들을 내가 기억하고 스스로 위로하였나이다

다윗은 그의 경건으로 인하여 조롱을 당하였을 때에 죄를 짓지 않고 자신의 온전함을 굳게 지켰을 뿐만 아니라 다음과 같이 하였다.

1. 그는 스스로를 위로하였다. 그는 비방을 감내하였을 뿐만 아니라 즐거운 마음으로 비방을 견뎌내었다. 사람들의 비방은 그의 평안을 흐트러 놓지 못하였고 하나님 안에서의 그의 영혼의 안식을 깨트려 놓지도 못하였다. 다윗이 하나님을 위하여 비방을 감내하고 있다는 것과 그의 극악무도한 원수들이 그의

하나님의 일을 제외하고서는 그를 고발할 빌미를 찾을 수 없었다는 것은 그에게 위로가 되었다(단 6:5). 하나님의 법에 충실하다고 해서 조롱을 받는 자들은 그리스도를 위하여 받는 수모가 결국에는 그들에게 애굽의 모든 보화보다 더 큰 재물임이 밝혀지리라는 것으로 인해서 스스로를 위로할 수 있을 것이다.

2. 그가 위로로 삼은 것은 하나님의 옛 판단들(개역에서는 옛 규례들), 하나님께서 옛적에 섭리들을 통하여 그의 백성에게는 긍휼을 베푸시고 그들을 박해한 자들에게는 공의를 보여주셨다는 것에 대한 기억이었다. 우리는 우리의 지난 시절이나 우리 조상들의 시절에 하나님이 베푸신 옛 판단들을 기억함으로써 거기에서 힘과 용기를 얻어서 하나님의 길로 매진하여야 한다. 왜냐하면, 하나님은 예나 지금이나 동일하시기 때문이다.

[53]주의 율법을 버린 악인들로 말미암아 내가 맹렬한 분노에 사로잡혔나이다

1. 악인들의 특성. 다윗이 여기에서 말하는 악인들은 내놓고 악을 저지르는 심히 악한 자들이다: 그들은 주의 율법을 버렸다. 모든 죄는 율법을 범하는 것이지만, 대놓고 율법을 버리고 내팽개치는 것은 공공연하고 악의적인 죄이다.

2. 악인들의 악함에 대한 다윗의 반응. 그것은 그를 대경실색하게 만들었고 치를 떨게 만들었다. 그는 악인들로 인하여 하나님께서 욕을 당하시고 사탄이 흡족해하며 사람들의 영혼이 해악을 입을 것을 생각하고서 치를 떨었다. 그는 악인들의 악행이 죄인들 자신에 미치는 결과를 우려하였고(그래서 내 영혼을 죄인들과 함께 거두지 마시고, 나의 원수는 악인 같이 되게 하소서라고 부르짖었다), 또한 그 결과가 불리하게 작용해서 사람들 가운데서의 하나님의 나라의 세력이 무너지고 방해받게 될 것을 우려하였다. 다윗은 "나를 해치고자 하는 그들의 잔인한 음모 때문이 아니라 그들이 하나님과 그 율법을 멸시하였기 때문에 큰 두려움이 나를 사로잡았나이다(개역에서는 내가 맹렬한 분노에 사로잡혔나이다)"라고 말한다. 죄는 거룩함을 입은 모든 자들의 눈에 기괴하고 끔찍한 일이다(렘 5:30; 23:14; 호 6:10; 렘 2:12).

[54]내가 나그네 된 집에서 주의 율례들이 나의 노래가 되었나이다

1. 다윗이 처한 상황과 처지. 그는 나그네 된 집에 있었다. 이것은 다윗만의 특유한 환난을 가리키는 것으로 이해될 수도 있고(그는 자주 박해를 당하여 쫓기고 급히 도망하여야 했다) 모든 사람들과 공통적인 그의 운명을 가리키는 것일 수도 있다. 이 세상은 우리가 나그네 된 집이고, 우리는 그 집에서 나그네들이다. 이 세상은 우리의 장막이고, 우리의 여관이다. 우리는 땅에서 외국인과 나그네로서 이 땅이 우리의 본향도 아니고 여기에서 오랫동안 머물 수도 없다는 것을 스스로 고백하여야 한다. 다윗에게는 왕궁조차도 그가 나그네 길을 가는 동안에 잠시 머무는 집일 따름이었다.

2. 이러한 상황 속에서 다윗이 위로로 삼은 것. "주의 율례들이 나의 노래가 되어서, 나는 이 땅에서 주의 율례들로 나의 시름을 달래나이다." 여행자들이 여행의 피곤함과 지루함을 떨쳐버리려고 이따금 즐거운 노래를 부르는 것과 마찬가지로, 다윗은 이스라엘의 노래하는 자였고, 여기에서 우리는 그가 무엇을 노래하였는지에 대하여 듣게 된다. 그의 노래들은 모두 하나님의 말씀에서 가져온 것이었다. 다윗에게 하나님의 율례들은 사람들이 잘 아는 노래들처럼 친숙하였다. 그는 순례길의 외로움을 달래기 위해서 하나님의 율례들을 가까이 하였다. 그에게 하나님의 율례들은 노래들만큼이나 즐거운 것이었고, 비파 소리에 맞추어 노래를 지절거리는 자들이 느끼는 즐거움보다 더 큰 즐거움을 그의 마음 속에 주었다(암 6:5). 환난 당하는 자가 있느냐? 그는 하나님의 율례들을 노래하여서 과연 슬픔을 날려보낼 수 있는지를 시험해 보라(시 138:5).

⁵⁵여호와여 내가 밤에 주의 이름을 기억하고 주의 법을 지켰나이다 ⁵⁶내 소유는 이것이니 곧 주의 법도들을 지킨 것이니이다

1. 다윗은 하나님의 말씀을 가까이 함. 그는 하나님의 말씀을 기억해 두었다가 일이 있을 때마다 그것을 생각해 내었다. 하나님의 이름은 하나님이 그의 말씀 안에서 및 말씀을 통해서 우리에게 자기 자신을 나타내신 것이다. 이것은 대대로 기억할 하나님의 칭호이다. 그러므로 우리는 그것을 항상 기억하여야 하고, 우리가 밤에 침상에 누워서 우리의 마음과 대화할 때에도 그것을 기억하여야 한다. 남들이 잠을 자고 있을 때, 다윗은 하나님의 이름을 기억하고 그 이름이 주는 교훈을 되씹어서 그 이름을 더욱 잘 알고자 하였다. 환난의 밤에 그는

하나님의 이름을 기억하였다.

2. 다윗은 하나님의 말씀을 지켰음을 회상함. 하나님의 법 앞에 붙여진 하나님의 이름을 적절하게 기억하는 것은 우리가 그 법을 지키는 데에 큰 영향을 준다: 내가 밤에 주의 이름을 기억하였기 때문에, 나는 온종일 세심한 주의를 기울여서 주의 법을 지켰나이다. 우리가 이렇게 하나님의 이름을 기억하고서 그의 법을 지켰다는 것을 우리의 양심이 증언해 준다면, 그 일을 회상하는 것은 얼마나 위로가 되겠는가!

3. 다윗이 하나님의 말씀을 지킴으로 얻은 유익(56절): 내 소유는 이것이니 곧 주의 법도들을 지킨 것이니이다. 어떤 이들은 이 본문이 앞에 나오는 내용에 걸리지 않는 것으로 이해한다: 내가 주의 법도들을 지켰기 때문에 나는 이것을 소유하게 되었다(즉, 나는 나를 만족시키는 것을 갖게 되었고, 내게 위로가 되는 모든 것을 갖게 되었다). 신앙을 업(業)으로 삼아 온 모든 자들은 신앙이 결국 그들에게 큰 유익이 되어서 그들은 신앙으로 말미암아 이루 말할 수 없이 큰 유익을 얻은 자가 되었다고 고백하게 되리라는 것을 명심하라. 어떤 이들은 이 본문이 바로 앞에 나오는 내용에 걸리는 것으로 이해한다: "나는 주의 법을 지켰기 때문에 그로 인한 위로를 갖게 되었나이다." 하나님의 일은 그 자체가 삯이요 대가라는 것을 명심하라. 하나님의 뜻에 순종하고자 하는 마음을 갖게 되었다는 것은 순종이 가져다 준 가장 소중한 상(償)이다. 우리가 하나님을 더 많이 섬기면 섬길수록, 우리는 하나님을 더욱더 많이 섬길 수 있게 되고 섬기게 될 것이다. 열매를 맺는 가지는 더 많은 열매를 맺게 된다(요 15:2).

8. 헤트

[57]여호와는 나의 분깃이시니 나는 주의 말씀을 지키리라 하였나이다

우리는 이 본문 속에서 경건한 자의 특성을 모아볼 수 있다.

1. 그는 하나님의 은혜를 자신의 최고의 복으로 여긴다: 여호와는 나의 분깃이시다. 다른 사람들은 이 세상의 재물과 명예에 자신의 행복을 둔다. 그들의 분깃은 현세에 있다. 그들은 현세 이외의 것을 찾지 않으며 원하지도 않는다. 이러한 것들은 그들의 좋은 것들이다(눅 16:25). 그러나 거룩함을 입은 모든 자들은 여호와를 자신의 유업이자 분깃으로 삼고 있기 때문에, 그 외에 다른 어떤

것도 그들을 만족시켜 주지 못한다. 다윗은 바로 이 점을 하나님께 호소할 수 있었다. "여호와여, 내가 주를 나의 분깃으로 선택하였고 나를 복되게 하기 위하여 오직 주께만 의지한다는 것을 주께서 아시나이다."

2. 그는 하나님의 율법을 자신의 규범으로 삼는다. "나는 주의 말씀을 지키리라 하였나이다. 주의 은혜로 말미암아 나는 내가 말한 것을 행하며 끝까지 지키고자 하나이다." 하나님을 자신의 분깃으로 삼은 자들은 하나님을 자신의 왕으로 받아들여서 하나님께 충성을 맹세하여야 한다는 것을 명심하라. 주의 말씀을 지키리라고 약속한 후에 우리는 자주 우리의 약속을 스스로 상기하여야 한다(시 39:1).

⁵⁸**내가 전심으로 주께 간구하였사오니 주의 말씀대로 내게 은혜를 베푸소서**

다윗은 앞 절에서 그가 하나님과 맺은 언약들을 되돌아본 후에 여기에서는 그가 하나님께 기도한 것들을 다시 떠올리면서 재차 간구한다. 좀 더 살펴보자.

1. 그는 무엇을 기도하였는가? 하나님을 자신의 분깃으로 삼은 그는 자기가 하나님의 은총을 잃어버렸고 그 은총을 받을 자격이 없지만 그 은총 없이는 망하게 되며 그 은총을 얻을 수만 있다면 영원히 행복하리라는 것을 알기 때문에 주의 은총을 간구하였다. 우리는 마치 하나님이 빚진 자이신 양 그의 은총을 요구할 수는 없지만, 하나님께서 우리와 화해하셔서 우리를 열납하시며 기뻐하여 주시기를 겸손히 간구하는 자들이 되어야 한다. 그는 "내게 긍휼을 베푸셔서, 내가 잘못한 일을 용서하시고, 내게 은혜를 주셔서 장래에는 더 잘 할 수 있게 하여 주소서"라고 기도한다.

2. 그는 어떻게 기도하였는가? 그는 그가 받기를 원하여 기도하는 축복이 얼마나 소중한지를 알고 있었기 때문에 전심으로 기도하였다. 은혜를 받은 영혼은 온전히 하나님의 은총만을 바라기 때문에 그 은총을 구하는 데에 끈질길 수밖에 없다. 당신이 내게 축복하지 아니하면 가게 하지 아니하겠나이다.

3. 그는 무엇에 호소하였는가? 그는 하나님의 약속에 호소하였다. "주의 말씀대로 내게 은혜를 베푸소서. 나는 주께서 약속하신 긍휼하심을 원하고, 그 약속에 의지하여 주의 긍휼하심을 바라나이다." 하나님의 말씀의 교훈들에 의해서

다스림받고 그것들을 지키기로 작정한 자들(57절)은 그 말씀의 약속들을 근거로 삼아서 하나님께 호소할 수 있고, 그 약속들이 주는 위로를 받을 수 있다.

[59]내가 내 행위를 생각하고 주의 증거들을 향하여 내 발길을 돌이켰사오며 [60]주의 계명들을 지키기에 신속히 하고 지체하지 아니하였나이다

다윗은 자기가 하나님의 말씀을 지키리라고 말하였었는데(57절), 그것은 잘 말한 것이었다. 이제 여기에서 그는 우리에게 그가 어떻게 그리고 어떤 방법을 통해서 그러한 결심을 실행하였는지를 말해 준다.

1. 다윗은 그의 행위들을 생각하였다. 그는 닥치는 대로 행하는 것이 아니라 확실하게 행하기 위하여 자기 발이 행할 길을 깊이 숙고하며 자기가 어떻게 해야 할지를 미리 생각하였다(잠 4:26). 또한, 그는 자기가 이미 행한 일을 되짚어보고, 자신의 과거의 삶을 되돌아보았으며, 자기가 걸은 길들과 내디딘 발걸음들을 다시 곱씹어보았다. 본문에서 생각하다로 번역된 단어는 어떤 것에 대하여 골똘히 지속적으로 생각하는 것을 의미한다. 어떤 이들은 이 단어가 한 코의 흠집도 없게 하려고 꼼꼼히 수를 놓는 것 또는 자기가 무엇에 빚지고 있는지, 자기가 어느 정도의 가치가 있는지를 곰곰이 따지며 주판알을 튕기는 것과 관련된 단어라고 본다. "내가 나의 재물이 아니라(탐욕스러운 자와 달리, 시 49:11) 내 행위들을 생각하였고, 내가 무엇을 가지고 있느냐가 아니라 내가 무엇을 하고 있는지를 생각하였나이다." 왜냐하면, 우리가 저 세상으로 갈 때에 우리가 행한 것은 우리를 따라갈 것이지만 우리가 가진 것은 여기에 남겨질 것이기 때문이다. 자신의 행위가 어떤지는 전혀 생각하지 않으면서 남들의 행위에 대하여 아주 비판적으로 말하는 사람들이 많다. 그러나 각각 자기의 일을 살피라.

2. 다윗은 하나님의 증거들을 향하여 자기 발길을 돌이켰다. 그는 하나님의 말씀을 자신의 규범으로 삼아서 그 규범을 따라서 행하기로 결심하였다. 그는 곁길로 갔다가도 발길을 돌이켜서 하나님의 증거들로 되돌아왔다. 그는 하나님의 증거들로 자신의 눈만이 아니라 그의 발도 돌렸고, 하나님의 말씀을 사랑하는 것으로 그의 감정을 돌렸으며, 그 말씀을 실천하는 것으로 그의 행실을 돌렸다. 그의 영혼은 하나님의 증거들에 끌리고 기울었으며, 그의 행실은 하나님의

증거들로 지배되었다. 회개하는 마음으로 되돌아보면, 경건한 결심이 생겨나는 법이다.

3. 다윗은 이의(異意) 없이 즉시 그렇게 하였다(60절): 나는 신속히 하고 지체하지 아니하였나이다. 죄를 깨달았을 때에 우리는 쇠가 아직 달구어져 있는 동안에 두들겨야 하고, 총독 벨릭스처럼 좀 더 편리한 시기로 미루지 말아야 한다. 하나님께서 어떤 일을 하라고 우리를 부르실 때, 우리는 지체하지 말고 오늘이라 일컫는 동안에 그 일에 착수하여야 한다. 다윗이 여기에서 자기 자신에 대하여 말하고 있는 내용은 그가 날마다 늘 변함없이 행하는 것을 가리킬 수도 있고(그는 밤에 자신의 행위를 되돌아보고서 아침이 되면 그의 발길을 하나님의 증거들로 향하였고, 선한 일이 있을 때에는 지체없이 행하였다), 그가 어린 시절과 청년 때의 헛된 짓을 벗어던지고서 그의 창조주를 기억하기 시작하면서 처음으로 하나님 및 신앙을 알게 된 것을 가리킬 수도 있다. 그 복된 변화는 하나님의 은혜로 말미암아 이루어졌다.

(1) 회심(conversion)은 진지한 성찰에서 시작된다(겔 18:28; 눅 15:17).

(2) 성찰은 올바른 회심으로 끝나야 한다. 우리의 발길이 신속하게 하나님의 증거들로 돌이키지 않는다면, 우리가 우리의 행위들을 성찰한 것이 무슨 소용이 있겠는가?

[61]악인들의 줄이 내게 두루 얽혔을지라도 나는 주의 법을 잊지 아니하였나이다

1. 원수들이 다윗에 대하여 품은 악의. 그들은 다윗이 경건하였기 때문에 그를 미워한 악인들이었다. 그들은 서로 연합하여 무리를 지어서 그를 해치고자 하였다. 그들은 그들이 할 수 있는 온갖 해악을 그에게 가하였다. 그들은 그를 노략하였다. 그들은 그의 선한 이름을 빼앗고자 했을 뿐만 아니라(51절), 그가 가진 재물에 눈독을 들이고서 전쟁 때에 약탈을 통해서 또는 법의 미명 아래 벌금을 부과해서 그것들을 그에게서 약탈해 갔다. 사울은 다윗의 가재도구를, 압살롬은 그의 왕궁을, 아말렉 사람들은 시글락을 약탈하였다. 세상의 재물은 노략당할 수 있다. 다윗은 비록 전사였지만 자신의 재물을 지킬 수 없었다. 도둑이 구멍을 뚫고 도적질하느니라.

2. 욥이 한 무리의 갈대아인들과 스바인들에 의해서 자신의 재물을 강탈당하

였을 때에 그랬던 것처럼, 다윗이 다른 모든 것을 약탈당하였을 때에 자신의 신앙을 굳게 지켰다는 것을 그의 양심이 증거함: 나는 주의 법을 잊지 아니하였나이다. 그 어떤 근심이나 염려도 하나님의 말씀을 우리의 마음에서 빼앗아 가거나 우리가 그 말씀과 교제하며 위로를 맛보는 것을 방해하도록 해서는 안 된다. 또한 우리는 하나님의 길들로 행하면서 우리가 환난을 만난다고 해서 그 길들을 나쁘게 생각하거나 우리의 신앙으로 인해서 현재 어떤 것을 잃는다고 하여도 최종적으로 우리가 손해보는 자가 될 것이라고 염려해서는 안 된다.

[62]내가 주의 의로운 규례들로 말미암아 밤중에 일어나 주께 감사하리이다

　　　　다윗은 이 시편에서 주로 기도를 드리고 있지만 감사의 본분을 소홀히하지 않았다. 왜냐하면, 기도를 많이 하는 자들은 감사할 일도 많아지기 때문이다. 좀 더 살펴보자.

　1. 다윗은 하나님께 감사하면서 하나님의 손길을 얼마나 바라보았는가? 그는 "주께서 내게 베푸신 은총, 그 은총으로 인하여 내가 누리는 위로로 인해서"가 아니라 "주의 의로운 규례들로 말미암아, 주께서 섭리를 통하여 지혜와 공평 가운데 모든 일들을 행하심으로써 그 영광을 드러내신 것으로 인해서 내가 감사하리이다"라고 말한다. 우리는 하나님께서 세상을 다스리실 때에 행하시는 모든 일들을 통해서 그 영광을 선포하시고 그의 말씀을 이루시는 것에 대하여 감사하여야 한다.

　2. 다윗의 마음은 하나님께 감사하는 일에 얼마나 많이 착념되어 있었는가? 그는 하나님께 감사하기 위하여 밤중에 일어났다. 하나님의 크고 선한 일들을 생각할 때에 그는 잠을 잘 수 없어서 생생하게 깨어 있었다. 그는 하나님께서 영광을 받으시는 것에 대하여 열심이 있었기 때문에 남들이 침상에서 곤히 자고 있을 때에 무릎을 꿇고 기도하였다. 그는 사람들에게 보이는 것을 좋아해서 그렇게 한 것이 아니었고, 우리 천부께서 보시도록 은밀히 감사하였다. 그는 여호와의 성전 뜰에서 하나님을 찬송하였었지만, 그의 침상에서도 다시 하나님을 찬송하고자 한다. 공예배를 드렸다고 해서 홀로 은밀하게 드리는 예배가 필요없는 것이 아니다. 다윗은 그의 마음이 하나님의 규례들과 판단들에 의해서 감화를 받았을 때에 그 감화가 식기 전에 지체없이 하나님께 즉시 감사를 올려 드

렸다. 하나님을 공경하는 그의 태도를 눈여겨 보라. 그는 가만히 누워서 감사를 드린 것이 아니라, 좀 더 엄숙하게 감사를 드리기 위하여 차갑고 어두운 밤중에 침상에서 일어났다. 그가 얼마나 시간을 잘 선용하는 선한 농부인지를 보라. 그는 침상에 누워서 잠이 오지 않을 때에 일어나서 기도하고자 하였다.

63나는 주를 경외하는 모든 자들과 주의 법도들을 지키는 자들의 친구라

다윗은 자기가 하나님을 얼마나 많이 사랑하는지를 자주 표현하였었다. 여기에서 그는 자기가 하나님의 백성을 얼마나 많이 사랑하는지를 표현한다. 좀 더 살펴보자.

1. 다윗은 하나님의 백성을 왜 사랑하였는가? 그것은 그들이 그의 가장 좋은 친구들로서 가장 확실하게 그의 세력이 되었고 가장 적극적으로 그를 섬겼기 때문이 아니라, 그들이 하나님을 경외하고 주의 법도를 지킴으로써 하나님께 영광을 돌리고 그의 나라가 사람들 가운데서 힘있게 되는 것을 도왔기 때문이었다. 성도들을 향한 우리의 사랑은 우리가 그들 속에서 하나님을 보는 것과 그들이 하나님을 섬기는 것을 인하여 그들을 사랑할 때에 진실한 것이 된다.

2. 다윗은 하나님의 백성에 대한 자신의 사랑을 어떻게 보여주었는가? 그는 그들의 친구가 되었다. 그는 동일한 신앙과 소망 속에서 그들과 영적인 교통을 가졌을 뿐만 아니라, 여호와의 뜰에서 열린 거룩한 예식들, 부자나 가난한 자, 왕이나 농부가 모두 함께 참여하는 그 예식들에서 그들과 함께 하였다. 그는 그들의 기쁨과 슬픔을 함께 나누었다(히 10:33). 그는 그들과 친하게 교제하였고, 자신의 체험들을 그들에게 전해 주었으며, 그들의 체험을 참고하였다. 그는 하나님을 경외하는 자들을 자신의 친구로 여겼을 뿐만 아니라, 하나님을 경외하는 자들을 어디에서 만나든 그 누구와도 친구가 되었다. 그는 왕이었지만, 그의 신민들 중에서 가장 가난한 자들이라 해도 그들이 하나님을 경외한다면 그들과 사귀고자 하였다(시 15:4; 약 2:1).

64여호와여 주의 인자하심이 땅에 충만하였사오니 주의 율례들로 나를 가르치소서

1. 다윗은 하나님께서는 모든 피조물들에게 선하셔서 그들의 필요와 그릇을

따라 공급해 주신다고 역설한다. 하늘이 하나님의 영광으로 충만한 것과 마찬가지로, 땅은 주의 긍휼하심으로 충만하고, 주께서 피조물들을 불쌍히 여기셔서 후하고 너그럽게 대해 주셨음을 보여주는 일들로 충만하다. 하나님을 알고 예배하는 자들이 사는 가나안 땅만이 아니라 그 대부분이 여전히 하나님을 모르는 온 땅도 그의 긍휼하심으로 충만하다. 이 땅의 인생들만이 아니라 더 열등한 피조물들조차도 하나님의 선하심을 맛본다. 여호와께서는 그 지으신 모든 것에 긍휼을 베푸시는도다.

2. 그러므로 다윗은 하나님께서 그의 필요와 그릇을 따라서 그를 선대해 주시기를 기도한다. "주의 율례들로 나를 가르치소서. 주는 배고파서 우는 어린 까마귀들을 그것들에게 적합한 양식으로 먹이시는데, 주께서 내 영혼이 필요로 하고 갈망하며 그것 없이는 살아갈 수 없는 영적인 양식, 생명의 양식으로 나를 먹이시지 아니하시겠나이까? 주의 긍휼하심이 땅에 충만하오니, 하늘도 그러하지 아니하겠나이까? 그 때에 주께서 내게 천국에서 영적인 축복들을 주시지 아니하겠나이까?" 은혜를 받은 심령은 하나님의 가르침을 청하는 간구에 힘을 더하기 위해서 그 어떤 것으로부터도 그 이유와 근거를 댈 수 있다. 새들을 먹이지 않고 내버려 두고자 하시지 않는 하나님께서 어찌 그의 자녀들을 가르치지 않고 내버려 두시겠는가?

9. 테트

⁶⁵여호와여 주의 말씀대로 주의 종을 선대하셨나이다 ⁶⁶내가 주의 계명들을 믿었사오니 좋은 명철과 지식을 내게 가르치소서

1. 다윗은 하나님께서 그를 내내 은혜로 대해주셨음을 고백하고 감사한다: 주께서는 주의 종을 선대하셨나이다. 하나님이 우리를 어떻게 대하셨든, 우리는 하나님께서 온전한 사랑 가운데서 우리의 유익을 위하여 우리를 선대하셨고, 우리가 마땅히 받아야 할 대우보다 더 잘 대해 주셨다고 고백하여야 한다. 많은 경우에 하나님은 분에 넘치게 우리를 선대하셨다. 하나님은 그의 모든 종들을 선대하신다. 하나님의 종들 가운데서 하나님께 가혹한 대우를 받았다고 불평한 사람은 아무도 없었다. 주께서는 주의 긍휼하심을 따라서만이 아니라 주의 말씀대로 나를 선대하셨나이다. 하나님의 은총들은 우리가 그것들을 하나님

의 약속과 비교해 보고 그 원천에서 흘러나온 것으로 볼 때에 가장 잘 드러나게 된다.

2. 다윗은 이러한 체험들을 토대로 해서 하나님의 가르침을 청한다. "좋은 명철과 지식을 내게 가르치셔서, 나로 하여금 주의 은혜로 말미암아 내가 받은 것을 따라서 어느 정도 행할 수 있게 하소서." 내게 선한 지각(원어는 이런 뜻이다)을 가르치셔서, 진리와 거짓, 선과 악을 분별할 수 있게 하소서. 왜냐하면, 입이 음식의 맛을 구별함 같이 귀는 말을 분간하기 때문이다. 우리는 하나님께서 우리에게 분별력을 주셔서 우리가 영적인 지각을 사용함으로 연단을 받을 수 있게 해 달라고 기도하여야 한다(히 5:14). 지식은 있지만 명철은 없는 사람들이 많다. 이 두 가지를 다 지닌 자들은 사탄의 올무를 능히 막아낼 수 있도록 잘 무장되어 있는 것이고, 하나님과 그들의 세대를 섬기는 데에 잘 준비를 갖추고 있는 것이다.

3. 다윗은 이러한 간구를 한 가지 호소로 밑받침한다. "내가 주의 계명들을 믿었고 받아들였으며 그것들이 선하다는 것에 동의하여 그 통치에 복종하였나이다. 그러므로 여호와여, 내게 가르치소서." 하나님께서 우리에게 선한 마음을 주셨다면, 우리는 선한 머리도 주시라고 믿음으로 기도하면 좋을 것이다.

⁶⁷**고난 당하기 전에는 내가 그릇 행하였더니 이제는 주의 말씀을 지키나이다**

다윗은 여기에서 자기가 체험한 것을 우리에게 들려준다.

1. 일이 잘 될 때에 오는 시험들에 대하여. "내가 고난 당하기 전에는, 즉 내가 평안하고 풍족하여 아무런 고생도 몰랐을 때에는 하나님과 나의 본분을 떠나서 그릇 행하여 어그러진 길로 갔다." 죄란 어그러진 길로 가는 것이다. 우리는 이 세상에서 걱정과 근심이 없고 편안하게 살아갈 때에 하나님을 떠나기가 대단히 쉽다. 모든 일이 잘 되어 형통하는 것은 불행히도 많은 죄악들이 끼어들 소지를 준다. 그것은 사람들로 하여금 스스로 속아서 육체의 소욕에 빠지고 하나님을 잊어버리며 세상을 사랑하고 하나님의 말씀의 책망들에 귀를 막아 버리게 만든다(시 30:6을 보라). 고난을 당하게 되면, 우리는 고난 당하기 전에 우리가 어디에서 그리고 어떻게 어그러진 길로 가서 그릇 행하였는지를 생각해 내서 그 고난의 목적을 알아내는 것이 좋다.

2. 고난의 유익에 대하여. "이제는 내가 주의 말씀을 지켜서, 그릇 행하는 것에서 돌아와 회복되었다." 하나님은 그를 떠난 자들을 정신차리게 하는 수단으로 고난과 환난을 자주 사용하신다. 하나님께서 우리에게 고난을 주시면, 우리는 스스로 낮아져서 죄를 깨닫게 되고 세상의 헛됨을 알게 된다. 고난은 우리의 마음을 부드럽게 만들고, 하나님의 징계와 훈육에 귀를 기울이게 만든다. 탕자는 고생을 하게 되자 먼저 제정신이 들었고 그런 후에 아버지에게 돌아오게 되었다.

[68]주는 선하사 선을 행하시오니 주의 율례들로 나를 가르치소서

1. 다윗은 하나님의 선하심을 찬송하고, 그것에 대하여 하나님께 영광을 돌린다: 주는 선하사 선을 행하시나이다. 조금이라도 하나님을 알고 하나님께서 자신을 어떻게 대하셨는지를 아는 모든 자들은 하나님이 선을 행하셨다고 고백하지 않을 수 없게 되고, 따라서 하나님은 선하시다고 결론을 내리게 된다. 하나님의 선하심의 물줄기들은 그 수가 너무도 많고 모든 피조물들에게 너무도 풍성하고 강력하게 흘러오기 때문에, 우리는 그 물줄기들의 원천(源泉) 자체가 마름이나 다함이 없다는 결론을 내리지 않을 수 없다. 우리는 우리 하나님께서 날마다 얼마나 많은 선을 행하시는지를 알지 못하고, 하나님이 얼마나 선하신지에 대해서는 더더욱 알지 못한다. 따라서 우리는 그것을 경배와 거룩한 사랑과 감사함으로 고백할 수밖에 없다.

2. 다윗은 하나님께서 은혜를 베푸셔서 자기가 그 은혜의 인도하심과 감화 아래 있게 해 달라고 간구한다: 주의 율례들로 나를 가르치소서. "여호와어, 주는 모든 피조물들에게 선을 행하시고 풍성하게 은혜를 베푸시는 자시니이다. 내가 주께서 내게 베풀어 주시라고 간구하는 선은 이것이오니, 내게 나의 도리를 가르치시고, 그 도리를 행하고자 하는 마음을 주시며, 내게 능력을 주셔서 그 도리를 행하게 하소서. 주는 선하사 선을 행하시나이다. 여호와어, 주의 율례들로 나를 가르치셔서, 내가 선하고 선을 행하게 하시며, 선한 마음을 가지고서 선한 삶을 살게 하소서." 하나님은 선하시고 정직하시니 그의 도로 죄인들을 교훈하시리라는 소망을 가질 수 있다는 것은 가엾은 죄인들에게 큰 힘이 된다(시 25:8).

⁶⁹교만한 자들이 거짓을 지어 나를 치려 하였사오나 나는 전심으로 주의 법도들을 지키리이다 ⁷⁰그들의 마음은 살져서 기름덩이 같으나 나는 주의 법을 즐거워하나이다

다윗은 여기에서 자기 주변에 있는 교만하고 악한 자들에 대하여 그가 어떻게 하였는지를 우리에게 말해 준다.

1. 그는 그들의 악의를 겁내지 않았고, 그 악의 때문에 자신의 도리를 행하는 데에 주춤하지도 않았다: 교만한 자들이 거짓을 지어 나를 치려 하였나이다. 이렇게 그들은 그의 명성을 훼손시키고자 하였다. 목숨 자체를 비롯해서 우리가 이 세상에서 가지고 있는 모든 것은 아무런 양심의 거리낌도 없이 거짓을 지어내는 자들에 의해서 위태로워질 수 있다. 교만한 자들은 다윗의 명성으로 인해서 그들의 권위가 깎였기 때문에 어떻게든 그 명성에 흠집을 내고자 하였다. 그들은 다윗을 짓밟는 것을 당연시하고 심지어 자랑스러워하였기 때문에, 그를 사람들로부터 멸시받게 할 수만 있다면 의도적으로 거짓을 지어내어도 죄가 되지 않는다고 생각하였다. 그들은 악한 꾀를 발휘하여서 그들의 악한 목적을 달성하기 위하여 대놓고 거짓을 지어내고 말도 되지 않는 이야기들을 만들어 내었다. 이렇게 거짓 고소를 당하였을 때에 다윗은 어떻게 하였는가? 그는 그것을 인내로써 감당하고자 하였고, 욕을 먹었을 때에 욕으로 되갚아 주는 것을 금지한 하나님의 법도를 지키고자 하였으며, 아무 말 않고 조용히 앉아서 변함 없는 마음과 결단으로 자신의 도리를 계속해 나가고자 하였다. "그들이 무슨 말을 하든 나는 상관하지 아니하고 주의 법도들을 지키리니, 그들의 비방을 두려워하지 아니하리이다."

2. 그는 그들의 형통을 시기하지 않았고, 그들의 형통에 유혹되어서 자신의 본분에서 떠나지 않았다. 그들의 마음은 살져서 기름덩이 같나이다. 교만한 자들의 마음은 안일하고(시 123:4) 세상 및 그 재물과 쾌락으로 가득 차 있다.

(1) 이것은 그들을 무감각하고 안일하며 우둔하게 만든다. 그들은 감각이 둔하여 잘 느끼지 못한다. 여기에 나오는 표현은 그런 의미로 사용된다(사 6:10): 이 백성의 마음을 살지게 하라(즉, 둔하게 하라). 그들은 하나님의 말씀이나 그의 회초리를 알지 못하고 느끼지 못한다.

(2) 이것은 그들을 육욕에 빠져 방탕하게 만든다. "살찜으로 그들의 눈이 솟아

났나이다(시 73:7). 그들은 감각의 쾌락들 속에서 뒹굴고, 그 쾌락들을 그들에게 최고로 좋은 것으로 여기며, 그 쾌락들은 그들에게 많은 좋은 것들을 해주나이다. 나는 내 입장을 바꿔서 그들처럼 되려고 하지 않고, 주의 법을 즐거워하나이다. 나는 하나님의 말씀의 약속들을 나의 보장(保障)으로 삼고, 하나님과의 교통 속에서 충분한 즐거움을 누리오니, 그 즐거움은 다른 그 어떤 즐거움과 비할 수 없는 것이니이다." 영적인 즐거움들을 잘 아는 하나님의 자녀들은 이 세상의 자녀들이 누리는 육적인 쾌락들을 시기하거나 부러워할 필요가 없다.

71 고난 당한 것이 내게 유익이라 이로 말미암아 내가 주의 율례들을 배우게 되었나이다

1. 고난 당하는 것은 가장 훌륭한 성도들의 운명이라는 것. 교만한 자들과 악한 자들은 온갖 부귀영화를 누리며 즐겁게 살았지만, 다윗은 하나님을 가까이하고 자신의 본분을 지켰음에도 여전히 고난 중에 있었다. 하나님의 백성은 잔에 가득한 물을 다 마시게 되어 있다(시 73:10).

2. 고난 당하는 것이 하나님의 백성에게 유익이라는 것. 다윗은 체험적으로 이렇게 말할 수 있었다: 그것이 내게 유익이었노라. 그는 그가 받은 고난들을 통해서 수많은 선한 교훈을 배웠고, 수많은 선한 도리를 행하게 되었는데, 만약 고난이 없었다면, 그는 그런 것들을 배우거나 행하지 못했을 것이었다. 하나님께서 그에게 고난을 주신 것은 그로 하여금 하나님의 율례들을 배우도록 하기 위한 것이었다. 그러한 의도는 이루어졌다. 고난을 통해서 하나님을 아는 지식과 은혜가 다윗에게 더 풍성해졌기 때문이다. 하나님은 다윗을 회초리로 때려서 가르치셨다. 채찍과 꾸지람이 지혜를 주느니라.

72 주의 입의 법이 내게는 천천 금은보다 좋으니이다

여기에는 다윗이 고난을 통해서 하나님의 율례들을 배움으로써 그 이익이 손해를 상쇄하고도 남음이 있다는 것을 알고서 자기가 진정으로 고난으로 인해서 이익을 본 자가 되었다고 생각하게 된 이유가 나온다. 왜냐하면, 그

가 고난을 통해서 알게 된 하나님의 법은 그에게 그가 고난으로 인하여 잃은 모든 금은보다 더 좋은 것이었기 때문이다.

1. 다윗은 우리와 비교해서 하나님의 말씀을 조금밖에 가지고 있지 않았지만, 그 말씀을 이루 말할 수 없이 소중히 여겼다. 그러므로 신구약 성경을 통째로 가지고 있으면서도 그 성경을 낯선 물건인 양 바라보는 우리는 변명할 여지가 없다. 다윗이 율법을 소중히 여긴 것은 그것이 하나님의 입의 법이자 하나님의 뜻이 계시된 것이며 하나님의 권위에 의해서 인준된 것이었기 때문이었음을 주목하라.

2. 다윗은 우리와 비교해서 엄청난 양의 금은을 가지고 있었지만, 그 금은을 조금도 소중히 여기지 않았다. 그의 재물은 늘어났지만, 그는 재물이 아니라 하나님의 말씀에 마음을 두었다. 하나님의 말씀은 그가 가진 모든 보화보다도 그에게 더 좋은 것이었고, 더 좋은 즐거움을 안겨 주었으며, 더 좋은 의지처이자 유업이었다. 다윗의 시편과 솔로몬의 잠언을 읽고 믿은 자들은 하나님의 말씀을 이 세상의 재물보다 훨씬 더 좋아하게 될 수밖에 없다.

10. 요드

[73]주의 손이 나를 만들고 세우셨사오니 내가 깨달아 주의 계명들을 배우게 하소서

1. 다윗은 하나님을 자연의 하나님이자 자기를 지으신 자로 경배한다: 주의 손이 나를 만들고 빚으셨나이다(욥 10:8). 첫 사람만이 아니라 모든 사람은 진정으로 하나님의 손에 의해 지음받은 자들이다(시 139:15-16). "주의 손이 나를 만들고 내게 존재를 부여하셔서서 내가 존재하게 되었을 뿐만 아니라, 주의 손이 나를 빚으셔서 나를 이러한 존재, 여러 가지 능력과 자질들을 부여받은 이 고상하고 탁월한 존재가 되게 하셨나이다." 그러므로 우리는 우리를 지으심이 심히 기묘함을 고백하지 않을 수 없다.

2. 다윗은 하나님을 은혜의 하나님으로 부르며, 하나님께서 그를 새롭고 더 나은 존재가 되게 해 달라고 간구한다. 하나님은 그를 섬기고 누리도록 하기 위하여 우리를 지으셨다. 그러나 우리는 죄로 인하여 하나님을 섬길 수 없게 되었고 하나님을 누리기에 적합하지 않은 자들이 되어 버렸다. 그러므로 우리는 새롭고 거룩한 본성을 가져야 한다. 그렇지 않는다면, 우리의 타락한 인간

본성만으로는 아무 소용이 없다. 그래서 다윗은 이렇게 기도한다: "여호와여, 주는 주의 영광을 위하여 주의 권능으로 나를 지으셨사오니, 주의 은혜로 나를 새롭게 하사, 나로 하여금 나를 창조하신 주의 목적에 합당하게 살아가게 하소서: 내가 깨달아 주의 계명들을 배우게 하소서." 하나님은 사람들에게 깨달음을 주심으로써 사람들 가운데서의 그의 세력을 확보하고 회복하신다. 왜냐하면, 하나님은 바로 그 문, 즉 깨달음이라는 문을 통해서 사람의 영혼 속으로 들어오셔서 그 영혼을 차지하시기 때문이다.

[74] 주를 경외하는 자들이 나를 보고 기뻐하는 것은 내가 주의 말씀을 바라는 까닭이니이다

1. 하나님의 구원에 대한 소망 가운데서 이 선한 자가 지닌 확신. "내가 주의 말씀을 바랐나이다. 나는 주의 말씀을 바라는 것이 헛되지 않다는 것을 경험하였고, 주의 말씀이 내게 이루어지지 않은 적이 없었으며, 내가 주의 말씀을 기대하고서 실망한 적이 없었나이다. 그것은 나를 부끄럽게 하지 않고 마침내 결실을 맺어서 만족시키는 소망이나이다."

2. 다른 선한 자들도 그와 더불어서 그 구원의 기쁨에 동참함. "주를 경외하는 자들이 나를 보고, 즉 내가 주의 말씀에 대한 소망으로 인하여 구원하심을 받고 나의 소망대로 건지심을 받는 것을 보고 기뻐하나이다." 하나님의 자녀들은 그들 중의 어떤 자들이 하나님 안에서 지니고 있는 위로들과 하나님께로부터 받은 은총들을 함께 기뻐하여야 한다. 바울은 하나님께서 그에게 주신 은혜에 대하여 많은 사람들이 하나님께 감사를 드리게 되었으면 좋겠다는 소망을 자주 피력하였다(고후 1:11; 4:15). 또는, 이 말씀은 좀 더 일반적으로 해석될 수도 있다. 선한 자들은 서로를 보는 것만으로도 기뻐한다. 그들은 하나님의 말씀에 대하여 견고한 소망을 지닌 자들을 특히 기뻐한다.

[75] 여호와여 내가 알거니와 주의 심판은 의로우시고 주께서 나를 괴롭게 하심은 성실하심 때문이니이다

다윗은 여전히 고난 중에 있는데, 그 가운데서 이렇게 고백한다.

1. 하나님께서 그의 죄를 바로잡으신 것은 의로우신 일이었다는 것: 여호와여, 내가 알거니와 주의 심판은 의로우시고 의(義) 자체이니이다. 하나님이 우리를 아무리 괴롭게 하더라도, 하나님은 우리에게 잘못하지 않으시기 때문에, 우리는 하나님이 잘못하신 것이라고 비난하거나 고소할 수 없고, 도리어 하나님이 우리가 마땅히 받았어야 할 심판보다 약하게 우리를 징계하신다는 것을 인정하여야 한다. 우리는 하나님은 그 본성이 거룩하시고 그의 다스리시는 모든 행위들이 지혜롭고 의로우시다는 것을 알기 때문에, 우리에게 닥친 몇몇 구체적인 일들 속에는 우리가 쉽게 설명할 수 없는 난점들이 있을지라도, 전체적으로 하나님의 심판은 의로우시다는 것을 고백하지 않을 수 없다.

2. 하나님께서 그 약속을 이루시는 것은 순전히 은혜라는 것. 앞에서 말한 것을 생각할 때에 우리는 고난 중에서 아무런 말도 할 수 없고 불평할 수도 없지만, 여기서 말하는 것을 생각할 때에 우리는 만족하며 기뻐할 수 있게 된다. 왜냐하면, 고난은 하나님의 언약 속에 들어 있는 것이고, 우리를 해치기 위한 것이 아니라 우리의 유익을 위한 것이기 때문이다. "나를 구원하시기 위한 선한 목적을 따라서 주는 성실하심 때문에 나를 괴롭게 하셨나이다." 우리에게 아무런 일도 없을 때에 우리가 하나님의 심판은 의로우시다고 말하기는 쉽지만, 막상 우리가 실제로 하나님의 심판을 받게 되었을 때에 그렇게 말하기는 쉽지 않다. 그러나 다윗은 자신이 그 경우를 당했을 때에 "하나님께서 내게 주신 고난조차도 의로우시고 인자하시다"는 데에 순순히 동의한다.

[76]구하오니 주의 종에게 하신 말씀대로 주의 인자하심이 나의 위안이 되게 하시며 [77]주의 긍휼히 여기심이 내게 임하사 내가 살게 하소서 주의 법은 나의 즐거움이니이다

1. 다윗은 은총을 베풀어 달라고 하나님께 간절히 구함. 하나님께서 고난을 주신 것이 의로우시다는 것을 고백한 자들(다윗이 앞에서 그랬던 것처럼, 75절)은 고난 가운데서 믿음으로 겸손하고 담대하게 하나님의 긍휼하심 및 그 긍휼하심의 징표들과 열매들을 간절히 구할 수 있다. 다윗은 하나님의 긍휼에 풍성하신 인자하심(76절)과 애정을 가지고 긍휼히 여기심(77절)을 베풀어 달라고 기도한다. 그는 하나님께 무엇을 맡겨 놓은 자처럼 자신의 권리를 주장하며 내

놓으라고 할 수는 없었지만, 고난 가운데서 그를 붙들어 줄 수 있는 것은 전적으로 비참한 곤경에 빠져서 스스로는 아무것도 할 수 없는 자를 긍휼히 여기시고 불쌍히 여기시는 하나님께로부터만 올 수 있었다. "그러한 것들, 즉 주께서 나에 대하여 인자하시고 나를 긍휼히 여기신다는 것을 분명하게 보여주는 증거들과 그 결과들이 내게 임하게 하소서. 그러한 것들이 역사하여 나로 하여금 구원을 받고 건지심을 받게 하소서."

2. 다윗이 하나님의 인자하심으로부터 기대한 유익. "주의 인자하심이 내게 임하여 나의 위안이 되게 하소서(76절). 그것은 다른 그 어떤 것도 줄 수 없는 위로를 내게 주리이다. 내가 어떤 근심이 있다고 하여도, 그것은 내게 위로가 되리이다." 은혜를 받은 영혼들은 모든 행복과 기쁨의 원천이신 은혜로우신 하나님에게서 그들의 모든 위로를 가져온다. "주의 인자하심이 내게 임하사 내가 살게 하소서. 즉, 내가 다시 생기를 얻게 하시고, 나의 삶이 내게 달콤한 것이 되게 하소서. 왜냐하면, 내가 하나님의 진노하심 아래에 있는 동안에 나는 살아 있어도 기쁨이 없기 때문이니이다. 그의 은총 속에 생명이 있고, 그의 진노 속에 죽음이 있나이다." 선한 자는 그에 대한 하나님의 은총을 보여주는 징표들이 사라지는 즉시로 살아 있어도 전혀 만족을 느낄 수 없다.

3. 다윗은 하나님의 은총으로 인한 유익들을 얻기 위하여 두 가지를 호소함.

(1) 그는 하나님의 약속에 호소한다. "주의 종에게 하신 말씀대로 주의 인자하심을 내게 베푸시고, 주께서 약속하신 그 인자하심을 베푸소서. 주께서 그 인자하심을 약속하셨음이니이다." 우리 주님께서는 그의 모든 종들에게 그가 그들에게 인자하심을 베풀겠노라고 약속하셨기 때문에, 그들은 주님께 그 약속을 들어서 호소할 수 있다.

(2) 그는 자기가 그 약속을 신뢰하고 만족한다고 호소한다. "주의 법은 나의 즐거움이니이다. 나는 주의 말씀을 소망하고, 그 소망 안에서 즐거워하나이다." 하나님의 법을 즐거워하는 자들은 하나님의 은총에 의지할 수 있다. 왜냐하면, 하나님의 법은 반드시 그들을 복되게 만들 것이기 때문이다.

[78]교만한 자들이 거짓으로 나를 엎드러뜨렸으니 그들이 수치를 당하게 하소서 나는 주의 법도들을 작은 소리로 읊조리리이다 [79]주를 경외하는 자들이 내게 돌아오게 하소서 그리하시면 그들이 주의 증거들을 알리이다

다윗은 여기에서 다음과 같은 것들을 보여준다.

I. 그는 죄인들의 뜻을 얼마나 대수롭지 않게 여겼는가? 그에게 못되게 굴고, 그를 괴롭히며 못살게 하고, 자신의 이익을 좇아서 그를 해치고자 하며, 그가 말하고 행하는 모든 것을 곡해하는 자들이 있었다. 아무리 공명정대하게 행하는 자들일지라도 그들에게 못되게 구는 자들이 있을 수 있다. 그러나 다윗은 그런 것을 개의치 않았는데, 그 이유는 다음과 같았다.

1. 그는 그들이 그러는 것이 정당한 이유가 없다는 것과 그가 사랑하는데도 그들이 그의 대적들이 되었다는 것을 알고 있었기 때문이다. 우리는 아무런 이유 없는 비방이나 욕을 쉽게 무시해 버릴 수 있다. 그런 것은 우리를 다치게 하지 못하기 때문에, 우리는 그런 것에 동요될 필요가 없다.

2. 그는 그들이 그런 일로 인하여 수치를 당하게 해 달라고 믿음으로 기도할 수 있었기 때문이다. 하나님께서 그에게 은총을 베푸시면, 그에게 못되게 굴었던 자들은 자신의 행위를 돌아보고서 부끄러워하게 될 것이다. "그들이 수치를 당하게 하소서. 즉, 그들이 회개하거나 망하게 하소서."

3. 그는 계속해서 자신의 도리를 다하는 가운데 그 속에서 위로를 발견할 수 있었기 때문이다. "그들이 나를 어떻게 대하든, 나는 주의 법도들을 작은 소리로 읊조리고 묵상하며 즐거워하리이다."

II. 그는 성도들의 뜻을 얼마나 소중히 여겼고, 그들의 의견을 따라서 올바르게 서서 계속해서 그들과 함께 하고 교통하기를 얼마나 소원하였는가? 주를 경외하는 자들이 내게 돌아오게 하소서. 이 말씀의 의미는 그들이 그의 편을 들어주고 그를 위하여 무장하게 해 달라는 것이 아니라 그들이 그를 사랑하여 그를 위하여 기도하며 그와 사귐을 갖게 해달라는 것이다. 선한 자들은 선한 자들끼리 서로 사귐을 갖고 교제하기를 원한다. 어떤 이들은 이 말씀은 다윗이 우리야를 죽이는 저 더러운 죄를 범하였을 때에 비록 그가 왕이었지만 하나님을 경외하는 자들이 그를 부끄럽게 여겨서 그를 멀리하고 그에게서 떠난 것과 관련이 있다고 생각한다. 이 일은 그를 괴롭게 하였다. 그래서 그는 그들이 다시 내게 돌아오게 해 달라고 하나님께 기도한다. 그는 단지 정직할 뿐만 아니라 주의 증거들을 알아서 지성을 갖춘 자들, 선한 마음과 아울러서 선한 머리도 가지고 있어서 덕을 세우기에 유익한 대화를 나눌 수 있는 자들과 특히 어울리기를 소원한다. 그런 자들과 친하게 교제하는 것은 바람직한 일이다.

[80]내 마음으로 주의 율례들에 완전하게 하사 내가 수치를 당하지 아니하게 하소서

1. 다윗은 자기가 표리부동하지 않은 정직한 자가 되게 해 달라고 기도함. 그는 그의 마음이 하나님의 율례들에 착념하여 그 율례들 안에서 부패하거나 속임이 없는 완전한 마음이 되게 해주시고, 경건의 모양 안에서 안주하는 것이 아니라 경건의 능력을 알게 하셔서 진실되고 변함없는 신앙을 가지며 그의 영혼이 건강할 수 있게 해 달라고 기도한다.

2. 다윗은 위선의 결과를 두려워함: 내가 수치를 당하지 아니하게 하소서. 수치는 위선자들의 몫이다. 그들은 회개하면 이 세상에서만 수치를 당하게 되겠지만, 회개하지 않는다면 저 세상에서도 수치를 당하게 될 것이다. "내 마음으로 완전하게 하사 내가 추악한 죄에 빠지거나 하나님의 길들에서 벗어나서 수치를 자초하지 않게 하소서. 내 마음으로 완전하게 하사 내가 은혜의 보좌 앞에 담대히 나아갈 수 있게 하시고, 저 큰 날에 한 점 흠 없이 내 얼굴을 들게 하여 주소서."

11. 캅

[81]나의 영혼이 주의 구원을 사모하기에 피곤하오나 나는 주의 말씀을 바라나이다 [82]나의 말이 주께서 언제나 나를 안위하실까 하면서 내 눈이 주의 말씀을 바라기에 피곤하나이다

시편 기자는 여기에서 다음과 같이 한다.

I. 하늘로부터의 도우심을 갈망함. 나의 영혼이 피곤하고, 내 눈이 피곤하나이다. 그는 주의 구원과 주의 말씀, 즉 하나님의 말씀을 따른 구원을 갈망한다. 이렇게 그는 공상 속에서 만들어 낸 것들이 아니라 믿음의 대상들, 즉 그로 하여금 신음하게 만들고 있는 현재의 재난들 및 그를 심하게 누르고 있는 의심과 두려움으로부터의 구원을 바란다. 이 말씀은 메시야의 오심에 관한 것으로 이해할 수 있는데, 그렇다면 그는 구약 교회의 이름으로 말하고 있는 것이 된다. 믿음이 있는 자들의 영혼은 선지자들이 증거한 그 구원을 피곤해질 때까지 보고자 하였다(벧전 1:10). 그들의 눈은 그 구원을 바라느라 쇠약해졌다. 아브라함을 비롯한 믿음의 선조들은 그 구원을 멀리서 보았지만, 거리가 너무 멀어서

눈을 크게 뜨고 바라보았어도 제대로 볼 수 없었다. 다윗은 지금 심한 낙심 가운데 있었고, 그 기간이 오래 되었기 때문에, 그의 눈은 이렇게 소리쳤다. "주께서 언제나 나를 안위하실까? 주의 구원으로 나를 위로하시고, 주의 말씀으로 나를 위로하소서." 좀 더 살펴보자.

1. 하나님의 백성의 구원과 위로는 때가 되면 반드시 이루어지는 말씀에 의해서 확보되고 보장된다.

2. 약속된 구원과 위로는 흔히 오랫동안 지체되는 경우가 많아서, 하나님의 백성들은 그것들을 기다리다가 지쳐서 쓰러지기 쉽다.

3. 약속된 구원과 위로가 너무 더디 온다고 생각될지라도, 우리는 그 구원을 끈기있게 기다려야 하고, 인내하지 못하여 그 구원에 못미치는 다른 것을 덥석 받아들여서는 안 된다. "내 마음은 주의 구원, 주의 말씀, 주의 위로만을 변함없이 바라나이다."

Ⅱ. 그 도우심이 반드시 오리라고 확신하고서 비록 지체되더라도 끈기있게 기다림. 나는 주의 말씀을 바라나이다. 그러나 그 말씀을 바라느라 마음이 피곤하고 눈이 쇠약해진다고 하더라도, 믿음은 결코 약해져서는 안 된다. 왜냐하면, 묵시는 정한 때가 있나니 결국 이루어지겠고 결코 거짓되지 아니할 것이기 때문이다.

[83]내가 연기 속의 가죽 부대 같이 되었으나 주의 율례들을 잊지 아니하나이다

다윗은 다음과 같은 이유들을 들어서 하나님께서 속히 그를 위로해 주시라고 간구한다.

1. 그의 고난이 커서 그는 하나님이 불쌍히 여기시기에 합당한 대상이 되었다는 것: 여호와여, 나를 속히 도우소서. 왜냐하면, 내가 연기 속의 가죽 부대, 연기 속에 한참 있게 되면 그을음으로 검게 될 뿐만 아니라 마르고 쪼그라들어서 못쓰게 되어 버릴 가죽 부대 같이 되었기 때문이니이다. 이렇게 다윗은 나이와 질병과 슬픔으로 쇠약해졌다. 고난을 당하게 되면 아무리 튼튼하고 다부진 사람이라도 부드러워지게 되는 법이다! 다윗은 장미꽃처럼 홍조를 띤 생기발랄한 용모를 지니고 있었지만, 지금은 그런 용모는 간데 없고, 야위고 주름진 얼굴뿐이었다. 좀이 의복을 갉아먹듯이, 이렇게 하나님의 책망 아래에서 사람

의 아름다운 용모는 사라져 버린다. 연기 때문에 우글쭈글해진 가죽 부대는 아무런 쓸데가 없어서 버려지게 된다. 누가 그런 낡은 가죽부대에 포도주를 담겠는가? 이렇게 다윗은 비천한 처지로 떨어진 자신을 천하고 깨진 그릇, 좋아하지 아니하는 그릇으로 여겼다. 선한 자들은 그들이 의기소침하고 우울해질 때에 종종 자신을 실제보다 더 하찮은 존재로 생각하게 된다.

2. 그의 고난이 컸지만 그는 자신의 도리를 지켰기 때문에 여전히 하나님의 약속 안에 있다는 것: 내가 주의 율례들을 잊지 아니하나이다. 우리의 외적인 처지가 어떠하든, 하나님의 말씀을 사모하는 우리의 마음이 식어서는 안 되고, 우리의 마음에서 그러한 사모함이 빠져나가는 일이 있어서도 안 된다. 우리의 마음이 걱정과 근심으로 가득 차서 하나님의 말씀이 들어설 자리가 없게 해서는 안 된다. 어떤 이들이 술을 마시다가 법을 잊어버리는 것처럼(잠 31:5), 어떤 이들은 울다가 하나님의 법을 잊어버린다. 그러나 우리는 형통하든 역경에 처해 있든 어떠한 처지에서도 하나님의 일들을 기억하여야 한다. 우리가 하나님의 율례들을 마음에 두고 있기만 한다면, 비록 한동안은 하나님께서 우리를 잊어버리신 것처럼 보일지라도, 우리는 하나님이 우리의 슬픔을 권념(眷念)하시리라는 것을 소망할 수 있고, 또 그렇게 해 달라고 기도할 수 있다.

[84]주의 종의 날이 얼마나 되나이까 나를 핍박하는 자들을 주께서 언제나 심판하시리이까

1. 다윗은 자신이 받는 고난의 도구들이 된 자들에 대하여 하나님께서 자기를 핍박한 자들을 속히 심판해 달라고 기도한다. 그는 스스로 원수를 갚을 수 있도록 힘을 달라고 기도하는 것이 아니라(그는 그 누구에게도 악의를 품고 있지 않았다), 원수 갚는 권한을 가지고 계신 하나님께서 보좌에 앉으사 의롭게 심판하시는 분으로서 그의 원수를 갚아 달라고 기도한다(롬 12:19). 하나님이 그의 백성을 핍박하는 모든 교만한 자들을 심판하시고 그의 백성을 괴롭힌 자들에게 환난을 주실 날이 오고 있고, 그 날은 크고 두려운 날이 될 것이다. 에녹은 그 날에 대하여 예언하였는데(유 1:14), 아마도 다윗은 여기에서 그 예언을 염두에 둔 것으로 보인다. 우리는 그 날을 기다리며, 그 날이 속히 오기를 기도하여야 한다. 주 예수여, 오시옵소서, 속히 오시옵소서.

2. 다윗은 자신의 고난이 오래 지속되었다고 호소한다. "주의 종의 날이 얼마나 되리이까? 내가 살 날이 얼마 남지 않았나이다(어떤 이들은 이렇게 해석한다). 그러므로 내가 떠나 없어지기 전에 주께서 속히 나를 위해 나타나셔서 내 원수들을 심판하셔서, 나의 남은 날들이 모두 비참하지 않게 하소서." 또는, "나의 환난 날이 오래니이다. 여호와여, 그 날들이 얼마나 오래 되었는지를 주께서 아시나이다. 주께서는 언제 다시 내게 긍휼을 베푸시려 하시나이까? 주는 종종 택하신 자들을 위하여 환난의 날들을 감하시나니, 나의 환난 날을 감하여 주소서. 나는 주의 종이니이다. 그러므로 종의 눈이 주인의 손을 바라보듯이, 주께서 내게 긍휼을 베푸실 때까지 내 눈은 주의 손을 바라보나이다."

[85]주의 법을 따르지 아니하는 교만한 자들이 나를 해하려고 웅덩이를 팠나이다 [86]주의 모든 계명들은 신실하나이다 그들이 이유 없이 나를 핍박하오니 나를 도우소서 [87]그들이 나를 세상에서 거의 멸하였으나 나는 주의 법도들을 버리지 아니하였사오니

여기에서 다윗이 심한 핍박을 받고 있는 상황은 그리스도와 그리스도인들의 상황에 대한 모형이자 비유이다. 다윗의 시편들 중에는 그가 핍박받는 것에 대하여 하소연하는 것들이 많은데, 이 시편에서도 이 절들을 포함해서 많은 절들에 그러한 하소연이 나온다. 좀 더 살펴보자.

I. 다윗은 자기를 해치려는 악의를 가지고서 핍박하는 자들이 어떤 자들인지를 설명함.

1. 그들은 교만한 자들로서 교만함 가운데서 그를 핍박하면서, 그들이 이토록 처절하게 울부짖는 자를 짓밟을 수 있다는 것을 자랑스러워하였고, 그의 패망을 딛고 올라서서 출세하고자 하였다.

2. 그들은 불의한 자들이었다: 그들이 이유 없이 나를 핍박하였다. 그들은 다윗에게 누명을 씌우고자 애썼지만, 그는 그들에게 잘못한 것이 전혀 없었다. 도리어 그가 그들을 사랑하였더니 그들이 그의 대적자들이 된 것이었다.

3. 그들은 앙심을 품고 있었다: 그들이 그를 해하려고 구덩이를 팠나이다. 이것은 그들이 그를 해치려고 치밀하게 계획하였고, 그들이 한 일들은 살인의 의도가 있었다는 것을 보여준다. 또한, 이것은 그들이 교활하고 영악하며, 뱀의 독

만이 아니라 뱀의 머리도 가지고 있었다는 것, 그들은 그를 해치는 일이라면 수고를 마다하지 않고 열심을 내었으며, 사냥꾼들이 야생 동물들을 잡기 위해서 그러는 것처럼 그를 잡으려고 은밀하게 올무를 놓는 등 속이는 자들이었다는 것을 보여준다(시 35:7). 이러한 것은 뱀의 후손이 여자의 후손에 대하여 품은 적대감이었다.

4. 이렇게 함으로써 그들은 하나님에 대한 그들의 적대감을 보여주었다. 그들이 그를 해하려고 구덩이들을 판 것은 하나님의 법을 따르는 것이 아니었다. 다윗은 여기서 그들이 이웃에게 악을 행하는 것을 금하고, 특히 나의 기름 부은 자를 손대지 말라고 말씀한 하나님의 법을 크게 범하였다고 말하고 있는 것이다. 율법에서는 어떤 사람이 구덩이를 파서 그것 때문에 다른 사람이 피해를 입었다면 그는 그 피해에 대하여 책임이 있다고 규정하고 있는데(출 21:33-34), 하물며 다른 사람을 해칠 목적으로 구덩이를 판 경우에는 더 말해서 무엇하겠는가?

5. 그들은 그를 세상에서 거의 멸하였을 정도로 그를 해치고자 하는 음모를 지속적으로 밀어부쳤다. 그들은 다윗과 그의 모든 것을 거의 무너뜨렸다. 머지않아 천국에서 지극한 복을 누리게 될 자들이 현재에 있어서 이 세상에서 거의 멸해질 지경이 될 수도 있다. 하지만 그들이 온전히 멸해지지 않는 것은 여호와의 긍휼하심 덕분이다(이것은 그들에 대한 원수들의 악의가 극심하다는 것을 생각한다면 긍휼의 이적이다). 그러나 하나님이 그 속에 계시는 수풀은 비록 탈지라도 완전히 다 타버리지는 않을 것이다.

II. 다윗은 핍박받는 상황에서 하나님을 의지함.

1. 그는 비록 자기가 고난을 받고 있지만 자신의 신앙이 진실하고 선하다는 것을 고백한다. "상황이 어떠하든, 주의 모든 계명들은 신실하니이다. 그러므로 내가 주의 계명들을 지킴으로써 무엇을 잃든지간에, 나는 결국 잃는 자가 되지 않으리라는 것을 아나이다." 참된 신앙은 우리의 모든 것을 다 걸 가치가 있기 때문에, 우리가 그것을 위하여 고난을 받을 만한 가치를 지니고 있다. "사람들은 거짓되고, 나는 사람들이 거짓되다는 것을 체험적으로 아나이다. 지위가 낮은 사람이나 높은 사람이나 다 거짓되기 때문에, 사람들을 의지하는 것은 헛되나이다. 그러나 주의 모든 계명들은 신실하오니, 내가 주의 계명들을 의지할 수 있나이다."

2. 그는 하나님께서 자기 옆에 서셔서 자기를 구해주실 것을 간구한다. "그들이 나를 핍박하오니 나를 도우소서. 고난 중에 있는 나를 도우셔서 내가 고난을 인내로 감당하면서 흠 없이 내 신앙을 견고히 지킬 수 있게 하시고, 때가 되면 나를 도우사 이 고난에서 벗어나게 하소서." 하나님이여 나를 도우소서라는 기도는 모든 것을 포괄하는 뛰어난 기도인데도, 사람들이 이 말을 상투적인 것으로 여겨서 건성으로 사용하곤 하는 것은 애석한 일이다.

Ⅲ. 다윗은 그를 핍박하는 자들의 온갖 악의에도 불구하고 자신의 본분에 충실하였음(87절). 나는 주의 법도들을 버리지 아니하였나이다. 그들이 의도한 것은 다윗에게 겁을 주어서 그를 하나님의 길에서 떠나게 하는 것이었지만, 그들은 그러한 목적을 달성할 수 없었다. 다윗은 하나님의 말씀을 버리느니 차라리 이 세상에서 그에게 소중하였던 모든 것을 버리고자 하였고, 자신의 본분을 다하면서 받는 위로를 잃느니 차라리 자신의 목숨을 잃는 편을 택하고자 하였다.

⁸⁸주의 인자하심을 따라 나를 살아나게 하소서 그리하시면 주의 입의 교훈들을 내가 지키리이다

좀 더 살펴보자.

1. 다윗은 근심 중에서 자신의 본분을 다함. 그의 변함없는 소원과 의지는 하나님의 입의 교훈들을 지키고, 그 교훈들을 자신의 규범으로 삼아 지키며, 그것들을 자신의 영원한 의지처이자 분깃으로 삼아서 꼭 붙드는 것이었다. 우리가 무엇을 잃든지 간에, 우리는 이것을 붙들어야 한다.

2. 다윗은 자기가 그렇게 하도록 하나님께서 은혜를 주셔서 자기를 도와 달라고 기도함. "주의 인자하심을 따라 나를 살아나게 하소서(나를 살아나게 하시고 나를 생기있게 하소서) 그리하시면 주의 입의 교훈들을 내가 지키리이다." 이 말씀은 하나님께서 은혜를 주시지 않는다면 그가 하나님의 교훈들을 지킬 수 없다는 뜻을 함축하고 있다. 하나님께서 우리를 살아나게 하시고 우리 속에 생명을 주시지 않는다면, 우리는 선한 길로 나아갈 수도 없고 선한 길에 계속해서 머무를 수도 없다. 그러므로 우리는 여기에서 모든 선한 일을 행할 힘을 얻기 위해서는 하나님의 은혜를 의지하여야 한다는 가르침을 받고, 우리가 선한 일을 행하는 것은 순전히 하나님의 은총과 은혜의 열매라는 것을 깨닫게 된다.

다윗은 앞서 주의 의로 나를 살아나게 하소서라고 기도하였었는데(40절), 여기에서는 주의 인자하심을 따라 나를 살아나게 하소서라고 기도한다. 우리를 향하신 하나님의 인자하심을 가장 분명하게 보여주는 징표는 하나님이 우리 안에서 선한 일을 행하시는 것이다.

12. 라멧

[89]여호와여 주의 말씀은 영원히 하늘에 굳게 섰사오며 [90]주의 성실하심은 대대에 이르나이다 주께서 땅을 세우셨으므로 땅이 항상 있사오니 [91]천지가 주의 규례들대로 오늘까지 있음은 만물이 주의 종이 된 까닭이니이다

1. 시편 기자는 하나님의 말씀과 그의 모든 계획들은 변할 수 없다고 고백한다. "여호와여, 주의 말씀은 영원히 굳게 섰나이다. 주는 영원히 주이시나이다(어떤 이들은 이렇게 해석한다). 주는 동일하시고, 주께는 변함이 없으신데, 그 증거는 이것이니이다. 주께서 하늘을 지으실 때에 사용하셨던 주의 말씀은 하늘에서 나타나는 그 지속적인 결과들을 통해서 굳게 섰나이다." 또는, 여기 이 땅에서의 온갖 변화나 부침(浮沈)과는 반대로, 하나님의 말씀은 하늘에서 견고히 서 있다. 모든 육체는 풀 같으나 주의 말씀은 세세토록 있도다. 하나님의 말씀은 하늘에, 즉 하나님의 마음속에 숨겨져 있어서 우리는 볼 수 없는 하나님의 비밀한 계획과 모략 속에서 굳게 서 있고, 구리 산 같이 요동함이 없다. 또한 하나님의 계시된 뜻도 그의 비밀한 뜻만큼이나 견고하다. 하나님은 그의 마음의 생각들을 이루실 것임과 마찬가지로, 그의 말씀은 하나라도 땅에 떨어지지 않을 것이다. 왜냐하면, 주의 성실하심은 대대에 이르기 때문이다. 즉, 하나님의 약속은 교회의 모든 세대에 대하여 견고하고, 시간이 지난다고 해서 낡아져서 그 효력이 없어지는 일이 없다. 하나님께서 아주 멀리까지 내다보고 하신 약속들은 각각 때가 되면 이루어질 것이다.

2. 하나님은 그의 말씀이 견고히 서 있다는 것을 증명하기 위하여 자연의 운행이 늘 변함없이 한결같게 하셨다: 주께서 땅을 세우셨으므로 땅이 항상 있나이다. 땅은 처음에 만들어진 모습 그대로 있고, 처음에 놓여진 곳에 그대로 있으며, 스스로의 무게로 균형을 유지하고 있고, 내부에서의 천재지변들, 땅과 맞붙어 있는 바다의 격동들, 땅을 둘러싸고 있는 대기의 격렬한 변화들에도 불구

하고 요동치 않고 그대로 있다. "천지(하늘과 땅, 거기에 있는 만상)가 주의 규례들대로 오늘까지 있나이다. 천지는 주께서 그것들을 두신 곳에 그대로 있고, 그것들에게 정해진 공간을 채우고 있으며, 그것들이 지음받은 목적을 수행하고 있나이다." 하나님께서 낮과 밤, 하늘과 땅에 관한 규례들을 견고히 하신 것은 하나님의 언약이 영원하다는 것을 증명하시기 위한 것이었다(렘 31:35-36; 33:20-21). 낮과 밤과 여름과 겨울이 변함없이 제때에 찾아오는 것은 하나님이 노아에게 하신 약속 덕분이다(창 8:22). "천지는 태초에 그들에게 주어진 규례들을 따라서 오늘까지 있고, 앞으로도 종말의 때까지 있을 것이나이다. 왜냐하면, 만물은 주의 종이기 때문이니이다. 천지는 주의 종들이오니, 주의 뜻을 행하고 주의 영광을 나타내나이다." 모든 피조물은 자신의 자리에서 자기 역량을 따라서 창조주를 섬기고 자기를 지으신 하나님의 뜻을 받든다. 그런데 사람만이 유독 반역하는 존재가 되어서 하나님을 거스르고 이 땅에 무익한 짐이 되어서야 되겠는가?

⁹²주의 법이 나의 즐거움이 되지 아니하였더면 내가 내 고난 중에 멸망하였으리이다

1. 다윗은 큰 고난 중에 있었다는 것. 그는 고난 중에 있었고, 그의 고난 중에서 멸망할 뻔하였다. 즉, 그는 죽음에 이르지는 않았지만, 절망에 빠져서 모든 것을 체념하고서 자기가 하나님에게서 끊어진 것으로 여길 뻔하였다. 다윗은 자기가 멸망하지 않은 것, 자신의 환난으로 인하여 정신이 나가버리지 않고 자신의 심령을 제대로 다잡을 수 있었던 것, 특히 환난으로 인하여 신앙에서 떠나지 않고 하나님을 여전히 가까이할 수 있었던 것과 관련해서 그를 향하신 하나님의 선하심을 찬송한다. 비록 우리가 고난을 피할 수 없다고 하여도, 고난 중에서 멸망하지 않는다면, 우리는 우리 손을 씻어 무죄하다 한 것이 실로 헛되도다라거나 우리가 하나님을 섬긴 것이 무엇이 유익하리요라고 말할 이유가 없다.

2. 고난 중에서 다윗에게 힘이 되어준 것. 하나님의 법이 그의 즐거움이었다.

(1) 이것은 이전에도 그러하였는데, 그것을 회상하는 것은 그에게 위로가 되었다. 또한, 그것은 그가 흠이 없고 온전하다는 것을 보여주는 좋은 증거였다.

(2) 이것은 그가 고난 중에 있는 지금에도 그러하였다. 하나님의 법은 그에

게 풍성한 위로를 주었고, 그는 사람이 만든 물웅덩이가 망가지거나 말라버린 상황 속에서 이 생명의 샘에서 생수를 길어 올렸다. 하나님의 법을 가까이하여 대화하고 묵상하는 일은 고독과 슬픔 속에서 그에게 큰 즐거움과 위안이 되었다. 성경은 우리가 마음을 열기만 하면 언제라도 우리에게 기분 좋은 친구가 되어 준다.

[93]내가 주의 법도들을 영원히 잊지 아니하오니 주께서 이것들 때문에 나를 살게 하심이니이다

1. 다윗의 지극히 선한 결심. "내가 주의 법도들을 영원히 잊지 아니하오니, 항상 주의 말씀을 기억하고서 나의 규범으로 지키리이다." 이것은 결코 바뀔 수 없는 영원한 결심이었다. 하나님의 말씀에 대한 우리의 사랑을 보여주는 최고의 증거는 하나님의 말씀을 결코 잊지 않는 것임을 명심하라. 우리는 결코 한시라도 우리의 신앙을 벗어던지지 않고, 그 어떤 경우에도 우리의 신앙을 옆으로 제쳐두지 않으며, 도리어 우리의 신앙을 변함없이 늘 지키겠다고 결심하여야 한다.

2. 다윗으로 하여금 그러한 결심을 하게 만든 지극히 타당한 이유: 주께서 이것들 때문에 나를 살게 하심이니이다.

(1) "주의 법도들은 지금 나를 일깨워 살게 하실 뿐만 아니라, 내게 늘 그래 왔고, 나는 그것들이 그래 왔다는 것을 경험적으로 알고 있나이다." 말씀으로 말미암아 생명이 자신 가운데서 시작되어서 지속되고 강화되며 자기에게 위로가 되어 왔다고 경험으로 말할 수 있는 자들은 하나님의 일들에 관하여 가장 잘 알고 말하는 것이다.

(2) "주의 법도들을 통해서 나를 일깨워 살게 하신 분은 주이시나이다." 하나님의 은혜가 없다면, 말씀 자체는 우리를 살게 할 수 없다. 사역자들은 마른 뼈들에게 예언할 수 있을 뿐이고, 그것들에 생명을 불어넣을 수는 없다. 그러나 통상적으로 하나님의 은혜는 말씀을 통해서 역사하시고 사람들을 살아나게 하는 도구로 말씀을 사용하신다. 이것이 바로 우리가 하나님의 말씀을 결코 잊지 않고, 하나님께서 그토록 큰 존귀함을 부여하신 말씀을 극히 소중히 여기며, 말씀을 통해서 우리가 체험한 유익을 끔찍히 사랑하고, 또한 장래에도 그

러한 유익을 체험하기를 소망하여야 하는 이유이다. 여기에는 기억력이 나쁜 사람들에게 최고의 도우미가 나오는데, 그것은 말씀을 체험하는 것이다. 우리가 말씀에 의해서 살아나게 된다면, 우리는 결코 그 말씀을 잊어버리지 않게 될 것이다. 우리를 진정으로 일깨우고 살아나게 하여 우리의 도리를 다하게 하는 그러한 말씀은 잊혀질 수 없다. 말씀의 자구(字句)들은 생각나지 않는다고 하여도, 그 말씀에 의한 감화가 남아 있다면, 그것으로 충분하다.

⁹⁴**나는 주의 것이오니 나를 구원하소서 내가 주의 법도들만을 찾았나이다**

1. 다윗은 하나님과의 관계를 주장한다. "나는 주의 것이니, 언약 가운데서 주께 바쳐진 주의 소유이나이다." 그는 주는 나의 것이나이다라고 말하지 않는다 (맨턴 박사가 주목한 것처럼). 다윗이 그렇게 말하지 않은 것은 그런 말은 당연한 결론으로 도출되는 것이기는 하지만, 좀 더 도전적인 표현이 될 것이었기 때문이다. 따라서 그는 자신을 철저히 낮추어서 자기가 종이라는 것을 겸손히 인정하는 나는 주의 것이나이다라는 표현을 사용한다. 또한, 그는 나는 이런 자니이다가 아니라 나는 주의 것이나이다라고 말함으로써 자신의 선한 품성이나 자질을 내세우는 것이 아니라 자기가 하나님의 소유라는 것을 앞세운다. "나는 내 자신이나 세상의 소유가 아니라 주의 소유이나이다."

2. 다윗은 자신의 주장을 증명한다. "내가 주의 법도들만을 찾았나이다. 나는 내가 마땅히 해야 할 본분을 주의 깊게 찾았고, 그것을 행하려고 성심을 다해서 애를 썼나이다." 이것은 우리가 하나님께 속해 있다는 것을 보여주는 최고의 증거가 될 것이다. 하나님의 소유인 모든 자들은 온전함에 이르지는 못하였을지라도 계속해서 온전함을 찾는다.

3. 다윗은 자신의 주장을 선용한다. "나는 주의 것이오니 나를 구원하소서. 나를 죄에서 구원하시고 멸망에서 구원하소서." 진심으로 자신을 하나님께 맡겨서 그의 소유가 된 자들은 그들이 천국에 갈 때까지 하나님께서 그들을 보호하시고 지키시리라는 것을 확신할 수 있다(말 3:18).

⁹⁵**악인들이 나를 멸하려고 엿보오나 나는 주의 증거들만을 생각하겠나이다**

1. 다윗은 그의 원수들의 악의에 대하여 하소연한다: 악인들(악인들을 제외하고는 그 누구도 이렇게 선한 사람의 원수가 되고자 하지 않을 것이다)이 나를 멸하려고 엿보나이다. 그들은 매우 잔혹하여서 그를 꼭 멸하고자 하였다. 그들은 매우 영악하여서 온갖 기회를 다 이용해서 어떻게든 그를 해치고자 하였다. 그들은 그들이 그를 멸할 수 있게 될 것이라고 확신하였다(기대하였다, 어떤 이들은 이렇게 해석한다). 그들은 스스로 그들의 먹잇감을 잡게 될 것이라고 자신만만하였다.

2. 다윗은 하나님의 말씀이 자기를 보호해 줄 것이라고 믿고서 위로를 얻는다. "그들은 나를 멸하고자 온갖 계략을 쓰고 있지만, 나는 내게 확실한 구원을 가져다 줄 주의 증거들만을 생각하겠나이다." 하나님의 증거들은 우리가 그것들을 묵상하고 착념해야만 우리의 힘이 될 수 있다.

[96]내가 보니 모든 완전한 것이 다 끝이 있어도 주의 계명들은 심히 넓으니이다

여기에서 우리는 다윗이 자신의 경험을 통해서 증언하는 것을 듣게 된다.

1. 세상은 헛되고 우리를 행복하게 만들어 줄 수 없다는 것: 내가 보니 모든 완전한 것이 다 끝이 있도다. 완전한 것이 그 끝을 보인다면 그 완전함은 얼마나 보잘것없는 것이겠는가! 그렇지만 이 세상에서 완전한 것으로 통하는 모든 것들이 다 그렇다. 다윗은 그의 시대에서 가장 힘센 자인 골리앗이 지고, 가장 빠른 자인 아사헬이 붙잡히며, 가장 지혜로운 자인 아히도벨이 속아넘어가고, 가장 준수한 자인 압살롬이 추하게 되는 것을 보아 왔었다. 요컨대, 그는 모든 완전한 것이 다 끝이 있다는 것을 보았다. 그는 믿음으로 그것을 보았다. 그는 목격을 통해서 그것을 보았다. 그는 피조물들 중에서 완전한 것이 충족성(sufficiency)이라는 측면에서 끝이 있음을 보았고(그것들은 부족하였고 결함이 있었으며, 우리에게 필요한 것인데도 그 피조물이 해줄 수 없는 것이 있었다), 지속성(continuance)이라는 측면에서도 끝이 있음을 보았다(우리는 영원까지 존속할 것이지만, 그것들은 영원까지 존속하지 못한다). 사람의 영광은 단지 풀의 꽃과 같다.

2. 하나님의 말씀은 충만하여 우리를 만족시키기에 충분하다는 것: 주의 계

명들은 심히 넓으니이다. 하나님의 말씀은 모든 일, 모든 때에 미친다. 하나님의 법은 한 사람의 전체에 영향을 미치고 우리를 전인적(全人的)으로 거룩하게 만들고자 한다. 하나님의 각각의 계명 속에는 우리에게 요구하거나 금지하는 것이 아주 많이 들어 있다. 하나님의 약속도 우리의 모든 짐들, 부족한 것들, 애로들과 관련되어 있고, 그 안에는 우리가 모든 완전한 것의 끝을 보았을 때에 우리의 분깃이자 행복이 될 것들이 들어 있다.

13. 멤

[97]내가 주의 법을 어찌 그리 사랑하는지요 내가 그것을 종일 작은 소리로 읊조리나이다

1. 하나님의 말씀에 대한 다윗의 이루 말할 수 없는 사랑: 내가 주의 법을 어찌 그리 사랑하는지요. 그는 자기가 하나님의 말씀을 얼마나 사랑하는지를 거룩한 격렬함으로 쏟아 놓는다. 그는 자신의 부패한 본성과 세상의 유혹들을 생각할 때에 그의 마음속에 있는 하나님의 말씀에 대한 사랑과 자기 속에서 역사하셔서 그러한 사랑을 만들어 내신 하나님의 은혜를 기이히 여길 수밖에 없다는 것을 발견하였다. 그는 하나님의 약속들만이 아니라 하나님의 법도 사랑하였고, 속사람을 따라서 그 법을 즐거워하였다.

2. 그것이 사실임을 보여주는 움직일 수 없는 증거. 우리는 우리가 사랑하는 것을 생각하기를 좋아한다. 하나님의 법이 다윗의 묵상의 대상이었다는 것은 그가 하나님의 말씀을 사랑한다는 것을 보여주는 것이었다. 그는 율법책을 읽었을 뿐만 아니라, 그가 읽은 것을 묵상을 통해서 소화하여 자신의 규범으로 삼았다. 그는 다른 할 일이 없이 조용히 혼자 있게 되는 밤에만이 아니라 일하고 사람들과 만나느라 분주한 낮에도 하나님의 말씀을 묵상하였다(종일). 하나님에 대한 선한 생각들이 그의 일상적인 생각이 되어 있었기 때문에, 그는 하나님의 말씀으로 충만하였다.

[98]주의 계명들이 항상 나와 함께 하므로 그것들이 나를 원수보다 지혜롭게 하나이다 [99]내가 주의 증거들을 늘 읊조리므로 나의 명철함이 나의 모든 스승보다 나으며 [100]주의 법도들을 지키므로 나의 명철함이 노인보다 나으니이다

우리는 여기에서 애굽인들의 학식이 아니라 참으로 이스라엘 사람의 식견을 갖추고 있는 다윗의 모습에 대한 설명을 듣게 된다.

I. 다윗이 어떤 방법으로 그러한 식견을 얻게 되었는가? 그는 어릴 적에는 시골에서 목동의 일에 전념하였고, 젊을 때부터는 궁정과 전장(戰場)에서 일하였다. 그렇다면, 그는 어떤 방식으로 엄청난 식견을 얻을 수 있었는가? 그는 여기에서 그가 어떻게 식견을 얻게 되었는지를 우리에게 말해 준다. 그는 지식의 원천이신 하나님에게서 배웠다. 주께서 나를 지혜롭게 하였나이다. 모든 참된 지혜는 하나님에게서 온다. 그는 하나님의 말씀을 도구로 삼아서, 즉 하나님의 계명들과 주의 증거들을 통해서 지혜를 얻었다. 그러한 것들은 우리로 하여금 구원에 이르는 지혜가 있게 하고 하나님의 사람으로 모든 선한 일을 행할 능력을 갖추게 할 수 있다.

1. 다윗은 그러한 것들을 늘 자신의 반려로 삼았다. "그것들이 항상 나와 함께 하여 항상 내 마음속에 있고 항상 내 눈에 있나이다." 선한 자는 어디를 가든 성경을 지니고 다니는데, 그의 손이 아니라고 하여도 그의 머리와 마음에 지니고 다닌다.

2. 다윗은 늘 그러한 것들을 묵상하기를 좋아하였다. 그러한 것들은 그의 묵상의 대상이었는데, 학자들이 자신의 전공 분야를 숙고하듯이 자신의 즐거움을 위한 성찰의 대상이었을 뿐만 아니라, 사업하는 사람들이 자신의 사업을 가장 잘 해나갈 수 있는 길을 숙고하듯이 자신의 올바른 통치와 경영을 위한 관심의 대상이었다.

3. 다윗은 그러한 것들을 그의 모든 행위를 규율하는 규범으로 삼았다: 나는 주의 법도들을 지키나이다. 즉, 나는 모든 일 속에서 내가 마땅히 해야 할 것을 행하는 데에 세심한 주의를 기울이나이다. 하나님을 아는 지식을 더욱 깊게 하는 가장 좋은 길은 모든 경건한 일들을 진심으로 풍성하게 행하는 것이다. 왜냐하면, 사람이 하나님의 뜻을 행하려 하면 그리스도의 교훈을 알게 되고 점점 더 많이 알게 될 것이기 때문이다(요 7:17). 진리를 사랑하면, 진리의 빛은 비쳐 오기 마련이다. 마음이 청결한 자는 하나님을 볼 것이다.

II. 다윗이 그러한 방법을 통해서 얻은 식견은 얼마나 뛰어난 것이었는가? 하나님의 계명들을 궁구(窮究)하여 자신의 규범으로 삼아서 실천함으로써 그는 그의 모든 일을 지혜롭게 행하게 되었다(삼상 18:14).

1. 그의 지혜는 그의 원수들을 능가하였다. 하나님은 이러한 방법을 통해서 다윗을 지혜롭게 만드셔서, 그를 해치고자 한 원수들의 음모를 좌절시키고 그들로 낭패를 당하게 하셨다. 하늘의 지혜는 결국에는 육적인 술책을 물리치고 그 목적을 이루게 된다. 하나님의 계명들을 지킴으로써 우리는 하나님을 확실하게 우리 편이 되게 하고 우리의 친구로 만들게 되는데, 이 점에서 하나님을 원수로 만드는 자들보다 분명히 더 지혜로운 것이다. 하나님의 계명들을 지킴으로써 우리는 원수들이 우리에게 빼앗아 가고자 하는 저 마음의 평안을 지킬 수 있게 되는데, 이 점에서 저 세상뿐만 아니라 이 세상에서도 우리의 원수들들보다 더 우리 자신을 위하여 지혜로운 것이다.

2. 그는 그의 스승들을 능가하여서, 그의 명철함은 그의 모든 스승들보다 더 뛰어났다. 그가 여기에서 말하는 스승들은 그의 스승 노릇을 하고자 하여 그의 행실을 책망하고 그를 훈시하여 바로잡고자 하였던 자들을 의미할 수도 있고 (하나님의 계명들을 지킴으로써 그는 자신의 일들을 잘 처리하여 나갔기 때문에, 결국에는 그가 옳았고 그들이 잘못되었다는 것이 드러났다), 마땅히 그의 스승이 되어야 했던 자들, 즉 모세의 자리에 앉아서 그 입술로 올바른 지식을 전했어야 했지만 율법을 궁구하는 일은 소홀히하고 오직 자신의 명예와 수입, 종교의 허례허식에만 관심을 쏟았던 제사장들과 레위인들을 의미할 수도 있다. 다윗은 성경을 늘 가까이 하여 성경에 정통하였기 때문에 그들보다 더 명철하게 되었다. 또는, 그가 여기에서 말하는 스승들은 어릴 적에 그의 스승들이었던 사람들을 가리킬 수도 있다. 그는 그들이 놓아준 토대 위에 성경의 도움으로 건물을 아주 잘 지었기 때문에, 그들 모두를 가르칠 수 있을 정도가 되었다. 그는 이제 젖을 필요로 하는 아기가 아니라 영적인 지각을 사용함으로 연단을 받아 선악을 분별하는 자가 되어 있었다(히 5:14). 우리가 신앙의 정진(精進)을 통해서 우리의 스승들을 능가함으로써 스승이 필요없게 되는 것은 우리의 스승들에게 불명예가 아니라 도리어 영광이 된다. 묵상을 통해서 우리는 우리 자신에게 말씀을 전함으로써 우리의 스승들보다 더 명철하게 된다. 왜냐하면, 그들은 할 수 없지만, 우리는 우리 자신의 마음을 깨닫게 되기 때문이다.

3. 그는 노인들, 즉 당시의 노인들(그는 엘리후처럼 어렸고, 그들은 매우 나이가 들었지만, 그는 하나님의 법도들을 지켰음으로 연륜이 많은 자들보다 더 지혜롭게 가르쳤다, 욥 32:7)이나 이전 시대의 노인들보다 더 나았다. 다윗은

직접 옛 사람들의 잠언을 인용하기도 했지만(삼상 24:13), 하나님의 말씀은 그가 앞선 세대들로부터 물려받은 전통과 온갖 학식과는 비교가 안 될 정도로 사물들을 더 잘 이해할 수 있게 해주었다. 요컨대, 기록된 말씀(성경)은 교회의 모든 박사들과 교부들, 선생들과 옛 사람들보다 우리를 천국으로 인도하는 더 확실한 안내자이다. 성경에 착념하면, 그것은 그들의 모든 글들보다 더 많은 지혜를 우리에게 가르쳐 줄 것이다.

[101]내가 주의 말씀을 지키려고 발을 금하여 모든 악한 길로 가지 아니하였사오며

1. 다윗은 죄의 길을 피하려고 세심하게 주의함. "내 발이 곁길로 빠지고자 할 때에 내가 발을 금하여 악한 길로 가지 아니하였나이다. 내가 시험 속으로 빠져들어가고 있음을 알자마자, 나는 내 자신을 억제하여 뒤로 물러났나이다." 그 길은 넓은 길, 푸른 길, 즐거운 길, 많은 사람이 다니는 길이었지만 죄악된 길이고 악한 길이었기 때문에, 그는 그 길의 끝을 내다보고서 자신의 발을 금하여 그 길로 가지 아니하였다. 그의 주의(注意)는 모든 것에 미쳤다. 그는 모든 악한 길을 피하였다. 나는 주의 입술의 말씀을 따라 스스로 삼가서 포악한 자의 길을 가지 아니하였나이다(시 17:4).

2. 다윗은 자기가 마땅히 해야 할 길로 행하도록 세심하게 주의함: 이것은 내가 주의 말씀을 지키기 위한 것이고, 그 말씀을 결코 범하지 않기 위한 것이나이다.

(1) 그가 죄를 피한 것은 그가 하나님의 말씀을 지키려고 단단히 결심하였고 그 말씀을 자신의 규범으로 삼았다는 것을 보여주는 증거였다.

(2) 그가 죄를 피한 것은 그가 신앙의 행위들 속에서 하나님의 말씀을 지키는 수단이었다. 왜냐하면, 우리가 죄를 짓고 있거나 곁길로 가고 있는 동안에는 하나님의 말씀을 지킬 수 없고, 또한 힘있게 또는 담대하게 거룩한 의무들을 행하며 하나님을 모실 수 없기 때문이다.

[102]주께서 나를 가르치셨으므로 내가 주의 규례들에서 떠나지 아니하였나이다

1. 다윗은 변함없이 신앙을 지킴. 그는 하나님의 규례들에서 떠나지 아니하였

다. 그는 하나님의 말씀 외에 다른 규범을 선택하지 않았었고, 의도적으로 그 규범에서 벗어나지도 않았었다. 시련의 때에 변함없이 하나님의 길들을 꼭 붙잡는 것은 우리가 흠이 없고 온전하다는 것을 보여주는 좋은 증거가 될 것이다.

2. 다윗이 그렇게 할 수 있었던 이유. "이는 주께서 나를 가르치셨기 때문이니이다. 즉, 내가 배운 것이 하나님의 교훈들이었기 때문이니이다. 나는 그 교훈들이 하나님께 속한 것이라는 것에 만족하였고, 그래서 그것들을 꼭 붙들었나이다." 또는, "내가 그러한 교훈들을 받아들일 수 있었던 것은 주께서 내 마음에 은혜를 주셨기 때문이니이다." 모든 성도들은 하나님께 가르침을 받는다. 왜냐하면, 총명을 주시는 분은 하나님이시기 때문이다. 하나님께 가르침을 받은 자들만이 그들이 배운 것들로 인하여 끝까지 신앙을 지키게 될 것이다.

[103]주의 말씀의 맛이 내게 어찌 그리 단지요 내 입에 꿀보다 더 다니이다 [104]주의 법도들로 말미암아 내가 명철하게 되었으므로 모든 거짓 행위를 미워하나이다

1. 다윗은 하나님의 말씀 속에서 기가 막힌 즐거움과 기쁨을 얻음. 하나님의 말씀은 그의 입맛에 달았고 꿀보다 더 달았다. 하나님께 속한 것에 대한 영적인 맛과 내적인 향기와 풍미는 경험한 자들만이 알 뿐이고 남들은 알 수가 없다. 우리는 친히 그에게서 들었다(요 4:42). 성경을 제대로 맛보는 자들에게 하나님의 말씀은 달고 매우 달며, 감각을 만족시키는 그 어떤 것, 심지어 가장 맛있는 것들보다 더 달다. 다윗은 마치 그가 하나님의 뜻과 은혜를 발견하고서 얻은 만족을 말로는 도저히 표현할 수 없다는 듯이 말한다. 그 어떤 즐거움도 이것과 비교할 수 없다.

2. 다윗은 하나님의 말씀을 통해서 이루 말할 수 없는 유익을 얻음.

(1) 하나님의 말씀은 그의 머리를 좋게 해주었다. "주의 법도들로 말미암아 내가 명철하게 되어 진리와 거짓, 선과 악을 분별할 수 있게 되었으므로, 내 자신의 삶의 행실에서나 남들에게 조언을 해줌에 있어서 실수를 하지 않게 되었나이다."

(2) 하나님의 말씀은 그의 마음을 선하게 해주었다. "진리에 대한 깨달음을 얻었기 때문에, 나는 모든 거짓 행위를 미워하고, 거짓된 길로 새지 않도록 단단

히 결심하였나이다." 좀 더 살펴보자.

[1] 죄의 길은 거짓된 길이다. 그 길로 행하는 모든 자는 속임을 당하고 결국 망하게 된다. 그 길은 잘못된 길이지만, 사람에게는 올바른 것으로 보인다(잠 14:12).

[2] 죄의 길을 미워하고, 그 길이 거짓된 길이기 때문에 미워하는 것은 모든 선한 자의 특성이다. 그는 발을 금하여 그 길로 가지 않을 뿐만 아니라(101절), 그 길을 미워하고 그 길에 대하여 반감과 두려움을 지닌다.

[3] 죄를 미워하는 자들은 모든 죄를 미워하고 모든 거짓된 길을 미워하게 되는데, 모든 거짓된 길은 사람들을 파멸로 이끌기 때문이다.

[4] 우리가 하나님의 말씀으로 말미암아 더욱더 명철을 얻게 될수록, 죄에 대한 우리의 미움은 더욱 뿌리깊게 될 것이고(악을 떠남이 명철이기 때문에, 욥 28:28), 우리가 성경에 착념하면 할수록, 우리는 유혹과 시험을 물리칠 수 있는 준비를 더 잘 갖추게 된다.

14. 눈
[105]주의 말씀은 내 발에 등이요 내 길에 빛이니이다

1. 하나님의 말씀의 성격과 하나님께서 말씀을 세상에 주신 깊은 의도. 하나님의 말씀은 등이요 빛으로서, 하나님과 우리 자신에 관한 것들을 우리에게 드러내 주는데, 이 말씀이 없었다면, 우리는 그러한 것들을 알 수 없었을 것이다. 하나님의 말씀은 무엇이 잘못된 것이고 위험한 것인지를 우리에게 보여준다. 하나님의 말씀은 우리가 무엇을 행하고 어디로 가야 하는지를 지시해 주는데, 말씀이 없다면, 이 세상은 어두운 곳이 되고 말 것이다. 하나님의 말씀은 우리 곁에 놓아둘 수 있는 등불이고, 손에 들고서 우리의 길을 비출 수 있는 등불이다(잠 6:23). 하나님의 계명은 성령의 기름으로 계속해서 타오르는 등불이다. 그것은 성소에 있는 등불들, 광야에서 이스라엘을 인도하였던 불기둥과 같다.

2. 우리는 하나님의 말씀을 어떻게 사용하여야 하는가? 하나님의 말씀은 단지 우리의 눈에 빛으로서 우리의 눈을 만족시키고 사변(思辨)들을 통해서 우리의 머리를 채워 주는 빛일 뿐만 아니라, 우리의 발과 우리의 길에 빛으로서 우리의 행실을 올바르게 인도하여서 우리가 행할 길을 올바르게 선택하고 그 길에

서 올바른 발걸음들을 옮길 수 있게 하여 거짓된 길을 가거나 옳은 길에서 거짓된 발걸음을 옮기지 않게 해주는 빛이어야 한다. 하나님의 말씀을 우리의 발과 우리의 길을 인도하는 안내자로 삼을 때에만, 우리는 그러한 등과 빛을 우리에게 주신 하나님의 선하심을 진정으로 알 수 있게 된다.

[106] 주의 의로운 규례들을 지키기로 맹세하고 굳게 정하였나이다

1. 다윗은 신앙을 무엇이라고 생각하였는가? 신앙은 하나님의 의로운 규례들을 지키는 것이다. 하나님의 계명들은 하나님의 판단들, 무한한 지혜에서 나온 지시사항들이다. 그것들은 영원한 공평의 법에 합치하는 의로운 판단들과 규례들이기 때문에, 그것들을 주의 깊게 지키는 것이 우리의 도리이다.

2. 다윗은 이미 하나님의 법도들을 지키고 있었지만, 그것도 부족해서 자신의 약속을 통해서 신앙을 지키는 의무를 스스로에게 부과함으로써 자신을 묶어 놓음. "내가 맹세하였사오니(내가 여호와께 내 머리를 들었으니 나는 능히 돌이키지 못하리로다), 나는 앞으로 전진할 수밖에 없나이다. 내가 그것을 행하리이다(개역에서는 굳게 정하였나이다)."

(1) 우리가 신앙을 지키겠다는 엄숙한 맹세로 우리 자신을 묶어 놓는 것은 좋은 일이다. 신민(臣民)들이 그들의 주군에게 충성을 맹세하듯이, 우리는 충성을 다짐하며 우리의 다짐이 진실하다는 것을 호소하고 우리가 그 다짐을 이행하지 않는 경우에는 기꺼이 저주를 받겠다고 약속하는 식으로 하나님께 맹세하여야 한다.

(2) 우리는 종종 우리가 하나님께 한 서약들을 상기하고, 우리가 맹세했다는 것을 기억하여야 한다.

(3) 우리는 우리가 맹세한 것들을 세심하게 이행하여야 한다(정직한 자는 자기가 한 말을 지키는 법이다). 우리가 맹세하지 않았다면 우리에게 해가 없을 것이지만, 우리가 맹세하고서도 이행하지 않는다면, 그 때에는 우리에게 큰 해가 있게 될 것이다.

[107] 나의 고난이 매우 심하오니 여호와여 주의 말씀대로 나를 살아나게 하소서

1. 다윗이 자기가 얼마나 서글픈 처지에 있는지를 말함: 나의 고난이 매우 심하여, 나의 심령이 무척 괴롭나이다. 다윗은 여기서 특히 그의 마음의 괴로움을 말하고자 하는 것 같다. 그는 수많은 낙심되는 일들 아래에서 노심초사하였다. 밖으로는 싸움이요 안으로는 두려움이었다. 이것은 흔히 최고의 성도들의 운명이다. 그러므로 그런 것이 우리의 운명이 된다고 해도, 우리는 그것을 이상하게 생각해서는 안 된다.

2. 다윗은 이러한 처지 속에서 하나님을 의지함. 그는 하나님의 은혜를 구하여 기도한다. "여호와여, 나를 살아나게 하소서. 나로 하여금 살아나서 활기 있고 즐겁게 하소서. 고난들을 통해서 나를 일깨우셔서 내가 해야 할 일을 더욱 부지런히 행하게 하소서. 나를 살아나게 하소서. 즉, 나를 고난에서 건져 주소서. 그것은 죽은 자가 살아나는 것과 같으리이다." 그는 하나님의 약속에 호소하고, 그 약속을 따라서 소원하며, 그 약속을 자신의 소망의 토대로 삼는다: 주의 말씀대로 나를 살아나게 하소서. 다윗은 그가 하나님께 약속한 것들을 이행하기로 결심하였기 때문에(106절), 겸손하고 담대하게 하나님께서 그에게 하신 말씀을 지켜 주시라고 간구할 수 있었다.

¹⁰⁸**여호와여 구하오니 내 입이 드리는 자원제물을 받으시고 주의 공의를 내게 가르치소서**

우리는 여기에서 우리의 신앙 행위들과 관련하여 두 가지를 기도할 것을 가르침 받는다.

1. 우리의 신앙 행위들을 열납해 주시라는 것. 우리는 신앙과 관련하여 우리가 행하는 모든 것 속에서 무엇을 하든 안 하든 우리가 여호와께 열납되는 것을 목표로 삼아야 한다. 다윗이 여기서 하나님께 열납해 달라고 간절히 기도하는 것은 그의 지갑에서가 아니라 그의 입에서 나오는 자원제물들, 즉 그의 기도와 찬송이다. 우리 입술의 수송아지(호 14:2), 우리 입술의 열매(히 1:15)는 영적 제사장들인 모든 그리스도인들이 하나님께 드려야 하는 영적인 제물이다. 그것들은 자원제물이어야 한다. 왜냐하면, 우리는 그것들을 기쁜 마음으로 차고 넘치게 드려야 하고, 하나님께서 열납하시는 것은 이러한 자원하는 마음이기 때문이다. 하나님을 섬김에 있어서 자원하는 마음과 후히 드리는 것이 많으면

많을수록, 그것은 하나님을 더욱 기쁘시게 만든다.

2. 우리의 신앙 행위들을 도와 주시라는 것: 주의 공의를 내게 가르치소서. 우리는 하나님께서 우리에게 가르쳐 주신 것 이외의 것으로는 하나님이 열납하실 만한 것을 드릴 수 없다. 우리는 하나님이 우리에게 은총을 베푸심과 아울러 우리 안에 은혜를 주시라고 간절히 기도하여야 한다.

[109]나의 생명이 항상 위기에 있사오나 나는 주의 법을 잊지 아니하나이다 [110]악인들이 나를 해하려고 올무를 놓았사오나 나는 주의 법도들에서 떠나지 아니하였나이다

1. 다윗은 생명을 잃을 위험에 놓여 있다는 것. 악인들이 그를 해치려고 올무를 놓았기 때문에 그는 죽을 위험에 처해 있었다. 사울은 다윗의 경건함을 미워해서 그를 수도 없이 죽이고자 하였다. 그의 목숨을 빼앗고자 하는 이런저런 음모가 도처에 도사리고 있었다. 이는 그것이 그들의 목적이었기 때문이었다. 그들은 공식적인 권력을 동원해서 그러한 목적을 달성할 수 없었을 때에는 속임수와 협잡으로 뜻을 이루고자 하였다. 이 때문에 다윗은 나의 생명이 항상 내 손에 있다(개역에서는 나의 생명이 항상 위기에 있다)고 말할 수밖에 없었다. 그는 한 사람으로서만이 아니라(이 말은 우리 모두에게도 해당되는데, 우리는 어디에 있든 죽음의 위험에 노출되어 있어서, 우리의 손에 있는 것이 타인의 폭력에 의해서 쉽게 빼앗기듯이, 우리의 목숨도 우리의 손에 든 모래알 같아서 우리의 손가락 사이를 쉽게 빠져 나가 버린다), 전쟁터에서 항상 목숨이 위태로운 전사로서, 특히 하나님의 마음에 맞는 사람으로서 원수들로부터 미움과 박해를 받고 항상 죽음에 넘겨지며(고후 4:11) 종일 죽임을 당하게 된 자로서도 항상 죽음의 위험에 처해 있었다.

2. 이러한 상황 속에서도 다윗은 자신의 신앙을 잃을 위험이 전혀 없었고, 이렇게 매 시간 죽을 위험에 처해 있으면서도 변함없이 하나님과 자신의 본분에 충실하였음. 그 어떤 것도 그의 마음을 흔들어 놓을 수 없었는데, 그 이유는 다음과 같다.

(1) 그는 주의 법을 잊지 않고 있기 때문에 자신의 신앙을 넉넉히 지킬 수 있었다. 자신의 안전에 대한 무수한 근심이 있었지만, 그의 머리와 마음속에는

하나님의 말씀이 들어갈 공간이 있어서, 그는 하나님의 말씀을 늘 새롭게 간직하고 있었다. 하나님의 말씀이 풍성히 거하는 곳은 생수의 우물이 된다.

(2) 그는 지금까지 하나님의 법도들에서 떠나 어그러진 길로 가지 않았기 때문에, 앞으로도 그럴 것이라고 소망할 수 있었다. 그는 수많은 충격을 견뎌내고 자신이 서 있는 자리를 굳건히 지켜 왔는데, 지금까지 그를 지켜 주었던 바로 그 은혜는 앞으로도 분명히 그를 실망시키지 않을 것이고 그가 헤매지 않도록 지켜줄 것이다.

111주의 증거들로 내가 영원히 나의 기업을 삼았사오니 이는 내 마음의 즐거움이 됨이니이다 112내가 주의 율례들을 영원히 행하려고 내 마음을 기울였나이다

시편 기자는 여기에서 진정한 이스라엘 사람답게 매우 애정 어린 방식으로 살든지 죽든지 하나님의 말씀을 꼭 붙들고서 그것을 따라서 살아가겠다고 결심한다.

I. 그는 하나님의 말씀을 자신의 분깃으로 삼아서 거기에서 자신의 행복을 찾고 그 즐거움을 누리겠다고 결심한다. "주의 증거들(주의 말씀의 진리들, 약속들)로 내가 영원히 나의 기업을 삼았사오니 이는 내 마음의 즐거움이 됨이니이다." 그가 현세에서 하나님의 증거들 속에서 즐거움을 얻었다는 것은 그 증거들 속에 담겨 있는 선한 것들이 그가 보기에 가장 좋은 보화들이었고 그가 마음을 둔 보화였다는 것을 보여주는 증거였다.

1. 그는 하나님의 증거들 속에서 영원한 행복을 기대하였다. 하나님께서 그와 맺으신 언약은 영원한 언약이었다. 따라서 그는 그 언약을 영원한 기업으로 삼았다. 그는 아직 "그것들은 나의 기업이다"라고 말할 수는 없었지만, "나는 그것들을 나의 기업으로 선택하였으니 현세에서의 분깃에 결코 흥미를 갖지 않겠다"고 말할 수 있었다(시 17:14-15, 여호와여 이 세상에 살아 있는 동안 그들의 분깃을 받은 사람들에게서 주의 손으로 나를 구하소서. 그들은 주의 재물로 배를 채우고 자녀로 만족하고 그들의 남은 산업을 그들의 어린 아이들에게 물려주는 자니이다). 하나님의 증거들은 양자의 영을 받은 모든 자의 기업이다. 왜냐하면, 자녀이면 또한 후사이기 때문이다. 세상에 속한 기업과는 달리 하나님의 증거들은 영원한 기업이다(벧전 1:4). 모든 성도들은 하나님의 증거들을 그

런 것으로 받아들여서 그것들을 의지해서 살아가기 때문에, 이 세상에서 그들의 기업이 별로 없어도 만족하고 살아갈 수 있다.

2. 그는 하나님의 증거들 속에서 현재적으로 만족을 누렸다: 하나님의 증거들은 영원히 나의 기업이 될 것이기 때문에 지금도 내 마음의 즐거움이 되고 있나이다. 선한 자는 이 세상의 재물이 아니라 하나님의 약속을 자신의 분깃으로 바라보는 마음을 갖는 것이 꼭 필요하다.

Ⅱ. 그는 하나님의 말씀으로 자신을 다스리고 그것을 자신의 척도로 삼겠다고 결심한다. 내가 주의 율례들을 행하려고 내 마음을 기울였나이다. 하나님의 증거들이 주는 축복들을 받고자 하는 자들은 그의 율례들의 굴레 아래로 들어와야 한다. 우리는 우리가 마땅히 행해야 할 도리를 다하는 길에서만 위로를 구하여야 하는데, 그 도리를 다음과 같이 행하여야 한다.

1. 우리는 온전한 동의와 만족 속에서 우리의 도리를 행하여야 한다. "하나님의 은혜로 말미암아 나는 주의 율례들을 행하는 데에 내 마음을 기울였고, 주의 율례를 싫어하고 피하고자 하는 마음을 극복하였나이다." 선한 자는 자기가 마땅히 해야 할 일에 착념하여야 하고, 그럴 때에 그 일은 잘 이루어지게 된다. 은혜를 받아서 하나님의 뜻을 행하고자 하는 마음을 품는 것은 우리의 모든 순종이 하나님께 열납될 수 있게 해주는 원리이다.

2. 우리는 늘 변함없이 인내로써 신앙을 지키는 가운데 우리의 도리를 행하여야 한다. 그는 변함없이 거룩한 길을 걸어가면서 날마다 모든 일 속에서 마땅히 해야 할 도리를 다하는 가운데 하나님의 율례들을 항상 지치지 않고 영원히 행하겠다고 결심한다. 이것이 여호와를 온전히 따르는 것이다.

15. 싸멕

[113]내가 두 마음 품는 자들을 미워하고 주의 법을 사랑하나이다

1. 다윗은 죄가 싹트는 것, 죄의 최초의 기미를 두려워함: 내가 헛된 생각들을 미워하나이다(개역에서는 내가 두 마음 품는 자들을 미워하고). 그의 말은 그가 다른 사람들의 생각을 미워하였다는 뜻이 아니다. 그는 다른 사람들의 생각을 알 수 없기 때문이다. 그는 자신의 마음속에서 일어나는 생각들을 미워하였다. 모든 선한 자는 자신의 생각들을 꼼꼼히 살핀다. 왜냐하면, 그것들은 하나님을

향한 말들이기 때문이다. 헛된 생각들은 대부분의 사람들이 아무리 그것들을 가볍게 여긴다고 하여도 죄악되고 해로운 것이다. 헛된 생각들은 사람의 마음을 빼앗아서 선한 것에서 멀어지게 할 뿐만 아니라 모든 악에 대하여 문을 열어주기 때문에, 우리는 그것들을 미워하고 두려워해야 하는 것으로 여겨야 한다(렘 4:14). 다윗은 헛된 생각들로부터 자유롭다고 말할 수 없었지만 그가 그것들을 미워한다고 말할 수 있었다. 그는 헛된 생각들을 옹호하거나 반기지 않았고, 오히려 그것들을 없애거나 적어도 줄이기 위해서 최선을 다하였다: 나는 악을 용납하지 않는다.

2. 다윗은 자신의 본분을 정해 놓은 하나님의 법을 즐거워함: 내가 주의 법을 사랑하나이다. 하나님의 법은 그러한 헛된 생각들을 금지하고 경고한다. 우리가 하나님의 법을 사랑하면 할수록, 우리는 우리의 헛된 생각들을 더 많이 극복하게 될 것이고, 그것들을 온전한 법과 상반되는 것으로 더 많이 미워하게 될 것이며, 그것들이 우리가 사랑하는 하나님의 법에서 우리를 멀어지게 하지 않도록 더욱 경계하고 주의하게 될 것이다.

[114]주는 나의 은신처요 방패시라 내가 주의 말씀을 바라나이다

1. 하나님은 다윗을 보살피셔서 그를 보호하며 지켜 주셨고, 다윗은 그의 원수들이 극렬한 악의를 가지고서 그를 해치고자 하였을 때에 하나님의 보살핌을 위로로 삼았다: 주는 나의 은신처요 방패시라. 다윗은 사울의 추격을 받았을 때에는 흔히 막힌 곳들을 피신처로 삼았고, 전쟁 때에는 방패로 자신을 지켰다. 지금 하나님은 그에게 이 두 가지가 되셔서, 그를 위험에서 지켜 주는 은신처와 그를 위험 속에서 지켜 주는 방패가 되셨고, 그의 생명을 죽음에서, 그의 영혼을 죄에서 보호하여 주셨다. 하나님의 백성은 하나님의 보호하심 아래에서 안전하다. 하나님은 그들의 힘과 방패, 도움과 방패, 해와 방패, 방패와 큰 상이시고, 여기에서는 그들의 은신처와 방패이시다. 믿음으로 그들은 하나님께 피하여 그들의 은신처이신 하나님 안에서 은밀히 보호받으며 안식할 수 있다. 믿음으로 그들은 모든 불화살을 소멸시키는 방패이신 하나님의 능력으로 그들의 원수들의 온갖 세력과 악의를 막아낼 수 있다.

2. 다윗은 하나님을 의지하였다. 다윗은 하나님의 보호하심 아래에서 안전하

였고, 따라서 그의 마음도 편안하였다. "나로 하여금 주를 알게 해 주었고 나를 향하신 주의 인자하심을 확신시켜 준 주의 말씀을 내가 바라나이다." 하나님의 약속을 의지하는 자들은 하나님의 능력이 주는 유익을 받게 되고 그의 특별한 보호하심 아래에 들어가게 될 것이다.

¹¹⁵너희 행악자들이여 나를 떠날지어다 나는 내 하나님의 계명들을 지키리로다

1. 거룩한 삶을 살겠다는 다윗의 확고하고 단호한 결심: 나는 내 하나님의 계명들을 지키리로다. 이것은 용감무쌍한 결단으로서, 성도는 군사와 같다. 왜냐하면, 모든 죄를 피하고 모든 도리를 다하겠다는 견고한 결심이야말로 참된 용기이기 때문이다. 하나님의 계명들을 지키고자 하는 자들은 그렇게 하겠다는 자신의 결심을 종종 새롭게 하여야 한다. "나는 그것들을 지키리로다. 남들은 어찌하든, 나는 이것을 행하겠노라. 내 주변의 모든 사람이 행악자들이어서 나를 떠나 내가 외톨이가 되고, 내가 이제까지는 무엇을 행하였든지, 나는 장래에는 하나님을 가까이 따르겠노라. 그것들은 하나님, 내 하나님의 계명들이기 때문에, 나는 그것들을 지키리로다. 그는 하나님이시니 내게 명하실 수 있으시고, 내 하나님은 내게 좋은 것 외에는 아무것도 내게 명하지 않으리이다."

2. 다윗은 이러한 결심을 따라서 나쁜 무리들에게 결별을 선언함: 너희 행악자들이여 나를 떠날지어다. 다윗은 선한 왕으로서 행악자들에게 두려움의 대상이긴 하였지만, 그럼에도 불구하고 심지어 궁정 주변에조차도 그에게 가까이 하여 악영향을 미치고자 하는 행악자들이 많이 있었다. 여기에서 그는 그런 자들을 단호히 물리치면서, 그들과 그 어떤 교제도 하지 않겠다고 결심한다. 하나님의 계명들을 지키고자 결심한 자들은 행악자들과는 어떤 식으로 어울려서는 안 된다는 것을 명심하라. 왜냐하면, 나쁜 무리들과 어울리는 것은 거룩한 삶을 사는 데에 큰 방해가 되기 때문이다. 우리는 악한 자들을 친구로 삼거나 그들과 친하게 지내서는 안 된다. 우리는 그들이 행하는 대로 행해서는 안 되고, 그들이 우리에게 원하는 대로 행해서도 안 된다(시 1:1; 엡 5:11).

¹¹⁶주의 말씀대로 나를 붙들어 살게 하시고 내 소망이 부끄럽지 않게 하소서 ¹¹⁷나를 붙드소서 그리하시면 내가 구원을 얻고 주의 율례들에 항상 주의하리이다

1. 다윗은 하나님께서 그를 붙들어 주시는 은혜를 달라고 기도한다. 그는 이 은혜를 충분히 달라고 여호와께 두 번 구하였다: 나를 붙드소서(116-117절). 그는 자기 힘으로는 자신의 본분을 다할 수 없을 뿐만 아니라, 하나님의 은혜가 아니면 자기가 죄에 빠질 수밖에 없다는 것을 잘 알고 있었다. 그래서 그는 하나님께서 은혜로 그를 붙드셔서 신앙을 온전히 지키게 하시고(시 41:12), 그가 넘어져서 악행에 빠지거나 선을 행하는 데에 지치지 않게 해 달라고 이렇게 간절히 구한다. 하나님께서 우리를 붙들어 주시지 않으면, 우리는 더 이상 설 수 없고, 하나님께 우리를 이끌어 가시지 않으면, 우리는 한 걸음도 앞으로 나아갈 수 없다.

2. 다윗은 그러한 은혜를 달라고 여러 가지를 들어서 간절하게 호소한다.

(1) 그는 하나님의 약속에 호소하고, 그가 그 약속을 의지하고 기대하고 있다는 것에 호소한다. "내가 소망을 두고 있는 말씀, 주의 말씀대로 나를 붙드소서. 주의 말씀이 이루어지지 않는다면, 나는 내 소망으로 부끄러움을 당하게 되고, 사람들로부터 바보 같이 너무 쉽게 믿었다는 말을 들을 것이니이다." 그러나 하나님의 말씀에 소망을 두는 자들은 그 말씀이 그들을 저버리지 않을 것이기 때문에 그들이 그 소망으로 인하여 부끄러움을 당하지 않게 되리라는 것을 확신할 수 있다.

(2) 그는 하나님의 은혜가 그에게 너무도 필요하고 큰 유익이 될 것이라고 호소한다: 나를 붙들어 살게 하소서. 이것은 그가 하나님의 은혜 없이는 살 수 없다는 것을 보여준다. 하나님께서 그를 붙들어 주시지 않는다면, 그는 죄에 떨어지고 죽음에 떨어지고 지옥에 떨어질 수밖에 없다. 그러나 하나님께서 그 손으로 그를 붙들어 주시면, 그는 살게 되고, 그의 영적 생명이 유지되어서, 그는 영생을 맛보는 삶을 살게 될 것이다. 나를 붙드소서 그리하시면 내가 구원을 얻고 위험과 위험에 대한 두려움에서 벗어나 안전하리이다. 우리의 영적인 안전은 하나님의 붙들어 주심에 토대를 두고 있다.

(3) 그는 그러한 은혜를 힘입어서 계속해서 자신의 본분을 다해 나가겠다고 결심했다고 호소한다. "나를 붙드소서. 그리하시면 내가 주의 율례들에 항상 주의하리니 내 눈이나 발을 그것들에서 결코 떠나지 않게 하리이다." 이 본문을 어떤 이들은 내가 주의 율례들에 헌신하리이다로 번역하고, 어떤 이들은 내가 주의 율례들을 즐거워하리이다로 번역한다. 하나님의 오른손이 우리를 붙들어 주시

면, 우리는 하나님의 힘으로 우리의 본분을 즐거운 마음으로 부지런히 행하여야 한다.

[118]주의 율례들에서 떠나는 자는 주께서 다 멸시하셨으니 그들의 속임수는 허무함이니이다 [119]주께서 세상의 모든 악인들을 찌꺼기 같이 버리시니 그러므로 내가 주의 증거들을 사랑하나이다 [120]내 육체가 주를 두려워함으로 떨며 내가 또 주의 심판을 두려워하나이다

I. 악인들에 대한 하나님의 심판. 악인들은 주의 율례들에서 떠나 있는 자들로서 하나님께서 그들을 다스리시는 것을 거부하고, 하나님 아닌 다른 것들을 자신의 규범으로 삼아서 행하는 자들이다. 하나님의 율례들에서 떠나 있는 모든 것은 반드시 잘못된 오류이고, 결국에는 치명적인 오류임이 드러나게 될 것이다. 그들은 세상의 악인들이다. 그들은 땅의 것들에 마음을 쓰고, 그들의 보화를 땅에 쌓으며, 이 땅에서 즐겁게 살아가는 자들로서 천국이나 하늘의 것들에 대하여는 생소한 자들이고 원수들이다. 이제 하나님께서 그들을 어떻게 처리하시는지를 보면, 우리는 그들을 두려워하거나 시기할 필요가 없다는 것을 알게 된다.

1. 하나님은 그들을 다 짓밟으신다(개역에서는 멸시하신다). 하나님은 그들을 철저히 파멸시키시고, 그들은 수치스러운 파멸을 당하게 된다. 하나님은 그들을 그의 발등상으로 삼으신다. 그들이 아무리 높이 올라갔다고 하여도, 하나님은 그들을 낮추실 수 있다(암 2:9). 하나님은 지금까지 무수하게 그렇게 해오셨고, 앞으로도 그렇게 하실 것이다. 왜냐하면, 하나님은 교만한 자들을 대적하시고, 그의 나라에 대적하는 자들을 이기실 것이기 때문이다. 교만한 박해자들은 하나님의 백성을 짓밟고 있지만, 조만간에 하나님께서 그들을 짓밟으실 것이다.

2. 하나님은 그들을 다 찌꺼기 같이 버리신다. 악인들은 원광석 상태에서는 좋은 금속과 함께 뒤섞여 있어서 그 금속과 동일한 것 같아 보이지만 그 금속으로부터 분리되어야 하는 찌꺼기와 같다. 하나님이 보시기에 그들은 아무짝에도 쓸데없는 무가치한 것들, 이 땅의 찌끼와 폐물이어서, 쇳물을 녹일 때에 나오는 쇠똥(찌꺼기)을 정금(精金)과 비교할 수 없듯이 의인들과 비교할 수 없

다. 하나님께서 그들을 의인들 중에서 갈라내셔서(마 13:39) 그들이 의인들의 모임에 들지 못하고(시 1:5) 찌꺼기에게 가장 합당한 곳인 영원한 불 속으로 던져지게 될 날이 다가오고 있다. 종종 이 세상에서도 악인들은 교회의 출교 결정이나 방백들의 칼 또는 하나님의 심판에 의해서 찌꺼기 같이 버려진다(잠 25:4-5).

II. 악인들이 심판을 받는 이유들. 하나님께서 그들을 내치시는 것은 그들이 주의 율례들에서 떠나 있고(말씀의 명령들에 순복하고자 하지 않는 자들은 말씀의 저주들을 느끼게 된다) 그들의 속임수는 허무하고 거짓되기 때문이다. 즉, 그들은 하나님의 율례들을 반대하여 거기에서 떠나 잘못되어서 거짓된 규범들을 세움으로써 스스로를 속이고, 여기저기를 돌아다니며 선(善)을 가장한 그들의 위선과 사람들을 해치고자 하는 그들의 교묘한 술책들로 다른 사람들을 속인다. 그들의 잔꾀는 거짓된 것이다(하몬드 박사의 번역). 그들이 최고의 방책이라고 짜낸 것들은 속임수이고 믿을 만한 것들이 아니다. 그렇기 때문에 하나님은 그들을 미워하시고 벌하시고자 하신다.

III. 다윗은 악인들에 대한 하나님의 이러한 심판을 타산지석으로 삼음. 그는 하나님의 심판들을 눈여겨 보고서, 그것들로부터 교훈을 얻었다.

1. 악인들의 파멸은 그가 하나님의 말씀을 더욱 사랑하게 되는 데에 도움이 되었다. "나는 죄의 결과가 어떤 것인지를 보았으므로, 내게 그러한 위험한 길을 가지 말도록 주의를 주고 포악한 자의 길을 가지 않도록 경고해 주는 주의 증거들을 사랑하나이다." 우리는 죄와 죄인들에 대한 심판들 속에서 하나님의 말씀이 성취되는 것을 보기 때문에 하나님의 말씀을 사랑하여야 한다.

2. 악인들의 파멸은 그가 하나님의 진노를 더욱 두려워하는 데에 도움이 되었다: 내 육체를 주를 두려워함으로 떠나이다. 다윗은 하나님의 진노를 받게 된 자들을 조롱한 것이 아니라 자신을 돌아보고 스스로를 낮추었다. 악인들에 대한 하나님의 심판을 읽거나 듣게 되면, 우리는 다음과 같이 하여야 한다.

(1) 우리는 하나님의 두려운 엄위하심을 생각하고 하나님에 대한 경외심을 품어야 한다: 이 거룩하신 하나님 여호와 앞에 누가 능히 서리요(삼상 6:20)?

(2) 우리는 하나님을 화나게 하여 그의 진노를 받게 되지는 않을까 두려워하여야 한다. 선한 자들은 특히 심판이 하나님의 집에서 시작되어서 위선자들이 밝혀져서 찌꺼기 같이 버려질 때에 여호와의 두려우심을 생각하고서 죄 지을 생각

을 아예 버려야 한다.

16. 아인

[121]내가 정의와 공의를 행하였사오니 나를 박해하는 자들에게 나를 넘기지 마옵소서 [122]주의 종을 보증하사 복을 얻게 하시고 교만한 자들이 나를 박해하지 못하게 하소서

다윗은 여기에서 하나님이 다음과 같은 분이시라는 것에 호소한다.

1. 하나님은 자기가 잘못하지 않았다는 것을 증언해 주실 증인이라는 것. 다윗은 진심으로 이렇게 말할 수 있었다: "내가 정의와 공의를 행하였나이다. 즉, 나는 모든 사람을 그들에게 합당한 대로 대하였고, 무력을 사용하거나 사기를 쳐서 그들의 권리를 조금이라도 침해하지 않았나이다." 왕으로서 그는 모든 백성에게 정의와 공의를 행하였고(삼하 8:15), 개인적으로는 내 손에 악이나 죄과가 없다고 사울에게 직접 항변할 수 있었다(삼상 24:11). 정직은 최선의 방책이고, 악한 날에 우리의 즐거움이 되리라는 것을 명심하라.

2. 하나님은 재판장이시니 자기가 해악을 당하지 않게 해주실 수 있으시다는 것. 다윗은 자기가 압제받는 다른 사람들을 위하여 공의를 행해 왔으니 하나님께서 공의를 베푸셔서 그의 대적들에게 그의 원수를 갚아 주시라고 간구한다. "주의 종을 보증하사 복을 얻게 하소서. 나를 위하여 역사하사 나를 무너뜨리고 파멸시키고자 하는 자들을 치소서." 다윗은 스스로는 자신의 형편을 낮게 할 수 없다는 것을 알고 있었기 때문에, 하나님께서 그를 위하여 나타나시도록 간구한다. 그리스도는 하나님 앞에서 우리의 보증(保證)이시다. 그리스도께서 우리의 보증이시기 때문에, 하나님의 섭리는 우리의 보증이 되어서 온 세상의 공격을 막아줄 것이다. 하나님께서 그 능력과 선하심으로 우리를 보호하시고 구원하시는데, 누구 또는 무엇이 우리를 해치겠는가? 다윗은 그를 위하여 무엇을 해주시라는 식으로 하나님께 구체적인 처방을 제시하지 않고, 단지 하나님의 무한하신 지혜로 볼 때에 가장 좋은 방향으로 그가 복을 얻게 해 달라고만 기도한다. 단지 "나를 박해하는 자들에게 나를 넘기지 마옵소서." 다윗은 정의와 공의를 행하였지만 그에게는 수많은 원수들이 있었다. 그러나 그는 하나님을 친구로 가지고 있었으므로 그들이 그를 해치고자 하는 뜻을 이루지 못하게 되기

를 소망하였다. 바로 그러한 소망 안에서 그는 다시 교만한 자들이 나를 박해하지 못하게 하소서라고 기도하였다. 가장 선한 자들 중의 한 사람이었던 다윗은 교만한 자들에 의해서 압제를 당하고 있었고, 하나님은 그들을 멀리서 지켜보고 계신다. 그러므로 박해당하는 자들의 처지는 박해하는 자들의 처지보다 더 낫고, 결국에는 그것이 드러나게 될 것이다.

[123]내 눈이 주의 구원과 주의 의로운 말씀을 사모하기에 피곤하나이다

　　　박해받고 있던 다윗은 여기서 그를 편하게 해줄 여호와의 구원을 바라며 기다리고 있었다.

　1. 그는 구원이 지체되고 있다고 생각하지 않을 수 없었다: 내 눈이 주의 구원을 사모하기에 피곤하나이다. 그가 눈이 빠지게 구원을 기다려온 지가 너무도 오래되었다. 그는 하늘로부터의 도우심을 구하였지만(우리가 다른 곳에서 도움을 찾는다면, 그것은 우리 자신을 속이는 것이다), 그 도우심은 그가 기대한 것만큼 속히 오지 않았기 때문에, 그의 눈은 쇠해지기 시작하였고, 그는 때때로 낙심하여, 그가 바란 구원이 영원히 오지 않을지도 모른다고 생각하기도 하였다. 선한 자들조차도 종종 그들이 기대한 시한이 지나 버렸을 때에 하나님이 정하신 때를 기다리는 데에 지친 모습을 보이는 연약함을 드러낸다.

　2. 그렇지만 그는 구원이 반드시 오리라는 것을 소망할 수 있었다. 왜냐하면, 그는 하나님의 의로운 말씀, 의의 말씀이기 때문에 땅에 떨어질 수 없는 바로 그런 말씀이 보증한 구원을 바라고 있는 것이기 때문이다. 우리의 눈은 쇠해질지라도, 하나님의 말씀은 실패하는 법이 없다. 그러므로 말씀 위에 서 있는 자들은 비록 지금은 낙심이 되더라도 때가 되면 구원을 보게 될 것이다.

[124]주의 인자하심대로 주의 종에게 행하사 내게 주의 율례들을 가르치소서 [125]나는 주의 종이오니 나를 깨닫게 하사 주의 증거들을 알게 하소서

　1. 다윗이 하나님의 가르침을 간구함. "내게 주의 율례들을 가르치소서. 나의 모든 도리를 내게 알게 하소서. 내가 의심 중에 있어서 나의 도리가 무엇인지를 확실히 알지 못할 때, 나를 가르치셔서 그 도리가 내게 분명해지게 하소서.

지금 나는 고난과 박해 중에 있고, 내 눈은 주의 구원을 사모하기에 피곤하오니, 나로 이 상황 속에서 내가 마땅히 해야 할 일이 무엇인지를 알게 하소서." 어려운 때에 우리는 우리가 무엇을 행해야 하는지에 대하여 하나님께 듣기를 더 원하여야 하고, 성경의 예언들이 아니라 성경의 교훈들로 인도함을 받기를 기도하여야 한다. 우리에게 율례들을 주신 하나님께서 우리를 가르치시지 않는다면, 우리는 결코 그 율례들을 배우지 못하게 된다. 하나님께서 어떻게 가르치시는지는 다음에 나오는 간구 속에 암시되어 있다: 나를 깨닫게 하사(하나님의 빛을 받아들이기에 적합한 새로워진 총명을 주시라는 것) 주의 증거들을 알게 하소서. 깨달음을 주시는 것은 하나님의 대권(大權)이고, 우리는 그러한 깨달음 없이는 하나님의 증거들을 알 수 없다. 하나님의 증거들을 아주 많이 알고 있는 자들일수록 결코 그들이 충분히 알고 있다고 생각하지 않고 더 많이 알기를 원하며 하나님께서 그들을 가르쳐 주시기를 더욱 간절하게 구한다.

2. 다윗이 이러한 간구를 강화시키기 위하여 제시하는 여러 호소들.

(1) 그는 그를 향한 하나님의 선하심에 호소한다: 주의 긍휼하심을 따라 내게 행하소서(개역에서는 주의 인자하심대로). 최고의 성도들은 어떤 축복을 구하든 다음과 같은 호소를 최고의 호소로 여긴다: "주의 긍휼하심을 따라 나로 그 축복을 받게 하소서." 왜냐하면, 우리는 하나님의 은총을 받을 자격이 없고, 마치 하나님이 빚진 자나 되는 것처럼 결코 우리의 권리를 주장할 수 없고, 단지 우리 자신을 하나님 앞에 던져서 그의 긍휼하심에 맡길 때에만 편안해질 수 있기 때문이다. 특히 가르침을 받기 위해서 하나님께 나아갈 때, 우리는 전적으로 하나님의 긍휼하심에 의지하여야 하고, 우리가 가르침을 받게 되었을 때에는 하나님께서 우리를 선대하고 계시다는 것을 알아야 한다.

(2) 그는 하나님에 대한 그의 관계에 호소한다. "나는 주의 종이오니 내게는 주를 위하여 할 일이 있나이다. 그러므로 나를 가르치셔서 그 일을 하게 하시고, 또한 잘 하게 하소서." 종은 자기가 주인의 일을 어떻게 해야 할지 잘 모를 때에 주인이 자기를 가르쳐서 깨닫게 해주기를 기대할 수 있다. 다윗은 "여호와여, 내가 주를 섬기기를 원하오니 어떻게 해야 할지를 내게 보여주소서"라고 말한다. 하나님의 종으로서 하나님의 뜻을 행하기로 결심한 자는 누구든지 하나님의 증거들을 알게 될 것이다(요 7:17; 시 25:14).

[126]그들이 주의 법을 폐하였사오니 지금은 여호와께서 일하실 때니이다

1. 다윗은 악인들의 무지막지한 불경(不敬)을 하소연함. 악인들의 불경에 대하여 거룩한 분노를 지니고 있었던 다윗은 그것을 하나님께 겸손히 아뢴다. "여호와여, 주의 법을 폐하고 주와 주의 통치에 도전하며 주의 명령들에 의한 의무를 무효화시키기 위하여 온갖 짓을 다하는 자들이 있나이다." 연약함 때문에 죄를 짓는 자들은 율법을 범하지만, 오만하고 뻔뻔스러운 죄인들은 다음과 같이 말하며 율법을 사실상 무효로 만들어 버린다: 여호와가 누구냐? 전능자가 누구이기에 우리가 그를 두려워하랴? 경건한 자도 하나님의 계명을 거슬러 죄를 지을 수 있지만, 악인은 아예 계명을 무시하고 범죄하며, 하나님의 법들을 폐하고 자신의 정욕을 법으로 삼는다. 이것이 죄의 죄성(罪性)이고 육적인 마음의 악성(惡性)이다.

2. 다윗은 하나님께서 나타나셔서 자신의 영광을 회복해 주시기를 소원함. "지금은 여호와께서 일하실 때이고, 어떤 일을 행하셔서 무신론자들과 이단자들을 파하시고 하늘을 쳐서 불경스러운 말들을 쏟아내는 자들의 입을 막으실 때이니이다." 악이 횡행하고 죄악의 분량이 찼을 때가 하나님께서 일하실 때이다. 여호와의 말씀에 내가 이제 일어나리라 하시도다. 어떤 이들은 이 본문을 여호와여, 지금은 주를 위하여 일할 때니이다로 번역하는데, 그러한 번역은 원문상으로 허용될 수 있다. 지금은 모든 사람이 자신의 위치에서 횡행하는 불경건과 부도덕에 맞서서 여호와 편에 서서 일할 때이다. 신앙이 무너져가는 때에 우리는 그 신앙을 일으켜 세우기 위하여 우리가 할 수 있는 일을 해야 하고, 궁극적으로는 하나님께서 그 일을 친히 맡아 주시라고 간구하여야 한다.

[127]그러므로 내가 주의 계명들을 금 곧 순금보다 더 사랑하나이다 [128]그러므로 내가 범사에 모든 주의 법도들을 바르게 여기고 모든 거짓 행위를 미워하나이다

다윗은 이 시편에서 자주 그랬듯이 여기에서도 자기가 하나님의 말씀과 법을 무척 사랑한다고 고백한다. 그 사랑의 진실성은 다음과 같은 것들을 통해서 입증된다.

1. 그의 사랑의 정도. 그는 돈보다도 성경을 더 사랑하였다(금 곧 순금보다

더). 금, 특히 순금은 대부분의 사람들의 마음을 빼앗는다. 사람들을 매혹시키고 그들의 눈을 눈부시게 하는 것은 금만한 것이 없다. 금은 그들이 보기에 더할 나위 없이 훌륭한 물건이다. 그들은 그것을 얻고 지키기 위해서라면 그들의 영혼, 그들의 하나님, 그들의 모든 것을 걸고자 한다. 그러나 다윗은 돈이면 무엇이든지 다 할 수 있는 것이 아니라 하나님의 말씀이면 모든 것을 다 할 수 있다는 것을 알았다. 왜냐하면, 하나님의 말씀은 우리의 영혼을 하나님을 향하여 부요하게 만들어 주기 때문이다. 다윗이 하나님의 말씀을 금보다 더 사랑한 것은 하나님의 말씀은 금이 그에게 해줄 수 없는 것을 해주었고, 세상의 재물이 그를 실망시켰을 때에 하나님의 말씀은 그를 실망시키지 않았기 때문이었다.

2. 그의 사랑의 근거. 그가 하나님의 모든 계명들을 사랑한 것은 그것들이 다 바르고 사리에 맞으며 의롭고 그 목적에 합당하다고 여겼기 때문이다. 하나님의 계명들은 모두 그것들이 마땅히 그래야 하는 그런 모습으로 존재하고, 그것들에게서는 그 어떤 흠결(欠缺)도 찾아볼 수 없다. 하나님의 계명들은 하나님의 형상을 지니고 있고 하나님의 뜻을 나타내는 것들이기 때문에, 우리는 그것들을 사랑하여야 한다. 우리가 이렇게 율법이 선하다는 것에 동의한다면, 우리는 속사람을 따라서 율법을 즐거워하게 될 것이다.

3. 이러한 사랑의 열매와 증거: 그는 모든 거짓 행위를 미워하였다. 죄의 길은 올바른 하나님의 교훈들이나 법도들과 정반대되는 것으로서 거짓된 길이다. 그러므로 하나님의 법을 사랑하고 존중하는 자들은 죄의 길을 미워하여 그것과 타협하고자 하지 않는다.

17. 페

¹²⁹주의 증거들은 놀라우므로 내 영혼이 이를 지키나이다

여기에서는 다윗이 하나님의 말씀에 대하여 어떠한 감화를 받았는지를 보여준다.

1. 그는 하나님의 말씀은 그 자체로 이루 말할 수 없이 탁월하다고 찬탄한다: 주의 증거들은 놀랍고 경이롭다. 하나님의 말씀은 우리에게 하나님과 그리스도, 저 세상에 대하여 놀라운 것들을 드러내 주고, 하나님의 사랑과 은혜를 보여주는 놀라운 증거들을 보여준다. 문체의 장중함, 내용의 순전함, 각 부분

들의 조화로움은 모두 다 놀랍고 경이롭다. 하나님의 말씀이 사람들이 양심에 감화를 주어서 죄를 깨닫게 하거나 위로를 주는 것도 놀라운 일이다. 우리가 하나님의 증거들에 대하여 찬탄하지 않는다면, 그것은 우리가 그것들을 잘 알지 못하고 깨닫지 못했음을 보여주는 것이다.

2. 그는 하나님의 말씀이 그에게 늘 유익함을 알고서 말씀에 착념하였다. "하나님의 증거들은 이루 헤아릴 수 없이 귀한 보화여서 내가 그것들 없이는 살 수 없기 때문에 내 영혼이 이를 지키나이다." 우리의 영혼이 그것들을 간직하지 않는다면, 우리는 그것들을 제대로 지키지 못한다. 마치 증거판들이 법궤 안에 간직되어 있었던 것처럼, 그것들은 우리의 영혼 속에 간직되어야 하고, 우리 영혼의 가장 내밀하고 가장 좋은 곳을 차지하고 있어야 한다. 하나님의 말씀이 놀랍다는 것을 아는 자들은 그것 속에서 놀라운 일들을 기대할 수 있다는 것을 알기 때문에 그것을 대단히 소중히 여기고 주의 깊게 보존하고자 한다.

¹³⁰주의 말씀을 열면 빛이 비치어 우둔한 사람들을 깨닫게 하나이다

1. 하나님의 말씀이 지닌 큰 유익. 하나님의 말씀은 우리에게 빛을 비추어 주는데, 우리에게 총명을 주어서, 우리가 이 세상을 지날 때에 우리에게 유익한 것들을 깨닫게 해준다. 하나님의 말씀은 하나님의 성령이 거룩함을 입은 모든 자들의 총명을 여는 데에 사용하시는 외적이고 통상적인 수단이다. 하나님의 증거들은 놀랍고 기이할 뿐만 아니라 어둔 곳을 비치는 빛으로 유익하기도 하다.

2. 하나님의 말씀은 그러한 목적에 효력이 있음. 하나님의 말씀은 그 목적을 놀라울 정도로 잘 수행하는데, 이는 다음과 같은 이유 때문이다.

(1) 하나님의 말씀을 열면 빛이 비친다. 우리가 성경을 우리 앞에 놓고 그 첫 장을 펼치자마자, 우리는 성경의 맨처음 구절들 속에서 만유(萬有)의 기원에 관한 놀랍고도 만족스러운 계시들을 발견하게 되는데, 만약 이 구절들이 없었다면, 우리는 세계의 기원에 대하여 완전히 깜깜하였을 것이다. 하나님의 말씀은 우리 속으로 들어와서 우리 속에 자리를 잡게 되자마자 우리에게 빛을 비치어 우리를 밝혀준다. 우리는 하나님의 말씀을 궁구(窮究)하기 시작하자 마음 눈이 밝아지기 시작하는 것을 느끼게 된다. 하나님의 말씀들의 첫째가는 원리

들, 가장 분명한 진리들, 어린 아기들을 위해 마련된 젖은 우리의 영혼에 큰 빛을 비쳐주고, 우리의 영혼은 거기에 들어 있는 지극히 고상한 신비들에 의해서 조명을 받게 된다. "주의 말씀을 열어 해석해 줄 때에 빛이 비친다." 사역자들이 제대로 그 뜻을 해석하여 주어서 자신의 몫을 다하게 될 때에 하나님의 말씀은 우리에게 큰 유익으로 다가온다(느 8:8). 신약성경은 구약성경을 열어서 해설하여 생명과 영생에 관하여 빛을 비춰 주는 역할을 한다는 점을 들어서, 어떤 이들은 이 본문을 신약성경을 가리키는 것으로 이해하기도 한다.

(2) 하나님의 말씀은 우둔한 사람들, 지적인 능력이 아주 약한 자들에게조차도 깨닫게 할 수 있다. 왜냐하면, 하나님의 말씀은 천국으로 가는 길을 우리에게 너무도 쉽고 분명하게 보여주어서, 우매한 행인이라도 거기에서 길을 잃지 않을 것이기 때문이다.

131내가 주의 계명들을 사모하므로 내가 입을 열고 헐떡였나이다

1. 다윗은 하나님의 말씀을 간절히 사모함: 내가 주의 계명들을 사모하였나이다. 그는 타의에 의해서 하나님에 대한 공식적인 예배를 드리지 못하게 되었을 때에는 어떻게든 다시 그가 예배를 회복할 수 있게 되기를 갈망하였고, 예배를 드릴 때에는 갓난 아기들이 젖을 사모함 같이 하나님의 말씀을 게걸스러울 정도로 흡수하였다. 우리 영혼에 그리스도의 형상이 이루어지면, 이런 일에 문외한인 자들에게는 설명할 수 없는 사모함과 갈망들이 생겨나게 된다.

2. 다윗은 그 사모함이 어떤 정도인지를 표현함: 열기에 휩싸이거나 거의 질식할 상태 속에서 한 모금의 신선한 공기를 얻기 위해 헐떡이는 자처럼, 내가 입을 열고 헐떡였나이다. 하나님을 향한 우리의 사모함과 그의 이름을 기억하고자 하는 우리의 열망은 이렇게 강렬하고 이렇게 간절하여야 한다(시 42:1-2; 눅 12:50).

132주의 이름을 사랑하는 자들에게 베푸시던 대로 내게 돌이키사 내게 은혜를 베푸소서

1. 다윗은 하나님께서 그에게 은총을 베풀어 달라고 간구함. "은혜로써 나를

보아 주소서. 나로 하여금 주의 미소와 그 얼굴의 빛을 보게 하소서. 나의 처지를 돌아보사 내게 긍휼을 베푸소서. 나로 하여금 주의 긍휼하심의 단 것을 맛보게 하시고, 주의 긍휼하심으로 인한 은사들을 받아 가지게 하소서." 그의 간구가 얼마나 겸손한지를 보라. 그는 하나님의 손에 의한 역사(役事)들이 아니라 단지 그의 얼굴의 미소만을 구한다. 좋은 표정만으로도 충분하다. 그는 하나님의 미소를 구하기 위하여 자신의 공로에 호소하는 것이 아니라, 오직 하나님의 긍휼하심만을 간청한다.

2. 다윗은 하나님께서 그의 모든 백성에게 은총을 베풀어 오셨다는 것을 인정함: 주께서 주의 이름을 사랑하는 자들에게 베푸시던 대로 내게 은혜를 베푸소서. 이것은 다음 둘 중의 하나이다.

(1) 긍휼하심을 베풀어 달라는 호소. "여호와여, 나는 주의 이름을 사랑하는 자들, 주와 주의 말씀을 사랑하는 자들 중의 하나이고, 주께서는 그런 자들에게 인자를 베풀어 오셨나이다. 그런데도 주께서는 주의 백성 중 다른 사람들에게는 인자하시면서 내게는 박하게 대하시고자 하시나이까?"

(2) 또는, 다윗이 바라고 있는 은총과 긍휼에 관한 설명: "주께서 주의 이름을 사랑하는 자들에게 주시곤 하셨던 바로 그 은혜, 주께서 주의 택하신 자들에게 베푸시는 그 은혜(시 106:4-5)." 다윗은 하나님의 백성들이 하나님으로부터 받는 대접 그 이상이나 그 이하를 원하지 않는다. 하나님께서 모든 사람들에게 일반적으로 베푸시는 긍휼들은 별 도움이 되지 못할 것이지만, 눈으로 보지 못하는 그러한 긍휼들은 하나님을 사랑하는 자들에게만 주어진다(고전 2:9). 하나님께서 그를 사랑하는 자들을 대하시는 것들은 그들을 진정으로 영원히 복되게 만드는 것들이기 때문에 그들은 더 이상 잘 대해 주시기를 바랄 필요가 없다는 것을 명심하라. 하나님께서 그를 사랑하는 자들을 대하시듯이 우리를 대하신다면, 우리는 불평할 이유가 전혀 없다(고전 10:13).

[133]나의 발걸음을 주의 말씀에 굳게 세우시고 어떤 죄악도 나를 주관하지 못하게 하소서

다윗은 여기에서 두 가지 큰 영적인 축복을 주시라고 기도하는데, 앞 절에서는 하나님께서 자기를 선하게 봐 달라고 간구하였다고 한다면 이 절에

서는 하나님께서 자기 안에서 선한 일을 행하여 주시라고 간구한다.

1. 그는 자기를 마땅히 행할 길들로 인도해 주시라고 기도한다. "나의 발걸음을 주의 말씀에 굳게 세우소서. 나를 옳은 길로 인도하시고, 그 길에서 나의 발걸음이 주의 은혜의 인도하심 아래 있게 하소서." 우리는 하나님께서 정해 놓으신 길을 따라서 걸어가야 한다. 영혼의 모든 움직임은 말씀에 의해서 정해진 범위를 넘어서지 말고 그 테두리 내에서 이루어져야 하고, 말씀이 정해 놓은 길들을 무시하지 말고 그 길들을 따라 행해져야 한다. 그러므로 우리는 하나님께서 성령을 통해서 우리의 발걸음들을 정도(正道)로 인도해 주시도록 간구하여야 한다.

2. 그는 자기를 죄의 권세에서 구원해 주시라고 기도한다. "어떤 죄악도 나를 주관하지 못하게 하시고, 내가 죄악에 동조하여 죄악의 포로가 되어서 끌려가지 않게 하소서." 우리는 모두 죄가 우리를 지배하게 되는 것을 두려워하여야 하고, 따라서 그렇게 되지 않도록 해 달라고 간구하여야 한다. 우리가 진심으로 기도하기만 한다면, 우리는 다음과 같은 약속을 기도 응답으로 받게 될 것이다 (롬 6:14): 죄가 너희를 주장하지 못하리라.

[134]사람의 박해에서 나를 구원하소서 그리하시면 내가 주의 법도들을 지키리이다

1. 다윗은 자기가 남을 집요하게 괴롭히고자 하는 자들에 의해서 곤욕을 치르는 불안정한 삶이 아니라 고요하고 평안한 삶을 살아 갈 수 있게 해 달라고 기도한다. "사람의 박해에서 나를 구원하소서. 사람의 힘은 제한되어 있고, 하나님께서는 사람을 주관하실 수 있나이다. 그들로 하여금 자기가 인생일 뿐인 줄 알게 하시고(시 9:20), 나로 하여금 내 원수들의 손에서 건짐을 받아서 두려움 없이 하나님을 섬기게 하옵소서."

2. 다윗은 경건과 정직 가운데 살리라고 약속한다. "나를 내 원수들의 손에서 건지소서. 그리하시면 내가 주의 법도들을 지키리이다." 다윗은 계속해서 박해와 압제 아래에 있었지만, 하나님의 법도들을 지키고자 하였다. "그러나 나를 묶고 있는 것들이 풀어진다면, 나는 주의 법도들을 더욱 기쁜 마음과 넓은 마음으로 지키게 될 것이나이다." 우리가 하나님을 더 잘 섬기려는 목적을 가지고서 이 땅에서의 축복들을 원할 때에만 우리는 그 축복들을 기대할 수 있다.

[135]주의 얼굴을 주의 종에게 비추시고 주의 율례로 나를 가르치소서

다윗은 다른 곳에서 자주 그랬듯이 여기에서도 자기 자신을 하나님의 종이라고 부른다. 그는 비록 왕이었지만 이 칭호를 무척 자랑스러워하였다. 그는 지금 여기에서 선한 종에게 합당한 태도를 따라 다음과 같이 한다.

1. 그는 주인의 은총을 자신의 행복이자 최고로 좋은 것으로 여겨서 주인의 은총을 받기를 무척 열망한다. 그는 양식과 포도주, 금이나 은을 달라고 하는 것이 아니라 이렇게 말한다: "주의 얼굴을 주의 종에게 비추소서. 내가 주께 열납되게 하시고, 나로 하여금 내가 열납되고 있다는 것을 알게 하소서. 구름끼고 어두운 날이 찾아올 때마다 주의 얼굴 빛으로 나를 위로하소서. 세상은 내게 찌푸린 얼굴을 한다고 해도, 주께서는 내게 미소를 보여주소서."

2. 그는 주인의 일을 자신의 일이자 최고의 관심사로 삼고서 주인의 일에 대하여 온통 마음을 쏟는다. 그는 주인의 일을 행하되 제대로 행하여 자기가 한 일이 열납될 수 있도록 하기 위하여 그 일에 대하여 가르침을 받기를 원한다. 주의 율례로 나를 가르치소서. 우리는 위로만이 아니라 은혜도 주시라고 간절히 기도하여야 한다는 것을 명심하라. 하나님께서 우리에게서 그의 얼굴을 숨기신다면, 그것은 우리가 그의 율례들을 지키는 데에 소홀히하였기 때문이다. 그러므로 우리는 하나님의 은총을 회복하고자 한다면 우리가 마땅히 행할 것을 행할 수 있도록 지혜를 달라고 기도하여야 한다.

[136]그들이 주의 법을 지키지 아니하므로 내 눈물이 시냇물 같이 흐르나이다

여기에서 우리는 슬픔에 잠겨 있는 다윗의 모습을 보게 된다.

1. 그것은 그의 눈물이 시냇물을 이룰 정도로 큰 슬픔이었다. 일반적으로 사람이 마음에 은혜를 받게 되면, 눈에서는 눈물이 흐르게 되는 법인데, 그리스도께서 그러하셨다. 그리스도는 슬픔의 사람(간고를 많이 겪은 자)이셨고 슬픔을 아시는 분이었다. 다윗은 앞서 하나님의 은총 속에서 위로를 받게 해 달라고 기도하였었는데(135절), 여기에서는 자기가 그러한 위로를 받기에 합당한 자이고 그러한 위로가 필요한 자라고 호소한다. 왜냐하면, 하나님께서는 시온에서 슬퍼하는 자들을 위로하시겠다고 약속하셨는데, 바로 그가 그런 자들

중의 하나였기 때문이다(사 61:3).

2. 그것은 경건한 슬픔이었다. 그는 무수히 환난을 겪고 있었지만 자기가 당하는 환난 때문이 아니라 원수들에 의해서 하나님이 받으시는 모욕 때문에 울었다 — 즉, 그들이 주의 법을 지키지 아니하므로. 어떤 이들은 눈은 수많은 죄가 드나드는 곳이기 때문에 우는 눈이 되어야 한다는 것을 근거로 해서 이 본문을 내 눈이 주의 법을 지키지 아니하므로라고 해석하지만, 여기서 그들은 다윗 주변에 있는 사람들을 가리킨다고 보아야 할 것이다(139절). 죄인들이 저지르는 죄들은 성도들의 슬픔이라는 것을 명심하라. 우리는 우리 주변에서 일어나는 죄들을 바로잡을 수는 없다고 하더라도 마땅히 그 죄들을 슬퍼하여야 한다.

18. 차데
¹³⁷여호와여 주는 의로우시고 주의 판단은 옳으니이다 ¹³⁸주께서 명령하신 증거들은 의롭고 지극히 성실하니이다

1. 하나님은 의로우시고, 그의 본성은 무한히 올바르고 온전하심. 하나님은 원래의 모습 그대로 존재하실 뿐만 아니라, 마땅히 그래야 하는 모습으로 존재하시고, 모든 일 속에서 그에게 합당한 대로 행하신다. 하나님에게는 부족한 것이나 잘못된 것이 없다. 하나님의 뜻은 영원한 공평의 법이고, 하나님은 그것에 따라서 모든 일을 행하시기 때문에 의로우시다.

2. 하나님의 통치도 의로움. 하나님은 공의의 원리에 따라 자신의 섭리를 통해서 세계를 다스리시고, 그 어떤 피조물에게도 결코 잘못하신 적이 없으시고, 또한 결코 그러실 수 없으시다. 주의 판단, 즉 하나님의 약속들과 경고들, 그리고 그것들의 집행은 옳으니이다. 하나님의 모든 말씀은 순전하고, 하나님은 그 말씀에 충실하실 것이다. 하나님은 모든 일의 공과(功過)를 완벽히 아시고 그것에 따라서 판단하신다.

3. 하나님께서 우리에게 주셔서 순종하게 하시는 명령들도 의로움. "주께서 왕의 권세로 명령하시고 우리에게 순종하게 하시는 주의 증거들은 지극히 의롭고 성실하여 의와 성실 그 자체니이다." 하나님께서 자신의 본연의 모습을 따라 행하시듯이, 하나님의 법은 우리가 우리 자신의 본연의 모습과 하나님을 닮은 모습으로 행하여 우리 자신과 우리가 상대하는 모든 자들에게 의롭고, 우리가

하나님 및 사람과 관계하는 모든 일들에 충실하고 진실하기를 요구한다. 하나님께서 우리에게 행하라고 명하시는 것들은 의로운 것들이고, 우리에게 믿으라고 명하시는 것들은 신실하고 믿을 만한 것들이다. 우리가 이것을 확신하는 것은 우리의 믿음과 순종에 반드시 필요하다.

¹³⁹내 대적들이 주의 말씀을 잊어버렸으므로 내 열정이 나를 삼켰나이다

1. 악인들이 신앙을 크게 경멸함: 내 대적들이 주의 말씀을 잊어버렸나이다. 그들은 하나님의 말씀을 자주 들어 왔지만, 거의 주의를 기울이지 않았기 때문에 곧 잊어버렸고, 의도적으로 잊어버리고자 하였다. 즉, 그들은 하나님의 말씀에 별 신경을 쓰지 않아서 그 말씀이 그들의 마음에서 빠져 나갔을 뿐만 아니라 그 말씀을 등 뒤로 던져 버릴 궁리만 하였다. 악인들의 모든 악함, 특히 하나님의 백성에 대한 그들의 악의와 적대감의 밑바닥에는 이러한 사정이 자리잡고 있다. 그들은 하나님의 말씀을 잊어버렸다. 만약 그렇지 않았다면, 그들은 그들의 죄악된 행실을 억제하고자 했을 것이다.

2. 경건한 자들은 신앙을 향해 대단한 열정을 보임. 다윗이 하나님의 말씀을 잊어버린 자들을 자신의 원수들로 여긴 것은 그와 하나가 되어 있었던 신앙에 대하여 그들이 원수가 되어 있었기 때문이었다. 그러므로 그가 그들의 불경(不敬)을 보았을 때에 그의 열심(개역에서는 열정)이 그를 삼켰다. 다윗은 자신의 심령을 먹어치워 버리고 다른 모든 고려들을 삼켜 버려서 자기 자신을 잊어버리게 만들 정도로 그들의 악함에 대하여 큰 분노를 품었다(그리스도의 열심과 같이, 요 2:17). 내 열심이 나를 억누르고 압박하였다(행 18:5, 하몬드 박사는 이렇게 해석한다). 죄에 대하여 분노하는 열심은 우리를 압박하여 우리가 우리의 위치에서 죄를 막기 위하여 최선을 다하게 만들고, 적어도 우리 자신의 신앙 속에서 죄를 짓지 않도록 더욱 분발하게 만든다. 다른 사람들이 더 악해질수록, 우리는 그것을 교훈으로 삼아서 더욱 선해져야 한다.

¹⁴⁰주의 말씀이 심히 순수하므로 주의 종이 이를 사랑하나이다

1. 다윗은 하나님의 말씀을 몹시 사랑함: 주의 종이 이를 사랑하나이다. 모든

선한 자는 하나님의 종으로서 하나님의 말씀을 사랑한다. 왜냐하면, 하나님의 말씀은 그들에게 주인의 뜻을 알게 해주고 그들을 가르쳐서 주인의 일을 하게 하기 때문이다. 은혜가 있는 곳에는 하나님의 말씀에 대한 뜨거운 사랑도 존재한다.

2. 그러한 사랑의 근거와 이유. 다윗은 하나님의 말씀이 심히 순수하다는 것을 알았기 때문에 그 말씀을 사랑하였다. 우리가 하나님의 말씀을 그 순수함(또는 순전함)으로 인하여 사랑하는 것은 우리가 하나님을 사랑한다는 증거가 된다. 왜냐하면, 하나님의 말씀은 하나님의 거룩한 형상을 지니고 있고 우리로 하여금 그의 거룩하심에 참여하는 자가 되게 하기 위한 목적을 지니고 있기 때문이다. 하나님의 말씀은 순전함을 명한다. 하나님의 말씀은 그 자체로 모든 부패한 불순물로부터 깨끗하게 되어 있기 때문에, 우리가 그 말씀의 빛과 사랑 안에서 말씀을 받는다면, 하나님의 말씀은 우리를 세상과 육체에 물든 마음의 찌꺼기로부터 깨끗하게 만들어 줄 것이다.

¹⁴¹내가 미천하여 멸시를 당하나 주의 법도를 잊지 아니하였나이다

1. 경건하지만 가난한 다윗. 그는 하나님의 마음에 합한 자였고 만왕의 왕이신 하나님으로부터 존귀한 자로 대접받는 자였지만, 자기 자신이 보기에, 그리고 다른 많은 사람들이 보기에는 미천하여 멸시를 당하는 자였다. 어떤 사람이 대단하고 탁월하다고 해서 사람들로부터 멸시를 받지 않는 것은 아니다. 아니, 대단한 사람은 흔히 다른 사람들의 조롱을 받기 쉽고, 스스로의 눈으로도 자기를 미천한 자로 생각하기 쉽다. 하나님께서 세상의 미련한 것들을 택하셨기 때문에, 하나님의 백성이 사람들로부터 멸시받는 것은 그들의 운명이었다.

2. 가난하지만 경건한 다윗. 다윗은 그의 엄격하고 진지한 경건으로 인하여 미천하여 멸시를 당하는 자가 되었지만, 그의 양심은 그가 하나님의 법도를 잊지 아니하였다는 것을 증언할 수 있었다. 그는 자신의 신앙으로 인하여 멸시를 당하였지만, 그러한 멸시가 그의 신앙이 얼마나 견고한지를 시험하기 위한 것임을 알았기 때문에, 그 신앙을 던져 버리고자 하지 않았다. 우리가 작아 보이고 사람들로부터 멸시를 받을 때, 우리는 비천한 처지에서 오는 압박감 아래에서 스스로를 지탱하기 위해서는 하나님의 법도를 더욱 기억할 필요가 있다.

[142]주의 공의는 영원한 공의요 주의 율법은 진리로소이다

1. 하나님의 말씀은 의이고 영원한 의라는 것. 하나님의 말씀은 하나님께서 판단하시거나 심판하실 때에 규범으로 사용되고, 하나님의 영원한 뜻과 모략에 합치하며, 영원토록 하나님의 선고(宣告)의 지침이 된다. 하나님의 말씀은 우리를 심판하되 의(義)로 심판하실 것이고, 그것을 통해서 우리의 영원한 상태와 신분이 결정될 것이다. 하나님의 말씀은 그 자체가 의이자 의의 기준이며, 상벌의 영원한 기준이기 때문에, 우리는 하나님의 말씀에 대하여 지극한 경외심을 품어야 한다.

2. 하나님의 말씀은 법이고, 그 법은 진리라는 것. 우리가 하나님의 말씀에 의해서 다스림을 받아야 할 이중적인 의무 아래 놓여 있다는 것을 보라. 우리는 사리를 분별할 줄 아는 이성적인 피조물이기 때문에 진리의 취지와 권능을 인정하고 진리에 의해서 다스림을 받아야 한다. 원리들이 참되다면, 실천들은 그 원리들에 합치하여야 한다. 그렇지 않으면, 우리는 사리에 맞게 행하는 것이 아니다. 우리는 피조물이자 종속되어 있는 자들이기 때문에 우리의 창조주의 다스림을 받아야 한다. 창조주께서 무엇을 명하시든, 우리는 그것을 법으로 받들어서 순종하여야 한다. 이러한 의무들, 한 사람을 묶고 있는 이러한 굴레가 여기에서 어떻게 서로 결합되어 활동하고 있는지를 보라. 진리는 우리의 지각(知覺)으로 들어와서 거기에서 상좌를 차지하고 앉아서 우리의 전인(全人)의 움직임들을 지휘한다. 그러나 진리의 권세가 육체로 인하여 약화되지 않도록 하기 위해서 법은 우리의 의지를 묶어서 복종하게 만든다. 하나님의 진리는 법이고(요 18:37), 하나님의 법은 진리이다. 우리가 이 두 가지 말씀을 서로 분리할 수 없다는 것은 명백하다.

[143]환난과 우환이 내게 미쳤으나 주의 계명은 나의 즐거움이니이다 [144]주의 증거들은 영원히 의로우시니 나로 하여금 깨닫게 하사 살게 하소서

이 두 절은 앞의 두 절의 내용을 거의 반복하는 것이기는 하지만 적용을 통해서 좀 더 앞으로 나아간다.

1. 다윗은 그가 만난 수많은 난관들과 낙심되는 일들에도 불구하고 하나님과

자신의 본분에 변함없이 충실하였다는 것을 다시 한 번 공언한다. 그는 내가 미천하여 멸시를 당하였지만 내 본분에 충실하였다고 말하였었다(141절). 여기에서 그는 자기 자신이 미천할 뿐만 아니라 사람이 이 세상에서 처할 수 있는 형편 중에서 가장 비참한 처지에 놓여 있다고 말한다: 환난과 우환이 내게 미쳤으니, 밖으로는 환난이요 안으로는 우환이나이다. 그러한 것들이 그에게 갑자기 덮쳐서 그를 사로잡았다. 눈물 골짜기인 이 세상에서 슬픔은 흔히 성도들의 운명이다. 그들은 여러 가지 시험으로 말미암아 근심한다. 앞에서 그는 내가 주의 법도를 잊지 아니하였나이다라고 말했는데, 여기에서는 자신의 변함없는 신앙을 훨씬 강도 높게 표현한다: 주의 계명은 나의 즐거움이니이다. 이 세상에서의 모든 환난과 우환은 그가 하나님의 말씀으로부터 위로를 맛볼 수 없게 만들지 못하였기 때문에, 그는 여전히 하나님의 말씀 속에서 평안과 즐거움을 발견할 수 있었고, 이 세상의 모든 재난도 그의 그러한 평안과 즐거움을 빼앗아갈 수 없었다. 성도들은 환난과 괴로움 속에 있을 때에 흔히 하나님의 말씀 속에 있는 여러 가지 기쁨들을 가장 달게 맛보게 된다(고후 1:5).

2. 다윗은 앞에서처럼(142절) 하나님의 말씀이 영원히 의롭다는 것을 다시 한 번 고백한다: 주의 증거들은 영원히 의로우셔서 변경될 수 없다. 하나님의 말씀은 그 능력 가운데서 우리 영혼 속으로 받아들여질 때에 거기에서 영생하도록 솟아나는 샘물이 된다(요 4:14). 우리는 하나님의 말씀의 공평하심과 영원하심을 자주 깊이 묵상하여야 한다. 여기에서 다윗은 하나님의 말씀이 의롭다는 자신의 고백을 근거로 다음과 같은 것들을 덧붙인다.

(1) 은혜 주시기를 간구함: 나로 하여금 깨닫게 하소서. 하나님의 말씀을 많이 아는 자들은 여전히 더 많이 알기를 갈망하여야 한다. 왜냐하면, 우리가 알아야 할 하나님의 말씀은 무궁무진하기 때문이다. 다윗은 "내게 더 많은 계시를 주소서"라고 말하는 것이 아니라 나로 하여금 더 많이 깨닫게 하소서라고 말한다. 우리는 하나님께서 계시해 주시는 것을 깨닫고자 하여야 하고, 우리가 아는 것을 더 잘 알고자 하여야 한다. 우리는 하나님께 나아가 말씀을 깨닫고 아는 마음을 주시라고 기도하여야 한다.

(2) 영광을 소망함. "나를 새롭게 깨닫게 하소서. 그리하시면, 내가 살겠고, 영원히 살며 영원히 복되고, 그러한 삶을 기대하는 가운데 현재에 있어서도 위로를 받으리이다." 영생은 하나님을 아는 것이니이다(요 17:3).

19. 코프

[145]여호와여 내가 전심으로 부르짖었사오니 내게 응답하소서 내가 주의 교훈들을 지키리이다 [146]내가 주께 부르짖었사오니 나를 구원하소서 내가 주의 증거들을 지키리이다

I. 하나님의 긍휼하심을 구하는 다윗의 선한 기도들. 그가 여기에서 그 기도들을 기록해 놓은 것은 그런 기도들을 자랑하거나 그 기도들 속에 나타나 있는 자신의 잘난 점을 의지하기 위한 것이 아니라 자기가 위로를 받기 위해 하나님께서 정하신 길을 따라 행하였다는 것을 되돌아봄으로써 위로를 받기 위한 것이었다. 좀 더 살펴보자.

1. 그는 마음으로 하나님께 기도하였다는 것. 그는 마음으로 기도하였는데, 기도는 마음이 함께 수반될 때에야 열납될 수 있다. 입술만으로 기도하는 것이 전부라면, 그 기도는 헛된 수고가 될 뿐이다.

2. 그는 끈질기게 하나님께 기도하였다는 것. 그는 뜨거운 사모함과 거룩하고 열정적인 소원을 가지고서 간절히 구하는 자처럼 부르짖었다. 그는 전심으로 부르짖었다. 그는 그의 영혼의 모든 힘들을 기도에 쏟았을 뿐만 아니라 젖먹던 힘까지 다 내어서 기도하였다. 우리가 이렇게 혼신의 힘을 다하여 기도 가운데 씨름할 때, 우리는 속히 응답을 받을 가능성이 높아진다.

3. 그는 하나님을 향하여 기도하였다는 것: 내가 주께 부르짖었나이다. 괴롭고 고통스러운 일이 있을 때, 자녀가 아버지께 나아가지 않으면 어디로 가겠는가?

4. 그가 하나님께 베풀어 달라고 기도한 큰 일은 구원이었다는 것: 나를 구원하소서. 이것은 짧은 기도이지만 포괄적인 기도이다(만약 우리가 많이 말하여야 하나님께서 들으실 것이라고 생각한다면, 그것은 오산이다). "나를 멸망에서 건져주실 뿐만 아니라 복되게 하여 주소서." 우리는 하나님의 구원(시 50:23)과 거기에 수반되는 것들(히 6:9) 이외의 것을 바랄 필요가 없다.

5. 그가 기도 응답을 간절히 기다렸다는 것. 그는 하나님을 바라보며 기도하였을 뿐만 아니라 그 기도들이 과연 어떻게 응답되는지를 보기 위하여 그 기도들의 추이(推移)을 바라보았다(시 5:3). "여호와여, 내게 응답하소서. 나로 하여금 주께서 내 기도를 들으신다는 것을 알게 하소서."

**II. 다윗은 자신의 본분을 다하려는 선한 목적을 지니고서 하나님의 긍휼하

심을 구함. "내가 주의 교훈들을 지키리이다. 나는 주의 은혜로 내가 그렇게 되기를 간절히 바라나이다." 왜냐하면, 우리가 귀를 돌려 율법을 듣지 아니하면, 우리는 기도의 응답을 기대할 수 없기 때문이다(잠 28:9). 다윗은 자신의 이러한 선한 의도를 하나님께서 자신의 기도를 들어 주셔야 할 이유로 겸손히 제시한다(146절). "나의 죄들, 나의 부패한 것들, 나의 시험들, 내 길을 가로막는 온갖 방해물들로부터 나를 구원하셔서 나로 주의 증거들을 지키게 하여 주소서." 우리는 우리가 편안하고 위로를 받기 위해서가 아니라 하나님을 더욱 즐거운 마음으로 섬길 기회를 갖기 위해서 하나님께서 우리를 구원해 주시라고 부르짖어야 한다.

¹⁴⁷내가 날이 밝기 전에 부르짖으며 주의 말씀을 바랐사오며 ¹⁴⁸주의 말씀을 조용히 읊조리려고 내가 새벽녘에 눈을 떴나이다

다윗은 여기서 자기가 위로와 유익을 얻기 위해서 기도의 의무를 게을리하지 않고 얼마나 지극정성으로 행하였는지에 대하여 계속해서 이어서 말한다. 그는 하나님께 부르짖었다. 즉, 그는 하나님을 사모하는 자신의 경건하고 헌신적인 마음을 온 힘을 다해서 하나님께 올려 드렸다. 좀 더 살펴보자.

I. 그의 기도에 도움이 되었던 것들. 그가 기도하는 데에 크게 도움을 주었던 것은 다음 두 가지였다.

1. 하나님의 말씀에 대한 소망. 이것은 응답이 즉시 오지 않았음에도 불구하고 그가 계속해서 절박하게 기도할 수 있는 힘을 주었다. "**묵시는 정한 때가 있나니 결국 이루어지겠고 결코 거짓되지 아니하리라**는 말씀 때문에 나는 부르짖는 가운데 결국에는 내 기도가 응답될 것이라는 소망을 갖고 있었고, 주의 말씀은 나를 실망시키지 않으리라는 것을 내가 알고 있었기 때문에 나는 주의 말씀을 바랐나이다."

2. 하나님의 말씀에 대한 묵상. 우리가 하나님의 말씀과 친밀하고 그 말씀에 착념하면 할수록, 우리는 하나님의 언어로 하나님께 더 잘 말할 수 있게 되고, 무엇을 기도해야 할지를 더 잘 알게 된다. 말씀을 읽는 것만으로는 별 도움이 되지 않을 것이기 때문에, 우리는 말씀을 묵상하여야 한다.

II. 그의 기도 시간들. 그는 날이 밝기 전과 한밤중에 일어나 기도하였다. 좀

더 살펴보자.

1. 그는 일찍 일어나는 사람이었다는 것. 아마도 이것은 그가 큰 일을 해낼 수 있는 기틀이 되었을 것이다. 그는 조금 더 자자고 말하는 그러한 자들에 속하지 않았다.

2. 그는 하나님과 더불어서 하루를 시작하였다는 것. 그가 아침에 일어나서 그의 마음이 가장 신선하고 가장 좋은 상태에 있을 때에 다른 그 어떤 일을 시작하기 전에 맨먼저 했던 일은 기도였다. 우리가 아침에 일어나서 맨먼저 하나님을 생각한다면, 우리는 하루 온종일 하나님을 경외하는 마음을 유지할 수 있을 것이다.

3. 그의 마음은 하나님 생각으로 충만하고 신앙의 일들과 즐거움들로 가득 차 있었기 때문에 잠을 조금만 자도 더 잘 생각이 나지 않았다는 것. 그는 잠이 들었다가 한밤중에 깨어났을 때에 몸을 뒤척이며 다시 잠들 생각을 한 것이 아니라, 일어나서 묵상하고 기도하고자 하였다. 우리는 우리가 먹는 음식만큼이나 우리에게 꼭 필요한 휴식을 빼앗기지 않으려 하지만, 다윗은 하나님의 입의 말씀을 그에게 꼭 필요했던 휴식보다 더 귀히 여겼다(욥 23:12).

4. 그는 경건 활동을 하기 위하여 잠자는 시간을 줄이고자 하였다는 것. 그의 하루는 온종일 해야 할 일들로 꽉 차 있었지만, 그렇다고 해서 그것이 혼자 조용히 기도드리는 시간을 내지 못하는 변명이 될 수는 없다. 기도할 시간을 도저히 낼 수 없거든, 다윗이 그랬던 것처럼 잠자는 시간을 줄여서라도 기도할 시간을 갖는 것이 좋다. 우리가 밤중에 기도할 때, 은혜의 보좌 앞에 나아가는 데에는 정해진 시간이 없다는 사실은 우리에게 위로가 된다. 왜냐하면, 우리는 아무 때나 은혜의 보좌 앞에 나아갈 수 있기 때문이다. 바알은 잠잘지라도, 이스라엘의 하나님은 결코 졸거나 주무시지 않기 때문에, 우리는 어느 때든지 하나님 앞에 나아가 대화할 수 있다.

149주의 인자하심을 따라 내 소리를 들으소서 여호와여 주의 규례들을 따라 나를 살리소서

1. 다윗은 아주 정중하게 예를 갖추어서 하나님께 은혜와 위로를 베풀어 주시라고 요청한다. 그는 자신의 소리를 들어 주시라고 하나님께 간구한다. "여

호와여, 주께 드릴 말씀이 제게 좀 있나이다. 하해와 같은 은혜로 저의 말을 들어 주시겠나이까?" 그렇다면, 다윗은 무슨 말을 하고자 했던 것일까? 그가 간구하고 요청했던 것은 무엇이었는가? 다윗이 한 말은 길지 않았지만 짧은 말속에 많은 것들을 담고 있었다. "여호와여, 나를 살리소서. 나를 분발시키셔서 선한 일을 하게 하시되, 열심있고 즐겁고 생기있게 선한 일을 하게 하소서. 내게 주신 은혜가 행동으로 나타나게 하소서."

2. 다윗은 다음과 같은 것들을 의지하기 때문에 하나님께서 틀림없이 그의 간구를 들어주실 것이라고 소망하며 스스로를 격려한다.

(1) 하나님의 인자하심. "하나님은 선하시므로, 그의 긍휼하심을 바라는 나를 선대하시리라. 하나님께서 내게 베푸신 인자하심으로 인하여 나는 살아나리이다."

(2) 하나님의 판단(개역에서는 규례들). 즉, 하나님의 지혜("하나님은 내가 무엇을 필요로 하는지, 내게 무엇이 선한 것인지를 아시므로 나를 살아나게 하시리라"), 또는 그의 약속, 그가 하신 말씀, 새 언약에 의해 보증된 긍휼하심: 그 언약의 취지를 따라 나를 살리소서.

[150]악을 따르는 자들이 가까이 왔사오니 그들은 주의 법에서 머니이다 [151]여호와여 주께서 가까이 계시오니 주의 모든 계명들은 진리니이다

I. 다윗은 자기가 원수들로부터 위험에 처해 있다는 것을 인식함.

1. 그들은 극히 악의적이어서 끈질기게 악의적인 음모를 꾸미고 있었다. 그들은 악을 따르는 자들로서 다윗이나 그의 친구들에게 어떻게든 해를 가하고자 하였다. 그들은 다윗을 해치기 위한 것이라면 그 어떤 기회도 놓치고자 하지 않았다.

2. 그들은 극히 불경스러워서 그들의 눈에 하나님을 두려워하는 것이 없었다. 그들은 주의 법에서 멀어서, 주의 법이 죄를 일깨워 주는 것과 그 명령들에서 될 수 있는 한 스스로를 멀리 두고자 하였다. 하나님의 백성을 박해하는 것은 하나님을 무시하는 것이다. 그러므로 우리는 하나님께서 그들에게 대적하시고 자기 백성의 편에 서 주시리라는 것을 확신할 수 있다.

3. 그들은 다윗을 바짝 뒤쫓고 있었기 때문에, 다윗은 그들의 수중에 떨어질

위기에 놓여 있었다: 그들이 예상보다 더 가까이 왔다. 그들은 그를 붙잡을 발판을 마련하게 된 것이다. 그들은 그의 뒤를 바짝 추적하고 있었고 바로 그의 등 뒤에 있었다. 다윗이 나와 죽음의 사이는 한 걸음뿐이니라고 말한 것처럼(삼상 20:3), 하나님은 종종 박해자들이 그의 백성을 거의 이길 지경까지 상황을 이끌어 가신다. 이러한 상황이 여기에 제시되고 있는 것은 다윗이 왜 그토록 간절하게 기도하였는지를 설명하기 위한 것이다(149절). 하나님은 야곱의 경우처럼 우리로 하여금 하나님의 축복을 얻으려고 씨름하도록 하기 위하여 우리를 절박한 위험 속으로 몰아넣으신다.

II. 다윗은 하나님께서 보호하실 것이라고 확신함. "나를 멸하려고 그들이 가까이 왔사오나, 여호와여, 주께서는 가까이 계시나이다. 주께서는 그들보다 더 권능이 있으시기 때문에 그들로부터 나를 도우실 수 있으실 뿐만 아니라 그들보다 더 가까우시기 때문에 신속하게 나를 도우실 수 있으시니, 나를 구원하소서." 성도들에게 환난이 가까이 다가와 있을 때에 하나님께서 가까이 계시고, 그 어떤 환난도 그들과 하나님 사이를 갈라놓을 수 없다는 것은 성도들의 복이다. 하나님은 결코 우리가 찾기에는 너무 멀리 계신 것이 아니라 우리가 부르면 대답하시고 조치를 취하실 수 있는 곳에 계신다(신 4:7). 주의 모든 계명들은 진리니이다. 원수들은 하나님께서 다윗에게 행하셨던 약속들을 좌절시키겠다고 생각했지만, 다윗은 그것은 그들의 능력 밖에 있다는 것을 확신하였다. 하나님의 약속들은 그 누구도 건드릴 수 없을 정도로 참된 것이기 때문에 반드시 이행될 것이다.

[152]내가 전부터 주의 증거들을 알고 있었으므로 주께서 영원히 세우신 것인 줄을 알았나이다

이 절은 다윗이 앞 절의 마지막 부분에서 주의 모든 계명들은 진리니이다라고 말했던 것을 확증한다. 다윗은 하나님께서 무수한 세대들에게 명하여 오셨던 말씀, 즉 언약을 언급한다. 그 언약은 진리 자체만큼이나 참되고 확고한데, 그 이유는 다음과 같다.

1. 하나님은 그 언약을 영원히 세우셨다는 것. 하나님은 그 언약이 영속성을 지니도록 계획하셨다. 하나님의 언약은 그런 식으로 이루어진 것이고 만물 가

운데서 아주 잘 지켜지고 있기 때문에 확실할 수밖에 없다. 하나님의 약속들은 영원히 세워진 것이기 때문에, 천지가 없어지더라도 그 약속은 일점일획까지 확고하게 서게 될 것이다(고후 1:20).

2. 다윗은 하나님께서 그의 마음에 베푸신 은혜의 역사(하나님의 말씀이 참되다는 온전한 확신을 주셔서, 그로 하여금 온전한 만족 가운데서 그 말씀을 의지할 수 있게 하신 것)와 하나님께서 섭리로 역사하셔서 다윗을 위하여 그가 기대했던 것 이상으로 약속을 이루신 일들을 통해서 하나님의 언약이 영원하다는 것을 알게 되었다는 것. 따라서 다윗은 전부터, 즉 그가 어린 시절에 하나님을 바라보기 시작한 날들 이래로 하나님의 말씀은 사람이 자신의 모든 것을 걸 만한 것임을 알고 있었다. 이러한 확신은 다윗과 그보다 앞서 하나님의 길들로 행하였던 사람들이 살아온 삶 속에서의 체험들과 관찰들에 의해서 확증되었다. 하나님을 상대하여 의지한 적이 있는 자들은 누구나 한결같이 그들은 하나님이 신실하시다는 것을 깨닫게 되었다고 고백할 수밖에 없다.

20. 레쉬

[153]나의 고난을 보시고 나를 건지소서 내가 주의 율법을 잊지 아니함이니이다 [154]주께서 나를 변호하시고 나를 구하사 주의 말씀대로 나를 살리소서

I. 다윗은 환난에서 건져 달라고 기도한다. 너희 중에 고난 당하는 자가 있느냐 그는 기도할 것이니라. 그는 다윗이 여기에서 그런 것처럼 기도하여야 한다.

1. 다윗은 하나님께서 불쌍히 여기시기를 바라며 이렇게 기도한다: "나의 고난을 보시고, 무관심한 자처럼 앉아 계시지만 마시고, 나의 고난과 그것을 둘러싼 모든 정황을 잘 헤아려 주옵소서." 하나님은 자기 백성의 고난에 대하여 결코 무관심한 분이 아니고, 단지 우리로 하여금 하나님께 기억이 나게 하고(사 43:26), 하나님 앞에서 우리의 사정을 내어 놓고서, 하나님께서 우리를 불쌍히 여기셔서 그의 지혜 안에서 정하신 때와 방법으로 합당하다고 생각하신 대로 행하시도록 맡겨 놓게 하시는 것이다.

2. 다윗은 하나님의 권능을 바라며 이렇게 기도한다: "나를 건지소서. 나의 고난을 헤아리셔서 그 고난에서 나를 건지소서." 하나님께서 우리를 건져 주시겠다고 약속하셨기 때문에(시 50:15), 우리는 하나님의 뜻에 순복하고 그의 영광

을 염두에 두는 가운데 우리가 하나님을 더 잘 섬길 수 있기 위하여 우리를 건져주시라고 기도할 수 있다.

3. 다윗은 하나님의 의를 바라며 이렇게 기도한다: "주께서 나를 변호하소서. 주께서 나의 후견인과 변호인이 되어 주소서." 다윗은 의로웠지만, 그의 대적들은 많고 강하여서, 그는 그들에 의해서 짓밟힐 위험에 처해 있었다. 그래서 그는 자기에게 아무런 잘못이 없다는 것을 밝혀 주셔서 그들의 거짓된 고소들을 잠재워 달라고 하나님께 간구한다. 하나님이 그의 백성을 변호해 주시지 않는다면, 누가 그렇게 하겠는가? 하나님은 의로우시고, 그의 백성은 하나님께 자신을 의탁하기 때문에, 하나님은 그들을 확실하게 변호해주실 것이다(사 51:22; 렘 50:34).

4. 다윗은 하나님의 은혜를 바라며 이렇게 기도한다: "나를 살리소서. 여호와여, 나는 연약하여 이 고난을 감당할 수 없고, 내 심령은 풀이 죽어 가라앉나이다. 구원이 이룰 때까지 주께서 내게 새로운 힘을 주시고 나를 위로하여 주옵소서."

II. 다윗은 자기가 하나님의 말씀을 의지하고 그 말씀의 지시들에 주의하여 순종하고 있다고 호소한다. 주의 약속의 말씀대로 나를 살리시고 건지소서. 내가 주의 법도들을 잊지 아니함이니이다. 우리가 하나님의 말씀을 우리의 규범이자 지주(支柱)로서 꼭 붙들면 붙들수록, 우리는 때가 되면 하나님께서 우리를 건지시리라는 것을 더욱 확신할 수 있게 된다.

[155]구원이 악인들에게서 멀어짐은 그들이 주의 율례들을 구하지 아니함이니이다

1. 악인들에 관한 묘사. 그들은 하나님의 율례들을 행하지 않을 뿐만 아니라 구하지도 않는다. 그들은 그 율례들을 알지 못하고, 자신의 본분이나 도리를 알려고 하지도 않으며, 그것을 행하려고 조금도 애쓰지 않는다. 하나님의 법을 추구할 만한 가치가 있는 것이라고 생각하지 않고 완전히 무시하여, 뚜렷한 목적 없이 마음 내키는 대로 살아가고자 하는 자들은 정말 악한 자들이다.

2. 그들의 운명: 구원은 악인들에게서 멀다. 그들은 이 세상에서 구원을 기대할 만한 그 어떤 근거도 없다. 이런 사람은 무엇이든지 주께 얻기를 생각하지 말라. 형통할 때에 하나님의 율례를 한 번도 구한 적이 없던 자들이 역경에 처해서

하나님의 은총을 구한들 어찌 그 은총을 받을 수 있겠는가? 영원한 구원이 그들에게서 멀다는 것은 너무도 확실하다. 그들은 영원한 구원이 그들에게 가깝고 그들이 천국을 향하여 가고 있다는 망상에 사로잡혀 스스로 즐거워하지만, 그것은 오산이다. 구원은 그들에게서 멀다. 그들은 구주를 그들에게서 밀어냄으로써 구원도 밀어내 버린 것이다. 구원은 그들에게 너무도 멀기 때문에, 그들은 구원에 이를 수 없고, 그들이 죄에 오래 머물면 머물수록, 구원은 더욱더 멀어지게 된다. 아니, 구원은 그들에게서 멀고 저주는 그들에게 가깝다. 저주는 잠자고 있는 것이 아니다. 보라, 심판주가 문 밖에 서 계시니라.

¹⁵⁶여호와여 주의 긍휼이 많으오니 주의 규례들에 따라 나를 살리소서

　1. 다윗은 하나님의 은혜를 칭송한다: 여호와여, 주의 긍휼이 크시나이다. 하나님의 선하심은 그의 영광일 뿐만 아니라 모든 성도들의 기쁨이다. 그의 긍휼하심은 자애롭다. 왜냐하면, 그는 연민으로 가득 차 계시기 때문이다. 그의 긍휼은 무수하고 크며, 결코 마르지 않는 샘이다. 그의 긍휼하심은 그의 이름을 부르는 모든 자들에게 풍성하시다. 다윗은 악인들의 비참한 처지에 대하여 말했었다(155절). 그러나 그럼에도 불구하고 하나님은 선하시다. 만약 악인들이 그 긍휼하심이 풍성함을 멸시하지 않았다면, 하나님은 긍휼하심이 풍성하셔서 그들을 구원하셨을 것이다. 죄인들이 받을 벌에서 건지심을 받은 자들은 그들을 건지신 하나님의 긍휼하심이 크다는 것을 영원토록 고백하여야 한다.

　2. 다윗은 하나님의 은혜를 간구한다. 그는 주의 규례들에 따라, 즉 그의 이름을 사랑하는 자들과 맺은 새 언약의 규정(하나님께서 어떠한 기준에서 그러한 은혜를 베푸실 것인지를 정해 놓은 것)에 따라, 또는 그들에게 늘 행하여 오셨던 대로(132절), 일깨우시고 살리시는 은혜를 주시라고 간구한다.

¹⁵⁷나를 핍박하는 자들과 나의 대적들이 많으나 나는 주의 증거들에서 떠나지 아니하였나이다

　1. 다윗은 어려움들과 위험들에 둘러싸여 있음: 나를 핍박하는 자들과 나의 대적들이 많으니이다. 사울 왕이 그를 핍박하는 자와 대적이 되었기 때문에, 많은

사람들도 그랬다는 것은 전혀 이상한 일이 아니다. 무리들은 권세를 악용하는 자의 사악한 길들을 좇는 법이기 때문이다. 공인(公人)이었던 다윗에게는 원수들도 많았지만, 그를 사랑하고 그가 잘 되기를 바란 친구들도 많았다. 이 두 부류는 극명하게 대조를 이루었다. 이 점에서 다윗은 그리스도와 그의 교회의 모형이었다. 그리스도와 그의 교회를 핍박하는 자들과 대적들은 무수히 많다.

2. 다윗은 그런 처지를 아랑곳하지 않고 견고히 자신의 본분을 다함. "내가 주의 증거들에 충실하는 한 하나님은 내 편이고 누가 나를 대적한다고 해도 아무런 문제가 되지 않는다는 것을 알기 때문에, 나는 주의 증거들에서 떠나지 아니하였나이다." 원수들이 많다고 하여도 자신의 본분을 꾸준히 감당하는 사람은 아무도 두려워할 필요가 없다.

[158]주의 말씀을 지키지 아니하는 거짓된 자들을 내가 보고 슬퍼하였나이다

1. 다윗은 악인들의 악함을 슬퍼함. 그는 대체로 집에 머물러 있었지만, 종종 밖에 나갈 때마다 악인들이 도처에서 횡행하는 것을 볼 수밖에 없었다. 그는 모든 사람들이 보는 앞에서 대놓고 죄를 저지르는 거짓된 자들을 보았는데, 그들이 하나님을 욕되게 하고 사탄을 섬기며 세상을 타락시키고 그들 자신의 영혼을 파멸시키는 것과 그들이 수가 많고 너무 뻔뻔스러우며 극히 후안무치하고 굳세지 못한 영혼들을 그들이 쳐놓은 덫으로 유인하는 데에 열심인 것을 보고는 슬퍼하였다. 이 모든 것은 하나님의 영광과 인류의 복리(福利)에 관심을 둔 사람들에게 슬픔으로 다가올 수밖에 없다.

2. 그러한 슬픔의 원인. 그가 슬퍼한 것은 그들이 그를 괴롭혔기 때문이 아니라 하나님께 도발을 하여 그 진노를 돋구고 있었기 때문이었다: 그들은 주의 말씀을 지키지 아니하였나이다. 죄를 미워하는 자들은 죄가 하나님의 법을 범하는 것이고 그의 말씀을 범하는 것이기 때문에 죄를 미워하는 것이다.

[159]내가 주의 법도들을 사랑함을 보옵소서 여호와여 주의 인자하심을 따라 나를 살리소서

1. 다윗은 자기가 하나님의 법도들을 사랑한다는 것을 하나님께 호소함. "여

호와여, 주께서는 모든 것을 아시오니, 내가 주의 법도들을 사랑한다는 것도 아시나이다. 그러니 그 점을 깊이 헤아리셔서, 주께서 주의 모든 이름 위에 높이신 주의 말씀을 사랑하는 자들을 지금까지 대해 오신 것처럼 나를 대해 주소서." 그는 "내가 어떻게 주의 법도들을 다 행하고 있는지를 헤아리소서"라고 말하지 않는다. 그는 많은 점에서 그가 부족하다는 것을 스스로 알고 있었기 때문이다. 대신에, 그는 "내가 주의 법도들을 얼마나 사랑하는지를 헤아리소서"라고 말한다. 우리의 순종은 사랑의 원리에서 나온 것일 때에만 하나님을 기쁘시게 하고 우리 자신에게 즐거운 것이 된다.

2. 그러한 호소를 근거로 다윗이 드린 간구. "나의 본분을 열심으로 행할 수 있도록 나를 살리소서. 내가 주의 말씀을 사랑하기는 하지만, 나의 어떤 공로를 따라서가 아니라 주의 인자하심을 따라 나를 살리소서." 우리가 살아갈 수 있는 것은 하나님의 인자하심 덕분인데, 그 인자하심은 우리로 살게 할 뿐만 아니라 그 이상의 것을 하게 한다. 하나님의 인자하심이 우리를 살리신다면, 우리는 그 이상을 바랄 필요가 없다.

¹⁶⁰주의 말씀의 강령은 진리이오니 주의 의로운 모든 규례들은 영원하리이다

다윗은 여기에서 하나님의 말씀이 신실하다는 것을 위로로 삼고서, 자신을 비롯해서 사람들에게 말씀을 의지하도록 권한다.

1. 하나님의 말씀은 이제까지 언제나 신실하여서 말씀을 의지하는 자를 결코 실망시킨 적이 없었다. 주의 말씀은 처음부터 참되나이다(개역에서는 주의 말씀의 강령은 진리이오니). 하나님께서 인생들에게 자신을 계시하기 시작하신 이래로, 그가 하신 모든 말씀은 참되고 믿을 만한 것이었다. 교회는 처음부터 이 반석 위에 지어졌다. 많은 통치 체제들이 오랜 기간에 걸쳐 자신의 체제가 옳다는 것이 입증되었다는 것을 자랑하는 것과는 달리(처음에는 결여되었던 타당성이 시간이 지남에 따라 얻어진다), 하나님의 말씀은 시간의 경과를 통해서 그 타당성을 획득한 것이 아니었다. 하나님의 말씀은 시작 자체가 참되었다(어떤 이들은 이렇게 해석한다). 하나님의 통치는 확실한 토대 위에 놓여져 있었다. 모든 세대에서 믿음과 사랑 안에서 하나님의 말씀을 받은 모든 자들은 하나님께서 하신 모든 말씀들이 미쁘고 모든 사람이 받을 만하다는 것을 체험하여 왔다.

2. 하나님의 말씀은 의롭기 때문에 영원토록 신실할 것이다. "주의 의로운 모든 규례들은 변개(變改)되지 않고 영원한 규례로 남아서 사람들의 영원한 운명을 결정하게 될 것이니이다."

21. 쉰

[161]고관들이 거짓으로 나를 핍박하오나 나의 마음은 주의 말씀만 경외하나이다

다윗은 여기에서 우리에게 다음과 같은 것들을 알게 한다.

1. 다윗은 사람이 두려워서 자신의 본분을 행하는 데에 낙심되었다는 것: 고관들이 그를 핍박하였다. 그들은 다윗을 반역자이자 반체제 인사로 규정하고서 그의 목숨을 빼앗고자 하였고, 그에게 다른 곳으로 가서 다른 신들을 섬기라고 하였다(삼상 26:19). 핍박을 받는 것은 가장 선한 자들의 공통된 운명이 되어 왔지만, 핍박하는 자가 고관들인 경우에는 상황이 더 좋지 않게 된다. 왜냐하면, 고관들은 손에 칼을 가지고 있어서 더 많은 해를 끼칠 수 있을 뿐만 아니라, 법을 가지고 있어서 자신의 명망과 정의의 미명 하에 악을 자행할 수 있기 때문이다. 방백들은 하나님에게서 권력을 부여받아서 그 권력을 하나님을 위하여 사용해야 함에도 불구하고, 그 권력이 하나님을 대적하는 데에 사용된다는 것은 서글픈 일이다. 그러나 그것을 이상히 여기지 말라(전 5:8). 고관들이 다윗을 핍박하였을 때에 그가 그 핍박이 이유 없는 것이고 자기는 그들에게 잘못한 것이 결코 없다고 자신 있게 말할 수 있었다는 것은 그에게 위로가 되었다.

2. 그렇지만 다윗은 하나님을 경외함으로 자신의 본분을 지켰다는 것. "고관들은 나를 그들과 그들의 말을 두려워하여 그들이 시키는 대로 하게 만들고자 하였나이다. 그러나 나의 마음은 주의 말씀만 경외하여서, 나는 누가 나를 불쾌하게 여겨서 나와 사이가 틀어지든 말든 오직 하나님을 기쁘시게 해 드리고 하나님과 사이좋게 지내기로 결심하였나이다." 은혜를 받은 모든 영혼은 하나님의 말씀과 그 법도들의 권위를 경외하고, 그 경고의 말씀을 두려워한다. 그렇게 행하는 자들에게 사람의 권세와 분노는 전혀 두려운 것으로 보이지 않는다. 우리는 온 세상이 우리에게 눈살을 찌푸린다고 하여도 사람이 아니라 하나님께 순종하여 하나님의 은총을 확보하여야 한다(눅 12:4-5). 하나님의 말씀을 경외하는 마음은 무장이 잘 되어 있어서 핍박에서 생겨나는 시험들을 능히 막아

낼 수 있다.

[162]사람이 많은 탈취물을 얻은 것처럼 나는 주의 말씀을 즐거워하나이다

1. 다윗은 하나님의 말씀을 즐거워함. 그는 하나님의 말씀을 즐거워하였고, 하나님께 자신의 마음을 그토록 많이 드러내 주신 것과 다른 민족들은 흑암 속에 앉아 있을 때에 이스라엘이 그 말씀의 빛으로 축복을 받은 것, 자기 자신이 말씀을 깨달아서 그 능력을 체험할 수 있게 된 것을 즐거워하였다. 그는 말씀을 읽고 듣고 묵상하는 것 속에서 즐거움을 얻었고, 그가 말씀 속에서 만난 모든 것은 그에게 유쾌한 것이었다. 그는 방금 그의 마음이 하나님의 말씀을 경외한다고 말하였지만, 여기에서는 자기가 말씀을 즐거워하였다고 선언한다. 우리가 하나님의 말씀에 대하여 더 많은 경외심을 갖고 있을수록, 우리는 말씀 속에서 더 많은 기쁨을 얻게 될 것이다.

2. 그 즐거움의 정도— 사람이 많은 탈취물을 얻은 것처럼. 이것은 원수에 대한 승리를 전제하는 말이다. 한 영혼이 하나님의 말씀을 즐거워하는 데에 이르기 위해서는 수많은 반대와 역경을 통과하여야 한다. 그러나 이긴 자에게는 승자로서의 즐거움과 영광 외에도 무수한 탈취물을 얻는 큰 이득이 있어서, 이것이 그의 기쁨을 훨씬 더해준다. 하나님의 말씀으로 인해서 우리는 단순한 승자를 넘어서서 이루 말할 수 없이 큰 이득을 챙기는 자들이 된다.

[163]나는 거짓을 미워하며 싫어하고 주의 율법을 사랑하나이다

사랑과 미움은 영혼의 주된 감정들이다. 사랑과 미움이 제대로 자리를 잡게 되면, 나머지 감정들은 거기에 따라서 움직이게 된다. 우리는 여기에서 이 두 감정이 다윗 속에서 제대로 올바르게 자리잡고 있는 모습을 본다.

1. 다윗은 죄에 대한 뿌리깊은 반감을 지니고 있었다. 그는 죄를 생각하는 것만으로도 견딜 수 없었다. 나는 거짓을 미워하고 싫어하나이다. 이것은 우리가 거짓을 통해서 하나님을 기만적이고 표리부동하게 상대하고 우리 자신을 속이는 모든 죄에 적용될 수 있다. 위선은 거짓이고, 잘못된 가르침도 거짓이며, 믿음을 깨뜨리는 것도 거짓이다. 상거래에서나 일상 생활에서 거짓은 모든 선한 자

가 미워하고 싫어하며 지극히 미워하는 죄이다. 왜냐하면, 여호와께서 미워하시는 일곱 가지 중의 하나는 거짓된 혀이고 또 다른 하나는 거짓을 말하는 망령된 증인이기 때문이다(잠 6:16). 사람들은 누가 자기에게 거짓말하는 것을 미워한다. 그러나 우리는 우리 자신이 거짓말하는 것을 더 미워하여야 한다. 왜냐하면, 남이 우리에게 거짓말할 때에는 우리는 단지 사람들로부터 모욕을 받은 것일 뿐이지만, 우리 자신이 거짓말을 하면, 그것은 우리가 하나님을 욕보이는 것이 되기 때문이다.

2. 다윗은 하나님의 말씀에 대한 뿌리깊은 사모함을 지니고 있었다: 내가 주의 율법을 사랑하나이다. 그러므로 그는 거짓말하는 것을 몹시 싫어하였다. 거짓말하는 것은 하나님의 율법 전체를 정면으로 거스르는 것이기 때문이다. 그가 하나님의 법을 사랑한 이유는 그것이 참되기 때문이었다. 우리가 진리가 얼마나 사랑스럽고 아름다운지를 알면 알수록, 우리는 거짓이 얼마나 혐오스럽고 추악한지를 더욱더 분명하게 알게 될 것이다.

164주의 의로운 규례들로 말미암아 내가 하루 일곱 번씩 주를 찬양하나이다

이 시편은 다윗의 하소연들로 가득 차 있지만, 그러한 하소연들은 그의 찬송을 밀쳐내지 못했고, 그로부터 찬송할 마음을 빼앗지도 못하였다. 하나님의 자녀는 어떤 처지에 있든지 찬송할 일이 떨어지는 법이 없기 때문에 찬송할 마음을 버려서는 안 된다. 좀 더 살펴보자.

1. 다윗은 얼마나 자주 하나님을 찬송하였는가? 하루 일곱 번씩, 즉 매우 빈번히, 날마다만이 아니라 하루에도 자주. 많은 사람들은 일주일에 한 번 또는 하루에 한두 번으로 충분하다고 생각하겠지만, 다윗은 적어도 하루에 일곱 번씩 하나님을 찬송하고자 하였다. 하나님을 찬송하는 일은 우리가 아무리 많이 하여도 지나치지 않는 우리의 마땅한 본분이다. 우리는 식사할 때마다 하나님을 찬송하고, 기회가 있을 때마다 하나님을 찬송하며, 모든 일 속에서 감사하여야 한다. 우리는 하나님을 하루에 일곱 번씩 찬송하여야 한다. 왜냐하면, 하나님을 찬송할 일은 결코 다함이 없고, 우리의 사모함도 결코 지침이 없어야 하기 때문이다(62절을 보라).

2. 다윗은 무엇 때문에 하나님을 찬송하였는가? 주의 의로운 규례들로 말미암

아. 우리는 하나님의 의롭고 선한 규례들, 그의 약속들과 경고들, 섭리를 통해서 그 약속과 경고를 이행하시는 것을 인하여 하나님을 찬송하여야 한다. 우리는 심지어 우리에게 닥친 고난을 인해서도 하나님을 찬송하여야 한다. 하나님의 은혜로 말미암아 우리는 고난을 통해서도 유익을 얻기 때문이다.

[165]주의 법을 사랑하는 자에게는 큰 평안이 있으니 그들에게 장애물이 없으리이다

여기에는 하나님의 말씀에 대한 사랑의 원리에 의해서 다스림을 받으면서 그 말씀을 자신의 규범으로 삼아 그 말씀의 통치를 받는 선한 자들이 받는 복에 대한 설명이 나온다.

1. 그들은 편안하고, 거룩한 평온을 지닌다. 그들보다 더 큰 평안을 누리는 사람은 없다: 주의 법을 사랑하는 자들에게는 큰 평안이 있으니, 그들의 도리를 다 하면서 풍성한 만족이 있고, 하나님의 법을 묵상하면서 즐거움이 있다. 의의 열매는 화평인데(사 32:17), 그것은 세상이 주거나 빼앗을 수 없는 화평 또는 평안이다. 그들은 밖으로는 큰 환난에 처해 있을 수 있지만, 그럼에도 불구하고 안으로는 큰 평안, 풍성한 내면의 빛을 누릴 수 있다. 세상을 사랑하는 자들은 큰 괴로움을 겪게 된다. 왜냐하면, 세상은 그들이 기대한 대로 움직여 주지 않기 때문이다. 하나님의 말씀을 사랑하는 자들은 큰 평안을 지니게 된다. 왜냐하면, 하나님의 말씀은 그들이 기대한 것 이상으로 해주고, 그들에게 확실한 발판을 마련해 주기 때문이다.

2. 그들은 안전하고, 거룩한 든든함을 지닌다: 그들에게 장애물이 없으리이다. 그들을 죄책감이나 근심에 휘말리게 만들 추문(醜聞)이나 덫, 걸림돌이 될 일은 그들에게 하나도 일어나지 않을 것이다. 섭리를 통해서 일어나는 그 어떤 사건도 그들에게 도저히 극복할 수 없는 시험이나 참아내기 힘든 환난이 되지 않을 것이고, 하나님의 말씀에 대한 사랑으로 인하여 그들은 자신의 신앙을 온전히 지켜내고 평안을 잃지 않을 수 있게 될 것이다. 그들은 현재의 처지를 최대로 선용할 것이고, 하나님께서 행하시는 그 어떤 일에도 시비를 걸지 않을 것이다. 그들에게 걸림돌이 되거나 그들을 해치는 일은 일어나지 않을 것이다. 왜냐하면, 그들에게는 모든 일이 합력하여 선을 이루어서 그들을 기쁘게 할 것이고, 그들은 모든 일과 순순히 화해할 것이기 때문이다. 이러한 거룩한 사랑

의 지배를 받고 있는 자들은 양심의 가책들로 괴로워하는 일이 없을 것이고, 그들의 형제들에게 화내지 않을 것이다(고전 13:6-7).

[166]여호와여 내가 주의 구원을 바라며 주의 계명들을 행하였나이다

여기에는 사람의 온전한 본분이 제시되어 있다. 왜냐하면, 우리는 여기에서 다음과 같은 가르침을 받기 때문이다.

1. 하나님의 은총을 우리의 목적으로 삼아서 끊임없이 바라야 한다는 것. "여호와여, 내가 주의 구원을 바랐나니, 현세에서의 구원만이 아니라 영원한 구원을 바랐나이다. 나는 그 구원을 나의 복으로 여겨 소망하였고, 거기에 내 보화를 쌓아 두었나이다. 나는 그 구원이 주와 함께 있는 것을 의미하는 것으로서 주의 구원, 주께서 예비하신 복, 주께서 약속하신 것으로 여겨 소망하여 왔나이다. 이러한 소망으로 인해서 나는 세상을 초탈하여 세상 속에서 내게 지워진 온갖 짐들을 감당할 수 있었나이다."

2. 하나님의 말씀을 우리의 규범으로 삼아서 끊임없이 바라야 한다는 것: 내가 주의 계명들을 행하였나이다. 즉, 나는 모든 일에서 주의 뜻을 따르기 위해서 온갖 주의를 기울여 왔나이다. 우리는 여기서 하나님께서 이 둘을 함께 결합시켜 놓았다는 것을 명심하고서, 이 둘을 분리시켜서는 안 된다. 우리가 하나님의 계명들을 성심으로 행하지 않는다면, 우리는 하나님의 구원을 소망할 이유를 잃게 된다(계 22:14). 그러나 하나님의 계명들을 행하기 위하여 진심으로 애쓰는 자들은 구원에 대한 선한 소망을 잃지 않도록 해야 한다. 그 소망 위에서 우리는 마음을 넓혀서 하나님의 계명들을 행할 수 있을 것이다. 그 소망이 생생하면 할수록, 우리의 순종도 더 활발해질 것이다.

[167]내 영혼이 주의 증거들을 지켰사오며 내가 이를 지극히 사랑하나이다 [168]내가 주의 법도들과 증거들을 지켰사오니 나의 모든 행위가 주 앞에 있음이니이다

여기서는 다윗의 양심이 그를 위하여 다음과 같이 증언한다.

I. 다윗의 행사(行事)가 선하였다는 것.

1. 그는 하나님의 증거들을 사랑하였고 지극히 사랑하였다. 하나님의 말씀에

대한 우리의 사랑은 최고의 사랑으로서 이 세상의 재물이나 즐거움보다 그것을 더 사랑하여야 하고, 승리하는 사랑으로서 우리의 정욕들을 복속시키고 육체의 정(情)을 근절시킬 수 있어야 한다.

2. 그는 하나님의 증거들을 지켰고, 그의 영혼이 그것들을 지켰다. 육체적인 활동은 신앙에 별 유익이 되지 않는다. 우리는 신앙의 일을 마음으로 행하여야 하는데, 그렇지 않으면 그 신앙의 일은 헛된 일이 되고 만다. 우리의 영혼이 거룩해지고 새로워져서 말씀을 담는 합당한 그릇이 되어야 한다. 우리의 영혼이 하나님께 영광을 돌리는 일에 쓰임받아야 한다. 왜냐하면, 우리는 하나님을 영으로 예배하여야 하기 때문이다. 우리는 하나님의 법도들과 증거들을 둘 다 지켜야 하는데, 하나님의 명령들에 대해서는 우리가 순종하여야 하고, 하나님의 약속들에 대해서는 우리가 그것들을 의지하여야 한다.

Ⅱ. 다윗이 그렇게 함에 있어서 선한 원리에 의해서 지배를 받았다는 것. "믿음으로 내가 주의 눈이 나를 항상 지켜 보시는 것을 알았기 때문에, 내가 주의 법도들을 지켰나이다. 나의 모든 행위가 주 앞에 있음이니이다. 주께서는 나의 모든 발걸음을 아시고, 나의 언행을 낱낱이 지켜보시나이다. 주는 나의 선한 언행을 보시고 기뻐하시며, 나의 잘못된 언행을 보시고 언짢아 하시나이다." 하나님의 눈이 항상 우리를 지켜보고 계시다는 것을 생각할 때, 우리는 매사에 모든 주의를 기울여서 하나님의 계명들을 지켜야 한다는 것을 명심하라 (창 17:1).

22. 타우

[169]여호와여 나의 부르짖음이 주의 앞에 이르게 하시고 주의 말씀대로 나를 깨닫게 하소서 [170]나의 간구가 주의 앞에 이르게 하시고 주의 말씀대로 나를 건지소서

I. 다윗은 자신의 기도를 들어 달라고 반복해서 간구함. 나의 부르짖음이 주의 앞에 이르게 하시고, 나의 간구가 주의 앞에 이르게 하소서. 그는 자신의 기도를 부르짖음 또는 간구라고 표현한다. 전자는 그의 기도가 얼마나 열렬하고 간절했는지를 보여주는 것이고, 후자는 그의 기도가 겸손한 것임을 보여준다. 우리는 걸인들이 구걸하러 우리 집 문앞으로 오듯이 하나님께 나아가야 한다. 다윗은 그의 기도가 하나님 앞에 상달될 수 있기를 바란다. 즉, 그는 믿음과 열심으

로 기도를 올려 드릴 수 있는 은혜와 힘을 얻고, 그 어떤 죄책으로 인해서 그의 기도가 막히고 그와 하나님 사이가 벌어지지 않아서, 하나님께서 은혜로 그의 기도를 열납하여 주시기를 바란다. 자신의 간구가 하나님 앞에 이르게 해 달라는 다윗의 기도는 자기가 무가치하다는 것에 대한 깊은 인식과 자신의 기도가 하나님 앞에 상달되기에 합당하지 않아서 땅에 떨어지게 되지는 않을까 하는 거룩한 두려움을 보여준다. 만약 예수 그리스도께서 하나님 앞에서 우리를 위한 변호하지 않으셨다면, 우리의 그 어떤 기도도 하나님 앞에 상달되지 못하였을 것이다.

II. 다윗이 이렇게 간절하게 구하는 두 가지.

1. 하나님께서 은혜로 그에게 그의 고난 중에서 잘 처신할 수 있는 지혜를 주시라는 것: 나를 깨닫게 하소서. 이것은 하나님의 길을 깨닫는 지혜자의 지혜를 의미한다. "나로 하여금 주와 내 자신, 주에 대한 나의 도리를 알게 하소서."

2. 하나님께서 섭리 가운데서 그를 그의 고난에서 건져 주시라는 것: 나를 건지소서. 즉, 시험 당할 즈음에 피할 길을 내소서(고전 10:13).

III. 다윗은 이러한 간구들을 밑받침하기 위하여 동일한 이유를 들어서 호소함. 주의 말씀대로. 이것은 그의 소원들을 지도하고 제한한다. "여호와여, 주께서 약속하신 그런 깨달음을 주시고, 주께서 약속하신 그런 구원을 주소서. 나는 어떤 다른 것을 구하는 것이 아니나이다." 이것은 다윗의 믿음과 기대를 북돋워 주는 역할도 한다. "여호와여, 내가 베풀어 주시라고 기도하는 것은 주께서 이미 약속하신 것인데, 설마 주께서 주의 말씀을 지키지 않고자 하시는 것은 아니겠지요?"

171주께서 율례를 내게 가르치시므로 내 입술이 주를 찬양하리이다

1. 다윗이 하나님께 기대하는 큰 은총은 하나님께서 그의 율례들을 그에게 가르쳐 주시리라는 것이었다. 이것을 위하여 그는 이 시편에서 자주 기도하였었고, 여러 가지 이유를 제시하며 그것을 간절히 간구하였었다. 이제 이 시편이 끝나가는 무렵에 그는 그것을 이미 허락된 것으로 말한다. 하나님의 은혜를 겸손하게 간절히 구하는 가운데 야곱처럼 하나님께서 그들을 영적인 복으로 축복하지 않으시면 하나님을 보내 드리지 않겠다고 결심한 자들은 그들이 그

토록 끈질기게 구하는 것을 마침내 얻게 되리라는 것을 겸손히 확신할 수 있다. 이스라엘의 하나님은 그들이 그에게 구하는 것들을 허락하실 것이다.

2. 다윗은 그러한 은총에 대하여 감사하겠다고 약속함: 주께서 내게 가르치시므로 내 입술이 주를 찬양하리이다.

(1) 그 때에 그는 하나님을 찬송할 이유를 갖게 될 것이다. 하나님에게서 가르침을 받는 자들은 감사할 엄청난 이유를 갖게 된다. 왜냐하면, 그것은 모든 영적인 축복들, 가장 좋은 축복들의 토대이자 영원한 축복들을 받게 되리라는 보증(保證)이기 때문이다.

(2) 그 때에 그는 하나님을 어떻게 찬송할지를 알게 될 것이고, 그렇게 할 마음을 갖게 될 것이다. 하나님에게 가르침 받는 모든 자들은 이러한 교훈을 가르침 받게 된다. 하나님께서 총명을 열어주시고 마음을 열어주시며 입술을 열어주시는 것은 그 입술로 그를 찬송하게 하기 위한 것이다. 우리가 하나님을 찬송하는 법을 배우지 못했다면, 우리는 제대로 배운 것이 하나도 없는 것이다.

(3) 다윗이 이렇게 하나님의 가르침을 끈질기게 청하는 것은 하나님을 찬송하기 위한 것이다. 하나님의 은혜를 구하는 기도를 하는 자들은 하나님의 영광을 목적으로 삼고서 그런 기도를 드려야 한다(엡 1:12).

[172]주의 모든 계명들이 의로우므로 내 혀가 주의 말씀을 노래하리이다

1. 다윗은 하나님의 말씀을 잘 알았다는 것. 그는 하나님의 말씀을 아주 잘 알았기 때문에, 최고의 만족감을 가지고서 하나님의 모든 계명들은 의로울 뿐만 아니라 의(義) 자체이고 의의 규범이자 기준이라고 선뜻 고백하였다.

2. 다윗은 그러한 지식을 선용하기로 결심하였다는 것: 내 혀가 주의 말씀을 노래하리이다. 그는 하나님의 영광을 위하여 주의 말씀을 찬송할 뿐만 아니라, 자기 자신 속에 그 말씀이 가득 차 있는 것과 마찬가지로 다른 사람들도 말씀으로 가득 차기를 원하여서(마음속에 가득 찬 것이 입으로 나오는 것이기 때문에) 말씀을 부지런히 전하여서 다른 사람들을 가르치고 덕을 세우겠다고 다짐한다. 우리가 하나님의 계명들이 의롭다는 것을 더 많이 알면 알수록, 우리는 다른 사람들도 그 계명들에 의해서 다스림 받게 되기를 원하여서 더욱 부지런히 그 계명들을 사람들에게 알게 하고자 한다. 우리는 항상 하나님의 말씀을

대화의 주관자로 삼아서, 죄악된 말이나 죄악된 침묵에 의해서 하나님의 말씀을 범하는 일이 없도록 하여야 한다. 우리는 자주 하나님의 말씀을 대화의 소재로 삼아서, 많은 이들을 말씀으로 먹이고 듣는 자들에게 은혜를 끼쳐야 한다.

[173]내가 주의 법도들을 택하였사오니 주의 손이 항상 나의 도움이 되게 하소서 [174]여호와여 내가 주의 구원을 사모하였사오며 주의 율법을 즐거워하나이다

1. 다윗은 하나님의 은혜가 그를 위하여 역사하시도록 기도한다: 주의 손이 항상 나의 도움이 되게 하소서. 다윗은 자신의 손은 부족함이 있고, 그 어떤 피조물도 그에게 제대로 된 도움의 손길을 줄 수 없다는 것을 체험적으로 안다. 그래서 그는 그를 지으신 바로 그 손이 그를 도우실 것이라는 소망 속에서 하나님을 바라본다. 여호와께서 우리를 돕지 않으신다면, 도대체 그 어떤 피조물이 우리를 도울 수 있겠는가? 우리는 우리의 모든 도움을 하나님의 손, 그의 능력과 아낌없이 주시는 관대하심에서 기대하여야 한다.

2. 다윗은 하나님께서 그에게 이미 베풀어 주신 은혜를 근거로 장래에도 은혜를 베풀어 주실 것을 호소한다. 그는 세 가지를 들어서 호소한다.

(1) 그가 진지하고 진실하게 선택한 것이 바로 신앙이었다는 것. "내가 주의 법도들을 택하였나이다. 내가 주의 법도들을 나의 규범으로 삼은 것은 내가 다른 것을 몰랐기 때문이 아니라 여러 가지로 시험해 보았을 때에 더 좋은 것을 발견하지 못했기 때문이니이다." 우연이 아니라 선택을 통해서 선하고 선을 행하는 자들이야말로 진실로 선하고 선을 행하는 것이다. 이렇게 하나님의 법도들을 선택한 자들은 그들의 모든 섬김과 고난 속에서 하나님의 돕는 손길을 바라고 의지할 수 있다.

(2) 그의 마음은 온통 천국에 있었다는 것: 내가 주의 구원을 사모하였나이다. 다윗은 왕위에 올랐을 때에 그의 입에서 "여기에 있는 것이 좋나이다"라는 말이 나오게 만들기에 충분할 정도로 세상의 부귀영화가 그에게 있었다. 그러나 그는 여전히 그 너머를 바라보았고, 저 세상에 있는 더 좋은 것을 갈망하였다. 모든 성도들이 갈망하는 영원한 구원이 있기 때문에, 그들은 그 구원을 향하여 나아가는 길에서 하나님의 손길이 그들을 도와주시기를 기도한다.

(3) 그는 자신의 본분을 다하면서 즐거움을 느꼈다는 것. "주의 법은 나의 즐

거움이니이다. 나는 주의 법을 즐거워할 뿐만 아니라, 주의 법은 나의 즐거움, 내가 이 세상에서 갖는 가장 큰 즐거움이니이다." 즐거이 순종하는 자들은 그들이 계속해서 순종할 수 있게 하나님께서 도와주시라고 믿음으로 간구할 수 있다. 하나님의 구원을 기대하는 자들은 하나님의 법에서 즐거움을 얻어야 하고, 그들의 소망이 간절해질수록 그들의 즐거움도 더 커져야 한다.

¹⁷⁵내 영혼을 살게 하소서 그리하시면 주를 찬송하리이다 주의 규례들이 나를 돕게 하소서

다윗의 마음은 여전히 하나님을 찬송하는 일에 머물러 있다. 그래서

1. 그는 하나님께서 그에게 하나님을 찬송할 시간을 달라고 기도한다. "내 영혼을 살게 하소서 그리하시면 주를 찬송하리이다. 즉, 나로 하여금 주의 영광을 위하여 살 수 있도록 나의 사는 날을 길게 하여 주소서." 선한 자가 살고자 하는 이유는 산 자의 땅에서 하나님을 찬송하고 하나님의 영광을 위하여 뭔가를 하기 위한 것이다. 다윗은 "나를 살게 하셔서 내 나라를 섬기고 내 가족을 부양하게 하소서"라고 기도하는 것이 아니라 "내가 갈등과 배척이 난무하는 이 세상에서 하나님을 찬송할 수 있도록 나를 살게 하소서"라고 기도한다. 우리는 죽어서 더 좋은 세상으로 가서 하나님을 찬송하기를 바란다. 그 편이 우리에게는 더 유쾌한 일이다 ─ 비록 이 세상이 우리를 더 필요로 하긴 하지만. 그러므로 우리는 이 땅에서 우리가 하나님을 섬기는 일을 다하였을 때에는 더 이상 여기에 살기를 원하지 않게 될 것이다. 내 영혼을 살게 하소서. 즉, 나를 거룩하게 하시고 위로하소서. 왜냐하면, 거룩함을 입고 위로를 받는 것은 영혼의 생명이어서 그럴 때에만 내 영혼이 주를 찬송하게 될 것이기 때문이다. 우리의 영혼은 하나님을 찬송하는 일에 쓰임받아야 하기 때문에, 우리는 하나님을 찬송하기에 합당하게 될 수 있도록 은혜와 평강을 주시도록 기도하여야 한다.

2. 그는 하나님께서 그에게 하나님을 찬송할 힘을 달라고 기도한다. "주의 판단들이 나를 돕게 하소서. 모든 규례들과 모든 섭리들(둘 다 하나님의 판단들이다)로 인하여 내가 하나님을 더욱 영화롭게 하게 하소서. 그것들이 나의 찬송 거리가 되게 하시고, 내가 찬송하기에 합당한 자가 되도록 돕게 하소서."

[176]잃은 양 같이 내가 방황하오니 주의 종을 찾으소서 내가 주의 계명들을 잊지 아니함이니이다

1. 참회의 고백: 잃은 양 같이 내가 방황하고 이리저리 헤매나이다. 회심하지 않은 죄인들이 잃은 양 같은 것과 마찬가지로(눅 15:4), 약하고 불안정한 성도들도 잃은 양과 같다(마 18:12-13). 우리는 양처럼 방황하기 쉽고, 한번 길을 잃어버리면 다시 길을 찾기가 대단히 어렵다. 길을 잃어버리게 되면, 우리는 푸른 초장의 낙(樂)을 상실하고, 수만 가지 해악에 노출된다.

2. 믿음의 간구: 선한 목자가 길 잃은 양을 다시 데려오기 위해서 그 양을 찾듯이(겔 34:12), 주의 종을 찾으소서. "여호와여, 내가 길 잃은 양을 찾아다니곤 했듯이, 나를 찾으소서." 왜냐하면, 다윗은 그 자신이 다정다감한 목자였었기 때문이다. "여호와여, 나를 주의 양 떼 중의 하나로 보아주소서. 비록 내가 길 잃은 양이지만 나는 주의 표시를 지니고 있기 때문이니이다. 내게 관심을 가져 주시고, 말씀과 양심과 섭리들을 내게 보내셔서, 주의 은혜로 나를 돌아오게 하소서." 나를 찾으소서, 즉 나를 찾아내소서. 왜냐하면, 하나님은 반드시 찾아내시기 때문이다. 나를 돌이키소서 그리하시면 내가 돌아오겠나이다.

3. 순종을 근거로 호소함. "내가 길을 잃고 방황하여 왔지만, 나는 악의적으로 하나님을 떠난 것이 아니므로, 주의 계명들을 잊지 아니하고 있나이다." 이렇게 다윗은 이 시편을 자신의 죄를 참회하는 마음과 하나님의 은혜를 믿음으로 의지하는 것으로 마무리한다. 경건한 그리스도인이라면 누구든 자신의 본분과 일생을 이러한 것들로 마무리하고자 할 것이다. 그는 회개하는 것과 기도하는 것으로 살다가 그러는 중에 죽고자 할 것이다. 좀 더 살펴보자.

(1) 하나님의 계명들을 잊지 아니하고, 그 계명들이 자신의 죄를 깨우쳐 주는 것을 무척 기뻐하고 그 계명들을 확고하게 지키는 것은 선한 자들의 모습이다.

(2) 은혜로 말미암아 자신의 본분을 잊지 않는 자들일지라도 그들이 많은 일들에서 자신의 본분에서 벗어났었다는 것을 고백하지 않을 수 없다.

(3) 비록 자신의 본분에서 벗어났다고 하더라도 계속해서 자신의 본분을 잊지 않는 자들은 겸손한 확신 가운데서 자기 자신을 하나님의 은혜의 돌보심에 의탁할 수 있다.

제 — 120 — 편

개요

이 시편은 "계단식 노래"(개역에서는 "성전에 올라가는 노래")라는 제목 아래에서 함께 결합되어 있는 열다섯 편의 시편들 중에서 첫 번째의 것이다. 이 제목의 의미를 밝히려고 하는 시도는 별 의미가 없다. 왜냐하면, 유대인 저술가들조차도 이 제목에 대해서 제대로 설명해 놓은 것이 없고, 단지 추측만 무성할 뿐이기 때문이다. 이 시편들 전체가 동일한 저자의 손에 의해서 지어진 것으로 보이지 않고, 또한 동일한 시기에 지어졌을 가능성은 더욱 희박하다. 이 시편들 중에서 네 편은 다윗이 지은 것으로 되어 있고, 한 편은 솔로몬이 지은 것 같다. 그렇지만 126편과 129편은 훨씬 후대에 지어진 것으로 보인다. 이 시편들에는 개인을 위한 것(120, 130편), 가족을 위한 것(127, 128편), 공중예배를 위한 것(122, 134편), 특별한 때를 위한 것(124, 132편) 등이 뒤섞여 있는 것으로 보아서, 이러한 명칭은 저자가 아니라 편집자가 붙인 것일 가능성이 크다. 이 명칭에 대해서는 어떤 이들은 이 시편들이 특별히 탁월한 것이었기 때문에 그런 명칭이 붙여진 것이라고 추측하였고(아가가 노래들 중의 노래인 것처럼, 이 명칭의 원래 의미인 계단식 노래는 최고 등급의 가장 뛰어난 노래를 의미한다는 것이다), 어떤 이들은 이 시편들을 부를 때에 맞춰 불렀던 곡조이나 악기들, 또는 이 시편들을 노래할 때에 목소리의 높이를 가리킨다고 추측하였다. 어떤 이들은 이 시편들이 성전의 바깥뜰에서 안뜰로 올라가는 지점이었던 열다섯 번째 계단에서 불려졌다고 생각하고, 어떤 이들은 이스라엘 백성이 포로생활에서 돌아오는 길에서 이 시편들을 노래하였을 것이라고 생각한다. 나는 다음과 같은 것들만을 지적하고자 한다.

1. 이 시편들은 모두 짧은 시편들이고, 하나를 제외하고는 모두 매우 짧다는 것(그 중 세 편은 단지 세 절만으로 되어 있다)과 모든 시편들 중에서 가장 긴 119편 바로 뒤에 놓여 있다는 것. 119편이 많은 부분들로 나뉘어진 하나의 시편인 것과 마찬가지로, 이 시편들은 많은 시편들로 되어 있지만 그 길이가 짧아서 종종 각 시편마다 약간의 휴지(休止)만을 둔 채로 거의 하나의 시편처럼 연달아 불려졌다 ─ 마치 여러 개의 디딤판들이 합쳐져서 하나의 사닥다리를 이루듯이.

2. 이 시편들에서 우리는 절정에 해당하는 표현이 나온 뒤에서 그 단어가 다시 반복된 후에 좀 더 높은 곳으로 오르는 식의 구성 기법을 자주 만나게 된다는 것. 예를 들면, "내가 화평을 미워하는 자들과 함께 / 나는 화평을 원할지라도"(120편), "나의 도움이 어디서 올까 / 나의 도움은 오는도다," "너를 지키시는 이가 졸지 아니하시리로다 / 이스라엘을 지키시는 이는"(121절), "예루살렘아 네 성문 안에 / 예루살렘아 너는 건설되었도다"(122편), "우리에게 은혜 베풀어 주시기를 / 우리에게 은혜를 베푸소서"(123절). 이 시편들에서는 전부는 아니지만 대부분의 시편에서 이와 같은 기법이 사용되고 있다. 아마도 지금까지 얘기된 여러 가지 이유들 중에서 한 가지 이유 때문에 이 시편들은 "계단식 노래"(개역에서는 "성전에 올라가는 노래")로 불리게 된 것 같다.

이 시편은 도엑이 그와 제사장들을 사울에게 밀고한 때에 다윗이 지은 것으로 보인다. 왜냐하면, 이 시편은 그 때에 지어진 또 하나의 시편인 52편과 비슷하고, 시편 기자는 여호와의 회중에서 쫓겨나서 야만적인 자들 가운데로 갈 수밖에 없는 자신의 처지를 하소연하고 있기 때문이다. I. 그는 원수들이 거짓되고 악의적인 혀로 그에게 해악을 끼치고자 하는 것에서 그를 건져 주시라고 하나님께 기도한다(1-2절). II. 그는 그런 자들에게 하나님의 심판이 있을 것이라고 경고한다(3-4절). III. 그는 그에게 시비를 걸며 그를 괴롭힌 악한 이웃들에 대하여 하소연한다(5-7절). 이 시편을 노래할 때, 우리는 불의한 혀의 채찍을 받게 될 때마다 우리가 그것으로 인하여 받는 고통보다 더 심한 고통을 그 혀가 받게 되리라는 것을 알고서 스스로 위로받을 수 있다.

〔성전에 올라가는 노래〕
¹내가 환난 중에 여호와께 부르짖었더니 내게 응답하셨도다 ²여호와여 거짓된 입술과 속이는 혀에서 내 생명을 건져 주소서 ³너 속이는 혀여 무엇을 네게 주며 무엇을 네게 더할꼬 ⁴장사의 날카로운 화살과 로뎀 나무 숯불이리로다

여기에는 다음과 같은 내용들이 나온다.

I. 기도를 통해서 거짓된 혀로부터 건지심을 받음. 다윗은 자기가 직접 체험한 것을 기록하고 있다.

1. 그는 거짓된 입술과 속이는 혀로 인해서 큰 환난을 당하게 되었다. 거짓을 통해서 그를 파멸시키고자 하였고 그 목적을 거의 달성할 뻔하였던 자들이 있었다.

(1) 그들은 그에게 거짓을 행하였다. 그들은 그와 친구 관계임을 내세우고 그에게 의리를 지키고 섬기겠다고 약속하는 등 그의 비위를 맞춤으로써, 의심을 사지 않는 가운데 더욱 안전하게 그를 해치고자 하는 그들의 음모를 실행하고자 하였고, 그가 방심하는 사이에 그를 해칠 기회를 잡고자 하였다. 그들은 그의 심장을 찌르려고 노리고 있으면서도 그 앞에서 만면에 웃음을 띠고 그에게 입맞춤하였다. 가장 위험한 원수들, 방어하기가 가장 어려운 원수들은 친구라는 미명 하에서 악의적인 음모를 진행하는 자들이다. 여호와께서는 그러한 거짓된 입술로부터 모든 선한 자를 건지신다.

(2) 그들은 그에 대한 거짓말을 지어내었다. 그들은 그에게 해로운 거짓된 고소들을 허위로 만들어 내어서 그가 알지 못하는 일로 그를 고소하였다. 이것은 흔히 이 땅의 무죄한 자들만이 아니라 뛰어난 자들의 운명이었다. 그들은 거짓된 입술들에 의해서 큰 환난을 당해 왔고, 일상생활에서의 중상모략에 의해서 누명을 쓰고 명예가 크게 손상되었을 뿐만 아니라, 재판에서의 위증에 의해서 그들의 목숨을 비롯해서 이 세상에서 그들에게 소중한 모든 것을 잃어버릴 처지에 놓이게 되기도 하였다. 이 점에서 다윗은 그리스도의 모형이었다. 그리스도께서는 거짓된 입술들과 속이는 혀들에 의해서 환난을 당하셨다.

2. 이러한 환난 속에서 그는 믿음을 가지고 열심으로 기도함으로써 하나님을 의지하였다: 내가 여호와께 부르짖었도다. 거짓된 혀를 막을 방도가 없었던 그는 모든 사람의 마음을 자신의 수중에 가지고 계시는 분, 악한 자들의 양심을 주관하는 능력을 가지고 계셔서 마음만 먹으신다면 얼마든 그들의 혀에 재갈을 먹이실 수 있으신 분에게 호소하였다. 그의 기도는 이러하였다: "여호와여, 거짓된 입술에서 내 생명을 건져 주셔서, 나의 원수들이 그러한 저주받을 방법들을 통해서 나를 파멸시키지 못하게 하소서." 그는 평소에 자기가 거짓에서 떠나 있게 해 달라고 간절히 기도하고(119:29) 진심으로 거짓을 미워해 왔기(119:163) 때문에 다른 사람들로부터 속임을 당하지 않게 해주시고 그들의 거짓으로 인하여 해를 당하지 않게 해주시라고 더욱 확신있게 기도할 수 있었다.

3. 그는 이러한 기도에 대하여 은혜로운 응답을 받았다. 하나님은 그의 기도를 들으셨다. 따라서 그의 원수들은 그들의 음모를 거의 성공시킬 찰나에 와 있었지만 결국 낭패를 당하였고 그들이 의도했던 해악을 그에게 가할 수 없게 되었다. 진리의 하나님은 그의 백성을 거짓된 입술들로부터 보호해 주시는 자

이시고, 장래에도 그러실 것이다(시 37:6).

II. 거짓된 혀의 운명을 믿음으로 예언함(3-4절).　하나님은 그의 백성을 이 흉악한 세대로부터 보호하시고 보전하실 뿐만 아니라, 그들의 원수들과 결산하실 것이다(시 12:3, 7). 이 경고는 죄인을 향한 것으로서 그에게 일말의 양심이라도 남아 있다면 그 양심을 일깨우기 위한 것이다. "너 속이는 혀여, 천지의 의로우신 재판장께서 무엇을 네게 주며 무엇을 네게 더할꼬 깊이 생각해 보라." 죄인들은 지금 그들이 하고 있는 짓의 결국이 무엇이 될지를 알기만 한다면, 그들은 분명히 지금처럼 하지 못하게 될 것이다. 거짓말하는 자들은 장차 그들에게 무엇이 주어지게 될지를 깊이 숙고해 보아야 한다: 전능자(개역에서는 장사)의 날카로운 화살과 로뎀 나무 숯불. 즉, 그들은 하나님의 진노 속으로 떨어져서 영원히 그 아래 놓이게 될 것이고, 화살처럼 신속하게 날아가서 누가 자기를 해쳤는지를 죄인이 알아차리기도 전에 이미 그의 심장을 꿰뚫는 하나님의 진노의 징표들에 의해서 비참한 처지로 전락하게 될 것이다. 이것은 거짓말 하는 자들에 대한 경고이다(시 64:7). 하나님이 그들을 쏘시리니 그들이 갑자기 화살에 상하리로다. 그들은 일부러 거리를 두고 하나님을 멀리하였지만, 하나님의 화살은 저 멀리에서도 그들을 능히 맞출 수 있다. 그것들은 날카로운 화살들, 전능자의 화살들이다. 왜냐하면, 그 화살들은 아무리 튼튼한 갑옷도 뚫어버리고 아무리 완악하고 굳은 심장이라도 거기에 깊이 박힐 것이기 때문이다. 여호와의 두려움은 그의 화살이다(욥 6:4). 하나님의 진노는 흔히 로뎀 나무 숯불에 비유되는데, 이 숯불은 아궁이에서 타는 가시덤불과는 달리 불꽃을 내지도 우지직 탁탁 하는 소리도 내지 않지만, 매우 뜨거운 열기를 지니고 있고, 겉으로 보기에는 꺼진 것 같아도 그 불기운이 아주 오래간다(어떤 이들은 일년 가까이 간다고 말한다). 이것이 거짓된 혀의 운명이다. 왜냐하면, 거짓말을 좋아하며 지어내는 모든 자는 영원히 불타는 연못에 던져지는 운명을 맞게 될 것이기 때문이다(계 22:15).

⁵메섹에 머물며 게달의 장막 중에 머무는 것이 내게 화로다 ⁶내가 화평을 미워하는 자들과 함께 오래 거주하였도다 ⁷나는 화평을 원할지라도 내가 말할 때에 그들은 싸우려 하는도다

시편 기자는 여기에서 자기가 몸을 의탁할 수밖에 없었던 악한 이웃에 대하여 하소연한다. 어떤 이들은 앞의 두 절(3-4절)도 여기에 속하는 것으로 본다. "속이는 혀가 도대체 무엇을 해주며, 그 아래 있는 자들에게 무엇을 주겠는가? 그러한 악의적이고 속이는 자들 가운데서 살아 보아야 무슨 유익이 있겠는가? 날카로운 화살과 로뎀 나무 숯불, 거짓되고 심술궂은 혀가 저지르는 온갖 해악들밖에 더 받겠는가(시 57:4)?" 다윗은 메섹에 머물며 게달의 장막 중에 머무는 것, 내가 어쩔 수 없이 그런 자들 가운데 거하게 된 것이 내게 화로다라고 말한다. 다윗은 메섹이나 게달 땅에 머물렀던 것 같지 않다. 우리는 그가 자신의 고국에서 그토록 멀리 떠나 있었다는 얘기를 들은 적이 없다. 그러나 그는 메섹이나 게달의 거민들 같이 무례하고 야만적인 족속 가운데 거하였다. 이것은 마치 우리가 나쁜 이웃을 묘사하고자 할 때에 우리가 터키인들과 이교도들 가운데서 산다고 말하는 것과 마찬가지이다. 그래서 다윗은 내게 화로다라고 부르짖을 수밖에 없었다.

1. 그는 하나님을 예배드릴 수 있는 곳에서 멀리 떨어져 살 수밖에 없었다. 그는 추방 중에 있을 때에 자기 자신을 객(客)으로 여겼는데, 이것은 그가 하나님의 제단 가까이에 있지 않는 한 그 어떤 곳도 그의 집이 될 수 없었기 때문이다. 그는 "내가 객으로 머무는 세월이 길어져서 내 안식처로 갈 수 없고 여전히 거기서 멀리 떨어져 있어야 하는 것은 내게 화로다"(어떤 이들은 이렇게 해석한다)라고 부르짖는다. 선한 자는 하나님의 예배로부터 추방되어서 예배를 드릴 수 없게 되었을 때에 결코 편안하게 지낼 수 없다는 것을 명심하라. 하나님의 은혜를 받고 하나님과 교통하는 방편 없이 지내는 것은 하나님을 사랑하는 모든 자에게는 큰 슬픔이다. 어쩔 수 없이 그런 처지에 놓였을 때에 그들은 여기에서의 다윗과 같이 내게 화로다라고 부르짖지 않을 수 없다.

2. 그는 여러 가지 이유로 그를 괴롭혔던 악한 자들 가운데서 살 수밖에 없었다. 그는 아브라함과 롯의 목자들처럼 다투기 좋아하는 것으로 악명이 높았던 목자들이 살았던 게달의 장막 중에 머물렀다. 영원히 상종하고 싶지 않은 그런 무리들 속에 던져져서 거기에 살아갈 수밖에 없게 되는 것은 선한 자에게 아주 큰 괴로움이고 부담이다(벧후 2:8). 그런 자들과 함께 거하는 것은 정말 괴로운 일이다. 왜냐하면, 그들은 선한 자를 못살게 하고 할퀴며 찢는 가시들로서 뱀의 후손 속에 있는 여자의 자손에 대한 해묵은 적대감을 나타낼 것이기 때문

이다. 다윗이 함께 거하였던 자들은 단지 그를 미워할 뿐만 아니라 화평을 미워하고 화평과 전쟁을 선포하는 자들, 그들의 병기에 화평을 위하여가 아니라 박해를 위하여라는 문구를 새겨 놓았을 자들이었다. 아마도 사울의 궁정은 다윗이 거한 메섹과 게달이었을 것이다. 사울은 다윗이 여기서 화평을 미워하는 자라고 말한 바로 그 인물이었다. 다윗은 사울과 화평을 이루고자 무진 애를 썼지만, 그렇게 되지 않았고, 오히려 그가 사울을 더 잘 섬기면 섬길수록, 사울은 더욱 치를 떨며 그를 죽이고자 하였다. 좀 더 살펴보자.

(1) 다윗에게서 엿볼 수 있는 지극히 선한 자의 성품. 그는 비록 전사였지만 나는 화평을 원하므로 모든 사람과 화평하게 살고 그 누구와도 반목하며 살고자 하지 않는다고 진심으로 말할 수 있었다. 나는 화평이다(원문에는 이렇게 되어 있다). "나는 화평을 사랑하고 화평을 추구한다. 나의 성품은 화평을 원하고, 내 기쁨은 화평에 있다. 나는 화평을 위하여 기도하고 화평을 위해 애쓰며, 화평을 위해서라면 그 어떤 일도 할 수 있고 그 어떤 것도 받아들일 수 있으며 그 어떤 것과도 결별할 수 있다. 나는 화평을 원하고, 내가 그런 사람이라는 것을 이제까지 증명해 왔다." 위로부터 난 지혜는 첫째 성결하고 다음에 화평하다.

(2) 다윗의 원수들 속에서 엿볼 수 있는 지극히 악한 자들의 성품. 그들은 화평을 지극히 사랑하는 성향을 지닌 자들과도 툭 하면 다투기를 좋아한다. "내가 말할 때에 그들은 싸우려 하는도다. 그들이 싸우려고 안달을 하면 할수록, 그들은 내가 화평을 원한다는 것을 더욱 분명하게 발견하게 된다." 다윗은 모든 예를 갖추어서 인자하게 말하였고, 서로에게 좋은 방법을 제안하였으며, 사리를 밝혀 말하였고, 사랑을 말하였다. 그러나 그들은 좀 참고서 그의 말을 들어 보고자 하지도 않고, "전투 준비! 전투 준비!"만 외쳐댔다. 그들은 아주 사납고 달랠 수 없는 자들이었으며 남을 해치고자 하는 마음으로 가득 차 있는 자들이었다. 그리스도의 원수들이 바로 그런 자들이었다. 그리스도께서 사랑을 보이시자 그들은 그의 대적들이 되었고, 그리스도께서 선한 말씀과 선한 일들을 하시자 그들은 그를 돌로 치고자 하였다. 그러한 원수들을 만났을 때, 우리는 그들의 소행을 이상하게 여겨서는 안 되고, 우리가 화평을 추구해 보아야 아무 소용이 없다고 생각해서 화평을 사랑하는 마음을 버려서도 안 된다. 우리는 이러한 악으로 시험을 받을 때에 여전히 악에게 지지 말고 선으로 악을 이기려고 애써야 한다.

제
— 121 —
편

개요

　　어떤 이들은 이 시편을 군인의 시편이라 부르고, 다윗이 치열한 전장(戰場)에서 자신의 목숨이 위태로웠을 때에 전투의 날에 그를 지키주시라고 하나님을 의지하는 마음으로 이 시편을 지은 것이라고 생각한다. 또 어떤 이들은 이 시편을 여행자의 시편이라 부르고(이 시편 속에는 전쟁의 위험들에 관한 내용이 전혀 없기 때문에), 다윗이 타국으로 갈 때에 하나님께서 그 여행길에서 그의 보호자와 동반자가 되어 주시라는 의미에서 지은 것이라고 생각한다. 그러나 우리는 굳이 이렇게 이 시편을 어느 하나의 상황과 결부시킬 필요는 없다. 우리가 고향에 있든 타국에 있든 어디에 있든지 간에, 우리는 우리가 알고 있는 것보다 더 많은 위험에 노출되어 있다. 이 시편은 우리로 하여금 하나님을 신뢰하고 우리 자신을 하나님께 맡기며 믿음으로 우리 자신을 하나님의 보호하심 아래에 두고 우리 자신을 하나님의 돌보심에 맡기도록 지시하고 격려한다. 우리는 이 시편을 부를 때에 자기 자신을 온전히 하나님께 맡기는 가운데 기꺼이 그렇게 하여야 한다. I. 다윗은 여기서 하나님에게서 도움이 오리라는 것을 확신한다(1-2절). II. 다윗은 다른 사람들에게도 그것을 확신시킨다(3-8절).

〔성전에 올라가는 노래〕

¹내가 산을 향하여 눈을 들리라 나의 도움이 어디서 올까 ²나의 도움은 천지를 지으신 여호와에게서로다 ³여호와께서 너를 실족하지 아니하게 하시며 너를 지키시는 이가 졸지 아니하시리로다 ⁴이스라엘을 지키시는 이는 졸지도 아니하시고 주무시지도 아니하시리로다 ⁵여호와는 너를 지키시는 이시라 여호와께서 네 오른쪽에서 네 그늘이 되시나니 ⁶낮의 해가 너를 상하게 하지 아니하며 밤의 달도 너를 해치지 아니하리로다 ⁷여호와께서 너를 지켜 모든 환난을 면하게 하시며 또 네 영혼을 지키시리로다 ⁸여호와께서 너의 출입을 지금부터 영원까지 지키시리로다

　　이 시편은 우리에게 다음과 같은 것들을 가르친다.

I. 권능의 하나님이자 우리에게 모든 것을 풍성히 공급해 주시는 하나님을 전심으로 의지하라는 것. 다윗은 그렇게 하였고, 그로 인한 유익을 체험하였다.

1. 우리는 피조물이나 사람들, 수단과 도구들, 이차적인 것들을 의지해서는 안 되고, 육체를 우리의 무기로 삼아서도 안 된다. "내가 산을 향하여 눈을 들까?(어떤 이들은 이렇게 해석한다). 과연 나의 도움이 거기에서 올까? 내가 땅의 권능들, 산들의 힘을 의지하며, 산들처럼 이 땅을 가득 채우고서 하늘을 향하여 그들의 머리를 들고 있는 방백들과 대인들을 의지할까? 그렇지 않다. 작은 산들과 큰 산들에게서 구원을 바라는 것은 헛된 일이다(렘 3:23). 나는 그러한 것들에게서 도움이 오기를 결코 기대하지 않는다. 나는 오로지 하나님만을 의뢰하노라." 우리는 산들 너머로 눈을 들어야 한다(어떤 이들은 이렇게 해석한다). 우리는 도구들 너머로 그것들을 만드신 하나님을 바라보아야 한다.

2. 우리는 우리의 모든 도움이 하나님, 그의 능력과 선하심, 그의 섭리와 은혜 속에 비축되어 있다는 것을 알아야 한다. 따라서 우리는 도움이 하나님에게서 올 것을 기대하여야 한다. "나의 도움은 여호와에게서로다. 내가 바라는 도움은 하나님께서 보내시는 도움이고, 나는 하나님께서 그의 방식과 때를 따라서 도움을 주시기를 기대한다. 하나님께서 도우시지 않는다면, 그 어떤 피조물도 도울 수 없다. 하나님께서 도우신다면, 그 어떤 피조물도 막을 수 없고 해칠 수 없다."

3. 우리는 하나님의 약속들에 대한 믿음과 하나님께서 세우신 모든 제도들에 대한 합당한 존중을 통해서 하나님에게서 도움을 가져와야 한다. "내가 산을 향하여 눈을 들리라(여기서 산은 성전이 세워져 있던 산, 즉 언약궤와 신탁과 제단이 있던 모리아 산, 거룩한 시온 산을 의미할 것이다). 나는 하나님의 보편적인 임재만이 아니라 그의 교회와 그의 백성 안에서의 하나님의 특별한 임재(약속에 의한 그의 임재)를 바라보고자 하나이다." 다윗은 멀리 떨어져 있을 때에 성소를 바라보곤 하였다(시 28:2; 42:6). 말씀과 기도, 하나님의 장막의 은밀한 곳에서 우리의 도움이 온다. 나의 도움은 여호와에게서 오고, 여호와 앞에서 또는 여호와의 임재로부터 온다(2절). "이것은 신성이 인성과 떨어질 수 없게 결합되어 있는 성육신한 그리스도를 가리키는 것일 수 있다. 하나님은 그리스도와 항상 함께 계시고, 그리스도를 통해서 우리와 항상 함께 계신다. 그리스

도는 하나님의 오른편에 앉으셔서 우리를 위하여 끊임없이 중보기도 하신다"(하몬드 박사). 그리스도는 하나님의 백성을 구원하신 하나님 앞의 사자로 불린다(사 63:9).

4. 우리는 하나님께서 천지를 지으셨다는 것과 천지를 지으신 하나님은 무슨 일이라도 하실 수 있다는 것을 깊이 생각하고서 더욱 용기를 내어 하나님을 신뢰하고 의지하여야 한다. 하나님은 아주 짧은 시간 안에 혼자서 말씀 한 마디로 무(無)에서 세계를 만드셨다. 그러므로 우리의 곤경과 어려움이 아무리 커도, 하나님은 우리를 구원하시고 건지시기에 충분한 능력을 가지고 계신다. 천지를 지으신 분은 천지에 가득한 만상(萬象)을 다스리시는 주(主)이시기 때문에, 그것들을 그의 뜻대로 부리셔서 그의 백성을 도우시며, 그것들을 억제하셔서 그의 백성이 해악을 입지 않게 하신다.

Ⅱ. 어려움과 위험이 극심할 때에 하나님 안에서 위로를 받으라는 것. 여기에서는 우리가 하나님을 의지하고 우리의 본분을 다하면, 우리는 하나님의 보호하심 아래에서 안전하게 될 것이기 때문에, 하나님께서 보시기에 우리에게 유익이 될 것 이외에는 그 어떤 해악이나 환난도 우리에게 일어나지 않을 것이라고 약속한다.

1. 하나님께서는 친히 우리의 보호자가 되어 주셨다: 여호와는 너를 지키시는 이시라(5절). 하나님은 천사들에게 그의 백성을 지키라고 지시를 하신 후에는 모든 일을 천사들에게 맡겨 놓고 자신은 아무 일도 하지 않으시는 그런 분이 아니셨다. 어떤 성도에게 수호 천사가 붙어 있든 안 붙어 있든, 우리는 하나님께서 친히 그 성도의 수호자가 되어 주고 계시다는 것을 확신할 수 있다. 하나님은 자신을 하나님의 보호하심 아래에 맡기는 자들의 안전을 지키기 위하여 그 무한한 지혜로 계획을 세우시고 그 무한한 능력으로 그 계획을 실천해 나가신다. 여호와를 자신을 지키시는 자로 삼은 자들은 여호와께서 반드시 그들을 지키실 것이다. 환난으로 인해서 그들이 하나님의 포로들이 되었다고 해도, 여전히 그들을 지키시는 자는 하나님이시다.

2. 교회의 보호자가 되신 바로 그분, 바로 그 지혜, 바로 그 능력, 바로 그 약속들이 모든 개별 신자를 보호하고 지키는 데에 동원된다. 이스라엘을 지키시는 이는(4절) 너를 지키시는이시라(5절). 양 무리의 목자는 각각의 양의 목자이기도 하기 때문에 새끼 양 한 마리도 죽지 않도록 돌볼 것이다.

3. 하나님은 주무시지도 않고 항상 깨어서 지키시는 이이시다. "이스라엘을 지키시는 이는 졸지도 아니하시고 주무시지도 아니하시리로다. 하나님은 결코 지치시는 법이 없기 때문에 한 번도 졸거나 주무신 적이 없으셨고 앞으로도 영원히 그러실 것이다. 하나님은 주무시지 않으실 뿐만 아니라 졸지도 아니하신다. 하나님에게는 주무시고 싶은 마음이 전혀 없으시다."

4. 하나님은 그가 지키시는 자들을 보호하실 뿐만 아니라 그들에게 새 힘을 주신다: 하나님은 그들의 그늘이 되신다. 이 비유 속에는 하나님께서 얼마나 자신을 낮추셔서 우리의 눈높이에 맞추셨는지가 드러나 있다. 무한히 광대하시고 영원하신 하나님은 그의 백성이 지각할 수 있는 위로를 말씀하시기 위하여 그가 그들의 그늘이 되어서 곤비한 땅에 큰 바위 그늘 같이(사 32:2) 그들에게 가까이 다가가서 찌는 듯한 열기로부터 그들을 보호해 주겠다고 약속하신다. 이 그늘에 앉아서 그들은 아무런 염려 없이 기뻐할 수 있다(아 2:3).

5. 하나님은 그의 백성을 보호하고 새 힘을 주시기 위하여 항상 그들 곁에 계시고 결코 멀리 떨어져 계시지 않는다. 하나님은 그들을 지키시는 자이시고 그들의 오른쪽에서 그늘이 되신다. 따라서 하나님을 멀리서 찾을 필요가 없다. 여기서 오른쪽(원어에서는 오른손)이라는 것은 즉시 뭔가를 할 수 있다는 것을 의미한다. 그들이 오른쪽으로 몸을 돌려서 자신의 본분을 행하고자 하기만 한다면, 그들은 하나님께서 그들을 도와주시고 그들의 일을 형통하게 해 주실 준비를 갖추고 계시다는 것을 발견하게 될 것이다(시 16:8).

6. 하나님은 그들의 오른쪽에 계실 뿐만 아니라, 그의 거룩한 자들의 발을 지켜주실 것이다(삼상 2:9). 하나님은 그들의 발걸음을 지켜 보고 계신다: 여호와께서 너를 실족하지 아니하게 하시리로다. 하나님은 그의 백성이 감당할 수 없는 시험을 받지 않게 하실 것이고, 죄에 빠질 뻔하는 일은 있겠지만 실제로 죄에 빠지지 않게 하실 것이며(시 73:2, 23), 많은 사람들이 속임수를 통해서 그들을 해치고자 하거나 무력으로 그들을 전복시키고자 할지라도 환난에 빠지지 않게 하실 것이다. 우리는 미끄러지거나 넘어질 때에 깜짝 놀라게 되는데, 하나님은 그들이 깜짝 놀라는 일이 없게 하실 것이다.

7. 하나님은 천체들의 온갖 해로운 기운들로부터 그들을 보호하실 것이다(6절): 낮의 해가 그 열기로 너를 상하게 하지 아니하며 밤의 달도 그 한기와 습기로 너를 해치지 아니하리로다. 해와 달은 인류에게 큰 축복들이고, 따라서 그것들을

숭배하는 사람들이 예로부터 많이 있어 왔지만, 해와 달은 흔히 사람의 신체에 해를 끼치고 이상(異常)을 가져다 주는 도구들이다. 하나님은 해와 달을 사용해서 종종 우리를 치신다. 그러나 하나님의 은총이 개입되면, 해와 달은 그의 백성을 상하게 하지 못하게 된다. 하나님께서는 광야에서 낮에는 구름기둥으로 해의 열기를 막아주고 밤에는 불기둥으로 온기를 진영 전체에 발산하게 하여 이스라엘 백성이 밤의 한기와 습기로 해를 당하지 않게 지켜 주셨듯이, 그들을 밤낮으로 지켜 주실 것이다(사 27:3). 그들의 조상 야곱은 낮에는 더위와 밤에는 추위로 그가 고생하였다고 하소연하였었다(창 31:40). 이 말씀은 비유적으로 이해될 수 있다. "너는 찌는 듯한 햇빛처럼 눈으로 볼 수 있는 네 원수들의 공개적인 공격들에 의해서나 밤의 한기처럼 눈으로 볼 수 없는 그들의 은밀하고도 기만적인 시도들에 의해서나 해를 입지 않게 될 것이다."

8. 하나님의 보호하심은 모든 점에서 그들을 안전하게 해 줄 것이다. "여호와께서 너를 지켜 모든 환난, 죄의 해악과 고난의 해악을 면하게 하시리로다. 하나님은 네가 두려워하는 악을 막아 주실 것이고, 네가 느끼는 악을 씻어 주시고 없애주시며 가볍게 해 주실 것이다. 하나님은 네가 악을 행하지 않도록 지켜 주실 것이고(고후 13:7), 악을 당하지 않게 하실 것이기 때문에, 네게 그 어떤 환난이 다가와도 너는 해를 입지 않게 될 것이다. 심지어 네가 죽더라도 그것은 네게 해가 되지 않을 것이다."

9. 하나님께서는 특히 영적인 생명을 그의 보호하심 아래에 두시고자 하신다: 여호와께서 네 영혼을 지키시리로다. 모든 영혼은 하나님의 것이다. 영혼은 바로 사람의 실체이기 때문에, 하나님은 영혼을 각별히 보존하셔서 영혼이 죄에 의해서 더럽혀지거나 환난에 의해서 흐트러지는 것을 막고자 하신다. 하나님은 우리로 하여금 영혼을 온전히 보존하게 하는 방법으로 영혼을 지키신다. 하나님은 영혼이 영원히 멸망하는 것을 막아 주실 것이다.

10. 하나님은 우리의 모든 길에서 우리를 지키실 것이다. "여호와께서 너의 출입을 지키시리로다. 주께서는 광야에서 이스라엘의 이동과 휴식을 다 지켜 주셨듯이, 밖으로 나가든 안으로 들어오든 너의 모든 출입을 보호해 주실 것이다. 하나님은 네가 집에서나 밖에서 하는 모든 일들, 그 일들의 처음과 끝을 다 형통하게 해 주실 것이다. 하나님은 사나 죽으나 너를 지키실 것이고, 네가 살아 있는 동안에 너의 출입을 지키실 것이며, 젊은 날의 아침에 나와서 수고할 때

나 나이 들어 저녁에 쉬러 본향으로 갈 때나 너를 지키실 것이다(시 104:23)."

11. 하나님은 지금부터 영원까지 우리를 계속해서 돌보아 주실 것이다. 그것은 결코 유효기간이 지날 염려가 없는 일생 동안의 보호하심이다. "하나님은 네가 죽음에 이른 때까지도 너의 인도자가 되어 주셔서, 너를 무덤에 숨겨 주시고 천국에 숨겨 주실 것이다. 하나님은 너를 그의 천국에 들어가도록 구원하시리라." 하나님은 그의 교회와 성도들을 세상 끝날까지 항상 보호하실 것이다. 그들을 지키고 위로해 주시는 자인 성령께서는 그들과 영원히 함께 할 것이다.

제
— 122 —
편

개요

이 시편은 이스라엘 백성이 세 번의 중요한 절기 때에 예배 드리러 예루살렘에 올라 왔을 때에 사용할 수 있도록 하기 위하여 다윗이 지은 것으로 보인다. 하나님께서 처음으로 예루살렘을 그의 이름을 두실 성읍으로 선택하신 것은 다윗 시대였다. 이런 일은 처음 있는 일이었기 때문에, 예루살렘이 비록 이전에는 여부스 족속의 수중에 있긴 하였지만, 이스라엘 백성이 예루살렘을 거룩한 성으로 사랑하게 되는 계기가 되었다. 좀 더 살펴보자. I. 사람들이 예루살렘에 올라갈 생각으로 기뻐함(1-2절). II. 사람들이 예루살렘에 대하여 지니고 있던 큰 경외감(3-5절). III. 예루살렘에 대한 사람들의 큰 관심과 예루살렘이 잘 되도록 그들이 드린 기도들(6-9절). 이 시편을 노래할 때, 우리는 "위에 있는 예루살렘"이라 불리는 복음 교회를 바라보아야 한다.

〔다윗의 시 곧 성전에 올라가는 노래〕

[1]사람이 내게 말하기를 여호와의 집에 올라가자 할 때에 내가 기뻐하였도다 [2]예루살렘아 우리 발이 네 성문 안에 섰도다 [3]예루살렘아 너는 잘 짜여진 성읍과 같이 건설되었도다 [4]지파들 곧 여호와의 지파들이 여호와의 이름에 감사하려고 이스라엘의 전례대로 그리로 올라가는도다 [5]거기에 심판의 보좌를 두셨으니 곧 다윗의 집의 보좌로다

여기에는 다음과 같은 내용들이 나온다.

I. 다윗을 비롯한 경건한 이스라엘 사람들이 공예배를 통해서 하나님께 나아갈 것을 생각하고서 기뻐함(1-2절).

1. 예배로의 초대는 큰 환영을 받았다. 다윗은 여호와의 집에 올라가자는 말을 들었을 때에 스스로 기뻐하였고, 또한 모든 이스라엘 사람들이 그가 기뻐하였다는 말을 하게 되기를 바랐다. 좀 더 살펴보자.

(1) 우리가 한마음으로 하나님을 예배하고, 많은 사람들이 함께 공예배에 참

석하여 하나님을 섬기는 것은 하나님의 뜻이다. 우리는 각자의 가정에서 하나님을 예배하여야 하지만, 그것만으로는 충분하지 않다. 우리는 여호와의 집에 올라가서, 거기에서 하나님께 예배를 드려야 하고, 모이기를 폐하는 어떤 사람들의 습관과 같이 하지 말아야 한다.

(2) 우리는 공적으로 하나님을 예배하러 가는 일에 서로 뜻을 같이하여야 할 뿐만 아니라 서로를 격려하고 서로에게 힘을 실어 주어야 한다. 함께 가자. 우리는 "너희나 가서 우리를 위하여 기도하라 우리는 그냥 집에 있겠다"고 하지 말고, 우리도 가겠노라고 해야 한다(슥 8:21). 우리는 "너희는 먼저 가라 우리는 천천히 따라가겠다"라거나 "우리가 먼저 갈 것이니 너희는 우리 뒤에 와라"고 하지 말고, "하나님의 영광과 우리 서로의 덕세움과 격려를 위하여 함께 가자"고 해야 한다. 우리가 주저하고 태만하면, 다른 사람들도 그렇게 된다. 그러므로 쇠가 쇠를 날카롭게 하듯이, 우리는 선한 일에 대하여 서로를 일깨우고 예민하게 해 주어야 한다.

(3) 하나님을 기뻐하는 자들은 하나님을 예배 드리러 가자는 제안과 기회들을 기뻐하는 법이다. 다윗은 여느 사람들과는 달리 다른 사람이 신앙 활동에 대한 그의 열심에 박차를 가할 필요가 별로 없었지만, 그의 비천한 신민(臣民)들에게서 여호와의 집에 올라가자는 제안을 받았을 때에 그것을 모욕으로 여기기는커녕 도리어 호의로 받아들여서 기뻐하였다. 우리는 우리의 그리스도인 친구들이 선한 일을 하게 될 기회가 있을 때에 우리에게 함께 동참하자고 권하기를 바라야 한다.

2. 예배를 드리러 간다는 것 자체가 사람들의 큰 기쁨이었다. 그들은 거룩함 속에서 득의양양하여 이렇게 말한다(2절): 예루살렘아, 우리 발이 네 성문 안에 섰도다. 고향을 떠나온 자들은 여행길이 지루할 때마다 그들이 예루살렘에 곧 당도하게 되리라는 생각으로 위로를 삼았고, 그러한 생각은 그들의 여행길의 피로를 싹 씻어 주었을 것이다. 우리는 종들로서 거기에 서게 될 것이다. 비록 그 자리가 곁에 섰는 자들 중의 하나이거나(슥 3:7) 성전 문지기의 자리라고 하더라도(시 84:10), 예루살렘에서 한 자리를 갖고 있다는 것은 좋은 일이다. 우리는 이제 언약궤가 쉴 자리를 갖게 되었고, 그것이 있는 그 곳에 우리도 있게 될 것이다.

II. 예루살렘을 찬송함(시 48:12처럼).

1. 예루살렘은 그 위치만이 아니라 구조 자체로도 아름다운 성읍이다. 예루살렘은 가옥들이 흩어져 있지 않고 밀집되어 있으며 거리들도 널찍하게 되어 있는 성읍으로 건설되었다. 예루살렘은 가옥들이 서로를 튼튼하게 받쳐 주도록 잘 짜여진 구조로 건설되었다. 이 성읍은 잘 사는 동네와 못 사는 동네로 나뉘어져 있긴 하였지만, 여부스 족속이 쫓겨나서 온전히 하나님의 백성의 지배 아래 있었기 때문에, 잘 짜여졌다고 할 수 있었다. 예루살렘은, 거룩한 사랑과 그리스도인으로서의 교통 속에서 잘 짜여져 있어서 전체가 하나의 성읍 같이 되어 있는 복음 교회의 모형이었다.

2. 예루살렘은 거룩한 성읍이다(4절). 그 곳은 온 이스라엘이 서로 만나는 곳이다. 지파들은 여호와의 지파들이라는 이름 아래에서 이 땅의 모든 곳에서 하나님의 명령에 순종하여 마치 한 사람이 움직이는 것처럼 그리로 올라가는도다. 예루살렘은 그들이 함께 모이도록 하나님이 정하신 곳이다.

(1) 그들이 함께 모이는 것은 하나님에게서 가르침을 받기 위한 것이다. 그들은 이스라엘의 전례대로 하나님께서 그들에게 주시는 말씀을 듣기 위하여 왔다.

(2) 그들이 함께 모이는 것은 하나님께 영광을 돌리고 여호와의 이름에 감사하기 위한 것이다. 우리는 모두 그렇게 하여야 할 이유를 가지고 있고, 자기 속에 이스라엘의 증거를 가지고 있는 자들은 특히 그러하다. 하나님께서 그의 말씀을 통해서 우리에게 말씀하신다면, 우리는 감사로 하나님께 응답하여야 한다. 우리가 어떤 목적으로 공예배를 드리러 가는지를 보라. 그것은 감사하기 위한 것이다.

3. 예루살렘은 왕도(王都)이다(5절): 거기에 심판의 보좌가 두어졌다. 하나님의 마음에 합한 자가 예루살렘에서 공의를 베풀었기 때문에, 백성들은 그 곳을 사랑할 이유가 있었다. 예루살렘에서는 백성들의 종교적인 유익만이 아니라 시민적인 유익들도 잘 보장되었다. 우리의 법정이 웨스트민스터 홀(Westminster Hall)에 있는 것과 마찬가지로, 예루살렘에 세워져 있던 그들의 법정에서 그들은 지극히 행복하였다. 이스라엘의 증거와 심판의 보좌가 서로 나란히 이웃하고 있는 것은 얼마나 멋진 광경인가. 이 둘은 서로를 크게 도울 수 있는 선한 이웃들이다. 이스라엘의 증거는 심판의 보좌를 지휘하고, 심판의 보좌는 이스라엘의 증거를 보호하여야 한다.

⁶예루살렘을 위하여 평안을 구하라 예루살렘을 사랑하는 자는 형통하리로다 ⁷네 성 안에는 평안이 있고 네 궁중에는 형통함이 있을지어다 ⁸내가 내 형제와 친구를 위하여 이제 말하리니 네 가운데에 평안이 있을지어다 ⁹여호와 우리 하나님의 집을 위하여 내가 너를 위하여 복을 구하리로다

여기에는 다음과 같은 내용들이 나온다.

I. 다윗은 사람들에게 예루살렘이 잘 되기를 기원하라고 요청한다(6-7절). 예루살렘을 위하여 평안을 구하고, 그 곳이 잘 되고 온갖 좋은 일들만 일어나며 특히 거기에 사는 거민들이 하나가 되어서 외적의 침입을 능히 막아낼 수 있게 되기를 위하여 기도하라. 예루살렘이 평안해야 우리도 평안할 수 있다. 이를 위하여 우리는 간절히 기도하여야 한다. 왜냐하면, 예루살렘은 하나님의 선물이고, 예루살렘으로 인해서 우리는 하나님께 나아갈 수 있기 때문이다. 예루살렘의 평안을 위하여 별다른 것을 할 수 없는 자들은 그것을 위하여 기도할 수 있는데, 기도는 단순한 선의를 지니고 있는 것과는 차원이 다른 것으로서 하나님께서 그의 긍휼을 베푸시기 위하여 정하신 길이다. 우리는 각자 복음 교회의 평안과 형통을 간절히 바라며 기도하여야 한다. 좀 더 살펴보자.

1. 우리는 여기서 예루살렘의 평안을 위하여 기도하도록 격려를 받는다: 예루살렘을 사랑하는 자는 형통하리로다. 우리는 습관이나 유행을 따라서가 아니라, 하나님이 인간을 다스리시고 인간이 하나님을 예배하는 것을 지극히 합당히 여기는 사랑의 원리를 따라서 예루살렘을 위하여 기도하여야 한다. 교회가 잘 되기를 구하는 것은 우리 자신이 잘 되기를 구하는 것이다. 왜냐하면, 하나님은 시온의 문들을 무척 사랑하셔서 그 문들을 사랑하는 모든 자들을 사랑하시므로, 그들은 형통할 수밖에 없기 때문이다. 그들이 무척 사랑하는 예배들을 통해서 적어도 그들의 영혼은 형통하게 될 것이다.

2. 우리는 여기서 예루살렘의 평안을 위하여 어떻게 기도해야 하는지에 대하여 구체적인 표현들을 통해서 가르침을 받는다(7절): 네 성 안에는 평안이 있을지어다.

(1) 우리는 예루살렘 안에 있는 모든 거민들, 가장 작은 자로부터 가장 큰 자에 이르기까지 성 안에 있는 모든 자들을 위하여 기도하여야 한다. 너의 요새들 안에 평안이 있으라. 그것들이 결코 공격받지 않게 해 주시고, 비록 공격을

받더라도 결코 함락되지 않게 하시며, 그것들이 도성을 안전하게 지켜내는 보장(保障)이 되게 하소서.

(2) 우리는 특히 방백들과 관원들을 위하여 기도하여야 한다. 지도자의 위치에서 공적인 일들을 처리하는 대인들이 있는 궁중에 형통함이 있게 하소서. 왜냐하면, 그들이 형통해야 온 백성이 좋을 것이기 때문이다. 가난한 부류의 사람들은 궁중에 있는 사람들의 형통을 시기하기 쉬운 법이지만, 여기에서는 그들을 위하여 기도하라고 가르친다.

II. 다윗은 남들은 어떻게 하든 자기는 다음과 같은 것들을 통해서 예루살렘의 신실한 친구임을 입증할 것이라고 결심한다.

1. 기도를 통해서. "예루살렘은 하나님께서 그의 이름을 두시는 곳이 되어야 한다는 이스라엘의 증거를 지파들이 이렇게 즐거운 마음으로 의지하는 것을 보고서 내가 이제 말하리니 네 가운데에 평안이 있을지어다." 다윗은 "너희들, 곧 기도하는 것을 업(業)으로 삼고 있는 제사장들과 선지자들, 달리 아무것도 할 일이 없는 백성은 나라의 평안을 위하여 기도하라. 내가 나라의 평안을 위하여 싸우고 다스리리라"고 말하지 않고 "나도 역시 기도하리라"고 말하였다.

2. 기도한 대로 실천하는 것을 통해서. "내 힘이 닿는 데까지 최선을 다해서 내가 너를 위하여 복을 구하고 네가 잘 되기를 위해 힘쓰리라." 백성과 나라를 위하여 우리가 할 수 있는 것은 무엇이든지 하여야 한다. 우리가 그렇게 하지 않는다면, 백성과 나라를 위한 우리의 기도는 진실하다고 할 수 없다. 사람들은 예루살렘이 잘 되도록 그토록 애쓰는 다윗에게 감사할 필요가 없다고 말할지도 모른다. 예루살렘은 다윗 자신의 성읍이었고, 그의 가문의 이해관계가 걸려 있는 성읍이었기 때문이다. 그런 말은 사실이다. 그렇지만 다윗은 그런 것이 그가 그토록 예루살렘이 잘 되기를 위하여 애쓰는 이유가 아니라고 밝히 말한다. 예루살렘이 잘 되기를 바라는 다윗의 마음은 다음과 같은 것들에 대한 그의 각별한 관심에서 나온 것이었다.

(1) 성도들의 교통(交通). 그것은 내 형제와 친구를 위한 것, 즉 참된 마음을 지닌 모든 이스라엘 사람들을 위한 것이다. 나는 그들을 내 형제로 여기는데(대상 28:2에서 그는 그들을 그렇게 부른다), 그들은 하나님을 예배할 때에 나의 친구들이었고, 예배는 내 마음을 그들과 함께 묶어 주었다.

(2) 하나님의 예배. 다윗은 그의 하나님의 성전을 사모하였다(대상 29:3). 그는

공예배에서 큰 즐거움을 누렸고, 그런 이유로 예루살렘이 잘 되기를 위하여 기도하고자 하였다. 나라와 백성과 교회가 잘 되기를 바라는 우리의 마음은 그것이 하나님의 제도들과 그의 신실한 예배자들에 대한 진실한 사랑에서 나온 것일 때에만 올바른 것이다.

제 123 편

개요

이 시편은 하나님의 교회가 멸시를 당하고 짓밟힐 때에 지어졌다. 어떤 이들은 유대인들이 바벨론에서 포로생활을 하고 있던 때에 이 시편이 지어졌다고 생각한다 — 물론, 오직 그 때에만 그들이 교만한 자들에 의해서 모욕을 당했던 것은 아니지만. 시편 기자는 마치 오직 자신의 일을 말하는 것처럼 글을 시작하지만(1절) 곧 교회의 이름으로 말을 한다. I. 하나님으로부터의 긍휼을 기대함(1-2절). II. 하나님께 긍휼을 호소함(3-4절). 이 시편을 노래할 때, 우리는 거룩한 관심 속에서 하나님의 은총을 바라보아야 하고, 그런 후에 사람들로부터의 비방과 모욕을 거룩한 경멸 속에서 내려다보아야 한다.

〔성전에 올라가는 노래〕

¹하늘에 계시는 주여 내가 눈을 들어 주께 향하나이다 ²상전의 손을 바라보는 종들의 눈 같이, 여주인의 손을 바라보는 여종의 눈 같이 우리의 눈이 여호와 우리 하나님을 바라보며 우리에게 은혜 베풀어 주시기를 기다리나이다 ³여호와여 우리에게 은혜를 베푸시고 또 은혜를 베푸소서 심한 멸시가 우리에게 넘치나이다 ⁴안일한 자의 조소와 교만한 자의 멸시가 우리 영혼에 넘치나이다

여기에는 다음과 같은 내용들이 나온다.

I. 하나님의 백성이 하나님에 대한 믿음과 소망을 엄숙하게 고백함(1-2절). 여기에 나타나 있는 것들을 좀 더 살펴보자.

1. 하나님에 대한 호칭: 하늘에 계시는 주여. 우리 주 예수께서는 우리에게 기도할 때에 하늘에 계신 우리 아버지이신 하나님을 바라보도록 가르치셨다. 하나님은 하늘에 갇혀 계시는 분이 아니시지만, 특히 하늘에 있는 그의 궁정에서 왕으로서 자신의 영광을 나타내신다. 하늘은 만유를 두루 감찰하는 장소이자 권능의 장소이다. 거기에 계시는 하나님은 거기로부터 그의 백성의 온갖 재난들을 내려다보시고 거기로부터 천사들을 보내셔서 그들을 구원하신다. 하나님

은 종종 이 땅을 버리신 것처럼 보이기 때문에, 하나님의 백성의 원수들은 너희 하나님이 어디 계시냐고 반문한다. 그러나 그럴 때에 그들은 즐거운 마음으로 우리 하나님은 하늘에 계신다고 말할 수 있다. 하늘에 앉아 계시는(즉, 거기에 심판자로 앉아 계시는) 주여(어떤 이들은 이렇게 해석한다). 왜냐하면, 여호와께서 그의 보좌를 하늘에 세우셨고, 아무런 이유 없이 상처받은 자들은 그 보좌에 호소할 수 있기 때문이다.

2. 하나님에 대한 공경. 시편 기자는 하나님을 향하여 눈을 들었다. 선한 자의 눈은 항상 여호와를 바라본다(시 25:15). 기도할 때마다, 특히 여기에서처럼 환난에 처해 있을 때에 우리는 하나님을 향하여 우리의 영혼, 우리 영혼의 눈을 들어야 한다. 백성들의 눈이 여호와를 바라보았다(2절). 우리는 사람들과 이스라엘 모든 지파의 눈이 여호와를 우러러볼 때에 하나님의 긍휼하심이 그들에게 임하는 것을 보게 된다(슥 9:1). 사람의 몸에 있는 눈은 하늘을 지향해 있다. 하나님께서 사람을 똑바로 설 수 있는 존재로 지으신 것은 우리에게 마음의 눈을 어디로 향하여야 하는지를 가르치시기 위한 것이다. 우리의 눈, 소망하고 기도하는 눈, 간구하는 눈, 의지하고 소망하며 기대하는 눈, 갈망하는 눈이 여호와를 바라보나이다. 우리의 눈은 하나님께서 우리에게 긍휼을 베풀어 주실 때까지 여호와이신 하나님, 우리 하나님이신 하나님을 바라보아야 한다. 우리는 하나님으로부터 긍휼을 원하고, 우리는 하나님께서 우리에게 긍휼을 베풀어 주시기를 소망하며, 우리는 긍휼이 임할 때까지 계속해서 하나님을 바라본다. 우리의 이러한 모습은 직유를 통해서 예시되고 있다(2절). 상전의 손을 바라보는 종들의 눈 같이, 여주인의 손을 바라보는 여종의 눈 같이 우리의 눈은 우리 하나님을 바라본다.

(1) 종들의 눈은 주인이 자기에게 시킬 일이 무엇이고 자기가 그 일을 어떻게 해야 할지를 알기 위해서 주인의 손을 바라본다. 주여, 내가 무엇을 행하기를 원하시나이까?

(2) 종들의 눈은 자기에게 먹을 것을 공급해 주시기를 기다리며 주의 손을 바라본다. 종들은 때가 되면 그들에게 음식을 나누어 줄 그들의 주인 또는 여주인을 바라본다(잠 31:15). 우리는 일용할 양식과 충분한 은혜를 기다리며 하나님을 바라보아야 하고, 하나님으로부터 그것을 감사히 받아야 한다.

(3) 종들의 눈은 주인의 돕는 손을 바라본다. 종이 자신의 일을 혼자 제대로 해낼 수 없는 경우에 그가 주인 외에 그 어디에 도움을 청할 수 있겠는가? 우

리는 여호와 하나님께서 주시는 힘으로 앞으로 계속 전진해 나가야 한다.

(4) 종들의 눈은 주인의 보호하시는 손을 바라본다. 종이 자신의 일을 하다가 난관에 부딪치거나 미심쩍은 것이 있거나 해를 입는다면, 그에게 일을 시킨 주인 외에 누가 그를 붙들어 주고 바르게 잡아 주겠는가? 하나님의 백성은 핍박을 당할 때에 그들의 주인에게 우리는 주의 소유이오니 우리를 구원하소서라고 호소할 수 있다.

(5) 종들의 눈은 그들을 바로잡는 주인의 손을 바라본다. 종이 주인의 화를 돋구어 매를 맞게 되었다면, 종은 주인을 대적하여 다른 사람에게 도움을 청하는 것이 아니라 자기를 때리는 주인의 손을 바라보며, 주인이 '이제 됐다. 내가 다시는 이 일을 문제삼지 않겠다'고 생각하여 매질을 그칠 때까지 기다려야 한다. 하나님의 백성은 지금 하나님의 책망 가운데 있었다. 그들이 자기들을 치시는 이 외에 어디로 돌아가겠는가(사 9:13)? 그들이 그들의 재판장이신 이 외에 누구에게 탄원하겠는가? 하갈은 여주인으로부터 학대를 좀 받게 되자 도망쳐 나왔는데(창 16:6), 그들은 하갈처럼 해서는 안 되고, 하나님의 강한 손에 순복하고 그 아래에서 스스로를 낮추어야 한다.

(6) 종들의 눈은 상 주시는 주인의 손을 바라본다. 종은 주인으로부터 삯을 받고자 하고 잘 했다는 소리를 듣기를 원한다. 위선자들은 세상의 손을 바라본다. 그들은 세상으로부터 상을 받는다(마 6:2). 그러나 참된 그리스도인들은 그들에게 상 주시는 자이신 하나님을 바라본다.

Ⅱ. 하나님의 백성이 재난을 당하는 처지 속에서 하나님께 겸손히 아룀(3-4절). 좀 더 살펴보자.

1. 그들은 긍휼을 구하되, 하나님께서 그들을 위하여 어떻게 해 달라고 처방을 제시하거나 왜 하나님이 그들에게 긍휼을 베푸셔야 하는지를 말하기 위하여 자신의 어떤 공로를 제시하는 것이 아니라, 다만 여호와여, 우리에게 긍휼을 베푸시고 또 긍휼을 베푸소서라고만 구한다. 우리는 사람들에게서는 거의 긍휼히 여김을 받지 못한다. 그들의 긍휼은 잔인이다. 잔인한 조롱만이 있다. 그러나 여호와께 긍휼하심이 있고, 하나님의 긍휼만 있으면 우리가 복되기 위하여 다른 것을 구할 필요가 없다는 것은 우리에게 큰 위로가 된다. 교회의 환난이 무엇이든지 간에 하나님의 긍휼은 최고의 치료약이다.

2. 그들은 그들의 고충이 무엇인지를 아룀다: 심한 멸시가 우리에게 넘치나이

다. 그들이 하소연하는 것은 사람들의 비방과 멸시였다. 좀 더 살펴보자.

(1) 누가 멸시를 받았는가? "주를 바라보는 우리." 하나님께 속한 자들은 흔히 세상 사람들에 의해서 멸시받고 짓밟힌다. 어떤 이들은 우리가 안일한 자들과 교만한 자들이라고 번역한 구절들이 조롱받고 멸시받는 자들을 가리키는 것으로 번역하기도 한다. "남들과 화평하는 자들과 뛰어난 자들이 조롱받고 멸시받는 것을 보자니, 우리의 영혼이 괴롭나이다." 성도들은 화평을 사랑하는 자들이지만 학대를 받고(시 35:20), 이 땅에서 뛰어난 자들이지만 과소평가되어 멸시를 받는다(애 4:1-2).

(2) 누가 그들을 멸시하였는가? 우리가 번역한 대로의 본문을 따른다면, 그들은 안일하게 살아가는 쾌락주의자들, 육체의 정욕을 따라 살아가는 자들이었다(욥 12:5). 오만한 자들은 자신의 정욕을 따라 행하고 자신의 배를 섬기며, 교만한 자들은 하나님을 대적하여 멸시하고 자기 자신을 대단한 사람으로 여긴다. 그들은 하나님의 백성을 비방하면 자기 자신이 높아진다고 생각하여서 하나님의 백성을 짓밟았다.

(3) 그들은 어느 정도로 멸시를 받았는가? "멸시가 우리에게 차고 넘치므로, 심한 멸시가 우리 영혼에 넘치나이다." 원수들은 하나님의 백성을 아무리 많이 조롱하고 멸시하여도 오히려 부족하다고 생각하였다. 그들은 멸시를 가슴에 담아둘 수밖에 없었다. 그것은 그들의 뼈를 찌르는 칼 같았다(시 42:10).

[1] 조롱과 멸시는 과거에서나 현재에서나 미래에서나 이 세상에서 살아가는 하나님의 백성의 운명이다. 이스마엘은 이삭을 조롱하였는데, 성경에서는 이것을 핍박한 것이라고 표현한다. 지금도 마찬가지이다(갈 4:29).

[2] 사람들이 조롱하고 멸시한다고 하여도 하나님께는 긍휼하심이 있고, 사람들이 우리에게 누명을 씌우며 조롱하여도 하나님은 우리에게 긍휼을 베푸셔서 우리의 이름이 사람들 가운데서 존귀함을 받게 하신다는 것은 우리에게 큰 위로가 된다. 우리 하나님이여, 들으시옵소서. 우리가 업신여김을 당하나이다.

제
— 124 —
편

개요

다윗은 그와 그의 백성이 외적의 침략이나 내란에 의해서 파멸을 당할 수도 있었던 매우 큰 위험에 처해 있던 상황에서 하나님께서 그들을 위하여 큰 구원을 베풀어 주신 때에 이 시편을 지은 것 같다. 그 위험이 무엇이었는지는 모르지만, 다윗은 이 사건을 통해서 그들을 위하여 피할 길을 내주신 하나님의 선하심에 대하여 큰 감화를 받았던 것으로 보이고, 다른 사람들과도 그 감화를 나누기를 매우 원하였던 것 같다. 그는 통상적인 정복자들과는 달리 모든 영광을 하나님께 돌리고 자신은 전혀 영광을 취하지 않는다. I. 그는 여기서 그들이 큰 위험에 처해 있었다는 것과 곧 멸망할 처지에 있었던 것을 부각시킨다(1-5절). II. 그는 그들에게 피할 길을 주신 하나님께 영광을 돌린다(6-7절을 1-2절과 비교해 보라). III. 그는 그런 체험 속에서 하나님을 의지할 힘을 얻는다(8절). 이 시편을 노래할 때, 우리는 그것을 우리 시대와 우리 조상들의 시대에 하나님께서 우리와 우리 백성을 위하여 베푸신 구체적인 구원 사건에 적용하는 것 외에도, 우리를 흑암의 권세에서 구원하신 예수 그리스도의 저 큰 구원 사역을 생각해 볼 수 있다.

〔다윗의 시 곧 성전에 올라가는 노래〕
[1]이스라엘은 이제 말하기를 여호와께서 우리 편에 계시지 아니하셨더라면 우리가 어떻게 하였으랴 [2]사람들이 우리를 치러 일어날 때에 여호와께서 우리 편에 계시지 아니하셨더라면 [3]그 때에 그들의 노여움이 우리에게 맹렬하여 우리를 산 채로 삼켰을 것이며 [4]그 때에 물이 우리를 휩쓸며 시내가 우리 영혼을 삼켰을 것이며 [5]그 때에 넘치는 물이 우리 영혼을 삼켰을 것이라 할 것이로다

여기에서 그들을 구원하신 하나님을 찬양하도록 부르심을 받고 있는 하나님의 백성은 다음과 같은 것들을 알아야 한다.

I. 사람들의 악의. 이것으로 말미암아 그들은 멸망하기 직전까지 갔었다. 이스라엘은 그들과 죽음 사이의 간격이 단지 한 걸음뿐이었다고 말할 수 있었다.

병이 더 중하고 깊어 보일수록, 그 병을 고친 의사의 능력은 더욱 두드러져 보이는 법이다. 좀 더 살펴보자.

1. 그 위협적인 위험은 어디에서 왔는가: 우리와 같은 부류의 피조물인 사람들이 우리를 멸망시키려고 치러 일어났다. 인간은 인간에 대하여 늑대다(Homo homini lupus). 붉은 용, 포효하는 사자가 우리를 삼키려고 하는 것은 이상한 일이 아니다. 그러나 사람들이 사람의 피에 목말라해서 압살롬이 자기 아버지의 피를 보려고 하고, 여자가 성도들의 피에 취하는 것은 사도 요한처럼 우리도 크게 놀라고 경악할 일이다. 우리는 사람들에게서 인간성을 기대하지만, 그들의 긍휼이 잔인인 자들이 있다. 그러나 이러한 자들의 문제는 무엇인가? 그들의 노여움이 우리에게 맹렬한 이유는 무엇인가(3절)? 그들은 그들의 분노의 대상이 된 자들을 죽이지 않고는 직성이 풀리지 않는다. 분은 잔인하고 노는 창수 같다. 그들의 분노는 우리를 삼켜버리고자 하는 불길처럼 맹렬하였다. 그들은 교만하였다. 악한 자가 교만하여 가련한 자를 심히 압박하나이다. 그들은 선한 자들을 멸하고자 하는 데에 물불을 가리지 않았다. 그들은 우리를 산 채로 삼켜버리려고 반란을 일으켜서 우리를 치러 일어났다.

2. 그 위험은 어느 정도까지 진행되었고, 만약 조금만 더 진행되었다면 얼마나 치명적인 것이 되었을 것인가? "우리는 어린 양처럼 사자에 의해서 단지 죽임을 당할 뿐만 아니라 산 채로 삼켜져서 우리가 채 알아차리기도 전에 신속하게 삼켜져서 흔적도 남지 않은 가운데 살아서 구덩이로 내려갔을 것이다. 우리는 홍수에 의해서 저지대가 범람하고 큰 밀물에 의해서 모래사장이 범람하듯이 삼켜져 버렸을 것이다." 다윗은 계단식 노래답게 점층법을 사용해서 이 직유를 연이어서 고찰한다. 물이 우리를 휩쓸었다. 우리는 어떻게 되었는가? 왜 시내가 우리 영혼을 삼켰고, 우리의 생명과 위로들을 비롯해서 우리에게 소중한 모든 것을 삼켰는가? 그것은 어떤 물이었는가? 왜 넘치는 물, 교만한 물이었는가? 하나님은 자신의 구원의 능력이 더욱 두드러지게 나타나도록 하시기 위하여 종종 원수들이 그의 백성을 거의 이길 뻔하게 상황을 몰고가신다.

II. 하나님의 선하심. 이것으로 말미암아 그들은 거의 멸망할 뻔한 상황에서 구원받았다. "여호와께서 우리 편에 계셨다. 여호와께서 우리 편에 계시지 아니하셨더라면, 우리는 망하였으리라."

1. "하나님은 우리 편에 계셨다. 하나님은 우리 편을 드셨고, 우리의 주장을

옹호해 주셨으며, 우리를 위해 나타나셨다. 하나님은 우리를 돕는 자가 되어 주셨고, 즉석에서의 도움, 우리 편에 선 도움으로서 아주 가까이에 계셨다. 하나님은 우리 편이 되어 주셨을 뿐만 아니라 우리 가운데 함께 계셔서 우리의 총사령관이 되어 주셨다."

2. 하나님은 여호와이셨다는 것. 강조점은 여호와에 두어져 있다. "무한히 능력 있으시고 완전하신 하나님이신 여호와께서 친히 우리를 구원하지 않으셨다면, 우리의 원수들은 우리를 압도하여 이겼을 것이다." 그러므로 모든 것이 충족하신 하나님 여호와를 자신의 하나님으로 섬기는 자들은 복이 있다. 이스라엘은 이렇게 말하여 하나님께 영광을 돌리는 가운데 결코 하나님을 버리지 않겠다고 결심하여야 한다.

⁶우리를 내주어 그들의 이에 씹히지 아니하게 하신 여호와를 찬송할지로다 ⁷우리의 영혼이 사냥꾼의 올무에서 벗어난 새 같이 되었나니 올무가 끊어지므로 우리가 벗어났도다 ⁸우리의 도움은 천지를 지으신 여호와의 이름에 있도다

시편 기자는 다음과 같은 목적을 위하여 여기에서 하나님께서 최근에 그들을 위하여 베푸신 큰 구원을 계속해서 찬양한다.

I. 그들의 마음이 더욱 넓어져서 하나님께 감사할 수 있도록 하기 위하여(6절). 여호와를 찬송할지로다. 하나님은 우리의 모든 구원들을 이루시는 분이시기 때문에 마땅히 그 구원들로 인하여 영광을 받으셔야 한다. 만약 우리가 하나님께 감사를 돌려 드리지 않는다면, 우리는 하나님에게서 그분이 마땅히 받아야 할 것을 빼앗아 버리는 것이 된다. 우리는 거의 죽을 뻔했다가 하나님의 도우심으로 살아났기 때문에 더욱 하나님을 찬송할 의무가 있다.

1. 우리는 어린 양이 맹수의 날카로운 이빨에서 빠져 나온 것처럼 구원을 받았다: 하나님은 우리를 내주어 그들의 이에 씹히지 아니하게 하셨다. 이것은 위로부터 그들에게 주어진 것 외에는 하나님의 백성을 주관할 권세가 그들에게 없다는 것을 보여준다. 하나님께서 자기 백성을 원수들에게 넘겨주시지 않는 한, 하나님의 백성은 원수들의 이에 씹히지 않는다. 따라서 그들이 구원받은 것은 하나님께서 그들을 멸망에 넘겨주지 않으셨기 때문이다.

2. 우리는 사냥꾼의 올무에서 벗어난 작은 새(원어는 참새를 의미한다) 같이

구원을 받았다. 원수들은 매우 영악하고 악의가 가득찬 자들이다. 그들은 하나님의 백성을 잡으려고 올무를 놓는데, 그들을 죄와 환난 속으로 몰아넣어서 붙잡고자 한다. 종종 그들은 목적을 거의 다 달성한 것처럼 보인다. 하나님의 백성은 약하고 어리석은 새처럼 덫에 걸려서 스스로는 꼼짝도 할 수 없는 처지에 빠진다. 다른 모든 것들이 그들을 도울 수 없는 바로 그 때가 바로 하나님께서 그들을 구원하러 나타나실 때이다. 그 때에 하나님은 올무를 끊어 버리심으로써 원수들의 계획을 어리석은 것으로 만들어 버리신다: 올무가 끊어지므로 우리가 벗어났도다. 이삭은 거의 희생제물이 될 뻔하였다가 목숨을 건졌다. 여호와 이레 — 여호와의 산에서 준비되리라.

II. 그들의 마음을 비롯해서 사람들의 마음이 더욱 힘을 얻어서 여기서와 같은 위험을 만났을 때에 하나님을 의지할 수 있도록 하기 위하여(8절). 우리의 도움은 여호와의 이름에 있도다. 다윗은 개인적인 문제와 관련해서 하나님께 도움을 청하라고 우리를 가르쳤었는데(시 121:2, 나의 도움은 여호와에게서로다), 여기에서는 공적인 문제와 관련해서 그렇게 하라고 가르친다(우리의 도움도 여호와에게 있도다). 이스라엘의 하나님은 세계를 지으신 바로 그분이시기 때문에 이 세상 가운데서 교회를 가지고 계시고 그 교회가 가장 큰 위험과 곤경 속에 있을 때에 교회를 안전하게 해 주실 수 있으시다는 것은 하나님의 이스라엘의 유익을 무엇보다도 먼저 생각하는 모든 자들에게 큰 위로가 된다. 그러므로 교회의 친구들이 하나님을 의지하고 신뢰한다면, 그들은 당황하거나 낭패를 당하지 않게 될 것이다.

제
— 125 —
편

개요

이 짧은 시편은 이사야 선지자의 다음과 같은 말로 요약될 수 있다(사 3:10-11): "너희는 의인에게 복이 있으리라 말하라 악인에게는 화가 있으리니 이는 그가 보응을 받을 것임이니라." 이렇게 율법서와 예언서에서와 마찬가지로 시편들에서도 흔히 생명과 죽음, 축복과 저주가 우리 앞에 제시된다. I. 하나님의 백성은 반드시 잘된다. 그 이유는 다음과 같다. 1. 그들에게는 그들이 견고하고(1절) 안전하며(2절) 항상 죽을 지경에 있지는 않으리라는(3절) 선한 하나님의 약속들이 있다. 2. 그들에게는 하나님께서 반드시 응답하시게 될 선한 자의 기도들이 있다(4절). II. 악인들, 특히 배교자들은 반드시 잘못된다(5절). 몇몇 유대교 랍비들은 이 시편이 메시야 시대와 관련이 있다는 견해를 피력하였다. 하지만 복음 교회의 지체들인 우리는 이 시편을 노래할 때에 이 약속들로부터 위로를 받을 수 있고, 우리가 경고의 말씀을 두려움으로 받는다면, 더욱 이 약속들로부터 위로를 받게 될 것이다.

〔성전에 올라가는 노래〕

¹여호와를 의지하는 자는 시온 산이 흔들리지 아니하고 영원히 있음 같도다 ²산들이 예루살렘을 두름과 같이 여호와께서 그의 백성을 지금부터 영원까지 두르시리로다 ³악인의 규가 의인들의 땅에서는 그 권세를 누리지 못하리니 이는 의인들로 하여금 죄악에 손을 대지 아니하게 함이로다

여기에는 하나님의 백성에게 주어진 세 가지 매우 귀한 약속들이 나온다. 이 약속들은 교회 전체가 잘되도록 하기 위하여 주어진 것이기는 하지만, 이런 성격의 다른 약속들이 그렇듯이, 개별 신자들에게도 적용된다. 좀 더 살펴보자.

I. 이 약속들이 주어진 하나님의 백성의 특성. 이 약속들과 아무런 상관이 없는 많은 사람들이 스스로를 하나님의 백성이라고 부른다. 그러나 다음과 같

은 사람들만이 이 약속들로 인한 유익과 위로를 받게 된다.

1. 의로운 자(3절), 하나님 앞에서 의롭고 하나님에 대하여 의로우며 모든 사람에 대하여 의롭고 하나님을 인하여 의로워지고 거룩해진 자.

2. 여호와를 의지하는 자, 하나님의 돌보심을 의지하고 하나님의 영광을 위하여 헌신된 자. 하나님과 상대하는 모든 자들은 신뢰의 바탕 위에서 상대하여야 한다. 하나님은 그를 신뢰하는 자들, 다른 것들을 전혀 의지하지 않고 하나님을 위하여 최선을 다함으로써 그들이 하나님을 신뢰한다는 것을 보여주는 자들에게만 위로를 주신다. 우리의 기대가 하나님에게 집중되면 될수록, 우리의 기대 수준은 하나님에 의해서 더욱 높아지게 된다.

II. 약속들의 내용.

1. 그들의 마음이 믿음으로 인하여 견고해지리라는 것. 하나님께 착념하는 자들의 마음은 진실로 견고해지게 될 것이다: 그들은 시온 산 같으리라. 교회는 시온 산으로 불린다(히 12:22). 교회는 반석 위에 세워질 것이기 때문에 그런 점에서 시온 산과 같을 것이다. 교회는 아주 견고하게 세워져서 음부의 권세가 이기지 못할 것이다. 교회가 견고하다는 것은 교회가 잘되기를 바라는 모든 자들에게 큰 만족이 된다. 하나님을 의지하는 개별 신자들도 견고해지게 될 것인데(시 112:7), 그들의 믿음이 그들을 견고하게 세워줄 것이다(사 7:9). 그들은 하나님께서 섭리에 의해서 붙들어 주시는 산으로서 견고하고 약속에 의해서 붙들어 주시는 거룩한 산으로서 더욱 견고한 시온 산 같으리라.

(1) 그들은 공중의 권세 잡은 자나 그의 온갖 영악한 술수와 힘에 의해서 흔들리지 아니할 것이다. 그들은 끄덕도 하지 않고 온전한 신앙을 지켜내며, 하나님에 대한 그들의 신뢰도 흔들리지 않을 것이다.

(2) 그들은 하나님께서 그들로 하여금 영광 중에 영원히 살게 될 것을 미리 맛보게 해 주시는 그 은혜 속에 영원히 있게 될 것이다.

2. 예루살렘이 그것을 두르고 있는 산들에 의해서 천연의 요새가 되어 있는 것과 마찬가지로, 그들은 하나님을 의뢰하는 가운데 하나님의 보호하심 아래에서 원수들의 온갖 모욕들로부터 안전하리라는 것(2절). 그 산들은 예루살렘을 바람과 폭풍우로부터 막아주고 그 위력을 꺾었을 뿐만 아니라, 원수가 접근하는 것을 지극히 어렵게 만들었다. 이러한 보호하심은 그의 백성에 대한 하나님의 섭리이다. 좀 더 살펴보자.

(1) 돌보시는 범위: 여호와께서 그의 백성을 사방으로 두르시리로다. 하나님께서 그의 백성을 보호하시기 위하여 그 주위에 두르신 울타리에는 그 어떤 틈새도 없기 때문에, 그들을 해치려고 엿보는 원수가 침입할 곳을 찾을 수 없다(욥 1:10).

(2) 돌보시는 기간 — 지금부터 영원까지. 산들은 무너져서 흩어질 수 있고, 바위는 그 자리에서 옮겨질 수 있지만(욥 14:18), 하나님께서 그의 백성과 맺으신 언약은 깨뜨려질 수 없고(사 54:10) 그의 돌보심은 그칠 수 없다. 앞에서는 그들이 영원히 견고하다고 말하고(1절) 여기에서는 하나님이 그들을 영원히 두르시고 계시다고 말하는 것은 하나님의 백성이 견고하고 안전하리라는 약속은 천국에서 온전히 이루어지리라는 것을 보여준다. 천국에서 그들은 영원히 견고하게 서게 될 것이고 우리 하나님의 성전에 기둥들이 되어서 결코 다시 나가지 아니하게 될 것이며(계 3:12), 거기에서 하나님은 친히 그의 영광과 은총으로 그들을 영원히 두르시게 될 것이다.

3. 그들의 환난은 그들의 힘으로 감당할 수 있는 정도까지만 지속되리라는 것(3절).

(1) 악인의 권세가 의인들의 분깃에 잠시 미칠 수 있다는 것이 전제된다. 악인들이 그 권세의 막대기로 의인들을 억압할 수 있다. 악인들의 분노의 막대기가 의인들을 괴롭히고 성가시게 할 수 있다. 그것은 의인들의 신체, 재산, 자유, 가족, 이름 등 그들의 분깃에 해당하는 모든 것에 미칠 수 있지만, 의인들의 영혼에는 미칠 수 없다.

(2) 악인의 권세가 의인들의 분깃에 미칠 수는 있지만 거기에 영속적으로 머무르지는 않게 될 것이라고 약속된다. 악인의 권세는 원수들이 의도하고 하나님의 백성이 두려워하는 만큼 오래 지속되지 않을 것이고, 하나님은 악인의 권세를 짧게 하셔서 의를 세우시며 시험 당할 즈음에 피할 길을 내신다.

(3) 환난이 너무 오랫동안 길어지게 되면, 의인들도 죄악에 손을 대고자 하는 시험에 빠져서 악인들과 더불어서 악을 저지르며 악인들이 말하고 행하는 대로 똑같이 말하고 행하게 될 수도 있다는 것이 이 약속의 이유로 제시된다. 의인들이 그들의 신앙으로 인하여 너무 오랫동안 핍박을 받게 되면 결국 지쳐서 신앙을 포기하게 될 위험이 있고, 의인들이 하나님께서 약속하신 긍휼들을 너무 오랫동안 기다리게 되면 그 약속을 불신하는 마음이 들게 되고 하나님이 그

들을 버리신 것이 아닌가 하는 의구심에 사로잡혀서 하나님을 버릴 생각을 하게 될 위험이 있다(시 73:13-14을 보라). 하나님은 자기 백성의 체질을 아시기 때문에 섭리를 통해서 그들의 힘으로 감당할 수 있는 정도까지만 그들에게 시험을 주시고, 또한 은혜로써 그들에게 시험을 감당할 힘을 주신다는 것을 명심하라. 압제는 지혜자를 제정신이 아니게 만든다 — 특히, 그 기간이 길어지면. 그러므로 택함 받은 자들이 이 세상에서 어떤 분깃을 가지고 있든, 그들이 택함 받은 자로서의 분깃조차 잃게 되지 않도록 하기 위하여, 하나님께서는 택하신 자들을 위하여 그 날들을 감하실 것이다.

⁴여호와여 선한 자들과 마음이 정직한 자들에게 선대하소서 ⁵자기의 굽은 길로 치우치는 자들은 여호와께서 죄를 범하는 자들과 함께 다니게 하시리로다 이스라엘에게는 평강이 있을지어다

여기에는 다음과 같은 내용들이 나온다.

1. 시편 기자는 진실하고 변함없는 자들에게 복을 주시라고 기도함(4절): 여호와여, 선한 자들에게 선대하소서. 이것은 우리에게 모든 선한 자들을 위하여 기도하고 모든 성도를 위하여 간구할 것을 가르친다. 우리는 하나님께서 선을 행하는 자들을 분명히 선대하시리라는 것을 확신하고서 믿음으로 그들을 위하여 기도할 수 있다. 마땅히 행할 바를 행하는 자들은 그들의 마음이 정직하고 겉과 속이 진정으로 선하다면 그들이 원하는 모습으로 될 것이다. 하나님은 정직한 자들을 정직하게 대하시리라. 시편 기자는 여호와께서 완전하여 죄가 없고 흠 없는 자들이 아니라 진실하고 정직한 자들을 선대해 주시라고 말한다. 하나님의 약속들은 우리의 기도를 일깨운다. 하나님께서 선대하시겠다고 약속하신 자들이 잘되기를 위하여 기도하는 것은 마음 편한 일이다.

2. 시편 기자는 위선자들과 변절자들이 패망할 것을 내다봄. 그는 그렇게 해 달라고 기도하는 것이 아니라(나는 재앙의 날도 원하지 아니하였음을 주께서 아시는 바라) 단지 예언하고 있다. 의의 길을 알면서도 악인들의 권세가 두려워서 비열하게 의의 길에서 돌이켜 그들의 악한 길로 행하고, 환난을 피하거나 환난에서 벗어나기 위해서 잘못된 방법들을 사용하는 자들이나 자신의 불경스러운 행위들을 고치기는커녕 점점 더 악해져서 더욱 완악하고 뻔뻔스럽게 되어 가

는 자들을 하나님께서는 내치셔서 죄를 범하는 자들과 함께 다니게 하심으로써 그들로 하여금 가장 악한 죄인들 속에서 분깃을 얻게 하실 것이다. 좀 더 살펴보자.

(1) 죄악된 길들은 굽은 길들이다. 죄는 올곧은 것을 굽게 하는 것이다.

(2) 옳은 길에서 나와서 굽은 길로 치우치는 자들의 운명은 내내 굽은 길로 행해 온 자들의 운명과 동일하게 될 뿐만 아니라, 오히려 더 비참하게 될 것이다. 왜냐하면, 지옥에 더 뜨거운 자리가 있다고 한다면, 그 자리는 위선자들과 배교자들의 차지가 될 것이기 때문이다. 죄수들이 처형당하기 위하여 끌려나가듯이, 하나님은 그들을 끌어내실 것이다. 저주를 받은 자들아 영원한 불에 들어가라. 그리고 그들은 영벌에 들어가리라. 그들이 이전에 지니고 있던 모든 의는 거론조차 되지 않을 것이다. 본문의 마지막에 나오는 구절은 이스라엘에게는 평강이 있게 하소서라는 기도문으로 해석될 수도 있다: "하나님의 심판이 행악자들에게 광범위하게 임할 때, 하나님께서는 그의 이스라엘을 평강 중에 지켜 주소서." 그러나 우리는 이 구절을 약속으로 해석한다: 이스라엘에게는 평강이 있으리라. 즉,

[1] 하나님의 길들을 버리고 기만적으로 행해 온 자들이 스스로 파멸을 맞을 때, 하나님의 길들을 신실하게 지켜 온 자들은 비록 그들의 길에서 고난을 당한다고 할지라도 결국에는 평강을 얻게 될 것이다.

[2] 굽은 길로 행하는 자들의 멸망은 교회의 평안과 안전에 기여하게 될 것이다. 헤롯이 갑자기 죽게 되자, 하나님의 말씀이 흥왕하게 되었다(행 12:23-24).

[3] 하나님의 이스라엘의 평강과 행복은 악행을 저지르다 멸망당하는 자들에게는 괴로움이 되고 그들의 고통을 더욱 더하게 될 것이다(눅 13:28; 사 65:13). 나의 종들은 기뻐할 것이로되 너희는 수치를 당할 것이니라.

제 — 126 — 편

개요

이 시편은 하나님께서 그 백성을 종살이와 곤경에서 건져내신 뭔가 크고 놀라운 구원 사건이 있었을 때에 지어졌는데, 그 사건은 아마도 에스라 시대에 하나님의 백성이 바벨론에서 돌아온 사건이었던 것 같다. 본문 속에서 바벨론이 언급되어 있지 않지만(시편 137편과는 달리), 그들이 바벨론에서 포로생활을 한 것은 그 자체로 가장 주목할 만한 종살이였고, 거기에서 돌아온 것은 그리스도께서 우리를 구속하신 사건의 모형이었다. 아마도 이 시편은 에스라 또는 그와 함께 돌아온 어떤 선지자에 의해서 지어진 것으로 보인다. 성경에서는 저 유명한 시편 기자인 아삽의 자손으로서 노래하는 자들이 그 때에 돌아왔다고 말한다(스 2:41). 이 시편은 동일한 내용을 좀 더 강도를 높여서 두 번 반복하는 점층법을 사용한 노래였기 때문에(2-3절과 4-5절) 공통적으로 점층법을 사용하는 이 일련의 시편들 속에 두어졌다. I. 시편 기자는 포로생활에서 돌아온 자들에게 하나님께 감사하라고 권한다(1-3절). II. 시편 기자는 아직 포로생활을 여전히 하고 있는 자들을 위하여 기도하면서(4절) 그들을 격려한다(5-6절). 이 시편을 노래할 때, 우리는 그 내용을 하나님께서 교회나 우리 나라를 위하여 베푸신 그 어떤 구체적인 구원 사건에 적용할 수도 있고, 그리스도께서 우리를 구원하신 저 큰 사건에 적용할 수도 있을 것이다.

〔성전에 올라가는 노래〕

¹여호와께서 시온의 포로를 돌려 보내실 때에 우리는 꿈꾸는 것 같았도다 ²그 때에 우리 입에는 웃음이 가득하고 우리 혀에는 찬양이 찼었도다 그 때에 뭇 나라 가운데에서 말하기를 여호와께서 그들을 위하여 큰 일을 행하셨다 하였도다 ³여호와께서 우리를 위하여 큰 일을 행하셨으니 우리는 기쁘도다

이스라엘 백성이 바벨론에서 포로로 있는 동안에 그들의 수금은 버드나무에 걸려 있었다. 왜냐하면, 그 때에 하나님께서는 그들에게 울며 애곡하라

고 명하시고 친히 그들을 위하여 애곡하셨으며 그들도 애통해하였기 때문이다. 그러나 이제 그들이 포로생활에서 돌아오게 되자, 그들은 다시 수금을 탈 수 있게 되었다. 하나님의 섭리가 그들을 향하여 피리를 불자, 그들은 춤을 추기 시작하였다. 이렇게 우리는 하나님의 섭리에 의한 모든 역사(役事)들에 순응하여야 하고 그 섭리의 역사들에 합당한 감화를 받아야 한다. 암울한 때에 버드나무에 걸어둔 채 사용하지 못하였던 수금이 다시 그 소리를 내었을 때에 그 소리는 너무도 감미로운 것이었다. 하나님의 긍휼하심이 오랫동안 없다가 이제 그들이 돌아오게 되었을 때에 그들에게 그 긍휼하심은 너무도 달콤하게 느껴졌다. 좀 더 살펴보자.

1. 하나님께서 그들을 위하여 베푸신 구원: 하나님은 시온의 포로를 돌려 보내셨다. 시온이 타락했을 때에는 그 벌로 포로가 되는 것은 얼마든지 있을 수 있는 일이지만, 그 벌의 목적이 달성되고 그 벌을 통해서 의도했던 일이 이루어졌을 때에는 시온은 다시 돌아오게 될 것이다. 고레스는 자기 나라의 여러 가지 사정 때문에 포로된 하나님의 백성을 놓아 주라는 영을 내리게 된 것이지만, 사실 그것은 여호와께서 행하신 일, 곧 여호와께서 벌써 오래 전에 하신 그의 말씀을 따라 된 것이었다. 하나님께서 그들을 포로로 잡혀가게 하신 것은 그들을 찌꺼기로 여겨서 불에 던져 넣어 없애 버리려는 것이 아니었고 그들을 정금(精金)으로 단련하기 위한 것이었다. 본문에서는 이스라엘이 놓여난 것을 하나님의 성막과 거소가 있는 거룩한 산, 시온의 포로를 돌려 보내신 것으로 표현한다는 것을 주목하라. 왜냐하면, 그들의 종교가 회복되는 것, 그들의 공적인 신앙 활동이 부활되는 것이야말로 그들이 포로생활에서 돌아온 것이 가져다 준 가장 소중한 유익들이었기 때문이다.

2. 그들이 이 예기치 않은 구원을 너무도 기뻐함. 그들은 그 구원을 경이로운 눈으로 바라보았다. 그 구원은 너무도 갑작스럽게 찾아왔기 때문에, 그들은 처음에 어찌할 바를 알지 못하고 상황이 어떻게 돌아가고 있는지 영문을 모른 채 당황하였다. "우리는 우리가 꿈꾸고 있는 것이라고 생각하였다. 우리는 이런 좋은 소식이 사실일 리가 없다고 생각해서, 꿈인지 생시인지를 의심하였고, 현실이 아니라 단지 환상 속에서 보는 것이라고 생각하였다(선지자들에게 종종 그런 일이 일어나듯이)." 사도 베드로도 자기가 감옥에서 나오게 된 것이 생시인 줄 알지 못하고 자기가 환상을 보고 있다고 한동안 생각하였다(행 12:9). 이렇

게 하나님은 종종 하나님의 백성이 알아차리기도 전에 그의 선하심으로 인한 축복들을 미리 부어주신다. 우리는 건강을 회복한 자들 같았도다(하몬드 박사는 이렇게 해석한다). "그것은 우리에게 죽은 자가 다시 살아온 것이나 극심한 고통에서 갑자기 편안해진 것 같이 너무도 즐겁고 복된 변화였다. 우리는 우리가 새 세상에 있는 것이라고 생각하였다." 너무도 갑작스러운 구원은 그들을 무아지경(ecstacy)과 황홀경 속으로 몰아넣었기 때문에, 그들은 그들의 기쁨을 품위 있는 표현으로는 다 담을 수가 없었다: 우리 입에는 웃음이 가득하고 우리 혀에는 찬양이 찼었도다. 이렇게 그들은 기쁨을 쏟아내었고, 하나님께 영광을 돌렸으며, 하나님께서 그들을 위하여 베푸신 놀라운 일들을 주위 사람들에게 알렸다. 비웃음을 당하였던 자들이 이제 웃게 되었고, 새 노래가 그들의 입에 넣어졌다. 그것은 그들의 원수들의 조롱이 아니라 하나님 안에서의 기쁨의 웃음이었다.

3. 이웃들이 이 구원에 대하여 한 말: 그들은 뭇 나라 가운데서 말하기를 우리의 신들이 우리를 위하여 할 수 없는 큰 일을 이스라엘의 하나님 여호와께서 그 백성을 위하여 행하셨다 하였도다. 이방 나라의 사람들은 하나님의 백성이 재난을 당한 것을 보고서는 그것을 크게 기뻐하였었다(렘 22:8-9; 시 137:7). 그러나 이제 그들은 하나님의 백성의 구원을 보고 찬탄하지 않을 수 없었다. 그 구원은 이제까지 비웃음과 멸시를 받아 왔던 자들에게 명성을 가져다 주었고, 그들을 무시하지 못할 자들로 보이게 만들어 주었다. 아울러, 그 구원은 하나님의 존귀하심을 크게 드러내어서, 하나님을 제쳐놓고 앞다투어 우상들을 섬겨온 자들은 하나님의 지혜와 권능과 섭리를 인정할 수밖에 없었다.

4. 하나님의 백성이 그 구원에 대하여 한 고백들(3절). 이방 나라들은 구경꾼들에 불과하였기 때문에 그 구원을 단지 뉴스 거리로 입에 올렸을 뿐이다. 그들은 이 문제와는 직접적으로 아무 상관이 없었다. 그러나 하나님의 백성은 그 구원에 참여하는 자들로서 그 구원에 대하여 말하였다.

(1) 그들은 그 구원을 자신의 일로 받아들였다: "여호와께서는 우리를 위하여 큰 일을 행하셨으니, 우리에게 큰 유익이 될 일을 행하셨도다." 이렇게 그리스도께서 행하신 구속을 우리를 위하여 행하신 것으로 말하는 것은 위로가 되는 일이다. 그리스도께서는 나를 사랑하사 나를 위하여 자기 자신을 버리셨다.

(2) 그들은 그 구원에 대하여 감격스러운 감정으로 말하였다: "우리는 기쁘도다. 이방 나라 사람들은 그 일에 놀라고 그 중 일부는 화가 나 있지만, 우리는

기쁘다." 이스라엘이 그들의 하나님을 떠나서 음행하는 동안에는 그들에게 기뻐하는 것이 금지되었다(호 9:1). 그러나 이제 포로생활로 인하여 야곱의 죄악이 깨끗하게 되고 그들의 죄가 씻어졌기 때문에, 하나님은 그들로 하여금 기뻐하게 하신다. 회개하고 삶을 고치는 자들만이 기뻐하고 즐거워하는 자들이 될 수 있다. 좀 더 살펴보자.

[1] 우리는 하나님께서 그의 백성을 위하여 나타나신 일들을 큰 일들로 여겨야 한다.

[2] 우리는 하나님을 교회를 위하여 행해진 모든 큰 일들의 근원으로 바라보아야 한다.

[3] 하나님께서 교회에 베푸신 구원들을 우리를 위한 것이라고 보고 기뻐하는 것은 좋은 일이다.

⁴여호와여 우리의 포로를 남방 시내들 같이 돌려 보내소서 ⁵눈물을 흘리며 씨를 뿌리는 자는 기쁨으로 거두리로다 ⁶울며 씨를 뿌리러 나가는 자는 반드시 기쁨으로 그 곡식 단을 가지고 돌아오리로다

이 절들은 아직 이루어지지 않은 긍휼하심들을 바라며 기다리는 내용으로 되어 있다. 포로생활에서 돌아온 자들은 그들의 조국 땅에서도 여전히 곤경에 처해 있었고(느 1:3), 바벨론에 여전히 남아 있는 자들도 많이 있었다. 그러므로 그들은 두렵고 떨리는 심정으로 기뻐하였고, 아직 제대로 해결되지 못한 어려움들을 마음에 담아 두었다. 좀 더 살펴보자.

1. 그들의 구원을 온전케 해 달라는 기도(4절). "우리의 포로를 돌려 보내소서. 이미 고국에 돌아온 자들에게서 그들을 아직도 짓누르고 있는 짐들을 벗겨 주셔서 그들로 편안하게 해 주소서. 아직 바벨론에 남아 있는 자들도 우리처럼 자유를 얻음으로써 그들의 마음이 기쁨으로 들뜨게 해 주소서." 하나님께서 긍휼하심을 베풀어 주시기 시작하시면, 우리는 그 긍휼하심을 완성시켜 주실 것을 기도할 힘을 얻게 된다. 우리가 이 세상에 있는 동안에는 비록 우리에게 하나님을 찬양할 일이 차고 넘친다고 하여도 여전히 기도할 문제가 있기 마련이다. 우리가 자유롭고 형통하는 가운데 있다고 해서, 우리는 고난과 속박 속에 있는 우리 형제들을 잊어서는 안 된다. 아직 포로생활 중에 있는 자들이 놓여

나서 이미 돌아온 그들의 형제들과 합류하게 되는 것은 먼 남방에 있어서 메마르고 건조한 땅에 흐르는 시내들만큼이나 양쪽 모두에게 환영할 만한 일이 아닐 수 없다. 저 먼 땅에서 오는 그러한 좋은 기별은 목마른 사람에게 냉수와 같을 것이다(잠 25:25).

2. 그들이 지금은 슬픈 때를 보내고 있지만 결국에는 모든 일이 잘될 것이라고 약속하고, 그 때를 기다리라고 그들을 격려함. 그러나 이 약속은 모든 성도들은 눈물을 흘리며 씨를 뿌리는 자는 반드시 기쁨으로 거두게 될 것이라는 확신 속에서 스스로 위로를 받을 수 있다는 식으로 일반적으로 표현되어 있다(5-6절).

(1) 고난받는 성도들은 눈물을 흘리며 씨를 뿌리는 것이다. 그들은 자주 눈물을 흘린다. 그들은 믿지 않는 자들보다 사람들이 살면서 겪는 재난들을 더 많이 겪게 된다. 그러나 그들은 눈물을 흘리며 씨를 뿌리는 것이다. 그들은 고난 가운데서 그들이 마땅히 해야 할 도리를 다함으로써 하나님께서 그 섭리들을 통해서 의도하신 것들을 충족시킨다. 눈물을 흘린다고 해서 씨를 뿌리지 못하는 것이 아니다. 우리는 고난을 당할 때에 반드시 선을 행하여야 한다. 아니, 비가 옴으로써 땅이 씨를 뿌리기에 적합하게 되고, 농부는 촉촉한 땅에 씨를 뿌릴 수 있게 되는 것과 마찬가지로, 우리는 고난의 때를 잘 활용해서 스스로를 낮추고 회개하며 기도하여야 한다. 아니, 눈물 자체가 우리가 뿌려야 하는 씨인 경우가 있는데, 우리와 남들의 죄를 슬퍼하며 흘리는 눈물, 고난받는 교회를 가슴 아파하며 흘리는 눈물, 기도 중에 또는 말씀 속에서 은혜를 받아 흘리는 눈물이 바로 그런 것들이다. 그러한 눈물들은 곡식이 귀할 때에 농부가 그의 가족을 먹일 곡식조차 별로 없는 상황에서 다시 거둘 것을 기대하고서 안타까운 마음으로 울면서 땅에 뿌리는 것과 같은 소중한 씨앗들이다. 이렇게 선한 자는 눈물을 흘리며 씨를 뿌린다.

(2) 그들은 기쁨으로 거두게 될 것이다. 성도들의 고난은 항상 오래 지속되지는 않지만, 그들이 그 고난을 잘 이겨내면 복된 결과를 얻게 된다. 바벨론에 포로로 잡혀간 자들은 오랫동안 눈물을 흘리며 씨를 뿌렸지만, 마침내 기쁨으로 그 곳을 나오게 되었다. 그 때에 그들은 고난을 견디고서 그들을 향하신 하나님의 선하심을 경험한 일들 속에서 얻은 곡식단들을 고국 땅으로 가져올 수 있었다. 욥, 요셉, 다윗을 비롯한 수많은 믿음의 조상들은 눈물을 흘리며 씨를

뿌린 후에 기쁨으로 거둔 자들이었다. 경건한 슬픔의 눈물을 흘리며 씨를 뿌리는 자들은 확실한 죄 사함과 평안을 기쁨으로 거두게 될 것이다. 이 눈물 골짜기에서 성령을 위하여 심는 자들은 성령으로부터 영생을 거둘 것인데, 이것은 진정으로 기쁜 추수가 될 것이다. 애통하는 자는 복이 있나니 그들이 영원히 위로를 받을 것임이니라.

제 127 편

개요

앞의 여러 시편들이 나라를 위한 시편과 교회를 위한 시편이었다면, 이 시편은 가족을 위한 시편이다. 이 시편은 "솔로몬을 위한"(우리는 이렇게 해석하고자 한다) 시라는 표제가 붙어 있는 시편으로서 그의 아버지가 솔로몬에게 헌정한 것이다. 솔로몬은 하나님의 성전을 짓고 도성을 지키며 자녀를 키워야 했기 때문에, 다윗은 그에게 하나님을 바라보고 하나님의 섭리를 의지하도록 가르치면서, 하나님의 도우심 없이는 그의 모든 지혜와 돌봄과 부지런함이 아무 소용이 없을 것이라고 말한다. 어떤 이들은 이 시편을 솔로몬이 직접 썼다고 보는데, 그렇다면 이 시편의 표제는 "솔로몬의 시"로 해석될 수 있을 것이다 ― 솔로몬은 아주 많은 시편을 썼다. 그리고 그들은 이 시편을 전도서와 비교하면서, 둘 모두의 취지가 동일한데, 그것은 세상적인 관심이 헛되다는 것과 우리가 하나님과 잘 지내는 것이 얼마나 필수불가결한 것인지를 보여주는 것이라고 말한다. I. 우리는 하나님을 의지해야만 재물을 모을 수 있다(1-2절). II. 우리는 하나님을 의지해야만 모든 재물을 후손에게 잘 물려줄 수 있다(3-5절). 이 시편을 노래할 때, 우리는 우리가 하는 모든 일이 잘되고 우리의 모든 위로들과 누리는 것들에 복이 있도록 하기 위해서 하나님을 바라보아야 한다. 왜냐하면, 모든 피조물은 하나님께서 시키시는 대로 우리를 대하고, 그 이상도 그 이하도 아니기 때문이다.

〔솔로몬의 시 곧 성전에 올라가는 노래〕
¹여호와께서 집을 세우지 아니하시면 세우는 자의 수고가 헛되며 여호와께서 성을 지키지 아니하시면 파수꾼의 깨어 있음이 헛되도다 ²너희가 일찍이 일어나고 늦게 누우며 수고의 떡을 먹음이 헛되도다 그러므로 여호와께서 그의 사랑하시는 자에게는 잠을 주시는도다 ³보라 자식들은 여호와의 기업이요 태의 열매는 그의 상급이로다 ⁴젊은 자의 자식은 장사의 수중의 화살 같으니 ⁵이것이 그의 화살통에 가득한 자는 복되도다 그들이 성문에서 그들의 원수와 담판할 때에 수치를 당하지 아니하리로다

우리는 여기에서 현세의 모든 일 속에서 하나님의 섭리를 늘 주시하여야 한다는 가르침을 받는다. 솔로몬은 지혜로운 자로 추앙을 받았기 때문에 자신의 총명과 선견지명을 의지하기 쉬웠다. 그래서 그의 아버지인 다윗은 그에게 더 높은 곳을 바라보고, 그가 하는 일들에서 항상 하나님을 모시고 다니라고 가르친다. 솔로몬은 무척 바쁜 사람이 될 수밖에 없었기 때문에, 다윗은 그에게 어떻게 하면 모든 일을 신앙 안에서 처리할 수 있는지를 가르쳤다. 부모는 자녀들을 가르칠 때에 자녀들의 처지와 상황에 맞춰서 권면하여야 한다.

Ⅰ. 우리는 가정의 모든 일에서 하나님을 바라보아야 하는데, 그것이 왕실일 경우는 더 말할 것도 없다. 왜냐하면, 왕실은 하나님께서 보호하시는 동안에만 안전하기 때문이다. 우리는 다음과 같은 일들에서 우리 자신의 꾀가 아니라 하나님의 축복을 의지하여야 한다.

1. 가정을 일으키는 일: 여호와께서 그의 섭리와 축복을 통해서 집을 세우지 아니하시면 세우는 자가 아무리 뛰어나다고 하더라도 그의 수고가 헛되다. 우리는 이 말씀을 유형적인 집에 관한 것으로 이해할 수 있다. 하늘에 도전하여 바벨탑을 쌓았던 자들이나 저주 아래에서 여리고를 건축한 히엘처럼, 여호와께서 건축하는 것을 축복하지 아니하시면, 사람들이 건축해 보아야 아무 소용이 없다. 그 건축하는 것이 교만과 허영 속에서 설계되거나 압제와 불의를 토대로 하는 것이라면(합 2:11-12), 하나님은 분명히 그 건축하는 것을 인정하지 않으신다. 아니, 우리는 하나님을 인정하지 않는 곳에서 하나님의 축복을 기대할 수 없고, 하나님의 축복 없이는 모든 것이 허사(虛事)이다. 또는, 우리는 이 말씀을 보잘것없는 한 가문을 유력한 가문으로 세우는 것에 관한 것으로 이해할 수 있다. 사람들은 좋은 가문과의 혼인이나 출세, 부자가 되는 것을 통해서 그렇게 하고자 애쓴다. 그러나 하나님께서 가정을 세우시고 가난한 자를 먼지 더미에서 일으키시지 않는다면, 모든 것이 헛되다. 아무리 좋은 계획도 하나님께서 그 계획을 성공으로 이끌어 주지 아니하시면 실패하고 만다(말 1:4을 보라).

2. 가정이나 성읍의 안전을 확보하는 일(이것은 시편 기자가 특히 언급하고 있는 것이다). 하나님께서 지켜 주시지 않는다면, 성을 지키는 파수꾼들이 성을 지킬 수 없고, 선한 자가 그의 가정이 깨지는 것을 막을 수 없다. 여호와께서 불이나 원수들로부터 성을 지키지 아니하시면 파수꾼이 졸거나 잠자지 않고서 성내를 돌아다니거나 성벽을 순찰하는 등 그의 깨어 있음이 헛되도다. 왜냐하면,

갑자기 큰 불이 일어나서 사람들이 적시에 발견해도 그 재난을 미리 막을 수 없게 되거나 우리가 생각하지도 못했던 사고에 의해서 파수꾼들이 죽임을 당하거나 성읍이 침탈을 당해서 아무리 깨어서 지키는 파수꾼이나 아무리 세심한 방백이라도 그런 것들을 막을 수 없을 것이기 때문이다.

3. 가정을 부유하게 하는 일. 이 일은 때와 생각의 문제이기 때문에, 하나님의 섭리에 의해서 때가 유리하게 돌아가지 않는다면 이루어질 수 없다. "너희가 일찍이 일어나고 늦게 누우며 세상의 재물을 추구하여 쉴 틈도 없이 애를 쓰는 것이 헛되도다." 통상적으로 일찍 일어나는 자들은 늦게 눕고자 하지 않고, 늦게 눕는 자들은 일찍 일어나고자 하지 않는 법이다. 그러나 어떤 사람들은 세상적인 것들을 얻고자 하는 욕망이 아주 강해서 그 욕망을 이루기 위해서 기꺼이 두 가지를 다해서 잠을 줄이고자 한다. 그들은 쉴 때에도 일할 때와 마찬가지로 낙(樂)이 별로 없다. 그들은 눈물의 떡을 먹는다. 우리의 얼굴에 땀이 흘러야 떡을 먹을 수 있는 것은 하나님께서 우리에게 내리신 형벌의 일부이다. 그러나 그들은 거기에서 한 걸음 더 나아간다: 그들은 일평생을 어두운 데서 먹는다(전 5:17). 그들은 끊임없이 걱정과 근심으로 가득 차 있고, 이 때문에 그들에게 주어진 위로들은 쓴 것이 되고 그들의 삶은 짐이 된다. 이 모든 것은 돈을 벌기 위한 것인데, 하나님께서 그들을 형통하게 하지 아니하시면 그 모든 것이 헛되다. 왜냐하면, 명철자들이라고 항상 재물을 얻는 것이 아니기 때문이다(전 9:11). 하나님을 사랑하고 하나님께 사랑을 받는 자들은 그렇게 야단법석을 떨지 않고도 그 마음이 편안하고 매우 즐겁게 살아간다. 솔로몬은 여디디야(여호와의 사랑을 받는 자)로 불리었다(삼하 12:25). 하나님께서 솔로몬에게 이스라엘 나라를 약속하셨기 때문에, 압살롬이 일찍 일어나서 백성들을 감언이설로 구슬리고, 아도니야가 큰 명성을 얻고서 내가 왕이 되리라고 말해도 그런 것은 헛일이었다. 솔로몬은 꿈쩍도 않은 채 왕위에 앉아 있고, 여호와의 사랑을 받는 자인 솔로몬에게 하나님은 잠도 주시고 나라도 주신다.

(1) 이 세상의 것들에 대한 지나친 관심은 헛되고 열매 없는 짓이다. 우리가 세상의 것들을 가지게 된다면, 우리는 그것들에 싫증을 느끼게 되고 그것들이 헛되다는 것을 알게 될 것이다. 또한 우리는 흔히 세상의 것들을 추구하느라고 헛되이 우리 자신을 소모시킨다(학 1:6, 9).

(2) 잠은 하나님께서 사랑하시는 자에게 주시는 선물이다. 우리가 평안하게

자는 것(시 4:8)과 잘 자는 것(렘 31:25-26)은 모두 하나님의 선하심 덕분이다. 하나님은 그가 사랑하시는 자에게 주시는 잠을 우리에게 주셔서 하나님을 경외하는 가운데 누울 수 있는 은혜를 주시고(잠에서 우리 영혼은 하나님께로 돌아가서 우리의 안식이신 하나님 안에서 휴식을 취한다), 우리가 깨어서도 하나님과 함께 하며, 잠을 통해 얻은 새 힘을 하나님을 섬기는 데에 사용하게 하신다. 여호와께서는 그의 사랑하시는 자에게 잠을 주시는도다. 즉, 하나님은 우리에게 마음의 평정(平靜)과 만족감을 주시고, 현재 주어진 것을 편안하게 누리게 하시며, 장차 올 것을 편안하게 기대하게 하신다. 우리의 관심은 하나님의 사랑 안에서 자신을 지키는 것이 되어야 한다. 그러면 우리는 이 세상의 것들을 적게 가졌느냐 많이 가졌느냐와는 상관없이 평안을 누릴 수 있다.

Ⅱ. 우리는 자손이 번성하는 일에서 하나님을 바라보아야 한다. 하나님은 다음과 같은 것들을 보여준다.

1. 자녀들은 하나님의 선물이라는 것(3절). 사람이 자녀를 얻지 못한다면, 자녀를 주시지 않는 분은 하나님이시다(창 30:2). 사람이 자녀를 얻는다면, 자녀를 주시는 분은 하나님이시다(창 33:5). 자녀들은 하나님의 뜻을 따라 우리에게 위로가 되기도 하고 십자가가 되기도 한다. 솔로몬은 율법을 어겨가며 수많은 부인을 맞았지만, 우리는 성경에서 그가 한 명의 아들 외에 다른 자녀를 보았다는 것을 읽지 못한다. 왜냐하면, 여호와께서 주시는 기업으로서의 자녀를 원하는 자들은 하나님께서 기뻐하시는 방식, 즉 한 명의 아내와의 합법적인 혼인을 통해서 자녀를 받아야 하기 때문이다. 어찌하여 하나만 만드셨느냐 이는 경건한 자손을 얻고자 하심이라(말 2:15). 그러나 그들이 음행하여도 수효가 늘지 못하리라. 자식들은 기업이자 상급이기 때문에, 우리는 자녀들을 짐이 아니라 축복으로 여겨야 한다. 왜냐하면, 우리가 하나님을 의지하기만 한다면, 입들을 보내신 분께서 양식도 보내 주실 것이기 때문이다. 오벧에돔에게는 여덟 명의 아들이 있었다. 왜냐하면, 그가 법궤를 소중히 모셔서 여호와께서 그를 복주셨기 때문이다(대상 26:5). 자녀들은 여호와께서 주신 기업임과 동시에 여호와를 위한 기업이다. 자녀들은 네가 나를 위하여 낳은 네 자녀(하나님께서 이렇게 말씀하신다)이다(겔 16:20). 우리의 자녀들이 하나님께서 주신 자녀들일 때에 그들은 우리의 영광과 위로가 된다.

2. 자녀들은 좋은 선물이고, 가족을 지켜주는 든든한 의지처라는 것: 젊은

자의 자녀들은 자신의 안전과 유익을 위하여 화살을 사용할 줄 아는 장사의 수중에 있는 화살들과 같다. 즉, 부모가 젊어서 낳은 자녀들은 가장 튼튼하고 건강한 자녀들이어서, 그들은 때가 되면 자라서 부모를 봉양하게 된다. 또는, 본문은 젊은 자녀들을 가리킬 수도 있다. 젊은 자녀들은 부모와 가족에게 아주 유익한 자들이어서 원수들에 맞서서 그들을 넉넉히 지켜줄 수 있다. 많은 자녀를 거느린 가족은 모두 다 이런저런 때에 쓸모가 있는 여러 모양의 화살들로 가득 채워진 화살통과 같다. 서로 다른 능력과 성향을 지닌 자녀들은 여러 모로 가족에게 도움이 된다. 많은 자손을 거느린 자는 성문에서 원수와 담대하게 담판할 수 있다. 혈기왕성하고 젊음의 힘이 넘치며 믿음직한 자식들이 많은 사람은 전장(戰場)에서도 겁낼 필요가 없다(삼상 2:4-5). 우리가 여기에서 주목할 것은 우리의 수중에 있는 화살로서 우리가 제대로 과녁을 맞추도록, 즉 하나님께 영광을 돌리고 그들 세대를 위하여 섬기도록 가르칠 수 있는 것은 젊은 자녀들이라는 것이다. 자녀들이 다 성장해서 세상으로 나가게 되면, 그들은 우리의 손을 떠난 화살들이 된다. 그 때가 되면, 자녀들을 가르치기에는 때가 너무 늦다. 그러나 우리의 수중에 있는 화살들인 자녀들은 우리 마음을 찌르는 화살들, 즉 경건한 부모가 무덤에 들어가는 그 날까지 늘 근심거리가 되는 자녀들인 경우가 너무도 비일비재하다.

제
— 128 —
편

개요

이 시편은 앞의 시편과 마찬가지로 가족을 위한 시편이다. 앞의 시편에서는 우리 가족의 형통이 하나님의 축복에 달려 있다는 것을 우리에게 가르쳤다면, 이 시편에서는 우리 가족을 평안하게 만들어 줄 그러한 축복을 얻을 수 있는 유일한 길은 하나님을 경외하고 하나님께 순종하며 살아가는 것임을 우리에게 가르친다. 그렇게 하는 자들은 모든 일에서 복을 받게 될 것인데(1-2, 4절), 특히 다음과 같은 복을 받게 될 것이다. I. 그들은 하는 일마다 형통하고 성공하게 될 것이다(2절). II. 그들의 혈육들이 잘될 것이다(3절). III. 그들은 오래 살아서 가족이 대를 잇는 것을 보게 될 것이다(6절). IV. 그들은 하나님의 교회가 번영하는 모습을 보고 만족하게 될 것이다(5-6절). 우리는 신앙과 경건이야말로 외적인 형통을 가져오는 가장 좋은 친구들이라는 진리를 굳게 믿는 가운데 이 시편을 노래하면서, 그것이 진리라는 것과 우리로 하여금 경험을 통해서 그 진리를 알게 하신 것에 대해서 하나님께 찬송을 올려드리며, 그 진리로 우리 자신과 남들을 격려하여야 한다.

〔성전에 올라가는 노래〕

¹여호와를 경외하며 그의 길을 걷는 자마다 복이 있도다 ²네가 네 손이 수고한 대로 먹을 것이라 네가 복되고 형통하리로다 ³네 집 안방에 있는 네 아내는 결실한 포도나무 같으며 네 식탁에 둘러 앉은 자식들은 어린 감람나무 같으리로다 ⁴여호와를 경외하는 자는 이같이 복을 얻으리로다 ⁵여호와께서 시온에서 네게 복을 주실지어다 너는 평생에 예루살렘의 번영을 보며 ⁶네 자식의 자식을 볼지어다 이스라엘에게 평강이 있을지로다

여기에서는 경건은 현세에서의 삶 및 내세에서의 삶과 관련된 약속을 지니고 있다는 것을 보여준다.

I. 여기에서는 진정으로 거룩한 자들은 진정으로 행복하다는 것을 의심할 여

지 없는 분명한 진리로 반복해서 제시한다. 본문에서 복이 있다고 말하는 자들은 여호와를 경외하며 그의 길을 걷는 자들, 하나님에 대한 깊은 경외심을 그 심령에 지니고서 늘 하나님의 뜻을 따라 행함으로써 그 경외심을 증명하는 자들이다. 하나님을 경외하는 것이 마음을 지배하는 원리인 곳에서, 행실도 그러리라는 것은 당연하다. 우리가 하나님의 길들을 따라 걷지도 않고 하나님의 길들을 하찮게 여기거나 거리긴다면, 우리가 하나님을 경외하는 자들에 속한 체해도 아무 소용이 없다. 하나님을 경외하는 자들은 복이 있고(1절), 또한 복을 받게 될 것이다(4절). 하나님께서는 그들을 축복하신다. 하나님이 그들에게 복이 있다고 선포하시기 때문에 그들에게 복이 있게 된다. 그들은 지금 복이 있고, 장래에도 영원히 복을 받게 될 것이다. 하나님의 축복으로 인해서 생겨나는 이러한 복된 상태는 다음과 같은 자들에게 약속된다.

1. 모든 성도들 전체: 여호와를 경외하는 자마다 그가 누구이든지 복이 있도다. 모든 민족 가운데서 하나님을 경외하고 의를 행하는 자는 하나님께 열납되기 때문에, 그가 세상에서 지위가 높든 낮든 부하든 가난하든 복이 있다. 신앙이 그를 지배한다면, 그 신앙이 그를 보호해 주고 부요하게 만들어 줄 것이다.

2. 각각의 성도: 여호와를 경외하는 그 사람은 이같이 복을 얻으리로다. 전체로서의 민족과 교회만이 아니라 개별 성도도 그의 개인적인 일들에서 복을 받게 될 것이다.

3. 우리는 이 말씀을 우리 자신에게 적용하도록 격려를 받는다(2절). "네가 복되리로다. 네가 하나님을 경외하고 그의 길을 걷는다면, 너는 마치 이 약속이 너의 이름을 지칭하여 너에게 주어진 것처럼 이 약속으로 인해서 위로와 유익을 얻게 될 것이다. 네가 복되리로다. 즉, 네가 형통하리로다. 네게 무슨 일이 있든지, 그 일은 네게 선을 가져다 줄 것이다. 네가 살아 있는 동안에 네가 잘될 것이고, 네가 죽을 때는 더 잘될 것이며, 죽고나서는 영원토록 가장 잘될 것이다." 이 말씀은 주목하라는 표시를 통해서 단언되고 있다(4절): 보라, 여호와를 경외하는 자는 이같이 복을 얻으리로다. 약속에 대한 믿음으로 이것을 바라보라. 이 약속이 어떻게 이행되는지를 관찰하는 가운데 이것을 바라보라. 하나님은 신실하시기 때문에 이 약속이 이루어지리라는 확신을 가지고서 이것을 바라보고, 우리는 하나님으로부터 은총이나 축복을 받을 자격이 없음에도 불구하고 하나님께서 이 약속을 이루실 것이기 때문에 하나님을 찬양하는 마음으로 이

것을 바라보라.

II. 여기에는 경건한 자들에 대한 구체적인 약속들이 주어져 있다.   그들은 하나님의 영광과 그들의 선을 위하여 그 약속들을 의지할 수 있고, 그것으로 충분하다.

1. 하나님의 축복으로 그들은 정직한 방식으로 생계를 이어가며 마음 편하게 살아가게 되리라는 것. 하나님은 그들이 아무런 걱정이나 수고 없이 안이하게 살게 되리라는 것이 아니라 네가 네 손이 수고한 대로 먹을 것이라고 약속하신다. 이것은 이중적인 약속이다.

(1) 그들은 할 일이 있을 것이고(빈둥거리는 삶은 재미 없고 비참한 삶이 되기 때문에), 건강할 것이며, 일을 할 수 있는 힘과 능력을 가질 것이고, 일용할 양식을 남에게 신세지거나 아무 능력 없는 가난한 자처럼 남들의 수고에 의지해서 살아가는 일은 없으리라는 것. 조용히 일하여 자기 양식을 먹는 것은 우리의 도리이자 하나님께서 우리에게 베푸시는 긍휼하심이다(살후 3:12).

(2) 그들은 하는 일마다 성공을 거두어서 그들과 그들의 가족이 얻은 것을 누리게 되리라는 것. 다른 사람들이 와서 그들의 입에서 떡을 빼앗아 먹는 일은 없을 것이고, 독재자들이나 침략해 온 외적에 의해서 떡을 빼앗기는 일도 없을 것이다. 하나님은 그들의 양식을 망치거나 날려 버리지 않으실 것이고(학 1:9에서와는 달리), 하나님의 축복으로 인해서 그들은 조금만 일해도 많은 양식을 얻게 될 것이다. 우리 자신이 성실하게 일해서 얻은 열매를 누리는 것은 지극히 즐거운 일이다. 일하는 사람의 잠이 단 것과 마찬가지로, 그의 양식도 달다.

2. 그들은 가족 관계에서 풍성한 위로와 낙(樂)을 얻게 되리라는 것. 아내와 자녀들은 남자의 큰 근심거리이지만, 하나님의 은혜로 말미암아 그들이 본연의 모습을 지니게 된다면, 그들은 그 어떤 피조물이 주는 위로보다 남자에게 더 큰 기쁨이 된다.

(1) 아내는 집 담장에 있는 결실한 포도나무 같으니, 그 가지를 여기저기로 뻗어서 장식용으로 좋은 포도나무일 뿐만 아니라 그 열매로 하나님과 사람을 기쁘게 하는 결실한 포도나무이다(삿 9:13). 포도나무는 약하고 망가지기 쉬운 식물이어서 잘 지지해 주고 돌보아 주어야 하지만, 매우 유용한 식물이다. 그래서 어떤 이들은 포도나무가 선악을 알게 하는 나무였을 것이라고 생각한다(포도

나무의 모든 산물들이 나실인들에게 금지되었기 때문에). 아내가 있는 자리는 남편의 집이다. 거기에 아내의 일이 있고, 그 곳은 아내의 성채이다. 네 아내 사라가 어디 있느냐? 장막에 있나이다. 아내가 있을 곳이 남편의 집 외에 어디에 있겠는가? 아내의 자리는 집 담장으로서, 아내는 남편의 발 아래에 있어서 짓밟혀서도 안 되고 지붕에 있어서 남편을 좌지우지해서도 안 된다(만약에 그렇다면, 아내는 다음 시편에 나오는 표현처럼 지붕의 풀과 같게 될 것이다). 아내는 남편의 옆구리에서 나온 갈비뼈로서 집 담장에 있다. 아내는 집 담장에 붙어 있는 포도나무 같이 사랑스러운 아내가 될 것이고, 유순하게 뻗어가는 포도나무 같이 순종적인 아내가 될 것이다. 아내는 자녀들만이 아니라 지혜와 의와 선한 관리의 열매들에 있어서도 포도나무처럼 풍성한 열매를 맺게 될 것이고, 그 포도나무의 가지는 담을 넘어서(창 49:22; 시 80:11) 땅을 기지도 않고 신 포도 또는 소돔의 포도가 아니라 좋은 열매를 내는 결실하는 포도나무 같을 것이다.

(2) 자식들은, 원래는 돌감람나무이지만 참감람나무에 접붙임이 되어서 그 뿌리의 진액을 함께 받는 어린 감람나무 같을 것이다(롬 11:17). 많은 자녀들이 부모와 떨어져서 뿔뿔이 흩어져 있는 것이 아니라, 비록 차린 것은 별로 없다고 하더라도 부모와 자녀가 한 상에 둘러앉아 먹는 것은 부모에게 큰 기쁨이 된다. 욥은 그의 자녀들이 그를 둘러 있었다는 것을 그가 이전에 누린 형통함을 보여주는 첫 번째 예들 중의 하나로 꼽는다(욥 29:5). 부모들은 그들의 자녀들이 한 상에 함께 둘러앉아서 기분 좋은 대화를 나누는 것, 자녀들이 음식을 잘 먹어서 약이 필요 없을 정도로 건강한 것, 자녀들이 곧게 뻗은 푸르고 어린 감람나무 같아서 부모의 선한 교육으로 인한 수액을 잘 흡수해서 때가 되면 훌륭한 일을 하게 되는 것을 바라고 기뻐한다.

3. 그들은 하나님께서 약속하신 것들과 그들이 기도하는 것들을 갖게 되리라는 것: 여호와께서 언약궤가 있는 곳, 경건한 이스라엘 사람들이 예배 드리는 곳인 시온에서 네게 복을 주실지어다. 시온으로부터 나오는 복들은 일반적인 섭리가 아니라 특별한 은혜에서 흘러나오는 가장 좋은 축복들이다(시 20:2).

4. 그들은 오래 살면서 다음 세대들로 인한 위로들을 누리게 되리라는 것. "너는 요셉처럼 네 자식의 자식을 보리라(창 50:23). 네 가족은 견고히 세워져서 대대로 이어질 것이고, 너는 그것을 보는 기쁨을 갖게 될 것이다." 자식의 자식,

곧 손자들은 그들이 선한 자녀들이라면 손자 보기를 좋아하는 노인의 면류관이다(잠 17:6).

5. 그들은 하나님의 교회와 그들의 조국이 잘되는 것을 보게 되리라는 것. 하나님을 경외하는 자는 누구나 자신의 가족의 형통만이 아니라 교회와 조국의 형통에 대해서도 동일한 관심을 갖는다. "너는 시온의 축복으로 복을 받게 될 것이고, 네 자신이 복을 받았다고 생각하게 될 것이다. 너는 살아 있는 동안에 예루살렘의 번영을 보게 될 것이고, 네가 오래 살게 되겠지만, 너의 개인적인 위로들이 공적인 환난들에 의해서 반감되거나 고통으로 변하게 되지 않을 것이다." 선한 자는 비록 살아서 그의 자녀의 자녀들을 본다고 해도 이스라엘에서 평강을 보지 못하거나 최고의 유산인 신앙을 다음 세대에 순수하고 온전히 전해 줄 소망을 가질 수 없게 된다면 거의 위로를 받을 수 없다.

제
— 129 —
편

개요

이 시편은 하나님의 이스라엘의 공적인 관심사들과 관련이 있다. 이 시편이 언제 지어졌는지는 확실하지 않지만, 아마도 이스라엘이 바벨론에 포로로 잡혀 있던 때 또는 그들이 귀환하던 때 즈음에 지어진 것 같다. I. 그들은 하나님께서 이전에 그들과 그들의 조상들이 수없이 곤경에 처했을 때마다 거기에서 건져주신 것을 감사한 마음으로 되돌아본다(1-4절). II. 그들은 시온의 모든 원수들이 멸망당하게 될 것을 전망하며 믿음으로 기도한다(5-8절). 이 시편을 노래할 때, 우리는 그것을 구약의 이스라엘처럼 수많은 폭풍우를 뚫고 나왔고 여전히 많은 원수들의 위협을 받고 있는 복음의 이스라엘에 두 가지 방식으로 적용할 수 있다.

〔성전에 올라가는 노래〕
[1]이스라엘은 이제 말하기를 그들이 내가 어릴 때부터 여러 번 나를 괴롭혔도다 [2]그들이 내가 어릴 때부터 여러 번 나를 괴롭혔으나 나를 이기지 못하였도다 [3]밭 가는 자들이 내 등을 갈아 그 고랑을 길게 지었도다 [4]여호와께서는 의로우사 악인들의 줄을 끊으셨도다

여러 시대를 거쳐온 하나님의 교회는 여기에서 지금은 늙어서 머리가 희어진 한 노인의 입장에서 이전의 나날들을 회상하고 옛적을 회고하는 가운데, 다음과 같은 사실들이 드러난다.

1. 교회가 이 땅에서 자주 원수들에 의해서 큰 곤경에 처하곤 했다는 것. 이스라엘은 이제 "나는 어느 민족보다 더 자주 압제를 받아 온 민족이고, 무늬 있는 매와 같아서 에워싼 모든 새들에 의해서 괴롭힘을 당해 온 민족이다"(렘 12:9)라고 말할 수 있다. 이스라엘이 자신의 죄로 인해서 스스로 고난을 자초했다는 것은 사실이다. 하나님께서 그들을 징벌하신 것은 그들을 위해서였다. 그러나 그들의 이웃 나라들이 그들을 미워하고 박해한 것은 그들의 언약과 신앙

이 특별했기 때문이었다. "이 언약과 신앙 때문에 열방들은 내가 어릴 때부터 여러 번 나를 괴롭혔도다." 하나님의 백성에게는 항상 많은 원수들이 있어 왔고, 교회는 처음부터 자주 고난을 당해 왔다는 것을 명심하라. 이스라엘의 어릴 때는 애굽에 있던 시절 또는 사사 시대였다. 그 때와 그 이후로 그들은 끊임없이 고난을 당해 왔다. 복음 교회도 탄생한 이래로 종종 고난을 당해 왔다. 초대 교회가 열 번의 박해 가운데서 신음한 것이 보여주듯이, 복음 교회는 어릴 때의 대부분의 기간 동안 이러한 고난의 멍에를 메었다. 밭 가는 자들이 내 등을 갈았도다(3절). 쟁기가 예상되는 곳에서 우리는 악인의 막대기가 의인들의 땅에 있다는 말씀을 듣게 된다(시 125:3). 여기에서 막대기가 예상되는 곳에서 우리는 악인의 쟁기가 의인들의 등에 있다는 말씀을 듣는다. 그러나 이 두 대목에 나오는 은유들은 서로 바꿔서 사용될 수 있다. 이 두 은유의 의미는 동일하고 너무도 분명하다: 원수들은 하나님의 백성을 내내 지극히 야만적으로 다루어 왔다는 것. 농부가 보습으로 땅을 갈아엎듯이 원수들은 하나님의 백성을 갈가리 찢어 놓았고 그들에게서 모든 것을 빼앗아갔으며, 오랫동안 경작하여 땅을 메말라 버리게 하듯이 지극히 높으신 이의 성도를 괴롭게 하였다. 하나님께서 이렇게 원수들로 하여금 그의 백성을 쟁기질 하게 허락하신 것은 그의 백성의 선을 위한 것으로서 그들의 묵은 땅이 쟁기질로 인하여 갈아엎어져서 하나님이 거기에 은혜의 씨를 뿌리셔서 그들로부터 선한 열매를 거두시기 위한 것이었다. 하지만 원수들은 전혀 그런 의도가 아니었고, 그렇게 생각하지도 않았다(사 10:7). 원수들은 교회를 멸망시키기 위한 목적으로 언제 그렇게 했는지도 전혀 모른 채 그 고랑을 길게 지었다. 많은 이들은, 원수들이 하나님의 백성의 등에 고랑들을 지었다는 말을 채찍질하였다는 뜻으로 이해한다. 이 본문을 그들은 베는 자들이 내 등을 베었다고 해석한다. 성도들은 흔히 잔혹한 채찍질(아마도 포로들이 당했던 것과 같은)과 잔인한 조롱의 시련을 받았는데(히 11:36), 이것은 때리는 자들에게 자신의 등을 맡기신 그리스도에게서 성취되었다(사 50:6). 또는, 이 본문은 그들이 이스라엘의 성읍들을 초토화시킨 것을 가리킬 수도 있다. 너희로 말미암아 시온은 갈아엎은 밭이 되리라(미 3:12).

2. 교회는 항상 하늘에 계신 친구에 의해서 은혜로 구원을 받아 왔다는 것.

(1) 원수들의 계략들은 좌절되어 왔다. 그들은 교회를 망하게 하려고 괴롭혔지만, 목적을 이루지 못하였다. 교회는 수많은 폭풍우를 뚫고 지나왔다. 교회

는 수많은 충격과 예봉(銳鋒)을 견뎌왔다. 이 모든 일에도 불구하고 교회는 여전히 존재하고 있다. 그들이 나를 이기지 못하였도다. 사람들은 이 배가 무수히 폭풍을 만나 요동쳤고 큰 파도와 물결에 휩쓸리고서도 어떻게 바다에서 살아남았는지 의아해할 것이다. 그리스도께서는 그의 교회를 반석 위에 지으셨기 때문에, 음부의 권세가 교회를 이기지 못했고, 앞으로도 그럴 것이다.

(2) 원수들의 힘은 깨뜨려져 왔다. 하나님은 악인들의 줄을 끊으시고 그들의 톱니바퀴와 궤적들을 끊으셔서 그들의 쟁기질을 망쳐 놓으셨고, 그들의 채찍을 끊으셔서 그들의 채찍질을 망쳐 놓으셨으며, 그들을 서로 묶어 준 동맹의 줄을 끊으셨고, 그들이 하나님의 백성을 포로로 묶어 놓은 줄을 끊으셨다. 하나님은 악인들이 그의 교회를 해치고자 계획한 일을 할 수 없게 만들고 그들의 모략을 부끄럽게 만드는 무수한 방법들을 갖고 계신다. 여호와께서는 의로우시다는 말씀은 교회의 고난과 관련된 것일 수도 있고 교회의 구원과 관련된 것일 수도 있다.

[1] 이스라엘로 하여금 고난을 당하게 하신 여호와는 의로우시다. 하나님의 백성은 그들의 원수들이 아무리 불의하다고 하더라도 하나님은 그들이 당한 모든 일에 의로우셨다고 기꺼이 고백할 준비가 항상 되어 있었다(느 9:33).

[2] 이스라엘로 하여금 멸망을 당하지 않게 하신 여호와는 의로우시다. 왜냐하면, 하나님은 자기 백성을 끝까지 보호하시겠다고 약속하셨고, 자신의 말을 끝까지 지키실 것이기 때문이다. 하나님은 그의 백성을 박해하는 자들에게 책임을 물으셔서 그들에게 보응하심에 있어서 의로우시다(살후 1:6).

⁵무릇 시온을 미워하는 자들은 수치를 당하여 물러갈지어다 ⁶그들은 지붕의 풀과 같을지어다 그것은 자라기 전에 마르는 것이라 ⁷이런 것은 베는 자의 손과 묶는 자의 품에 차지 아니하나니 ⁸지나가는 자들도 여호와의 복이 너희에게 있을지어다 하거나 우리가 여호와의 이름으로 너희에게 축복한다 하지 아니하느니라

시편 기자는 교회를 멸망시키기 위하여 음부처럼 깊게 드리워져 있던 원수들의 무수한 계략들을 하나님께서 좌절시키신 것을 기뻐한 후에 여기에서 이 시편을 드보라의 노래에서와 마찬가지로 여호와여 주의 원수들이 다 이와 같이 망하게 하소서라는 간구로 마무리한다(삿 5:31).

I. 시온을 미워하고, 시온의 하나님과 예배와 예배자들을 미워하며, 신앙과 신앙을 지닌 백성에 대하여 반감을 지니고 그들을 멸망시켜서 세상에서 하나님의 교회를 없애고자 온갖 짓을 다하는 자들이 많이 있다.

II. 우리는 교회를 해치고자 하는 원수들의 온갖 시도들이 좌절되어서, 그들의 계략과 기대가 무너짐으로써 수치를 당하여 물러가게 해 달라고 기도하여야 한다. 그들이 다 낭패를 당하게 하소서라는 말은 그들이 다 낭패를 당하게 되리라는 의미이다. 원수들이 낭패를 당하게 되는 모습은 직유를 통해서 예시된다. 하나님의 백성은 무성한 종려나무 또는 푸르고 결실한 감람나무처럼 번성하겠지만, 원수들은 지붕의 풀과 같이 마르고 시들게 될 것이다. 그들은 풀 같이 될 것이기 때문에 우리는 사람인 그들을 두려워할 필요가 없다(사 51:12). 도리어 그들은 시온의 원수들로서 반드시 망하게 되어 있기 때문에, 우리는 그들을 아주 잠시만 자랄 뿐이고 아무짝에도 쓸모 없는 지붕의 풀처럼 여겨서 멸시할 수 있다.

1. 그들은 신속하게 죽는다: 그들은 뿌리를 내릴 수 없기 때문에 다 자라기 전에 마르게 된다. 그들이 있는 곳이 높으면 높을수록, 그들은 그 높음을 자랑하겠지만, 뜨거운 햇빛에 더 많이 노출되기 때문에 그 결과로 더 빨리 시들게 된다. 어떤 이들은 이 본문을 그것은 뽑히기 전에 마른다로 해석한다. 하나님의 교회의 원수들은 저절로 시들게 되기 때문에, 하나님께서 심판을 통해서 그들을 뿌리 뽑을 필요조차 없다.

2. 그들은 아무짝에도 쓸모가 없다. 그들은 땅에 무익한 짐이 될 뿐이고, 시온을 해치고자 하는 그들의 시도들은 결코 결실을 거두지 못할 것이며, 그들이 무슨 기대를 하든 그들은 농부가 지붕의 풀에서 얻을 수 있는 것보다 더 많은 것을 얻을 수 없게 될 것이다. 근심의 날에 그들의 농작물이 없어지리라(사 17:11).

III. 그 어떤 지혜로운 자도 풀 베는 자들에게 복을 주시라고 하나님께 기도하지 않을 것이다(8절). 좀 더 살펴보자.

1. 나그네와 객에게 좋은 날이 되라고 인사하고 기원하며, 특히 추수하는 품꾼이 잘되기를 기도하는 것은 아주 오래된 좋은 풍습이었다. 그래서 보아스도 그의 밭에서 추수하는 자들에게 여호와께서 너희와 함께 하시기를 원하노라고 기도하였다(룻 2:4). 우리는 이렇게 하나님의 섭리를 고백하고, 이웃에 대한 우

리의 선의를 나타내 보이며, 그들의 근면함을 칭찬하여야 한다. 우리가 경건하고 진실한 마음에서 그렇게 한다면, 하나님은 우리의 그러한 인사와 기원을 경건한 행위로 여겨서 열납하실 것이다.

2. 신앙적인 표현들은 거룩한 것들이기 때문에 결코 경망스럽고 조롱하는 방식으로 사용되어서는 안 된다. 지붕의 풀을 베는 일은 아무것도 아닌 일이다. 그러므로 하나님의 이름을 경외하는 자들은 경건한 기원의 의미를 지니고 있는 통상적인 인사말들을 그런 데에 사용하고자 하지 않는다. 왜냐하면, 거룩한 것들은 농(弄)으로 사용되어서는 안 되기 때문이다.

3. 우리가 교회를 해치고자 하는 원수들의 계략이 잘되기를 기원하는 것은 위험천만한 일이다. 그들에게 인사하는 자는 그들의 악한 일에 참여하는 자가 된다(요이 1:11). 아무도 그들을 축복하지 말고 그들에게 인사하지 말라는 말씀 속에는 모든 지혜롭고 선한 자들은 그들로 하여금 수치를 당하게 하시고 그들의 일이 좌절되게 해 달라고 하나님께 부르짖어 간구하여야 한다는 의미가 함축되어 있다. 성도들이 쳐서 기도하는 자들에게는 화가 있으리라. 내가 그의 집을 저주하였노라(욥 5:3).

제
— 130 —
편

개요

이 시편은 개인적인 것이든 공적인 것이든 그 어떤 세속적인 문제와 관련된 것이 아니라 전적으로 영혼의 문제를 다루고 있다. 이 시편은 일곱 편의 참회 시편들 중의 하나로서, 참회자들이 교회 속으로 다시 받아들여지는 의식에서 종종 사용되어 왔다. 이 시편을 노래할 때, 우리는 모두 그 내용을 우리 자신에게 적용하는 데에 관심을 가져야 한다. 시편 기자는 여기에서 다음과 같은 것들을 표현한다. I. 하나님을 향한 그의 열망(1-2절). II. 하나님 앞에서의 그의 회개(3-4절). III. 그가 하나님을 기다림(5-6절). IV. 하나님에 대한 그의 기대들(7-8절). 물 속에서 얼굴이 그대로 비치듯이, 한 사람의 겸손한 참회자의 마음은 다른 사람에게도 그대로 전달된다.

〔성전에 올라가는 노래〕

¹여호와여 내가 깊은 곳에서 주께 부르짖었나이다 ²주여 내 소리를 들으시며 나의 부르짖는 소리에 귀를 기울이소서 ³여호와여 주께서 죄악을 지켜 보실진대 주여 누가 서리이까 ⁴그러나 사유하심이 주께 있음은 주를 경외하게 하심이니이다

이 절들 속에서 우리는 다음과 같은 가르침을 받는다.

I. 우리의 처지가 아무리 한탄스러운 것일지라도, 우리는 어떠한 처지 속에서도 계속해서 하나님을 불러야 한다는 것(1절). 가장 선한 사람들도 종종 깊은 곳에서 큰 고난과 환난에 처할 수 있고, 깊은 곤경 속에서 깊은 절망에 빠질 지경에 이르러 어찌할 줄을 전혀 모른 채 그 심령은 의기소침하여 깊이 가라앉고 암울함 속에서 불안해할 수 있다. 그러나 아무리 큰 깊음 속에서도 우리가 하나님께 부르짖을 수 있고, 하나님은 우리의 부르짖음을 들어 주신다는 것이 바로 우리의 특권이다. 예레미야가 지하토굴에서 부르짖었고, 다니엘이 사자굴에서 부르짖었으며, 요나가 물고기의 뱃속에서 부르짖었듯이, 우리는 음부의 깊은 곳이 아니라 이 세상에서 가장 심한 고난의 깊은 곳에서 부르짖을 수

있고, 그 기도는 하늘의 높은 곳에 상달될 수 있다. 하나님께 부르짖는 것은 우리의 본분이자 특권이다. 왜냐하면, 그것은 우리가 더 낮게 가라앉는 것을 막아주고 우리를 기가 막힐 웅덩이와 수렁에서 끌어 올려 줄 유일한 길이기 때문이다(시 40:1-2).

II. 우리는 계속해서 하나님을 부르는 가운데 하나님께서 평안의 응답을 주시리라고 확신하여야 한다는 것. 왜냐하면, 이것이 다윗이 믿음으로 기도하는 바로 그것이기 때문이다(2절): 주여, 내 소리를 들으시며 나의 하소연과 기도를 들으시고 내가 고난 가운데서 내는 소리와 나의 부르짖는 소리에 귀를 기울이소서.

III. 우리는 하나님의 공의 앞에서 죄 지은 자이자 우리의 무수한 죄악들로 인하여 하나님 앞에서 고개를 들 수 없는 자로서 우리 자신을 낮추도록 가르침을 받는다(3절). 여호와여 주께서 죄악을 지켜보실진대 주여 누가 서리이까. 다윗이 이 짧막한 어구 속에서 야와 아도나이라는 단어를 사용해서 하나님을 여호와와 주로 부르고 있는 것은 그가 하나님의 영광스러운 엄위하심을 지극히 경외하는 마음과 하나님의 진노를 두려워하는 마음을 지니고 있음을 보여준다. 여기에서 우리는 다음과 같은 것들을 배워야 한다.

1. 우리의 죄악을 인정해야 한다는 것. 우리는 하나님 앞에서 스스로 의롭다고 할 수 없고 우리가 죄가 없다고 변호할 수 없다. 우리의 죄악은 뚜렷한 것으로서 비난받아 마땅한 것이다.

2. 하나님의 권능과 공의를 고백하여야 한다는 것. 하나님께서 그 권능과 공의로써 우리가 잘못한 일들을 낱낱이 검토하신다면, 거기에서 우리가 살아남을 소망은 전혀 없게 될 것이다. 하나님의 눈은 아무리 선한 자에게서도 그를 단죄할 근거가 되는 죄악들을 충분히 찾아내실 수 있다. 하나님께서 우리에 대하여 소추(訴追)를 진행하신다면, 우리는 빠져 나갈 길이 없고 설 수 없으며 반드시 패소하게 될 것이다. 하나님께서 우리를 엄격한 공의로 상대하신다면, 우리는 망할 수밖에 없다. 하나님께서 우리의 죄악들을 지켜 보신다면 그 죄악들이 무수하고 극히 무겁다는 것이 드러나게 될 것이다. 그런 후에 하나님께서 그 결과에 따라서 우리를 소추하신다면, 우리는 하나님의 은총을 받게 될 모든 소망에서 끊어져서 하나님의 진노 아래 갇히게 될 것이다. 그렇게 된다면, 우리는 무슨 수로 거기에서 살아날 수 있겠는가? 우리는 하나님의 보응하시는

손 아래에서 빠져 나갈 수도 없고 저항하거나 견뎌낼 수도 없다.

3. 하나님의 인내와 오래 참으심을 찬양하여야 한다는 것. 하나님께서 우리의 죄악들을 지켜보시고 그 죄악들을 우리에게 감당시키신다면, 우리는 망할 수밖에 없다. 하나님의 진노에 의해서 우리가 진멸되지 아니함은 하나님의 긍휼하심 때문이다.

IV. 우리는 우리 자신이 하나님의 공의 앞에서 가증스러운 자라는 것을 알고서 죄를 사하시는 하나님의 긍휼하심에 우리 자신을 맡기고 그것으로 위로를 삼도록 가르침을 받는다(4절). 좀 더 살펴보자.

1. 참회하는 죄인이 하나님의 은혜를 발견하고 그 은혜에 호소함: 그러나 사유하심이 주께 있나이다. 우리가 하나님께 나아갈 때마다 하나님께 죄 사하심이 있다는 사실은 우리에게 이루 말할 수 없는 위로가 된다. 왜냐하면, 죄 사함이야말로 우리에게 정말 필요한 것이기 때문이다. 하나님은 죄를 사하실 수 있는 능력을 가지고 계신다. 하나님은 자기가 자비롭고 은혜롭고 기꺼이 죄를 사할 준비가 되어 있다고 분명하게 밝히셨다(출 34:6-7). 하나님은 회개하는 자들의 죄를 사하실 것이라고 약속하셨다. 하나님과 상대한 자들 중에서 하나님을 화해하기 어려운 분으로 체험한 사람은 없었고, 누구나 하나님은 부탁을 잘 들어주시고 신속히 긍휼을 보이시는 분임을 체험하여 왔다. 우리에게는 죄악이 있기 때문에, 하나님께 죄 사하심이 있다는 것은 우리에게 좋은 일이다. 어떤 이들은 이 본문을 화해하심이 주께 있도다로 해석한다. 예수 그리스도는 하나님께서 준비하신 위대한 화목제물이자 대속물이시다. 그는 항상 하나님 곁에 계셔서 우리를 위하여 변호하시고, 우리는 그리스도로 말미암아 죄 사함을 얻을 소망을 지니게 된다.

2. 하나님께서 은혜를 베푸시는 목적을 따라서 우리가 마땅히 해야 할 본분. "사유하심이 주께 있음은 주께서 높은 자로서 대담함을 보이시기 위한 것이 아니라 주를 경외하게 하심이니이다. 즉, 하나님이 인간의 무수한 잘못들을 그냥 넘기시는 주(主)가 아니시라면, 죄인인 인간은 하나님을 상대할 수 없는데, 바로 그 인간이 하나님을 예배하고 섬길 수 있도록 하기 위하여 하나님께서는 인간의 죄를 사하여 주시는 것이니이다." 그러나 이런 말씀은 우리로 하여금 하나님을 예배하는 자리에 나아가기만 하면 죄 사함을 받을 수 있으니 아무리 죄를 지어도 상관없다는 의식을 심어주기 쉽다. 그러나 모든 죄가 무조건적으로

사함받는 것이 아니라, 우리가 진심으로 회개할 때에만 그 죄는 사함받을 수 있다. 하나님은 은혜로우시고 자비로우셔서 회개하는 자들을 받아들이시리라는 것은 범죄한 자들에게 회개하고 돌아와서 하나님을 경외하라고 특별한 방식으로 촉구하는 것이다(욜 2:13; 마 3:2). 특히, 우리는 죄 사하시는 하나님의 긍휼하심에 대하여 거룩한 경외심을 가져야 한다(호 3:5, 그들은 여호와를 경외하므로 여호와와 그의 은총으로 나아가리라). 우리가 하나님께 있는 죄 사함을 우리의 거룩한 경외의 대상으로 삼을 때에만 우리는 그 은택을 기대할 수 있다.

[5]나 곧 내 영혼은 여호와를 기다리며 나는 주의 말씀을 바라는도다 [6]파수꾼이 아침을 기다림보다 내 영혼이 주를 더 기다리나니 참으로 파수꾼이 아침을 기다림보다 더하도다 [7]이스라엘아 여호와를 바랄지어다 여호와께서는 인자하심과 풍성한 속량이 있음이라 [8]그가 이스라엘을 그의 모든 죄악에서 속량하시리로다

여기에는 다음과 같은 내용들이 나온다.

I. 시편 기자는 하나님을 의지하고 기다리겠다고 약속한다(5-6절). 좀 더 살펴보자.

1. 그는 하나님을 의지함. 이 시편은 점층법으로 된 노래이기 때문에, 이것은 절정에서 표현되고 있다. "나는 여호와를 기다리는도다. 나는 여호와에게서 구원과 위로가 올 것을 믿고 기대하면서, 구원이 올 때까지 열망하며, 구원이 지체되더라도 인내로 참고, 다른 곳에서 구원을 바라지 않기로 결심하나이다. 내 영혼이 기다리나이다. 나는 말로만이 아니라 진심으로 여호와를 기다리나이다. 나는 기다리는 자인데, 내 영혼이 기다리는 것은 여호와이고 그의 은혜의 선물들과 그의 능력의 역사(役事)들이나이다."

2. 그가 하나님을 의지하는 이유: 나는 주의 말씀을 바라는도다. 우리는 하나님께서 말씀을 통해서 약속하신 것만을 바라야 하고, 우리 자신이 제멋대로 상상해서 만들어낸 것을 바라서는 안 된다. 우리는 우리 자신의 견해를 따라서가 아니라 하나님의 약속을 근거로 삼아서 바라야 한다.

3. 그가 하나님을 의지하는 정도: 파수꾼이 아침을 기다림보다 더 내 영혼이 주를 기다리나이다.

(1) "아침이 오리라는 것을 파수꾼이 절대적으로 확신하듯이, 나는 하나님께서 그의 약속을 따라 내게 다시 긍휼을 베푸시리라는 것을 확신하나이다. 왜냐하면, 하나님의 언약은 낮과 밤의 규례보다 더 확고하고, 낮과 밤은 끝이 있겠지만 하나님의 언약은 영원할 것이기 때문이니이다."

(2) 파수꾼은 아침이 오기를 고대한다. 성벽을 지키는 보초들, 환자를 간호하는 자들, 먼 길을 여행하는 자들은 날이 밝기를 무척 고대한다. 그러나 이 선한 사람은 하나님의 은총과 은혜가 임하기를 더 간절히 고대하고, 낮이 밝아오는 것보다 하나님의 은총의 기미들을 더 잘 알아차린다. 하몬드 박사는 이 본문을, 아침에 파수꾼처럼 내 영혼이 주를 향하여 급히 달려가나니 아침에 파수꾼 같나이다로 해석하고서, 그 의미를 다음과 같이 해설한다: "나는 제사장들이 아침 제사를 드릴 때에 주 앞에서 나의 기도, 나의 영혼을 드리기 위해서 날마다 아침 일찍 주께 달려가나이다."

Ⅱ. 시편 기자는 하나님의 모든 백성들도 자기와 마찬가지로 하나님을 의지하고 신뢰하라고 격려한다. 이스라엘아 여호와를 바라고 기다릴지어다 ― 이스라엘 백성만이 아니라 이스라엘의 이름으로 자기를 부르는 모든 선한 자들(사 44:5). 하나님께 헌신된 모든 자들은 다음과 같은 두 가지 이유에서 즐거운 마음으로 하나님만을 바라야 한다(7-8절).

1. 자연의 빛은 하나님께 긍휼하심이 있고 이스라엘의 하나님은 긍휼에 풍성하신 하나님이시고 긍휼의 아버지이시라는 것을 우리에게 드러내 주기 때문에. 긍휼하심이 여호와께 있도다. 긍휼하심은 하나님의 본성일 뿐만 아니라 하나님의 기쁨이고 하나님의 매력적인 속성이다. 하나님의 모든 일들, 하나님의 모든 계획들 속에 그의 긍휼하심이 있다.

2. 복음의 빛은 하나님께서 계획하셨다가 때가 차매 이루신 속량하심이 있다는 것을 우리에게 드러내 주기 때문에. 속량하심은 태초부터 하나님 안에 감춰어져 있었다. 좀 더 살펴보자.

(1) 이 속량의 성격. 그것은 죄, 모든 죄로부터의 속량이기 때문에, 예수 그리스도께서 이루신 저 영원한 구속(救贖)에 다름 아니다. 왜냐하면, 자기 백성을 그들의 죄에서 구원하시고(마 1:21) 모든 불법에서 그들을 속량하시며(딛 2:14) 야곱에게서 경건하지 않은 것을 돌이키시는(롬 11:26) 분은 바로 예수 그리스도이시기 때문이다. 죄의 정죄하는 능력과 지배하는 능력에서 우리를 속

량하시는 분은 바로 예수 그리스도이시다.

(2) 이 속량의 풍성함. 그것은 풍성한 속량이다. 구속주 안에는 모든 이에게 충분하고 각자에게 충분한 충만한 공로와 은혜가 있다. 믿는 자는 그 은혜가 내게 충분하다고 말한다. 죄로부터의 속량은 그 밖의 다른 모든 악들로부터의 속량을 포함하는 것이기 때문에 풍성한 속량이다.

(3) 이러한 속량의 은택을 받을 자들: 그가 이스라엘, 곧 영(靈)을 따라 이스라엘인 자, 구약의 이스라엘처럼 하나님과 언약관계에 있는 모든 자, 그 속에 간사함이 없는 진실로 이스라엘 사람인 자를 속량하시리로다.

제
— 131 —
편

개요

이 시편은 다윗이 하나님께서 그에게 은혜를 주셔서 그가 헛된 영광을 구하지 않고 낮아져서 겸손하게 되게 하신 것을 감사하는 내용이다. 대부분의 해석자들이 말하듯이, 사울과 그의 신하들이 다윗을 중상모략하여 그가 하나님의 택하심을 받았다는 미명하에 마음이 교만하여져서 이스라엘 나라를 차지하고자 하는 야망을 품고 있다고 비방하자 다윗은 이에 대한 응답으로서 이 시편과 같은 내용으로 항변하였을 가능성이 대단히 높다. 다윗은 그들의 비방과는 반대로 다음과 같은 것들을 하나님께 호소한다. I. 그는 높거나 큰 일을 도모하지 않았다(1절). II. 그는 하나님께서 그에게 정해 주신 모든 처지 속에서 지극히 평온하였다(2절). 그러므로 III. 그는 모든 선한 백성에게 자기처럼 하나님을 의지하라고 격려한다(3절). 어떤 이들은 "내 마음이 교만하지 아니하고 …"라고 말할 수 없는 사람이 많다는 것을 다윗의 시편들을 노래하는 것에 대한 반론으로 삼아 왔다. 그런 사람들이 많다는 것은 사실이다. 그러나 우리는 우리가 마땅히 되어야 할 모습에 못 미치는 것에 대하여 회개하고, 하나님께서 은혜를 주셔서 우리로 하여금 그런 모습이 되게 해 달라고 겸손히 기도하는 가운데, 우리 자신과 서로를 가르치고 권면하려는 목적으로 이 시편을 노래할 수 있을 것이다.

〔다윗의 시 곧 성전에 올라가는 노래〕
¹여호와여 내 마음이 교만하지 아니하고 내 눈이 오만하지 아니하오며 내가 큰 일과 감당하지 못할 놀라운 일을 하려고 힘쓰지 아니하나이다 ²실로 내가 내 영혼으로 고요하고 평온하게 하기를 젖 뗀 아이가 그의 어머니 품에 있음 같게 하였나니 내 영혼이 젖 뗀 아이와 같도다 ³이스라엘아 지금부터 영원까지 여호와를 바랄지어다

여기에는 우리에게 위로가 될 내용이 두 가지 나온다.

I. 우리가 신앙을 온전히 지켰다는 인식.　　다윗에게는 그가 사람들로부터

비방을 받고 여러 가지 시험 가운데 있었음에도 불구하고 하나님과 겸손히 동행하여 왔다는 것을 그의 심령이 증거할 수 있다는 것이 큰 기쁨이었다.

1. 다윗은 큰 일을 하는 것을 목표로 삼지도 않았고, 세상에서 유명한 인물이 되고자 하지도 않았다. 하나님께서 정하신 것이라면, 그는 어릴 때와 마찬가지로 양 떼를 기르며 평생을 보낸다 하여도 충분히 만족하며 살 수 있었을 것이다. 그의 형은 화가 나서 그에게 교만하다고 비난하였지만(삼상 17:28), 그러한 비난은 근거없고 부당한 것이었다. 사람의 마음을 살피시는 하나님께서는 다음과 같은 것들을 아셨다.

(1) 다윗이 자기 자신 또는 자신의 공로와 관련해서 거짓되거나 허황된 생각을 갖고 있지 않았다는 것: 여호와여, 내 마음이 교만하지 아니하나이다. 겸손한 성도들은 자기 자신을 아주 훌륭하다고 생각할 수 없고, 자아도취에 빠지지 않으며, 자기가 이룬 업적이나 공로를 뽐내지 않는다. 하나님을 향한 사랑이 마음을 지배하고 있으면, 온갖 지나친 자기애(自己愛)는 자연스럽게 사라지게 된다.

(2) 다윗이 남을 비웃거나 야망을 품은 모습을 보이지 않았다는 것. "내 눈이 오만하지 아니하여, 윗 사람들을 시기하는 눈으로 바라보지도 않았고 아랫 사람들을 멸시하는 눈으로 바라보지도 않았나이다." 교만한 마음이 있는 곳에는 교만한 눈이 있는 것이 보통이지만(잠 6:17), 겸손한 세리는 그의 눈을 들지조차 못하였다.

(3) 다윗이 자기 분수에 넘치는 일이나 그에게 큰 일과 감당하지 못할 놀라운 일을 하려고 하지 않았다는 것. 그는 지나치게 높은 학문에 뜻을 두고 정진한 적이 없었다. 그는 하나님의 말씀만을 묵상하였을 뿐이고, 고상한 사변(思辨)이나 애매한 논쟁을 즐기거나 성경에 기록된 것을 넘어서서 지혜롭게 되고자 하지 않았다. 하나님을 알고 우리의 본분을 아는 것만으로 우리는 충분히 높은 학문을 한 것이다. 다윗은 너무 큰 일들을 하고자 하지 않았다. 그는 자신의 양들의 뒤를 쫓아다녔을 뿐이고, 결코 정치가나 군사가 되고자 하지 않았다. 왜냐하면, 그의 형들이 전쟁터에 나가 있을 때에 그는 집에 머물면서 양 떼를 지켰기 때문이다. 우리의 영역 안에 머물고, 우리가 본 적이 없는 일들에 뛰어들거나 우리에게 속하지 않은 일들에 개입하지 않는 것이 우리의 지혜이고 우리의 칭찬이 될 것이다. 방백들과 학자들은 사람이 하기에 너무 크거나 높은 일

을 하려고 애쓰지 말아야 한다. 비처한 처지에 있고 보통의 역량만을 지닌 자들은 그들이 하기에 벅차거나 그들의 역량 밖에 있는 일을 하려고 해서는 안 된다. 자기에게 어울리지 않는 영광과 존귀를 구하는 자들은 반드시 수치를 당하게 될 것이다.

2. 다윗은 하나님께서 그를 어떠한 처지에 두시든지 간에 그 처지에 잘 순응하였다(2절): 내가 내 영혼으로 고요하고 평온하게 하기를 젖 뗀 아이 같게 하였도다. 그는 교만하게 이스라엘 나라를 얻고자 하지 않았던 것과 마찬가지로, 하나님께서 그를 왕으로 세우시기로 작정하신 이래로 그는 누구에게도 오만하게 행하지 않았고, 때가 되기 전에 왕이 되기 위하여 안절부절하며 여러 가지 시도들을 하지도 않았다. 오히려

(1) 그는 높은 일들을 하고자 하기는커녕 젖먹이 아이처럼 겸손하고 유순하였고, 어머니나 유모의 품에 있는 젖먹이 아이처럼 하나님의 처분에 전적으로 자신을 맡겼으며, 왕으로 기름 부음을 받았지만 결코 오만방자하지 않았고, 장차 자기가 왕이 될 것이라고 여겨서 자신을 귀히 여기지도 않았다. 우리 구주께서는 이 비유를 사용해서 우리에게 겸손을 가르치셨다(마 18:3). 우리는 어린 아이가 되어야 한다.

(2) 완전히 젖을 뗀 아이가 어머니의 품에 무관심하듯이, 그는 이 세상의 부와 명예에 무관심하였다. 나는 젖 뗀 아이처럼 고요하고 평온하였다(하몬드 박사의 해석). 이것은 젖먹이 아이가 어머니의 품을 사모하듯이 우리의 마음은 선천적으로 세상적인 것들을 바라고 소중히 여기며 좋아하고 그것들을 달라고 보채며 그것들이 없이는 살아갈 수 없다는 것을 보여준다. 그러나 하나님의 은혜로 말미암아 거룩함을 입은 영혼은 그러한 것들로부터 시들해지게 되고 젖을 떼게 된다. 하나님은 섭리를 통해서 어머니의 품에 쓴 것을 발라 놓으시고, 우리는 자연스럽게 그 품을 떠나게 된다. 젖을 떼는 동안에 아이는 괴로워서 안절부절하게 되고, 어머니의 품을 떠났을 때에는 이젠 끝장이라고 생각하게 된다. 그러나 하루나 이틀이 지나면 아이는 어머니의 품을 잊는다. 괴로움은 지나가고, 아이는 새로운 양식에 아주 잘 적응해서, 더 이상 젖을 찾지 않고 딱딱한 음식을 잘 소화할 수 있게 된다. 마찬가지로, 은혜를 받은 영혼은 피조물들이 젖이 나오지 않는 메마른 젖가슴으로 밝혀질 때에 자신이 좋아했던 것을 상실하고 자신이 바랐던 것에 대하여 실망한 후에 스스로 평온을 찾게 되고,

무슨 일이 일어나든 하나님을 의지해서 평안하게 잘 살아간다. 우리의 처지가 우리 마음대로 되지 않을 때, 우리는 우리의 마음을 우리의 처지에 맞춰야 한다. 그러면, 우리는 우리 자신과 우리를 둘러싼 모든 것에 대하여 편안해지게 된다. 그 때에 우리 영혼은 젖 뗀 아이와 같게 된다.

II. 하나님에 대한 신뢰. 다윗은 의심할 여지 없이 자신의 체험을 토대로 하나님의 온 이스라엘에게 다음과 같이 권면한다(3절): 이스라엘아 지금부터 영원까지 여호와를 바랄지어다. 다윗은 스스로는 그에게 예정된 왕위를 인내로써 조용히 기다릴 수 있었지만, 다윗을 사랑하였던 이스라엘 백성은 때가 되기 전에 다윗을 왕으로 세우기 위한 모종의 시도를 하고자 하였을 것이다. 그래서 다윗은 그들을 진정시키고자 애쓰면서, 때가 되어 상황이 유리하게 바뀔 때까지 여호와를 바라도록 그들에게 권면한다. 사람이 여호와의 구원을 바라고 잠잠히 기다림이 좋도다.

제 — 132 — 편

개요

　　이 시편은 솔로몬이 아버지의 지시를 따라 건축한 성전을 봉헌할 때에 부르기 위해서 지었을 가능성이 높다(대상 28:2 이하). 솔로몬은 자기에게 맡겨진 일을 다 이룬 후에 자기가 행한 일을 인정해 달라고 하나님께 간구한다. I. 그는 성전을 하나님을 영화롭게 하고 섬기기 위하여 건축하였다. 그는 하나님의 임재의 상징인 법궤를 성전으로 모실 때에 하나님께서 친히 오셔서 법궤와 함께 성전에 임재해 계시기를 기원한다(8-10절). 솔로몬은 이러한 말로 그의 기도를 마무리하였다(대하 6:41-42). II. 그는 아버지에게서 받은 지시를 따라서 성전을 건축한 것이기 때문에, 이러한 간구를 강화하기 위하여 다윗을 언급하며 호소한다. 1. 그는 다윗이 하나님에 대하여 얼마나 경건하였는지를 호소한다(1-7절). 2. 그는 하나님께서 다윗에게 하신 약속에 호소한다(11-18절). 전자는 그의 간구 앞에 나오고, 후자는 그의 간구에 대한 응답으로서 뒤에 나온다. 이 시편을 노래할 때, 우리는 하나님의 전인 복음 교회에 대하여 관심을 가져야 하고, 하나님의 긍휼을 확실한 긍휼이 되게 하신 우리 왕 다윗, 곧 그리스도를 의지하여야 한다.

〔성전에 올라가는 노래〕

¹여호와여 다윗을 위하여 그의 모든 겸손을 기억하소서 ²그가 여호와께 맹세하며 야곱의 전능자에게 서원하기를 ³내가 내 장막 집에 들어가지 아니하며 내 침상에 오르지 아니하고 ⁴내 눈으로 잠들게 하지 아니하며 내 눈꺼풀로 졸게 하지 아니하기를 ⁵여호와의 처소 곧 야곱의 전능자의 성막을 발견하기까지 하리라 하였나이다 ⁶우리가 그것이 에브라다에 있다 함을 들었더니 나무 밭에서 찾았도다 ⁷우리가 그의 계신 곳으로 들어가서 그의 발등상 앞에서 엎드려 예배하리로다 ⁸여호와여 일어나사 주의 권능의 궤와 함께 평안한 곳으로 들어가소서 ⁹주의 제사장들은 의를 옷 입고 주의 성도들은 즐거이 외칠지어다 ¹⁰주의 종 다윗을 위하여 주의 기름 부음 받은 자의 얼굴을 외면하지 마옵소서

이 절들에서 솔로몬은 하나님께 그와 그의 통치에 은총을 베푸시고 그가 하나님의 이름으로 건축한 전을 열납해 주시기를 간구한다. 좀 더 살펴보자.

I. 솔로몬은 무엇을 호소하는가. 그는 두 가지를 호소한다.

1. 그가 행한 일은 그의 아버지 다윗이 하나님을 위한 전을 건축하겠다고 한 경건한 서원을 따라 된 일이었다는 것. 솔로몬은 지혜로운 사람이었지만 자신의 공로를 내세우지 않는다. "이 일과 관련해서 나는 무익한 자이오나, 여호와여 주께서 언약을 맺으신 다윗을 기억하시고(모세가 최초로 언약을 맡은 자인 아브라함을 기억하소서라고 기도했듯이, 출 32:13), 다윗이 기름 부음을 받은 것으로 인하여 겪은 모든 고난들, 그의 삶의 모든 괴로움들을 기억하소서." 또는, 여호와여, 다윗이 법궤에 대하여 얼마나 신경을 썼고, 법궤가 휘장 가운데 있다는 것 때문에 얼마나 그 심기가 불편해하였는지를 기억하소서(삼하 7:2). 그의 모든 겸손과 온유함을 기억하소서(어떤 이들은 이렇게 해석한다). 그가 얼마나 경건하고 헌신된 애정을 가지고 성전을 건축하겠다고 서약했는지를 기억하소서. 우리의 믿음의 조상들이 신앙 때문에 겪은 고초들, 섬김들, 고난들, 하나님께서 그들과 맺은 언약, 그들이 하나님의 선하심을 체험한 일들, 그들이 이후 세대를 위하여 올려 드렸던 수많은 기도들과 관심들을 우리가 하나님께 상기시켜 드리는 것은 잘못된 일이 아니라는 것을 명심하라. 우리는 이 말씀을 다윗의 자손 그리스도와 그가 겪으신 온갖 고난에 적용할 수 있을 것이다. "여호와여, 그리스도와 맺으신 언약과 그리스도께서 이루신 대속을 기억하옵소서. 그의 모든 제사, 즉 그의 모든 고난을 기억하소서(시 20:3)." 솔로몬은 특히 다윗이 그의 통치가 안정되자마자 자신의 궁전을 마련하기 전에 하나님을 위한 전을 건축하겠다고 엄숙하게 서원했다는 것을 호소한다. 좀 더 살펴보자.

(1) 다윗은 누구에게 서원하였는가? 그는 여호와께, 야곱의 전능자에게 서원하였다. 서원은 하나님께 하여야 한다. 하나님은 서원의 증인이심과 동시에 한편 당사자가 되신다. 여호와는 그 능력으로 야곱을 보호하시고 구원하시는 야곱의 전능자, 야곱의 하나님, 강한 자이시다. 야곱은 약하지만, 야곱의 하나님은 강한 분이시다.

(2) 다윗은 무엇을 하기로 서원하였는가? 그는 여호와의 처소, 즉 그의 임재의 상징인 법궤를 안치할 처소를 발견하겠다고 서원하였다. 그는 율법에서 하나

님께서 그의 이름을 두시려고 택하신 곳을 자주 언급하고 있는 것과 이스라엘의 모든 지파들은 그 곳을 드나들게 되리라는 것을 익히 알고 있었다. 그가 왕위에 올랐을 때에 그러한 곳은 존재하지 않았다. 실로는 버려졌고, 법궤를 안치해 둘 곳은 아직 마련되지 않았다. 그래서 여호와의 절기들은 적절한 격식을 차려서 엄숙하게 지켜질 수 없었다. 이러한 상황에서 다윗은 이렇게 말하였다. "그래, 내가 모든 지파가 함께 모일 곳, 야곱의 전능자의 처소, 법궤를 안치해 두고 제사장들과 백성들이 함께 예배를 드릴 곳을 발견하리라."

(3) 이 서원과 관련된 다윗의 열심은 어느 정도였는가? 그는 이 일이 어느 정도 마무리될 때까지는 자신의 침상에 오르고자 하지 않았다(3-4절). 이 일은 오랫동안 애기만 무성하게 되었을 뿐 아무것도 이루어지지 않았는데, 마침내 다윗은 어느 날 아침 나라 일을 보기 위해 밖에 나갔다가 밤이 되기 전에 이 문제를 매듭짓고 장소를 결정하겠다고 서원하게 되었다. 그는 그의 치세 초기에 법궤를 안치할 성막을 어디에 지을지를 결정하고자 하였는데, 그 장소는 그의 치세 후기에 그가 인구조사를 한 것 때문에 하나님의 징벌이 임하여 역병이 퍼진 직후에 결정되었고, 이 때에 그는 이는 여호와의 성전이라고 말하였는데(대상 22:1), 그 곳은 후일에 솔로몬이 성전을 지은 장소가 되었다. 다윗은 그 징벌을 받은 때에 하나님께서 자기와 다투시는 이유 중의 하나가 자기가 성전 문제에 있어서 꾸물거린 것 때문이라고 생각하여 이러한 서원을 하였던 것으로 보인다. 하나님을 위하여 할 일이 있을 때에 우리는 제때에 정확히 하는 것이 좋다는 것을 명심하라. 왜냐하면, 우리는 일을 미루고 꾸물거리기가 쉽기 때문이다. 우리는 아침에 일어나서 그 날에 할 일을 계획하고서 잠자리에 들기 전까지 그 일을 꼭 해내는 것이 좋다 — 물론, 우리는 하룻동안에 무슨 일이 일어날는지 알 수 없기 때문에 하나님의 섭리에 순종하는 가운데 그래야 하지만. 특히 하나님께 돌이키는 큰 일에 있어서 우리는 그렇게 끈질김과 열심을 보여야 한다. 우리는 더 좋은 내세의 삶에 대한 소망의 토대를 놓기 전까지는 현세의 위로들을 누리지 않기로 결심하여야 한다.

2. 그 일은 이스라엘 백성의 기대들을 따른 일이었다는 것(6-7절).

(1) 그들은 법궤에 대하여 몹시 궁금해하였다. 왜냐하면, 그들은 법궤가 후미진 곳에 있는 것을 탄식하였다(삼상 7:2). 그들은 그것이 에브라다에(즉, 에브라임 지파에 속한 실로에) 있다 함을 들었다. 그들은 법궤가 거기에 있었다는

소문을 들었지만, 법궤는 어딘가로 사라져 버리고 없었다. 그들은 마침내 나무 밭에서, 즉 숲의 성읍을 뜻하는 기럇여아림에서 그것을 찾았다. 온 이스라엘은 다윗의 치세 초기에 엄숙한 예식을 갖춰서 법궤를 모셔왔기 때문에(대상 13:6), 솔로몬이 법궤를 안치해 둘 전을 건축한 것은 온 이스라엘을 기쁘게 하였다. 그들은 법궤를 찾기 위해서 더 이상 여기저기를 헤맬 필요가 없었다. 그들은 이제 법궤가 있는 곳을 알게 되었다.

(2) 그들은 법궤를 모시기로 결심하였다. "우리에게 법궤를 안치해 둘 곳이 있기만 하다면, 우리가 그의 계신 곳으로 들어가서 거기에서 예를 갖추고, 신민(臣民)이자 간구자들로서 그의 발등상 앞에서 엎드려 예배하리로다. 우리가 사울 때에는 그런 곳이 없어서 그렇게 하지를 못하였도다(대상 13:3)."

II. 솔로몬은 무엇을 기도하는가(8-10절).

1. 그가 건축한 이 성전을 하나님께서 받으실 뿐만 아니라 거기에 계셔 주시라는 것: 여호와여, 일어나사 주의 권능의 궤, 주의 권능 있는 임재의 보증인 법궤와 함께 평안한 곳으로 들어가소서.

2. 하나님께서 성소를 섬기는 자들에게 은혜를 주셔서 그들의 도리를 다하게 해 달라는 것: 주의 제사장들이 의를 옷 입게 하소서. 그들이 주를 섬기는 일에서나 일상의 행실에서 규범을 따라 행함으로써 의롭다는 것이 드러나게 하소서. 의는 사역자의 최고의 장식물이라는 것을 명심하라. 하나님을 향하여 거룩한 것과 모든 사람들을 향하여 선한 것은 사역자들의 몸에 배어 있는 습관이 되어야 한다는 것은 두말 할 필요도 없다. "그들은 주의 제사장들이오니, 만약 그들이 의로 옷 입지 않는다면 주에 대한 그들의 관계가 의심받게 될 것이나이다."

3. 하나님의 백성 가운데서 거룩한 예배와 규례들이 합당하게 행해지는 기쁨이 있게 해 달라는 것: 주의 성도들은 즐거이 외치게 하소서. 법궤가 다윗 성에 들어왔을 때에 그들은 그렇게 하였다(삼하 6:15). 제자들이 의로 옷 입을 때에 그들은 그렇게 할 것이다. 사역자들이 하나님을 신실하게 섬기는 것은 성도들의 기쁨이 된다. 그것은 성도들이 기뻐할 일이고 그 기쁨을 촉진시키는 일이다. 우리는 너희 기쁨을 돕는 자들이다(고후 1:24).

4. 성전을 봉헌할 때에 솔로몬이 드리는 기도가 하나님께 열납되게 해 달라는 것. "주의 기름 부음 받은 자의 얼굴을 외면하지 마옵소서. 즉, 내가 주께 간구한 일들을 거절하지 마시고, 내가 부끄러워하며 돌아가게 하지 마옵소서." 솔

로몬은 다음과 같은 것들에 호소한다.

(1) 그가 여호와의 기름 부음 받은 자라는 것. 그는 그리스도의 모형으로서 이것에 호소하는데, 진정한 기름 부음 받은 자이신 그리스도께서는 중보 기도하실 때에 하나님께서 그를 그러한 직분에 임명하셨다는 것을 근거로 호소하셨다. 그는 하나님의 기름 부음 받은 자이기 때문에, 성부 하나님께서는 그의 말을 항상 들어 주신다.

(2) 그가 다윗의 자손이라는 것. "다윗을 위하여 내 기도를 거절하지 마소서." 이것은 그리스도인들이 제시하는 호소이다: "주께서 기뻐하시는 그리스도(우리의 다윗)를 위하여 내 기도를 열납하소서." 다윗은 사랑받는 자이다(다윗이라는 이름은 이런 의미이다). 우리는 사랑받는 자 안에서 하나님께 열납된다. 다윗은 하나님께서 붙들어 주시는 하나님의 종이다(사 42:1). "우리에게는 하나님께 내놓을 만한 공로가 없지만, 공로로 충만하신 그분을 위하여 우리에게 은총을 베푸소서." 교회가 형통하기를 위하여 기도할 때, 우리는 자신의 피로 교회를 사신 그리스도 때문에 아주 담대하게 기도할 수 있다. "사역자들과 백성들이 둘 다 자신의 본분을 다하게 하소서."

[11]여호와께서 다윗에게 성실히 맹세하셨으니 변하지 아니하실지라 이르시기를 네 몸의 소생을 네 왕위에 둘지라 [12]네 자손이 내 언약과 그들에게 교훈하는 내 증거를 지킬진대 그들의 후손도 영원히 네 왕위에 앉으리라 하셨도다 [13]여호와께서 시온을 택하시고 자기 거처를 삼고자 하여 이르시기를 [14]이는 내가 영원히 쉴 곳이라 내가 여기 거주할 것은 이를 원하였음이로다 [15]내가 이 성의 식료품에 풍족히 복을 주고 떡으로 그 빈민을 만족하게 하리로다 [16]내가 그 제사장들에게 구원을 옷 입히리니 그 성도들은 즐거이 외치리로다 [17]내가 거기서 다윗에게 뿔이 나게 할 것이라 내가 내 기름 부음 받은 자를 위하여 등을 준비하였도다 [18]내가 그의 원수에게는 수치를 옷 입히고 그에게는 왕관이 빛나게 하리라 하셨도다

이 절들에 나오는 내용들은 맹세로 보증된 귀한 약속들로서 이 약속의 후사(後嗣)들이 큰 안위를 받게 하기 위한 것이다(히 6:17-18). 우리가 이것들을 솔로몬이 기도 가운데서 호소하는 것들로 해석하든, 아니면 그 기도에 대한 하나님의 응답들로 해석하든, 그 의미는 매한가지이다. 믿는 자들은 약속들을

이렇게 두 가지 방식으로 사용할 줄을 아는데, 한편으로는 기도 가운데서 하나님께 약속들을 말씀드리며 상기시켜 드리기도 하고, 다른 한편으로는 약속들을 통해서 여호와 하나님께서 우리에게 무엇을 말씀하시고자 하는지를 듣기도 한다. 이 약속들은 교회와 나라가 견고히 서는 것, 즉 다윗 가문의 왕위와 이스라엘의 증거가 시온 산 위에 견고히 서는 것과 관련되어 있다. 다윗의 자손에 관한 약속들이 그리스도에게 적용될 수 있는 것과 마찬가지로, 시온 산과 관련된 약속들은 복음 교회에 적용될 수 있기 때문에, 우리는 이 약속들에 호소할 수 있고 그 약속들로 말미암아 큰 위로를 받을 수 있다. 좀 더 자세하게 살펴보자.

I. 하나님께서 다윗 가문과 시온 산을 택하심. 이 둘은 하나님이 정하신 것이었다.

1. 하나님은 다윗 가문을 왕가(王家)로 택하셨고, 그 선택을 맹세로써 확증하셨다(11-12절). 그리스도의 모형인 다윗은 하나님의 맹세를 통해서 왕이 되었다. 여호와는 맹세하고 변하지 아니하시며 후회하지 아니하시리라. 다윗이 자기가 여호와의 집을 마련하겠다고 맹세하자(2절), 여호와께서는 다윗의 집을 지어주겠다고 맹세하셨다. 왜냐하면, 하나님은 그의 백성 중 누구에게도 사랑이나 확신을 주시는 데에 꾸물거리는 분이 아니시기 때문이다. 하나님께서 다윗에게 주신 약속은 다음과 같은 것들이었다.

(1) 다윗의 허리에서 난 후손들이 오랫동안 왕위를 계승하게 되리라는 것: 내가 네 몸의 소생을 네 왕위에 둘지라. 이 말씀은 솔로몬에게서 이루어졌다. 다윗은 살아 생전에 솔로몬이 왕위에 오르는 것을 보고서 무척 만족하였다(왕상 1:48). 또한 하나님은 다윗의 후손들이 영원히 왕위를 잇게 되리라고 조건부로 약속하셨다: 다음 세대들에서 네 자손들이 내 언약과 내가 그들에게 교훈하는 내 증거를 지킨다면. 하나님은 친히 그들을 가르치겠다고 약속하셨고, 실제로 그 약속을 따라서 이스라엘 백성 가운데 모세와 선지자들을 세우셨다. 하나님께서 원하신 것은 그가 그들에게 가르친 것을 그들이 지켜 행하는 것이었다. 그렇게만 한다면, 그들의 자손들은 영원히 네 왕위에 앉으리라. 왕들은 하나님 앞에서 선한 행실을 가져야 하고, 하나님께서 왕들에게 수여하신 권세는 선한 행실을 갖는 동안에만 유효하다. 그렇지만 그들은 하나님의 언약을 지키지 않았기 때문에, 결국 다윗 가문의 세습은 끊어지게 되었고, 점차 규가 유다를 떠났다.

(2) 다윗의 허리에서 날 한 왕, 영원한 후사(後嗣)의 정사와 평강의 더함이 무궁하리라는 것. 사도 베드로는 이 말씀을 그리스도에게 적용한다. 아니, 그는 다윗 자신이 이 말씀을 그렇게 이해하였다고 우리에게 말해준다(행 2:30): 그는 선지자라 하나님이 이미 맹세하사 그 자손 중에서 한 사람을 그 위에 앉게 하리라 하심을 알았다. 하나님은 때가 차매 그렇게 하셔서, 그 조상 다윗의 위를 그에게 주셨다(눅 1:32). 그리스도께서는 하나님께서 제시하신 약속의 조건을 충족하셨다. 그는 하나님의 언약과 증거를 지키셨고, 아버지의 뜻을 행하셨으며, 모든 일에서 하나님을 기쁘시게 하였다. 그러므로 그리스도와 그의 영적인 자손들에게 이 약속은 지켜지게 될 것이다. 그리스도, 그리고 하나님께서 그에게 주신 자녀들인 모든 믿는 자들은 영원히 그 보좌에 앉게 될 것이다(계 3:21).

2. 하나님은 시온 산을 성산(聖山)으로 택하셨고, 그 곳을 그가 기뻐하신 것을 통해서 그 선택을 확증하셨다(13-14절). 하나님은 그가 사랑하시는 시온 산을 택하셨다(시 78:68). 하나님은 시온 산을 법궤의 거처로 택하시고, 시온 산은 실로와는 달리 나의 임시 거처가 아니라 내가 영원히 쉴 곳이라고 말씀하셨다. 시온은 다윗의 성읍이었다. 다윗이 그 곳을 왕도(王都)로 택한 것은 하나님께서 그 곳을 성도(聖都)로 택하셨기 때문이었다. 하나님께서 내가 여기 거주하리라고 말씀하시자, 다윗도 내가 여기에 거주하리라고 말하였다. 왜냐하면, 하나님께 가까이 함이 내게 복이라는 것이 다윗의 행동 원칙이었기 때문이다. 여기에서 시온은 복음 교회의 모형으로 보아져야 한다. 시온 산이라 불리는 복음 교회는 여기에서 시온에 관하여 말하고 있는 것을 온전히 성취하였다(히 12:22). 시온은 이미 오래 전에 밭으로 경작되었지만, 그리스도의 교회는 살아계신 하나님의 집으로서(딤전 3:15) 하나님께서 영원히 쉴 곳이고, 세상 끝날까지 항상 하나님의 임재로 복을 받게 될 것이다. 하나님께서 그의 교회를 기뻐하시고 항상 그의 교회와 함께 계신다는 것은 교회의 모든 지체들에게 위로와 기쁨이 된다.

Ⅱ. 하나님께서 다윗 가문과 시온 산을 위하여 예비해 놓으신 최고의 축복들. 하나님은 그가 택하신 자를 반드시 축복하신다.

1. 하나님은 시온 산을 택하신 후에, 다음과 같은 것들을 통해서 그 곳을 복 주시겠다고 약속하신다.

(1) 지금 여기에서의 삶의 축복들을 통해서. 왜냐하면, 경건함은 현세에서의 약속을 지니기 때문이다(15절). 땅은 풍성한 소산을 내게 될 것이다. 신앙이 견

고한 곳에는 땅이 그 소산을 내어줄 것인데, 이것은 하나님께서 그 곳을 축복하신 결과이다(시 67:6). 하나님은 그 곳을 분명하고도 풍성하게 축복하실 것이다. 하나님의 축복 없이 얻어진 많은 소출보다 하나님의 풍성한 축복의 결과로 얻어진 적은 소출이 더 유익하고 더 위로가 넘치는 법이다. 하나님의 백성이 누리는 평범한 것들에는 하나님의 특별한 축복이 임하여 있어서, 그 평범한 것들은 그들에게 꿀처럼 달게 된다. 아니, 하나님의 약속은 거기에서 한 걸음 더 나아간다: 내가 떡으로 그 빈민을 만족하게 하리로다. 시온에게도 그들이 보살펴야 할 가난한 자들이 있다. 하나님은 그 가난한 자들조차도 돌보아 주실 것이라고 약속하신다.

[1] 하나님의 섭리로 말미암아 그들은 궁핍하지 않게 될 것이다. 그들은 충분한 양식을 얻게 될 것이다. 양식이 핍절하게 되면, 그 영향을 가장 먼저 받는 것은 가난한 자들이다. 따라서 가난한 자들에게 양식이 충분하다면, 그것은 전체적으로 양식이 풍족하다는 것을 보여주는 확실한 징표가 된다. 시온의 가난한 자들은 궁핍하지 않게 될 것이다. 왜냐하면, 하나님께서 시온의 모든 자녀들에게 각자의 능력을 따라서 가난한 자들을 구제하는 의무를 부과하셨고, 교회는 가난한 자들이 구제에서 빠지는 일이 없도록 살필 의무가 주어져 있기 때문이다(행 6:1).

[2] 하나님의 은혜로 말미암아 그들은 불평하지 않게 될 것이다. 마른 빵만이 있을지라도 그들은 만족할 것이다. 시온의 가난한 자들에게는 더 좋은 것이 예비되어 있기 때문에, 그들은 이 세상의 것에 대해서는 조금 갖는 것으로 충분히 만족하여야 한다. 여기에 나오는 말씀은 영적으로 말씀과 예배를 통해서 영혼에게 공급되는 양식을 뜻하는 것으로 이해될 수도 있다. 하나님은 말씀과 예배를 통해서 새 사람이 풍성히 먹고 만족하도록 복을 내리실 것이고, 심령이 가난한 자들을 생명의 양식으로 배부르게 먹이실 것이다. 우리는 하나님께서 특별히 성별하셔서 우리에게 주시는 것으로 배부르고 만족하게 될 것이다.

(2) 내세의 삶의 축복들, 경건에 속한 일들을 통해서(16절). 이것은 9절에 나오는 기도(주의 제사장들이 의를 옷 입게 하시고 주의 성도들이 즐거이 외치게 하소서)에 대한 응답이다.

[1] 시편 기자는 제사장들이 의로 옷 입게 되기를 원하였다. 여기에서 하나님은 그 제사장들에게 구원을 옷 입히리니 그들을 구원할 뿐만 아니라 그들과 그들

의 사역이 하나님의 백성의 구원을 위한 도구가 되게 하겠다고 약속하신다. 제사장들은 그들 자신과 그들의 말을 듣는 자들을 구원하게 될 것이고, 교회에 구원받는 자들을 더하게 될 것이다. 하나님께서는 그가 의로 옷 입히시는 자를 구원으로 옷 입히시리라는 것을 명심하라. 우리는 의를 위하여 기도하여야 한다. 그러면, 하나님은 의와 더불어서 구원도 주실 것이다.

[2] 시편 기자는 성도들이 즐거이 외치게 되기를 원하였다. 하나님은 그들이 즐거이 큰 소리로 외치게 될 것이라고 약속하신다. 하나님은 우리가 구하는 것보다 더 많이 주시고, 구원을 주실 때에 풍성한 기쁨도 주신다.

2. 하나님은 다윗 가문을 택하신 후에, 여기에서 다음과 같은 것들을 통해서 그 가문에 합당한 복을 주시겠다고 약속하신다.

(1) 왕성한 권세: 거기 시온에서 내가 다윗에게 뿔이 나게 할 것이라(17절). 왕의 위엄이 점점 더 커질 것이고, 그 광채가 끊임없이 더해질 것이다. 그리스도는 하나님께서 그의 종 다윗의 집에 일으키셔서 나게 하신 구원의 뿔(풍성하고 강력한 구원을 의미)이시다. 다윗은 하나님의 영광을 위하여 자신의 권세를 사용하고, 악인들의 뿔을 베어 버리며, 의인들의 뿔을 높이 들겠다고 약속하였었다(시 75:10). 그러한 약속에 대한 상으로 하나님은 여기에서 다윗의 뿔이 나게 할 것이라고 약속하신다. 권세를 가지고서 그 권세를 잘 사용하는 자들에게는 더 많은 것이 주어질 것이기 때문이다.

(2) 영원한 존귀: 내가 내 기름 부음 받은 자를 위하여 등을 준비하였도다. 주께서 나의 등불을 켜시리로다(시 18:28). 하나님께서 준비하신 등은 밝게 타오를 것이다. 등은 후계자(successor)를 의미한다. 왜냐하면, 하나의 등이 거의 꺼져 가면, 또 다른 등으로 불을 밝힐 수 있기 때문이다. 등은 계승(succession)을 의미한다. 왜냐하면, 등의 비유를 통해서 하나님께서는 다윗 가문에 하나님 앞에 설 자가 끊이지 않게 하실 것임을 보여주셨기 때문이다. 그리스도는 세상의 등이요 빛이시다.

(3) 완벽한 승리. "그를 해치고자 모의해 온 그의 원수에게는 내가 수치를 옷 입히리니, 그들이 자신의 계략이 좌절된 것을 볼 때에 부끄러워하리라." 모든 선한 방백들의 원수들은 수치로 옷 입게 되고, 특히 주 예수와 그의 통치에 반대한 원수들은 저 큰 날에 영원한 수치와 경멸을 당하게 될 것이다.

(4) 모든 일에서 형통함: 내가 그에게는 왕관이 빛나게 하리라. 즉, 그의 통치

는 점점 더 그에게 존귀를 가져다 줄 것이다. 이 말씀은 예수 그리스도에게서 온전히 이루어질 것이었다. 그리스도께서 쓰신 존귀와 권능의 왕관은 결코 시들지 않을 것이고, 그 영화(榮華)도 시들지 않을 것이다. 세상의 왕들의 면류관은 대대에 있지 못하나(잠 27:24), 그리스도의 면류관은 영원까지 있고, 그의 신실한 종들에게 예비된 면류관도 쇠하지 아니할 것이다.

제 — 133 — 편

개요

이 시편은 형제 간의 연합과 사랑에 대한 짤막한 찬가이다. 만약 사람들 가운데서 불화하는 비참한 모습이 없었더라면, 이런 찬가는 불필요하였을 것이다. 그러나 현실은 그렇지 않기 때문에, 사람들에게 평화롭게 함께 살아가라고 설득하는 말은 많이 하면 할수록 좋은 일이고 아무리 많이 말해도 지나치다고 할 수 없다. 어떤 이들은 다윗이 이스라엘의 온 지파가 함께 모여서 한마음으로 그를 왕으로 삼았을 때에 이 시편을 지었을 것이라고 추측한다. 이 시편은 세속적이든 종교적이든 크고 작은 온갖 모임들에 일반적으로 사용될 수 있는 시편이다. 여기에는 다음과 같은 내용들이 나온다. I. 형제 간의 사랑이 복되다는 가르침(1절). II. 그 가르침을 두 가지 직유를 통해서 예시함(2-3절). III. 그 가르침이 옳다는 것을 타당한 이유를 들어서 증명함(3절). 이 시편을 노래할 때, 우리는 그 내용을 구체적으로 우리에게 적용하여 형제들을 향한 거룩한 사랑이 우리 안에서 타오르게 하여야 한다. 성경 속에서 이 시편의 내용은 짧지만 매우 적절하다. 그것은 "성도들의 교통의 유익"이다.

〔다윗의 시 곧 성전에 올라가는 노래〕

[1]보라 형제가 연합하여 동거함이 어찌 그리 선하고 아름다운고 [2]머리에 있는 보배로운 기름이 수염 곧 아론의 수염에 흘러서 그의 옷깃까지 내림 같고 [3]헐몬의 이슬이 시온의 산들에 내림 같도다 거기서 여호와께서 복을 명령하셨나니 곧 영생이로다

여기에서 우리는 다음과 같은 것들을 본다.

I. 여기에서 권하고 있는 것은 무엇인가? 형제가 연합하여 동거하는 것 — 서로 잡아먹을 듯이 다투지 않을 뿐만 아니라 서로를 아끼고 사랑함으로써 상대방을 기쁘게 하며 서로 섬김으로써 상대방이 잘되게 하는 것. 평화를 유지하기 위한 최선의 방책으로 형제들이 서로 멀리 떨어져 사는 방법이 종종 선택된

다. 그러한 방법은 실제로 형제 간의 반목과 다툼을 막아줄 수도 있지만(창 13:9), 선하고 아름다운 것은 형제가 연합하여 동거하며 한마음과 한 뜻을 가지고서 한 사람처럼 살아가는(어떤 이들은 이렇게 해석한다) 것이다. 다윗은 여러 아내로부터 많은 아들을 얻었다. 아마도 다윗은 그들에게 서로 사랑하도록 교훈하기 위하여 이 시편을 지은 것 같다. 만약 그들이 그의 교훈대로 행하였다면, 그의 가문에서 일어난 불행한 일들 중 많은 수가 사전에 방지되었을 것이다. 이스라엘 지파들은 사사가 다스리던 시대 동안에 오랜 기간 그 이해관계가 각각 달랐고, 이것은 흔히 나쁜 결과를 가져다 주곤 하였다. 그러나 이제 지파들이 하나의 공통의 머리 아래에서 연합되어 있는 지금에 있어서 다윗은 법궤가 제자리에 안치되어서 그들이 하나님을 함께 예배할 장소를 갖게 되고 그들이 연합할 구심점을 갖게 된 것이 얼마나 그들에게 큰 유익인지를 깨닫게 하고자 하였다. 이제 그들은 서로 사랑하며 살아가야 한다.

Ⅱ. 형제가 연합하여 동거하는 일은 얼마나 칭찬할 만한 일인가? 보라, 그것이 어찌 그리 선하고 아름다운고! 그것은 그 자체로 선하고 하나님의 뜻에 맞는 일이고 땅이 하늘과 서로 응하는 일이다. 그것은 우리를 위하여 선하고, 우리의 존귀와 위로를 위하여 선한 일이다. 그것은 하나님과 모든 선한 자들을 기쁘게 하는 즐거운 일이다. 그것은 이렇게 연합하여 살아가는 자들에게 끊임없이 즐거움을 선사해 준다. 보라, 어찌 그리 선한지. 우리는 그 일이 얼마나 선하고 아름다우며 즐거운 일인지를 말로 표현할 수 없다. 보라, 그 일은 드문 일이고, 그렇기 때문에 경탄할 만한 일이다. 보라, 사람들 가운데 이토록 선하고 아름다운 일이 있어서 이 땅에 이렇게 천국이 이루어지는 것을 보는 것은 경이로운 일이다. 보라, 그 일은 우리의 마음을 끌 수밖에 없는 사랑스러운 일이다. 보라, 그 일은 본받을 만한 일이어서, 우리는 그 일이 있음을 볼 때에 거룩한 경쟁심으로 그것을 본받도록 하여야 한다.

Ⅲ. 형제가 연합하여 동거하는 것이 아름답다는 것은 어떤 식으로 예시되고 있는가?

1. 그것은 사람의 머리에 붓는 거룩한 기름만큼이나 향기롭다. 그 기름이 아론이나 그의 후계자인 대제사장의 머리에 부어졌을 때에 그 향이 대단히 강해서 주위에 진하게 퍼졌기 때문에 곁에 서 있는 자들을 모두 크게 즐겁게하였고, 그 양이 아주 많아서 그 기름은 얼굴을 타고 옷깃까지 흘러내렸다(2절).

(1) 이 기름은 거룩하였다. 마찬가지로, 우리의 형제 사랑은 순수한 마음으로 하나님께 드려져야 한다. 우리는 낳으신 이 때문에 난 자들을 사랑하여야 한다(요일 5:1).

(2) 이 기름은 하나님의 처방에 의해서 만들어진 것이었다. 하나님은 그 기름의 성분과 양을 정하셨다. 믿는 자들은 이렇게 하나님으로부터 서로 사랑하라는 가르침을 받는다. 서로 사랑하는 것은 하나님께서 우리 안에서 베푸신 은혜이다.

(3) 이 기름은 지극히 보배로운 것이어서 그 어떤 일상적인 용도를 위해서 만들어져서는 안 되었다. 이렇게 거룩한 사랑은 하나님께 보시기에 대단히 값진 것이다. 하나님께서 보시기에 보배로운 것은 참으로 보배로운 것이다.

(4) 이 기름은 아론 자신에게나 주변의 모든 사람들에게 기분 좋은 것이었다. 거룩한 사랑은 그런 것이다. 거룩한 사랑은 마음을 즐겁게하는 기름과 향 같다. 인류를 향한 그리스도의 사랑은 하나님께서 그리스도께 부어 그의 동료보다 뛰어나게 하신 즐거움의 기름 중의 일부였다.

(5) 아론과 그의 아들들은 이 기름으로 기름 부음을 받을 때까지는 여호와 앞에서 섬기는 것이 허락되지 않았는데, 우리의 섬김도 이러한 거룩한 사랑 없이는 하나님께 열납될 수 없다. 우리에게 거룩한 사랑이 없다면, 우리는 아무것도 아니다(고전 13:1-2).

2. 그것은 열매를 맺는다. 그것은 즐거운 일일 뿐만 아니라 유익을 가져다 주는 일이다. 그것은 이슬과 같다. 그것은 풍성한 축복들을 수반하는데, 그 축복들은 이슬 방울들 같이 많다. 저녁 이슬이 공기를 식혀 주고 땅을 새롭게 하듯이, 그것은 사람들의 감정이라는 뜨거운 열기를 식혀 준다. 그것은 우리가 모든 선한 일에서 열매를 맺게 해주는 데에 크게 기여한다. 그것은 마음을 촉촉히 적셔서 부드럽게 하여 말씀의 선한 씨앗을 받아들이기에 적합하게 만들어 준다. 반면에, 악독과 비방하는 말은 우리를 말씀의 씨앗을 받아들이기에 적합하지 못하게 만든다(벧전 2:1). 그것은 평범한 산인 헐몬의 이슬 같고(형제 간의 사랑은 시민 사회들의 아름다움이자 이로운 것이기 때문에), 거룩한 산인 시온의 산들에 내리는 이슬 같다(그것은 거룩한 모임들이 열매를 맺는 데에 크게 기여하기 때문에). 헐몬 산과 시온 산은 둘 다 이 이슬이 없다면 말라 버리고 말 것이다. 성경에서는 야곱의 남은 자는 여호와께로부터 내리는 이슬 같아서 사람

을 기다리지 아니하며 인생을 기다리지 아니할 것이라고 말한다(미 5:7). 형제들에 대한 우리의 사랑은 형제들이 우리를 사랑해 주기를 기다려서는 안 되고 (그것은 세리의 사랑이다) 우리가 먼저 사랑해야 한다(이것이 하나님의 사랑이다).

IV. 형제 간의 사랑이 얼마나 아름다운지에 대한 증명. 사랑을 하는 자들은 복이 있는 자들인데, 그 이유는 다음과 같다.

1. 그들은 하나님으로부터 축복을 받기 때문에 진정으로 복이 있는 자들이다: 형제가 연합하여 동거하는 거기서 여호와께서 복, 곧 여러 가지가 한데 얽힌 모든 복을 명령하셨다. 복을 명령하시는 것은 하나님의 대권이다. 사람은 단지 복 주시기를 간구할 수 있을 뿐이다. 약속에 따라 주어지는 복들은 하나님께서 명령하신 복들이다. 왜냐하면, 하나님은 그의 언약을 영원히 명령하셨기 때문이다. 실제로 이루어지는 복들은 하나님께서 명령하신 복들이다. 왜냐하면, 하나님이 말씀하시면 그것은 이루어지기 때문이다.

2. 그들은 영원토록 복을 받는다. 사랑 가운데 동거하는 자들에게 하나님께서 명령하시는 복은 영생이다. 그것은 복 중의 복이다. 사랑 가운데 동거하는 자들은 하나님 안에서 살아갈 뿐만 아니라 이미 천국에서 살아가는 것이다. 천국의 복된 삶이 사랑의 완성인 것과 마찬가지로, 진실된 사랑은 그 복된 삶을 미리 맛보는 것이다. 사랑과 화평 가운데서 살아가는 자들은 지금 여기에서 사랑과 화평의 하나님과 함께 하는 것이고, 머지않아 끝없는 사랑과 화평의 세계 속에서 영원히 하나님과 함께 하게 될 것이다. 그러므로 형제가 연합하여 동거함이 얼마나 선하고 얼마나 아름다운가!

제 — 134 — 편

개요

이 시편은 총 15편으로 이루어진 성전에 올라가는 노래들 중에서 마지막 노래이다. 이 노래들이 성전 예배 속에서 한 번에 모두 불려졌다면, 이 시편은 그 결론부로 삼기에 합당하다. 왜냐하면, 이 시편의 취지는 그 날의 모든 예식이 끝난 밤에 사역자들에게 그들의 일을 계속하라고 촉구하는 것이기 때문이다. 어떤 이들은 이 시편이 대화 형식으로 되어 있다고 본다. I. 처음 두 절에서는 여호와의 성전을 지키기 위하여 온 밤을 지새우며 앉아 있는 제사장들 또는 레위인들에게 그들이 성전을 지키는 동안에 잡담으로 시간을 보내지 말고 기도하라고 권면한다. II. 마지막 절에서는 이렇게 하나님을 찬송하도록 권면을 받은 자들은 그들에게 그러한 권면을 준 자, 곧 대제사장이나 파수꾼의 우두머리를 위하여 기도한다. 또는, 이 시편의 내용은 성전을 지키는 일을 하는 자들이 서로를 권면하고 서로를 위하여 기도하는 내용으로 이해될 수도 있다. 이 시편을 노래할 때, 우리는 하나님께 영광을 돌리도록 우리 자신을 분발시킴과 동시에 하나님으로부터 오는 긍휼과 은혜를 바라도록 우리 자신을 격려하여야 한다.

〔성전에 올라가는 노래〕

¹보라 밤에 여호와의 성전에 서 있는 여호와의 모든 종들아 여호와를 송축하라 ²성소를 향하여 너희 손을 들고 여호와를 송축하라 ³천지를 지으신 여호와께서 시온에서 네게 복을 주실지어다

이 시편은 우리에게 이중적인 축복에 관하여 가르친다.

I. 우리가 하나님을 송축함. 여기에서는 우리에게 하나님을 칭송하고 송축하라고 가르친다(1-2절).

1. 이것은 레위인들을 향한 권면이다. 그들은 직분상으로 여호와의 종들로서 거룩한 일들을 섬기도록 임명받았다. 그들은 성소에서 봉사하였고, 여호와의 성전에 대한 책임을 맡았다(민 3:6 이하). 그들 중의 일부는 밤에 여호와의 성전

에 서서 성전에 속한 성물들이 더럽혀지지 않게 하고 성전의 귀중품들이 약탈당하지 않도록 성전을 수비하였다. 법궤가 휘장들 안에 있는 동안에는 법궤를 지킬 필요가 더 있었다. 또한, 그들은 제단의 불이나 촛대의 등불이 꺼지지 않도록 살피는 일도 하였다. 아마도 일부 경건하고 헌신된 이스라엘 백성들이 레위인들과 더불어서 함께 성전을 지키는 일은 흔히 있는 일이었던 것 같다. 성경에서는 주야로 성전을 떠나지 아니한 과부에 관하여 말하고 있다(눅 2:37). 지금 여기에서는 그들에게 여호와를 송축하라고 권면한다. 이렇게 그들은 끊임없이 하나님의 일에 쓰임받음으로써 자신을 항상 깨어 있게 하여야 한다. 이렇게 그들은 시간을 아껴서 경건의 연습을 하여야 한다. 하나님을 찬송하는 일보다 우리가 시간을 더 잘 보낼 수 있는 일이 어디 있겠는가? 남은 시간을 경건한 묵상과 찬송으로 보내는 것이야말로 시간을 가장 잘 아끼는 것이다. 우리에게 다른 할 일이 없을 때에 하나님과 대화하라고 권면하는 것은 분명히 지극히 합당한 권면이다. 여호와의 성전에 서 있는 자들은 그들이 어디에 서 있는지를 기억하고서 거룩함과 거룩한 일이 성전에 합당하다는 것을 기억하여야 한다. 그러므로 그들은 여호와를 송축하여야 한다. 그들은 함께 한마음으로 또는 각자 그렇게 하여야 한다. 그들은 그 일을 함에 있어서 그들의 마음을 든다는 표시로 그들의 손을 들어야 한다. 거룩함 가운데서 너희 손을 들라(하몬드 박사의 해석). 성소에서 손을 들 때에는 거룩함 가운데서 손을 드는 것이 합당하다. 하나님께서 그들에게 성소에서 봉사하러 가기 전에 몸을 씻도록 정하신 것은 그들이 기도와 찬송을 할 때에 거룩한 손을 들도록 가르치신 것임을 기억하여야 한다.

2. 이것은 우리를 향한 권면이다. 우리는 그리스도인으로서 우리 하나님의 제사장과 레위인이 되었다(사 66:21). 우리는 여호와의 종들이다. 우리는 하나님의 전과 그의 성소에 우리 각자의 자리와 이름을 가지고 있다. 우리는 하나님 앞에 서서 하나님을 섬긴다. 밤중에도 우리는 하나님께서 보시는 가운데 있고, 하나님께 나아갈 수 있다. 그러므로 우리는 여호와를 송축하고 송축하며, 여호와의 영광과 선하심에 대하여 생각하고 말하여야 한다. 우리는 기도할 때나 찬송할 때나 서원할 때나 우리의 손을 들어야 한다. 우리는 부지런히 즐거운 마음으로 성심을 다하여 우리의 일을 하여야 한다. 이 권면은 주목할 것을 요구하는 보라라는 말로 시작된다. 여러분, 여러분이 하나님의 임재 안에 있는지를

살피고, 하나님 앞에 있는 것처럼 행하십시오.

Ⅱ. 하나님께서 우리를 축복하심. 여기에서는 우리에게 하나님께서 우리를 잘 대해주실 것을 바라라고 가르친다(3절). 파수꾼들이 그들의 우두머리를 축복하거나 레위인들이 대제사장 또는 그들의 우두머리를 축복하는 것인지(여호와께서 네게 복을 주실지어다라고 단수형으로 되어 있기 때문에), 한 사람이 다수의 사람들을 축복하는 것인지(여호와께서 네게 복을 주실지어다라는 말씀을 너희 각각에 대한 것으로 해석해서; 하나님을 송축하는 너희에게 여호와께서 복을 주실지어다)는 중요하지 않다. 우리는 다음과 같은 것들을 배울 수 있다.

1. 우리는 복되기 위해서 여호와의 축복 이외의 것을 바랄 필요가 없다는 것. 왜냐하면, 하나님께서 축복하시는 자들은 진정으로 복이 있기 때문이다.

2. 시온에서 나오는 복들, 영적인 복들, 언약의 복들, 하나님과 교통하는 복들은 우리가 가장 간절하게 바라야 하는 최고의 복들이라는 것.

3. 우리가 축복을 받기 위해서 하나님 앞에 나아갈 때에 하나님이 천지를 지으신 분이시기 때문에 하늘과 땅의 모든 복을 자기 마음대로 주실 수 있다는 것은 우리에게 큰 격려가 된다는 것.

4. 우리는 우리 자신을 위해서만이 아니라 다른 사람들을 위해서도 이러한 복들을 간구해야 한다는 것. 우리는 여호와께서는 나를 축복하실 뿐만 아니라 너도 축복하시기를 간구함으로써 하나님께는 우리만이 아니라 다른 사람들에게도 풍성히 주실 만큼 충만한 복들이 있음을 우리가 믿는다는 것과 우리가 다른 사람들에 대하여 선의를 가지고 있다는 것을 증거하여야 한다. 우리는 우리에게 권면하는 자들을 위하여 기도하여야 한다. 낮은 자가 높은 자에게서 축복을 받는 것이기는 하지만(히 7:7), 높은 자도 낮은 자의 기도를 필요로 한다.

제 — 135 — 편

개요

이 시편은 할렐루야 시편들 중의 하나이다. 할렐루야는 이 시편의 표제이고, 이 시편의 아멘이며, 이 시편의 알파이자 오메가이다. Ⅰ. 이 시편은 하나님을 찬송하라는 부름, 특히 앞의 시편에서처럼 "여호와의 종들"에게 하나님을 찬송하라는 부름으로 시작된다(1-3절). Ⅱ. 이 시편은 계속해서 우리에게 하나님을 찬송해야 할 이유들을 제시한다. 우리는 하나님을 다음과 같은 하나님으로 찬송하여야 한다. 1. 야곱의 하나님(4절). 2. 모든 신들의 하나님(5절). 3. 온 세계의 하나님(6-7절). 4. 이스라엘의 원수들에게 두려운 하나님(8-11절). 5. 하나님께서 이스라엘을 위하여 이미 행하신 일이나 장차 행하실 일 속에서 이스라엘에 대하여 은혜로우신 하나님(12-14절). 6. 헛되고 거짓인 다른 모든 신들과는 달리 유일하게 살아계신 하나님(15-18절). Ⅲ. 이 시편은 모든 사람들에게 하나님을 찬송하는 데에 마음을 쓰라는 또 다른 권면으로 끝난다(19-21절). 이 시편을 노래할 때, 우리의 입만이 아니라 우리의 마음도 하나님에 대한 고상한 찬송들로 가득 채워져야 한다.

[1]할렐루야 여호와의 이름을 찬송하라 여호와의 종들아 찬송하라 [2]여호와의 집 우리 여호와의 성전 곧 우리 하나님의 성전 뜰에 서 있는 너희여 [3]여호와를 찬송하라 여호와는 선하시며 그의 이름이 아름다우니 그의 이름을 찬양하라 [4]여호와께서 자기를 위하여 야곱 곧 이스라엘을 자기의 특별한 소유로 택하셨음이로다

여기에는 다음과 같은 내용들이 나온다.

1. 우리가 부르심을 받은 본분: 여호와를 찬송하고 그의 이름을 찬송하는 것. 여호와를 찬송하고 또 찬송하는 것. 우리는 하나님께서 우리를 위하여 행하신 일에 대하여 감사해야 할 뿐만 아니라, 하나님께서 하나님이신 것과 하나님이 다른 사람들을 위하여 행하신 일에 대하여 하나님을 찬송하여야 하고, 기회가 있을 때마다 하나님을 칭송하고 하나님의 진리들과 길들이 선함을 고백하여야

한다.

2. 찬송하도록 부르심을 받은 자들: 여호와의 종들, 여호와의 성전에 서 있는 제사장들과 레위인들, 하나님의 성전 뜰에서 예배를 드리기 위하여 서 있는 모든 경건하고 헌신된 이스라엘 백성들(2절). 하나님의 성전에 속한 특권들을 허락받은 자들은 하나님을 찬송할 가장 큰 이유가 있고, 거기에서 하나님의 아름다우심과 풍성하신 은혜를 맛본 자들도 마찬가지이다. 하나님은 그들에게 찬송을 기대하신다. 왜냐하면, 그들로 하여금 성전을 누리게 하신 것은 바로 그러한 목적을 위한 것이기 때문이다. 그들이 하나님을 찬송하지 않는다면, 대체 누가 찬송을 하겠는가?

3. 우리가 하나님을 찬송하여야 할 이유들.

(1) 우리가 찬송하는 분은 선하시고, 선함은 어느 누구에게나 칭송받을 것이기 때문에. 하나님은 모든 자에게 선하시기 때문에, 우리는 하나님께 찬송을 돌려야 한다. 하나님의 선하심은 하나님의 영광이기 때문에, 우리는 그 선하심을 찬송함으로써 하나님께 영광을 돌려야 한다.

(2) 찬송하는 일은 그 자체로 대가가 있기 때문에: 그의 이름을 찬양하라. 이는 즐거운 일임이라(개역에서는 그의 이름이 아름다우니 그의 이름을 찬양하라). 즐거운 마음으로 할 때에 우리는 하나님을 가장 잘 찬송하게 된다. 또한, 우리는 우리의 본분을 다한 것으로 인해서 즐거움을 얻게 될 것이다. 하나님을 찬송하는 것은 이 땅에서 천국을 만드는 것이다. 찬송의 즐거움을 알게 되면, 죄의 쾌락에 대한 미각을 잃게 된다.

(3) 하나님의 백성에게 주어진 특별한 특권들 때문에(4절): 여호와께서 자기를 위하여 야곱을 택하셨음이로다. 그러므로 야곱은 하나님을 찬송하여야 한다. 왜냐하면, 하나님께서 그들을 자기 백성으로 택하셔서 그의 이름과 명예와 영광이 되게 하셔서(렘 13:11) 특별히 구별하여 위엄 있게 하심으로써 야곱에게 풍성한 찬송거리를 주셨기 때문이다. 이스라엘은 하나님께서 모든 민족 중에서 자기의 특별한 소유로 택하신 민족이다(출 19:5). 그들은 하나님의 소유가 된 백성(히브리어로 세굴라), 하나님이 기뻐하시고 그의 눈에 보배롭고 존귀한 백성이다. 야곱의 자손이 이렇게 특별히 놀라운 은총을 받았음에도 불구하고 하나님을 찬송하지 않는다면, 그들은 해 아래에서 아무짝에도 쓸모 없는 가장 배은망덕한 백성이라고 할 수밖에 없다.

[5]내가 알거니와 여호와께서는 위대하시며 우리 주는 모든 신들보다 위대하시도다 [6]여호와께서 그가 기뻐하시는 모든 일을 천지와 바다와 모든 깊은 데서 다 행하셨도다 [7]안개를 땅 끝에서 일으키시며 비를 위하여 번개를 만드시며 바람을 그 곳간에서 내시는도다 [8]그가 애굽의 처음 난 자를 사람부터 짐승까지 치셨도다 [9]애굽이여 여호와께서 네게 행한 표적들과 징조들을 바로와 그의 모든 신하들에게 보내셨도다 [10]그가 많은 나라를 치시고 강한 왕들을 죽이셨나니 [11]곧 아모리인의 왕 시혼과 바산 왕 옥과 가나안의 모든 국왕이로다 [12]그들의 땅을 기업으로 주시되 자기 백성 이스라엘에게 기업으로 주셨도다 [13]여호와여 주의 이름이 영원하시니이다 여호와여 주를 기념함이 대대에 이르리이다 [14]여호와께서 자기 백성을 판단하시며 그의 종들로 말미암아 위로를 받으시리로다

시편 기자는 앞서 우리가 즐거이 찬송해야 할 것으로서 하나님의 선하심을 제시하였었는데, 여기에서는 우리가 경외함으로 찬송해야 할 것으로서 하나님의 위대하심을 제시한다. 시편 기자는 이것에 대하여 아주 자세하게 말하고 있는데, 이것은 우리가 그것에 대하여 생각하기를 별로 내켜하지 않기 때문이다.

I. 시편 기자는 하나님의 위대하심에 관한 가르침을 확고하게 제시한다(5절). 여호와께서는 위대하시며 진정으로 위대하셔서 시간이나 장소의 한계를 모르신다. 시편 기자는 확신 있게 그것을 단언한다. "나는 하나님께서 위대하시다는 것을 아는데, 단지 그 증거들에 대한 관찰을 통해서만이 아니라 그 계시에 대한 믿음을 통해서 그것을 안다. 나는 그것을 알고, 그것을 확신한다. 나는 내 영혼에 역사하시는 하나님의 위대하심에 대한 체험을 통해서 그것을 안다." 그는 모든 신들이 연합하여 그의 말을 반박한다고 할지라도 그 신들을 모두 무시하는 가운데 하나님께서 위대하시다는 진리를 단언한다. 하나님은 그 어떤 신보다 위대하실 뿐만 아니라 모든 신들보다 위대하시고 무한히 위대하시기 때문에, 하나님과 신들 간에는 아예 비교조차 불가능하다.

II. 시편 기자는 하나님의 능력이 크시다는 것을 보여줌으로써 하나님이 위대하시다는 것을 증명한다(6절).

1. 하나님은 절대적인 권세를 가지고 계시기 때문에 그가 원하시는 일은 무엇이든지 하실 수 있다: 여호와께서는 그가 기뻐하시는 모든 일을 다 행하셨도다.

아무도 하나님을 막을 수 없고 무엇을 하시는 것이냐고 따질 수 없다. 하나님은 그가 기뻐하시는 일을 하신다. 하나님은 그가 행하시는 그 어떤 일에 대해서도 그 이유를 설명하지 않으시고, 단지 그가 기뻐하시기 때문에 그 일을 행하신다.

2. 하나님은 전능하신 권능을 가지고 계시기 때문에 그가 원하시는 일은 무엇이든지 하실 수 있다. 하나님께서 하시고자 하신다면, 그 누구도 그것을 막을 수 없다.

3. 이 절대적이고 전능하신 권능은 만유(萬有)에 미친다. 하나님은 천지와 바다, 바다의 밑바닥이나 땅의 내부에 있는 모든 깊은 데서 그가 하시고자 하는 모든 일을 행하신다. 이방인의 신들은 아무 일도 할 수가 없지만, 우리 하나님은 그 어떤 일도 하실 수 있고, 모든 일을 행하신다.

Ⅲ. 시편 기자는 하나님의 큰신 권능을 보여주는 몇 가지 예를 제시한다.

1. 자연 세계 속에서(7절). 자연의 모든 힘들은 하나님에게서 나와서 하나님께 의존하는 것이기 때문에 자연의 하나님이 위대하시다는 것을 증명해 준다. 하나님은 자연의 인과 사슬들을 처음에 만드셨을 뿐만 아니라 지금도 여전히 붙들고 계신다.

(1) 하나님은 그의 능력으로 육지와 물로 이루어진 지구에서 수증기를 일으키신다. 수증기를 일으키는 것은 해의 열기이지만, 해가 열기를 가지는 것은 하나님께서 주신 것이다. 그렇기 때문에 해의 열기에서 아무것도 피할 수 없게 하신 것이 하나님의 영광을 보여주는 한 가지 예로 제시된다(시 19:6). 하나님은 수증기(개역에서는 안개)를 땅 끝에서, 즉 땅을 둘러싸고 있는 바다에서 일으키신다(우리의 도움 없이만이 아니라 우리가 보지 못하는 가운데).

(2) 이렇게 일으켜진 수증기로부터 비를 만들어 내시는 분은 하나님이시다. 땅은 그것이 위로 올려 보내는 수증기 때문에 손해를 보지 않는다. 왜냐하면, 수증기는 유익한 소나기를 통해서 다시 땅으로 돌아와서 땅을 이롭게 하기 때문이다.

(3) 하나님은 이 수증기로부터 번개나 비를 만들어 내신다(이것은 그의 기이한 능력이다). 하나님은 번개나 비를 통해서 하늘의 병마개를 여시고 구름들을 휘저어 놓으심으로써 땅에 물을 대신다. 여기에서 불과 물은 하나님의 전능하신 능력에 의해서 완전히 서로 조화를 이루며 협력한다. 불과 물은 함께 일어

나지만, 하나님께서 하늘로부터 불을 내리셨을 때와 마찬가지로(왕상 18:38), 물은 불을 꺼뜨리지 않고 불은 물을 핥아서 말라 버리게 하지 않는다.

(4) 하나님은 또 다른 목적을 이루기 위해서 수증기를 바람으로 바꾸신다. 바람은 자기 마음대로 불기 때문에, 우리는 바람의 방향을 우리 마음대로 움직일 수 없을 뿐만 아니라 바람이 어디에서 불어와서 어디로 불어가는지를 알 수 없지만, 하나님은 지혜로운 왕이 자신의 국고에서 돈을 지불하라고 지시할 때처럼 정확한 의도 아래에서 바람을 그 곳간에서 내신다.

2. 인간 세계 속에서. 여기에서 시편 기자는 하나님께서 이전에 그의 백성 이스라엘을 위하여 행하신 큰 일들을 언급한다. 이 큰 일들은 하나님의 선하심과 아울러서 그의 위대하심을 증명해 주고, 그러한 이적들을 행하실 때에 쓰임받았던 인물인 모세에 의해서 씌어지기 시작한 구약성경이 참되다는 것을 확증해 주는 것이었다. 다음과 같은 것들 속에서 나타난 하나님의 왕적인 통치와 저항할 수 없는 능력을 눈여겨 보라.

(1) 이스라엘을 애굽에서 나오게 하시고, 여러 가지 재앙들을 통해서 바로를 낮추셔서, 그로 하여금 이스라엘 백성을 가게 할 수밖에 없게 하신 것. 이 재앙들은 표적들과 징조들이라 불린다. 왜냐하면, 그것들은 통상적인 섭리 속에서 일어난 것이 아니라, 각각의 재앙 속에는 이적의 요소가 들어 있었기 때문이다. 이 재앙들은 바로와 그의 모든 신하들에게 보내졌다. 그러나 하나님께서 자기의 종, 아들, 장자, 자유인으로 부르신 이스라엘 백성은 그 재앙들에서 면제되었고, 그 어떤 재앙도 그들의 거처에 가까이 오지 못하였다. 사람들과 가축들의 처음 난 것의 죽음은 모든 재앙 중에서 가장 심한 것으로서, 하나님은 이 재앙을 통해서 자신의 목적을 이루셨다.

(2) 이스라엘 앞에서 가나안의 여러 나라들을 멸하신 것(10절). 하나님께서 이스라엘에게 주기로 하신 땅을 차지하고 있던 자들은 그 땅을 지키기에 유리한 온갖 이점들을 가지고 있었다. 그들은 수가 많았고 호전적이었으며 서로 동맹을 하여 이스라엘에 대항하였다. 그들은 큰 나라들이었다. 아무리 큰 나라라고 하더라도 그 왕이 유약하고 별 볼일 없는 인물이라면 그 나라는 힘을 쓰지 못할 것이다. 그러나 이 큰 나라들은 강한 왕들이 다스리고 있었다. 그럼에도 불구하고, 하나님께서는 그 왕들, 즉 시혼과 옥과 가나안의 모든 국왕을 쳐서 죽이셨다(10-11절). 음부나 이 세상의 그 어떤 권세도 하나님의 약속이 때가 되

어 이루어지는 것을 막을 수 없다.

(3) 이스라엘 백성을 약속의 땅에 정착시키심. 나라들을 그가 기뻐하시는 자에게 주시는 하나님은 가나안을 그의 백성 이스라엘에게 기업으로 주셨다. 이스라엘은 가나안을 유업으로 물려받은 것이었다. 왜냐하면, 그들의 조상들은 비록 가나안 땅을 차지하고 있지는 않았지만 하나님으로부터 그 땅을 차지할 것이라는 약속을 받았기 때문이다. 따라서 가나안은 조상들이 그 자손들에게 유업으로 물려준 것이었다. 이 일은 이미 아주 오래 전에 이루어진 것이었지만, 하나님은 그 일로 말미암아 이제 와서 찬송을 받고 계신다. 왜냐하면, 그 자손들이 지금 그 약속의 혜택을 누리고 있기 때문이다.

IV. 시편 기자는 하나님의 영광과 은혜가 영원히 이어지는 것을 몹시 기뻐한다.

1. 하나님의 영광과 관련해서(13절): 여호와여, 주의 이름이 영원하시니이다. 하나님께서 그의 백성에게 나타나시면, 그것은 영속적인 열매와 결과를 갖게 된다. 하나님께서 행하시는 모든 것은 영원히 있을 것이라(전 3:14). 하나님의 이름은 그의 백성의 영원하고 끊임없는 찬송을 통해서 영원히 이어진다. 하나님을 기념하는 것은 이제까지 이어져 왔고, 앞으로도 교회의 모든 세대들에 걸쳐서 이어질 것이다. 이것은 하나님께서 자신을 아브라함, 이삭, 야곱의 하나님이라 하시면서 이는 나의 영원한 이름이요 대대로 기억할 나의 칭호니라고 말씀하신 것(출 3:15)과 관련이 있는 것으로 보인다. 하나님은 그의 교회에 대하여 항상 동일하게 은혜로우시고 신실하시며 기이한 일을 행하시는 하나님이시고, 앞으로도 그러실 것이다. 하나님의 교회는 하나님에 대하여 항상 동일하게 하나님께 감사하며 찬송하는 백성이고, 앞으로도 그럴 것이다. 이렇게 하나님의 이름은 영원하다.

2. 하나님의 은혜와 관련해서. 하나님은 그의 백성에게 인자하실 것이다.

(1) 하나님은 자기 백성과 다투는 자들에 맞서서 그들을 변호하실 것이다. 하나님은 자기 백성을 판단하실 것이다. 즉, 하나님은 자기 백성 편에 서서 판단하셔서 그들이 짓밟히지 않게 하실 것이다.

(2) 하나님은 자기 백성과 영원히 다투지는 않으실 것이고, 그의 종들과 다투시는 것을 유감으로 생각하셔서 그들과의 다툼을 계속하지 않으실 것이다. 하나님은 그들의 처지를 불쌍히 여기시고, 그들이 존재한다는 것으로 말미암아 위

로를 받을 것이다. 따라서 하나님은 다시 그들에게 여러 가지로 긍휼을 베푸실 것이고, 그들을 잘 대해 주는 것을 기뻐하실 것이다(14절; 신 32:36). 이 절은 모세의 노래에서 가져온 것이다(신 32:36).

[15]열국의 우상은 은금이요 사람의 손으로 만든 것이라 [16]입이 있어도 말하지 못하며 눈이 있어도 보지 못하며 [17]귀가 있어도 듣지 못하며 그들의 입에는 아무 호흡도 없나니 [18]그것을 만든 자와 그것을 의지하는 자가 다 그것과 같으리로다 [19]이스라엘 족속아 여호와를 송축하라 아론의 족속아 여호와를 송축하라 [20]레위 족속아 여호와를 송축하라 여호와를 경외하는 너희들아 여호와를 송축하라 [21]예루살렘에 게시는 여호와는 시온에서 찬송을 받으실지어다 할렐루야

이 절들의 목적은 다음과 같은 것들이다.

I. 이방인들이 섬기는 우상들이 어떤 종류의 신들인지를 보여줌으로써 하나님의 백성이 우상 숭배를 비롯한 온갖 거짓된 신앙을 갖지 못하도록 무장시키는 것. 이것에 대해서는 우리가 앞에서도 살펴본 바 있다(시 115:4 이하).

1. 우상들은 이방인들이 스스로 만들어 낸 신들이었다. 그렇기 때문에 우상들은 그 우상을 만든 자들이 부여한 것 외에는 그 어떤 권세도 가질 수 없다. 그러므로 우상을 만든 자들이 우상들로부터 어떤 권세를 받을 수 있겠는가? 우상들은 사람의 손으로 만든 것이었다. 사람들에게 뭔가를 가르켜 줄 것이라고 기대된 신들은 사람들이 상상 속에서 만들어 낸 것들이었다.

2. 우상들은 동물의 형상을 지니고 있었지만, 최소한의 활동을 할 수도 없었고, 심지어 동물이 가진 생명조차 갖지 못하였다. 우상들은 보지 못하고 듣지 못하며 말하지 못하고 아무 호흡도 없다. 그러므로 눈과 귀와 입과 코를 지닌 우상들을 만드는 것은 너무도 우스꽝스러운 일이었기 때문에, 우리는 이성을 지닌 피조물들이 어떻게 그러한 우스꽝스러운 신들로부터 유익을 기대할 수 있는지 의아할 뿐이다.

3. 우상을 숭배하는 자들, 곧 숭배하기 위하여 우상들을 만든 자들이나 만들어진 우상들을 의지하는 자들은 우상들만큼이나 우둔하고 지각 없는 자들이었다(18절). 눈에 보이는 지각(sense)의 대상인 그러한 신들을 지각 없이(senseless) 숭배함으로써 그 숭배자들은 음탕하고(sensual) 지각 없게 되었다.

반면에, 우리는 영이신 하나님을 섬기기 때문에 신령하고 지혜롭게 된다.

Ⅱ. 하나님의 백성들에게 참 하나님을 섬기는 일에 진심으로 헌신하라고 분발을 촉구하는 것(19-21절). 우상을 숭배하는 이방 나라들의 현실이 통탄스러울수록, 우리는 진리를 알게 하신 하나님께 더욱 감사하지 않을 수 없다. 그러므로

1. 우리는 경건의 행위들에 착념하고 우리 자신을 그런 행위들에 사용하여야 한다: 여호와를 송축하고 거듭거듭 반복해서 여호와를 송축하라. 이 대목과 병행을 이루는 곳에서는(시 115:9-11) 우상들이 무력하다는 것을 근거로 우리에게 여호와를 의지하라고 강력히 권고하는데, 여기에서는 여호와를 송축하라고 권면한다. 우리가 하나님을 의지하는 것은 하나님께 영광을 돌리는 것이고, 하나님을 의지하는 자들에게는 하나님께 감사해야 할 일이 끊이지 않게 될 것이다. 여기에서는 하나님을 아는 모든 자들에게 하나님을 찬송하라고 권면한다 — 이스라엘 족속(이스라엘 민족 전체), 아론의 족속과 레위 족속(성소에서 봉사하는 여호와의 사역자들), 이스라엘 족속에 속하지 않지만 여호와를 경외하는 그밖의 모든 자들.

2. 모든 영광은 하나님이 받으셔야 한다: 여호와는 찬송을 받으실지어다. 찬송이라는 조공(租貢)은 시온으로부터 나온다. 하나님께서 지으신 모든 것이 하나님을 찬송하지만, 그의 성도들은 그를 송축한다. 그들은 조공을 바치러 멀리까지 갈 필요가 없다. 왜냐하면, 하나님은 예루살렘에 계시고, 그들이 지체로 있는 그의 교회에 계셔서, 그들의 하례(賀禮)를 받기 위하여 항상 그들 가까이에 계시기 때문이다. 하나님께서 우리의 눈높이로 내려오시는 은혜를 베푸셔서 이 땅에서 사람들과 함께 계시는 것을 생각할 때, 우리는 마땅히 그 은혜에 감사하여 반복해서 할렐루야 찬송을 돌려 드려야 한다.

제
— 136 —
편

개요

이 시편의 목적은 앞의 시편과 동일하지만, 그 구성이 아주 특이하다. 왜냐하면, 이 시편 전체에 걸쳐서 각 절의 후반부에는 "그 인자하심이 영원함이로다"라는 동일한 어구가 반복되어 나오기 때문이다. 그렇지만 그것은 결코 무의미한 반복이 아니다. 그러한 후렴구는 이 시의 미학에 아주 큰 기여를 하고 이 시를 감동적으로 만드는 데에 도움을 준다고 할 수 있다. 또한, 그 어떤 절도 하나님의 긍휼하심(개역에는 인자하심으로 되어 있음)이 영원하다는 것보다 더 무게 있는 내용이나 더 가치 있는 내용을 그 후렴구에 담을 수 없을 것이다. 여기에서 이 후렴구가 26번 반복되고 있는 것은 다음과 같은 것들을 말해준다. 1. 자기 백성을 향한 하나님의 긍휼하심들은 이렇게 처음부터 끝까지 단절됨이 없이 무한히 점점 더 진전된 형태로 반복된다는 것. 2. 각각의 구체적인 은총 속에서 우리는 하나님의 긍휼하심을 알아야 하고, 은총을 받기 위해서는 하나님의 긍휼하심을 알아야 하며, 그 긍휼하심이 이전과 마찬가지로 지금도 여전하고 지금과 마찬가지로 영원토록 동일하다는 것을 알아야 한다는 것. 3. 하나님의 긍휼하심이 영원히 지속된다는 것은 하나님의 영광이자 자랑임과 동시에 성도들의 위로이자 자랑이라는 것. 그러므로 우리의 마음이 하나님의 긍휼하심으로 충만하고 그것으로 깊은 감화를 받음으로써, 우리가 하나님의 긍휼하심을 아무리 자주 언급하여도 신물이 나는 것이 아니라 더욱더 깊은 감동이 우리 속에서 생겨나야 한다. 왜냐하면, 그것은 우리가 영원토록 찬송할 제목이기 때문이다. 하나님의 긍휼하심이 영원하다는 이 지극히 아름다운 문구가 하나님에 관한 그 어떤 진리보다도 더 뛰어나다는 것은 여기에서 그 문구를 반복하고 있는 것을 통해서만이 아니라 하나님께서 솔로몬 시대(대하 5:13, 백성들이 "그의 긍휼하심이 영원하시도다"라고 노래하였을 때에 여호와의 전에 구름이 가득하였다)와 여호사밧 시대(대하 20:21-22, 백성들이 이 문구로 노래하였을 때에 하나님께서 그들로 승리하게 하셨다)에 백성들이 이 문구를 노래하였을 때에 그것을 열납하신다는 징표들을 보여주신 것을 통해서도 드러났다. 그러므로 우리는 "여호와의 긍휼하심이 영원히 있도다"라고 노래하기를 즐겨하여야 한다. 우리는 하나님을 다음과 같은 하나님으로 찬송하여야 한다.

I. 그 자체로 위대하시고 선하신 하나님(1-3절). II. 세계의 창조주(5-9절). III. 이스라엘의 하나님이자 구원자(10-22절). IV. 우리의 구속주(23-24절). V. 모든 피조물에게 은택을 베푸시고 만물을 다스리시며 영원히 찬송받으실 하나님(25-26절).

[1]여호와께 감사하라 그는 선하시며 그 인자하심이 영원함이로다 [2]신들 중에 뛰어난 하나님께 감사하라 그 인자하심이 영원함이로다 [3]주들 중에 뛰어난 주께 감사하라 그 인자하심이 영원함이로다 [4]홀로 큰 기이한 일들을 행하시는 이에게 감사하라 그 인자하심이 영원함이로다 [5]지혜로 하늘을 지으신 이에게 감사하라 그 인자하심이 영원함이로다 [6]땅을 물 위에 펴신 이에게 감사하라 그 인자하심이 영원함이로다 [7]큰 빛들을 지으신 이에게 감사하라 그 인자하심이 영원함이로다 [8]해로 낮을 주관하게 하신 이에게 감사하라 그 인자하심이 영원함이로다 [9]달과 별들로 밤을 주관하게 하신 이에게 감사하라 그 인자하심이 영원함이로다

여기에서 우리에게 거듭거듭 권면하는 본분은 하나님께 감사하는 것, 우리의 땅이나 가축에서 난 소산이 아니라 그의 이름을 증언하는 우리의 입술의 열매인 찬송의 제사를 항상 드리는 것이다(히 13:15). 성경에서는 우리에게 기도하라거나 회개하라는 것보다 더 간곡하게 감사하라고 권면한다. 왜냐하면, 우리가 가장 즐거운 신앙의 일, 천국에서 하는 일에서 가장 풍성하게 되는 것이 하나님의 뜻이기 때문이다. 좀 더 살펴보자.

1. 우리는 누구에게 감사를 드려야 하는가? 우리에게 온갖 좋은 것을 주시는 분, 이스라엘의 하나님 여호와께(1절), 천사들이 경배하며 땅의 왕들에게 권세를 주시며 모든 거짓 신들을 이기시는 분이신 신들 중에 뛰어난 하나님께(2절), 만왕의 왕이시고 모든 의지할 것들을 붙들어 주시는 분이신 주들 중에 뛰어난 주께(3절). 우리는 경배할 때마다 모든 것 위에 뛰어나신 하나님의 탁월하심과 비할 바 없이 최고이신 하나님의 권능과 주권(dominion)을 바라보아야 한다.

2. 우리는 무엇때문에 감사하여야 하는가? 우리는 바리새인처럼 하나님께 감사하는 체하면서 결국에는 자기 자랑을 하는 것이 아니라(하나님이여 내가 이러저러하게 하신 것을 주께 감사하나이다), 모든 감사와 영광을 하나님께 돌려야 한다.

(1) 우리는 하나님의 선하심과 긍휼하심에 대하여 하나님께 감사하여야 한

다(1절): 여호와께 감사하라. 하나님께서 선을 행하시기 때문만이 아니라 하나님이 선하시기 때문에(모든 물줄기들은 그 원천에서 흘러나오는 법이다), 하나님께서 우리를 향하여 긍휼하시기 때문만이 아니라 하나님의 긍휼하심은 영원하여서 우리 뒤에 올 자들에게도 주어질 것이기 때문에, 우리는 하나님께 감사하여야 한다. 우리는 지금 이 땅에서 우리에게 주어지는 긍휼하심만이 아니라 천국의 영광과 기쁨 속에서 영원할 긍휼하심에 대해서도 하나님께 감사하여야 한다.

(2) 우리는 하나님께서 그 권능과 지혜를 베푸신 일들에 대하여 하나님께 감사하여야 한다. 전체적으로 하나님은 홀로 큰 기이한 일들을 행하신다(4절). 무한한 지혜에 의해서 만들어진 하나님의 모략은 기이하다. 무한한 권능에 의해서 집행되는 하나님의 일은 기이하다. 오직 하나님만이 놀랍고 기이한 일들을 행하신다. 하나님 외에는 그 누구도 그러한 일들을 행할 수 없고, 하나님은 그 누구의 조력이나 조언 없이 그러한 일들을 행하신다. 좀 더 구체적으로 살펴보자.

[1] 하나님은 하늘들을 지으셔서 펴셨는데, 우리는 하늘들 속에서 하나님의 지혜와 권능을 볼 뿐만 아니라 하늘들이 우리에게 내려주는 혜택들 속에서 하나님의 긍휼하심을 맛본다. 하늘들이 있는 한, 그 하늘들 속에 하나님의 긍휼하심도 있다(5절).

[2] 하나님은 뭍이 드러나게 하셔서 물로부터 땅이 올라오게 하심으로써 땅이 사람이 거주하기에 적합하게 하셨다. 우리는 이 일에서도 사람을 향한 하나님의 긍휼하심을 본다(6절). 왜냐하면, 하나님께서는 땅과 그 소산을 사람에게 주셨기 때문이다.

[3] 하나님은 하늘과 땅을 지으신 후에 이 둘이 멀리 떨어져 있음에도 불구하고 서로 소통할 수 있도록 하기 위하여 해와 달과 별들을 만들어서 하늘의 궁창에 두시고 그 빛과 감응력들을 이 땅에 미치게 하셨다(7-9절). 그것들은 우리에게 큰 빛들로 보이기 때문에 그렇게 불리는 것이다. 왜냐하면, 천문학자들은 달은 수많은 별들보다 더 작지만 지구에 더 가까워서 훨씬 더 크게 보인다는 것을 알려 주었기 때문이다. 그것들은 주관한다고 표현된다. 왜냐하면, 그것들은 한 해의 여러 계절들을 주관할 뿐만 아니라 세상에 유익하기 때문이다. 유익을 가져다주는 은인들은 최고의 주관자들이다(눅 22:25). 그러나 자연의

제국은 나뉘어 있다. 즉, 해는 낮을 주관하고, 달과 별들(적어도 별들)은 밤을 주관한다. 그렇지만 그것들은 모두 하나님의 지시와 처분을 따른다. 그러므로 이 방인들이 우상으로 섬긴 이러한 주관자들은 세상을 섬기는 종들이자 하나님의 신민(臣民)들이다. 태양아 너는 위에 머무르라 달아 너도 그리할지어다.

[10]애굽의 장자를 치신 이에게 감사하라 그 인자하심이 영원함이로다 [11]이스라엘을 그들 중에서 인도하여 내신 이에게 감사하라 그 인자하심이 영원함이로다 [12]강한 손과 펴신 팔로 인도하여 내신 이에게 감사하라 그 인자하심이 영원함이로다 [13]홍해를 가르신 이에게 감사하라 그 인자하심이 영원함이로다 [14]이스라엘을 그 가운데로 통과하게 하신 이에게 감사하라 그 인자하심이 영원함이로다 [15]바로와 그의 군대를 홍해에 엎드러뜨리신 이에게 감사하라 그 인자하심이 영원함이로다 [16]그의 백성을 인도하여 광야를 통과하게 하신 이에게 감사하라 그 인자하심이 영원함이로다 [17]큰 왕들을 치신 이에게 감사하라 그 인자하심이 영원함이로다 [18]유명한 왕들을 죽이신 이에게 감사하라 그 인자하심이 영원함이로다 [19]아모리인의 왕 시혼을 죽이신 이에게 감사하라 그 인자하심이 영원함이로다 [20]바산 왕 옥을 죽이신 이에게 감사하라 그 인자하심이 영원함이로다 [21]그들의 땅을 기업으로 주신 이에게 감사하라 그 인자하심이 영원함이로다 [22]곧 그 종 이스라엘에게 기업으로 주신 이에게 감사하라 그 인자하심이 영원함이로다

다른 시편들에서 흔히 그러하듯이(시 135:8 이하를 보라), 하나님께서 이스라엘을 하나의 민족으로 만드시고 그들 가운데 그의 나라를 세우셨을 때에 이스라엘을 위하여 행하신 큰 일들이 여기에서 하나님의 권능과 이스라엘을 향한 하나님의 특별한 인자하심을 보여주는 예들로 언급된다.

1. 하나님은 이스라엘 백성을 애굽에서 이끌어 내셨다(10-12절). 이 일은 그들에게 오랫동안 지속된 긍휼하심이었고, 그 일에 의해서 예표된 것, 즉 그리스도께서 우리를 구속하신 일은 진정으로 영원한 일이다. 왜냐하면, 그 구속은 영원한 구속이기 때문이다. 하나님께서 애굽에 내리신 재앙들 가운데서 여기에는 장자의 죽음 외에는 아무것도 언급되고 있지 않은데, 이는 장자를 치신 재앙이 결정적인 것이었기 때문이다. 온갖 재앙을 통해서 이스라엘 백성이 애굽인들과 다르다는 것을 보여주신 하나님은 장자를 치신 재앙을 통해서 마침

내 이스라엘 백성을 애굽인들의 손에서 구해 내셨는데, 이것은 농간에 의해서 이루어진 일이 아니라 강한 손과 펴신 팔로 큰 일들을 행하심으로써 이루어진 일이었다. 이 긍휼의 이적들은 모세가 이스라엘에게 율법을 수여하도록 위임 받았다는 것을 증명해 주었을 뿐만 아니라, 이스라엘이 그 율법에 순종할 영원한 의무 아래 있게 하였다(출 20:2).

2. 하나님은 애굽을 떠나자마자 이스라엘 백성을 가로막은 홍해에 길을 내어서 그들로 통과하게 하셨다. 자연의 운행을 주관하시는 권능으로 하나님은 홍해를 가르시고 둘로 쪼개어 길을 내셔서 이스라엘로 하여금 그 두 조각 사이로 통과하게 하심으로써, 이 의식(儀式)을 통해서 그들은 하나님과 언약 관계에 들어서게 되었다(렘 34:18, 송아지를 둘로 쪼개고 그 두 조각 사이로 지나매 내 앞에 언약을 맺었다). 하나님은 바다를 가르셨을 뿐만 아니라, 그의 백성에게 용기를 주셔서 갈라진 바다를 통과하게 하셨는데, 전자는 물에 대한 하나님의 권능을 보여주는 예였고 후자는 사람들의 마음을 주관하시는 하나님의 권능을 보여주는 예였다. 또한, 하나님께서는 이것이 긍휼의 이적인 동시에 공의의 이적이 되게 하기 위하여 이스라엘 백성에게는 길이었던 홍해가 그들을 추격하는 자들에게는 무덤이 되게 하셨다. 거기에서 하나님은 바로와 그의 군대를 떨쳐버리셨다.

3. 하나님은 이스라엘 백성을 인도하셔서 거대하고 황량한 광야를 통과하게 하셨다(16절). 광야에서 하나님은 그들을 이끄셨고 먹이셨다. 하나님은 사십년 동안 일련의 끊임없는 이적들을 통해서 그들을 먹이시고 지켜 주셨다. 그들은 비록 광야에서 더디게 앞으로 나아갔고 유랑하였지만 결코 길을 잃지 않았다. 그것은 하나님의 긍휼하심과 그 긍휼하심이 변치 않으신다는 것을 가장 분명하게 보여주는 것이었다. 왜냐하면, 그들은 광야에서 자주 하나님을 진노케 하였고 근심하게 만들었기 때문이다.

4. 하나님은 이스라엘 백성이 전진할 길을 열어주시기 위해서 그들 앞에서 왕들을 멸하셨다(17-18절). 하나님은 그 왕들을 폐위하거나 추방하신 것이 아니라 쳐서 죽이셨는데, 이것은 그 왕들에 대한 하나님의 진노를 보여주는 것인 동시에 이스라엘에 대한 결코 식지 않는 긍휼하심을 보여주는 것이었다. 이 긍휼하심이 더욱 돋보이는 것은 그 왕들이 큰 왕들이었고 유명한 왕들이었지만 하나님께서는 마치 그들이 가장 작고 약하며 비천한 인생들인 것처럼 그들을 손

쉽게 복속시키셨다는 것이다. 그들은 악한 왕들이었기 때문에, 그들이 아무리 인간적으로 위대하고 유명하였다고 하여도 결코 하나님의 공의의 심판으로부터 안전할 수 없었다. 그들이 위대하고 유명할수록, 그러한 왕들을 이스라엘에게 붙이신 하나님의 긍휼하심은 더욱 돋보이는 것이었다. 시혼과 옥이 특별히 언급된 것은 그들이 요단 저편에서 이스라엘이 정복한 최초의 두 왕이었기 때문이다(19-20절). 하나님의 은총을 전체적으로 두루뭉술하게 말하는 것이 아니라 구체적이고 세부적인 내용으로 들어가서 살펴보는 가운데 하나님의 긍휼하심이 영원하다고 고백하는 것이 좋다.

5. 하나님은 이스라엘 백성이 복된 땅을 차지하게 하셨다(21-22절). 땅과 거기에 충만한 것, 세계와 거기에 있는 것들의 주인이신 하나님은 그의 뜻을 따라서 땅을 한 백성에게서 빼앗아서 다른 백성에게 주셨다. 아모리 족속의 죄악이 가득 찼기 때문에, 그들은 땅을 빼앗기게 된 것이었다. 이스라엘은 하나님의 종이었다. 비록 그들이 광야에서 하나님을 끊임없이 진노하게 하였지만, 하나님은 여전히 그들로부터 섬김을 받기를 원하셨다. 왜냐하면, 하나님을 예배하는 것이 그들에게 맡겨져 있었기 때문이다. 하나님은 애굽인들에게 내 백성을 가게 하라고 말씀하셨듯이, 가나안 사람들에게 내 백성을 들어가게 하여 나를 섬기게 하라고 말씀하셨다. 그것은 하늘의 가나안, 영생에 이르는 우리 주 예수 그리스도의 긍휼에 대한 비유였기 때문에, 그들을 향한 하나님의 긍휼하심은 영원하다.

[23]우리를 비천한 가운데에서도 기억해 주신 이에게 감사하라 그 인자하심이 영원함이로다 [24]우리를 우리의 대적에게서 건지신 이에게 감사하라 그 인자하심이 영원함이로다 [25]모든 육체에게 먹을 것을 주신 이에게 감사하라 그 인자하심이 영원함이로다 [26]하늘의 하나님께 감사하라 그 인자하심이 영원함이로다

여기에서는 다음과 같은 것들을 들어서 하나님의 영원한 긍휼하심을 송축한다.

1. 하나님의 교회를 구속하신 것(23-24절). 하나님께서 유대 교회를 압제자들의 손에서 건져 내기 위하여 베푸신 수많은 구속(救贖)들(그들이 종살이 하던 시절에 그들의 지위가 지극히 비천하였을 때, 하나님은 그들을 기억하시고, 구원자들, 사사들, 다윗을 일으키셔서 그들로 모든 대적들로부터 안식을 누리

게 하셨다), 특히 보편 교회를 속량하신 큰 구속(다른 모든 구속들은 이것의 모형이었다)으로 말미암아 우리는 다음과 같이 고백할 이유를 갖게 되었다: "하나님께서 우리가 하나님을 떠나 있을 때에 우리 인생을 비천한 가운데서도 기억하셨나니 그 긍휼하심이 영원함이로다. 하나님께서 그의 아들을 보내셔서 우리를 죄와 사망과 음부와 우리의 모든 영적인 원수들로부터 속량하셨으니 그 긍휼하심이 영원함이로다. 하나님께서 범죄한 천사들이 아니라 우리를 속량하시기 위하여 그의 아들을 보내셨으니 그 긍휼하심이 영원함이로다."

2. 모든 피조물에게 양식을 공급해 주시는 것(25절): 하나님은 모든 육체에게 먹을 것을 주신다. 하나님께서 생명이 있는 곳마다 거기에 합당하고 충분한 먹을 것을 주시는 것은 하나님의 섭리의 긍휼하심을 보여주는 한 예이다. 하나님은 지극히 큰 대가족을 먹여 살리시는 선한 주부이시다.

3. 하나님의 모든 영광들과 모든 선물들(26절): 하늘의 하나님께 감사하라. 이것은 하나님이 영광스러운 하나님이시라는 것을 나타낸다. 우리는 하나님의 긍휼하심의 영광을 찬송하여야 한다. 하나님의 긍휼의 그릇들을 통해서 그 영광의 풍성함이 드러난다(롬 9:23). 또한 이것은 하나님이 큰 은혜를 베푸시는 자이심을 나타낸다. 왜냐하면, 온갖 좋은 은사와 온전한 선물이 다 위로부터 빛들의 아버지, 하늘의 아버지께로부터 내려오기 때문이다. 우리는 모든 물줄기를 그 원천(샘)으로 추적해 들어가야 한다. 실제로 나타난 이런저런 긍휼하심들은 한동안만 지속될 수도 있지만, 하나님 안에 있는 긍휼하심은 영원하다. 그것은 마르지 않는 샘이다.

제
— 137 —
편

개요

　　예언이 끝나가고 구약의 정경(正經)이 마감되어 가고 있던 유대 교회의 말기에 지어진 것으로 생각되는 여러 시편들이 있지만, 이 시편만큼 후기에 지어졌음이 분명한 것은 없다. 이 시편은 하나님의 백성이 바벨론에서 포로 생활을 하면서 오만한 압제자들에 의해서 모욕을 당하고 있던 때에 지어졌는데, 아마도 포로기 후기에 씌어진 것으로 보인다. 왜냐하면, 그들은 지금 그들에게 해방을 가져다 줄 바벨론의 멸망이라는 사건이 신속히 다가오고 있음을 알고 있었다는 것이 이 시편 속에 드러나 있기 때문이다(8절). 이 시편은 애곡하는 시, 즉 애가이다. 칠십인역에서는 이 시편을 예레미야 애가들 중의 하나로 보고, 예레미야가 이 시편의 저자라고 언급한다. I. 슬픔에 잠긴 포로들은 스스로 즐거워할 수 없었다(1-2절). II. 그들은 오만한 압제자들을 즐겁게해 주는 일을 할 수 없었다(3-4절). III. 그들은 예루살렘을 잊을 수 없었다(5-6절). IV. 그들은 에돔과 바벨론을 용서할 수 없었다(7-9절). 이 시편을 노래할 때, 우리는 교회, 특히 환난 중에 있는 교회의 근심들에 깊이 공감하여서, 하나님의 백성의 슬픔들을 우리 마음속에 품고, 때가 되면 교회가 구원을 받고 그 원수들이 멸망하게 될 것을 바라보며 우리 자신을 위로하되, 개인적인 원한을 품음으로써 우리의 제사에 악의의 누룩을 섞지 않도록 조심하여야 한다.

¹우리가 바벨론의 여러 강변 거기에 앉아서 시온을 기억하며 울었도다 ²그 중의 버드나무에 우리가 우리의 수금을 걸었나니 ³이는 우리를 사로잡은 자가 거기서 우리에게 노래를 청하며 우리를 황폐하게 한 자가 기쁨을 청하고 자기들을 위하여 시온의 노래 중 하나를 노래하라 함이로다 ⁴우리가 이방 땅에서 어찌 여호와의 노래를 부를까 ⁵예루살렘아 내가 너를 잊을진대 내 오른손이 그의 재주를 잊을지로다 ⁶내가 예루살렘을 기억하지 아니하거나 내가 가장 즐거워하는 것보다 더 즐거워하지 아니할진대 내 혀가 내 입천장에 붙을지로다

우리는 여기에서 딸 시온이 수심에 잠겨 있는 가운데 딸 바벨론과 함께 거주하는 모습을 보게 된다. 하나님의 백성은 눈물을 흘리고 있지만, 그것은 눈물로 씨를 뿌리는 것이다. 좀 더 살펴보자.

I. 그들은 그들의 일들 및 심령과 관련하여 애곡하는 처지에 있었음.

1. 그들은 전쟁 포로로 끌려와서 바벨론의 여러 강변, 고국에서 아주 멀리 떨어진 이방 땅에서 유배 생활을 하였다. 애굽이 그들이 초창기에 종살이 하던 집이었던 것과 같이 , 바벨론 땅은 지금 그들이 종살이 하는 집이었다. 정복자들은 그들을 전함(戰艦)을 건조하는 데에 일꾼으로 사용할 목적으로 강변에 배치하였거나 강변이 가장 음습한 지역이어서 그들의 서글픈 심령에 가장 적합하다고 생각하여 거기에 그들을 거주하게 하였을 것이다. 그들이 거기에서 집을 지었다면(렘 29:5), 그것은 사람들이 북적대는 성내가 아니라 그들의 눈물을 강물과 섞을 수 있는 한적한 곳인 강변이었을 것이다. 성경에서는 그들 중 일부는 그발 강 가에서 살았고(겔 1:3) 일부는 을래 강변에 살았다고(단 8:2) 말한다.

2. 거기에서 그들은 앉아서 그들의 비참한 처지를 골똘히 생각하며 슬픔에 잠겼다. 예레미야는 이 멍에를 멘 그들에게 혼자 앉아서 잠잠하고 그 입을 땅의 티끌에 대도록 가르쳤었다(애 3:28-29). "우리는 거기에 만족하며 눌러 앉아 살려고 하는 자들처럼 앉아 있었고, 그렇게 하는 것이 하나님의 뜻이었다."

3. 시온을 생각할 때마다 그들의 눈에서는 눈물이 흘러내렸다. 그것은 우리에게 종종 갑자기 찾아오는 괴로움 때문에 왈칵 울고 싶어지는 그런 유의 눈물이 아니라, 오랫동안 곰곰이 생각해 본 끝에 나오는 눈물이었다(우리는 앉아서 울었도다). 우리는 성전이 세워져 있는 거룩한 산 시온을 기억하며 울었다. 하나님의 전에 대한 사모함은 그들 자신의 집에 대한 관심을 삼켜 버렸다. 그들은 시온이 누렸던 과거의 영광과 시온의 뜰에서 그들이 누렸던 만족을 기억하였다(시 42:4). 예루살렘이 고통을 당하는 날에 옛날의 모든 즐거움을 기억하였다(애 1:7). 그들은 황폐화된 시온의 현재의 상황을 기억하였고, 시온의 티끌에서도 은혜를 받았는데, 이것은 하나님께서 시온에게 은혜를 주실 때가 멀지 않았다는 것을 보여주는 징조였다(시 102:13-14).

4. 그들은 악기들을 옆으로 치워 놓았다(2절): 버드나무에 우리가 수금을 걸어 두었다.

(1) 그들은 그 수금들을 그들 자신의 기분 전환이나 그들을 기쁘게 하기 위하여 사용하였었다. 그런데 그들은 그 수금들을 옆으로 치워 놓았다. 왜냐하면, 하나님께서 그들에게 울며 애곡하라고 명하신 지금 그들이 수금을 사용하지 않아야 한다는 것이 그들의 판단이었고(사 22:12), 또한 그들의 심령이 너무도 슬퍼서 수금을 탈 기분이 전혀 아니었기 때문이다. 그들은 아마도 슬픔을 달래기 위해서 사용할 목적으로 수금을 가지고 왔지만, 그 슬픔이 너무나 커서 수금을 탈 형편이 되지 못하였던 것으로 보인다. 음악은 사람들을 더 우울하게 만들 수 있다. 마음이 상한 자에게 노래하는 것은 소다 위에 식초를 부음 같으니라.

(2) 그들은 하나님을 예배할 때에 수금을 사용하였다(레위인들의 수금). 그들은 언젠가는 다시 사용할 날이 있을 것이라고 생각해서 이런 용도의 수금을 없애 버리지 않았지만, 현재로서는 사용할 기회가 없었기 때문에 그 수금들을 옆으로 치워 놓았다. 하나님께서는 그들의 절기를 애통으로, 그들의 모든 노래를 애곡으로 변하게 하심으로써 그들에게 다른 일을 주셨다(암 8:10). 모든 일은 적절한 때에 해야 아름다운 법이다. 그들은 수금을 수풀 속이나 바위의 움푹진 곳에 숨겨 놓지 않고, 눈에 보이는 곳에 걸어 두어서, 수금을 볼 때마다 그들의 통탄스러운 처지를 떠올릴 수 있게 하였다. 그렇지만 그들이 그렇게 한 것은 잘못일 수도 있다. 왜냐하면, 하나님을 찬송하는 일은 결코 따로 정해진 때가 있는 것이 아니기 때문이다. 모든 일에 감사하는 것이 하나님의 뜻이다(사 24:15-16).

Ⅱ. 그들이 이렇게 서글픈 처지에 있을 때에 원수들이 그들을 욕되게 함(3절). 원수들은 그들을 고국 땅에서 사로잡아서 포로로 끌고온 후에, 포로된 땅에서 그들을 황폐하게 하여 그들이 가진 얼마 안 되는 것조차 빼앗아갔다. 그러나 원수들은 이것으로 만족하지 않고, 그들에 대한 재앙을 마무리라도 하려는 듯이 그들을 모욕하였다. 즉, 그들은 우리에게 노래를 청하며 노래하라 하였다.

1. 그것은 너무도 야만적이고 비인간적인 짓이었다. 원수라고 하여도 비참한 처지에 있을 때에는 그를 짓밟아서는 안 되고 불쌍히 여겨야 하는 법이다. 곤경에 처한 자들을 그들이 전에 누렸던 기쁨이나 그들의 현재의 슬픈 처지를 들먹이며 조롱하는 것, 또는 결코 즐거워할 수 없는 처지에 있는 자들에게 즐거워하라고 억지로 강요하는 것은 비열하고 야비한 짓이다. 그런 짓은 고통을 당하고 있는 자에게 또 한 번의 고통을 안겨 주는 것이다.

2. 그것은 하나님을 모독하는 지극히 불경스러운 짓이었다. 그들은 하나님께 예배드릴 때에 사용되었던 시온의 노래를 부르라고 요구하였다. 따라서 그들이 이러한 요구를 한 목적은 성전의 그릇들에 술을 담아서 마셨던 벨사살의 소행과 마찬가지로 하나님을 모독하고자 하는 것이었다. 원수들은 그들의 안식일을 비웃고 조롱하였다(애 1:7).

III. **그들은 이러한 모욕을 인내로 참아냄**(4절). 그들은 수금을 버드나무에 걸어둔 채 다시는 수금을 타려고 하지 않았고, 그들의 목숨을 좌지우지할 수 있는 자들의 환심을 사기 위해서 다시 수금을 타려고 하지도 않았다. 그들은 우매한 자들이 요구한 우매한 짓을 그대로 따르고자 하지 않았다. 하나님을 모독하는 오만한 자들의 비위를 맞춰서는 안 되고, 진주를 돼지에게 던져 주어서도 안 된다. 지혜롭게도 다윗은 악인들이 자기 앞에 있을 때에 자기 입에 재갈을 먹여서 비록 선한 말이라고 하여도 말하지 않았다. 그는 자기가 말한 것을 악인들이 조롱하며 놀림감으로 삼을 줄을 알았기 때문이다(시 39:1-2). 이스라엘 백성이 노래하지 않는 이유로 제시한 것은 아주 건전하고 경건한 것이었다: 우리가 이방 땅에서 어찌 여호와의 노래를 부를까? 그들은 "우리가 이토록 깊은 슬픔에 잠겨 있는데 어찌 노래를 부르리요"라고 말하지 않았다. 만약 그것이 이유의 전부였다면, 그들은 원수들을 노래로 섬기도록 스스로에게 압력을 가할 수 있었을 것이다. 그러나 그들은 이렇게 말하였다. "이것은 여호와의 노래이고 거룩한 노래이다. 이것은 오직 성전 예배 때에만 부르도록 되어 있는 노래이기 때문에, 우리는 그 노래를 우상 숭배자들로 가득한 이방인의 땅에서 감히 부를 수 없다." 우리는 사람들을 기쁘게 하거나 우상 숭배자들을 기쁘게 하기 위하여 오직 하나님께만 속한 것을 사용해서는 안 된다. 하나님은 경건한 말을 통해서만이 아니라 때로는 경건한 침묵을 통해서 영광을 받으신다.

IV. **그들은 지금 바벨론에 있었지만 예배가 있는 성읍인 예루살렘을 향하여 변함없는 사모함을 지니고 있었음.** 원수들은 이스라엘 백성들이 자나깨나 예루살렘 얘기만 하고 예루살렘에 홀딱 빠져 있는 것을 보고서 그들을 조롱하였지만, 예루살렘을 향한 그들의 사랑은 조금도 식을 줄 몰랐다. 이 때문에 그들은 조롱을 받을 수는 있겠지만, 조롱을 받는다고 해서 그들이 그 사랑을 포기하는 일은 결코 없을 것이었다(5-6절). 좀 더 살펴보자.

1. 이 경건한 포로들은 예루살렘을 얼마나 끈질기게 사모하였는가?

(1) 그들의 머리는 예루살렘에 대한 생각으로 가득 차 있었다. 예루살렘은 그들의 생각 속에 항상 있었다. 그들은 예루살렘을 기억하였다. 그들은 비록 예루살렘을 떠나온지 오래되었지만 예루살렘을 잊지 않았다. 그들 중의 많은 수는 예루살렘을 한 번도 보지 못하였고, 소문으로만 들었거나 성경에서 읽은 것이 전부였다. 그렇지만 예루살렘은 그들의 손바닥에 새겨져 있었고, 심지어 예루살렘의 폐허조차도 언젠가는 회복될 것이라는 약속에 대한 그들의 믿음의 증거로서 항상 그들 앞에 있었다. 그들은 날마다 창문을 열고 예루살렘을 향하여 기도하였다. 그러니, 어떻게 그들이 예루살렘을 잊을 수 있겠는가?

(2) 그들의 마음은 예루살렘으로 가득 차 있었다. 그들은 그들이 가장 즐거워하는 것보다 예루살렘을 더 즐거워하였기 때문에, 예루살렘을 기억하고 잊지 않을 수 있었다. 우리는 우리가 사랑하는 것을 생각하기를 좋아한다. 하나님을 즐거워하는 자들은 하나님 때문에 예루살렘을 그들의 기쁨으로 삼고서, 그들이 세상에서 가장 기뻐하고 소중히 여기는 것보다 예루살렘을 더 기뻐하고 소중히 여긴다. 경건한 사람은 개인적인 만족이나 기쁨보다 공적인 선(善)을 더 즐거워하는 법이다.

2. 그들은 이러한 사모함을 계속해서 지켜나가겠다고 얼마나 견고하게 결심하였는가? 이러한 결심을 그들은 만약 그들이 그 결심을 지키지 못한다면 그들에게 재앙이 닥치게 해 달라는 엄숙한 기원을 통해서 표현한다. "만약 내가 내 나라의 신앙을 망각하고서 바벨론의 아들들을 기쁘게 하거나 바벨론의 신들을 찬양하는 일에 내 노래와 수금을 사용한다면, 나로 하여금 영원히 노래하거나 수금을 탈 수 없게 하옵소서. 내 오른손이 그 재주를 잊게 하옵소서(손이 말라 비틀어지기 전에는 능숙한 악사의 손은 결코 그 재주를 잊을 수 없다). 아니, 내가 어디에 있든지 예루살렘을 위하여 선한 말을 하지 않는다면, 내 혀가 내 입천장에 붙게 하옵소서." 이스라엘 백성은 비록 바벨론 사람들 가운데서 시온의 노래를 부르고자 하지 않았지만, 그 노래를 잊을 수 없었고, 현재의 제약이 풀리기가 무섭게 그들은 오랫동안 노래를 부르지 않았음에도 불구하고 여느 때처럼 기꺼이 그 노래를 부르고자 한다.

[7]여호와여 예루살렘이 멸망하던 날을 기억하시고 에돔 자손을 치소서 그들의 말이 헐어 버리라 헐어 버리라 그 기초까지 헐어 버리라 하였나이다 [8]멸망한 딸 바벨론

아 네가 우리에게 행한 대로 네게 갚는 자가 복이 있으리로다 9네 어린 것들을 바위에 메어치는 자는 복이 있으리로다

바벨론에 있던 경건한 유대인들은 앞에서 예루살렘이 멸망하였다는 생각으로 괴로워하였지만, 여기에서는 무자비하고 회개치 않는 원수들이 멸망할 것을 내다보며 기뻐한다. 그러나 이것은 보복하고자 하는 마음에서 나온 것이 아니라, 하나님의 영광과 그의 나라의 영광을 향한 거룩한 열심에서 나온 것이다.

I. **에돔 사람들, 그리고 예루살렘의 멸망을 돕고 부추겼던 다른 나라 사람들, 예루살렘에 고난을 더하는 데에 힘을 보태고 예루살렘이 고난당하는 것을 기뻐하였던 자들**(슥 1:15), **예루살렘이 멸망하던 날에 "헐어 버리라 그 기초까지 헐어 버리라 돌 위에 돌 하나도 남지 않게 무너뜨려 버리라 하였던" 자들은 반드시 보응을 받게 될 것이다.** 그들은 그렇지 않아도 더 이상 박차를 가할 필요가 없을 정도로 격분해 있던 갈대아 군대를 부추겨서 더욱 광분하게 만들었다. 이렇게 이웃 나라들은 이스라엘에 대하여 악의를 가지고서 이스라엘을 이 세상에서 없어져야 할 나라로 여겨서 이스라엘에 수치를 안겨 주었다. 이 모든 것은 에서로부터 장자권과 축복을 가로챈 야곱에 대한 에서의 해묵은 적대감의 열매이자, 여자의 자손과 뱀의 자손 간의 더 오래된 적대감의 일부였다. 시편 기자는 여호와여 그들을 기억하소서라고 말한다. 이것은 하나님의 공의를 베푸셔서 그들을 치시라는 호소이다. 우리에게 원수를 갚을 수 있는 능력이 있다고 하여도, 우리는 결코 스스로 원수를 갚아서는 안 되고, 원수 갚는 것이 내게 있으니 내가 갚으리라고 말씀하신 하나님께 맡겨야 한다. 남이 재앙 받는 것, 특히 예루살렘의 재앙을 기뻐하는 자들은 반드시 징벌을 받게 되리라는 것을 명심하라. 선한 자들을 박해하는 자들과 손을 잡거나 그들을 부추기거나 그들 편에 서며 그들이 하는 일을 기뻐하는 자들은 저 심판의 날에 반드시 그 일에 대하여 책임을 지도록 요구받게 될 것이고, 하나님은 그 일을 기억하셔서 그들을 벌하실 것이다.

II. **주된 원수는 바벨론이었는데, 이제 바벨론이 분노의 잔을 그 찌꺼기까지 마시게 될 차례가 올 것이다**(8-9절). 딸 바벨론아, 지금은 네가 오만하고 안정된 것 같을지라도, 우리는 성경에 기록된 대로 멸망당하리라는 것을 알고 있다

(하몬드 박사는 **멸망시킨 자 바벨론아**로 해석한다). 멸망시킨 자들은 멸망을 당하게 될 것이다(계 13:10). 신약의 바벨론의 우두머리인 죄의 사람이 멸망의 아들로 불리는 것도 이것과 관련이 있는 것 같다(살후 2:3). 확실한 것으로 예언되고 있는 바벨론의 멸망(**네가 멸망당하리라**)은 다음과 같은 성격을 지니는 것으로 얘기된다.

1. 의로운 멸망. 바벨론은 자기가 행한 대로 대가를 지불하게 될 것이다. "너는 네가 우리에게 행한 대로 대가를 치르게 될 것이고, 우리가 네게 당했던 대로 너는 멸망시키는 자들에 의해서 가혹한 대우를 받게 될 것이다"(계 18:6을 보라). 힘이 있을 때에 긍휼을 베풀지 않았던 자들은 그들이 어려울 때에 남들로부터 긍휼을 받게 되기를 기대하지 말아야 한다.

2. 철저한 멸망. 바벨론이 군대의 기습에 의해서 칼에 죽임을 당할 때에 그 가장 어린 것들도 포악하고 무자비한 정복자에 의해서 산산조각이 나고 말 것이다. 이 어린 자들이 죽는다면, 아무도 피할 수 없다는 것은 분명하다. 어린 자들은 다음 세대의 씨앗이다. 그러므로 그들이 다 죽는다면, 바벨론의 멸망은 예루살렘의 멸망보다 더 심해서 다시는 일어설 수 없는 것이 된다. 바벨론은 바다에 던져진 연자맷돌처럼 가라앉아서 다시는 떠오르지 않게 될 것이다.

3. 멸망시키는 도구가 된 자들에게 영광을 가져다 주는 멸망. 바벨론을 멸망시키는 일을 하는 자들은 복이 있을 것이다. 왜냐하면, 그들은 하나님의 뜻을 행하고 있는 것이기 때문이다. 그러므로 하나님은 그 일을 한 고레스를 그의 종, 그의 목자, 그의 기름 부음 받은 자라고 부르시고(사 44:28; 45:1), 그 일에 쓰임받은 군사들을 그가 거룩하게 구별한 자들이라고 부르신다(사 13:3). 그들은 하나님의 이스라엘을 위하여 길을 열어 놓고 있는 것인데, 어떤 식으로든 하나님의 이스라엘에 봉사하는 자들은 복이 있다. 신약의 바벨론의 멸망은 모든 성도들의 승리가 될 것이다(계 19:1).

제
— 138 —
편

개요

다윗이 이 시편을 어느 때에 지었는지는 본문에 나와 있지 않고, 또한 그런 것을 알아내는 것은 중요하지 않다. 이 시편에는 다음과 같은 내용들이 나온다. I. 다윗은 자기를 향하신 하나님의 선하심에 대한 체험들을 감사함으로 되돌아본다(1-3절). II. 다윗은 다음과 같은 소망을 가지고 기뻐하며 장래를 내다본다. 1. 다른 사람들도 계속해서 자기처럼 하나님을 찬송하게 되리라는 것(4-5절). 2. 하나님께서 계속해서 자기를 선하게 대하시리라는 것(6-8절). 이 시편을 노래할 때, 우리는 다윗처럼 하나님을 찬송하고 하나님께 영광을 돌리는 일에 전념하여야 하고, 하나님의 권능과 선하심을 의지하여야 한다.

〔다윗의 시〕

[1]내가 전심으로 주께 감사하며 신들 앞에서 주께 찬송하리이다 [2]내가 주의 성전을 향하여 예배하며 주의 인자하심과 성실하심으로 말미암아 주의 이름에 감사하오리니 이는 주께서 주의 말씀을 주의 모든 이름보다 높게 하셨음이라 [3]내가 간구하는 날에 주께서 응답하시고 내 영혼에 힘을 주어 나를 강하게 하셨나이다 [4]여호와여 세상의 모든 왕들이 주께 감사할 것은 그들이 주의 입의 말씀을 들음이오며 [5]그들이 여호와의 도를 노래할 것은 여호와의 영광이 크심이니이다

I. 다윗은 어떻게 하나님을 찬송하고자 하였는가? 시편 111:1(할렐루야, 내가 정직한 자들의 모임과 회중 가운데에서 전심으로 여호와께 감사하리로다)과 비교해 보라.

1. 진실한 마음과 열심으로. "내가 전심으로, 내 속에 있는 것으로, 내 속에 있는 모든 것으로, 정직한 의도와 열렬한 사모함으로, 외적인 표현들과 일치하는 내적인 감정들을 가지고서 하나님을 찬송하리이다."

2. 거리낌 없이 담대하게: 신들 앞에서, 나를 방문한 다른 나라들의 왕들이나 내 나라의 판관들이나 대인들 앞에서 내가 주께 찬송하리이다. 그는 모임 속에

서 경건한 말로 마음을 드려서 하나님을 찬송하고자 할 뿐만 아니라 기회가 있을 때마다 하나님을 찬송하고자 한다. 하나님을 찬송하는 것은 아무리 위대한 사람일지라도 부끄러워할 필요가 없는 일이라는 것을 명심하라. 그것은 천사들의 일이요 천국의 일이다. 어떤 이들은 신들 앞에서를 천사들 앞에서, 즉 특별히 천사들이 임재해 있는 종교적인 모임들 속에서를 의미하는 것으로 해석한다(고전 11:10).

3. 하나님께서 정해 놓으신 방식으로: 내가 주의 성전을 향하여 예배하리이다. 오직 제사장들만이 성전에 들어갈 수 있었고, 백성들은 아무리 가까이 살아도 단지 성전을 향하여 예배하며 멀리서 예배하였다. 그리스도는 우리의 성전이시기 때문에, 우리는 하나님을 찬송할 때마다 우리와 하나님 사이의 중보자이신 그리스도를 믿음의 눈으로 바라보아야 한다. 하늘은 하나님의 거룩한 성전이기 때문에, 우리는 하나님께 아뢸 때마다 하늘을 향하여 우리의 눈을 들어야 한다: 하늘에 계신 우리 아버지.

Ⅱ. 다윗은 무엇 때문에 하나님을 찬송하고자 하였는가?

1. 하나님은 그의 모든 위로들의 원천이시기 때문에: 주의 인자하심과 성실하심으로 말미암아, 주의 선하심과 주의 약속, 주 안에 감추인 긍휼하심과 주께서 나타내신 긍휼하심으로 말미암아, 하나님은 그 자체로 은혜로우신 하나님이시고 그를 의지하는 모든 자들에게 은혜를 베푸시겠다고 약속하셨기 때문에. 이는 주께서 주의 말씀(진리인 주의 약속)을 주의 모든 이름보다 높게 하셨음이라. 하나님은 창조와 섭리를 통해서 여러 가지 방식으로 우리에게 자신을 알게 하셨지만, 그의 말씀을 통해서 가장 분명하게 우리에게 자신을 알게 하셨다. 하나님의 입에서 나오는 판단들은 그의 손이 행하는 것들보다 더 커서, 좀 더 큰 일들은 하나님의 입의 판단들에 의해서 행해진다. 은혜에 의한 기이한 일들은 자연의 기이한 일들을 훨씬 능가한다. 계시에 의해서 하나님에 대하여 알려지는 것들은 이성에 의해서 발견되는 것보다 훨씬 더 위대한 것들이다. 하나님께서 다윗을 위하여 행하신 일들을 통해서 하나님의 그 어떤 성품보다도 하나님의 신실하심이 더 뚜렷하게 나타나서 하나님의 영광에 이바지하였다. 몇몇 훌륭한 해석자들은 이 말씀이 영원한 말씀이신 그리스도와 그의 복음에 관한 것이라고 이해한다. 하나님께서는 그가 이전에 조상들에게 자신을 나타내신 모든 것들보다 복음을 더 높이셨다. 율법을 높이셔서 존귀하게 하신 하나님은 복음

을 율법보다 훨씬 더 높이신다.

2. 그 원천으로부터 흘러나오는 물줄기들 때문에. 다윗은 친히 그 물줄기들을 통해서 여호와께서 은혜로우시다는 것을 맛보았었다(3절). 그는 자기가 고난 중에 있었을 때에 가졌던 다음과 같은 체험들을 감사함으로 회상한다.

(1) 당시에 그가 하나님과 나누었던 달콤한 교통(交通). 그는 부르짖어 기도하였고 간절하게 기도하였는데, 하나님은 그에게 응답하셔서, 그의 기도가 열납되었으며 때가 되면 은혜를 받게 되리라는 것을 그에게 깨닫게 해주셨다. 하나님과 그의 성도들 간의 교통은 하나님의 약속들과 성도들의 기도에 의해서 이루어진다.

(2) 당시에 그가 하나님에게서 받았던 달콤한 응답: 주께서 내 영혼에 힘을 주어 나를 강하게 하셨나이다. 이것은 그의 기도에 대한 응답이었다. 왜냐하면, 하나님께서는 말씀하신 것보다 더 풍성하게 주시기 때문이다(시 20:6). 좀 더 살펴보자. [1] 그것은 신속한 응답이었다: 내가 간구하는 날에. 기도를 통해서 하늘과 거래하는 자들은 신속하게 수익이 되돌아옴으로써 점점 더 부요하게 된다는 것을 명심하라. 우리가 말을 마치기 전에 하나님은 들으신다(사 65:24). [2] 그것은 영적인 응답이었다. 하나님은 다윗의 영혼에 힘을 주어서 그를 강하게 하셨는데, 그것은 환난 날에 믿음의 기도에 대한 실제적이고 소중한 응답이다. 하나님께서 우리 영혼에 힘을 주셔서 무거운 짐들을 넉넉히 지게 하시고 시험들을 이기게 하시며 고난 중에서도 우리의 본분을 다하게 하신다면, 하나님께서 우리를 강하게 하셔서 믿음으로 하나님을 붙들게 하시고 우리 마음의 평안을 지키게 하시며 결과를 인내로써 기다리게 하신다면, 우리는 하나님께서 우리에게 응답하셨다는 것을 고백하고 감사하여야 한다.

III. 다윗은 그가 하나님을 찬송하는 것이 다른 사람들에게 어떤 영향을 주기를 소망하였는가(4-5절)? 다윗은 자기가 왕이었기 때문에 다른 나라의 왕들이 그의 체험과 모범에 의해서 감화를 받아서 신앙을 갖게 되고, 왕들이 신앙을 갖게 됨으로써 그들의 나라가 모든 면에서 더 나아지게 되기를 소망하였다. 좀 더 살펴보자.

1. 이것은 히람 등과 같은 다윗의 이웃 나라들의 왕들을 가리키는 것일 수 있다. "그들이 모두 주를 찬송하게 되리이다." 그들은 다윗을 방문하였을 때나 다윗이 죽은 후에 솔로몬을 찾아 왔을 때에(성경에서는 천하의 열왕이 그렇게 하

였다고 분명하게 말한다, 대하 9:23) 기꺼이 이스라엘의 하나님을 예배하는 데에 동참하였다.

2. 이것은 한 걸음 더 나아가서 그리스도께서 복음을 통해서 이방인들을 부르시고 모든 족속으로 제자를 삼게 될 것을 가리키는 것일 수 있다. 성경에서는 그리스도에 대하여 모든 왕이 그의 앞에 부복하리로다라고 말한다(시 72:11). 여기에는 다음과 같은 것들이 예언되어 있다.

(1) 세상의 왕들이 하나님의 말씀을 듣게 되리라는 것. 다윗을 찾아온 모든 자들은 그로부터 하나님의 말씀을 들었다(시 119:46). 후일에 복음을 전하는 자들은 온 세계로 보내심을 받았다.

(2) 그 때에 그들은 하나님의 말씀을 듣고 그 말씀의 빛과 사랑 안에서 말씀을 받은 자들로서 하나님을 찬송하게 되리라는 것(행 13:48).

(3) 그들은 여호와의 도, 그들을 향한 그의 섭리와 은혜의 길들을 노래하게 되리라는 것. 그들은 하나님을 즐거워하고 하나님께 영광을 돌리게 될 것이고, 하나님은 그에게 순종하고 본분을 다하는 그들과 상대하기를 기뻐하실 것이다. 여호와의 길들로 행하는 자들은 그 길들을 노래하는 가운데 큰 기쁨으로 그 길들로 행하여야 한다는 것을 명심하라. 왜냐하면, 여호와의 길들은 즐거운 길들이어서, 우리가 그 길들을 기뻐하는 것이 마땅하기 때문이다. 우리가 그렇게 한다면, 여호와의 영광은 크게 될 것이다. 왕들이 하나님의 길들로 행하고, 그 길들로 행하는 모든 자들이 그 길들을 노래함으로써, 하나님이 선한 주(主)이시고 그의 일은 반드시 대가가 있다는 것을 온 세계에 널리 선포하는 것은 하나님께 지극히 큰 영광이 된다.

⁶여호와께서는 높이 계셔도 낮은 자를 굽어살피시며 멀리서도 교만한 자를 아심이니이다 ⁷내가 환난 중에 다닐지라도 주께서 나를 살아나게 하시고 주의 손을 펴사 내 원수들의 분노를 막으시며 주의 오른손이 나를 구원하시리이다 ⁸여호와께서 나를 위하여 보상해 주시리이다 여호와여 주의 인자하심이 영원하오니 주의 손으로 지으신 것을 버리지 마옵소서

다윗은 여기에서 세 가지의 것으로 위로를 삼는다.

I. 하나님께서 그의 겸손한 백성에 대하여 품고 계시는 은총(6절). 여호와께

서는 높이 계시고 그 어떤 피조물을 필요로 하지도 않으시고 피조물들에 의해서 유익을 얻으시지도 않지만, 낮은 자들을 굽어살피시며 그들을 기뻐하시고 천지를 본 체 만 체 하시고 오로지 그들에게 은혜로운 미소를 지으시며, 그들을 조만간 높이시고자 하신다. 또한, 하나님은 멀리서도 교만한 자들을 아시고, 그들이 아무리 교만하게 하나님의 은총을 받는 체한다고 하여도 그들이 그와 상관이 없다고 말씀하시며 그들을 거부하신다. 하몬드 박사는 바리새인과 세리의 비유가 잘 보여주듯이(눅 18:9) 회개하는 죄인들은 하나님께 열납되겠지만 회개치 않는 자들은 버려지리라는 것이 세상의 왕들이 듣고 환영하게 될 바로 그 복음의 핵심이라고 본다.

II. 하나님께서 그의 고난받고 압제당하는 백성을 돌보심(7절). 다윗은 비록 위대하고 선한 사람이었지만 환난 중에 다닐 각오를 하면서 다음과 같은 소망으로 힘을 얻는다.

1. 하나님께서 그를 위로하시리라는 것. "내 심령이 실망하여 가라앉고자 할 때에 환난 중에서 주께서 나를 살아나게 하시고 편안하며 즐겁게 하시리라." 우리가 환난 중에 다니며 두려움으로 죽을 지경이 될 때에도 하나님의 위로하심은 우리를 살아나게 하기에 충분하다.

2. 하나님께서 그를 보호하시고 변호해 주시리라는 것. "주께서 주의 손을 펴사 내 원수들을 멸하시지는 않는다고 하여도 내 원수들의 분노를 막으시고 그 분노를 억제하셔서 일정 수준까지만 허용하시리라."

3. 하나님께서 때가 되면 그를 구원하시리라는 것: 주의 오른손이 나를 구원하시리이다. 하나님은 한 손을 펴서 원수들을 치시고, 다른 한 손으로는 그의 백성을 구원하신다. 그리스도는 여호와의 오른손으로서 그를 섬기는 모든 자들을 구원하실 것이다.

III. 하나님께서 그의 백성 안에서 및 그의 백성을 위해서 무슨 선한 일을 시작하셨든지 그 일을 반드시 이루시리라는 확신(8절). 여호와께서 나와 관련된 것을 온전히 이루시리이다(개역은 여호와께서 나를 위하여 보상해 주시리이다).

1. 내게 가장 필요한 것. 하나님은 무엇이 내게 가장 필요한 것인지를 가장 잘 아신다. 우리는 우리에게 중요하지 않고 유익이 되지 않는 많은 일로 염려하고 근심하지만, 하나님은 우리에게 진정으로 중요한 것들이 무엇인지를 아시고서(마 6:32) 그것들을 우리의 유익을 위하여 가장 좋은 방식으로 이루신다.

2. 우리가 가장 큰 관심을 갖는 것. 선한 자는 누구나 하나님에 대한 자신의 본분과 도리, 하나님 안에서의 자신의 복에 가장 큰 관심을 갖고서, 전자가 신실하게 이루어지고 후자가 확실하게 확보되기를 바란다. 이러한 것들이 우리가 가장 마음을 쓰는 것들이고 가장 갈구하는 것들이라면, 하나님께서 이미 우리 안에서 선한 일을 시작하신 것이고, 우리는 그 일을 시작하신 이가 그 일을 온전히 이루실 것임을 확신할 수 있고, 하나님은 반드시 그렇게 하실 것이다(빌 1:6). 좀 더 살펴보자.

(1) 시편 기자는 어떠한 근거 위에서 이러한 확신을 갖고 있는 것인가? 여호와여, 주의 긍휼하심이 영원하나이다. 그는 앞에서 이것이야말로 하나님을 찬송할 너무나 합당한 이유라고 여겼기 때문에(시 13:6), 여기에서 더 큰 확신을 가지고서 그것을 그의 소망의 이유로 삼을 수 있었다. 왜냐하면, 우리가 하나님께 그의 긍휼을 인하여 영광을 돌린다면, 우리는 그 긍휼하심으로 인한 위로를 스스로 받을 수 있기 때문이다. 우리가 신앙을 온전히 지키게 되리라는 소망을 가질 때, 그 근거는 우리 자신의 힘(이것은 우리를 실망시킬 것이기 때문에)이 아니라 하나님의 긍휼하심(이것은 우리를 실망시키지 않을 것이기 때문에)이 되어야 한다. "여호와여, 주의 긍휼하심이 영원하오니, 내가 그 긍휼하심의 영원한 기념비가 되게 하소서"라는 간구는 기도할 때에 참 좋은 호소가 된다.

(2) 시편 기자는 그러한 확신을 어떻게 활용하는가? 그는 그러한 확신이 그에게 있기 때문에 기도하지 않아도 된다고 생각하는 것이 아니라, 도리어 더욱 힘써 기도하고자 한다. 그는 자신의 기대를 간구로 변화시킨다. "주의 손으로 지으신 것을 버리지 마시고 내버려 두지 마소서. 여호와여, 나는 주의 손으로 지으신 존재이고 내 영혼도 그러하오니, 나를 버리지 마옵소서. 나의 관심사들도 그러하오니, 주께서 그것들을 모른 체하지 말아 주소서." 우리 안에 그 어떤 선한 것이 있든지, 그것은 하나님께서 그 손으로 지으신 것이다. 너희 안에서 행하시는 이는 하나님이시니 너희에게 소원을 두고 행하게 하시느니라. 하나님께서 그 일을 버리신다면, 그 일은 실패하게 될 것이다. 그러나 여호와, 온전히 이루시는 하나님께서는 그의 영광을 위하여 선한 일을 끝까지 이루시는 데에 관심을 갖고 계시기 때문에, 우리는 "여호와여, 주의 손으로 지으신 것을 버리지 마옵소서"라고 믿음으로 기도할 수 있다. 하나님께서는 그가 사랑하시는 자를 끝까지 사랑하신다. 하나님께서 하시는 일은 무엇이나 온전하다.

제
─ 139 ─
편

개요

유대교의 몇몇 박사들은 이 시편이 다윗의 모든 시편들 중에서 가장 뛰어난 시편이라고 말한다. 이 시편은 하나님께서 모든 것을 아신다는 가르침에 대한 매우 경건한 묵상이다. 그러므로 이 시편을 노래할 때에 우리는 이 가르침에 착념해서 그 가르침으로 우리 마음이 충만하게 하여야 한다. I. 이 가르침이 단언되고 자세하게 서술된다(1-6절). II. 이 가르침이 두 가지 논거를 통해서 확증된다. 1. 하나님은 어디에나 계신다. 그러므로 그는 모든 것을 아신다(7-12절). 2. 하나님은 우리를 지으셨다. 그러므로 그는 우리를 아신다(13-16절). III. 이 가르침으로부터 몇 가지 결론들이 이끌어내진다. 1. 이 가르침은 우리를 하나님을 기뻐하며 경배하고자 하는 마음으로 가득하게 만든다(17-18절). 2. 이 가르침은 우리를 죄와 죄인들에 대한 거룩한 두려움과 혐오로 가득하게 만든다(19-22절). 3. 이 가르침은 우리 자신의 온전함에 대한 거룩한 만족감으로 가득하게 만드는데, 우리는 이 점을 하나님께 호소할 수 있다(23-24절). 하나님께서는 우리의 마음과 모든 인생의 마음을 아신다는 이 위대하고 자명한 진리는 우리가 믿음으로 그 진리를 받아들여서 진지하게 숙고하고 적용하기만 한다면 우리의 거룩함에 큰 영향을 미칠 것이고, 우리에게 큰 위로가 될 것이다.

[다윗의 시, 인도자를 따라 부르는 노래]

¹여호와여 주께서 나를 살펴보셨으므로 나를 아시나이다 ²주께서 내가 앉고 일어섬을 아시고 멀리서도 나의 생각을 밝히 아시오며 ³나의 모든 길과 내가 눕는 것을 살펴보셨으므로 나의 모든 행위를 익히 아시오니 ⁴여호와여 내 혀의 말을 알지 못하시는 것이 하나도 없으시니이다 ⁵주께서 나의 앞뒤를 둘러싸시고 내게 안수하셨나이다 ⁶이 지식이 내게 너무 기이하니 높아서 내가 능히 미치지 못하나이다

다윗은 여기에서 우리와 상대하시는 하나님이 우리를 온전히 아시고 우리의 속사람과 겉사람의 모든 움직임과 행위들은 하나님 앞에서 벌거벗은

것 같이 드러난다는 이 위대한 가르침을 서술한다.

Ⅰ. 다윗은 하나님께 아뢰는 방식으로 이 가르침을 서술한다. 그는 하나님께 이 가르침을 아뢰고 고백하며 그러한 하나님께 영광을 돌린다. 하나님의 진리들은 그 진리들을 놓고 논쟁하기보다는 그 진리들을 붙잡고 설교하거나 기도할 때에 가장 잘 드러난다. 우리는 하나님을 상대로 하나님 자신에 대하여 아뢸 때에는 가장 진실하고 경외하는 마음으로 아뢰어야 하는데, 그럴 때에 우리는 더 깊은 감화를 받게 된다.

Ⅱ. 다윗은 자기 자신에게 적용하는 방식으로 이 가르침을 서술한다. 그는 "주께서 모든 것을 아시나이다"가 아니라 "주께서 나를 아시나이다"라고 말한다. "그 가르침은 내가 믿고자 가장 관심을 갖는 것이고, 내가 묵상하는 데에 가장 유익이 되는 것이나이다." 우리가 그러한 일들이 우리 자신을 위한 것임을 알 때에 비로소 우리는 그러한 일들이 우리에게 선한 것임을 아는 것이다(욥 5:27). 우리는 "여호와여, 모든 영혼이 주의 것이니이다"라고 고백할 때에 "내 영혼도 주의 것이고, 모든 죄를 미워하시는 주께서는 내 죄도 미워하시며, 모두에게와 이스라엘에게 선하신 주는 내게도 선하시나이다"라는 말을 덧붙여야 한다. 다윗은 여기에서 그렇게 하고 있다. "주께서 나를 살펴보셨으므로 나를 아시나이다. 우리가 부지런히 철저하게 살펴본 것을 아는 것과 같이, 주께서는 나를 그렇게 철저하게 아시나이다." 다윗은 왕이었기 때문에, 신하들은 왕들의 마음을 헤아릴 수 없지만(잠 25:3), 왕들의 주권자이신 하나님은 왕들의 마음을 헤아릴 수 있으시다.

Ⅲ. 다윗은 좀 더 세부적인 내용으로 옮겨간다. "주께서는 내가 어디에 있는지, 내가 무엇을 하고 있는지, 나와 내게 속한 모든 것을 아시나이다."

1. "주께서는 나와 나의 일거수 일투족을 아시고, 내가 휴식하기 위해서 앉고 일하기 위해서 일어섬을 아시고, 내가 앉아 있을 때에 어떤 마음을 지니고 있는지, 내 영혼이 무엇을 의지하며, 무엇을 최고의 행복으로 삼아서 이루고자 하는지를 아신다. 주께서는 내가 언제 집에 오는지, 내 집 앞에서 어떻게 행하는지, 내가 언제 밖으로 나가며 어떤 용무로 나가는지를 아신다."

2. "주께서는 나의 모든 생각을 아신다. 생각만큼 은밀하게 진행되고 신속하게 사라지는 것은 없다. 사람들은 남의 생각을 알지 못한다. 심지어 우리 자신조차도 우리의 생각을 모른 채 지나가는 경우도 흔하지만, 주께서는 멀리서도

나의 생각을 밝히 아신다. 나의 생각들 하나하나가 서로 너무도 달라서 나 스스로도 그 생각들 중 많은 부분을 놓친다고 하여도, 주께서는 내 생각들의 연결 관계를 아시고 그것을 밝혀내실 수 있으시다." 또는, "주께서는 멀리서도, 즉 내가 생각하기도 전이나 내가 생각하고서 이미 잊어버린지 오래된 후에도 나의 생각을 밝히 아신다." 또는, "주께서는 멀리서도 나의 생각을 밝히 아시오니, 저 높은 하늘에서 사람들의 마음 깊은 곳까지 살펴 아신다(시 33:14)."

3. "주께서는 나의 모든 계획과 행위들을 아신다. 주께서는 나의 모든 구체적인 길을 살펴보셨고, 나의 길을 까불어보셨으므로(어떤 이들은 이렇게 해석한다), 마치 체질을 해서 알곡과 겨를 갈라내듯이, 내가 행하는 일이 선한지 악한지를 너무도 잘 구별하시고 아신다." 우리의 모든 행위들은 하나님의 판단을 받는다(시 17:3). 하나님은 우리의 모든 발걸음을 보시고, 그것이 올바로 걷고 있는 것인지 곁길로 가고 있는지를 아신다. 하나님은 우리의 모든 길들을 익히 아시고 우리의 모든 행위들을 너무도 잘 아신다. 하나님은 우리가 어떠한 규범을 따라서 행하는지, 어떠한 목표지점을 향하여 걷고 있는지, 어떤 자들과 어울려서 행하는지를 아신다.

4. "주께서는 내가 물러나 있을 때에도 나를 아셔서 내가 눕는 것을 아시나이다. 내가 사람들로부터 물러나서 홀로 있어서 하루를 어떻게 보냈는지를 생각하며 휴식을 취하고 있을 때, 주께서는 내가 무슨 생각을 하고 있는지, 무슨 생각을 가지고서 잠자리에 드는지를 아신다."

5. "주께서는 나를 아시고 내가 말하는 모든 것을 아신다(4절): 주께는 헛된 말이든 선한 말이든 내 혀의 말을 알지 못하시는 것이 하나도 없으시다. 주는 그 말이 무슨 의미인지, 어떤 생각에서 나온 것인지, 어떤 의도에서 나온 것인지를 아신다. 내 혀끝에서 맴돌다가 차마 밖으로 튀어나오지 못한 말도 주께서는 아신다." 여호와여, 내 혀에 말이 없더라도, 주께서는 모든 것을 아시나이다(어떤 이들은 이렇게 해석한다). 왜냐하면, 우리의 생각은 하나님께는 말이 되기 때문이다.

6. "주께서는 나의 모든 부분을 아신다. 주께서는 나의 앞뒤를 둘러싸고 계시기 때문에, 내가 어느 길로 가든지, 나는 주의 눈 아래에서 있고 그 눈을 피할 수 없다. 주께서는 내 위에 손을 얹어 놓으셨기(개역에서는 내게 안수하셨나이다) 때문에, 나는 주로부터 도망할 수 없다." 우리가 어디에 있든, 우리는 하나님의

눈과 손 아래에 있다. 아마도 이 말씀은 의사가 환자의 맥박이 어떻게 뛰는지, 어떤 병에 걸려 있는지를 알아내기 위해서 환자의 몸에 손을 대어보는 것과 관련이 있는 것으로 보인다. 우리가 보는 것만이 아니라 손을 대어서 느끼는 것도 알듯이, 하나님은 그렇게 우리를 아신다. 모든 성도가 그의 수중에 있도다.

IV. 다윗은 이 가르침에 대하여 감탄을 금치 못한다(6절). 이 지식이 내게 너무 기이하고 높나이다.

1. "주께서는 나 자신에 대하여 내가 모르는 것까지 알고 계신다. 나는 나의 모든 생각들을 알아차릴 수 없고, 주께서 나를 판단하는 것만큼 나 자신을 판단할 수 없다."

2. "그것은 내가 도저히 이해할 수 없고 말로 표현하기는 더더욱 불가능한 그런 지식이다. 주께서 모든 것을 아신다는 것을 나는 확신하지만, 어떻게 그런 일이 가능한지를 말할 수는 없다." 우리는 하나님께서 어떻게 우리를 살피시고 알아내시는지를 알 수 없고, 하나님께서 어떤 식으로 해서 우리를 알게 되시는지를 알 수도 없다.

[7]내가 주의 영을 떠나 어디로 가며 주의 앞에서 어디로 피하리이까 [8]내가 하늘에 올라갈지라도 거기 계시며 스올에 내 자리를 펼지라도 거기 계시니이다 [9]내가 새벽 날개를 치며 바다 끝에 가서 거주할지라도 [10]거기서도 주의 손이 나를 인도하시며 주의 오른손이 나를 붙드시리이다 [11]내가 혹시 말하기를 흑암이 반드시 나를 덮고 나를 두른 빛은 밤이 되리라 할지라도 [12]주에게서는 흑암이 숨기지 못하며 밤이 낮과 같이 비추이나니 주에게는 흑암과 빛이 같음이니이다 [13]주께서 내 내장을 지으시며 나의 모태에서 나를 만드셨나이다 [14]내가 주께 감사하옴은 나를 지으심이 심히 기묘하심이라 주께서 하시는 일이 기이함을 내 영혼이 잘 아나이다 [15]내가 은밀한 데서 지음을 받고 땅의 깊은 곳에서 기이하게 지음을 받은 때에 나의 형체가 주의 앞에 숨겨지지 못하였나이다 [16]내 형질이 이루어지기 전에 주의 눈이 보셨으며 나를 위하여 정한 날이 하루도 되기 전에 주의 책에 다 기록이 되었나이다

우리가 배운 것들이 확실하다는 것을 아는 것은 우리에게 대단히 유익하다. 왜냐하면, 그러한 지식은 우리로 하여금 그것들을 믿게 해줄 뿐만 아니라 우리가 그것들을 왜 믿는지를 말할 수 있게 해주고 우리 안에 있는 소망

의 이유를 말할 수 있게 해주기 때문이다. 다윗이 하나님께서 그와 그의 모든 길들을 온전히 아신다는 것을 확신하는 이유는 다음과 같다.

I. 그가 항상 하나님의 눈 아래에 있기 때문에. 하나님께서 모든 곳에 계신다면 모든 것을 아실 수밖에 없다. 그런데 하나님은 모든 곳에 계신다. 이것은 하나님의 존재가 무한하고 광대하시다는 것을 전제한다. 이 전제로부터 하나님이 도처에 계신다는 진리가 도출된다. 천지는 모든 피조세계를 포괄하는데, 창조주는 천지에 충만해 계신다(렘 23:24). 하나님은 천지를 아시고 다스리실 뿐만 아니라 천지에 충만해 계신다. 피조세계의 모든 부분은 하나님의 직관과 영향력 아래에 있다. 다윗은 여기에서 이러한 진리를 고백하고 자신에게 적용하여서 자기가 하나님 앞에서 다 드러나 있음을 본다.

1. 아무리 도망치려고 해도 우리는 하나님의 임재 앞에서 벗어날 수 없다. "내가 주의 영을 떠나 주의 앞에서 주의 영적인 임재, 영이신 주를 벗어나 어디로 가리이까?" 하나님은 영이시기 때문에, 우리가 하나님을 볼 수 없으니 하나님도 우리를 보실 수 없을 것이라고 생각하는 것은 어리석은 짓이다. 내가 주의 앞에서 어디로 피하리이까? 다윗은 하나님을 떠나 멀리 가고자 하지 않았고, 도리어 하나님께 더 가까이 가는 것이 그의 유일한 소원이었다. 따라서 그는 여기에서 단지 가상(假想)의 상황을 전제하고 말할 뿐이다. "이런 일은 도저히 있을 수 없는 일이지만, 만약 내가 어리석게도 주에 대한 두려움을 떨쳐버리기 위해서 주의 눈을 피해 달아나고자 한다고 가정해 보자. 내가 주께 불순종하여 반역하거나 주를 의지하는 마음을 버리고서 혼자 살아가고자 한다고 가정해 보자. 내가 도대체 어디로 갈 수 있겠는가?" 어떤 이교도는, 네가 어디로 가든 거기에서도 너는 신을 만나게 되리라는 것을 알게 될 것이다(세네카)라고 말하였다. 다윗은 가장 멀리 떨어진 후미진 곳들을 구체적으로 언급하면서 거기에서도 하나님을 만나게 될 것이라고 말한다.

(1) 하늘에서. "내가 하늘에 올라갈지라도(이것은 내가 곧 그렇게 되기를 바라는 것이다) 주는 거기 계시리니, 거기에서 주와 함께 사는 것은 나의 영원한 지복(至福)이 되리라." 하늘은 무수한 무리들로 가득 찬 거대하고 광대한 곳이지만, 거기에서 어느 구석에 숨거나 무리들 틈에 숨더라도 하나님을 피할 수는 없다. 저 세상의 거민들은 이 세상의 거민들과 마찬가지로 하나님을 의지하여 살아갈 수밖에 없기 때문에 모든 것을 꼼꼼히 살피시는 하나님의 눈 앞에 그대

로 노출되어 있다.

(2) 스올에서. 스올은 땅의 깊은 곳, 땅의 중심을 가리키는 것으로 이해될 수 있다. 우리가 최대한으로 땅을 깊이 파고 거기에 숨는다면 하나님도 우리를 찾아내실 수 없으리라고 생각하는 것은 오산(誤算)이다. 하나님은 독수리의 눈에 결코 보이지 않는 길도 아시고, 하나님께는 땅 속 깊은 곳도 땅의 지표면과 다를 바 없다. 또는, 스올은 죽은 자들이 거주하는 곳을 가리키는 것으로 이해될 수 있다. 우리가 죽어서 모든 산 자들의 눈에서 벗어난다고 하여도, 살아 계신 하나님의 눈에서 벗어날 수는 없다. 무덤에 우리 몸을 숨긴다고 하여도, 우리는 하나님의 눈에서 벗어날 수 없다. 또는, 스올은 저주받은 자들이 거주하는 곳을 가리키는 것으로 이해될 수 있다. 내가 스올에 내 자리를 펼지라도(스올은 밤낮으로 쉼이 없는 곳이어서 침상을 들이기에는 적합하지 않은 곳이지만, 수많은 사람들이 불길을 그들의 영원한 침상으로 삼는다) 보라, 주께서는 그 권능과 공의로써 거기에 계신다. 하나님의 진노는 스올에서 영원히 타오르게 될 불이다(계 14:10).

(3) 이 세상의 가장 후미진 곳들에서. "내가 새벽 날개를 치며, 즉 세상에서 가장 빠르다고 하는 아침 햇살(해의 날개들로 불리는, 말 4:2)을 타고 도망쳐서 바다 또는 땅의 끝에 가서 거주하고(욥 38:12-13) 가장 멀고 후미진 섬들로 도망친다고 하여도, 거기서도 나는 주를 만나게 되고, 주의 손이 나를 인도하시며 주의 오른손이 나를 붙드시리니, 내가 더 이상 갈 수가 없고 주를 피해 달아날 수 없을 것이다." 요나가 여호와의 얼굴을 피하려고 다시스로 도망하려 하였을 때에 하나님은 곧 요나를 붙잡으셨다.

2. 그 어떤 가리개로도 우리를 하나님의 눈에서 가려줄 수 없고, 아무리 칠흑 같은 흑암이라도 우리를 가려줄 수 없다(11-12절). "다른 어떤 것으로도 되지 않아서, 내가 말하기를 흑암이 나를 숨겨 주리라고 말할지라도, 나는 또다시 기만을 당하게 되리라. 밤의 장막도 아침의 날개와 마찬가지로 내게 전혀 소용이 없을 것이다. 주께는 밤이 낮과 같이 비추어서 내 주위를 비추는 빛이 될 것이다. 추격당하는 범죄자나 전쟁에서 패한 군대가 도주할 때에 소용이 있는 것들은 내가 하나님으로부터 도망치고자 할 때에는 아무 소용도 없을 것이다." 하나님께서 빛과 어둠을 나누셨지만, 여전히 그에게는 흑암과 빛이 같다. "흑암이 주께는 어둡지 아니하니, 주에게는 행악자들이 숨을 흑암이나 사망의 그림자는 없

기 때문이다." 위장하기 위한 가면이나 변장은 그것이 아무리 정교하게 만들어 졌다고 하여도 어떤 사람이나 행위가 하나님 앞에서 백일하에 드러나는 것을 막아줄 수 없다. 은밀하게 저질러진 죄들은 대낮에 공개적으로 저질러진 악행 들과 마찬가지로 하나님 앞에 벌거벗은 것 같이 드러난다.

II. 그가 하나님의 손으로 지음받은 존재이기 때문에. 엔진을 만든 사람은 엔진의 모든 움직임들을 속속들이 다 안다. 하나님은 우리를 만드셨기 때문에 그가 우리를 아신다는 것은 너무도 당연하다. 하나님은 우리가 지음받는 동안 에도 우리를 보셨는데, 우리가 다 지음받은 지금에 있어서 어떻게 하나님으로 부터 숨겨질 수 있겠는가? 다윗은 바로 이 논거를 제시한다(13-16절). "주께서 내 내장을 지으셨다. 주는 나의 가장 은밀한 생각들과 의도들, 내 영혼의 가장 깊은 곳에 있는 것을 주관하시는 자이시다. 우리가 우리의 소유를 잘 알듯이, 주는 그것들을 아실 뿐만 아니라 다스리시기도 하신다. 주께서 나의 내장에 대 하여 가지고 계시는 소유권은 정당한 것이다. 왜냐하면, 주께서 나의 모태에서 나를 만드셨기 때문이다. 즉, 주께서는 나를 만드셨고(욥 10:11) 나를 은밀히 만드셨다. 영혼은 우리 주변의 모든 것으로부터 숨겨져 있다. 사람의 일을 사람 의 영 외에 누가 알리요(고전 2:11)." 그러므로 성경에서는 영혼을 마음에 숨은 사람이라고 말한다. 그러나 이렇게 우리를 숨기신 것은 하나님 자신이었기 때 문에, 하나님은 마음만 먹는다면 얼마든지 우리를 드러내실 수 있으시다. 하나 님께서 우리를 온 세계로부터 숨기신 것은 우리를 하나님 자신으로부터 숨기 고자 하신 것이 아니었다.

1. 사람, 즉 우리 각자를 지으신 것과 관련하여 그 영광은 여기에서 온전히 하나님께 돌려진다. 왜냐하면, 우리를 만든 것은 우리 자신이 아니라 하나님이시 기 때문이다. "내가 나를 지으신 주를 찬송하리이다. 나의 부모는 단지 그 도구 에 불과하였나이다."

(1) 이 일은 하나님께서 살펴보시는 가운데 행하여졌다: 나의 형체가 모태에 서 지음을 받은 때에 그 형체가 아직 배아 상태에 있을 때에도 주의 앞에 숨겨지 지 못하였고, 내 형질이 이루어지기 전에 주의 눈이 보셨나이다.

(2) 이 일은 하나님의 행위에 의해서 이루어졌다. 그 때에 하나님의 눈이 우 리를 보고 있는 동안에, 하나님의 손은 우리를 지으셨다. 우리는 하나님께서 만드신 작품이었다.

(3) 이 일은 하나님의 설계도에 따라서 이루어졌다: 나의 모든 기관들이 주의 책에 다 기록이 되었나이다. 영원한 지혜가 이 계획을 세웠고, 저 전능하신 능력이 그 고상한 구조를 만들어내셨다.

2. 사람을 지으신 것과 관련하여 영광스러운 것들이 여기에서 언급된다. 사람의 출생은 태초에 인간이 창조되었을 때와 동일한 엄숙하고 경건한 경외심으로 바라보아져야 한다.

(1) 사람의 출생은 크고 기이한 일, 엄청난 이적이지만 자연의 통상적인 이치를 따라서 이루어진다. 우리를 지으심이 심히 기묘하심이라. 우리는 하나님께서 이 살아 있는 성전들을 기이하게 고안해 내시고 모든 부분을 지으시며 모든 것을 조화롭게 하신 것에 놀라지 않을 수 없다.

(2) 사람의 출생은 놀라운 신비, 자연의 신비이다: 그 일이 기이함을 내 영혼이 잘 알지만, 나는 그 신비를 다른 사람에게 어떻게 말해 줄지는 모르겠다. 왜냐하면, 내가 은밀한 데서 지음을 받고 땅의 깊은 곳과 같은 모태에서 그 누구도 보지 못하는 가운데 지극히 은밀하게 지음을 받았기 때문이다.

(3) 사람의 출생은 우리의 모든 기관들이 아직 그 중의 하나도 없던 때에(개역에서는 나를 위하여 정한 날이 하루도 되기 전에) 하나님의 지혜로운 계획이 담겨 있는 책에 기록된 대로 연속적으로 만들어졌다는 점에서 큰 긍휼하심이다(어떤 이들은 아직 그 중의 하나도 없던 때에를 그 중의 하나도 남김이 없이로 해석한다). 우리의 기관들 중 어떤 것들이 하나님의 책에 빠져 있었다면, 그것들은 우리의 몸에도 없었을 것이지만, 하나님의 선하심으로 말미암아 우리는 우리의 모든 사지백체(四肢百體)를 갖게 되었다. 만약 그 중 하나라도 빠져 있었다면, 그것은 우리에게 큰 짐이 되었을 것이다. 그러므로 우리는 우리를 창조하신 하나님을 찬송하고, 우리의 형질이 이루어지기 전에 그것을 보신 하나님께서 우리의 형질이 이미 이루어진 지금에 있어서는 그것을 너무도 잘 알고 계실 것이라고 결론을 내려야 한다.

[17]하나님이여 주의 생각이 내게 어찌 그리 보배로우신지요 그 수가 어찌 그리 많은지요 [18]내가 세려고 할지라도 그 수가 모래보다 많도소이다 내가 깰 때에도 여전히 주와 함께 있나이다 [19]하나님이여 주께서 반드시 악인을 죽이시리이다 피 흘리기를 즐기는 자들아 나를 떠날지어다 [20]그들이 주를 대하여 악하게 말하며 주의 원수들

이 주의 이름으로 헛되이 맹세하나이다 [21]여호와여 내가 주를 미워하는 자들을 미워하지 아니하오며 주를 치러 일어나는 자들을 미워하지 아니하나이까 [22]내가 그들을 심히 미워하니 그들은 나의 원수들이니이다 [23]하나님이여 나를 살피사 내 마음을 아시며 나를 시험하사 내 뜻을 아옵소서 [24]내게 무슨 악한 행위가 있나 보시고 나를 영원한 길로 인도하소서

시편 기자는 여기에서 하나님께서 모든 것을 알고 계시다는 가르침을 여러 가지 방식으로 적용한다.

I. 그는 하나님께서 그가 사는 날 동안에 내내 그를 보살펴 주신 것을 고백하며 경이롭게 여기고 감사한다(17-18절).　그를 아시는 하나님은 그를 생각하셨고, 그를 향한 하나님의 생각은 사랑 어린 생각, 재앙을 줄 생각이 아니라 평안을 줄 생각이었다(렘 29:11). 하나님은 모든 것을 아시는 능력으로 우리를 감시하시다가 우리에게 해악을 주시는 것이 마땅할 것이지만, 도리어 우리에게 선을 행하시기 위하여 우리를 살피신다(렘 31:28). 우리와 우리의 복리(福利)에 관한 하나님의 계획들은 다음과 같은 특성을 지닌다.

1. 그것들은 감탄을 자아낼 정도로 보배롭다: 내게 대한 주의 생각이 어찌 그리 보배로우신지요! 하나님의 생각은 그 자체로 깊고 깊어서, 우리는 그 생각을 도저히 가늠하거나 헤아릴 수 없다. 우리와 관련된 일들을 안배하기 위한 하나님의 섭리는 지극히 광대한 영역에 미치고, 우리에게 선을 이루기 위하여 몰아오시는 일들은 우리의 생각이나 예견을 훨씬 뛰어넘는다. 하나님의 생각은 우리에게 소중하다. 우리는 하나님의 생각을 지극한 경외심과 아울러 기뻐함과 감사함으로 바라보아야 한다. 다른 어떤 것들을 생각하는 것보다도 하나님을 생각하는 것이 우리에게 가장 큰 기쁨이 되어야 한다.

2. 그것들은 감탄을 자아낼 정도로 무수하다: 그 수가 어찌 그리 많은지요. 우리는 우리에 대한 하나님의 인자하신 계획들이 얼마나 많이 있어 왔는지, 하나님께서 우리에게 닥친 해악들을 얼마나 많이 선으로 바꾸어 오셨는지, 우리가 하나님으로부터 얼마나 다양한 긍휼하심들을 받아왔는지를 감히 상상할 수도 없다. 우리가 그 구체적인 내용은 제외하고라도 제목들만을 세려고 할지라도 그 수가 모래보다 많고, 그럼에도 불구하고 그 하나하나가 다 크고 지극히 중요한 것들이다(시 40:5). 아침마다 항상 새롭게 베풀어지는 하나님의 무수한 자비

를 우리가 헤아리는 것은 불가능하다.

3. 그것들은 항상 변함이 없다. "아침마다 내가 깰 때에도 나는 여전히 주와 함께 있고, 주의 눈과 돌보심 아래 있으며, 주의 보호하심 아래에서 안전하고 편안하다." 이것은 다윗이 자기를 지켜보시는 하나님의 눈길을 항상 의식하고 있었음을 보여준다: 내가 깰 때에도 나의 생각 속에서 나는 주와 함께 있나이다. 우리가 아침에 깼을 때에 하나님을 가장 먼저 생각하고 온종일 하나님을 염두에 둔다면, 그것은 우리가 하루 종일 여호와를 경외하는 삶을 사는 데에 큰 도움이 될 것이다.

Ⅱ. 그는 이 가르침을 근거로 해서 죄인들의 끝은 파멸이 될 수밖에 없다는 결론을 내린다. 하나님은 악인들의 온갖 악행을 아시기 때문에, 그것에 대하여 책임을 물으실 것이다. "하나님이여, 주께서 반드시 악인을 죽이시리이다. 왜냐하면, 그들이 자신의 온갖 악행들을 세상 사람들의 눈으로부터 감추기 위하여 아무리 교묘하게 위장한다고 할지라도 그 악행들은 주 앞에 벌거벗은 것 같이 드러나 있기 때문이니이다. 주께서 그들로 잠시 형통하게 하신다고 하여도, 마침내 주께서는 반드시 그들을 죽이시리이다." 좀 더 살펴보자.

1. 하나님께서 악인들을 벌하시는 이유. 그 이유는 그들이 거리낌 없이 하나님을 모욕하고 하나님께 대들고 도전하기 때문이다(20절): 그들이 주를 대하여 악하게 말하나이다. 그들의 입은 하늘을 욕하는데(시 73:9), 그들은 그들이 주를 거슬러 한 모든 완악한 말에 대하여 책임을 추궁받게 될 것이다(유 1:15). 그들은 하나님의 원수들로서, 마치 우리가 어떤 사람의 이름을 웃음거리로 삼고 그 사람을 언급할 때마다 그 이름을 조롱하여 그 사람에 대하여 경멸하는 마음을 드러내듯이, 주의 이름으로 헛되이 맹세함으로써 적대감을 노골적으로 드러낸다. 서원이나 기도 같은 거룩한 의식(儀式)들을 전혀 합당치 않은 방식으로 아무렇게나 사용함으로써 욕되게 하는 자들은 하나님의 이름을 헛되이 사용하는 것이고, 그것을 통해서 그들 자신이 하나님의 원수들이라는 것을 나타내 보이는 것이다. 어떤 이들은 이 본문을 위선자들에 관한 묘사라고 본다. "그들은 주에 대하여 악한 의도를 지니고 있으면서도, 하나님에 대하여 말할 때에는 자신의 악의를 숨기기 위한 악한 의도를 가지고서 경건한 체한다. 그들은 비록 하나님과 친근한 척하여도 하나님의 원수들이기 때문에 하나님의 이름을 헛되이 사용하며, 거짓으로 맹세한다."

2. 다윗은 악인들이 멸망할 것이라는 이러한 전망을 자신의 행위에 적용함.

(1) 그는 그들을 용납하지 않고 맞선다. "피 흘리기를 즐기는 자들아 나를 떠날지어다. 너희는 나를 더럽히지 못할 것이다. 왜냐하면, 나는 너희의 접근을 용납하지 않을 것이고, 너희와 사귐을 갖지도 않을 것이기 때문이다. 너희는 나를 멸할 수 없다. 왜냐하면, 하나님께서 그의 보호하심 아래에 있는 나로부터 너희가 떠나지 않을 수 없게 하실 것이기 때문이다."

(2) 그는 그들을 혐오한다(21-22절). "여호와여, 주께서는 마음을 아시오니 나의 증인이 되실 수 있나이다. 내가 주를 미워하는 자들을 그들이 주를 미워한다는 바로 그 이유 때문에 미워하지 아니하나이까? 내가 그들을 미워하는 것은 내가 주를 사랑하여 그들의 주의 찬송받으실 이름에 모욕과 수치를 가하는 것을 보는 것을 견딜 수 없기 때문이니이다. 내가 주를 치러 일어나는 자들을 미워하지 아니하나이까? 그들이 반역하는 것을 보고, 결국 그들이 파멸하게 되리라는 것을 내다보는 것이 내게는 참담하나이다." 하나님을 경외하는 모든 자들은 죄를 미워하고 죄인들에 대해서는 애통해한다는 것을 명심하라. "내가 그들을 진실로 그리고 심히 미워하나이다(즉, 다윗 자신이 설명하고 있듯이, 내가 배교자들의 행위를 미워하나이다, 시 101:3). 나는 하나님의 원수들인 자들을 나의 원수들로 여기고, 절대로 그들과 가까이 하지 않겠나이다(시 69:8)."

Ⅲ. 그는 자기가 진실하다는 것을 하나님께 호소한다(23-24절).

1. 그는 자기가 잘못한 것이 있다면 하나님께서 그것을 자기에게 드러내 주시기를 원한다. 정직한 자들은 모든 것을 아시는 하나님이 그들의 정직함에 대한 증인이 되시기 때문에 그 전지(全知)하심이 그들에게 위로가 될 수 있고, 또한 겸손한 확신 속에서 하나님께 그들을 살피고 시험하셔서 그들이 어떤지를 그들 자신에게 나타내시고(선한 자는 자신의 최악의 모습을 알기 원하기 때문에) 다른 사람들에게 드러내시기를 간구할 수 있다. 정직한 마음을 지닌 자는 자기 가슴속에 창문을 내어서 누구라도 그의 마음을 들여다볼 수 있게 했으면 좋겠다고 바랄 수 있다. "여호와여, 나는 내가 악한 길에 있지 않기를 소망하지만, 혹시라도 내게 무슨 악한 행위나 부패한 소질이 남아 있나 보시고, 내게도 알게 하소서. 그런 것이 있다면, 나는 그런 것을 원치 않사오니, 그것을 내게서 뿌리 뽑으소서."

2. 그는 자기가 올바르게 행하고 있다면 마음을 아시는 하나님께서 방법을

알고 계실 터이니 자기를 더욱 그 옳은 길로 정진할 수 있게 해주시기를 원한다: 나를 영원한 길로 인도하소서.

(1) 경건의 길은 영원한 길이다. 그 길은 영원히 참되고 선하며, 하나님을 기쁘시게 하고 우리에게 유익하며, 결국 영생에 이르게 되는 길이다. 그 길은 아주 오래된, 옛 길이다(어떤 이들은 이렇게 해석한다).

(2) 모든 성도는 그들이 이 길을 놓치거나 벗어나거나 그 길에서 지치지 않게 되기를 원하고, 인도하심을 받아서 그 길을 계속해서 갈 수 있게 되기를 원한다.

제
— 140 —
편

개요

이 시편을 비롯해서 이어지는 네 편의 시편은 거의 하나의 작품이고, 그 취지는 성경의 한 책인 시편의 처음과 중간 부분에서 만났던 수많은 시편들과 동일하다 — 최근에는 그런 시편이 거의 나오지 않았지만. 이 시편들은 다윗이 사울의 박해를 받고 있던 때에 씌어진 것으로 보인다. 그 중 한 시편의 표제는 "다윗이 굴에 있을 때에 한 기도"라고 되어 있다. 아마도 나머지 시편들도 거의 동일한 시기에 지어졌을 것이다. 이 시편에서 I. 다윗은 원수들의 악에 대하여 하소연하면서, 그들로부터 그를 보호해 주시기를 하나님께 기도한다(1-5절). II. 그는 그의 하나님 안에서 힘을 얻는다(6-7절). III. 그는 자기를 박해하는 자들이 멸망당하게 해 달라고 기도하고, 또한 그렇게 예언한다(8-11절). IV. 그는 하나님의 모든 고난 당하는 백성에게 그들의 고난이 때가 되면 좋은 결과로 끝나게 될 것이라고 확신시킨다(12-13절). 이 시편을 노래할 때, 우리는 이러한 확신을 가지고서 우리 자신과 서로를 위로하여야 한다.

〔다윗의 시, 인도자를 따라 부르는 노래〕

[1]여호와여 악인에게서 나를 건지시며 포악한 자에게서 나를 보전하소서 [2]그들이 마음속으로 악을 꾀하고 싸우기 위하여 매일 모이오며 [3]뱀 같이 그 혀를 날카롭게 하니 그 입술 아래에는 독사의 독이 있나이다 (셀라) [4]여호와여 나를 지키사 악인의 손에 빠지지 않게 하시며 나를 보전하사 포악한 자에게서 벗어나게 하소서 그들은 나의 걸음을 밀치려 하나이다 [5]교만한 자가 나를 해하려고 올무와 줄을 놓으며 길 곁에 그물을 치며 함정을 두었나이다 (셀라) [6]내가 여호와께 말하기를 주는 나의 하나님이시니 여호와여 나의 간구하는 소리에 귀를 기울이소서 하였나이다 [7]내 구원의 능력이신 주 여호와여 전쟁의 날에 주께서 내 머리를 가려 주셨나이다

다윗은 다른 것들에서와 마찬가지로 그가 왕위에 오르기 전에 고난을 당했다는 것, 높임을 받기 전에 낮아졌다는 것, 그를 사랑하고 소중히 여기며

그에게 존귀를 돌리고자 한 자들이 많았던 것과 마찬가지로 여기에 나오는 절들이 보여주듯이 그를 미워하고 시기하며 그를 해치고자 한 자들도 많았다는 것에서도 그리스도의 모형이었다.

I. 다윗은 원수들이 어떤 자들인지를 묘사하는데, 그들을 그가 두려워해야 할 이유가 있는 위험스러운 자들이자 의로우신 하나님께서 결코 용납하실 것이라고 생각할 수 없는 악인들로 묘사한다. 그들의 우두머리인 것으로 보이는 한 인물이 나오고, 다윗은 그를 악인과 포악한 자라고 부르는데(1, 4절), 아마도 그는 사울인 것 같다. 의역(意譯)을 하고 있는 갈대아어 역본에서는 구체적으로 도엑과 아히도벨이라고 그 이름을 밝히고 있지만(시 140:9), 도엑과 아히도벨 사이에는 시간 간격이 너무 멀리 떨어져 있다. 포악한 자들은 악한 자들이다. 그러나 이 인물 외에도 다윗을 해치려고 연합한 자들이 많이 있었는데, 여기에서 그들은 뱀의 진정한 자손이자 씨앗으로 묘사된다. 그 이유는 다음과 같다.

1. 그들은 지극히 영악하고 교묘하게 해를 끼친다. 그들은 사람으로서 상상할 수 있는 온갖 교활한 술책으로 남에게 해를 끼칠 생각을 하고 그 계획을 세웠다(2절). 그들은 선한 자의 걸음을 밀치고(4절), 그를 죄와 고난으로 이끌고자 하며, 그의 평판을 흠집내고 그의 유익을 부수며 그의 목숨을 빼앗음으로써 그를 파탄내고자 하였다. 이런 목적으로 그들은 그를 해치고자 하는 그들의 계략이 노출되지 않게 하여서 그들의 목적을 더 효과적으로 이루고, 그가 알아차리기 전에 그를 그들의 수중에 들어오게 하기 위하여, 힘센 사냥꾼처럼 올무를 놓으며 그물을 치며 함정을 두었다(5절). 박해자로 유명한 자들은 흔히 유명한 정치인이기도 했기 때문에, 실제로 그들은 더 가공할 만한 존재들이 되었다. 그러나 여호와께서는 그러한 온갖 술책을 부리지 못하는 순진한 자를 지키신다.

2. 그들은 사탄만큼이나 악의로 가득하고 독한 앙심을 품고 있다: 그들은 그 혀로 독을 뿜는 뱀 같이 그 혀를 날카롭게 하였나이다. 그들이 하는 말마다 악의가 가득해서, 우리는 그들의 입술 아래에는 독사의 독 밖에는 없었다고 생각할 정도이다(3절). 그들은 온갖 중상모략과 계략 등을 동원해서, 풀 숲에 숨어 있는 독사가 사람을 무는 것처럼 다윗을 은밀하게 죽이고자 하였다. 또한, 그들은 그들이 지닌 악의를 다른 사람들에게도 전파하여서 그 사람들을 자신들보다 일곱 배나 더 지옥의 자식으로 만들고자 애썼다. 악의에 가득찬 혀는 사람

들을 옛 뱀처럼 만든다. 그 입술에 있는 독은 그 마음속에 독이 있음을 분명하게 보여주는 표시가 된다.

3. 그들은 서로 연합해 있다. 그들은 수가 많지만, 나와 싸우기 위하여 함께 모인다(2절). 다른 것에서는 사사건건 다투는 자들도 선한 자를 핍박하는 데에는 서로 마음을 합할 수 있다. 헤롯과 빌라도는 이 일에서 서로 연합하였고, 이 점에서 그들은 사탄을 닮았다. 사탄의 세력은 스스로 분열하지 않고, 모든 귀신들은 일치단결하여 바알세불의 뜻을 따른다.

4. 그들은 교만하여(5절) 자신들에 대하여 자부심이 대단하고 성공을 확신한다. 이 점에 있어서도 그들은 사탄을 닮았는데, 사탄의 가장 극악한 죄는 교만이었다. 박해자들의 교만은 비록 잠시는 두려운 것이 될 수 있지만 결국에는 박해받는 자들에게 격려가 될 수 있다. 왜냐하면, 박해자들이 오만하면 할수록, 그들이 파멸당할 때가 더 빨리 무르익을 것이기 때문이다. 교만은 패망의 선봉이니라.

II. 다윗은 그들로부터 자기를 지켜 주시고 그들이 자기를 삼키지 못하게 해 달라고 하나님께 기도한다. "여호와여, 나를 건지시며 나를 보전하시고 나를 지키소서(1, 4절). 그들이 나를 이겨서 나의 생명과 명성과 이익과 위로를 빼앗아 가고 내가 왕위에 오르는 것을 가로막지 못하게 하소서. 나를 지켜주서서 내가 그들이 행하거나 그들이 원하거나 내가 어떻게 행할 것이라고 그들이 장담하는 대로 행하지 않게 하소서." 우리를 해치고자 하는 원수들의 악의가 심하게 나타날수록, 우리는 더욱 간절하게 하나님께서 우리를 그의 보호하심 아래에 두시도록 기도하여야 한다는 것을 명심하라. 믿는 자들은 하나님을 의지하여 안정을 보장받을 수 있고, 안전함을 누리며 거룩한 평온함을 누릴 수 있다. 하나님께서 보전하시는 자들은 안전하다. 하나님께서 우리를 위하신다면, 누가 우리를 대적할 수 있겠는가?

III. 다윗은 하나님을 기뻐함으로써 실제적으로 박해자들에 대한 승리를 기뻐한다(6-7절). 원수들이 그를 해치고자 그들의 혀를 날카롭게 했을 때, 그는 그들을 해치기 위하여 그의 혀를 날카롭게 했던가? 결코 그렇지 않았다. 그들의 입술 아래에는 독사의 독이 있었지만, 다윗이 여기에서 여호와께 아뢴 것이 보여주듯이, 그의 입술에는 은혜가 부어졌다. 왜냐하면, 다윗은 원수들의 악의 때문에 자기가 큰 위험에 처해 있음을 보았을 때에 여호와를 바라보았고 여호와께로 나아갔기 때문이다. 우리가 나아가서 하소연할 하나님이 우리에게 있다는 것은 좋은 일이다. 다윗은 다음과 같은 것들을 자신의 위로로 삼았다.

1. 그가 하나님께 속해 있다는 것. "내가 말하기를 주는 나의 하나님이시다 하였나이다. 주께서 나의 하나님이시라면, 주는 나의 방패이시고 나를 보호하시는 강한 자도 되시나이다." 위험스러운 고난의 때에 하나님과의 관계를 호소하면서 믿음으로 하나님을 꼭 붙드는 것은 좋은 일이다.

2. 그가 하나님께 나아갈 수 있다는 것. 그가 하나님과 언약관계에 있을 뿐만 아니라 하나님과 교통할 수 있다는 것, 그가 하나님께 아뢸 수 있고 하나님에게서 평안의 응답을 기대할 수 있으며 겸손한 확신 속에서 여호와여 나의 간구하는 소리에 귀를 기울이소서라고 말할 수 있다는 것이 그에게 위로가 되었다.

3. 그가 하나님의 도움을 받을 수 있고 하나님 안에서 복을 가지고 있다는 것을 확신할 수 있다는 것. "주 여호와여(여호와 아도나이), 당신은 여호와로서 스스로 존재하시고 스스로 충족하시며 무한히 완전하신 존재이시고, 주로서 내가 항상 의지하는 자이시고 나의 통치자이시며 내 구원의 능력, 나의 강력한 구주이시나이다. 아니, 주는 나의 구주이실 뿐만 아니라 나의 구원 자체이시니, 나의 구원이 주에게서 나오고, 주 안에 있나이다. 주는 강력한 구주이실 뿐만 아니라 내 구원의 능력 자체이시니, 내가 전적으로 주께 소망을 두나이다. 주는 나를 복되게 하시고 나를 보전하셔서 복으로 인도하실 모든 것이나이다."

4. 그가 이전에 하나님께서 그를 보살피시는 것을 경험한 것: 전쟁의 날에 주께서 내 머리를 가려 주셨나이다. 다윗은 그가 전쟁터에서 조국을 위하여 수없이 자신의 목숨을 걸었다고 사울에게 호소하였던 것과 마찬가지로, 여기에서는 그 전쟁터에서 하나님께서 그를 기이하게 보호하셨고 골리앗의 투구보다도 더 좋은 투구를 주셔서 그의 머리를 안전하게 해주셨다고 하나님께 아뢴다. "여호와여, 주께서는 블레셋족과의 전쟁의 날에 나를 지켜 주셨고, 거짓된 마음을 지닌 이스라엘 사람들의 기만적인 음모들에 의해서 희생당하지 않게 해주셨나이다." 하나님은 공개적인 무력으로부터만이 아니라 은밀한 속임수로부터도 그의 백성을 보호해 주실 수 있으시다. 우리가 어떤 종류의 위험들 속에서 하나님의 권능과 돌보심을 체험하게 되면, 우리는 다른 종류의 위험들 속에서도 하나님을 의지하고 의뢰할 수 있는 힘을 얻게 된다. 왜냐하면, 그 어떤 것도 여호와의 오른손을 짧게 할 수 없기 때문이다.

⁸여호와여 악인의 소원을 허락하지 마시며 그의 악한 꾀를 이루지 못하게 하소서 그들이 스스로 높일까 하나이다 (셀라) ⁹나를 에워싸는 자들이 그들의 머리를 들 때에 그들의 입술의 재난이 그들을 덮게 하소서 ¹⁰뜨거운 숯불이 그들 위에 떨어지게 하시며 불 가운데와 깊은 웅덩이에 그들로 하여금 빠져 다시 일어나지 못하게 하소서 ¹¹악담하는 자는 세상에서 굳게 서지 못하며 포악한 자는 재앙이 따라서 패망하게 하리이다 ¹²내가 알거니와 여호와는 고난 당하는 자를 변호해 주시며 궁핍한 자에게 정의를 베푸시리이다 ¹³진실로 의인들이 주의 이름에 감사하며 정직한 자들이 주의 앞에서 살리이다

여기에는 다윗이 믿음으로 앞을 내다보고서 예언한 내용이 나온다.

I. 박해자들이 수치와 낭패를 당하게 되리라는 것.

1. 그들의 실망. 다윗은 그들의 욕망들, 즉 그들의 야심과 시기와 보복이 이루어지지 않게 해 달라고 기도한다(8절). "여호와여, 악인의 소원을 허락하지 마시고 좌절시키소서. 그들은 내가 망하는 꼴을 너무도 애타게 보고 싶어하지만, 그들로 나의 그런 모습을 보게 하지 마시고, 나의 간구하는 소리에 귀를 기울이소서." 그는 그들의 계획들이 이루어지지 않고 수포로 돌아가게 해 달라고 기도한다. "그의 악한 꾀를 이루지 못하게 하소서. 섭리가 그들의 계획에 유리하게 돌아가는 것이 아니라 엇나가는 방향으로 진행되게 하소서. 그의 악한 꾀가 잘 이루어지는 것이 아니라, 그의 바퀴들을 쇠사슬로 묶으셔서, 그의 모든 추구하는 일들이 멈춰서게 하소서." 이렇게 우리는 하나님의 백성의 원수들을 쳐서 그들이 하는 일들이 하나도 성공하지 못하게 해 달라고 기도하여야 한다. 다윗은 아히도벨에 대하여 하나님께서 그의 모략들을 어리석은 것이 되게 해 달라고 기도하였다. 그러한 기도의 근거로 제시된 것은 그들이 스스로 높이지 않도록, 즉 그들의 성공이 마치 하나님께서 그들을 사랑하신다는 것을 보여주는 증거라도 되는 양 우쭐대지 않도록 해야 한다는 것이다. 교만한 자들은 형통할수록 더욱 교만해져서 하나님에 대해서는 더 뻔뻔스러워지고 하나님의 백성에 대해서는 더욱 모욕을 가하는 법이다. 그러므로 "여호와여, 그들로 형통하지 못하게 하소서."

2. 그들의 파멸. 다윗은 그들이 멸망받게 해 달라고 기도한다(우리는 이 본문을 이렇게 기도로 해석한다). 그러나 어떤 이들은 이 본문을 예언으로 해석하

는 쪽을 택하는데, 그러한 해석도 원문상으로 가능하다. 우리가 본문을 기도로 본다고 해도, 그것은 예언의 영에서 나온 것이기 때문에, 사실 어느 쪽으로 해석하든 그 의미는 동일하다. 다윗은 다음과 같은 자들의 파멸을 예언한다.

(1) 다윗 자신의 원수들 — "나를 에워싸는 자들, 나를 망하게 하고자 하는 자들."

[1] "그들의 입술의 재난이 그들의 머리를 덮게 될 것이다(9절). 그들이 내게 가하고자 했던 해악이 그들 자신에게 닥치게 될 것이고, 나를 향한 그들의 저주들이 그들 자신의 얼굴로 되돌아갈 것이며, 그들이 나를 해치고자 꾸민 계략들이 그들 자신의 파멸을 자초하게 될 것이다(시 7:15-16)." 이웃을 비방하고 거짓 소문을 퍼뜨리며 악의적인 이야기들을 지어내어 알림으로써 남에게 해악을 입히는 자들은 그로 인한 결과를 두려워하여야 하고, 그들이 의도하였던 모든 해악이 그들 자신에게로 되돌아오게 될 때에 그들의 처지가 얼마나 비참해지게 될지를 생각하여야 한다.

[2] 하나님의 심판이 그들 위에 떨어지게 될 것이다. 여기에서는 하나님의 심판을 소돔의 멸망을 간접적으로 인용해서 뜨거운 숯불에 비유한다. 노아의 홍수 때에 하늘의 창문들이 열리고 깊음의 샘들이 터져서 궁창 위의 물과 아래의 물이 만나서 온 세계를 물에 빠뜨렸듯이, 그리스도와 그의 나라의 원수들을 멸망시키기 위하여 뜨거운 숯불이 위로부터 그들에게 떨어질 뿐만 아니라(욥 20:23; 27:22) 그들은 아래의 불 가운데로 던져지게 될 것이다. 하늘과 음부, 재판장이신 하나님의 진노와 괴롭히는 자인 사탄의 분노가 서로 힘을 합쳐서 그들을 비참하게 만들 것이다. 그들이 던져져서 들어가게 될 불은 사람이 빠져나올 수도 있는 불 용광로가 아니라 아무도 빠져 나올 수 없는 깊은 웅덩이, 즉 불 구덩이이다. 성경에서는 도벳이 깊고 넓다고 말한다(사 30:33).

(2) 그들과 같은 부류의 다른 모든 자들(11절).

[1] 악한 말을 하는 자들은 요동하게 될 것을 예상하여야 한다. 왜냐하면, 그들은 결코 세상에서 굳게 서지 못할 것이기 때문이다. 속임수와 거짓, 중상모략과 불의한 고소를 통해서 얻어진 것은 형통하지 못하고 오래가지 못한다. 헛된 일을 통해서 얻어진 재물은 온데간데 없이 사라져 버리는 법이다. 도엑 같은 자들은 오랫동안 권좌에 앉아 있을 것이라고 생각해서는 안 된다. 왜냐하면, 그들의 운명은 도엑의 운명과 같을 것이기 때문이다(시 2:5). 거짓 혀는 잠시

동안만 있겠지만, 진실한 입술은 영원히 보존되리라.

[2] 악을 행하는 자들은 멸망당할 것을 예상하여야 한다: 경찰견이 살인자를 찾아내고 사자가 그 먹잇감을 잡아 찢기 위하여 집요하게 추적하듯이, 포악한 자는 재앙의 사냥감이 되어서 쫓기게 될 것이다. 남에게 해악을 끼치는 자들은 백일하에 드러나게 되고 패망하게 될 것이다. 그들에게 정해진 멸망이 그들을 덮쳐서 짓밟게 될 것이다. 재앙은 죄인들을 따르느니라.

Ⅱ. 여기에는 박해당하는 자들이 구원과 위로를 받게 되리라는 예언이 나온다(12-13절).

1. 하나님은 고난을 당하여 그를 의지하는 자들을 건지시며 그들에게 공의를 베풀어 주실 것이다. "내가 알거니와 여호와는 그의 고난 당하는 백성의 의롭고 상처받은 심령을 변호해 주시며, 힘이 항상 정의를 이기는 일이 없도록 스스로 보호할 힘이 없는 궁핍한 자의 정의일지라도 그 정의를 지켜주실 것이다." 하나님은 압제받는 무죄한 자들의 후원자이시기 때문에 두말할 필요 없이 박해받는 경건한 자들의 후원자도 되신다. 하나님을 아는 자들은 이러한 사실을 모를 수 없다.

2. 그들은 그들을 구원하신 하나님께 영광을 돌림으로써 그들의 도리를 다할 것이다. "진실로 의인들(그들은 사람들과 하나님을 합당하게 대하려고 무진 애를 쓴다)은 하나님께서 그들을 열심으로 변호해 주시고 정의를 베풀어 주시는 것을 볼 때에 주의 이름에 감사하리이다." 이 시편의 마지막에 나오는 정직한 자들이 주의 앞에서 살리이다라는 말씀은 하나님께서 그들에게 은총을 베푸시리라는 것("주께서는 그들로 여기에서는 은혜 가운데, 저 세상에서는 영광 가운데 주 앞에서 살게 하실 것인데, 그로 인하여 그들은 안전하고 복될 것이다")과 그들이 하나님께 도리를 다하리라는 것을 의미한다. "그들은, 주인 앞에서 예를 올리며 명을 기다리는 종들처럼 주 앞에 서서 봉사하게 될 것이다." 이것이야말로 진정한 감사요 감사의 삶이다. 이렇게 우리는 하나님께서 우리를 구원하신 모든 일들을 우리가 하나님을 더욱 성심성의껏 즐거운 마음으로 섬기는 계기로 삼아야 한다.

제 — 141 — 편

개요

다윗은 이 시편을 지을 때에 곤경에 처해 있었고, 아마도 저 포악한 자인 사울의 추적을 받고 있었던 것 같다. 고난당하는 자가 있느냐? 그는 기도하여야 한다. 다윗도 그렇게 하여 위로를 받았다. 다윗은 이렇게 기도한다. I. 하나님께서 그의 기도를 열납해 주시도록(1-2절). II. 하나님께서 권능으로 그를 도와 주시도록(3-4절). III. 그가 다른 사람들의 영혼에 선한 도구가 되기를 소망한 것처럼, 다른 사람들이 그의 영혼에 선한 도구가 되게 해주시도록(5-6절). IV. 그와 그의 친구들이 지금 극단적인 상황에 몰려 있으므로, 하나님께서 은혜로 나타나셔서 그들을 건지시고 구원해 주시도록(7-10절). 하나님의 긍휼하심과 은혜는 다윗에게만이 아니라 우리에게도 꼭 필요하기 때문에, 이 시편을 노래할 때에 우리는 그러한 것들을 겸손하게 간절히 구하여야 한다.

〔다윗의 시〕

[1]여호와여 내가 주를 불렀사오니 속히 내게 오시옵소서 내가 주께 부르짖을 때에 내 음성에 귀를 기울이소서 [2]나의 기도가 주의 앞에 분향함과 같이 되며 나의 손 드는 것이 저녁 제사 같이 되게 하소서 [3]여호와여 내 입에 파수꾼을 세우시고 내 입술의 문을 지키소서 [4]내 마음이 악한 일에 기울어 죄악을 행하는 자들과 함께 악을 행하지 말게 하시며 그들의 진수성찬을 먹지 말게 하소서

하나님께서 긍휼을 베푸셔서 우리가 잘하고 있는 일을 열납해 주시는 것과 은혜를 베푸셔서 우리가 악한 일을 행하지 않게 해주시는 것은 우리가 여기에서 다윗의 모범을 통해서 하나님께 기도하도록 가르침을 받고 있는 두 가지의 것이다.

I. 다윗은 기도하기를 좋아하였는데, 그의 기도들을 들으시고 응답해 주실 것을 하나님께 간구한다(1-2절).　　다윗은 하나님께 부르짖었다. 그가 부르짖었다는 것은 열렬하게 기도하였다는 것을 의미한다. 그는 절박한 처지에 빠진 자

처럼 기도하였다. 그가 하나님께 부르짖은 것은 하나님께서 기도를 들으신다는 확고한 믿음을 지니고 있었음을 의미한다. 다윗은 그의 기도에 대한 응답으로 무엇을 원하였는가?

1. 하나님께서 그의 기도를 들어주시라는 것. "내 음성에 귀를 기울이소서. 내가 주의 은혜의 응답을 받게 하소서." 부르짖어서 기도하는 자들이 응답을 받게 되는 것은 그들이 큰 소리로 기도하기 때문이 아니라 생생한 믿음을 지니고 있기 때문이다.

2. 하나님께서 그의 기도를 들으시고 그를 찾아 오시라는 것: 속히 내게 오시옵소서. 하나님의 은혜로운 임재가 얼마나 소중한지를 아는 자들은 그 임재를 끈질기게 간구하면서 그것이 늦어지는 것을 견딜 수 없어 하게 된다. 믿는 자는 서두르지 않는 법이지만, 기도하는 자는 하나님께서 속히 일을 이루시도록 간절히 구할 수 있다.

3. 하나님께서 기도하는 그를 기뻐하시고 그의 기도와 그의 손 드는 것을 기뻐해 주시라는 것. 기도할 때에 손을 드는 것은 자신의 소원이 높고 크다는 것과 자신의 소망과 기대를 토로하는 것을 의미한다. 손을 드는 것은 마음을 드는 것으로서 여호와 앞에서 들어서 흔들었던 제물들을 드는 것 대신에 사용된다. 기도는 영적인 제사이다. 그것은 영혼과 그 최고의 감정들을 하나님께 올려 드리는 것이다. 이제 다윗은 자신의 기도가 금향로에서 날마다 드려졌던 향이나 저녁 제사 같이 하나님 앞에 드려질 수 있게 되기를 기도한다. 그가 아침 제사가 아니라 저녁 제사라고 말한 이유는 그의 기도가 저녁 기도였기 때문일 수도 있고, 그가 장차 세상의 저녁과 그 날의 저녁에 자기 자신을 속죄 제물로 올려 드려서 율법의 모든 육적인 규례들을 폐하고 영적인 제사를 확립하게 될 그리스도를 바라보았기 때문일 수도 있다. 믿음으로 기도하는 자들은 그 기도가 황소나 수소보다 더 하나님을 기쁘시게 하리라는 것을 기대해도 좋다. 다윗은 지금 하나님의 전에서 추방되어 제사와 분향에 참여할 수 없었기 때문에, 그의 기도가 그러한 것들을 대신할 수 있게 해 달라고 간구하는 것이다. 기도는 향처럼 하나님 앞에 향기로운 것임을 명심하라. 향이 불 없이는 향기를 발산할 수 없는 것과 마찬가지로, 기도는 거룩한 사랑과 열심의 불 없이는 향기를 발산할 수 없다.

II. 다윗은 죄를 두려워하였고, 그가 세심한 주의를 기울여서 죄를 범하지 않

아야만 그의 기도들이 열납되리라는 것을 알고 있었기 때문에, 하나님께서 그가 범죄하지 않도록 지켜 주시라고 간구한다. 우리는 우리를 향하신 하나님의 은총만이 아니라 우리 안에서의 하나님의 은혜도 간절히 구하여야 한다. 다윗은 이렇게 기도한다.

1. 그가 자신도 모르게 죄악된 말을 갑자기 입 밖으로 내게 되는 일이 없게 해달라는 것(3절). "여호와여, 내 입에 파수꾼을 세우소서. 자연이 내 입술을 나의 말의 문이 되게 하였사오니, 주의 은혜가 그 문을 지켜 주셔서, 어떤 식으로든 하나님을 욕되게 하거나 남들을 해칠 수 있는 말이 한 마디도 내 입술에서 나가지 않게 해주소서." 선한 자들은 혀로 범하는 죄들이 얼마나 악한 것인지, 그들이 얼마나 혀로 범죄하기 쉬운지를 알기 때문에(원수들이 우리의 화를 돋굴 때, 우리는 지상에서 가장 온유한 인물인 모세도 그랬던 것처럼 화가 너무 나서 안 해야 할 말을 하게 될 위험성이 있다), 그들 자신이 아무리 조심하고 단단히 결심하여도 하나님의 특별한 은혜 없이는 그들의 마음은 물론이고 그들의 혀를 다스릴 수 없다는 것을 알고서, 그들이 잘못 말하는 일이 없게 해 달라고 하나님께 간절히 간구한다. 우리는 우리의 입에 재갈을 먹여야 한다. 그러나 그것으로 충분하지 않기 때문에, 우리는 하나님께 우리의 입을 지켜 달라고 기도하여야 한다. 느헤미야가 파수꾼을 세울 때에 여호와께 파수꾼을 지켜 달라고 기도하였듯이, 우리도 그렇게 기도하여야 한다. 왜냐하면, 하나님이 지키시지 않으시면, 파수꾼이 아무리 깨어 있어도 소용없는 일이 되기 때문이다.

2. 그가 그 어떤 악한 일에도 마음이 기울지 않도록 해 달라는 것(4절). "내 마음이 악한 일에 기울지 않게 하소서. 내 안에 범죄의 소질이 있다면, 하나님의 은혜로 그것이 억제될 뿐만 아니라 죽어지게 하소서." 우리 주위 사람들의 관습과 우리를 해치고자 하는 자들의 도발은 우리의 부패한 성향들을 부추겨서 겉으로 끌어올리기 쉽다. 우리는 남들이 행하는 대로 행하고자 하기 쉽고, 우리가 상처를 받은 대로 남들에게 돌려 주어야 하겠다고 생각하기 쉽다. 그러므로 우리는 하나님께서 우리로 하여금 죄악을 행하는 자들과 연합해서 또는 그들에 대항하여 악한 일을 하게 내버려 두지 마시기를 기도할 필요가 있다. 우리는 지극히 악한 세상에 살고 있고 지극히 악한 마음을 지니고 살기 때문에 우리가 유혹에 미혹되거나 도발에 의해서 격분하여 죄악된 일을 행하지 않게 해 달라고 기도할 필요가 있다.

3. 그가 죄악된 쾌락의 덫에 걸리지 않게 해 달라는 것. "내가 그들의 진수성찬을 먹지 말게 하소서. 내가 그들의 연회와 놀이에 동참함으로써 그들의 죄에 말려들지 않게 하소서." 유혹의 길에서 벗어나 채소를 먹는 것이 유혹의 길 속에서 살진 소를 먹는 것보다 나으니라. 죄인들에게는 죄 가운데 진수성찬이 있는 것처럼 보인다. 도둑질한 물이 달다. 금지된 과실은 눈에 보기에 탐스럽다. 그러나 죄의 진수성찬이 얼마나 신속하게 쓰디 쓴 쑥과 담즙으로 변하게 되고, 반드시 그것이 마침내 뱀 같이 물고 독사 같이 쏠 것임을 너무도 잘 아는 자들은 그러한 진수성찬을 두려워하여서, 하나님께서 그의 섭리 가운데 그 진수성찬을 그들의 눈 앞에서 치워 주시고 그의 은혜로 말미암아 그 진수성찬이 싫어지게 해 달라고 기도하는 법이다. 이렇게 선한 자들은 죄의 달콤함을 이기게 해 달라고 기도한다.

⁵의인이 나를 칠지라도 은혜로 여기며 책망할지라도 머리의 기름 같이 여겨서 내 머리가 이를 거절하지 아니할지라 그들의 재난 중에도 내가 항상 기도하리로다 ⁶그들의 재판관들이 바위 곁에 내려 던져졌도다 내 말이 달므로 무리가 들으리로다 ⁷사람이 밭 갈아 흙을 부스러뜨림 같이 우리의 해골이 스올 입구에 흩어졌도다 ⁸주 여호와여 내 눈이 주께 향하며 내가 주께 피하오니 내 영혼을 빈궁한 대로 버려 두지 마옵소서 ⁹나를 지키사 그들이 나를 잡으려고 놓은 올무와 악을 행하는 자들의 함정에서 벗어나게 하옵소서 ¹⁰악인은 자기 그물에 걸리게 하시고 나만은 온전히 면하게 하소서

여기에는 다음과 같은 내용들이 나온다.

I. 다윗은 자신의 잘못들에 대하여 듣기를 원한다. 그의 원수들은 거짓된 것으로 그를 비방하였기 때문에, 그는 그것에 대하여 하소연할 수 있었다. 그렇지만 그와 동시에 그는 자기가 정말 잘못한 것이 있다면, 특히 원수들의 비방을 들을 만한 조그마한 꼬투리라도 있다면, 그의 친구들이 그것에 대하여 그를 책망해 줄 것을 원하였다(5절): 의인이 나를 칠지라도 내가 그것을 은혜로 여기리로다. 어떤 이들은 이 본문에서 의인을 의로우신 하나님으로 해석하여 본문을 이렇게 해설한다: "나는 하나님의 섭리에 의한 책망들을 환영해서 그 책망들에 대하여 시비를 걸기는커녕 도리어 그것들을 사랑의 표시들로 받아들이고

은혜의 방편들로 활용하겠고, 나의 고난의 도구들로 사용된 자들을 위하여 기도하리라." 그러나 이 본문은 통상적으로 의인들에 의한 책망들을 가리키는 것으로 해석된다. 스스로 의로운 자들이 다른 사람들의 불의를 책망하는 것은 너무도 합당한 일이고, 그렇게 할 때에 사람들은 그들의 책망을 가장 잘 받아들이게 될 것이다. 그러나 책망하는 자는 의롭지 않지만 그 책망이 의로운 경우에 우리는 그 책망을 잘 선용하여서 하나님께 더욱 순종하는 쪽으로 나아가야 한다. 우리는 여기에서 의롭고 지혜로운 자들의 책망을 어떻게 받아들여야 하는지에 대하여 가르침을 받는다.

1. 우리는 우리 안에 있는 잘못된 것이나 우리가 잘못한 것에 대하여 책망을 듣고자 하여야 한다. "여호와여, 나의 잘못을 의인들로 알게 하셔서 나를 쳐서 책망하게 하소서. 나의 마음이 나를 치지 않는다면(마땅히 내 마음이 나를 쳐야 한다), 나의 친구가 그렇게 하게 하소서. 나로 하여금 죄 가운데 버려지는 저 두려운 심판 아래 떨어지지 않게 해주소서."

2. 우리는 책망을 우정의 한 요소로 여겨야 한다. 우리는 책망을 잘 참아야 할 뿐만 아니라 은혜를 베푸는 것으로 여겨야 한다. 왜냐하면, 교훈의 책망은 생명의 길이고(잠 6:23) 우리를 유익하게 하는 수단으로서 우리로 하여금 우리가 범한 죄를 회개하게 하고 다시 죄에 빠지는 것을 막아 주기 때문이다. 책망은 아프고 쓰라린 것이지만, 그것은 치료를 위한 것이기 때문에(잠 27:6), 원수의 입맞춤이나 우매한 자들의 노래보다 훨씬 더 낫다(전 7:5). 다윗은 아비가일의 시의적절한 권면을 듣고서 하나님을 찬송하였다(삼상 25:32).

3. 우리는 책망이 우리 자신을 도와 주고 고쳐 준다고 여겨야 한다: 책망은 상처를 치료해 주고 아물게 해주는 최상품의 기름으로서 내 머리를 꺾지 아니하리라. 어떤 이들은 책망은 머리를 부숴뜨리는 것이기 때문에 자신의 잘못에 대하여 책망을 받느니 차라리 자신의 머리가 부숴지는 편이 더 낫다고 생각한다. 그러나 다윗은 이렇게 말한다. "나는 그렇게 생각하지 않는다. 내 머리를 꺾고 내 뼈를 꺾는 것은 바로 나의 죄이다(시 51:8). 책망은 죄가 내게 준 상처들을 치료해 주는 최상품의 기름이다. 책망은 내 마음을 깨뜨리는 데에 도움을 줄지언정 내 머리를 꺾지는 않을 것이다."

4. 우리는 이렇게 우리를 신실하고 우애 있게 대하는 자들에 대하여 적어도 그들의 재난 중에 그들을 위하여 기도함으로써 그들의 은혜에 보답하여야 하고,

이를 통해서 우리가 그들의 책망을 감사하게 받아들였음을 보여주어야 한다. 하몬드 박사는 이 절을 아주 다르게 해석한다: "그들이 비방으로 의로운 나를 상하게 하고 책망하고자 하지만, 그 독 있는 기름이 내 머리를 꺾지 못하리니(나를 멸하지 못하고 그들이 의도한 해악이 내게 미치지 못하리니) 이는 그들의 해코지 속에서 나는 하나님께서 그들로부터 나를 보호해 주시라고 기도할 것이고 내 기도는 헛되지 않을 것이기 때문이다."

II. 다윗은 자기를 박해하는 자들이 언젠가는 자기가 자신의 잘못들을 기꺼이 듣고자 하였던 것과 마찬가지로 그들의 잘못들을 듣게 되기를 소망한다(6절). "그들의 재판관들(다윗을 판단하고 정죄하였으며 스스로 유일한 재판관이기를 원하였던 사울과 그의 관리들)이 바위 곁에 광야에 있는 바위들 가운데로 내려 던져졌을 때에 그들은 내 말이 달므로 들으리로다." 어떤 이들은 이 본문이 사울이 내 아들 다윗아 이것이 네 목소리냐고 말하며 울 때에 사울의 마음이 누그러진 것을 가리키는 것이라고 생각한다(삼상 24:16; 26:21). 또는, 우리는 이 본문을 좀 더 일반적으로 해석할 수도 있다. 큰 자들인 재판관들일지라도 망할 수 있다. 가장 위대한 인물이 된 자들도 이 세상에서 항상 평탄하고 순조로운 길들만을 만나는 것은 아니다. 이전에는 하나님의 말씀을 무시하였던 자들도 환난을 만나게 되면 그 말씀의 맛을 알게 되어 기뻐하게 된다. 왜냐하면, 환난은 가르침을 들을 수 있는 귀를 열어주기 때문이다. 세상(world)이 쓸 때에 말씀(word)은 달다. 부귀영화를 누리며 쾌락에 빠져 살아가는 자들은 압제받는 무죄한 자들의 하소연을 들어주려 하지 않지만, 그들이 망하여 어려운 처지가 되면 고난당한 자들에 대하여 더 동정적이고 불쌍히 여기는 마음을 갖게 된다.

III. 다윗은 그와 그의 친구들이 극단적인 곤경에 처하게 되었다고 하소연한다(7절). 우리의 해골이 스올 입구에 흩어졌도다. 우리는 죽은지 오래되어서 우리의 뼈들이 무덤에서 나와 널부러져 있다. 또는, 우리가 구덩이에 들어갈 날이 아주 가까워서, 우리의 뼈들이 무덤 속으로 던져지기 직전이다. 그들은 벌목하는 자들이 버려서 무더기로 쌓인 나무토막들만큼도 대접을 받지 못한다. 그들은 땅을 갈아 부스러뜨리는 자(쟁기로 땅을 가는 농부를 가리킴, 시 129:3)만큼도 대접을 받지 못한다(어떤 이들은 이렇게 해석한다). 이 마른 뼈들이 살아날 수 있으리이까?

Ⅳ. **다윗은 하나님 앞에 엎드려서 자기를 구원해 달라고 매달린다.** "내 눈이 주께 향하나이다(8절). 왜냐하면, 내 처지가 아무리 비참하더라도 주께서는 나의 모든 애로들을 해결해 주실 수 있기 때문이니이다. 상황이 어려울지라도, 나는 주로부터의 구원을 기대하고, 내가 주께 피하나이다." 하나님을 바라보는 자들은 하나님에 대한 소망을 가질 수 있다.

Ⅴ. **다윗은 곤경 속에서 하나님께서 그를 구원해 주시라고 다음과 같이 기도한다.**

1. 하나님께서 그를 위로해 주시라는 것. "내 영혼을 빈궁한 대로 버려 두지 마옵소서. 나로 하여금 여전히 나의 도움이 어디에 있는지를 알게 하소서."

2. 하나님께서 그를 해치고자 하는 원수들의 계략을 막아 주시라는 것(9절). "나를 지키사 그들이 나를 잡으려고 놓은 올무에 잡히지 않게 하시고, 나로 하여금 그 올무를 발견해서 피하게 하소서." 원수들이 아무리 교묘하게 함정을 파 놓는다고 하여도, 하나님은 그의 백성이 그 함정에 빠지지 않게 보호하실 수 있으시다.

3. 하나님께서 공의를 베푸셔서 원수들이 꾀한 해악이 그들 자신에게 돌아가게 하시고, 긍휼을 베푸셔서 그들이 그를 죽이고자 하는 것에서 그를 건져 주시라는 것(10절): 악인들은 자기 그물, 즉 그들이 나를 잡기 위해서 의도적으로 쳐놓은 것이지만 사실 그들 자신이 걸리게 되어 있는 그 그물에 걸리게 하소서. 남을 파멸시키고자 꾀한 자들이 그들 자신의 꾀에 의해서 파멸당하게 되는 것보다 더 의로운 법은 없다. 하나님의 공의에 넘겨지는 모든 자들은 그들 자신이 쳐놓은 악의 밧줄에 꽁꽁 묶이게 된다. 또한 이와 동시에 내가 그 함정에서 벗어나게 하소서. 악인들이 그물에 걸려 옴싹달싹 못하게 되면 의인들은 종종 그 그물에서 벗어나 자유롭게 된다.

제
— 142 —
편

개요

이 시편은 기도인데, 다윗은 사울에게 쫓겨서 굴에 피신해 있을 때에 이 시편의 내용대로 하나님께 기도를 올려드렸고, 그 내용을 나중에 이 시편에 옮겨 놓았다. I. 다윗이 원수들의 영악함과 강함과 악의(3, 6절), 친구들의 냉정함과 무관심(4절)에 대하여 하나님께 하소연함(1-2절). II. 다윗이 하나님께서 그의 사정을 아시고(3절) 그의 피난처가 되어 주셨다는 것(5절)에 대하여 하나님 안에서 위로를 받음. III. 다윗이 하나님께서 그를 들으시고 구원해 주실 것을 기대함(6-7절). IV. 다윗이 의인들이 그와 더불어서 하나님을 찬송하게 되기를 기대함(7절). 마음과 몸, 또는 재물과 관련해서 괴로움에 처한 자들은 이 시편을 노래하면서 다윗의 하소연과 다윗이 받은 위로를 자신의 것으로 삼을 수 있을 것이다(그들이 어느 정도 다윗의 심령을 가지고 노래하기만 한다면).

〔다윗이 굴에 있을 때에 지은 마스길 곧 기도〕
[1]내가 소리 내어 여호와께 부르짖으며 소리 내어 여호와께 간구하는도다 [2]내가 내 원통함을 그의 앞에 토로하며 내 우환을 그의 앞에 진술하는도다 [3]내 영이 내 속에서 상할 때에도 주께서 내 길을 아셨나이다 내가 가는 길에 그들이 나를 잡으려고 올무를 숨겼나이다

다윗이 이 기도를 드린 것이 아둘람이었는지, 아니면 엔게디 굴이었는지는 별로 중요하지 않다. 어쨌든 다윗이 당시에 곤경에 처해 있었다는 것은 분명하다. 자신의 안전을 위하여 이렇게 도망쳐 다녀야 한다는 것은 너무도 위대한 용사이자 조신(朝臣)이었던 그에게 크나큰 수치였고, 이렇게 맹렬한 추적을 받으며 매순간마다 죽을 고비를 넘겨야 한다는 것은 그에게 큰 두려움이었다. 그렇지만 그런 때에도 그는 이러한 기도를 드릴 수 있는 마음의 여유를 지니고 있었고, 어디를 가든지 그의 신앙은 변함이 없었다. 기도와 눈물은 그의 병기였다. 그는 자신의 손을 뻗어서 감히 그의 주군인 왕을 칠 수 없었기 때

문에 그의 하나님을 향하여 손을 들었다. 굴이 아무리 깊고 어두워도, 우리는 거기에서 하나님께 기도를 올려 드릴 수 있고 기도와 아울러서 우리의 영혼을 올려 드릴 수 있다. 다윗은 이 기도를 마스길(교훈시)이라고 부른다. 왜냐하면, 그는 굴 속에서 무릎으로 자신이 배운 선한 교훈들을 남들에게도 가르치고자 하였기 때문이다. 이 절들에서 우리는 다음과 같은 것들을 살펴볼 수 있다.

 I. 다윗은 하나님께 어떻게 하소연하였는가(1-2절). 위험이 지나갔을 때, 그는 자기가 위험 속에서 얼마나 기겁을 하였는지, 하나님께 무엇이라 아뢰었는지를 고백하기를 부끄러워하지 않았다(위인들이 종종 그렇듯이). 신분이나 지체가 높은 자들은 환난 중에 있을 때에 하나님께 부르짖는 것, 겁나는 일이 일어났을 때에 아이가 부모에게 울며 소리치듯이 그렇게 소리 내어 부르짖는 것을 체면이 손상되거나 위신을 구기는 일이라고 생각해서는 안 된다. 다윗은 그의 원통함을 여호와 앞에 토로하였다. 이것은 그가 자신의 처지를 아무런 거리낌 없이 낱낱이 아뢰며 하소연하였다는 것을 의미한다. 그는 자세하고 구체적으로 아뢰었다. 그의 마음은 근심들로 꽉 차 있었지만, 그것들을 여호와 앞에 쏟아놓음으로써 편안해졌다. 그는 열렬하고 간절하게 자신의 사정을 토로하였다. 그는 소리 내어 여호와께 부르짖었다. 어떤 이들은 그가 마음속으로 소리를 내어 부르짖은 것이라고 해석한다. 왜냐하면, 그는 굴 속에 숨어 있어서 발각될까봐 귀에 들리는 소리를 내어 기도하지 않았을 것이기 때문이다. 그러나 마음으로 하는 기도는 하나님께는 소리로 들려진다. 하나님은 우리가 말로 표현할 수 없어서 내는 탄식도 들으신다(롬 8:26). 다윗이 하나님 앞에 하소연한 것은 두 가지였다.

 1. 그의 곤경. 그는 그의 처지가 어떠하다는 것을 하나님 앞에 그대로 내놓았다: 내가 내 우환과 그 모든 정황을 그의 앞에 진술하였도다. 그는 그가 나타내 보이지 않으면 하나님께서 그의 곤경을 알지 못하실 것이라고 생각하여 하나님께 자신의 곤경을 강조하여 드러내 보이거나 어떻게 해 달라고 구체적으로 요구하지 않았다. 도리어, 그는 하나님을 신뢰하고 하나님과 지속적으로 교통하고자 하며 기꺼이 자신을 하나님께 맡기고자 하는 자로서 하나님께 자신의 속마음을 털어놓고 모든 문제를 하나님께 내어놓은 후에 즐거운 마음으로 그 문제를 하나님께 맡겨 드렸다. 우리는 우리의 고민을 지나치게 과장하고 매어 달리며 스스로 감당하고자 하기 쉬운데, 그런 것은 우리에게 전혀 도움이 되지

않는다. 도리어, 우리는 우리의 고민을 하나님께 드러내 놓고, 우리를 돌보시는 분께서 그 고민을 보살펴 주시도록 맡기고, 그 고민에서 벗어나서 편안한 마음을 가져야 한다. 또한, 우리는 하나님 앞에 해서는 안 되는 추한 하소연을 우리 자신이나 남들이 하는 것을 허용해서는 안 된다.

2. 그의 소원. 그는 하소연할 때에 하나님께서 그를 구원해 주시는 것이 너무도 당연한 일이 아니라 큰 은총이라고 여겨서 겸손하게 간구하였다(1절). 하소연하는 자들은 간구하는 자들이 되어야 한다. 왜냐하면, 간구하는 자가 하나님을 만날 것이기 때문이다.

II. 다윗은 무엇을 하소연하였는가. "내가 아무런 위험도 없을 것이라고 생각하여 가는 길에 그들이 나를 잡으려고 올무를 숨겼나이다." 사울은 그의 딸 미갈을 다윗에게 올무가 되게 하기 위하여 다윗에게 주었다(삼상 18:21). 다윗은 그를 해치고자 온갖 일이 자행되었다고 하나님께 하소연한다. 그가 자기가 마땅히 걸어야 할 길을 벗어나 걷다가 올무들을 만났다면, 그는 자업자득이라고 생각했을 것이다. 그러나 그는 자기가 마땅히 걸어야 할 길로 행하다가 올무들을 만난 것이었기 때문에 겸손하고 담대하게 하나님께 그 사정을 아뢸 수 있었다.

III. 이러한 하소연 속에서 다윗의 위로가 되었던 것은 무엇이었는가(3절). "내 영이 내 속에서 상하여 근심과 두려움 속에서 가라앉고, 내가 어쩔 줄을 몰라서 절망하기 직전일 때에도 주께서 내 길을 아셨나이다. 즉, 주께서 내 길을 아셨다는 것이 내게는 기쁨이었나이다. 주께서는 나의 진심을 아셨고, 내가 옳은 길을 걸어 왔다는 것, 내가 나를 박해하는 자들이 나에 대하여 말하는 것과 같은 그런 사람이 아니라는 것을 아셨나이다. 주께서는 내 처지를 속속들이 다 아셨나이다. 나의 심령이 너무도 눌려서 내가 걸어온 길을 똑똑히 나타내 보일 수 없었을 때, 주께서 내가 걸어온 그 길을 아셨다는 것이 내게 큰 위로가 되었나이다(욥 23:10). 주께서는 그 길을 보호하시고 지키시며 안전케 하셨나이다 (시 31:7; 신 2:7)."

⁴오른쪽을 살펴보소서 나를 아는 이도 없고 나의 피난처도 없고 내 영혼을 돌보는 이도 없나이다 ⁵여호와여 내가 주께 부르짖어 말하기를 주는 나의 피난처시요 살아 있는 사람들의 땅에서 나의 분깃이시라 하였나이다 ⁶나의 부르짖음을 들으소서 나는 심히 비천하나이다 나를 핍박하는 자들에게서 나를 건지소서 그들은 나보다 강

하나이다 7내 영혼을 옥에서 이끌어 내사 주의 이름을 감사하게 하소서 주께서 나에게 갚아 주시리니 의인들이 나를 두르리이다

시편 기자는 여기에서 우리에게 교훈하기 위하여 다음과 같은 것들을 말해 준다.

1. 어떻게 그의 친구들이 그를 버리고 모른 체하였는가(4절). 궁중에서 왕의 총애를 받고 있던 때에 그는 사귀어 두면 큰 이익이 있을 사람으로 보였지만, 그가 범법자로 찍혀 도망치는 신세가 되자 그를 숨겨주는 자는 신변의 위험을 감수해야 했다(아히멜렉의 운명이 보여주듯이). 그래서 아무도 그를 아는 체 하고자 하지 않았고(개역에서는 나를 아는 이도 없고), 모두가 그를 슬슬 피했다. 그는 자기를 변호해 줄 자, 자기에 대하여 선한 말을 해줄 친구를 찾기 위해서 오른쪽을 살펴보았다(시 109:31). 그러나 요나단이 다윗의 편을 들다가 죽을 뻔한 일이 있은 후로 아무도 감히 나서서 그의 무죄를 변호하고자 하지 않았고, 모든 사람이 이 문제에 대해서는 아무것도 모른다고 말하며 입을 다물어 버릴 뿐이었다. 다윗은 집의 대문을 열어서 그를 맞아줄 사람이 있는지 주위를 둘러 보았지만, 그의 피난처는 없었다. 그의 옛 친구들 중에서 그에게 하룻밤을 묵게 해 주거나 은밀하고 안전한 곳으로 그를 안내해 주고자 하는 자는 아무도 없었다. 얼마나 많은 선한 자들이 겨울이 되면 가버리는 철새 같은 친구들에 의해서 배신을 당해 왔던가! 다윗의 목숨은 지극히 귀중한 것이었지만, 그가 부당한 누명을 쓰고 추방을 당했을 때에 다윗의 목숨을 돌보는 이는 없었고, 그 목숨을 보호해 주기 위하여 손을 써주는 이도 없었다. 이 점에서 다윗은 그리스도의 모형이었다. 그리스도께서는 우리를 위하여 고난받으실 때에 모든 사람, 심지어 그의 제자들로부터도 버림을 당하시고 홀로 포도주 틀을 밟으셨다. 왜냐하면, 도와주는 자도 없고 붙들어 주는 자도 없었기 때문이다(사 63:5).

2. 그 때에 어떻게 그는 하나님 안에서 만족을 발견하였는가(5절). 사랑하는 자들과 친구들은 그에게서 멀리 떨어져 있어서, 그들을 불러보아야 아무 소용이 없었다. "그러나 나는 여호와께 부르짖었다. 주께서는 아무도 나를 돌아보지 않을 때에 나를 아시고 돌보시며, 사람들과는 달리 나를 실망시키거나 버리지 않으실 것이다" 왜냐하면, 하나님의 사랑은 변함이 없으시기 때문이다. 다윗은 자기가 굴 속에서 하나님께 어떻게 아뢰었는지를 우리에게 들려준다. "주는 나

의 피난처시요 살아 있는 사람들의 땅에서 나의 분깃이시라. 내가 나를 비참한 곤경에서 구하실 나의 피난처이시고 나를 복이 있게 해주실 나의 분깃이신 주를 의지하나이다. 내가 숨어 있는 굴은 단지 초라한 피난처에 불과하지만, 여호와여, 주의 이름은 내가 달려가서 안전함을 얻을 수 있는 견고한 망대이나이다. 주는 나의 피난처시오니, 나는 오직 주 안에서만 내가 안전하다고 느끼게 되리이다. 내 앞에 있는 왕관은 단지 초라한 분깃에 불과하오니, 여호와께서 나의 산업과 나의 잔의 분깃임을 내가 알게 될 때까지는 나는 결코 풍성한 분깃을 받았다고 생각할 수 없으리이다." 진심으로 여호와를 자신의 하나님으로 모시고 살아가는 자들은 하나님이 그의 피난처와 분깃이 되기에 너무도 충분하여 차고 넘침을 알게 될 것이기 때문에, 그 어떤 해악도 그들을 해치지 못하게 될 것과 마찬가지로, 그 어떤 좋은 것도 그들에게 부족함이 없게 될 것이다. 그들은 그들이 하나님 안에 분깃을 가지고 있다는 것을 겸손히 주장할 수 있다. "여호와여, 주는 나의 피난처시요 나의 분깃이시니, 그 밖의 다른 것은 거짓된 피난처요 아무런 가치 없는 분깃이나이다. 산 자들의 땅에서, 즉 이 세상에서이든 더 나은 세상에서이든 내가 살아서 나의 존재가 있는 동안에 주는 나의 피난처시요 나의 분깃이나이다." 하나님 안에는 현세의 삶에서 필요한 모든 것들이 다 있다. 우리는 위험과 궁핍이 만연해 있는 세상 속에서 살아간다. 그러나 하나님이 우리의 피난처이시면, 우리가 어떠한 위험을 두려워할 필요가 있으며, 하나님이 우리의 분깃이시면, 우리가 어떠한 궁핍을 두려워할 필요가 있겠는가? 살아 있는 사람들의 땅으로 불릴 만한 자격이 있는 유일한 곳인 천국은 모든 믿는 자들에게 피난처와 분깃이 될 것이다.

3. 이러한 만족 속에서 그는 하나님께 무엇이라 아뢰었는가(5-6절). "여호와여, 나의 부르짖음, 내가 환난 중에 부르짖어 간구하는 것을 들으소서. 나는 심히 낮아져서 비천하오니, 주께서 나를 돕지 않으시면, 내가 가라앉아 버리고 말리이다. 여호와여, 나를 핍박하는 자들에게서 나를 건지소서. 그들의 손을 묶어 놓으시거나 그들의 마음을 돌려 놓으시고, 그들의 세력을 꺾으시거나 그들의 음모를 깨뜨리시며, 그들을 억제하시거나 나를 구원하소서. 그들은 나보다 강하니이다. 지극히 약한 자들의 편을 드시는 것이 주의 영광이 되리이다. 그들에게서 나를 건지소서. 그렇지 않으면, 나는 아직 그들의 상대가 되지 못하니, 내가 그들에 의해서 망하게 되리이다. 여호와여, 내 영혼을 옥에서 이끌어 내소서. 나를

이 굴에서 안전히 나오게 하실 뿐만 아니라 나를 곤혹스럽게 만드는 모든 것들에서 나를 이끌어 내소서." 우리는 이 말씀을 영적으로 해석할 수도 있을 것이다. 선한 자들의 영혼은 흔히 의심과 두려움에 의해서 좁아지고, 약한 믿음과 부패한 심성의 지배로 인해서 속박을 받게 된다. 그 때에 그들이 해야 할 일은 하나님께 나아가서 그들을 얽매고 있는 것들을 풀어 주시고 그들의 마음을 넓게 해주셔서 그들이 주의 계명들의 길로 달려갈 수 있게 해 달라고 간구하는 것이다.

4. 그는 다음과 같은 것들을 통해서 하나님께서 그를 구원하신 것이 하나님의 영광이 되기를 얼마나 간절히 기대하였는가.

(1) 그의 현재의 하소연이 감사로 바뀜으로써. "나와 내 친구가 즐거워하고 편안하게 살거나 내가 내 나라를 안전하게 지킬 수 있도록 하기 위해서가 아니라 내가 주의 이름을 찬송할 수 있도록 내 영혼을 옥에서 이끌어 내소서." 우리는 우리가 하나님을 찬송할 기회를 갖게 되고 하나님의 찬송이 되어서 살아갈 수 있게 해주실 것을 원하여서 환난에서 우리를 건져 주시도록 하나님께 기도하여야 한다. 이 땅에서 하나님께서 우리에게 베풀어 주시는 긍휼하심들은 우리에게 하나님을 찬송할 저 놀라운 본분을 행할 수 있는 소재와 기회를 제공해 준다는 것이야말로 가장 큰 위로가 된다.

(2) 그로 인하여 많은 사람이 감사함으로써(고후 1:11). "내가 구원을 받을 때에 의인들이 나를 두르리이다. 나의 일로 인하여 그들은 주께 최고의 찬송을 드리게 되리이다(갈대아어 역본에는 이렇게 되어 있다). 그들은 내 주위로 몰려와서 내가 구원받은 것을 축하하며 내 경험담을 듣고 내게서 교훈(마스길)을 듣게 되리이다. 주께서 내게 풍성한 은혜를 베풀어 주신 것 때문에(개역에서는 주께서 나를 갚아 주시리니), 그들은 나를 둘러싸고 나와 더불어 주께 감사하리이다." 우리는 하나님께서 다른 사람들에게 베푸신 긍휼들을 우리의 찬송의 제목으로 삼아야 한다는 것을 명심하라. 우리는 우리로 인해서 다른 사람들이 하나님을 찬송하게 되기를 바라고, 또한 그렇게 되는 것을 기뻐하여야 한다.

제
— 143 —
편

개요

이 시편은 앞의 시편들과 마찬가지로 다윗의 기도로서 그가 사울의 박해를 받았을 때에 겪었던 큰 곤경과 위험에 대한 하소연들로 가득하다. 그는 그러한 환난 속에서 기도하였을 뿐만 아니라 아주 많이 그리고 매우 자주 기도하였고, 기도할 때마다 동일한 내용이 아니라 새로운 내용들로 기도하였다. 이 시편에서 I. 그는 자기가 겪는 고난들, 즉 원수들의 압제(3절), 그 아래에서 그의 심령이 약해져서 자신의 도리를 다하며 자신을 지탱하고 있기는 하지만 무너져 내리기 직전이라는 것(4-5절)에 대하여 하소연한다. II. 그는 다음과 같이 간절히 기도한다(6절). 1. 하나님께서 그의 기도를 들어주시라는 것(1-7절). 2. 하나님께서 그가 지은 죄들을 따라서 그를 상대하지 말아 주시라는 것(2절). 3. 하나님께서 그에게서 얼굴을 숨기지 마시고(7절) 그에게 은총을 나타내 주시라는 것(8절). 4. 하나님께서 그를 인도하셔서 그의 본분을 다할 수 있게 하시고(8, 10절), 그 길에서 그를 소생시켜 주시라는 것(11절). 5. 하나님께서 환난에서 그를 건져 주시라는 것(9, 11절). 6. 하나님께서 때가 되면 그를 핍박한 자들에게 책임을 물어 주시라는 것(12절). 이 시편에 나오는 대부분의 간구들은 영적인 축복들(우리 모두에게 언제나 필요한), 긍휼하심과 은혜에 대한 것이기 때문에, 우리는 이 시편을 노래할 때에 좀 더 수월하게 이 시편의 내용을 우리 자신에게 적용할 수 있다.

〔다윗의 시〕

¹여호와여 내 기도를 들으시며 내 간구에 귀를 기울이시고 주의 진실과 의로 내게 응답하소서 ²주의 종에게 심판을 행하지 마소서 주의 눈 앞에는 의로운 인생이 하나도 없나이다 ³원수가 내 영혼을 핍박하며 내 생명을 땅에 엎어서 나로 죽은지 오랜 자 같이 나를 암흑 속에 두셨나이다 ⁴그러므로 내 심령이 속에서 상하며 내 마음이 내 속에서 참담하나이다 ⁵내가 옛날을 기억하고 주의 모든 행하신 것을 읊조리며 주의 손이 행하는 일을 생각하고 ⁶주를 향하여 손을 펴고 내 영혼이 마른 땅 같이 주를 사모하나이다 (셀라)

여기에는 다음과 같은 내용들이 나온다.

I. 다윗은 그의 기도를 들어 주시도록 겸손히 간구한다(1절). 그는 하나님의 응답을 의심하는 것이 아니라 그 응답을 간절히 바라고 고대하였기 때문에 이렇게 간구하는 것이다. 그는 하나님의 응답을 바라고 고대하며 기도를 올린 후에 그 응답이 속히 이루어지기를 기다렸다(합 2:1). 그는 하나님께 탄원하는 자로서 그의 탄원들이 받아들여지기를 간구한다: 내 기도를 들으시며 내 간구에 귀를 기울이소서. 그는 그를 박해하는 자들을 쳐서 항변하는 자로서 하나님께서 그의 사정 얘기를 들으시고 옳고 그름을 판단하는 재판장으로서 신실하심과 의(義) 가운데서 그의 얘기를 판단해 주시기를 간구한다. 또는, "주께서 하신 약속들을 따라서 주의 신실하심 속에서 나의 간구들에 응답하셔서, 주의 의를 나타내소서." 우리는 하나님께 내놓을 만한 우리 자신의 의를 가지고 있지 않기 때문에, 하나님께서 우리에게 거저 주시고 우리로 하여금 소망을 가지게 하신 약속의 말씀을 지키심으로써 그의 의를 나타내시기를 호소하여야 한다.

II. 다윗은 엄격한 공의로 그를 심판하지 말아 달라고 겸손히 간구한다(2절). 그는 여기에서 주의 의로 나를 건지소서라는 그의 호소가 무엇을 의미하는지를 설명하고 있는 것으로 보인다(1절). 그는 이렇게 말한다: "내가 말하는 것은 율법의 의로운 경고들이 아니라 복음의 의로운 약속들이나이다. 만약 하나님께서 무죄함을 요구하는 이 파기된 언약의 의를 따라 내게 응답하신다면, 나는 망할 수밖에 없나이다."

1. 그의 간구: "내가 심판을 받아 마땅하긴 하지만, 주의 종에게 심판을 행하지 마시고, 나를 엄격한 공의로 다루지 말아 주소서." 이러한 기도를 드릴 때에 우리는 우리 자신이 하나님의 종이라는 것을 고백하며, 하나님께 순종하고 책임을 지며, 하나님의 은총을 간절히 받고자 함으로써 하나님의 인정을 받아야 한다. 우리는 우리가 수없이 하나님을 거슬렀고, 하나님에 대한 도리를 제대로 하지 못했기 때문에, 하나님께서 율법에 따라 우리의 범죄들에 대하여 추궁하시고 심판하시는 것이 합당하고, 하나님께서 그렇게 하신다면 틀림없이 우리는 심판을 받을 수밖에 없다는 것을 인정하여야 한다. 우리에게는 그 심판을 저지하거나 완화시키기 위한 조치를 할 수 있는 것이 아무것도 없고, 심판이 집행된다면 우리는 영원히 멸망받게 될 것이다. 그러나 우리는 하나님께는 긍휼하심과 용서하심이 있다는 것을 소망으로 삼아서 힘을 내어 그 긍휼하심의

은택을 입을 수 있게 해 달라고 하나님께 간절히 구하여야 한다. "주께서는 이미 성자를 심판하셔서 우리 모두의 죄를 그에게 담당시키셨으므로, 주의 종에게 심판을 행하지 마소서. 주의 종이 스스로를 살피고 있사오니, 주의 종에게 심판을 행하지 마소서." 우리가 우리를 살폈으면 판단을 받지 아니하리라.

2. 그의 항변: "주의 눈 앞에는 의로운 인생이 하나도 없나이다. 왜냐하면, 누가 범죄하지 않았거나 자신의 죄 때문에 죽어 마땅하지 않은 자라고 하더라도, 아무도 자신의 무죄함이나 의로움을 항변할 수 없고, 아무도 자신의 죄에 대하여 스스로 죗값을 치를 방법이 없기 때문이니이다." 하나님께서 우리와 다투신다면, 우리는 천 마디에 한 마디도 대답하지 못하리라(욥 9:3; 15:20). 다윗은 자신의 환난을 제거해 달라고 기도하기 전에 먼저 오로지 하나님의 긍휼하심에 의지하여 그의 죄를 용서해 주실 것을 기도한다.

III. 다윗은 그를 해치고자 하는 원수들이 그를 압도하고 있다고 하소연한다(3절). "저 큰 원수인 사울이 끊임없이 악의를 가지고서 내 영혼을 핍박하며 내 목숨을 찾사온대, 그 핍박이 너무 심하여서 그는 이미 내 생명을 두들겨패서 땅에 엎드러지게 하였나이다. 나는 비록 아직 땅 속에 있는 것은 아니지만, 땅에 붙어 있어서 땅 속으로 들어가기 직전이나이다. 사울 때문에 나는 죽은지 오랜 자 같이 도움도 없고 아무런 소망도 없이 어두운 굴 속에서 어두운 생각과 감정에 사로잡혀 암울하게 암흑 속에서 살아갈 수밖에 없게 되었나이다. 내가 사람들에게서 긍휼을 찾을 수 없사오니, 여호와여, 내게 주 안에서 긍휼하심을 발견하게 하소서. 사람들은 나를 정죄하나, 여호와여, 주는 나를 정죄하지 않나이다. 나는 주께서 불쌍히 여기시기에 합당한 대상이고, 나의 원수는 주께서 진노하시기에 합당한 대상이 아니나이까?"

IV. 다윗은 외적인 환난들 때문에 그의 마음이 눌린다고 탄식한다(4절). 그러므로 내 심령이 속에서 상하고 눌려서 거의 절망에 빠질 지경이나이다. 밖으로는 싸움이요 안으로는 두려움이 있을 때에 그 두려움들은 사울보다 더 큰 독재자요 압제자들로서 거기에서 빠져 나오기가 쉽지 않다. 가장 선한 자들도 잠시 동안 그의 심령이 눌리고 마음이 쓸쓸해질 수 있는데, 그것은 두말할 필요도 없이 그들의 연약함을 보여주는 것이다. 다윗은 위대한 성도였을 뿐만 아니라 위대한 용사였지만, 그조차도 종종 역경의 날에 마음이 약해지고 낙심하곤 하였다. 백향목이 요동한다면 잣나무여 곡할지어다.

V. 다윗은 그의 괴로운 심령을 다스려 줄 수 있는 합당한 수단에 의지한다.

그에게는 원수를 제압하기 위하여 소집할 수 있는 군대가 없었다. 그러나 그는 다른 어떤 것도 지킬 수 없다면 자신의 영혼과 내적인 평안을 지키는 일에 자기가 할 수 있는 일을 하고자 하였다.

1. 그는 과거를 뒤돌아보고, 옛날을 기억하여(5절) 하나님께서 이전에 그의 고난당하는 백성과 그를 위하여 나타나신 구체적인 사건들을 생각한다. 곤경에 처한 하나님의 백성들에게는 그들의 조상들이 그들에게 들려주었던 옛적의 기이한 일들을 생각하는 것이 흔히 큰 위로가 된다(시 77:5, 11).

2. 그는 주위를 둘러보고, 눈에 보이는 피조세계 속에서 하나님께서 지으신 것들과 세계를 다스리시는 하나님의 섭리를 생각한다. 내가 주의 지으신 모든 것을 묵상하나이다(개역에서는 주의 모든 행하신 것을 읊조리며). 많은 사람들이 주께서 지으신 만상(萬象)들을 보지만, 그것들에 대하여 묵상하지 않기 때문에, 그것들 속에서 하나님의 지혜와 능력과 선하심을 보지 못하고, 그것들이 주는 유익을 얻지 못한다. 그들은 저 풍부하고 흥미로운 대상에 착념하지 못하고, 그들이 그 대상과 거의 접촉도 하기 전에 마치 다 알았다는 듯이 그 대상에서 눈을 떼어 버린다. 내가 주의 손이 행하는 일이 얼마나 위대하고 선한지를 생각하고 말하나이다. 하나님의 능력을 더 깊이 생각하면 할수록, 우리는 사람의 얼굴이나 힘을 덜 두려워하게 될 것이다(사 51:12-13).

3. 그는 위를 우러러보며, 하나님과 그의 은총을 간절히 사모한다(6절). "내가 구걸하는 자나, 뭔가 큰 것이 주어지면 그것을 냉큼 받아가지려는 부푼 기대감을 지닌 자처럼 주를 향하여 손을 펴나이다. 내 영혼이 주를 갈망하나이다. 내 영혼은 주를 향해 있고, 온전히 주를 향해 있으며, 찌는 듯한 열기로 바싹 말라서 입을 쩍 벌리고 비를 기다리는 마른 땅 같나이다. 그렇게 나는 환난 가운데서 주께서 나를 위로하셔서 새 힘을 주시기를 갈망하오니, 다른 그 어떤 것도 나를 구할 수 없나이다." 이것은 우리의 심령이 눌릴 때에 우리가 취할 수 있는 최고의 조치이다. 이미 준비되어 있는 그러한 길을 따라서 평안함을 얻고자 하지 않는 자들은 그들의 짐에 눌려서 무너져 내리는 것이 합당하다.

[7]여호와여 속히 내게 응답하소서 내 영이 피곤하나이다 주의 얼굴을 내게서 숨기지 마소서 내가 무덤에 내려가는 자 같을까 두려워하나이다 [8]아침에 나로 하여금 주의

인자한 말씀을 듣게 하소서 내가 주를 의뢰함이니이다 내가 다닐 길을 알게 하소서 내가 내 영혼을 주께 드림이니이다 ⁹여호와여 나를 내 원수들에게서 건지소서 내가 주께 피하여 숨었나이다 ¹⁰주는 나의 하나님이시니 나를 가르쳐 주의 뜻을 행하게 하소서 주의 영은 선하시니 나를 공평한 땅에 인도하소서 ¹¹여호와여 주의 이름을 위하여 나를 살리시고 주의 공의로 내 영혼을 환난에서 끌어내소서 ¹²주의 인자하심으로 나의 원수들을 끊으시고 내 영혼을 괴롭게 하는 자를 다 멸하소서 나는 주의 종이니이다

다윗은 여기에서 그가 하나님을 향하여 손을 뻗어서 무엇이라 말했는지를 우리에게 들려준다. 그는 간절한 자만이 아니라 다급한 자 같이 그의 기도를 시작한다. "여호와여, 더 이상 지체하지 마시고 속히 내게 응답하소서. 내 영이 피곤하니이다. 나는 거의 졸도할 지경이오니, 새 힘이 나게 할 생명수를 주시되, 속히 주옵소서. 그렇지 않으면, 나는 쓰러져 죽으리이다." 이것은 불신앙에서 나온 조급함이 아니라 열렬한 갈망과 거룩한 사랑에서 나온 다급함이었다. 하나님이여, 속히 나를 도우소서. 다윗은 여기에서 세 가지를 기도한다.

I. 하나님께서 그를 기뻐하신다는 은총의 증거들을 나타내시고, 그로 하여금 그것을 알게 해 달라는 것. 그는 다른 그 어떤 좋은 것보다도 이것을 먼저 구한다(시 4:6).

1. 그는 하나님께서 그를 기뻐하지 않으실까봐 두려워한다. "여호와여, 주의 얼굴을 내게서 숨기지 마소서. 여호와여, 내게 화내지 마시고, 나를 보기 싫어하여서 내게서 얼굴을 돌리지 마옵소서. 여호와여, 나를 주의 진노 아래 있다는 느낌이나 주의 은총을 받고 있지 못하다는 의구심 속에 버려두지 마소서. 내가 주의 은총을 받고 있다면, 그것을 내게서 숨기지 마소서." 참된 은혜 아래에 있는 자들은 그 증거를 원할 수밖에 없다. 다윗은 하나님께서 그를 떠나시면 그의 처지가 비참해 질 것이라고 호소한다. "여호와여, 나를 주의 진노 아래 두지 마옵소서. 만약 내가 주의 진노 아래 두어진다면, 나는 무덤에 내려가는 자, 즉 음부(陰府), 바닥 없는 구덩이에 내려가는 자 같으리이다(나는 죽은 자와 같이 약하고 창백하며 유령 같은 자가 되리니, 주께서 눈쌀을 찌푸리시는 것은 내게 죽음보다 더한 것이나이다)." 은혜로 말미암아 구덩이(무덤)로 내려가는 것에서 건지심을 받은 자들이라도 전능자의 두려움이 그들을 겨냥하고 있는 경우

에는 구덩이로 내려가고 있는 자들처럼 보이게 된다. 하나님의 진노 때문에 비탄에 잠긴 성도들은 종종 마치 그들이 저주받은 죄인들인 것처럼 부르짖었다(욥 6:4; 시 88:6).

2. 그는 하나님의 은총을 간구한다(8절): 아침에 나로 하여금 주의 인자한 말씀을 듣게 하소서. 그는 하나님께서 그에게 인자하심을 지니고 계시고 그에게 해 줄 인자하고 선하며 위로가 되는 말씀들을 가지고 계시다고 생각하였지만, 현재의 다급한 사정과 그의 요동치는 심령은 그러한 즐거운 속삭임을 압도해 버렸다. 그러므로 그는 "여호와여, 내게 인자하게 말씀하실 뿐만 아니라 나로 하여금 그것을 듣게 즐겁고 기쁜 소리를 들려 주소서(시 51:8)"라고 간구한다. 하나님은 그의 말씀과 섭리를 통해서 우리에게 말씀하시는데, 우리는 이 둘 속에서 주의 인자한 말씀을 들으려고 원하고 애씀으로써 우리 앞에 그 인자하심이 항상 있게 하여야 한다(시 107:43). "아침에, 즉 아침마다 나로 하여금 그것을 듣게 하소서. 나로 하여금 깨자마자 하나님의 인자하심을 생각하게 하셔서, 그 달콤한 향취가 하루 종일 내 심령에 머물게 하소서." 그가 이러한 간구의 근거로 제시하는 것은 "내가 주를 의뢰하고 오직 주만을 의뢰하며, 다른 어떤 것에서도 위로를 구하지 아니한다"는 것이다. 하나님의 선하심은 보통 주를 의뢰하는 자들에게 베풀어지는데(시 31:8), 그들은 믿음으로 하나님의 선하심을 이끌어낸다.

Ⅱ. 하나님께서 그에게 은혜의 역사(役事)들을 베풀어 주시라는 것. 다윗은 하나님의 은총의 증거들과 아울러서 하나님의 은혜의 역사들을 간절히 구하는데, 우리도 그래야 한다. 그는 다음과 같이 기도한다.

1. 하나님께서 그에게 빛을 비춰 주셔서 하나님의 뜻을 알게 해 달라는 것. 이것은 성령께서 다른 일들을 행하시기 위하여 최초로 하시는 일이다. 왜냐하면, 하나님은 인간을 사리(事理)를 분별할 줄 아는 피조물로 상대하시기 때문이다. 여기에는 그러한 취지를 지닌 세 가지 간구가 나온다.

(1) 내가 다닐 길을 알게 하소서. 옳은 길로 행하고자 많은 주의를 기울이는 자들도 종종 어느 길이 옳은 길인지를 잘 모를 때가 있다. 그런 경우에 그들은 담대하게 은혜의 보좌 앞에 나아가서, 하나님께서 그의 말씀과 성령과 섭리를 통해서 그 길을 보여주셔서 그들로 길을 잘못 들지 않게 해 달라고 간구하여야 한다. 선한 자는 그가 어떤 길을 걷게 될지 또는 어떤 길이 가장 즐겁게 걸을

수 있는 길인지를 묻는 것이 아니라, 어떤 것이 옳은 길이고 그가 마땅히 걸어야 할 길인지를 묻는다. 다윗은 "내가 내 영혼을 주께 드려서 내 영혼이 주의 뜻을 따라 형성되고 있나이다"라고 호소한다. 그는 끈질기게만이 아니라 사심 없이 자신의 도리를 알고자 하였는데, 그렇게 하는 자들은 반드시 가르침을 받게 될 것이다.

(2) "나를 가르쳐 주의 뜻을 행하게 하소서. 단지 주의 뜻이 무엇인지를 보여주실 뿐만 아니라, 내가 그 뜻을 어떻게 행해야 하는지, 나의 도리를 다하기 위해서 내 손을 어떻게 민첩하게 움직여야 하는지도 가르쳐 주소서." 하나님의 뜻을 알고 행하며 그 뜻 안에 견고히 서는 것은 하나님의 모든 신실한 종들이 원하고 애쓰는 일이다. 다윗은 "주는 나의 하나님이시니, 내가 조언을 받고자 하는 나의 예언자이시고, 또한 그 뜻을 내가 행하고자 하는 나의 통치자이시나이다"라고 호소한다.우리가 진심으로 하나님을 우리의 하나님으로 모신다면, 우리는 주인이 그의 종에게 하듯이 하나님께서 우리로 하여금 그의 뜻을 행하도록 우리에게 가르쳐 주실 것을 기대할 수 있다.

(3) 나를 공평한 땅, 곧 올바른 자들을 위한 저 즐거운 땅, 성도들의 교통이 있는 곳, 천국으로 이어질 거룩한 삶의 여정, 완전한 거룩함이 존재하고 거룩한 자가 영원토록 거룩할 저 공평의 땅으로 인도하소서. 천국은 복된 땅일 뿐만 아니라 공평의 땅이기 때문에, 하나님께서 우리를 천국으로 안전하게 인도해 주시기를 바라야 한다. 천국은 은혜의 완성이다. 하나님께서 우리에게 보여주시지 않는다면, 우리는 우리를 그 땅으로 데려가 줄 길을 발견할 수 없고, 하나님께서 연약하고 절뚝거리며 겁 많고 잘 보지 못하는 우리를 그 손으로 잡아서 인도하시지 않는다면, 우리는 그 길로 갈 수 없다. 우리가 선한 길로 들어서는 데만이 아니라 그 선한 길을 지속적으로 가기 위해서도 하나님의 은혜는 꼭 필요하다. 다윗은 "주의 영은 선하셔서 나를 선하게 만드실 수 있으시며" 어쩔 줄 몰라하는 자들을 기꺼이 돕고자 하신다고 호소한다. 여호와를 자신의 하나님으로 섬기는 자들은 성령을 자신의 인도자로 모시고 있는 것이다. 그들이 성령의 인도하심을 받는다는 것은 그들의 특성이자 특권이다.

2. 하나님께서 그를 살아나게 하셔서 하나님의 뜻을 행하게 해 달라는 것(11절). "여호와여, 나를 살리소서. 내 기도가 다시 살아나서 생생하게 하시고, 나를 살리셔서 나의 본분을 다하게 하시며, 내 본분을 다하는 가운데 나로 살아나게

하소서. 이는 주의 이름을 위한 것이나이다." 가장 선한 성도들도 흔히 자신의 심령이 무디고 죽어 있으며 생기가 없는 것을 발견하고서 자기를 살아나게 해 달라고 하나님께 기도한다.

III. 하나님께서 섭리를 통해서 그를 도와 주시리라는 것.

1. 하나님께서 정하신 방법과 때에 그를 환난에서 건져 주시리라는 것(9절). "여호와여, 나를 내 원수들에게서 건지셔서, 그들이 나를 해치고자 하는 마음을 먹지 못하게 하소서. 내가 주께 피하여 숨었나이다. 내가 환난 속에서 안전하기 위하여 주께 의지하오니, 환난에서 나를 구하소서." 환난에서 건지심을 받는 일들은 최종적인 구원의 맛보기들로서, 믿음으로 하나님을 자신의 피난처로 삼는 자들은 하나님이 진정으로 자신의 피난처가 되시는 경험을 하게 될 것이다. 다윗은 자기가 한 말의 뜻이 무엇인지를 추가적으로 설명한다(11절): "주의 의를 위하여, 주의 약속을 인하여, 아니 주의 긍휼하심을 인하여(이렇게 어떤 이들은 의를 인자하심과 선하심으로 이해한다) 내 영혼을 환난에서 끌어내소서. 외적인 환난에서만이 아니라 내 영혼의 근심, 내 심령을 집어삼키고자 하는 괴로움에서도 나를 건지소서. 여호와여, 내가 그 어떤 환난 속에 있다고 할지라도, 내 마음이 근심하거나 괴로워하지 않게 하소서(요 14:1)."

2. 하나님께서 그에게 환난을 가져다 주는 데에 도구로 사용된 자들에게 그 책임을 물어 주시리라는 것(12절). "나를 향하신 주의 인자하심으로 나의 원수들을 끊으셔서, 내가 더 이상 그들을 두려워하지 않게 하소서. 내 영혼을 괴롭게 하는 자들이 누구이든, 그 수가 얼마나 많고 얼마나 강력하든 그들을 다 멸하소서. 나는 주의 종이고, 계속해서 주의 종으로 있고자 결심하오니, 주께서 나를 보호하셔서 내가 주를 섬기게 하소서." 이 기도는 예수 그리스도와 그의 나라의 원수들, 그리스도를 그들의 왕으로 삼고자 하지 않을 뿐만 아니라 그의 백성을 괴롭힘으로써(그리스도는 그들의 괴로움을 대신 짊어지셨다) 그의 성령을 근심하게 하고 그의 영혼에 괴로움을 가져다 주는 모든 회개치 않는 원수들이 철저하게 멸망받게 될 것에 대한 예언이다.

제
— 144 —
편

개요

앞의 네 시편은 다윗이 왕위에 오르기 전에 사울에 의해서 박해를 받고 있던 때에 지은 것으로 보이지만, 이 시편은 다윗이 왕위에 오른 후에 이웃 나라들, 특히 블레셋 사람들이 그를 괴롭히며 골치 아프게 했던 때에(이 세상에서는 괴로움에서 벗어나는 특권을 지닌 처지는 존재하지 않는다) 지은 것으로 보인다(삼하 5:17). 이 시편에서 I. 다윗은 하나님께서 그에게 큰 선하심을 베푸셔서 그로 하여금 나라를 다스리게 하셨다고 고백하며 기뻐하고 감사한다(1-4절). II. 그는 하나님께서 그를 도우셔서 그를 위협하는 원수들을 물리쳐 주시기를 기도한다(5-8, 11절). III. 그는 원수들에 대한 승리를 확신하며 기뻐한다(9-10절). IV. 그는 그의 나라를 형통하게 해 달라고 기도하고, 그 소망으로 기뻐한다(12-15절). 이 시편을 노래할 때, 우리는 우리에게 베푸신 영적인 특권들과 진보들에 대하여 하나님께 영광을 돌리고, 하나님께서 우리의 영적인 원수들을 물리쳐 주시고 우리를 도와 주실 것을 기대할 수 있다. 우리는 우리의 영혼, 우리의 가족, 우리의 나라가 형통하게 해 달라고 기도할 수 있다. 몇몇 유대인 저술가들은 이 시편이 메시야 및 그의 나라와 관련된 것이라고 말한다.

〔다윗의 시〕

¹나의 반석이신 여호와를 찬송하리로다 그가 내 손을 가르쳐 싸우게 하시며 손가락을 가르쳐 전쟁하게 하시는도다 ²여호와는 나의 사랑이시요 나의 요새이시요 나의 산성이시요 나를 건지시는 이시요 나의 방패이시니 내가 그에게 피하였고 그가 내 백성을 내게 복종하게 하셨나이다 ³여호와여 사람이 무엇이기에 주께서 그를 알아 주시며 인생이 무엇이기에 그를 생각하시나이까 ⁴사람은 헛것 같고 그의 날은 지나가는 그림자 같으니이다 ⁵여호와여 주의 하늘을 드리우고 강림하시며 산들에 접촉하사 연기를 내게 하소서 ⁶번개를 번쩍이사 원수들을 흩으시며 주의 화살을 쏘아 그들을 무찌르소서 ⁷위에서부터 주의 손을 펴사 나를 큰 물과 이방인의 손에서 구하여 건지소서 ⁸그들의 입은 거짓을 말하며 그의 오른손은 거짓의 오른손이니이다

여기에는 다음과 같은 내용들이 나온다.

I. 다윗은 자기가 하나님을 의지하고 있고 하나님께 많은 빚을 지고 있다고 고백한다(1-2절). 장차 긍휼을 베풀어 주시라고 간구하는 기도는 이전에 베풀어주신 긍휼에 대하여 감사하는 것으로 시작하는 것이 합당하다. 우리는 하나님께서 우리를 축복해 주시기를 바랄 때에 우리 자신이 분발하여 먼저 하나님을 송축하여야 한다. 다윗은 두 가지에 대하여 하나님께 영광을 돌린다.

1. 하나님께서 그에게 무엇이 되어 주셨는가: 나의 반석(1절), 나의 선이시요 나의 요새이신(2절) 여호와를 찬송하리로다. 하나님은 언약을 통해서 우리에 대하여 반석이자 요새가 되시겠다고 약속하셨고, 이에 따라서 우리에게 그를 의지하라고 격려하셨다. 믿음으로 하나님을 자신의 하나님으로 모신 모든 성도들은 하나님께서 그들의 기대에 부응하실 뿐만 아니라 기대 이상으로 행하신다는 것을 체험하여 왔다. 다윗이 여기에서 하나님이 그에게 어떤 분이시라는 것을 말하는 것은 하나님은 그가 의지할 만한 분이자 그의 마음을 편안하게 해주신 분이시고, 그를 기쁘게 해주신 분이자 그가 기뻐한 분이시라는 것을 말하기 위한 것이다. 다윗이 그가 하나님 안에서 얻은 만족과 유익을 얼마나 많은 말로 표현하고 있는지를 보라.

(1) "하나님은 나의 힘이시니, 내가 그를 끝까지 의지하고, 내 일과 전쟁을 수행할 힘을 그에게서 가져오나이다. 또한, 하나님은 나의 반석이시니, 내가 그 위에 굳건히 서며 그 안에 피하나이다." 우리가 연약한 때에도 우리는 주 안에서와 그 힘의 능력으로 강건할 수 있다.

(2) "하나님은 나의 선이시니, 내게 선하실 뿐만 아니라 나의 최고의 선이시나이다. 하나님의 은총은 나의 최고의 복이고, 하나님은 내 안에 있는 모든 선의 원천이시니, 온갖 좋은 은사와 온전한 선물이 다 그에게서 온다."

(3) "하나님은 나의 요새이시고 나의 산성이시니, 왕이 튼튼한 요새 속에서 자기가 안전하다고 느끼듯이, 나는 하나님 안에서 내가 안전하다고 느낀다." 다윗은 이전에 천연 요새였던 것으로 보이는 엔게디 요새에 피신했었고(삼상 23:29), 최근에는 인위적으로 축조된 시온 산성을 빼앗아서 그 산성에 거주하였으나(삼하 5:7, 9) 그러한 요새나 산성을 의지하지 않는다. 그는 "여호와여, 주는 나의 요새이시요 나의 산성이시나이다"라고 말한다. 하나님의 성품들과 약속들은 믿는 자에게 천연적이거나 인위적인 그 어떤 요새보다도 훨씬 더 튼튼한

요새들이다.

(4) 하나님은 나를 건지시는 이이시다. 원문의 의미는 매우 강력한 것으로서 "하나님은 나와 상관 있는 자로서 나를 구원하시는 이이실 뿐만 아니라, 언제나 내 가까이에 계셔서 나를 구원하시는 모든 일들이 진정으로 내게 유익이 되게 하시는 이이시다"라는 의미를 지닌다.

(5) "하나님은 나의 방패이시니, 원수들이 나를 향하여 쏘는 온갖 악의적인 화살들을 막아주신다. 하나님은 나의 본거지에서 나의 요새가 되어 주실 뿐만 아니라 전쟁터에 나가서는 나의 방패가 되어 주신다." 믿는 자는 어디를 가든 자기를 보호해 주는 방패막을 지니고 다니는 셈이다. 아브람아, 두려워하지 말라 나는 네 방패이니라.

2. 하나님께서 그를 위하여 무엇을 행해 주셨는가. 다윗은 목자로 길러졌고, 그의 부모는 그를 목자 이상으로 출세시킬 생각을 하지 않았던 것으로 보이고, 다윗 자신도 마찬가지였던 것 같다. 그러나

(1) 하나님은 그를 용사가 되게 하셨다. 그의 손은 양치기의 지팡이를 잡는 데에 익숙하였고, 그의 손가락은 수금을 타는 데에 익숙하였었지만, 하나님은 그의 손을 가르쳐 싸우게 하시며 손가락을 가르쳐 전쟁하게 하셨다. 왜냐하면, 하나님께서는 다윗을 이스라엘을 이끄는 지도자로 삼고자 하셨기 때문이다. 하나님은 사람을 어떤 일로 부르실 때에 그 일에 적합한 자를 부르시거나 그 사람을 그 일에 적합한 자로 만드신다. 전사(戰士)들은 그들이 얻은 온갖 전쟁의 기술을 주신 하나님께 영광을 돌려야 한다. 하나님은 가장 미천한 농부에게 농사일을 가르치시기도 하고, 가장 위대한 장군에게 전쟁일을 가르치시기도 한다. 하나님께서 전쟁을 하도록 가르치신 손가락으로 하나님 또는 하나님의 나라에 대항하여 싸우는 자들이 있다는 것은 참으로 애석한 일이다. 특히 자기 자신이 꿈에도 생각해 보지 못했던 일에 능숙하다는 것이 밝혀진 자들은 그 은사를 주신 분이 하나님이시라는 것을 고백하고서 감사하여야 한다.

(2) 하나님은 그를 왕이 되게 하셨고, 그에게 칼만이 아니라 규(sceptre)를 자유자재로 다룰 수 있도록 가르치셨다. 다스리는 기술은 싸우는 기술보다 더 어렵고 고상한 기술이다. 하나님께서는 내 백성을 내게 복종하게 하셨나이다. 우리는 백성들을 왕에게 복종하게 하여 사회의 질서와 유익을 보존하시는 것은 하나님의 섭리임을 고백하여야 한다. 이스라엘 백성으로 하여금 다윗에게 복종

할 마음을 품게 하시고 하나님께서 다윗에게 하셨던 약속을 따르도록 하신 것은 하나님의 특별한 손길이었다. 그것은 저 위대한 하나님의 은혜의 역사(役事), 즉 하나님께서 영혼들을 주의 권능의 날에 주 예수께 기꺼이 복종하게 하실 일의 모형이었다.

Ⅱ. 다윗은 하나님께서 스스로를 낮추셔서 인생, 특히 그와 상대해 주신 것을 찬송한다(3-4절). "여호와여, 사람이 무엇이기에 주께서 그를 알아 주시며 그를 생각하시나이까! 사람은 너무도 보잘것없는 존재임에도 불구하고, 주께서는 그를 이토록 극진히 살피시고 돌보시며, 주께서 내게 하셨던 것처럼 이 미천하고 무가치한 인생을 이토록 따뜻하게 살펴주시나이까!" 인생이 무수한 치욕들 아래에 놓여 있다는 것을 생각할 때, 우리는 하나님께서 일반적으로 인간(특히, 다윗 같은 성도들), 특히 메시야(이 말씀은 히 2:6에서 그에게 적용되고 있다)에게 존귀를 부여하신 것을 찬송하여야 한다. 하나님은 그리스도께서 사람의 모양으로 나타나사 자기를 낮추셨기 때문에 그를 지극히 높이셨고, 그가 인자됨으로 말미암아 심판하는 권한을 주셨다. 다윗은 앞에서도 이런 취지의 질문을 던지고서(시 8:4, 사람이 무엇이기에 주께서 그를 생각하시며 인자가 무엇이기에 주께서 그를 돌보시나이까), 하나님께서 사람에게 큰 존귀를 입혀 주신 것을 생각하여 주께서 사람을 영화와 존귀로 관을 씌우셨나이다(시 8:5)라고 말함으로써 그 기이함을 예시해 보여주었었다. 그런데 여기에서 그는 사람에게 부여된 존귀함에도 불구하고 사람이 얼마나 미천하고 허무한지를 생각함으로써 그 기이함을 예시해 보여준다(4절): 사람은 헛것 같으니이다. 사람은 너무도 부숴지기 쉽고 연약하며 아무 힘도 없고 무수한 약점들로 둘러싸여 있으며 이 땅에서 머무는 기간도 너무도 짧고 불확실하기 때문에 헛것과 같다. 아니, 사람은 아무리 좋은 처지에 놓여 있다고 하더라도 헛것에 지나지 않는다. 영원히 죽지 않는 영혼이 인생의 대부분을 점점 죽어가는 보잘것없는 몸을 생각하고 염려하는 데에 사용되고 있다는 것을 생각할 때, 그의 날은 실체 또는 알맹이가 거의 없어서, 어둡고 덧없이 지나가며 잠시 있다가 해가 지면 어둠 속으로 사라져 버리는 그림자와 같다. 인생은 지나가는 그림자와 같다. 다윗은 자기 자신을 이렇게 미천하고 초라한 자들 중의 한 사람이라고 말한다.

Ⅲ. 다윗은 하나님께서 그에게 힘을 주셔서 그를 공격하는 원수들을 이길 수 있게 해달라고 간구한다(5-8절). 그는 그가 두려워하는 원수들이 누구인지를

구체적으로 밝히지 않은 채로 원수들을 흩으시며 그들을 무찌르소서라고 말한다. 다윗이 그들의 이름을 구체적으로 거론하지 않았다고 해도, 하나님은 그들이 누구인지를 아신다. 그러나 나중에 다윗은 그들이 누구인지를 묘사한다(7-8절). "그들은 낯선 자손들(개역에서는 이방인), 블레셋 사람들, 외인(外人)들, 이스라엘의 나쁜 이웃들, 이교도들이다. 우리는 그들을 아는 체하지 말아야 하고 그 어떤 관계도 맺어서는 안 된다. 따라서 그들은 우리에게 계속해서 낯선 자들일 수밖에 없다." 하나님께서 다윗의 팔에 축복하셔서 그들을 무찌르게 하셨음에도 불구하고, 그들은 여전히 다윗을 괴롭히며 속였기 때문에 도저히 신뢰할 수 없는 자들이었다. "그들의 입은 거짓을 말하기 때문에, 그들의 말은 믿을 수 없었다. 또한, 그들이 너를 돕겠다고 손을 뻗쳐 와도, 너는 그들을 신뢰할 수 없다. 왜냐하면, 그들의 오른손은 거짓의 오른손이기 때문이다." 우리는 우리 자신의 힘으로 그런 자들을 막아낼 수 없기 때문에, 거짓을 미워하시는 진리와 의의 하나님을 의지해야만 그들로부터 우리를 보호할 수 있다.

1. 다윗은 하나님께서 나타나셔서 뭔가 엄청난 일을 행하심으로써 이스라엘의 하나님이 계신데도 쓰레기 같은 우상들을 섬기는 자들을 단죄하여 달라고 기도한다(5절). "여호와여, 주의 하늘을 드리우셔서, 하늘이 진정으로 주의 것이고, 여호와께서 하늘의 주이시라는 것을 분명하게 드러내소서(사 66:1). 폭풍우가 일 때에 구름이 땅 위에 아주 짙고 낮게 깔리듯이, 원수들이 주의 섭리가 그들에게 암울하다는 것을 느껴서 겁을 집어먹게 하소서. 여호와께서 우리를 대적하여 싸우는 자들을 쳐서 싸우심으로써 주께서 우리 편이라는 것을 똑똑히 나타내소서. 강하고 어마어마한 원수들인 산들에 접촉하사 연기를 내게 하소서. 주께서 시내 산에서 그러셨듯이 천사들을 통해서 스스로를 나타내소서."

2. 다윗은 하나님께서 나타나셔서 원수들을 물리쳐 주시고, 종종 그러셨듯이 번개를 화살로 사용하셔서(하나님의 불화살인 번개의 힘은 엄청나서 아무리 단단한 강철도 뚫을 수 있다) 그들을 대적하여 하늘로부터 싸우시며, 한 번 겨냥하시면 결코 그 과녁을 못 맞추시는 적이 없는 하나님께서 직접 그 화살들을 쏘아 주시라고 기도한다.

3. 다윗은 하나님께서 그를 위하여 나타나 주시도록 기도한다(7절). 그는 하나님께서 원수들을 멸망시키셔서 자기가 구원을 받고 그의 백성이 안심할 수 있게 해 달라고 간구한다. "위에서부터 주의 손을 펴시고 주의 권능을 보내사(우

리는 그런 방식의 도우심을 기대한다) 나를 엄몰하고자 넘실대는 이 큰 물에서 나를 구하여 건지소서." 하나님께서 그의 백성을 도우시는 때는 다른 모든 도움들이 아무런 소용이 없어서 그들이 가라앉고 있을 때이다.

9하나님이여 내가 주께 새 노래로 노래하며 열 줄 비파로 주를 찬양하리이다 10주는 왕들에게 구원을 베푸시는 자시요 그의 종 다윗을 그 해하려는 칼에서 구하시는 자시니이다 11이방인의 손에서 나를 구하여 건지소서 그들의 입은 거짓을 말하며 그 오른손은 거짓의 오른손이니이다 12우리 아들들은 어리다가 장성한 나무들과 같으며 우리 딸들은 궁전의 양식대로 아름답게 다듬은 모퉁잇돌들과 같으며 13우리의 곳간에는 백곡이 가득하며 우리의 양은 들에서 천천과 만만으로 번성하며 14우리 수소는 무겁게 실었으며 또 우리를 침노하는 일이나 우리가 나아가 막는 일이 없으며 우리 거리에는 슬피 부르짖음이 없을진대 15이러한 백성은 복이 있나니 여호와를 자기 하나님으로 삼는 백성은 복이 있도다

이 시편의 후반부의 구조는 전반부와 동일해서, 다윗은 먼저 하나님께 영광을 돌리고, 그런 후에 하나님께 긍휼을 베풀어 주시기를 간구한다.

I. 다윗은 그를 향한 하나님의 선하심에 대한 그의 체험들, 하나님께서 그에게 장차 베푸실 긍휼하심을 기대하도록 격려하신 일들에 대하여 하나님을 찬송한다(9-10절). 그는 원수들의 힘과 속임수에 대하여 한창 하소연을 하는 와중에서 여기에서 하나님에 대한 거룩한 기쁨을 표현한다: 하나님이여, 내가 주께 새 노래로 노래하리라 — 새롭게 베풀어 주시는 긍휼하심들, 아침마다 새로운 인자하심들을 찬송하는 노래. 새롭게 은총이 주어질 때마다 새롭게 감사할 필요가 있다. 아니, 우리는 우리가 하나님의 섭리에 의해서 받은 긍휼하심들만이 아니라 우리가 하나님의 약속에 의해서 소망하는 긍휼하심들에 대해서도 하나님을 찬송하여야 한다(대하 20:20-21). 다윗은 하나님 안에서의 그의 거룩한 기쁨을 표현하고 그 기쁨을 더하기 위하여 악기의 반주에 맞추어 찬송의 노래를 부르고자 한다. 그는 그 무엇으로도 하나님에 대한 찬송을 제대로 표현할 수는 없을 것이라고 생각하면서도 나름대로 최선의 방법을 선택하여, 열 줄 비파로 하나님을 찬송하고자 한다. 그는 이 새 노래가 어떤 내용일지를 우리에게 말해준다(10절): 주는 왕들에게 구원을 베푸시는 자시니이다. 이것은 다음과

같은 것들을 보여준다.

1. 큰 왕들은 하나님 없이는 자신의 생명을 구할 수 없다는 것. 왕들에게는 호위들과 그들의 명령에 따르는 군대와 사람이 생각할 수 있는 온갖 보호 수단이 갖춰져 있다. 그러나 결국 그들을 구원하시고 그러한 보호 수단들을 통해서 그들을 안전하게 해주시는 분은 하나님이시다. 하나님은 그러한 보호 수단들이 없어도 그들을 보호하실 수 있으시다(시 33:16). 왕들은 그들의 백성의 보호자들이지만, 왕들의 보호자는 하나님이시다. 그러므로 그들은 온갖 위험에서 그들에게 구원을 주시는 하나님을 그들이 지닌 모든 권세로 아무리 많이 보답하고 섬겨도 지나침이 없다.

2. 하나님의 일꾼이 되어서 백성과 신하들의 유익을 위하여 일하는 선한 왕들은 하나님의 보호하심과 구원하심을 받게 되리라는 것. 하나님은 그의 종들이 되어서 그를 대신하여 다스리는 그러한 왕들에게 구원을 베푸시겠다고 약속하셨다. 이것은 하나님께서 그의 종 다윗을 위하여 행하신 큰 일들, 곧 하나님께서 사울의 악의와 조국을 섬기고자 한 다윗 자신의 열심으로 인해서 흔히 다윗에게 겨누어졌던 그 해하려는 칼에서 다윗을 수없이 구하셨던 일들이 증명해 준다. 이 본문은 다윗의 자손 그리스도와 관련이 있을 수 있고, 그렇다면 그것은 새 노래, 곧 새로운 언약(New-Testament)의 노래이다. 하나님은 그리스도를 그 해하려는 칼에서 건지셨고, 그의 종인 그리스도를 붙들어 주셨으며, 그리스도를 구원하셔서 모든 흑암의 권세들을 이기신 정복자가 되게 하셨다(사 42:1; 49:8). 하나님께서 그리스도에게 구원을 주신 것은 그리스도 자신만이 아니라 우리를 위한 것이었다. 하나님은 우리를 위하여 그리스도를 일으키셔서 구원의 뿔이 되게 하셨다.

II. 다윗은 하나님의 은총이 그에게 지속되기를 기도한다.

1. 하나님께서 그를 백성의 적들로부터 건져 주시라는 것(11절). 여기에서 그는 앞에서 그가 기도하고 그 기도의 근거로 제시한 것을 되풀이한다(7-8절). 그를 핍박하는 자들은 앞에서와 동일한 특성을 지닌 자들로서 여전히 거짓을 말하고 배신하는 그런 자들이었다. 그들은 정직한 자를 반드시 따라잡을 것이었기 때문에, 다윗이 상대하기에는 너무 벅찬 자들이었다. "여호와여, 그들은 낯선 부류의 사람들이오니, 그들에게서 나를 구하여 건지소서."

2. 그가 백성의 평안과 번영을 볼 수 있게 해 달라는 것. "여호와여, 우리의

원수들이 우리에게 해악을 끼칠 권세를 쥐고 있는 동안에는 우리에게 결코 평화란 있을 수 없사오니, 우리로 승리하게 하셔서 평화를 얻게 하소서." 다윗은 왕으로서 여기에서 그의 백성의 복리에 대한 간절한 소원을 표현하고 있는데, 이 점에서 그는 그의 택하신 자들에게 유익한 것을 효과적으로 공급하시는 그리스도의 모형이었다. 우리는 여기에서 다음과 같은 내용들을 살펴볼 수 있다.

(1) 다윗이 그의 백성을 위하여 소원하였던 번영의 구체적인 예들.

[1] 장래가 촉망되는 자손들(12절). "우리 아들들과 우리 딸들이 모든 점에서 우리가 바라는 대로 되게 해주소서." 다윗은 단지 그의 가문의 자손들만이 아니라 다음 세대의 주역이 될 그의 신하들과 백성들의 자손들에 대해서도 그렇게 기도한다. 자손들이 장래가 촉망되어 장차 잘 될 가망성이 있는 것을 보는 것은 이 세상에서 부모들의 큰 낙(樂)이자 행복이다. 첫째, 우리 아들들이 어리다가 장성한 나무들, 어린 감람나무 같고(시 128:3) 여호와께서 심으신 나무(사 61:3) 같은 것을 보는 것, 그들이 잡초나 가시나무가 아니라 나무들 같은 것을 보는 것, 그들이 시들거나 말라비틀어진 것이 아니라 크게 자라는 나무들 같은 것을 보는 것, 그들이 건강한 체질과 뛰어난 재능과 온순한 기질, 특히 경건한 심성을 지니고 있어서 장차 자라서 하나님께 선한 열매를 맺을 자들 같은 것을 보는 것, 그들이 어릴 적, 곧 자라는 시기에 모든 선한 것에서 더욱 지혜롭게 잘 자라서 장차 그 심령이 강해질 것이 분명함을 보는 것은 즐거운 일이다. 둘째, 우리의 딸들이 궁전 또는 성전의 양식대로 아름답게 다듬은 모퉁잇돌들 또는 모퉁이의 기둥들과 같은 것을 보는 것도 마찬가지로 흐뭇한 일이다. 건물의 각 부분들이 모퉁잇돌들에 의해서 서로 연결되듯이, 가족은 딸들에 의해서 서로 연합되고 연결되어서 서로에게 힘을 보태준다. 따라서 딸들의 몸과 마음이 우아하고 아름다울 때, 딸들은 정성들여서 우아하게 지은 건물의 외관처럼 빛이 난다. 우리가 모퉁잇돌들이 건물과 잘 맞춰져 있듯이 우리의 딸들이 지혜와 분별력을 확고하게 잘 갖추고 있는 것을 볼 때, 우리가 우리의 딸들이 믿음으로 최고의 모퉁잇돌이신 그리스도와 연합해 있고 거친 자연의 모습에 윤을 내어서 광채가 나게 해주는 하나님의 성령의 은혜들로 장식되어 있는 것(이것이 하나님을 경외한다 하는 여자들에게 마땅한 것이다)을 볼 때, 우리가 우리의 딸들이 살아 있는 성전들로서 하나님에 대하여 깨끗하게 성별되어 있는 것을 볼 때, 그런 딸들을 보는 것은 우리에게 큰 행복이다.

[2] 차고 넘치도록 풍성함. 가족의 구성원들이 늘어날 때에 그들을 먹여 살릴 것이 충분하지 않게 되면 기쁨보다는 되레 걱정이 더 늘어나게 된다. 그러므로 다윗은 가족의 수가 늘어남과 동시에 먹고 살 것도 늘어나게 해 달라고 기도한다. 첫째, 그는 가족들의 곳간이 땅의 열매들과 소산들로 차고 넘치게 해 달라고 기도한다. 우리의 곳간이 선한 청지기가 새 것과 옛 것(최고의 새로운 것들과 아주 잘 보관된 최고의 오래된 것들)을 내오는 곳간 같이 가득하게 하시고, 그 곳간이 우리 자신과 우리의 친구들을 위하여 백곡이 있게 하시며, 우리가 풍족하게 살아가되 우리의 풍요를 악용하여 사치스럽게 사는 것이 아니라 즐겁고 유익되게 살게 하시고, 우리가 우리를 풍성하게 하신 하나님께 감사하여 우리의 친구들에게 후하게 베풀고 가난한 자들에게 구제하는 자들이 되게 해 주소서. 그렇지 않다면, 우리의 곳간이 가득찬다고 한들, 그것이 우리에게 무슨 유익이 있겠는가(약 5:3)? 둘째, 그는 가족들의 가축 떼가 크게 늘어나게 해 달라고 기도한다: 우리의 양이 우리에서 천천과 만만으로 번성하게 하소서. 그들 나라의 부(富)의 많은 부분은 그들이 가진 가축 떼에 있었는데(잠 27:26), 이것은 우리 나라에서도 마찬가지이다. 만약 우리에게 가축 떼가 별로 없다면, 우리의 일상에서 꼭 필요한 양모가 부족하게 될 것이다. 우리의 가축 떼가 늘어나면, 우리는 그것이 하나님께서 주신 복임을 고백하여야 한다. 셋째, 그는 가족들이 부리는 짐승들이 맡겨진 일을 잘 할 수 있게 해 달라고 기도한다: 우리의 수소가 밭을 가는 일을 잘 해낼 수 있도록 튼튼하게 해주소서(어떤 이들은 우리의 수소들이 일하기에 적합하도록 살지고 맷집이 좋게 해주소서라고 번역한다). 우리 가운데서 그 누구도 빈둥거리며 살도록 지으심을 받은 것이 아니다. 그러므로 우리는 우리가 편안히 쾌락을 탐하는 것이 아니라 강건하여 노동할 수 있고, 우리가 그 날에 해야 할 일을 할 수 있도록(그렇지 않다면, 우리는 짐승보다 못한 자들이 된다) 육체의 건강을 주시라고 기도하여야 한다. 왜냐하면, 튼튼한 것은 노동을 하기 위한 것이기 때문이다.

[3] 중단 없는 평화. 첫째, 그는 전쟁이 없고, 침략자들이 그들을 침노하는 일이나 이탈자들이 나가는 일이 없게 해 달라고 기도한다. "우리의 원수들이 우리를 쳐들어오는 일이 없게 하시고, 우리가 그들을 나아가 막는 일도 없게 하소서." 전쟁은 공격하는 자나 방어하는 자 모두에게 크나큰 재앙을 가져다 준다. 둘째, 그는 압제나 내분이 없게 하시고(우리 거기에는 슬피 부르짖음이 없게), 백

성들이 그들의 정부 또는 서로에 대하여 불평할 이유가 없게 하시며, 마음이 언짢고 기분이 상하여서 이유 없이 불평하지 않게 해 달라고 기도한다. 이렇게 평온한 가운데 살아가는 것이 바람직하다.

(2) 다윗이 그가 그토록 소원하였던 나라의 번영에 관하여 앞에서 묘사한 후에 그것을 스스로 평가함(15절): 이러한 백성은 복이 있나니(그러나 그러는 백성이 드물고, 오래가지도 않는다) 여호와를 자기 하나님으로 삼는 백성은 복이 있도다. 여기에서는 여호와를 자기 하나님으로 삼은 백성과 하나님의 관계는 다음 둘 중의 하나와 같다고 말한다.

[1] 앞에서 말한 모든 복들이 흘러나오는 원천. 여호와를 자기 하나님으로 삼고서 신실하게 그 하나님을 붙드는 이스라엘 백성은 복이 있다. 왜냐하면, 그들은 이러한 백성에 해당한다고 할 수 있기 때문이다. 민족의 경건은 보통 민족의 번영을 가져온다. 민족은 민족의 자격으로 행한 일들에 대하여 오직 현세에서만 그 상이나 벌을 받을 수 있다.

[2] 앞에서 말한 모든 복들보다 이루 말할 수 없이 더 선호해야 할 것. 이 시편 기자는 대부분의 시편 기자들과 마찬가지로 이러한 백성은 복이 있다는 말로 시작한다. 이 세상에서 형통하고 잘 사는 자들은 복이 있다. 그러나 시편 기자는 곧이어서 자신의 말을 수정한다: 그렇지만 여호와를 자기 하나님으로 삼는 백성, 즉 비록 이 세상의 좋은 것들을 풍성히 갖고 있지는 않다고 하여도 언약을 따라서 하나님의 은총과 사랑과 은혜를 가지고 있는 자들은 복이 있도다. 여호와께서 우리의 하나님이 되지 않으신다면, 이 모든 것, 아니 그것들보다 훨씬 더 많고 좋은 것들이 주어진다고 해도 그것들은 우리를 행복하게 만들어 줄 수 없다. 아니, 여호와께서 우리의 하나님이 되어 주신다면, 이 모든 것이 없거나 이 모든 것을 잃어버리거나, 심지어 이 모든 것의 반대의 상황에 놓인다고 하여도, 그것은 결코 우리를 비참하게 만들 수 없다.

제
— 145 —
편

개요

앞의 다섯 편의 시편들은 모두 합쳐서 하나의 작품과 같은 것으로서 다 기도로 가득 차 있다. 이 시편을 비롯해서 그 뒤에 나오는 다섯 편의 시편들(즉, 성경의 한 책으로서의 시편의 끝에 이르기까지)도 마찬가지로 모두 합쳐서 하나의 작품과 같은 것으로서 다 찬송으로 가득 차 있다. 오직 이 시편만이 그 표제에 다윗의 시편으로 되어 있기는 하지만, 우리는 앞에 나온 다섯 편의 기도 시편들과 더불어서 이 여섯 편의 찬송 시편들도 다윗의 것이 아니라고 생각할 이유가 없다. 여기에서 주목할 만한 것은 다음과 같은 것들이다. 1. 다섯 편의 기도 시편 뒤에 여섯 편의 찬송 시편들이 나온다는 것. 기도를 많이 하는 자들은 찬송할 일이 끊이지 않고, 기도로 많은 시간을 보내는 자들은 찬송도 풍성해야 한다. 우리가 기도의 응답으로 하나님의 긍휼하심을 받은 것에 대하여 감사하는 것은 우리가 긍휼하심을 구하여 기도한 것보다 더 차고 넘쳐야 한다. 다윗은 그의 기도 시편들의 마지막에서 하나님을 찬송하겠다고 약속하였는데(시 144:9), 여기에서 그의 약속을 이행한다. 2. 성경의 한 책으로서의 시편은 찬송의 시편들로 끝난다는 것. 왜냐하면, 찬송은 모든 일의 결론이기 때문이다. 모든 시편은 찬송을 구심점으로 삼는다. 이것은 하나님의 백성이 생을 마칠 때가 다가올 즈음에는 찬송할 일이 그들에게 차고 넘쳐야 한다는 것을 보여준다. 그들은 생의 말기에 영원한 찬송의 나라로 옮겨갈 소망을 갖게 되는데, 그들이 천국에 더 가까이 다가가면 갈수록, 그들은 천국의 일, 곧 찬송에 익숙해져야 하기 때문이다. 이 시편은 좀 더 쉽게 기억하고 마음에 새길 수 있도록 하기 위하여 알파벳 운(韻)을 따라 지은 여러 시편들(시 25편, 34편 등) 중의 하나이다. 유대인 저술가들이 이 시편을 이 일련의 빛나는 별자리들 가운데서 최고의 밝기를 지닌 별이라고 극찬한 것은 당연한 일이지만, 그들 중 일부는 천주교의 미신들을 믿는 자들처럼 이 시편을 하루에 세 번씩 끊임없이 노래하는 자는 누구든지 반드시 내세에서 행복하게 될 것이라는 터무니없는 말을 하기도 하였다. 이 시편에서 I. 다윗은 자기 자신과 남들에게 하나님을 찬송하라고 촉구한다(1-2, 4-7, 10-12절). II. 그는 마땅히 찬송할 일들, 즉 하나님의 위대하심(3절), 선하심(8-9절), 그의 나라에 대한 통치 속에서 드러나는 이 두 가지의 증거들(13절), 섭리의 나라에서의 증거들(14-16절), 은혜의 나라들에서의 증거들(17-20절)을 집중적으로 조명한 후에, 하나님을 영원히 찬송하겠다는 결심으로 끝맺는다(21절). 이 시편을 노래할 때, 우리는 그러한 결심으로 우리 마음을 가득 채워야 하고, 그러한 결심을 확고히 하여야 한다.

〔다윗의 찬송시〕

¹왕이신 나의 하나님이여 내가 주를 높이고 영원히 주의 이름을 송축하리이다 ²내가 날마다 주를 송축하며 영원히 주의 이름을 송축하리이다 ³여호와는 위대하시니 크게 찬양할 것이라 그의 위대하심을 측량하지 못하리로다 ⁴대대로 주께서 행하시는 일을 크게 찬양하며 주의 능한 일을 선포하리로다 ⁵주의 존귀하고 영광스러운 위엄과 주의 기이한 일들을 나는 작은 소리로 읊조리리이다 ⁶사람들은 주의 두려운 일의 권능을 말할 것이요 나도 주의 위대하심을 선포하리이다 ⁷그들이 주의 크신 은혜를 기념하여 말하며 주의 공의를 노래하리이다 ⁸여호와는 은혜로우시며 긍휼이 많으시며 노하기를 더디 하시며 인자하심이 크시도다 ⁹여호와께서는 모든 것을 선대하시며 그 지으신 모든 것에 긍휼을 베푸시는도다

이 시편의 표제를 다윗의 찬송시라고 붙인 것은 다윗이 이 시편의 저자였다는 것만이 아니라 그가 이 시편을 좋아하여 자주 노래하였다는 것을 말해 주는 것일 수 있다. 이 시편은 그가 가는 곳마다 그의 반려가 되어 주었다. 이 시편의 전반부에서는 하나님의 영화로운 성품들을 찬송하고, 후반부에서는 하나님의 나라와 그 통치를 찬송한다. 좀 더 자세하게 살펴보자.

I. 하나님께 영광을 돌리는 데에 누가 쓰임받게 되는가?

1. 다른 사람들은 무엇을 하든, 시편 기자는 자기만은 하나님을 찬송하는 일을 많이 하고자 한다. 그는 여기에서 이 선한 일을 하기 위하여 스스로에게 분발을 촉구하고 다짐하며 그의 마음을 넓게 연다. 그가 찬송을 하면 할수록 그는 그 일에서 점점 더 큰 만족을 얻게 되기 때문에 그 일을 계속해서 하고자 한다. 찬송은 그의 본분이었고, 찬송은 그의 즐거움이었다. 좀 더 살펴보자.

(1) 그는 이 일 자체를 어떻게 표현하고 있는가. "내가 주를 높이고 주의 이름을 송축하리이다(1절). 나는 주께서 스스로를 알게 하신 대로 주에 대하여 좋은 말을 하고자 하고, 그렇게 함으로써 주를 높이는 나의 생각들을 표현함과 동시

에 다른 사람들 속에도 그와 같은 생각들을 불러일으키고자 애를 쓰고자 하나이다." 우리가 하나님께 존귀함을 돌려 드리는 말들을 할 때, 하나님께서는 은혜로써 그것을 그를 높이고 찬송하는 것으로 해석하시고 열납하신다(2절에서 다시 한 번): 내가 날마다 주를 송축하며 주의 이름을 송축하리이다). 이와 같은 반복은 찬송하는 일에 대한 다윗의 뜨거운 애정, 찬송하는 일을 하겠다는 그의 확고한 의지, 그가 찬송을 얼마나 자주 행하였는지를 보여준다. 내가 주의 존귀하심을 작은 소리로 읊조리고(5절) 주의 위대하심을 선포하리이다(6절). 다윗은 공식적인 기도에서만이 아니라 일상적인 대화 속에서도 하나님께 영광을 돌리고자 하였다. 마음이 하나님으로 가득 차 있다면, 마음에 가득 찬 것으로부터 입은 기회가 있을 때마다 하나님을 찬송하는 말을 하게 된다. 하나님의 영광에 관하여 말하는 것보다 더 고상하고 풍성하며 즐겁고 유익하며 더할 나위 없이 고상한 화제가 어디 있겠는가?

(2) 그는 이 일을 계속하겠다는 자신의 결심을 어떻게 표현하고 있는가.

[1] 그는 이 일을 변함없이 하고자 한다: 내가 날마다 주를 송축하리이다. 하나님을 찬송하는 일은 우리의 매일의 일이 되어야 한다. 아무리 바쁜 날이라고 해도, 또한 아무리 슬픈 날이라고 해도, 우리는 하루도 빼놓지 않고 하나님을 찬송하여야 한다. 우리는 찬송하는 일을 우리가 하루에 해야 할 일들 중에서 가장 우선적으로 꼭 해야 할 일이고 우리가 매일 받는 위로들 중에서 우리를 가장 즐겁게해 주는 위로로 여겨야 한다. 하나님은 날마다 우리를 축복하시고 날마다 우리를 위하여 선한 일을 행하고 계신다. 그러므로 우리가 날마다 하나님을 송축하고 날마다 하나님을 찬송해야 할 이유는 충분하다.

[2] 그는 이 일을 끊임없이 하고자 한다: 내가 주를 영원히 송축하리이다(1-2절). 첫째, 이것은 그가 이 세상에서 그의 삶이 다할 때까지 이 일을 계속하리라고 결심하였다는 것을 보여준다. 둘째, 이것은 교회가 종말의 날까지 하나님을 찬송하는 데에 사용하도록 하기 위하여 그가 시편들을 지었다는 것을 보여준다(대하 29:30). 셋째, 이것은 그가 저 세상에서도 영원토록 하나님을 찬송하게 되기를 소망하였다는 것을 보여준다. 이 땅에서 찬송하는 일을 그들의 변함없는 일로 삼은 자들은 천국에서도 영원히 찬송하게 되는 지극한 복을 받게 될 것이다.

2. 그는 다른 사람들도 이 일에 적극적이 될 것을 의심하지 않는다.

(1) "그들은 지금 그 일을 함께 하게 될 것이고, 나와 더불어서 그 일을 하게 될 것이다. 내가 주의 위대하심을 선포할 때에 사람들은 주의 위대하심에 대하여 말하게 될 것이다(6절). 그들은 그것을 풍성하게 말하게(7절) 될 것이고, 풍성하게 쏟아놓게(원어의 의미) 될 것이다." 그들은 은혜를 받아서, 가장 달변인 웅변가보다도 더 거침없이 하나님을 찬송하게 될 것이다. 다윗은 자신의 열심으로 많은 사람들에게 도전을 주고자 했고, 실제로 그렇게 되었다.

(2) "내가 죽고나서도 그들은 계속해서 찬송하는 일을 하게 될 것이다(4절): 대대로 주께서 행하시는 일을 찬양하리로다." 이 세상을 떠나는 세대는 이 세상으로 들어오는 세대에게 그들이 당시에 본 것과 조상들로부터 들은 것을 전해 주게 될 것이다. 그들은 주의 능한 일들을 구체적으로 아주 자세하게 선포할 것이고(시 78:3), 들어오는 세대는 떠나는 세대의 모범을 따르게 될 것이다. 따라서 하나님을 예배하던 자들이 죽는다고 해서 하나님을 예배하는 것이 쇠하여지지 않을 것이다. 왜냐하면, 사라지는 세대 대신에 새로운 세대가 생겨나서 세상 끝날까지 저 선한 일을 하게 될 것이고, 그 선한 일은 세대들의 교대가 없는 저 세상으로 이어지게 될 것이기 때문이다.

II. 우리는 무엇에 대하여 하나님께 영광을 돌려야 하는가.

1. 하나님의 위대하심과 그의 크신 일들. 우리는 여호와는 위대하시다고 선포하여야 하고, 그의 무한한 임재, 아무도 저항할 수 없는 그의 권능, 누구도 감당할 수 없는 그의 밝은 빛, 그의 두려운 위엄, 그의 무궁한 통치, 아무도 다툴 수 없는 그의 주권(sovereignty)을 선포하여야 한다. 그러므로 여호와는 위대하시니, 우리 안에 있는 모든 것으로 우리의 힘이 닿는 데까지 모든 예를 갖추어서 극진히 찬송받으셔야 마땅하다는 것은 두말할 필요가 없다. 하나님의 위대하심은 헤아릴 수 없기 때문에 파악하는 것이 불가능하다. 하나님이 얼마나 위대하신지를 누가 제대로 인식하거나 표현할 수 있겠는가? 그러므로 하나님의 위대하심은 우리가 더욱더 찬송할 제목이 된다. 우리가 헤아려서 그 밑바닥을 찾을 수 없다면, 우리는 그 가장자리에 앉아서 그 깊이를 찬송하여야 한다(롬 11:33, 깊도다 하나님의 지혜와 지식의 풍성함이여, 그의 판단은 헤아리지 못할 것이며 그의 길은 찾지 못할 것이로다). 하나님은 다음과 같은 이유들 때문에 위대하시다.

(1) 하나님의 위엄이 하나님께서 그의 영광을 두신 윗 세상, 하늘 위에서 영

화롭기 때문에. 하나님의 위대하심을 선포할 때, 우리는 주의 존귀하고 영광스러운 위엄, 주의 위엄의 찬란한 영광을 말하는 것을 잊지 않아야 하는데(5절), 하나님의 영광은 윗 세상에서 너무도 밝게 빛나기 때문에 천사들도 눈이 부셔서 그 광채를 감당할 수 없어서 얼굴을 가릴 수밖에 없다.

(2) 하나님의 일들이 이 아랫 세상에서 기이하기 때문에. 모든 피조물들이 보전되고 유지되며 다스려진다는 것은 창조주가 지극히 위대하시다는 것을 선포하는 것이다. 그러므로 하나님의 위대하심을 선포할 때, 우리는 그것을 보여 주는 의심할 여지 없는 증거들을 주목하고서 주의 능한 일들(권능의 역사들)을 선포하고(4절) 주의 기이한 일들(5절)과 주의 두려운 일의 권능(6절)을 말하여야 한다. 우리는 하나님께서 이 아랫 세상의 온갖 일들 속에서 일하시고 역사하시는 것을 보아야 한다. 여러 가지 다양한 도구들이 사용되지만, 최종적으로 모든 사건을 지휘하시는 분은 하나님이시다. 모든 일을 행하시는 이는 바로 하나님이시다. 하나님의 섭리 속에서 우리는 하나님의 권능을 볼 수 있고(그것들은 그 어떤 피조물의 힘과도 비교가 되지 않는 권능의 역사들이다), 하나님의 공의를 볼 수 있다(그것들은 성도들에게는 경외심을 불러일으키고 죄인들에게는 소름끼치는 공포를 불러일으키는 두려운 역사들이다). 우리는 모든 일들 속에서 하나님의 손가락, 그의 손, 그의 팔을 보고서 그것들을 기이히 여기며 기회가 될 때마다 말하여야 한다.

2. 하나님의 선하심. 하나님의 선하심은 하나님의 영광이고(출 33:19), 하나님께서 자랑으로 여기시는 것이며(출 34:6), 우리가 그것으로 인하여 하나님께 영광을 돌려야 하는 그런 것이다. 그들이 주의 크신 선하심(개역에서는 은혜)을 기억하여 풍성히 말하리이다(7절). 하나님의 선하심은 크신 선하심이기 때문에 결코 다함이 없으시다. 하나님은 이전이나 지금이나 그 긍휼하심이 풍성하시기 때문에, 하나님의 선하심은 결코 줄어드는 법이 없다. 그것은 잊을 수 없는 선하심이다. 우리는 하나님의 선하심을 항상 우리 앞에 두고서 기억하여야 한다. 왜냐하면, 하나님의 선하심은 영원히 기억할 가치가 있기 때문이다. 우리는 우리가 기억해 둔 하나님의 선하심을 마치 그 기억으로 가득 차 있는 자처럼 풍성히 말하여야 하고, 다른 사람들도 하나님의 선하심을 알아서 감화를 받게 되기를 원하여야 한다. 그러나 하나님의 크신 선하심을 말할 때마다 우리는 동시에 주의 의를 노래하는 것을 잊지 않아야 한다. 왜냐하면, 하나님은 은혜로

우셔서 그를 신실하게 섬기는 자들에게 상을 주시는 것과 마찬가지로, 하나님은 의로우셔서 그를 대적하여 반역하는 자들에게 벌을 내리시기 때문이다. 하나님은 다함이 없는 선하심을 지니고 계심과 마찬가지로 공평하고 확고한 공의도 지니고 계신다. 우리는 이 두 가지를 함께 노래하여야 한다(롬 11:22).

(1) 하나님의 본성 속에 선하심의 원천(源泉)이 존재한다(8절): 여호와는 그를 섬기는 자들에게 은혜로우시고 그를 필요로 하는 자들을 불쌍히 여기는 마음이 많으시며 그를 거역하는 자들에게 노하기를 더디 하시며 그를 찾아서 간구하는 모든 자들에게 긍휼하심이 크시도다. 하나님은 우리가 구하기도 전에 주시고자 하고, 우리가 회개하기도 전에 용서하고자 하신다.

(2) 하나님의 모든 섭리들 속에 선하심의 물줄기들이 있다(9절). 하나님은 선하신 것과 마찬가지로 선을 행하신다. 하나님은 스스로 마음의 문을 닫고서 하나님의 선하심을 받아들이려 하지 않는 귀신들과 저주받은 죄인들을 제외한 모든 존재, 지극히 높은 천사부터 가장 미천한 벌레에 이르기까지의 모든 피조물들, 모든 것을 선대하신다. 여호와께서는 그 지으신 모든 것에 긍휼을 베푸시는도다.

[1] 하나님께서 지으신 모든 것들, 그의 모든 피조물들은 하나님의 긍휼에서 나오는 돌보심과 아낌 없이 주시는 것의 열매들을 먹고 존재한다. 그것은 모든 것에 미친다. 하나님은 그가 지으신 그 어떤 것도 미워하지 않으신다.

[2] 하나님께서 긍휼로 인하여 행하시는 일들은 그가 행하시는 다른 어떤 일들보다 더 돋보이기 때문에, 그 일들은 다른 어떤 일들보다도 하나님이 누구신지를 더 잘 선포한다. 하나님의 영광은 다른 어떤 일들 속에서보다도 하나님께서 영광을 주시기로 정하신 긍휼의 그릇들 속에서 가장 밝게 영원히 빛날 것이다. 따라서 모든 성도들은 하나님의 선하심에 대하여 영원한 할렐루야의 노래를 바쳐 드리게 될 것이다.

[10]여호와여 주께서 지으신 모든 것들이 주께 감사하며 주의 성도들이 주를 송축하리이다 [11]그들이 주의 나라의 영광을 말하며 주의 업적을 일러서 [12]주의 업적과 주의 나라의 위엄 있는 영광을 인생들에게 알게 하리이다 [13]주의 나라는 영원한 나라이니 주의 통치는 대대에 이르리이다 [14]여호와께서는 모든 넘어지는 자들을 붙드시며 비굴한 자들을 일으키시는도다 [15]모든 사람의 눈이 주를 앙망하오니 주는 때를

따라 그들에게 먹을 것을 주시며 [16]손을 펴사 모든 생물의 소원을 만족하게 하시나 이다 [17]여호와께서는 그 모든 행위에 의로우시며 그 모든 일에 은혜로우시도다 [18]여호와께서는 자기에게 간구하는 모든 자 곧 진실하게 간구하는 모든 자에게 가까이 하시는도다 [19]그는 자기를 경외하는 자들의 소원을 이루시며 또 그들의 부르짖음을 들으사 구원하시리로다 [20]여호와께서 자기를 사랑하는 자들은 다 보호하시고 악인들은 다 멸하시리로다 [21]내 입이 여호와의 영예를 말하며 모든 육체가 그의 거룩하신 이름을 영원히 송축할지로다

이 시편의 전반부에서는 최고의 위대함이자 최고의 선(optimus et maximus)인 하나님의 위대하심과 선하심을 송축하였는데, 여기 이 절들에서 우리는 주의 나라의 영광을 선포하도록 가르침을 받는다. 하나님께서 자신의 나라를 다스리시는 것 속에서 그의 위대하심과 선하심이 너무도 뚜렷하고 지극히 밝게 빛난다. 좀 더 자세하게 살펴보자.

I. 찬송의 제사는 누구에게 기대되고 있는가(10절). 하나님께서 지으신 모든 것들이 주를 찬송하리이다. 모든 만물은 우리에게 하나님을 찬송할 거리를 제공해 줌과 동시에 각자의 능력껏 하나님을 찬송한다. 하나님께 영광을 돌려 드리기를 거부하는 자들이 있다고 하여도, 하나님은 그들을 인해서 스스로 영광을 받으실 것이다. 그러나 성도들은 하나님에게서 다른 피조물들이 받지 못한 특별한 축복들을 받은 자로서 하나님을 송축하고, 하나님께서 지으신 다른 것들이 하나님을 단지 객관적인 견지에서 찬송하는 반면에 성도들은 하나님을 능동적이고 적극적으로 찬송한다. 성도들은 하나님을 송축함으로써 자기보다 못한 피조물들에게서 찬송이라는 헌물들을 모아서 천국의 곳간에 들인다. 아름다운 건물이 그 건축자를 찬송하고 잘 그려진 그림이 화가를 찬송하는 것과 마찬가지로, 하나님께서 지으신 모든 것들은 하나님을 찬송한다. 그러나 성도들은 지혜롭고 자애로운 부모를 모신 자녀들이 일어나서 부모의 덕을 기리듯이 하나님을 송축한다. 하나님께서 지으신 모든 것들 가운데서 그의 은혜로 지음 받은 자들, 그의 피조물들 중에서의 첫 열매들인 성도들이 하나님을 송축해야 하는 것은 너무도 당연한 일이다.

II. 무엇 때문에 이 찬송이 드려져야 하는가. 그들이 주의 나라를 말하리이다. 사람들 가운데서의 하나님의 나라는 우리가 자주 생각하고 자주 말해야 하는

일이다. 시편 기자는 앞에서 하나님의 위대하심과 선하심을 일반적으로 높이고 찬송하였다고 한다면, 여기에서는 그것들을 그의 나라에 적용해서 구체적으로 높이고 찬송한다. 좀 더 살펴보자.

1. 하나님의 나라의 위대하심. 하나님의 나라는 진정으로 위대하다. 왜냐하면, 세상의 모든 왕들과 나라들은 하나님의 통치 아래 있기 때문이다. 하나님의 나라의 위대하심을 보여주기 위해서 시편 기자는 다음과 같은 것들에 주목한다.

(1) 하나님 나라의 장관(壯觀). 우리가 믿음으로 휘장 안쪽을 들여다본다면, 우리는 주의 나라의 영광을 보고(11절) 그 나라의 위엄 있는 영광을 말하게 될 것이다(12절). 왜냐하면, 하나님은 하늘에 그의 보좌를 베풀어 놓으셨고, 그 보좌는 높이 들리워져 있으며 무수한 천사들의 무리로 둘러싸여 있기 때문이다. 솔로몬과 아하수에로의 궁전은 대단히 웅장하였다. 그러나 그 궁전들은 하나님 나라의 영화로운 위엄과 비교하면 단지 태양 앞에서 반딧불에 불과한 것이었다. 이것을 생각한다면, 우리는 하나님 앞에 나아갈 때마다 두려운 경외심을 갖지 않을 수 없을 것이다.

(2) 하나님 나라의 권능. 그들이 하나님의 나라의 영광을 말할 때, 그들은 하나님의 권능(개역에서는 업적), 그 권능의 정도와 위력에 대해서도 말하지 않을 수 없다. 하나님은 그 권능을 가지고 무슨 일이든 하실 수 있고, 그가 기뻐하시는 모든 일을 행하신다(11절). 그들은 하나님의 권능을 보여주는 증거로서 주의 권능의 역사들(개역에서는 주의 업적)을 알게 하여서 인생들로 하여금 자발적으로 하나님의 신민(臣民)들이 되어서 그토록 권능 있으신 왕의 보호 아래로 들어가게 하여야 한다(12절).

(3) 하나님 나라의 영속성(13절). 세상 왕들의 보좌는 흔들리고, 그들의 면류관의 영화(榮華)는 시들며, 왕조는 종말을 맞는다. 그러나 여호와여, 주의 나라는 영원한 나라이나이다. 하나님은 종말의 때까지 세상을 다스리실 것인데, 지금 하나님의 나라를 다스릴 권한을 위임받으신 중보자께서 아버지이신 하나님께 그 나라를 바치게 될 때에 하나님은 영원토록 만유의 주로서 만유 안에 계시게 될 것이다. 하나님의 통치는 대대에 이르리이다. 왜냐하면, 하나님은 그 자신이 영원하시고, 그의 계획들은 변함이 없고 한결같을 것이기 때문이다. 하나님에 대항하여 나라를 세웠던 사탄은 정복되어서 쇠사슬에 묶이게 될 것이다.

2. 하나님 나라의 선하심. 하나님의 칭호는 은혜롭고 긍휼이 많으신 여호와 하나님인데, 그의 통치는 그의 칭호에 걸맞는다. 하나님의 선하심은 그가 행하시는 일들에서 드러난다.

(1) 모든 피조물을 위해 일반적으로 행하시는 일(15-16절): 하나님은 모든 육체에게 먹을 것을 주시는데, 거기에서 그의 영원하신 긍휼이 드러난다(시 136:25). 모든 피조물들은 하나님 덕분에 살아간다. 그들은 처음에 하나님에 의해서 그 존재가 시작되었던 것과 마찬가지로, 그들이 존재하는 데에 필요한 모든 것들을 하나님에게서 가져오고, 하나님을 의지해서 계속해서 존재한다.

[1] 그들의 눈은 오로지 하나님을 기대하며 바라본다: 모든 자(개역에서는 모든 사람)의 눈이 주를 앙망하나이다. 열등한 피조물들은 실제로 하나님을 아는 지식을 갖고 있지 않고, 또한 하나님을 알 수도 없지만, 여기에서는 그들이 하나님을 앙망한다고 말한다. 왜냐하면, 그들은 본능적으로 먹을 것을 찾아서 자연의 하나님을 바라보고(그들은 심지도 않고 거두지도 않는다, 마 6:26), 자연의 하나님께서 정하신 때와 방식을 따라서 그들에게 공급해 주시는 것을 받아 먹고 그것으로 만족하기 때문이다.

[2] 하나님은 그 후하신 손길을 그들에게 뻗치신다: 주는 때를 따라 그들에게 먹을 것을 주시되, 그들에게 적합한 먹을 것을 그들이 필요로 하는 적합한 때에 주신다. 따라서 그 어떤 피조물도 통상적으로 먹을 것이 없어서 죽는 법이 없고, 겨울에도 죽지 않는다. 주는 거저 주시는 후한 손을 펴사, 사리를 분별하지 못하여 그 어떤 것에도 만족하지 못하고 계속해서 불평하며 주소서 주소서라고 소리치는 몇몇 인생들을 제외하고 모든 생물의 소원을 만족하게 하시나이다.

(2) 특히, 사리를 분별하는 피조물로서 하나님의 다스림을 받는 인생들.

[1] 하나님은 그 누구도 해롭게 하지 않으신다. 왜냐하면, 여호와께서는 그 모든 행위에 의로우시며 그 어떤 행위에 있어서도 불의하지 않으시기 때문이다. 하나님은 거룩하시고, 그의 모든 일에서 자신의 성품을 따라서 온전히 올바르게 행하신다. 하나님은 만유를 다스리시는 모든 행위들에서 정의로우시고 아무에게도 해를 끼치지 않으시며 모든 자에게 공의를 베푸신다. 우리의 길은 공평하지 않지만, 주의 길은 공평하다. 법들을 주실 때에나 다툼을 판단하실 때에나 섬김에 대하여 보상하시거나 범죄를 벌하실 때에나 하나님은 그 누구도 이의를 제기할 수 없을 정도로 정의로우시기 때문에, 우리는 하나님께서 그런 분이시

라는 것을 고백하지 않을 수 없다.

[2] 하나님은 모든 자에게 선을 행하시고, 그의 백성에게는 특별한 방식으로 선을 행하신다.

첫째, 하나님은 가라앉는 자들을 붙드시는데, 약한 자를 도우시는 것은 하나님의 영광이다(14절). 하나님은 모든 넘어지는 자들을 붙드시기 때문에, 그들은 비록 넘어지기는 하지만 완전히 엎드러지지는 않는다. 많은 인생들은 질병이나 그 밖의 다른 곤경에 의해서 지극히 낮아져서 무덤 속으로 떨어질 지경이 되지만, 하나님은 기이한 섭리를 통해서 그들을 붙드시고 일으키시며 돌아오라고 말씀하신다(시 110:3). 만약 죽을 뻔했던 자들이 실제로 모두 다 죽었다면, 이 세상의 인구밀도는 아주 낮아졌을 것이다. 죄에 빠지거나 절망에 빠지기 쉬운 하나님의 자녀들 중에는 하나님의 은혜와 위로 때문에 넘어지지 않거나 신속하게 회복함으로써 하나님의 선하심을 체험한 자들이 많다. 그들은 넘어졌을지라도 결코 아주 엎드러지지 않았다(시 37:24). 압제와 환난에 의해서 무릎꿇은 자들이 일으키심을 받았다면, 그들을 일으키신 분은 하나님이시다. 죄의 짐 아래에서 무거운 짐을 지고 있는 자들이 믿음으로 그리스도께 나아온다면, 그리스도께서는 그들의 짐을 가볍게 해주시고 그들을 일으켜 세워주실 것이다.

둘째, 하나님은 기꺼이 그의 백성의 기도를 들으시고 응답하실 준비가 되어 계신다(18-19절). 하나님 나라의 은혜는 그의 신민들이 하나님께 간구할 자유를 가지고 있을 뿐만 아니라 하나님께서 그들에게 제발 그에게 간구하도록 격려하신다는 것에서 그대로 드러난다.

a. 하나님은 그의 백성에게 모든 것을 아낌없이 주시고자 하시기 때문에, 자기에게 간구하는 모든 자에게 가까이 하신다. 하나님은 항상 그들의 기도 소리를 들으실 수 있는 범위 안에 계시고, 그들은 항상 그들 자신이 하나님께서 도우실 수 있는 범위 안에 있다는 것을 체험하게 된다. 가까운 이웃이 먼 형제보다 나은데(잠 27:10), 가까이 계신 하나님은 두말할 필요도 없다. 하나님은 그들에게 그들의 기도를 들어주신다는 만족감을 주시기 위하여 그들에게 가까이 계실 뿐만 아니라, 그들의 소원을 이루신다. 그들은 그들이 구하는 것을 얻게 될 것이고, 그들이 찾는 것을 찾게 될 것이다. 앞에 나왔듯이, 여호와께서는 모든 생물의 소원을 만족하게 하시는데(16절), 하물며 자기를 경외하는 자들의 소원을 이루시지 않으시겠는가. 공중에 나는 새들을 먹이시는 하나님께서는 그의 자녀들을 결

코 굶겨 죽이지 않으실 것이다. 그는 그들의 부르짖음을 들으사 구원하시리로다. 하나님께서 다윗의 부르짖음을 들으시고 그를 들소의 뿔에서 구원하셨듯이(시 22:21), 하나님은 그의 자녀들의 부르짖음을 제때에 들으시고 구원하신다.

b. 지극히 당연한 것이 기도 응답의 조건으로 제시되고 있다.

(a) 우리가 그를 경외하면, 즉 우리가 그에 대한 거룩한 경외심으로 그를 예배하고 섬기면, 그는 우리를 들으시고 도우실 것이다. 우리가 그를 경외하지 않는다면, 그가 우리를 열납하실 것을 우리가 어떻게 기대할 수 있겠는가?

(b) 우리가 진실하게 간구한다면, 그는 우리를 들으시고 도우실 것이다. 왜냐하면, 하나님은 내면의 진실함을 원하시기 때문이다. 우리는 하나님에 대하여 신실하여야 하고, 하나님을 의지한다는 우리의 고백과 하나님에 대한 우리의 헌신에 있어서 진실하여야 한다. 모든 기도에서 내면의 마음은 외적인 표현과 일치하여야 한다. 그렇지 않다면, 그 기도는 진실하게 드려진 것이 아니다.

셋째, 하나님은 그를 신뢰하고 만족하는 자들을 그의 특별한 보호하심 아래에 두신다(20절): 여호와께서 자기를 사랑하는 자들을 보호하시리로다. 그들은 이 세상에서 위험에 노출되어 있지만, 하나님은 그들을 온전하게 보호하심으로써 안전하게 하시고 그들에게 실제로 그 어떤 해악도 임하지 않게 하신다.

[3] 어떤 자들이 멸망을 받는다면, 그들은 그것을 자신의 탓으로 돌려야 한다: 여호와께서 악인들은 다 멸하시리로다. 그들은 그들이 저지른 악행 때문에 스스로 멸망을 자초하고 있는 것이다. 의인들이 그들의 눈으로 악인들의 보응을 똑똑히 보게 되리라는 것은 의인들을 보호하시는 하나님의 선하심을 더욱 돋보이게 만든다(시 91:8). 이렇게 하나님은 그의 백성에게 해악을 끼치고자 하는 악인들을 멸하시는 방법을 통해서라도 그의 백성을 보호하시고자 하신다.

끝으로, 시편 기자는 다음과 같은 것들로 이 시편을 마무리한다.

1. 하나님께 영광을 돌리겠다는 결심(21절): 내 입이 여호와의 영예를 말하리로다. 우리가 하나님을 찬송할 때에 우리가 말할 수 있는 것들을 다 말했다고 할지라도, 여전히 우리가 말해야 할 것들이 남아 있기 때문에, 우리는 다윗처럼 우리의 감사를 하나님께 영광을 돌리겠다는 결심으로 시작할 뿐만 아니라(1절), 여기에서 다윗이 그렇듯이 우리의 감사를 그러한 결심으로 끝맺어야 한다. 왜냐하면, 우리는 곧 다시 하나님께 감사할 기회를 갖게 될 것이기 때문이다. 한 가지 긍휼하심의 끝이 또 다른 긍휼하심의 시작인 것과 마찬가지로, 한

가지 감사의 끝은 또 다른 감사의 시작이 되어야 한다. 나의 숨이 붙어 있는 한, 내 입은 계속해서 하나님을 찬송하는 말들을 할 것이다.

2. 다른 사람들도 그렇게 행하라는 권면: 모든 육체, 즉 온 인류가 그의 거룩하신 이름을 영원히 송축할지로다. 인류 가운데서 일부는 하나님을 영원히 송축하게 될 것이다. 그러나 인류 전체가 하나님을 송축하지 못한다는 것은 애석한 일이다.

제
— 146 —
편

개요

이 시편을 시작으로 이하의 모든 시편들은 할렐루야로 시작해서 끝나는데, 할렐루야는 하나님에 대한 찬송의 많은 것을 짧은 표현 속에 압축적으로 담고 있는 단어이다. 왜냐하면, 이 단어는 여호와의 줄임말인 야(Jah)를 통해서 하나님을 찬송하고 있기 때문이다. 이 뛰어난 찬송 시편에서 I. 시편 기자는 스스로에게 하나님을 찬송하도록 권면한다(1-2절). II. 그는 다른 사람들에게 하나님을 의지하라고 권면하는데, 하나님을 의지하는 것은 하나님을 찬송하는 데에 꼭 필요하고 열납될 수 있는 길이다. 1. 그는 우리가 왜 사람을 의지하지 말아야 하는지를 보여준다(3-4절). 2. 그는 왜 우리가 하나님을 의지해야 하는지를 보여준다(5절): 자연의 나라에서의 하나님의 권능(6절), 섭리의 나라에서의 하나님의 통치(7절), 메시야의 나라, 저 영원한 나라에서의 하나님의 은혜(8-10절). 유대인 저술가들 중 다수는 이 시편이 메시야의 나라와 관련이 있다고 본다. 따라서 우리는 이 시편을 노래할 때에 이 점을 염두에 두어야 한다.

¹할렐루야 내 영혼아 여호와를 찬양하라 ²나의 생전에 여호와를 찬양하며 나의 평생에 내 하나님을 찬송하리로다 ³귀인들을 의지하지 말며 도울 힘이 없는 인생도 의지하지 말지니 ⁴그의 호흡이 끊어지면 흙으로 돌아가서 그 날에 그의 생각이 소멸하리로다

다윗은 이 시편의 저자로 추정된다. 그는 스스로 왕이었고 힘 있는 왕이었다.

1. 다윗은 왕이었기 때문에 제사장들과 백성들이 하나님을 찬송하는 것을 보는 것으로 충분하지 굳이 자기가 직접 나서서 하나님을 찬송하는 일을 할 필요가 없다고 생각할 수도 있었다. 미갈은 다윗이 법궤 앞에서 춤춘 것이 그의 위신을 떨어뜨렸다고 생각하였다. 그러나 다윗은 전혀 그렇게 생각하지 않았고, 오히려 스스로 가장 먼저 앞장서서 하나님을 찬송하고자 하였다(1-2절). 그는 왕

으로서의 위엄을 생각해서 하나님을 찬송하는 일에서 손을 떼는 것이 아니라 도리어 왕이기 때문에 가장 앞장서서 하나님을 찬송할 의무가 있다고 생각하였고, 그렇게 하는 것은 그의 위엄을 훼손시키는 것이 아니라 드높이는 것이라고 여겼다. 그러므로 그는 스스로에게 하나님을 찬송하도록 분발을 촉구하였고, 그 일을 끊임없이 행하도록 권하였다: 내 영혼아 여호와를 찬양하라. 또한, 그는 그 일을 끊이지 않고 행하겠다고 결심하였다. "내가 하나님을 전심으로 찬양하고, 내 입으로 하나님께 찬송을 노래하리이다. 나는 하나님을 무한히 복되시고 스스로 영화로우신 여호와, 나와 언약을 맺으신 내 하나님으로 여기고서 그를 찬송하고자 하나이다." 우리가 하나님을 찬송할 때에 그 하나님을 우리와 관련이 있는 우리의 하나님으로 여길 때에 그 찬송은 가장 즐거운 것이 된다. "내가 살아 있는 동안에 내 삶이 끝날 때까지 날마다 내가 끊임없이 하나님을 찬송하리이다. 내 평생에 내가 하나님을 찬송하리로다. 내가 이 땅에서 더 이상 존재하지 않게 될 때에는 나는 천국에 올라가서 더 나은 존재로서 더 나은 찬송을 하나님께 찬송하게 되리이다." 우리 존재의 목적인 찬송은 우리가 이 땅에 존재하는 동안에 우리에게 큰 일이 되고 큰 기쁨이 되어야 마땅하다. "우리는 우리의 시간과 힘을 주께 쏟아야 한다."

2. 다윗은 자기가 그의 나라에 큰 축복이 된 자였기 때문에 왕이나 영웅을 신격화하였던 이방 나라들의 관례를 따라서 백성들이 그를 경배하고, 모두 다 나아와서 그의 그늘에 의지하며 그를 그들의 의지와 요새로 삼아야 한다고 생각할 수도 있었다. 그러나 다윗은 이렇게 말한다. "아니다. 귀인들이나 나를 비롯해서 그 어느 누구도 의지하지 말라(3절). 왕이나 방백들을 신뢰하거나 그들로부터 무엇을 기대하지 말라. 그들의 진실성을 과신하지 말라. 그들 중에는 백성들을 잘 속일 수 있는 방법을 아는 것이 잘 다스리는 방법이라고 생각하는 자들도 있다. 그들의 신의(信義)를 과신하지 말라. 그들은 언제든지 자신의 마음을 바꿀 수 있고 그들이 한 말을 깨뜨릴 수 있다." 그들이 다윗만큼 지극히 지혜롭고 선하다고 할지라도, 우리는 그들의 능력과 그들이 오래갈 것임을 과신해서는 안 된다. 왜냐하면, 그들은 연약하고 죽을 수밖에 없는 존재인 아담의 자손들이기 때문이다. 그 안에 도우심이 있고 그 안에 구원이 있어서 그를 의지하는 자들을 결코 실망시키지 않을 인자(사람의 아들)가 계신다. 그러나 그 밖의 다른 모든 사람의 아들들은 그들을 낳은 자, 곧 존귀한 자로 태어났지만

그 존귀한 신분을 유지하지 못했던 아담과 같다.

(1) 우리는 그들의 능력을 믿을 수 없다. 왕들의 권세조차도 제한되고 꺾이고 약화될 수 있기 때문에, 그들은 우리가 기대하는 그런 일을 할 능력을 갖고 있지 않을 수 있다. 다윗은 스스로 내가 기름 부음을 받은 왕이 되었으나 오늘 약하다고 고백하였다(삼하 3:39). 따라서 인생에게는 흔히 도울 힘이 없고 구원함도 없다. 인생은 위기에 처하게 되면 놀란 자처럼 어쩔 줄을 모르기 때문에, 용사일지라도 구원하지 못한다(렘 14:9).

(2) 우리는 그들이 오래갈 것임을 믿을 수 없다. 그가 살아 있는 동안에 우리를 도울 힘을 가지고 있다고 하자. 그렇지만 그는 우리가 그에게 많은 것을 기대하는 그 때에 갑자기 죽을 수 있다(4절): 그의 호흡이 끊어지면 그의 흙으로 돌아가리로다. 원문에는 그의 호흡이 나가다로 되어 있는데, 호흡은 매순간 나갔다고 다시 돌아오지만, 여기서 의미하는 것은 그의 호흡이 마지막으로 나가서 숨이 끊어지는 것이다. 사람의 기원과 관련해서, 흙은 그의 흙이다. 사람은 흙에서 취함을 입었고, 하나님의 선고에 의해서 흙으로 다시 돌아가야 한다(창 3:19). 그가 세상적인 사람이라고 한다면, 그의 선택과 관련해서, 흙은 그의 흙이다. 왜냐하면, 그는 이 땅을 그의 분깃으로 선택하였고, 이 땅에 속한 것들을 사랑하였기 때문이다. 그는 자기 소유의 곳으로 가게 될 것이다. 또는, 그가 이 땅에 그의 소유를 지니고 있기 때문에, 흙은 그의 흙이다. 그는 이 땅에 많은 소유를 가지고 있었지만, 이제 그에게 남게 될 것은 무덤 하나가 전부이다. 하나님은 땅을 사람에게 주셨고, 땅을 둘러싼 큰 다툼이 있기 때문에, 사람들은 그들의 소유를 표시하기 위하여 그들의 토지를 자기 이름으로 부른다. 그러나 얼마 지나지 않아서 죽은 시신이 땅을 다 차지하여서 이 땅의 그 어느 부분도 산 자들의 소유가 되지 못하게 될 것이고, 땅이 존속하는 한 땅은 죽은 자들의 차지가 될 것이다. 그러나 사람이 그의 흙으로 돌아가면, 그 날에 그의 생각이 소멸한다. 그가 우리에게 자비를 베풀고자 계획했던 모든 일들은 다 수포로 돌아가고, 그는 죽는 순간의 처지에서 더 이상 한 걸음도 앞으로 더 나아갈 수 없다. 그의 모든 생각과 계획들은 다 끊어져서 그와 함께 묻히게 된다(욥 17:11). 그 때에 우리가 그에게 걸었던 기대들은 어떻게 되겠는가? 왕들이나 방백들도 여느 사람들과 마찬가지로 죽을 수밖에 없기 때문에, 우리는 영원히 죽지 않으시는 전능자에게나 바랄 수 있는 그러한 도우심을 그들에게서 기대할 수 없다. 그 호흡

이 코에 있고 거기에 오래 있지도 않을 인생을 의지하지 말라.

5야곱의 하나님을 자기의 도움으로 삼으며 여호와 자기 하나님에게 자기의 소망을 두는 자는 복이 있도다 6여호와는 천지와 바다와 그 중의 만물을 지으시며 영원히 진실함을 지키시며 7억눌린 사람들을 위해 정의로 심판하시며 주린 자들에게 먹을 것을 주시는 이시로다 여호와께서는 갇힌 자들에게 자유를 주시는도다 8여호와께서 맹인들의 눈을 여시며 여호와께서 비굴한 자들을 일으키시며 여호와께서 의인들을 사랑하시며 9여호와께서 나그네들을 보호하시며 고아와 과부를 붙드시고 악인들의 길은 굽게 하시는도다 10시온아 여호와는 영원히 다스리시고 네 하나님은 대대로 통치하시리로다 할렐루야

시편 기자는 우리에게 왕이나 방백을 의지하지 말라고 경고한 후에 (우리가 그렇게 한다면, 비참하게 실망하게 될 것이기 때문에) 여기에서는 우리에게 하나님을 의지하라고 권면한다(우리가 그렇게 한다면, 우리는 든든하게 보호받는 복을 받게 될 것이기 때문에): 야곱의 하나님을 자기의 도움으로 삼아서 하나님의 성품들과 약속들을 의지하고 여호와 자기 하나님에게 자기의 소망을 두는 자는 복이 있도다.

I. 여기에서 하나님께서 붙들어 주시는 자들은 어떤 자들이라고 말하고 있는지를 살펴보자. 다음과 같은 자들은 하나님의 도우심을 받게 될 것이다.

1. 하나님을 자기 하나님으로 모시고서 섬기며 예배하는 자들.

2. 하나님께 소망을 두고 하나님을 의지하는 삶을 살아가며, 하나님에 대하여 선한 생각을 지니고서 모든 다른 의지할 것들이 실패했을 때에 하나님 안에서 스스로를 격려하는 자들. 믿는 자는 하나님을 일반적으로 야곱의 하나님, 교회의 하나님으로 섬기는 것이기 때문에 교회의 곤경들과 관련해서 하나님으로부터 도우심을 기대할 수 있고, 구체적으로 자기 하나님으로 섬기는 것이기 때문에 온갖 개인적인 결핍들과 곤경들 속에서 하나님을 의지할 수 있다. 우리는 다음과 같은 것들에 소망을 두어야 한다.

(1) 지금 여기에서의 삶 속에서 우리에게 필요한 온갖 선한 것들과 관련해서는 하나님의 섭리.

(2) 내세의 삶과 관련되어 있는 온갖 선한 것들과 관련해서는 그리스도의 은

혜. 박식한 하몬드 박사는 이 절을 비롯해서 이후에 나오는 절들을 특히 이것과 관련시켜서, 이 시편의 후반부가 성육신하신 영원한 하나님의 아들에 관한 매우 주목할 만한 측면을 다루고 있다고 본다. 그는 10절이 메시야 시대와 관련이 있다고 말하는 한 랍비의 글을 인용한다. 이것이 옳다는 것은 7-8절을 그리스도께서 메시야의 특성을 묘사한 것(마 11:5, 맹인이 보며 못 걷는 사람이 걷는다)과 비교해 보면 잘 드러난다고 그는 생각한다. 그는 거기에서 마지막에 나오는 말씀, 즉 누구든지 나로 말미암아 실족하지 아니하는 자는 복이 있도다라는 말씀은 여기에서 5절과 연관이 있다고 생각한다. 여호와 자기 하나님에게 자기의 소망을 두고 그로 말미암아 실족하지 아니하는 자는 복이 있도다.

II. 여기에서 우리에게 여호와 우리 하나님에게 소망을 두라고 격려하기 위하여 어떤 근거들을 제시하고 있는지를 살펴보자.

1. 하나님은 세계를 지으신 자이기 때문에, 자기 안에 모든 권능을 가지고 계시고, 그에게서 나오고 그에게 의존되어 있는 모든 피조물들의 권능들을 부리는 권세를 지니고 계신다(6절): 여호와는 천지와 바다와 그 중의 만물을 지으신 자이기 때문에, 그의 팔이 짧아서 구원하지 못하는 일은 있을 수 없다. 이 말씀은 그리스도에게 그대로 적용될 수 있다. 하나님은 그리스도로 말미암아 세계를 지으셨고, 지은 것이 하나도 그가 없이는 된 것이 없다. 세계의 구속주가 바로 세계의 창조주이시기 때문에 세계에 대하여 선의를 가지고 계시고 세계의 사정을 온전히 아시며 세계를 도우실 능력을 가지고 계시다는 사실은 믿는 자에게 큰 힘이 된다.

2. 하나님은 결코 깨뜨려질 수 없는 신의(信義)를 지니신 하나님이시다. 우리는 하나님의 말씀을 곧이곧대로 받아들일 수 있다. 왜냐하면, 하나님은 영원히 진실함을 지키시므로 그의 말씀은 하나라도 땅에 떨어지지 않을 것이기 때문이다. 하나님의 말씀은 처음부터 참되고 끝까지 참되다. 우리 주 예수는 하나님의 창조의 근본, 즉 창조의 주도자이자 원리이실 뿐만 아니라 아멘이시고 충성되고 참된 증인이시다(계 3:14). 하나님의 진실하심을 영원히 지키는 일은 그리스도께 맡겨져 있다. 왜냐하면, 모든 약속들은 그리스도 안에서 예와 아멘이 되기 때문이다.

3. 하나님은 죄 없이 해악을 당하는 자들을 살펴주시는 후원자이시다. 여호와는 억눌린 사람들을 위해 변호하시고 정의로 심판하신다. 하나님은 흔히 해악을

당하는 자들을 섭리를 통해서 회복시키시고 그들의 무죄함을 분명하게 드러내심으로써 그렇게 하신다. 또한, 하나님은 장차 저 큰 날의 심판을 통해서 그렇게 하실 것이다. 메시야는 인생들을 저 큰 압제자인 사탄의 수중에서 건져 내시려고 오셨고, 모든 심판하는 권세가 그에게 맡겨져 있기 때문에 박해하는 자들을 심판하는 권세도 그에게 있다(유 1:15).

4. 하나님은 궁핍한 자들에게 후하게 베푸시는 분이시다: 여호와는 주린 자들에게 먹을 것을 주시는 이시로다. 하나님은 자연의 욕구를 충족시키는 통상적인 방식으로 그렇게 하신다. 또한, 하나님은 종종 까마귀들을 시켜서 엘리야를 먹이셨던 것 같이 이례적인 방식으로 그렇게 하시기도 하였다. 그리스도께서는 한 가족의 한두 끼 식사 정도 되는 양식을 가지고서 이적을 통해서 수천 명을 먹이시는 일도 두 차례 이상 하셨다. 이것은 우리에게 하나님께서 우리의 영혼을 생명의 떡으로 먹이시리라는 소망을 갖도록 힘을 북돋워 준다.

5. 하나님은 묶인 자들에게 자유를 주시는 분이시다: 여호와께서는 갇힌 자들에게 자유를 주시는도다. 하나님은 이스라엘을 처음에는 종살이 하던 집 애굽에서, 나중에는 바벨론에서 이끌어내셨다. 그리스도께서 베푸신 이적들, 곧 에바다(열려라)라는 한 마디 말씀으로 말 못하는 자를 말하게 하고, 못 듣는 자를 듣게 하시며, 문둥병자들을 깨끗하게 하셔서, 그들을 갇힌 상태에서 풀어 주시고, 죽은 자들을 무덤에서 일으키신 이적들은 모두 갇힌 자들에게 자유를 주신다는 이 한 말씀에 포함될 수 있을 것이다. 이러한 이적들을 통해서 우리는 그리스도께서 오셔서 선포하신 저 영적인 자유를 얻기 위하여 그리스도께 소망을 둘 힘을 얻을 수 있다(사 61:1-2).

6. 하나님은 오랫동안 앞을 보지 못했던 자들을 보게 해주신다. 여호와께서 맹인들의 눈을 여실 수 있으시고, 하갈(창 21:19, 하나님이 하갈의 눈을 밝히셨으므로)과 엘리사의 종(왕하 6:17, 여호와께서 그 청년의 눈을 여시매)의 경우가 보여주듯이, 흔히 그의 고난당하는 백성들의 눈을 여셔서 그들이 이전에 알지 못했던 위로를 볼 수 있게 하신다. 그러나 이 말씀은 특히 그리스도와 관련이 있다. 왜냐하면, 창세 이후로 맹인으로 난 자의 눈을 뜨게 하였다 함을 그리스도께서 그 일을 하시기 전에는 사람들이 듣지 못하였고(요 9:32), 그리스도의 이 이적을 통해서 우리는 그리스도께서 우리에게 영적인 빛을 비춰 주시리라는 소망을 갖게 되었기 때문이다.

7. 하나님은 굽은 것을 곧게 펴시고, 고통 속에서 무너져내리기 직전인 자들을 편안하게 해준다: 하나님은 무거운 짐에 눌린 자들을 붙들어 주시고 위로하시며 때가 되면 그들의 짐을 덜어주심으로써 꼬부라진(개역에서는 비굴한) 자들을 일으키신다. 이 말씀은 그리스도께서 열여덟 해 동안이나 귀신 들려 앓으며 꼬부라져 조금도 펴지 못하는 한 가엾은 여자를 곧게 펴주셨을 때에 그대로 이루어졌다(눅 13:11). 또한, 그리스도께서는 무거운 짐을 지고 지쳐 있는 자들에게 안식을 주시고 죄책으로 인하여 낮아지고 엎드러진 자들을 그의 위로들을 통해서 일으켜 세우심으로써 지금도 여전히 은혜로 그 일을 하신다.

8. 하나님은 모든 선한 자들에게 변함없이 인자하시다: 여호와께서 의인들을 사랑하신다. 의인들은 하나님의 선의(good-will)를 확신할 때에 더욱 큰 확신을 가지고 하나님의 능력을 의지할 수 있다. 우리 주 예수께서는 모든 의를 이루심으로써 의인들에 대한 그의 사랑을 보여주셨다.

9. 하나님은 그의 돌보심을 특별히 필요로 하는 자들에 대하여 따뜻한 관심을 가지고 계신다: 여호와께서 나그네들을 보호하신다. 우리는 여기에서 여호와라는 이름이 다섯 행에 걸쳐서 다섯 번이나 반복되고 있다는 말을 하지 않고서 그냥 넘어갈 수는 없다. 이것은 억눌린 자들을 건지기 위해서 동원되고 있는 것은 전능하신 능력(여호와의 능력)이라는 것과 비참한 처지에 있는 자들을 구하시는 것은 그의 이름 여호와를 지니시고 하늘을 타시는(시 68:4) 것만큼이나 하나님의 영광이 된다는 것을 보여준다.

(1) 나그네들은 위험에 노출되어 있고 보통 친구들이 없지만, 여호와께서는 나그네들을 보호하셔서 그들이 짓밟혀서 망하지 않게 하신다. 수많은 가엾은 나그네들이 하나님의 보호하심의 은택을 입어서 목숨을 부지하여 왔다.

(2) 가장(家長)을 잃고서 집안 일을 스스로 돌보아야 하는 과부들과 고아들은 흔히 그들을 먹잇감으로 삼아서 그들에게 불의를 행하고자 하는 자들의 수중에 빠져들기가 쉽다. 그러나 여호와께서는 그들을 붙드시고 그들을 위하여 친구들을 일으키신다(출 22:22-23을 보라). 우리 주 예수께서는 고아를 도우시고 이방인들과 나그네들을 그의 나라로 영접하시며 고아나 다름없는 가엾은 죄인들이 그에게서 긍휼을 얻도록 하기 위하여 이 세상에 오셨다(호 14:3).

10. 하나님은 그의 나라를 반대하고 그 나라의 신실한 신민들을 억압하는 모든 자들을 멸망시키기 위하여 나타나실 것이다: 여호와께서 악인들의 길은 굽게

하시는도다. 그러므로 우리는 멸하려고 준비하는 저 압제자의 분노를 두려워하지 말고 하나님에게 소망을 두어야 한다. 메시야가 그의 교회를 대적하여 싸우는 음부와 세상의 온갖 계략들을 뒤엎으시리라는 것은 메시야의 영광이 된다. 그러므로 우리에게는 메시야가 계시기 때문에, 우리는 원수들이 우리를 대적하여 무슨 일을 꾸미더라도 결코 두려워할 필요가 없다.

11. 하나님의 나라는 아무리 시대가 바뀌고 변천하더라도 영원까지 이어질 것이다(10절). 흑암의 권세의 온갖 악의에도 불구하고 여호와(시온아, 네 하나님)는 영원히 대대로 다스리신다는 것은 우리에게 언제든지 하나님을 의지하도록 힘을 준다. 그리스도는 거룩한 시온 산 위에서 왕노릇하실 것이고, 그의 나라는 무궁한 영광 속에서 계속될 것이다. 그 나라가 침략자에 의해서 멸망당하거나 후계자, 즉 다음 세대의 왕이나 왕조에게 넘어가는 일은 있을 수 없고, 그 나라는 영원히 설 것이다. 여호와께서 시온의 하나님, 시온의 왕으로서 다스리신다는 것, 메시야는 만물 위의 교회의 머리이시고, 세상이 존재하는 한 그러시리라는 것은 이루 말할 수 없는 위로가 된다.

제
— 147 —
편

개요

이 시편은 또 하나의 찬송 시편이다. 어떤 이들은 이 시편이 유대인들이 포로생활에서 돌아온 후에 지어진 것이라고 생각한다. 그러나 이 시편은 제145편과 거의 한 작품이나 다름없기 때문에, 나는 이 시편이 다윗에 의해서 씌어졌고, 이 시편에 나오는 내용(2, 13절)은 그의 시대에 처음으로 예루살렘이 건축되고 요새화된 것, 사울 시대에 쫓겨난 자들이 다시 모여온 것에 잘 적용될 수 있다고 생각한다. 칠십인역에는 이 시편이 둘로 나뉘어져 있다. 우리는 이 시편을 제1부와 제2부로 나눌 수 있지만, 이 둘은 그 취지가 동일하다. I. 시편 기자는 우리에게 하나님을 찬송하라고 권한다(1, 7, 12절). II. 시편 기자는 우리에게 찬송할 거리를 제공해 준다. 우리는 하나님을 다음과 같은 분으로 찬송하여야 한다. 1. 지극히 위대하신 자연의 하나님(4-5, 8-9, 15-18절). 2. 자기 백성을 위로하시는 은혜의 하나님(3, 6, 10-11절). 3. 나라를 세우시고(2, 13-14절) 특히 그들 가운데 신앙을 세우신(19-20절) 이스라엘과 예루살렘과 시온의 하나님. 이 시편을 노래할 때, 하나님께서 우리 자신과 우리 나라에 베풀어 주신 긍휼들을 떠올리면 이 시편을 우리 자신에게 적용하는 것이 쉬워질 것이다.

[1] 할렐루야 우리 하나님을 찬양하는 일이 선함이여 찬송하는 일이 아름답고 마땅하도다 [2] 여호와께서 예루살렘을 세우시며 이스라엘의 흩어진 자들을 모으시며 [3] 상심한 자들을 고치시며 그들의 상처를 싸매시는도다 [4] 그가 별들의 수효를 세시고 그것들을 다 이름대로 부르시는도다 [5] 우리 주는 위대하시며 능력이 많으시며 그의 지혜가 무궁하시도다 [6] 여호와께서 겸손한 자들은 붙드시고 악인들은 땅에 엎드러뜨리시는도다 [7] 감사함으로 여호와께 노래하며 수금으로 하나님께 찬양할지어다 [8] 그가 구름으로 하늘을 덮으시며 땅을 위하여 비를 준비하시며 산에 풀이 자라게 하시며 [9] 들짐승과 우는 까마귀 새끼에게 먹을 것을 주시는도다 [10] 여호와는 말의 힘이 세다 하여 기뻐하지 아니하시며 사람의 다리가 억세다 하여 기뻐하지 아니하시고 [11] 여호와는 자기를 경외하는 자들과 그의 인자하심을 바라는 자들을 기뻐하시는도다

여기에는 다음과 같은 내용들이 나온다.

I. 시편 기자는 우리에게 찬송할 것을 우리의 본분으로 권한다. 우리가 이렇게 찬송을 하도록 거듭거듭 부름을 받는 것은 결코 이유가 없는 것이 아니다: 할렐루야(1절), 감사함으로 여호와께 노래하며 수금으로 하나님께 찬양할지어다(7절). 하나님을 찬송하는 일이 선하기 때문이다(우리의 모든 찬송은 하나님을 향하여야 하고 하나님을 중심으로 삼아야 한다). 찬송은 우리의 본분이기 때문에 그 자체로 선하다. 찬송은 우리에게 유익이 되는 것이기 때문에 우리를 위하여 선하다. 찬송은 우리의 창조주에게 열납되는 것으로서 우리의 창조의 목적을 이루는 것이다. 찬송을 위한 법은 거룩하고 의로우며 선하다. 찬송의 실천은 선한 결과로 되돌아올 것이다. 찬송은 다음과 같은 이유들 때문에 선하다.

1. 찬송은 즐거운 일이기 때문에. 찬송의 원리는 거룩한 기쁨 또는 즐거움인데, 그것은 사람인 우리에게 즐거운 일이다. 찬송의 목적은 하나님께 영광을 돌리는 것인데, 그것은 하나님께 영광을 돌리는 일에 헌신된 성도들인 우리에게 즐거운 일이다. 하나님을 찬송하는 일은 그 자체가 대가가 있는 일이다. 찬송은 이 땅을 천국으로 만든다. 찬송은 우리의 체질상 우리가 마땅히 해야 하는 일이다.

2. 찬송은 마땅한 일이기 때문에. 찬송은 도리를 아는 피조물인 우리, 특히 하나님과 언약 관계에 있는 백성인 우리에게 합당한 일이다. 하나님께 존귀를 돌려 드림으로써 우리는 실제로 우리 자신을 크게 존귀하게 만든다.

II. 시편 기자는 우리에게 몇 가지 근거를 제시하면서 하나님이야말로 우리가 가장 고상하고 넓은 마음으로 찬송을 드리기에 합당하신 분임을 말한다.

1. 하나님은 그의 택하신 백성을 돌보신다(2절). 하나님께서는 처음에 보잘것없이 초라했던 예루살렘을 일으켜 세우시지 않으셨던가? 하나님께서는 예루살렘을 그 폐허에서 회복시키지 않으셨던가? 이 두 일을 통해서 여호와께서 예루살렘을 세우셨다. 위로부터의 예루살렘인 복음 교회는 이렇게 세워진 것이다. 하나님은 복음 교회의 형태를 자신의 계획 속에서 고안해 내셨고, 그의 복음을 전파하심으로써 그 교회를 세우셨으며, 날마다 구원받을 자들을 더하심으로써 교회를 부흥시킨다. 하나님은 복음 교회가 온전해질 때까지 세우실 것이고, 하늘에 닿을 때까지 높게 세우실 것이다. 하나님의 백성 중에서 흩어진 자가 있는가? 그들은 그들 자신의 어리석음 때문에 스스로 흩어지게 되었는

가? 하나님은 그들로 하여금 회개하게 하시고 그들을 성도들의 교통 (communion) 속으로 다시 이끌어오심으로써 그들을 모으신다. 그들은 전쟁이나 기근, 박해 때문에 어쩔 수 없이 흩어지게 되었는가? 하나님은 그들이 돌아오도록 문을 열어 놓으신다. 하나님께서는 길을 잃어버렸거나 스스로 길을 잃어버렸다고 생각하는 많은 자들을 다시 데려오시고, 암울하고 어두운 날에 흩어진 자들을 다시 불러 모으신다.

2. 하나님은 진심으로 회개하는 자들을 위하여 위로들을 준비해 놓으셨다(3절). 그들은 심한 상처를 입은 자처럼 죄 때문에 마음이 깨어져서 상심하고 상처받고 낮아졌으며 괴로워하며 죄를 생각할 때마다 내적으로 고통을 받는 자들이다. 그들의 마음은 그들이 죄를 지어서 하나님을 욕되게 하고 스스로에게 상처를 주었다는 인식 때문에 찔림을 받을 뿐만 아니라 갈가리 찢겨진다. 하나님은 그런 자들을 성령의 위로하심을 통해서 치유하시고, 평안하라 말씀하시며, 그들의 죄가 용서받았고 그들이 그와 화해되었다는 확신을 주셔서 그들의 마음을 편안하게 만들어 주시고, 그들의 피나는 상처에 길르앗의 향유를 부으시고 싸매어 주셔서 그들로 기뻐하게 만드신다. 이런 일을 경험한 자들에게는 여호와를 찬송하라고 권면할 필요가 없다. 왜냐하면, 하나님께서는 그들을 기가 막힐 웅덩이에서 끌어 올리셔서 그들의 발을 반석 위에 두실 때에 새 노래를 그들의 입에 두셨기 때문이다(시 40:2-3). 또한, 이것으로 인하여 다른 사람들도 하나님을 찬송하여야 한다.

3. 하나님은 하늘의 광명(光明)들을 다스리신다(4-5절). 별들은 무수히 많고, 그 중 다수는 육안으로는 거의 식별이 되지 않지만, 하나님은 그 별들의 수효를 세시고, 정확히 몇 개인지를 아신다. 왜냐하면, 별들은 모두 그의 손으로 지으신 것들이고, 그의 섭리의 도구들이기 때문이다. 별들의 크기와 힘은 엄청나다. 그러나 하나님은 그것들은 다 이름대로 부르신다. 이것은 하나님이 별들을 다스리고 계시고 그의 뜻대로 부리시고 사용하신다는 것을 보여준다. 별들은 하나님의 종들이고 군사들이다. 하나님은 별들을 소집하시고 그 행진을 이끄신다. 별들은 하나님의 지시에 따라 오고가며, 별들의 모든 움직임들은 그의 지시 아래에 따라 이루어진다. 시편 기자는 우리 주는 위대하시며 능력이 많으시며(하나님은 그가 기뻐하시는 것은 무엇이든지 하실 수 있다) 그의 지혜가 무궁하셔서 모든 일을 가장 선하게 하실 수 있으시다는 것을 보여주기 위하여 무수

한 예들 중의 하나로 이것을 언급한다. 사람의 지식은 곧 바닥이 나기 때문에, 그 지식이 아무리 많아도, 사람의 지혜는 일정 수준까지 이르러서는 더 이상 전진할 수 없다. 그러나 하나님의 지식은 우리가 결코 측량할 수 없는 깊이를 지니고 있다.

4. 하나님은 교만한 자들을 낮추시고 비천한 자들을 높이시는 것을 기뻐하신다(6절): 여호와께서 자기 앞에서 스스로를 낮추고 사람들에게 짓밟히는 겸손한 자들은 붙드시고, 하나님에 대하여 오만방자하고 사람들에 대해서는 경멸하는 태도를 취하며 오만함과 어리석음 속에서 스스로를 높이는 악인들은 종종 이 세상에서 섭리들을 통해서 지극히 낮추심으로써 땅에 엎드러뜨리시고, 저 큰 날에는 그들의 얼굴을 영원한 수치로 채우실 것이다. 하나님은 모든 교만한 자를 발견하여 낮아지게 하심으로써 자기가 하나님이라는 것을 증명하신다(욥 40:12).

5. 하나님은 열등한 피조물들에게 먹을 것을 공급해 주신다. 하나님은 별들을 지휘하실 만큼 그렇게 위대하시지만, 선하셔서 새들조차도 잊지 않으신다(8-9절). 하나님이 사람과 짐승을 어떤 방법으로 먹이시는지를 살펴보라.

(1) 하나님은 구름으로 하늘을 덮으셔서 대기를 어둡게 하시고 햇빛을 차단하시지만, 그 구름들 속에서 열매를 맺는 데에 꼭 필요한 비를 땅을 위하여 준비하신다. 구름은 암울해 보이기는 하지만, 구름이 없다면 비도 없을 것이고, 따라서 열매도 없을 것이다. 마찬가지로, 고난은 당시에는 암울하고 즐거워 보이지 않으며, 종종 하늘이 구름으로 덮여 있을 때에 우리의 기분도 우중충해지는 것과 마찬가지로 우리는 그 고난 때문에 마음이 무거워진다. 그러나 고난은 우리에게 꼭 필요하다. 왜냐하면, 이 고난의 구름으로부터 의와 평강의 열매를 맺게 해줄 소나기가 내리기 때문이다(히 12:11). 이 점을 생각하면, 우리는 고난을 순순히 잘 받아들이는 데에 도움을 받게 된다. 또한, 여기에서 우리는 땅이 하늘을 의지할 수밖에 없다는 것을 주목하게 되는데, 이것은 이 땅에 사는 우리가 하늘에 계신 하나님을 의지하여야 한다는 것을 우리에게 가르쳐 준다. 땅을 적시는 모든 비는 하나님께서 준비하신 것이다.

(2) 하나님은 땅에 부으시는 비를 통해서 산에 풀이 자라게 하시고, 사람이 돌보거나 그 유익을 거둘 수 없는 높은 산들에서도 풀이 자라게 하신다. 골짜기들은 샘과 강들에 의해서 물을 공급받지만 그렇지 못한 산들은 비로 물을 공급

받아서 불모지가 되는 것을 면하게 된다.

(3) 하나님은 이 풀을 들짐승, 사람이 먹을 것을 주지 않는 산에 사는 야생의 짐승들에게 먹을 것으로 주신다. 심지어 어미에게서 버림을 받고서 우는 까마귀 새끼들의 소리를 하나님은 들으시고 먹이셔서 그 새끼들이 둥지에서 죽는 일이 없게 하신다.

6. 하나님은 그의 백성을 흡족해하신다(10-11절). 큰 일들이 행해지고 있고, 그 일들이 성공하리라는 큰 기대가 있을 때마다 우리의 관심은 하나님께서 누구 그리고 무엇을 기뻐하셔서 승리로 관을 씌우시고 존귀하게 만드시고자 하시는가를 아는 것이다(일의 성패는 여호와께로서 나오기 때문에). 하나님께서 기뻐하시는 것은 군대의 힘이 아니라 은혜의 힘을 자랑하는 것이다.

(1) 하나님은 군대의 힘을 자랑하는 것을 기뻐하지 않으신다. 하나님은 기병을 자랑하는 것을 기뻐하지 않으신다. 왜냐하면, 여호와는 말, 곧 용맹하기로 이름난 군마의 힘이 세다 하여 기뻐하지 아니하시기 때문이다(욥 39:19). 또한, 하나님은 보병을 자랑하는 것을 기뻐하지 않으신다. 왜냐하면, 여호와는 사람의 다리가 억세다 하여 기뻐하지 아니하시기 때문이다. 사람의 다리가 억세다는 것은 그것이 전쟁터에서 신속하게 달아날 수 있다는 것이 아니라 땅에 견고하게 버티고 서서 완강하게 공격할 수 있다는 것을 의미한다. 어떤 나라의 왕이 다른 나라의 왕과 전쟁을 치르기 위하여 하나님 앞에 가서 그가 이길 수 있도록 해 달라고 기도할 때, "여호와여, 내게는 용맹스러운 군대가 있고 잘 훈련된 말과 보병이 있사오니, 그들이 져서 수치를 당한다면, 참으로 볼썽사나운 일이 되리이다"라고 기도한다면, 그의 기도는 받아들여지지 않을 것이다. 왜냐하면, 그런 기도는 하나님께 전혀 의미가 없는 것이기 때문이다(시 20:7, 어떤 사람은 병거, 어떤 사람은 말을 의지하나 우리는 여호와 우리 하나님의 이름을 자랑하리로다). 그러한 기도보다는 여호사밧의 기도가 훨씬 낫다: 우리 하나님이여, 우리를 치러 오는 이 큰 무리를 우리가 대적할 능력이 없고 어떻게 할 줄도 알지 못하옵고 오직 주만 바라보나이다(대하 20:12).

(2) 하나님은 은혜의 힘을 자랑하는 것을 기뻐하신다. 하나님을 진지하게 바라보는 것이야말로 하나님께서 보시기에 그러한 경우에 아주 값진 것이다. 여호와는 자기를 경외하는 자들과 그의 긍휼하심을 바라는 자들을 기뻐하시는도다. 좀 더 살펴보자.

[1] 하나님에 대한 거룩한 경외심과 하나님에 대한 소망은 각각 따로 노는 것이 아니라 동시에 작용하여야 한다. 동일한 마음속에 동시적으로 하나님의 위엄에 대한 경외심과 하나님의 선하심에 대한 만족감이 있어야 하고, 하나님의 진노하심을 믿고 두려워하는 마음과 하나님의 은총을 믿고 기대하는 마음이 있어야 한다. 우리는 소망과 두려움 사이에서 엉거주춤해서는 안 되고, 소망과 두려움의 은혜로운 감화들 아래에서 행하여야 한다. 우리의 두려움은 우리의 소망이 지나치게 부풀어서 뻔뻔스러움이 되는 것을 막아 주어야 하고, 우리의 소망은 우리가 두려움으로 인하여 절망 속으로 빠져 들어가는 것을 막아주어야 한다. 우리는 그러한 상태에서 우리 앞에 있는 일을 처리하여야 한다.

[2] 우리는 우리가 의지할 구체적인 약속을 발견할 수 없을 때에도 하나님의 긍휼하심, 그의 일반적인 긍휼을 바라야 한다. 하나님의 선하심을 겸손히 신뢰하고 의지하는 것은 하나님께서 가장 자랑으로 여기시는 그러한 본성을 인정함으로써 하나님께 영광을 돌리는 것으로 여겨져서 하나님을 매우 기쁘시게 해드린다. 모든 존귀한 자는 사람들이 그를 신뢰하고 의지하는 것을 좋아하는 법이다.

[12]예루살렘아 여호와를 찬송할지어다 시온아 네 하나님을 찬양할지어다 [13]그가 네 문빗장을 견고히 하시고 네 가운데에 있는 너의 자녀들에게 복을 주셨으며 [14]네 경내를 평안하게 하시고 아름다운 밀로 너를 배불리시며 [15]그의 명령을 땅에 보내시니 그의 말씀이 속히 달리는도다 [16]눈을 양털 같이 내리시며 서리를 재 같이 흩으시며 [17]우박을 떡 부스러기 같이 뿌리시나니 누가 능히 그의 추위를 감당하리요 [18]그의 말씀을 보내사 그것들을 녹이시고 바람을 불게 하신즉 물이 흐르는도다 [19]그가 그의 말씀을 야곱에게 보이시며 그의 율례와 규례를 이스라엘에게 보이시는도다 [20]그는 어느 민족에게도 이와 같이 행하지 아니하셨나니 그들은 그의 법도를 알지 못하였도다 할렐루야

시편 기자는 여기에서 거룩한 성 예루살렘과 거룩한 산 시온에게 하나님을 찬송하라고 부른다(12절). 하나님의 제단이 있는 곳이 아니면 그 어디에서 하나님께 찬송이 올려질 수 있겠는가? 거룩함으로 아름다운 곳에서가 아니면 어디에서 하나님께 영광이 드려질 수 있겠는가? 예루살렘의 주민들은 그들

자신의 집에서 여호와를 찬송하여야 하고, 예배가 있는 시온에서 섬기는 제사장들과 레위인들은 특별한 방식으로 여호와를 찬송하여야 한다. 그들은 다른 사람들보다 그렇게 할 더 큰 이유가 있고, 그들은 다른 사람들보다 그렇게 하지 않으면 안 될 더 큰 빚을 지고 있다. 왜냐하면, 찬송은 그들의 일이고 업(業)이기 때문이다. "시온아, 네 하나님을 찬양할지어다. 하나님은 네 하나님이기 때문에, 너는 하나님을 찬송하지 않으면 안 된다. 하나님이 너의 하나님이라는 것은 모든 행복을 포함하는 것이기 때문에, 네게는 찬송할 일이 결코 끊이지 않을 것이다." 예루살렘과 시온은 다음과 같은 것들에 대하여 하나님을 찬송하여야 한다.

I. 이 세상에서 그들의 삶이 형통하고 번성하는 것(13-14절).

1. 그들이 전체적으로 안전한 것. 그들에게는 집마다 대문이 있어서, 그들은 위험하다 싶을 때에는 대문의 빗장을 걸어 잠궜다. 그러나 하나님께서 그들의 문빗장을 견고히 하시고 그들의 요새들을 견고히 하지 않으셨다면, 그들은 결코 안전하지 않았을 것이다. 우리가 우리의 안전을 위해서 아무리 기가 막힌 장치를 고안해 낸다고 하여도 하나님께서 그 장치를 축복하지 않으신다면 그 장치는 아무런 소용도 없게 될 것이다. 그러므로 우리는 그러한 장치를 주의 깊고 치밀하게 활용하되 거기에 복을 주시도록 하나님을 의지하여야 하고, 우리 땅이 아무 일 없이 평온한 것을 우리가 성곽 주위에 만든 해자(垓字) 덕분이 아니라 하나님께서 우리를 둘러친 불 성곽 덕분으로 돌려야 한다(슥 2:5).

2. 그들의 수가 늘어나는 것. 이것은 다른 어떤 조치만큼이나 문빗장을 견고히 하는 것이다: 여호와께서 네 가운데 있는 너의 자녀들에게 복을 주시되, 생육하고 번성하여 땅에 충만하라는 저 최초의 큰 복으로 축복하셨다. 자녀들이 여호와의 축복을 받는 것을 보는 것은 부모에게 위로가 되고(사 61:9), 새로 일어나는 세대가 하나님의 축복을 받아서 번성하고 전도양양한 것을 보는 것은 이제 사라져 가는 세대에게 위로가 된다.

3. 나라가 평안한 것. 그들은 전쟁으로 인한 공포와 황폐화 되는 것으로부터 건지심을 받았다: 여호와께서는 기존의 전쟁들을 종식시키시고 장차 일어날 수도 있었던 전쟁들을 미리 막아 주심으로써 네 경내를 평안하게 하신다. 하나님은 네 경내, 즉 나라의 모든 지역들에서 이웃 간의 분쟁을 조정하셔서 내부적인 소란이나 적대감이 생기지 않게 하시고, 또한 접경 지대에서 외적의 침입이 없

게 해주셔서 나라를 평안하게 하신다. 나라의 어느 곳에서 소요가 일어난다면, 그 곳은 한 나라의 접경 지대일 가능성이 높다. 접경 지역의 성읍들은 위험에 가장 많이 노출되어 있기 때문에, 접경 지대가 평안하다면, 온 나라가 평안한 것이다. 따라서 이러한 긍휼하심에 대하여 우리는 아무리 많이 감사하여도 결코 충분하지 않을 것이다.

4. 평화의 결과로서 물자가 풍족해짐. 여호와께서는 아름다운 밀, 가장 값진 곡물인 밀 중에서도 가장 충실하게 잘 익은 밀로 너를 배불리신다. 그럴진대, 그들이 무엇을 더 원하겠는가? 가나안에서는 극상품의 밀이 아주 풍부하게 생산되었기 때문에(신 32:14), 성경에 나오는 대로(겔 27:17) 그들은 밀을 다른 나라들로 수출하였다. 이스라엘 땅은 보석이나 향료가 아니라 아름다운 밀, 사람의 마음을 견고히 해주는 떡이 풍부하였다. 이 때문에 이스라엘 땅은 모든 땅들의 영광이 되었고, 시온에서는 이 때문에 하나님을 찬송하였다.

II. 날씨, 특히 겨울 날씨에 있어서 하나님의 권능을 보여주는 기이한 예들. 시온과 예루살렘을 보호하시는 분은 권능의 하나님이신데, 모든 자연의 권능은 하나님의 권능에 의존되어 있어서 거기에서 나오고, 하나님은 모든 계절의 변화들 — 그것들이 통상적인 것이 아니었다면, 우리를 몹시 놀라게 했을 그러한 변화들 — 을 만들어 내신다.

1. 일반적으로 이 아랫 세상에서 어떤 변화들이 일어나든지(이 세상은 끊임없이 변화한다), 그 변화들은 하나님의 뜻과 권능과 섭리에 의해서 일어난다(15절): 여호와께서는 아무도 다툴 수 없는 명령을 내릴 권세를 지닌 자로서 그의 명령을 땅에 보내시고, 여호와를 모시고 있는 수많은 시종들은 즉시 그의 명령을 가져가서 실행에 옮긴다. 세계가 처음에 만들어졌을 때와 마찬가지로 그 세계를 여전히 붙들고서 다스리시는 것은 하나님의 전능한 능력을 지닌 말씀이다. 하나님께서 말씀하시니 그 일이 이루어진다. 왜냐하면, 만물이 하나님의 종들이기 때문이다. 그 말씀은 반드시 이루어질 뿐만 아니라 신속히 이루어진다. 그의 말씀이 속히 달리는도다. 왜냐하면, 아무것도 그 말씀을 가로막거나 지체시킬 수 없기 때문이다. 번개가 순식간에 대기를 뚫고 지나가듯이, 하나님께서 말씀을 보내시면, 그것이 섭리의 말씀이든 은혜의 말씀이든 그 말씀도 마찬가지이다(눅 17:24). 하나님의 말씀을 가져가서 실행하는 천사들은 **빨리 난다**(단 9:21).

2. 구체적으로 어는 것(결빙)과 녹는 것(해빙)은 둘 다 기이한 변화들로서, 이 둘 속에서 우리는 하나님의 능력의 말씀을 인정하지 않으면 안 된다.

(1) 얼리시는 것은 하나님이시다. 하나님께는 눈 곳간과 우박 창고가 있어서(욥 38:22-23), 하나님은 이 곳간과 창고에서 그의 뜻을 따라 눈과 우박을 꺼내 오신다.

[1] 여호와는 눈을 양털 같이 내리신다. 눈은 희고 부드럽기 때문에 양털에 비유된다(사 1:18). 눈은 조용히 내리기 때문에 양털 뭉치가 떨어지는 것처럼 소리를 내지 않는다. 눈은 땅을 덮어 양털처럼 땅을 따뜻하게 보온시켜 줌으로써 땅이 결실하는 것을 촉진시킨다. 하나님께서는 서로 상반되는 것들을 사용하셔서 일하시고, 먹는 자에게서 먹는 것이 나오게 하시며, 땅을 차가운 눈으로 덥히실 수 있으시다는 것을 알라.

[2] 여호와는 서리를 재 같이 흩으신다. 눈과 우박이 비가 응결된 것인 것과 마찬가지로, 서리는 이슬이 응결된 것이다. 서리는 풀 위에 흩뿌려진 재 같이 보이고, 종종 땅의 소산들에 해로워서 뜨거운 재처럼 그 소산들을 말라버리게 만든다(시 78:47).

[3] 여호와는 우박을 떡 부스러기 같이 뿌리신다. 여기서 우박으로 번역된 단어는 대기 중의 얼음 조각인 큰 우박을 가리키는 것일 수도 있고, 물 위에 얇게 얼은 얼음을 가리키는 것일 수도 있다. 이것은 물방울처럼 부서져야 당연한 것이지만 고기 조각이나 떡 부스러기처럼 부서진다.

[4] 우리는 서리나 눈이나 우박을 볼 때에 대기 중에서 그것을 느끼게 된다: 누가 능히 그의 추위를 감당하리요? 짐승들은 그 추위를 견디지 못해서 굴 속으로 숨어 들어가고(욥 37:8), 거기에서 사람들에게 쉽게 잡힌다(삼하 23:20). 사람들도 그 추위를 견디지 못해서 불이나 모피를 사용해서 추위를 면해보고자 하지만, 추위가 극심할 때에는 그런 것들도 별 소용이 없다. 우리는 추위라는 결과를 느끼기는 하지만 그 원인을 보지는 못한다. 그래서 우리는 그 추위를 그의 추위라고 부를 수밖에 없다. 추위는 하나님께서 보내시는 것이기 때문에, 우리는 인내로써 추위를 견뎌내야 하고, 따뜻한 집과 의복과 침상을 주셔서 혹독한 계절을 날 수 있게 하신 것에 대하여 감사하여야 하며, 이 땅의 추위와 더위처럼 그치지 아니할(창 8:22) 하나님의 지혜와 주권, 그의 권능과 신실하심에 대하여 하나님께 영광을 돌려야 한다. 또한, 우리는 이것으로부터 다음

과 같은 것을 추론할 수 있어야 한다: 우리가 그의 서리로 인한 추위를 견딜 수 없다면, 하물며 그의 진노로 인한 열기를 어떻게 견딜 수 있겠는가?

(2) 녹이시는 것은 하나님이시다. 여호와께서는 그의 뜻대로 그의 말씀을 보내사 그것들을 녹이신다(18절). 서리와 눈과 우박은 모두 쉽게 녹는다. 하나님은 그것들을 녹이기 위하여 **바람**, 곧 **남풍**을 불게 하시는데, 그러면 얼었던 물이 이전처럼 다시 흐르게 된다. 우리는 그러한 변화를 금세 느낄 수는 있지만, 그 원인을 보지는 못하기 때문에, 그 변화를 제1원인자이신 하나님의 뜻으로 설명하지 않을 수 없다. 이러한 변화 속에서 우리는 이토록 갑작스럽고 눈에 보이지 않게 대기의 기온과 지표면에 이토록 크고 보편적인 변화를 일으키실 수 있는 하나님의 권능(겨울마다 이런 일을 하시는 그가 무슨 일인들 하실 수 없으시겠는가?)만이 아니라 하나님의 선하심도 알아차려야 한다. 혹독한 날씨가 언제까지나 계속되는 것은 아니다. 만약 그렇다면, 그것은 서글픈 일이 될 것이다. 하나님은 영원히 다투시지 않으시고, 지면을 새롭게 하시나이다. 하나님께서 노아를 기억하셔서 그로 하여금 대홍수를 피하게 하신 것과 마찬가지로(창 8:1), 하나님은 땅을 기억하시고 그가 땅과 맺은 언약을 기억하신다(아 2:11-12). 이 녹이는 말씀은 그리스도의 복음을 상징하는 것이고, 이 녹이는 바람은 그리스도의 성령을 상징하는 것일 수 있다(성령은 바람에 비유되기 때문에, 요 3:8). 복음과 성령은 둘 다 얼어 붙어 있는 영혼을 녹이기 위해 보내진다. 회심하게 하는 은혜는 모든 것을 녹이는 해빙(解氷)과 마찬가지로 딱딱한 마음을 촉촉하게 적셔서 부드럽게 하여 회개의 눈물로 녹여낸다. 그 은혜는 이전에 딱딱하게 얼어 붙어 있던 선한 감정들에 온기를 불어넣어서 흘러내리게 만든다. 추위를 녹이는 해빙이 가져오는 변화는 모든 것에 미치지만 점진적으로 진행된다. 그 변화는 아주 뚜렷하지만, 그것이 어떻게 이루어지는지는 설명할 수 없다. 하나님의 말씀과 성령이 보내심을 받아서 영혼을 녹여서 원래의 모습으로 회복시키는 영혼의 회심 속에서 일어나는 변화도 마찬가지이다.

Ⅲ. 하나님께서 이스라엘에게 특별한 은총을 베푸심. 하나님은 그들에게 그의 말씀과 규례들을 주셨는데, 이것은 마치 영혼이 몸보다 비할 바 없이 귀한 것과 마찬가지로 그들의 평안이나 풍족함(14절)보다도 훨씬 더 귀한 축복이다. 야곱과 이스라엘은 하나님의 율례와 규례들을 가지고 있었다. 그들은 하나님의 특별한 통치 아래에 있었다. 그들 나라를 규율하는 법들을 만드시고 제정

하신 것은 하나님이셨고, 그들의 정치체제는 신정정치였다. 그들은 하나님의 계시가 주는 혜택을 입고 있었다. 하나님의 법에서 중요한 것들은 그들에게 성문화되어 주어졌다. 그들에게는 하나님에 속한 모든 일들을 처리하기 위하여 하나님께서 정하신 제사장 제도가 있었고, 모든 이례적인 경우들을 다루기 위해서 선지자들이 있었다. 이스라엘 외에는 그 어떤 민족도 이토록 확고한 토대 위에서 그들의 신앙 생활을 영위한 적이 없었다.

1. 이것은 그들이 구하기 전에 미리 주신 긍휼하심이었다. 그들은 스스로 나서서 자발적으로 하나님의 율례와 법도를 찾아낸 것이 아니라, 하나님께서 그의 말씀을 야곱에게 보이셨고, 바로 그 말씀을 통해서 그들에게 그의 율례와 법도를 알게 하셨다. 하나님의 말씀을 갖게 된 것은 어느 민족에게나 큰 긍휼하심이 아닐 수 없다. 왜냐하면, 믿음은 하나님의 말씀을 듣고 읽음에서 나고, 그러한 믿음이 없이는 하나님을 기쁘시게 할 수 없기 때문이다.

2. 이것은 특별한 긍휼하심이었고, 그 때문에 그들에게는 더 큰 책무가 주어졌다. "그는 어느 민족에게도 이와 같이 행하지 아니하셨나니 그들은 그의 법도를 알지 못하였도다. 또한, 그들, 곧 다른 민족들은 메시야가 오셔서 유대인과 이방인을 나눈 담을 허시고 복음을 모든 피조물에게 전파하실 때까지는 하나님의 법도를 알 가망도 없었다." 다른 나라들은 겉으로 보기에 좋은 것들을 풍족하게 가지고 있었다. 아주 부유한 나라들도 있었고, 화려하고 막강한 권세를 지닌 왕들과 고상한 문학을 자랑하는 나라들도 있었지만, 이스라엘처럼 하나님의 율례와 법도로 축복을 받은 나라는 하나도 없었다. 그러므로 이스라엘은 이러한 율례들을 지킴으로써 여호와를 찬송하여야 한다. 주여, 어찌하여 자기를 우리에게는 나타내시고 세상에는 아니하려 하시나이까! 옳소이다 이렇게 된 것이 아버지의 뜻이니이다.

제 148 편

개요

이 시편은 모든 피조물들에게 그들의 분량을 따라서 그들의 창조주를 찬송하고, 눈에 보이는 것들 속에 나타나 있는 하나님의 눈에 보이지 아니하는 것들, 즉 그의 영원한 능력과 신성(神性)을 드러내도록 매우 엄숙하고 진지하게 부르는 시편이다. 이를 통해서 시편 기자는 자기가 찬송의 본분을 얼마나 사랑하는지를 나타내고자 한다. 그는 하나님께서 찬송을 받으시는 것에 대단히 만족해하고, 자기가 더 많이 찬송할 수 있게 되기를 몹시 소원하기 때문에, 자기 주변의 모든 존재들, 그리고 자기 다음에 올 세대에 속한 모든 자들에게 이 즐거운 일에 동참하도록 있는 힘을 다해서 권면한다. 이 시편에서 나오는 신령한 시심(詩心)의 고상하고 높은 비상(飛翔)들에 의해서도 하나님을 찬송하고자 하는 마음이 일어나고 고양되지 않는다면, 그 사람의 마음은 차갑고 거의 죽은 것이나 다름없다고 할 수 있다. I. 시편 기자는 윗집, 곧 윗 세상에 있는 피조물들, 지능을 갖추고서 능동적으로 찬송할 수 있는 존재들(1-2절)과 지능이 없어서 오직 객관적으로만 찬송할 수 있는 존재들(3-6절)에게 여호와를 찬송하라고 부른다. II. 시편 기자는 아랫집, 곧 이 아랫 세상의 피조물들, 오직 몸으로만 찬송할 수 있는 존재들(7-10절), 이성을 부여받아서 찬송의 제사를 올려드릴 수 있는 존재들(11-13절), 특히 다른 어떤 존재보다도 더 찬송할 이유가 있고 찬송하는 데에 관심을 지닌 하나님의 백성(14절)에게 여호와를 찬송하라고 부른다.

¹할렐루야 하늘에서 여호와를 찬양하며 높은 데서 그를 찬양할지어다 ²그의 모든 천사여 찬양하며 모든 군대여 그를 찬양할지어다 ³해와 달아 그를 찬양하며 밝은 별들아 다 그를 찬양할지어다 ⁴하늘의 하늘도 그를 찬양하며 하늘 위에 있는 물들도 그를 찬양할지어다 ⁵그것들이 여호와의 이름을 찬양함은 그가 명령하시므로 지음을 받았음이로다 ⁶그가 또 그것들을 영원히 세우시고 폐하지 못할 명령을 정하셨도다

이 어둡고 암울한 세상에 사는 우리는 빛으로 가득한 높고 높은 세계에 대해서 거의 알지 못하고, 좁은 한계 속에 갇혀 살고 있어서 저 광대한 윗 세상에 대한 그 어떤 쓸 만한 인식도 거의 가질 수 없다. 그러나 우리는 다음과 같은 것들을 안다.

I. 우리 위에는 하나님을 찬송하는 복된 천사들이 무수히 존재하는 세상이 있다는 것. 그를 섬기는 자는 천천이요 그 앞에서 모셔 선 자는 만만이더라. 하나님을 섬기며 모셔 선 자들이 많다는 것은 하나님의 영광이 되지만, 하나님은 그들을 필요로 하지도 않고 그들로부터 그 어떤 유익도 얻지 않으시고 얻으실 수도 없으시다는 것은 더욱더 하나님의 영광이 된다. 시편 기자는 여기에서 저 밝고 복된 세계를 바라본다(1-2절). 전체적으로 그는 하늘, 저 높은 데를 바라보았다. 하늘은 높은 곳이기 때문에, 우리는 우리의 영혼을 세상 위로 들어올려서 하늘에 계신 하나님을 바라보아야 하고, 위의 것을 생각하고 사모하여야 한다. 시편 기자는 하나님께서 하늘에서 찬송을 받으시고, 거기에서 울려퍼지는 찬송의 물결이 우리가 사는 이 세상까지 전해지기를 바라면서, 우리는 하나님을 찬송하는 데에 너무도 냉랭하고 저조하며 밋밋하지만 윗 세상에는 더 좋은 방식으로 항상 찬송을 드리고 있는 존재들이 있으며, 우리는 너무도 자주 찬송하는 일을 중단하지만 그들은 밤낮으로 찬송을 쉬지 않는다고 말한다. 구체적으로 그는 하나님의 천사들, 곧 그의 군대를 바라보고서, 그들에게 하나님을 찬송하라고 청한다. 하나님의 천사들이 그의 군대라는 것은 너무도 분명하다. 천사들은 지음받자마자 군대로 소집되어서 무장을 갖추고 훈련을 받았다. 하나님은 그의 싸움을 싸우는 데에 천사들을 사용하시고, 천사들은 그의 군대로서 각자의 직위와 자리를 지키고 하나님의 명령을 수행한다. 그러나 시편 기자가 천사들에게 하나님을 찬송하라고 하는 의도가 무엇인지는 설명하기가 그리 쉽지 않다. 성경에서는 교회로 말미암아 하늘에 있는 통치자들과 권세들에게 하나님의 각종 지혜를 알게 하셨다고 말씀하고 있기 때문에(엡 3:10), 그들이 시편 기자의 말에 귀를 기울이지 않을 것 같지는 않다. 그러나 그들은 그런 말을 들을 필요가 없다. 왜냐하면, 그들은 끊임없이 하나님을 찬송하고 있고, 그들이 찬송하는 일에는 그 어떤 결핍이나 부족도 없기 때문이다. 그러므로 이 시편을 노래할 때에, 우리가 천사들에게 하나님을 찬송하라고 할 때(시 103:20에서서처럼), 그것이 의미하는 것은 우리가 하나님께서 가장 능한 존재들에 의해서 최

고의 방식으로 찬송받으시기를 원한다는 것, 우리는 하나님께서 그렇게 찬송을 받고 계시다는 것을 생각하니 기쁘다는 것, 우리가 위에 있는 집에 살면서 항상 하나님을 찬송하고 있는 존재들과 영적인 교통을 하고 있다는 것, 우리가 믿음과 소망과 거룩한 사랑으로 천만 천사에게 이르렀다는 것이다(히 12:22).

Ⅱ. 우리 위에는 복된 영들의 회중만이 아니라 광명체들을 비롯한 거대한 천체 조직이 있다는 것. 그것들은 존재할 뿐만 아니라 인류에게 혜택을 베풀어 주기 때문에 우리는 그것들로 인하여 하나님께 영광을 돌리게 된다(우리가 그것들에 대하여 아는 정도만큼만). 좀 더 살펴보자.

1. 이렇게 우리에게 하나님을 찬송함에 있어서 그 길을 보여주고, 우리가 눈을 들어 하늘을 바라볼 때마다 우리에게 하나님을 찬송할 거리를 제공해 주는 피조물들로는 어떤 것들이 있는가.

(1) 밤낮으로 끊임없이 우리에게 하나님의 영광을 드러내 주는 해와 달과 별들이 있다. 우리는 거울 역할을 하는 그것들을 통해서 빛들의 아버지이신 하나님의 영광이 드리운 희미한 그림자(나는 이렇게 닮은 꼴이 아니라 그림자라고 부르고자 한다)를 볼 수 있다(3절). 큰 빛들인 해와 달은 너무 크고 밝아서 하나님을 찬송하지 않으려 하는 것도 아니고, 하나님은 작은 빛들인 별들의 찬송도 무시하지 않으신다. 우상 숭배자들은 해와 달과 별들을 그들의 신으로 삼고서 찬양하며 피조물을 경배하고 섬겼다. 왜냐하면, 그것들은 눈에 보이지 않으시는 창조주보다 그들의 눈에 더 크게 보였기 때문이다. 그러나 참 하나님만을 섬기는 우리는 그것들을 우리와 동일한 예배자들로 보고서, 마치 레위인들이 제사장들을 도와서 영적인 제사를 드리는 것과 마찬가지로, 그들에게 우리를 도와서 함께 찬송하도록 권한다.

(2) 해와 별들 위에 복된 자들의 처소인 하늘들의 하늘이 있다. 이 미지의 둥근 하늘들의 광대함과 밝음은 하나님의 영광에 크게 기여한다. 왜냐하면, 하늘들의 하늘은 여호와의 하늘이지만(시 115:6) 하늘들의 하늘이라도 주를 용납하지 못하기(왕상 8:27) 때문이다. 박식한 하몬드 박사는 하늘들의 하늘이라는 말이 시편 68:33이 보여주듯이 대기의 상부 지역 또는 대기권 전체를 가리키는 것으로 이해한다. 성경에서는 하나님이 그 소리 곧 웅장한 소리(우렛소리를 의미함)를 내는 곳이 하늘들의 하늘이라고 말한다.

(3) 하늘 위에 있는 물들이 있다. 그 물들은 대기 중에 걸려 있는 구름으로서

교전과 전쟁의 날을 위하여 남겨 두어진 것이다(욥 38:23). 이 물들은 땅을 덮쳐서 잠기게 하지 않을 뿐만 아니라 땅에 물을 대주어서 비옥하게 해주기 때문에 우리는 그러한 이유로 하나님을 찬송하여야 한다. 갈대아어 역본에서는 이 본문을 다음과 같이 자유롭게 의역한다: 너희 하늘들의 하늘아, 하늘 위에 계시는 분의 말씀에 좌지우지되는 너희 물들아, 주를 찬송하라. 왜냐하면, 구름을 열고 닫는 열쇠는 하나님께서 그의 수중에 갖고 계신 열쇠들 중의 하나이고, 하나님이 그 열쇠로 여시면 닫을 자가 없고 닫으시면 열 자가 없기 때문이다.

2. 우리는 무엇 때문에 그것들로 인하여 하나님께 영광을 돌려야 하는가: 그것들이 여호와의 이름을 찬양하게 하라. 즉, 우리는 그것들로 인하여 여호와의 이름을 찬송하고, 그것들로부터 어떤 찬송할 제목을 가져올 수 있을지를 살펴야 한다.

(1) 하나님께서 그것들을 지으셨고, 그것들에게 권능을 부여하셨으며, 그들의 자리를 정해 주셨기 때문에: 그는 그것들에게 **명령하셨고**, 그것들은 하나님의 말씀 한 마디에 무(無)에서 지음을 받았다. 하나님은 그것들을 지으셨기 때문에, 그것들에게 명령하실 수 있으시다. 왜냐하면, 하나님은 명령을 하셔서 지으셨기 때문이다. 하나님은 권세를 가지고서 말씀하신 것이기 때문에, 모든 존재는 언제나 그의 권세를 인정하고 묵묵히 복종하여야 한다.

(2) 하나님께서 여전히 그것들을 붙드셔서 그 존재와 자리와 권능과 움직임을 지켜 주시기 때문에(6절): 그가 그것들을 영원히, 즉 종말의 때까지 세우셨는데, 종말의 때까지는 짧은 영원이지만, 어쨌든 그것들에게 정해진 영원이다. 그것들은 그것들이 필요한 동안에는 끝까지 존속하게 될 것이다. 하나님은 폐하지 못할 명령, 즉 창조의 법을 정하셨다. 이 법은 하나님의 지혜에 의해서 제정된 것이기 때문에 수정할 필요가 없고, 이 법은 하나님의 주권(主權)과 깨뜨려질 수 없는 신의(信義)에 의해서 제정된 것이기 때문에 수정될 수 없다. 처음에 자신의 존재를 창조하신 것에 대하여 하나님을 찬송하게 된 모든 피조물들은 그것들이 존속하는 한 계속해서 하나님을 찬송하여야 한다. 또한, 우리는 그것들을 폐하지 못할 명령의 테두리 내에 두신 것에 대하여 하나님을 찬송하여야 한다. 왜냐하면, 하늘 위에 있는 물들이 다시 한 번 땅을 물로 덮어버리지 않은 것은 다 하나님의 명령 덕분이기 때문이다.

⁷너희 용들과 바다여 땅에서 여호와를 찬양하라 ⁸불과 우박과 눈과 안개와 그의 말씀을 따르는 광풍이며 ⁹산들과 모든 작은 산과 과수와 모든 백향목이며 ¹⁰짐승과 모든 가축과 기는 것과 나는 새며 ¹¹세상의 왕들과 모든 백성들과 고관들과 땅의 모든 재판관들이며 ¹²총각과 처녀와 노인과 아이들아 ¹³여호와의 이름을 찬양할지어다 그의 이름이 홀로 높으시며 그의 영광이 땅과 하늘 위에 뛰어나심이로다 ¹⁴그가 그의 백성의 뿔을 높이셨으니 그는 모든 성도 곧 그를 가까이 하는 백성 이스라엘 자손의 찬양 받을 이시로다 할렐루야

이 땅과 그 주변의 대기권은 우주의 운행 속에서의 결과물이라는 점을 고려하면, 우리는 우주 속에서의 우리의 위치를 이해하고 순순히 받아들이는 데에 유용한 것들을 고찰하는 데에 관심을 갖고 있지만, 나는 이 어둡고 악한 세상 속에서조차도 하나님은 찬송을 받으신다는 것(그리고 하나님의 아들이 한 번 이 세상에 오셨다는 것) 외에는 다른 것을 알지 못한다. 땅에서 여호와를 찬양하라(7절). 하늘에서 곧장 내리쬐는 햇빛이 땅에서 반사되듯이(좀 더 약한 형태로이긴 하지만), 하나님에 대한 찬송도 마찬가지여서 이 차갑고 오염된 세상을 따뜻하고 향기롭게 한다.

I. 이성(理性)이라는 고귀한 능력을 부여받지 못한 피조물들조차도 이 찬송의 합주에 부름을 받는다. 왜냐하면, 하나님은 그것들을 통해서도 영광을 받으실 수 있으시기 때문이다(7-10절). 험한 바다 속에서 살아가는(시 104:26) 용들 또는 고래들은, 리워야단 또는 고래를 다스리심으로써 자신의 전능하심을 증명하시는(시 41:1 이하) 여호와 앞에서 춤을 춰서 그에게 영광을 돌린다. 모든 깊음들과 거기에 사는 것들, 즉 바다와 거기에 사는 생물들, 땅 속 깊은 곳들과 거기에 사는 생물들이 하나님을 찬송한다. 깊은 곳에서 하나님께 기도할 수 있는 것과 마찬가지로 찬송할 수도 있다. 대기권을 올려다보면, 우리는 무수한 대기 현상들을 만나게 되는데, 대기 현상들은 새로 만들어지는 것들(그것들 중 몇몇은 어떻게 만들어졌는지 설명이 되지 않는다)의 왕으로서 위대한 창조주의 권능을 특별한 방식으로 드높인다. 불과 관련된 대기 현상들이 있다. 번개나 종종 일어나는 섬광들은 불이다. 물과 관련된 대기 현상들, 즉 우박과 눈, 그것들을 생겨나게 하는 안개가 있다. 공기와 관련된 대기 현상들, 즉 광풍이 있다. 우리는 그것들이 어디에서 와서 어디로 가는지, 그것들의 강력한 힘이

어디에서 나와서 어떻게 소모되는지를 알지 못한다. 그러나 우리는 그것들이 아무리 강력하고 맹렬하다고 하여도 그것들은 하나님의 말씀을 따르는 것이고, 하나님이 정하신 대로 행하는 것 그 이상도 이하도 아니라는 사실은 안다. 그리스도께서는 바람과 바다를 명하시자 그것들이 그에게 순종한 사건을 통해서 자기가 하나님의 권능을 가지고 계신다는 것을 보여주셨다. 하나님의 말씀을 따르고자 하지 않고 도리어 말씀을 거슬러 반역하고자 하는 자들은 자신이 광풍보다 더 포악하고 완고하다는 것을 보여주는 것이다. 왜냐하면, 광풍은 하나님의 말씀을 따르기 때문이다. 지표면을 한번 보라(9절). 거기에는 높이 솟아오른 산들과 모든 작은 산이 우리의 시야에 들어오는데, 우리는 민둥산이든 울창한 산이든 거기에서 하나님을 찬송할 제목을 가져올 수 있다. 또한, 뛰어난 식물들도 있는데, 다양한 종류의 열매 맺는 나무들, 즉 과수는 그 유용한 열매를 통해서 하나님께 찬송을 드리고, 여호와의 나무, 즉 모든 백향목은 그 수액으로 뛰어나다(시 104:16). 위로 높이 솟아오르는 나무인 백향목은 열매를 맺는 나무는 아니지만, 하나님의 성전을 짓는 데에도 사용되는 등 유용성을 지니고 있었다. 동물들의 세계로 넘어가 보자. 거기에서 우리는 하나님께서 들판을 뛰어다니는 짐승들과 사람에게 길들여져서 봉사하는 모든 가축에 의해서조차도 영광을 받으신다는 것을 발견하게 된다(10절). 심지어 기는 것은 너무 밑으로 가라앉아 버리지 않고, 나는 것은 너무 높이 솟아 버리지 않기 때문에 여호와를 찬양하도록 부름을 받는다. 창조주의 지혜와 권능과 선하심의 많은 부분은 피조물들이 지닌 여러 가지 재능들과 본능들, 하나님께서 그것들을 먹여 살리시고 사용하시는 것 속에서 드러난다. 우리가 이 모든 것이 너무도 기이하고 너무도 선하다는 것을 볼 때에 우리는 경이로움과 감사함으로 하나님을 고백하지 않을 수 없다.

II. 이성이라는 고귀한 능력을 부여받은 피조물들이 그 이성을 하나님을 찬송하는 데에 사용하여야 한다는 것은 너무도 당연하다. 세상의 왕들과 모든 백성들(11-12절).

1. 하나님은 열등한 피조물들에게서와 마찬가지로 이러한 자들에게서 영광을 받으셔야 마땅하다. 왜냐하면, 그들의 마음은 여호와의 수중에 있고, 여호와께서는 그들을 그가 기뻐하시는 대로 쓰시기 때문이다. 하나님은 나라들의 질서와 체제 속에서 다스리는 자들과 다스림을 받는 자들에게서 찬송을 받으셔

야 한다: 세상의 왕들과 모든 백성. 왕들이 다스리거나 백성들이 왕에게 복종하는 것은 모두 다 하나님으로 말미암아 되는 일이다. 세상의 고관들과 재판관들은 그들의 지혜와 직위를 하나님에게서 받은 것이기 때문에, 우리는 그들을 우리에게 주셔서 복이 되게 하신 것에 대하여 하나님을 송축하여야 한다. 하나님은 가족의 구성원들에게서도 찬송을 받으셔야 한다. 왜냐하면, 하나님은 가족을 만들어 세우신 분이기 때문이다. 혈육들이 주는 모든 위로, 부모와 자식, 형제와 자매들이 서로에게서 받는 위로에 대하여 우리는 하나님께 감사하고 찬송하여야 한다.

2. 하나님은 다음과 같은 자들에 의해서도 영광을 받으셔야 마땅하다. 온갖 부류의 사람들은 하나님을 찬송하여야 한다.

(1) 지위 고하를 막론하고 모든 직위의 사람들. 왕들과 방백들과 재판관들에게는 하나님을 찬송할 것이 요구된다. 하나님께서 존귀하게 하신 자들은 그들이 위임받은 권세와 그들이 세상에서 유명한 인물이 되어서 남들보다 더 많이 하나님께 영광을 돌리고 하나님을 섬길 수 있는 능력을 갖게 하신 것을 통해서 하나님을 존귀하게 해 드려야 한다. 그렇지만 하나님은 백성들의 찬송도 기대하시고, 그들의 찬송을 은혜로 열납하신다. 그리스도께서는 무리들의 호산나 찬송을 멸시하지 않으셨다.

(2) 각 성별에 속한 총각들과 처녀들. 그들은 서로 함께 만나면 즐거워하게 되어 있는데, 그들의 즐거움을 하나님을 즐거워하는 것으로 바꾸어서 그 즐거움이 거룩하고 순전한 것이 되게 하여야 한다.

(3) 모든 연령대의 사람들. 노인들은 나이가 들어서도 여전히 찬송의 열매를 내어야 하고, 점잖을 빼거나 쇠약하다는 이유로 찬송을 그만두려고 해서는 안 된다. 아이들도 일찍부터 하나님을 찬송하는 일을 시작하여야 한다. 하나님께서는 어린 아기와 젖먹이들의 입에서 나오는 찬미도 온전하게 하신다. 이 모든 사람들이 여호와의 이름을 찬양하여야 하는 이유가 제시되고 있는데, 그것은 그의 이름이 홀로 높아서 찬송을 받으시기에 합당하기 때문이다. 하나님의 이름은 모든 이름 위에 뛰어난 이름이고, 온갖 탁월함을 갖추고 계신 것은 하나님의 이름, 하나님의 본성 외에는 없다. 하나님의 영광은 땅과 하늘 위에 뛰어나시기 때문에, 땅과 하늘에 살고 있는 모든 존재들은 하나님을 찬송함과 아울러서 하나님의 이름은 존귀하여 모든 송축이나 찬양을 훨씬 뛰어넘는다고 고백하여야 한

다.

Ⅲ. 특별한 특권들을 통해서 존귀함을 입은 하나님의 모든 백성은 특별한 방식으로 하나님께 영광을 돌려야 한다(14절).   좀 더 자세하게 살펴보자.

1. 하나님은 그의 백성 곧 이스라엘 자손에게 하나님의 영적 이스라엘인 모든 참된 믿는 자들에게 예비된 존귀함이 지니는 위엄을 수여하셨다. 그가 그들의 뿔을 높이셔서, 그들로 밝게 빛나게 하시고 풍성하게 하시며 권능을 갖게 하셨다. 이스라엘 백성은 많은 점에서 다른 어떤 민족보다도 존귀한 민족이었다. 왜냐하면, 그들에게는 양자 됨과 영광과 언약들이 있었기 때문이다(롬 9:4). 그들이 하나님을 가까이 하는 백성, 그의 특별한 소유였다는 것은 그들의 영광이었다. 낯선 자가 하나님의 전에 들어오면 죽게 되어 있었지만, 그들은 그 전에 들어오도록 허락을 받았다. 하나님께서는 그들이 그에게 무엇을 간구할 때마다 그들을 가까이 하셨다. 이러한 축복은 그리스도로 말미암아 이방인들에게도 임하였다. 왜냐하면, 전에 멀리 있던 이방인들이 그리스도의 피로 가까워졌기 때문이다(엡 2:13). 하나님께 가까이 나아갈 수 있다는 것은 사람에게 주어질 수 있는 가장 큰 영광이고, 하나님께 더 가까이 나아갈 수 있을수록 그것은 더 좋은 일이다. 무엇보다도 우리가 영광의 나라에서 하나님께 가장 가까이 나아갈 수 있게 된다면, 그것은 무엇보다도 가장 좋은 일이 될 것이다.

2. 하나님은 그들에게 그러한 위엄을 수여하셨기 때문에 그들로부터 일정한 도리를 기대하신다. 하나님에 의해서 존귀함을 입은 자들은 하나님을 존귀하게 해 드려야 한다: 너희는 여호와를 찬송하라 — 할렐루야. 하나님은 모든 성도의 찬송, 곧 모든 성도들의 찬송의 대상이 되어야 한다. 왜냐하면, 하나님은 그들에게 찬송을 받으실 만한 분이시기 때문이다. 그는 네 찬송이시요 네 하나님이시라(신 10:21). 어떤 이들은 그의 백성의 뿔이 그리스도의 모형인 다윗을 가리키는 것이라고 이해한다. 하나님은 그리스도를 지극히 높이셔서 왕과 구주가 되게 하셨기 때문에, 그리스도는 그의 모든 성도의 찬송이시고 앞으로 영원히 그러실 것이다. 왜냐하면, 그들이 하나님을 가까이 하는 백성이 된 것은 모두 그리스도 덕분이기 때문이다.

제
— 149 —
편

개요

앞의 시편이 창조주께 드리는 찬송 시편이었다고 한다면, 이 시편은 구속주께 드리는 찬송 시편이다. 이 시편은 이스라엘의 원수들을 이기고서 이스라엘의 하나님을 기뻐하는 시편이다. 아마도 이 시편은 이스라엘이 하나님의 축복을 받아서 승리를 거두고 존귀하게 된 때에 지어진 것으로 보인다. 어떤 이들은 다윗이 시온의 요새를 빼앗고서 거기에 자신의 통치를 확립하고나서 이 시편을 썼다고 추측한다. 그러나 이 시편은 한 걸음 더 나아가 영원한 복음의 병거를 타고 나가서 연전연승하는 메시야의 나라를 내다본다. 이 시편을 노래할 때, 우리는 그리스도와 그의 은혜와 영광들을 바라보아야 한다. 이 시편은 다음과 같은 것들을 선포한다. I. 하나님의 모든 백성에게는 풍성한 기쁨(1-5절). II. 오만한 원수들에게는 심한 공포(6-9절).

¹할렐루야 새 노래로 여호와께 노래하며 성도의 모임 가운데에서 찬양할지어다 ²이스라엘은 자기를 지으신 이로 말미암아 즐거워하며 시온의 주민은 그들의 왕으로 말미암아 즐거워할지어다 ³춤 추며 그의 이름을 찬양하며 소고와 수금으로 그를 찬양할지어다 ⁴여호와께서는 자기 백성을 기뻐하시며 겸손한 자를 구원으로 아름답게 하심이로다 ⁵성도들은 영광 중에 즐거워하며 그들의 침상에서 기쁨으로 노래할지어다

우리는 여기에서 다음과 같은 것들을 살펴볼 수 있다.

I. 하나님의 이스라엘에게 찬송하라고 부름. 앞의 시편에서는 하나님이 지으신 모든 것들에게 하나님을 찬송하라고 촉구하였었다. 그러나 여기에서는 특별히 하나님의 성도들에게 하나님을 송축하라고 요구한다. 좀 더 살펴보자.

1. 시편 기자는 누구에게 하나님을 찬송하라고 촉구하는가: 교회를 이루고 있는 이스라엘 전체(2절), 특히 여느 이스라엘 사람들보다도 더 하나님께 가까운 시온의 자녀들, 저 거룩한 산의 주민들. 하나님의 말씀과 규례들에 좀 더 가

까이 있는 자들, 그러한 것들로부터 멀리 떨어져 있지 않도록 요구되는 자들에게 남들보다도 더 많이 하나님을 찬송할 것을 기대하는 것은 정당하다. 모든 참된 그리스도인들은 그들 자신을 시온의 자녀들이라 부를 수 있다. 왜냐하면, 믿음과 소망 속에서 우리는 시온 산에 이르렀기 때문이다(히 12:22). 성도들, 곧 신앙고백을 한 성도들, 권능 중에 있는 성도들은 하나님을 찬송하여야 한다. 왜냐하면, 그것이 바로 하나님께서 그들을 거룩하게 하신 의도이기 때문이다. 하나님께서 그들을 하나님의 은혜로 새롭게 하시고 하나님의 영광을 위하여 헌신하게 하시는 것은 그들이 그의 이름과 찬송이 되게 하기 위한 것이다.

2. 이러한 찬송의 원리는 무엇이어야 하는가. 그것은 하나님 안에서의 거룩한 기쁨이다: 이스라엘은 즐거워하며 시온의 주민들은 즐거워하고 성도들은 영광 중에 즐거워할지어다. 하나님에 대한 우리의 찬송은 하나님의 성품들과 하나님에 대한 우리의 관계를 크게 기뻐하는 것으로 가득 찬 마음에서 흘러나와야 한다. 우리 마음에 있는 경건의 능력의 많은 부분은 하나님을 우리의 최고의 기쁨으로 삼고서 하나님 안에서 위로를 받는 것에 있다. 그리스도에 대한 우리의 믿음은 우리가 그리스도를 기뻐하는 것으로 나타난다. 그러므로 우리가 하나님을 기뻐할 때에 우리는 하나님께 영광을 돌리고 있는 것이 된다. 우리는 영광 중에, 즉 우리의 영광이신 하나님 안에서 및 우리가 하나님 안에서 가지고 있는 이해관계 안에서 즐거워하여야 한다. 우리는 우리가 하나님을 즐거워하는 자들에 속해 있다는 것을 우리의 영광으로 여겨야 한다.

3. 이러한 찬송의 표현들은 어떤 것이 되어야 하는가. 우리는 온갖 합당한 방법들을 통해서 하나님을 찬송하여야 한다: 여호와께 노래하라. 우리는 주를 향하여 찬양을 노래하고(3절) 큰 소리로(개역에서는 기쁨으로) 노래함(5절)으로써 우리 자신을 즐겁게 하고 하나님의 이름을 선포하여야 한다. 왜냐하면, 우리는 전심으로 찬양 노래를 불러야 하고, 그렇게 하는 것을 부끄러워하지 않을 뿐만 아니라 도리어 적극적으로 그렇게 하여야 한다. 우리는 매번 특별한 은혜를 받을 때마다 새롭게 지은 새 노래로 노래하고, 새로운 감정으로 노래하여야 한다. 이렇게 새로운 감정으로 노래하게 되면, 비록 거기에 사용된 단어들이 이전에 사용된 것들이라고 할지라도, 그 노래는 새 것이 되어서 진부한 느낌을 주지 않는다. 우리는 춤 추며 소고와 수금으로 하나님을 찬양하여야 한다. 이런 식의 찬양은 구약 교회에서 아주 일찍부터 시작된 관례로서(출 15:20), 우리는 그들

이 하나님을 소고와 춤으로 찬양하였음을 발견한다. 이러한 관례를 근거로 예배 속에서 악기를 사용해야 한다고 주장하는 자들은 동일한 근거 위에서 춤도 예배에 도입하여야 한다. 왜냐하면, 다윗이 법궤 앞에서 춤을 춘 것이 보여주듯이(또한 삿 21:21을 보라), 악기와 춤은 함께 사용되었기 때문이다. 그러나 신약성경의 많은 구절들이 노래하는 것을 복음의 규례로 유지하고 있는 반면에, 악기와 춤을 얘기하고 있는 구절은 하나도 없다. 찬송과 관련된 복음적인 규례는 영으로 찬송하고 마음으로 찬송하는 것이다.

4. 하나님을 찬송하기 위해 어떠한 기회들이 활용되어야 하는가. 그 어떤 기회도 놓쳐서는 안 되지만, 특히 다음과 같은 것에 주목하는 것이 필요하다.

(1) 우리는 공중(公衆) 앞에서와 거룩한 대회와 성도들의 모임 가운데에서 하나님을 찬송하여야 한다(1절). 이러한 찬송은 많으면 많을수록 좋고, 그럴수록 그 곳은 더 천국처럼 된다. 이렇게 우리는 하나님의 이름을 세계 앞에서 고백하여야 하고, 이렇게 하나님의 이름에 엄숙함을 부여하여야 하며, 그렇게 하도록 서로를 권하여야 한다. 우리가 예배로 함께 모이는 본질과 목적과 의도는 함께 하나님을 찬송하는 것이다. 예배의 다른 부분들은 모두 이것을 위하여 존재하여야 한다.

(2) 우리는 개인적으로 하나님을 찬송하여야 한다. 성도들은 다윗처럼(시 119:62) 밤중에 깼을 때에 하나님 안에서 기쁨으로 충만하여 하나님에 대한 찬송으로 가득 차서 그들의 침상에서 큰 소리로 노래할지어다. 하나님의 이스라엘이 평안히 살게 되었을 때, 그들은 하나님께 감사하는 마음으로 그것을 누려야 한다. 하물며 하나님의 안식 속으로 들어가서 예수 그리스도 안에서 안식을 발견한 참된 믿는 자들이 그것을 기뻐하여 큰 소리로 노래하는 것은 너무도 당연한 일이다. 그들은 병이 들거나 죽기 직전에도 침상에서 그들의 하나님을 찬송하여야 한다.

Ⅱ. 하나님의 이스라엘에게 하나님을 찬송해야 할 이유를 제시함.

1. 하나님이 그들에게 행하신 일들. 그들은 하나님을 즐거워하고 하나님의 영광을 위하여 헌신하며 하나님을 섬기는 데에 자신을 사용할 충분한 이유가 있다. 왜냐하면, 그들을 지으신 이는 바로 하나님이시기 때문이다. 하나님은 우리를 인간으로 존재하게 하셨고, 인간은 고상하고 뛰어난 존재이기 때문에, 그것은 우리에게 하나님을 찬송할 충분한 이유가 된다. 하나님은 이스라엘을

하나의 민족, 하나의 교회로 존재하게 하셨고, 다른 민족들과는 판이하게 다른 모습을 갖추게 하셨다. 그러므로 이스라엘 백성은 하나님을 찬송하여야 한다. 하나님은 자신을 위하여 그들로 하여금 그를 찬송하게 하려고 그들을 지으셨기 때문이다(사 43:21). 이스라엘은 자기를 지으신 이로 말미암아 즐거워할지어다. 왜냐하면, 하나님은 우리가 사람을 만들자고 말씀하셨기 때문이다. 어떤 이들은 이 말씀 속에 삼위일체의 신비가 들어 있다고 생각한다.

2. 하나님이 그들을 통치하심. 이것은 앞에서 말한 것의 결과이다. 하나님이 그들을 지으셨다면, 하나님은 그들의 왕이시다. 하나님은 그들에게 존재를 부여하셨기 때문에 그들에게 법을 주실 수도 있다는 것은 의문의 여지가 없다. 우리가 그토록 지혜로우시고 힘있으신 왕의 지휘와 보호 아래에 있다는 것은 우리가 기뻐하고 찬송해야 할 일임에 틀림없다. 시온의 딸아, 크게 기뻐할지어다 보라 네 왕, 하나님께서 그의 거룩한 산 시온에 세우신 왕 메시야가 임하신다. 시온의 모든 자녀들은 그를 즐거워하고 나아가서 호산나 찬송으로 그를 맞이하여야 한다(슥 9:9).

3. 하나님이 그들을 기뻐하심. 하나님은 사랑으로 다스리시는 왕이시기 때문에 찬송을 받으시기에 합당하다. 여호와께서는 자기 백성을 기뻐하시는데, 그들의 예배, 그들의 형통, 그들과의 교통(communion), 그들에게 그의 은총을 베푸시는 것을 기뻐하신다. 하나님은 스스로 무한히 행복하시고, 그 지극히 복된 상태에 아무도 근접할 수 없는 그런 분이시지만, 은혜로 눈높이를 낮추셔서 자기 백성을 기뻐하신다(시 147:11).

4. 그들에 대한 하나님의 계획들. 하나님은 현재에도 그들을 흡족히 여기시지만, 그것 외에도 그들의 장래의 영광을 준비해 놓으셨다: 그는 겸손한 자, 즉 겸손하고 통회하는 마음을 지니고서 하나님의 말씀 앞에서 두려워 떨며 그 말씀에 순복하고 환난 가운데서 인내하며 범사에 모든 사람에게 온유함을 나타내는 자를 아름답게 하시리라. 그런 자들을 사람들은 헐뜯고 중상모략하지만, 하나님은 그런 자들을 의롭다 하시고 그들이 당한 치욕을 씻어 주실 것이다. 아니, 한 걸음 더 나아가 하나님은 그들을 아름답게 하실 것이다. 그들은 하나님께서 그들에게 입혀 주신 아름다움으로 인하여 온 세상 앞에 깨끗하고 아름다운 모습으로 나타나게 될 것이다. 하나님은 그들을 구원으로 아름답게 하시되, 이 세상에서의 구원들(하나님이 그의 백성을 위하여 놀라운 구원을 베푸실 때에 양

우리에 누웠던 자들은 그 날개를 은으로 입힌 비둘기 같이 된다, 시 (68:13), 특히 영원한 구원으로 아름답게 하실 것이다. 의인들은 저 큰 날에 해와 같이 빛날 때에 아름답게 될 것이다. 이러한 소망을 품고서 그들은 지금 너무도 어두운 날에 새 노래로 노래하여야 한다.

⁶그들의 입에는 하나님에 대한 찬양이 있고 그들의 손에는 두 날 가진 칼이 있도다 ⁷이것으로 뭇 나라에 보수하며 민족들을 벌하며 ⁸그들의 왕들은 사슬로, 그들의 귀인은 철고랑으로 결박하고 ⁹기록한 판결대로 그들에게 시행할지로다 이런 영광은 그의 모든 성도에게 있도다 할렐루야

하나님의 이스라엘은 여기에서 그들의 원수들을 이기고서 기뻐하는 모습으로 묘사된다. 이것은 그들의 찬송 제목임과 동시에(그들은 그러한 승리들로 인하여 하나님께 영광을 돌려야 하기 때문에) 그들의 찬송에 대한 보상이다. 태평성대를 주신 것에 대하여 하나님께 진심으로 감사하는 자들은 승리의 복을 받게 될 것이다. 또는, 이 본문은 그들의 찬송의 추가적인 표현으로 해석될 수도 있다(6절): 그들의 입에는 하나님에 대한 찬양이 있고, 하나님의 영광에 대한 거룩한 열심으로 인해서 하나님의 나라의 원수들과 싸우기 위해서 그들의 손에는 두 날 가진 칼이 있도다. 이 말씀은 다음과 같은 것들에 적용될 수 있을 것이다.

1. 하나님께서 그의 백성 이스라엘을 축복하셔서 가나안의 여러 족속들을 비롯한 많은 나라들을 멸망시키고 이기게 하신 것. 이러한 승리는 모세와 여호수아에게서 시작되었는데, 그들은 이스라엘에게 하나님에 대한 찬양을 가르침으로써 그들의 손에 두 날 가진 칼을 쥐어 주었다. 다윗도 마찬가지였다. 왜냐하면, 다윗은 이스라엘의 노래 잘하는 자임과 동시에 이스라엘 군대의 우두머리로서 하나님께서 그에게 가르쳐 주신 대로 유다 족속에게 활 쏘는 법과 전쟁하는 법을 가르쳤기 때문이다(삼하 1:18). 이렇게 다윗과 그의 백성들은 여호와의 싸움을 싸우면서 연전연승하여, 이스라엘을 압제하였던 자들에게 복수하였다. 그들은 하나님의 백성을 온갖 방법으로 괴롭혔던 뭇 나라에 보수하며(블레셋 사람들, 모압 족속, 암몬 족속 등, 삼하 8:1) 민족들을 벌하였다(7절). 이 나라들의 왕들과 귀인들은 포로로 잡혔고(8절), 여호수아가 가나안의 왕들을 처형하

고 기드온이 미디안의 왕들을 죽이며 사무엘이 아각을 죽였듯이, 몇몇 왕들은 기록된 판결대로 처형을 당하였다. 이 영광은 하나님의 온 이스라엘에게 돌아갔다. 그들은 그러한 영광을 그들에게 주신 분께 할렐루야 찬송을 통해서 온전히 영광을 돌려 드린다. 여호사밧의 군대는 그들의 입에는 하나님에 대한 찬양과 그들의 손에는 두 날 가진 칼을 동시에 갖고 있었다. 왜냐하면, 그들은 하나님을 찬송하며 전쟁터로 나아가서 칼로 적들을 죽였기 때문이다(대하 20:23). 어떤 이들은 이 말씀을 유대인들이 종종 그들의 압제자들에 맞서 큰 승리를 거두었던 마카베오 시대에 적용한다. 겸손한 자들이 왕들과 귀인들에게 행한 행동이 이렇게 가혹하고 잔인하다는 것이 이상해 보이겠지만, 그들의 그러한 행동을 정당화해 주는 말씀이 여기에 나온다. 그것은 기록된 심판을 시행하는 것이다. 그들은 어떤 개인적인 악의나 복수심, 또는 피비린내나는 작전 계획에 따라서가 아니라 하나님의 위임을 받아서 그의 명령에 순종해서 그의 지시를 따라서 그렇게 하는 것이다. 사울은 이런 성격의 하나님의 명령에 불순종함으로써 그의 나라를 잃었다. 이렇게 세상의 왕들은 신약의 바벨론을 멸망시키는 일에 사용되어서 기록된 심판을 시행하게 될 것이다(계 17:16-17). 그러나 지금은 그러한 특별한 위임이 있을 수 없기 때문에, 신앙의 미명 하에 신민들이 그들의 왕들에게 잔혹한 짓을 하거나 왕들이 그들의 신민들에게 잔인한 짓을 자행하는 것, 또는 한 나라가 이웃 나라들에 대하여 잔인한 짓을 행하는 것은 결코 정당화될 수 없다. 왜냐하면, 사람들이 그의 복음을 불이나 칼로 전파하거나 그의 의를 인간의 분노에 의해서 이루는 것은 결코 그리스도의 뜻이 아니기 때문이다. 우리의 손에 하나님에 대한 찬송이 있다면, 우리의 손에는 평화의 종려나무 가지가 들려 있어야 한다.

2. 그리스도께서 그의 복음과 은혜의 능력으로 영적인 원수들을 이기신 것. 모든 믿는 자들은 그리스도의 이러한 승리를 힘입어서 지금도 영적인 원수들을 넉넉히 이긴다. 하나님의 말씀은 좌우에 날선 검(히 4:12)이고 성령의 검(엡 6:17)이다. 우리가 무장함에 있어서 하나님의 말씀이라는 검을 갖지 않으면 우리의 무장은 충분한 것이 되지 못하기 때문에, 우리 주님께서 흔히 기록된 바라고 말씀하셨듯이, 우리는 말씀의 검을 우리 손에 가지고 있어야 한다.

(1) 처음으로 복음을 전한 자들은 이 좌우에 날선 검으로 흑암의 권세들에 대하여 영광스러운 승리를 거두었다. 오랫동안 우상을 숭배해 왔던 자들에게

죄를 깨닫게 하여 회심하게 하고, 회개하려고 하지 않는 자들을 깜짝 놀라서 당혹해하며 혼란스럽게 만듦으로써(계 6:15) 이방의 신들에 대한 복수가 집행되었다. 사탄의 본거지는 허물어졌고(대하 10:4-5), 총독 벨릭스 같은 고관들도 복음의 말씀 앞에서 두려워 떨었다. 이 세상의 신인 사탄은 그에게 내려진 심판에 따라서 쫓겨났다. 거룩한 신앙이 이렇게 승리를 거두어 왔다는 것은 모든 그리스도인들의 영광이다.

(2) 믿는 자들은 이 좌우에 날선 검으로 그들 자신의 부패한 성품들에 맞서 싸워서 하나님의 은혜로 말미암아 그러한 것들을 정복하고 다스린다. 그들을 지배하고 있던 죄는 십자가에 못 박혔다. 한때 왕으로 군림하였던 자아(self)는 사슬에 묶인 채 끌려와서 그리스도의 멍에를 메게 된다. 시험하는 자(사탄)는 그들의 발 아래에서 좌절을 겪고 상처를 입는다. 이런 영광이 모든 성도에게 있도다.

(3) 이 말씀은 주께서 그 수만의 거룩한 자와 함께 임하셔서 뭇 사람을 심판하실(유 1:14-15) 저 큰 날의 심판을 통해서 온전히 이루어질 것이다. 그 때에 뭇 나라에 대한 복수가 시행되고(시 9:17), 형벌, 곧 영원한 형벌이 민족들에게 집행될 것이다. 왕들과 귀인들은 여기에서는 그리스도의 통치의 결박을 끊어버릴 수 있었지만(시 2:3) 그 때에는 그의 진노와 공의의 사슬과 철고랑을 끊거나 벗어버릴 수 없게 될 것이다. 그 때에는 기록된 심판이 집행될 것이다. 왜냐하면, 하나님이 복음에 따라서 사람들의 은밀한 것을 심판하실 것이기 때문이다. 그리스도와 더불어 앉아서 배석판사로서 세상을 심판할 영광이 모든 성도에게 있을 것이다(고전 6:2). 이러한 소망을 가지고서 그들은 사는 날 동안에 주를 찬송하고 변함없이 그리스도의 신실한 종과 군사가 되어야 한다.

제 — 150 — 편

개요

첫 번째 시편인 제1편과 마지막 시편인 제150편은 둘 다 절수가 동일하고 짧으며 아주 기억하기 쉽게 되어 있다. 그러나 두 시편의 취지는 판이하게 달라서, 첫 번째 시편은 우리가 기도를 통해서 위로들을 얻을 수 있도록 우리를 준비시키기 위하여 우리의 본분에 대하여 공들여서 교훈하는 시이지만, 마지막 시편은 온통 벅찬 기쁨과 환희로 충만해 있는 시로서 시편 전체의 목적이 무엇인지를 보여주기 위해서(그것은 우리가 하나님을 찬송하는 것을 돕는 것이다) 이 신령한 노래들의 결론부를 삼으려고 의도적으로 씌어진 것으로 보인다. 시편 기자는 스스로 하나님에 대한 찬송으로 충만해 있었고, 또한 여기에서는 할 수만 있다면 기꺼이 온 세상을 하나님에 대한 찬송으로 가득 채우고자 한다. 그는 거듭거듭 반복해서 "여호와를 찬양하라, 그를 찬양할지어다, 그를 찬양할지어다"라고 외친다. 이러한 외침은 여섯 절밖에 안 되는 이 시편 속에 무려 13번이나 나온다. 그는 다음과 같은 것들을 보여준다. I. 우리는 무엇 때문에 어떤 이유로 하나님을 찬송하여야 하는가(1-2절). II. 우리는 어떤 식으로 그리고 어떠한 기쁨의 표현들로 하나님을 찬송하여야 하는가(3-5절). III. 누가 여호와를 찬송하여야 하는가. 찬송은 누구나 해야 할 일이다(6절). 이 시편을 노래할 때, 우리는 이 시편에서 말하는 하나님의 온전하심과 하나님께서 영원무궁토록 온 세상에 걸쳐서 끊임없이 받으실 찬송으로 우리의 마음이 큰 감화를 얻도록 애써야 한다.

[1]할렐루야 그의 성소에서 하나님을 찬양하며 그의 권능의 궁창에서 그를 찬양할지어다 [2]그의 능하신 행동을 찬양하며 그의 지극히 위대하심을 따라 찬양할지어다 [3]나팔 소리로 찬양하며 비파와 수금으로 찬양할지어다 [4]소고 치며 춤 추어 찬양하며 현악과 퉁소로 찬양할지어다 [5]큰 소리 나는 제금으로 찬양하며 높은 소리 나는 제금으로 찬양할지어다 [6]호흡이 있는 자마다 여호와를 찬양할지어다 할렐루야

시편 기자는 여기에서 우리에게 하나님을 찬송하라고 외친다. 어떤 이

들의 생각처럼 이 시편이 일차적으로 레위인들을 의도한 것으로서 노래하는
자들과 악기를 다루는 자들인 그들에게 여호와의 전에서 그들의 직분을 다하
라고 촉구하는 것이라면, 우리는 이 시편이 우리 하나님에 대하여 영적인 제사
장들이 된 우리를 향하여 말씀하고 있는 것으로 받아들여야 한다. 이렇게 찬송
하라는 외침을 반복해서 역설하고 있는 것은 찬송은 우리에게 필수적인 큰 본
분이고 우리가 마음을 넓히고 많은 시간을 들여서 해야 할 본분임에도 불구하
고 우리의 자연적인 성품으로는 잘 하려고 들지 않으며 냉담하기 쉬운 본분이
기 때문에 교훈하고 또 교훈하며 경계하고 또 경계해서 역설되어야 할 필요가
있는 그런 것임을 보여준다. 좀 더 자세하게 살펴보자.

**I. 이 찬송의 제사는 어디에서 드려지고, 하나님께서 통치하시는 어느 곳에
서 특히 생겨나는가.**

1. 그의 성소에서. 성소에서 하나님을 찬송하라. 성소에서 섬기는 하나님의
제사장들과 백성들은 찬송으로 하나님을 섬겨야 한다. 하나님께서 특별한 방
식으로 그의 영광을 드러내시고 그의 은혜를 베푸시는 곳인 성소에서가 아니
면, 하나님은 어디에서 찬송을 받으시겠는가? 그의 성소와 우리 가운데 성소를
두셔서 우리로 하여금 누리게 하신 특권들을 인하여 하나님을 찬양하라(겔
37:26). 그의 거룩한 자들 속에서 하나님을 찬양하라(어떤 이들은 이렇게 해석한
다). 우리는 거룩함을 입은 자들 위에 드러나 있는 하나님의 형상을 인식하여
야 하고, 그 형상을 인하여 그 사람들을 사랑하여야 한다. 우리가 그들을 칭찬
할 때, 우리는 그들 속에 계시는 하나님을 찬송하여야 한다.

2. 그의 권능의 궁창에서. 궁창, 곧 궁창의 광대함과 밝음과 휘황찬란한 설비
를 통해서 드러나는 하나님의 권능과 영광, 궁창이 이 땅에 미치는 강력한 영
향력들로 인하여 하나님을 찬양하라. 그의 권능의 궁창에 거주하는 자들, 심지어
거룩한 천사들조차 이 선한 일에 앞장서야 한다. 어떤 이들은 성소와 그의 권능
의 궁창을 하나님의 영광이 거주하는 곳인 가장 높은 하늘을 가리키는 것으로
이해한다. 실제로 그 곳은 하나님의 성소이고 그의 성전이다. 거기에서 하나님
은 우리가 찬송하는 것보다 훨씬 더 훌륭한 방식으로 끊임없이 찬송을 받으신
다. 우리가 하나님을 너무도 형편없이 찬송하고 있다는 것을 느낀다고 하여도,
저 하늘에서 찬송이 너무도 잘 행해지고 있다는 것은 우리에게 위로가 된다.

II. 어떤 이유로 이러한 찬송의 제사가 드려지는 것이 합당한가.   수많은 이

유들이 있지만, 그 중에서 다음과 같은 이유들이 구체적으로 제시된다.

1. 하나님의 권능에 의해 이루어진 일들(2절): 그의 능하신 행동을 찬양할지어다. 그의 권능 있는 일들(이것이 원어의 의미이다), 그의 힘을 보여준 온갖 사례들, 그의 섭리의 권능, 그의 은혜의 권능, 그가 세상을 창조하시고 통치하시며 구속하시기 위하여 행하신 일들, 일반적으로는 인생들, 구체적으로는 그의 교회와 자녀들을 위하여 행하신 일들로 인하여 하나님을 찬송하라.

2. 하나님이라는 존재의 영광과 위엄: 그의 지극히 위대하심을 따라 찬양할지어다. 하몬드 박사는 이 본문을 그의 무수한 장엄함을 따라 찬양할지어다라고 해석한다. 하나님의 위대하심은 무한하시기 때문에, 우리의 찬송은 하나님의 위대하심과는 비교할 수 없는 것이다. 그러나 하나님은 우리가 표현하거나 인식할 수 있는 것보다 더 크시기 때문에, 우리는 찬송할 때에 우리가 도달할 수 있는 한도 내에서 가장 높은 수준의 인식과 표현을 사용하여야 한다. 우리가 위대하고 선한 사람들을 칭송할 때와는 달리, 하나님을 찬송하는 데에는 아무리 지극히 높이는 표현을 사용한다고 해도 결코 그 표현이 지나치는 법은 없다. 우리가 하나님에 대하여 온갖 찬양의 말들을 할지라도 그것은 결코 과장이 될 수 없다. 따라서 우리가 염려해야 할 것은 우리가 하나님을 너무나 형편없이 찬송하게 되지는 않을까 하는 것이 되어야 한다. 우리는 최선을 다해서 찬송을 했다고 하더라도, 우리가 하나님의 지극히 위대하심을 생각하여 찬송하였지만 그 찬송이 거기에 미치지 못한다고 고백하지 않을 수 없다.

III. 이 찬송의 제사는 어떤 방식으로 드려져야 하는가. 찬송은 당시에 성전 예배에서 사용되었던 온갖 종류의 악기들을 사용해서 드려져야 한다(3-5절). 우리는 그 악기들이 어떤 종류의 악기들이었는지를 궁금해하지 않는 편이 좋다. 그 악기들이 당시에 잘 알려져 있던 악기들이라는 것을 아는 것으로 충분하다. 우리는 다음과 같은 것들을 아는 데에 관심을 기울여야 한다.

1. 온갖 악기들이 거론되고 있다는 것은 시편 기자의 마음이 하나님에 대한 찬송으로 얼마나 가득 차 있었고, 그가 이 선한 일이 지속되기를 얼마나 원하였는지를 보여준다는 것.

2. 하나님을 섬기는 일에 있어서 우리는 재물이나 수고를 아끼지 않아야 한다는 것.

3. 하나님의 귀에 가장 좋은 음악은 경건하고 헌신된 마음이라는 것. 하나님

은 아름다운 곡조를 연주하는 악기가 아니라 아름다운 곡조를 연주하는 마음을 원하신다. 강한 믿음으로 하나님을 찬송하고, 거룩한 사랑과 기쁨으로 하나님을 찬송하라. 그리스도를 전적으로 신뢰하는 마음으로 하나님을 찬송하고, 흑암의 권세들을 믿음으로 이긴 기쁨으로 하나님을 찬송하라. 하나님을 향한 간절한 사모함과 하나님 안에서의 온전한 만족함으로 하나님을 찬송하라. 하나님의 모든 명령들에 주의하는 마음으로 하나님을 찬송하고, 하나님의 모든 처분에 즐거이 순복하는 마음으로 하나님을 찬송하라. 하나님의 사랑을 즐거워하고 하나님의 크신 선하심을 위로로 삼는 것으로 하나님을 찬송하라. 하나님의 은혜의 나라를 확장시키는 것으로 하나님을 찬송하고, 하나님의 영광의 나라에 대한 살아 있는 소망과 기대로 하나님을 찬송하라.

4. 하나님을 찬송하는 일에 여러 가지 악기들이 사용될 때에 그 찬송은 악기들의 온전한 화음 속에서 행해져야 한다는 것. 악기들은 서로에게 방해가 되는 것이 아니라 도움이 되어야 한다. 신약의 찬송에서의 화음은 악기들이 만들어 내는 화음이 아니라 한 마음과 한 입으로 하나님께 영광을 돌리는 것이다(롬 15:6).

Ⅳ. 누가 이 찬송의 제사를 드려야 하는가(6절).   호흡이 있는 자마다 여호와를 찬양할지어다. 시편 기자는 성소에서 섬기며 성전 예배에 봉사하는 자들에게 먼저 찬송하도록 부르는 것으로 이 시편을 시작하였지만, 이방인들이 교회 속으로 들어와서 예루살렘에서와 마찬가지로 각처에서 분향하게 될 때를 내다보면서(말 1:11) 모든 인생들에게 찬송하라고 부르는 것으로 이 시편을 끝맺는다. 어떤 이들은 여기에서 호흡이 있는 자 속에는 열등한 피조물들, 즉 그 코에 생명의 기운의 숨이 있는 모든 것(창 7:22)을 포함시켜야 한다고 생각한다. 그것들은 자신의 역량에 따라서 하나님을 찬송한다. 새들이 노래하는 것은 하나님을 찬송하는 것의 일종이다. 짐승들은 사람들에게 실제로 "우리가 할 수만 있다면, 우리는 하나님을 찬송하고자 하니, 우리를 위해 너희가 하나님을 찬송하라"고 말하고 있는 것이다. 요한은 환상(vision) 가운데서 하늘 위에와 땅 위에와 땅 아래에 있는 모든 피조물이 찬송하는 것을 들었다(계 5:13). 어떤 이들은 호흡이 있는 자는 오직 인생들, 즉 사람들만을 의미한다고 생각한다. 왜냐하면, 하나님께서는 사람에게 좀 더 특별한 방식으로 생기를 불어넣으셨고 사람은 생령이 되었기 때문이다(창 2:7). 하나님께서 복음을 모든 피조물, 즉 만민에게 전

파하라고 명령하셨다는 것을 생각할 때, 여호와를 찬송하는 것은 모든 사람, 곧 만민이라고 보아야 한다. 우리에게 호흡(또는 영)이 있는 것은 하나님을 찬송하는 데에 그것을 사용하게 하기 위한 것이다. 찬송하는 것 외에 우리의 호흡을 더 잘 사용할 수 있는 방법은 없다. 기도는 우리의 호흡이라 불린다(애 3:56). 기도를 통해서 하나님을 향하여 호흡하는 자들은 그 기도의 은택을 체험하고서 하나님을 찬송하는 데에 호흡을 사용하게 된다. 우리가 호흡을 할 때, 하나님에 대한 찬송으로 인하여 우리의 호흡은 향기를 발산하게 된다. 호흡이 우리의 일부이듯이 찬송도 우리의 일부가 되어야 한다. 우리는 공기 없이 살 수 없듯이, 찬송은 우리에게 공기와 같이 되어서, 우리는 찬송 없이는 살 수 없어야 한다. 코에 호흡이 있는 우리는 그 호흡이 아직은 존재하지만 머지않아 한번 나가서 다시는 돌아오지 않을 것임을 생각하여야 한다. 따라서 머지않아 마지막 호흡을 할 날이 오리라는 것을 생각하고서, 우리는 호흡이 있는 동안에 여호와를 찬송하여야 한다. 그러면 우리는 위로를 품은 채로 마지막 호흡을 하게 되고, 죽음이 우리의 호흡을 끊어 놓을 때, 우리는 더 좋은 곳으로 옮겨가서 더 자유롭고 더 좋은 공기 속에서 호흡하며 하나님을 찬송하게 될 것이다.

성경의 한 책으로서의 시편은 제1권에서 제3권까지(히브리 성경의 구분에 따르면 전5권)는 아멘 아멘으로 끝나고, 제4권은 아멘 할렐루야로 끝나지만, 제5권이자 시편 전체는 단지 할렐루야라는 말로 끝난다. 이것은 마지막에 나오는 여섯 편의 시편들은 온전히 하나님을 찬송하는 데에 바쳐지고 있어서 거기에는 하소연하는 말이나 간구하는 말이 하나도 나오지 않기 때문이다. 선한 그리스도인들은 이 세상에서의 삶이 끝나는 날이 가까워질수록 하나님에 대한 찬송으로 더욱 가득 채워져야 한다. 어떤 이들은 이 마지막 시편은 하늘에서 끊임없이 하나님을 찬송하고 있는 영화롭게 된 성도들의 모습을 우리에게 보여주기 위한 것이고, 여기에서 언급되고 있는 악기들은 새 예루살렘을 장식하고 있는 것으로 말해지는 금과 진주와 보석들과 마찬가지로(계 21:18) 문자 그대로 이해되어서는 안 된다고 생각한다. 그러나 이 악기들은 하늘의 영광이 가장 뛰어난 영광이라는 것을 암시해 주는 것임과 마찬가지로, 거기에서 성도들이 드리는 찬송이 가장 뛰어난 찬송이라는 것을 암시해 주는 것이기도 하다. 거기에서 악기를 연주하는 자들은 영원한 찬송 속에 파묻혀지게 될 것이다. 하나님을 찬송하는 일에는 그 어떤 중단도 없을 것이고 그 어떤 지침(weariness)도 없을 것이다 — 할렐루야가 영원히 반복될 것이지만, 그것은 그 때마다 항상 새로운 노래가 될 것이다. 우리는 자주 영화롭게 된 성도들이 하늘에서 무엇을 하고 있을지, 우리가 이 땅에서 알고 지내던 자들이 우리보다 먼저 천국에 가서 무엇을 하고 있을지를 생각하고서 기뻐하여야 한다. 또한, 그러한 것을 생각하고서 우리는 우리도 빨리 천국으로 가서 그들 가운데 있게 되기를 바랄 뿐만 아니라, 천국에서 그들이 하나님을 찬송하듯이 우리도 이 땅에서 더욱 힘을 내어서 하나님을 찬송할 마음을 품어야 한다. 우리는 우리에게 남아 있는 시간의 많은 부분을 이 선한 일, 곧 하나님을 찬송하는 일에 사용하여야 한다. 왜냐하면, 그렇게 할 때에만 우리는 저 영원한 나라에서 기쁨으로 충만한 날들을 보낼 소망을 품을 수 있기 때문이다. 거기에서 우리가 할 말은 할렐루야이다 (계 19:1, 3). 머지않아 그 일에 동참할 소망을 품고 있는 자들로서 우리는 천국에서 울려 퍼지는 찬송에 지금 여기에서 이렇게 화답하여야 한다. 할렐루야 너희는 여호와를 찬양할지어다.

● **독자 여러분들께 알립니다!**

'CH북스'는 기존 '크리스천다이제스트'의 영문명 앞 2글자와
도서를 의미하는 '북스'를 결합한 출판사의 새로운 이름입니다.

매튜 헨리 주석전집 10

시편 II

1판 1쇄 발행 2007년 12월 15일
1판 중쇄 발행 2021년 12월 29일

발행인 박명곤   CEO 박지성   CFO 김영은
기획편집 채대광, 김준원, 박일귀, 이은빈, 김수연
디자인 구경표, 한승주
마케팅 임우열, 유진선, 이호, 김수연
펴낸곳 CH북스
출판등록 제406-1999-000038호
전화 070-4917-2074   팩스 031-944-9820
주소 경기도 파주시 회동길 37-20
홈페이지 www.hdjisung.com   이메일 main@hdjisung.com
제작처 영신사 월드페이퍼

'그리스도와 그의 나라를 위하여'
CH북스는 여러분의 의견 하나하나를 소중히 받고 있습니다.
원고 투고, 오탈자 제보, 제휴 제안은 main@hdjisung.com으로 보내 주세요.